Praxiswissen Arbeitsrecht

Thomas Muschiol (Hrsg.)

Praxiswissen Arbeitsrecht

Vom Arbeitsvertrag über das laufende Arbeitsverhältnis
bis zur Kündigung

6. Auflage

Haufe Group
Freiburg · München · Stuttgart

Bibliografische Information der Deutschen Nationalbibliothek

Die Deutsche Nationalbibliothek verzeichnet diese Publikation in der Deutschen Nationalbibliografie; detaillierte bibliografische Daten sind im Internet über http://dnb.dnb.de/ abrufbar.

Print:	ISBN 978-3-648-17425-8	Bestell-Nr. 04127-0006
ePub:	ISBN 978-3-648-17426-5	Bestell-Nr. 04127-0105
ePDF:	ISBN 978-3-648-17427-2	Bestell-Nr. 04127-0155

Thomas Muschiol (Hrsg.)
Praxiswissen Arbeitsrecht
6. Auflage, Februar 2024

www.haufe.de
info@haufe.de

Bildnachweis (Cover): © audioundwerbung, iStock

Produktmanagement: Dr. Bernhard Landkammer
Lektorat: Ulrich Leinz

Kapitelübersicht

Vorwort

Als unser »Praxiswissen Arbeitsrecht« vor nunmehr gut 10 Jahren aus der Taufe gehoben wurde, waren sich Autoren, Herausgeber und Verlag bewusst, dass der damit verbundene Anspruch, einen für die praktische Personalarbeit auf Dauer verlässlichen Ratgeber zu liefern, nur durch regelmäßige Aktualisierungen zu realisieren ist. Denn: permanente Veränderungen gehören im Arbeitsrecht zur Normalität. Dass dieses Versprechen jetzt über ein Jahrzehnt lang eingelöst werden konnte, dafür gebührt den Autoren ein besonderer Dank.

Diese mussten auch bei der 6. Neuauflage wieder einmal einer Besonderheit des Arbeitsrechts nachkommen, nämlich der Einarbeitung der **höchstrichterlichen Rechtsprechung**, die wie kaum ein anderes Rechtsgebiet, unmittelbaren Handlungsbedarf in der Praxis auslöst.

Änderungen sind dabei im Regelfall nicht nur bei Neuverträgen zu beachten, sondern verlangen stets auch einen kritischen Blick auf die Bestandsverträge.

Besonders ist an dieser Stelle das Urteil des BAG vom 13.9.2022 (1 ABR 22/21) zu erwähnen. Hier wurden durch die Hintertür des Arbeitsschutzgesetzes Arbeitgeber zur **Arbeitszeiterfassung** verpflichtet. Eine echte Herausforderung vor allem für die Arbeitgeber, die sich durch die Einführung von Vertrauensarbeitszeit dazu entschlossen haben, sich vom Modell der »Vergütung nach Zeitaufwand« nach und nach zu verabschieden.

Bei den zu berücksichtigenden gesetzlichen Neuerungen war unter anderem das neue **Hinweisgeberschutzgesetz** zu beachten, durch das sich unser Wortschatz um den Begriff »Whistleblower « erweitert hat. Auswirkungen durch das neue Gesetz können bei Kündigungsschutzklagen zu spüren sein. Hier wird in Zukunft auch mit dem Argument zu rechnen sein, dass eine Kündigung unwirksam ist, weil sie im zeitlichen Zusammenhang mit einer Anzeige nach dem Hinweisgeberschutzgesetz erfolgt ist.

Welche Risiken auch vermeintlich kleine gesetzliche Änderungen beinhalten können, zeigt eine Änderung bei der **Brückenteilzeit**. Hier wurde für die Ablehnung eines Teilzeitwunsches Textform vorgeschrieben. Bei einem Übersehen dieser neuen Formvorschrift, gilt die Brückenteilzeit als nach den Wünschen des Arbeitnehmers festgelegt.
Autoren, Herausgeber und Verlag wünschen Ihnen weiterhin viel Erfolg bei der Umsetzung Ihres Wissens

Thomas Muschiol, Rechtsanwalt

Inhaltsverzeichnis

Teil 1: Mitarbeiter einstellen

1 Stellenanzeige und Stellenausschreibung

Autoren: Dr. Adrian Löser, Dr. Manuel Schütt

Überblick

Mit einer Stellenanzeige (bzw. Stellenausschreibung) macht ein Arbeitgeber i. d. R. auf eine bei ihm vorhandene Beschäftigungsmöglichkeit aufmerksam und fordert den angesprochenen Empfängerkreis zu Bewerbungen auf. Je nach dem betrieblichen Bedürfnis enthält sie mehr oder weniger differenzierte Angaben zum Unternehmen, eine Beschreibung der freien Stelle, einschließlich des vom Arbeitgeber vorausgesetzten Anforderungsprofils, sowie die in Aussicht genommenen finanziellen Leistungen. Ziel des Arbeitgebers ist es, aus dem Bewerberkreis denjenigen auszuwählen und einzustellen, der seinen Vorstellungen am ehesten entspricht. Rechtsverbindliche Erklärungen zum Abschluss oder zum Inhalt des Arbeitsvertrags enthält eine Stellenausschreibung daher i. d. R. nicht.[1]

Bei der Stellenanzeige ist insbesondere das Allgemeine Gleichbehandlungsgesetz (AGG) zu beachten. Stellenanzeigen sollten keinerlei Diskriminierungen i. S. d. § 1 AGG enthalten. Hauptanwendungsfall der benachteiligungsfreien Stellenausschreibung ist die geschlechtsneutrale Stellenbeschreibung.

Der Inhalt einer Stellenanzeige kann auch im Arbeitsverhältnis noch Bedeutung erlangen. Soweit der Arbeitsvertrag keine Festlegung der geschuldeten Tätigkeit trifft, kann sich der Arbeitnehmer weigern, Aufgaben auszuführen, die von der Tätigkeitsbeschreibung in der Stellenanzeige nicht gedeckt waren.

Der Arbeitgeber hat viele Möglichkeiten, Arbeitnehmer anzuwerben. Die Anwerbung von Arbeitnehmern kann z. B. durch die Agentur für Arbeit, durch Personal-Service-Agenturen, durch Headhunter oder interne Stellenausschreibungen, Stellenanzeigen im Internet bzw. in Tageszeitungen erfolgen.

Die Stellenanzeige und die innerbetriebliche Stellenausschreibung unterliegen rechtlichen Einschränkungen. Bei Zustandekommen des Arbeitsverhältnisses haben sie unter Umständen einschneidende Auswirkungen auf den Inhalt des Arbeitsvertrags.

1.1 Zulässige Inhalte

Bei Stellenanzeigen und Stellenausschreibungen sind nach §§ 11, 7 AGG die Diskriminierungsverbote des § 1 AGG zu beachten. Verboten ist die Benachteiligung aus Gründen der Rasse, der ethnischen Herkunft, des Geschlechts, der Religion oder Weltanschauung, einer Behinderung, des Alters oder der sexuellen Identität. Sowohl bei

1 BAG, Urteil v. 25.1.2000, 9 AZR 140/99; Schaub, Arbeitsrechts-Handbuch, 19. Aufl. 2021, § 25, Rz. 3.

internen Ausschreibungen als auch bei externen Stellenanzeigen ist darauf zu achten, dass keine Formulierungen gewählt werden, die in einem Zusammenhang mit den vorbezeichneten Diskriminierungsmerkmalen stehen. Besonders praxisrelevant dürften hierbei die Diskriminierungsmerkmale Alter, Geschlecht, Behinderung und Herkunft sein.[2]

Beispiel: Stellenanzeige für Vertriebsmitarbeiter

Vertriebsmitarbeiter gesucht

Wir suchen zum nächstmöglichen Zeitpunkt eine Verkaufskraft zur Unterstützung unseres jungen Vertriebsteams. Sie sind idealerweise zwischen 25 und 35 Jahre alt und verfügen über eine kaufmännische Ausbildung sowie Verkaufserfahrung im Außendienst. Sie beherrschen die deutsche Sprache perfekt in Wort und Schrift, Ihr Auftreten ist sicher, gewandt und vertrauenerweckend. Sie sind in jeder Hinsicht belastbar und flexibel. Ihre Bewerbung mit Lichtbild und Gehaltsvorstellung schicken Sie bitte an [...].«

Es bewirbt sich eine Frau, 37 Jahre alt, mit einem Grad der Behinderung von 30, mit kaufmännischer Ausbildung und Verkaufserfahrung im Außendienst, deren Muttersprache nicht deutsch ist. Trotz guter Zeugnisse vorheriger Arbeitgeber erhält sie ohne Einladung zu einem Bewerbungsgespräch eine Absage.

Die Bewerberin kann geltend machen, die Bewerberauswahl verstoße gegen § 7 Abs. 1 AGG, da sie wegen ihres Alters (25–35 Jahre), ihrer Herkunft (perfektes Deutsch, Lichtbild, vertrauenerweckendes Auftreten) und wegen ihrer Behinderung (belastbar und flexibel) benachteiligt wurde.

Durch die Anforderung sehr guter Deutsch- und guter Englischkenntnisse in Wort und Schrift bewirkt eine Stellenausschreibung weder eine unmittelbare Diskriminierung i.S.v. § 3 Abs. 1 AGG wegen der ethnischen Herkunft noch insoweit eine mittelbare Benachteiligung i.S.v. § 3 Abs. 2 AGG. Das geforderte Niveau der Beherrschung der deutschen und der englischen Sprache muss insofern jedoch für die Tätigkeit erforderlich sein.[3]

Der Arbeitgeber darf einen Arbeitsplatz grundsätzlich weder öffentlich durch eine Stellenanzeige noch innerhalb des Betriebs nur für Männer, nur für Frauen oder nur für diverse Personen ausschreiben. Der Arbeitgeber muss also so formulieren, dass das Angebot sich sowohl an Frauen, an Männer, als auch an diverse Personen wendet, z.B. Buchhalter [m/w/d].[4]

2 Vgl. hierzu: Kleinebrink, Personallexikon, 2022, Stellenausschreibung – Benachteiligungsfreie Stellenausschreibung.

3 BAG, Urteil v. 23.11.2017, 8 AZR 372/16.

4 BVerfG, Beschluss v. 10.10.2017, 1 BvR 2019/16.

Das Bundesverfassungsgericht hat neben dem männlichen und dem weiblichen Geschlecht auch ein drittes Geschlecht anerkannt[5], das nunmehr auch in das Personenstandsgesetz aufgenommen wurde. Mit dem Begriff »divers« sind nach § 22 Abs. 3 PStG Menschen gemeint, die weder dem weiblichen noch dem männlichen Geschlecht zugeordnet werden können. Der Zusatz »divers« oder auch »d« in Stellenanzeigen schließt deshalb auch diese Menschen mit ein.

Geschlechtsneutrale Bezeichnungen (z. B. »Fachkraft« oder »Hausmeistertätigkeit«) können ebenfalls verwendet werden. Zudem kann das Gendersternchen eine geschlechtsneutrale Ausschreibung unterstreichen.[6]

Geschlechtsneutrale Stellenausschreibung auch bei typischen Männerberufen
Stellenausschreibungen sollten auch dann geschlechtsneutral erfolgen, wenn die Tätigkeit nach herkömmlicher Auffassung typischerweise ein Männerberuf ist (Maschinenschlosser [m/w/d], Werkzeugmacher [m/w/d], Maler [m/w/d]).

Eine unterschiedliche Behandlung wegen des Geschlechts, also eine nicht geschlechtsneutral abgefasste Stellenanzeige kann zwar nach § 8 Abs. 1 AGG zulässig sein, wenn ein bestimmtes Geschlecht eine wesentliche und entscheidende berufliche Anforderung für die Tätigkeit ist. Aufgrund der im Streitfall für Arbeitgeber gefährlichen Beweislastverteilung nach § 22 AGG und des Haftungsrisikos ist davon jedoch dringend abzuraten.

Aufgaben und Qualifikationsanforderungen nennen
Das Schwergewicht bei Stellenanzeigen und -ausschreibungen sollte in der Beschreibung der Aufgaben und der fachlichen Qualifikationsanforderungen und nicht in der Auflistung von Bewerbermerkmalen liegen.

Dies gilt insbesondere für Bewerbermerkmale, mit denen solche nach § 1 AGG sichtbar gemacht werden können.

In der juristischen Fachliteratur wird diskutiert, ob die Anforderung eines Passfotos ein Indiz für eine Benachteiligung wegen der ethnischen Herkunft darstellen kann. Dies wird zu Recht abgelehnt. Die Aufforderung, ein Passbild einzureichen, dient i. d. R. dem Zweck, festzustellen, ob der Bewerber einen ordentlichen Eindruck vermittelt. Die Klärung der ethnischen Herkunft des Bewerbers ist mit dieser Aufforderung regelmäßig nicht verbunden.[7]

---

5 BVerfG, Beschluss v. 10.10.2017, 1 BvR 2019/16.

6 LAG Schleswig-Holstein, Beschluss v. 22.6.2021, 3 Sa 37 öD/21; LAG Hessen, Urteil v, 5.11.2021, 3 Sa 840/2 (nicht rkr.).

7 Moll, Münchener Anwaltshandbuch Arbeitsrecht, 5. Aufl. 2021, § 9 Rz. 16 mit Verweis auf Gruber, NZA 2009, S. 1247.

Verzicht auf Passfoto

Es ist höchstrichterlich noch nicht geklärt, ob die Anforderung eines Passfotos ein Indiz für eine Benachteiligung sein kann. Bis zur Klärung dieser Rechtsfrage sollte daher von der Anforderung eines Passfotos abgesehen werden. Bei auf einem Foto erkennbarer Behinderung, Hautfarbe oder Religion (z. B. Kopftuch) könnte die Aufforderung des Arbeitgebers zur Vorlage eines Passfotos möglicherweise als ein Indiz für eine benachteiligende Bewerberauswahl angeführt werden.

Verzicht auf Formulierung zur Berufserfahrung

Die Formulierung in einer Stellenausschreibung, wonach dem Bewerber eine Tätigkeit in einem professionellen Umfeld »mit 0 bis2 Jahren Berufserfahrung in einem jungen dynamischen Team« angeboten wird, legt die Vermutung i. S. v. § 22 AGG nahe, dass er im Auswahl-/Stellenbesetzungsverfahren wegen Alters benachteiligt wurde.[8] Sie bewirkt eine unmittelbare Diskriminierung wegen des Alters.[9]

Dies kann bei einem Startup ggf. anders beurteilt werden, wenn aus der Stellenanzeige klar hervorgeht, dass es sich nicht um das Alter der Bewerber, sondern um ein erst kürzlich zusammengestelltes Team handelt.[10]

Wird in einer Stellenausschreibung alleine an das Kriterium der Berufserfahrung angeknüpft, ist dieses mit dem in § 1 AGG genannten Grund »Alter« verknüpft und kann mittelbar diskriminierend sein[11][12]

Das gilt auch für das Merkmal »Berufserfahrung von 1-3 Jahren«[13] oder »kürzere Berufserfahrung.«[14] Bewerber mit einer längeren Berufserfahrung weisen gegenüber Berufsanfängern und gegenüber Bewerbern mit erster oder kurzer Berufserfahrung typischerweise ein höheres Lebensalter auf.[15]

Anspruch auf Schadensersatz

Fehler bei der Abfassung der Stellenanzeige oder der innerbetrieblichen Stellenausschreibung können teuer werden. Jeder abgelehnte Bewerber, bei dem es Indizien für eine Diskriminierung gibt, hat nach § 15 Abs. 1 AGG Anspruch auf Schadensersatz und nach § 15 Abs. 2 AGG auf eine Entschädigung, die nur dann auf 3 Brutto-Monatsgehäl-

8 BAG, Urteil v. 11.8.2016, 8 AZR 406/14; BAG, Urteil v. 19.5.2016, 8 AZR 470/14; LAG Nürnberg, Urteil v. 27.5.2020, 2 Sa 1/20.
9 § 3 Abs. 1 AGG.
10 So zumindest LAG Berlin-Bandenburg, Urteil v. 1.7.2021, 5 Sa 1573/20.
11 § 3 Abs. 2 AGG.
12 BAG, Urteil v. 19.5.2016, 8 AZR 470/14.
13 BAG, Urteil v. 19.5.2016, 8 AZR 477/14.
14 BAG, Urteil v. 19.5.2016, 8 AZR 583/14.
15 BAG, Urteil v. 11.8.2016, 8 AZR 406/14.

ter begrenzt ist, wenn der Arbeitgeber nachweisen kann, dass der Bewerber auch bei benachteiligungsfreier Auswahl nicht eingestellt worden wäre.

Position der Kläger gestärkt

Durch die Urteile des BAG im Mai 2016 wurde die Position von vielen Klägern, die sich auf eine Diskriminierung im Bewerbungsverfahren berufen, deutlich gestärkt. Es hat seine Rechtsprechung zu der Frage, wer ein Bewerber auf eine Stelle ist, geändert und hierdurch die Kriterien für den Rechtsmissbrauch durch AGG-Klagen sehr verschärft: Bis Mai 2016 unterschied das BAG zwischen objektiv und subjektiv geeigneten Bewerbern. Nur, wer objektiv für die ausgeschriebene Stelle geeignet ist, war auch ein Bewerber. Nach der neueren Rechtsprechung des BAG ist jetzt jeder ein Bewerber, egal, ob er oder sie für die Stelle objektiv geeignet ist oder nicht. Der Arbeitgeber kann zwar den Einwand des Rechtsmissbrauchs erheben, für diesen ist er aber darlegungs- und beweispflichtig.

Ablehnungsgründe dokumentieren

Abgelehnte Bewerber haben die Möglichkeit, Ansprüche wegen Diskriminierung innerhalb von 2 Monaten geltend zu machen.[16] Um die konkreten Gründe der Absage auch noch zu einem späteren Zeitpunkt nachvollziehen zu können, sollten die Gründe der Ablehnung kurz dokumentiert werden. Für Zwecke der Abwehr von Klagen auf Entschädigung bzw. Schadensersatz nach dem AGG wegen angeblicher Diskriminierung sollten diese Unterlagen mindestens 2 Monate aufbewahrt werden. Unter Berücksichtigung von Unsicherheiten hinsichtlich des Fristbeginns sowie des Zeitraumes, der üblicherweise bis zu einer Klagezustellung verstreicht, werden in der Literatur auch Zeiträume von bis zu längstens 6 Monaten als noch angemessen erachtet. Insofern kann eine mehrmonatige Aufbewahrung durchaus hilfreich sein, da die Frist zur Geltendmachung von Ansprüchen erst dann beginnt, wenn die Absage dem Bewerber zugegangen ist und er Kenntnis von der Benachteiligung erlangt hat.[17]

Datenschutz

Bewerberdaten dürfen unter datenschutzrechtlichen Gesichtspunkten grundsätzlich nur bis zum Entscheidungszeitpunkt verwendet werden. Ist die Auswahlentscheidung getroffen, sind die Bewerberdaten der nicht Eingestellten grundsätzlich zu löschen, da ihre Verarbeitung für ihren Erhebungszweck – die Einstellung eines Beschäftigten – ab diesem Zeitpunkt nicht mehr notwendig ist.[18]

---

16 § 15 Abs. 4 AGG.

17 BAG, Urteil v. 15.3.2012, 8 AZR 160/11; BAG, Urteil v. 15.3.2012, 8 AZR 37/11.

18 Art. 17 Abs. 1 Buchst. a DSGVO.

Ausnahmsweise kann Benachteiligung erlaubt sein

Ausnahmsweise kann eine Benachteiligung aufgrund beruflicher Anforderungen und weiterer Rechtfertigungsgründe erlaubt sein.[19] Insbesondere wegen der für Arbeitgeber nachteiligen Beweislastverteilung in § 22 AGG und des damit verbundenen Haftungsrisikos ist für die Formulierung von Stellenanzeigen bzw. -ausschreibungen jedoch dringend davon abzuraten, dort solche nur ausnahmsweise erlaubten Anforderungen aufzunehmen.

Nach § 7 Abs. 1 TzBfG ist der Arbeitgeber verpflichtet, einen Arbeitsplatz, den er öffentlich oder innerhalb des Betriebs ausschreibt, auch als Teilzeitarbeitsplatz auszuschreiben, es sei denn, dass betriebliche Gründe einer Teilzeitarbeit an diesem Arbeitsplatz entgegenstehen.

1.2 Bedeutung der Stellenausschreibung für das Direktionsrecht

Der Inhalt der Stellenanzeige und der Stellenausschreibung hat auch nach Abschluss des Arbeitsvertrags häufig erhebliche Bedeutung. In den Arbeitsverträgen wurde jedenfalls bis zur Reform des Nachweisgesetzes im Jahr 2022 oftmals nur die Funktionsbezeichnung für den Arbeitsplatz aufgenommen. Selten enthielten sie eine genaue Arbeitsplatzbeschreibung. Aus der Stellenausschreibung kann der Arbeitnehmer jedoch im Streitfall ableiten, welche Funktionen er im Einzelnen wahrzunehmen hat.

Durch eine solche konkrete Ausschreibung wird die Reichweite des Direktionsrechts des Arbeitgebers umrissen. Die Definition der zu besetzenden Stelle in einer Anzeige oder einer innerbetrieblichen Ausschreibung konkretisiert somit in Zweifelsfällen die Aufgabenbeschreibung im Arbeitsvertrag. Aus beiden zusammen und der tatsächlichen Handhabung ergibt sich erst, ob eine bestimmte Anordnung arbeitsrechtlich durch das Direktionsrecht gedeckt ist oder ob es einer Änderungskündigung bedarf, weil vereinbarte Arbeitsbedingungen geändert werden müssen.

Eine weite Formulierung wie »Verkäufer [m/w/d]« bietet Flexibilität bei der Ausübung des Direktionsrechts, könnte in seiner Pauschalität jedoch den Anforderungen der Tätigkeitsbeschreibung i. S. d. § 2 Abs. 1 Satz 2 Nr. 5 NachwG nicht gerecht werden. Bei der insofern erforderlichen detaillierteren Tätigkeitsbeschreibung werden zwar die Pflichten genauer bestimmt, andererseits macht dann aber eine gewünschte Änderung der Aufgaben eher eine Änderungskündigung erforderlich. Umfang und Genauigkeit der Stellenausschreibung sollten sich an der Qualifikation der Stelle orientieren.

19 Vgl. §§ 8 ff. AGG.

Letztlich hängt es von den Vorstellungen des Arbeitgebers ab, welche Präferenzen gesetzt werden.

1.3 Information der Leiharbeitnehmer

Nach § 13a Abs. 1 Satz 1 AÜG ist der Entleiher verpflichtet, Leiharbeitnehmer über Arbeitsplätze, die besetzt werden sollen, zu informieren. Die Information kann nach § 13a Abs. 1 Satz 2 AÜG durch allgemeine Bekanntgabe an geeigneter, Leiharbeitnehmern zugänglicher Stelle im Betrieb oder im Unternehmen des Entleihers erfolgen. § 13a Satz 1 AÜG enthält einen eigenständigen, einklagbaren Informationsanspruch des Leiharbeitnehmers gegenüber dem Entleiher.

Der Entleiher muss über alle offenen Stellen in allen Betrieben des Entleiherunternehmens informieren.[20] Dabei hat der Entleiher über unbefristet sowie über befristet zu besetzende Stellen zu unterrichten. Unerheblich ist zudem, ob der Leiharbeitnehmer tatsächlich für die zu besetzende Stelle geeignet ist oder ob es sich um eine neu geschaffene oder eine wieder zu besetzende Stelle handelt.[21]

1.4 Mitbestimmung des Betriebsrats

Nach § 93 BetrVG kann der Betriebsrat verlangen, dass Arbeitsplätze, die besetzt werden sollen, allgemein oder für bestimmte Arten von Tätigkeiten vor ihrer Besetzung innerhalb des Betriebs ausgeschrieben werden. Nach § 99 Abs. 2 Nr. 5 BetrVG kann der Betriebsrat seine Zustimmung zu einer personellen Maßnahme verweigern, wenn eine nach § 93 BetrVG erforderliche Ausschreibung unterblieben ist.

20 ErfK, 2023, § 13a AÜG Rz. 2.
21 Däubler/Hjort/Schubert/Wolmerath, 2022, § 13a AÜG Rz. 2.

2 Bewerbungsverfahren: Diskriminierung und Schadensersatz/Entschädigung

Autoren: Dr. Adrian Löser, Dr. Manuel Schütt

Überblick

Die Anbahnung des Arbeitsverhältnisses findet nicht etwa noch im »rechtsfreien Raum« statt, sondern lässt bereits beiderseitig Rechte und Pflichten entstehen. Auch wenn es nicht zu einem Vertragsabschluss kommt, besteht bereits von der Vertragsanbahnung an und weiter aufgrund aufgenommener Vertragsverhandlungen zwischen den Beteiligten ein gesetzliches Schuldverhältnis mit beiderseitigen Rechten und Pflichten und damit bei Pflichtverletzungen eine mögliche Haftung sowohl des Arbeitgebers als auch des Bewerbers.

Bei der Anbahnung des Arbeitsverhältnisses ist insbesondere das Allgemeine Gleichbehandlungsgesetz (AGG) zu beachten. Es greift in fast alle Bereiche der Personalarbeit ein und stellt hohe Anforderungen an Arbeitgeber. Bei einem Verstoß gegen ein Benachteiligungsverbot ist der Arbeitgeber gemäß § 15 Abs. 1 AGG verpflichtet, den hierdurch entstandenen Vermögensschaden zu ersetzen, wenn er die Pflichtverletzung zu vertreten hat. Der Arbeitgeber ist bei Verletzung eines jeden Diskriminierungsmerkmals aus § 1 AGG zudem gemäß § 15 Abs. 2 AGG verschuldensunabhängig zum Ersatz des immateriellen Schadens verpflichtet.

2.1 Geschlechtsbezogene Benachteiligungen und AGG

Im Bewerbungsverfahren ist das AGG zu beachten. Eine Benachteiligung eines Bewerbers durch den Arbeitgeber aus Gründen der Rasse, der ethnischen Herkunft, des Geschlechts, der Religion oder Weltanschauung, einer Behinderung, des Alters oder der sexuellen Identität ist nach § 7 Abs. 3 AGG in Verbindung mit § 6 Abs. 1 AGG eine Verletzung vertraglicher Pflichten.

Weiblich, männlich, divers

Von den vorbezeichneten Diskriminierungsgründen spielt das Verbot der Benachteiligung wegen des Geschlechts in der Praxis eine entscheidende Rolle. Bezogen auf die Begründung des Arbeitsverhältnisses bedeutet das geschlechtsbezogene Benachteiligungsverbot, dass ein Bewerber nicht abgelehnt werden darf, weil er eine Frau oder ein Mann ist oder keiner dieser beiden geschlechtlichen Identitäten (diverses Geschlecht) zuzuordnen ist.

Das Bundesverfassungsgericht (BVerfG) hatte in seinem Beschluss vom 10.10.2017 (1 BvR 2019/16) festgehalten, dass das allgemeine Persönlichkeitsrecht nach Art. 2 Abs. 1 i. V. m. Art. 1 Abs. 1 GG auch die geschlechtliche Identität derjenigen, die sich dauerhaft weder dem männlichen noch dem weiblichen Geschlecht zuordnen lassen, schützt.

»Mitursache« ist für Benachteiligung ausreichend

Zur Annahme einer Benachteiligung ist nicht erforderlich, dass das Geschlecht alleinige Ursache für die Ablehnung war. Es reicht aus, wenn die Ablehnung neben anderen Gründen auch wegen des Geschlechts des Bewerbers vorgenommen wurde.[22] Auch ist nicht erforderlich, dass der Arbeitgeber das Benachteiligungsverbot schuldhaft missachtet hat.

Zulässige unterschiedliche Behandlung wegen des Geschlechts

Eine unterschiedliche Behandlung wegen des Geschlechts des Bewerbers ist nach der sehr unbestimmten Ausnahmevorschrift des § 8 Abs. 1 AGG zulässig, wenn das Geschlecht »wegen der Art der auszuübenden Tätigkeit oder der Bedingungen ihrer Ausübung eine wesentliche und entscheidende berufliche Anforderung darstellt, sofern der Zweck rechtmäßig und die Anforderung angemessen ist«. Allein ein sachlicher Grund oder reine Zweckmäßigkeitserwägungen rechtfertigen danach keine geschlechtsbezogene Differenzierung.

Der EuGH hat insofern klargestellt, dass sich der Begriff wesentliche und entscheidende berufliche Anforderung nicht auf subjektive Erwägungen wie den Willen des Arbeitgebers, besonderen Kundenwünschen zu entsprechen, erstrecken kann.[23]

Vermeintliche Kundenwünsche bzw. -erwartungen können demnach eine unterschiedliche Behandlung grundsätzlich nicht rechtfertigen. Handelt es sich jedoch um Tätigkeiten, die mit Kontakt zur Intimsphäre der Kunden – wie etwa im Pflegebereich – einhergehen, dürfte dies anders zu bewerten sein.[24]

Ungünstigere Behandlung einer Frau wegen Schwangerschaft oder Mutterschaft ist eine unmittelbare Benachteiligung

In der Vergangenheit war es umstritten, ob die Bewerbung einer Schwangeren abgelehnt werden konnte, weil die angestrebte Tätigkeit wegen eines Beschäftigungsverbots (z. B. Umgang mit gesundheitsgefährdenden Stoffen) überhaupt nicht aufgenommen werden konnte. Nachdem die Rechtsprechung des Europäischen Gerichtshofes (EuGH)[25] dem zugunsten der Schwangeren ein Ende bereitet hat, heißt es heute im Gesetz ausdrücklich, dass auch die ungünstigere Behandlung einer Frau wegen Schwangerschaft oder Mutterschaft eine unmittelbare Benachteiligung im Sinne des Gesetzes darstellt.[26]

22 BVerfG, Urteil v. 16.11.1993, 1 BvR 258/86; BAG, Urteil v. 25.6.2020, 8 AZR 75/19.
23 EuGH, Urteil v. 14.3.2017, C-188/15.
24 Schaub, Arbeitsrechts-Handbuch, 2021, § 36 Rz. 53.
25 EuGH, Urteil v. 3.2.2000, C-207/98.
26 § 3 Abs. 1 Satz 2 AGG.

In der Praxis wird die Auswahlentscheidung häufig von mehreren Motiven getragen. Wenn in einem solchen Motivbündel, das die Entscheidung beeinflusst hat, das Geschlecht als Kriterium enthalten gewesen ist, liegt eine Benachteiligung wegen des Geschlechts auch dann vor, wenn noch andere Gründe für die Ablehnung der Bewerbung maßgeblich waren.[27] Der in der Praxis häufige Einwand der besseren Eignung des schließlich eingestellten Mitbewerbers schließt eine Benachteiligung nicht aus.

Mittelbare Benachteiligungen

Unzulässig sind nach § 3 Abs. 2 AGG auch mittelbare Benachteiligungen eines Bewerbers oder einer Bewerberin wegen der Diskriminierungsmerkmale des § 1 AGG. Eine mittelbare Benachteiligung liegt dann vor, wenn dem Anschein nach neutrale Maßnahmen, Verfahren oder Vorgehensweisen eine Person wegen eines in § 1 AGG genannten Grundes gegenüber anderen Personen benachteiligen. Mittelbar geschlechtlich diskriminierend ist eine Maßnahme also, wenn sie nur mittelbar auf dem Geschlecht beruht. Das setzt voraus, dass sie wegen eines neutralen Differenzierungskriteriums erfolgt, das tatsächlich überwiegend zum Nachteil von Frauen (Männern) wirkt (statistische Diskriminierung, z. B. der überwiegend aus Frauen [Männern] bestehende Anteil der Teilzeitbeschäftigten eines Betriebs), ohne dass sie aus sachlichen Gründen gerechtfertigt ist und die Mittel zur Erreichung dieses Ziels angemessen und erforderlich sind.

Das BAG hatte darauf hingewiesen, dass nach § 7 Abs. 1 TzBfG der Arbeitgeber einen Arbeitsplatz, den er öffentlich oder innerhalb des Betriebs ausschreibt, nur dann auch als Teilzeitarbeitsplatz auszuschreiben hat, wenn sich der Arbeitsplatz hierfür eignet.

2.2 Das Benachteiligungsverbot von Menschen mit Behinderungen

Eine Behinderung eines Menschen i. S. d. § 1 AGG liegt dann vor, wenn die körperliche Funktion, geistige Fähigkeit oder seelische Gesundheit eines Menschen langfristig eingeschränkt ist und dadurch seine Teilhabe an der Gesellschaft, wozu auch die Teilhabe am Berufsleben gehört, substanziell beeinträchtigt sein kann. Auf einen bestimmten Grad der Behinderung kommt es nicht an.[28]

Ungleichbehandlung auch bei nur einer Annahme der Behinderung untersagt

Die ungerechtfertigte Benachteiligung eines Bewerbers ist auch dann untersagt, wenn der Arbeitgeber eine Behinderung nur annimmt. Gefestigte Kenntnisse eines Arbeitgebers über die Behinderung eines Bewerbers sind nicht Voraussetzung einer

27 Vgl. BAG, Urteil v. 20.1.2016, 8 AZR 194/14.
28 BAG, Urteil v. 19.12.2013, 6 AZR 190/12.

Benachteiligung nach dem AGG. Die in einem Bewerbungsgespräch gestellten Fragen nach näher bezeichneten gesundheitlichen Beeinträchtigungen können je nach Einzelfall auf die Nachfrage, ob eine Behinderung vorliege, schließen lassen bzw. darauf, dass der Arbeitgeber eine Behinderung mutmaßt.[29]

Es lassen sich Vergleiche mit dem Benachteiligungsverbot wegen des Geschlechts ziehen. Ebenso wie ein Bewerber nicht deswegen abgelehnt werden darf, weil er eine Frau (oder ein Mann) ist, darf seine Bewerbung nicht zurückgewiesen werden, weil er eine Behinderung hat. Die Rechtslage, die Voraussetzungen der Diskriminierung und die Folgen entsprechen sich. Auf die Erläuterungen und die Rechtsprechung zum geschlechtsbezogenen Diskriminierungsverbot kann somit verwiesen werden.

Gemäß § 8 Abs. 1 AGG ist eine unterschiedliche Behandlung wegen der Behinderung nur zulässig, soweit eine bestimmte körperliche Funktion, geistige Fähigkeit oder seelische Gesundheit wesentliche und entscheidende berufliche Anforderung für die Tätigkeit darstellt, der Zweck rechtmäßig und die Anforderung angemessen ist.

Der abgelehnte Bewerber mit Behinderung braucht nicht selbst zu klagen. Mit seinem Einverständnis können auch nicht selbst am Prozess beteiligte, nach Bundes- oder Landesrecht zuständige Verbände klagen (§ 23 AGG).

Pflichten des Arbeitgebers

Nach § 164 SGB IX ist der Arbeitgeber verpflichtet zu prüfen, ob ein freier Arbeitsplatz mit einem schwerbehinderten Menschen, insbesondere einem bei der Agentur für Arbeit arbeitslos oder arbeitsuchend gemeldeten schwerbehinderten Menschen, besetzt werden kann. Im Rahmen dieser Prüfpflicht muss der Arbeitgeber frühzeitig Verbindung mit der Agentur für Arbeit aufnehmen. Setzt sich der Arbeitgeber über die Prüfungspflicht hinweg, begeht er einen Verstoß gegen § 99 Abs. 2 Nr. 1 BetrVG, der den Betriebsrat berechtigt, seine Zustimmung zur Einstellung eines Bewerbers zu verweigern.

Besondere Pflichten gelten für öffentliche Arbeitgeber

Besondere Pflichten gelten nach § 165 SGB IX für öffentliche Arbeitgeber: Sie müssen frei werdende und neu zu besetzende Stellen und neue Arbeitsplätze i. S. d. § 156 SGB IX frühzeitig der Agentur für Arbeit melden und schwerbehinderte Menschen, die sich auf einen solchen Arbeitsplatz bewerben, zu einem Vorstellungsgespräch einladen (§ 165 Satz 3 SGB IX). Nicht ausreichend ist es dabei, wenn das Stellenangebot lediglich über die Jobbörse der Bundesagentur für Arbeit veröffentlicht wurde.[30]

---

29 BAG, Urteil v. 17.12.2009, 8 AZR 670/08; vgl. auch BAG, Urteil v. 17.12.2015, 8 AZR 421/14.
30 BAG, Urteil v. 25.11.2021, 8 AZR 313/20.

Eine Einladung zum Gespräch mit einem öffentlichen Arbeitgeber ist nur dann entbehrlich, wenn die fachliche Eignung für den Arbeitsplatz offensichtlich fehlt (§ 165 Satz 4 SGB IX). »Offensichtlich« fachlich nicht geeignet ist, wer unzweifelhaft nicht dem Anforderungsprofil der zu vergebenden Stelle entspricht. Bloße Zweifel an der fachlichen Eignung rechtfertigen es nicht, von einer Einladung abzusehen, weil sich Zweifel im Vorstellungsgespräch ausräumen lassen können.[31]

Offensichtlich ungeeignet sind Bewerber dann, wenn eine Qualifikation nicht oder nicht ausreichend vorliegt. Dies ist z. B. der Fall, wenn bei einem Abschluss die Note »gut« gefordert wird, der Bewerber jedoch nur ein »befriedigend« vorzuweisen hat.[32]

Dabei muss beachtet werden, dass lediglich diejenigen Qualifikationen zur offensichtlichen Ungeeignetheit des Bewerbers führen können, die

- schon vor der Ausschreibung im Stellenprofil festgelegt wurden,
- erkennbar eine zwingende Voraussetzung darstellen und
- während des kompletten Auswahlprozesses vom Arbeitgeber konsequent angewendet werden.

Voraussetzungen für schwerbehinderte Bewerber

Auch der schwerbehinderte Bewerber muss bestimmte Voraussetzungen erfüllen, wenn er gemäß § 165 Satz 3 SGB IX zu einem Vorstellungsgespräch von einem öffentlichen Arbeitgeber eingeladen werden will:

1. Der Bewerber muss seine Anerkennung als schwerbehinderter Mensch im Bewerbungsverfahren mitteilen, und zwar grundsätzlich bis zum Ablauf der Bewerbungsfrist.[33] Er muss dies bei jeder Bewerbung erneut, auch wenn er sich in der Vergangenheit bei demselben Unternehmen schon einmal beworben hat.[34]
2. Es muss ein hinreichender Hinweis auf die Schwerbehinderung vorliegen. Eine Information im Bewerbungsanschreiben oder an gut erkennbarer Stelle im Lebenslauf ist regelmäßig ausreichend.[35] Unauffällige Informationen oder eine in den weiteren Bewerbungsunterlagen befindliche Kopie des Schwerbehindertenausweises sind keine ausreichende Information des angestrebten Arbeitgebers.[36]
3. Zudem muss die Schwerbehinderteneigenschaft im Sinne des SGB IX im Zeitpunkt der Bewerbung vorliegen.

Der Arbeitgeber muss bei Geltendmachung vermeintlicher Ansprüche auf Entschädigung wegen Diskriminierung aufgrund einer Schwerbehinderung durch den Bewerber

31 LAG Mecklenburg-Vorpommern, Urteil v. 30.7.2019, 5 Sa 82/18.
32 BAG, Urteil v. 29.4.2021, 8 AZR 279/20.
33 BAG, Urteil v. 17.12.2020, 8 AZR 171/20.
34 Vgl. hierzu: BAG, Urteil v. 18.9.2014, 8 AZR 759/13.
35 BAG, Urteil v. 22.10.2015, 8 AZR 384/14.
36 Vgl. hierzu: BAG, Urteil v. 18.9.2014, 8 AZR 759/13 unter Verweis auf BAG, Urteil v. 26.9.2013, 8 AZR 650/12.

mithin sorgfältig prüfen, ob, und falls ja, auf welche Art und Weise dem Arbeitgeber die Schwerbehinderteneigenschaft mitgeteilt wurde. Wurde diese in der beschriebenen Weise mitgeteilt, besteht für öffentliche Arbeitgeber die Verpflichtung, den Bewerber zu einem Vorstellungsgespräch einzuladen (§ 165 Satz 3 SGB IX).

2.3 Das Benachteiligungsverbot wegen Alters

Zu den vom Gesetz geschützten Diskriminierungsmerkmalen gehört gemäß § 1 AGG auch das **Lebensalter.** Das Benachteiligungsverbot ist neutral und soll **sowohl ältere als auch jüngere** Bewerber oder Beschäftigte schützen. Der Gesetzgeber hat jedoch besonders die ungünstige Situation älterer Arbeitnehmer auf dem Arbeitsmarkt gesehen. Nach seinen Vorstellungen sollen bei gleicher Qualifikation nicht automatisch jüngere Bewerber den älteren vorgezogen werden. Eine besondere Benachteiligungswirkung haben insbesondere altersabhängige Entscheidungen im Bereich der Einstellung, der Beendigung des Arbeitsverhältnisses, der Einstufung in Entgeltgruppen, des Übergangs in den Ruhestand und der Teilnahme an Weiterbildungsmaßnahmen.

Eine unterschiedliche Behandlung von Bewerbern wegen des Alters ist zum einen nach der allgemeinen Ausnahmevorschrift des § 8 AGG zulässig, wenn das Lebensalter eine wesentliche und entscheidende Voraussetzung der auszuübenden Tätigkeit darstellt. Das kann z. B. bei Berufen mit hohen körperlichen Anforderungen (Heben schwerer Gewichte) zutreffen. Über diese Generalklausel hinaus ist die zulässige unterschiedliche Behandlung wegen des Alters in § 10 AGG gesondert geregelt. Nach diesem speziellen Rechtfertigungstatbestand ist eine solche unterschiedliche Benachteiligung auch zulässig, wenn sie »objektiv und angemessen und durch ein legitimes Ziel gerechtfertigt ist« (§ 10 Satz 1 AGG), und außerdem »die Mittel zur Erreichung dieses Ziels angemessen und erforderlich sind« (§ 10 Satz 2 AGG). Wie sich aus dem Wort »derartige« in § 10 Satz 3 AGG ergibt, müssen diese Voraussetzungen bei jedem in der Folge im Gesetz aufgezählten Punkte vorliegen.

Mindestalter und Höchstalter

Für die Einstellung von Arbeitnehmern sind für die Praxis insbesondere die Bestimmungen nach § 10 Satz 3 Nr. 2 und Nr. 3 AGG über die Festlegung von Mindestanforderungen an das Alter und die Festsetzung eines Höchstalters von Bedeutung.

Obwohl die Festlegung eines Mindest(lebens)alters in § 10 Satz 3 Nr. 2 AGG genannt ist, dürfte hier Vorsicht geboten sein. Jedenfalls für Stellenanzeigen sollte genau geprüft werden, ob die zu besetzende Position tatsächlich ein bestimmtes Lebensalter – objektiv gesehen – voraussetzt. Höchstaltersgrenzen bei der Einstellung können durch sehr hohe Anforderungen an die körperlichen Fähigkeiten im Polizeidienst gerechtfertigt sein.[37]

Die Festsetzung eines Höchstalters ist nach § 10 Satz 3 Nr. 3 AGG aufgrund der spezifischen Ausbildungsanforderungen eines bestimmten Arbeitsplatzes oder aufgrund der Notwendigkeit einer angemessenen Beschäftigungszeit vor dem Eintritt in den Ruhestand zulässig. Dem liegt die Überlegung des Gesetzgebers zugrunde, dass bei älteren Beschäftigten, deren Rentenalter bereits absehbar ist, einer aufwendigen Einarbeitung am Arbeitsplatz auch eine betriebswirtschaftlich sinnvolle Mindestdauer einer produktiven Arbeitsleistung gegenüberstehen muss. Unter diesen Voraussetzungen kann auch ein Höchstalter für die Einstellung genannt werden[38], was jedoch insofern gefährlich ist, da zunächst einmal unmittelbar wegen des Alters benachteiligt wird.

Bei der Prüfung der angemessenen Beschäftigungszeit vor dem Eintritt in den Ruhestand ist der zeitliche und wirtschaftliche Aufwand der Einarbeitung des Bewerbers seiner zu erwartenden Arbeitsleistung gegenüberzustellen.

Auch hier ist wieder die Beweislastregel des § 22 AGG zu beachten. Den Arbeitgeber trifft die Beweislast, wenn ein geeigneter, abgelehnter Bewerber den Altersvorstellungen der Ausschreibung oder Anzeige nicht entsprochen hat. Deshalb ist bei Altersangaben stets Vorsicht geboten.[39] Auf keinen Fall sollten Alterskorridore (»Sie sind zwischen 30 und 40 Jahre alt…«, »Für unser junges, dynamisches Team suchen wir …«) angegeben werden.

Verwendung der Begriffe »Berufseinsteiger« oder »Junior Consultant«
Anders als die in einer Stellenanzeige enthaltene Formulierung »Berufseinsteiger sowie bis zu 5 Jahre Berufserfahrung«[40] kann die solitäre Verwendung des Begriffs »Berufseinsteiger« Personen wegen des Alters gegenüber anderen Personen nicht in besonderer Weise benachteiligen.[41]

Der Begriff »Junior Consultant« ist ein altersunabhängiger betriebshierarchischer Begriff.[42] Das Wort »Junior« bedeute im Englischen zwar auch »jung«. Wird es allerdings, so das LAG Baden-Württemberg, im Zusammenhang mit einer betrieblichen Stellung verwendet, bedeutet es »von geringerem Dienstalter« bzw. von »niedrigerem Rang«, also jeweils mit geringerer spezifischer beruflicher Erfahrung, ohne dass diese

37 EuGH, Urteil v. 15.11.2016, C-258/15 (Salaberria Sorondo).
38 Vgl. hierzu VGH München, Beschluss v. 2.3.2020, 3 ZB 19.1090 zu Einstellungshöchstaltersgrenzen für Beamte.
39 Vgl. hierzu: BAG, Urteil v. 19.8.2010, 8 AZR 530/09.
40 BAG, Urteil v. 11.8.2016, 8 AZR 809/14.
41 LAG Hessen, Urteil v. 28.5.2019, 15 Sa 116/19.
42 LAG Baden-Württemberg, Urteil v. 19.11.2015, 6 Sa 68/14.

Bezeichnung an das Alter des Mitarbeiters knüpft. Die Klage des Bewerbers auf Entschädigung wegen einer Altersdiskriminierung ist mit dieser Begründung abgelehnt worden.

Schwierig wird es auch, wenn etwa ein Bewerber über einen Mitarbeiter der Personalabteilung nachweisen kann, dass alle Bewerber, die älter als 50 Jahre sind, bereits vorab aussortiert worden sind. In dem Fall ist der Indizienbeweis geführt, dass eine Benachteiligung wegen des Alters zu vermuten ist und die Beweislast dafür, dass andere, sachliche Gründe zur Ablehnung der Bewerbung geführt haben, liegt nun beim Arbeitgeber.

2.4 Sonstige Benachteiligungsverbote

Die sonstigen Diskriminierungsmerkmale des § 1 AGG (Rasse, ethnische Herkunft, Religion, Weltanschauung, sexuelle Identität) werden in der Praxis im Vorfeld des Arbeitsverhältnisses eine eher untergeordnete Rolle spielen.

Auch hier ist aber Vorsicht geboten, etwa bei bestimmten Äußerlichkeiten (»Sie haben ein gepflegtes Äußeres ...«). Das könnte eine Benachteiligung eines Bewerbers mit einer sichtbaren Behinderung sein.

Speziell die kirchlichen Arbeitgeber sollten lediglich dann die Konfession als Anforderung definieren, wenn die Angehörigkeit zu einer bestimmten Religionsgemeinschaft angesichts des Ethos der Kirche und der Art der Tätigkeit oder der Umstände ihrer Erbringung eine wesentliche, rechtmäßige und gerechtfertigte berufliche Anforderung darstellt. Dies ist z. B. bei einer reinen Verwaltungstätigkeit nicht der Fall.[43]

2.5 Anspruch auf Entschädigung und Schadensersatz

Bei einem Verstoß gegen ein Benachteiligungsverbot ist der Arbeitgeber gemäß § 15 Abs. 1 AGG verpflichtet, den hierdurch entstandenen Vermögensschaden zu ersetzen, wenn er die Pflichtverletzung zu vertreten hat. Dabei ist zu beachten, dass der Arbeitgeber für verfassungsmäßige Vertreter (z. B. Geschäftsführer einer GmbH, Vorstand einer AG) über § 31 BGB und gemäß § 278 BGB auch für seine mit der Personalauswahl betrauten Hilfspersonen haftet.[44] Er hat also für das schuldhafte Verhalten seiner Personalabteilung wie auch von potenziellen Vorgesetzten des Bewerbers einzustehen. Voraussetzung des nach oben unbegrenzten Schadensersatzanspruchs ist nach § 280 BGB, dass die Pflichtverletzung für den eingetretenen Schaden kausal war.

43 ArbG Karlsruhe, Urteil v. 18.9.2020, 1 Ca 171/19.
44 Schaub, Arbeitsrechts-Handbuch, 2021, § 36 Rz. 100.

Der Arbeitgeber kann demnach gegen ihm gegenüber erhobene Schadensersatzansprüche nach § 15 Abs. 1 AGG einwenden, dass der Bewerber auch bei benachteiligungsfreier Auswahl nicht eingestellt worden wäre, weil der tatsächlich Eingestellte oder Beförderte besser geeignet ist als der Benachteiligte. Bei der Beurteilung der Eignung dürfen nicht nur Kriterien wie bestimmte Qualifikationen und Noten berücksichtigt werden, sondern auch Kriterien wie Selbstbewusstsein, Teamfähigkeit, Führungsstärke und soziale Kompetenz. Dabei obliegt dem abgelehnten Bewerber die Darlegungs- und Beweislast dafür, dass er bei benachteiligungsfreier Auswahl den begehrten Arbeitsplatz erhalten hätte.[45]

Gelingt ihm die Darlegung oder der Beweis nicht, kann der unzulässig benachteiligte Arbeitnehmer ggf. dennoch einen Entschädigungsanspruch nach § 15 Abs. 2 AGG geltend machen.

Ein Einstellungsanspruch wird jedenfalls nach § 15 Abs. 6 AGG ausdrücklich ausgeschlossen.

Ersatz des immateriellen Schadens

Der Arbeitgeber ist bei Verletzung eines jeden Diskriminierungsmerkmals aus § 1 AGG zudem zum Ersatz des immateriellen Schadens verpflichtet. Nach § 15 Abs. 2 AGG ist hierfür auch ohne ein Verschulden des Arbeitgebers oder seiner Erfüllungsgehilfen bzgl. der Benachteiligung eine »angemessene Entschädigung«, also eine Art Schmerzensgeld, zu zahlen. Die Entschädigung muss der Schwere des Verstoßes entsprechen, indem sie insbesondere eine wirklich abschreckende Wirkung gegenüber dem Arbeitgeber gewährleistet, zugleich aber den allgemeinen Grundsatz der Verhältnismäßigkeit wahrt.[46] Auch wenn für die Entschädigungshöhe »amerikanische Verhältnisse« nicht zu erwarten sind, dürfte der Entschädigungsanspruch im Vergleich zum Schadensersatzanspruch in der Praxis die größere Bedeutung haben, zumal die Anspruchsvoraussetzungen gegenüber dem Schadensersatzanspruch niedriger sind. Das Arbeitsgericht kann z. B. folgende Gesichtspunkte bei der Bemessung des Entschädigungsanspruchs berücksichtigen:

- die Art und Schwere der Benachteiligung,
- ihre Dauer und Folgen,
- der Anlass und der Beweggrund des Handelns,
- der Grad der Verantwortlichkeit des Arbeitgebers, etwa geleistete Wiedergutmachung oder erhaltene Genugtuung und
- das Vorliegen eines Wiederholungsfalles.[47]

45 So BAG, Urteil v. 19.8.2010, 8 AZR 530/09.
46 BAG, Urteil v. 11.8.2016, 8 AZR 4/15; vgl. auch BAG, Urteil v. 27.8.2020, 8 AZR 62/19.
47 BAG, Urteil v. 19.8.2010, 8 AZR 530/09; vgl. ErfK, 2022, § 15 AGG Rz. 10.

Alle betroffenen Bewerber haben einen Entschädigungsanspruch

Bei einer diskriminierenden Stellenanzeige oder -ausschreibung haben nach § 15 Abs. 2 AGG **alle** betroffenen Bewerber Anspruch auf eine »angemessene Entschädigung« als verschuldensunabhängige Sanktion.

Der Arbeitgeber, der eine Stelle unter Verstoß gegen das Diskriminierungsverbot nach § 11 AGG i.V.m. §§ 7 Abs. 1, 1 AGG ausgeschrieben hat (z.B. nicht geschlechtsneutral), kann sich gegenüber einer Entschädigungsforderung nicht darauf berufen, dass der Bewerber für die Stelle ungeeignet sei, also die Qualifikationsanforderungen nicht erfülle, sodass er aus diesem Grunde nicht diskriminiert sein könne.

Der Entschädigungsanspruch setzt nicht voraus, dass der Bewerber ohne die Diskriminierung die Stelle erhalten hätte. Nach § 15 Abs. 2 Satz 2 AGG darf allerdings die Entschädigung bei einer Nichteinstellung 3 Monatsverdienste nicht überschreiten, wenn der Bewerber auch bei benachteiligungsfreier Auswahl nicht eingestellt worden wäre. Bei der in § 15 Abs. 2 AGG bestimmten Grenze handelt es sich um eine »Kappungsgrenze«. Danach ist zunächst die Höhe einer angemessenen und der Höhe nach nicht begrenzten Entschädigung zu ermitteln und diese ist dann, wenn sie 3 Monatsgehälter übersteigen sollte, zu kappen.[48]

Beispiel: Bewerbung eines Mannes auf für Frauen ausgeschriebenen Arbeitsplatz

Ein männlicher Sportlehrer mit mehrjähriger Berufserfahrung bewirbt sich auf eine Stellenausschreibung eines Schulvereins mit folgendem Inhalt: »Wir suchen eine Fachlehrerin Sport (w)«. Hierauf bekam der Bewerber die Antwort: »[…] leider suchen wir eine weibliche Sportlehrkraft für die Mädchen der Oberstufe.«

Der Bewerber hat einen Anspruch gegen den Schulverein auf Zahlung einer Entschädigung nach § 15 Abs. 2 AGG, da der Verein ihn unmittelbar i.S.v. § 3 Abs. 1 AGG wegen seines Geschlechts benachteiligt hat. Diese Benachteiligung war auch nicht ausnahmsweise nach § 8 Abs. 1 AGG zulässig.[49]

Die Benachteiligung eines Bewerbers setzt grundsätzlich voraus, dass im Zeitpunkt der Besetzungsentscheidung die Bewerbung bereits vorlag.[50] Allerdings schließt die Besetzung einer Stelle vor Eingang einer Bewerbung nicht generell eine Benachteiligung i.S.v. § 3 Abs. 1 AGG aus. Denn die Chance auf Einstellung kann dem Bewerber auch durch eine diskriminierende Gestaltung des Bewerbungsverfahrens genommen werden[51], z.B. weil ein Arbeitgeber die ausgeschriebene Stelle vor Ablauf einer von ihm gesetzten Bewerbungsfrist besetzt oder ein diskriminierendes Verhalten den Bewerber von einer früheren Bewerbung abhielt.

48 BAG, Urteil v. 19.12.2019, 8 AZR 2/19.

49 BAG, Urteil v. 19.12.2019, 8 AZR 2/19.

50 BAG, Urteil v. 19.8.2010, 8 AZR 370/09.

51 BAG, Urteil v. 17.8.2010, 9 AZR 839/08.

Personalentscheidung mithilfe von Algorithmen

Arbeitgeber müssen darauf achten, dass einem (teil-)automatisierten Auswahlprozess aus diskriminierungsrechtlicher Sicht eine fehlerfreie Datenbasis zur Verfügung gestellt wird. Arbeitgeber treffen jedenfalls nach § 12 AGG Organisationspflichten, die auch die Auswahl und Überwachung eines Recruiting-Roboters umfassen. Hätte ein Arbeitgeber Benachteiligungen im Robot-Recruiting durch entsprechende Vorkehrungen vermeiden können, kommt eine Haftung nach § 15 AGG grundsätzlich in Betracht.[52]

2.6 Geltendmachung von Entschädigungs- und Schadensersatzansprüchen

Entschädigungsansprüche nach § 15 Abs. 2 AGG sind ausschließlich gegen den Arbeitgeber zu richten. Insbesondere begründen § 15 Abs. 1 und Abs. 2 AGG keine Ansprüche gegen Personalberatungsunternehmen, selbst wenn der Personalvermittler die endgültige Auswahl in alleiniger Verantwortung durchführt.[53]

Der abgelehnte Bewerber muss gemäß § 15 Abs. 4 AGG die von ihm behaupteten Ansprüche nach dem AGG auf Entschädigung und Schadensersatz innerhalb einer Frist von 2 Monaten schriftlich gegenüber dem Arbeitgeber geltend machen (Ausschlussfrist, 1. Stufe). Das Schriftformgebot des § 15 Abs. 4 Satz 1 AGG verlangt nicht die gesetzliche Schriftform nach § 126 Abs. 1 BGB, ausreichend ist vielmehr die Textform nach § 126 b BGB.[54] Diese Frist beginnt mit dem Zugang der Ablehnung der Bewerbung. Ein Schweigen oder Untätigbleiben des Arbeitgebers reicht aber grundsätzlich nicht aus, um die Frist des § 15 Abs. 4 AGG in Lauf zu setzen.[55] Im Geltungsbereich von Tarifverträgen gelten die dort geregelten Ausschlussfristen.

Eine Klage des Bewerbers muss gemäß § 61b Abs. 1 ArbGG binnen 3 Monaten nach der schriftlichen Geltendmachung des Anspruchs gegenüber dem Arbeitgeber erhoben werden (Klagefrist, 2. Stufe).

Bewerbungsunterlagen aufbewahren und sperren

Im Hinblick auf mögliche Entschädigungs- und Schadensersatzansprüche nach dem AGG sollten Bewerbungsunterlagen bzw. eine Kopie davon mindestens bis zum Ablauf der 2-monatigen Ausschlussfrist nach § 15 Abs. 4 AGG aufbewahrt werden. Macht ein übergangener Bewerber innerhalb dieser (ggf. tarifvertraglich modifizierten) Frist An-

52 Freyler, NZA 2020, S. 284.
53 BAG, Urteil v. 23.1.2014, 8 AZR 118/13.
54 BAG, Urteil v. 16. 2.2012, 8 AZR 697/10.
55 BAG, Urteil v. 23.1.2020, 8 AZR 484/18.

sprüche geltend, verlängert sich die Aufbewahrung mindestens um die in § 61b ArbGG genannte 3-monatige Frist.

Ein abgelehnter Bewerber hat nach der Rechtsprechung jedoch keinen Anspruch darauf, den Grund der Absage zu erfahren und Auskunft über die Einstellung eines Mitbewerbers zu verlangen. Für den Arbeitgeber wird daher nach Ablauf der ersten 5 Monate ab Beendigung des Bewerbungsverfahrens das Risiko einer Inanspruchnahme wegen angeblicher Diskriminierung nach dem AGG jedenfalls rein tatsächlich deutlich abnehmen.[56]

Allerdings sind die Bewerberdaten im Hinblick auf § 26 BDSG bis zum Ende der Aufbewahrung zu sperren. Die Bewerberdaten müssen dahingehend gekennzeichnet werden, dass sie nur noch zur Abwehr von Ansprüchen verarbeitet oder genutzt werden dürfen.

Darlegungs- und Beweislast

Die Darlegungs- und Beweislast ist zum Nachteil des Arbeitgebers geregelt. Nach § 22 AGG muss in einer ersten Stufe der benachteiligte Arbeitnehmer bzw. Bewerber (nur) Indizien vortragen und beweisen, die nach der allgemeinen Lebenserfahrung eine Benachteiligung wegen eines in § 1 AGG genannten Grundes vermuten lassen. Dabei genügt es, dass Indizien vorgetragen werden, die mit überwiegender Wahrscheinlichkeit darauf schließen lassen, dass eine Benachteiligung wegen eines in § 1 AGG genannten Grundes erfolgt ist.[57]

Gelingt dem Benachteiligten der Beweis von Indizien, trägt der Arbeitgeber in der zweiten Stufe die Darlegungs- und Beweislast dafür, dass der Gleichbehandlungsgrundsatz nicht verletzt worden ist.[58]

Die Beweislastumkehr zulasten des Arbeitgebers tritt z. B. schon dann ein, wenn der abgewiesene Bewerber eine geschlechtsbezogene Benachteiligung behauptet und sich als Indiz dafür auf eine nicht geschlechtsneutrale, sondern geschlechtsspezifische Stellenausschreibung berufen kann.[59] Ein solcher Verstoß gegen § 1 AGG begründet grundsätzlich die Vermutung, dass ein Arbeitnehmer eines bestimmten Geschlechts, unabhängig davon, ob noch andere Gründe für die Einstellungsentscheidung maßgeblich waren, wegen seines Geschlechts benachteiligt worden ist. Dann trägt der Arbeitgeber die volle Darlegungs- und Beweislast dafür, dass die Ablehnung des Bewerbers aus sachlichen Gründen geschehen ist, die mit dem Geschlecht nichts

56 Greßlin, BB 2015, S. 117 m. w. N.
57 BAG, Urteil v. 26.1.2017, 8 AZR 736/15.
58 BAG, Urteil v. 26.6.2014, 8 AZR 547/13.
59 BAG, Urteil v. 27.4.2000, 8 AZR 295/99.

zu tun haben, oder dass das Geschlecht unverzichtbare Voraussetzung für die ausgeschriebene Tätigkeit ist.

Betriebsrat oder Gewerkschaft kann Rechte gerichtlich geltend machen

Der Arbeitgeber hat nicht nur mit Klagen abgelehnter Bewerber zu rechnen. Nach § 17 Abs. 2 AGG kann der Betriebsrat oder eine im Betrieb vertretene Gewerkschaft bei einem groben Verstoß des Arbeitgebers gegen Vorschriften aus dem zweiten Abschnitt des AGG unter den Voraussetzungen des § 23 Abs. 3 Satz 1 BetrVG die dort genannten Rechte gerichtlich geltend machen. Danach kann der Betriebsrat beim Arbeitsgericht beantragen, dem Arbeitgeber aufzugeben, eine Handlung zu unterlassen, die Vornahme einer Handlung zu dulden oder eine Handlung vorzunehmen. Der Antrag setzt voraus, dass der Arbeitgeber bereits grob gegen seine sich aus dem zweiten Abschnitt des AGG ergebenden Pflichten verstoßen hat. Die bloße Gefahr eines groben Pflichtenverstoßes reicht nicht.[60]

Darüber hinaus sind Antidiskriminierungsverbände nach § 23 Abs. 2 AGG im Rahmen ihres Satzungszwecks befugt, in gerichtlichen Verfahren als Beistände Benachteiligter aufzutreten.

60 BAG, Beschluss v. 18.8.2009, 1 ABR 47/08.

3 Bewerbungsverfahren: Feststellung der Eignung des Bewerbers

Autoren: Dr. Adrian Löser, Dr. Manuel Schütt

Überblick

Um festzustellen, ob ein Bewerber für eine Stelle geeignet ist, kann der Arbeitgeber auf eine Vielzahl von Informationsquellen zurückgreifen. Hierzu gehören nicht nur Bewerbungsunterlagen und Vorstellungsgespräche. Als weitere Erkenntnisquellen dienen z. B. psychologische Eignungstests oder Recherchen im Internet über den betreffenden Bewerber. Obgleich das Interesse des Arbeitgebers an umfassender Information nachvollziehbar ist, unterliegt der Zugriff auf solche Erkenntnisquellen rechtlichen Schranken.

3.1 Datenschutz

Im Mai 2017 wurde eine Neufassung des Bundesdatenschutzgesetzes (BDSG) beschlossen. Damit wurde das deutsche Recht an die EU-Datenschutzgrundverordnung (DSGVO) angepasst.

Die Erhebung, Verarbeitung und Nutzung personenbezogener Daten ist nur zulässig, soweit dieses Gesetz oder eine andere Rechtsvorschrift dies erlaubt oder anordnet oder der Betroffene eingewilligt hat (Verbot mit Erlaubnisvorbehalt).

Nach § 26 Abs. 1 BDSG dürfen personenbezogene Daten eines Beschäftigten für Zwecke des Beschäftigungsverhältnisses verarbeitet werden, wenn dies für die Entscheidung über die Begründung eines Beschäftigungsverhältnisses erforderlich ist. Anwendbar ist § 26 BDSG damit, wenn der Arbeitgeber für Zwecke des Beschäftigungsverhältnisses personenbezogene Daten des Beschäftigten erhebt, speichert oder nutzt.[61]

Ferner gewährt der Gesetzgeber einen besonderen Schutz für besondere Arten personenbezogener Daten. Nach Art. 9 Abs. 1 DSGVO gehören zu den besonderen Arten personenbezogener Daten Angaben über die rassische und ethnische Herkunft, politische Meinungen, religiöse oder philosophische Überzeugungen, Gewerkschaftszugehörigkeit, Gesundheit oder Sexualleben. Der besondere Schutz, der diesen Daten zugutekommt, besteht darin, dass sich die Einwilligung hinsichtlich der Erhebung, Verarbeitung oder Nutzung solcher Daten ausdrücklich auf diese beziehen muss (Art. 9 Abs. 2 Buchst. a DSGVO, § 26 Abs. 3 Satz 2 BDSG). Darüber hinaus werden nach § 28 BDSG an das Erheben, Verarbeiten und Nutzen von besonderen Arten personen-

61 ErfK, 2022, § 26 BDSG Rz. 6.

bezogener Daten strengere Anforderungen gestellt. Mit §§ 22, 28 Abs. 1 BDSG hat der deutsche Gesetzgeber von der Ermächtigung aus Art. 9 Abs. 2 Buchst. j DSGVO Gebrauch gemacht, denn die Verarbeitung besonderer Kategorien personenbezogener Daten ist nach Art. 9 Abs. 1 DSGVO grundsätzlich untersagt.

3.2 Vorstellungsgespräch

Wenn solche Gespräche auch »unverbindlich« sind, bewegen sie sich doch nicht im rechtsfreien Raum. Mit der Aufnahme derartiger Verhandlungen entsteht zwischen Arbeitgeber und Bewerber als potenziellem Arbeitnehmer bereits ein vorvertragliches Vertrauensverhältnis, das ein gesetzliches Schuldverhältnis eigener Art ist. Dabei spielt es keine Rolle, ob später ein Arbeitsvertrag zustande kommt oder nicht.

Es werden damit zwar keine sog. Hauptleistungspflichten (etwa ein einklagbarer Anspruch auf Einstellung), aber doch wechselseitige Sorgfaltspflichten begründet, für deren (schuldhafte) Verletzung sowohl der Arbeitgeber als auch der Arbeitnehmer haften müssen. Grundlagen hierfür sind der Gesichtspunkt des »Verschuldens bei Vertragsschluss« (vgl. § 311 Abs. 2 BGB bzw. das AGG) sowie letztlich der Grundsatz von Treu und Glauben gemäß § 242 BGB, der das gesamte Arbeitsrecht beherrscht.

Das bedeutet allerdings nicht, dass etwa allein der Abbruch von Einstellungsverhandlungen schon eine Haftung begründet, selbst wenn der Arbeitgeber von hohen Aufwendungen des Bewerbers weiß. Wenn jedoch der Arbeitgeber schuldhaft das Vertrauen auf das Zustandekommen des Arbeitsverhältnisses geweckt hat oder gar den Bewerber veranlasst hat, seine bisherige Stelle zu kündigen, macht er sich schadensersatzpflichtig. Dasselbe gilt bei der Verletzung von Obhutspflichten, z. B. der Pflicht, den Partner vor nutzlosen Aufwendungen im Hinblick auf den Vertragsschluss zu bewahren oder von Aufklärungspflichten im Hinblick auf besondere (nicht jedem Vertragsschluss innewohnenden) Risiken.[62]

3.3 Arbeitszeugnis und Erkundigungen beim ehemaligen Arbeitgeber

Arbeitszeugnisse sind immer weniger verlässliche Grundlagen für die Beurteilung der Eignung des Bewerbers. Häufig werden Zeugnisinhalte in arbeitsgerichtlichen Verfahren über die Beendigung des Arbeitsverhältnisses als Teil eines Vergleichs vereinbart und fallen dadurch ungerechtfertigt positiv aus. Auch formulieren viele Arbeitgeber Zeugnisse von vornherein sehr entgegenkommend, um Ärger in der Trennungsphase

62 BAG, Urteil v. 15.5.1974, 5 AZR 393/73.

zu vermeiden. Zudem fordert die Rechtsprechung, dass Zeugnisse wohlwollend und frei von negativen Darstellungen sein müssen.

Um sich eine verlässliche Grundlage für die Eignungsbeurteilung zu verschaffen, kann der Arbeitgeber beim ehemaligen Arbeitgeber Erkundigungen über die Eignung des Arbeitnehmers einholen.

Aufgrund der nachwirkenden Fürsorgepflicht ist der ehemalige Arbeitgeber verpflichtet, im Interesse des ausgeschiedenen Arbeitnehmers – jedenfalls auf dessen Wunsch – Dritten gegenüber, bei denen sich der Arbeitnehmer um eine neue Anstellung bewirbt, mündlich, fernmündlich oder schriftlich Auskünfte über seine Leistungen und sein Verhalten zu erteilen.[63]

Der ehemalige Arbeitgeber ist über die Pflicht zur Erteilung des Zeugnisses hinaus gehalten, im Interesse des ausgeschiedenen Arbeitnehmers Auskünfte über diesen an solche Personen zu erteilen, mit denen der Arbeitnehmer in Verhandlungen über den Abschluss des Arbeitsvertrages steht. Der Arbeitgeber kann auch gegen den Willen des ausgeschiedenen Arbeitnehmers Auskünfte über diesen an solche Personen erteilen, die ein berechtigtes Interesse an der Erlangung einer solchen Auskunft haben.[64] Willigt der Bewerber ein, hat der frühere Arbeitgeber wahrheitsgemäß Auskunft zu erteilen.[65]

In der Regel dürfen die Auskünfte des früheren Arbeitgebers nicht weitergehen als der Inhalt eines entsprechenden Zeugnisses. Insoweit gelten hinsichtlich des Umfanges der Auskunftserteilung dieselben Grundsätze, die auch bei der Erteilung eines qualifizierten Zeugnisses zu beachten sind. Die Auskunft muss demnach wahrheitsgemäß im Sinne einer vollständigen, gerechten und nach objektiven Grundsätzen getroffenen Beurteilung sein.[66] Zudem darf der Arbeitgeber Daten bei Dritten nur in dem Umfang erheben, in dem er ein Fragerecht gegenüber dem Beschäftigten hat. Er muss auch die Vorschriften zum Datenschutz beachten.

3.4 Weitere Quellen: Tests, Internet, Führungszeugnis

Psychologische Eignungstests

Bei der Prüfung von Bewerbern werden manchmal auch psychologische Eignungstests durchgeführt. Hierfür ist die Zustimmung des Bewerbers erforderlich, die auch konkludent durch die Testteilnahme erklärt werden kann. Die Tests sind grundsätz-

63 LAG Berlin, Urteil v. 8.5.1989, 9 Sa 21/89.
64 BAG, Urteil v. 25.10.1957, 1 AZR 434/55.
65 König, Beschäftigtendatenschutz, 2020, § 4 Rz. 28.
66 LAG Berlin, Urteil v. 8.5.1989, 9 Sa 21/89.

lich dann zulässig, wenn sie dazu ausgelegt sind, die Eignung des Bewerbers für die angestrebte Tätigkeit festzustellen und sie ihn nicht unangemessen ausforschen. Ferner ist dem Bewerber zu erklären, wie das Testverfahren abläuft und was mit dem Test erkundet werden soll. Zudem ist der Test unter fachkundiger Leitung durchzuführen und muss wissenschaftlich anerkannt sein.[67]

Auch der Psychologe darf keine Fragen stellen, die nicht vom Fragerecht des Arbeitgebers gedeckt sind, die also der Arbeitgeber nicht selbst stellen dürfte.

Einstellungsuntersuchung

Ärztliche Einstellungsuntersuchungen bei einem Bewerber sind nur zulässig, wenn der Bewerber ausdrücklich eingewilligt hat. Eine Ausnahme gilt selbstverständlich dann, wenn eine solche Untersuchung gesetzlich vorgeschrieben ist (z. B. bei Jugendlichen gemäß § 32 JArbSchG, nach dem Infektionsschutzgesetz oder aufgrund von Unfallverhütungsvorschriften der Berufsgenossenschaften).[68]

Eine ärztliche Untersuchung ist nur dann zulässig, wenn der Arbeitgeber ein berechtigtes, billigenswertes und schutzwürdiges Interesse an der Prüfung des Gesundheitszustandes hat. Dieses Interesse des Arbeitgebers muss objektiv so stark sein, dass dahinter das Interesse des Arbeitnehmers am Schutz seines Persönlichkeitsrechts und an der Unverletzlichkeit seiner Individualsphäre zurücktreten muss. Die Untersuchung muss daher im Zusammenhang mit dem einzugehenden Arbeitsverhältnis stehen. Die Untersuchung kann z. B. der Feststellung dienen, ob die Eignung des Bewerbers für die konkret angestrebte Tätigkeit auf Dauer oder in periodisch wiederkehrenden Abständen erheblich beeinträchtigt oder aufgehoben wird.[69]

Lehnt ein Bewerber die Untersuchung ab, kann er aus dem weiteren Auswahlverfahren grundsätzlich ausgeschlossen werden.

Internet

Der Arbeitgeber darf Bewerberdaten, die im Internet veröffentlicht sind, grundsätzlich unter Beachtung der Grenzen des § 26 BDSG und der DSGVO erheben. Teilweise wird Datenerhebungdann für zulässig erachtet, wenn dies unter Anwendung allgemein zugänglicher Suchmaschinen möglich ist.[70] Unter der Geltung von Art. 9 Abs. 2 DSGVO und dem BDSG kann zwar sowohl die Erhebung als auch die Verarbeitung »frei gewonnener« Daten datenschutzrechtlich gerechtfertigt sein. Gleichwohl darf dies

67 Kühling/Buchner, DS-GVO BDSG, 2020, § 26 Rz. 33.
68 Münchner Handbuch zum Arbeitsrecht, Band 1, 2021, § 94 Rz. 15.
69 Zum Fragerecht hinsichtlich bestehender Erkrankungen: BAG, Urteil v. 7.6.1984, 2 AZR 270/83.
70 ErfK, 2022, § 26 BDSG Rz. 19; Kühling/Buchner, DS-GVO BDSG, 2020, § 26 Rz. 36; König, Beschäftigtendatenschutz, 2020, § 4 Rz. 29.

unter Berücksichtigung der Rechtsprechung des Bundesverfassungsgerichts[71] nicht zu einer Persönlichkeitsprofilbildung führen, die bei intensivem »Profiling« einen Verstoß gegen das Persönlichkeitsrecht des Bewerbers darstellen kann. Es ist daher auch bei der Erhebung von Daten über allgemeine Suchmaschinen eine gewisse Zurückhaltung geboten.[72]

Von einer Erhebung von im Internet veröffentlichten Daten, welche nur einem abgrenzbaren Adressatenkreis zugänglich gemacht wurden, wie z. B. Beiträge in sozialen Netzwerken wie Facebook, ist hingegen abzusehen.[73] Solche Daten darf der Arbeitgeber nicht erheben, selbst wenn dies technisch möglich wäre. Trotz einer Veröffentlichung seiner Daten etwa über Twitter oder Facebook hat der Betroffene nicht auf sein Schutzinteresse verzichtet, sodass eine Erhebung von Daten seitens des Arbeitgebers nach überwiegender Ansicht unzulässig bleibt.[74]

Eine Ausnahme besteht wiederum für berufsbezogene Netzwerke (XING, LinkedIn). Hier lädt der Bewerber seine Daten gerade deshalb hoch, damit sie von Arbeitgebern eingesehen werden können. Eine Datenverarbeitung ist regelmäßig durch § 26 Abs. 1 Satz 1 BDSG gerechtfertigt.[75]

Polizeiliches Führungszeugnis

Gelegentlich wird vom Bewerber auch ein polizeiliches Führungszeugnis verlangt. Die Zulässigkeit dieser Maßnahme ist kritisch zu betrachten, weil die Möglichkeit besteht, dass der Arbeitgeber auf diesem Wege mehr in Erfahrung bringt, als er für die in Aussicht genommene Beschäftigung zu erfahren berechtigt ist.

Hierzu zählt ein strafbares Verhalten im außerdienstlichen Bereich, das in keinem erkennbaren Zusammenhang mit dem vorgesehenen Beschäftigungsverhältnis steht.[76] In der Regel wird die Anforderung eines polizeilichen Führungszeugnisses deshalb nicht erforderlich und damit unzulässig sein.

Ganz anders ist die Sachlage zu beurteilen, wenn es etwa um die Einstellung von Mitarbeitern für ein Bewachungs- oder Geldtransportunternehmen geht. Hier ist die Vorlage eines polizeilichen Führungszeugnisses sowohl geboten, als auch zulässig.

Ebenso ist es zu beurteilen, wenn Mitarbeiter Kontakt mit Kindern und Jugendlichen haben. Zum Schutz von Minderjährigen vor sexuellem Missbrauch kann und muss der

71 BVerfG, Urteil v. 11.3.2008, 1 BvR 2074/05.
72 Kort, RdA 2018, S. 26.
73 vgl. ErfK, 2022, § 26 BDSG Rz. 19; Kühling/Buchner, DS-GVO BDSG, 2020, § 26 Rz. 36; zur Funktionsweise sozialer Netzwerke: Forst, NZA 2010, S. 427.
74 A. A. Schaffland/Wiltfang, DS-GVO, 2017, Art. 9 Rz. 13.
75 König, Beschäftigtendatenschutz, 2020, § 4 Rz. 29.
76 BAG, Urteil v. 9.2.1977, 5 AZR 2/76.

Arbeitgeber ein **erweitertes Führungszeugnis gemäß § 30a BZRG** verlangen. Ein solches erweitertes Führungszeugnis wird nach dieser Vorschrift z. B. dann erteilt, wenn der Bewerber Minderjährige beaufsichtigen, betreuen, erziehen oder ausbilden soll. Es wird aber auch schon dann erteilt, wenn der Bewerber eine Tätigkeit übernehmen soll, die in vergleichbarer Weise geeignet ist, Kontakt zu Minderjährigen aufzunehmen. Wenn der Arbeitgeber die Vorlage eines erweiterten Führungszeugnisses verlangt, muss der Bewerber die Erteilung bei der Meldebehörde beantragen. Dazu muss er eine schriftliche Aufforderung des Arbeitgebers vorlegen, in der das Vorliegen der Voraussetzungen nach § 30a BZRG bescheinigt wird. Der Arbeitgeber ist demnach verpflichtet, zunächst zu prüfen, ob die Voraussetzungen der Norm auch tatsächlich vorliegen. Liegen die Voraussetzungen nicht vor, so kann sich der Arbeitgeber gegenüber dem Bewerber schadensersatzpflichtig machen (BT-Ds. 16/12427).

4 Gegenseitige Pflichten aus Vertragsvorverhandlungen

Autoren: Dr. Adrian Löser, Dr. Manuel Schütt

Überblick

Die Anbahnung des Arbeitsverhältnisses findet nicht etwa noch im »rechtsfreien Raum« statt, sondern lässt bereits beiderseitig Rechte und Pflichten entstehen. Hierzu zählen das Fragerecht des Arbeitgebers bei Einstellungen und Offenbarungspflichten des Arbeitnehmers vor der Einstellung.

Bereits bei der Anbahnung eines Arbeitsverhältnisses entstehen gegenseitige Rechte und Pflichten. Die Pflichten des **Arbeitgebers** beginnen schon bei der Aufgabe einer Stellenanzeige oder bei der Stellenausschreibung im Betrieb.

Das Anbahnungsverhältnis ist dadurch charakterisiert, dass zwischen den Parteien keine Hauptleistungspflichten (Arbeitsleistung, Arbeitsentgelt) bestehen. Gemäß § 241 Abs. 2 BGB kann das Schuldverhältnis aber nach seinem Inhalt jeden Teil zur Rücksicht auf die Rechte, Rechtsgüter und Interessen des anderen verpflichten. Nach § 311 Abs. 2 BGB entstehen solche Pflichten auch durch die Aufnahme von Vertragsverhandlungen und bereits bei in deren Vorfeld liegenden Anbahnungsverhandlungen.

Im Arbeitsrecht gehören zu diesen Pflichten vor allem Aufklärungs-, Mitwirkungs-, Obhuts- und Rücksichtnahmepflichten. Die beiderseitigen Rücksichtnahmepflichten gebieten dem Arbeitgeber und dem Arbeitnehmer, schon vor Abschluss des Arbeitsvertrags ungefragt auf Umstände hinzuweisen, die für den anderen Teil von wesentlicher Bedeutung sind.[77]

4.1 Aufklärungspflichten des Arbeitgebers

Der Arbeitgeber hat bei der Einstellungsverhandlung vor allem die Pflicht, den potenziellen Arbeitnehmer über alle Anforderungen des zu besetzenden Arbeitsplatzes zu unterrichten. Das gilt nicht für Umstände, die sich von selbst verstehen, sondern insbesondere für von der Regel abweichende Gegebenheiten, wie etwa überdurchschnittliche Anforderungen.

77 ErfK, 2021, § 611a BGB, Rz. 260.

Eine allgemeine Aufklärungspflicht des Arbeitgebers bei der Einstellung hinsichtlich der wirtschaftlichen Situation seines Unternehmens gibt es nicht. Sie kann jedoch im Einzelfall nach Treu und Glauben gegeben sein. Wenn einem Bewerber eine Dauerstellung zugesagt wird und ihm wesentliche, entgegenstehende Umstände wie etwa ernsthafte Liquiditätsschwierigkeiten verschwiegen werden, die alsbald akut werden und zu einer vorzeitigen Beendigung des Arbeitsverhältnisses führen können, kann eine Schadensersatzpflicht des Arbeitgebers begründet sein.[78]

Allein das Bestehen einer schlechten wirtschaftlichen Lage, die dem Arbeitnehmer zudem bekannt ist, in der aber noch keine konkrete Planung besteht, einen Arbeitsplatz zu streichen, begründet noch keine Aufklärungspflicht.[79]

Die dem Arbeitgeber obliegende Aufklärungspflicht umfasst darüber hinaus die Pflicht, über aus dem Abschluss des Arbeitsvertrags resultierende besondere Gefahren aufzuklären, soweit sich diese nicht aus der Sachlage von selbst ergeben. Darüber hinaus können geplante Betriebsübergänge oder örtliche Versetzungen zu einer Aufklärungspflicht des Arbeitgebers führen.[80]

Der Arbeitgeber haftet dem Bewerber für eine schuldhafte Verletzung seiner Aufklärungspflichten im Einstellungsverfahren aus Verschulden bei Vertragsschluss gemäß § 280 Abs. 1, § 241 Abs. 2 und § 311 Abs. 2 BGB auf Schadensersatz. Dies kann auch noch nach Abschluss des Arbeitsvertrags in Betracht kommen, wenn das Arbeitsverhältnis vorzeitig aus Gründen endet oder seinen Sinn verliert, die der Arbeitgeber dem Arbeitnehmer vor Abschluss des Vertrags unter Verletzung seiner Aufklärungspflicht schuldhaft verschwiegen hat.

In einem solchen Fall muss der Arbeitnehmer nachweisen, dass der Arbeitgeber seine Aufklärungspflicht verletzt hat.[81]

Ein Arbeitgeber kann sich etwa schadensersatzpflichtig machen, wenn er bei den Verhandlungen über den Abschluss eines Arbeitsvertrags in dem Bewerber die nicht gerechtfertigte Annahme erweckt, es werde bestimmt zu dem Abschluss des Arbeitsvertrags kommen, und ihm dabei bedeutet, er könne seine bisherige Stellung ohne Risiko kündigen. Das Recht, die Vertragsverhandlungen aus sachlichen Gründen abzubrechen, steht dem Arbeitgeber jedoch jederzeit zu und begründet – abgesehen von den Fällen des zurechenbar veranlassten Vertrauens – keine Schadensersatzpflicht.[82]

78 BAG, Urteil v. 2.12.1976, 3 AZR 401/75.
79 BAG, Urteil v. 14.7.2005, 8 AZR 300/04.
80 ErfK, 2021, § 611a BGB, Rz. 261.
81 BAG, Urteil v. 2.12.1976, 3 AZR 401/75.
82 ErfK, 2021, § 611a BGB, Rz. 262 m. w. N.

Kein Schadensersatzanspruch besteht, wenn ein wirksam begründetes Arbeitsverhältnis alsbald wieder gekündigt wird[83], abgesehen von den Fällen des zurechenbar veranlassten Vertrauens, dass dies nicht der Fall sein werde.

4.2 Aufklärungspflichten des Bewerbers

Mit der Aufnahme von Einstellungsverhandlungen und bereits in deren Vorfeld bei den ersten Anbahnungsmaßnahmen treffen auch den Bewerber gemäß § 311 Abs. 2 BGB rechtliche Pflichten. Auch hier spielt es keine Rolle, ob später ein Arbeitsvertrag zustande kommt oder nicht. Selbst wenn die Gespräche mit dem Bewerber nicht zum Abschluss eines Arbeitsvertrags geführt haben, kann die vorsätzliche oder fahrlässige Verletzung der dem Bewerber obliegenden Pflichten einen Schadensersatzanspruch des Arbeitgebers begründen.

Zu den Pflichten des Bewerbers zählen insbesondere die Pflicht, zulässige Fragen des Arbeitgebers wahrheitsgemäß zu beantworten oder Umstände zu offenbaren, die dem Bewerber entweder die Erfüllung seiner vorgesehenen arbeitsvertraglichen Leistungspflicht von vornherein unmöglich machen oder für seine Eignung für den in Betracht kommenden Arbeitsplatz von ausschlaggebender Bedeutung sind.[84]

Stellt sich nach Abschluss eines Arbeitsvertrags heraus, dass der Arbeitnehmer unrichtige Angaben in der Bewerbung gemacht, zulässige Fragen falsch beantwortet oder Umstände verschwiegen hat, die er verpflichtet war, zu offenbaren, kommen verschiedene Rechtsfolgen in Betracht. Grundsätzlich ist die Anfechtung des Arbeitsvertrags, die das Arbeitsverhältnis entgegen des Wortlauts des § 142 Abs. 1 BGB nur mit zukünftiger Wirkung auflöst, denkbar. Möglich ist auch eine Kündigung des Arbeitsvertrags, wenn dem Arbeitnehmer Qualifikationen oder Fähigkeiten fehlen, die für die Durchführung des Arbeitsverhältnisses erforderlich sind. Im Übrigen kommen Schadensersatzansprüche aus § 280 Abs. 1, § 241 Abs. 2 und § 311 Abs. 2 BGB in Betracht.[85]

Dieser Fall tritt ein, wenn der Arbeitnehmer nach Vertragsabschluss, aber vor Dienstantritt vertragsbrüchig wird. Hier ist z. B. an die Kosten für die Stellenanzeige zu denken, die der Arbeitgeber nun erneut aufbringen muss. Dabei ist allerdings zu beachten, dass ein neues Arbeitsverhältnis regelmäßig mit einer Probezeit und einer kurzen Kündigungsfrist beginnt.

Nach der Rechtsprechung kann nämlich der Arbeitgeber von einem vertragsbrüchigen Arbeitnehmer keinen Ersatz der durch Stellenanzeigen veranlassten Kosten verlangen, wenn diese Kosten auch bei einer fristgemäßen ordentlichen Kündigung des

83 BAG, Urteil v. 12.12.1957, 2 AZR 574/55.
84 BAG, Urteil v. 6.9.2012, 2 AZR 270/11.
85 Löser, Kommunikation zwischen Arbeitnehmer und Arbeitgeber, S. 152 ff.

Arbeitnehmers zum arbeitsvertraglich nächsten Kündigungstermin entstanden wären. Es bedarf keines Nachweises, dass der Arbeitnehmer von der vertraglich eingeräumten Kündigungsmöglichkeit fristgemäß Gebrauch gemacht hätte.

Der Arbeitgeber kann also nur dann Ersatz für die Kosten von Stellenanzeigen verlangen, wenn diese bei ordnungsgemäßer Einhaltung der arbeitsvertraglichen Kündigungsfrist vermeidbar gewesen wären.[86]

Dem Arbeitgeber können allerdings durch einen vertragsbrüchigen Bewerber wesentlich erheblichere Schäden entstehen, z. B. wenn er im Vertrauen auf die vertraglich zugesagte Arbeitsaufnahme Aufwendungen gemacht oder Aufträge angenommen hat.

Business Ghosting

Es kommt immer häufiger zu Absagen des Bewerbers nach Vertragsunterzeichnung oder aber die Bewerber sind schon während des Bewerbungsprozesses nicht mehr für den zukünftigen Arbeitgeber erreichbar. Teilweise wird dies auch »Business Ghosting« genannt.

Diesem Phänomen kann mit rein rechtlichen Mitteln oftmals nicht ausreichend entgegnet werden. Zwar sollte jedenfalls bei Absage des Bewerbers nach Vertragsschluss an die Schriftform zur Beendigung des Vertragsverhältnisses gedacht werden, damit das Vertragsverhältnis jedenfalls wirksam beendet ist. Insbesondere gegenüber einem nicht mehr auffindbaren Bewerber kann jedoch kein Anspruch auf Schadensersatz (mit vertretbaren Mitteln) durchgesetzt werden.

Insofern kann in diesem Bereich wahrscheinlich besser durch eine ehrliche und offene Kommunikation einem solchen Business Ghosting entgegengewirkt werden. Dabei kommt dem Setzen von klaren **Fristen** innerhalb des Bewerbungsprozesses eine entscheidende Bedeutung zu.

Beispiel: Arbeitgeber hat hohe finanzielle Aufwendungen

Ein Arbeitgeber beschafft für einen neu eingestellten Speditionsleiter kurz vor dem vorgesehenen Dienstantritt Fahrzeuge im Wert von über 150.000 EUR. Direkt vor dem Tag der vereinbarten Arbeitsaufnahme muss er erfahren, dass der Bewerber es sich anders überlegt hat.

Hier hat das Bundesarbeitsgericht den Arbeitnehmer als schadensersatzpflichtig angesehen. Dabei kam es auf die folgenden Umstände an:

Musste der Arbeitnehmer vor Antritt der Arbeit erkennen, dass der Arbeitgeber wegen der vertraglich zugesagten Arbeitsaufnahme Aufwendungen macht, so muss er den Arbeitgeber unverzüglich unterrichten, wenn begründete Zweifel daran aufkommen, ob er die Arbeit antreten kann oder will. Unterlässt der Arbeitnehmer diese Unterrichtung schuldhaft, so ist er dem Arbeitgeber für den Schaden ersatzpflichtig, der nicht eingetreten wäre, wenn er dieser Unterrichtungspflicht nachgekommen wäre.[87]

86 BAG, Urteil v. 23.3.1984, 7 AZR 37/81.
87 BAG, Urteil v. 14.9.1984, 7 AZR 11/82.

4.3 Aufbewahrung/Löschung von Bewerberdaten

Wird ein Bewerber eingestellt, dürfen dessen Daten aus dem Bewerbungsprozess in die nunmehr zu führende Personalakte in dem zur Durchführung des Beschäftigungsverhältnisses erforderlichen Umfang übernommen werden, soweit sie für das begründete Beschäftigungsverhältnis benötigt werden. Führt das Bewerbungsverfahren dagegen nicht zum Abschluss eines Arbeitsvertrags, sind die Bewerberdaten zu löschen, wenn eine Entscheidung über die Besetzung des Arbeitsplatzes gefallen ist.[88]

Der Arbeitgeber kann grundsätzlich jedoch die Bewerbungsunterlagen solange vorrätig halten, wie noch mit Auseinandersetzungen mit nicht berücksichtigten Bewerbern zu rechnen ist.

Die Gefahr einer Klage nach dem Allgemeinen Gleichbehandlungsgesetz besteht nur begrenzt: Ein Anspruch nach § 15 Abs. 1 oder 2 AGG muss innerhalb einer Frist von 2 Monaten geltend gemacht werden, es sei denn, die Tarifvertragsparteien haben etwas anderes vereinbart. Eine hieran anschließende Klage muss gemäß § 61b Abs. 1 ArbGG i.V.m. § 15 AGG innerhalb von 3 Monaten erhoben werden, nachdem der Anspruch geltend gemacht worden ist. Werden Verzögerungen, z.B. bei der Zustellung, berücksichtigt, erscheint ein Richtwert von insgesamt 6 Monaten angebracht. Demgemäß halten auch Aufsichtsbehörden eine Speicherung von 3 bis zu 6 Monaten für zulässig.[89]

Allerdings sind die Bewerberdaten bis zu diesem Zeitpunkt zu sperren. Die Bewerberdaten müssen dahingehend gekennzeichnet werden, dass sie nur noch zur Abwehr von Ansprüchen verarbeitet oder genutzt werden dürfen.

Etwas anderes gilt, wenn der Bewerber in die weitere Speicherung eingewilligt hat.

4.4 Ersatz der Vorstellungskosten

Fordert ein Arbeitgeber den Arbeitnehmer zur Vorstellung auf, muss er ihm gemäß § 670 BGB in der Regel alle Aufwendungen ersetzen, die der Bewerber den Umständen nach für erforderlich halten durfte. Zu den notwendigen Kosten gehören Fahrtkosten, falls erforderlich auch Kosten für Verpflegung und Übernachtung, gegebenenfalls auch der Verdienstausfall.

88 Gola/Heckmann, 2019, § 26 BDSG, Rz. 100 m.w.N.
89 Gola/Heckmann, 2019, § 26 BDSG, Rz. 101 m.w.N.

Es kommt nicht darauf an, ob später ein Arbeitsvertrag zustande kommt.[90] Der Anspruch umfasst jedoch nicht die Abgeltung für einen vom Bewerber genommenen Urlaubstag. Die Vorstellungskosten sind auch dann zu ersetzen, wenn der Bewerber nicht unmittelbar, sondern von einem vom Arbeitgeber beauftragten Unternehmensberater zur Vorstellung gebeten worden ist.[91]

Der Arbeitgeber kann den Anspruch auf Ersatz der Vorstellungskosten nur ausschließen, wenn er dies dem Bewerber bei der Aufforderung zur Vorstellung ausdrücklich mitteilt. Es besteht selbstverständlich kein Ersatzanspruch auf Vorstellungskosten, wenn der Arbeitnehmer sich unaufgefordert vorstellt, da der Bewerber in diesem Fall ausschließlich im eigenen Interesse handelt.[92] Kein Ersatzanspruch besteht auch bei »Spesenrittern«, soweit sie mehrere Termine miteinander verbinden und dieselben Kosten mehrfach abrechnen.

Beispiel: Erforderlichkeit der Vorstellungskosten

Fahrtkosten:

- Bahnfahrt Tendenz zur 1. Klasse, nur bei niedriger Qualifikation 2. Klasse
- Eigener Pkw: Steuerliche km-Sätze wie bei Dienstreisen (nicht nur die Bahnkosten)
- Flugkosten: grundsätzlich nur nach vorheriger Vereinbarung, es sei denn, dass sich dies bei Position und Anreiseentfernung von selbst versteht
- Taxikosten (Bahnhof oder Flughafen)
- Hotelkosten: Steuerlich zulässige Sätze, wenn An- und Abreise nicht an einem Tag zumutbar ist
- Verpflegung: Steuerlich zulässige Spesensätze

Konkrete Vereinbarungen mit Bewerber treffen

Zweckmäßig ist es, in Zweifelsfällen mit dem Bewerber bei der Terminvereinbarung konkrete Vereinbarungen zu treffen. Bei Übernachtungen sollte der Arbeitgeber die Hotelreservierung vornehmen lassen. Dies ist eine Geste, die gleichzeitig unliebsame Überraschungen erspart.

90 BAG, Urteil v. 14.2.1977, 5 AZR 171/76.
91 BAG, Urteil v. 29.6.1988, 5 AZR 433/87.
92 ErfK, 2021, § 611a BGB, Rz. 245–247.

5 Fragerecht des Arbeitgebers bei Einstellungen

Autoren: Dr. Adrian Löser, Dr. Manuel Schütt

Überblick

Nach allgemeiner Meinung wird dem Arbeitgeber ein Fragerecht nur insoweit zugestanden, als er ein berechtigtes, billigenswertes und schutzwürdiges Interesse an der Beantwortung seiner Frage im Hinblick auf das spezifische Arbeitsverhältnis hat. Dieses Interesse des Arbeitgebers muss objektiv so stark sein, dass dahinter das Interesse des Arbeitnehmers am Schutz seines Persönlichkeitsrechts und an der Unverletzbarkeit seiner Individualsphäre zurücktreten muss.[93]

Die vom Arbeitgeber gestellte Frage muss für den angestrebten Arbeitsplatz und die zu verrichtende Tätigkeit selbst von Bedeutung sein. Je weniger die Frage mit dem angestrebten Arbeitsplatz in Zusammenhang steht und je mehr sie die Person selbst ausforscht, desto eher ist sie als unzulässig einzustufen.[94]

Das Fragerecht des Arbeitgebers wird ferner durch das Allgemeine Gleichbehandlungsgesetz (AGG) und die Datenschutz-Grundverordnung (DSGVO) sowie das Bundesdatenschutzgesetz (BDSG) beschränkt.

Unzulässige Fragen dürfen vom Bewerber folgenlos falsch beantwortet werden. Es steht ihm das Recht zur Lüge zu, weil aus seinem Schweigen negative Schlüsse gezogen werden könnten. Die berechtigte Lüge kann weder zu einer wirksamen Anfechtung des Arbeitsvertrags wegen arglistiger Täuschung führen noch die Kündigung des Arbeitsverhältnisses rechtfertigen.

Die Verwendung standardisierter Fragen, also von Personalfragebögen, auch wenn sie nicht vom Bewerber ausgefüllt werden, bedarf nach § 94 BetrVG der Zustimmung des Betriebsrats.[95]

93 BAG, Urteil v. 7.6.1984, 2 AZR 270/83.
94 Schaub, Arbeitsrechts-Handbuch, 2019, § 26 Rz. 21.
95 BAG, Beschluss v. 21.9.1993, 1 ABR 28/93.

5.1 Allgemein zulässige Fragen des Arbeitgebers

Der Katalog der grundsätzlich oder unter bestimmten Voraussetzungen zulässigen Fragen ist umfangreich. Bestimmte grundlegende Einschränkungen seiner Eignung für eine Position muss der Bewerber ungefragt von sich aus offenbaren.

5.1.1 Fragerecht nach früherem Gehalt

Entgegen einer verbreiteten Meinung darf im Bewerbergespräch nach dem Gehalt beim bisherigen Arbeitgeber nur unter bestimmten Voraussetzungen gefragt werden. Das Bundesarbeitsgericht zählt die Einkommensverhältnisse eines Bewerbers, so sehr sie auch den künftigen Arbeitgeber interessieren mögen, grundsätzlich zur geschützten Privatsphäre. Jedenfalls ist die Frage an einen Stellenbewerber nach der bei dem früheren Arbeitgeber bezogenen Vergütung dann unzulässig, wenn die bisherige Vergütung für die erstrebte Stelle keine Aussagekraft hat und der Bewerber sie auch nicht von sich aus als Mindestvergütung für die neue Stelle gefordert hat. Die unrichtige Beantwortung einer solchen Frage rechtfertigt die Anfechtung des Arbeitsvertrags wegen arglistiger Täuschung nicht.[96] Der Kreis der Fälle, in denen die bisherigen Bezüge für die verlangte Qualifikation des Bewerbers objektiv aussagefähig sind, wird jedoch in der Praxis, zumal angesichts der schwachen Verlässlichkeit solcher Angaben, nicht weit zu ziehen sein.

5.1.2 Fragerecht nach beruflichem Werdegang

Der Arbeitgeber kann selbstverständlich alle Angaben zur fachlichen Qualifikation des Bewerbers verlangen. Hierzu gehört auch der vollständige berufliche Werdegang. Insbesondere hat der Arbeitgeber ein berechtigtes Interesse daran zu erfahren, wie häufig und in welchen Abständen der Bewerber seine bisherigen Stellen gewechselt hat. Zu den Qualifikationen im engeren Sinne zählen Prüfungsergebnisse und Zeugnisse.

Beispiel: Falsche Angabe über Vorbeschäftigung

Eine Bewerberin für eine Arzthelferinnenstelle gibt für einen Zeitraum von einem Vierteljahr kurz vor dem angestrebten Eintrittstermin an, bei einer Computerfirma tätig gewesen zu sein. In Wirklichkeit hatte sie jedoch kurzfristige Beschäftigungsverhältnisse als Arzthelferin innegehabt. Damit hat sie gegen ihre Wahrheitspflicht verstoßen und beim Arbeitgeber einen Irrtum erregt, der ihn zur Anfechtung des Arbeitsvertrags berechtigt. Ihre Angaben, es habe sich im Lebenslauf um einen Fehler der Textverarbeitung gehandelt, waren nicht als glaubhaft anzusehen.[97]

---

96 BAG, Urteil v. 19.5.1983, 2 AZR 171/81.

97 LAG Hamm, Urteil v. 8.2.1995, 18 Sa 2136/93.

5.1.3 Fragerecht nach nachvertraglichen Wettbewerbsverboten

Die Frage im Einstellungsgespräch nach nachvertraglichen Wettbewerbsverboten, die die Arbeit für einen neuen Arbeitgeber einschränken würden, ist zulässig und bei entsprechenden Positionen auch geboten.

5.1.4 Fragerecht nach Gesundheitszustand, Erkrankungen und Impfstatus

Fragen nach dem Gesundheitszustand des Bewerbers sind einerseits für den Arbeitgeber schon wegen der Entgeltfortzahlung im Krankheitsfall von großer Wichtigkeit. Andererseits greifen sie nicht unerheblich in die rechtlich geschützte Privatsphäre des Arbeitnehmers ein. Das Fragerecht ist daher nur unter bestimmten Voraussetzungen gegeben. Dabei kommt es auf die Zielbezogenheit der Frage an.

Dieses Interesse des Arbeitgebers muss objektiv so stark sein, dass dahinter das Interesse des Arbeitnehmers am Schutz seines Persönlichkeitsrechts zurücktreten muss. Dementsprechend richtet sich der Umfang des Fragerechts des Arbeitgebers hinsichtlich bestehender Krankheiten danach, ob diese im Zusammenhang mit dem einzugehenden Arbeitsverhältnis stehen. Im Wesentlichen beschränkt sich daher das Fragerecht des Arbeitgebers nach dem Bundesarbeitsgericht[98] auf folgende Punkte:

1. Liegt eine Krankheit bzw. eine Beeinträchtigung des Gesundheitszustands vor, durch die die Eignung für die vorgesehene Tätigkeit auf Dauer oder in periodisch wiederkehrenden Abständen eingeschränkt ist?
2. Liegen ansteckende Krankheiten vor, die zwar nicht die Leistungsfähigkeit beeinträchtigen, jedoch die zukünftigen Kollegen oder Kunden gefährden?
3. Ist zum Zeitpunkt des Dienstantritts bzw. in absehbarer Zeit mit einer Arbeitsunfähigkeit zu rechnen, z. B. durch eine geplante Operation, eine bewilligte Kur oder auch durch eine zurzeit bestehende akute Erkrankung?

Die Formulierung: »Waren Sie in den letzten beiden Jahren wegen einer schwerwiegenden oder chronischen Erkrankung, die Einfluss auf die vorgesehene Arbeitsleistung haben könnte, arbeitsunfähig krank?«, die sich also nicht auf bestehende, sondern auf frühere Erkrankungen bezieht, wurde wegen ihrer Zielbezogenheit für zulässig erachtet.[99]

Problematisch ist die Abgrenzung zwischen Fragen zu Krankheiten und Behinderungen. Die allgemeine Frage nach bestehenden Krankheiten verstößt grundsätzlich nicht gegen das AGG, ist aber an den allgemeinen Regelungen zu messen (s. o.). Die

98 BAG, Urteil v. 7.6.1984, 2 AZR 270/83.
99 BAG, Urteil v. 7.6.1984, 2 AZR 270/83.

spezifische Frage nach bestimmten Krankheiten oder Symptomen kann jedoch im Einzelfall eine Erkundigung nach einer Behinderung darstellen und eine Ungleichbehandlung im Sinne des AGG indizieren.[100]

5.1.5 Fragerecht nach Behinderung/Schwerbehinderteneigenschaft

Die Frage nach Behinderung oder Schwerbehinderung ist, wenn diese für die Ausübung der vorgesehenen Tätigkeit ohne Bedeutung ist, in der Phase der Vertragsanbahnung und in den ersten 6 Monaten des Arbeitsverhältnisses wegen § 173 Abs. 1 Nr. 1 SGB IX grundsätzlich unzulässig.[101] Sie kann allerdings gerechtfertigt sein, wenn die Behinderung die vertragsgemäße Arbeitsleistung dauerhaft unmöglich macht und ihr Nichtvorliegen daher eine wesentliche und entscheidende berufliche Anforderung darstellt (§ 8 Abs. 1 AGG).

Weil das Interesse des Arbeitgebers anzuerkennen ist, die Quote nach § 154 SGB IX zu erfüllen, muss es ihm zudem möglich sein, gerade mit diesem Ziel einzustellen. Er darf daher in diesem Fall fragen, muss dem Bewerber jedoch seine Absicht, die Schwerbehinderung als positives Kriterium verwenden zu wollen, mitteilen. Auch dann bleibt es beim Recht des schwerbehinderten Bewerbers, auf die Frage wahrheitswidrig zu antworten, weil er dem Arbeitgeber nicht trauen muss.[102] Auf dieses Recht hat der Arbeitgeber den Bewerber hinzuweisen, weil dem Missbrauch ansonsten Tür und Tor geöffnet wäre.

Fragerecht im bestehenden Arbeitsverhältnis

Die Frage des Arbeitgebers nach dem Vorliegen einer Schwerbehinderteneigenschaft bzw. einem diesbezüglich gestellten Antrag ist im bestehenden Arbeitsverhältnis dann zulässig, wenn der behinderte Mensch nach 6 Monaten ununterbrochenen Bestandes des Arbeitsverhältnisses den besonderen Kündigungsschutz gemäß § 168 SGB IX erworben hat (§ 173 SGB IX). Das gilt insbesondere zur Vorbereitung von beabsichtigten Kündigungen.[103] Der Arbeitnehmer muss dabei jedoch nur dann wahrheitsgemäß antworten, wenn er sich auf den Schwerbehindertenschutz berufen will.

---

100 BAG, Urteil v. 17.12.2009, 8 AZR 670/08.

101 § 3 Abs. 1, § 1 AGG, § 164 SGB IX zu § 164 SGB IX ebenso LAG Hamm, Urteil v. 19.10.2006, 15 Sa 740/06; LAG Hamburg, Urteil v. 30.11.2017, 7 Sa 90/17; offen gelassen in BAG, Urteil v. 7.7.2011, 2 AZR 396/10 und BAG, Urteil v. 16.2.2012, 6 AZR 553/10.

102 S. zum »Recht der Lüge« MüKo, 2018, § 123 BGB, Rzn. 46 ff.

103 BAG, Urteil v. 16.2.2012, 6 AZR 553/10.

5.1.6 Fragerecht nach Vermögensverhältnissen

Die Frage im Einstellungsgespräch nach den Vermögensverhältnissen des Bewerbers ist, wie sich aus den Grundsätzen zum Fragerecht ableiten lässt, zulässig, wenn ein objektiver Zusammenhang mit der zu besetzenden Position vorhanden ist. Davon kann bei leitenden Angestellten, besonderen Vertrauenspositionen oder Positionen auszugehen sein, die Umgang mit Vermögenswerten oder Geld des Arbeitgebers erfordern.

Das BAG formuliert, dass die Frage zulässig sei, wenn sie für die zu besetzende Stelle wichtig ist. Als Personen in einem besonderen Vertrauensverhältnis sind z. B. Filialleiter oder Bankkassierer anzusehen.[104]

5.1.7 Fragerecht nach Vorstrafen

Die Frage nach Vorstrafen stellt einen erheblichen Eingriff in die Individualsphäre des Arbeitnehmers dar. Unter Berücksichtigung des Resozialisierungsgedankens sind diesbezügliche Fragen nur unter einer bestimmten Voraussetzung zulässig. Die Vorstrafe muss auf Eigenschaften schließen lassen, die für die Vertragsdurchführung unerlässlich sind und damit im unmittelbaren Zusammenhang mit dem konkret zu besetzenden Arbeitsplatz stehen.[105] Das gilt z. B. für Verkehrsdelikte beim Berufskraftfahrer, Vermögensdelikte beim Buchhalter oder Sexualdelikte bei Betreuern von Kindern und Jugendlichen.

Der Arbeitnehmer darf sich gegenüber Behörden und Privatpersonen als unbestraft bezeichnen und braucht auch einschlägige Vorstrafen nicht zu offenbaren, wenn die Vorstrafe nicht (mehr) im Bundeszentralregister eingetragen oder (wegen Geringfügigkeit) nicht in ein polizeiliches Führungszeugnis (Auszug aus dem Bundeszentralregister) aufzunehmen ist.[106] Ob dies nach der Änderung des Bundeszentralregistergesetzes (§ 30a BZRG) auch dann gilt, wenn Eintragungen in dem erweiterten Führungszeugnis vorhanden sind, wurde bislang noch nicht entschieden. Es ist jedoch davon auszugehen, dass eine Offenbarungspflicht immer dann besteht, wenn der Bewerber eine Tätigkeit übernehmen soll, die unter § 30a BZRG fällt; z. B. dann wenn der Bewerber die Beaufsichtigung, Betreuung, Erziehung oder die Ausbildung von Minderjährigen oder eine Tätigkeit übernehmen soll, die in vergleichbarer Weise geeignet ist, Kontakt zu Minderjährigen aufzunehmen. Eine Offenbarungspflicht besteht dann unter anderem für Straftaten im Zusammenhang mit der Verletzung der Fürsorge- oder Erziehungs-

---

104 BAG, Urteil v. 5.12.1957, 1 AZR 594/56.
105 BAG, Urteil v. 6.9.2012, 2 AZR 270/11.
106 BAG, Urteil v. 20.3.2014, 2 AZR 1071/12.

pflicht, der Misshandlung von Schutzbefohlenen, der Zuhälterei oder der Verbreitung von pornografischen Schriften.

Frage nach anhängigen Ermittlungsverfahren
Bei der Prüfung der Eignung des Arbeitnehmers für die geschuldete Tätigkeit kann es im Einzelfall sogar zulässig sein, nach anhängigen Ermittlungsverfahren zu fragen. Ein berechtigtes Interesse des Arbeitgebers an einer solchen Frage ist dann zu bejahen, wenn auch ein Ermittlungsverfahren Zweifel an der persönlichen Eignung des Arbeitnehmers begründen kann. Ein Erzieher etwa, gegen den ein Ermittlungsverfahren wegen sexuellen Missbrauchs von Kindergartenkindern in dem vorhergehenden Arbeitsverhältnis läuft, hat regelmäßig kein hinreichend schützenswertes Interesse daran, eine erneute Einstellung als Erzieher dadurch zu erreichen, dass er wahrheitswidrig bei der Bewerbung angibt, es laufe gegen ihn kein Ermittlungsverfahren. Dem steht die in Art. 6 Abs. 2 EMRK verankerte Unschuldsvermutung nicht entgegen; diese bindet unmittelbar nur den Richter, der über die Begründetheit der Anklage zu entscheiden hat. Dagegen lässt sich aus der Unschuldsvermutung nicht der Schluss ziehen, dass dem Betroffenen aus der Tatsache, dass ein Ermittlungsverfahren gegen ihn anhängig ist, überhaupt keine Nachteile entstehen dürfen.[107]

Der Arbeitgeber darf grundsätzlich auch nicht so fragen, dass eingestellte strafrechtliche Ermittlungsverfahren von der Fragestellung umfasst wären. Die unspezifische Erhebung von Daten, also die Frage nach mehr Informationen als der Fragende beanspruchen darf, stellt nach Auffassung des BAG einen Verstoß gegen Datenschutzrecht dar. Die Frage – auch – nach eingestellten strafrechtlichen Ermittlungsverfahren verstößt gegen die Wertentscheidung des § 53 BZRG[108], denn selbst ein verurteilter Straftäter darf sich als unbestraft bezeichnen, wenn die Verurteilung nicht in das Führungszeugnis einzutragen war oder nach Fristablauf oder aus anderen Gründen zu löschen war. Dies gilt erst recht für denjenigen, gegen den ein Ermittlungsverfahren geführt, aber dann eingestellt wurde.

5.1.8 Fragerecht nach Zugehörigkeit zur Scientology-Organisation

Die Scientology-Organisation beschäftigt seit vielen Jahren die Arbeits-, Zivil- und Verwaltungsgerichtsbarkeit in allen Instanzen. Ihre Anerkennung als Kirche ist bisher in Deutschland – anders als in den USA und Frankreich – ohne Erfolg betrieben worden. Sie akzeptiert nur ihre eigene, in zahlreichen Satzungen geregelte Ordnung und wird vom Verfassungsschutz einiger Bundesländer beobachtet.

107 BAG, Urteil v. 20.5.1999, 2 AZR 320/98.
108 BAG, Urteil v. 15.11.2012, 6 AZR 229/11.

Das BAG hat sich in einem ausführlichen, grundlegenden Urteil mit dieser Organisation beschäftigt.[109] Das Urteil ist in einem Rechtsstreit eines früheren Arbeitnehmers gegen die »Scientology Kirche Hamburg e. V.« (früher College für angewandte Philosophie Hamburg e. V.) ergangen. Seine deutlichen Erkenntnisse sind auf alle Mitglieder dieser international verbreiteten, straff hierarchisch gegliederten Organisation in der Bundesrepublik anwendbar.

Danach ist die Frage des Arbeitgebers nach der Zugehörigkeit zur Scientology-Organisation – wenn es sich nicht um eine ganz untergeordnete Position handelt – zulässig. Zum Teil wird auch zwischen »Zugehörigkeit« zur Organisation und bloßer »Sympathie« unterschieden. Im Hinblick auf das AGG dürfte die Scientology-Frage etwas problematisch, jedoch weiterhin zulässig sein – obwohl das Gesetz weder den Begriff »Religion« noch »Weltanschauung« definiert, und diese Begriffe letztlich europäische sind, über deren gemeinschaftsweite Auslegung der EuGH zu entscheiden hat.

5.2 Allgemein unzulässige Fragen des Arbeitgebers

Fragen des Arbeitgebers im Einstellungsgespräch, die sein Fragerecht überschreiten, also unzulässig sind, braucht der Bewerber nicht zu beantworten. Der Arbeitgeber kann aber aus dem Schweigen eines Bewerbers negative Schlüsse ziehen. Daher ist es anerkannt, dass dem Arbeitnehmer bei unzulässigen Fragen das Recht zur Lüge zusteht.

Der Arbeitgeber kann nur bei einer falschen Antwort auf eine zulässige Frage den Arbeitsvertrag anfechten oder aus wichtigem Grund kündigen. Eine arglistige Täuschung gemäß § 123 BGB liegt im Arbeitsrecht nur bei der vorsätzlichen, falschen Beantwortung zulässiger Fragen vor.[110]

Unzulässig sind unter bestimmten Voraussetzungen grundsätzlich die nachfolgend dargestellten Fragen.

5.2.1 Frage nach Schwangerschaft

Gemäß § 1, § 2 Abs. 1 Nr. 1 und § 7 AGG dürfen Bewerber beim Zugang zur selbstständigen oder unselbstständigen Erwerbstätigkeit nicht wegen des Geschlechts benachteiligt werden. Eine unmittelbare Benachteiligung gemäß § 3 Abs. 1 AGG wegen

109 BAG, Beschluss v. 22.3.1995, 5 AZB 21/94.
110 BAG, Urteil v. 5.12.1957, 1 AZR 594/56; BAG, Urteil v. 21.2.1991, 2 AZR 449/90.

des Geschlechts liegt auch im Fall einer ungünstigen Behandlung einer Frau wegen Schwangerschaft oder Mutterschaft vor.

In Anbetracht der umfangreichen, besonderen Pflichten des Arbeitgebers gegenüber einer schwangeren Arbeitnehmerin wurde diesem früher regelmäßig ein berechtigtes Interesse an einer Information über eine – auch geplante – Schwangerschaft zuerkannt, sodass diese Fragen im Einstellungsgespräch von der Rechtsprechung lange Zeit für zulässig gehalten wurden. Das hat sich vor allem durch die Rechtsprechung des EuGH, dem das BAG nach und nach gefolgt ist, grundlegend geändert.

Der EuGH hat zunächst darauf erkannt, dass die Frage nach der Schwangerschaft trotz der finanziellen Nachteile für den Arbeitgeber generell unzulässig ist.[111] Dem ist das BAG gefolgt, allerdings mit der Einschränkung, dass die Frage immer dann noch als zulässig angesehen wurde, wenn die angestrebte Tätigkeit von vornherein nicht aufgenommen werden konnte, weil ihr Beschäftigungsverbote, z. B. der Umgang mit gesundheitsgefährdenden Stoffen, oder sofort einsetzender Mutterschutz entgegenstanden.[112] Der EuGH räumt auch bei dieser Fallgestaltung kein Fragerecht ein und erkennt, dass dies nicht davon abhängig sein kann, ob »die Abwesenheit der Betroffenen in dem ihrer Mutterschaft entsprechenden Zeitraum für das ordnungsgemäße Funktionieren des Unternehmens unerlässlich ist«.[113] Genauso wurde der Fall einer schwangeren Arbeitnehmerin beurteilt, die aus familiären Gründen nur – verbotene – Nachtarbeit leisten konnte.[114] Das BAG hat seine Rechtsprechung in diese Richtung fortentwickelt und sieht die Frage auch dann als unzulässig an, wenn eine unbefristet eingestellte Arbeitnehmerin die geschuldete Leistung wegen eines mutterschutzrechtlichen Beschäftigungsverbots zunächst, d. h. auch von Anfang an, nicht erbringen kann. Dem Beschäftigungshindernis wird auch vom BAG eine nur vorübergehende Natur beigemessen, das nicht zu einer dauerhaften Störung des Vertragsverhältnisses führe.[115]

Während bei den Entscheidungen zur Unzulässigkeit der Schwangerschaftsfrage auch bei sofort bestehenden Beschäftigungsverboten die Schwangerschaft den Bewerberinnen bei der Einstellung noch nicht bekannt war, ist der EuGH noch einen Schritt weiter gegangen und sieht das Verschweigen einer Schwangerschaft auch bei erwiesener Missbrauchsabsicht als zulässig an. Zur Wahrung des Schutzzwecks der Gleichbehandlungsrichtlinie kann nach Auffassung des EuGH die Diskriminierung aufgrund des Geschlechts auch nicht dadurch gerechtfertigt werden, dass eine Arbeitnehmerin die Lücken des Systems bewusst ausnutzt.[116]

111 EuGH, Urteil v. 8.11.1990, C-177/88.
112 BAG, Urteil v. 1.7.1993, 2 AZR 25/93.
113 EuGH, Urteil v. 14.7.1994, C-32/93; EuGH, Urteil v. 3.2.2000, C-207/98.
114 EuGH, Urteil v. 5.5.1994, C-421/92.
115 BAG, Urteil v. 6.2.2003, 2 AZR 621/01.
116 EuGH, Urteil v. 27.2.2003, C-320/01.

Der EuGH hat schließlich seine Rechtsprechung auch auf befristete Arbeitsverhältnisse ausgedehnt. Die Arbeitnehmerin war für 6 Monate befristet eingestellt und teilte erstmals einen Monat später mit, dass sie noch während der Laufzeit des Vertrags entbinden würde. Die darauf erfolgte Entlassung sieht der EuGH als unwirksam an.[117] Nach seiner Auffassung sind die Voraussetzungen für eine Diskriminierung unabhängig davon zu prüfen, ob es sich um ein unbefristetes oder ein befristetes Arbeitsverhältnis handelt. Wenn auch eine Entscheidung des BAG noch nicht vorliegt, wird man doch davon auszugehen haben, dass die Frage nach der Schwangerschaft auch bei der Begründung eines befristeten Arbeitsverhältnisses und damit stets unzulässig ist.

Insofern hat auch das LAG Köln bereits entschieden, dass die Frage nach der Schwangerschaft auch dann unzulässig ist, wenn die Bewerberin befristet als Schwangerschaftsvertretung beschäftigt werden soll.[118]

Befristetes Probearbeitsverhältnis möglich
Bei einer Neueinstellung ist alternativ zu einem unbefristeten Arbeitsvertrag mit vorgeschalteter Probezeit an ein wirksam befristetes (Probearbeits-)Verhältnis zu denken, das auch bei Schwangerschaft ohne Eingreifen des besonderen Kündigungsschutzes nach dem MuSchG auslaufen kann. Wie bei jedem befristeten Arbeitsvertrag sollten während der Laufzeit keine falschen Erwartungen über eine Verlängerung geweckt und außerdem vor Fristablauf keine kritischen Beendigungsgründe genannt werden.

5.2.2 Frage nach Eheschließung und Familienplanung

Ehe und Familie stehen als Grundrecht unter besonderem Schutz der staatlichen Ordnung (Art. 6 GG). Unzulässig sind daher Fragen über eine etwa beabsichtigte Eheschließung oder Familienplanung. Hier wird die geschützte Privatsphäre des Bewerbers berührt, ohne dass ein berechtigtes Interesse des Arbeitgebers an der Beantwortung solcher Fragen ersichtlich wäre.[119]

5.2.3 Frage nach Gewerkschaftszugehörigkeit

Das Recht Gewerkschaften zu bilden, ist grundgesetzlich gewährleistet (Art. 9 Abs. 3 GG). Die Frage dringt unverhältnismäßig in die geschützte Privatsphäre des Arbeitnehmers ein. Nach der Gewerkschaftszugehörigkeit darf daher nach herrschen-

117 EuGH, Urteil v. 4.10.2001, C-109/00.
118 LAG Köln, Urteil v. 11.10.2012, 6 Sa 641/12.
119 Schaub, Arbeitsrechts-Handbuch, 2019, § 26 Rz. 28 f.

der Meinung im Einstellungsgespräch nicht gefragt werden.[120] Eine Ausnahme gilt für sog. Tendenzbetriebe und Religionsgemeinschaften gemäß § 118 BetrVG.

5.2.4 Frage nach Konfessionszugehörigkeit

Das Recht zur freien Religionsausübung ist grundgesetzlich gewährleistet (Art. 4 GG). Nach der Konfessionszugehörigkeit darf daher im Einstellungsgespräch nicht gefragt werden. Solchen Fragen steht heute auch das AGG entgegen.

Eine Ausnahme gilt für sog. Tendenzbetriebe und Religionsgemeinschaften gemäß § 118 BetrVG bzw. nach Maßgabe von § 9 AGG.

Denkbar ist auch eine Auskunftspflicht gegenüber einem weltlichen Arbeitgeber, wenn Gebetspausen dazu führen, dass der Bewerber die vertraglich geschuldete Leistung nicht erbringen kann, z. B. bei der Überwachung eines Hochofens, und der Arbeitsablauf nicht umorganisiert werden kann. Nähere Angaben dazu, zu welcher Religion er gehört, muss der Bewerber aber nicht machen.[121]

5.2.5 Frage nach Entgeltpfändungen, -abtretungen

Auf Arbeitgeberseite besteht wegen des erfahrungsgemäß hohen Bearbeitungsaufwands und der damit verbundenen Kosten regelmäßig ein Interesse, bei der Einstellung den Bewerber nach Entgeltpfändungen oder -abtretungen zu fragen.

Fragen nach Entgeltpfändungen und -abtretungen sind jedoch grundsätzlich unzulässig. Die Frage kann ggf. gegenüber Personen in Vertrauenspositionen zulässig sein.[122]

5.2.6 Frage nach Parteizugehörigkeit

Das Recht, politischen Parteien beizutreten, ist grundgesetzlich gewährleistet (Art. 9 GG). Nach der Parteizugehörigkeit darf daher im Einstellungsgespräch nicht gefragt werden.

Ausnahmen gelten wiederum für die sog. Tendenzbetriebe und Religionsgemeinschaften gemäß § 118 BetrVG; im öffentlichen Dienst kann es zulässig sein, nach einer

120 Vgl. BAG, Beschluss v. 28.3.2000, 1 ABR 16/99.
121 Löser, Kommunikation zwischen Arbeitnehmer und Arbeitgeber, S. 202 f.
122 Schaub, Arbeitsrechts-Handbuch, 2019, § 26, Rz. 34; ErfK, 2021, § 611a BGB, Rz. 280 m. w. N.

Zugehörigkeit zu einer verfassungsfeindlichen Partei zu fragen. Auch wenn rein politische Überzeugungen nicht unter den Begriff der »Weltanschauung« fallen sollen, ist hier u. U. wiederum § 9 AGG zu beachten.

5.2.7 Frage nach abgeleistetem Wehr- oder Zivildienst

Die Frage nach einem abgeleisteten Wehr- oder Zivildienst ist unzulässig. Sie zielt auf eine mittelbare Benachteiligung männlicher Bewerber. Eine Rechtfertigung durch ein legitimes Interesse des Arbeitgebers ist nicht ersichtlich[123]

123 ErfK, 2021, § 611a BGB, Rz. 273.

6 Offenbarungspflichten des Arbeitnehmers

Autoren: Dr. Adrian Löser, Dr. Manuel Schütt

Überblick

Macht der Arbeitgeber von seinem ohnehin begrenzten Fragerecht bei Einstellungen keinen Gebrauch, so trifft den Bewerber nur in Ausnahmesituationen eine Rechtspflicht, bestimmte Umstände auch ungefragt offenzulegen. Eine arglistige Täuschung durch Unterlassen, die eine Anfechtung des Arbeitsvertrags gemäß § 123 BGB rechtfertigen kann, liegt dann vor, wenn der Bewerber elementare Anforderungen des vorgesehenen Arbeitsplatzes nicht erfüllt, deren Bedeutung für die Entscheidung zu seiner Einstellung jedoch offenkundig ist.[124]

Davon kann nur ausgegangen werden, wenn die betreffenden Umstände entweder dem Bewerber die Erfüllung seiner vorgesehenen arbeitsvertraglichen Leistungspflicht von vornherein unmöglich machen oder für die Eignung für den in Betracht kommenden Arbeitsplatz von ausschlaggebender Bedeutung sind.[125]

Die Offenbarungspflicht des Arbeitnehmers korrespondiert mit dem Fragerecht des Arbeitgebers. Der Arbeitnehmer ist nur verpflichtet, für die Einstellung erhebliche Tatsachen zu offenbaren, nach denen der Arbeitgeber auch hätte fragen dürfen. Es gibt jedoch nicht im umgekehrten Fall eine Offenbarungspflicht des Arbeitnehmers immer schon dann, wenn ein Fragerecht besteht. Eine Offenbarungspflicht besteht nur in sehr seltenen Fällen. Es muss sich jeweils um Situationen handeln, in denen das Interesse des Arbeitgebers, von dem Umstand zu erfahren, so groß ist, dass der Arbeitnehmer nicht nur auf entsprechende Fragen wahrheitsgemäß antworten muss, sondern ungefragt die Information preiszugeben hat.[126]

So muss der Bewerber ein bestehendes Wettbewerbsverbot auch ungefragt offenbaren – selbst wenn er sich nicht daran halten will –, da die Gefahr besteht, dass sein alter Arbeitgeber das Wettbewerbsverbot gegen ihn durchsetzt.[127]

6.1 Offenbarung der Schwangerschaft

In der Praxis kommt es immer wieder vor, dass erst nach Einstellung einer Arbeitnehmerin bekannt wird, dass diese bei Abschluss des Arbeitsvertrags bereits schwanger war und dies auch wusste, diese Tatsache also bewusst verschwiegen hat.

124 BAG, Urteil v. 1.8.1985, 2 AZR 101/83; vgl. auch BAG, Urteil v. 22.4.2004, 2 AZR 281/03.
125 BAG, Urteil v. 6.9.2012, 2 AZR 270/11.
126 Rolfs/Giesen/Kreikebohm/Udsching, BeckOK, Stand: 1.9.2020, § 611a BGB, Rz. 105.
127 Rolfs/Giesen/Kreikebohm/Udsching, BeckOK, Stand: 1.9.2020, § 611a BGB, Rz. 118.

Nach § 15 Abs. 1 MuSchG soll eine werdende Mutter ihre Schwangerschaft dem Arbeitgeber zwar anzeigen. Selbst im bestehenden Arbeitsverhältnis ist die werdende Mutter jedoch im Regelfall nicht verpflichtet, das Bestehen der Schwangerschaft mitzuteilen. Die gesetzliche Fassung als Sollvorschrift beruht auf der Achtung des Persönlichkeitsrechts der Frau. Obwohl die Gesundheit von Mutter und Kind an sich eine frühzeitige Unterrichtung des Arbeitgebers nahe legt, soll die Arbeitnehmerin nicht zur Offenbarung ihrer Schwangerschaft gezwungen sein.[128]

6.2 Offenbarung von Gesundheitszustand, Erkrankungen

Eine allgemeine Offenbarungspflicht über ausgeheilte oder akute Erkrankungen besteht nicht. Auch eine lediglich latente Gesundheitsgefährdung ist nicht offenbarungspflichtig. Die Interessen des potenziellen Arbeitgebers sind dadurch geschützt, dass er unter den von der Rechtsprechung entwickelten Voraussetzungen im Einstellungsgespräch die erforderlichen Fragen nach dem Gesundheitszustand stellen kann (s. o.).

Offenbarungspflichtig sind ausnahmsweise solche Erkrankungen, die den Arbeitnehmer wegen der Ansteckungsgefahr oder der Schwere der Erkrankung an der Erbringung der Arbeitsleistung dauerhaft hindern. Die Offenbarungspflicht besteht danach zumindest bei schwerwiegenden Erkrankungen für Heilberufe und beim Umgang mit Lebensmitteln, im Friseurberuf, bei Floristen und im Optikergewerbe, soweit es im Rahmen dieser Tätigkeiten zu einer Ansteckung kommen kann (z. B. Anpassung von Kontaktlinsen).

6.3 Offenbarung der Schwerbehinderteneigenschaft

Für den Bereich der Schwerbehinderung bestand sowohl in der arbeitsrechtlichen Literatur als auch in der Rechtsprechung Einigkeit darüber, dass der Mensch mit Schwerbehinderung von sich aus nicht über die bestehende Behinderung aufklären muss, soweit ihm die Tätigkeit dadurch nicht unmöglich gemacht wird.[129] Spätestens seit Geltung des Diskriminierungsverbots für schwerbehinderte Bewerber und Mitarbeiter gemäß § 164 Abs. 2 SGB IX und dem AGG sowie aufgrund der Rechtsprechung des EuGH und des BAG zum Fragerecht nach der Schwerbehinderung (s. o.) ist jedoch davon auszugehen, dass es eine Offenbarungspflicht nicht mehr gibt.

---

128 BAG, Urteil v. 18.1.2000, 9 AZR 932/98.

129 BAG, Urteil v. 11.11.1993, 2 AZR 467/93; BAG, Urteil v. 5.10.1995, 2 AZR 923/94.

6.4 Offenbarung von nachvertraglichen Wettbewerbsverboten

Ebenso wie die Frage im Einstellungsgespräch nach nachvertraglichen Wettbewerbsverboten, die die Arbeit für einen neuen Arbeitgeber einschränken würden, zulässig ist, ist der Bewerber verpflichtet, auch ungefragt von sich aus auf solche Wettbewerbsbeschränkungen hinzuweisen.

6.5 Vorstellungsgespräche vollständig dokumentieren

Vorstellungsgespräche sollten daher aufseiten des Arbeitgebers insbesondere bei »Risikobewerbern« frei von Diskriminierungen indizierenden Fragen geführt und stichpunktartig, aber vollständig und zutreffend dokumentiert werden.

7 Absage einer Bewerbung

Autoren: Dr. Adrian Löser, Dr. Manuel Schütt

Überblick

Im Ablehnungsschreiben und auch bei telefonischen Nachfragen sollte sich der Arbeitgeber aus haftungsrechtlichen Gründen möglichst neutral und vorsichtig ausdrücken und kurz fassen.

Sogar die – oft nur höflich gemeinte – Floskel, dass trotz der Qualifikation des Bewerbers einem anderen der Vorzug gegeben wurde, erscheint nach dem AGG haftungsträchtig, da der abgelehnte Bewerber aus einer solchen Formulierung herauslesen könnte, dass jedenfalls keine sachlichen, sondern offenbar »andere« Gründe zu der für den Bewerber nachteiligen Auswahlentscheidung geführt haben. Zudem kann daraus abgelesen werden, dass der eingestellte Bewerber männlichen Geschlechts ist.

Begründung vermeiden

Spezifische Begründungen jeglicher Art sollten im Rahmen der Absage vermieden werden. Formulierungen etwa wie »keine deutsche Muttersprachlerin« können Indiz i.S.v. § 22 AGG für eine Diskriminierung eines Bewerbers wegen dessen ethnischer Herkunft sein. Dies gilt selbst dann, wenn perfekte Deutschkenntnisse in Wort und Schrift zwingende Voraussetzung für die Stelle sind.[130]

Der Arbeitgeber, der im an die Bewerberin zurückgesandten Lebenslauf neben der Textzeile »Verheiratet, ein Kind« handschriftlich »7 Jahre alt!« vermerkt und die sich dann ergebende Wortfolge »ein Kind, 7 Jahre alt« durchgängig unterstrichen hatte, begeht laut dem Bundesarbeitsgericht eine Diskriminierung wegen des weiblichen Geschlechts (mittelbare Benachteiligung).[131]

Ebenso können falsche, wechselnde oder in sich widersprüchliche Begründungen Indizwirkung i.S.d. § 22 AGG haben.[132] Das wäre jedoch fatal. Nach § 22 AGG muss der Arbeitnehmer nämlich lediglich Indizien beweisen, die eine Benachteiligung wegen eines in § 1 AGG genannten Grundes vermuten lassen. Gelingt dies, trägt der Arbeitgeber die Beweislast dafür, dass andere als in § 1 AGG genannte, also sachliche Gründe die Absage rechtfertigen.

130 BAG, Urteil v. 29.6.2017, 8 AZR 402/15.
131 BAG, Urteil v. 18.9.2014, 8 AZR 753/13.
132 BAG, Urteil v. 21.6.2012, 8 AZR 364/11.

Keine Auskunftspflicht gegenüber abgelehntem Bewerber

Der Arbeitgeber muss dem abgelehnten Bewerber keine Auskunft darüber erteilen, ob er einen anderen Bewerber eingestellt hat.[133] Der EuGH betonte in seiner Entscheidung jedoch, dass die Verweigerung jeglichen Zugangs zu Informationen ggf. als Indiz für eine Diskriminierung mit der Folge von Ansprüchen auf Schadensersatz oder Entschädigung nach § 15 Abs. 1, 2 AGG gewertet werden könne. Es sei dann Sache des Gerichts zu prüfen, ob dies im zu entscheidenden Rechtsstreit der Fall sei.[134] Letztlich hat dies zur Folge, dass ein solcher Anspruch auf Auskunft »durch die Hintertür eingeführt wird«. Arbeitgeber werden nämlich hierdurch veranlasst sein, die Auskunft doch zu erteilen.[135]

Noch ungeklärt ist die Frage, wann zur Vermeidung von Diskriminierungsvorwürfen die Auskunft zu erteilen ist. In der Literatur wird vertreten, dass bei Initiativbewerbungen generell keine Auskunftspflicht des Arbeitgebers besteht. Der Arbeitgeber könne nicht gezwungen werden, sich für eine Ablehnung zu rechtfertigen, wenn er keine Stelle ausgeschrieben hat.[136] Der Arbeitgeber muss auch nicht von sich aus ungefragt die Ablehnungsentscheidung begründen. Hierzu bedarf es eines Auskunftsverlangens des Arbeitnehmers.[137] Will der Arbeitgeber einem Auskunftsverlangen nachkommen, sind die Rechte desjenigen, der die Stelle bekommen hat, zu wahren. Der eingestellte Arbeitnehmer hat ein Recht auf Schutz seiner persönlichen Daten.[138] Die Auskünfte sollten ferner auf die fachliche Qualifikation im Vergleich zu den Mitbewerbern und auf die in der Stellenanzeige diskriminierungsfrei formulierten Voraussetzungen abstellen. Keinesfalls sollten Gründe angegeben werden, die Anhaltspunkte für eine unzulässige, ggf. auch nur mittelbare Benachteiligung (siehe zu Letzterer bereits die Ausführungen oben zur Benachteiligung wegen des weiblichen Geschlechts) wegen eines der in § 1 AGG genannten Merkmale geben könnten. Die Schwelle liegt hier sehr hoch.

Eine Diskriminierung kann bereits die Aussage »Wir haben uns für einen Bewerber entschieden, der besser zu uns passt« indizieren.

Zu empfehlen wäre daher die Begründung »Wir haben uns für den/die bestqualifizierte(n) Bewerber/Bewerberin entschieden.«

Aus prozessrechtlichen Gründen ist noch Folgendes zu beachten: Hat sich der Arbeitgeber bei seiner Absage auf bestimmte Ablehnungsgründe festgelegt, muss er damit

133 EuGH, Urteil v. 19.4.2012, C-415/10, NZA 2012, S. 493, Meister; BAG, Urteil v. 25.4.2013, 8 AZR 287/08, BeckRS 2013, 68457; Gola, NZA 2013, S. 360; Picker, NZA 2012, S. 641.

134 EuGH, Urteil v. 19.4.2012, C-415/10.

135 Bauer, FD-ArbR 2012, 331531.

136 Bauer a.a.O.

137 Bauer a.a.O.

138 Bauer a.a.O.

rechnen, dass das Arbeitsgericht andere als in der Ablehnung genannte Gründe als unglaubwürdig einstuft und die Prüfung der Frage, ob eine Diskriminierung i. S. d. AGG vorliegt, auf die im Ablehnungsschreiben ausdrücklich genannten Ablehnungsgründe beschränkt. Nachträglich vom Arbeitgeber angeführte weitere Gründe, die im Ergebnis sogar geeignet wären, die Auswahlentscheidung als diskriminierungsfrei darzustellen, würden so nicht berücksichtigt.

Durch die Absage sollte der abgewiesene Bewerber selbstverständlich auch nicht darauf hingewiesen werden, dass er eine unzulässige Frage der Wahrheit entsprechend beantwortet hat und nunmehr die Bewerbung daran gescheitert ist.

Pflichten des Arbeitgebers und Rechte schwerbehinderter Menschen
§ 164 SGB IX regelt besondere Pflichten des Arbeitgebers im Rahmen seiner gesteigerten Treue- und Fürsorgepflichten gegenüber schwerbehinderten und gleichgestellten Menschen. Der Vorschrift kommt daher eine zentrale Bedeutung bei der Begründung von Arbeitsverhältnissen zu. Entscheidet sich der Arbeitgeber z. B. gegen einen schwerbehinderten Bewerber, hat der Arbeitgeber nach § 164 Abs. 1 Satz 9 SGB IX unverzüglich alle Beteiligten unter Angabe von Gründen über seine Entscheidung zu unterrichten.

Die Unterrichtungspflicht besteht gegenüber dem betroffenen Bewerber, der Schwerbehindertenvertretung und dem Betriebs- bzw. Personalrat.[139]

Hat der Arbeitgeber einem schwerbehinderten Bewerber entgegen § 164 Abs. 1 Satz 9 SGB IX keine Gründe für die Ablehnung der Bewerbung mitgeteilt, so wird dessen Benachteiligung wegen der Schwerbehinderteneigenschaft vermutet.[140] Die unterbliebene Teilnahme der Schwerbehindertenvertretung am Vorstellungsgespräch ist jedoch kein Indiz für eine Benachteiligung, wenn der Arbeitgeber sie hierzu rechtzeitig geladen hatte.[141] Der Verstoß gegen die Unterrichtungspflicht aus § 164 Abs. 1 Satz 9 SGB IX stellt nach § 238 Abs. 1 Nr. 7 SGB IX zudem eine Ordnungswidrigkeit dar.

139 Rolfs/Giesen/Kreikebohm/Udsching, Beck‹scher Online-Kommentar Sozialrecht, 2021, § 164 SGB IX, Rz. 13.
140 LAG Hessen, Urteil v. 7.11.2005, 7 Sa 473/05, NZA-RR 2006 S. 312.
141 LAG Hamm, Urteil v. 26.11.2015, 15 Sa 803/15.

Teil 2: Arbeitsvertrag

8 Arbeitsvertrag: rechtliche Grundlagen

Autorin: Gabi Hanreich

Überblick

Der Arbeitsvertrag bildet die rechtliche Grundlage des Rechtsverhältnisses zwischen Arbeitgeber und Arbeitnehmer. Er ist eine Sonderform des Dienstvertrags. Die Abgrenzung zu anderen Dienstverträgen liegt im Wesentlichen darin, dass beim Arbeitsvertrag der Dienstleistende in Bezug auf Art und Tätigkeit, Arbeitsort und Arbeitszeit an die Weisungen des Arbeitgebers gebunden ist. Durch den Arbeitsvertrag werden die wechselseitigen Rechte und Pflichten der Vertragsparteien begründet und geregelt. Das Arbeitsrecht als Sonderrecht stellt zum Schutz des Arbeitnehmers besondere Regeln auf.

In § 611a BGB ist der Arbeitsvertrag gesetzlich definiert. Die Vorschrift nimmt Rückgriff auf die wesentlichen Leitsätze der bisherigen höchstrichterlichen Rechtsprechung. Auch nach der Neuregelung gilt jedoch, dass es auf eine Gesamtbetrachtung aller Umstände im Einzelfall ankommt. Die allgemeinen Regeln des BGB finden grundsätzlich auf den Arbeitsvertrag Anwendung. In Anbetracht der besonderen Erfordernisse und Gegebenheiten des Arbeitslebens hat sich jedoch das Arbeitsrecht zu einem Sonderrecht entwickelt, welches die allgemeinen Regeln des Zivilrechts, insbesondere den Grundsatz der Vertragsfreiheit, in vielen Bereichen modifiziert oder verdrängt.

8.1 Arbeitsvertrag und Arbeitsverhältnis

Der Arbeitsvertrag ist ein Dienstvertrag, durch den zwischen den Parteien ein Dienstverhältnis im Sinne des § 611 BGB begründet wird. Nach der Definition in § 611a BGB verpflichtet der Arbeitsvertrag den Arbeitnehmer im Dienste eines anderen zur Leistung weisungsgebundener, fremdbestimmter Arbeit in persönlicher Abhängigkeit. Auf dieses Rechtsverhältnis sind grundsätzlich die allgemeinen Regeln des Bürgerlichen Gesetzbuchs (BGB) anwendbar.

Als Unterfall des Dienstverhältnisses stellt das Arbeitsverhältnis nach der Systematik des Bürgerlichen Gesetzbuchs ein sogenanntes Dauerschuldverhältnis dar. Anders als z. B. bei dem Modell eines Kaufvertrags ist bei einem Dauerschuldverhältnis der Vertrag nicht auf den einmaligen Austausch einer bestimmten Leistung (Kaufgegenstand) gegen eine bestimmte Gegenleistung (Kaufpreis) angelegt, sondern auf ein über einen bestimmten oder unbestimmten Zeitraum laufendes, sich ständig wiederholendes Geben und Nehmen. Die Eigenart einer derartigen Dauerrechtsbeziehung erfordert eine Reihe spezieller Regelungen, die bei anderen Vertragstypen nicht notwendig sind. Hinzu kommt speziell für den Arbeitsvertrag, dass sich in Anbetracht der besonderen Gegebenheiten und Erfordernisse des Arbeitslebens vielfältige arbeitsrechtliche Sonderregeln entwickelt haben, die das allgemeine Dienstrecht und das allgemeine Vertragsrecht des BGB überlagern und dem Arbeitsverhältnis seinen speziellen Charakter verleihen. Beispielhaft seien nur die Regelungen über die Kündigung der Vertragsbeziehung oder, speziell für das Arbeitsverhältnis, die Regelungen über den Urlaub oder auch die Entgeltfortzahlung im Krankheitsfall erwähnt.

8.2 Parteien des Arbeitsvertrags

Parteien des Arbeitsvertrags sind der Arbeitnehmer und der Arbeitgeber.

8.2.1 Arbeitnehmer

Arbeitnehmer ist, wer aufgrund eines privatrechtlichen Vertrags im Dienste eines anderen zur Arbeit verpflichtet ist.[142] Unter Rückgriff auf diese Rechtsprechung definiert § 611a Satz 1 BGB den Arbeitsvertrag wie folgt: »Durch den Arbeitsvertrag wird der Arbeitnehmer im Dienste eines anderen zur Leistung weisungsgebundener, fremdbestimmter Arbeit in persönlicher Abhängigkeit verpflichtet.« Gemäß Satz 2 kann sich das Weisungsrecht auf Inhalt, Durchführung, Zeit und Ort der Tätigkeit erstrecken. Weisungsgebunden ist nach Satz 3, wer nicht im Wesentlichen frei seine Tätigkeit gestalten und seine Arbeitszeit bestimmen kann. Satz 4 stellt klar, dass der Grad der persönlichen Abhängigkeit auch von der Eigenart der jeweiligen Tätigkeit abhängt. Gemäß Satz 5 ist für die Feststellung, ob ein Arbeitsvertrag vorliegt, eine Gesamtwürdigung aller Umstände vorzunehmen. Zeigt die tatsächliche Durchführung des Vertragsverhältnisses, dass es sich um ein Arbeitsverhältnis handelt, kommt es schließlich nach Satz 6 auf die Bezeichnung im Vertrag nicht an.

Im Zentrum der vertraglichen Verpflichtung des Arbeitnehmers steht die höchstpersönliche Erbringung der Dienst- bzw. Arbeitsleistung. Deshalb kann Arbeitnehmer nur eine natürliche Person sein, der es wegen des höchstpersönlichen Charakters der geschuldeten Leistung auch nicht erlaubt ist, ihre vertragliche Verpflichtung durch andere Personen (etwa durch einen Erfüllungsgehilfen, Vertreter o.Ä.) erbringen zu lassen.

Nach traditioneller Unterscheidung wird die Gruppe der Arbeitnehmer in Angestellte und Arbeiter (gewerbliche Arbeitnehmer) unterteilt. Danach ist die Tätigkeit des Angestellten überwiegend durch Kopfarbeit und die des Arbeiters überwiegend durch Handarbeit geprägt, wobei das Gesamtbild der Tätigkeit nach der Verkehrsanschauung der beteiligten Berufskreise maßgeblich ist.[143]

142 BAG, Urteil v. 24.3.1992, 9 AZR 76/91.
143 Vgl. BAG, Urteil v. 24.7.1954, 4 AZR 445/54.

In den letzten Jahren hat diese Unterscheidung an Bedeutung verloren. So sind z. B. zwischenzeitlich die Kündigungsfristen für Arbeiter und Angestellte ebenso vereinheitlicht (vgl. § 622 BGB), wie das Entgeltfortzahlungsgesetz (EFZG) ohne Unterschied alle Arbeitnehmer erfasst. Hinzu kommt, dass auf anderen Gebieten, wie z. B. bei der Gewährung von Sonderzahlungen, die Unterscheidung zwischen Arbeitern und Angestellten keinen tauglichen Ansatzpunkt für eine unterschiedliche Behandlung durch den Arbeitgeber hergibt. Nach der Rechtsprechung stellt es einen Verstoß gegen den arbeitsrechtlichen Gleichbehandlungsgrundsatz dar, wenn eine Ungleichbehandlung von Arbeitern und Angestellten bei der Gewährung von sozialen Nebenleistungen (Sonderzuwendungen) allein auf der unterschiedlichen Gruppenzugehörigkeit beruht und nicht im Einzelfall durch weitere sachliche Gründe gerechtfertigt ist.[144] Dementsprechend unterscheiden auch viele neuere Tarifverträge nicht mehr zwischen Angestellten und Arbeitern.

Eine Sonderrolle kommt den **Auszubildenden** zu. Im Allgemeinen werden auch sie der Gruppe der Arbeitnehmer zugerechnet (vgl. § 5 Abs. 1 Satz 1 ArbGG). Gleichwohl ist ihr Rechtsverhältnis von einer ganzen Reihe von Besonderheiten geprägt, die es zu beachten gilt.

8.2.2 Arbeitgeber

Arbeitgeber ist, wer (zumindest einen) Arbeitnehmer beschäftigt. Für die Bestimmung des Arbeitgebers ist also maßgeblich, wer die wirtschaftliche und organisatorische Dispositionsbefugnis über die Arbeitsleistung des Arbeitnehmers hat und den Nutzen daraus ziehen kann.[145] Anders als bei der Person des Arbeitnehmers ist die Bestimmung des Arbeitgebers nicht an höchstpersönliche Merkmale eines bestimmten Menschen gebunden. Arbeitgeber kann deshalb sowohl eine natürliche Person als auch eine Personenmehrheit (z. B. eine Gesellschaft bürgerlichen Rechts oder eine Handelsgesellschaft) als auch eine juristische Person des privaten (rechtsfähiger Verein, Kapitalgesellschaft) oder des öffentlichen Rechts (Körperschaft, Anstalt etc.) sein.

Nach traditioneller Rechtsauffassung kam bei einer Gesellschaft bürgerlichen Rechts (BGB-Gesellschaft, GbR) die Arbeitgebereigenschaft nicht der Gesellschaft, sondern den Gesellschaftern gemeinschaftlich zu. In einem Rechtsstreit war die GbR nicht einmal parteifähig.[146] Seit der Grundsatzentscheidung des BGH vom 29.1.2001[147] ist diese Auffassung überholt. Mit der genannten Entscheidung hat der Bundesgerichtshof seine Rechtsprechung geändert und die Parteifähigkeit der GbR anerkannt. Das Bundesarbeitsgericht hat sich dieser geänderten Rechtsprechung angeschlossen. Angesichts

144 Vgl. BAG, Urteil v. 25.1.1984, 5 AZR 44/82.
145 Vgl. BAG, Urteil v. 9.9.1982, 2 AZR 253/80.
146 BAG, Urteil v. 6.7.1989, 6 AZR 771/87.
147 BGH, Urteil v. 29.1.2001, II ZR 331/00.

dieses Wandels in der Rechtsprechung spricht nichts dagegen, die GbR ebenso wie die OHG oder KG unmittelbar als Arbeitgeber anzusehen.[148]

OHG und KG können unter ihrer Firma klagen und verklagt werden. Sie sind selbst Partei des Arbeitsverhältnisses (vgl. §§ 124 Abs. 1, 161 Abs. 2 HGB). Zu beachten ist aber, dass neben der Gesellschaft auch die persönlich haftenden Gesellschafter als Arbeitgeber für die aus einem Arbeitsverhältnis mit der Gesellschaft erwachsenen Ansprüche haften (§§ 128, 161, 171 Satz 1 HGB).

Ist der Arbeitgeber eine juristische Person (z. B. GmbH oder AG), handelt für diese das jeweils zuständige gesetzliche Vertretungsorgan (Geschäftsführer oder Vorstandsvorsitzender). Auch wenn damit diese natürliche Person die Arbeitgeberbefugnisse tatsächlich ausübt, ist nicht etwa diese selbst Arbeitgeber. Ihr Handeln ist vielmehr unmittelbar der juristischen Person zuzuordnen, als deren Organ sie tätig wird.

Bei der GmbH & Co. KG entstehen zuweilen Zweifel, ob die Arbeitgebereigenschaft der KG, der GmbH oder gar dem Geschäftsführer der GmbH persönlich zukommt. Soweit der Arbeitsvertrag keine eindeutigen Aussagen enthält, muss nach den Gesamtumständen geklärt werden, wer Vertragspartner des Arbeitnehmers geworden ist. Hierbei wird man nach der Verkehrsauffassung davon ausgehen können, dass ein Geschäftsführer immer dann, wenn er über eine Angelegenheit verhandelt, welche die Gesellschaft betrifft, auch für diese und nicht etwa für sich selbst handeln will. Des Weiteren lassen sich auch aus der weiteren Entwicklung des Arbeitsverhältnisses (wer zahlt das Arbeitsentgelt, in wessen Organisationsstrukturen ist der Arbeitnehmer eingebunden) Erkenntnisse darüber gewinnen, wem die Rolle des Arbeitgebers zukommt.

Mit den Einzelheiten und Problemen, die sich daraus ergeben können, dass der Arbeitgeber die ihm durch den Arbeitsvertrag eingeräumten Befugnisse ganz oder teilweise auf andere Personen delegiert, hat sich das Bundesarbeitsgericht ausführlich in seiner Entscheidung vom 9. September 1982 beschäftigt.[149]

8.3 Arten von Arbeitsverträgen und Arbeitsverhältnissen (Übersicht)

Regelfall: Unbefristeter Arbeitsvertrag

Im Arbeitsleben stellt nach wie vor der auf unbestimmte Zeit abgeschlossene Vertrag (unbefristeter Arbeitsvertrag) den Regelfall dar. Auf diesen vertraglichen Grundtypus sind in der Regel die arbeitsrechtlichen Sonderregeln zugeschnitten (siehe Kapitel 9).

148 BAG, Urteil v. 1.12.2004, 5 AZR 597/03.

149 BAG, Urteil v. 9.9.1982, 2 AZR 253/80.

Befristeter Arbeitsvertrag

Das Gesetz kennt aber auch den von vornherein für einen bestimmten Zeitraum geschlossenen Dienst- und Arbeitsvertrag (befristeter Arbeitsvertrag). Die besonderen Voraussetzungen und Rechtsfolgen der Befristung eines Arbeitsvertrags sind im Teilzeit- und Befristungsgesetz geregelt.

Spezielle Regelungsinhalte

Daneben lassen sich bestimmte Arten oder Ausprägungen von Arbeitsverträgen nach deren speziellen Regelungsinhalten gliedern. Einzelheiten für die in der Praxis geläufigen Fallgruppen finden sich in folgenden Beiträgen:

- Probearbeitsverhältnis
- Teilzeitarbeitsverhältnis
- Flexible Teilzeitarbeit
- Geringfügige Beschäftigung
- Telearbeit
- Altersteilzeitarbeit

Arbeitsverträge besondere Personengruppen betreffend

Weiterhin zeichnen sich bestimmte Arten von Arbeitsverträgen dadurch aus, dass sie besondere Personengruppen betreffen, z. B. Auszubildende, Aushilfen, leitende und außertarifliche Angestellte, ausländische Arbeitnehmer oder Leiharbeitnehmer.

9 Unbefristeter Arbeitsvertrag: Rechte und Pflichten der Vertragsparteien

Autorin: Gabi Hanreich

Überblick

Durch Eingehung des Arbeitsvertrags bringen Arbeitnehmer und Arbeitgeber eine Rechtsbeziehung zwischen sich zustande, die durch eine Vielzahl von wechselseitigen Pflichten und damit korrespondierenden Rechten gekennzeichnet ist.

Im Vordergrund stehen die wechselseitigen Hauptpflichten. Dies sind die Pflichten, die unmittelbar die nach dem Arbeitsvertrag im Austauschverhältnis stehenden Leistungen betreffen. Daneben ergeben sich aus der Tatsache, dass die Parteien in einer Dauerrechtsbeziehung stehen, eine ganze Reihe von Nebenpflichten.

Arbeitsvertrag und Arbeitsverhältnis sind Teil der grundlegend im Bürgerlichen Gesetzbuch (BGB) geregelten Privatrechtsordnung. Die allgemeinen Regeln des BGB finden deshalb grundsätzlich auf den Arbeitsvertrag Anwendung. In Anbetracht der besonderen Erfordernisse und Gegebenheiten des Arbeitslebens hat sich jedoch das Arbeitsrecht zu einem Sonderrecht entwickelt, welches die allgemeinen Regeln des Zivilrechts, insbesondere den Grundsatz der Vertragsfreiheit, in vielen Bereichen modifiziert oder verdrängt.

9.1 Hauptpflichten

9.1.1 Hauptpflicht des Arbeitnehmers

Hauptpflicht des Arbeitnehmers ist es, die nach dem Inhalt des Vertrags geschuldete Arbeitsleistung in dem im Vertrag festgelegten Umfang und an dem vertraglich vereinbarten Ort zu erbringen. Oft sind die näheren Einzelheiten der arbeitnehmerseitigen Hauptleistungspflicht im Arbeitsvertrag nur rahmenmäßig umschrieben (z. B. durch die Vereinbarung, dass der Arbeitnehmer »als kaufmännischer Angestellter« oder »als Kraftfahrer« o. Ä. eingestellt wird). Je nachdem wie konkret eine bestimmte Tätigkeit/Funktion nach Inhalt, Zeit und Ort vertraglich vereinbart ist, verbleibt ein mehr oder minder weiter Spielraum, den der Arbeitgeber durch die Zuweisung eines konkreten Arbeitsplatzes mit konkreten Arbeiten gestalten kann und muss. Diese Konkretisierung hat im Einzelfall durch Ausübung des sog. Direktionsrechts des Arbeitgebers zu geschehen, welches seine gesetzliche Verankerung früher in § 315 BGB und nunmehr ausdrücklich und speziell für das Arbeitsverhältnis in § 106 GewO findet.

9.1.2 Hauptpflicht auf Arbeitgeberseite

Die Hauptpflicht auf Arbeitgeberseite besteht darin, die nach dem Vertrag geschuldete Vergütung (Arbeitsentgelt) zu zahlen. Diese Vergütung kann in der klassischen Form des »Gehalts« als feste Monatszahlung oder in der mehr oder minder zeitabhängigen Form des »Lohns« vereinbart sein. Ggf. werden auch erfolgsabhängige Vergütungen (Provisionen etc.) vereinbart. Neben die sog. Grundvergütung treten häufig bestimmte Zusatz- oder Sonderzahlungen.

Oft sind die Einzelheiten der Vergütungsverpflichtung des Arbeitgebers nicht unmittelbar im Arbeitsvertrag vereinbart, sondern werden durch einen Tarifvertrag geregelt, der zwischen den Parteien gilt, weil diese tarifgebunden sind oder weil der Tarifvertrag im Arbeitsvertrag in Bezug genommen oder für allgemeinverbindlich erklärt worden ist.

9.2 Nebenpflichten

Aufgrund seines Charakters als Dauerschuldverhältnis ist das Arbeitsverhältnis durch eine ganze Reihe von sog. Nebenpflichten geprägt, deren Beachtung der Arbeitsvertrag beiden Parteien über die Erfüllung der wechselseitigen Hauptpflichten hinaus abverlangt.

Bei diesen Nebenpflichten handelt es sich weniger um einen klar abgegrenzten Katalog, als vielmehr um ein Bündel von Verpflichtungen, dessen Inhalt sich nach dem Gepräge des konkreten Vertragsverhältnisses bestimmt.

Es liegt auf der Hand, dass sich die im Einzelfall zu beachtenden Nebenpflichten eines Angestellten in gehobener Position mit entsprechender Verantwortung gänzlich anders darstellen als die eines gewerblichen, mit einfachen Tätigkeiten betrauten Arbeitnehmers.

Im Laufe der Zeit haben sich allerdings einige typische Pflichtenkreise auf Arbeitnehmer- und auf Arbeitgeberseite herausgebildet.

9.2.1 Nebenpflichten des Arbeitnehmers

Als zentrale Nebenpflicht auf Arbeitnehmerseite ist die sog. Treuepflicht zu nennen, wobei diese allerdings ihrerseits als eine abstrakte Generalpflicht verstanden werden muss, aus der sich je nach den Gegebenheiten des Einzelfalles höchst unterschiedliche Einzelpflichten ableiten. Zu nennen sind z. B.: Pflicht zum sorgsamen Umgang mit dem Eigentum des Arbeitgebers, Verschwiegenheitspflicht im Hinblick auf Geschäfts- und Betriebsgeheimnisse, Wettbewerbsverbot im bestehenden Arbeitsverhältnis (Vgl. §§ 60, 61 HGB, § 242 BGB).

Daneben treffen den Arbeitnehmer auch ohne gesonderte vertragliche oder gesetzliche Grundlage Mitteilungs- oder Anzeigepflichten. So ist z. B. anerkannt, dass der Arbeitnehmer dem Arbeitgeber drohende Schäden anzuzeigen hat.[150] Darüber hinaus hat ein wegen geringfügiger Beschäftigung versicherungsfreier Arbeitnehmer dem Arbeitgeber die Aufnahme einer weiteren Beschäftigung mitzuteilen, weil sich hieraus Beitrags- und Meldepflichten ergeben, sofern dadurch Versicherungspflicht eintritt.[151] Eine vertragliche Mitteilungspflicht hat auch eine Arbeitnehmerin, die dem Arbeitgeber das Bestehen einer Schwangerschaft und den voraussichtlichen Entbindungstermin (§ 15 Abs. 1 MuSchG) mitgeteilt hat, wenn die Schwangerschaft vorzeitig endet.[152]

Die größte Bedeutung der dem Arbeitnehmer obliegenden arbeitsvertraglichen Nebenpflichten liegt darin, dass aus ihrer Verletzung im Einzelfall ein Recht zur ordentlichen oder gar außerordentlichen Kündigung des Arbeitsverhältnisses erwachsen kann. Angesprochen ist insoweit das weite Feld der Kündigung aus verhaltensbedingten Gründen. Teilweise spielt auch der Aspekt des Schadensersatzes eine Rolle, der im Arbeitsleben gegenüber den allgemeinen zivilrechtlichen Regeln des Schadensersatzrechts einige wesentliche Einschränkungen erfahren hat.

9.2.2 Nebenpflichten auf Arbeitgeberseite

Als Nebenpflichten auf Arbeitgeberseite sind zu nennen: Gleichbehandlungspflicht, Beschäftigungspflicht, Fürsorgepflicht.

Rücksichtnahme- und Fürsorgepflicht des Arbeitgebers

Als Gegenstück zur Treuepflicht des Arbeitnehmers obliegt dem Arbeitgeber eine Rücksichtnahme- und Fürsorgepflicht. Auch diese ist zu verstehen als Inbegriff der dem Arbeitgeber gegenüber dem Arbeitnehmer obliegenden vertraglichen Nebenpflichten.

Die Rücksichtnahmepflicht resultiert aus § 241 Abs. 2 BGB und verpflichtet die Parteien eines Schuldverhältnisses zur Rücksicht auf die Rechte, Rechtsgüter und Interessen des anderen Teils.

---

150 BAG, Urteil v. 1.6.1995, 6 AZR 912/04.
151 BAG, Urteil v. 18.11.1988, 8 AZR 12/86.
152 BAG, Urteil v. 18.1.2000, 9 AZR 932/98.

Im Rahmen seiner allgemeinen Fürsorgepflicht muss der Arbeitgeber bei Ausübung seiner Rechte das Wohl und die berechtigten Interessen der Arbeitnehmer berücksichtigen und unter Umständen besondere Maßnahmen treffen, welche die Entstehung eines Schadens und damit auch eine Beeinträchtigung des Fortkommens des Arbeitnehmers verhindern.[153] Damit ist die Fürsorgepflicht letztlich Ausdruck des in § 242 BGB niedergelegten Grundsatzes von Treu und Glauben.[154]

Verletzt der Arbeitgeber seine Fürsorgepflicht, so kommen verschiedene Rechtsfolgen in Betracht:

- Zunächst kann sich aus der Fürsorgepflicht ein ggf. auch gerichtlich durchsetzbarer Anspruch des Arbeitnehmers auf Vornahme oder Unterlassung einer bestimmten Handlung durch den Arbeitgeber ableiten.
- Daneben steht dem Arbeitnehmer regelmäßig ein Zurückbehaltungsrecht zu, soweit sich die Fürsorgepflichtverletzung in der Herbeiführung und Aufrechterhaltung eines bestimmten Zustandes äußert, dessen Beseitigung dem Arbeitgeber möglich ist (z. B. unsicheres Arbeitsgerät oder unzumutbare Arbeitsbedingungen). Das heißt, der Arbeitnehmer kann die Arbeitsleistung so lange verweigern, bis der Arbeitgeber gesetzmäßige Arbeitsbedingungen hergestellt hat. Der Arbeitgeber befindet sich in einem solchen Fall in Annahmeverzug und bleibt zur Zahlung der vertragsgemäßen Vergütung verpflichtet. Voraussetzung ist allerdings, dass der Arbeitnehmer sein Zurückbehaltungsrecht auch geltend gemacht hat.[155]
- Ggf. steht dem Arbeitnehmer auch ein Schadensersatzanspruch zu. Voraussetzung ist neben dem Eintritt eines konkreten Schadens allerdings, dass dem Arbeitgeber ein Verschulden vorgeworfen werden kann, wobei sich der Arbeitgeber gemäß § 278 BGB das Verschulden eines anderen Mitarbeiters als das eines Erfüllungsgehilfen anrechnen lassen muss.

Über Umfang und Inhalt der Fürsorgepflicht lassen sich keine generalisierenden Aussagen machen. Diese bestimmen sich in jedem Arbeitsverhältnis unterschiedlich. Es lassen sich allerdings bestimmte Pflichtenkreise voneinander abgrenzen, die im Folgenden dargestellt werden.

Schutzpflichten

Abgeleitet aus seiner Fürsorgepflicht treffen den Arbeitgeber insbesondere eine Reihe von Schutzpflichten, so z. B. hinsichtlich:

- Leben und Gesundheit des Arbeitnehmers: Die Fürsorgepflicht bezüglich Leben und Gesundheit des Arbeitnehmers hat durch § 618 BGB eine Konkretisierung erfahren. Gemäß § 618 BGB ist der Arbeitgeber gesetzlich verpflichtet, die Arbeitsbe-

153 BAG, Urteil v. 10.7.1991, 5 AZR 383/90 unter Hinweis auf BAG, Urteil v. 15.1.1986, 5 AZR 70/84.
154 BAG, Urteil v. 10.7.1991, 5 AZR 383/90.
155 BAG, Urteil v. 7.6.1973, 5 AZR 563/72.

dingungen so zu gestalten, dass der Arbeitnehmer gegen Gefahren für Leben und Gesundheit geschützt ist, soweit dies die Natur der zu erbringenden Dienstleistung gestattet. Diese Generalklausel wird ihrerseits durch eine Vielzahl öffentlich-rechtlicher Vorschriften des Arbeitsschutzes ergänzt (z. B. Arbeitsschutzgesetz, Arbeitsstättenverordnung Arbeitssicherheitsgesetz, Betriebssicherheitsverordnung, Mutterschutzgesetz usw.).

- Persönlichkeitsrechte des Arbeitnehmers: Einige konkrete Pflichten des Arbeitgebers lassen sich unter dem Oberbegriff des Persönlichkeitsschutzes zusammenfassen. So gehören in diesen Bereich z. B. der Umgang des Arbeitgebers mit der Personalakte und z. B. das Recht des Arbeitnehmers, in diese Unterlagen Einsicht nehmen zu können. Bedeutung hat der Persönlichkeitsschutz auch bei der Erteilung von Auskünften an Dritte während und/oder nach Beendigung des Arbeitsverhältnisses erlangt.
- Eingebrachte Sachen des Arbeitnehmers: Als Ausfluss der Fürsorgepflicht trifft den Arbeitgeber die Verpflichtung, Vorsorgemaßnahmen zum Schutz der von dem Arbeitnehmer in den Betrieb mitgebrachten Sachen zu treffen.

Sorgfaltspflichten

Im Rahmen des Arbeitsverhältnisses wird der Arbeitgeber in vielfältiger Weise für den Arbeitnehmer tätig. Aus Fürsorgegesichtspunkten ist er hierbei zu einer sorgfältigen Behandlung der Angelegenheiten und zur Wahrung der Interessen des Arbeitnehmers verpflichtet.

So ist der Arbeitgeber nach der Rechtsprechung des Bundesarbeitsgerichts aus Fürsorgegesichtspunkten verpflichtet, die Lohnabzüge richtig zu berechnen und abzuführen. Demgegenüber ist der Arbeitgeber nicht verpflichtet, im Interesse des Arbeitnehmers Rechtsmittel gegen einen Kurzarbeitergeld-Festsetzungsbescheid der Agentur für Arbeit einzulegen, wenn er die einer ständigen Verwaltungspraxis entsprechende Rechtsauffassung der Arbeitsverwaltung teilt.

Auskunfts- und Hinweispflichten

Die Frage, ob und in welchem Umfang der Arbeitgeber aus Fürsorgegesichtspunkten verpflichtet ist, den Arbeitnehmer auf bestimmte Sachverhalte oder rechtliche Zusammenhänge hinzuweisen, ist schon wiederholt Gegenstand gerichtlicher Entscheidungen gewesen.

So hat das BAG darauf erkannt, dass bei einer einvernehmlichen Aufhebung des Arbeitsverhältnisses je nach Lage des Einzelfalls eine Pflicht zur Aufklärung des Arbeitnehmers über die Auswirkungen der Vertragsbeendigung auf den Arbeitslosengeldanspruch bestehen kann.

Darüber hinaus hat das BAG Grundsätze darüber aufgestellt, unter welchen Voraussetzungen und in welchem Umfang der Arbeitgeber auf Schäden und Nachteile in der Altersversorgung hinweisen muss, die dem Arbeitnehmer bei einvernehmlicher Auflösung des Arbeitsverhältnisses drohen.

Eine Belehrungspflicht entsteht allerdings, wenn der Arbeitnehmer wegen besonderer Umstände darauf vertrauen durfte, der Arbeitgeber werde sich um die Altersversorgung kümmern.

Es besteht grundsätzlich auch keine Hinweispflicht des Arbeitgebers auf bevorstehende Verhandlungen mit dem Betriebsrat über Interessenausgleich und Sozialplan. Nimmt der Arbeitgeber aber eine Eigenkündigung des Arbeitnehmers entgegen, ohne darüber aufzuklären, dass der Arbeitnehmer nach dem aktuellen Interessenausgleich nicht zur Kündigung ansteht, so kann dies Schadensersatzansprüche des Arbeitnehmers wegen der Verletzung der nachvertraglichen Fürsorgepflicht auslösen.

Mitwirkungspflichten
Bedarf es zur Herbeiführung bestimmter tatsächlicher oder rechtlicher Folgen einer konkreten Handlung des Arbeitgebers, so kann dieser aufgrund seiner Fürsorgepflicht gehalten sein, an der Herbeiführung mitzuwirken.

Befindet sich ein Arbeitnehmer im Sonderurlaub, so ist der Arbeitgeber allerdings allein aufgrund der Fürsorgepflicht nicht ohne Weiteres verpflichtet, in eine vorzeitige Beendigung des Urlaubs einzuwilligen.

Sozialrechtliche Hinweis- und Freistellungspflichten
Gemäß § 2 Abs. 2 Satz 2 Nr. 3 SGB III »sollen« Arbeitgeber ihre Arbeitnehmer vor der Beendigung des Arbeitsverhältnisses frühzeitig über die Notwendigkeit eigener Aktivitäten bei der Suche nach einer anderen Beschäftigung sowie über die Verpflichtung zur Meldung bei der Agentur für Arbeit nach § 38 Abs. 1 SGB III informieren, sie hierzu freistellen und die Teilnahme an erforderlichen Qualifizierungsmaßnahmen ermöglichen.

Formulierungsvorschlag
»Wir informieren Sie hiermit, dass Sie gemäß § 38 Abs. 1 SGB III verpflichtet sind, sich unverzüglich bei der Agentur für Arbeit arbeitssuchend zu melden. Ferner ist es erforderlich, dass Sie bei der Suche nach einer anderen Beschäftigung selbst aktiv werden, um Nachteile beim späteren Bezug von Arbeitslosengeld zu vermeiden.«

Bei einem befristeten Arbeitsverhältnis soll eine Meldung zur Arbeitsuche frühestens 3 Monate vor dessen vereinbartem Ende erfolgen. Folglich dürfte es angebracht sein, den Arbeitnehmer im Laufe des vierten Monats vor dem vereinbarten Ende auf seine

Meldepflicht hinzuweisen. Bei einem zweckbefristeten Arbeitsverhältnis sollte der Hinweis mit der schriftlichen Unterrichtung des Arbeitnehmers über den Zeitpunkt der Zweckerreichung i. S. d. § 15 TzBfG verbunden werden.

10 Unbefristeter Arbeitsvertrag: Abschluss und Form

Autorin: Gabi Hanreich

Überblick

Für den Abschluss eines Arbeitsvertrags gelten die allgemeinen Regeln des Privatrechts über das Zustandekommen von Verträgen. Erforderlich ist grundsätzlich ein Vertragsangebot und eine darauf bezogene Annahmeerklärung. Ein Arbeitsvertrag muss nicht schriftlich abgeschlossen werden. Es reicht eine formlose Einigung der Parteien. Zu beachten sind allerdings die im Arbeitsrecht geltenden Einschränkungen der Vertragsfreiheit.

Arbeitsvertrag und Arbeitsverhältnis sind Teil der grundlegend im Bürgerlichen Gesetzbuch (BGB) geregelten Privatrechtsordnung. Die allgemeinen Regeln des BGB finden deshalb grundsätzlich auf den Arbeitsvertrag Anwendung. In Anbetracht der besonderen Erfordernisse und Gegebenheiten des Arbeitslebens hat sich jedoch das Arbeitsrecht zu einem Sonderrecht entwickelt, welches die allgemeinen Regeln des Zivilrechts, insbesondere den Grundsatz der Vertragsfreiheit, in vielen Bereichen modifiziert oder verdrängt.

10.1 Vertragsfreiheit und ihre Einschränkungen

Der Grundsatz der Privatautonomie gewährt Vertragsfreiheit, und zwar sowohl hinsichtlich der Frage, ob und mit wem ein Vertrag geschlossen wird (Abschlussfreiheit), als auch hinsichtlich des konkreten Inhalts des Vertrags (Gestaltungsfreiheit). Allerdings ist dieser Grundsatz gerade im Arbeitsrecht durch eine Vielzahl zwingender Vorschriften durchbrochen. Dies gilt zum Teil für die Abschlussfreiheit, in besonderem Maße aber für die Gestaltungsfreiheit.

10.1.1 Einschränkungen der Abschlussfreiheit

Einschränkungen der Vertragsfreiheit finden sich im Hinblick auf den Arbeitnehmerschutz vor allem in gesetzlich normierten Abschluss- und Beschäftigungsverboten, wie z. B. dem Verbot der Beschäftigung von Kindern nach dem Jugendarbeitsschutzgesetz oder von Müttern innerhalb der nachgeburtlichen Schutzfrist nach dem Mutterschutzgesetz. Die Freiheit eines Vertragsabschlusses mit einem Ausländer, der keine Aufenthalts- bzw. Arbeitserlaubnis besitzt, wird durch die Regelungen zur Beschäftigung ausländischer Arbeitnehmer beschränkt.

Über derartige generelle Einschränkungen hinaus, kann der Grundsatz der Abschlussfreiheit in besonders gelagerten Einzelfällen durch sog. Abschlussgebote eingeschränkt sein. Unter bestimmten Voraussetzungen gilt dies für die Verpflichtung zur Beschäftigung schwerbehinderter Menschen. Ein Gebot zum Abschluss eines Arbeitsvertrags kann sich auch daraus ergeben, dass ein bestimmter Arbeitnehmer aus einem Sozialplan oder aus einem gerichtlichen Vergleich einen Wiedereinstellungsanspruch besitzt. In diesem Fall kann der Arbeitgeber ggf. auf dem Rechtsweg zum Abschluss eines (neuen) Arbeitsvertrags gezwungen werden.

Kollektivrechtliche Regelungen beachten
Im Einzelfall können sich die Einschränkungen des Grundsatzes der Vertragsfreiheit insbesondere aus tarifvertraglichen oder betrieblichen Abschlussge- und -verboten ergeben. Vor Abschluss eines Arbeitsvertrags sollte deshalb geklärt werden, ob und welche kollektivrechtlichen Regeln zu beachten sind.

10.1.2 Einschränkung der Gestaltungsfreiheit

Die Gestaltungsfreiheit hinsichtlich der Arbeitsbedingungen ist in vielfältiger Weise eingeschränkt. Sowohl gesetzliche Vorschriften als auch tarifvertragliche Normen überlagern die im Einzelfall getroffenen Vereinbarungen.

Nach dem sog. arbeitsrechtlichen Günstigkeitsprinzip setzt sich unter mehreren konkurrierenden Regelungen regelmäßig die für den Arbeitnehmer günstigste durch.

10.2 Zustandekommen des Arbeitsvertrags

Für die Feststellung, ob ein Arbeitsvertrag zustandegekommen ist, ist eine Gesamtbetrachtung aller Umstände vorzunehmen. Ausgangspunkt dabei ist zunächst einmal § 611a Abs. 1 BGB. Mit dieser Vorschrift ist gesetzlich definiert, was ein Arbeitsvertrag bzw. wer Arbeitnehmer ist. Demnach wird durch den Arbeitsvertrag der Arbeitnehmer im Dienste eines Anderen zur Leistung weisungsgebundener, fremdbestimmter Arbeit in persönlicher Abhängigkeit verpflichtet. Das Weisungsrecht kann Inhalt, Durchführung, Zeit und Ort der Tätigkeit betreffen. Weisungsgebunden ist, wer nicht im Wesentlichen frei seine Tätigkeit gestalten und seine Arbeitszeit bestimmen kann. Der Grad der persönlichen Abhängigkeit hängt dabei auch von der Eigenart der jeweiligen Tätigkeit ab.

In der Regel kommt der Arbeitsvertrag durch Einigung der Parteien zustande. Die Bezeichnung eines Vertrages ist jedoch, wie auch § 611a Abs. 1 BGB zum Ausdruck bringt, unerheblich. Entscheidend für das Zustandekommen eines Arbeitsvertrages ist der Geschäftsinhalt und nicht die von den Parteien gewünschte Rechtsfolge oder eine Bezeichnung, die dem tatsächlichen Geschäftsinhalt nicht entspricht. Die Vertragsschließenden können das Eingreifen zwingender Schutzvorschriften nicht dadurch vermeiden, dass sie einen vom Geschäftsinhalt abweichenden Vertragstyp wählen.

10.2.1 Einigung der Parteien

Zum einen kann die vertragliche Einigung unter den Parteien dadurch herbeigeführt werden, dass die eine Vertragspartei das von der anderen Seite offerierte Angebot annimmt. Dies kann im Einzelfall auch stillschweigend (konkludent) erfolgen, z. B. durch Aufnahme der Arbeit an einem vom Arbeitgeber zugewiesenen Arbeitsplatz. Eine solche Situation findet sich regelmäßig bei Abschluss eines mündlichen Arbeitsvertrags. Vom Fall der Fristsetzung abgesehen.[156] kann das Vertragsangebot unter Anwesenden nur sofort und unter Abwesenden bis zu dem Zeitpunkt angenommen werden, zu dem der Antragende den Eingang der Antwort unter regelmäßigen Umständen erwarten konnte.[157] Eine verspätete Annahme gilt ebenso als neues Angebot auf Abschluss eines Arbeitsvertrags, das wiederum einer Annahme bedarf, wie die Annahme unter Einschränkungen oder Änderungen.[158]

Stellenanzeige ist kein Vertragsangebot
Das in einer Zeitung veröffentlichte »Stellenangebot« ist noch kein Angebot. Es wird vielmehr als Aufforderung an den Leser verstanden, sich auf die ausgeschriebene Stelle zu bewerben, also seinerseits ein Angebot auf Abschluss des Arbeitsvertrags abzugeben oder doch zumindest mit dem Inserenten Kontakt aufzunehmen, um ggf. über den Abschluss eines Arbeitsvertrags in Verhandlungen zu treten (Bewerbungsgespräch). Deshalb kann ein Arbeitsvertrag nicht etwa durch die schlichte »Annahme« eines Zeitungsinserats zustande gebracht werden.

Zum anderen können die Parteien ihre Willensübereinkunft dadurch bekunden, dass sie ihre Unterschriften unter eine entsprechende Vertragsurkunde setzen, also einen schriftlichen Arbeitsvertrag schließen. In dieser Situation ist oft nicht erkennbar – für das Zustandekommen aber letztlich auch nicht von Bedeutung –, wer wessen Angebot angenommen hat, da die Einigung in der Vertragsurkunde ihren unmittelbaren Ausdruck findet.

156 § 148 BGB.
157 § 147 BGB.
158 § 150 BGB.

10.2.2 Notwendiger Inhalt des Arbeitsvertrags

Das Zustandekommen des Arbeitsvertrags setzt eine Übereinkunft über die wesentlichen Arbeitsbedingungen voraus. Dies sind insbesondere die wechselseitigen Hauptpflichten der Vertragsparteien, also die Frage, welche Arbeitsleistung zu erbringen und welches Entgelt dafür geschuldet ist.

Allerdings ist zu beachten, dass das Gesetz nur sehr geringe Anforderungen an den konkreten Inhalt der Vereinbarung stellt. Dies liegt daran, dass hinsichtlich vieler arbeitsvertraglicher Regelungsaspekte ohnehin zwingende oder – für den Fall, dass die Parteien zu einem bestimmten Punkt nichts vereinbart haben – doch zumindest dispositive gesetzliche Vorgaben bestehen (so z. B. die Regelungen zum Mindesturlaub nach dem Bundesurlaubsgesetz oder zur Entgeltfortzahlung im Krankheitsfall nach dem Entgeltfortzahlungsgesetz) oder die näheren Arbeitsbedingungen ohnehin durch Tarifverträge geregelt sind.

Für die nähere Bestimmung der arbeitsvertraglichen Hauptpflichten ist im Übrigen auf die §§ 106 GewO und 612 BGB zu verweisen.

Übliche Vergütung
Für die Frage, welche Vergütung in Ermangelung einer konkreten Vereinbarung oder einer konkreten Taxe (gemeint sind hiermit insbesondere Gebührenordnungen, wie sie für Ärzte, Rechtsanwälte, Steuerberater, Ingenieure etc. existieren) im Sinne des § 612 Abs. 2 BGB als üblich anzusehen ist, gewinnen auch unter nicht tarifgebundenen Vertragsparteien die für die jeweilige Branche existierenden Entgelttarifverträge maßgebliche Bedeutung. Das jeweilige Tarifentgelt spiegelt nämlich regelmäßig das übliche Entgeltniveau wider.

Entgeltgleichheitsgebot
§ 3 des Gesetzes zur Förderung der Transparenz von Entgeltstrukturen (EntgTranspG) konkretisiert das bereits im Allgemeinen Gleichbehandlungsgesetz enthaltene Gebot des gleichen Entgelts für Frauen und Männer bei gleicher oder gleichwertiger Arbeit. Danach darf für gleiche oder gleichwertige Arbeit nicht wegen des Geschlechts der Beschäftigten bzw. des Beschäftigten ein geringeres Entgelt vereinbart oder gezahlt werden als bei einem oder einer Beschäftigten des anderen Geschlechts. Diese generelle Vorgabe schließt jedoch unterschiedliche Behandlungen aus anderen Gründen nicht aus. Insbesondere arbeitsmarkt-, leistungs- und arbeitsergebnisbezogene Kriterien können ein unterschiedliches Entgelt rechtfertigen, wenn der Grundsatz der Verhältnismäßigkeit gewahrt ist.

10.3 Form des Arbeitsvertrags

Grundsätzlich können Arbeitsverträge schriftlich oder mündlich, ausdrücklich oder stillschweigend durch schlüssiges Verhalten (konkludent) begründet werden.

Es besteht grundsätzlich Formfreiheit.

Allerdings kann dieser Grundsatz im Einzelfall durch Tarifvertrag oder Betriebsvereinbarung verdrängt werden, welche Schriftform vorschreiben.

Für die Kündigung und den Aufhebungsvertrag gilt das Schriftformgebot des § 623 BGB.

Für die Befristungsabrede schreibt § 14 Abs. 4 TzBfG ausdrücklich die Schriftform vor.

Ist per Gesetz oder kollektivrechtlicher Norm die Schriftform vorgeschrieben, so ergeben sich die näheren Anforderungen zur Erfüllung dieses Erfordernisses aus § 126 BGB. Danach muss die Urkunde von dem Aussteller eigenhändig durch Namensunterschrift oder mittels notariell beglaubigten Handzeichens unterzeichnet werden (§ 126 Abs. 1 BGB). Bei einem Vertrag muss die Unterzeichnung beider Parteien grundsätzlich auf derselben Urkunde erfolgen. Üblich ist jedoch, dass über den Vertrag mehrere gleichlautende Urkunden erstellt werden. In diesem Fall genügt es, wenn jede Partei die für die andere Partei bestimmte Urkunde unterzeichnet (§ 126 Abs. 2 BGB).

Eine qualifizierte elektronische Signatur (QES) hat die gleiche Rechtswirkung wie eine handschriftliche Unterschrift (Art. 25 eIDAS-VO). Die gesetzliche oder vereinbarte Schriftform kann durch eine QES ersetzt werden, wenn das Gesetz nichts anderes bestimmt (§ 126a i.V.m. § 126 Abs. 3 BGB).

Wird ein Formerfordernis nicht beachtet, so führt dies grundsätzlich gemäß § 125 BGB zur Nichtigkeit des Vertrags. Nach Treu und Glauben kann es einer Partei unter Umständen aber verwehrt sein, sich auf den Formmangel zu berufen.

Über ein im jeweiligen Fall konkret zu beachtendes Formerfordernis hinaus ist es aus mehreren Gründen generell empfehlenswert, einen Arbeitsvertrag schriftlich zu schließen:

- Zum einen gilt das Gesetz über den Nachweis der für ein Arbeitsverhältnis geltenden wesentlichen Bedingungen (Nachweisgesetz – NachwG). Nach § 2 Abs. 5 NachwG entbindet nur der Abschluss eines detaillierten schriftlichen Arbeitsvertrags den Arbeitgeber von der ihm durch dieses Gesetz auferlegten Verpflichtung, die wesentlichen Arbeitsbedingungen schriftlich niederzulegen. Wenn also die Arbeitsbedingungen vom Arbeitgeber ohnehin schriftlich niederzulegen sind, so ist nicht einzusehen, warum dies nicht sogleich in Gestalt eines Arbeitsvertrags geschehen sollte, der im Zweifelsfall nicht nur den Arbeitgeber an die einseitig niedergelegten, sondern auch den Arbeitnehmer an die vereinbarten Vertragskonditionen bindet. Die elektronische Form, auch mit qualifizierter elektronischer Signatur, genügt den Anforderungen des Nachweisgesetzes jedoch nicht (§ 2 Abs. 1 Satz 3 NachwG).

- Zum anderen sollte dem Arbeitgeber auch aus Beweisgründen daran gelegen sein, die Arbeitsbedingungen schriftlich zu dokumentieren. Dies gilt besonders dann, wenn er im Bereich vertragsdispositiver Gesetzesregelungen (also bei solchen Regelungen, die nur dann gelten, wenn die Parteien nichts anderes vereinbart haben) von den gesetzlichen Vorgaben zulasten des Arbeitnehmers abweichen möchte.

10.4 Inhaltskontrolle von Arbeitsverträgen

Nach der Rechtsprechung des BVG ist die allgemeine Vertragsfreiheit Teil der durch Art. 2 Abs. 1 GG geschützten Handlungsfreiheit. Sie gilt grundsätzlich auch auf dem Gebiet des Arbeitsrechts. Allerdings ist sie hier nicht durch Art. 2 Abs. 1 GG, sondern vorrangig durch Art. 12 Abs. 1 GG geschützt.[159]

Definition der Vertragsfreiheit
Vertragsfreiheit im Bereich des Arbeitsrechts bedeutet, dass Arbeitgeber und Arbeitnehmer Vereinbarungen schließen, in denen sich beide Vertragsteile wechselseitig in ihrer beruflichen Handlungsfreiheit beschränken, um die vereinbarte Gegenleistung (Arbeitsleistung bzw. Vergütung) zu erhalten.

Das Grundgesetz und die durch das BGB geschaffene Ordnung gehen davon aus, dass die Vertragspartner zur eigenverantwortlichen Gestaltung ihrer Rechtsbeziehungen befähigt sind. In diesem Rahmen bestimmen sie grundsätzlich und ohne staatlichen Zwang, wie ihre gegenläufigen Interessen angemessen auszugleichen sind. Der Staat hat die im Rahmen der Privatautonomie getroffenen Regelungen grundsätzlich zu respektieren.[160]

Die Privatautonomie besteht jedoch nicht uneingeschränkt, sondern nur im Rahmen der geltenden Gesetze, die ihrerseits an die Grundrechte gebunden sind. Sie ist gefährdet, wenn zwischen den Vertragsschließenden kein Kräftegleichgewicht besteht, also die Verhandlungsparität zugunsten einer Seite verschoben ist. Hat einer der Vertragsteile ein so starkes Übergewicht, dass er vertragliche Regelungen einseitig setzen kann, bewirkt dies für den anderen Vertragsteil Fremdbestimmung. Fehlt es an

159 BVerfG, Beschluss v. 7.2.1990, 1 BvR 26/84.
160 BVerfG, Beschluss v. 7.2.1990, 1 BvR 26/84.

einem annähernden Kräftegleichgewicht der Beteiligten, kann das Vertragsrecht allein keinen sachgerechten Ausgleich der Interessen gewährleisten. In den Vertragsverhandlungen kann dann eine Seite durch ihre stärkere Verhandlungsposition zu einem Abschluss kommen, der Ergebnis ihres Kräfteübergewichts ist. In diesem Fall beruht die mit dem Vertragsschluss verbundene Beschränkung von Grundrechtspositionen des einen Teils nicht mehr auf dessen freier Selbstbestimmung, da die Vertragsbedingungen im Wesentlichen das Diktat seines Vertragspartners darstellen. Ein solches Ergebnis wird durch den Grundsatz der Privatautonomie nicht mehr gerechtfertigt.

10.4.1 Instrumente der Inhaltskontrolle im Arbeitsrecht

Das Recht der Allgemeinen Geschäftsbedingungen in den §§ 305 ff. BGB geregelt. Die Regelungen der §§ 305 ff. BGB finden grundsätzlich auch auf das Arbeitsrecht Anwendung. Gemäß § 310 Abs. 4 Satz 2 BGB sind allerdings bei der Anwendung auf Arbeitsverträge die im Arbeitsrecht geltenden Besonderheiten angemessen zu berücksichtigen. Darüber hinaus ist ausdrücklich geregelt, dass § 305 Abs. 2 und 3 BGB nicht anzuwenden ist und schließlich Tarifverträge, Betriebs- und Dienstvereinbarungen den Rechtsvorschriften im Sinne von § 307 Abs. 3 BGB gleichstehen.

Die arbeitsgerichtliche Rechtsprechung befindet sich seit der Erstreckung des AGB-Rechts bei vielen typischen Arbeitsvertragsklauseln in einem Umbruch. Betroffen ist z. B. das nachvertragliche Wettbewerbsverbot[161], die in Arbeitsverträgen ebenfalls weit verbreiteten Vertragsstrafenabreden[162], der Widerrufsvorbehalt bezüglich sog. freiwilliger Leistungen[163], die Freistellungsklausel[164] sowie die vertraglich vereinbarte Ausschlussfrist.[165] Zudem sind Ausschlussklauseln in Arbeitsverträgen, die seit dem 1.10.2016 geschlossen wurden und eine »schriftliche Geltendmachung« von Ansprüchen vorschreiben, aufgrund eines Verstoßes gegen § 309 Nr. 13b BGB unwirksam.

10.4.2 Rechtsfolgen bei Verwendung einer unzulässigen Vertragsbedingung

Hielt in der Vergangenheit eine Vereinbarung in einem Arbeitsvertrag der richterlichen Inhaltskontrolle nicht stand, wurde sie nach der Rechtsprechung des Bundesarbeitsgerichts regelmäßig auf das zulässige Maß zurückgeführt (sog. geltungserhaltende Reduktion). An dieser Praxis kann unter der Geltung des AGB-Rechts wegen § 306

161 LAG Hamm, Urteil v. 14.4.2003, 7 Sa 1881/02.
162 BAG, Urteil v. 4.3.2004, 8 AZR 196/03; BAG, Urteil v. 27.7.2010, 3 AZR 777/08.
163 BAG, Urteil v. 12.1.2005, 5 AZR 364/04; BAG, Urteil v. 21.3.2012, 5 AZR 651/10.
164 ArbG Frankfurt, Urteil v. 19.11.2003, 2 Ga 251/03.
165 BAG, Urteil v. 25.5.2005, 5 AZR 572/04; BAG, Urteil v. 26.11.2020, 8 AZR 58/20.

BGB nicht festgehalten werden. Nach dieser Vorschrift bleibt zwar grundsätzlich der Vertrag wirksam, soweit Allgemeine Geschäftsbedingungen ganz oder teilweise nicht Vertragsbestandteil geworden oder unwirksam sind (§ 306 Abs. 1 BGB).

§ 306 Abs. 2 BGB besagt jedoch ausdrücklich, dass sich insoweit der Inhalt des Vertrags nach den gesetzlichen Vorschriften richtet. Demgemäß hat das Bundesarbeitsgericht für den Fall des in einer unangemessenen Höhe vereinbarten Vertragsstrafenversprechens bereits darauf erkannt, dass eine Reduktion auf ein angemessenes Maß nicht in Betracht kommt.[166]

Unwirksam ist der Vertrag gemäß § 306 Abs. 3 BGB nur dann, wenn das Festhalten an ihm auch unter Berücksichtigung der nach § 306 Abs. 2 BGB vorgesehenen Änderung eine unzumutbare Härte für eine Vertragspartei darstellen würde. Im Arbeitsrecht dürfte sich diese Situation kaum einstellen.

10.5 Informationspflichten nach der DSGVO

Die Regelungen zum Beschäftigtendatenschutz maßgeblich durch die Datenschutz-Grundverordnung (DSGVO) und das Bundesdatenschutzgesetz (BDSG) bestimmt. Nach Art. 12 ff. DSGVO ist der Arbeitgeber verpflichtet, die Beschäftigten umfassend über die Datenerhebung und -verarbeitung zu informieren. Ziel der umfassenden Informationspflichten ist es, eine transparente Datenverarbeitung zu gewährleisten. Art. 12 DSGVO bestimmt die allgemeinen Anforderungen, die der Arbeitgeber bei der Informationserteilung beachten muss. Danach muss er geeignete Maßnahmen ergreifen, um von einer Datenverarbeitung betroffene Beschäftigte in präziser, transparenter, verständlicher und leicht zugänglicher Form in einer klaren und einfachen Sprache über die der DSGVO benannten Informationen sowie die dort enthaltenen Rechte zu informieren.

Es bietet sich an, bereits bei Vertragsabschluss die grundlegenden Informationen zum Beschäftigtendatenschutz in einem Anhang zum Arbeitsvertrag mitzuteilen.

166 BAG, Urteil v. 4.3.2004, 8 AZR 196/03.

11 Befristeter Arbeitsvertrag: Befristungsarten

Autorin: Gabi Hanreich

Überblick

Die gesetzliche Grundlage für die Befristung von Arbeitsverträgen ist im Teilzeit- und Befristungsgesetz (TzBfG) geregelt.

Gemäß § 3 Abs. 1 TzBfG ist ein Arbeitnehmer befristet beschäftigt, wenn er einen auf bestimmte Zeit geschlossenen Arbeitsvertrag besitzt. Ein auf bestimmte Zeit geschlossener Arbeitsvertrag (befristeter Arbeitsvertrag) liegt vor, wenn seine Dauer kalendermäßig bestimmt ist (kalendermäßig befristeter Arbeitsvertrag) oder sich aus Art, Zweck oder Beschaffenheit der Arbeitsleistung ergibt (zweckbefristeter Arbeitsvertrag).

Der Art nach unterscheidet das Gesetz also zwischen einer reinen Zeitbefristung und einer sog. Zweckbefristung. Dieser Unterschied ist keinesfalls nur begrifflicher Natur. Mit der Unterscheidung in Zeit- und Zweckbefristung gehen vielmehr unterschiedliche Anforderungen an ihre jeweilige sachliche Rechtfertigung einher. Abzugrenzen sind die verschiedenen Befristungsarten schließlich von der Vereinbarung einer auflösenden Bedingung und dem Arbeitsverhältnis auf Abruf.

11.1 Zeitbefristung

Die Zeitbefristung (auch: kalendermäßige Befristung) eines Arbeitsvertrags stellt den Grundfall der Befristungsabreden dar. Eine reine Zeitbefristung liegt vor, wenn sich unmittelbar aus der getroffenen Vereinbarung ergibt, zu welchem Zeitpunkt das Arbeitsverhältnis enden soll (§ 3 Abs. 1 TzBfG).

Formulierungsbeispiel

»Das Arbeitsverhältnis beginnt am ... Es wird befristet geschlossen und endet mit Ablauf des ..., ohne dass es einer Kündigung bedarf.«

11.2 Zweckbefristung

Um eine Zweckbefristung handelt es sich, wenn der Beendigungstermin nicht durch Zeitablauf bestimmt ist, sondern sich aus Art, Zweck oder Beschaffenheit der Arbeitsleistung ergibt (§ 3 Abs. 1 TzBfG). Bei einer Zweckbefristung machen die Parteien die Beendigung des Arbeitsverhältnisses vom Eintritt eines künftigen Ereignisses abhängig, dessen Eintritt sie für gewiss halten, während der genaue Zeitpunkt, zu dem das Ereignis eintreten wird, ungewiss ist.[167]

Eine Zweckbefristung setzt daher voraus, dass die Parteien den Zweck des Arbeitsvertrags vereinbart haben.

- Dies erfordert zum einen eine unmissverständliche Einigung darüber, dass das Arbeitsverhältnis bei Zweckerreichung enden soll.
- Zum anderen muss der Zweck, mit dessen Erreichung das Arbeitsverhältnis enden soll, so genau bezeichnet (schriftlich!) sein, dass das Ereignis, dessen Eintritt zur Beendigung des Arbeitsverhältnisses führen soll, zweifelsfrei feststellbar ist.[168]

Hieran sollte dem Arbeitgeber schon deshalb gelegen sein, weil er als derjenige, der sich im Zweifel auf die Beendigung des Arbeitsverhältnisses wegen des Eintritts des Ereignisses beruft, die Darlegungs- und Beweislast für diesen Umstand trägt.

Beispiel: Vertretung wegen Krankheit

Der Arbeitnehmer A ist arbeitsunfähig erkrankt. Die Dauer der Arbeitsunfähigkeit ist nicht absehbar. Der Arbeitgeber vereinbart mit dem Arbeitnehmer B, dass dieser die Aufgaben des A »bis zur Wiederherstellung der Arbeitsfähigkeit des A« wahrnehmen soll.

Wegen der mit der Zweckbefristung aufseiten des Arbeitnehmers einhergehenden zusätzlichen Ungewissheit über den genauen Beendigungszeitpunkt ist es zudem erforderlich, dass der Zeitpunkt der Zweckerreichung für den Arbeitnehmer frühzeitig erkennbar wird. Diesem Aspekt trägt § 15 Abs. 2 TzBfG Rechnung. Nach dieser Vorschrift endet ein zweckbefristeter Arbeitsvertrag mit Erreichen des Zwecks, frühestens jedoch 2 Wochen nach Zugang einer schriftlichen Unterrichtung des Arbeitnehmers durch den Arbeitgeber über den Zeitpunkt der Zweckerreichung. Wird dem Arbeitnehmer der Zeitpunkt des Erreichens des Zwecks also nicht mindestens 2 Wochen vor dem genauen Termin der Zweckerreichung mitgeteilt, verschiebt sich der Beendigungszeitpunkt entsprechend.

Zweckerreichung unverzüglich mitteilen

An dieser Stelle ist Vorsicht geboten: Beschäftigt nämlich der Arbeitgeber den Arbeitnehmer über den Zeitpunkt der Zweckerreichung hinaus fort, so gilt das Arbeitsverhältnis gemäß § 15 Abs. 6 TzBfG als auf unbestimmte Zeit geschlossen, wenn der Arbeitgeber dem Arbeitnehmer die Zweckerreichung nicht unverzüglich mitgeteilt hat!

167 BAG, Urteil v. 24.9.1997, 7 AZR 669/96; BAG, Urteil v. 21.12.2005, 7 AZR 541/04.
168 BAG, Urteil v. 16.3.2000, 2 AZR 196/99; BAG, Urteil v. 21.12.2005, 7 AZR 541/04.

Stellt der Arbeitgeber fest, dass er die Unterrichtungsfrist des § 15 Abs. 2 TzBfG bis zum Eintritt der Zweckerreichung nicht mehr einhalten kann, sollte er gleichwohl sofort handeln und den Arbeitnehmer unterrichten. Zudem sollte er prüfen, ob er den Arbeitnehmer nicht lieber für die Zeit nach Zweckerreichung bis zum Ablauf der 2-Wochenfrist von der Erbringung der Arbeitspflicht freistellt.

11.3 Zeit- und Zweckbefristung kombiniert

Es ist auch möglich, eine Zweckbefristung mit einer kalendermäßigen (Höchst-)Befristung zu kombinieren. Eine derartige Doppelbefristung ist nicht nur nach der Rechtsprechung zulässig[169], sondern sogar zu empfehlen, weil durch die Höchstfrist die Unsicherheit über die Dauer der Zweckbefristung beseitigt oder besser begrenzt wird, sodass sich der Arbeitnehmer zumindest auf einen spätesten Beendigungstermin einstellen kann.[170]

Formulierungsvorschlag 1: Kombination von Zeit- und Zweckbefristung

»Das Arbeitsverhältnis beginnt am ... Der Arbeitnehmer wird befristet für die Dauer der Elternzeit von Frau/Herrn ... eingestellt. Das Arbeitsverhältnis endet mit Rückkehr von Frau/Herrn ... aus der Elternzeit, ohne dass es einer Kündigung bedarf, frühestens jedoch 2 Wochen nach Zugang der schriftlichen Unterrichtung des Arbeitnehmers durch den Arbeitgeber über den Zeitpunkt der Zweckerreichung.«

Formulierungsvorschlag 2: Kombination von Zeit- und Zweckbefristung

»Das Arbeitsverhältnis endet in jedem Fall spätestens am ..., ohne dass es einer Kündigung bedarf.«

Das Arbeitsverhältnis endet mit Erreichen der zeitlich früheren Befristung, es sei denn, diese ist unwirksam oder der Arbeitnehmer wird über diesen ersten Befristungstermin hinaus weiterbeschäftigt; dann kommt es auf die Wirksamkeit der zweiten Befristung und damit allein auf das Vorliegen eines sachlichen Grunds für diese zweite Befristung an.

Bei einer Weiterbeschäftigung über den Endtermin der ersten Befristung hinaus entsteht nicht schon gemäß § 15 Abs. 6 TzBfG ein unbefristetes Arbeitsverhältnis.[171] Entscheidend ist allein, dass die Befristung, durch die das Arbeitsverhältnis letztlich beendet sein soll, nach den für sie geltenden Voraussetzungen wirksam ist. Für die

169 BAG, Urteil v. 3.10.1984, 7 AZR 192/83; BAG, Urteil v. 10.6.1992, 7 AZR 346/91.

170 BAG, Urteil v. 9.11.1994, 7 AZR 243/94, vgl. Abschnitt zur Kombination und Aneinanderreihung von Befristungen.

171 BAG, Urteil v. 21.4.1993, 7 AZR 388/92 zur seinerzeit maßgeblichen Regelung des § 625 BGB.

Zweckbefristung greifen also deren besondere Wirksamkeitsvoraussetzungen. Ist diese unwirksam oder tritt die Zweckerreichung nicht vor Erreichen der kalendermäßigen Befristung ein, so ist Letztere auf ihre Wirksamkeit zu prüfen.

11.4 Vereinbarung einer auflösenden Bedingung

Rechtlich besteht auch die Möglichkeit, eine auflösende Bedingung zu vereinbaren, die nach Wirkung und Zulässigkeitsvoraussetzungen von der Zeit- und Zweckbefristung zu unterscheiden ist.

Von einer Befristung, speziell einer Zweckbefristung, bei der die Beendigung des Arbeitsverhältnisses ebenfalls vom Eintritt eines zukünftigen Ereignisses abhängt, unterscheidet sich eine auflösende Bedingung dadurch, dass bei der Zweckbefristung zwar der Eintritt des zukünftigen Ereignisses als feststehend angesehen wird, aber der Zeitpunkt des Eintritts ungewiss ist, während bei der auflösenden Bedingung bereits ungewiss ist, ob das zukünftige Ereignis, das zur Beendigung des Arbeitsverhältnisses führen soll, überhaupt eintreten wird.[172]

Beispiel: Auflösende Bedingung

Mit dem Trainer eines Fußballvereins wird vereinbart, dass der Arbeitsvertrag endet, sofern die Mannschaft aus der ersten Bundesliga absteigt.[173]

Hinsichtlich der Voraussetzungen und der Überprüfung ihrer Rechtswirksamkeit hatte das BAG die auflösende Bedingung schon vor Geltung des TzBfG jedenfalls in seiner neueren Rechtsprechung im Wesentlichen mit der Vereinbarung einer Befristung gleichgestellt.[174] Danach bedurfte auch die Vereinbarung einer auflösenden Bedingung der Rechtfertigung durch einen sachlichen Grund.[175] Diese Gleichstellung hat das Gesetz nachvollzogen, indem § 21 TzBfG anordnet, dass bei einem unter einer auflösenden Bedingung geschlossenen Arbeitsvertrag die dort aufgelisteten und damit faktisch alle maßgeblichen Vorschriften des TzBfG entsprechend gelten.

Folglich kann für die Fragen,

- wann die Vereinbarung einer auflösenden Bedingung zulässig ist und
- was bei Abschluss eines Arbeitsvertrags unter auflösender Bedingung zu beachten ist,

auf die Darstellungen zur Befristung, speziell zur Zweckbefristung, verwiesen werden.

172 BAG, Urteil v. 22.10.2003, 7 AZR 113/03; BAG, Urteil v. 19.1.2005, 7 AZR 250/04.
173 Vgl BAG, Urteil v. 4.12.2002, 7 AZR 492/01.
174 Vgl. LAG Köln, Urteil v. 22.6.1998, 3 Sa 184/98 sowie BAG, Urteil v. 25.8.1999, 7 AZR 75/98.
175 BAG, Urteil v. 24.9.1997, 7 AZR 669/96.

Die Entscheidungen des BAG zu konkreten Fällen, in denen eine auflösende Bedingung in Streit stand, lassen den weitgehenden Gleichklang zwischen (Zweck-)Befristung und auflösender Bedingung erkennen.[176]

Ob die Parteien eine Zweckbefristung oder eine auflösende Bedingung vereinbart haben, ist im Streitfall durch Auslegung der getroffenen Vereinbarungen zu ermitteln.[177]

Die zuweilen als auflösende Bedingung gewertete Vereinbarung einer Altersgrenze ordnet das BAG hingegen als eine kalendermäßige Befristung ein, weil der Beendigungszeitpunkt hinreichend bestimmbar sei. Aus der Sicht der Parteien sei die Vollendung eines bestimmten Lebensjahres ein zukünftiges Ereignis, dessen Eintritt sie als feststehend ansähen. Allein durch die Möglichkeit einer vorherigen anderweitigen Beendigung des Arbeitsverhältnisses werde die vereinbarte Altersgrenze nicht zu einer auflösenden Bedingung.[178]

11.5 Befristung einzelner Arbeitsbedingungen

Aufgrund der nach Inkrafttreten des TzBfG ergangenen Rechtsprechung des BAG unterfiel die Befristung einzelner Arbeitsbedingungen (z. B. befristete Verlängerung oder Verkürzung der wöchentlichen Arbeitszeit) zwar nicht dem Anwendungsbereich des § 14 TzBfG. Gleichwohl bedurfte sie – wie auch schon zuvor – zu ihrer Wirksamkeit eines Sachgrunds, wenn ansonsten durch die Befristung der gesetzliche Schutz vor einer Änderungskündigung (§ 2 KSchG) umgangen worden wäre.

Mit seiner Entscheidung vom 27.5.2005 hat das BAG seine Rechtsprechung unter dem Eindruck des nunmehr auch im Arbeitsrecht anwendbaren Rechts der Allgemeinen Geschäftsbedingungen geändert. In dieser Entscheidung, die sich mit einer formularmäßig auf ein Jahr befristeten Erhöhung der regelmäßigen Arbeitszeit befasst, hat das BAG darauf erkannt, dass die Befristung einzelner Arbeitsbedingungen als Allgemeine Geschäftsbedingung der Inhaltskontrolle nach § 307 BGB in der ab 1.1.2002 geltenden Fassung unterliegt und es seit diesem Zeitpunkt zur Wirksamkeit der Befristung keines sachlichen Grundes mehr im Sinne seiner bisherigen Rechtsprechung bedürfe. Mit Urteil vom 18.1.2006 hat es diesen geänderten Prüfungsansatz noch einmal bestätigt.

Inhaltlich ist die Überprüfung der Wirksamkeit einer befristet vereinbarten Änderung einer bestimmten Arbeitsbedingung nach der nunmehrigen Rechtsprechung des BAG also allein an den Regelungen des AGB-Rechts auszurichten. Demgemäß kann die Be-

176 Vgl. z. B. BAG, Urteil v. 4.12.2002, 7 AZR 492/01; BAG, Urteil v. 23.6.2004, 7 AZR 440/03; BAG, Urteil v. 2.7.2003, 7 AZR 612/02 oder auch OVG Greifswald, Beschluss v. 31.7.2002, 2 M 34/02.

177 BAG, Urteil v. 27.6.2001, 7 AZR 157/00.

178 BAG, Urteil v. 14.8.2002, 7 AZR 469/01; BAG, Urteil v. 19.11.2003, 7 AZR 296/03.

fristung etwa einer Arbeitszeiterhöhung gemäß § 307 Abs. 1 Satz 1 BGB unwirksam sein, wenn durch sie die betroffenen Arbeitnehmer entgegen den Geboten von Treu und Glauben unangemessen benachteiligt werden. Das ist nach dem Spruch des BAG anhand einer umfassenden Berücksichtigung und Bewertung rechtlich anzuerkennender Interessen der Vertragspartner festzustellen, wobei ein genereller, typisierender, vom Einzelfall losgelöster Maßstab anzulegen ist. Jedenfalls ergibt sich nach Auffassung des BAG allein aus der Ungewissheit des künftigen Arbeitskräftebedarfs kein rechtlich anerkennenswertes Interesse des Arbeitgebers an der befristeten Erhöhung der regelmäßigen Arbeitszeit der bei ihm unbefristet teilzeitbeschäftigten Arbeitnehmer.

11.6 Nachträgliche Befristung

Die nachträgliche Befristung eines zunächst auf unbestimmte Zeit eingegangenen Arbeitsverhältnisses ist prinzipiell möglich.

Sie kann durch eine einvernehmliche Änderungsvereinbarung zwischen Arbeitgeber und Arbeitnehmer herbeigeführt werden. Aber Vorsicht: Selbst wenn die Befristung durch eine einvernehmliche Änderungsvereinbarung zwischen den Vertragsparteien herbeigeführt wird, bedarf sie nach der Rechtsprechung des BAG der Rechtfertigung durch einen sachlichen Grund.

Die nachträgliche Befristung eines zunächst auf unbestimmte Zeit eingegangenen Arbeitsverhältnisses kann auch im Wege der Änderungskündigung erfolgen. Seine frühere gegenteilige Rechtsprechung hat das BAG aufgegeben. Allerdings muss eine derartige Änderung der Arbeitsbedingungen nicht nur den üblichen Anforderungen an eine Änderungskündigung genügen; sie ist vielmehr auch dann unwirksam, wenn die Befristung nicht aus sachlichen Gründen gerechtfertigt ist. Ein sachlicher Grund für die nachträgliche Befristung eines bisher unbefristeten Arbeitsverhältnisses liegt hierbei nicht allein darin, dass der neue befristete Arbeitsvertrag für den Arbeitnehmer günstigere Arbeitsbedingungen vorsieht und der Arbeitnehmer zwischen diesem neuen Arbeitsvertrag und der Fortsetzung des bisherigen unbefristeten Arbeitsvertrags frei wählen kann.

Ebenfalls ohne Belang ist die gewählte Formulierung oder Rechtsform. Demgemäß bedarf auch ein »Aufhebungsvertrag«, der seinem Regelungsgehalt nach nicht auf die alsbaldige Beendigung, sondern auf eine befristete Fortsetzung des Arbeitsverhältnisses gerichtet ist, zu seiner Wirksamkeit eines sachlichen Grundes.

12 Befristeter Arbeitsvertrag: Zulässige Dauer der Befristung

Autorin: Gabi Hanreich

Überblick

Als Unterfall des Dienstvertrags i. S. v. § 611 BGB ist der Arbeitsvertrag von seiner Rechtsnatur als Dauerschuldverhältnis her darauf ausgerichtet, zwischen den Parteien ein Arbeitsverhältnis ohne zeitliche Begrenzung zu schaffen. Gleichwohl ist es zulässig, einen Arbeitsvertrag von vornherein nur für einen bestimmten Zeitraum (befristet) zu schließen. Mit dem »Gesetz über Teilzeitarbeit und befristete Arbeitsverträge« (Teilzeit- und Befristungsgesetz – TzBfG) hat der Gesetzgeber allgemeine Regelungen für die Befristung von Arbeitsverträgen (auch Zeitverträge genannt) geschaffen. Bei Abschluss einer Befristungsvereinbarung sind eine Reihe von Besonderheiten zu beachten, die entweder die formale Seite (Schriftform etc.) betreffen oder aus besonderen Umständen resultieren, wie z. B. der Eventualität, dass mit dem jeweiligen Arbeitnehmer schon einmal oder gar mehrfach in der Vergangenheit befristete oder unbefristete Arbeitsverträge geschlossen wurden.

Die Befristung von Arbeitsverträgen ist im Teilzeit- und Befristungsgesetz (TzBfG) geregelt.

12.1 Zulässige Dauer der Befristung

Das TzBfG kennt keine generelle Höchstdauer für Befristungen. Der 2-Jahres-Zeitraum des § 14 Abs. 2 Satz 1 TzBfG bzw. der 4-Jahres-Zeitraum des § 14 Abs. 2a Satz 1 TzBfG gilt nur für den Fall der erleichterten Befristung ohne Sachgrund, nicht für Sachgrundbefristungen.

Gleichwohl ergibt sich im Einzelfall aus dem Sachgrund, der die Befristung rechtfertigt, zugleich eine Eingrenzung der Befristungsdauer. Das bedeutet nicht, dass die im Einzelfall gewählte Vertragsdauer stets mit der Dauer des Sachgrunds für die Befristung übereinstimmen muss. Nicht jede Abweichung des Beendigungszeitpunkts des Vertrags führt zur Unwirksamkeit der Befristung. Es muss lediglich erkennbar sein, dass sich die Befristungsdauer am Befristungsgrund orientiert und mit ihm derart in Einklang steht, dass sie nicht gegen das Vorliegen eines sachlichen Grunds spricht.[179]

Deshalb hat sich z. B. in den sog. Vertretungsfällen (§ 14 Abs. 1 Satz 2 Nr. 3 TzBfG) die für die Befristung des Arbeitsvertrags mit dem Vertreter anzustellende Prognose des Arbeitgebers nur darauf zu beziehen, ob zu erwarten ist, dass der zu vertretende Mit-

179 BAG, Urteil v. 15.3.1989, 7 AZR 264/88; BAG, Urteil v. 31.8.1994, 7 AZR 983/93; BAG, Urteil v. 22.11.1995, 7 AZR 252/95.

arbeiter seinen Dienst wieder antreten wird. Dagegen braucht bei der Prognoseentscheidung keine Rücksicht darauf genommen zu werden, zu welchem Zeitpunkt mit der Rückkehr des vertretenen Mitarbeiters zu rechnen ist. Weil es dem Arbeitgeber freisteht, ob er beim zeitweiligen Ausfall eines Mitarbeiters überhaupt für eine Vertretung sorgt, muss ihm auch freigestellt werden, die Vertretung zunächst nur für einen kürzeren Zeitpunkt zu regeln.[180] Sachwidrig ist eine Vertretungsbefristung allerdings, wenn der Arbeitgeber schon bei Abschluss des befristeten Vertrags mit dem »Vertreter« davon ausgehen musste, dass der Vertretene die Arbeit nie oder jedenfalls nicht mehr mit demselben Umfang wieder aufnehmen wird.[181] In diesem Fall bedarf es in Wahrheit nicht eines Vertreters, sondern eines Ersatzes, dessen Arbeitsvertrag freilich nicht »aus Vertretungsgründen« befristet werden kann.

12.2 Schriftformerfordernis (§ 14 Abs. 4 TzBfG)

Gemäß § 14 Abs. 4 TzBfG bedarf die Befristung eines Arbeitsvertrags der Schriftform. Damit gilt für Befristungsabreden ein formelles gesetzliches Schriftformerfordernis.

Schriftformerfordernis betrifft nur die Befristungsabrede
Das Schriftformerfordernis betrifft nur die Befristungsabrede, nicht etwa den gesamten Arbeitsvertrag. Für die vertraglichen Vereinbarungen gilt im Übrigen das Nachweisgesetz. Gleichwohl sollte aus Gründen der Klarheit und Vollständigkeit ein umfassender schriftlicher Arbeitsvertrag geschlossen werden. Etwaige tarifliche Besonderheiten sind zu beachten.

Für die Zeitbefristung existiert kein Zitiergebot hinsichtlich des Befristungsgrundes.

Ob der Sachgrund der Befristung schriftlich fixiert werden sollte, ist deshalb von Fall zu Fall zu entscheiden.

Befristungsabrede vor oder nach Beginn des Arbeitsverhältnisses
Der formal korrekte, d.h. dem Schriftformerfordernis des § 14 Abs. 4 TzBfG genügende, Abschluss der Befristungsabrede muss erfolgt sein, bevor das Arbeitsverhältnis in Vollzug gesetzt wird!

Wurde das Arbeitsverhältnis hingegen bereits in Vollzug gesetzt, hat also der Arbeitnehmer bereits vor Zustandekommen einer dem Schriftformerfordernis genügenden Befristungsabrede die Arbeit aufgenommen, so hat dies nach § 16 Satz 1 TzBfG die Entstehung eines unbefristeten Arbeitsverhältnisses zur Folge. Das gilt grundsätzlich

180 BAG, Urteil v. 22.11.1995, 7 AZR 252/95.
181 BAG, Urteil v. 11.11.1998, 7 AZR 328/97.

auch dann, wenn unter den Parteien »abgesprochen« war, dass der Vertrag befristet sein sollte. Denn mangels Erfüllung des Schriftformerfordernisses kann keine wirksame Befristung vorliegen!

Das BAG hat auch ausdrücklich darauf erkannt, dass eine mündlich und damit nach § 14 Abs. 4 TzBfG, § 125 Satz 1 BGB formnichtig vereinbarte Befristung durch die nach Vertragsbeginn erfolgte schriftliche Niederlegung in einem Arbeitsvertrag nicht rückwirkend wirksam wird.[182] Es sieht hierin keinen Fall der Bestätigung eines nichtigen Rechtsgeschäfts i. S. d. § 141 Abs. 2 BGB.[183] Das BAG hat zugleich klargestellt, dass es einem Arbeitnehmer nur ganz ausnahmsweise nach dem Grundsatz von Treu und Glauben oder wegen des Verbots widersprüchlichen Verhaltens verwehrt sein kann, sich auf den Formmangel zu berufen.[184]

Zu beachten sind insbesondere folgende Aspekte:

1. Die Vereinbarung über die Befristungsabrede muss von beiden Parteien unterzeichnet werden. Das Erfordernis der »Unterzeichnung« ist wörtlich zu nehmen. Die Unterschrift muss die Erklärung räumlich abschließen.
2. Die Unterschriften beider Parteien müssen auf derselben Urkunde erfolgen.[185] Der Austausch von Angebot und Annahme auf getrennten Urkunden genügt nicht (sog. Grundsatz der Einheitlichkeit der Urkunde).
3. Es muss sich um eigenhändige Namensunterschriften der Parteien handeln. Weder Namenskürzel (sog. Paraphen) noch Telegramme, Telefaxe, E-Mail etc. oder mechanisch vervielfältigte oder kopierte Unterschriften genügen.

Die Grundformulierung zur Befristung eines Arbeitsvertrags (Zeitbefristung) könnte wie folgt lauten:

Formulierungsvorschlag

»Das Arbeitsverhältnis wird befristet für die Zeit von … bis … geschlossen.«

Der oft verwendete Zusatz: »Es endet mit Erreichen des Endtermins, ohne dass es einer Kündigung bedarf«, hat lediglich klarstellende Funktion. Er ist nicht notwendig, aber auch nicht schädlich.

Wichtig ist die exakte Bestimmung des Endtermins, denn Zweifel gehen zulasten desjenigen, der sich auf die Befristung beruft.

---

182 BAG, Urteil v. 16.3.2005, 7 AZR 289/04.

183 So schon zur Rechtlage vor Geltung des TzBfG: BAG, Urteil v. 1.12.2004, 7 AZR 198/04.

184 BAG, Urteil v. 16.3.2005, 7 AZR 289/04; BAG, Urteil v. 16.9.2004, 2 AZR 659/03.

185 BAG, Urteil v. 26.7.2006, 7 AZR 514/05.

12.3 Angabe des Befristungsgrunds im Arbeitsvertrag

Ob nähere Angaben über die Rechtsgrundlage der Befristung, also dazu, ob es sich um eine Sachgrundbefristung i. S. d. § 14 Abs. 1 TzBfG oder um eine erleichterte Befristung gemäß § 14 Abs. 2, Abs. 2a oder Abs. 3 TzBfG handelt, schriftlich niedergelegt werden sollten, lässt sich nicht generell beantworten. Dasselbe gilt im Fall der Sachgrundbefristung hinsichtlich der Angabe des konkreten Sachgrunds. Es muss von Fall zu Fall entschieden werden.

12.3.1 Zeitbefristung

Bei einer Zeitbefristung muss der Befristungsgrund weder ausdrücklich noch schriftlich zwischen den Vertragsparteien vereinbart werden noch bedarf es eines entsprechenden Hinweises auf den konkreten Grund bei Abschluss des Arbeitsvertrags. Das TzBfG enthält für die Zeitbefristung kein förmliches Zitiergebot. D. h. das Gesetz verlangt zwar die Schriftform für die Befristungsabrede, es erfordert jedoch nicht die schriftliche Niederlegung eines sachlichen Grunds. Es bedarf nicht einmal der Angabe, ob die Befristung aus Sachgründen gemäß § 14 Abs. 1 TzBfG oder als erleichterte Befristung gemäß § 14 Abs. 2, Abs. 2a oder Abs. 3 TzBfG erfolgt. Auch das Nachweisgesetz schreibt unter § 2 Nr. 3 NachwG lediglich vor, dass dem Arbeitnehmer das Enddatum oder die vorhersehbare Dauer des Arbeitsverhältnisses schriftlich mitgeteilt wird, von der Angabe eines Grunds ist nicht die Rede. Das Vorliegen eines legitimen Befristungsgrunds ist also keine formale, sondern eine rein objektiv festzustellende Wirksamkeitsvoraussetzung.[186]

Tarifliche Regelungen beachten

Teilweise enthalten Tarifverträge einschränkende Vorschriften hinsichtlich des Abschlusses von Befristungsabreden. Danach kann es im Einzelfall z. B. zu den Wirksamkeitsvoraussetzungen einer Befristungsabrede gehören, dass der Befristungsgrund im schriftlichen Arbeitsvertrag ausdrücklich genannt wird.

Schriftliche Niederlegung eines bestimmten Befristungsgrunds

Tatsächlich kann die schriftliche Niederlegung eines bestimmten Befristungsgrunds sogar zu Problemen führen, wenn sie – wie in einem Fall, den das Arbeitsgericht Berlin zu entscheiden hatte[187] – als konkludenter Ausschluss anderer Befristungsgründe oder gar als Ausschluss der sachgrundlosen Befristung nach § 14 Abs. 2 oder Abs. 2a TzBfG verstanden wird.

186 Vgl. BAG, Urteil v. 8.12.1988, 2 AZR 308/88; BAG, Urteil v. 24.4.1996, 7 AZR 605/95.
187 ArbG Berlin, Urteil v. 16.5.1990, 9 Ca 38/90.

Das BAG hat in 2 Entscheidungen zu dieser Frage Stellung bezogen.[188] Sie sind zwar im Rahmen des BeschFG 1996 (gültig bis zum 31.12.2000) ergangen, sind aber wohl auf das TzBfG anwendbar. Danach kann im Einzelfall durchaus die Anwendbarkeit der anderer Befristungsregelungen (hier der sachgrundlosen Befristung von bis zu 2 Jahren nach § 1 Abs. 1 BeschFG 1996) ausdrücklich oder konkludent ausgeschlossen worden sein. Das ist insbesondere dann der Fall, wenn der Arbeitnehmer die Aussage des Arbeitgebers so interpretieren durfte, dass die Befristung ausschließlich auf einem bestimmten sachlichen Grund beruhen und mit diesem »stehen und fallen« sollte. Ein wichtiger Hinweis dafür kann die Nennung eines Sachgrunds im Vertrag sein. Es müssen aber zusätzliche Umstände im Einzelfall hinzukommen, da die Nennung eines Sachgrunds allein nicht ausreicht.[189]

Soweit also nicht tarifliche Vorschriften die Angabe des Rechtfertigungsgrunds erfordern, kann ein Arbeitgeber bei einer Sachgrundbefristung grundsätzlich auch einen anderen als den im Arbeitsvertrag genannten Sachgrund anführen oder sich hilfsweise auf einen Sachgrund berufen, wenn im Arbeitsvertrag die Bestimmungen des TzBfG als Rechtfertigungsgrund genannt sind. Angesichts der aufgezeigten Probleme und Gefahren dürfte es im Regelfall jedoch vorteilhafter sein, jede Festlegung auf einen bestimmten Befristungsgrund dadurch zu vermeiden, dass hierzu im schriftlichen Arbeitsvertrag keine Angaben gemacht werden. Objektiv vorliegen muss ein hinreichender Sachgrund freilich im Zeitpunkt des Vertragsschlusses. Intern sollte der Grund der Befristung allerdings hinreichend dokumentiert werden.

Ist eine Angabe im Arbeitsvertrag ausnahmsweise unumgänglich, sollt zumindest eine Klarstellung entsprechend folgendem Beispiel erfolgen:

Formulierungsvorschlag

Die Befristung erfolgt aus folgendem Grund: …

Mit der Erwähnung dieses Befristungsgrunds sind nicht solche gesetzlichen oder tarifvertraglichen Regelungen abbedungen, nach denen es für die Befristung des Arbeitsverhältnisses keines Sachgrunds bedarf. Dies gilt insbesondere für § 14 Abs. 2 oder Abs. 2a TzBfG. Die Arbeitsvertragsparteien sind sich einig, dass die Befristung des Arbeitsvertrags vorrangig auf diesen Rechtsvorschriften beruhen soll und der angegebene Sachgrund die Befristung lediglich hilfsweise für den Fall sachlich rechtfertigen soll, dass es einer solchen Rechtfertigung bedarf.

188 BAG, Urteil v. 26.7.2000, 7 AZR 51/99 und BAG, Urteil v. 5.6.2002, 7 AZR 241/01.
189 BAG, Urteil v. 5.6.2002, 7 AZR 241/01.

12.3.2 Zweckbefristung

Bei einer Zweckbefristung ergibt es sich aus der Natur der Sache, dass der Zweck des Arbeitsverhältnisses oder genauer das konkrete Ereignis, das über die Zweckbefristung zur Beendigung des Arbeitsverhältnisses führen soll, im Vertrag möglichst genau bezeichnet werden muss. Hieran sollte dem Arbeitgeber schon deshalb gelegen sein, weil er als derjenige, der sich im Zweifel auf die Beendigung des Arbeitsverhältnisses durch Zweckerreichung beruft, darzulegen und zu beweisen hat, dass das vereinbarte Ereignis eingetreten ist. Dies kann ihm nur gelingen, wenn an der Definition des Ereignisses als solchem kein Zweifel besteht.

Zweck der Befristung muss schriftlich vereinbart sein

Das BAG hat ausdrücklich darauf erkannt, dass der Zweck der Befristung schriftlich vereinbart sein muss. Eine Zweckbefristung setze voraus, dass die Parteien den Zweck des Arbeitsvertrags vereinbart hätten. Dies erfordere zum einen eine unmissverständliche Einigung darüber, dass das Arbeitsverhältnis bei Zweckerreichung enden soll. Zum anderen müsse der Zweck, mit dessen Erreichung das Arbeitsverhältnis enden soll, so genau bezeichnet sein, dass hieraus das Ereignis, dessen Eintritt zur Beendigung des Arbeitsverhältnisses führen soll, zweifelsfrei feststellbar sei. Die Bezeichnung des Vertragszwecks trete an die Stelle der Datumsangabe oder der Zeitangabe bei der Zeitbefristung.[190]

Befristungszweck genau bezeichnen

Auf die genaue Definition des Befristungszwecks ist große Sorgfalt zu verwenden! Ansonsten läuft der Arbeitgeber Gefahr, in eine Falle zu tappen, die § 15 Abs. 6 TzBfG bereithält. Nach dieser Vorschrift gilt das zulässig befristete Arbeitsverhältnis als auf unbestimmte Zeit verlängert, wenn es über den vorgesehenen Beendigungstermin hinaus fortgesetzt wird und der Arbeitgeber dem nicht unverzüglich widerspricht. Da das Arbeitsverhältnis auch dann mit Wissen des Arbeitgebers fortgesetzt wird, wenn er irrtümlich davon ausgeht, das Arbeitsverhältnis sei noch nicht beendet, versteckt sich hier für den Fall der Zweckbefristung eine nicht zu unterschätzende Gefahr.

Beispiel: Zweckbefristung

Der Arbeitgeber teilt seinem Arbeitnehmer mit, dass die unter den Parteien vereinbarte Zweckbefristung (Beschäftigung bis zur »Fertigstellung« eines bestimmten Auftrags) nun mit Abnahme des Werks durch den Kunden ihren Zweck erreicht und damit das Arbeitsverhältnis geendet habe. Der Arbeitnehmer hingegen vertritt die Auffassung, dass der Zweck schon mit tatsächlicher Fertigstellung des Werks vor 8 Wochen gemeint gewesen sei. Da der Arbeitgeber ihn über diesen Zeitpunkt hinaus wissentlich habe weiterarbeiten lassen, gelte das Arbeitsverhältnis als auf unbestimmte Zeit fortgesetzt.

---

190 BAG, Urteil v. 21.12.2005, 7 AZR 541/04.

Dieses Problem lässt sich nur durch eine möglichst exakte Definition des Befristungszwecks vermeiden oder zumindest minimieren.

Widerspruch gegen Fortsetzung schon vor Zweckerreichung aussprechen
Den Widerspruch gegen eine Fortsetzung des Arbeitsverhältnisses über das Befristungsende hinaus kann der Arbeitgeber auch schon kurz vor Ende der Vertragslaufzeit aussprechen.[191]

Eine Lösung des oben aufgezeigten Problems könnte deshalb darin liegen, den Arbeitnehmer in dem Moment, in dem sich die Zweckerreichung abzeichnet, eine »Vorabmitteilung« über diesen Umstand zu geben, verbunden mit dem Hinweis, dass er die schriftliche Unterrichtung i. S. d. § 15 Abs. 2 TzBfG über den genauen Endtermin noch erhalten, vorsorglich jedoch bereits jetzt einer Verlängerung des Arbeitsverhältnisses i. S. d. § 15 Abs. 6 TzBfG widersprochen werde.

12.3.3 Dokumentation

Ein vom Schriftformerfordernis des § 14 Abs. 4 TzBfG streng zu unterscheidender Aspekt des Befristungsrechts ist der aus der Sache resultierende Dokumentationszwang. Dieser betrifft insbesondere mögliche Sachgründe für die Befristung.

Schwerpunkt gerichtlicher Streitigkeiten über die Wirksamkeit einer Befristungsabrede, die der Rechtfertigung durch einen sachlichen Grund bedarf, ist oft die Frage, welche Prognose der Arbeitgeber im Hinblick auf den voraussichtlichen Wegfall des Bedarfs an der Arbeitskraft des befristet eingestellten Arbeitnehmers bei Abschluss des befristeten Arbeitsvertrags angestellt hat. Diese Prognose muss er in ihren Einzelheiten und ihren Grundlagen darlegen und für den Fall, dass sie vom Arbeitnehmer im Prozess bestritten wird, auch beweisen können.

Dazu zählen:
- die Daten und Fakten des Betriebs, anhand derer sich zum Zeitpunkt der Einstellung des Arbeitnehmers der aktuelle Beschäftigungsbedarf erkennen lässt,
- die zum Zeitpunkt des Abschlusses des befristeten Arbeitsvertrags konkret vorhandenen Daten über die künftige Entwicklung des Personalbedarfs und die dieser Planung wiederum zugrunde liegenden Parameter,
- die sich aus alledem ableitende konkrete Personalplanung des Arbeitgebers.

All dies lässt sich in einem Arbeitsrechtsstreit, der u. U. mehrere Jahre nach Abschluss der Befristungsabrede geführt wird, nur dann erfolgversprechend präsentieren, wenn es bei Abschluss der Befristungsabrede zusammengestellt und dokumentiert wurde.

191 BAG, Urteil v. 5.5.2004, 7 AZR 629/03.

13 Befristeter Arbeitsvertrag: Betriebsrat und Tarifvertrag

Autorin: Gabi Hanreich

Überblick

Diese Pflicht zur Beteiligung des Betriebsrats gemäß § 99 BetrVG gilt auch bei Einstellungen auf der Basis befristeter Arbeitsverträge. Sie wird ergänzt durch § 20 TzBfG. Danach hat der Arbeitgeber die Arbeitnehmervertretung über die Anzahl der befristet beschäftigten Arbeitnehmer und ihren Anteil an der Gesamtbelegschaft des Betriebs und des Unternehmens zu informieren.

Tarifverträge können Befristungsregelungen ausschließen oder beschränken, sie können im Einzelfall auch Erleichterungen enthalten.

13.1 Beteiligung des Betriebsrats

Gemäß § 99 Abs. 1 BetrVG hat der Arbeitgeber in Betrieben mit in der Regel mehr als 20 wahlberechtigten Arbeitnehmern den Betriebsrat vor jeder Einstellung, Eingruppierung, Umgruppierung und Versetzung zu unterrichten, ihm die erforderlichen Bewerbungsunterlagen vorzulegen und Auskunft über die Person der Beteiligten zu geben und die Zustimmung des Betriebsrats zu der geplanten Maßnahme einzuholen.

Diese Pflicht zur Beteiligung des Betriebsrats gemäß § 99 BetrVG gilt auch bei Einstellungen auf der Basis befristeter Arbeitsverträge. Sie wird ergänzt durch § 20 TzBfG. Danach hat der Arbeitgeber die Arbeitnehmervertretung über die Anzahl der befristet beschäftigten Arbeitnehmer und ihren Anteil an der Gesamtbelegschaft des Betriebs und des Unternehmens zu informieren.

Allerdings kann der Betriebsrat seine Zustimmung nicht – insbesondere nicht unter Berufung auf § 99 Abs. 2 Nr. 1 BetrVG – mit der Begründung verweigern, die vertraglich vorgesehene Befristung des Arbeitsverhältnisses sei unzulässig, weil nicht durch einen sachlichen Grund gerechtfertigt. § 99 Abs. 2 Nr. 1 BetrVG ist kein Instrument zur umfassenden Inhaltskontrolle des Arbeitsvertrags. Der Betriebsrat hat zwar ein berechtigtes Interesse daran zu erfahren, ob die beabsichtigte Einstellung befristet oder unbefristet erfolgen soll. Er kann aber einer vorgesehenen Befristung nicht deswegen widersprechen, weil er sie nicht für sachlich gerechtfertigt hält.[192]

192 BAG, Urteil v. 16.3.1989, 2 AZR 325/88; BAG, Beschluss v. 20.12.1988, 1 ABR 68/87.

Verlängerung und Umwandlung der Befristung

Wird ein befristetes Arbeitsverhältnis verlängert oder in ein unbefristetes Arbeitsverhältnis umgewandelt, ist der Betriebsrat grundsätzlich erneut nach § 99 BetrVG zu beteiligen. Dies soll nicht gelten, wenn ein befristetes (echtes) Probearbeitsverhältnis nach Ablauf der Probezeit in ein unbefristetes Arbeitsverhältnis umgewandelt wird und dem Betriebsrat **vor** der Einstellung zur Probe mitgeteilt worden ist, der Arbeitnehmer solle bei Bewährung auf unbestimmte Zeit weiterbeschäftigt werden.[193]

13.2 Tarifvertrag kann Befristung beschränken, ausschließen oder erleichtern

Tarifverträge können Befristungsregelungen ausschließen oder beschränken, sie können im Einzelfall auch Erleichterungen enthalten.

Die Tarifvertragsparteien nutzen die ihnen zustehenden Gestaltungsspielräume durchaus. In vielen Tarifverträgen (zumeist Mantel- oder Rahmentarifverträgen) finden sich die unterschiedlichsten Regelungen in Zusammenhang mit Befristungen. Es sollte deshalb im Einzelfall dringend geklärt werden, ob und ggf. welche Vorgaben die anwendbaren Tarifverträge enthalten.

Öffnungsklauseln für tarifvertragliche Regelungen

Das TzBfG enthält an mehreren Stellen Öffnungsklauseln für tarifvertragliche Regelungen. Von besonderer Bedeutung ist § 14 Abs. 2 Satz 3 TzBfG. Denn dieser ermöglicht es den Tarifvertragsparteien, den Umfang der erleichterten Befristung ohne Sachgrund gemäß § 14 Abs. 2 Satz 2 TzBfG sowohl hinsichtlich der Anzahl der möglichen Verlängerungen als auch der Höchstdauer einzuschränken oder auszuweiten.

Aus Gründen der Rechtssicherheit hat das BAG im Rahmen der Rechtsfortbildung allerdings einen quantitativ begrenzten Gestaltungsrahmen der Tarifvertragsparteien festgelegt. Demnach kann durch Tarifvertrag geregelt werden, dass die sachgrundlose Befristung eines Arbeitsvertrags bis zur Dauer von 6 Jahren und bis zu dieser Gesamtdauer die bis zu 9-malige Verlängerung zulässig ist.[194]

Tarifverträge können die Zulässigkeit von befristeten Arbeitsverträgen aber nicht nur erweitern, sondern auch gänzlich ausschließen oder beschränken. Denn unter § 22 Abs. 1 TzBfG ist ausdrücklich nur geregelt, dass von seinen Regelungen zuungunsten des Arbeitnehmers nicht abgewichen werden darf. Dem Arbeitnehmer günstigere Regelungen sind also jederzeit möglich.

---

193 BAG, Beschluss v. 7.8.1990, 1 ABR 68/89.

194 BAG, Urteil v. 26.10.2016, 7 AZR 140/15.

Enthält der Tarifvertrag eine generelle Einschränkung der Zulässigkeit befristeter Arbeitsverhältnisse, z. B. indem er gebietet, dass ein Arbeitsvertrag ausnahmslos nur dann befristet geschlossen werden darf, wenn hierfür ein sachlicher Grund vorliegt, so kann darin eine zugunsten des Arbeitnehmers wirkende Tarifnorm gesehen werden.

Enthält ein Tarifvertrag nur Verbote, Einschränkungen oder inhaltliche Vorgaben für bestimmte Arten von befristeten Arbeitsverhältnissen, so liegt darin allein noch keine abschließende tarifliche Regelung der Zulässigkeit von befristeten Arbeitsverträgen, die andere Befristungsgründe unzulässig macht.[195] Folglich ergibt sich aus einer solchen Tarifnorm kein allgemeines Verbot von Befristungen aus anderen Gründen.

Beispiel: Tarifvertrag regelt nur Einzelfälle

Ein Tarifvertrag enthält lediglich spezielle Regelungen über befristete Arbeitsverträge zum Zwecke der Erprobung oder zur Aushilfe.

Generelle Einschränkung der Zulässigkeit befristeter Arbeitsverhältnisse

Enthält hingegen die tarifvertragliche Vorschrift eine generelle Einschränkung der Zulässigkeit befristeter Arbeitsverhältnisse, so handelt es sich um eine Bestimmung, die gemäß § 14 Abs. 2 Sätze 3 und 4, § 22 Abs. 1 TzBfG die gesetzlichen Vorschriften zugunsten des Arbeitnehmers einschränkt.

Beispiel: Tarifvertrag enthält generelle Regelung zur Befristung

Ein Tarifvertrag schreibt vor, dass ein Arbeitsvertrag (ausnahmslos) nur dann befristet geschlossen werden darf, wenn hierfür ein sachlicher Grund vorliegt. Diese Regelung schließt die Möglichkeit der erleichterten Befristung gemäß § 14 Abs. 2 bzw. Abs. 2a TzBfG generell aus.

195 BAG, Urteil v. 12.12.1985, 2 AZR 9/85 m. w. N. zur Rspr.

14 Befristeter Arbeitsvertrag: Befristung mit Sachgrund – Regelbeispiele

Autorin: Gabi Hanreich

Überblick

Die Befristung von Arbeitsverhältnissen ist nur unter ganz bestimmten Voraussetzungen zulässig und wirksam. Grundsätzlich bedarf es für die Befristung eines sachlichen Grundes. Das Teilzeit- und Befristungsgesetz (TzBfG) enthält eine Aufzählung sachlicher Gründe. Diese ist jedoch nicht abschließend, auch andere, nicht im Gesetz genannte Gründe können die Zulässigkeit einer Befristung rechtfertigen.

Die arbeitsgerichtliche Rechtsprechung hat im Laufe der Zeit zur näheren Strukturierung der an die sachliche Rechtfertigung einer Befristungsabrede zu stellenden Anforderungen eine Reihe von Fallgruppen gebildet, aus deren Kreis der Gesetzgeber einige in das Gesetz übernommen hat. Gemäß § 14 Abs. 1 Satz 2 TzBfG liegt ein sachlicher Grund insbesondere vor, wenn

1. der betriebliche Bedarf an der Arbeitsleistung nur vorübergehend besteht,
2. die Befristung im Anschluss an eine Ausbildung oder ein Studium erfolgt, um den Übergang des Arbeitnehmers in eine Anschlussbeschäftigung zu erleichtern,
3. der Arbeitnehmer zur Vertretung eines anderen Arbeitnehmers beschäftigt wird,
4. die Eigenart der Arbeitsleistung die Befristung rechtfertigt,
5. die Befristung zur Erprobung erfolgt,
6. in der Person des Arbeitnehmers liegende Gründe die Befristung rechtfertigen,
7. der Arbeitnehmer aus Haushaltsmitteln vergütet wird, die haushaltsrechtlich für eine befristete Beschäftigung bestimmt sind, und er entsprechend beschäftigt wird oder
8. die Befristung auf einem gerichtlichen Vergleich beruht.

Aufgrund der Verwendung des Wortes »insbesondere« im Gesetzestext kann kein Zweifel bestehen, dass die Aufzählung des § 14 Abs. 1 Satz 2 TzBfG nur beispielhaft und keinesfalls abschließend gemeint ist. Die Befristung kann deshalb auch durch andere, den Wertungsmaßstäben des § 14 Abs. 1 TzBfG entsprechende Sachgründe gerechtfertigt sein.[196] Ebenso gut kann sich ein Befristungsgrund auch aus Aspekten ergeben, die im Sinne eines »Mischtatbestands« Elemente verschiedener Regelbeispiele in sich tragen.

196 BAG, Urteil v. 13.10.2004, 7 AZR 218/04; BAG, Urteil v. 16.3.2005, 7 AZR 289/04.

14.1 Vorübergehender personeller Mehrbedarf

Gemäß § 14 Abs. 1 Satz 2 Nr. 1 TzBfG kann in einem zusätzlichen, aber vorübergehenden Arbeitskräftebedarf ein sachlicher Grund für die Befristung eines Arbeitsverhältnisses liegen. Dieser Befristungsgrund war auch schon vor Inkrafttreten des TzBfG in der Rechtsprechung des BAG anerkannt.[197]

Zeitweilig gesteigerter Arbeitsanfall

Ein nur vorübergehender Bedarf liegt vor, wenn zur Erledigung eines zeitweilig gesteigerten Arbeitsanfalls, z. B. bei Betriebsumstellungen oder wegen der Erledigung eines Spezialauftrags oder eines bestimmten Projekts, zusätzliche Arbeitskräfte zur Aufstockung der normalen Belegschaft benötigt werden.[198]

Bei einer Tätigkeit in einem zeitlich begrenzten Projekt ist die Befristung des Arbeitsvertrags nur dann sachlich gerechtfertigt, wenn es sich dabei um eine vorübergehende und gegenüber den Daueraufgaben des Arbeitgebers abzugrenzenden Zusatzaufgabe handelt.[199]

Die wirksame Befristung eines Arbeitsverhältnisses aus diesem Grund setzt voraus, dass der Arbeitnehmer von vornherein zu dem Zweck eingestellt wird, den nur vorübergehenden Bedarf abzudecken. Unschädlich für die Wirksamkeit der Befristung ist es, wenn die Vertragslaufzeit hinter der voraussichtlichen Dauer der Projektlaufzeit zurückbleibt. Der Arbeitgeber darf bei dem auf § 14 Abs. 1 Satz 2 Nr. 1 TzBfG gestützten Sachgrund frei darüber befinden, ob er den Zeitraum des von ihm prognostizierten zusätzlichen Arbeitskräftebedarfs vollständig oder nur teilweise durch den Abschluss befristeter Arbeitsverträge abdeckt.

Etwas anderes gilt allenfalls dann, wenn die zeitlich begrenzte Laufzeit des Vertrags in einer Weise hinter der Projektbefristung zurückbleibt, dass eine sinnvolle Mitarbeit an diesem Projekt ausgeschlossen erscheint.[200] Wie bei der Vertretungsbefristung, die mittelbar erfolgen kann, lässt das BAG auch bei der betrieblichen Bedarfsbefristung zu, dass der Arbeitgeber die vorhandene Arbeitsmenge verteilt, seine Arbeitsorganisation ändert oder die zusätzlichen Arbeiten anderen Arbeitnehmern zuweist und an deren Stelle den befristet beschäftigten Arbeitnehmer einsetzt. Dabei muss zwischen dem zeitweilig erhöhten Arbeitsanfall und der befristeten Einstellung ein vom Arbeitgeber darzulegender ursächlicher Zusammenhang vorliegen.[201]

---

197 BAG, Urteil v. 12.9.1996, 7 AZR 790/95; BAG, Urteil v. 14.1.1982, 2 AZR 245/80.

198 BAG, Urteil v. 25.8.2004, 7 AZR 7/04.

199 BAG, Urteil v. 27.7.2016, 7 AZR 545/14; Dies ist zu verneinen, wenn es sich um Tätigkeiten handelt, die der Arbeitgeber im Rahmen des von ihm verfolgten Betriebszwecks dauerhaft wahrnimmt oder zu deren Durchführung er verpflichtet ist.

200 BAG, Urteil v. 27.7.2016, 7 AZR 545/14.

201 BAG, Urteil v. 14.12.2016, 7 AZR 688/14.

Von einem vorübergehenden Bedarf kann ausgegangen werden, wenn zum Zeitpunkt des Vertragsabschlusses der Arbeitgeber aufgrund greifbarer Tatsachen mit hinreichender Sicherheit annehmen kann, dass der Arbeitskräftebedarf in Zukunft wegfallen wird (Prognose). Dabei muss sich natürlich die Zahl der befristet eingestellten Arbeitnehmer im Rahmen des vorübergehenden Mehrbedarfs halten und darf diesen nicht überschreiten.[202] Eine bloße Unsicherheit über die künftige Entwicklung des Arbeitskräftebedarfs, z. B. weil die Konjunktur oder die Absatzentwicklung nicht hinreichend beurteilt werden kann, reicht demgegenüber für die Befristung eines Arbeitsverhältnisses nicht aus.[203] Denn die Unsicherheit der künftigen Entwicklung des Arbeitsanfalls und des Arbeitskräftebedarfs gehören grundsätzlich zum unternehmerischen Risiko des Arbeitgebers, das er nicht auf den Arbeitnehmer abwälzen darf.[204]

Tipp: Konkrete Personalplanung offenlegen

Im Streitfall hängt der Ausgang des Klageverfahrens davon ab, ob es dem Arbeitgeber gelingt, anhand von konkreten Fakten über die betrieblichen Gegebenheiten und die sich daraus ergebenden Arbeitskraftbedürfnisse eine konkrete Planung des Personalbedarfs darzulegen, auf die er die Befristung des umstrittenen Arbeitsverhältnisses stützen kann. Gelingt ihm dies, hat er im Arbeitsgerichtsprozess gute Chancen.

Zum Scheitern verurteilt ist hingegen jedweder Vortrag, der darauf hinausläuft, dass das Arbeitsverhältnis vorsorglich deshalb befristet wurde, weil nicht absehbar war, wie sich die Personalbedürfnisse in der Zukunft darstellen würden.

Mit anderen Worten: Die Befristung eines Arbeitsverhältnisses lässt sich nur mit dem Vorhandensein von Planung verteidigen, niemals aber mit ihrer Abwesenheit oder Unmöglichkeit.

Dreh- und Angelpunkt: Prognose des Arbeitskräftebedarfs

Da es für die Wirksamkeit der Befristung grundsätzlich auf die Umstände im Zeitpunkt des Vertragsschlusses ankommt, gehört es zu den Konsequenzen des Prognoseprinzips, dass es grundsätzlich unerheblich ist, ob sich die Prognose im Nachhinein bewahrheitet oder ob dies wegen später eintretender, bei Vertragsschluss nicht vorhersehbarer Umstände, nicht der Fall ist.

Anforderungen bei Kettenbefristung

Werden mehrere befristete Arbeitsverhältnisse hintereinander geschaltet und wird dies jeweils mit einem vorübergehenden personellen Mehrbedarf begründet, so steigen die Anforderungen an die Darlegung des sachlichen Grundes. Es entsteht zunehmend der Verdacht, dass in Wirklichkeit ein dauerhafter Bedarf vorliegt und mit der

---

202 BAG, Urteil v. 12.9.1996, 7 AZR 790/95; BAG, Urteil v. 18.4.1986, 7 AZR 583/84; BAG, Urteil v. 15.11.1989, 7 AZR 529/88.

203 BAG, Urteil v. 12.9.1996, 7 AZR 790/95; BAG, Urteil v. 10.6.1992, 7 AZR 346/91.

204 BAG, Urteil v. 25.11.1992, 7 AZR 191/92.

Befristung nur der Kündigungsschutz eines normalen Arbeitsverhältnisses umgangen werden soll.

Einwand »Daueraushilfe«

Im Arbeitsrechtsstreit treten Arbeitnehmer dem Vorbringen des Arbeitgebers, das Arbeitsverhältnis sei aus Gründen eines vorübergehenden personellen Mehrbedarfs befristet worden, zuweilen mit dem Einwand entgegen, dass in Wirklichkeit die Situation einer sog. »Daueraushilfe« vorliege, der personelle Mehrbedarf also gerade kein vorübergehender sei.

Auf ein entsprechendes Vorabentscheidungsersuchen des BAG hat der EuGH[205] bestätigt, dass der vorübergehende Bedarf an Vertretungskräften grundsätzlich einen sachlichen Grund im Sinne des Unionsrechts darstellen kann. Aus dem bloßen Umstand, dass ein Arbeitgeber gezwungen sein mag, wiederholt oder sogar dauerhaft auf befristete Vertretungen zurückzugreifen, und dass diese Vertretungen auch durch die Einstellung von Arbeitnehmern mit unbefristeten Arbeitsverträgen gedeckt werden könnten, folgt weder, dass kein solcher sachlicher Grund gegeben ist, noch das Vorliegen eines Missbrauchs.

Saisonarbeitnehmer

Das BAG sah schon immer in der Befristung von Arbeitsverträgen bei Saisonarbeitnehmern ein typisches Beispiel für zulässige Befristungen. Der sachliche Grund für die Befristung wird in der hierdurch bedingten besonderen Betriebsstruktur der Saisonbetriebe gesehen. Aufgrund der jahreszeitlich sehr unterschiedlichen Betriebstätigkeit kann in Saisonbetrieben neben einer vergleichsweise kleinen Stammbelegschaft nur für die »Saison«, eine bestimmte Anzahl von Saisonarbeitern beschäftigt werden, für deren Beschäftigung ansonsten, außerhalb der Saison, kein Bedürfnis besteht.[206]

Auch die wiederholte Befristung des Arbeitsvertrags mit einem Saisonarbeiter kann sachlich gerechtfertigt sein, wenn sie als üblich betrachtet werden kann.

14.2 Anschlussbeschäftigung an Ausbildung oder Studium

Nach § 14 Abs. 1 Satz 2 Nr. 2 TzBfG stellt es einen sachlichen Grund für die Befristung eines Arbeitsvertrags dar, wenn ein Arbeitnehmer im Anschluss an eine Ausbildung befristet beschäftigt wird, um ihm den Übergang in ein Arbeitsverhältnis zu erleichtern.

---

205 EuGH, Urteil v. 26.1.2012, C-586/10.

206 BAG, Urteil v. 29.1.1987, 2 AZR 109/86.

Mit diesem Regelbefristungsgrund will der Gesetzgeber zum einen den tariflichen Regelungen in vielen Wirtschaftsbereichen und zum anderen der Erfahrung Rechnung tragen, dass die vorübergehende Übernahme in ein befristetes Arbeitsverhältnis den Berufsstart erleichtern kann. Erfasst wird auch der Fall, dass ein Arbeitnehmer, der als Werkstudent bei einem Arbeitgeber beschäftigt war, nach dem Studium bei diesem Arbeitgeber erneut befristet beschäftigt wird.

Befristung nur für den ersten Vertrag
Nur die Befristung des ersten im Anschluss an Ausbildung oder Studium abgeschlossenen Arbeitsvertrags kann auf den Sachgrund der Anschlussbeschäftigung gemäß § 14 Abs. 1 Satz 2 Nr. 2 TzBfG gestützt werden!

Da § 14 Abs. 1 Satz 2 Nr. 2 TzBfG nur den einmaligen Abschluss eines befristeten Arbeitsvertrags nach dem Ende der Ausbildung oder des Studiums zulässt, kann ein nach § 14 Abs. 1 Satz 2 Nr. 2 TzBfG befristeter Arbeitsvertrag auch nicht mit dem in dieser Vorschrift normierten Sachgrund »verlängert« werden. Für jede weitere Befristung muss also auf andere Rechtfertigungsgründe zurückgegriffen werden.

14.3 Vertretung eines anderen Arbeitnehmers

Eine spezielle Untergruppe des vorübergehenden personellen Mehrbedarfs (§ 14 Abs. 1 Satz 2 Nr. 1 TzBfG) stellen die sog. Vertretungsfälle dar.

Der Grund für die Befristung liegt in Vertretungsfällen darin, dass der Arbeitgeber bereits zu einem vorübergehend ausfallenden Mitarbeiter in einem Rechtsverhältnis steht und mit der Rückkehr dieses Mitarbeiters rechnet. Eine solche Vertretungssituation ist als sachlicher Befristungsgrund allgemein anerkannt.[207]

Eine Sonderregelung für die Befristung von Arbeitsverhältnissen mit Vertretungen für Arbeitnehmer, die Elternzeit in Anspruch nehmen, enthält § 15 Abs. 1 BEEG.

Prognose über die Rückkehr des Vertretenen
Der Sachgrund der Vertretung ist darin begründet, dass der Arbeitgeber bereits zu einem vorübergehend ausgefallenen Mitarbeiter in einem Rechtsverhältnis steht und mit der Rückkehr dieses Mitarbeiters rechnet. Damit besteht für die Wahrnehmung der an sich dem ausgefallenen Mitarbeiter obliegenden Arbeitsaufgaben durch eine Vertretungskraft von vornherein nur ein zeitlich begrenztes Bedürfnis.[208]

207 BAG, Urteil v. 9.7.1997, 7 AZR 806/96; BAG, Urteil v. 21.2.2001, 7 AZR 200/00; BAG, Urteil v. 10.3.2004, 7 AZR 397/03; BAG, Urteil v. 13.10.2004, 7 AZR 654/03.

208 BAG, Urteil v. 5.6.2002, 7 AZR 201/01; BAG, Urteil v. 13.10.2004, 7 AZR 654/03.

Teil des Sachgrunds der Vertretung und deshalb vom Arbeitgeber im Arbeitsrechtsstreit darzulegen und zu beweisen ist eine Prognose über den voraussichtlichen Wegfall des Vertretungsbedarfs. Diese Prognose hat sich zwar auch darauf zu beziehen, ob zu erwarten ist, dass der zu vertretende Arbeitnehmer seinen Dienst wieder antreten wird.[209]

Der Arbeitgeber kann aber auch bei mehrfacher Vertretung regelmäßig davon ausgehen, dass die zu vertretende Stammkraft an ihren Arbeitsplatz zurückkehren wird.

Keine Befristung bei Personalreserve für unterschiedliche Vertretungsfälle
Wenn der Arbeitgeber die fortlaufende befristete Beschäftigung über Jahre hinweg im Ergebnis hingegen als Personalreserve für unterschiedliche Vertretungsfälle nutzt und damit einen dauerhaften Arbeitskräftebedarf abdeckt, kann er sich nach Auffassung des BAG nicht mehr auf den Sachgrund der Vertretung berufen.[210]

Auch wenn der zu vertretende Arbeitnehmer dem Arbeitgeber bereits vor dem Abschluss des befristeten Arbeitsvertrags mit der Vertretungskraft verbindlich erklärt hat, er werde die Arbeit nicht wieder aufnehmen, liegen die Voraussetzungen für den Sachgrund der Befristung nicht vor.

Eine bloße unverbindliche Ankündigung reicht nicht.[211] Denn auch wenn die beurlaubte Stammkraft zunächst beabsichtigt, die Arbeit nicht wieder aufzunehmen und dies dem Arbeitgeber gegenüber unverbindlich äußert, können später eintretende Umstände oder unvorhergesehene Ereignisse im persönlichen Bereich dazu führen, dass die Stammkraft entgegen ihren ursprünglichen Planungen an ihren Arbeitsplatz zurückkehrt.

Anspruch der Stammkraft auf Wiederaufnahme der Tätigkeit
Solange die Stammkraft einen Anspruch darauf hat, die Tätigkeit wieder aufzunehmen, kann und darf der Arbeitgeber im Ergebnis also mit deren Rückkehr rechnen und aus diesem Grund das Arbeitsverhältnis einer Vertretungskraft befristen.[212] Zu beachten ist zudem, dass sich die Prognose nur auf den Wegfall des Vertretungsbedarfs durch die zu erwartende Rückkehr erstrecken muss, nicht aber auch auf den genauen Zeitpunkt dieser Rückkehr.[213] Dementsprechend ist der Arbeitgeber nicht verpflichtet, Erkundigungen darüber einzuholen, ob und wann der vertretene Arbeitnehmer die Arbeit wieder aufzunehmen gedenkt.[214]

209 BAG, Urteil v. 20.1.1999, 7 AZR 640/97 m. w. N.
210 BAG, Urteil v. 17.5.2017, 7 AZR 420/15.
211 BAG, Urteil v. 2.7.2003, 7 AZR 529/02; BAG, Urteil v. 13.10.2004, 7 AZR 654/03.
212 BAG, Urteil v. 2.7.2003, 7 AZR 529/02.
213 BAG, Urteil v. 6.12.2000, 7 AZR 262/99.
214 BAG, Urteil v. 4.6.2003, 7 AZR 523/02.

Krankheitsvertretung

Dies alles gilt auch in den Fällen der Krankheitsvertretung. Auch hier kann der Arbeitgeber ohne Weiteres und ohne genaue Vorstellung hinsichtlich der Zeitdauer davon ausgehen, dass die zu vertretende Stammkraft schließlich zurückkehren wird. Es sei denn, es liegen besondere Umstände vor, die diese Prognose unwahrscheinlich machen. Hierfür reicht eine bereits länger andauernde Erkrankung allerdings nicht.[215]

Die Befristung des Arbeitsverhältnisses mit dem Vertreter muss auch nicht an die (voraussichtliche) Dauer des Ausfalls der Stammkraft angepasst werden. Da es dem Arbeitgeber frei steht, den Arbeitsausfall überhaupt zu überbrücken, verbleibt ihm auch die Entscheidung, die Vertretung nur für eine kürzere Zeit zu regeln.[216] Die Prognose muss sich schließlich auch nicht darauf beziehen, ob die zu vertretende Stammkraft ihre Arbeit in vollem Umfang wieder aufnehmen wird.[217]

Hinweis: Zweckbefristung sinnvoll?

Ist der Zeitpunkt, zu dem der ausgefallene Mitarbeiter zurückkehren wird, ungewiss, kommt insbesondere eine Zweckbefristung in Betracht.

Unmittelbare, mittelbare und gedankliche Stellvertretung

Der Sachgrund der Vertretung ist unproblematisch, wenn der Vertreter die Aufgaben des Vertretenen übernimmt.[218] Der zur Vertretung befristet eingestellte Arbeitnehmer muss aber nicht zur Verrichtung derselben Aufgaben eingestellt werden, die der verhinderte Mitarbeiter ausgeübt hat.[219] Bezüglich der Form der Vertretung hat das BAG die Alternativen der unmittelbaren Vertretung, der mittelbaren Vertretung sowie der gedanklichen Vertretung zugelassen.

- Unmittelbaren Stellvertretung: Von einer unmittelbaren Stellvertretung ist die Rede, wenn der befristet zur Vertretung eingestellte Mitarbeiter die vorübergehend ausfallende Stammkraft unmittelbar vertritt und die von ihr bislang ausgeübten Tätigkeiten verrichtet.
- Mittelbare Stellvertretung: Der zeitweilige Ausfall eines Arbeitnehmers und die dadurch bedingte Einstellung einer Ersatzkraft können auch eine Umorganisation erfordern, die dazu führt, dass ein völlig neuer Arbeitsplan erstellt wird, in dem die Aufgaben des zeitweilig ausgefallenen Mitarbeiters einem dritten Mitarbeiter übertragen werden, dieser für andere Aufgaben nicht mehr zur Verfügung steht und für diese anderen Aufgaben nunmehr eine Vertretungskraft eingestellt wird.
- Gedankliche Vertretung: Eine gedankliche Vertretung im Sinne eines Vertretungszusammenhangs liegt vor, wenn dem befristet beschäftigten Arbeitnehmer ohne

215 BAG, Urteil v. 21.2.2001, 7 AZR 200/00.
216 BAG, Urteil v. 9.7.1997, 7 AZR 806/96.
217 BAG, Urteil v. 6.12.2000, 7 AZR 262/99.
218 BAG, Urteil v. 15.2.2006, 7 AZR 232/05.
219 BAG, Urteil v. 21.2.2001, 7 AZR 107/00; BAG, Urteil v. 15.2.2006, 7 AZR 232/05.

tatsächliche Neuverteilung der Arbeitsaufgaben Tätigkeiten übertragen werden, die der vertretene Arbeitnehmer nie ausgeübt hat und der Arbeitgeber rechtlich kraft Direktionsrechts und tatsächlich (fachlich) in der Lage wäre, dem vorübergehend abwesenden Arbeitnehmer im Fall seiner Anwesenheit die dem Vertreter zugewiesenen Aufgaben zu übertragen.[220]

Kausalzusammenhang muss darlegbar sein

Notwendig, aber auch ausreichend, ist, dass zwischen dem zeitweiligen Ausfall eines Mitarbeiters und dem dadurch hervorgerufenen vorübergehenden Vertretungsbedarf einerseits und der befristeten Einstellung bzw. Vertragsänderung der Vertretungskraft andererseits ein Kausalzusammenhang besteht. Es muss sichergestellt sein, dass die Vertretungskraft gerade wegen des durch den zeitweiligen Ausfall des zu vertretenden Mitarbeiters entstandenen vorübergehenden Beschäftigungsbedarfs eingestellt worden ist.[221] Diesen ursächlichen Zusammenhang muss der Arbeitgeber jedenfalls im Arbeitsgerichtsprozess im Einzelnen darlegen.[222]

14.4 Eigenart der Arbeitsleistung

Der unter § 14 Abs. 1 Satz 2 Nr. 4 TzBfG angeführte Befristungsgrund »Eigenart der Arbeitsleistung« bezieht sich nach der amtlichen Gesetzesbegründung insbesondere auf das von der Rechtsprechung aus der Rundfunkfreiheit (Art. 5 Abs. 1 GG) abgeleitete Recht der Rundfunkanstalten, programmgestaltende Mitarbeiter aus Gründen der Programmplanung lediglich für eine bestimmte Zeit zu beschäftigen.[223] In gleicher Weise wird mit der Freiheit der Kunst (Art. 5 Abs. 3 GG) das Recht der Bühnen begründet, entsprechend dem vom Intendanten verfolgten künstlerischen Konzept Arbeitsverträge mit Solisten (Schauspieler, Solosänger, Tänzer, Kapellmeister u. a.) jeweils befristet abzuschließen.

Inhaltlich gelten weiterhin die von der Rechtsprechung entwickelten Grundsätze, die im Folgenden dargestellt sind.

14.5 Erprobung

Die unter § 14 Abs. 1 Satz 2 Nr. 5 TzBfG genannte Befristung zum Zwecke der Erprobung war schon vor Geltung des TzBfG als sachlicher Grund für eine Befristung anerkannt.

220 BAG, Urteil v. 11.2.2015, 7 AZR 113/13.
221 BAG, Urteil v. 21.3.1990, 7 AZR 286/89; BAG, Urteil v. 21.2.2001, 7 AZR 107/00; BAG, Urteil v. 10.3.2004, 7 AZR 402/03; BAG, Urteil v. 25.8.2004, 7 AZR 32/04.
222 BAG, Urteil v. 14.1.2004, 7 AZR 390/03.
223 BAG, Urteil v. 30.8.2017, 7 AZR 864/15.

Übertragung einer völlig anderen Tätigkeit
Nach Ablauf der durch § 14 Abs. 2 TzBfG für eine sachgrundlose Befristung erlaubten Zeitspanne kann ein legitimes Erprobungsinteresse des Arbeitgebers eigentlich nur noch bei der Übertragung einer völlig anderen Tätigkeit in Betracht kommen.

Darüber hinaus kommt dem Befristungsgrund der Erprobung gemäß § 14 Abs. 1 Satz 2 Nr. 5 TzBfG jedenfalls dann eine eigenständige Bedeutung zu, wenn die erneute Einstellung eines Arbeitnehmers beabsichtigt ist, der innerhalb der letzten 3 Jahre schon einmal im Unternehmen beschäftigt war. Es bleibt dann allein die Möglichkeit der Sachgrundbefristung gemäß § 14 Abs. 1 Satz 2 Nr. 5 TzBfG.

14.6 Gründe in der Person des Arbeitnehmers

Ein in der Person des Arbeitnehmers liegender sachlicher Befristungsgrund i. S. d. § 14 Abs. 1 Satz 2 Nr. 6 TzBfG ist nach der Rechtsprechung u. a. gegeben, wenn ein Arbeitnehmer aus sozialen Gründen vorübergehend beschäftigt wird, um z. B. die Zeit bis zum Beginn einer bereits feststehenden anderen Beschäftigung, des Wehrdienstes oder eines Studiums überbrücken zu können.

Das Landesarbeitsgericht Köln hat sogar die Befristung eines neuen Arbeitsvertrags mit einem bei Beendigung des zuvor bestehenden Arbeitsverhältnisses alkoholkranken Arbeitnehmers auf 2 Jahre als sachlich gerechtfertigt angesehen, wenn damit die Rückfallgefahr erprobt werden soll.[224]

Personenbedingt gerechtfertigt kann die Befristung eines Arbeitsvertrags auch sein, wenn der Arbeitsvertrag für die Dauer einer befristeten Aufenthaltserlaubnis des Arbeitnehmers geschlossen wird und zum Zeitpunkt des Vertragsschlusses hinreichend gewiss ist, dass die Aufenthaltserlaubnis nicht verlängert wird.[225]

Die befristete Fortsetzung des Arbeitsverhältnisses nach Erreichen des Rentenalters kann die Befristung sachlich rechtfertigen, wenn der Arbeitnehmer Altersrente aus der gesetzlichen Rentenversicherung bezieht und die befristete Fortsetzung des Arbeitsverhältnisses z. B. der Einarbeitung einer Nachwuchskraft dient.

Ausländische Arbeitnehmer
Bei der Beschäftigung von ausländischen Mitarbeitern ist zunächst zu beachten, dass das Arbeitsverhältnis nicht etwa mit Auslaufen des Aufenthaltstitels zur Ausübung einer Beschäftigung »automatisch« endet. Insbesondere der Überlegung, das Arbeits-

---

224 LAG Köln, Urteil v. 5.3.1998, 10 Sa 1229/97.
225 BAG, Urteil v. 12.1.2000, 7 AZR 863/98.

verhältnis könnte gemäß § 134 BGB nichtig werden, hat das BAG eine Absage erteilt.[226] Soll das Arbeitsverhältnis mit dem ausländischen Arbeitnehmer also nicht erst durch Kündigung beendet werden müssen, falls dieser keinen Aufenthaltstitel zur Ausübung einer Beschäftigung mehr hat, bedarf es der Vereinbarung einer Befristung.

Vorrangig kommt die erleichterte Befristung ohne Sachgrund auf der Grundlage und unter den Voraussetzungen des § 14 Abs. 2 und 2a TzBfG in Betracht (siehe dort).

Projektbindung der Befristung: In diesem Zusammenhang ist zunächst an die Möglichkeit zu denken, das Arbeitsverhältnis an ein konkretes Projekt zu binden. Lässt sich dieses Projekt mit hinreichender Gewissheit als auf eine bestimmte Zeitdauer befristet darstellen, dann ist das Regelbeispiel des § 14 Abs. 1 Satz 2 Nr. 1 TzBfG einschlägig. Auf die dortigen Erläuterungen kann deshalb verwiesen werden.

Befristeten Aufenthaltstitel: Schließlich kann die Tatsache, dass der ausländische Arbeitnehmer nur einen befristeten Aufenthaltstitel zur Ausübung einer Beschäftigung besitzt, als »Grund in der Person des Arbeitnehmers« gemäß § 14 Abs. 1 Satz 2 Nr. 6 TzBfG in Betracht kommen.

Dieser Sachgrund erfordert nach der Rechtsprechung des BAG zur Rechtfertigung der Befristung jedoch eine hinreichend zuverlässige Prognose, dass eine Verlängerung des Aufenthaltstitels nicht erfolgen werde.[227] Die bloße Unsicherheit, ob eine Verlängerung erfolgt, genügt also gerade nicht. Ob sich – etwa aufgrund entsprechender Aussagen der zuständigen Behörden – die erforderliche Prognose stellen lässt, bleibt dem Einzelfall vorbehalten.

14.7 Soziale Gründe

Das BAG hat wiederholt anerkannt, dass der soziale Überbrückungszweck eines Arbeitsvertrags dessen Befristung sachlich rechtfertigen kann.[228]

Das kann z. B. dann der Fall sein, wenn der Arbeitgeber seinem wirksam gekündigten Arbeitnehmer zur Überwindung von Übergangsschwierigkeiten aus sozialen Gründen einen zeitlich befristeten Arbeitsvertrag bietet.

Voraussetzung ist jedoch, dass das Interesse des Arbeitgebers, aus sozialen Erwägungen mit dem betreffenden Arbeitnehmer nur einen befristeten Arbeitsvertrag

---

226 Vgl. z. B. BAG, Urteil v. 7.2.1990, 2 AZR 359/89.
227 Vgl. z. B. BAG, Urteil v. 12.1.2000, 7 AZR 863/98.
228 BAG, Urteil v. 24.2.1988, 7 AZR 454/87; BAG, Urteil v. 7.7.1999, 7 AZR 232/98 m. w. N. zur älteren Rechtsprechung.

abzuschließen, auch angesichts des Interesses des Arbeitnehmers an unbefristeter Beschäftigung schutzwürdig ist.

Das soll nach Ansicht des BAG der Fall sein, wenn es ohne den sozialen Überbrückungszweck überhaupt nicht zum Abschluss eines Arbeitsvertrags, auch nicht eines befristeten, mit dem betreffenden Arbeitnehmer gekommen wäre. Gerade die Berücksichtigung der sozialen Belange des Arbeitnehmers und nicht die Interessen des Betriebs oder der Dienststelle müssen aufseiten des Arbeitgebers im Vordergrund der Überlegungen gestanden haben und für den Abschluss des Arbeitsvertrags ausschlaggebend gewesen sein.[229]

Der Arbeitgeber ist im Streitfall darlegungs- und beweispflichtig für den sozialen Charakter der Befristungsabrede. Für seinen Vortrag, er habe den Arbeitnehmer vorrangig aus sozialen und nicht etwa aus betrieblichen/unternehmerischen Gründen beschäftigt, wird ein Arbeitgeber regelmäßig nur mit großem Darlegungsaufwand Verständnis erringen können.

14.8 Wunsch des Arbeitnehmers

Der ausdrücklich geäußerte Wunsch des Arbeitnehmers oder das aufgrund objektiver Anhaltspunkte zu schließende Interesse des Arbeitnehmers an der Befristung anstelle eines unbefristeten Vertrags kann die Befristung des Arbeitsvertrags sachlich rechtfertigen.[230] Rechtstechnisch dürfte ein solcher Wunsch als ein in der Person des Arbeitnehmers liegender Grund unter das Regelbeispiel des § 14 Abs. 1 Satz 2 Nr. 6 TzBfG subsumiert werden können.

Allerdings gelten weiterhin die Voraussetzungen, die die Rechtsprechung hierzu entwickelt hat. Danach ist insbesondere darauf zu achten, dass der Arbeitnehmer bei Vertragsabschluss in seiner Entscheidungsfreiheit (durch psychischen Druck oder Drohung) nicht beeinträchtigt war.

Es müssen zum Zeitpunkt des Vertragsabschlusses objektive Anhaltspunkte (z.B. Gründe in der Person des Arbeitnehmers) für den Wunsch des Arbeitnehmers vorliegen, die den Schluss erlauben, dass dieser an einer Befristung des Arbeitsvertrags interessiert ist.[231] Das Interesse des Arbeitnehmers an der Befristung darf allerdings nicht mit den Interessen an der Beschäftigung als solche verwechselt werden.[232] Entscheidend ist, ob der Arbeitnehmer auch bei einem Angebot des Arbeitgebers auf

229 BAG, Urteil v. 24.2.1988, 7 AZR 454/87; BAG, Urteil v. 7.7.1999, 7 AZR 232/98.
230 BAG, Urteil v. 5.6.2002, 7 AZR 241/01; BAG, Urteil v. 4.12.2002, 7 AZR 492/01.
231 BAG, Urteil v. 26.4.1985, 7 AZR 316/84; BAG, Urteil v. 18.1.2017, 7 AZR 236/15.
232 BAG, Urteil v. 26.8.1998, 7 AZR 349/97; BAG, Urteil v. 4.12.2002, 7 AZR 492/01.

Abschluss eines unbefristeten Arbeitsvertrags nur ein befristetes Arbeitsverhältnis vereinbart hätte.

Allein aus der Annahme des Arbeitgeberangebots auf Abschluss eines Zeitvertrags kann noch nicht geschlossen werden, dieser beruhe auf dem Wunsch des Arbeitnehmers.[233]

14.9 Zeitlich begrenzte Haushaltsmittel (öffentlicher Dienst)

Nach § 14 Abs. 1 Satz 2 Nr. 7 TzBfG ist die Befristung eines Arbeitsvertrags aufgrund zeitlich begrenzter Haushaltsmittel sachlich gerechtfertigt. Die Kontur dieses Befristungsgrunds ist unscharf.

Als sachlicher Rechtfertigungsgrund weitgehend anerkannt ist dieser Aspekt allein im Bereich des öffentlichen Dienstes.[234] Die Gesetzesformulierung könnte von einem privaten Arbeitgeber dahingehend verstanden werden, dass er nur die Kosten für einen bestimmten Arbeitsplatz im Rahmen eines »Haushaltsplans« zu budgetieren brauche, um in den Genuss des Befristungsgrunds der zeitlich begrenzten Haushaltsmittel gemäß § 14 Abs. 1 Satz 2 Nr. 7 TzBfG zu kommen. Hierin läge eine erhebliche Ausweitung der bisherigen Möglichkeiten.

Bisher steht das BAG nämlich auf dem Standpunkt, dass die Unsicherheit der finanziellen Entwicklung grundsätzlich keinen sachlichen Grund für eine Befristung abgibt.[235]

Erst recht kann es keinen sachlichen Grund für eine Befristung darstellen, dass der Arbeitgeber sich sozusagen selbst die Mittel zur Finanzierung eines Arbeitsplatzes gewährt oder entzieht, indem er sie in einem Haushaltsplan ausweist oder wieder streicht.

14.10 Gerichtlicher Vergleich

Den Fall des gerichtlichen Vergleichs hat der Gesetzgeber unter § 14 Abs. 1 Satz 2 Nr. 8 TzBfG ausdrücklich als Sachgrund zur Rechtfertigung einer Befristungsabrede aufgenommen. Dem liegt die Überlegung zugrunde, dass die Mitwirkung des Gerichts an dem Vergleich hinreichende Gewähr für die Wahrung der Schutzinteressen des Arbeitnehmers bietet.[236] Wird der Rechtsstreit über den Bestand eines Arbeitsverhältnisses

233 BAG, Urteil v. 22.3.1973, 2 AZR 274/72; BAG, Urteil v. 13.5.1982, 2 AZR 87/80.
234 BAG, Urteil v. 7.7.1999, 7 AZR 609/97.
235 BAG, Urteil v. 27.1.1988, 7 AZR 292/87.
236 Vgl. hierzu auch BAG, Urteil v. 2.12.1998, 7 AZR 644/97.

im Hinblick auf eine vertraglich vereinbarte Befristung durch Vergleich über einen zusätzlichen Zeitvertrag, d.h. durch gegenseitiges Nachgeben der Parteien beendet, so liegt darin eine vermittelnde Lösung, die die Ungewissheit über die Wirksamkeit des ersten Arbeitsvertrags beseitigt. Das gegenseitige Nachgeben ist dann der sachliche Grund, der die Annahme einer Umgehung des zwingenden Kündigungsrechts ausschließt.[237]

Der Befristungsgrund des gerichtlichen Vergleichs setzt demnach voraus[238]:

1. Bestehen eines offenen Streits der Parteien über die Rechtslage hinsichtlich des Fortbestands des Arbeitsverhältnisses zwischen ihnen und
2. Mitwirkung des Gerichts bei dem Zustandekommen des befristeten Arbeitsverhältnisses.

Ein offener Streit zwischen den Parteien setzt voraus, dass sie unterschiedliche Rechtsstandpunkte darüber eingenommen haben, ob bzw. wie lange zwischen ihnen ein Arbeitsverhältnis besteht und der Arbeitnehmer gegenüber dem Arbeitgeber nachdrücklich seine Position vertritt, der darauf ablehnend reagiert. Vergleiche, die im Zusammenhang mit anderen Streitigkeiten stehen und eine Befristung des Arbeitsverhältnisses beinhalten, sind vom Anwendungsbereich des § 14 Abs. 1 Satz 2 Nr. 8 TzBfG ausgeschlossen.[239]

Mit Urteil vom 15.2.2012[240] hat das BAG entschieden, dass ein gerichtlicher Vergleich, der einem schriftlichen Vorschlag der Parteien entspricht, kein Rechtfertigungsgrund für eine Befristung ist.

14.11 Drei weitere Fallgruppen

Auch wenn keines der Regelbeispiele des § 14 Abs. 1 Satz 2 TzBfG zur Anwendung kommt, kann ein von der Rechtsprechung anerkannter »sachlicher Grund« vorliegen. Aus der Verwendung des Wortes »insbesondere« im Gesetzestext ergibt sich, dass die Aufzählung des § 14 Abs. 1 Satz 2 TzBfG nur beispielhaft und nicht abschließend gemeint ist. Andere Befristungsgründe sollen hierdurch nicht generell ausgeschlossen werden. Ebenso gut kann sich ein Befristungsgrund auch aus Aspekten ergeben, die im Sinne eines »Mischtatbestands« Elemente verschiedener Regelbeispiele in sich tragen.

Drei weitere Fallgruppen anerkannter Sachgründe werden im Folgenden kurz dargestellt.

237 BAG, Urteil v. 4.12.1991, 7 AZR 307/90.
238 BAG, Urteil v. 26.4.2006, 7 AZR 366/05; BAG, Urteil v. 24.1.1996, 7 AZR 496/95.
239 BAG, Urteil v. 12.11.2014, 7 AZR 891/12.
240 BAG, Urteil v. 15.2.2012, 7 AZR 734/10.

Arbeitsvertraglich vereinbarte Altersgrenze

Häufig findet sich in Arbeitsverträgen die Klausel, dass das (ansonsten unbefristete) Arbeitsverhältnis bei Erreichen einer bestimmten Altersgrenze automatisch enden soll, ohne dass es einer Kündigung bedarf. Eine solche Vereinbarung stellt – rechtlich gesehen – eine kalendermäßige Befristung des Arbeitsvertrags dar. Aus Sicht der Parteien sei die Vollendung eines bestimmten Lebensjahres ein zukünftiges Ereignis, dessen Eintritt sie als feststehend ansähen. Allein durch die Möglichkeit einer vorherigen anderweitigen Beendigung des Arbeitsverhältnisses werde die vereinbarte Altersgrenze nicht zu einer auflösenden Bedingung (vgl. dazu § 21 TzBfG).[241]

Als Befristungsabrede bedarf die Altersgrenzenvereinbarung zu ihrer Wirksamkeit eines sachlichen Grunds[242], dessen Anforderungen steigen, je niedriger die Altersgrenze ist:

Dabei hat das BAG die Interessen der Arbeitsvertragsparteien an der Fortsetzung des Arbeitsverhältnisses einerseits und seiner Beendigung andererseits gegeneinander abgewogen und berücksichtigt, dass der Arbeitnehmer mit seinem Wunsch auf dauerhafte Fortsetzung seines Arbeitsverhältnisses über das gesetzliche Rentenalter hinaus legitime wirtschaftliche und ideelle Anliegen verfolgt. Das Arbeitsverhältnis sichere seine wirtschaftliche Existenzgrundlage und biete ihm die Möglichkeit beruflicher Selbstverwirklichung.

Aus- und Weiterbildung

Aus Gründen der Aus- und Weiterbildung kann ein Arbeitsverhältnis wirksam befristet werden.

Das gilt jedenfalls dann, wenn der Arbeitnehmer derart zur Fortbildung beschäftigt wird, dass ihm durch die Tätigkeit **zusätzliche Erfahrungen oder Kenntnisse** vermittelt werden, die durch die übliche Berufstätigkeit nicht erworben werden können. Das kann auch anzunehmen sein, wenn die Ausbildung nicht in erster Linie theoretische Kenntnisse vermittelt, sondern hauptsächlich dazu dient, die bereits erworbenen theoretischen Kenntnisse in die Praxis umzusetzen.[243]

Unzulässig ist die Befristung jedoch, wenn sich die »Ausbildung« auf eine reine Betriebsausbildung ohne Eigenwert reduziert, die dem Arbeitnehmer keinerlei Kenntnisse, Fähigkeiten und Erfahrungen vermittelt, die er außerhalb der Organisation des Arbeitgebers beruflich verwenden könnte.

241 BAG, Urteil v. 19.11.2003, 7 AZR 296/03; BAG, Urteil v. 27.7.2005, 7 AZR 443/04.
242 So ausdrücklich BAG, Urteil v. 19.11.2003, 7 AZR 296/03.
243 BAG, Urteil v. 31.10.1974, 2 AZR 483/73; BAG, Urteil v. 18.12.1986, 2 AZR 717/85.

Wissenschaftszeitverträge

Am 17.3.2016 ist das erste Gesetz zur Änderung des Wissenschaftszeitvertragsgesetzes in Kraft getreten. Damit wurden besondere Möglichkeiten geschaffen, außerhalb der Vorgaben des TzBfG mit wissenschaftlichem und künstlerischem Personal befristet Arbeitsverträge abzuschließen.[244]

Freie Mitarbeiter

Freie Mitarbeiter sind keine Arbeitnehmer. Aus diesem Grunde sind die Vorschriften des allgemeinen und besonderen Kündigungsschutzes auf sie nicht anwendbar. Da also keine Kündigungsschutzvorschriften umgangen werden konnten, bedurfte es schon bisher keiner Rechtfertigung durch einen sachlichen Grund, wenn mit einem freien Mitarbeiter nur ein befristeter Dienstvertrag abgeschlossen wurde.

Für das TzBfG gilt nichts anderes. Auch der Anwendungsbereich dieses Gesetzes ist auf »Arbeitsverhältnisse« beschränkt.

244 Vgl. Arnold/Gräfl, TzBfG, § 1 WissZeitVG Rz. 2.

15 Befristeter Arbeitsvertrag: Befristung ohne Sachgrund

Autorin: Gabi Hanreich

Überblick

Zur Förderung der Beschäftigung sieht das Teilzeit- und Befristungsgesetz vor, befristete Arbeitsverträge auch ohne sachlichen Grund abzuschließen. Voraussetzung hierfür ist, dass zwischen dem Arbeitnehmer und demselben Arbeitgeber nicht schon zuvor ein befristetes oder unbefristetes Arbeitsverhältnis bestanden hat und die Höchstbefristungsdauer von 2 Jahren nicht überschritten wird. Für Einstellungen in neugegründeten Unternehmen und von älteren Beschäftigten bestehen darüber hinaus Sonderregelungen.

Die gesetzliche Grundlage für die Befristung von Arbeitsverträgen ist das Teilzeit- und Befristungsgesetz (TzBfG).

15.1 Voraussetzungen für Befristung ohne Sachgrund

Mit der in § 14 Abs. 2 TzBfG vorgesehenen Möglichkeit der Befristung ohne Sachgrund eröffnet das Gesetz die Möglichkeit der erleichterten Befristung eines Arbeitsverhältnisses. Danach ist es zulässig, einen Arbeitsvertrag

1. ohne Vorliegen eines sachlichen Grundes
2. bis zur Dauer von 2 Jahren zu befristen bzw.
3. einen zunächst kürzer befristeten Arbeitsvertrag innerhalb der 2-jährigen Höchstbefristungsdauer höchstens 3-mal zu verlängern (§ 14 Abs. 2 Satz 1 TzBfG)
4. sofern zwischen demselben Arbeitnehmer und demselben Arbeitgeber zuvor noch kein Arbeitsverhältnis bestanden hat.

15.2 Zuvor-Beschäftigungsverbot

Nach dem TzBfG ist eine Befristung ohne Sachgrund überhaupt nur noch möglich, sofern mit dem Arbeitnehmer zuvor kein Arbeitsverhältnis bestanden hat – sei es befristet oder unbefristet gewesen – sog. Zuvor-Beschäftigungs- bzw. Vorbeschäftigungs- oder Anschlussverbot (§ 14 Abs. 2 Satz 2 TzBfG).

Sind die Möglichkeiten des § 14 Abs. 2 TzBfG nicht eröffnet, muss der Arbeitgeber den Arbeitnehmer entweder unbefristet oder mit Sachgrund befristet weiterbeschäftigen oder bei weiterhin nur vorübergehendem Arbeitskräftebedarf einen anderen Arbeitnehmer befristet einstellen.

Sonderregelungen für ältere Beschäftigte
Die Sperrwirkung des § 14 Abs. 2 Satz 2 TzBfG gilt nicht für die befristete Beschäftigung von älteren Arbeitnehmern i. S. d. § 14 Abs. 3 TzBfG. Diese Vorschrift stellt für die Befristung älterer Arbeitnehmer eigene Voraussetzungen auf.

Schriftliche Erklärung bei Zweifeln
Bestehen Zweifel, ob der Arbeitnehmer bei demselben Arbeitgeber (oder einem Rechtsvorgänger) schon einmal beschäftigt war, so sollte der Arbeitgeber dem Arbeitnehmer hierüber eine schriftliche Erklärung abverlangen.

Vorherige Tätigkeit als freier Mitarbeiter
Unmittelbar im Anschluss an ein Dienstverhältnis als freier Mitarbeiter (wenn es sich tatsächlich um ein solches gehandelt hat) wäre es möglich, einen befristeten Arbeitsvertrag ohne sachlichen Grund auf der Basis des § 14 Abs. 2 TzBfG abzuschließen.

15.3 Einstellung im neugegründeten Unternehmen

Nach § 14 Abs. 2a TzBfG ist es zulässig, in den ersten 4 Jahren nach der Gründung eines Unternehmens einen Arbeitsvertrag ohne Vorliegen eines sachlichen Grunds bis zur Dauer von 4 Jahren zu befristen bzw. einen zunächst kürzer befristeten Arbeitsvertrag bis zu dieser Gesamtdauer mehrfach zu verlängern.

Zeiträume getrennt betrachten
§ 14 Abs. 2a Satz 1 TzBfG unterscheidet zwischen 2 verschiedenen 4-Jahreszeiträumen!

- Der erste Zeitraum betrifft die Voraussetzung für die Anwendung der Vorschrift (Unternehmen nicht älter als 4 Jahre),
- der zweite die Rechtsfolge (maximal zulässige Befristungsdauer von 4 Jahren). Jeder Zeitraum existiert unabhängig von dem anderen.

D. h. nach dem Willen des Gesetzgebers, kann ein Unternehmen auf der Basis des § 14 Abs. 2a TzBfG auch noch im vierten Jahr seiner Existenz einen Arbeitsvertrag sachgrundlos bis zur Dauer von 4 Jahren befristen bzw. einen zunächst kürzer befristeten Arbeitsvertrag bis zu dieser Gesamtdauer mehrfach verlängern.

Die Vorschrift wird damit begründet, dass für Existenzgründer der wirtschaftliche Erfolg besonders ungewiss sei. Sie könnten in der Aufbauphase kaum abschätzen, wie sich das Unternehmen entwickeln und wie hoch der Personalbedarf sein werde.

Voraussetzungen für sachgrundlose Befristung im neu gegründeten Unternehmen

1. Es muss sich um ein neu gegründetes Unternehmen handeln (erster 4-Jahreszeitraum). Hinsichtlich des Begriffs des neu gegründeten Unternehmens knüpft die Vorschrift an die Regelung in § 112a Abs. 2 BetrVG zur Befreiung solcher Unternehmen von der Sozialplanpflicht an. Parallel zu dieser Vorschrift gilt die längere Befristungsmöglichkeit nur bei einem unternehmerischen Neuengagement. Eine Neugründung im Sinne der Vorschrift liegt deshalb nach § 14 Abs. 2a Satz 2 TzBfG nicht vor, wenn die Neugründung im Zusammenhang mit Umstrukturierungen von Unternehmen steht. Wird innerhalb eines Konzerns eine Tochtergesellschaft ohne Änderung der rechtlichen Struktur schon bestehender Unternehmen neu gegründet, um bislang im Konzern nicht wahrgenommene wirtschaftliche Aktivitäten zu verfolgen, kann die neu gegründete Tochtergesellschaft allerdings von der erleichterten Befristungsmöglichkeit nach § 14 Abs. 2a Satz 1 TzBfG Gebrauch machen. Die Tochtergesellschaft ist keine nach § 14 Abs. 2a Satz 2 TzBfG von der erleichterten Befristungsmöglichkeit ausgenommene Neugründung im Zusammenhang mit der rechtlichen Umstrukturierung von Unternehmen und Konzernen.[245]
2. Innerhalb des (ersten) 4-Jahreszeitraums seit der Neugründung muss es zur Aufnahme einer Beschäftigung kommen (die dann ohne Sachgrund auf maximal 4 Jahre befristet werden darf = zweiter 4-Jahreszeitraum, s. u.).
3. Da gemäß § 14 Abs. 2a Satz 4 TzBfG die Sätze 2 bis 4 des § 14 Abs. 2 TzBfG entsprechende Anwendung finden, sind die dort geregelten Voraussetzungen für eine sachgrundlose Befristung ebenfalls zu beachten.

15.4 Ältere Arbeitnehmer

Die sachgrundlose Befristung ist bis zu einer Dauer von 5 Jahren zulässig, wenn der Arbeitnehmer bei Beginn des befristeten Arbeitsverhältnisses das 52. Lebensjahr vollendet hat und unmittelbar vor Beginn des befristeten Arbeitsverhältnisses mindestens 4 Monate beschäftigungslos i. S. d. § 138 Abs. 1 Nr. 1 SGB III gewesen ist, Transfer-Kurzarbeitergeld bezogen oder an einer öffentlich geförderten Beschäftigungsmaßnahme nach dem SGB II oder SGB III teilgenommen hat.

245 BAG, Urteil v. 12.6.2019, 7 AZR 317/17.

16 Befristeter Arbeitsvertrag: Verlängerung und Kettenbefristungen

Autorin: Gabi Hanreich

Überblick

Befristete Arbeitsverträge können in der Regel verlängert werden. Bei der Verlängerung eines sachgrundlos befristeten Vertrags ist allerdings darauf zu achten, ausschließlich den Beendigungstermin zu verändern und keinerlei Änderung der sonstigen Vertragsbedingungen vorzunehmen. Ansonsten liegt nach der Rechtsprechung keine zulässige Vertragsverlängerung vor.

Werden befristete Arbeitsverträge mehrfach hintereinander verlängert, spricht man von einer »Kettenbefristung«. Auch hierbei sind Besonderheiten zu beachten.

Die gesetzliche Grundlage für die Befristung von Arbeitsverträgen ist das Teilzeit- und Befristungsgesetz (TzBfG).

16.1 Verlängerungsvereinbarung

Die Regelungen des § 14 Abs. 2 TzBfG erfordern es nicht, den Arbeitsvertrag von vornherein für den maximal möglichen Zeitraum abzuschließen. Gemäß § 14 Abs. 2 Satz 1, 2. HS TzBfG ist binnen des Maximalzeitraums von 2 Jahren auch die höchstens dreimalige Verlängerung eines kalendermäßig befristeten Arbeitsvertrags zulässig. Damit erlaubt das Gesetz eine Stückelung in maximal 4 Zeitabschnitte (Befristungsabrede bei Begründung des Arbeitsverhältnisses zuzüglich 3 Verlängerungsabreden).

Keine Vertragsänderungen bei Verlängerung

Bei der Nutzung dieser gesetzlichen Möglichkeit sind nach der Rechtsprechung des BAG[246] jedoch 2 Besonderheiten streng zu beachten:

1. Die Vereinbarung über die Verlängerung des sachgrundlos befristeten Arbeitsverhältnisses muss noch vor Ablauf des zu verlängernden Zeitvertrags getroffen werden.
2. Die Vereinbarung darf nur die Vertragslaufzeit, nicht aber die übrigen Arbeitsbedingungen ändern. Das gilt selbst dann, wenn die geänderten Arbeitsbedingungen für den Arbeitnehmer günstiger sind, wie etwa ein erhöhter Stundenlohn.[247]

246 BAG, Urteil v. 18.1.2006, 7 AZR 178/05 und BAG, Urteil v. 23.8.2006, 7 AZR 12/06; so auch schon zum BeschFG: BAG, Urteil v. 26.7.2000, 7 AZR 51/99.

247 BAG, Urteil v. 23.8.2006, 7 AZR 12/06.

Ein – noch so geringfügiger – Verstoß auch nur gegen eine der beiden Bedingungen hat zur Folge, dass nach der Rechtsprechung des BAG nicht eine Verlängerungsvereinbarung, sondern vielmehr der Neuabschluss eines befristen Arbeitsvertrags vorliegt, der jedenfalls nicht mehr auf der Basis des § 14 Abs. 2 TzBfG, also ohne Sachgrund, sondern allenfalls noch bei Vorliegen eines Sachgrunds i. S. d. § 14 Abs. 1 TzBfG rechtlich zulässig sein kann.[248]

Fristberechnung
Wird ein Arbeitsverhältnis am 1.4. für ein Jahr geschlossen, dann endet es mit Ablauf des 31.3. des Folgejahres. Eine am 1.4. des Folgejahres geschlossene Verlängerungsvereinbarung käme also schon zu spät!

Handlungsanweisung zum richtigen Vorgehen
Eine Handlungsanweisung zum richtigen Vorgehen lässt sich den Leitsätzen der Entscheidung des BAG vom 18.1.2006 entnehmen.[249] Danach gilt Folgendes:

1. Voraussetzung für eine Verlängerung i. S. v. § 14 Abs. 2 Satz 1 TzBfG ist, dass die Verlängerungsvereinbarung noch vor Ablauf der Laufzeit des zu verlängernden Vertrags getroffen wird und dass nur die Vertragslaufzeit, nicht aber die übrigen Arbeitsbedingungen geändert werden.
2. Während der Vertragslaufzeit eines nach § 14 Abs. 2 Satz 1 TzBfG sachgrundlos befristeten Arbeitsvertrags ist die einvernehmliche Änderung der Arbeitsbedingungen befristungsrechtlich zulässig, sofern die Vertragsdauer beibehalten wird. Denn eine Vertragsverlängerung nach § 14 Abs. 2 Satz 1 TzBfG setzt nicht voraus, dass die Bedingungen des Ausgangsvertrags während der Gesamtdauer der Vertragslaufzeit unverändert beibehalten werden. Die Änderung der Arbeitsbedingungen darf nur nicht im Zusammenhang mit der Vertragsverlängerung erfolgen.

Schriftform
Im Übrigen ist bei jeder Befristungsabrede gemäß § 14 Abs. 4 TzBfG zwingend die Schriftform einzuhalten.

16.2 Kettenbefristung

Im Allgemeinen ist es rechtlich zulässig, befristete Arbeitsverhältnisse auch mehrfach hintereinander zu vereinbaren. Die europäische Richtlinie 1999/70/EG des Rates vom 28.6.1999 enthält jedoch Vorgaben, um einen Missbrauch von Kettenbefristungen zu verhindern.

248 BAG, Urteil v. 18.1.2006, 7 AZR 178/05; BAG, Urteil v. 23.8.2006, 7 AZR 12/06.
249 BAG, Urteil v. 18.1.2006, 7 AZR 178/05.

Das TzBfG setzt diese EU-Vorgaben um, indem es für Befristungen nach einer Beschäftigungsdauer von insgesamt 2 Jahren einen sachlichen Grund verlangt 8§ 14 Abs. 2 TzBfG). Dabei nennt § 14 Abs. 1 Satz 2 TzBfG beispielhaft 8 verschiedene Sachgründe, die einen befristeten Arbeitsvertrag rechtfertigen können. Einer dieser Sachgründe ist der eines nur vorübergehenden Bedarfs (§ 14 Abs. 1 Satz 2 Nr. 3 TzBfG), von dem hauptsächlich in Vertretungsfällen Gebrauch gemacht wird.

Auch bei Kettenbefristungen kommt es bei der Überprüfung der Rechtmäßigkeit immer nur auf den Sachgrund für die letzte Befristung an. Das BAG hatte allerdings Zweifel, ob Kettenbefristungen zum Zwecke der Vertretung eines abwesenden Arbeitskollegen europarechtlich schrankenlos zulässig sind oder ab einer sehr langen Gesamtdauer missbräuchlich sein können[250] und legte diese Frage deshalb zur Klärung dem Europäischen Gerichtshof (EuGH) vor. Der EuGH stellte in seinem Kücük-Urteil vom 26.1.2012 klar, dass befristete Arbeitsverträge auch nach langer Beschäftigungsdauer und bei einer großen Anzahl von hintereinander geschalteten Vertragsverlängerungen im Allgemeinen rechtens sind. Auch ein ständiger Vertretungsbedarf in größeren Betrieben oder Dienststellen ist erst einmal kein Grund, von einem Missbrauch der Vertretungsbefristung auszugehen. Allerdings hatte der EuGH angedeutet, dass die Gerichte mit zunehmender Gesamtdauer des Arbeitsvertrags genauer prüfen müssen, ob bei der zuletzt vereinbarten Befristung wirklich alles mit rechten Dingen zuging.

Mit Urteil vom 26.10.2016 hat das BAG nunmehr aus Gründen der Rechtssicherheit im Wege der Rechtsfortbildung konkretisiert, in welchem zeitlichen Umfang die Tarifvertragsparteien von § 14 Abs. 2 Satz 3 TzBfG bei sachgrundlos befristeten Arbeitsverträgen Gebrauch machen dürfen. Danach kann durch Tarifvertrag geregelt werden, dass die sachgrundlose Befristung eines Arbeitsvertrags bis zur Dauer von 6 Jahren und bis zu dieser Gesamtdauer eine bis zu 9-malige Verlängerung zulässig ist.[251]

---

250 BAG, Beschluss v. 17.11.2010, 7 AZR 443/09 (A).
251 BAG, Urteil v. 26.10.2016, 7 AZR 140/15.

17 Befristeter Arbeitsvertrag: Besondere Befristungsfälle

Autorin: Gabi Hanreich

Überblick

Befristete Arbeitsverträge müssen bestimmte Voraussetzung erfüllen, damit die Befristung wirksam ist. Allgemeine gesetzliche Bestimmungen sind im Teilzeit- und Befristungsgesetz (TzBfG) enthalten. Daneben sind in einigen Spezialgesetzen besondere Befristungsfälle geregelt, die neben den Bestimmungen des TzBfG gelten. Befristete Verträge mit Schwangeren und ähnlich geschützten Personen unterliegen grundsätzlich den allgemeinen Befristungsregelungen.

Die gesetzliche Grundlage für die Befristung von Arbeitsverträgen ist im Teilzeit- und Befristungsgesetz (TzBfG) geregelt.

17.1 Befristete Verträge: Schwangere

Bei befristeten Verträgen mit Schwangeren und anderen vergleichbar geschützten Personengruppen ist zu unterscheiden:

Wird der Tatbestand des besonderen Kündigungsschutzes wie z. B. des § 17 MuSchG erst nach Abschluss des befristeten Arbeitsverhältnisses verwirklicht, wird die Arbeitnehmerin also erst während der Laufzeit des befristeten Arbeitsverhältnisses schwanger, so ist dieser nachträglich eingetretene Umstand für die gerichtliche Befristungskontrolle irrelevant. Denn maßgeblich für die Beurteilung der Befristungsabrede sind die Umstände zum Zeitpunkt ihres Abschlusses.

Das Arbeitsverhältnis endet also mit Erreichen des vereinbarten Endtermins automatisch.

Entgegen einer zuweilen anzutreffenden Auffassung verlängert sich das Arbeitsverhältnis nicht um die Zeit der Schutzfristen des MuSchG oder um die Elternzeit.

Anders beurteilen sich die Dinge allerdings, wenn

- der Arbeitgeber sich nur deshalb weigert, über den Endtermin des befristeten Arbeitsverhältnisses hinaus, einen weiteren Arbeitsvertrag zu schließen, weil die Arbeitnehmerin schwanger ist und
- dies in einem hierüber geführten Arbeitsrechtsstreit auch gerichtsfest von der Arbeitnehmerin dargetan werden kann.

Für eine solche Situation hat das Arbeitsgericht Cottbus darauf erkannt, dass es dem Arbeitgeber als Rechtsmissbrauch verwehrt sei, sich »auf die Befristung des Arbeitsverhältnisses zu berufen«, weil dies ausschließlich wegen einer in der Vertragslaufzeit aufgetretenen Schwangerschaft geschah.[252]

In dieser Auffassung ist das Arbeitsgericht Cottbus durch eine Entscheidung des EuGH vom 4.10.2001 bestätigt worden. Danach kann die »Nichterneuerung« eines befristeten Vertrags zum Zeitpunkt seiner regulären Beendigung nicht als eine nach der EG-Mutterschutz-Richtlinie 92/85/EWG verbotene Kündigung angesehen werden, obgleich das Kündigungsverbot nach Artikel 10 der Richtlinie sowohl für unbefristete als auch für befristete Arbeitsverträge gelte.

Nichterneuerung eines befristeten Arbeitsvertrags

Soweit jedoch die Nichterneuerung eines befristeten Arbeitsvertrags ihren Grund in der Schwangerschaft der Arbeitnehmerin habe, stelle sie eine unmittelbare Diskriminierung aufgrund des Geschlechts dar, die gegen die Art. 2 Abs. 1 und 3 Abs. 1 der Richtlinie 76/207/EWG des Rates vom 9.2.1976 zur Verwirklichung des Grundsatzes der Gleichbehandlung von Männern und Frauen hinsichtlich des Zugangs zur Beschäftigung, zur Berufsbildung und zum beruflichen Aufstieg sowie in Bezug auf die Arbeitsbedingungen verstoße.[253]

Die Nichtverlängerung befristeter Verträge (nur) wegen Schwangerschaft ist als unmittelbare Benachteiligung wegen des Geschlechts unzulässig (vgl. AGG § 3 Abs. 1 Satz 2, § 7 AGG).

Schwangerschaft ist dem Arbeitgeber bekannt

Problematisch ist der Fall, dass der Tatbestand des besonderen Kündigungsschutzes (z. B. Schwangerschaft) bei Abschluss des befristeten Arbeitsvertrags schon verwirklicht und dies dem Arbeitgeber bekannt ist.

In dieser Situation hätte es vom ersten Tag des Arbeitsverhältnisses an eines sachlichen Grundes zur Rechtfertigung der Befristung bedurft, denn anders als im Falle des allgemeinen Kündigungsschutzes, der erst nach sechs Monaten greift, wurde der besonders streng ausgestaltete besondere Kündigungsschutz durch die Befristungsabrede vom ersten Tag an umgangen.

Gleichwohl hinderte der Umstand, dass der Arbeitnehmer besonderen Kündigungsschutz in Anspruch nehmen kann, keinesfalls von vornherein den Abschluss eines befristeten Arbeitsvertrags. Speziell für den Fall der Schwangerschaft hatte das BAG darauf erkannt, dass eine dem Arbeitgeber im Zeitpunkt des Vertragsabschlusses bekannte Schwangerschaft nicht die Befristung des Arbeitsvertrags hindert.

---

252 ArbG Cottbus, Urteil v. 13.9.2000, 6 Ca 2170/00.
253 EuGH, Urteil v. 4.10.2001, C-438/99.

Allerdings sei die Schwangerschaft im Rahmen der Bewertung der wechselseitigen Interessen von Arbeitgeber und Arbeitnehmer bei der Überprüfung des sachlichen Grunds für die Befristung »angemessen« zu berücksichtigen.[254] Zwar dürften diese Erwägungen unter der Geltung des TzBfG das – abgesehen von älteren Arbeitnehmern – keine Einschränkung des Anwendungsbereichs für bestimmte Personengruppen vorsieht, erst recht gelten. Das sollte aber nicht darüber hinwegtäuschen, dass die Befristung des Arbeitsverhältnisses mit einer Person, die Sonderkündigungsschutz genießt, einem gesteigerten Risiko ausgesetzt ist.

Betriebsratsmitgliedschaft
Auch die Arbeitsverträge von Betriebsratsmitgliedern können wirksam – auch ohne Sachgrund – befristet werden. Die Weigerung des Arbeitgebers, nach Ablauf der Befristung mit dem Betriebsratsmitglied einen Anschlussvertrag abzuschließen, stellt aber eine unzulässige Benachteiligung dar, wenn sie wegen der Betriebsratstätigkeit erfolgt. Das Betriebsratsmitglied hat in einem solchen Fall einen Anspruch auf Abschluss eines Folgevertrags.[255]

17.2 Befristung aufgrund von Spezialgesetzen

Der Gesetzgeber hat einige spezielle Gesetzesregelungen über die Zulässigkeit von Befristungsabreden geschaffen. Dazu zählen insbesondere die Folgenden:

1. Vertreter während der Elternzeit nach § 21 BEEG
2. Vertreter während der Pflegezeit gemäß § 6 PflegeZG
3. Wissenschaftliches und künstlerisches Personal an Hochschulen nach dem Wissenschaftszeitvertragsgesetz (WissZeitVG)
4. Ärzte in der Weiterbildung nach dem Gesetz über befristete Arbeitsverträge mit Ärzten in der Weiterbildung (ÄArbVrtG)

Besondere gesetzliche Regelungen gelten unabhängig vom TzBfG
Das TzBfG verdrängt diese Regelungen nicht. § 23 TzBfG bestimmt ausdrücklich, dass besondere Regelungen über Teilzeitarbeit und über die Befristung von Arbeitsverträgen nach anderen gesetzlichen Vorschriften unberührt bleiben.

Zu beachten ist allerdings, dass einige allgemeine Anforderungen des TzBfG auch für Arbeitsverträge auf der Grundlage der Spezialvorschriften (ergänzend) gelten, soweit die Spezialgesetze keine abweichenden Regelungen enthalten. Dies muss insbesondere im Hinblick auf das Schriftformerfordernis des § 14 Abs. 4 TzBfG beachtet werden.

254 BAG, Urteil v. 6.11.1996, 7 AZR 909/95.
255 BAG, Urteil v. 25.6.2014, 7 AZR 847/12.

18 Befristeter Arbeitsvertrag: Laufendes Arbeitsverhältnis

Autorin: Gabi Hanreich

Überblick

Im Zentrum dessen, was bei der Beschäftigung eines Arbeitnehmers auf Basis eines befristeten Arbeitsvertrags zu beachten ist, steht die vor Beginn des Arbeitsverhältnisses zu treffende Befristungsabrede. Wird der Arbeitnehmer daraufhin für die Laufzeit seines Vertrags im Betrieb tätig, gelten unter den Parteien im Prinzip dieselben Rechte und Pflichten, wie in jedem anderen Arbeitsverhältnis auch. Einige Aspekte bedürfen beim befristeten Arbeitsvertrag gleichwohl der besonderen Beachtung.

Die gesetzliche Grundlage für die Befristung von Arbeitsverträgen ist im Teilzeit- und Befristungsgesetz (TzBfG) geregelt.

18.1 Verbot von Diskriminierung und Benachteiligung

Diskriminierungsverbot

§ 4 Abs. 2 TzBfG verbietet ausdrücklich jede Schlechterstellung eines Arbeitnehmers wegen der Befristung seines Arbeitsvertrags. Dieses Diskriminierungsverbot ergibt sich eigentlich schon aus dem aus Art. 3 GG abgeleiteten sog. arbeitsrechtlichen Gleichbehandlungsgrundsatz. Der Gesetzgeber sah sich veranlasst, das Verbot im Hinblick auf die Anforderungen der europäischen Richtlinie 1999/70/EG explizit zu regeln.

Danach darf der Arbeitgeber einen befristet beschäftigten Arbeitnehmer gegenüber einem unbefristet beschäftigten Arbeitnehmer grundsätzlich nicht schlechter behandeln. Jede unterschiedliche Behandlung, die für befristet Beschäftigte ungünstiger als für unbefristet Beschäftigte ist, muss durch sachliche Gründe gerechtfertigt sein.

Entsprechend den Vorgaben der Richtlinie 1999/70/EG wird klargestellt, dass einem befristet beschäftigten Arbeitnehmer Arbeitsentgelt oder eine andere teilbare geldwerte Leistung, z. B. Deputat, mindestens anteilmäßig zusteht (pro-rata-temporis-Grundsatz).

Ebenso wird ausdrücklich geregelt, dass bei Beschäftigungsbedingungen, deren Gewährung von der Beschäftigungsdauer des Arbeitnehmers abhängig sind, z. B. Dauer des tariflichen Erholungsurlaubs, für befristet Beschäftigte grundsätzlich die gleichen Zeiten zu berücksichtigen sind wie für unbefristet Beschäftigte.

Ein Verstoß gegen das Diskriminierungsverbot liegt nicht vor, wenn die Ungleichbehandlung aus sachlichen Gründen gerechtfertigt ist. Dies ist z. B. der Fall, wenn bei nur kurzzeitigen Arbeitsverhältnissen die anteilige Gewährung von bestimmten Zusatzleistungen nur zu sehr geringfügigen Beträgen führt, die in keinem angemessenen Verhältnis zum Zweck der Leistung stehen. Um im Einzelfall die Feststellung einer Diskriminierung zu erleichtern, hat der Gesetzgeber unter § 3 Abs. 2 TzBfG den Begriff der »Vergleichbarkeit« des befristet angestellten Arbeitnehmers mit anderen, unbefristet angestellten Arbeitnehmern näher definiert.

Benachteiligungsverbot

§ 5 TzBfG ergänzt den Arbeitnehmerschutz um ein sog. Benachteiligungsverbot. Danach darf ein Arbeitnehmer nicht wegen der Inanspruchnahme von Rechten aus dem TzBfG benachteiligt werden. Die Aufnahme dieses Verbotes in das TzBfG lässt sich durch das Bestreben nach einer zusammenhängenden Regelung des Rechts der Teilzeitarbeitsverhältnisse und der befristeten Arbeitsverträge erklären. Denn selbstverständlich ist jede Benachteiligung wegen der Inanspruchnahme von Rechten auch aus diesem Gesetz bereits durch das allgemeine Maßregelungsverbot des § 612a BGB erfasst.

18.2 Recht auf Information über unbefristete Arbeitsplätze und auf Aus- und Weiterbildung

Gemäß § 18 Abs. 1 TzBfG hat der Arbeitgeber die befristet beschäftigten Arbeitnehmer über unbefristete Arbeitsplätze zu informieren, die besetzt werden sollen. Die Information kann durch allgemeine Bekanntgabe an geeigneter, den Arbeitnehmern zugänglicher Stelle im Betrieb und Unternehmen erfolgen.

Gemäß § 19 TzBfG hat der Arbeitgeber darüber hinaus Sorge zu tragen, dass auch befristet beschäftigte Arbeitnehmer an angemessenen Aus- und Weiterbildungsmaßnahmen zur Förderung der beruflichen Entwicklung und Mobilität teilnehmen können, es sei denn, dass dringende betriebliche Gründe oder Aus- und Weiterbildungswünsche anderer Arbeitnehmer, die unter beruflichen oder sozialen Gesichtspunkten vorrangig sind, entgegenstehen.

Diese in den hinteren Paragrafen des Gesetzes angesiedelte Vorschrift hat durchaus weitreichende Bedeutung. Sie legt dem Arbeitgeber die Verpflichtung auf, dafür zu sorgen, dass auch befristet beschäftigte Arbeitnehmer an Aus- und Weiterbildungsmaßnahmen teilnehmen können, die für Arbeitnehmer des Unternehmens vorgesehen sind. Damit sollen ihre Chancen auf einen Dauerarbeitsplatz verbessert werden. Die Aus- und Weiterbildungsmaßnahme muss insbesondere im Hinblick auf die Art der Tätigkeit des Arbeitnehmers, die vorgesehene Dauer der befristeten Beschäftigung, die Dauer der Aus- und Weiterbildungsmaßnahme und den für den Arbeitgeber entstehenden Kostenaufwand angemessen sein. Die Teilnahme an der Aus- und Weiterbildungsmaßnahme soll die berufliche Entwicklung und Mobilität des befristet Beschäftigten fördern.

Die Aus- und Weiterbildungsverpflichtung des Arbeitgebers bezieht sich nach dem Inhalt der Gesetzesbegründung nicht nur auf die aktuelle Tätigkeit des befristet Beschäftigten, sondern auch auf die Verbesserung der beruflichen Qualifikation als Voraussetzung für die Übernahme einer qualifizierteren Tätigkeit. Allerdings stellt die Gesetzesbegründung auch klar, dass die Verpflichtung des Arbeitgebers gegenüber einem befristet beschäftigten Arbeitnehmer nicht weiter gehe als gegenüber einem unbefristet beschäftigten Arbeitnehmer. Der Arbeitgeber könne gegenüber dem Qualifizierungswunsch eines befristet beschäftigten Arbeitnehmers geltend machen, dass dem dringende betriebliche Gründe oder Aus- und Weiterbildungswünsche anderer Arbeitnehmer entgegenstehen.

19 Befristeter Arbeitsvertrag: Beendigung

Autorin: Gabi Hanreich

Überblick

Ob und wie ein befristeter Arbeitsvertrag endet bzw. während seiner Laufzeit beendet werden kann, hängt naturgemäß davon ab, ob die Befristungsabrede wirksam ist oder nicht. Im Einzelfall kann sich für den Arbeitgeber sogar die Verpflichtung ergeben, das Arbeitsverhältnis trotz wirksamer Befristung fortzusetzen.

Die gesetzliche Grundlage für die Befristung von Arbeitsverträgen ist im Teilzeit- und Befristungsgesetz (TzBfG) geregelt.

19.1 Beendigung bei Wirksamkeit der Befristung

Liegt eine wirksame Befristung vor, so endet das Arbeitsverhältnis gemäß § 15 Abs. 1 TzBfG mit Ablauf der vereinbarten Zeit, ohne dass es einer Kündigung bedarf. Da das Arbeitsverhältnis mit Erreichen des Befristungstermins automatisch ausläuft, bedarf es insoweit auch keiner Anhörung des Betriebsrats gemäß § 102 BetrVG.

Wird das zulässig befristete Arbeitsverhältnis über den vorgesehenen Beendigungstermin hinaus stillschweigend fortgesetzt, dann gilt es gemäß **§ 15 Abs. 6 TzBfG** als auf unbestimmte Zeit verlängert, sofern dieser Rechtsfolge nicht unverzüglich widersprochen wird (Näheres hierzu siehe im Folgenden).

19.2 Beendigung bei Unwirksamkeit der Befristung

Stellt sich heraus, dass die Befristungsabrede unwirksam ist, so gilt der befristete Arbeitsvertrag gemäß § 16 TzBfG als auf unbestimmte Zeit geschlossen.

Um das Arbeitsverhältnis zu beenden, bedarf es dann einer Kündigung. Ob und zu welchem Termin eine Kündigung möglich ist, hängt vom Einzelfall ab:

1. Das Recht zur außerordentlichen (fristlosen) Kündigung bei Vorliegen eines wichtigen Grunds gemäß § 626 BGB besteht uneingeschränkt. Freilich vermag allein der Umstand, dass sich eine Befristungsabrede als unwirksam erweist, keinen Grund für eine außerordentliche Kündigung darzustellen.
2. Ist die Befristung aus materiell-rechtlichen Gründen, also wegen des Fehlens eines sachlichen Befristungsgrunds (§ 14 Abs. 1 TzBfG) oder wegen Nichtvorliegens der Voraussetzungen für eine sachgrundlose Befristung (§ 14 Abs. 2, Abs. 2a

und Abs. 3 TzBfG) unwirksam, dann soll der Arbeitgeber gemäß § 16 Satz 1 TzBfG grundsätzlich an die eigentlich vereinbarte Befristungsdauer gebunden sein und den Arbeitsvertrag erst zum Ende der ursprünglich vorgesehenen Befristung ordentlich kündigen können. Für den Arbeitnehmer gilt diese Einschränkung nicht!

3. Ist die Befristungsabrede allein aus formellen Gründen, also wegen Nichteinhaltung des Schriftformerfordernisses des § 14 Abs. 4 TzBfG unwirksam, so kann der Arbeitsvertrag sowohl vom Arbeitgeber als auch vom Arbeitnehmer ohne Weiteres vor dem vereinbarten Ende ordentlich gekündigt werden (§ 16 Satz 2 TzBfG).
4. Jede Kündigung muss unter Beachtung der allgemeinen Regelungen erfolgen, insbesondere also unter Einhaltung der jeweils geltenden Kündigungsfrist.
5. Zudem muss die Kündigung des Arbeitgebers den einschlägigen Regeln des allgemeinen und besonderen Kündigungsschutzes standhalten. Ein ggf. vorhandener Betriebsrat ist gemäß § 102 BetrVG zu hören.
6. Will der Arbeitnehmer die Unwirksamkeit der Befristung geltend machen, muss er gemäß § 17 TzBfG innerhalb von 3 Wochen nach dem vereinbarten Ende des befristeten Arbeitsvertrags Klage beim Arbeitsgericht erheben.

19.3 Kündigung während der Laufzeit des befristeten Arbeitsvertrags

Ist im Arbeitsvertrag oder einem Tarifvertrag das Recht zur ordentlichen Kündigung nicht vorbehalten worden, dann ist für beide Seiten während der gesamten Laufzeit des befristeten Arbeitsverhältnisses eine ordentliche Kündigung ausgeschlossen (§ 15 Abs. 4 TzBfG).

Eine Einschränkung enthält § 15 Abs. 5 TzBfG lediglich für langdauernde Befristungen, die auf Lebenszeit einer Person oder für eine längere Zeit als 5 Jahre eingegangen sind. In diesen Fällen kann das Arbeitsverhältnis vom Arbeitnehmer (nicht vom Arbeitgeber!) mit einer Frist von 6 Monaten gekündigt werden.

Ist hingegen das Recht zur ordentlichen Kündigung vorbehalten, was ohne Weiteres im Arbeitsvertrag geschehen kann, so darf unter Beachtung der allgemeinen Regeln gekündigt werden. Es sollte also in jedem Fall eine entsprechende Klausel in den Arbeitsvertrag aufgenommen. Eine entsprechende Formulierung könnte wie folgt lauten:

Formulierungsvorschlag

»Ungeachtet der Befristung bleibt beiden Parteien vorbehalten, das Arbeitsverhältnis ordentlich unter Einhaltung der gesetzlichen Kündigungsfristen gemäß § 622 BGB und bei Vorliegen eines wichtigen Grunds außerordentlich zu kündigen. Gesetzliche Verlängerungen der Kündigungsfrist nach § 622 BGB hat auch der Arbeitnehmer bei Kündigungen gegenüber dem Arbeitgeber einzuhalten. Die ersten ... Monate gelten als Probezeit im Sinne des § 622 Abs. 3 BGB.«

19.4 Stillschweigende Fortsetzung des Arbeitsverhältnisses durch Weiterarbeit

Ein Aspekt, den der Arbeitgeber bei Beendigung des befristeten Arbeitsverhältnisses dringend im Blick behalten sollte, versteckt sich in § 15 Abs. 6 TzBfG. Nach dessen Inhalt gilt das zulässig befristete Arbeitsverhältnis als auf unbestimmte Zeit verlängert, wenn es über den vorgesehenen Beendigungstermin hinaus stillschweigend fortgesetzt wird und der Arbeitgeber dem nicht unverzüglich widerspricht!

Mit diesem Inhalt entspricht § 15 Abs. 6 TzBfG dem zuvor herangezogenen § 625 BGB. Während jedoch § 625 BGB vertragsdispositiv ist, d.h. im Arbeitsvertrag abbedungen werden konnte, ist dies bezüglich der Regelung des § 15 Abs. 6 TzBfG nicht mehr möglich. § 22 Abs. 1 TzBfG verbietet bis auf wenige Ausnahmen alle Abweichungen zuungunsten des Arbeitnehmers. Um eine solche dürfte es sich bei der vertraglichen Vereinbarung, wonach durch die Fortsetzung des Arbeitsverhältnisses über das vorgesehene Befristungsende hinaus kein unbefristetes Arbeitsverhältnis zustande kommen soll, fraglos handeln.

20 Befristeter Arbeitsvertrag: Rechtsstreitigkeiten

Autorin: Gabi Hanreich

Überblick

Will der Arbeitnehmer geltend machen, dass die Befristung eines Arbeitsvertrags rechtsunwirksam ist, so muss er gemäß § 17 TzBfG innerhalb von 3 Wochen nach dem vereinbarten Ende des befristeten Arbeitsvertrags Klage beim Arbeitsgericht auf Feststellung erheben, dass das Arbeitsverhältnis aufgrund der Befristung nicht beendet ist (sog. Befristungskontrollklage bzw. Entfristungsklage).

Die gesetzliche Grundlage für die Befristung von Arbeitsverträgen ist im Teilzeit- und Befristungsgesetz (TzBfG) geregelt.

20.1 Klageverzicht/treuwidriges Verhalten des Arbeitnehmers

Das Recht des Arbeitnehmers, die Unwirksamkeit einer Befristung durch Klage gemäß § 17 KSchG geltend zu machen, kann weder vor noch bei Vereinbarung der Befristung etwa durch eine Verpflichtungserklärung abbedungen werden, wonach der Arbeitnehmer keine Befristungskontrollklage erheben werde. Das ergibt sich daraus, dass nach § 22 Abs. 1 TzBfG von den §§ 14, 17 TzBfG, in denen die Zulässigkeit von Befristungen und die Geltendmachung ihrer Unwirksamkeit geregelt ist, nicht zuungunsten des Arbeitnehmers abgewichen werden darf.

Wegen dieser zwingenden Gesetzeslage verhält sich ein Arbeitnehmer, der bei Abschluss eines Arbeitsvertrags mit dessen zeitlicher Befristung einverstanden ist, gleichwohl aber später dagegen klagt, nicht widersprüchlich im Sinne eines Verstoßes gegen Treu und Glauben nach § 242 BGB.[256]

20.2 Befristungskontrollklage: 3-Wochenfrist

Gemäß § 17 TzBfG muss der Arbeitnehmer seine Befristungskontrollklage (spätestens) innerhalb von 3 Wochen nach dem vereinbarten Ende des befristeten Arbeitsvertrags erheben.

256 BAG, Urteil v. 1.12.2004, 7 AZR 198/04; BAG, Urteil v. 19.1.2005, 7 AZR 115/04.

Die 3-Wochenfrist des § 17 TzBfG gilt für alle Befristungsabreden! Also auch für solche auf der Grundlage von gesetzlichen Spezialvorschriften außerhalb des TzBfG (u. a. BEEG, PflegeZG, WissZeitVG, AÜG etc.).

Der Arbeitnehmer muss allerdings nicht das Ende der Befristung abwarten. Er kann die Klage jedenfalls dann auch schon vor dem Ablauf der Befristung erheben, wenn der Arbeitgeber erkennen lässt, er halte die Befristung für wirksam und werde den Arbeitnehmer nicht über das vereinbarte Ende hinaus weiterbeschäftigen.[257]

Versäumt der Arbeitnehmer die Klagefrist, so gilt die Befristung gemäß § 17 Satz 2 TzBfG i. V. m. § 7 KSchG als wirksam. Es werden alle Voraussetzungen einer wirksamen Befristung unwiderleglich vermutet.[258]

Da § 17 Satz 2 TzBfG auf die §§ 5–7 des KSchG verweist, gelten die Regelungen des § 5 KSchG über die nachträgliche Zulassung verspäteter Klagen entsprechend.

Angesichts der umfassend und uneingeschränkt geltenden 3-Wochenfrist könnte der Arbeitgeber verleitet sein, den Arbeitnehmer zunächst über das vereinbarte Ende hinaus weiter zu beschäftigen, um sich erst nach Ablauf von 3 Wochen auf das Auslaufen der Befristung zu berufen und gleichzeitig dem Arbeitnehmer entgegenzuhalten, dass dieser nicht binnen 3 Wochen nach dem vereinbarten Ende Klage erhoben habe. Von einem solchen Vorgehen ist abzuraten. Zum einen spielt der Arbeitgeber insoweit »mit dem Feuer«, als er sich der Fiktion des § 15 Abs. 6 TzBfG aussetzt, wonach das Arbeitsverhältnis als auf unbestimmte Zeit fortgesetzt gilt. Zum anderen greift in diesem Fall § 17 Satz 3 TzBfG. Nach dieser Vorschrift beginnt im Falle der Fortsetzung des Arbeitsverhältnisses über das Befristungsende hinaus die Klagefrist erst mit Zugang der schriftlichen Erklärung des Arbeitgebers, dass (trotz der Fortsetzung) das Arbeitsverhältnis aufgrund der Befristung beendet sei.

20.3 Mehrfachbefristung/Kettenbefristung

Nach ständiger Rechtsprechung des BAG ist bei mehreren aufeinanderfolgenden befristeten Arbeitsverträgen im Rahmen der arbeitsgerichtlichen Befristungskontrolle grundsätzlich nur die Befristung des letzten Arbeitsvertrags auf ihre sachliche Rechtfertigung hin zu prüfen. Dabei ist im Sinne einer Vertragskontrolle auf den Zeitpunkt des Vertragsabschlusses abzustellen. Nach Vertragsabschluss eintretende Umstände haben für die Beurteilung des Sachgrunds grundsätzlich keine Bedeutung mehr.

257 Vgl. für den Fall eines allg. Feststellungsantrags LAG Düsseldorf, Urteil v. 18.11.1999, 11 Sa 1039/99.
258 BAG, Urteil v. 9.2.2000, 7 AZR 730/98.

Durch den Abschluss eines weiteren befristeten Arbeitsvertrags stellen die Vertragsparteien ihr Arbeitsverhältnis auf eine neue Rechtsgrundlage, die künftig für ihre Rechtsbeziehungen allein maßgeblich ist. Ein etwaiges unbefristetes Arbeitsverhältnis wird damit zugleich aufgehoben. Von diesem Grundsatz der Befristungskontrolle des letzten Arbeitsvertrags wird nur dann eine Ausnahme gemacht und auf die sachliche Rechtfertigung des vorangegangenen Vertrags abgestellt, wenn es sich bei dem letzten Vertrag nur um einen unselbstständigen Annex zum vorhergehenden Vertrag handelt. Davon ist auszugehen, wenn nur die Laufzeit des alten Vertrags geringfügig korrigiert wird, um diese mit dem Sachgrund der Befristung in Einklang zu bringen.[259]

20.4 Darlegungs- und Beweislast

Bezüglich der Verteilung der Darlegungs- und Beweislast der Befristungskontrollklage muss unterschieden werden zwischen der Befristung als solcher und ihrer Wirksamkeit.

Für das Vorliegen einer Befristungsabrede, also dafür, dass ein Arbeitsvertrag überhaupt befristet abgeschlossen wurde, trägt derjenige die Darlegungs- und Beweislast, der sich auf die Beendigung des Arbeitsvertrags infolge Befristung beruft (also regelmäßig der Arbeitgeber).[260] Dasselbe gilt hinsichtlich des Beendigungszeitpunkts. Derjenige, der sich auf einen früheren Endtermin beruft, muss die tatsächlichen Voraussetzungen hierfür darlegen und beweisen.[261]

Die Darlegungs- und Beweislast bezüglich der rechtlichen Wirksamkeit einer Befristung, also konkret hinsichtlich der Tatsachen, aufgrund derer eine Befristungsabrede sachlich gerechtfertigt sein sollte oder warum es im jeweiligen Fall eines solchen sachlichen Grunds ausnahmsweise nicht bedurfte, oblag – letztlich aus Gründen der größeren Sach- und Beweisnähe – auch nach der vor Geltung des TzBfG maßgeblichen Rechtsprechung schon dem Arbeitgeber.[262]

Unter der Geltung des TzBfG liegt die volle Darlegungs- und Beweislast schon aufgrund der rechtssystematischen Struktur des Gesetzes beim Arbeitgeber. Denn § 14 Abs. 1 TzBfG formuliert ausdrücklich, dass eine Befristung nur zulässig ist, wenn sie durch einen sachlichen Grund gerechtfertigt ist.

---

259 BAG, Urteil v. 24.2.2016, 7 AZR 182/14.
260 BAG, Urteil v. 12.10.1994, 7 AZR 745/93.
261 BAG, Urteil v. 12.10.1994, 7 AZR 745/93.
262 BAG, Urteil v. 12.10.1994, 7 AZR 745/93; BAG, Urteil v. 11.8.1988, 2 AZR 95/88.

21 Teilzeitarbeit: Arbeitsvertrag – Inhalt und Form

Autor: Dr. Christian Schlottfeldt

Überblick

Die Beschäftigungsform der Teilzeitarbeit gehört unter betrieblichen und individuellen Aspekten gleichermaßen zum »Standardrepertoire« in der Praxis. Im Laufe der Zeit haben sich verschiedene Formen der Teilzeitarbeit mit der Zielsetzung herausgebildet, die Arbeitszeit zu flexibilisieren. Neben der »klassischen« Teilzeitarbeit mit verkürzter täglicher oder wöchentlicher Arbeitszeit sind hier u. a. die Teilzeitvarianten der Abrufarbeit, des Jobsharing oder der langzyklischen Teilzeitarbeit in Form von »vertikaler Teilzeit« (Blockteilzeit) oder Sabbatjahr-Modellen zu nennen.

In arbeitsrechtlicher Hinsicht ist die Teilzeitarbeit nicht auf bestimmte Modelle beschränkt. Vielmehr sind im Rahmen der arbeitsrechtlichen Vertragsfreiheit alle Teilzeitmodelle zulässig, die mit den gesetzlich geregelten Rahmenbedingungen der Teilzeitarbeit sowie ggf. tarifvertraglichen Bestimmungen oder Regelungen einer Betriebsvereinbarung in Einklang stehen. Diese Rahmenbedingungen sind insbesondere im Gesetz über Teilzeitarbeit und befristete Arbeitsverträge (Teilzeit- und Befristungsgesetz – TzBfG) geregelt.

Besonders hervorzuheben sind dabei das Diskriminierungsverbot für Teilzeitbeschäftigte (§ 4 Abs. 1 TzBfG) und die gesetzlich geregelten Ansprüche von Arbeitnehmern, ihre Arbeitszeit dauerhaft (§ 8 TzBfG) oder im Rahmen von »Brückenteilzeit« befristet (§ 9a TzBfG) zu verringern sowie bei der Besetzung von Arbeitsplätzen mit längeren Wochenarbeitszeiten bevorzugt berücksichtigt zu werden (§ 9 TzBfG).

Neben dem TzBfG enthalten das Bundeselterngeld- und Elternzeitgesetz (BEEG), das Pflegezeitgesetz (PflegeZG) und für den Hochschulbereich das Wissenschaftszeitvertragsgesetz (WissZeitVG) spezielle gesetzliche Regelungen zur Teilzeitarbeit. In der Praxis zu beachten sind darüber hinaus etwa einschlägige tarifliche oder betriebliche Regelungen über Teilzeitarbeit. Dies betrifft insbesondere tarifvertragliche Bestimmungen zur Ermöglichung von dauerhafter oder befristeter Teilzeitbeschäftigung, die neben den gesetzlichen Bestimmungen anwendbar sind.

21.1 Inhalt und Form von Teilzeit-Arbeitsverträgen

Das Teilzeitarbeitsverhältnis wird – wie jeder andere Arbeitsvertrag – durch Angebot und Annahme geschlossen. Die Form des Teilzeitarbeitsvertrags richtet sich nach den allgemeinen arbeitsrechtlichen Grundsätzen. Auch hier ist der Arbeitgeber nach § 2 Abs. 1 NachwG verpflichtet, bei Vertragsbeginn bzw. innerhalb der gesetzlich für die einzelnen Vertragsbedingungen festgelegten Fristen die wesentlichen Vertragsbedingungen schriftlich niederzulegen, die Niederschrift zu unterzeichnen und dem Arbeitnehmer auszuhändigen.

Soweit das Teilzeitarbeitsverhältnis nur befristet begründet werden soll, ist hinsichtlich der Befristungsabrede das gesetzliche Schriftformerfordernis gemäß § 14 Abs. 4 TzBfG zu beachten.

Auch bei Teilzeitverträgen ist eine Probezeitvereinbarung oder eine Befristung zulässig.[263] Insoweit besteht kein Unterschied zu Arbeitsverträgen mit vollzeitbeschäftigten Arbeitnehmern.

Bezüglich der Höhe der Vergütung und der Gewährung sonstiger Leistungen ist bei Teilzeit-Arbeitsverträgen aber insbesondere das Benachteiligungsverbot von Teilzeitbeschäftigten nach § 4 Abs. 1 TzBfG zu beachten.

21.2 Umfang der regelmäßigen Arbeitszeit

Kennzeichen des Teilzeit-Arbeitsverhältnisses ist die gegenüber einem Vollzeit-Arbeitnehmer verkürzte regelmäßige Arbeitszeit. Grundsätzlich ist der Umfang der geschuldeten Arbeitszeit im Arbeitsvertrag festzulegen. Dies kann in Form einer festen oder durchschnittlich zu erreichenden Wochenarbeitszeit erfolgen.

Formulierungsvorschlag

»Die regelmäßige Arbeitszeit des Arbeitnehmers beträgt durchschnittlich 20 Stunden pro Woche.«

Außerhalb von Teilzeit-Arbeitsverträgen mit Sockel-Arbeitszeit bedarf die Änderung der vereinbarten Wochenarbeitszeit stets einer einvernehmlichen Änderung des bestehenden Arbeitsvertrags oder einer arbeitgeberseitigen Änderungskündigung.

21.3 Verteilung und Lage der regelmäßigen Arbeitszeit

Bei der Verteilung der regelmäßigen Arbeitszeit eines Teilzeitbeschäftigten auf bestimmte Wochentage und bei einer Festlegung von Beginn und Ende der täglichen Arbeitszeit auf bestimmte Uhrzeiten (Lage der Arbeitszeit) sind die Vertragsparteien frei. Das Arbeitsrecht gibt insoweit keine bestimmten Teilzeitmodelle vor.

Lage der Arbeitszeit

Als Beispiele für besonders häufige Teilzeitmodelle seien hier nur beispielhaft genannt:

263 Vgl. § 105 GewO.

- Feste tägliche Arbeitszeit mit verkürzter Arbeitszeitdauer (ggf. auch im Rahmen von Telearbeit (Homeoffice) oder mobiler Arbeit);
- ungleichmäßige tägliche Arbeitszeitdauer (z. B. im Rahmen von Gleitzeitmodellen oder dienstplanmäßiger Arbeitszeit);
- verringerte Anzahl von Arbeitstagen pro Woche mit festen oder variablen Arbeitstagen;
- Festlegung der täglichen und wöchentlichen Arbeitszeit durch den Arbeitgeber im Rahmen von Arbeit auf Abruf;
- Arbeitsplatzteilung (»Jobsharing«) mit einem oder mehreren anderen Arbeitnehmern mit Absprache der konkreten Arbeitszeiten zwischen den Jobsharing-Partnern.

Im Unterschied zum Umfang der regelmäßigen Arbeitszeit ist es nicht (!) erforderlich, die Verteilung und Lage der Arbeitszeit im Arbeitsvertrag genau festzulegen. Vielmehr kann der Arbeitsvertrag grundsätzlich auch auf die jeweiligen betrieblichen Regelungen (z. B. Betriebsvereinbarung) verweisen. Dies hat für den Arbeitgeber den Vorteil, dass er notwendige Veränderungen bei der Verteilung oder Lage der Arbeitszeit nach billigem Ermessen im Rahmen des arbeitgeberseitigen Weisungsrechts (§ 106 GewO) anordnen kann und keine Vertragsänderung erfolgen muss.

Zu beachten ist, dass ein Arbeitnehmer bei der Geltendmachung von Ansprüchen auf unbefristete oder befristete Verringerung der Arbeitszeit im Rahmen der §§ 8, 9a TzBfG verlangen kann, dass eine Vereinbarung über die Verteilung der Arbeitszeit getroffen wird.

21.3.1 Überstunden

Teilzeitbeschäftigte sind – wie Vollzeitarbeitnehmer – zur Ableistung von Mehrarbeit oder Überstunden nur verpflichtet, wenn dies tarif- oder einzelvertraglich vereinbart ist. Ohne eine solche Vereinbarung besteht keine Verpflichtung, Arbeitszeiten oberhalb der vereinbarten Wochenarbeitszeit zu leisten.

Es empfiehlt sich daher, bereits bei der Vereinbarung einer Teilzeitbeschäftigung diese Frage zu klären und ggf. eine entsprechende Regelung im Arbeitsvertrag aufzunehmen. Entsprechendes gilt für andere Arbeitsformen außerhalb der vertraglich vereinbarten Arbeitszeit, z. B. Rufbereitschaft oder Bereitschaftsdienst.

Formulierungsvorschlag: Überstunden und Rufbereitschaft

»Der Arbeitnehmer verpflichtet sich, bei betrieblichem Bedarf Arbeit auf Anordnung des Arbeitgebers auch über die vereinbarte regelmäßige Arbeitszeit hinaus zu leisten. Er verpflichtet sich ferner zur Leistung von Rufbereitschaft außerhalb der regelmäßigen Arbeitszeit. Eventuell anfallende Überstunden werden durch Freizeit ausgeglichen oder auf Basis des individuellen Stundenentgelts zusätzlich vergütet. Für die Zeit der Rufbereitschaft wird eine Vergütung von (...) % des individuellen Stundenentgelts gezahlt. Eventuelle Inanspruchnahmen innerhalb der Rufbereitschaft werden einschließlich der erforderlichen Wegezeit wie Überstunden vergütet.«

21.3.2 Arbeitsvergütung

Grundsätzlich können Arbeitgeber und Arbeitnehmer die Höhe der Arbeitsvergütung frei vereinbaren. Bei Vereinbarungen mit Teilzeitbeschäftigten ist jedoch das Verbot der Diskriminierung von Teilzeitbeschäftigten gegenüber Vollzeitbeschäftigten gemäß § 4 Abs. 1 Satz 2 TzBfG zu beachten. Das bedeutet, dass der Teilzeitarbeitnehmer einen Anspruch auf die anteilige Vergütung hat, die er als Vollzeitarbeitnehmer mit dieser Tätigkeit erhalten würde.

Das Diskriminierungsverbot ist insbesondere dann zu beachten, wenn die Vergütung nach allgemeinen Kriterien gestaffelt wird, z. B. nach tarifvertraglich oder betrieblich festgelegten Entgeltgruppen.

Gewährt der Arbeitgeber vollzeitbeschäftigten Arbeitnehmern Zuschläge für Mehrarbeit oder Überstunden oberhalb der vereinbarten Arbeitszeit, so haben teilzeitbeschäftigte Arbeitnehmer Anspruch auf solche Zuschläge, wenn diese an die Überschreitung der Soll-Arbeitszeit anknüpfen. Eine Zahlung von Mehrarbeits- und Überstundenzuschlägen erst ab Überschreitung der für Vollzeitbeschäftigte geltenden Soll-Arbeitszeit, stellt eine sachlich nicht gerechtfertigte Diskriminierung von Teilzeitbeschäftigten dar.[264] Eine Diskriminierung von teilzeitbeschäftigten Arbeitnehmern kann auch darin liegen, dass verstetigte Mehrarbeit von Teilzeitbeschäftigten bei der Berechnung der Ansprüche auf betriebliche Altersversorgung nicht berücksichtigt wird.[265] Ebenfalls diskriminierend ist es, wenn nur vollzeitbeschäftigten Arbeitnehmern Ansprüche auf bezahlte Freizeit in Abhängigkeit vom Lebensalter gewährt werden. Insoweit ist es auch Tarifparteien nicht frei, teilzeitbeschäftigte Arbeitnehmer von solchen Ansprüchen auszuschließen.[266]

Das Diskriminierungsverbot greift nicht ein, wenn der Arbeitgeber die Höhe der Arbeitsvergütung mit jedem Arbeitnehmer einzeln aushandelt. In diesem Fall kann der Arbeitgeber einzelne Arbeitnehmer auch besserstellen, ohne dass der Gleichbehandlungsanspruch verletzt wäre.

---

264 EuGH, Urteil v. 19.10.2023, C-660/20, 1. Leits. u. Rzn. 30 ff. (Lufthansa CityLine).
265 BAG, Urteil v. 23.2.2020, 3 AZR 618/19.
266 BAG, Urteil v. 23.7.2019, 9 AZR 372/18 und Urteil v. 22.10.2019, 9 AZR 71/19 (Altersfreizeit MTV Chemie).

Individuelle Vereinbarung

Gewährt der Arbeitgeber lediglich einem einzigen Arbeitnehmer eine höhere Vergütung als den vergleichbaren Arbeitnehmern, so kann dies ein Indiz dafür sein, dass es sich um eine individuelle Vereinbarung handelt. Dies gilt selbst dann, wenn sich der Arbeitgeber ohne rechtliche Verpflichtung an ein allgemeines Vergütungssystem anlehnt und die Vergütung damit nach einem generalisierenden Prinzip bemisst.[267]

267 LAG Köln, Urteil v. 3.9.1997, 2 (4) Sa 348/97.

22 Teilzeitarbeit: Pflicht des Arbeitgebers und Anspruch des Arbeitnehmers

Autor: Dr. Christian Schlottfeldt

Überblick

Das Teilzeit- und Befristungsgesetz will Arbeitnehmer dabei unterstützen, Volumen und Lage der Arbeitszeit an die jeweilige Lebenssituation anzupassen. Äußert ein Arbeitnehmer einen Wunsch hinsichtlich der Veränderung von Dauer oder Lage seiner vertraglich vereinbarten Arbeitszeit, hat der Arbeitgeber diesen Wunsch mit dem Arbeitnehmer zu erörtern. Der Arbeitgeber muss dem Arbeitnehmer außerdem über wunschentsprechende Arbeitsplätze unterrichten, die im Betrieb oder Unternehmen besetzt werden sollen (§ 7 Abs. 2 Satz 1 TzBfG). Dies gilt unabhängig davon, ob der Arbeitnehmer eine Verkürzung oder Verlängerung oder eine anderweitige Verteilung seiner vertraglichen Arbeitszeit anstrebt und in welcher Form er diesen Wunsch dem Arbeitgeber mitgeteilt hat (also auch ggf. nur mündlich). Der Arbeitnehmer kann ein Mitglied der Arbeitnehmervertretung zur Unterstützung oder Vermittlung hinzuziehen; der Arbeitgeber hat insoweit kein Ablehnungsrecht gegenüber der Hinzuziehung.

Die Rahmenbedingungen für den Anspruch auf Teilzeitarbeit sind insbesondere im Gesetz über Teilzeitarbeit und befristete Arbeitsverträge (Teilzeit- und Befristungsgesetz – TzBfG) geregelt. Neben dem TzBfG enthalten das Bundeselterngeld- und Elternzeitgesetz (BEEG), das Pflegezeitgesetz (PflegeZG) und für den Hochschulbereich das Wissenschaftszeitvertragsgesetz (WissZeitVG) spezielle gesetzliche Regelungen zur Teilzeitarbeit. In der Praxis zu beachten sind darüber hinaus etwa einschlägige tarifliche oder betriebliche Regelungen über Teilzeitarbeit.

22.1 Neu zu besetzende Arbeitsplätze auch als Teilzeitarbeitsstellen ausschreiben

Zu den Zielsetzungen des Teilzeit- und Befristungsgesetzes gehört insbesondere die Förderung von lebensphasengerechten Teilzeitmodellen. Zu diesem Zweck trifft den Arbeitgeber für neu zu besetzende Arbeitsplätze, die er öffentlich oder betriebsintern ausschreibt, nach § 7 Abs. 1 TzBfG die Verpflichtung, diese auch als Teilzeitarbeitsstellen auszuschreiben, wenn sich der Arbeitsplatz hierfür betrieblich eignet.

Zur Förderung von Teilzeitbeschäftigung in bestehenden Arbeitsverhältnissen sieht § 7 Abs. 2 Satz 1TzBfG zunächst vor, dass der Arbeitgeber einen Arbeitnehmer, der ihm gegenüber den Wunsch nach einer Veränderung von Dauer oder Lage seiner Arbeitszeit angezeigt hat, über entsprechende Arbeitsplätze zu informieren hat, die in dem Betrieb besetzt werden sollen.

22.2 Teilzeitanspruch des Arbeitnehmers

Nach § 8 TzBfG kann ein Arbeitnehmer grundsätzlich verlangen, dass seine vertraglich vereinbarte Arbeitszeit unbefristet verringert wird. Weitere Ansprüche auf Reduzierung der individuellen Arbeitszeit können sich für Arbeitnehmer in Eltern- und Pflegezeit oder aus speziellen tarifvertraglichen oder betrieblichen Bestimmungen ergeben. Nachstehend werden die Voraussetzungen des allgemeinen, gesetzlichen Teilzeitanspruchs nach § 8 TzBfG dargestellt. Für diesen Rechtsanspruch müssen folgende Voraussetzungen erfüllt sein:

1. Der Arbeitgeber beschäftigt, unabhängig von der Anzahl der Personen in Berufsbildung, in der Regel mehr als 15 Arbeitnehmer (§ 8 Abs. 7 TzBfG).
2. Das Arbeitsverhältnis besteht länger als 6 Monate (sog. Wartezeit) (§ 8 Abs. 1 TzBfG).
3. Der Arbeitnehmer muss sein Begehren nach Verringerung der Wochenarbeitszeit spätestens 3 Monate vor deren Beginn geltend machen (§ 8 Abs. 2 Satz 1 TzBfG). Der Arbeitnehmer muss den Anspruch in Textform geltend machen (z. B. schriftlich oder per E-Mail, vgl. auch nachstehende Hinweise zur »Textform«). Der Anspruch besteht nicht nur für Vollzeitbeschäftigte, sondern grundsätzlich auch für Arbeitnehmer, die schon teilzeitbeschäftigt sind und ihre Arbeitszeit (noch) weiter reduzieren wollen. Damit der Arbeitgeber ausreichend Zeit erhält, den Anspruch zu prüfen und etwaige Vorbereitungsmaßnahmen zu treffen, soll der Arbeitnehmer ihm mit der Anmeldung, spätestens aber im Rahmen der Verhandlungen über den Teilzeitanspruch mit dem Arbeitgeber[268], bereits seine Wünsche zur Verteilung der Arbeitszeit angeben (Vgl. § 8 Abs. 2 Satz 2 TzBfG). Hinsichtlich seines Verteilungswunsches ist der Arbeitnehmer frei. Er ist auch nicht auf ein Arbeitszeitmodell beschränkt, das im Arbeitsvertrag geregelt ist.[269] Das Verringerungsverlangen und die gewünschte Arbeitszeitverteilung müssen im Antrag des Arbeitnehmers konkret beschrieben sein (z. B. Verringerung um bestimmte Wochenstundenzahl und Angabe der Arbeitstage mit Verteilung der Arbeitszeit auf die einzelnen Tage).[270] Der Arbeitnehmer ist grundsätzlich berechtigt, auch eine nur minimale Verringerung der Arbeitszeit (verbunden mit einem bestimmten Verteilungsmodell) zu verlangen. Allerdings kann ein geringfügiger Reduzierungswunsch, verbunden mit einer Blockfreistellung in Haupturlaubszeiten, rechtsmissbräuchlich sein.[271]
4. Seit dem letzten Verringerungsverlangen mit Zustimmung oder berechtigter Ablehnung des Arbeitgebers sind mindestens 2 Jahre vergangen (sog. Sperrfrist) (§ 8 Abs. 6 TzBfG).

268 BAG, Urteil v. 23.11.2004, 9 AZR 644/03.
269 BAG, Urteil v. 16.12.2008, 9 AZR 893/07.
270 BAG, Urteil v. 15.11.2011, 9 AZR 729/07.
271 BAG, Urteil v. 11.6.2013, 9 AZR 786/11.

5. Das Verlangen des Arbeitnehmers muss sich auf eine unbefristete Verringerung der Arbeitszeit richten. Der Antrag auf Zustimmung zu einer nur vorübergehenden Arbeitszeitverringerung ist kein Antrag i. S. d. § 8 TzBfG.[272]
6. Der Verringerung der Arbeitszeit stehen keine betrieblichen Gründe entgegen, die den Arbeitgeber zur Ablehnung des Anspruchs berechtigen. Nach § 8 Abs. 4 TzBfG liegt ein betrieblicher Grund insbesondere dann vor, wenn die Verringerung der Arbeitszeit die Organisation, den Arbeitsablauf oder die Sicherheit im Betrieb wesentlich beeinträchtigt oder unverhältnismäßig hohe Kosten verursacht. Diese Aufzählung ist nicht abschließend.

Im Gegensatz zu dem besonderen Anspruch auf Verringerung der Arbeitszeit während einer Elternzeit nach § 15 Abs. 7 BEEG setzt der allgemeine Teilzeitanspruch nach § 8 TzBfG nicht (!) voraus, dass die Arbeitszeit auf einen Umfang zwischen monatsdurchschnittlich 15 und 32 Wochenstunden verringert wird. Nach dem TzBfG sind also auch Teilzeitwünsche außerhalb dieses Rahmens zulässig.

Soweit sich aus spezialgesetzlichen Vorschriften, z. B. aus § 15 Abs. 6 und 7 BEEG für die Elternzeit, aus einem anwendbaren Tarifvertrag oder einer Betriebsvereinbarung ein besonderer Teilzeitanspruch ergibt, muss sich der Arbeitgeber unter Einhaltung der jeweiligen weiteren Voraussetzungen auf eine Vereinbarung zur Teilzeitbeschäftigung einlassen.

Verhandlungspflicht des Arbeitgebers
Der Arbeitgeber ist verpflichtet, mit dem Arbeitnehmer über dessen Teilzeitwunsch zu verhandeln (sog. Einigungslösung) (§ 8 Abs. 3 TzBfG). Die Verletzung dieser Pflicht führt aber nicht dazu, dass der Teilzeitwunsch des Arbeitnehmers als erfüllt gilt.[273] Der Arbeitgeber hat der Verringerung der Arbeitszeit zuzustimmen, wenn alle Voraussetzungen erfüllt sind. Ihm steht insoweit kein Ermessensspielraum zu.

22.3 Ablehnung – Textform und Frist

Nach § 8 Abs. 5 TzBfG hat er dem Arbeitnehmer seine Entscheidung spätestens einen Monat vor dem gewünschten Beginn der Verringerung in Textform mitzuteilen; die bis zum 31.12.2019 geltende Schriftform ist nicht mehr erforderlich.

Textform bedeutet, dass die Entscheidung nicht eigenhändig durch Namensunterschrift oder notariell beglaubigtes Handzeichen unterzeichnet werden muss (vgl. § 126 Abs. 1 BGB). Für die Wahrung der Textform der Mitteilung nach § 8 Abs. 5 Satz 1

272 BAG, Urteil v. 12.9.2006, 9 AZR 686/05.
273 BAG, Urteil v. 18.2.2003, 9 AZR 356/02.

TzBfG ist eine lesbare Erklärung, in der die Person des Erklärenden genannt ist und die auf einem dauerhaften Datenträger abgegeben wird, ausreichend (§ 126b BGB). Ein dauerhafter Datenträger ist jedes Medium, das es dem Empfänger ermöglicht, eine auf dem Datenträger befindliche, an ihn persönlich gerichtete Erklärung so aufzubewahren oder zu speichern, dass sie ihm während eines für ihren Zweck angemessenen Zeitraums zugänglich ist, und geeignet ist, die Erklärung unverändert wiederzugeben. Eine E-Mail genügt diesen Anforderungen. Es steht dem Arbeitgeber natürlich frei, die Schriftform zu verwenden.

In zeitlicher Hinsicht ist für die Monatsfrist aus § 8 Abs. 5 Satz 1 TzBfG nicht der Eingang des Teilzeitantrags beim Arbeitgeber maßgeblich. Entscheidend für die Wahrung dieser Frist ist vielmehr der Zugang der in Textform verfassten Mitteilung (Ablehnung) des Arbeitgebers beim Arbeitnehmer einen Monat vor dem gewünschten Beginn der Verringerung.

Lehnt der Arbeitgeber den Antrag auf Teilzeitbeschäftigung aus betrieblichen Gründen ab, so muss er nicht nur die Verringerung, sondern auch die gewünschte Verteilung der Arbeitszeit ablehnen. Andernfalls gilt bei erfolgreicher Klage des Arbeitnehmers auch die von ihm gewünschte Verteilung als vereinbart.[274]

Die Berechnung der Frist erfolgt nach Maßgabe von §§ 187 Abs. 1, 188 Abs. 2 BGB. Beantragt der Arbeitnehmer z. B. eine Arbeitszeitverringerung ab dem 1.8. des Jahres, muss der Arbeitgeber spätestens bis zum 30.6. desselben Jahres die Verringerung in Textform ablehnen, auch wenn dieser Stichtag auf ein Wochenende oder einen Feiertag fällt. Die Vorschrift des § 193 BGB findet keine Anwendung.

Im Unterschied zur Ablehnung des besonderen Teilzeitanspruchs während der Elternzeit nach § 15 Abs. 6 und 7 BEEG ist für eine Ablehnung nach § 8 Abs. 5 TzBfG keine Begründung erforderlich. Der Arbeitnehmer ist dann auf den Rechtsweg angewiesen.

22.4 Ablehnungsgründe des Arbeitgebers

Nach § 8 Abs. 4 TzBfG hat der Arbeitgeber der Verringerung der Arbeitszeit zuzustimmen und ihre Verteilung entsprechend den Wünschen des Arbeitnehmers festzulegen, soweit betriebliche Gründe nicht entgegenstehen.

Ein betrieblicher Grund liegt insbesondere vor, wenn die Verringerung der Arbeitszeit die Organisation, den Arbeitsablauf oder die Sicherheit im Betrieb wesentlich beeinträchtigt oder unverhältnismäßige Kosten verursacht. Diese Ablehnungsgründe sind

274 BAG, Urteil v. 20.1.2015, 9 AZR 860/13.

nicht abschließend. Sie können durch Tarifvertrag festgelegt werden. Die Frage, wann der konkret begehrten Verringerung der Arbeitszeit oder der begehrten Verteilung tatsächlich hinreichende »betriebliche Belange« entgegenstehen, kann nur im Einzelfall beantwortet werden.

Zeitpunkt, zu dem der Arbeitgeber die Ablehnung erklärt

Maßgeblich für das Vorliegen betrieblicher Gründe ist der Zeitpunkt, zu dem der Arbeitgeber die Ablehnung erklärt.[275] Der Arbeitgeber hat im Ablehnungszeitpunkt die Prognose zu treffen, ob spätestens zu Beginn der gewünschten Veränderung der Arbeitszeit betriebliche Gründe bestehen werden, die gegen die begehrte Veränderung sprechen. Wie im Kündigungsschutzrecht können diese Gründe auf einer organisatorischen Unternehmerentscheidung beruhen, die von den Arbeitsgerichten lediglich auf Unsachlichkeit oder Willkür überprüfbar ist.[276]

Zu beachten ist, dass bestimmte Umstände mitunter nur der vom Arbeitnehmer gewünschten Verteilung entgegenstehen, nicht aber zugleich dem Verringerungswunsch. Grundsätzlich gilt: Betriebliche Beeinträchtigungen, die stets mit einer Verringerung oder anderweitigen Verteilung der Arbeitszeit einhergehen (z. B. zusätzlich anzuschaffende Arbeitskleidung für einen neu einzustellenden Mitarbeiter) müssen vom Arbeitgeber hingenommen werden.

3-Stufen-Prüfung des BAG

Das BAG hat sich mehrfach mit den Anforderungen an die betrieblichen Beeinträchtigungen i. S. d. TzBfG befasst. Es hat dabei den Gedanken der freien Unternehmerentscheidung auf Basis eines entsprechenden Organisationskonzepts gestärkt.[277] Das BAG hat hierzu eine 3-Stufen-Prüfung entwickelt.[278]

1. Welches vom Arbeitgeber aufgestellte und durchgeführte Organisationskonzept liegt der Arbeitszeitregelung des Betriebs zugrunde?
2. Steht dieses Organisationskonzept tatsächlich der vom Arbeitnehmer gewünschten Änderung der Arbeitszeit entgegen?
3. Ist das Gewicht der entgegenstehenden betrieblichen Gründe so erheblich, dass die Erfüllung des Arbeitszeitwunschs des Arbeitnehmers zu einer wesentlichen Beeinträchtigung der Arbeitsorganisation, des Arbeitsablaufs, der Sicherung des Betriebs oder zu einer unverhältnismäßigen wirtschaftlichen Belastung des Betriebs führen würde?

---

275 BAG, Urteil v. 18.2.2003, 9 AZR 356/02.
276 LAG Baden-Württemberg, Urteil v. 4.11.2002, 15 Sa 53/02.
277 BAG, Urteil v. 19.8.2003, 9 AZR 542/02; BAG, Urteil v. 30.9.2003, 9 AZR 665/02.
278 BAG, Urteil v. 18.2.2003, 9 AZR 164/02.

Unternehmerisches Konzept muss plausibel sein

Die Arbeitsgerichte achten streng darauf, ob ein solches Konzept bereits in der Vergangenheit bestand und tatsächlich umgesetzt worden ist.[279] Je näher das unternehmerische Konzept an die einfache Entscheidung, keine Teilzeitbeschäftigung zuzulassen, heranrückt, umso höher sind die Anforderungen an die Darlegung dieses Konzepts.[280] Der Arbeitgeber muss im Streitfall ein Konzept vorlegen, das von plausiblen wirtschaftlichen oder unternehmenspolitischen Gründen getragen ist; allgemeine Floskeln wie etwa, die Arbeitsabläufe sollen »bestmöglich« und »effektiv« gestaltet werden[281] oder der Arbeitsplatz sei »nicht teilbar«, genügen hierzu nicht. Die bloße Berufung des Arbeitgebers auf ein praktiziertes Organisationskonzept (hier: ausschließliche Vollzeittätigkeit wegen Vollschichtbetrieb) hindert alleine einen Teilzeitanspruch des Arbeitnehmers nach § 8 TzBfG nicht.[282]

22.5 Berechtigte Ablehnungen – Beispiele aus der Rechtsprechung

Beispiele aus der Rechtsprechung für berechtigte Ablehnungen der Verkürzung bzw. Verteilung der Arbeitszeit:

- Unverhältnismäßiger Mehraufwand bei Reduzierung von 39 auf 10 Wochenstunden, wobei allein 5 Wochenstunden auf den ständig anfallenden Informationsbeschaffungsaufwand entfallen und dem daher lediglich 5 Wochenstunden als Wertschöpfung gegenüberstanden, die der Arbeitgeber aus der Tätigkeit der Arbeitnehmerin ziehen konnte.[283]
- Unverhältnismäßige Kosten wegen Notwendigkeit zur Anschaffung eines weiteren Dienstwagens wegen der gewünschten Reduzierung auf durchschnittlich 9 Wochenstunden.[284]
- Nachgewiesenes Fehlen einer geeigneten Teilzeitersatzkraft auf dem für den Arbeitgeber maßgeblichen Arbeitsmarkt. Ob eine Ersatzkraft zu finden ist, hängt von den Umständen im Einzelfall ab. Der Arbeitgeber hat sich hierbei regelmäßig an die Arbeitsagentur zu wenden und ggf. Bewerbungsgespräche zu führen. Bei einer Stellenausschreibung darf er keine höheren Anforderungen aufstellen als

---

279 Vgl. etwa BAG, Urteil v. 18.3.2003, 9 AZR 126/02; LAG Rheinland-Pfalz, Urteil v. 12.4.2002, 3 Sa 161/02; so auch für die Unternehmerentscheidung, im fraglichen Bereich nur Vollzeitarbeit zu ermöglichen, entschieden vom LAG Niedersachsen, Urteil v. 12.4.2002, 3 Sa 161/02; LAG Köln, Urteil v. 4.12.2001, 9 Sa 726/01; ArbG Bielefeld, Urteil v. 15.1.2002, 2 Ca 3037/01.

280 LAG Köln, Urteil v. 3.2.2006, 11 (13) Sa 1246/05.

281 BAG, Urteil v. 18.5.2004, 9 AZR 319/03.

282 LAG Köln, Urteil v. 15.3.2006, 3 Sa 1593/05; vgl. aber LAG Hamm, Urteil v. 15.11.2004, 10 Sa 232/02 II, 10 Sa 232/02.

283 LAG Düsseldorf, Urteil v. 19.4.2002, 9 (12) Sa 11/02.

284 LAG Hannover, Urteil v. 18.11.2002, 17 Sa 487/02.

diejenigen, die er üblicherweise verlangt. Auch innerbetrieblich darf eine geeignete Ersatzkraft nicht zur Verfügung stehen.[285]

- Nachvollziehbares servicefreundliches Organisationskonzept, nach dem der Arbeitgeber möglichst jeden Kunden nur von einem Verkäufer bedienen lassen möchte; die Öffnungszeiten eines Verkaufsgeschäfts dürfen dann jedoch die durchschnittliche Wochenarbeitszeit einer Vollzeitkraft nicht deutlich überschreiten.[286] Die Entscheidung einer Bank, im Interesse der Kundennähe in Zukunft auf allen Arbeitsplätzen mit Kundenkontakt keine Teilzeitbeschäftigung zuzulassen, stellt allein noch keinen entgegenstehenden »betrieblichen Grund« dar.[287]
- Vorliegen einer pädagogischen Konzeption einer Kindertagesstätte für behinderte Kinder, die es gebietet, dass eine Gruppenleiterin während der gesamten Betreuungszeit am Tag anwesend ist.[288]
- Unverhältnismäßige Kosten durch lange Einarbeitungszeiten (Schulung) einer Ersatzkraft; der Arbeitgeber darf jedoch keine zu hohen fachlichen Anforderungen an die erforderlichen Qualifikationen der Ersatzkraft stellen. Es ist dem Arbeitgeber zuzumuten, eine grundsätzlich geeignete Ersatzkraft zunächst zu schulen, bevor sie den speziellen Anforderungen des Arbeitsplatzes gerecht wird. Die Schulung darf jedoch keine unverhältnismäßig hohen Kosten verursachen.[289] Dabei darf sich der Arbeitgeber nicht pauschal auf zu hohen Schulungsaufwand berufen, sondern muss die anfallenden Kosten konkret prognostizieren.[290]
- Unverhältnismäßige Kosten durch laufende Fortbildungskosten einer Ersatzkraft; dies gilt auch dann, wenn der Arbeitnehmer der Auffassung ist, dass das bisherige Arbeitspensum vollständig in der reduzierten Arbeitszeit erledigt werden kann.[291]
- Drohender Annahmeverzug des Arbeitgebers bei Umsetzung des Teilzeitwunschs, wenn der teilzeitinteressierte Arbeitnehmer oder andere Arbeitnehmer nicht (mehr) mit der gesamten Arbeitszeit eingesetzt werden könnten.[292]

Vor der Ablehnung muss der Arbeitgeber auch die Möglichkeit der Berücksichtigung des Teilzeitbegehrens im Wege einer innerbetrieblichen Versetzung des Arbeitnehmers prüfen. Die dem Verringerungswunsch entgegenstehenden Gründe sind nicht auf den Arbeitsplatz, den der Arbeitnehmer zum Zeitpunkt des Teilzeitantrags innehat, beschränkt.[293]

---

285 BAG, Urteil v. 23.11.2004, 9 AZR 644/03; vgl. auch BAG, Urteil v. 14.10.2003, 9 AZR 636/02 und BAG, Urteil v. 19.4.2005, 9 AZR 184/04 (zu § 15 Abs. 7 BErzGG); zum Ganzen: ErfKomm-Preis, 9. Aufl. 2009, § 8 TzBfG Rz. 35.

286 BAG, Urteil v. 30.9.2003, 9 AZR 665/02.

287 LAG Köln, Urteil v. 3.2.2006, 11 (13) Sa 1246/05.

288 BAG, Urteil v. 19.8.2003, 9 AZR 542/02; BAG, Urteil v. 18.3.2003, 9 AZR 126/02.

289 BAG, Urteil v. 14.10.2003, 9 AZR 636/02.

290 BAG, Urteil v. 20.1.2015, 9 AZR 735/13.

291 BAG, Urteil v. 21.6.2005, 9 AZR 409/04.

292 BAG, Urteil v. 13.11.2007, 9 AZR 36/07.

293 BAG, Urteil v. 13.11.2012, 9 AZR 259/11.

22.6 Entgegenstehende Betriebsvereinbarung, Tarifverträge

Der Arbeitgeber kann die Ablehnung eines Teilzeitanspruchs auch darauf stützen, dass die gewünschte Verteilung der Arbeitszeit einer im Betrieb geschlossenen Betriebsvereinbarung über Arbeitszeit widerspricht. Voraussetzung ist dabei jedoch, dass die Betriebsvereinbarung die gebotene Abwägung zwischen betrieblichen Belangen und (potenziellen) Interessen teilzeitbeschäftigter Arbeitnehmer berücksichtigt.[294] Regelt eine Betriebsvereinbarung, dass nur bestimmte Teilzeitmodelle durchführbar sind, so sollten die Gründe, die sonstigen Teilzeitmodellen entgegenstehen, in der Betriebsvereinbarung genannt sein.[295] Aus einer erzwingbaren Betriebsvereinbarung zur Regelung der Lage der Arbeitszeit im Betrieb können sich Gründe ergeben, aufgrund derer der Arbeitgeber die Zustimmung zu der vom Arbeitnehmer gewünschten Neuverteilung der Arbeitszeit verweigern kann.[296]

Voraussetzung dafür ist, dass die gewünschte Verteilung einen kollektiven Bezug hat, da es nur in diesem Fall zu einem Konflikt mit der betrieblichen Regelung kommen kann.[297] Allgemeine Interessen sind betroffen, wenn die beabsichtigte Arbeitszeitverteilung Auswirkungen auf den ganzen Betrieb, eine Gruppe von Arbeitnehmern oder einen Arbeitsplatz hat und nicht nur auf den einzelnen Arbeitnehmer, der die Arbeitszeitumverteilung wünscht. Dies ist etwa dann der Fall, wenn die Realisierung der gewünschten Arbeitszeitverteilung dazu führt, dass die Arbeitszeiten der anderen Arbeitnehmer um die Arbeitszeit des Teilzeitbeschäftigten »herumorganisiert« werden müssen. In diesem Fall begründet der Teilzeitanspruch nach § 8 TzBfG kein Recht auf eine individuelle Ausnahme von der bestehenden betrieblichen Regelung. Vielmehr muss vor Zustimmung des Arbeitgebers zur gewünschten Arbeitszeitverteilung die Zustimmung des Betriebsrats eingeholt werden. Der Betriebsrat hat zwar gemäß § 80 Abs. 1 Nr. 2b BetrVG die Vereinbarkeit von Familie und Erwerbstätigkeit zu fördern. Dies führt aber nicht notwendig zum Vorrang der Interessen des einzelnen Arbeitnehmers, der Familienpflichten zu erfüllen hat. Den Betriebsparteien steht vielmehr bei der Abwägung der Einzel- und Kollektivinteressen ein Beurteilungsspielraum zu.[298]

Tarifverträge

Tarifparteien können die Ablehnungsgründe durch Tarifvertrag festlegen (§ 8 Abs. 4 Satz 3 TzBfG). Im Geltungsbereich eines solchen Tarifvertrags können nicht tarifgebundene Arbeitgeber und Arbeitnehmer die Anwendung der tariflichen Regelung über die Ablehnungsgründe vereinbaren (§ 8 Abs. 4 Satz 4 TzBfG). Dabei kann z. B. auch eine

294 BAG, Urteil v. 24.6.2008, 9 AZR 313/07.
295 BAG, Urteil v. 20.1.2015, 9 AZR 735/13.
296 BAG, Urteil v. 24.6.2008, 9 AZR 313/07.
297 BAG, Urteil v. 16.3.2003, 9 AZR 323/03.
298 BAG, Urteil v. 16.12.2008, 9 AZR 893/07.

bestimmte Quote von Teilzeitarbeitsplätzen im Verhältnis zu Vollzeitarbeitsplätzen festgelegt werden. Es bedarf dann (bei Ausschöpfung der Quote) keine darüber hinausgehende Begründung der Ablehnung des Teilzeitanspruchs im Einzelfall.[299] Eine derartige Konkretisierung ist auch im Rahmen eines Haustarifvertrags möglich.

Arbeitnehmerüberlassung

Der Anspruch auf Verringerung der Arbeitszeit gilt auch für Arbeitnehmer, die im Rahmen der Arbeitnehmerüberlassung beschäftigt werden. Der Anspruch richtet sich gegen den Verleiher als Vertragspartner des Arbeitnehmers, nicht gegen den Entleiher. Der Anspruch kann nicht durch Abreden zwischen Ver- und Entleiher eingeschränkt werden. So führt etwa die mit dem Entleiher getroffene Vereinbarung, nur Arbeitnehmer mit einem bestimmten Arbeitszeitvolumen zu überlassen, nicht zu einem entsprechenden Ablehnungsgrund des Verleihers, wenn der bei ihm beschäftigte Leiharbeitnehmer einen Teilzeitanspruch geltend macht, der auf die Verringerung der Arbeitszeit unterhalb einer solchen Mindestschwelle zielt.[300]

299 BAG, Urteil v. 21.11.2006, 9 AZR 138/06.

300 BAG, Urteil v. 13.11.2012, 9 AZR 259/11.

23 Teilzeitarbeit: Verlängerung der Arbeitszeit

Autor: Dr. Christian Schlottfeldt

Überblick

Nach Maßgabe von § 9 TzBfG können teilzeitbeschäftigte Arbeitnehmer einen individuellen Rechtsanspruch auf Verlängerung ihrer Arbeitszeit haben.

Zudem ist auch die Vereinbarung einer befristeten Erhöhung der Wochenarbeitszeit grundsätzlich zulässig.

23.1 Bevorzugte Berücksichtigung bei der Besetzung geeigneter freier Arbeitsplätze

Nach Maßgabe von § 9 TzBfG können teilzeitbeschäftigte Arbeitnehmer einen individuellen Rechtsanspruch auf Verlängerung ihrer Arbeitszeit haben. Nach dieser Vorschrift hat der Arbeitgeber einen teilzeitbeschäftigten Arbeitnehmer, der ihm den Wunsch nach einer Verlängerung seiner vertraglich vereinbarten Arbeitszeit angezeigt hat, bei der Besetzung eines freien Arbeitsplatzes bevorzugt zu berücksichtigen.

Ein freier zu besetzender Arbeitsplatz liegt vor, wenn der Arbeitgeber die Organisationsentscheidung getroffen hat, diesen zu schaffen oder einen unbesetzten Arbeitsplatz neu zu besetzen. Der Arbeitgeber hat grundsätzlich ein Organisationsermessen, wie er seinen Betrieb organisiert und in welchem Umfang er einen bestehenden Personalbedarf durch Voll- oder Teilzeitstellen deckt. Der Arbeitgeber ist nicht etwa verpflichtet, vor der Einrichtung von Teilzeitstellen das zusätzliche Arbeitszeitvolumen anteilig auf an einer Arbeitszeiterhöhung interessierte Teilzeitbeschäftigte zu verteilen.[301] Kein freier Arbeitsplatz liegt vor, wenn der Arbeitgeber ein freies Arbeitszeitvolumen zur Erhöhung der Arbeitszeit bereits beschäftigter Teilzeitarbeitnehmer zur Verfügung stellt.[302] Die Organisationsentscheidung darf jedoch nicht zur Umgehung des § 9 genutzt werden. So müssen etwa arbeitsplatzbezogene Sachgründe (z.B. Arbeitsanfall zu bestimmten Zeiten) für eine Organisationsentscheidung des Arbeitgebers bestehen, weitere Teilzeitarbeitsplätze ohne höhere Arbeitszeit einzurichten.[303]

301 BAG, Urteil v. 13.2.2007, 9 AZR 575/05.

302 BAG, Urteil v. 17.10.2017, 9AZR 192/17.

303 BAG, Urteil v. 15.8.2006, 9 AZR 8/06; BAG, Urteil v. 1.6.2011, 7 ABR 117/09.

Beispiele für unzulässige Kriterien bei der Ausübung des Organisationsermessens sind:

- Angestrebte Verjüngung der Belegschaft durch zusätzliche Teilzeitkräfte[304]
- Ablehnung der Besetzung einer Vollzeitstelle durch einen teilzeitbeschäftigten Arbeitnehmer mit der Begründung, dass der Arbeitgeber die Tätigkeit auf dem zu besetzenden Arbeitsplatz geringer vergüten will.[305]

Der Arbeitgeber darf die bevorzugte Berücksichtigung nur aus folgenden Gründen verweigern:

- Der freie Arbeitsplatz entspricht nicht dem Arbeitsplatz des Arbeitnehmers.
- Der verlängerungswillige Arbeitnehmer ist nicht mindestens gleich geeignet wie ein anderer vom Arbeitgeber bevorzugter Bewerber.
- Arbeitszeitwünsche anderer teilzeitbeschäftigter Arbeitnehmer stehen der Besetzung entgegen.
- Es liegen dringende betriebliche Gründe vor, die der Besetzung des Arbeitsplatzes mit dem interessierten Arbeitnehmer entgegenstehen.

Der Anspruch auf Arbeitszeitverlängerung ist damit an höhere Voraussetzungen geknüpft als der Anspruch auf unbefristete oder befristete Verringerung der Arbeitszeit nach §§ 8, 9a TzBfG. Er ist »nur« als Anspruch auf vorrangige Berücksichtigung bei der Besetzung entsprechender Arbeitsplätze ausgestaltet. Andererseits gilt § 9 TzBfG für alle teilzeitbeschäftigten Arbeitnehmer und erfasst alle Arbeitgeber. Im Gegensatz zu § 8 Abs. 7 und § 9a Abs. 2 enthält § 9 TzBfG keine Klausel zur Privilegierung kleiner und mittelgroßer Unternehmen und sieht auch keine Wartezeit vor. Die Vorschrift gilt auch für befristet Beschäftigte; eine Verlängerung des Arbeitsvertrags kann darüber aber nicht erreicht werden. Die Beweislast für die begründete Ablehnung der bevorzugten Besetzung des Arbeitsplatzes mit dem an der Erhöhung der Arbeitszeit interessierten Arbeitnehmer liegt beim Arbeitgeber. Dieser ist also im Streitfall verpflichtet darzulegen, dass der Arbeitnehmer nicht ebenso gut geeignet ist wie andere Bewerber.

Ein »entsprechender« Arbeitsplatz ist regelmäßig gegeben, wenn auf diesem die gleiche oder eine zumindest vergleichbare Tätigkeit auszuüben ist, wie sie der teilzeitbeschäftigte Arbeitnehmer schuldet. Die ausgeübte und die ausgeschriebene Tätigkeit müssen in der Regel dieselben Anforderungen an die persönliche und fachliche Eignung des Arbeitnehmers stellen. Als ein entsprechender Arbeitsplatz gilt auch ein Arbeitsplatz mit höherwertiger Tätigkeit, wenn der Teilzeitbeschäftigte vor der Arbeitszeitverringerung bereits eine höherwertige Tätigkeit ausgeübt hat und

304 BAG, Urteil v. 15.8.2006, 9 AZR 8/06.
305 BAG, Urteil v. 8.5.2007, 9 AZR 874/06.

nur wegen der Teilzeitmöglichkeit auf eine niedrigere Hierarchiestufe gewechselt ist.[306]

Das Anforderungsprofil legt der Arbeitgeber fest. Bezugspunkt ist der zu besetzende Arbeitsplatz. Der Teilzeitbeschäftigte muss diesen ohne weitere Ausbildung übernehmen können, wobei eine Einarbeitungszeit wie bei externen Bewerbern hinzunehmen ist.[307] Ein Konkurrenzproblem zwischen externen Bewerbern und einem internen Teilzeitbeschäftigten stellt sich danach nur bei gleicher Eignung.[308]

Beispiel: Gründe für Ablehnung eines Verlängerungsantrags

- Eine freie Stelle soll mit einem Arbeitnehmer besetzt werden, dessen Arbeitsplatz weggefallen ist.[309]
- Der teilzeitbeschäftigte Arbeitnehmer verfügt nicht über die erforderliche Qualifikation. Die fehlende Qualifikation darf jedoch nicht berücksichtigt werden, wenn diese wegen Betriebsratstätigkeit nicht erworben werden konnte.[310]
- Die Verlängerung eines befristeten Arbeitsvertrags zur Vermeidung von Arbeitslosigkeit des befristet Beschäftigten ist dagegen kein dringender betrieblicher Grund für die Ablehnung der Arbeitszeitverlängerung des Teilzeitarbeitnehmers.[311]

Bei gleichzeitiger Bewerbung mehrerer teilzeitbeschäftigter Arbeitnehmer kann der Arbeitgeber unter ihnen nach billigem Ermessen frei wählen. Ein Anspruch darauf, dass der Arbeitgeber einen freien Arbeitsplatz für den rückkehrwilligen Arbeitnehmer »beschafft«, besteht also nicht.

Das Gebot der bevorzugten Berücksichtigung gilt grundsätzlich nicht für höherwertige Arbeitsplätze bzw. eine Beförderung. Der Wechsel auf höherwertige Tätigkeiten kommt nur ausnahmsweise in Betracht, wenn der Arbeitnehmer nach dem betrieblichen Qualifikationssystem für diesen Arbeitsplatz infrage kommt.[312]

Schadensersatzansprüche drohen

Hat der Arbeitgeber schuldhaft gegen seine Pflicht zur bevorzugten Berücksichtigung nach § 9 TzBfG verstoßen, steht dem Teilzeitarbeitnehmer, der seinen Verlängerungswunsch ordnungsgemäß vorher mitgeteilt hatte, ein Schadensersatzanspruch zu, wenn der Arbeitgeber die Stelle anderweitig besetzt. Dieser Anspruch umfasst als entgangenen Gewinn die Differenz zwischen der bisherigen Vergütung und der-

306 BAG, Urteil v. 16.9.2008, 9 AZR 781/07.
307 LAG Berlin, Urteil v. 2.12.2003, 3 Sa 1041/03.
308 LAG München, Urteil v. 7.5.2008, 11 Sa 1000/07.
309 LAG München, Urteil v. 7.5.2008, 11 Sa 1000/07.
310 LAG Düsseldorf, Urteil v. 3.8.2007, 10 Sa 112/07.
311 ArbG Marburg, Urteil v. 12.7.2002, Ca 666/01.
312 BAG, Urteil v. 16.9.2008, 9 AZR 781/07.

jenigen Vergütung, die der Teilzeitarbeitnehmer auf der angestrebten Stelle erhalten hätte.[313]

Form und Frist

Der Wunsch des Arbeitnehmers muss sich auf die Verlängerung der Arbeitszeit beziehen; eine bestimmte Form, ein bestimmter Verlängerungsumfang, ein bestimmter Arbeitsplatz oder eine Begründung müssen nicht angegeben werden.[314]

Eine dem § 8 Abs. 2 TzBfG entsprechende Frist ist nicht einzuhalten. Die Anzeige muss jedoch vor der Besetzung des freien Arbeitsplatzes gegenüber dem Arbeitgeber als Adressaten erfolgt sein. Die Anzeige kann noch erfolgen, wenn sich der Arbeitgeber bereits für einen Bewerber entschieden, jedoch noch keinen Arbeitsvertrag mit diesem geschlossen hat.

Rechtsweg bei Ablehnung

Der Verlängerungsanspruch nach § 9 TzBfG ist auf die Zustimmung des Arbeitgebers zur Aufstockung der Arbeitszeit, d.h. Änderung des Arbeitsvertrags gerichtet und kann gerichtlich im Wege der Leistungsklage durchgesetzt werden. Nach § 894 ZPO gilt die Zustimmung erst mit Rechtskraft des Urteils als erteilt.

Den Berücksichtigungsanspruch kann der anspruchsberechtigte Teilzeitarbeitnehmer zugleich im Wege des einstweiligen Rechtsschutzes gegen eine endgültige Besetzung der Stelle mit einem Mitbewerber nach den Grundsätzen der arbeitsrechtlichen Konkurrentenklage sichern.

23.2 Befristete Erhöhung der Arbeitszeit

Die Vereinbarung einer befristeten Erhöhung der Wochenarbeitszeit ist grundsätzlich zulässig; die Verpflichtung des Arbeitgebers, Wünsche des Arbeitnehmers betreffend die Veränderung von Dauer und/oder Lage der vereinbarten Arbeitszeit zu erörtern (§ 7 Abs. 2 TzBfG), bezieht auch Wünsche einer befristeten Arbeitszeiterhöhung mit ein. Eine solche Befristungsabrede unterliegt jedoch der gerichtlichen Inhaltskontrolle gemäß §§ 307 ff. BGB. Dabei kommt insbesondere eine unangemessene Benachteiligung des Arbeitnehmers infrage, da die nur vorübergehende Anhebung der Arbeitszeit den Arbeitnehmer in seiner Lebensplanung beeinträchtigen kann. Keine unangemessene Benachteiligung liegt vor, wenn die Befristung durch billigenswerte Interessen des Arbeitgebers gerechtfertigt ist. Allein die Ungewissheit des zukünfti-

---

313 BAG, Urteil v. 16.9.2008, 9 AZR 781/07; LAG Berlin, Urteil v. 2.12.2003, 3 Sa 1041/03; LAG Düsseldorf, Urteil v. 23.3.2006, 5 (3) Sa 13/06.

314 LAG Düsseldorf, Urteil v. 23.3.2006, 5 (3) Sa 13/06.

gen Arbeitskräftebedarfs ist dafür nicht ausreichend, da in ihr ein allgemeines unternehmerisches Risiko zum Ausdruck kommt. Anders liegt es, wenn der Arbeitgeber (z. B. eine Schulbehörde) faktisch keine Möglichkeiten hat, die Leistungsnachfrage (und damit den Arbeitskräftebedarf) zu beeinflussen.[315]

Eine befristete Arbeitszeiterhöhung ist regelmäßig zulässig, wenn dieser Befristung ein Sachverhalt zugrunde liegt, der die Befristung des Arbeitsvertrags insgesamt nach § 14 Abs. 1 Satz 2 TzBfG sachlich rechtfertigen könnte.[316]

315 BAG, Urteil v. 27.7.2005, 7 AZR 486/04.
316 BAG, Urteil v. 8.8.2007, 7 AZR 855/06.

24 Teilzeitarbeit: während Elternzeit und Pflegezeit

Autor: Dr. Christian Schlottfeldt

Überblick

Während der Elternzeit können Arbeitnehmer eine Teilzeitbeschäftigung beim eigenen oder einem fremden Arbeitgeber ausüben, sofern die wöchentliche Arbeitszeit durchschnittlich maximal 32 Stunden beträgt. Auch eine selbstständige Tätigkeit ist möglich. Will der Arbeitnehmer in Pflegezeit keine vollständige, sondern nur eine teilweise Freistellung, so hat er einen Anspruch auf Abschluss einer entsprechenden Teilzeitvereinbarung mit dem Arbeitgeber.

24.1 Teilzeitanspruch von Arbeitnehmern in Elternzeit

Jeder Arbeitnehmer, der Mutter oder Vater eines Kindes ist, hat gegen seinen Arbeitgeber nach § 15 Abs. 1 und 2 BEEG einen Anspruch auf Elternzeit als Zeit der unbezahlten Freistellung im Arbeitsverhältnis bis zur Vollendung des 3. Lebensjahres des Kindes. Der Anspruch kann in bestimmten Fällen auch für Kinder geltend gemacht werden, die nicht leibliche Kinder des Arbeitnehmers sind, etwa bei der Aufnahme von Kindern des Ehegatten oder Lebenspartners in den eigenen Haushalt oder für im Haushalt lebende Kinder, die mit dem Ziel der Annahme als Kind aufgenommen wurden oder Kinder, für die ein Antrag auf Feststellung der Vaterschaft gestellt wurde. Das gilt auch für im Haushalt lebende Enkelkinder, wenn der Arbeitnehmer das Enkelkind selbst betreut und erzieht und ein Elternteil des Kindes minderjährig ist oder sich in einer vor dem 18. Lebensjahr begonnenen Ausbildung befindet, die die Arbeitskraft voll in Anspruch nimmt (§ 1 Abs. 2 und 3 BEEG; § 15 Abs. 1a ArbZG9.

Während der Elternzeit können Arbeitnehmer eine Teilzeitbeschäftigung beim eigenen oder einem fremden Arbeitgeber ausüben, sofern die wöchentliche Arbeitszeit im Durchschnitt eines Monats maximal 32 Stunden (bis 31.8.2021: 30 Stunden) beträgt. Auch eine selbstständige Tätigkeit ist möglich (§ 15 Abs. 4 BEEG). Eine Beschäftigung bei einem anderen Arbeitgeber oder selbstständige Tätigkeit bedarf der Zustimmung des Arbeitgebers. Bei Aufnahme einer Teilzeitbeschäftigung beim selben Arbeitgeber handelt es sich trotz vorheriger Betriebszugehörigkeit um eine mitbestimmungspflichtige personelle Maßnahme im Rahmen des § 99 BetrVG.[317]

317 LAG Köln, Urteil v. 18.4.2012, 3 TaBV 92/11.

Gemäß § 15 Abs. 5 BEEG sollen sich Arbeitgeber und Arbeitnehmer über die vom Arbeitnehmer gewünschte Teilzeitbeschäftigung einigen (Konsensverfahren). Kommt keine Einigung zustande, hat der Arbeitnehmer während der Elternzeit gegen den Arbeitgeber gemäß § 15 Abs. 6 BEEG unter den Voraussetzungen des § 15 Abs. 7 BEEG einen besonderen Rechtsanspruch auf (vorübergehende) Verringerung seiner Arbeitszeit (Anspruchsverfahren). Der Anspruch kann gemäß § 15 Abs. 6 BEEG bis zu zweimal während der Elternzeit geltend gemacht werden. Eine zuvor im Konsensverfahren vereinbarte Teilzeitbeschäftigung ist dabei nicht anzurechnen.[318]

Ablehnung nur bei entgegenstehenden dringenden betrieblichen Gründen

Eine Ablehnung des auf die Dauer der Elternzeit befristen Teilzeitanspruchs durch den Arbeitgeber kommt nach § 15 Abs. 7 Nr. 4 BEEG nur bei entgegenstehenden dringenden betrieblichen Gründen in Betracht.

Nach dem Gesetz hat der Arbeitgeber eine Ablehnung innerhalb einer Frist von 4 Wochen (»Normalfall« der Elternzeit zwischen Geburt und 3. Lebensjahr des Kindes) bzw. 8 Wochen (Elternzeit zwischen 3. und 8. Lebensjahr des Kindes) schriftlich zu begründen. Lehnt der Arbeitgeber den Antrag nicht innerhalb der genannten Fristen ab, gilt dies als Zustimmung zur vom Arbeitnehmer gewünschten Verringerung der Arbeitszeit. Dies gilt auch für die vom Arbeitnehmer gewünschte Verteilung der Arbeitszeit, wenn kein Einvernehmen über die Lage der Arbeitszeit erzielt wurde und der Arbeitgeber den Verteilungswunsch nicht schriftlich abgelehnt hat. Hat der Arbeitgeber den Verringerungswunsch fristgerecht zurückgewiesen, kann der Arbeitnehmer den Anspruch auf dem Rechtsweg geltend machen (§ 15 Abs. 7 BEEG). Der Arbeitnehmer ist dann vielmehr auf den Rechtsweg angewiesen (§ 15 Abs. 7 Satz 7 BEEG).

Die Beschränkung auf »dringende« betriebliche Ablehnungsgründe bedeutet, dass die entgegenstehenden betrieblichen Interessen von erheblichem Gewicht sein müssen. Sie müssen sich gleichsam als zwingende Hindernisse für die beantragte Elternteilzeitarbeit darstellen.

Diese liegen u. a. vor, wenn der Arbeitsplatz nicht teilbar ist, der Arbeitnehmer mit der verringerten Arbeitszeit nicht eingeplant werden kann oder überhaupt keine Beschäftigungsmöglichkeit[319] besteht. Diese Umstände hat der Arbeitgeber im Streitfall konkret darzulegen. Der Vortrag, der Arbeitsplatz sei nachbesetzt worden, genügt hierfür allein nicht.[320] Vielmehr muss der Arbeitgeber darlegen, dass auch keine andere vertragsgemäße Beschäftigung im Betrieb infrage kommt.[321]

318 BAG, Urteil v. 19.2.2013, 9 AZR 461/11.
319 BAG, Urteil v. 15.4.2008, 9 AZR 380/07.
320 BAG, Urteil v. 5.6.2007, 9 AZR 82/07.
321 LAG Baden-Württemberg, Urteil v. 23.10.2013, 2 Sa 17/13.

Der Arbeitgeber kann sich auch nicht darauf berufen, dass die Wahrnehmung einer Führungsposition mit globaler Verantwortung stets eine Tätigkeit in Vollzeit erfordere. Die aus einer Arbeitsplatzteilung resultierenden zusätzlichen Abstimmungsprozesse müssen auch in diesem Bereich grundsätzlich in Kauf genommen werden.[322] Als weitere Beispiele kommen die Schließung der Abteilung oder des Betriebs, die Auflösung der Arbeitsgruppe, die Verlagerung der Arbeiten auf externe Dritte und ähnliche Umstände in Betracht.

Gesonderter Teilzeit-Arbeitsvertrag nicht immer nötig

Sind sich die Vertragsparteien darüber einig, dass das Arbeitsverhältnis über einen längeren Zeitraum als die Dauer der Elternzeit in eine Teilzeitbeschäftigung umgewandelt werden soll, so genügt eine einvernehmliche Änderung des bisherigen Arbeitsvertrags.

Soll das Arbeitsverhältnis dagegen nach Ablauf der Elternzeit im bisherigen Umfang fortgesetzt werden oder ist der weitere Fortgang des Arbeitsverhältnisses unklar, empfiehlt sich der Abschluss eines gesonderten, auf die Dauer der Elternzeit befristeten Teilzeitarbeitsvertrags (Grundlage § 15 BEEG).

Es muss eine Zusatzvereinbarung zum Arbeitsvertrag geschlossen werden, in der deutlich zum Ausdruck gebracht wird, ob eine dauerhafte Arbeitszeitreduzierung gewollt ist oder nur ein Teilzeitarbeitsverhältnis, das auf die Dauer der beanspruchten Elternzeit befristet ist. In beiden Fällen wird das bestehende Arbeitsverhältnis nur modifiziert, es wird dadurch kein »zweites« Vertragsverhältnis begründet.[323]

Formulierungsvorschlag: Teilzeitvereinbarung während Elternzeit

Die wöchentliche Arbeitszeit wird in Abweichung von § ... des Arbeitsvertrags vom ... ab dem ... bis zum ... (Dauer der Elternzeit) auf ... Wochenstunden festgelegt. Die wöchentliche Arbeitszeit wird wie folgt verteilt: ... (Arbeitstage und Lage der Arbeitszeit, ggf. Hinweis auf die betrieblichen Regelungen). Die Vergütung des Arbeitnehmers wird abweichend von § ... des Arbeitsvertrags für die Zeit der reduzierten Wochenarbeitszeit an den vereinbarten Beschäftigungsumfang angepasst. Die monatliche Brutto-Vergütung beträgt danach ... EUR.

Teilzeitarbeitsvertrag mit einem anderen Arbeitgeber

Soweit der Arbeitnehmer mit einem anderen Arbeitgeber einen entsprechenden Teilzeitarbeitsvertrag abschließt oder als Selbstständiger arbeitet, bedarf er der Zustimmung des bisherigen Arbeitgebers; eine eventuelle Ablehnung durch den Arbeitgeber ist nur aus dringenden betrieblichen Gründen zulässig und muss innerhalb von 4 Wochen schriftlich erklärt werden (§ 15 Abs. 4 Satz 3 BEEG).

322 LAG Rheinland-Pfalz, Urteil v. 22.11.2011, 3 Sa 305/11.
323 BAG, Urteil v. 23.4.1996, 9 AZR 696/94.

Betriebliche Interessen stehen u.a. einer Teilzeitarbeit bei einem anderen Arbeitgeber entgegen, wenn die realistische Gefahr besteht, dass dem anderen Arbeitgeber bei dieser Tätigkeit Betriebs- und Geschäftsgeheimnisse des bisherigen Arbeitgebers bekannt werden. Dies kann der Fall sein, wenn z.B. während der Tätigkeit bei einem Konkurrenten die Preisgabe von technischem Know-how des Hauptarbeitgebers durch den Arbeitnehmer unvermeidbar ist.

24.2 Teilzeitanspruch von Arbeitnehmern in Pflegezeit

Das Pflegezeitgesetz gewährt in § 3 PflegeZG Beschäftigten einen Anspruch auf vollständige oder teilweise Arbeitsfreistellung zur Pflege von pflegebedürftigen nahen Angehörigen. Wie auch beim allgemeinen (unbefristeten) Teilzeitanspruch nach § 8 TzBfG besteht der Anspruch auf Pflegezeit nur in Unternehmen mit regelmäßig mehr als fünfzehn Beschäftigten.

Die Dauer der Pflegezeit (und damit auch die Dauer des Teilzeitanspruchs) ist auf längstens 6 Monate begrenzt (§ 4 Abs. 1 PflegeZG).

Will der Arbeitnehmer in Pflegezeit keine vollständige, sondern nur eine teilweise Freistellung, so hat er einen Anspruch auf Abschluss einer entsprechenden Teilzeitvereinbarung mit dem Arbeitgeber. Voraussetzung ist, dass der Beschäftigte dem Arbeitgeber mit dem Antrag auf Pflegezeit den Umfang der gewünschten Arbeitszeitreduzierung und die gewünschte Verteilung der Arbeitszeit schriftlich mitteilt (§ 3 Abs. 3 PflegeZG); der Antrag ist mindestens 10 Arbeitstage vor Beginn der gewünschten Verringerung zu stellen (§ 3 Abs. 3 Satz 1 TzBfG).

Anders als beim Teilzeitanspruch nach § 8 TzBfG (Anspruch auf unbefristete Teilzeit), § 9a TzBfG (Anspruch auf befristete Teilzeit als »Brückenteilzeit«) und § 15 Abs. 6 und 7 BEEG (Teilzeit in Elternzeit) hat der Gesetzgeber keine Konsequenzen an ein passives Verhalten des Arbeitgebers geknüpft, insbesondere hat er keine Fiktion der Zustimmung des Arbeitgebers vorgesehen. Der Arbeitgeber kann damit ein Freistellungsbegehren zu Pflegezwecken zunächst verzögern. Bei Vorliegen der Anspruchsvoraussetzungen und bei entsprechender Dringlichkeit kann der Arbeitnehmer seinen Pflegeteilzeitanspruch jedoch im Wege des einstweiligen Rechtsschutzes durchsetzen.

Ablehnung nur bei dringenden betrieblichen Gründen
Der Arbeitgeber kann – entsprechend den Regelungen zur Elternzeit – dem Reduzierungs- und Verteilungswunsch des Arbeitnehmers nur dringende betriebliche Gründe entgegenhalten (§ 3 Abs. 4 PflegeZG). Dabei ist zweifelhaft, ob es ein dringender Grund des Arbeitgebers sein kann, dass dieser meint, auf die volle Arbeitskraft des Arbeit-

nehmers unbedingt angewiesen zu sein oder befürchtet, innerhalb kurzer Frist keinen angemessenen Ersatz zu finden. Denn der Arbeitgeber muss ja – wie bei der Elternzeit – eine angekündigte vollständige Arbeitsfreistellung hinnehmen, ohne Einwendungen dagegen erheben zu können. Die dem Teilzeitbegehren entgegenstehenden dringenden betrieblichen Gründe dürften daher eher im organisatorischen Bereich zu suchen sein, etwa bei Unteilbarkeit des Arbeitsplatzes, weil die zu erfüllenden Aufgaben nicht auf mehrere Personen aufgeteilt werden können.

Kein Anspruch auf Fortsetzung der Teilzeit über das Ende der Pflegezeit hinaus

Der Abschluss einer Teilzeitvereinbarung mit einem Arbeitnehmer in Pflegezeit ist unabhängig von den allgemeinen Teilzeitansprüchen des Arbeitnehmers nach §§ 8, 9a TzBfG. Insbesondere folgt aus der pflegezeitbezogenen Teilzeitvereinbarung kein Anspruch auf Fortsetzung der Teilzeit über das Ende der Pflegezeit hinaus. Denn der allgemeine (dauerhafte) Teilzeitanspruch nach § 8 TzBfG sowie der Anspruch auf »Brückenteilzeit« (§ 9a TzBfG) ist schwächer als die besonderen Teilzeitansprüche während der Pflege- oder Elternzeit. Er kann schon bei Vorliegen »betrieblicher Gründe« abgelehnt werden (§ 8 Abs. 4 TzBfG) wohingegen die besonderen Teilzeitansprüche nur bei entgegenstehenden »dringenden« betrieblichen Gründen abgelehnt werden können.[324]

Das Familienpflegezeitgesetz (FamPflZG) gibt keinen Anspruch auf die im Rahmen einer Familienpflegezeitphase ausgeübte Teilzeitbeschäftigung. Das Gesetz regelt lediglich die Rahmenbedingungen für entsprechende freiwillige Vereinbarungen zwischen Arbeitgeber und Arbeitnehmer; ein Anspruch des Arbeitnehmers auf Abschluss einer solchen Vereinbarung besteht grundsätzlich nicht. Allerdings darf der Arbeitgeber aufgrund des arbeitsrechtlichen Gleichbehandlungsgrundsatzes Arbeitnehmer bzw. Arbeitnehmergruppen nicht willkürlich von Familienpflegezeitmodellen ausschließen, wenn er solche Modelle anderen Arbeitnehmern anbietet.

324 Vgl. § 3 Abs. 4 PflegeZG bzw. § 15 Abs. 7 Nr. 4 BEEG.

25 Teilzeitarbeit: Beendigung des Teilzeitarbeitsverhältnisses

Autor: Dr. Christian Schlottfeldt

Überblick

Das Teilzeitarbeitsverhältnisses kann unter Beachtung der jeweiligen gesetzlichen Vorschriften sowohl ordentlich als auch außerordentlich gekündigt oder einvernehmlich aufgehoben werden. Das Teilzeitarbeitsverhältnis unterliegt bei Vorliegen der sonstigen Voraussetzungen dem allgemeinen und dem besonderen Kündigungsschutz. Für die Berechnung der Kündigungsfrist gilt § 622 BGB mit allen Besonderheiten.

Da das Betriebsverfassungsgesetz nicht nach der Arbeitszeit differenziert, gelten die kündigungsrechtlich relevanten Vorschriften auch für Teilzeitbeschäftigte. Demnach ist die Kündigung eines Teilzeitbeschäftigten ohne ordnungsgemäße Anhörung des Betriebsrats nach § 102 Abs. 1 BetrVG ebenfalls unwirksam.

25.1 Allgemeiner Kündigungsschutz

Liegen die persönlichen und betrieblichen Voraussetzungen des allgemeinen Kündigungsschutzes nach § 1 Abs. 1 und § 23 KSchG vor, ist die verhaltens-, personen- oder betriebsbedingte Kündigung von teilzeitbeschäftigten Arbeitnehmern wie bei Vollzeitarbeitnehmern nur rechtswirksam, wenn sie sozial gerechtfertigt ist. Der allgemeine Kündigungsschutz gilt auch für Teilzeitarbeitsverhältnisse.

Bei der Ermittlung der Beschäftigtenzahl des Betriebs sind die im Betrieb teilzeitbeschäftigten Arbeitnehmer nach Maßgabe von § 23 Abs. 1 Satz 4 KSchG je nach Beschäftigungsumfang (nur) anteilig zu berücksichtigen.

Bei der betriebsbedingten Kündigung von teilzeitbeschäftigten Arbeitnehmern ergeben sich regelmäßig besondere Fragestellungen. Problematisch ist in diesem Zusammenhang des öfteren die arbeitgeberseitige Einführung oder Abschaffung von Teilzeitarbeit.

Personalaufstockung

Wegen einer Erweiterung des Geschäftsbetriebs soll eine Teilzeitstelle zu einer Vollzeitstelle ausgebaut werden (Personalaufstockung). Wegen des Grundsatzes der freien Unternehmerentscheidung ist diese Maßnahme in der Regel nicht angreifbar. Es stellt sich jedoch die Frage, wie sich der Arbeitgeber gegenüber der bisher auf diesem Arbeitsplatz beschäftigten Teilzeitkraft zu verhalten hat.

Eine einseitige Heraufsetzung der Arbeitszeit durch den Arbeitgeber ist ausgeschlossen. Er kann das Arbeitsverhältnis entweder durch einvernehmliche Vertragsänderung oder durch betriebsbedingte Änderungskündigung wegen Umwandlung eines Halbtagsarbeitsplatzes in einen Ganztagsarbeitsplatz anzupassen versuchen. Hierbei hat er sich jedoch bei Geltung des Kündigungsschutzgesetzes an den in § 2 KSchG festgelegten Voraussetzungen zu orientieren. Eine Änderungskündigung kann sozial gerechtfertigt sein, wenn die Anpassung an den gestiegenen Arbeitsumfang eine Besetzung mit einer Vollzeitarbeitskraft aus sachlichen Gründen notwendig macht und der Kündigung eine unternehmerische Entscheidung über der Arbeitsorganisation vorgelagert ist. Nimmt der Arbeitgeber ohne eine solche vorgelagerte Organisationsentscheidung lediglich eine Anpassung an das gestiegene Arbeitsvolumen vor, reicht dies per se nicht aus, um die Änderungskündigung zu rechtfertigen.[325]

Personalabbau

Beim Personalabbau gelten auch im Zusammenhang mit Teilzeitbeschäftigung die gleichen Grundsätze, wie sie für Vollzeitbeschäftigte Anwendung finden. D.h. es müssen insbesondere dringende betriebliche Erfordernisse vorliegen, die zum Wegfall einer Weiterbeschäftigungsmöglichkeit führen. Insoweit ist zu prüfen, ob eine Weiterbeschäftigung auf einem anderen (freien) Arbeitsplatz in Betracht kommt (§ 1 Abs. 2 KSchG). Teilzeitarbeitnehmern sind dabei auch Vollzeitstellen anzubieten. Bei einer betriebsbedingten Änderungskündigung ist das Änderungsangebot daran zu messen, ob dringende betriebliche Erfordernisse gemäß § 1 Abs. 2 KSchG das Änderungsangebot bedingen und ob der Arbeitgeber sich bei einem an sich anerkennenswerten Anlass darauf beschränkt hat, nur solche Änderungen vorzuschlagen, die der Arbeitnehmer billigerweise hinnehmen muss. Ein Änderungsangebot zur Lage der Arbeitszeit, das im Verhältnis zu vollzeitbeschäftigten Arbeitnehmern gegen das Diskriminierungsverbot von Teilzeitbeschäftigten verstößt, führt jedoch zur Sozialwidrigkeit der entsprechenden Änderungskündigung.[326]

Sozialauswahl

Eine betriebsbedingte Kündigung ist gemäß § 1 Abs. 3 KSchG auch bei Vorliegen dringender betrieblicher Erfordernisse sozial ungerechtfertigt, wenn der Arbeitgeber bei der sozialen Auswahl unter den vergleichbaren Arbeitnehmern die Kriterien Betriebszugehörigkeit, Lebensalter, Unterhaltspflichten und Schwerbehinderung nicht oder nicht ausreichend berücksichtigt hat. Zu dem auswahlrelevanten Personenkreis zählen alle von der betrieblichen Maßnahme betroffenen vergleichbaren Arbeitnehmer. Die Vergleichbarkeit (Austauschbarkeit) richtet sich in erster Linie nach arbeitsplatzbezogenen Merkmalen.

---

325 LAG Hamburg, Urteil v. 20.11.1996, 4 Sa 56/96.

326 BAG, Urteil v. 24.4.1997, 2 AZR 352/96.

Ob bei der betriebsbedingten Kündigung teilzeitbeschäftigter Arbeitnehmer Vollzeitbeschäftigte und umgekehrt bei der Kündigung vollzeitbeschäftigter Arbeitnehmer Teilzeitbeschäftigte in die Sozialauswahl einzubeziehen sind, hängt davon ab, ob eine echte betriebliche Organisationsentscheidung vorliegt. Sollen lediglich Arbeitsstunden ab- oder aufgebaut werden, sind sämtliche vergleichbaren Arbeitnehmer unabhängig von der geleisteten Stundenzahl in die Sozialauswahl einzubeziehen.[327] Das unterschiedliche individuelle Arbeitszeitvolumen steht einer Vergleichbarkeit von Vollzeit- und Teilzeitbeschäftigten nach arbeitsplatzbezogenen Merkmalen dann nicht entgegen. Dies kann z. B. auch dazu führen, dass der Arbeitgeber einem vollzeitbeschäftigten Arbeitnehmer ein Änderungsangebot unterbreiten bzw. diesem gegenüber eine Änderungskündigung aussprechen muss, um den (sozial schützwürdigeren) teilzeitbeschäftigten Arbeitnehmer im bisherigen Stundenumfang weiter beschäftigen zu können.[328]

Der Kreis der vergleichbaren Arbeitnehmer bei der Sozialauswahl kann grundsätzlich nicht auf die jeweiligen Mitarbeiter mit gleichem Arbeitszeitvolumen beschränkt und die soziale Auswahl nur innerhalb der einzelnen Gruppen vorgenommen werden, wenn sich aufgrund einer arbeitgeberseitigen Organisationsentscheidung lediglich das Arbeitsvolumen bzw. das Stundenkontingent in der Dienststelle reduziert hat. Wird in einem solchen Fall der auswahlrelevante Personenkreis allein nach Teilzeit- und Vollzeitbeschäftigten, ohne dass hierfür sachliche Gründe vorliegen, bestimmt, so kann darin eine unzulässige Diskriminierung i. S. v. § 4 Abs. 1 TzBfG liegen.[329]

25.2 Kündigungsverbot

§ 11 TzBfG bestimmt, dass die Kündigung wegen der Weigerung eines Arbeitnehmers, von einem Vollzeit- in ein Teilzeitarbeitsverhältnis oder umgekehrt zu wechseln, unwirksam ist. Der Arbeitgeber kann den Arbeitnehmer damit nicht zwingen, seine Rechte aus den §§ 8, 9 TzBfG in Anspruch zu nehmen oder einer Änderung der Arbeitszeit zuzustimmen. Die Vorschrift gilt unabhängig vom Eingreifen des allgemeinen Kündigungsschutzes nach dem KSchG, d. h. auch während der ersten 6 Monate des Arbeitsverhältnisses sowie in Kleinbetrieben.

327 BAG, Urteil v. 7.12.2006, 2 AZR 748/05; BAG, Urteil v. 15.7.2004, 2 AZR 376/03; BAG, Urteil v. 12.8.1999, 2 AZR 12/99; BAG, Urteil v. 3.12.1998, 2 AZR 341/98.

328 Vgl. auch BAG, Urteil v. 12.8.1999, 2 AZR 12/99; BAG, Urteil v. 15.7.2004, 2 AZR 376/03; LAG Köln, Urteil v. 20.8.1993, 12 Sa 380/93; EuGH, Urteil v. 26.9.2000, C-322/98.

329 BAG, Urteil v. 22.4.2004, 2 AZR 244/03.

25.3 Besonderer Kündigungsschutz

Hinsichtlich des besonderen Kündigungsschutzes gelten für den Teilzeitbeschäftigten keine Besonderheiten. Soweit er unter das Schwerbehindertenrecht oder das Mutterschutzgesetz fällt, Elternzeit oder Pflegezeit beantragt hat oder freiwilligen Wehrdienst ableistet, gelten für ihn die gleichen Voraussetzungen wie für den Vollzeitarbeitnehmer. Lediglich bei der Ermittlung der Beschäftigtenzahl, d.h. der Anwendbarkeit der einzelnen Vorschriften, gilt für die Berücksichtigung von Teilzeitbeschäftigten eine gestaffelte Anrechnung.

26 Probezeit im Arbeitsverhältnis

Autorin: Gabi Hanreich

Überblick

Probearbeitsverhältnis und Probezeitvereinbarung dienen dem wechselseitigen näheren Kennenlernen der Arbeitsvertragsparteien. Im Zentrum der arbeitsvertraglichen Vereinbarungen über eine Probezeit stehen deshalb die Möglichkeiten einer möglichst einfachen und schnellen Beendigung des Arbeitsverhältnisses für den Fall, dass die eine oder andere Partei mit dem Ergebnis der Erprobungsphase nicht zufrieden ist. Hierzu bieten sich 2 Alternativen:

- Zum einen kann von vornherein ein unbefristeter Arbeitsvertrag geschlossen und zugleich vereinbart werden, dass eine bestimmte Zeitspanne als Probezeit gilt. Die Folgen in Gestalt abgekürzter Kündigungsfristen ergeben sich dann aus § 622 Abs. 3 BGB. Nach Ablauf der Erprobungszeit läuft das Arbeitsverhältnis mit normalen Kündigungsfristen weiter, wenn nicht gekündigt wurde.
- Zum anderen kann ein befristeter Arbeitsvertrag zum Zwecke der Erprobung geschlossen werden (echtes Probearbeitsverhältnis). Dieses läuft mit Erreichen des vereinbarten Endtermins aus, sofern nicht seine Fortsetzung vereinbart wird. Einer Kündigung bedarf es nicht. Beide Alternativen unterscheiden sich sowohl in ihrer Rechtskonstruktion als auch hinsichtlich Zulässigkeit, Inhalt und Folgen.

Das Probearbeitsverhältnis ist ein echtes Arbeitsverhältnis, jedoch zunächst »zur Erprobung«. Gesetzlich vorgeschrieben ist das Probearbeitsverhältnis in Form einer Probezeit nur bei Berufsausbildungsverhältnissen. Das Probearbeitsverhältnis kann in Form einer Probezeit am Anfang eines unbefristeten Arbeitsvertrags oder als befristeter Arbeitsvertrag zum Zwecke der Erprobung vereinbart werden.

26.1 Unbefristetes Arbeitsverhältnis mit vorgeschalteter Probezeit

Die Probezeitvereinbarung wird überwiegend als unbefristetes Arbeitsverhältnis geschlossen mit der Regelung, dass ein bestimmter Anfangszeitraum als Probezeit gelten soll. Als solches ist es abzugrenzen von einem Arbeitsverhältnis, das befristet zum Zwecke der Erprobung abgeschlossen wird.

Befristung muss ausdrücklich vereinbart werden

Solange keine ausdrückliche Abrede dahingehend getroffen wird, dass das Arbeitsverhältnis auf den Erprobungszeitraum befristet sein soll, ist vom Abschluss eines unbefristeten Arbeitsverhältnisses auszugehen.[330] Befristungsabreden müssen immer ausdrücklich, eindeutig und gemäß § 14 Abs. 4 TzBfG schriftlich getroffen werden. Für

330 So schon BAG, Urteil v. 29.7.1958, 3 AZR 49/56; LAG Schleswig-Holstein, Urteil v. 29.5.2001, 3 Sa 99/01.

ihr Zustandekommen trägt derjenige die Darlegungs- und Beweislast, der sich auf die Befristung beruft.[331]

Die Aufnahme einer Probezeitvereinbarung in den Arbeitsvertrag hat erhebliche Auswirkungen darauf, wie schnell und zu welchem Termin das Arbeitsverhältnis beendet werden kann.

Zwar lässt sich dem Gesetzeswortlaut selbst nicht unmittelbar entnehmen, dass die Vereinbarung einer Probezeit mit verkürzter Kündigungsmöglichkeit stets nur zu Beginn eines Vertragsverhältnisses vereinbart werden kann. Wenn der Gesetzgeber aber nur für eine »erste Zeit der Beschäftigung« diese Möglichkeit einräumen wollte, bedeutet dies, dass eine Probezeit im Sinne des § 622 Abs. 3 BGB nur zu Beginn des Vertragsverhältnisses vereinbart werden kann. Eine Erprobung ist regelmäßig auch nur sinnvoll zu Beginn des Vertragsverhältnisses und nicht im weiteren Verlauf, wenn die subjektiven und objektiven Umstände, die für die Abwicklung des Vertrags maßgeblich sind, sich bereits offenbart haben.[332]

26.1.1 Wirkung und Formulierung der Probezeitvereinbarung

Kürzere Kündigungsfrist

Die Vereinbarung einer Probezeit bei gleichzeitigem Abschluss eines unbefristeten Arbeitsvertrags hat für den vereinbarten Probezeitraum eine kürzere Kündigungsfrist zur Folge. Gemäß § 622 Abs. 3 BGB gilt dann eine Kündigungsfrist von nur 2 Wochen.

- Zum einen ist die Frist halbiert.
- Zum anderen greift die Probezeitkündigung nach § 622 Abs. 3 BGB hinsichtlich des Beendigungstermins nicht nur zum 15. oder Monatsende, sondern zu jedem beliebigen Tag des Monats.

Über die gesetzliche Regelung des § 622 Abs. 3 BGB hinaus können im Einzelfall tarifvertragliche Vorschriften gelten und je nach Situation Einschränkungen, unter Umständen aber auch Erweiterungen mit sich bringen. Denn während die einzelvertragliche Vereinbarung einer kürzeren Kündigungsfrist als Verstoß gegen § 622 Abs. 3 BGB unwirksam wäre, enthält § 622 Abs. 4 BGB eine umfassende Öffnungsklausel für Tarifverträge.

331 LAG Düsseldorf, Urteil v. 12.8.1968, 12 (8) Sa 180/68; LAG Düsseldorf, Urteil v. 18.6.1975, 8 Sa 594/74.
332 LAG Baden-Württemberg, Urteil v. 28.2.2002, 4 Sa 68/01.

Beispiel: Unterschiedlich lange Kündigungsfristen

Das Arbeitsverhältnis soll 4 Monate nach Abschluss des Arbeitsvertrags beendet werden. Der Kündigungsentschluss wird am 4. eines Monats gefasst und durch Zugang einer Kündigungserklärung umgesetzt.

Ist keine Probezeit vereinbart, so endet das Arbeitsverhältnis am 15. des Folgemonats. D.h., die Kündigungsfrist läuft effektiv fast 6 Wochen. Ist hingegen eine Probezeit vereinbart, so greift die Kündigung zum 18. desselben Monats. Die Ersparnis gegenüber der ersten Variante beträgt also nahezu einen Monat und damit in wirtschaftlicher Hinsicht nahezu ein Monatsentgelt.

Entgegen einer verbreiteten Ansicht hat die Vereinbarung einer Probezeit keinen Einfluss auf die Frage des allgemeinen oder besonderen Kündigungsschutzes. Dessen Entstehung richtet sich allein nach den einschlägigen Vorschriften. So ist es insbesondere für den allgemeinen Kündigungsschutz nach dem Kündigungsschutzgesetz erforderlich, aber auch ausreichend, dass das Arbeitsverhältnis **rechtlich** länger als 6 Monate bestanden hat. Ist dies der Fall, dann besteht – sofern auch die übrigen Voraussetzungen, insbesondere des § 23 KSchG, erfüllt sind – gemäß § 1 Abs. 1 KSchG Kündigungsschutz. Ob und für welche Dauer die Arbeitsvertragsparteien nebenher eine Probezeit vereinbart haben, spielt hierbei keine Rolle.

Formulierungsvorschlag

Die ersten 6 Monate gelten als Probezeit. Während der Probezeit ist das Arbeitsverhältnis beiderseits mit einer Frist von 2 Wochen kündbar.

Machen die Parteien von der Möglichkeit der Kündigung des Arbeitsverhältnisses während der Probezeit keinen Gebrauch, so setzt sich das Arbeitsverhältnis ohne weiteres als ganz normales Arbeitsverhältnis mit den dann maßgeblichen (gesetzlichen oder vertraglichen) Kündigungsfristen fort, ohne dass hierüber besondere Vereinbarungen getroffen werden müssten.

26.1.2 Dauer der vereinbarten Probezeit/Verlängerungsmöglichkeiten

Gemäß § 622 Abs. 3 BGB kann das Privileg der abgekürzten Kündigungsfrist während der Probezeit für maximal 6 Monate in Anspruch genommen werden.

Damit ist nicht etwa gesagt, dass die Vereinbarung einer längeren Probezeit unzulässig wäre. In Anbetracht der eindeutigen Regelung des § 622 Abs. 3 BGB kann sie aber ihre Wirkung nur für maximal 6 Monate entfalten. Wird eine längere Probezeit vereinbart, gilt für die Zeit nach Ablauf von 6 Monaten gleichwohl die gesetzliche Grundkündigungsfrist des § 622 Abs. 1 BGB.

Im Übrigen ist zu beachten, dass auch der allgemeine Kündigungsschutz gemäß § 1 KSchG – bei Vorliegen der sonstigen Voraussetzungen – nach Ablauf von 6 Monaten entsteht, und zwar ohne Rücksicht darauf, ob die Parteien für eine über die ersten 6 Monate hinausgehende Zeitspanne eine Probezeitvereinbarung getroffen haben oder nicht. Auch aus diesem Blickwinkel verliert also eine über 6 Monate hinausgehende Probezeit ihren Reiz. Denn von diesem Moment an bedarf die ordentliche Kündigung der sozialen Rechtfertigung.

Vorangegangenes Arbeitsverhältnis auf Probezeit anrechnen

Wird ein Arbeitsverhältnis beendet und sogleich nahtlos hieran anschließend ein neuer Arbeitsvertrag geschlossen, der wiederum eine Probezeitvereinbarung enthält, so ist nach einer Entscheidung des LAG Baden-Württemberg auf diese neuerliche Probezeit die Dauer des vorangegangenen Arbeitsverhältnisses anzurechnen.[333]

Verlängerung der ursprünglich vereinbarten Probezeit

Bei einer Verlängerung der ursprünglich vereinbarten Probezeit ist zu unterscheiden, ob sich die Probezeit auch nach der Verlängerung insgesamt noch innerhalb von 6 Monaten hält oder diesen Zeitraum überschreitet:

Die Verlängerung einer zunächst den Rahmen von 6 Monaten nicht voll ausschöpfenden Probezeit ist relativ unproblematisch. Dies gilt selbst dann, wenn zum Zeitpunkt der Änderungsvereinbarung die ursprünglich vereinbarte Probezeit[334] schon abgelaufen war. Voraussetzung ist allerdings, dass die Verlängerung auf einer Vereinbarung zwischen den Parteien beruht (Änderung des ursprünglichen Arbeitsvertrages in diesem Punkt) und der Sechsmonatsrahmen insgesamt nicht überschritten wird.

Beispiel: Verlängerung der Probezeit

Die Parteien schließen einen Arbeitsvertrag mit Arbeitsantritt zum 1. Juli und einer Probezeit von 3 Monaten. Anfang Oktober vereinbaren die Parteien in einer Ergänzung zum Arbeitsvertrag, dass die Probezeit sich bis zum 31. Dezember verlängert.[335]

Diese Verlängerung ist deshalb unproblematisch, weil im Normalfall Kündigungsschutzvorschriften nicht umgangen werden. Anders wäre die Situation z. B. zu beurteilen, wenn die Arbeitnehmerin zwischenzeitlich besonderen Kündigungsschutz als werdende Mutter in Anspruch nehmen könnte.

Zu beachten ist allerdings, dass eine Verlängerung nicht durch einseitige Erklärung herbeigeführt werden kann. Eine isoliert auf die Änderung der Probezeit abzielende

333 LAG Baden-Württemberg, Urteil v. 28.2.2002, 4 Sa 68/01.

334 Vgl. LAG Hamm, Urteil v. 26.1.2000, 18 Sa 142/99.

335 Vgl. zu einem ähnlichen Fall: LAG Rheinland-Pfalz, Urteil v. 5.1.1999, 2 (4) Sa 1139/98.

Erklärung wäre als sog. Teilkündigung unzulässig. Ist der Arbeitnehmer mit einer einvernehmlichen Vertragsänderung nicht einverstanden, so wäre bestenfalls der Ausspruch einer Änderungskündigung denkbar. Wobei sich dann allerdings die Frage stellt, ob das Arbeitsverhältnis nicht besser endgültig beendet wird.

Soll die Probezeit über den Rahmen von 6 Monaten hinaus ausgedehnt werden, so gilt vorrangig der oben bereits erwähnte Grundsatz, dass das Privileg der abgekürzten Kündigungsfrist (§ 622 Abs. 3 BGB) nur für maximal 6 Monate in Anspruch genommen werden kann und auch der allgemeine Kündigungsschutz gemäß § 1 KSchG – bei Vorliegen der sonstigen Voraussetzungen – unabhängig von der Probezeitvereinbarung nach Ablauf von 6 Monaten entsteht.

Verlängerung der ursprünglich vereinbarten Probezeit
Allerdings ist es in der Rechtsprechung anerkannt, dass unvorhergesehene Arbeitsausfälle zum Anlass für eine Verlängerung der ursprünglich vereinbarten Probezeit genommen werden dürfen. Dies gilt jedenfalls dann, wenn die ausgefallene Zeit im Verhältnis zur Gesamtprobezeit nicht unerheblich erscheint.[336] Teilweise sehen Tarifverträge derartige Verlängerungen vor. Ansonsten wird eine entsprechende Vereinbarung im Arbeitsvertrag erforderlich sein, denn eine automatische Verlängerung wird man nicht ohne Weiteres annehmen können.[337]

26.1.3 Beendigung des Arbeitsverhältnisses während der Probezeit

Die Vereinbarung einer Probezeit bei Abschluss eines unbefristeten Arbeitsverhältnisses zielt darauf ab, durch größtmögliche Abkürzung der Kündigungsfristen eine möglichst schnelle Beendigung des Arbeitsverhältnisses herbeiführen zu können, falls die Erprobung negativ verläuft.

Da es sich bei dem Arbeitsverhältnis mit vorgeschalteter Probezeit um ein ganz normales Arbeitsverhältnis handelt, folgt seine Beendigung den allgemeinen Regeln. Das heißt, es kann (und muss) ganz normal ordentlich und ggf. auch außerordentlich gekündigt werden.

Soll während der Probezeit eine ordentliche Kündigung ausgesprochen werden, so muss die Kündigungserklärung dem Arbeitnehmer noch vor Ablauf der Probezeit zugehen, damit die Privilegien der Probezeitkündigung (abgekürzte Fristen) greifen. Es reicht nicht, wenn die Kündigungserklärung am letzten Tag der Probezeit abgeschickt wird, den Arbeitnehmer aber erst zu einem späteren Zeitpunkt erreicht. Unschädlich

336 Vgl. für das Berufsausbildungsverhältnis: BAG, Urteil v. 15.1.1981, 2 AZR 943/78.
337 BAG, Urteil v. 15.1.1981, 2 AZR 943/78.

ist es hingegen, wenn der unter Hinzurechnung der Kündigungsfrist sich ergebende Beendigungszeitpunkt außerhalb der Probezeit liegt.

Bei Vorliegen eines wichtigen Grundes i. S. d. § 626 BGB ist auch eine außerordentliche (fristlose) Kündigung möglich.

26.1.3.1 Auswirkungen der Probezeitvereinbarung

Das Arbeitsverhältnis mit vorgeschalteter Probezeit ist ein ganz normales unbefristetes Arbeitsverhältnis. Es werden von Anfang an unter den Parteien dieselben Rechte und Pflichten begründet wie in jedem anderen Arbeitsverhältnis auch.

Das hat zur Folge, dass alle gesetzlichen, tariflichen und betrieblichen Regeln (z. B. hinsichtlich Entgeltfortzahlung im Krankheitsfall oder an Feiertagen etc.) auch für dieses Arbeitsverhältnis gelten, soweit im Einzelfall in den jeweiligen Vorschriften nicht ausdrücklich für die Erprobungsphase eine Ausnahme gemacht wird.

Mitbestimmungsrechte des Betriebsrats

Die Einstellung eines Arbeitnehmers unterliegt der Mitbestimmung des Betriebsrats gemäß § 99 BetrVG. Für die Einstellung durch Abschluss eines unbefristeten Arbeitsvertrags mit Probezeit liegt dies auf der Hand. Die Vereinbarung der Probezeit als solche ist hingegen als Bestandteil der Arbeitsvertragskonditionen nicht gesondert mitbestimmungspflichtig.

26.1.4 Befristetes Probearbeitsverhältnis

Als Alternative zum Abschluss eines unbefristeten Arbeitsvertrags mit vorgeschalteter Probezeit bietet sich die Möglichkeit, zum Zwecke der Erprobung ein zeitlich befristetes Arbeitsverhältnis abzuschließen (echtes Probearbeitsverhältnis). Zwischen beiden Alternativen bestehen erhebliche Unterschiede.

In diesem Punkt liegt ein Vorteil, der mit dem Abschluss eines befristeten Probearbeitsverhältnisses für den Arbeitgeber verbunden sein kann: Da es keiner Kündigung bedarf, kann auch der hieran anknüpfende besondere Kündigungsschutz nicht greifen.

Das Gesetz über Teilzeitarbeit und befristete Arbeitsverträge (TzBfG) ist auch für das befristete Probearbeitsverhältnis maßgebend. Für den Erprobungsfall bietet es 2 unabhängig voneinander in Betracht kommende Möglichkeiten:

- Befristung ohne Sachgrund: Zum einen enthält es die Möglichkeit der erleichterten Befristung ohne Sachgrund unter § 14 Abs. 2 und Abs. 2a TzBfG. Es ist also

grundsätzlich möglich, ein Arbeitsverhältnis zu befristen, ohne dass hierfür ein Sachgrund erforderlich wäre, sofern die übrigen Voraussetzungen des § 14 Abs. 2 oder Abs. 2a TzBfG erfüllt sind.
- Befristung mit Sachgrund: Zum anderen ergibt sich die Möglichkeit der sog. Sachgrundbefristung gemäß § 14 Abs. 1 TzBfG.

Unter den sog. Regelbeispielen des § 14 Abs. 1 TzBfG ist »die Befristung zum Zwecke der Erprobung« ausdrücklich als Sachgrund zur Rechtfertigung einer Befristungsabrede aufgezählt (§ 14 Abs. 1 Satz 2 Nr. 5 TzBfG).

26.2 Betriebsverfassungsrechtliche Aspekte

Die Einstellung eines Arbeitnehmers »zur Probe« unterliegt der Mitbestimmung des Betriebsrates gemäß § 99 BetrVG. Dies gilt grundsätzlich für alle Gestaltungsvarianten. Allerdings ist zu beachten, dass der Betriebsrat nicht gemäß § 99 Abs. 2 BetrVG berechtigt ist, seine Zustimmung zu verweigern, weil mit dem Arbeitnehmer (nur) ein befristetes Probearbeitsverhältnis geschlossen wird.

Der Betriebsrat hat zwar ein berechtigtes Interesse daran zu erfahren, ob die beabsichtigte Einstellung befristet oder unbefristet erfolgen soll. § 20 TzBfG räumt ihm ausdrücklich ein diesbezügliches Informationsrecht ein. Der Betriebsrat kann aber einer vorgesehenen Befristung nicht deswegen widersprechen, weil er sie nicht für sachlich gerechtfertigt hält.[338]

Auch bei der betrieblichen Mitbestimmung schlägt der eigenständige Charakter des befristeten Probearbeitsverhältnisses durch. Es ist zu beachten, dass zunächst die befristete Einstellung zur Erprobung gemäß § 99 BetrVG mitbestimmungspflichtig ist. Soll das Arbeitsverhältnis dann im Anschluss an das Probearbeitsverhältnis unbefristet fortgesetzt werden, ist der Betriebsrat erneut zu beteiligen, denn es geht rechtlich um eine neue Einstellung.[339]

Dies kann zwar dadurch vermieden werden, dass dem Betriebsrat schon bei Begründung des befristeten Probearbeitsverhältnisses mitgeteilt wird, dass bei Bewährung eine Fortsetzung als unbefristetes Arbeitsverhältnis beabsichtigt ist.[340] Andererseits ist aber zu bedenken, dass derartige Festlegungen auch Bindungswirkungen herbeiführen könnten. Nicht zuletzt bei dem betroffenen Arbeitnehmer könnten durch eine solche Erklärung Erwartungen geweckt werden.

338 BAG, Urteil v. 16.3.1989, 2 AZR 325/88; BAG, Beschluss v. 20.12.1988, 1 ABR 68/87.
339 BAG, Beschluss v. 7.8.1990, 1 ABR 68/89.
340 BAG, Beschluss v. 7.8.1990, 1 ABR 68/89.

Da das befristete Arbeitsverhältnis zum Zwecke der Erprobung mit Erreichen des Befristungstermins automatisch, insbesondere ohne Kündigung ausläuft, bedarf es insoweit keiner Anhörung des Betriebsrates gemäß § 102 BetrVG. Anders verhält es sich natürlich, wenn das befristete Arbeitsverhältnis durch ordentliche oder außerordentliche Kündigung beendet werden soll. Für diese Fälle gilt § 102 BetrVG. Bei den im Rahmen einer Betriebsratsanhörung zur Probezeitkündigung übermittelten Informationen ist zu berücksichtigen, dass die Wartezeit nach § 1 Abs. 1 KSchG dazu dient, dem Arbeitgeber Gelegenheit zu geben, sich eine subjektive Meinung über Leistung und Führung des Arbeitnehmers zu bilden, die nicht einer Überprüfung nach objektiven Maßstäben unterliegt. Konsequenz dieser Entscheidungsfreiheit des Arbeitgebers ist, dass fehlende Angaben zum Lebensalter und etwaigen Unterhaltspflichten bei einer Kündigung im Rahmen der Probezeit grundsätzlich nicht zur Fehlerhaftigkeit der Betriebsratsanhörung führen. Dies gilt jedenfalls dann, wenn die Kündigung wegen unzureichender Arbeitsleistung und mangelnder Bewährung innerhalb der Wartezeit nach § 1 Abs. 1 KSchG ausgesprochen werden soll.[341]

341 BAG, Urteil v. 23.4.2009, 6 AZR 516/08.

27 Minijob/Geringfügige Beschäftigung

Autor: Dr. Christian Schlottfeldt

Überblick

Eine Sonderform des Arbeitsverhältnisses stellt die sogenannte geringfügige Beschäftigung dar – auch Minijob genannt. Sie gehört zu den Teilzeitarbeitsverhältnissen, sodass zumindest arbeitsrechtlich grundsätzlich alle Merkmale der Teilzeitbeschäftigung auch für die geringfügige Beschäftigung als vollwertigem Arbeitsverhältnis gelten. Im Gegensatz zu freien Mitarbeitern sind geringfügig Beschäftigte Arbeitnehmer.

Die geringfügige Beschäftigung kann in 2 Arten vereinbart werden:

- als geringfügig entlohnte Beschäftigung oder
- als kurzfristige Beschäftigung.

Die sozialversicherungsrechtlichen Aspekte werden in diesem Beitrag nicht dargestellt. Die sozialversicherungsrechtliche Beurteilung der geringfügigen Beschäftigung richtet sich nach § 8 Sozialgesetzbuch IV (SGB IV). Für Teilzeitbeschäftigte ist arbeitsrechtlich das Teilzeit- und Befristungsgesetz (TzBfG) einschlägig.

27.1 Rechte und Pflichten der Vertragsparteien

Die geringfügige Beschäftigung ist eine Sonderform des Teilzeitarbeitsverhältnisses(§ 2 Abs. 2 TzBfG). Teilzeitbeschäftigte haben im Arbeitsrecht gegenüber Vollzeitbeschäftigten grundsätzlich keine Sonderstellung. Die Vertragsparteien treffen daher grundsätzlich die gleichen Rechte und Pflichten. Der geringfügig beschäftigte Arbeitnehmer hat also (auf Basis der gegenüber dem Vollzeitbeschäftigten verringerten Vergütung bzw. Arbeitszeit) z. B. genauso Anspruch auf bezahlten Erholungsurlaub, Entgeltfortzahlung im Krankheitsfall und bei feiertagsbedingtem Arbeitsausfall.

Auch innerhalb des Betriebs nimmt der geringfügig Beschäftigte keine Sonderstellung ein. Geringfügig Beschäftigte sind Arbeitnehmer im Sinne des Betriebsverfassungsgesetzes (BetrVG) und haben daher die gleichen Rechte wie andere Arbeitnehmer. Gemäß § 7 BetrVG sind sie sowohl wahlberechtigt als auch zum Betriebsrat wählbar.

Diskriminierungs- und Benachteiligungsverbot nach dem TzBfG

Nach § 4 Abs. 1 TzBfG dürfen voll- und teilzeitbeschäftigte Arbeitnehmer nicht unterschiedlich behandelt werden, es sei denn, dass sachliche Gründe eine unterschiedliche Behandlung rechtfertigen. Dieses spezialgesetzliche Diskriminierungsverbot für Teilzeitbeschäftigte gilt uneingeschränkt auch für geringfügig Beschäftigte. Es umfasst nicht nur einseitige Maßnahmen des Arbeitgebers, sondern auch arbeitsvertragliche Vereinbarungen. Geringfügig Beschäftigte haben bei gleicher Qualifikation und Tätigkeit Anspruch auf denselben Stundenlohn, den auch Vollzeitbeschäftigte bekommen. Auch Ansprüche des geringfügig Beschäftigten auf gesetzlich geregelte Entgeltfortzahlungsleistungen (z. B. bezahlter Urlaub) können nicht arbeitsvertraglich abbedungen werden. Derartige Vertragsklauseln sind gemäß § 134 BGB wegen Verstoß gegen ein gesetzliches Verbot unwirksam und können Schadensersatzansprüche des Arbeitnehmers begründen.[342]

27.2 Arbeitsvergütung

Die Arbeitsvergütung des geringfügig Beschäftigten richtet sich grundsätzlich nach der der Vollzeitbeschäftigten. Ihm steht ein der verringerten Arbeitszeit entsprechender Anteil zu (sog. »pro-rata-temporis«-Grundsatz).

Bei der Vereinbarung der Arbeitsvergütung für geringfügig Beschäftigte sind zudem die Vorgaben des Mindestlohngesetzes (MiLoG)[343] zu beachten. Die zentrale Regelung bildet § 1 Abs. 2 Satz 1 MiLoG, der den seit dem 1.1.2015 geltenden Mindestlohn ab 1.1.2024 i. H. v. 12,41 EUR pro Stunde vorschreibt, soweit nicht höhere branchenspezifische Mindestlöhne gelten (§ 1 Abs. 3 MiLoG).

Beispiel: Schwankende Arbeitszeit bei geringfügig Beschäftigten

Ein geringfügig beschäftigter Arbeitnehmer wird (seit 1.1.2024) auf Basis des Mindestlohns von 12,41 EUR mit einem Monatslohn von 538 EUR beschäftigt. Die sich daraus ergebende Arbeitszeit beträgt (bei gleichmäßiger Verteilung der Arbeitszeit auf alle Monate) 43,35 Stunden pro Monat (538 EUR/Monat : 12,41 EUR/Stunde = 43,35 Stunden/Monat). Im Arbeitsvertrag ist die Führung eines Zeitkontos vereinbart.

Der tatsächliche Einsatz des Arbeitnehmers erfolgt variabel entsprechend den jeweiligen Bedarfen des Arbeitgebers. Dabei darf der Arbeitgeber für den geringfügig beschäftigten Arbeitnehmer pro Monat jedoch maximal 21,67 Plusstunden auf dem Zeitkonto verbuchen (50% x 43,35 Stunden Soll-Arbeitszeit = 21,67 Stunden). Eventuell darüber hinausgehende Stunden müssen spätestens bis zum Ende des Folgemonats durch Freizeitnahme »abgebummelt« oder (im Rahmen der sozialversicherungsrechtlichen Geringfügigkeitsbestimmungen) ausgezahlt werden.

Vereinbarungen, die den Mindestanspruch unterschreiten oder seine Geltendmachung beschränken, sind insoweit nach § 3 Satz 1 MiLoG unwirksam.

342 Vgl. etwa BAG, Urteil v. 18.1.2023, 5 AZR 108/22 (Stundenlohn); LAG Rheinland-Pfalz, Urteil v. 5.8.2015, 4 Sa 52/15 (Schadensersatzanspruch aufgrund arbeitsvertraglicher »Urlaubsverweigerung«).

343 Art. 1 Tarifautonomiestärkungsgesetz, BGBl. 2014 I S. 1348.

Verstöße gegen die Verpflichtung zur Zahlung des Mindestlohns können gemäß § 21 Abs. 1 Nr. 9 MiLoG als Ordnungswidrigkeit mit Bußgeldern von bis zu 500.000 EUR geahndet werden.

Aufzeichnungspflicht

Geringfügig Beschäftigte unterliegen aufgrund des Mindestlohngesetzes auch einer gegenüber den Bestimmungen des Arbeitszeitgesetzes (§ 16 Abs. 2 ArbZG)[344] weitergehenden Aufzeichnungspflicht. Gemäß § 17 Abs. 1 Satz 1 MiLoG muss der Arbeitgeber Beginn und Ende sowie die Dauer der täglichen Arbeitszeit innerhalb von 7 Tagen nach dem der Erbringung der Arbeitsleistung folgenden Kalendertag aufzeichnen und diese Aufzeichnungen mindestens 2 Jahre aufbewahren.

Arbeitsrechtliche Folgen des Eintretens von Versicherungspflicht

Trotz sorgfältiger Dokumentation der geringfügigen Beschäftigung kann es infolge des Überschreitens der Geringfügigkeitsgrenze zu einer unvorhergesehenen Versicherungspflicht des geringfügig Beschäftigten kommen.

Der Eintritt der Versicherungspflicht berührt dabei die arbeitsrechtlichen Vereinbarungen nicht. Das bedeutet, dass die Vereinbarungen hinsichtlich der zu leistenden Arbeitszeit und des vereinbarten Arbeitslohns weiterhin in Kraft bleiben. Entsprechendes gilt für eine mögliche Kündigung des Arbeitsvertrags. Der Eintritt der Sozialversicherungspflicht führt nicht zu einem Sonderkündigungsrecht des Arbeitgebers oder des Arbeitnehmers. Die gesetzlichen bzw. arbeitsvertraglich vereinbarten Kündigungsfristen sind weiterhin einzuhalten. Auch eine eventuell vereinbarte Befristung der geringfügigen Beschäftigung wird durch den Eintritt der Sozialversicherungspflicht nicht berührt. Den Vertragsparteien steht es natürlich frei, aus Anlass des Eintritts der Versicherungspflicht einen Aufhebungsvertrag mit kurzfristiger Beendigung des Arbeitsverhältnisses abzuschließen.

Sobald das regelmäßige Arbeitsentgelt 538 EUR (ab 1.1.2024; bis 31.12.2023: 520 EUR) monatlich nicht mehr übersteigt, wird die Beschäftigung grundsätzlich wieder versicherungsfrei in der Kranken-, Pflege- und Arbeitslosenversicherung.

27.3 Entgeltfortzahlung

Die geringfügig Beschäftigten haben wie jeder andere Arbeitnehmer nach dem Entgeltfortzahlungsgesetz (EFZG) Anspruch auf Entgeltfortzahlung im Krankheitsfall und an Feiertagen. Es bestehen keine Besonderheiten.

344 Das BAG hält auf der Grundlage des Arbeitsschutzgesetzes eine über § 16 Abs. 2 ArbZG hinausgehende Erfassung der Arbeitszeit (Beginn, Ende, Dauer) für geboten, vgl. BAG, Beschluss v. 13.9.2022, 1 ABR 22/21.

27.4 Mehrarbeit/Überstunden

Eine gesetzliche Definition für »Mehrarbeit« oder »Überstunden« gibt es nicht. In der arbeitsrechtlichen Praxis werden darunter regelmäßig die Arbeitsstunden verstanden, die ein Arbeitnehmer über die vertraglich vereinbarte Arbeitszeit hinaus leistet. Grundsätzlich ist ein teilzeitbeschäftigter Arbeitnehmer zur Leistung von Überstunden oder Mehrarbeit nicht verpflichtet, wenn dies nicht einzel- oder tarifvertraglich ausdrücklich vereinbart worden ist.

Ein einseitiges Recht des Arbeitgebers zur Anordnung von Überstunden ist für geringfügig beschäftigte Arbeitnehmer als Teilzeitbeschäftigte nicht ohne Weiteres anzunehmen. Das BAG vertritt die Auffassung, der Teilzeitbeschäftigte bringe mit der Teilzeitvereinbarung zum Ausdruck, dass er nicht zu zeitlichen Mehrleistungen verpflichtet sein will.

Sofern der Arbeitgeber Wert auf eine arbeitsrechtlich »belastbare« Verpflichtung des geringfügig Beschäftigten zur Leistung von Überstunden legt, müsste diese im Arbeitsvertrag klar geregelt sein. Diese müsste wegen des Diskriminierungsverbots aber berücksichtigen, dass die Verpflichtung in Relation zur Mehrarbeitsverpflichtung steht.[345] Darüber hinaus ist die Leistung von Überstunden und Mehrarbeit durch den geringfügig Beschäftigten auf freiwilliger Grundlage im Rahmen der arbeitszeitgesetzlichen und sozialversicherungsrechtlichen Bestimmungen natürlich zulässig.

27.5 Urlaub

Der geringfügig Beschäftigte hat wie jeder Vollzeit- und Teilzeitarbeitnehmer Anspruch auf Erholungsurlaub nach dem Bundesurlaubsgesetz (BUrlG). Es gelten insoweit die allgemeinen Grundsätze, d. h. der Arbeitnehmer hat gegen den Arbeitgeber einen Anspruch auf Freistellung von der Arbeit unter Fortzahlung seines Arbeitsentgelts.[346]

27.6 Mutterschutz

Gemäß § 1 Abs. 2 MuSchG genießen Mutterschutz alle Frauen, die in einem Beschäftigungsverhältnis stehen. Demnach sind geringfügig Beschäftigte hiervon nicht ausgeschlossen. Unerheblich ist, ob der geringfügig Beschäftigte bei mehreren Arbeitgebern beschäftigt ist. Jeder Arbeitgeber ist an die gesetzlichen Vorgaben des Mutterschutzgesetzes gebunden.

345 BAG, Urteil v. 13.12.1989, 5 AZR 543/88.
346 BAG, Urteil v. 21.10.1965, 5 AZR 146/65.

Für geringfügig Beschäftigte ergeben sich aufgrund der Geringfügigkeit keine Besonderheiten gegenüber einer sozialversicherungspflichtigen Beschäftigung. Auch für geringfügig beschäftigte Frauen gelten also sowohl die besonderen mutterschutzrechtlichen Regelungen des arbeitszeitlichen, betrieblichen und ärztlichen Gesundheitsschutzes, insbesondere Beschäftigungsverbote und Freistellungspflichten, etwa im Rahmen der Schutzfristen vor und nach der Entbindung, mutterschutzgerechter Gestaltung der Arbeitsbedingungen und Berücksichtigung ärztlich bescheinigter Beschäftigungsverbote.[347]

Auch geringfügig beschäftigte Frauen genießen Sonderkündigungsschutz gemäß § 17 MuSchG.

Da die Arbeitsverhältnisse mit geringfügig Beschäftigten nicht sozialversicherungspflichtig sind, kann es bei diesen Beschäftigten häufiger vorkommen, dass diese auch keiner gesetzlichen Krankenkasse angehören. In diesen Fällen zahlt gemäß § 19 Abs. 2 MuSchG nicht die Krankenkasse das Mutterschaftsgeld, sondern auf Antrag der Beschäftigten das Bundesversicherungsamt, und dies auch nur bis zu einer Höhe von insgesamt 210 EUR.[348]

27.7 Elternzeit und Elterngeld

Der Staat gewährt für die Betreuung und Erziehung von Kindern Elterngeld. Voraussetzung für den Anspruch ist, dass der Berechtigte keine oder keine volle Erwerbstätigkeit ausübt.[349] Nach § 1 Abs. 6 BEEG übt der Antragsteller keine volle Erwerbstätigkeit aus, wenn

- die Arbeitszeit 32 Wochenstunden im Monatsdurchschnitt nicht übersteigt (für bis zum 31.8.2021 geborene Kinder: 30 Wochenstunden) oder
- eine Beschäftigung zur Berufsbildung ausgeübt wird oder
- sie eine geeignete Tagespflegeperson i. S. d. § 23 SGB VIII ist und nicht mehr als 5 Kinder in Tagespflege betreut.

Für den geringfügig Beschäftigten ist bedeutsam, dass auch hierbei die Arbeitszeiten aus mehreren Beschäftigungen zusammenzurechnen sind. Auszugehen ist dabei von der wöchentlichen Arbeitszeit.

Auch geringfügig Beschäftigte können unter Beachtung der Einkommensgrenzen in den Genuss von Elterngeld kommen. Für sie kommt dabei regelmäßig die Auf-

347 §§ 3–8 MuSchG: arbeitszeitlicher Gesundheitsschutz; §§ 9–15 MuSchG: betrieblicher Gesundheitsschutz; § 16 MuSchG: ärztlicher Gesundheitsschutz.

348 S. Mutterschaftsgeld.

349 § 1 Abs. 1 Nr. 4 BEEG.

stockung für Geringverdiener gemäß § 2 Abs. 2 BEEG zum Tragen. Danach wird bei Monatseinkommen unter 1.000 EUR der Prozentsatz des Elterngeldes von 67% schrittweise um 0,1% für je 2 EUR Differenz erhöht. Bei einem zu berücksichtigenden Einkommen von 400 EUR ergibt sich danach ein Prozentsatz von 97% bzw. ein Elterngeld von 388 EUR.

Von der Frage der Gewährung des staatlichen Elterngeldes zu unterscheiden ist die Möglichkeit, gegenüber dem Arbeitgeber Elternzeit nach § 15 BEEG zu beanspruchen.

Da § 15 Abs. 1 BEEG nur an die Arbeitnehmereigenschaft allgemein anknüpft, haben auch geringfügig Beschäftigte Anspruch auf Elternzeit. Dieser Anspruch besteht gegenüber jedem Arbeitgeber, bei dem ein Arbeitsverhältnis besteht. Der Arbeitnehmer, der bei mehreren Arbeitgebern beschäftigt ist, kann den Anspruch aber auch nur gegenüber einem dieser Arbeitgeber geltend machen und muss mit seiner wöchentlichen Arbeitszeit sowohl unter die 30-Stunden-Grenze als auch unter die Geringfügigkeitsgrenze fallen.

Sollte in Ausnahmefällen trotz Überschreitung der 32-Stunden-Grenze insgesamt eine geringfügige Beschäftigung vorliegen, hat der Arbeitnehmer die Möglichkeit, eines oder mehrere seiner Beschäftigungsverhältnisse entsprechend zu kürzen.

27.8 Kündigungsschutz

Für geringfügig Beschäftigte gelten grundsätzlich keine Besonderheiten beim Kündigungsschutz. Wie alle anderen Teil- und Vollzeitkräfte genießen sie den allgemeinen Kündigungsschutz nach dem Kündigungsschutzgesetz (KSchG) sowie den besonderen Kündigungsschutz für bestimmte Personengruppen (z.B. Schwangere oder Schwerbehinderte).

Geringfügig Beschäftigte müssen die allgemeinen Voraussetzungen des Kündigungsschutzgesetzes erfüllen. Dies kann im Einzelfall dazu führen, dass wegen der ausschließlichen oder überwiegenden Beschäftigung von geringfügig Beschäftigten trotz größerer Beschäftigtenzahl kein Kündigungsschutz im Betrieb besteht.

Beispiel: Anteilige Berücksichtigung von Teilzeitbeschäftigten

Arbeitgeber A beschäftigt in seinem Betrieb 5 Voll- und 11 Teilzeitbeschäftigte mit weniger als 10 Wochenarbeitsstunden. Die Zusammenrechnung nach § 23 Abs. 1 KSchG ergibt, dass in seinem Betrieb das KSchG anzuwenden ist ([11 × 0,5] Teilzeitbeschäftigte + 5 Vollzeitbeschäftigte = 10,5 Arbeitnehmer).

Arbeitgeber B setzt in seinem Betrieb auf geringfügig Beschäftigte. Er beschäftigt neben einer Vollzeitbeschäftigten 18 Teilzeitbeschäftigte mit weniger als 20 Wochenarbeitsstunden. Hier ist das KSchG nicht anzuwenden, da in seinem Betrieb 10 oder weniger Arbeitnehmer beschäftigt sind ([18 × 0,5] Teilzeitbeschäftigte + 1 Vollzeitbeschäftigte = 10 Arbeitnehmer).

Da hiervon alle Beschäftigten des jeweiligen Betriebs betroffen sind, liegt keine Benachteiligung der geringfügig Beschäftigten gegenüber den Vollzeitarbeitnehmern des Betriebs und damit auch kein Verstoß gegen den Gleichheitsgrundsatz aus Art. 3 GG vor.[350]

350 BAG, Urteil v. 19.4.1990, 2 AZR 487/89.

28 Mindestlohn

Autor: Marco Ferme

Überblick

Der Mindestlohn ist eine festgelegte Lohnuntergrenze, die von keinem Arbeitgeber unterschritten werden darf. Grundsätzlich gilt seit dem 1.1.2015 ein gesetzlicher Mindestlohn in Deutschland für alle Arbeitgeber und alle Arbeitsverhältnisse und damit alle Arbeitnehmer. Der Gesetzgeber hat jedoch ausdrücklich in § 22 Mindestlohngesetz (MiLoG) einige Ausnahmen zugelassen.

Der Mindestlohn ist im Mindestlohngesetz (MiLoG) geregelt.

28.1 Örtlicher und persönlicher Anwendungsbereich

Nach dem Gesetz gilt der Mindestlohn für Beschäftigungsorte in Deutschland, unabhängig von der Staatsangehörigkeit oder dem Wohnsitz der Arbeitnehmerin/des Arbeitnehmers. Er gilt demnach auch für Grenzgänger und Wanderarbeiter, sofern sie regelmäßig im Gebiet der Bundesrepublik Deutschland tätig sind.[351]

Das Gesetz gilt für alle Arbeitnehmer. Arbeitnehmer ist, wer sich durch privatrechtlichen Vertrag dazu verpflichtet hat, eine unselbstständige weisungsgebundene Arbeit zu erbringen, vgl. dazu auch § 611a BGB.

28.2 Ausnahmeregelungen zum Mindestlohn

Das Gesetz sieht im Geltungsbereich die folgenden Ausnahmeregelungen vor:

- Praktikanten
- Kinder und Jugendliche
- Langzeitarbeitslose
- Zeitungszusteller und
- Ehrenamtliche

351 So zuletzt auch BAG, Urteil v. 24.6.2021, 5 AZR 505/20 in Bezug auf nach Deutschland entsandte ausländische Pflegekräfte.

28.2.1 Praktikanten

Praktikantinnen und Praktikanten i. S. d. § 26 BBiG werden grundsätzlich vom MiLoG erfasst. Hintergrund ist die Vermeidung von Missbrauch, den manche Unternehmen in der Vergangenheit mit Praktikanten betrieben haben.

Da ein Praktikantenverhältnis je nach Ausgestaltung Arbeitsverhältnis und Berufsausbildungsverhältnis sein kann, hat der Gesetzgeber im MiLoG bestimmte Praktikanten von dessen Anwendung ausgenommen.

Die Bezeichnung »Praktikant« ist in § 22 Abs. 1 Satz 3 MiLoG gesetzlich definiert: »*Praktikantin oder Praktikant ist unabhängig von der Bezeichnung des Rechtsverhältnisses, wer sich nach der tatsächlichen Ausgestaltung und Durchführung des Vertragsverhältnisses für eine begrenzte Dauer zum Erwerb praktischer Kenntnisse und Erfahrungen einer bestimmten betrieblichen Tätigkeit zur Vorbereitung auf eine berufliche Tätigkeit unterzieht, ohne dass es sich dabei um eine Berufsausbildung im Sinne des Berufsbildungsgesetzes oder um eine damit vergleichbare praktische Ausbildung handelt.*«

Das MiLoG findet nach § 22 Abs. 1 Satz 2 MiLoG auf folgende Praktikantinnen und Praktikanten grundsätzlich keine Anwendung:
1. Praktikanten, die ein Praktikum verpflichtend aufgrund (hoch-)schulrechtlicher Bestimmungen, einer Ausbildungsordnung oder im Rahmen einer Ausbildung an einer gesetzlich geregelten Berufsakademie ableisten,
2. Praktikanten, die ein Praktikum bis zu 3 Monaten zur Orientierung für eine Berufsausbildung oder für die Aufnahme eines Studiums leisten,
3. Praktikanten, die ein Praktikum von bis zu 3 Monaten begleitend zu einer Berufs- oder Hochschulausbildung leisten, wenn nicht ein solches Praktikumsverhältnis mit demselben Ausbildenden bereits zuvor bestanden hat, oder
4. Praktikanten, die an einer sog. Einstiegsqualifizierung oder an einer Berufsausbildungsvorbereitung (gemäß § 54a SGB III bzw. §§ 68–70 BBiG) teilnehmen.

Tipp: Zur Einordnung echter und unechter Praktikanten Nachweis geben lassen

Auch losgelöst vom MiLoG ist die rechtliche Einordnung eines Praktikanten wichtig für die Beurteilung der Frage, ob z. B. Urlaubsansprüche und Entgeltfortzahlungsansprüche wegen Krankheit bestehen bzw. welche Kündigungsmöglichkeiten/-fristen Anwendung finden. Hierbei ist zu unterscheiden zwischen den sog.

- »echten« Praktikanten, d. h. Praktikanten, die dieses zwingend im Rahmen eines Studiums oder einer sonstigen Hochschulausbildung absolvieren müssen, damit die Prüfungsvoraussetzungen erreicht werden können und sog.
- »unechten« Praktikanten, die unabhängig hiervon in einem Unternehmen arbeiten. Diese sind normale Arbeitnehmer, mit allen sich daraus ergebenen Rechten und Pflichten.

Unternehmen sollten sich daher, wenn es sich um echte Praktikanten handelt, einen Nachweis geben lassen und z. B. die **Prüfungsordnung zur Personalakte** nehmen.

28.2.2 Langzeitarbeitslose

Für Arbeitnehmer/innen, die unmittelbar vor der Beschäftigung 1 Jahr oder länger arbeitslos gemeldet waren (»Langzeitarbeitslose«) (§ 18 Abs. 1 SGB III), gilt der gesetzliche Mindestlohn in den ersten 6 Monaten der neu aufgenommenen Beschäftigung nicht.

29 Arbeitszeit: Höchstarbeitszeit, Pausen, Ruhezeit

Autor: Dr. Christian Schlottfeldt

Überblick

Die gesetzlichen Vorgaben über die bei der betrieblichen Arbeitszeitgestaltung zwingend zu beachtenden Schutzbestimmungen für Arbeitnehmer sind Teil des öffentlich-rechtlichen Arbeitsschutzes. Gesetzlich geregelt ist das Arbeitszeitschutzrecht insbesondere im Arbeitszeitgesetz (ArbZG). Das ArbZG verpflichtet den Arbeitgeber bei der Beschäftigung von Arbeitnehmern, insbesondere zur Beachtung

- der täglichen Höchstarbeitszeit der Arbeitnehmer,
- des insgesamt zulässigen Arbeitszeitvolumens,
- der Einhaltung von Mindestruhepausen und -ruhezeiten,
- der Einschränkungen für Sonn- und Feiertagsbeschäftigung sowie
- der gesetzlichen Aufzeichnungspflichten.

Innerhalb der gesetzlichen Vorgaben bleibt dagegen die Frage der Verteilung der vereinbarten Arbeitszeit (Beginn und Ende der täglichen Arbeitszeit, Verteilung der Arbeitszeit auf die Wochentage) der näheren Ausgestaltung durch den Arbeitsvertrag, Tarifverträge und Betriebsvereinbarungen sowie entsprechende Weisungen des Arbeitgebers nach »billigem Ermessen« (§ 106 GewO) vorbehalten.

Der Beitrag erörtert die Vorgaben des ArbZG bezüglich der werktäglichen Grenzen der Heranziehung des Arbeitnehmers zur Arbeit. Die zunehmende Verbreitung flexibler Arbeitszeitmodelle hat auch zu einer sozialversicherungsrechtlichen Flankierung flexibler Arbeitszeitmodelle mit längeren individuellen Freistellungen des Arbeitnehmers unter Beibehaltung des Sozialversicherungsschutzes geführt. Dazu gehören insbesondere die gesetzlichen Regelungen in §§ 7b ff. SGB IV zur Bildung, Sicherung und Übertragung von Wertguthaben für längerfristig angelegte Freistellungsmodelle (z. B. Lebensarbeitszeitkonten) durch die sog. Flexi-Gesetze.[352]

Über das Arbeitszeitgesetz hinaus finden sich eine Reihe von zeitlichen Schutzbestimmungen für bestimmte Arbeitnehmergruppen oder bestimmte Tätigkeiten insbesondere in folgenden Gesetzen:

- Jugendarbeitsschutzgesetz (JArbSchG),
- Mutterschutzgesetz (MuschG),
- Fahrpersonalverordnung (FPersVO),
- Ladenschluss- bzw. Ladenöffnungsgesetze der Bundesländer,
- Offshore-Arbeitszeitverordnung (Offshore-ArbZV),
- Rechtsverordnungen der Bundesländer zum Sonn- und Feiertagsschutz, insbesondere den sog. Bedarfsgewerbeverordnungen.

352 Gesetz zur sozialrechtlichen Absicherung flexibler Arbeitszeitregelungen v. 6.4.1998, BGBl. I S. 688 (sog. Flexi-I-Gesetz); Gesetz zur Verbesserung der Rahmenbedingungen für die Absicherung flexibler Arbeitszeitregelungen v. 21.12.2008, BGBl. I S. 2940.

29.1 Zweck und Geltungsbereich des Arbeitszeitgesetzes

Der Zweck des Arbeitszeitgesetzes (ArbZG) wird in § 1 ArbZG definiert. Es soll die Sicherheit und den Gesundheitsschutz der Arbeitnehmer bei der Arbeitszeitgestaltung gewährleisten und die Rahmenbedingungen für flexible Arbeitszeiten verbessern sowie den Sonntag und die staatlich anerkannten Feiertage als »Tage der Arbeitsruhe und seelischen Erhebung« der Arbeitnehmer schützen.

Das ArbZG gilt für alle Arbeitnehmer, die im Geltungsbereich des Grundgesetzes bei deutschen oder ausländischen Unternehmen beschäftigt sind.

Das Gesetz gilt nur für Arbeitnehmer. § 2 Abs. 2 ArbZG definiert Arbeitnehmer als Arbeiter und Angestellte sowie die zu ihrer Berufsbildung Beschäftigten.

Ausnahmeregelungen enthalten die §§ 18–21 ArbZG sowie weitere Schutzgesetze für folgende Personengruppen:
- Leitende Angestellte i. S. d. § 5 Abs. 3 BetrVG (§ 18 Abs. 1 Nr. 1 ArbZG)
- Chefärzte (§ 18 Abs. 1 Nr. 1 ArbZG)
- Leiter von öffentlichen Dienststellen und deren Vertreter (§ 18 Abs. 1 Nr. 2 ArbZG)
- Arbeitnehmer des öffentlichen Dienstes mit Personalentscheidungsbefugnis (§ 18 Abs. 1 Nr. 2 ArbZG)
- Arbeitnehmer in häuslicher Gemeinschaft mit ihnen anvertrauten Personen (§ 18 Abs. 1 Nr. 3 ArbZG)
- Liturgischer Bereich der Kirchen und Religionsgemeinschaften (§ 18 Abs. 1 Nr. 4 ArbZG)

29.2 Begriffsbestimmungen des Arbeitszeitgesetzes

Das ArbZG bestimmt in § 2 die Grundbegriffe des Arbeitszeitrechts. § 2 Abs. 1 Satz 1 1. Halbsatz ArbZG definiert die Arbeitszeit als die »Zeit vom Beginn bis zum Ende der Arbeit ohne die Ruhepausen«. Die Frage, welche Tätigkeiten als »Arbeit« anzusehen sind, bestimmt sich nach dem Arbeits- oder Tarifvertrag. Dieser ist ggf. (etwa hinsichtlich der Einordnung von Dienstreisezeiten) auszulegen.

Arbeitszeiten bei mehreren Arbeitgebern

Arbeitszeiten bei mehreren Arbeitgebern sind zusammenzurechnen, sodass bei Teilzeitbeschäftigten mit mehreren Arbeitsstellen und Vollzeitarbeitnehmern mit einem Nebenjob zu prüfen ist, ob die für die werktägliche Höchstarbeitszeit und Ruhezeit geltenden Bestimmungen bei Zusammenrechnung aller Arbeitszeiten eingehalten werden können. Der Arbeitnehmer ist zur Erteilung entsprechender Auskünfte über die im Rahmen der Nebentätigkeit geleisteten Arbeitszeiten verpflichtet. Bei der gesetzlich gebotenen Aufzeichnung von Arbeitszeiten oberhalb der in § 3 Satz 1 ArbZG bestimmten Arbeitszeit sind auch Nebentätigkeiten einzubeziehen. Bei Nebentätigkeiten von Arbeitnehmern, die fahrpersonalrechtlichen Bestimmungen für gewerbliche Güter- und Personenbeförderung unterliegen, muss sich der Arbeitgeber entsprechend Aufzeichnungen vorlegen lassen.[353]

Im Bergbau zählen die Ruhepausen zur Arbeitszeit hinzu (§ 1 Abs. 1 Satz 2 ArbZG).

Der Arbeitszeitbegriff des § 2 Abs. 1 ArbZG und die daran anknüpfenden Grenzen der Arbeitszeitgestaltung beziehen sich auf Arbeitszeiten im Sinne einer vollen Beanspruchung des Arbeitnehmers (sog. »Vollarbeit« bzw. »Vollarbeitszeit«). Von der Vollarbeit sind Arbeitsbereitschaft und Bereitschaftsdienst als Arbeitszeitformen minderer Beanspruchung sowie die (zur Ruhezeit gehörende) Rufbereitschaft abzugrenzen.

29.2.1 Arbeitsbereitschaft

Das ArbZG erwähnt die Arbeitsbereitschaft als besondere Arbeitszeitform minderer Beanspruchung. Das Bundesarbeitsgericht (BAG) definiert Arbeitsbereitschaft als Zeit wacher Achtsamkeit im Zustand der Entspannung.[354] Die Arbeitsbereitschaft ist ihrem Wesen nach eine Aufenthaltsbeschränkung (Aufenthalt am Arbeitsplatz), bei der der Arbeitnehmer nicht durchgehend aktiv ist, sich jedoch zur unverzüglichen vollen Arbeitsleistung im Bedarfsfall bereithalten muss.[355] Dabei ist kennzeichnend für die Arbeitsbereitschaft, dass die Zeitspannen der vollen Arbeitsleistung und der bloßen »passiven« Arbeitsbereitschaft im Vorhinein nicht genau feststehen, sondern sich je nach Anforderung mehrfach innerhalb des Arbeitstages bzw. einer Arbeitsschicht abwechseln.[356]

Beispiel: Arbeitsbereitschaft

Der Arbeitnehmer ist als Rettungsassistent im Rettungsdienst beschäftigt. Während eines Teils seiner Arbeitszeit lenkt er im Rahmen von Einsätzen ein Fahrzeug des Rettungsdienstes. Soweit keine Einsätze zu fahren sind, hält er sich in (passiver) Arbeitsbereitschaft in den Räumen des Arbeitgebers (Rettungswache) auf.

Arbeitsbereitschaft ist als Arbeitszeit i. S. d. § 2 Abs. 1 ArbZG anzusehen, sodass die Höchstgrenze der werktäglichen Arbeitszeit (10 Stunden, zzgl. Ruhepausen, bzw. durchschnittlich 8 Stunden innerhalb des gesetzlichen Ausgleichszeitraums gemäß § 3 Satz 2 ArbZG) grundsätzlich auch für Zeiten der Arbeitsbereitschaft gelten. § 7

353 BAG, Urteil v. 11.12.2001, 9 AZR 464/00.
354 BAG, Urteil v. 25.10.1989, 2 AZR 633/88.
355 Vgl. BAG, Urteil v. 19.12.1991, 6 AZR 592/89.
356 Vgl. BAG, Urteil v. 24.9.2008, 10 AZR 669/07.

Abs. 1 Nr. 1 ArbZG eröffnet den Tarifvertragsparteien aber die Möglichkeit, die werktägliche Arbeitszeit auf über 10 Stunden hinaus zu verlängern, wenn in die Arbeitszeit regelmäßig und in erheblichem Umfang Arbeitsbereitschaft fällt.

29.2.2 Bereitschaftsdienst

Im Unterschied zu Vollarbeit und Arbeitsbereitschaft liegt Bereitschaftsdienst vor, wenn ein Arbeitnehmer sich auf Anordnung des Arbeitgebers außerhalb der regelmäßigen Arbeitszeit an einer vom Arbeitgeber bestimmten Stelle aufhält, um im Bedarfsfall die Arbeit aufzunehmen (vgl. die Definition in § 7 Abs. 3 TVöD).

In der betrieblichen Praxis kann der Arbeitnehmer in Zeiten des Bereitschaftsdienstes ohne Inanspruchnahme häufig sogar ruhen, da er, anders als bei der Arbeitsbereitschaft, nicht durchgehend zu »wacher Aufmerksamkeit« verpflichtet ist. Er muss jedoch während der Zeit des Bereitschaftsdienstes stets in der Lage sein, unverzüglich seine Tätigkeit aufnehmen zu können, darf sich also weder vom vorgegebenen Ort der Bereitschaft entfernen noch seine Arbeitsfähigkeit beispielsweise durch die Einnahme von Alkohol, Medikamenten oder Drogen herabsetzen.

Kennzeichnend für den Bereitschaftsdienst ist, dass er in zuvor genau festgelegten Zeitspannen außerhalb der regelmäßigen Arbeitszeit geleistet wird (z. B. zwischen Ende der Vollarbeitszeit und Beginn des nachfolgenden Arbeitstages) und dass die Zeitspannen ohne Inanspruchnahme regelmäßig überwiegen.

Vertragliche Grundlage
Die Verpflichtung zum Bereitschaftsdienst kann sich aus einem Tarifvertrag oder dem Einzelarbeitsvertrag ergeben. Bei der Heranziehung zum Bereitschaftsdienst muss der Arbeitgeber das Gebot »billigen Ermessens« (§ 106 GewO) beachten.

Das führt in der Praxis insbesondere dazu, dass der Arbeitgeber entsprechende Dienste gleichmäßig unter den infrage kommenden Arbeitnehmern verteilen und auf betriebsärztlich attestierte gesundheitliche Einschränkungen (z. B. für Nachtarbeit) Rücksicht nehmen muss.[357] Teilzeitbeschäftigte dürfen nur entsprechend dem Beschäftigungsumfang (»pro rata temporis«) zu Bereitschaftsdiensten herangezogen werden. Die Ermessensausübung unterliegt der gerichtlichen Kontrolle.[358]

357 BAG, Urteil v. 9.4.2014, 10 AZR 637/13.
358 BAG, Urteil v. 10.6.1959, 4 AZR 567/56.

Bereitschaftsdienst ist Arbeitszeit
Sämtliche Zeiten des Bereitschaftsdienstes (einschließlich passiver Zeiten und auch Ruhezeiten innerhalb der Bereitschaft) gehören zur Arbeitszeit i. S. v. § 2 Abs. 1 ArbZG. Dies kommt darin zum Ausdruck, dass gemäß § 7 Abs. 1 Nr. 1a ArbZG Verlängerungen der werktäglichen Arbeitszeit möglich sind, wenn »in die Arbeitszeit regelmäßig und in erheblichem Umfang Arbeitsbereitschaft oder Bereitschaftsdienst fällt«. Es sind also nicht nur die Zeiten der tatsächlichen Inanspruchnahme für die Höchstgrenzen der Arbeitszeit zu berücksichtigen.

Mit der uneingeschränkten Bewertung des Bereitschaftsdienstes als Arbeitszeit i. S. d. § 2 Abs. 1 ArbZG hat der Gesetzgeber die vom **Europäischen Gerichtshof (EuGH)** vorgenommene Auslegung des Begriffs der »Arbeitszeit« in das deutsche Recht übernommen. Der EuGH hat unter Bezugnahme auf die europäische **Arbeitszeitrichtlinie** 93/104/EG[359] festgestellt, dass die Pflicht, sich am Arbeitsplatz aufzuhalten und verfügbar zu sein, als Bestandteil der Aufgabenwahrnehmung unabhängig von einer tatsächlich geleisteten Arbeit als Arbeitszeit anzusehen ist.[360]

Das gilt auch dann, wenn der Arbeitgeber dem Arbeitnehmer in seinen Räumlichkeiten einen Ruheraum zur Verfügung stellt, in dem dieser sich bei Nichtinanspruchnahme seiner Arbeitskraft ausruhen kann. Bereitschaftsdienst liegt nach Auffassung des EuGH auch dann vor, wenn der Arbeitnehmer sich zwar nicht in der Betriebsstätte aufhalten muss, jedoch im Fall des Einsatzes so engen zeitlichen Bindungen unterliegt, dass der Arbeitnehmer de facto gezwungen ist, sich an einem bestimmten Ort (z. B. am Wohnort) aufzuhalten und deshalb in der Freizeitgestaltung stark eingeschränkt ist.

Höchstarbeitszeiten
Zeiten des Bereitschaftsdienstes sind (entsprechend den Ausführungen zur Arbeitsbereitschaft) in vollem Umfang bei der Einhaltung der Grenzen der werktäglichen und wöchentlichen Höchstarbeitszeit zu berücksichtigen. Hinsichtlich der werktäglichen Arbeitszeit gemäß § 3 ArbZG (8 bzw. 10 Stunden) lässt das ArbZG weitreichende Ausnahmen auf tarifvertraglicher Grundlage zu.

Die Begrenzung des Gesamtvolumens der zulässigen Arbeitszeit auf werktäglich 8 Stunden bzw. 48 Stunden/Woche führt jedoch dazu, dass bei einer tariflichen Arbeitszeit von z. B. 40 Stunden/Woche durchschnittlich nur noch 8 Stunden/Woche »Luft« für Arbeitsbereitschaft oder Bereitschaftsdienst bleiben.

---

359 Richtlinie: 93/104/EG des Rates über bestimmte Aspekte der Arbeitszeitgestaltung v. 23.11.1993, ABl. Nummer L 307 1993, S. 18, ist inzwischen Teil der konsolidierten Richtlinie 2003/88/EG des Europäischen Parlaments und des Rates über bestimmte Aspekte der Arbeitszeitgestaltung v. 4.11.2003, ABl. Nummer L 299 2003, S. 9.

360 Vgl. insbesondere EuGH, Urteil v. 3.10.2000, C 303/98 – SIMAP; EuGH, Urteil v. 9.9.2003, C 151/02 – Jaeger.

Überschreitungen der durchschnittlich zulässigen Arbeitszeit von 8 Stunden/Werktag bzw. 48 Stunden/Woche sind nur auf der Grundlage einer tarifvertraglichen Regelung und einer zusätzlichen individuellen, widerruflichen Zustimmung des Arbeitnehmers zulässig (sog. »opt-out«-Regelung gemäß § 7 Abs. 2a i. V. m. Abs. 7 ArbZG). Dies betrifft insbesondere den Krankenhausbereich, Rettungsdienste sowie Betreuungseinrichtungen mit Nachtbereitschaften (insbesondere Jugendhilfe, Behindertenhilfe, Sozialpsychiatrie).

Ruhephasen sind keine Ruhezeiten
Ruhephasen innerhalb des Bereitschaftsdienstes können nicht als Ruhezeiten i. S. d. § 5 ArbZG gewertet werden.

Das heißt für die betriebliche Praxis, dass auch nach »ruhigen« Bereitschaftsdiensten ohne Inanspruchnahme eine Ruhezeit von grundsätzlich 11 Stunden gemäß § 5 Abs. 1 ArbZG zu gewähren ist.

Ruhezeit von grundsätzlich 11 Stunden
Nach § 7 Abs. 9 ArbZG muss nach einem (z. B. durch Bereitschaftsdienst oder Arbeitsbereitschaft verlängerten) Dienst von mehr als 12 Stunden Arbeitszeit zwingend eine 11-stündige Ruhezeit gewährt werden. Ruhezeitverkürzungen sind nach dem ArbZG nur sehr eingeschränkt möglich, vgl. §§ 5 und 7 ArbZG.

Passive Zeiten des Bereitschaftsdienstes stellen auch keine Ruhepausen i. S. d. § 4 ArbZG dar, sodass Bereitschaftsdienste grundsätzlich auch Pausenregelungen erfordern.[361] Für Bereitschaftsdienste mit geringer Beanspruchung und Ruhemöglichkeiten (»Schlafbereitschaft«) erscheint es jedoch vor dem Hintergrund des Schutzzwecks der Pause zumindest vertretbar, die Ruhepause in den passiven Phasen des Bereitschaftsdienstes zu gewähren.

Vergütung
Bereitschaftsdienst ist zwar Arbeitszeit i. S. d. arbeitszeitgesetzlichen Bestimmungen. Daraus folgt aber keine bestimmte Vergütungspflicht. Die Frage der Vergütung des Bereitschaftsdienstes ist von dessen arbeitszeitschutzrechtlicher Bewertung als Arbeitszeit grundsätzlich unabhängig. Auf der Grundlage tarif- oder arbeitsvertraglicher Regelungen kann der Bereitschaftsdienst daher geringer vergütet werden als Arbeitsleistungen im Rahmen von Vollarbeitszeit. Jedoch sind Zeiten des Bereitschaftsdienstes als Arbeitszeit i. S. d. Mindestlohngesetzes anzusehen, sodass der Arbeitnehmer auch für Bereitschaftsdienststunden ohne jede Beanspruchung den vollen Mindestlohnanspruch erwirbt. Leistet der Arbeitnehmer sowohl Vollarbeit als

361 BAG, Urteil v. 16.12.2009, 5 AZR 157/09.

auch Bereitschaftsdienst, so ist es ausreichend, wenn der dem Arbeitnehmer für alle Arbeitsstunden gezahlte Lohn insgesamt den Mindestlohnanspruch erfüllt.[362]

29.2.3 Rufbereitschaft

Von der Vollarbeit, der Arbeitsbereitschaft und dem Bereitschaftsdienst ist die Rufbereitschaft zu unterscheiden. Rufbereitschaft liegt dann vor, wenn sich der Arbeitnehmer auf Anordnung des Arbeitgebers außerhalb der regelmäßigen Arbeitszeit an einer dem Arbeitgeber anzuzeigenden Stelle aufzuhalten hat, um auf Abruf die Arbeit aufzunehmen. Auch in der Anordnung, außerhalb der regelmäßigen Arbeitszeit ein Mobiltelefon empfangsbereit zu halten, kann die Anordnung von Rufbereitschaft liegen.[363] Im Unterschied zu den Arbeitsformen »Arbeitsbereitschaft« und »Bereitschaftsdienst«, die, einschließlich der inaktiven Zeitanteile, als Arbeitszeit i. S. d. ArbZG anzusehen sind, sind Zeiten der bloßen Rufbereitschaft Ruhezeit i. S. d. § 5 Abs. 1 ArbZG. Im Fall des Abrufs ist die Zeit der tatsächlichen Inanspruchnahme dagegen als Arbeitszeit anzurechnen.

Der Arbeitnehmer ist bei der Wahl seines Aufenthaltsorts innerhalb der Rufbereitschaft nur insoweit eingeschränkt, als er sich für einen Abruf des Arbeitgebers (z. B. per Mobiltelefon) bereithalten und bei Abruf die Arbeitsaufnahme gewährleisten muss.

Eine Zeitvorgabe für die Arbeitsaufnahme darf nicht zu einer faktischen Aufenthaltsbeschränkung für den Arbeitnehmer werden, die dem Charakter der Ruhezeit als Zeitspanne der Regeneration und Pflege sozialer Kontakte entgegensteht. Der Arbeitgeber muss deshalb im Fall eines Abrufs zur Arbeit die heutzutage üblichen Wegezeiten zwischen Wohnort und Betrieb berücksichtigen.

Will der Arbeitgeber eine kurzfristige Arbeitsaufnahme im Betrieb sicherstellen, muss er sich ggf. anderer Dienstformen, etwa des Bereitschaftsdienstes, bedienen.[364]

Die Verpflichtung zur Rufbereitschaft kann sich aus einem Tarifvertrag oder dem Einzelarbeitsvertrag ergeben. Die Vergütung der Rufbereitschaft ist gesetzlich nicht geregelt. Aktivzeiten innerhalb der Rufbereitschaft sind Arbeitszeiten i. S. d. Mindestlohngesetzes. Insoweit kann auf die vorstehenden Ausführungen zum Bereitschaftsdienst Bezug genommen werden.

362 BAG, Urteil v. 29.6.2016, 5 AZR 716/15, für Bereitschaftsdienste in Pflegeeinrichtungen vgl. aber § 2 Abs. 3 3. PflArbbV; BAG, Urteil v. 28.1.2004, 5 AZR 530/02.

363 BAG, Urteil v. 29.6.2000, 6 AZR 900/98.

364 BAG, Urteil v. 31.1.2002, 6 AZR 214/00; vgl. zur Abgrenzung von Bereitschaftsdienst und Rufbereitschaft auch Abschn. 2.2.

29.3 Beispiele: Welche Tätigkeiten gehören zur Arbeitszeit

Gelegentlich ist zweifelhaft, welche Zeitspannen einer beruflich veranlassten Tätigkeit tatsächlich zur Arbeitszeit i. S. d. ArbZG gehören. Das ArbZG verweist mit der in § 2 Abs. 1 ArbZG verwendeten Begriffsbestimmung der Arbeitszeit als »Zeit zwischen Beginn und Ende der Arbeit« letztlich auf die vom Arbeitnehmer aufgrund des Arbeitsvertrags als Hauptleistung geschuldeten Tätigkeiten.

Im Zweifel muss der Kreis dieser Tätigkeiten durch die Auslegung des Einzelarbeitsvertrags bzw. der kollektivrechtlichen Vereinbarungen (Tarifvertrag) ermittelt werden. Hinsichtlich der arbeitszeitschutzrechtlichen Bewertung von außerhalb der Hauptleistung liegenden Tätigkeiten (sog. arbeitsvertraglichen »Nebenleistungen«) ist zu prüfen, ob die Beanspruchung durch derartige Leistungen der Vollarbeit vergleichbar ist.

Beispiel 1: Waschen und Umkleiden vor und nach der Arbeitsaufnahme sowie die dadurch veranlassten innerbetrieblichen Wegezeiten gehören schutz- und vergütungsrechtlich zur Arbeitszeit, soweit der Arbeitgeber das Waschen und/oder Umkleiden des Arbeitnehmers im Betrieb anordnet (z. B. zur Erfüllung von Hygienevorschriften). Dabei gehört auch die Wegezeit zwischen dem betrieblichen Umkleideraum und dem Arbeitsplatz zur Arbeitszeit.[365] Einer betrieblichen Anordnung steht es gleich, wenn es dem Arbeitnehmer unzumutbar ist, Dienstkleidung auf dem Weg zwischen Wohnung und Arbeitsstätte zu tragen. Dies ist nach Auffassung des BAG dann der Fall, wenn der Arbeitnehmer aufgrund der Dienstkleidung als Angehöriger eines bestimmten Unternehmens, einer bestimmten Branche oder Berufsgruppe identifizierbar ist.[366] Im Übrigen sind Wasch- und Umkleidezeiten regelmäßig nicht als Arbeitszeit anzusehen (»Arbeitszeit beginnt in Arbeitskleidung am Arbeitsplatz«).[367]

Beispiel 2: Zeiten der Betriebsratstätigkeit sind keine Arbeitszeit i. S. d. ArbZG, da die Wahrnehmung eines betriebsverfassungsrechtlichen Mandats keine arbeitsvertraglich geschuldete Arbeitsleistung, sondern ehrenamtliche Tätigkeit ist. Allerdings haben Betriebsratsmitglieder auf betriebsverfassungsrechtlicher Grundlage Anspruch darauf, dass der Arbeitgeber bei der Arbeitszeitgestaltung Rücksicht auf die Mandatsausübung entsprechend den Bestimmungen des ArbZG nimmt. Betriebsräte haben deshalb Anspruch auf Arbeitsbefreiung von der arbeitsvertraglichen Tätigkeit, soweit dies zur Einhaltung von Ruhezeiten entsprechend den arbeitszeitgesetzlichen Bestimmungen vor bzw. nach der Betriebsratstätigkeit erforderlich ist (z. B. Befreiung von der planmäßigen Nachtschicht zur Wahrnehmung von Betriebsratsaufgaben tagsüber).[368]

---

365 BAG, Urteil v. 19.9.2012, 5 AZR 678/11.

366 BAG, Urteil v. 6.9.2017, 5 AZR 382/16; BAG, Urteil v. 15.7.2021, 6 AZR 207/20.

367 BAG, Urteil v. 22.3.1995, 5 AZR 934/93; BAG, Urteil v. 11.10.2000, NZA 2001 S. 458.

368 BAG, Urteil v. 18.1.2017, 7 AZR 224/15.

Beispiel 3: Fahrtzeiten eines im Außendienst eingesetzten Arbeitnehmers mit »Homeoffice«-Regelung ohne betrieblichen Arbeitsplatz zwischen der Wohnung und dem ersten bzw. letzten Kunden bzw. Einsatzort sind in arbeitszeitgesetzlicher Hinsicht als Arbeitszeit anzusehen.

Beispiel 4: Fahrtzeiten zwischen Arbeitsstätte und Kundenbetrieb bzw. Einsatzort sind in arbeitszeitgesetzlicher Hinsicht als Arbeitszeit anzusehen.

Beispiel 5: Wegezeiten zwischen Wohnung und Arbeitsstätte gehören nicht zur Arbeitszeit i. S. d. ArbZG.[369]

Beispiel 6: Reine Reisezeiten im Rahmen arbeitsrechtlicher »Nebenleistungen« sind mangels »Arbeit« i.S.d. § 2 Abs. 1 ArbZG grundsätzlich keine Arbeitszeiten i.S.d. ArbZG, soweit der Arbeitnehmer nicht ein Fahrzeug auf Anordnung des Arbeitgebers lenken muss. Ist das wirtschaftliche Ziel der Gesamttätigkeit darauf gerichtet, Kunden aufzusuchen, um dort Dienstleistungen zu erbringen oder um Geschäfte für den Arbeitgeber zu vermitteln oder abzuschließen, zählen die erforderlichen Zeiten für Hin- und Rückreise in vollem Umfang zur Arbeitszeit im arbeitsvertraglichen Sinne und sind damit vergütungspflichtig. Bei fehlender Beanspruchung des Arbeitnehmers (Reise im Zug, Bus oder Flugzeug) können Reisezeiten aber in arbeitszeitschutzrechtlicher Hinsicht als Ruhezeit oder Ruhepause bewertet werden und müssen nicht auf die Höchstarbeitszeit angerechnet werden.[370]

29.4 Höchstdauer der werktäglichen Arbeitszeit

29.4.1 Allgemeine Bestimmungen

Die Höchstdauer der werktäglichen Arbeitszeit ergibt sich aus § 3 Satz 2 ArbZG. Danach darf die tägliche Arbeitszeit die Dauer von 10 Stunden (zuzüglich Pausen) nicht überschreiten. Maßgeblich ist ein 24-Stundenzeitraum, gerechnet ab individuellem Arbeitsbeginn (»individueller Werktag«).

Ein neuer »individueller Werktag« darf jedoch immer nach Ablauf einer Ruhezeit gemäß § 5 ArbZG beginnen, auch wenn dadurch insgesamt eine Arbeitszeitdauer von 10 Stunden innerhalb eines 24-Stundenzeitraums überschritten wird.[371]

Werktage sind die Tage von Montag bis Samstag, ausgenommen gesetzliche Feiertage.

369 EuGH, Urteil v. 10.9.2015, C-266/14; BAG, Urteil v. 25.4.2018, 5 AZR 424/17.

370 BAG, Urteil v. 17.10.2018, 5 AZR 553/17; BAG, Urteil v. 11.7.2006, 9 AZR 519/05.

371 Vgl. LASI (Länderausschuss Arbeitsschutz und Sicherheitstechnik), Veröffentlichung LV 30 »Arbeitszeitgestaltung in Krankenhäusern«, 2012, Ziff. 4.4.

Beispiel: Ruhezeiten und individueller Werktag

Ein Arbeitnehmer ist zur Spätschicht von 14:00–23:00 Uhr eingeteilt. Sein individueller Werktag beginnt mit Arbeitsaufnahme um 14:00 Uhr und endet grundsätzlich 24 Stunden später (14:00 Uhr des Folgetags). Jedoch kann der Arbeitnehmer nach Einhaltung einer Ruhezeit von 11 Stunden nach Arbeitsende (23:00–10:00 Uhr) ab 10:00 Uhr wieder zur Arbeit eingeteilt werden. Zugleich beginnt dann um 10:00 Uhr ein neuer Werktag; die zwischen 10:00 und 14:00 Uhr geleistete Arbeitszeit wird dem neuen Werktag zugerechnet, sodass die Überschreitung von 10 Stunden Arbeitszeit innerhalb des »alten Werktags« (14:00–14:00 Uhr des Folgetages) unschädlich ist.

Ausgleichszeitraum

Innerhalb eines Ausgleichszeitraums von 6 Kalendermonaten oder innerhalb von 24 Wochen[372] dürfen jedoch im Durchschnitt 8 Stunden werktäglich nicht überschritten werden.[373] Krankheits- und Urlaubstage kommen gemäß Art. 16 Buchst. b der europäischen Arbeitszeitrichtlinie 2003/88 EG[374], die bei der Auslegung des ArbZG zu berücksichtigen ist, als Ausgleichstage jedoch nicht in Betracht.

Arbeitszeitflexibilisierung

Das ArbZG eröffnet damit umfangreiche Möglichkeiten der Arbeitszeitflexibilisierung. So kann (ohne Berücksichtigung eventuell zulässiger Sonntagsbeschäftigung und/oder täglicher Arbeitszeitverlängerung durch Arbeitsbereitschaft oder Bereitschaftsdienst) in einzelnen Wochen bis zu 60 Stunden gearbeitet werden (6 Werktage × 10 Stunden/Tag), solange die durchschnittliche Arbeitszeit von 8 Stunden/Werktag (= 48 Stunden/Woche) nicht überschritten wird.

Das maximal zulässige effektive jährliche Arbeitszeitvolumen im Rahmen einer »Jahresarbeitszeit« liegt damit – je nach Anzahl von Wochenfeiertagen – bei maximal ca. 2.250 Stunden.[375]

Gestaltungsmöglichkeit für Arbeitgeber

Die Wahl des Ausgleichszeitraums steht im Ermessen des Arbeitgebers. Wählt er den 24-Wochenzeitraum, so beginnt der Ausgleichszeitraum am ersten Tag der Überschreitung der 8-Stunden-Grenze und endet spätestens nach 24 Wochen.

---

372 Für Nachtarbeitnehmer gilt ein kürzerer Ausgleichszeitraum von 1 Monat oder 4 Wochen, der auf tarifvertraglicher Grundlage jedoch verlängert werden kann.

373 § 3 Satz 2 ArbZG.

374 Die Richtlinie 93/104/EG des Rates über bestimmte Aspekte der Arbeitszeitgestaltung v. 23.11.1993, ABl. Nr. L 307 1993, S. 18, ist inzwischen Teil der konsolidierten Richtlinie 2003/88/EG des Europäischen Parlaments und des Rates über bestimmte Aspekte der Arbeitszeitgestaltung v. 4.11.2003, ABl. Nr. L 299 2003, S. 9; vgl. auch OVG NRW, Urteil v. 23.6.2016, 4 A 2308/12.

375 Eventuelle Urlaubstage oberhalb des gesetzlichen Mindesturlaubs sowie individuelle Krankheitstage sind dabei nicht berücksichtigt.

Es kann aber auch umgekehrt verfahren werden (erst geringere, dann höhere Wochenarbeitszeit), sodass im Durchschnitt von 24 Wochen der Ausgleich erreicht wird. Der Ausgleichszeitraum kann dabei auch kürzer sein als 24 Wochen oder 6 Kalendermonate. Der nach Kalendermonaten berechnete Zeitraum muss an einem Monatsersten beginnen bzw. Monatsletzten enden; er kann sich jedoch über den Kalenderjahreswechsel erstrecken.

Beispiel: Ausgleichszeitraum

In einem Unternehmen arbeiten Arbeitnehmer infolge saisonaler Auftragsschwankungen in den Monaten Juli bis September an 6 Tagen in der Woche durchschnittlich 9 Stunden pro Tag (54 Stunden/Woche). In den Monaten Oktober bis Dezember reichen durchschnittlich 8 Stunden pro Tag an 5 Tagen pro Woche (40 Stunden/Woche). Im Durchschnitt des Ausgleichszeitraums ergäbe sich eine werktägliche Arbeitszeit von 7,83 Stunden (47 Stunden/Woche), sodass die gesetzliche Obergrenze eingehalten bzw. knapp unterschritten wäre.

Tarifverträge enthalten in der Regel eigenständige Bestimmungen über den Ausgleichszeitraum, innerhalb dessen die tarifvertraglich (!) vereinbarte regelmäßige Arbeitszeit zu erreichen ist. In neueren Tarifverträgen beträgt dieser Ausgleichszeitraum meist bis zu einem Jahr. Im Rahmen langfristiger Arbeitszeitflexibilisierung (insbesondere für Langzeit- und Lebensarbeitszeitkonten) sind auch längere Ausgleichszeiträume für die Erreichung der tarif- oder arbeitsvertraglich vereinbarten Arbeitszeit möglich. Diese Ausgleichszeiträume sind unabhängig von den gesetzlichen Ausgleichszeiträumen der Höchstarbeitszeit zu betrachten (vgl. etwa § 6 Abs. 2 TVöD).

Formulierungsvorschlag: Arbeitszeit im Arbeitsvertrag

»Die Arbeitszeit beträgt im Durchschnitt wöchentlich 40 Stunden ohne Pausen. Die Verteilung der Arbeitszeit und die Lage der Pausen richten sich nach den jeweils gültigen betrieblichen Regelungen. Der Arbeitnehmer erklärt sich bereit, bei betrieblichem Bedarf bis zu ... Überstunden auch außerhalb der betriebsüblichen Arbeitszeit zu leisten.«

29.4.2 Schutzvorschriften für Nachtarbeitnehmer

Das ArbZG regelt auch die Besonderheiten der Nacht- und Schichtarbeit. Die Arbeitszeit der Nacht- und Schichtarbeitnehmer ist nach den gesicherten arbeitswissenschaftlichen Erkenntnissen über die menschengerechte Gestaltung der Arbeit festzulegen (§ 6 Abs. 1 ArbZG). Einschlägige Hinweise hierzu finden sich in den Schriften der Bundesanstalt für Arbeitsschutz und Arbeitsmedizin (BAuA) (siehe www.baua.de).

Die Vorschriften des ArbZG zur Nachtarbeit knüpfen nicht an die Leistung von Arbeit zu Nachtzeit, sondern an den Begriff des »Nachtarbeitnehmers« an.

- Nachtarbeitnehmer i. S. d. ArbZG sind nach § 2 Abs. 5 ArbZG Arbeitnehmer, die
  - aufgrund ihrer Arbeitszeitgestaltung normalerweise Nachtarbeit in Wechselschicht zu leisten haben oder
  - Nachtarbeit an mindestens 48 Tagen im Kalenderjahr leisten.
- Nachtzeit ist die Zeit von 23 bis 6 Uhr, in Bäckereien und Konditoreien die Zeit von 22–5 Uhr (§ 2 Abs. 3 ArbZG).
- Nachtarbeit ist jede Arbeit, die mehr als 2 Stunden der Nachtzeit umfasst (§ 2 Abs. 4 ArbZG).

Ausgleichszeitraum

Auch die werktägliche Arbeitszeit der Nachtarbeitnehmer ist nach § 6 Abs. 2 ArbZG auf durchschnittlich 8 Stunden begrenzt und kann höchstens auf 10 Stunden verlängert werden. Dies entspricht der Regelung für Arbeitnehmer im Tagesdienst. Abweichend von § 3 ArbZG ist bei der Verlängerung auf 10 Stunden jedoch ein sehr viel kürzerer Ausgleichszeitraum von einem Kalendermonat oder eines 4-Wochenzeitraums vorgesehen, der jedoch auf tarifvertraglicher Grundlage verlängert werden kann.

Umsetzung

In bestimmten Fällen hat der Nachtarbeitnehmer ein Recht darauf, sich auf einen für ihn geeigneten Tagesarbeitsplatz umsetzen zu lassen. Diese Fälle sind in § 6 Abs. 4 ArbZG abschließend aufgezählt.

Stehen der Umsetzung des Nachtarbeitnehmers auf einen für ihn geeigneten Tagesarbeitsplatz nach Auffassung des Arbeitgebers dringende betriebliche Erfordernisse entgegen, so ist der Betriebs- oder Personalrat zu hören. Der Betriebs- oder Personalrat kann dem Arbeitgeber Vorschläge für eine Umsetzung unterbreiten.

Die Umsetzung eines Arbeitnehmers von der Tagschicht in die Nachtschicht ist keine zustimmungspflichtige Versetzung, wenn sich dadurch lediglich die Lage der Arbeitszeit des betroffenen Arbeitnehmers ändert.[376] Unabhängig vom gesetzlich geregelten Versetzungsanspruch des § 6 Abs. 4 ArbZG hat der Arbeitgeber im Rahmen des arbeitgeberseitigen Weisungsrechts nach »billigem Ermessen« (§ 106 GewO) auf arbeitsmedizinisch attestierte gesundheitliche Einschränkungen des Arbeitnehmers bei der Einteilung der Arbeitszeit Rücksicht zu nehmen, soweit dies für den Arbeitgeber und die anderen betroffenen Arbeitnehmer zumutbar ist. Dies kann insbesondere dann der Fall sein, wenn der Arbeitnehmer ohnehin nur wenige Nachtschichten leistet und der Arbeitgeber in hohem Maße über vertragsgemäße Einsatzmöglichkeiten außerhalb der Nachtzeit verfügt.[377]

---

376 BAG, Beschluss v. 23.11.1993, 1 ABR 38/93.
377 BAG, Urteil v. 9.4.2014, 10 AZR 637/13.

Vergütung

§ 6 Abs. 5 ArbZG enthält den einzigen gesetzlich geregelten Fall einer besonderen Vergütung für ungünstige Arbeitszeiten. Die Vergütungszulage für die während der Nachtzeit geleisteten Arbeitsstunden hat durch eine angemessene Zahl bezahlter freier Tage oder einen angemessenen Zuschlag auf das für die Nachtarbeit zustehende Bruttoarbeitsentgelt für diese Stunden zu erfolgen.

Der Gesetzgeber hat bewusst auf die Festschreibung eines bestimmten Zuschlagssatzes verzichtet, um so branchenspezifischen oder regional bedingten Unterschieden Rechnung zu tragen. Insoweit kann auf die Grundlagen zur Bestimmung der Höhe der Arbeitsvergütung nach § 612 BGB zurückgegriffen werden. Das BAG hat einem Arbeitnehmer ohne entsprechende arbeits- oder tarifvertragliche Regelung, der nachts Vollarbeit zu leisten hatte, einen Zuschlag von 25% für die während der Nachtzeit geleisteten Arbeitsstunden zugesprochen.[378]

Bei Dauernachtarbeit ist regelmäßig ein Zuschlag von 30% angemessen, soweit nicht Nachtarbeit aufgrund der Art der Tätigkeit unvermeidbar ist.[379]

Fällt nachts nur Arbeitsbereitschaft an, kann der Zuschlag geringer sein. So hat das BAG einem Rettungsassistenten nur einen Nachtarbeitszuschlag von 10% zugesprochen.[380] Tarifvertragliche Ausgleichsregelungen gehen jedoch vor. Allerdings dürfen tarifvertragliche Nachtzuschläge für Arbeitnehmer im Schichtdienst mit regelmäßiger Nachtarbeit gegenüber Zuschlägen für unregelmäßige Nachtarbeit nicht unangemessen niedrig ausfallen.[381]

Recht auf arbeitsmedizinische Untersuchung

Nachtarbeitnehmer sind berechtigt, sich vor Beginn der Beschäftigung und danach in regelmäßigen Zeitabständen von nicht weniger als 3 Jahren arbeitsmedizinisch untersuchen zu lassen. Nach Vollendung des 50. Lebensjahres steht ihnen dieses Recht in Zeitabständen von einem Jahr zu. Die Kosten der Untersuchungen hat der Arbeitgeber zu tragen, sofern er die Untersuchungen den Nachtarbeitnehmern nicht kostenlos durch einen Betriebsarzt oder einen überbetrieblichen Dienst von Betriebsärzten anbietet (§ 6 Abs. 3 ArbZG).

---

378 BAG, Urteil v. 27.5.2003, 9 AZR 180/02.

379 BAG, Urteil v. 9.12.2015, 10 AZR 423/14.

380 BAG, Urteil v. 31.8.2005, 5 AZR 545/04.

381 BAG, Urteil v. 21.3.2018, 10 AZR 34/17 (Unangemessenheit von 15% Nachtzuschlag für regelmäßige Nachtarbeit gegenüber 50% für unregelmäßige Nachtarbeit).

29.4.3 Schutzvorschriften für Schichtarbeitnehmer

Die Schichtarbeit ist gesetzlich nur ansatzweise in § 6 Abs. 1 ArbZG geregelt. Für den Begriff der Schichtarbeit ist wesentlich, dass eine bestimmte Arbeitsaufgabe über einen erheblich längeren Zeitraum als die tatsächliche Arbeitszeit eines Arbeitnehmers hinaus erfüllt werden muss und daher von mehreren Arbeitnehmern oder Arbeitnehmergruppen in einer geregelten zeitlichen Reihenfolge erbracht wird.

Nach einem feststehenden und überschaubaren Plan lösen sich die Beschäftigten in der Arbeitsleistung gegenseitig ab.[382] Voraussetzung ist zudem, dass der gesamte Arbeitsinhalt der sich gegenseitig ablösenden Arbeitnehmer übereinstimmen muss. Schichtarbeit liegt nicht vor, wenn Arbeitnehmer mit völlig verschiedenen Aufgaben und unterschiedlichen Qualifikationen einander ablösen.[383]

Das ArbZG enthält – anders als viele Tarifverträge – keine Vorschriften über Ausgleichsregelungen (Zuschläge, Zusatzurlaub) für Schichtarbeitnehmer.

29.4.4 Spezialregelungen für Jugendliche und Mütter

Nach den Regelungen des Jugendarbeitsschutzgesetzes (JArbSchG) dürfen Jugendliche nicht mehr als 8 Stunden täglich und nicht mehr als 40 Stunden wöchentlich sowie – mit wenigen Ausnahmen – nicht zwischen 20 und 6 Uhr und an Samstagen beschäftigt werden.

Das Mutterschutzgesetz (MuSchG) enthält Spezialregelungen für werdende und stillende Mütter. Insbesondere dürfen diese nur bis zu 8 ½ Stunden täglich oder 90 Stunden pro Doppelwoche beschäftigt werden und keine Arbeit zwischen 20 und 6 Uhr leisten. Für minderjährige Mütter gelten engere Grenzen.

29.4.5 Abweichung von gesetzlichen Höchstarbeitszeiten

In einem Tarifvertrag oder aufgrund eines Tarifvertrags in einer Betriebsvereinbarung kann gemäß § 7 Abs. 1 Nr. 1a ArbZG zugelassen werden, abweichend von § 3 ArbZG, die Arbeitszeit über 10 Stunden werktäglich zu verlängern, wenn in die Arbeitszeit regelmäßig und in erheblichem Umfang Arbeitsbereitschaft oder Bereitschaftsdienst fällt.

---

382 BAG, Urteil v. 22.3.1995, 10 AZR 212/94.
383 BAG, Urteil v. 20.4.2005, 10 AZR 302/04.

Das BAG hat erhebliche Arbeitsbereitschaft im Fall der Wartezeiten für Rettungssanitäter bejaht, bei denen im Laufe der Arbeitszeit eines Tages zusammengerechnet etwa 2 Stunden ohne volle Arbeitsleistung anfielen und sie auf den nächsten Einsatz warteten. Bis zu welcher Zeitdauer eine Wartezeit als unerhebliche »Splitterzeit« zu werten ist, muss für das jeweilige Tätigkeitsbild bestimmt werden; dabei ist ein Wert zu suchen, der unter der Mindestdauer einer Pause von 15 Minuten, aber über der als bloße »Verschnaufpause« anzusehenden Dauer von etwa 2 oder 3 Minuten liegt.[384]

Opt-out-Regelung
Tarif- und Betriebspartnern ist es unter denselben Voraussetzungen (regelmäßiges Vorliegen von Arbeitsbereitschaft oder Bereitschaftsdienst in erheblichem Umfang) erlaubt, die Arbeitszeit ohne Ausgleich auf über 8 Stunden werktäglich zu verlängern (sog. Opt-out).

Voraussetzung ist, dass die Parteien zusätzliche Gesundheitsschutzmaßnahmen für die betroffenen Arbeitnehmer treffen (§ 7 Abs. 2a ArbZG). Zusätzlich ist gemäß § 7 Abs. 7 ArbZG erforderlich, dass der einzelne Arbeitnehmer der Arbeitszeitverlängerung schriftlich zustimmt. Dieser hat zudem die Möglichkeit, seine Einwilligung binnen einer Frist von 6 Monaten zu widerrufen und darf für den Fall nicht erteilter oder widerrufener Zustimmung nicht benachteiligt werden.

Tarifvertragliche Ausgleichszeiträume
Gemäß § 7 Abs. 1 Nr. 1b ArbZG haben Tarifparteien außerdem die Möglichkeit, einen **anderen Ausgleichszeitraum** für die Einhaltung der werktäglichen Höchstarbeitszeit von 8 Stunden/Tag bzw. 48 Stunden/Woche zu vereinbaren; dies gilt auch für Nachtarbeitnehmer (§ 7 Abs. 1 Nr. 4 ArbZG).

Allerdings begrenzt § 7 Abs. 8 ArbZG die Obergrenze der Verlängerung: Es darf ein Ausgleichszeitraum von längstens 12 Monaten vorgesehen werden, innerhalb dessen 48 Stunden/Woche nicht überschritten werden dürfen. Durch den Bezug auf die Obergrenze von 48 Stunden/Woche statt 8 Stunden/Werktag gemäß § 3 Satz 2 ArbZG besteht die Möglichkeit, gesetzliche Feiertage als Ausgleichstage einzubeziehen, wenn an diesen Tagen nicht gearbeitet wird.

Nicht tarifgebundene Arbeitgeber
§ 7 Abs. 3 ArbZG eröffnet die Möglichkeit, bestehende tarifliche Regelungen zur Abweichung vom Arbeitszeitgesetz auch in den Betrieb eines nicht tarifgebundenen Arbeitgebers zu übernehmen, ohne zugleich andere Bestandteile des Tarifvertrags anwenden zu müssen. Dies kann durch eine Betriebs- oder Dienstvereinbarung oder, wenn kein Betriebs- oder Personalrat besteht, durch einzelvertragliche Inbezugnahme geschehen.

---

384 BAG, Urteil v. 12.2.1986, 7 AZR 358/84.

Dies gilt auch für vom Tarifvertrag abweichende Regelungen, wenn den Betriebspartnern diese Möglichkeit im Tarifvertrag ausdrücklich eröffnet worden ist.

Behördliche Ausnahmen
Neben tarifvertraglichen Abweichungen von § 3 ArbZG besteht auch die Möglichkeit, gemäß § 7 Abs. 5 ArbZG eine Ausnahmebewilligung der Aufsichtsbehörde für Bereiche zu erwirken, in denen ein Tarifvertrag üblicherweise nicht besteht. Voraussetzung hierfür ist jedoch, dass dies aus betrieblichen Gründen erforderlich ist und die Gesundheit der Arbeitnehmer nicht gefährdet wird. Diese Ausnahmegenehmigung darf gemäß § 7 Abs. 8 Satz 2 ArbZG nur bei entsprechendem Ausgleich erteilt werden, wonach die Arbeitszeit 48 Stunden wöchentlich im Durchschnitt von 6 Kalendermonaten oder 24 Wochen nicht überschreiten darf.

Für Verlängerungen der werktäglichen Arbeitszeit über 10 Stunden im Rahmen von Vollarbeitszeit kann zudem eine Bewilligung der zuständigen Aufsichtsbehörde nach § 15 Abs. 1 ArbZG erteilt werden.

Nach § 7 Abs. 6 ArbZG besteht auch für die Bundesregierung die Möglichkeit, per Rechtsverordnung eine Überschreitung der gesetzlichen Höchstarbeitszeiten zuzulassen. Dies gilt jedoch nur für Ausnahmen im i. S. d. werktäglichen Arbeitszeit auf über 10 Stunden und Kürzungen der Ruhezeiten, nicht jedoch für die neu geschaffene Ausnahmemöglichkeit des § 7 Abs. 2a ArbZG, also der Verlängerung der werktäglichen Arbeitszeit auf über 8 Stunden ohne Ausgleich. Von den diesbezüglichen Verordnungsermächtigungen ist bislang kein Gebrauch gemacht worden.

Branchenspezifische Regelungen
Darüber hinaus bestehen branchenspezifische Möglichkeiten der Abweichung von den Vorschriften über die gesetzliche Höchstarbeitszeit. Dies gilt für die Landwirtschaft (§ 7 Abs. 2 Nr. 2 ArbZG), Einrichtungen für die Behandlung, Pflege und Betreuung von Personen (§ 7 Abs. 2 Nr. 3 ArbZG) sowie bei Verwaltungen und Betrieben des Bundes, der Länder, der Gemeinden und sonstigen Körperschaften, Anstalten und Stiftungen des öffentlichen Rechts sowie bei anderen Arbeitgebern, die der Tarifbindung eines für den öffentlichen Dienst geltenden oder eines im Wesentlichen inhaltsgleichen Tarifvertrags unterliegen (§ 7 Abs. 2 Nr. 3 ArbZG). Durch entsprechende Regelungen darf jedoch eine wöchentliche Arbeitszeitdauer von durchschnittlich 48 Stunden/Woche nicht überschritten werden, sofern nicht Regelungen nach § 7 Abs. 2a ArbZG dies ausdrücklich zulassen (§ 7 Abs. 8 ArbZG).

29.4.6 Abweichung von der Höchstdauer

Von den Vorschriften über die werktägliche Höchstarbeitszeit darf gemäß § 14 ArbZG nur in Notfällen und außergewöhnlichen Fällen abgewichen werden. Dies sind Ereignisse, die unvorhersehbar und plötzlich eintreten, die Gefahr eines erheblichen Schadens mit sich bringen und nur durch Überschreitungen des Arbeitszeitgesetzes bewältigt werden können. Keinesfalls rechtfertigen außergewöhnliche Fälle eine dauerhafte Überschreitung des ArbZG.[385]

29.4.7 Ordnungswidrigkeiten und Straftaten

Ordnet der Arbeitgeber die Überschreitung der gesetzlichen Höchstarbeitszeit an oder duldet er sie, handelt er nach § 22 Abs. 1 Nr. 1 ArbZG ordnungswidrig. Diese Ordnungswidrigkeit kann mit einer Geldbuße bis zu 15.000 EUR geahndet werden, wobei jede einzelne Überschreitung der Höchstgrenzen durch einen Arbeitnehmer den Tatbestand verwirklicht. Bei beharrlicher Wiederholung oder vorsätzlicher Begehung unter Gefährdung von Gesundheit oder Arbeitskraft des Arbeitnehmers kann die Tat auch als Straftat verfolgt werden (§ 23 Abs. 1 ArbZG). Es droht eine Freiheitsstrafe bis zu einem Jahr oder eine Geldstrafe.

29.5 Ruhepausen und Ruhezeiten

Neben den zulässigen Höchstarbeitszeiten regelt das ArbZG auch die Einhaltung von Ruhepausen sowohl innerhalb eines Arbeitstags als auch zwischen 2 Arbeitstagen. Die Regelungen sind in den §§ 4–5 ArbZG niedergelegt. In §§ 9–13 ArbZG ist die verfassungsrechtlich gewährleistete Sonn- und Feiertagsruhe näher bestimmt.

29.5.1 Ruhepausen

Nach § 4 ArbZG hat der Arbeitgeber den Arbeitnehmern während einer zusammenhängenden Arbeitszeit Ruhepausen zu gewähren. Der Begriff der Ruhepause ist gesetzlich nicht definiert. Nach Auffassung des BAG ist eine Pause dadurch gekennzeichnet, dass der Arbeitnehmer frei über die Nutzung des Zeitraums bestimmen und frei darüber verfügen kann, wo und wie er seine Ruhepausen verbringt.[386]

Die Ruhepause ist abzugrenzen von der Betriebspause. Diese liegt vor, wenn etwa aus technischen Gründen ungeplant die Arbeit unterbrochen werden muss. Die Betriebspause zählt nicht zur Ruhepause, sondern zur Arbeitszeit und ist nach den Grundsätzen des Annahmeverzugs bzw. Betriebsrisikos zu vergüten.

---

385 Vgl. etwa VG Augsburg, Urteil v. 18.4.2013, Au 5 K 11.783.

386 BAG, Urteil v. 16.12.2009, 5 AZR 157/09.

Die Ruhepausen müssen im Voraus festgelegt sein, insoweit ist die Festlegung eines Pausenkorridors, innerhalb dessen die Arbeitnehmer eines Arbeitsbereichs die Pause untereinander absprechen, ausreichend. Der Arbeitgeber behält aber die Verantwortung dafür, dass die Ruhepausen auch tatsächlich genommen werden und muss sicherstellen, dass die Arbeitnehmer entsprechende Absprachen treffen und gegebenenfalls die Ruhepausen selber festlegen.[387] Ein rein vergütungsrechtlicher Abzug der gesetzlich erforderlichen Ruhepausen von der (z. B. mittels elektronischer Zeiterfassung erfassten) Zeit zwischen Beginn und Ende der Arbeitszeit stellt für sich genommen keine gesetzeskonforme Pausenregelung dar. Insoweit ist entscheidend, dass die Pause auch tatsächlich genommen wird.

Die Dauer der Ruhepause beträgt

- bei einer Arbeitszeit von mehr als 6 Stunden 30 Minuten und
- bei einer Arbeitszeit von mehr als 9 Stunden 45 Minuten.

Sie können auch in andere Zeitabschnitte aufgeteilt werden, müssen dann jedoch mindestens 15 Minuten betragen.

Länger als 6 Stunden hintereinander dürfen Arbeitnehmer nicht ohne Ruhepause beschäftigt werden. Die Ruhepausen müssen in angemessener zeitlicher Lage gewährt werden, um den Erholungszweck der Pause sicherzustellen.

29.5.2 Ruhezeiten

Der Arbeitgeber hat dafür zu sorgen, dass der Arbeitnehmer bestimmte Ruhezeiten einhält. Unter Ruhezeit versteht man die Zeit zwischen dem Ende eines Arbeitstags und dem Beginn des nächsten Arbeitstags. In dieser Zeit darf der Arbeitnehmer nicht zu Vollarbeit, Arbeitsbereitschaft oder Bereitschaftsdienst herangezogen werden; die Leistung von Rufbereitschaft ist dagegen mit der Ruhezeit vereinbar.

Ruhezeit muss ununterbrochen gewährt werden
Erfolgt ein Abruf aus der Rufbereitschaft, muss eine bereits begonnene Ruhezeit ggf. vollständig neu gewährt werden, da die Ruhezeit ununterbrochen gewährt werden muss.

Gemäß § 5 Abs. 1 ArbZG müssen Arbeitnehmer nach Beendigung der täglichen Arbeitszeit eine **ununterbrochene Ruhezeit von mindestens 11 Stunden** haben.

387 BAG, Urteil v. 27.2.1992, 6 AZR 478/90.

Ausnahmen
Von der gesetzlichen Ruhezeit in § 5 Abs. 1 ArbZG werden für bestimmte Betriebe Ausnahmen gemacht:

- Krankenhäuser und andere Einrichtungen zur Behandlung, Pflege und Betreuung von Personen;
- Gaststätten und andere Einrichtungen zur Bewirtung und Beherbergung;
- Verkehrsbetriebe;
- Rundfunk sowie
- Landwirtschaft und Tierhaltung.

In diesen Bereichen kann die Ruhezeit gemäß § 5 Abs. 2 ArbZG um bis zu eine Stunde verkürzt werden, wenn jede Verkürzung der Ruhezeit innerhalb eines Kalendermonats oder innerhalb von 4 Wochen durch Verlängerung einer anderen Ruhezeit auf mindestens 12 Stunden ausgeglichen wird.

Spezialgesetzliche Regelungen für bestimmte Personengruppen bzw. Branchen sind zu beachten. Sonderbestimmungen etwa zu Lenkzeiten von Fahrern ergeben sich etwa aus dem Fahrpersonalgesetz (FPersG) bzw. der Fahrpersonalverordnung (FPersV).

29.5.3 Abweichung aufgrund tarifvertraglicher Regelung

Unter den Voraussetzungen von § 7 ArbZG (sog. Tariföffnungsklausel) sind die Tarifvertragsparteien berechtigt, Abweichungen von den gesetzlichen Bestimmungen zu Ruhepausen und Ruhezeiten zu vereinbaren.

Beispiel: Kurzpausen

Die Tarifpartner vereinbaren für einen Schichtbetrieb Kurzpausen von 10 Minuten nach jeweils 2 Stunden Arbeitszeit innerhalb einer 8-Stunden-Schicht.

Verkürzte Ruhezeit
Unter den Voraussetzungen von § 7 Abs. 1 Nr. 3 ArbZG können die Tarifpartner die gesetzliche Ruhezeit um 2 Stunden verkürzen, wenn die Art der Arbeit dies erfordert und ein entsprechender Ausgleichszeitraum bestimmt wird. Die zeitlichen Vorgaben des Ausgleichszeitraums können die Tarifvertragsparteien ebenfalls selbst festlegen.

Nicht tarifgebundene Arbeitgeber
§ 7 Abs. 3 ArbZG eröffnet die Möglichkeit, bestehende tarifliche Regelungen zur Abweichung vom Arbeitszeitgesetz auch in den **Betrieb eines nicht tarifgebundenen Arbeitgebers** zu übernehmen, ohne zugleich andere Bestandteile des Tarifvertrags anwenden zu müssen. Dies kann durch eine Betriebs- oder Dienstvereinbarung oder,

wenn kein Betriebs- oder Personalrat besteht, durch einzelvertragliche Inbezugnahme geschehen. Dies gilt auch für vom Tarifvertrag abweichende Regelungen, wenn den Betriebspartnern diese Möglichkeit im Tarifvertrag ausdrücklich eröffnet worden ist.

Behördliche Ausnahmen
Neben tarifvertraglichen Abweichungen besteht auch die Möglichkeit, gemäß § 7 Abs. 5 ArbZG eine Ausnahmebewilligung der Aufsichtsbehörde für Bereiche zu erwirken, in denen ein Tarifvertrag üblicherweise nicht besteht. Voraussetzung hierfür ist jedoch, dass dies aus betrieblichen Gründen erforderlich ist und die Gesundheit der Arbeitnehmer nicht gefährdet wird.

Unter denselben Voraussetzungen ist die Bundesregierung auch ermächtigt, durch Erlass einer Rechtsverordnung Ausnahmen von Ruhepausen und Ruhezeiten zuzulassen.

29.5.4 Spezialgesetzliche Regelungen für Jugendliche und Mütter

Zum Schutz der Jugendlichen bestehen im JArbSchG besondere gesetzliche Regelungen zur Gestaltung der täglichen Arbeitszeit. Auch die Arbeitszeit der noch nicht Volljährigen muss durch Ruhepausen unterbrochen sein. § 11 JArbSchG schreibt hierzu vor:

Jugendlichen müssen im Voraus feststehende Ruhepausen von angemessener Dauer gewährt werden. Die Ruhepausen müssen mindestens betragen:
5. 30 Minuten bei einer Arbeitszeit von mehr als 4 1/2 bis zu 6 Stunden,
6. 60 Minuten bei einer Arbeitszeit von mehr als 6 Stunden.

Als Ruhepause gilt nur eine Arbeitsunterbrechung von mindestens 15 Minuten.

Stillenden Müttern
Stillenden Müttern ist auf ihr Verlangen die zum Stillen erforderliche Zeit, mindestens aber 2-mal täglich eine halbe Stunde oder einmal täglich eine Stunde freizugeben; bei zusammenhängender Arbeitszeit von mehr als 8 Stunden sind Stillpausen von zweimal 45 Minuten oder, wenn in der Nähe der Arbeitsstätte keine Stillgelegenheit vorhanden ist, einmal eine Stillzeit von mindestens 90 Minuten als bezahlte Arbeitszeit zu gewähren (§ 7 Abs. 2 MuSchG).

30 Arbeitszeit: Sonn- und Feiertagsbeschäftigung

Autor: Dr. Christian Schlottfeldt

Überblick

Aus der Verfassung ergibt sich eine institutionelle Garantie der Sonn- und Feiertagsruhe. Die Beschäftigung von Arbeitnehmern an Sonn- und Feiertagen ist daher grundsätzlich verboten.

Der Gesetzgeber hat diese Verpflichtung in den §§ 9 ff. ArbZG festgeschrieben, dabei jedoch zahlreiche Ausnahmen zugelassen.

30.1 Verbot der Beschäftigung an Sonn- und Feiertagen

§ 9 Abs. 1 ArbZG bestimmt, dass Arbeitnehmer grundsätzlich an Sonn- und gesetzlichen Feiertagen von 0 bis 24 Uhr nicht beschäftigt werden dürfen. Das Verbot der Beschäftigung von Arbeitnehmern ist umfassend zu verstehen und bezieht sich nicht nur auf die Erbringung vertraglich geschuldeter Arbeitszeit, sondern auch auf alle Formen von Mehrarbeit, Überstunden, Bereitschaftsdiensten, Inanspruchnahmen von Rufbereitschaften, Ausbildungs- und Reisezeiten, auch wenn diese arbeitszeitschutzrechtlich nicht als »Arbeitszeit« i. S. d. § 2 Abs. 1 ArbZG zu werten sind. Es gilt auch für Arbeitnehmer, die etwa im Rahmen von mobiler Arbeit, Homeoffice oder Dienstreisen außerhalb der Betriebsstätte beschäftigt werden.

Allerdings sind die Bestimmungen des gesetzlichen Arbeitszeitschutzes als Teil des öffentlichen Rechts auf das deutsche Hoheitsgebiet beschränkt. Die Zulässigkeit der Beschäftigung an Sonn- und Feiertagen im Ausland richtet sich nach örtlich anwendbarem Recht.

Dies gilt entsprechend für die Beschäftigung von Arbeitnehmern an nicht bundeseinheitlichen Feiertagen

Beispiel: Münchner arbeitet an Dreikönige in Hamburg

So darf ein regelmäßig in München beschäftigter Arbeitnehmer beispielsweise im Rahmen einer Dienstreise am Dreikönigstag in Hamburg beschäftigt werden, da es für die arbeitszeitrechtliche Zulässigkeit insoweit nur auf den konkreten Beschäftigungsort des Arbeitnehmers und die dort geltenden sonn- und feiertagsrechtlichen Bestimmungen ankommt.

Das Beschäftigungsverbot an Feiertagen bezieht sich im Übrigen nur auf die gesetzlichen Feiertage. Soweit Feiertagsbestimmungen der Länder auch Schutzbestimmungen für kirchliche Feiertage und Gedenk- und Trauertage beinhalten, sind diese für die Frage des arbeitszeitgesetzlichen Beschäftigungsverbots irrelevant, wenn diese Tage nicht ohnehin auf Sonntage fallen.

Dürfen Arbeitnehmer an Sonn- und Feiertagen beschäftigt werden, so sind für die Grenzen der täglichen Arbeitszeit (Höchstarbeitszeit, Mindestruhepausen, Mindestruhezeit) die für Werktage geltenden Grenzen entsprechend zu beachten (§ 11 Abs. 2 ArbZG). Unabhängig von einer zulässigen Beschäftigung an Sonn- und Feiertagen können diese Tage jedoch grundsätzlich nicht als Ausgleichstage innerhalb des Ausgleichszeitraums (§ 3 Satz 2 ArbZG) für Verlängerungen der Arbeitszeit über die Grenze von 8 Stunden pro Werktag (§ 3 Satz 1 ArbZG) dienen.

30.2 Ausnahmen vom Verbot

Das Arbeitszeitgesetz kennt weitreichende Ausnahmen vom grundsätzlichen Verbot der Beschäftigung von Arbeitnehmern an Sonn- und Feiertagen. Es können 3 »Erlaubnistypen« zulässiger Sonn- und Feiertagsbeschäftigung unterschieden werden:

1. Tatbestände generell erlaubter Sonn- und Feiertagsbeschäftigung, für die es aufgrund gesetzlicher Regelung keiner besonderen Bewilligung der Aufsichtsbehörden bedarf; insoweit sind insbesondere die Kataloge der erlaubten Tätigkeiten gemäß § 10 ArbZG und der sog. Bedarfsgewerbeverordnungen der Bundesländer zu nennen;
2. Tatbestände bewilligungsfähiger Sonn- und Feiertagsbeschäftigung, die einer Bewilligung der zuständigen Aufsichtsbehörde bedürfen[388];
3. Arbeiten in Notfällen und außergewöhnlichen Fällen.

Ausnahmen in Notfällen und außergewöhnlichen Fällen

Das Arbeitszeitgesetz lässt über die gesetzlich normierten oder behördlich bewilligten Ausnahmen vom grundsätzlichen Sonn- und Feiertagsbeschäftigungsverbot die Beschäftigung von Arbeitnehmern an diesen Tagen zu, wenn dies aufgrund von Notfällen oder außergewöhnlichen Fällen geboten ist (§ 14 Abs. 1 ArbZG).

Notfälle sind ungewöhnliche und nicht vorhersehbare Ereignisse, die unabhängig vom Willen der Betroffenen eintreten; man kann insoweit also von »höherer Gewalt« im Sinne unabwendbarer Zufälle sprechen.

Außergewöhnliche Fälle sind zwar keine Notfälle, setzen aber voraus, dass es sich um ein Ereignis handelt, das aus Sicht des betroffenen Betriebes ungewöhnlichen Charakter hat und unabhängig vom Willen der Betroffenen eintritt.

---

388 Vgl. insoweit die Tatbestände in § 13 ArbZG, darüber hinaus können Ausnahmen auch im dringenden öffentlichen Interesse bewilligt werden (§ 15 Abs. 2 ArbZG).

Entscheidend ist stets, dass es sich um Ereignisse handelt, die gleichsam von außen auf den Betrieb einwirken und mit denen auch bei vorausschauender Planung nicht gerechnet werden musste. Die Anwendung des § 14 ArbZG hat zwingend auf Einzelfälle beschränkt zu bleiben.[389]

Vor diesem Hintergrund kommt grundsätzlich der Ausfall von Personal (Krankheit, Fachkräftemangel) und Betriebsmitteln nicht als Notfall oder außergewöhnlicher Fall infrage.

30.3 Ersatzruhetag

Wird ein Arbeitnehmer an einem Sonn- oder Feiertag beschäftigt, so hat der Arbeitgeber einen sog. Ersatzruhetag zu gewähren (§ 11 Abs. 3 ArbZG). Der Ersatzruhetag ist innerhalb eines den Beschäftigungstag einschließenden Zeitraums von 2 Wochen (Ersatzruhetag für Sonntag) oder 8 Wochen (Ersatzruhetag für Feiertag) zu gewähren. Der Ersatzruhetag kann auch an einem ohnehin arbeitsfreien Samstag oder einem schichtplanmäßig arbeitsfreien sonstigen Werktag gewährt werden.

Der Arbeitnehmer hat also keinen Anspruch auf einen »bezahlten freien Tag« an einem betriebsüblichen Arbeitstag. Der Ersatzruhetag soll vielmehr ausschließlich sicherstellen, dass der Arbeitnehmer überhaupt einen freien Tag bekommt, wenn er an einem Sonntag oder Feiertag beschäftigt wurde.[390]

In der betrieblichen Praxis spielt die Gewährung von Ersatzruhetagen bei einer durchschnittlichen 5-Tage-Woche de facto meist keine Rolle mehr. Denn die 5-Tage-Woche sorgt dafür, dass ausreichend viele freie Werktage zur Verfügung stehen, die als Ersatzruhetage innerhalb der vom Arbeitszeitgesetz vorgesehenen Fristen bewertet werden können.

Kann der Ersatzruhetag nicht gewährt werden, weil der Arbeitnehmer an allen Werktagen der Woche in einem Nebenbeschäftigungsverhältnis arbeitet, kann eine personenbedingte Kündigung gerechtfertigt sein.[391]

§ 12 ArbZG gestattet den Tarifparteien, Einzelfragen der Sonn- und Feiertagsbeschäftigung abweichend vom ArbZG zu regeln. Wichtig für die betriebliche Praxis sind vor allem die Tariföffnungsklauseln des § 12 Nrn. 1, 2 ArbZG, die den Tarifvertragsparteien

389 VG Augsburg, Urteil v. 18.4.2013, Au 5 K 11.783.
390 BAG, Urteil v. 13.7.2006, 6 AZR 55/06; BAG, Urteil v. 12.12.2001, 5 AZR 294/00.
391 BAG, Urteil v. 24.2.2005, 2 AZR 211/04.

die Befugnis übertragen, die Zahl der arbeitsfreien Sonntage und Ersatzruhetage für Feiertagsarbeit zu variieren oder abweichende Ausgleichsfristen festzulegen.

Von Bedeutung ist ferner § 12 Nr. 4 ArbZG, der es erlaubt, die Arbeitszeit in vollkontinuierlichen Schichtbetrieben an Sonn- und Feiertagen auf bis zu 12 Stunden zu verlängern, wenn dadurch zusätzliche freie Schichten an Sonn- und Feiertagen erreicht werden.

30.4 Rechtsfolgen des Verstoßes gegen das Beschäftigungsverbot

Beschäftigt der Arbeitgeber vorsätzlich oder fahrlässig handelt er ordnungswidrig. Die Ordnungswidrigkeit kann für jeden Verstoß mit einer Geldbuße bis zu 30.000 EUR geahndet werden.

Der in der Verwaltungspraxis der Aufsichtsbehörden regelmäßig zur Anwendung kommende »Bußgeldkatalog« für Überschreitungen des Arbeitszeitgesetzes sieht für den Regelfall allerdings weit geringere Bußgelder vor. So wird die unzulässige Beschäftigung eines Arbeitnehmers an Sonn- und Feiertagen regelmäßig mit einem Bußgeld von 375 EUR (pro Arbeitnehmer pro Beschäftigungstag) bewertet.

Für den Fall, dass der Arbeitgeber dabei vorsätzlich handelt und dadurch Gesundheit oder Arbeitskraft des Arbeitnehmers gefährdet oder die ungesetzliche Beschäftigung beharrlich wiederholt, macht er sich nach § 23 ArbZG sogar strafbar. Es droht eine Freiheitsstrafe bis zu einem Jahr oder Geldstrafe. Bei fahrlässigem Handeln reduziert sich der Strafrahmen entsprechend.

Der Arbeitnehmer ist nicht gehalten, den Anordnungen seines Arbeitgebers auf die unzulässige Beschäftigung Folge zu leisten. Wegen des Gesetzesverstoßes ist diese Anordnung nach § 134 BGB unwirksam. Insbesondere darf dem Arbeitnehmer bei entsprechender zulässiger Arbeitsverweigerung nicht aus verhaltensbedingten Gründen gekündigt werden. Eine hierauf gestützte Kündigung ist sozial ungerechtfertigt i. S. d. § 1 Abs. 2 KSchG und daher unwirksam.

30.5 Aufsichtspflichten des Arbeitgebers, Ordnungswidrigkeiten

Der Arbeitgeber ist gemäß §§ 22–23 ArbZG für die Einhaltung aller den Arbeitszeitschutz betreffenden Bestimmungen verantwortlich. Im Fall einer Verletzung ist der Arbeitgeber persönlich bußgeld- und strafrechtlich verantwortlich.

Verantwortung für den Arbeitgeber unternehmerischen Aufsichtspflicht
Als Arbeitgeber ist gemäß §§ 9 OWiG, 14 StGB nicht nur der Betriebsinhaber anzusehen, sondern jede Person, die kraft organschaftlicher Stellung (z. B. Geschäftsführer einer GmbH) oder aufgrund von Beauftragung (z. B. als Betriebsleiter) oder aufgrund Delegation (z. B. Übertragung von Arbeitgeberpflichten auf Disponenten) arbeitszeitgesetzliche Pflichten zur Wahrnehmung in eigener Verantwortung für den Arbeitgeber ausübt.

Im Bereich des Arbeitszeitschutzes bedeutet das, dass auch Vorgesetzte unterhalb der obersten Leitungsebene des Unternehmens eine unmittelbare persönliche Verantwortung für die Einhaltung des Arbeitszeitschutzes tragen können.

Hat der Arbeitgeber (etwa der Vorstand eines Unternehmens) die Wahrnehmung der Arbeitgeberpflichten delegiert, so ist der Arbeitgeber dennoch bußgeldrechtlich verantwortlich, wenn er seiner unternehmerischen Aufsichtspflicht gegenüber den Delegationsempfängern (Führungskräften) nicht nachgekommen ist (§ 130 OWiG). Zu diesen Aufsichtspflichten gehören insbesondere die sorgfältige Auswahl und regelmäßige Überwachung der Personen, auf die Arbeitgeberpflichten delegiert wurden.

Aufzeichnungen für Kontrollzwecke der Aufsichtsbehörden aufbewahren
Die Verantwortung für die Einhaltung des Arbeitszeitschutzes kann nicht auf den Arbeitnehmer als »Schutzobjekt« des Arbeitszeitschutzes übertragen werden. Der Arbeitnehmer kann arbeitsrechtlich jedoch verpflichtet werden, an Maßnahmen zur Einhaltung des Arbeitszeitschutzes mitzuwirken, etwa der Anweisung, im Rahmen von Telearbeit keine Arbeitsleistungen an Sonn- und Feiertagen zu erbringen. § 16 Abs. 2 ArbZG bestimmt, dass der Arbeitgeber jegliche Arbeitszeiten an Sonn- und Feiertagen aufzuzeichnen hat. Der Arbeitgeber hat diese Aufzeichnungen 2 Jahre lang für Kontrollzwecke der Aufsichtsbehörden aufzubewahren.

Die Verletzung der Aufzeichnungspflicht kann durch die Aufsichtsbehörde mit einem Bußgeld von bis zu 30.000 EUR für jeden Einzelfall geahndet werden.

31 Arbeitszeit: flexible Arbeitszeitgestaltung

Autor: Dr. Christian Schlottfeldt

Überblick

Strategien der Arbeitszeitflexibilisierung zielen dabei vor allem auf die Anpassung von Lage, Dauer und Verteilung individueller Arbeitszeiten an den tatsächlichen Arbeitszeitbedarf des Unternehmens – z. B. innerhalb der Woche, des Monats oder des Jahres ggf. wechselnden– vor dem Hintergrund der Kundenanforderungen ab. Die Bandbreite flexibler Arbeitszeitmodelle reicht von der arbeitgeberseitig bestimmten flexiblen Arbeitszeit im Tagesdienst (Gleitzeit, variable Arbeitszeit, Servicezeiten, Vertrauensarbeitszeit) über die flexible Handhabung von Schicht- und Dienstplänen und saisonal variable Verteilung der Arbeitszeit (Jahresarbeitszeit) bis zur unterschiedlichen Verteilung der Arbeitszeit über die gesamte Arbeitslebensspanne (»Lebensarbeitszeit« bzw. lebensphasenorientierte Arbeitszeit).

Die nachstehenden Gestaltungsempfehlungen gelten grundsätzlich auch für Arbeitszeitmodelle im Rahmen von Homeoffice-Arbeit bzw. mobiler Arbeit. So selbstverständlich Arbeiten im Homeoffice als Teil des »New Work« geworden ist, so selbstverständlich sollte es sein, dass auch für Arbeitszeiten im Homeoffice geeignete Arbeitszeitmodelle zur Verfügung stehen.

Das Arbeitszeitgesetz (ArbZG) enthält Mindeststandards des Arbeitnehmerschutzes, insbesondere Begrenzungen der maximal zulässigen Arbeitszeit, Vorgaben für Ruhepausen und Ruhezeiten und Beschäftigungsverbote an Sonn- und Feiertagen. Für besondere Arbeitnehmergruppen bestehen spezielle Schutzregelungen, etwa für Jugendliche, werdende und stillende Mütter, Fahrpersonal und Schwerbehinderte.

Vom Sonderfall der flexiblen Gestaltung der regelmäßigen Arbeitszeit abzugrenzen sind Langzeit- und Lebensarbeitszeitkonten, die als Zeitwertkonten oder sog. Wertguthabenkonten[392] mit dem Ziel längerfristiger Freistellung gebildet werden und grundsätzlich in Geld zu führen sind. Diese Konten werden in der Regel zur Realisierung individueller Zeitbedürfnisse im Rahmen einer lebensphasenorientierten Arbeitszeitgestaltung geführt, etwa der Ermöglichung längerer bezahlter Freistellungen innerhalb des Arbeitslebens (»Sabbatjahr«), der Unterstützung von Teilzeit-, Pflegezeit- und Elternzeitmodellen oder des gleitenden Übergangs in den Ruhestand.

31.1 Gleitzeit und Kernzeit

Gleitzeit- oder Kernzeitmodelle überlassen es dem Arbeitnehmer, Beginn und Ende der täglichen individuellen Arbeitszeit innerhalb eines vorgegebenen Rahmens selbst

392 § 7 Abs. 1a SGB IV.

zu regeln (Gleitzeit) und verpflichtet ihn nur zur Einhaltung einer bestimmten täglichen Zeitspanne als fester Arbeitszeit (Kernzeit).

In der Praxis hat sich die Gleitzeit aus den folgenden Gründen als eher nachteilig herausgestellt: Zahlreiche Unternehmen entscheiden sich daher für eine flexible Arbeitszeit im Tagesdienst ohne Kernzeiten, die sowohl unter dem Aspekt der Kunden- als auch der Mitarbeiterorientierung vorteilhafter erscheint.

Flexible Arbeitszeit im Tagesdienst ohne Kernzeiten
Soweit dennoch ein Gleitzeitmodell mit Kernzeiten zu Einsatz kommt, sollten die Arbeitnehmer die Anforderungen von internen und externen Kunden innerhalb der Gleitzeitspannen dennoch berücksichtigen. Die grundsätzlich vorrangige Beachtung der betrieblichen Belange sollte also in der Gleitzeitregelung angemessen zum Ausdruck kommen.

Vorbehalt zugunsten des Direktionsrechts
Ggf. kann insoweit auch ein Vorbehalt zugunsten des Direktionsrechts des Arbeitgebers für die Verteilung der Arbeitszeit innerhalb der Gleitzeitspannen festgelegt werden. Allerdings würde der wiederholte Gebrauch des Direktionsrechts innerhalb der Gleitzeitspannen einen regelungspraktischen »Störfall« darstellen, der für die Betriebsparteien Anlass sein sollte, über die Förderung des richtigen Verständnisses flexiber Arbeitszeit (ggf. auch im Rahmen von Schulungen der Führungskräfte und Mitarbeiter) und, soweit erforderlich, Änderungen der Regelung zu beraten.

Bei der Integration von Teilzeitbeschäftigten in Gleitzeitregelungen ist zunächst danach zu fragen, ob diese ihre verkürzte Arbeitszeit durch weniger Arbeitstage oder durch Verkürzung einzelner Arbeitstage umsetzen. Nur im zweiten Fall wären, je nach Umfang der Vertragsarbeitszeit, Anpassungen der Regelung erforderlich. Eine Anpassung kann über die Festlegung einer verkürzten Kernzeit und gegebenenfalls über einen verkürzten Arbeitszeitrahmen erfolgen. Bei einer 30-Stunden-Kraft kann z. B. eine Kernzeit von 10:00–14:30 Uhr (statt allgemein von 09:00–15:30 Uhr) bei einem Arbeitszeitrahmen von 08:30–16:00 Uhr (statt von 07:30–18:00 Uhr) vereinbart werden.

31.2 Flexible Arbeitszeit im Tagesdienst

Eine Weiterentwicklung der Gleitzeit stellt die flexible Arbeitszeit im Tagesdienst mit Arbeitszeitrahmen und bereichsspezifischen Servicezeiten dar, die auch als »variable Arbeitszeit« bezeichnet wird.

In diesem Modell steht dem Arbeitnehmer ein definierter (und ggf. bereichsspezifisch differenzierter) täglicher Zeitrahmen (z. B. Montag bis Freitag 7–19 Uhr) für die Erbringung seiner Arbeitsleistung zur Verfügung. Im Unterschied zur Gleitzeit wird eine Kernzeit nicht festgelegt. Der Arbeitnehmer ist jedoch verpflichtet, die Lage seiner Arbeitszeit auf der Grundlage gegenseitiger Absprache mit Kollegen und/oder Abstimmung mit der verantwortlichen Führungskraft so einzuteilen, dass betriebsseitige Vorgaben für die Erbringung bestimmter Leistungen wie z. B. die Gewährleistung von Mindestbesetzungsstärken (»Servicezeit« bzw. »Funktionszeit«), die Wahrnehmung von Terminen, die Einhaltung von »Deadlines« sichergestellt werden.

Die flexible Arbeitszeit im Tagesdienst ist dabei für voll- und teilzeitbeschäftigte Arbeitnehmer gleichermaßen geeignet, da sie ihre Arbeitszeit innerhalb des definierten Arbeitszeitrahmens nach Abstimmung mit den Kollegen im Team eigenverantwortlich einteilen können. Dabei empfiehlt es sich, mit Teilzeitmitarbeitern abzusprechen, ob sie ihre Arbeitszeit grundsätzlich auf alle betriebsüblichen Arbeitstage (z. B. 5-Tage-Woche von Montag bis Freitag) verteilen oder weniger (und dafür längere) Arbeitstage leisten. Soweit zur Berücksichtigung individueller zeitlicher Restriktionen (z. B. aufgrund von Betreuungspflichten) feste Arbeitstage und -zeiten mit einer Teilzeitkraft vereinbart werden, sollte dies auf die Zeitspanne des Vorliegens solcher Restriktionen (z. B. häusliche Betreuungs- oder Pflegesituation) befristet werden.

Hinweis: 4-Tage-Woche

Im Rahmen des flexiblen Tagesdienstes können auch Vollzeit- oder Teilzeitmodelle zur Verkürzung der Zahl der wöchentlichen Arbeitstage (z. B. 4-Tage-Woche) umgesetzt werden. So wäre es arbeitszeitgesetzlich zulässig, dass ein Arbeitnehmer seine vertragliche (Vollzeit-) Arbeitszeit auf 4 Tage pro Woche verteilt, auch wenn dann regelmäßig mehr als 8 Stunden bzw. 1/5 der Wochenarbeitszeit pro Arbeitstag gearbeitet wird (sog. überproportionale Tagesarbeitszeit). Solange aufgrund der zusätzlichen arbeitsfreien Tage durchschnittlich nicht mehr als 8 Stunden pro Werktag (einschließlich Samstag) gearbeitet wird (bzw. durchschnittlich 48 Stunden/Woche) und die werktägliche Höchstarbeitszeit von 10 Stunden als täglicher Spitzenwert beachtet wird, sind derartige Modelle arbeitszeitrechtlich unproblematisch (§ 3 ArbZG).

Unter dem Aspekt der Kundenorientierung und Arbeitsproduktivität sollten solche Modelle jedoch sorgfältig geprüft werden. Denn je nach qualifkatorischer »Austauschbarkeit« der Arbeitnehmer innerhalb eines Teams können solche Modelle nachteilig für die Erfüllung der Kundenanforderungen sein. Je nach Annäherung der täglichen Arbeitszeit an die 10-Stunden-Grenze sind derartige Modelle nur wenig flexibel. Und auch die individuelle Arbeitsproduktivität kann durch überlange Tagesarbeitszeiten negativ beeinflusst werden.

Der Arbeitgeber muss dafür Sorge tragen, dass die gesetzlichen Grenzen der Arbeitszeit eingehalten werden. Demnach darf die werktägliche Arbeitszeit von 8 Stunden (zuzüglich Pausen) grundsätzlich nicht überschritten werden. Eine Verlängerung auf 10 Stunden ist allerdings möglich. Voraussetzung hierfür ist, dass innerhalb eines Zeitraumes von 6 Kalendermonaten oder 24 Wochen im Durchschnitt 8 Stunden werktäglich nicht überschritten werden (§ 3 ArbZG). Diese Verpflichtung des Arbeitgebers gilt auch dann, wenn der Arbeitnehmer weitgehend frei über die Lage seiner Arbeitszeit entscheiden kann.

Die flexible Verteilung der täglichen und wöchentlichen Arbeitszeit findet ihre zeitwirtschaftliche Abbildung typischerweise im Rahmen fortlaufend geführter Arbeitszeitkonten (»Gleitzeitkonto«). Das Funktionieren flexibler Arbeitszeitmodelle in der betrieblichen Praxis setzt dabei voraus, dass in Betriebsvereinbarungen eine systematische »Verzahnung« zwischen den Regeln der Arbeitszeitverteilung und denen der Steuerung von Zeitkonten erfolgt. Dies kann etwa durch Begrenzung maximal zulässiger Zeitsalden und Regelung von Abstimmungserfordernissen zwischen Führungskraft und Arbeitnehmer bei Überschreitung definierter Saldengrenzen erfolgen.

Formulierungsvorschlag: Verteilung der Arbeitszeit

1. Es steht ein Arbeitszeitrahmen von 7 bis 19 Uhr an den Arbeitstagen Montag bis Freitag zur Verfügung. Arbeitszeiten außerhalb dieses Rahmens bedürfen der Abstimmung mit dem Vorgesetzten.
2. Der Arbeitnehmer kann innerhalb dieses Rahmens und vor dem Hintergrund des jeweiligen Arbeitsanfalls (insbesondere Anforderungen externer und interner Kunden, zeitnahe Bearbeitung von Arbeitsaufträgen) Beginn und Ende seiner Arbeitszeit eigenverantwortlich festlegen. Er hat dabei betriebliche Vorgaben, insbesondere hinsichtlich der sicherzustellenden Servicezeiten und Terminabsprachen, zu beachten. Das Direktionsrecht des Arbeitgebers, zur Sicherstellung der betrieblichen Belange Lage und Verteilung der Arbeitszeit im Einzelfall festzulegen, bleibt unberührt.
3. Bei der Verteilung der Arbeitszeit hat der Arbeitnehmer außerdem die Vorgaben des Arbeitszeitgesetzes zu beachten. Abweichungen vom Arbeitszeitgesetz sind nur in Notfällen und außergewöhnlichen Fällen zulässig und sind grundsätzlich zuvor mit dem Vorgesetzten abzustimmen. Arbeitszeiten, die aus nicht abgestimmten Überschreitungen des Arbeitszeitgesetzes resultieren, werden nicht im Zeitkonto angerechnet. Ist eine solche Abstimmung aufgrund der Eilbedürftigkeit der Arbeiten nicht möglich, sind solche Abweichungen unverzüglich im Nachgang dem Vorgesetzten mitzuteilen.

31.2.1 Rechtsgrundlage für die Teilnahme an flexiblen Arbeitszeitmodellen

Der Anspruch des Arbeitnehmers auf Teilnahme an flexiblen Arbeitszeitmodellen kann sich aus dem individuellen Arbeitsvertrag sowie aus einer Betriebsvereinbarung ergeben.

Bei der Festlegung eines Arbeitszeitrahmens als Zeitspanne, innerhalb der die vertragliche Arbeitszeit erbracht werden kann, steht dem Betriebsrat ein erzwingbares Mitbestimmungsrecht nach § 87 Abs. 1 Nr. 2 BetrVG zu, da sich der Arbeitszeitrahmen auf den (frühestmöglichen) Beginn und das (späteste) Ende der täglichen Arbeitszeit bezieht.

Bei der Entscheidung des einzelnen Arbeitnehmers, wie dieser innerhalb des Arbeitszeitrahmens seine Arbeitszeiten festlegt, hat der Betriebsrat über die in der Betriebsvereinbarung festgelegten Regelungen hinaus keine Einflussmöglichkeiten, sofern die Betriebsvereinbarung dem Arbeitnehmer die Festlegung der Lage der Arbeitszeit innerhalb bestimmter Zeitspannen überlässt. Der Betriebsrat kann jedoch vom Arbeitgeber verlangen, dass dieser den in einer Betriebsvereinbarung festgelegten Arbeitszeitrahmen auch tatsächlich gegenüber den Arbeitnehmern durchsetzt. Dies gilt auch dann, wenn einzelne Arbeitnehmer diesen Rahmen ohne Anweisung seitens des Arbeitgebers überschreiten.[393]

Der Arbeitgeber kann die im Rahmen des ArbZG zulässigen flexiblen Arbeitszeitmodelle auch einseitig kraft seines Weisungsrechts (§ 106 GewO) zur Verteilung der Arbeitszeit einführen, soweit kein Betriebsrat besteht. Wichtig ist, dass er bei der Einführung den arbeitsrechtlichen Gleichbehandlungsgrundsatz beachtet, d. h. er darf nicht ohne sachlich rechtfertigenden Grund zwischen einzelnen Arbeitnehmern oder Arbeitnehmergruppen differenzieren und beispielsweise Arbeitnehmergruppen willkürlich von der Teilnahme an flexibler Arbeitszeit ausschließen. Unterschiedliche sachliche Anforderungen an die Arbeitszeitgestaltung (z. B. Erfordernis bestimmter Besetzungsstärken zu festgelegten Zeiten aufgrund entsprechender Kundenbedürfnisse vs. »Speicherarbeit«, die nicht an bestimmte Zeiten gebunden ist) rechtfertigen dabei aber die unterschiedliche Behandlung von Arbeitnehmern oder Arbeitnehmergruppen.

31.2.2 Rechtliche Besonderheit: persönliche Verhinderung des Arbeitnehmers

Nach der gesetzlichen Regelung des § 616 BGB behält der Arbeitnehmer seinen Anspruch auf die Arbeitsvergütung auch dann, wenn er für eine verhältnismäßig nicht erhebliche Zeit durch einen in seiner Person liegenden Grund ohne sein Verschulden an der Arbeitsleistung verhindert ist.

In der Regel fallen hierunter Ereignisse im persönlichen Leben oder im Familien- und Verwandtenkreis, etwa Arztbesuche oder verpflichtende Gerichtstermine.Im Rahmen der flexiblen Arbeitszeit ist die Frage entstanden, wie solche Fallgruppen hier zu beurteilen sind. Soweit persönliche Verhinderungen während des Arbeitszeitrahmens eintreten, begründen diese keinen Anspruch auf Arbeitsbefreiung nach § 616 BGB. Es ist gerade auch Sinn und Zweck flexibler Arbeitszeitmodelle im Tagesdienst, den Arbeitnehmer in

393 BAG, Beschluss v. 29.4.2004, 1 ABR 30/02.

die Lage zu versetzen, über zeitliche Spielräume für persönliche Erledigungen und Termine zu verfügen. Dies ist für die Ausübung eines öffentlichen Ehrenamts während der Gleitzeit auch höchstrichterlich entschieden worden.[394] Tarifverträge, Betriebsvereinbarungen und Arbeitsverträge können insoweit detaillierte Regelungen vorsehen.

Kappung von Zeitsalden ist individualarbeitsrechtlich problematisch

Die Kappung von Zeitsalden ist individualarbeitsrechtlich problematisch, soweit der Arbeitgeber die geleistete Arbeitszeit angeordnet, gebilligt oder geduldet hat. Allerdings können betriebliche Regelungen zur Kappung von Arbeitszeitsalden als Regelungen zur Verteilung der Arbeitszeit wirksam sein. Nach derartigen Regelungen werden also Arbeitszeiten, die über das gesetzliche Maß (oder eine betrieblich geregelte Zeitsaldengrenze) hinausgehen, nicht auf dem Zeitkonto gutgeschrieben. Dadurch wird festgelegt, dass der Arbeitnehmer von den Möglichkeiten einer flexiblen Arbeitszeitgestaltung nur innerhalb des gesetzlichen bzw. betrieblich festgelegten Rahmens Gebrauch machen kann. Allerdings können derartige Regelungen nicht in vergütungsrechtlich geschützte Positionen des einzelnen Arbeitnehmers eingreifen.[395] Denn der Arbeitnehmer hat für geleistete Arbeit grundsätzlich einen Vergütungsanspruch. Will der Arbeitgeber den Aufbau von Zeitsalden im Rahmen persönlicher Arbeitszeitflexibilität begrenzen, so muss er gegenüber dem Arbeitnehmer unverzüglich zum Ausdruck bringen, dass entsprechende Arbeitszeiten nicht ohne Weiteres anerkannt werden, wie dies beim »Leitplankenkonto« der Fall ist. Die Frage, ob Arbeitsstunden, die nach der betrieblichen Regelung zunächst »gekappt« wurden, im Einzelfall doch anzurechnen bzw. zu vergüten sind, ist im Einzelfall danach zu bewerten, ob der Arbeitgeber die Arbeitsstunden ausdrücklich oder stillschweigend angeordnet, gebilligt oder geduldet hat.[396]

31.2.3 Rechtliche Besonderheit: Zeitkonten führen und steuern

Im Falle der Einführung der flexiblen Arbeitszeit sollten Regelungen über die Verantwortlichkeit für die Zeitkontensteuerung und den Ausgleich des Zeitkontos bei Ausscheiden getroffen werden. Für die Zeitkontensteuerung wird häufig auf das sogenannte »Ampel-Modell« zurückgegriffen, das die Verantwortlichkeit für die Saldensteuerung in Abhängigkeit vom Stand des Zeitsaldos regelt.

Leitplankenkonto

Eine Weiterentwicklung des Ampelkontos stellt das »Leitplankenkonto« dar, in dem die persönliche Arbeitszeitflexibilität des Arbeitnehmers durch eine permanente fes-

394 BAG, Urteil v. 16.12.1993, 6 AZR 236/93.

395 BAG, Beschluss v. 10.12.2013, 1 ABR 40/12.

396 Zu den Voraussetzungen des Anspruchs auf Überstundenvergütung wegen Anordnung, Billigung oder Duldung von Überstunden vgl. BAG, Urteil v. 10.4.2013, 5 AZR 122/12.

te Saldengrenze im Plus- und Minusbereich (»Leitplanken« der eigenverantwortlichen Arbeitszeitsteuerung) begrenzt wird und der Aufbau von Zeitsalden außerhalb dieser Grenzen aufgrund betrieblicher Regelung nicht bzw. nur nach besonderer Rücksprache (Einholung der Zustimmung der Führungskraft und ggf. des Betriebsrats) zulässig ist. In der Praxis haben sich derartige Zeitkontenmodelle häufig als effektiver bei der Zeitsaldensteuerung erwiesen als traditionelle Ampelkonten.

31.2.4 Jahresarbeitszeitmodelle und Flexibilisierung von Schicht- und Dienstplänen

Unter Jahresarbeitszeit versteht man eine vertraglich vereinbarte Arbeitszeit, die bezogen auf das Jahr zu erbringen ist. Die wöchentliche Arbeitszeit von z. B. 40 Stunden ist dabei im Jahresdurchschnitt zu erreichen.

Ein solches Arbeitszeitmodell kann im Rahmen eines Tarifvertrags, einer Betriebsvereinbarung oder auch im Einzelarbeitsvertrag vereinbart werden.

Vorteil: keine zuschlagspflichtigen Überstunden
Die Vorteile der Jahresarbeitszeit ergeben sich daraus, dass innerhalb des Jahresarbeitszeitkontos regelmäßig keine zuschlagspflichtigen Überstunden entstehen können und der Arbeitgeber zusätzlich auf saisonbedingte Arbeitsspitzen und -flauten angemessen reagieren kann (Verteilung der regelmäßigen Arbeitszeit entsprechend dem Arbeitsanfall).

So ist es bei Ausnutzung der arbeitszeitgesetzlichen Spielräume etwa möglich, dass der Arbeitnehmer in Spitzenzeiten die nach dem ArbZG höchstzulässige Arbeitszeit von bis zu 10 Stunden an allen 6 Werktagen der Woche erbringt und in auftragsschwachen Zeiten mehrere Tage oder sogar Wochen Freizeit »auf Zeitkonto« hat.

Ausgleichszeiträume schaffen
Auch bei Jahresarbeitszeitmodellen sind jedoch die Ausgleichszeiträume des § 3 Satz 2 ArbZG zu beachten. Wird also die werktägliche Arbeitszeit auf bis zu 10 Stunden ausgedehnt, ist der entsprechende Ausgleichszeitraum von 6 Kalendermonaten oder von 24 Wochen zum Ausgleich auf den Durchschnitt von 8 Stunden pro Tag einzuhalten. Bei Nachtarbeitnehmern i. S. d. § 2 Abs. 5 ArbZG gilt allerdings ein engerer Ausgleichszeitraum von 4 Wochen oder einem Kalendermonat.[397]

397 Nachtarbeitnehmer i. S. d. § 2 Abs. 5 ArbZG sind Arbeitnehmer, die aufgrund ihrer Arbeitszeitgestaltung normalerweise Nachtarbeit in Wechselschicht zu leisten haben oder Nachtarbeit an mindestens 48 Tagen im Kalenderjahr leisten. Nachtarbeit ist jede Arbeit, die mehr als 2 Stunden der Nachtzeit (23:00-06:00 Uhr) umfasst.

Bei flexibler Arbeitszeit im Rahmen von Schicht- und Dienstplänen obliegt dem Arbeitgeber die Einteilung des Arbeitnehmers zu bestimmten Arbeitszeiten oder Arbeitszeitlagen (z. B. Früh-, Spät- und Nachtschicht). Dabei hat der Arbeitgeber die Mitbestimmungsrechte des Betriebsrats zu beachten.

Die Arbeitszeiteinteilung muss der Arbeitgeber nach »billigem Ermessen« (§ 106 GewO) vornehmen. Das bedeutet insbesondere, dass er auf individuelle Leistungseinschränkungen des Arbeitnehmers nach Möglichkeit Rücksicht nehmen muss.

31.2.5 Vertrauensarbeitszeit

Bei der Vertrauensarbeitszeit werden den Arbeitnehmern keine festen Arbeitszeiten vorgegeben, sondern in der Regel nur ein täglicher und wöchentlicher Arbeitszeitrahmen . Der Arbeitgeber verzichtet dabei auf eine Arbeitszeiterfassung und -kontrolle. Vertraglich ist dennoch eine bestimmte regelmäßige Arbeitszeit (z. B. 40 Stunden pro Woche) festgelegt. An die Stelle der in flexiblen Arbeitszeitsystemen üblichen Zeitkonten tritt der eigenverantwortliche Zeitausgleich durch die Mitarbeiter selbst, gegebenenfalls unterstützt durch die Führungskraft, wenn sich ein Missverhältnis zwischen Aufgabenvolumen und vereinbarter Arbeitszeit ergibt (»Überlastsituation«).

Vertrauensarbeitszeit wird häufig eingeführt, um eine stärkere Fokussierung auf Ergebnisse statt auf reine Anwesenheitszeiten zu erreichen. Vertrauensarbeitszeit wird dabei nicht nur als Modell der Flexibilisierung der Arbeitszeit, sondern auch des Arbeitsortes, insbesondere zur Ermöglichung »mobiler Arbeit« mittels Laptop, Tablet-PC oder Smartphone, verbunden.

Für die Durchsetzung von Ansprüchen auf Vergütung für Überstunden bzw. Mehrarbeit gelten auch in der Vertrauensarbeitszeit grundsätzlich dieselben Regeln wie in Arbeitszeitsystemen mit Zeiterfassung. Auch sind die Vorgaben des Arbeitszeitgesetzes sowie etwa einschlägiger tariflicher Regelungen zu beachten und deren Einhaltung vom Arbeitgeber zu überwachen. Insoweit bedeutet Vertrauensarbeitszeit keinen »Abschied von der Arbeitszeit«. Zur Gewährleistung der täglichen Ruhezeiten empfiehlt sich grundsätzlich ein 13-stündiger Arbeitszeitrahmen, der die minutengenaue Erfassung von Beginn und Ende der Arbeitszeit zwecks Kontrolle der Einhaltung der Ruhezeit entbehrlich macht.

Gesetzlichen Arbeitszeitnachweis einführen
Hinsichtlich des Arbeitszeitgesetzes ist insbesondere zu beachten, dass die gemäß § 16 Abs. 2 ArbZG zu führenden gesetzlichen Arbeitszeitnachweise auch im Rahmen von Vertrauensarbeitszeit zu führen sind. Dabei sind dem Wortlaut des Gesetzes nach alle Arbeitszeiten zu erfassen, die über 8 Stunden an Werktagen (Montag bis Samstag)

hinausgehen sowie alle Arbeitszeiten an Sonn- und Feiertagen. Die Aufzeichnungen können allerdings vom Arbeitnehmer, etwa im Rahmen einer Selbstaufschreibung, geführt werden.

Eine Aufzeichnung von Pausen oder Ruhezeiten und des erforderlichen Freizeitausgleichs von Arbeitszeiten ist nach den Bestimmungen des Arbeitszeitgesetzes bislang nicht erforderlich.

Allerdings ist der Arbeitgeber nach Auffassung des Bundesarbeitsgerichts (BAG) aufgrund der Organisationspflichten im Arbeitsschutzgesetz gemäß § 3 Abs. 2 Nr. 1 ArbSchG verpflichtet, ein System einzuführen, mit dem die von den Arbeitnehmern geleistete Arbeitszeit erfasst werden kann.[398]

Der Arbeitgeber muss die Aufzeichnungen 2 Jahre aufbewahren und im Fall einer aufsichtsbehördlichen Prüfung den Vertretern der Behörde auf Verlangen vorlegen.

31.3 Verkürzung der Wochenarbeitszeit

Neben der Einführung der flexiblen Arbeitszeit gibt es Beispiele der Verkürzung der vertraglichen oder tariflichen Wochenarbeitszeit, beispielsweise mit dem Ziel der Arbeitsplatzsicherung.

Die Verteilung der Arbeitszeit auf eine bestimmte Zahl von Arbeitstagen pro Woche ist auf der Basis einer individual- oder kollektivrechtlichen Vereinbarung, also auch einer Betriebsvereinbarung, rechtlich zulässig, sofern das Volumen der individuell vom Arbeitnehmer geschuldeten Arbeitsleistung nicht berührt wird.

Solange die werktägliche Arbeitszeit des einzelnen Arbeitnehmers die zulässige tägliche Höchstarbeitszeit gemäß § 3 ArbZG nicht überschreitet, entspricht sie ohnehin den gesetzlichen Vorgaben. Die Verringerung der Zahl der Arbeitstage kann also mit einer Erhöhung der täglichen Arbeitszeit auf bis zu 10 Stunden einhergehen, wenn innerhalb des Ausgleichszeitraums durchschnittlich 8 Stunden/Tag nicht überschritten werden.

398 BAG, Beschluss v. 13.9.2022, 1 ABR 22/21.

32 Allgemeine Geschäftsbedingungen, Grundlagen zu Formulararbeitsverträgen

Autoren: Dr. Nina Springer, Dr. Adrian Löser

Überblick

Arbeitsverträge unterliegen der AGB-Kontrolle nach den §§ 305 ff. BGB. Es gilt allerdings die Einschränkung des § 310 Abs. 4 BGB zu beachten, wonach einerseits Tarifverträge, Betriebs- und Dienstvereinbarungen nicht von der Einbeziehungs- und Inhaltskontrolle erfasst werden und andererseits die »im Arbeitsrecht geltenden Besonderheiten angemessen zu berücksichtigen« sind.

32.1 Formulararbeitsverträge als Allgemeine Geschäftsbedingungen

Die Kontrolle wird nach § 305 Abs. 1 Satz 1 BGB für Allgemeine Geschäftsbedingungen durchgeführt. Das sind nach der gesetzlichen Definition alle für eine Vielzahl von Verträgen vorformulierten Vertragsbedingungen, die der Verwender (regelmäßig der Arbeitgeber) der anderen Vertragspartei (also dem Arbeitnehmer) stellt. Dazu zählen im Arbeitsrecht typischerweise

- Formulararbeitsverträge, aber auch
- standardisierte Aufhebungsverträge,
- Rückzahlungsverträge oder
- Ausgleichsquittungen.

Auf die äußere Form kommt es dabei nicht an.[399] Maßgeblich ist alleine, dass sie zur mehrmaligen Verwendung bestimmt sind.

Das Bundesarbeitsgericht verlangt eine wenigstens dreimalige Verwendungsabsicht[400], damit es sich um »Allgemeine« Geschäftsbedingungen – AGB – handelt.

Die Beweislast dafür, dass der Vertrag oder Teile von diesem die Voraussetzungen der Definition der AGB erfüllen, liegt nach ganz überwiegender Meinung bei demjenigen, der sich auf das Eingreifen der §§ 305 ff. beruft, d. h. in der Regel beim Arbeitnehmer.[401]

399 § 305 Abs. 1 Satz 2 BGB.
400 BAG, Urteil v. 6.9.2007, 2 AZR 722/06; BAG, Urteil v. 23.9.2010, 8 AZR 897/08.
401 BGH, Urteil v. 14.5.1992, VII ZR 204/90; BGH, Urteil v. 17.2.2010, VIII ZR 67/09.

Regelmäßig spricht aber der Beweis des ersten Anscheins für das Vorliegen von AGB, wenn die äußere Form des Vertragsformulars auf deren vorformulierte und standardisierte Verwendung schließen lässt.[402] Dies ist z. B. der Fall, wenn der Vertrag zahlreiche formelhafte Klauseln enthält und nicht auf die individuelle Vertragssituation abgestimmt ist.[403]

Darüber hinaus müssen die Vertragsbedingungen vom Arbeitgeber »gestellt« werden. Das ist dann der Fall, wenn der Arbeitgeber die Einbeziehung der AGB vom Arbeitnehmer verlangt oder ihm ein konkretes Angebot zur Einbeziehung der Bedingungen macht. Für die arbeitsrechtliche Praxis hat dieses Merkmal durch § 310 Abs. 3 Nr. 1 BGB seine Bedeutung verloren: Bei Verbraucherverträgen, d. h. auch bei Arbeitsverträgen (Arbeitnehmer sind Verbraucher i. S. d. § 13 BGB) gelten AGB als vom Arbeitgeber gestellt, es sei denn, sie sind durch den Arbeitnehmer in den Vertrag eingeführt worden. Dies bedeutet, dass das in § 305 Abs. 1 BGB enthaltene Merkmal des »Stellens« der Vertragsbedingungen durch den Arbeitgeber fingiert wird.

Vertragsklauseln im Einzelnen ausgehandelt

Die Kontrolle findet nach § 305 Abs. 1 Satz 3 BGB nicht statt, wenn die Vertragsklauseln zwischen den Parteien im Einzelnen ausgehandelt sind. Das setzt voraus, dass der Arbeitgeber die Klauseln ernsthaft zur Disposition des Arbeitnehmers gestellt und ihm die reale Möglichkeit gegeben hat, diese zu beeinflussen.

Allein die Bezeichnung einer Klausel als »Individualvereinbarung« oder »Zusatzvereinbarung« genügt dazu nicht. Der Arbeitgeber muss vielmehr bereit sein, die jeweilige Klausel auch abzuändern. Das setzt zumindest voraus, dass die Vertragsbedingungen ausführlich durchgesprochen wurden und die Klausel letztlich nur nach Diskussion mit dem Arbeitnehmer und mit seinem ausdrücklichen Einverständnis in den Vertrag aufgenommen wurde.

Der Arbeitgeber hat dafür, dass eine ausgehandelte Klausel vorliegt, die Beweislast.[404] Beweiserleichterungen können sich aus dem äußeren Erscheinungsbild des Vertrags ergeben, z. B. Streichungen oder handschriftliche Abänderungen.[405] Selbst wenn tatsächlich ausgehandelte Vereinbarungen im Vertrag enthalten sind, entfällt damit die AGB-Kontrolle aber nur für die jeweiligen ausgehandelten Klauseln, nicht aber für den Rest des Vertrags.

---

402 BAG, Urteil v. 26.1.2005, 10 AZR 251/04; BAG, Urteil v. 6.5.2009, 10 AZR 390/08; BGH, Urteil v. 20.11.2012, VIII ZR 137/12.

403 BAG, Urteil v. 1.3.2006, 5 AZR 363/05; BAG, Urteil v. 14.8.2007, 8 AZR 973/06.

404 BGH, Urteil v. 3.4.1998, V ZR 6/97; BAG, Urteil v. 26.1.2005, 10 AZR 215/04.

405 BGH, Urteil v. 12.5.1992, XI ZR 251/91, NJW 1992 S. 2285.

Tipp: AGB-Kontrolle bei Vertragsklauseln durchführen

Die AGB-Kontrolle von Arbeitsverträgen lässt sich bei vom Arbeitgeber vorformulierten Arbeitsverträgen in der Regel nicht vermeiden – umso mehr sollte der Arbeitgeber die Klauseln sorgfältig auf ihre Zulässigkeit prüfen.

Kontrollfreier, individuell ausgehandelter Vertrag

Soll ein Arbeitsvertrag ein kontrollfreier, individuell ausgehandelter Vertrag sein, so empfiehlt es sich, diesen Vertrag vom Arbeitnehmer entwerfen zu lassen oder dem Arbeitnehmer eine Checkliste an die Hand zu geben, mit der Bitte, Vorschläge für die Vertragsgestaltung zu machen und die einzelnen Punkte abzuarbeiten.

Wichtig ist, dass das Aushandeln der einzelnen Regelungen auch dokumentiert wird, z. B. durch einen Zeugen oder ein Gesprächsprotokoll über die geführten Verhandlungen.

Entscheidend ist, dass der Arbeitgeber keine Vertragsregelungen vorformuliert, sondern sie am besten gemeinsam entwickelt werden.

32.2 Kontrolle von Tarifverträgen und Betriebsvereinbarungen

Unmittelbare Kontrolle

Tarifverträge und Betriebsvereinbarungen selbst sind nach § 310 Abs. 4 Satz 1 BGB von der Inhaltskontrolle ausgenommen. Davon zu unterscheiden ist die Frage nach einer Inhaltskontrolle bei einer arbeitsvertraglichen Inbezugnahme des Tarifvertrags – sei es als Ganzes oder nur in einzelnen Bestandteilen.

Bezug auf einen bestimmten Tarifvertrag – Globalverweisung

Wird ein bestimmter Tarifvertrag insgesamt in Bezug genommen (Globalverweisung), unterliegt dieser bei einzelvertraglicher Einbeziehung bei fehlender normativen Geltung nicht der Inhaltskontrolle.[406] In einen vollständig in Bezug genommenen für den Betrieb fachlich und räumlich anwendbaren Tarifvertrag, für den an sich die Vermutung gilt, dass er eine ausgewogene Regelung darstellt, soll nicht über den Weg einer Inhaltskontrolle eingegriffen werden.

406 BAG, Urteil v. 28.6.2007, 6 AZR 750/06; BAG, Urteil v. 6.5.2009, 10 AZR 390/08; BAG, Urteil v. 13.7.2010, 6 AZR 750/06; BAG, Urteil v. 3.7.2019, 10 AZR 300/18.

In Zweifelsfällen wird der für den Betrieb einschlägige Tarifvertrag in Bezug genommen sein. Ebenso wird im Zweifelsfall der ganze Tarifvertrag – also auch für den Arbeitnehmer nachteilige Regelungen wie Ausschlussfristen – global in Bezug genommen sein.[407]

Bezug auf einen Teil eines Tarifvertrags – Einzelverweisung
Im Gegensatz zur Globalverweisung wird bei der Einzelverweisung nicht ein von gleichstarken Parteien ausgehandeltes Vertragswerk in Bezug genommen, sondern nur einzelne Passagen. In solchen Fällen besteht die Gefahr der einseitigen Benachteiligung des Arbeitnehmers, denn in aller Regel wird der Arbeitgeber lediglich auf für ihn vorteilhafte Regelungen verweisen. Aus diesem Grund kann der in Bezug genommenen Tarifregelung nicht die Angemessenheits- und Richtigkeitsgewähr zukommen wie bei Globalverweisungen. Nur durch eine volle Inhaltskontrolle ist gewährleistet, dass eine einseitige Benachteiligung des Arbeitnehmers vermieden wird.[408]

Bei Teilverweisungen werden bestimmte inhaltlich zusammenhängende Regelungen des Tarifvertrages (Regelungskomplexe) in Bezug genommen.

32.3 Allgemeine Regeln für die Wirksamkeit von AGB

Vorrang der Individualvereinbarung
Eine Individualvereinbarung zwischen den Parteien hat stets Vorrang vor entgegenstehenden AGB (§ 305 b BGB). Davon kann auch durch eine Schriftformklausel nicht abgewichen werden, denn andernfalls würde auf diese Weise gegen den unabdingbaren Grundsatz des Vorrangs der Individualabrede verstoßen.[409] Durch eine doppelte Schriftformklausel, d. h. nach der auch die Abänderung der Schriftform selbst nur schriftlich möglich ist, kann allerdings nach der Rechtsprechung des Bundesarbeitsgerichts verhindert werden, dass eine betriebliche Übung entsteht, weil es sich bei dieser nicht um eine Individualabrede handelt.[410]

Im Zweifel gilt das mündlich Vereinbarte als gewollt. Damit kann sich der Arbeitnehmer im Ergebnis trotz entgegenstehender Regelungen des Formulararbeitsvertrags immer auf für ihn günstige, **mündliche Zusatzabsprachen** berufen – er muss sie allerdings auch beweisen. Umgekehrt kann auch der Arbeitgeber geltend machen, er habe mit dem Arbeitnehmer eine andere Absprache getroffen – zu beachten ist aber, dass

407 BAG, Urteil v. 19.1.1999, 1 AZR 606/98, AP Nr. 9 zu § 1 TVG Bezugnahme auf Tarifvertrag.
408 BAG, Urteil v. 6.5.2009, 10 AZR 390/08; BAG, Urteil v. 15.7.2009, 5 AZR 867/08; BAG, Urteil v. 21.3.2018, 7 AZR 428/16.
409 BAG, Urteil v. 25.4.2007, 5 AZR 504/06; BAG, Urteil v. 14.9.2011, 10 AZR 526/10.
410 BAG, Urteil v. 24.6.2003, 9 AZR 302/02; BAG, Urteil v. 20.5.2008, 9 AZR 382/07.

diese andere Absprache auch dann wiederum der Inhaltskontrolle unterliegen kann und zudem nachweislich zu dokumentieren ist (Nachweisgesetz).

Überraschende Klauseln

Nach § 305c Abs. 1 BGB werden überraschende Klauseln von vornherein nicht Vertragsbestandteil. Es handelt sich nicht um die Kontrolle der inhaltlichen Zulässigkeit einer Klausel, sondern um die sogenannte Einbeziehungskontrolle. Daher gilt die Regelung für alle Klauseln, auch solche, die die Hauptleistungspflichten betreffen.

Eine überraschende Klausel liegt dann vor, wenn sie bei objektiver Betrachtung einen ungewöhnlichen Inhalt hat und subjektiv der Vertragspartner mit ihr nicht zu rechnen brauchte. Beide Voraussetzungen müssen erfüllt sein.

Auslegungsregeln bei Unklarheiten

Nach § 305c Abs. 2 BGB gehen Zweifel bei der Auslegung von AGB zulasten des Verwenders. Ergibt die Auslegung von Formulararbeitsbedingungen mehrere denkbare rechtlich zulässige Inhalte, so werden die Arbeitsgerichte nach dieser Vorschrift die für den Arbeitnehmer günstigere Auslegungsvariante wählen.

Anwendungsbereiche finden sich etwa bei der Vereinbarung von Rückzahlungsvorbehalten bei Gratifikationen und Ausbildungskosten, bei der Auslegung von Versorgungszusagen und die Auslegung von Bezugnahmeklauseln auf Tarifverträge als Gleichstellungsabreden.

Das Transparenzgebot

Eine wichtige Anforderung an die Gestaltung und den Inhalt von Formulararbeitsverträgen im Grenzbereich von inhaltlicher und formeller Kontrolle der AGB enthält § 307 Abs. 1 Satz 2 BGB – das sog. Transparenzgebot. Es verlangt, dass AGB – Regelungen klar und verständlich sein müssen. Der Arbeitgeber muss den Formulararbeitsvertrag so gestalten, dass der rechtsunkundige Durchschnittsbürger in der Lage ist, die ihn benachteiligende Wirkung einer Klausel ohne Rechtsrat zu erkennen. Das ist beispielsweise nicht der Fall bei verschleierten Formulierungen, komplizierten Verweisungen innerhalb des Vertrags oder widersprüchlichen Kontextregelungen. Das Transparenzgebot schließt das Bestimmtheitsgebot ein. Eine Klausel muss die Rechte und Pflichten des Vertragspartners des Verwenders im Rahmen des rechtlich und tatsächlich Zumutbaren so klar und präzise wie möglich umschreiben.[411]

411 BAG, Urteil v. 21.1.2015, 10 AZR 84/14.

32.4 Allgemeine Regeln der Inhaltskontrolle

Besonderheiten des Arbeitsrechts

Bei der Inhaltskontrolle müssen die Arbeitsgerichte nach § 310 Abs. 4 Satz 2 BGB »die arbeitsrechtlichen Besonderheiten« angemessen berücksichtigen. Die Gesetzesbegründung führt aus, dass die Besonderheiten des Arbeitslebens auf diese Weise angemessen berücksichtigt werden könnten. Es ist aber davor zu warnen, hieraus den Schluss zu ziehen, alles, was im Arbeitsrecht bisher üblich war oder was nützlich sein könnte, könne wegen dieser Vorschrift beibehalten werden.

Überblick über die Inhaltskontrolle

Die eigentliche Inhaltskontrolle von Vertragsklauseln dient dazu, das durch die Übermacht des Verwenders (Arbeitgebers) gestörte Verhandlungsgleichgewicht auszugleichen, wie es regelmäßig auftritt, wenn der Arbeitgeber Formulararbeitsverträge verwendet, denn diese bieten ihm die Möglichkeit, für den Arbeitnehmer belastende Vertragsregelungen zu diktieren. Daher sind diese Klauseln nicht immer unwirksam, sondern eben nur in Formulararbeitsverträgen. Klauseln, die in Formulararbeitsverträgen unwirksam sind, können in individuell – gewissermaßen auf »Augenhöhe« – ausgehandelten Verträgen wirksam sein.

Spezialregelungen der §§ 308 und 309 BGB und Generalklausel des § 307 BGB

Gesetzliche Grundlage der Inhaltskontrolle sind zunächst die Spezialregelungen der §§ 308 und 309 BGB, die eine Vielzahl unzulässiger Regelungen beinhalten. Dabei sind insbesondere folgende Ziffern der §§ 308 und 309 BGB für die arbeitsrechtliche Praxis von Relevanz.

Von weitaus größerer Bedeutung ist im Arbeitsrecht aber die Generalklausel des § 307 BGB. Sie legt den allgemeinen Maßstab für die Inhaltskontrolle fest und kommt insbesondere dann zur Anwendung, wenn sich aus § 308 und § 309 BGB keine Einschränkung ergeben.

Nach § 307 Abs. 1 Satz 1 BGB sind Bestimmungen unwirksam, wenn sie den Vertragspartner unangemessen benachteiligen. § 307 Abs. 2 BGB konkretisiert die unangemessene Benachteiligung dahingehend, dass eine solche vermutet wird, wenn die jeweilige Bestimmung des Vertrags mit wesentlichen Grundgedanken der gesetzlichen Regelung, von der abgewichen wird, nicht zu vereinbaren ist.

Voraussetzung ist daher immer, dass ein gesetzlich vorgegebener Rahmen ausgefüllt oder von einer gesetzlichen Ermächtigung zur Abweichung Gebrauch gemacht wird. Klauseln, die den Gesetzeswortlaut nur wiederholen, aber auch Entgelt und Leistungsbeschreibungen, also vertragliche Abreden über die Arbeitszeit, die Arbeitsleistung und das Arbeitsentgelt, d.h. Abreden über den unmittelbaren Gegenstand der Hauptleistung und des dafür zu zahlenden Entgelts, unterliegen nicht der Inhaltskontrolle.

32.5 Rechtsfolgen der Unwirksamkeit

Verbot der geltungserhaltenden Reduktion

§ 306 Abs. 1 und Abs. 2 BGB regeln die Folgen der Unwirksamkeit oder Nichteinbeziehung von Vertragsklauseln. Im Falle der Unwirksamkeit der Bestimmung entfällt nur der unwirksame Teil der Vertragsklausel, wie sich aus der gesetzlichen Formulierung (»soweit«) ergibt. Soweit die Klausel im Übrigen noch einen eigenständigen Sinn hat, bleibt sie wirksam. Das ermitteln die Arbeitsgerichte ggf. durch den sogenannten »blue pencil test«, indem der unwirksame Teil der Klausel gestrichen wird und dann beurteilt wird, ob der Rest der Regelung noch einen Sinn hat.[412]

Aus der vom Gesetz angeordneten Folge, dass bei Unwirksamkeit einer Klausel die gesetzliche Regelung gilt, ist das sog. Verbot der geltungserhaltenden Reduktion nach § 306 Abs. 2 BGB einer Klausel abzuleiten, von dem auch das Bundesarbeitsgericht in gefestigter Rechtsprechung ausgeht[413]: Wer die Möglichkeit nutzen kann, die ihm der Grundsatz der Vertragsfreiheit für die Aufstellung von Allgemeinen Geschäftsbedingungen eröffnet, muss auch das vollständige Risiko einer Unwirksamkeit der Klausel tragen.

Danach kann eine unwirksame Bestimmung nun nicht mehr auf ein zulässiges Maß zurückgeführt werden, sondern sie ist insgesamt unwirksam.

Vertrauensschutz für Altverträge

Für Altverträge, die vor dem 1.1.2002 geschlossen wurden, hat das BAG im Jahr 2005 entschieden, dass eine ergänzende Vertragsauslegung zur Ausfüllung der sich aus einer unwirksamen AGB ergebenden Vertragslücke in Betracht kommt.[414] Anschließend schränkte das BAG eine ergänzende Vertragsauslegung für Altverträge jedoch wieder ein.

Möglichkeiten der »Reparatur« unwirksamer Vertragsklauseln

Stellt sich hingegen heraus, dass eine Klausel in einem Arbeitsvertrag unwirksam ist, stellt sich die Frage, welche Möglichkeiten bestehen, den Arbeitsvertrag nachträglich so zu gestalten, dass er einen wirksamen Regelungsinhalt erhält. Die praktische

412 BAG, Urteil v. 9.3.2021, 9 AZR 323/20.

413 BAG, Urteil v. 25.5.2005, 5 AZR 572/04; BAG, Urteil v. 30.7.2008, 10 AZR 606/07; BAG, Urteil v. 23.9.2010, 8 AZR 897/08; vgl. BAG, Urteil v. 9.3.2021, 9 AZR 323/20.

414 BAG, Urteil v. 25.5.2005, 5 AZR 572/04, BAGE 115, 19; s. a. BAG, Urteil v. 11.4.2006, 9 AZR 557/05, BAGE 118, 22; BAG, Urteil v. 23.9.2010, 8 AZR 897/08.

Notwendigkeit besteht vor allem deshalb, weil aufgrund des Verbots der geltungserhaltenden Reduktion in § 306 Abs. 2 BGB (s. o.), die unwirksame AGB nicht auf ein rechtlich zulässiges Maß zurückgeführt werden.[415]

Beispiel: unwirksamer Rückzahlungsvorbehalt

In einem Formulararbeitsvertrag ist ein unwirksamer Rückzahlungsvorbehalt vereinbart. Ohne Anpassung des Vertrags mit dem Ziel eines wirksamen Rückzahlungsvorbehalts gilt gar kein Rückzahlungsvorbehalt, obwohl in bestimmten zeitlichen Grenzen Rückzahlungsvorbehalte durchaus zulässig sind. Folgende Möglichkeiten der Vertragsanpassung sind zu diskutieren:

- Eine Änderungskündigung – sie scheidet nach überwiegender Auffassung aus, da es an einem betrieblichen Änderungskündigungsgrund fehlt, zumal es der Arbeitgeber war, der eine gesetzeswidrige Klausel verwendet hat.
- Einvernehmlicher Änderungsvertrag – dieser setzt natürlich die Zustimmung des Arbeitnehmers voraus und auch dieser Vertrag unterliegt wieder der AGB-Kontrolle. Erreichen lässt sich das ggf. im Zusammenhang mit allgemeinen Vertragsumgestaltungen, z. B. anlässlich einer neuen Aufgabe, Beförderung oder Vergütungserhöhung.

Im Ergebnis lässt sich daher festhalten, dass der Arbeitgeber nur eingeschränkt rechtliche Möglichkeiten hat, Fehler in der Vertragsgestaltung zu reparieren, sondern auf sein Verhandlungsgeschick angewiesen ist.

415 BAG, Urteil v. 3.12.2019, 9 AZR 44/19; BAG, Urteil v. 3.6.2020, 3 AZR 730/19.

33 Arbeitsvertrag und Betriebsvereinbarungen

Autor: Marco Ferme

Überblick

Betriebsvereinbarungen finden regelmäßig auf die Vertragsbeziehungen zwischen Arbeitgeber und Arbeitnehmer Anwendung. Sie gelten grundsätzlich unmittelbar und zwingend. Die Anwendbarkeit von Betriebsvereinbarungen setzt keine Kenntnis der Arbeitsvertragsparteien von ihrem Bestand und Inhalt voraus, ebenso ist ein etwaig entgegenstehender Wille des Arbeitnehmers unbeachtlich. Die zwingende Wirkung gilt nur eingeschränkt, wenn für den Arbeitnehmer günstigere, individualvertraglich vereinbarte Regelungen bestehen oder die Betriebsvereinbarung eine entsprechende Öffnungsklausel enthält. Ein Verzicht auf Rechte aus einer Betriebsvereinbarung ist regelmäßig nur mit Zustimmung des Betriebsrats möglich, eine Verwirkung weitgehend ausgeschlossen. Ausschlussfristen für die Geltendmachung von Ansprüchen aus einer Betriebsvereinbarung sind nur zulässig, wenn sie in einem Tarifvertrag oder einer Betriebsvereinbarung vereinbart werden.

33.1 Unmittelbare und zwingende Wirkung

Nach § 77 Abs. 4 BetrVG gelten Betriebsvereinbarungen *unmittelbar* und *zwingend*. Die Normwirkung der Betriebsvereinbarung tritt aber nur dann ein, wenn das Arbeitsverhältnis in den Geltungsbereich der Betriebsvereinbarung fällt. Ob dies der Fall ist, muss den Regelungen der Betriebsvereinbarung selbst entnommen werden. Arbeitgeber und Betriebsrat können im Rahmen der Verhandlung einer Betriebsvereinbarung selbst bestimmen, für welchen Personenkreis im Betrieb sie Regelungen treffen wollen. Sie sind dabei nur an die Grundsätze des § 75 BetrVG gebunden, der eine Behandlung der Betriebsangehörigen nach den Grundsätzen von Recht und Billigkeit vorschreibt.

Betriebsvereinbarungen gelten auch dann unmittelbar und zwingend, wenn der betroffene Arbeitnehmer ihren Inhalt nicht kennt oder einen entgegenstehenden Willen äußert. Die zwingende Wirkung einer Betriebsvereinbarung entfällt, wenn

- für den Arbeitnehmer günstigere, individualvertraglich vereinbarte Regelungen bestehen[416] und diese nicht betriebsvereinbarungsoffen einem kollektivrechtlichen Änderungsvorbehalt unterworfen sind.
- die Betriebspartner selbst die zwingende Wirkung eingeschränkt haben.

416 BAG, Urteil v. 22.4.2009, 5 AZR 292/08.

Die zwingende Wirkung der Betriebsvereinbarung steht grundsätzlich zur Disposition der Betriebspartner. Wie die Tarifvertragsparteien können Arbeitgeber und Betriebsrat vereinbaren, dass von den Bestimmungen der Betriebsvereinbarung durch andere Vereinbarungen auch zuungunsten der Arbeitnehmer abgewichen werden kann (sog. Öffnungsklausel). Dies ergibt sich aus einer analogen Anwendung von § 4 Abs. 3 Alt. 1 TVG, der entsprechende Regelungen auch in Tarifverträgen zulässt. Dabei kann die Betriebsvereinbarung Abweichungen allgemein oder auch nur für bestimmte Regelungsmaterien oder Sachverhaltsgestaltungen zulassen.

In Betriebsvereinbarung Zulässigkeit von abweichenden Vereinbarungen festlegen
Ob eine Öffnungsklausel ausdrücklich in die Betriebsvereinbarung aufgenommen werden muss, ist in der arbeitsrechtlichen Literatur umstritten. Eine höchstrichterliche Entscheidung fehlt hierzu. Aus diesem Grund wird dringend empfohlen, die Zulässigkeit abweichender Vereinbarungen zulasten der Arbeitnehmer in der Betriebsvereinbarung ausdrücklich zu vereinbaren.

33.2 Verzicht, Verwirkung und Ausschlussfristen

Nach § 77 Abs. 4 Satz 2 BetrVG ist der Verzicht auf Rechte aus einer Betriebsvereinbarung grundsätzlich unzulässig. Eine Ausnahme gilt nur dann, wenn der Betriebsrat dem Verzicht zustimmt. Von dieser Vorschrift werden Erlassverträge (§ 397 Abs. 1 BGB), negative Schuldanerkenntnisse (§ 397 Abs. 2 BGB) und einseitige Verzichtserklärungen des Arbeitnehmers über seine tariflichen Rechte rechtlich untersagt bzw. von der Billigung des Betriebsrats abhängig gemacht.

Klageverzicht oder Prozessvergleich
Hierunter fallen auch prozessuale Handlungen im Rahmen von Gerichtsverfahren, wie etwa Klageverzicht (§ 306 ZPO) oder ein materieller Prozessvergleich (§ 779 BGB). Nicht betroffen vom Regelungsbereich der Vorschrift hingegen ist eine Klagerücknahme, die das materielle Recht nicht zum Erlöschen bringt.

Abtretung und Aufrechnung
Nicht eingeschränkt ist auch das Recht des Arbeitnehmers zur Abtretung und Aufrechnung von Rechten aus einer Betriebsvereinbarung. Diese Formen der Verfügung betreffen nicht den eigentlichen Anspruch auf die Vergütung, sondern lediglich die Entgeltverwendung, die durch die Vorschrift nicht berührt wird.

Ausgleichsquittungen
Unterschiedlich sind die Rechtsfolgen bei Verzichtserklärungen des Arbeitnehmers in Ausgleichsquittungen. Mit diesem Begriff werden Erklärungen bei Beendigung des Arbeitsverhältnisses bezeichnet, in denen der Arbeitnehmer gegen Aushändigung

der Arbeitspapiere und etwaiger Restlohnansprüche auf weitere Ansprüche aus dem Arbeitsverhältnis oder die Erhebung der Kündigungsschutzklage verzichtet. Sie sind unwirksam, soweit dem Verzicht auf die Erhebung der Kündigungsschutzklage kein Gegenwert (z. B. eine Abfindung) gegenübersteht oder soweit sie Rechte aus einer Betriebsvereinbarung betreffen. Werden nur einzelvertragliche Ansprüche erfasst, ist die Verzichtserklärung grundsätzlich zulässig. Allerdings werden an die Verzichtserklärung strenge Anforderungen gestellt.[417]

Rechtsverzicht und Vergleich über die tatsächlichen Voraussetzungen

Beispiel: Urlaub kann nicht abgegolten werden

Eine Betriebsvereinbarung sieht einen Treueurlaub von 2 Tagen bei einer Betriebszugehörigkeit von mehr als 20 Jahren vor. Wird das Arbeitsverhältnis beendet, wäre ein Vergleich über den Verzicht auf diese 2 Tage ohne Zustimmung des Betriebsrats unzulässig, auch wenn der Arbeitnehmer hierfür eine Entschädigungszahlung erhält. Zulässig ist aber bei vorangegangener Freistellung eine Einigung dahingehend, dass der Arbeitnehmer seinen ihm zustehenden Urlaub in vollem Umfang durch die gewährte Freizeit in natura erhalten hat.

Verwirkung von Rechten aus einer Betriebsvereinbarung

Nach § 77 Abs. 4 Satz 3 BetrVG ist die Verwirkung von Rechten aus einer Betriebsvereinbarung ausgeschlossen. Die Vorschrift erfasst aber nur die Verwirkung wegen illoyal verspäteter Rechtsverfolgung als Ausprägung des Grundsatzes von Treu und Glauben (§ 242 BGB). Danach gilt ein Recht als verwirkt, wenn der Schuldner aus dem bisherigen Verhalten des Gläubigers annehmen musste, dieser werde auch in Zukunft sein Recht nicht mehr geltend machen, und er sich hierauf in schutzwürdiger Weise eingerichtet hat. Hingegen ist die Verwirkung aus anderen Gründen, etwa wegen arglistigem Verhalten oder unzulässiger Rechtsausübung, nicht durch § 77 Abs. 4 Satz 3 BetrVG ausgeschlossen.

Ausschlussfristen

Ausschlussfristen für die Geltendmachung von Ansprüchen aus einer Betriebsvereinbarung sind nur zulässig, wenn sie in einem Tarifvertrag oder einer Betriebsvereinbarung vereinbart werden (§ 77 Abs. 4 Satz 4 BetrVG).[418]

---

417 BAG, Urteil v. 20.8.1980, 5 AZR 759/78; zur Kündigungsschutzklage BAG, Urteil v. 20.6.1985, 2 AZR 427/84; LAG Berlin, Urteil v. 18.1.1993, 12 Sa 120/92.

418 Vgl. BAG, Urteil v. 30.1.2019, 5 AZR 43/18.

33.3 Gesamtbetriebsvereinbarung, Konzernbetriebsvereinbarung

Die obigen Ausführungen gelten nicht nur für Betriebsvereinbarungen, die der Betriebsrat mit dem Arbeitgeber für den jeweiligen Betrieb schließt, sondern auch für Betriebsvereinbarungen, die der Gesamtbetriebsrat (§§ 47 ff. BetrVG) oder der Konzernbetriebsrat (§§ 54 ff. BetrVG) abschließt. Der Gesamtbetriebsrat ist dabei nach § 50 Abs. 1 BetrVG für alle Angelegenheiten zuständig, die das Gesamtunternehmen oder mehrere Betriebe betreffen und nicht durch die einzelnen Betriebsräte innerhalb ihrer Betriebe geregelt werden können.

Der Konzernbetriebsrat ist dagegen nach § 58 Abs. 1 BetrVG für die Angelegenheiten zuständig, die den Konzern oder mehrere Konzernunternehmen betreffen und nicht durch die einzelnen Gesamtbetriebsräte innerhalb ihrer Unternehmen geregelt werden können.

34 Arbeitsvertrag und Tarifverträge: Einzelvertragliche Bezugnahme

Autor: Dr. Roman Frik

Überblick

Neben der Geltung von Tarifverträgen aufgrund der Mitgliedschaft in den tarifvertragsschließenden Verbänden sowie aufgrund einer Allgemeinverbindlicherklärung finden in der Praxis die meisten Tarifverträge auf der Grundlage arbeitsvertraglicher Bezugnahmeklauseln Anwendung. Findet der Tarifvertrag kraft Tarifbindung oder Allgemeinverbindlicherklärung Anwendung, so hat er unmittelbare und zwingende Wirkung. Wird lediglich einzelvertraglich die Anwendung eines Tarifvertrags von den Arbeitsvertragsparteien vereinbart, so sind sie bei der Ausgestaltung ihres Vertragsverhältnisses nicht an die Vorgaben des Tarifvertrags gebunden. Abweichungen zuungunsten des Arbeitnehmers sind möglich.

Der Inhalt von Tarifverträgen kann durch einzelvertragliche Vereinbarung zwischen Arbeitgeber und Arbeitnehmer im Wege der Bezugnahme Inhalt des Einzelarbeitsverhältnisses werden, ohne dass eine der beiden Parteien Mitglied in einer der Tarifvertragsparteien ist.

Bezugnahme auf Tarifvertrag führt nicht zu Tarifbindung

Die Zulässigkeit der einzelvertraglichen Bezugnahme auf den Inhalt von Tarifverträgen ist heute unbestritten, sie ergibt sich aus dem Grundsatz der Vertragsfreiheit.[419] Die Anwendung von tariflichen Regelungen kann von Arbeitgeber und Arbeitnehmer einzelvertraglich vereinbart werden. Die Tarifnormen gelten dann als arbeitsvertragliche Bestimmungen im Verhältnis der Arbeitsvertragsparteien, durch die Verweisung auf Tarifverträge wird aber keine Tarifbindung herbeigeführt.

Gleichbehandlung und einheitliche Arbeitsbedingungen herbeiführen

Eine arbeitsvertragliche Vereinbarung ist immer dann sinnvoll, wenn eine Gleichbehandlung der Arbeitnehmer und einheitliche Arbeitsbedingungen für den Betrieb herbeigeführt werden sollen. Eine Feststellung, welcher Personenkreis kraft Tarifbindung Anspruch auf tarifliche Arbeitsbedingungen hat, ist dann entbehrlich. Daneben werden in Tarifverträgen die Arbeitsbedingungen der Arbeitsvertragsparteien regelmäßig umfassend geregelt. Durch die Übernahme von Tarifverträgen wird die Gefahr von Regelungslücken im Vertragsverhältnis deutlich reduziert (z. B. durch Übernahme eines Manteltarifvertrags für einen außertariflichen Angestellten, dessen Vertragsverhältnis ansonsten detailliert im Arbeitsvertrag geregelt werden müsste).

419 § 105 GewO.

Schließlich kann vielfach bei fehlender Tarifbindung durch die einzelvertragliche Bezugnahme eines Tarifvertrags von tarifdispositivem Gesetzesrecht abgewichen werden.

Beispiel: Abweichende Regelungen zu Kündigungsfristen

Nach § 622 Abs. 4 BGB gelten tarifvertragliche Kündigungsfristen, wenn dies einzelvertraglich zwischen den Parteien des Arbeitsvertrags vereinbart worden ist. Nach § 622 Abs. 5 BGB können ansonsten durch Einzelvertrag kürzere als die gesetzlichen Kündigungsfristen nur bei Aushilfsarbeitsverhältnissen bis zu 3 Monaten und in Kleinbetrieben vereinbart werden. Durch die Bezugnahme auf tarifliche Kündigungsfristen wird dem Arbeitgeber eine zusätzliche Möglichkeit eröffnet, von den gesetzlichen Kündigungsfristen des § 622 Abs. 1 BGB abzuweichen. Dies wird dann sinnvoll sein, wenn die in Bezug genommenen Kündigungsfristen im Tarifvertrag kürzer sind als die in Abs. 1 genannten gesetzlichen Fristen. Für die Bezugnahme ist es ausreichend, wenn nur die tarifvertragliche Kündigungsfristenregelung in Bezug genommen wird, nicht erforderlich ist es, den gesamten Tarifvertrag in das Arbeitsverhältnis einzubeziehen.

34.1 Form der Bezugnahme auf den Tarifvertrag

Die einzelvertragliche Bezugnahme auf Tarifverträge ist grundsätzlich an keine Form geknüpft. Zwar sieht § 1 Abs. 2 TVG für den Abschluss von Tarifverträgen die Schriftform vor, die bloße Verweisung der Arbeitsvertragsparteien auf den Tarifinhalt wird aber schon vom Wortlaut dieser Norm nicht erfasst. Nur wenn für den Abschluss des Arbeitsvertrags gesetzlich oder vertraglich ein bestimmtes Formerfordernis besteht, hat auch die Inbezugnahme des Tarifvertrags in dieser Form zu erfolgen.

Beispiel: Schriftformerfordernis bei Berufsausbildungsverträgen

Nach § 11 BBiG bedürfen der Abschluss des Berufsausbildungsvertrags und die Vereinbarung bestimmter Vertragsbestimmungen der Schriftform. Dementsprechend muss in diesen Fällen auch die einzelvertragliche Vereinbarung eines Tarifvertrags oder Teilen hiervon schriftlich erfolgen.

Aus § 2 Abs. 1 Satz 2 Nr. 15 NachwG folgt, dass der Arbeitgeber dem Arbeitnehmer einen schriftlichen Nachweis übergeben muss, in dem ein in allgemeiner Form gehaltener Hinweis auf die Tarifverträge, die auf das Arbeitsverhältnis anzuwenden sind, enthalten ist. Dies ist allerdings kein eigentliches Schriftformerfordernis. Das Fehlen des Hinweises hat keine Konsequenz für die Anwendbarkeit oder Nicht-Anwendbarkeit von Tarifverträgen. Ggf. entstehen jedoch Schadensersatzansprüche, wenn der Arbeitnehmer aufgrund der mangelnden Kenntnis von auf das Arbeitsverhältnis anwendbarer Tarifverträge Ansprüche nicht rechtzeitig geltend macht.[420]

420 BAG, Urteil v. 17.4.2002, 5 AZR 89/01.

Häufig wird im Arbeitsvertrag für die Änderung seines Inhalts die Schriftform vorgeschrieben. Sofern nach seiner Unterzeichnung tarifliche Regelungen Vertragsgegenstand werden sollen, stellt dies eine Vertragsänderung dar. Die Inbezugnahme hat dann schriftlich zu erfolgen.

Bezugnahme auf einen Tarifvertrag per betrieblicher Übung

Dementsprechend kann die Bezugnahme auf einen Tarifvertrag auch per betrieblicher Übung entstehen. Wendet ein tarifgebundener Arbeitgeber die Tarifverträge in allen Belangen auch für tarifungebundene Arbeitnehmer an, gilt dies auch für Haussanierungstarifverträge, die einen Anspruch auf tarifliche Sonderleistungen ausschließen, zu Ungunsten des Arbeitnehmers.[421]

Gibt allerdings ein nicht tarifgebundener Arbeitgeber wiederholt Tariferhöhungen an seine Arbeitnehmer weiter, so soll diese Anwendung nur statisch gelten, auf Entgelterhöhungen durch zukünftige Tarifverträge haben die Arbeitnehmer keinen Anspruch.[422]

Allerdings befreit die grundsätzliche Formfreiheit der Inbezugnahme nicht von der allgemeinen Verpflichtung des Vertragsrechts, den Vertragsinhalt hinreichend sicher zu bestimmen. So muss aus der Vereinbarung deutlich werden, ob überhaupt und ggf. in welchem Umfang eine Verweisung erfolgen soll.

Einzelvertragliche Verweisung stets schriftlich vereinbaren

Aus Gründen der Rechtsklarheit und wegen der Vorschriften des Nachweisgesetzes kann nur dringend empfohlen werden, die einzelvertragliche Verweisung eines Tarifvertrags stets schriftlich zu vereinbaren. Gegenstand der schriftlichen Vereinbarung sollte zumindest sein, welcher Tarifvertrag oder welche einzelnen Bestimmungen aus einem Tarifvertrag auf das Arbeitsverhältnis Anwendung finden.

Verstoß gegen die erforderliche Form

Zwar ist die einzelvertragliche Bezugnahme auf einen Tarifvertrag grundsätzlich an keine Form geknüpft, aus gesetzlichen Regelungen oder vertraglichen Vereinbarungen kann sich aber Abweichendes ergeben. Wird die Verweisung auf den Tarifvertrag unter Verstoß gegen die im Arbeitsvertrag vorgeschriebene Form vorgenommen, so können sich unterschiedliche Rechtsfolgen ergeben.

Die Nichteinhaltung der gesetzlichen Form führt zur Nichtigkeit der geschlossenen Vereinbarung (§ 126 BGB).

421 LAG Düsseldorf, Urteil v. 24.6.2014, 16 Sa 388/14.
422 BAG, Urteil v. 24.2.2016, 4 AZR 990/13.

34.1.1 Statische und dynamische Bezugnahme

Arbeitgeber und Arbeitnehmer haben die Möglichkeit, die Art der Verweisung auf den Tarifvertrag bzw. den Verweisungsinhalt besonders zu vereinbaren. Üblicherweise wird bei dem Verweisungsinhalt zwischen statischer und dynamischer Verweisung unterschieden.

Statische Verweisung

Bei einer statischen Verweisung wird ein bereits bestehender Tarifvertrag von der Vereinbarung der Arbeitsvertragsparteien erfasst. Nur in diesem Umfang wird er Gegenstand des Arbeitsvertrags, spätere Änderungen des Tarifvertrags bleiben ohne Auswirkungen auf den Einzelarbeitsvertrag. Gleiches gilt bei Verbandsaustritt des Arbeitgebers oder wenn der Betrieb unter einen anderen betrieblichen Geltungsbereich fällt. Die statische Verweisung ist als Regelungsform unbedenklich zulässig, durch sie wird lediglich der reine Textübertragungsvorgang in den Text des Arbeitsvertrags entbehrlich.

Beispiel: Statische Verweisung

Auf das Arbeitsverhältnis findet der Manteltarifvertrag für die Angestellten des Baugewerbes i.d.F. vom (Datum) Anwendung.

Kleine und große dynamische Verweisung

Möglich und in der Praxis auch häufiger anzutreffen sind dynamische Verweisungen auf das jeweils geltende Tarifrecht. Hier wird der Tarifvertrag in seiner gerade gültigen Fassung zum Vertragsinhalt. Dabei werden von der Rechtsprechung die kleine und die große dynamische Verweisungsklausel unterschieden.

Bei der kleinen dynamischen Verweisung wird die jeweilige Fassung eines Tarifvertrags eines Wirtschaftszweigs in Bezug genommen.

Beispiel: Kleine dynamische Verweisung

Auf das Arbeitsverhältnis findet der Manteltarifvertrag für die Angestellten des Baugewerbes in seiner jeweils gültigen Fassung Anwendung.

Bei der großen dynamischen Verweisung wird auf die jeweilige Fassung des Tarifvertrags überhaupt verwiesen.

Beispiel: Große dynamische Verweisung

Auf das Arbeitsverhältnis finden die für den Betrieb geltenden Tarifverträge in ihrer jeweils gültigen Fassung Anwendung.

Bei dynamischen Verweisungen werden spätere Änderungen des Tarifvertrags mit ihrem Inkrafttreten gleichzeitig Gegenstand des Arbeitsvertrags. Die dynamische Verweisung ist rechtlich nicht unbedenklich, schließlich begeben sich die Arbeitsvertragsparteien zumindest eines Teils ihrer Regelungsmacht und unterwerfen sich der Rechtssetzung der Tarifvertragsparteien. Insbesondere können bei späteren Tarifänderungen Bestimmungen aufgenommen werden, mit denen die Arbeitsvertragsparteien zum Zeitpunkt der Inbezugnahme nicht rechnen konnten und auch nicht rechnen brauchten. Gleichwohl ist ihre Zulässigkeit aus dem Grundsatz der Vertragsfreiheit grundsätzlich allgemein anerkannt. Jedoch gelten für den Inhalt der Verweisungsklausel besondere Anforderungen, wenn hierdurch eine Gleichstellung mit den tarifgebundenen Arbeitnehmern erreicht werden soll.

Besonderheiten gelten bei der Reichweite einer dynamischen Bezugnahmeklausel, wenn diese Ansprüche des Arbeitnehmers auf betriebliche Altersversorgung zum Gegenstand hat.

Bestimmung der Verweisungsart

Ob im Einzelfall von den Arbeitsvertragsparteien eine statische oder dynamische Verweisung gewollt ist, muss durch Auslegung ermittelt werden. Ist beispielsweise das Datum eines Tarifvertrags in der Vereinbarung ausdrücklich genannt, so spricht dies lediglich für eine statische Verweisung.[423] Die Rechtsprechung nimmt in Zweifelsfällen das Vorliegen einer dynamischen Verweisung an, weil nur so eine einheitliche Handhabung erreicht wird und Regelungslücken im Arbeitsverhältnis vermieden werden.[424] So bedarf es beispielsweise bei einer dynamischen Verweisung auf tarifliche Vergütungsordnungen und -regelungen keines individuellen Aushandelns der jährlichen Gehaltssteigerungen mehr.

Hinweis: Vorsicht bei Formulararbeitsverträgen

Handelt es sich bei dem Arbeitsvertrag um einen Formulararbeitsvertrag, der der AGB-Kontrolle unterliegt, ist besondere Sorgfalt auf die Formulierung des Vertragstextes zu verwenden. Dies soll das folgende Beispiel verdeutlichen. Wird der arbeitsvertraglich in Bezug genommene Tarifvertrag nach Vereinbarung der Bezugnahmeklausel zuungunsten des Arbeitnehmers geändert oder erstmals eine für ihn nachteilige Bestimmung aufgenommen, so ist der Arbeitnehmer nicht gehindert sich darauf zu berufen, dass es sich wegen der unklaren Formulierung nur um eine statische Bezugnahme auf den im Vertragstext genannten oder zum Zeitpunkt der Vereinbarung der Bezugnahme geltenden Tarifvertrag handelt. Ist die Formulierung tatsächlich zweifelhaft, würde die für den Arbeitnehmer günstigere Auslegung aufgrund der Unklarheitenregel des § 305c Abs. 2 BGB zur Anwendung kommen.

423 BAG, Urteil v. 20.3.1991, 4 AZR 455/90.

424 BAG, Urteil v. 26.9.2001, 4 AZR 544/00; BAG, Urteil v. 4.8.1999, 5 AZR 642/98.

34.1.2 Bezugnahme auf nichtige oder beendete Tarifnormen

Sind von der Verweisung nichtige Tarifnormen erfasst, so werden diese von der Inbezugnahme regelmäßig nicht erfasst. Die Rechtsprechung legt dynamische Bezugnahmeklauseln im Arbeitsvertrag dahingehend aus, dass die Arbeitsvertragsparteien nur die Einbeziehung des jeweils gültigen Tarifinhalts wollen und nur das zwischen ihnen gelten soll, was für die organisierten Arbeitnehmer bei bestehender Tarifbindung oder im Nachwirkungszeitraum gelten würde.[425] Gilt der in Bezug genommene Tarifvertrag nicht mehr, ist durch ergänzende Vertragsauslegung zu ermitteln, welche Tarifverträge als Ersatz Anwendung finden sollen.[426]

Die **unterschiedliche Reichweite** zwischen den Verweisungsarten wird insbesondere bei der Beendigung eines Tarifvertrags sichtbar. Für die statische Verweisung ist das Ende des Tarifvertrags grundsätzlich ohne Bedeutung. Nur dann, wenn ein im Tarifvertrag enthaltener Zeitablauf gleichfalls Gegenstand der Verweisung war, hat dies Auswirkungen auf das einzelne Vertragsverhältnis.

Beispiel

Ausschluss der Nachwirkung
In dem in Bezug genommenen Tarifvertrag ist vereinbart »Der Tarifvertrag gilt nur bis zum (Datum) und tritt außer Kraft. Die Nachwirkung wird ausgeschlossen«.

Wird im Fall einer dynamischen Verweisung der Tarifvertrag beendet und tritt **Nachwirkung** ein (§ 4 Abs. 5 TVG), so tritt ebenfalls keine Änderung des Arbeitsvertragsinhalts ein. Nur wenn der Tarifvertrag ersatzlos und ohne direkt anschließende Nachfolgeregelung wegfällt, so entfaltet er auch bei einer dynamischen Verweisung keine Wirkungen mehr.

34.2 Bezugnahme auf gebiets- und fachfremde Tarifverträge

Nach der bisherigen Rechtsprechung des BAG haben die Arbeitsvertragsparteien die Möglichkeit, jeden beliebigen Tarifvertrag zum Gegenstand ihrer Bezugnahme zu machen.

Überwiegend wird derjenige Tarifvertrag als Gegenstand der Inbezugnahme gewählt, der bei bestehender Tarifbindung zwischen Arbeitgeber und Arbeitnehmer anwendbar wäre. Nach Auffassung des BAG erfasst die vertragliche Bezugnahme auf einen für das Arbeitsverhältnis einschlägigen Tarifvertrag und die diesen ergänzenden Ta-

425 BAG, Urteil v. 29.1.1975, 4 AZR 218/74; BAG, Urteil v. 7.12.1977, 4 AZR 474/76.
426 BAG, Urteil v. 29.6.2011, 5 AZR 651/09.

rifverträge aber nur solche Tarifregelungen, unter deren Geltungsbereich das Arbeitsverhältnis fällt.[427]

Beispiel: Unterschiedliche Geltungsbereiche

Verweist eine arbeitsvertragliche Bezugnahmeklausel eines Arbeitnehmers des Freistaats Bayern auf den jeweils geltenden Tarifvertrag, finden die Tarifverträge für die beim Freistaat Bayern beschäftigten Arbeitnehmer Anwendung. Tarifliche Regelungen für die Kommunalbediensteten im Freistaat Bayern werden damit nicht in Bezug genommen.

Empfehlenswert ist es aber, im Arbeitsvertrag besonders darauf hinzuweisen, dass es sich bei dem in Bezug genommenen um einen fachfremden Tarifvertrag handelt. Daneben sollte der in Bezug genommene gebiets- oder fachfremde Tarifvertrag genau bezeichnet werden. Ist nicht eindeutig geregelt, welche tarifliche Regelung im Einzelnen von den Arbeitsvertragsparteien übernommen werden sollte, könnte die Rechtsprechung unter Hinweis auf die Auslegungsregel des § 305c Abs. 2 BGB annehmen, dass die Bezugnahme auf den Tarifvertrag gewollt ist, der bei Tarifbindung von Arbeitgeber und Arbeitnehmer Anwendung finden würde.

34.3 Wirkung und Grenzen der einzelvertraglichen Bezugnahme

Die Regelungen eines Tarifvertrags gelten bei einer einzelvertraglichen Bezugnahme wie andere zwischen den Arbeitsvertragsparteien vereinbarten Bestimmungen, sie begründen inhaltlich die gleichen Rechte wie bei bestehender Tarifbindung. So stellen sie insbesondere unmittelbar geltendes Recht zwischen Arbeitgeber und Arbeitnehmer dar.

Bei einer einzelvertraglicher Verweisung gilt der Tarifvertrag in dem Umfang, wie er bei Tarifgebundenheit der Parteien gelten würde.[428]

Verweist der Arbeitsvertrag dynamisch auf einen Anerkennungstarifvertrag, der dynamisch auf einen Verbandstarifvertrag verweist, wird die dynamische Anwendung des Verbandstarifvertrages beendet, wenn der Anerkennungstarifvertrag nur noch nachwirkt.[429]

Grundsätzlich können die Arbeitsvertragsparteien ihr Vertragsverhältnis durch die einzelvertragliche Bezugnahme auf tarifliche Regelungen beliebig ausgestalten.

427 BAG, Urteil v. 15.3.2006, 4 AZR 75/05.
428 BAG, Urteil v. 7.12.1977, 4 AZR 474/76.
429 BAG, Urteil v. 22.3.2017, 4 AZR 462/16.

Beispiel: Nicht zwingende gesetzliche Arbeitszeitregelungen

Nicht zwingende gesetzliche Arbeitszeitregelungen für besonders geschützte Personengruppen (Schwangere, Jugendliche) können durch die Bezugnahme auf allgemeine Arbeitszeitbestimmungen in einem Manteltarifvertrag ersetzt werden.

Arbeitsschutzrecht

Allerdings kann staatliches Arbeitsschutzrecht, soweit es einseitig-zwingend ist, nicht durch eine Inbezugnahme von Tarifrecht umgangen werden.

34.4 Richtigkeitsgewähr und Auslegung

Der Inhalt von Tarifverträgen unterliegt keiner gerichtlichen Kontrolle auf die Angemessenheit seines Inhalts.[430] Eine Überprüfung findet nur auf Verstoß gegen zwingendes Recht statt, eine Billigkeits- oder Inhaltskontrolle von Tarifverträgen erfolgt nicht. Die Rechtsprechung geht davon aus, dass sich bei Abschluss eines Tarifvertrags regelmäßig 2 gleich starke Vertragspartner gegenüberstehen, die in der Lage sind, die Interessen ihrer Mitglieder ausreichend wahrzunehmen.[431] Hingegen unterliegt der Inhalt von Arbeitsverträgen grundsätzlich einer Inhalts- bzw. Billigkeitskontrolle.[432][433]

Hieraus folgt für die einzelvertragliche Inbezugnahme von Tarifnormen:

- Wird vertraglich der gesamte Inhalt eines oder mehrerer Tarifverträge übernommen, so wird gleichfalls der Vertragsinhalt nicht auf seine Angemessenheit untersucht. Eine Inhaltskontrolle der vertraglichen Vereinbarungen unterbleibt, sofern sie auf der vollständigen Übernahme eines Tarifvertrags beruhen.[434]
- Werden hingegen aus einem Tarifvertrag nur Teile oder eine Einzelregelung in Bezug genommen, so entfällt die Richtigkeitsgewähr der Tarifnormen und die übernommene Bestimmung unterliegt einer gerichtlichen Inhaltskontrolle.

34.5 Beendigung einer einzelvertraglichen Bezugnahme; Versetzung im Konzern

Sowohl eine statische wie auch dynamische Verweisung kann von den Arbeitsvertragsparteien **einvernehmlich wieder beseitigt** werden, allerdings ist ggf. ein vorhandenes Formerfordernis in dem in Bezug genommenen Tarifvertrag für die Änderung des Arbeitsvertrags zu beachten.

430 Sog. Richtigkeitsgewähr, dazu BAG, Urteil v. 6.9.1995, 5 AZR 174/94.
431 BAG, Urteil v. 22.12.1970, 3 AZR 52/70.
432 §§ 305 ff. BGB, dazu unter Abschn. 3 auf die Angemessenheit seines Inhalts.
433 BVerfG v. 16.11.1993, 1 BvR 258/86; BAG, Urteil v. 16.3.1994, 5 AZR 339/92.
434 BAG, Urteil v. 7.3.1995, 3 AZR 282/94.

Wird ein Arbeitnehmer mit seinem Einvernehmen oder in zulässiger Weise von seinem bisherigen Arbeitgeber an ein anderes **Konzernunternehmen** abgeordnet, so finden für die Zeit dieser Abstellung bei einer dynamischen Verweisung die für das andere Unternehmen geltenden Tarifverträge Anwendung.[435]

435 BAG, Urteil v. 18.6.1997, 4 AZR 699/95.

Teil 3: Das laufende Arbeitsverhältnis

35 Direktionsrecht des Arbeitgebers

Autor: Stephan Wilcken

Überblick

Das Direktionsrecht ist das Recht des Arbeitgebers, die Leistungspflicht des Arbeitnehmers nach Zeit, Inhalt und Ort sowie dessen Arbeitnehmerpflichten hinsichtlich der Ordnung und des Verhaltens nach billigem Ermessen rechtlich verbindlich näher zu bestimmen. Es gehört zum wesentlichen Inhalt jeden Arbeitsverhältnisses, denn der Arbeitnehmer leistet seine Arbeit in persönlicher Abhängigkeit.

Durch Weisungen konkretisiert der Arbeitgeber die Arbeitspflicht des Arbeitnehmers, weshalb das Direktionsrecht auch »Weisungsrecht« genannt wird.

Ohne dieses Recht wäre der Arbeitgeber nicht in der Lage, den Betriebsablauf zu steuern, weil es gar nicht möglich ist, sämtliche Eventualitäten bereits im Vorfeld arbeitsvertraglich zu regeln. Damit ist das Direktionsrecht des Arbeitgebers wesentlicher Bestandteil jedes Arbeitsverhältnisses.

Im Arbeitsvertrag werden die Arbeitnehmerpflichten meist nur allgemein umrissen. Die Einzelheiten der Arbeit (z. B. Ort, Zeit, Art und Reihenfolge der Arbeiten) können sich aber im Laufe des Arbeitsverhältnisses ändern. Der Arbeitnehmer ist verpflichtet, den Anordnungen des Arbeitgebers über die Einzelheiten der Arbeitsleistung und über die notwendige Ordnung und das Verhalten im Betrieb Folge zu leisten, soweit nicht Gesetz, Tarifvertrag, Betriebsvereinbarung oder Einzelvertrag anderes bestimmen.

Die Weisung des Arbeitgebers darf nicht gegen höherrangiges Recht verstoßen. Ein Arbeitnehmer muss also auch keine rechtswidrigen oder unbilligen Weisungen des Arbeitgebers befolgen. Widersetzt er sich jedoch der Weisung des Arbeitgebers, riskiert er die Einstellung der Vergütungszahlung, Abmahnung und/oder Kündigung.

Als Grundnorm des Miteinanders von Arbeitgeber und Arbeitnehmer ist das Weisungs- oder Direktionsrecht einheitlich für alle Arbeitnehmer (vgl. § 6 Abs. 2 GewO) in § 106 GewO gesetzlich geregelt.

35.1 Rechtsgrundlage: arbeitsvertragliche Vereinbarung

Das Direktionsrecht stützt sich auf den Arbeitsvertrag. So hat das Bundesarbeitsgericht in seiner Entscheidung vom 13.10.2009 ausgeführt:

> Durch die Ausübung des Weisungsrechts konkretisiert der Arbeitgeber die Pflicht zur Arbeitsleistung hinsichtlich der Art der Tätigkeit, Ort und Zeit und füllt den arbeitsvertraglichen Rahmen aus.

Hieraus ist erkennbar, dass ein Unterschied besteht zwischen der Konkretisierung und der Pflicht zur Arbeitsleistung. Die Pflicht zur Arbeitsleistung ergibt sich aus dem Arbeitsvertrag, die Konkretisierung ist dagegen die arbeitgeberseitige Bestimmung der Art und Weise der Pflichterfüllung. Dem entspricht auch, dass ein Arbeitgeber, selbst wenn eine Weisung mehrere Jahre überdauert hat, jederzeit berechtigt ist, diese mit Wirkung für die Zukunft durch eine neue Weisung zu ändern.[436]

Da es bei der Vereinbarung der Arbeitsleistung des Arbeitnehmers selbst um eine Hauptleistungspflicht geht, kann sie nicht nach §§ 307 ff. BGB (sog. Formular- oder AGB-Kontrolle) kontrolliert werden, sondern ist allenfalls an §§ 134, 138 BGB (Verstoß gegen Gesetz, Sittenwidrigkeit) zu messen.

Damit haben die Arbeitsvertragsparteien viel Spielraum. So können sie vereinbaren, dass der Arbeitnehmer als »Sachbearbeiter«, »Buchhalter«, »gewerblicher Arbeitnehmer«, »Vertriebsbeauftragter Asien« oder als »Referatsleiter Südamerika« tätig ist. Allerdings wäre z. B. die Vereinbarung wettbewerbswidriger Tätigkeiten unwirksam (§§ 3 ff. UWG, § 134 BGB). Die vereinbarte Tätigkeit kann auch geringerwertige Arbeiten als Begleittätigkeit enthalten, wenn es der Üblichkeit entspricht (z. B. Ablage, kopieren, Aufräumen des Büroplatzes).

Versetzungsvorbehalt
Ein arbeitsvertraglich vereinbarter Versetzungsvorbehalt – d. h. das Recht des Arbeitgebers, dem Arbeitnehmer eine andere Tätigkeit/an einem anderen Ort/zu einer anderen Zeit zuzuweisen – unterfällt als sog. Änderungsvorbehalt zwar der AGB-Kontrolle.

Ergibt die Auslegung eines in Allgemeinen Geschäftsbedingungen enthaltenen Versetzungsvorbehalts, dass die Klausel inhaltlich der Regelung des § 106 Satz 1 GewO entspricht, unterliegt sie wegen § 307 Abs. 3 BGB keiner Angemessenheitskontrolle nach § 307 Abs. 1 Satz 1 BGB.[437] Die durch den Versetzungsvorbehalt erfassten Tätigkeiten können, wie sich aus Obigem ergibt, ebenfalls geringerwertige Begleittätigkeiten enthalten.

Zuweisung gleichwertiger Tätigkeit
Es ist zwar nach der aktuellen Rechtsprechung des BAG[438] nicht erforderlich, im Arbeitsvertragsformular anzugeben, dass auch eine andere Tätigkeit zugewiesen werden kann, »die zumutbar« ist oder »die den Fähigkeiten und Kenntnissen entspricht«.

Dennoch ist generell zu empfehlen, arbeitsvertraglich zu vereinbaren, dass andere »gleichwertige« Tätigkeiten per Direktionsrecht zugewiesen werden können. Die Angabe im Arbeitsvertrag, unter welchen Voraussetzungen der Arbeitgeber die Versetzung aussprechen kann, wird nicht gefordert.[439]

---

436 BAG, Urteil v. 26.9.2012, 10 AZR 311/11: Arbeitsort wurde nach 8 Jahren geändert; BAG, Urteil v. 17.8.2011, 10 AZR 202/10: Arbeitsort wurde nach 15 Jahren geändert.
437 BAG, Urteil v. 25.8.2010. 10 AZR 275/09.
438 BAG, Urteil v. 19.1.2011, 10 AZR 738/09.
439 BAG, Urteil v. 25.8.2010, 10 AZR 275/09.

Je genauer eine Tätigkeit arbeitsvertraglich beschrieben ist, umso weniger Spielraum hat der Arbeitgeber bei Ausübung des Direktionsrechts.

Auswirkungen eines Versetzungsvorbehalts

Ein weiter arbeitsvertraglicher Versetzungsvorbehalt erweitert das Direktionsrecht und bringt damit dem Arbeitgeber für den Vollzug des Arbeitsverhältnisses Vorteile. Stehen jedoch betriebsbedingte Kündigungen an, dreht sich dies ins Gegenteil: ein weites Direktionsrecht erschwert den Ausspruch betriebsbedingter Kündigungen, weil bei der nach § 1 Abs. 3 KSchG vorzunehmenden Sozialauswahl der Kreis der vergleichbaren Arbeitnehmer größer wird. Denn vergleichbar sind die Arbeitnehmer, die der Arbeitgeber aufgrund des Direktionsrechts austauschen kann. Damit bestimmt die Reichweite des Direktionsrechts maßgeblich die Reichweite des Kündigungsschutzes mit.[440]

35.2 Grenzen des Direktionsrechts/Billigkeitskontrolle

Bei der Ausübung des Direktionsrechts ist der Arbeitgeber nicht frei. Besteht das Direktionsrecht, muss die Ausübung billigem Ermessen entsprechen (§ 106 Satz 1 GewO), d. h. die Weisung muss

- einen sachlichen Grund haben, darf also nicht willkürlich sein und
- dem Arbeitnehmer zumutbar sein.

Dazu gehört, dass alle wesentlichen Umstände des Falles unter Berücksichtigung des Gleichbehandlungsgrundsatzes abgewogen und die beiderseitigen Interessen angemessen berücksichtigt werden, wobei ein Beurteilungsspielraum bleibt.[441]

Bei der Abwägung ist das Recht des Arbeitgebers auf freie Unternehmerentscheidung zu berücksichtigen.

Unbillig ist, wenn der Arbeitgeber allein seine Interessen durchzusetzen versucht.[442]

Interessenlage der Parteien berücksichtigen

Bei der Abwägung muss der Arbeitgeber auf die Interessenlage der Parteien zum Zeitpunkt der Ausübung des Direktionsrechts abstellen.[443] Allerdings gilt dies nur, wenn

---

440 BAG, Urteil v. 2.3.2006, 2 AZR 23/05.

441 BAG, Urteile v. 17.12.1997, 5 AZR 332/96; BAG, Urteil v. 23.9.2004, 6 AZR 567/03; BAG, Urteil v. 14.8.2007, 9 AZR 58/07; BAG, Urteil v. 16.10.2007, 9 AZR 144/07; BAG, Urteil v. 10.7.2013, 10 AZR 915/12; BAG, Urteil v. 18.10.2017, 10 AZR 330/16; BAG, Urteil v. 30.11.2022, 5 AZR 336/21.

442 BAG, Urteil v. 19.5.1992, 1 AZR 418/91.

443 BAG, Urteil v. 23.9.2004, 6 AZR 567/03.

sich der Arbeitnehmer bei Erteilung der Weisung auf sie beruft. Ein Nachschieben solcher persönlichen Umstände ist rechtlich unbeachtlich.[444]

- *Verteilung der Arbeitszeit*: So hat der Arbeitgeber bei einer Auswahlentscheidung hinsichtlich der Verteilung der Arbeitszeit auf familiäre Belastungen des Arbeitnehmers Rücksicht zu nehmen, soweit nicht betriebliche Gründe oder berechtigte Belange anderer Arbeitnehmer entgegenstehen.[445] Das bedeutet: Besteht die Möglichkeit, einen anderen Arbeitnehmer mit der Aufgabe zu betrauen, der nicht so sehr persönlich betroffen ist, muss der Arbeitgeber diesen Weg wählen.
- *Religionsausübung*: Auch eventuelle Grundrechtsbeeinträchtigungen des Arbeitnehmers (z. B. Freiheit der Religionsausübung, Art. 4 GG)[446] sind zu beachten.
- *Allgemeines Persönlichkeitsrecht*: Zudem muss das allgemeine Persönlichkeitsrecht des Arbeitnehmers berücksichtigt werden. Dieses schützt u. a. die körperliche Unversehrtheit (§ 2 Abs. 2 GG9.
- *Kurze Pendelzeiten*: Auch das Interesse des Arbeitnehmers an kurzen Pendelzeiten ist ein wichtiges Kriterium, das bei der Abwägung zu berücksichtigen ist. Dabei ist allerdings nicht auf die sozialrechtlichen Regelungen abzustellen; diesen können keine belastbaren Grenzen für die Zumutbarkeit einer Versetzung entnommen werden.[447] Der Arbeitnehmer hat aber keinen Anspruch auf eine bestimmte Ausgestaltung der Arbeitsbedingungen, wenn dies nicht bereits anderweitig geregelt ist.
- *Behinderung*: Der Arbeitgeber hat bei Ausübung seines Direktionsrechts auch auf Behinderungen (§ 2 Abs. 1 SGB IX) Rücksicht zu nehmen (§ 106 Satz 3 GewO)
- *Schwerbehinderung*: Zudem kann das Direktionsrecht bei schwerbehinderten Menschen (§ 2 Abs. 2 SGB IX) bzw. bei Gleichgestellten (§ 2 Abs. 3 SGB IX) wegen § 164 Abs. 4 Nr. 1 SGB IX erheblich eingeschränkt sein. Hiernach hat ein schwerbehinderter Mensch gegenüber seinem Arbeitgeber Anspruch auf eine Beschäftigung, bei der er seine Fähigkeiten und Kenntnisse möglichst voll verwerten und weiterentwickeln kann.

35.3 Ausübungsberechtigte

Das Direktionsrecht steht dem Arbeitgeber zu. Dieser kann es aber auf andere Arbeitnehmer, insbesondere auf Vorgesetzte, Führungskräfte und leitende Angestellte übertragen, wovon in der Regel im jeweiligen Zuständigkeitsbereich auszugehen ist.

444 LAG Nürnberg, Urteil v. 9.1.2007, 7 Sa 79/06.
445 BAG, Urteil v. 23.9.2004, 6 AZR 567/03.
446 BAG, Urteil v. 20.12.1984, 2 AZR 436/83; BAG, Urteil v. 24.5.1989, 2 AZR 285/88.
447 BAG, Urteil v. 17.8.2011, 10 AZR 202/10.

35.4 Inhalt des Direktionsrechts

Gegenstände des Direktionsrechts können die Arbeitsleistung hinsichtlich Art, Ort und Zeit sowie die Ordnung und das sonstige Verhalten des Arbeitnehmers im Betrieb sein. Bei der Ausübung des Direktionsrechts steht dem Arbeitgeber regelmäßig ein weites Ermessen zur einseitigen Gestaltung der Arbeitsbedingungen zu. Allerdings muss er, kollektivrechtlich gesehen (Verhältnis Betriebsrat/Arbeitgeber), eventuelle Mitbestimmungsrechte des Betriebsrats nach § 87 Abs. 1 Nr. 1 BetrVG und individualrechtlich gesehen (Verhältnis des betroffenen Arbeitnehmers/Arbeitgeber), das gesetzlich in § 106 Satz 1 GewO verlangte billige Ermessen (vgl. Abschn. 3, Billigkeitskontrolle) berücksichtigen.

35.4.1 Arbeitsleistung: Art und Inhalt

Mit der Art der zu leistenden Arbeiten bzw. dem Inhalt der Arbeitsleistung ist die Art (»Was«) und Weise (»Wie«) der zu erbringenden Tätigkeit gemeint.[448]

Im Rahmen dieser vertraglich geschuldeten Arbeitsleistung steht dem Arbeitgeber das Weisungsrecht zu, die Art der vom Arbeitnehmer zu leistenden Arbeit festzulegen. Der Arbeitgeber kann auch einen Wechsel in der Art der Beschäftigung vorschreiben oder den Arbeitsbereich des Arbeitnehmers verkleinern[449] oder auch vergrößern.

Je konkreter die Arbeitspflicht im Arbeitsvertrag festgelegt ist, desto mehr ist der Umfang des Direktionsrechts eingeschränkt und umgekehrt. Ist im Arbeitsvertrag eine bestimmte Tätigkeit festgelegt (z. B. Buchhalter, Einkaufssachbearbeiter), so wird nur diese zum Vertragsinhalt. Wird die Tätigkeit nur fachlich umschrieben (Maurer, Schlosser, kaufmännischer Angestellter), können dem Arbeitnehmer sämtliche Arbeiten zugewiesen werden, die sich innerhalb des vereinbarten Berufsbilds halten, z. B. bei einem kaufmännischen Mitarbeiter, Buchhaltungsaufgaben oder Arbeiten in der Einkaufsabteilung. Ist eine Mitarbeiterin ausweislich ihres Arbeitsvertrags in einem Fitnesscenter mit Gastronomiebereich als »Servicekraft Thekenbereich« eingestellt, ohne dass dem Arbeitgeber das Recht eingeräumt wird, ihr eine andere Tätigkeit zuzuweisen, kann sie der Arbeitgeber nicht durch Direktionsrecht aus dem Thekenbereich weg versetzen.[450]

---

448 HWK/Lembke, § 106 GewO, Rz. 15; NK-GA/Boecken/Pils, § 106 GewO, Rz. 23.
449 BAG, Urteil v. 27.3.1980, 2 AZR 506/78.
450 LAG Rheinland-Pfalz, Urteil v. 21.12.2012, 9 Sa 44/12.

Nebenarbeiten

Das Weisungsrecht umfasst auch Nebenarbeiten. Das sind Arbeiten, die nach verständiger Würdigung mit der im Vertrag geregelten Haupttätigkeit einhergehen, z. B. die Säuberung von Arbeitsmitteln.[451]

Gewissenskonflikt beschränkt das Direktionsrecht

Bei Arbeiten, die einen Arbeitnehmer in einen Gewissenskonflikt bringen, ist nach der Rechtsprechung des BAG das Direktionsrecht des Arbeitgebers beschränkt. Der Arbeitgeber darf dem Arbeitnehmer keine Arbeit zuweisen, die ihn in einen vermeidbaren Gewissenskonflikt bringt.[452] Verbietet eine Gewissensentscheidung des Arbeitnehmers, ihm eine an sich geschuldete Arbeitsleistung zuzuweisen, kann dies den Arbeitgeber allerdings dazu berechtigen, das Arbeitsverhältnis des Arbeitnehmers aus personenbedingten Gründen zu kündigen, wenn keine andere Beschäftigungsmöglichkeit besteht.[453]

Notfall kann das Direktionsrecht erweitern

In Notfällen kann das Direktionsrecht nach § 241 Abs. 2 BGB vorübergehend erweitert und der Arbeitgeber zu Anweisungen an Arbeitnehmer berechtigt sein, die der Art der nach dem Arbeitsvertrag geschuldeten Arbeitsleistung widersprechen. Ein Notfall wird dann angenommen, wenn dieser unabhängig vom Willen des Arbeitgebers eintritt und dessen Folgen nicht auf andere Weise als durch Zuweisung einer vertraglich nicht geschuldeten Arbeitsleistung beseitigt werden können.[454]

Aufgrund der Rücksichtnahmepflicht in § 241 Abs. 2 BGB ist der Arbeitnehmer in Notfällen verpflichtet, auch Tätigkeiten zu übernehmen, die seiner arbeitsvertraglichen Verpflichtung nicht entsprechen. Voraussetzung ist allerdings, dass er für die zugewiesene Arbeit fachlich und persönlich geeignet ist und sie ihm auch zugemutet werden kann.

Konkretisierung

Von Konkretisierung spricht man, wenn eine im Arbeitsvertrag noch allgemein vereinbarte Tätigkeit sich auf einen bestimmten Teilbereich so einengt, dass künftig nur noch dieser geschuldet wird. Dies gilt aber auch bei der Zuweisung einer höherwertigen Tätigkeit über einen längeren Zeitraum. Nach welchem Zeitraum eine vertragliche Konkretisierung anzunehmen ist, wird nach der Rechtsprechung aufgrund der konkreten Umstände des Einzelfalles beurteilt, wobei ein Zeitraum von 10 Jahren für die Konkretisierung der vertraglichen Arbeitspflicht erforderlich ist. Zudem müssen zum reinen Zeitablauf noch besondere Umstände hinzutreten, die erkennen lassen,

451 S. Hilbrand, RdA 1998, S. 155 f.
452 BAG, Urteil v. 20.12.1984, 2 AZR 436/83.
453 BAG, Urteil v. 24.2.2011, 2 AZR 636/09; BAG, Urteil v. 24.5.1989, 2 AZR 285/88.
454 BAG, Urteil v. 3.12.1980, 5 AZR 477/78.

dass der Arbeitnehmer nur noch verpflichtet sein soll, seine Arbeit unverändert zu erbringen.[455]

35.4.2 Arbeitsleistung: Ort

Als wesentliche Arbeitsbedingung stellt sich für den Arbeitnehmer der Sitz des Betriebs oder der Ort der Arbeitsstätte im Sinne einer politischen Gemeinde dar, an dem er seine arbeitsvertraglichen Leistungen zu erfüllen hat. Aber auch die Zuordnung zu einer organisatorischen Einheit kann hierunter fallen.

Wo der Arbeitnehmer seine Arbeitsleistung zu erbringen hat, ergibt sich meist aus dem Arbeitsvertrag, der ggf. auszulegen ist.[456]

Versetzungsklausel und vorübergehende Entsendung
Es ist auch möglich, eine Versetzungsklausel in einen anderen Betrieb des Unternehmens zu vereinbaren. Auch einer vorübergehenden Entsendung in ein anderes Unternehmen des Konzerns und damit zu einem anderen Arbeitgeber wird als zulässig betrachtet.

Anders sieht es bei einer Konzernversetzungsklausel auf Dauer aus, weil hier der Arbeitnehmer das damit verbundene Risiko nicht mehr beherrschen kann. Hier wird man diesem ein Widerspruchsrecht einräumen müssen, wie es auch § 613a Abs. 6 BGB beim Betriebsübergang vorsieht.[457]

Wird ein Arbeitnehmer angestellt, um in der Zentrale eines Unternehmens zu arbeiten und wird diese Vereinbarung im Arbeitsvertrag festgehalten, überschreitet der Arbeitgeber seine Direktionsbefugnis, wenn er den Arbeitnehmer in eine Filiale des Unternehmens versetzt. Die Einschränkung der Weisungsbefugnis ergibt sich in einem solchen Fall unmittelbar aus dem Arbeitsvertrag. Gleiches gilt für alle Regelungen des Individualarbeitsvertrags, mit denen eine bestimmte Arbeitsstätte vereinbart wurde.

Fehlt eine Vereinbarung über einen Arbeitsort, gilt: Grundsätzlich kann der Arbeitnehmer nach der Rechtsprechung des BAG überall eingesetzt werden.[458] Das Direktionsrecht beschränkt sich jedoch nach herrschender Meinung auf den Betrieb, in dem der Arbeitnehmer seine Tätigkeit beginnt.[459] Der Betrieb kann jedoch auch aus mehreren

---

455 BAG, Urteil v. 19.9.2009, 9 AZR 757/08.
456 BAG, Urteil v. 22.9.2016, 2 AZR 509/15.
457 Hromadka, NZA 2012, S. 233, 238.
458 BAG, Urteil v. 18.10.2012, 6 AZR 86/11.
459 Hromadka, NZA 2012, S. 233, 237; Dzida/Schramm, BB 2007, S. 1221, 1226 f.

Filialen bestehen. Dann kann der Arbeitgeber einen Arbeitnehmer von einem Betriebsteil in einen anderen versetzen.[460]

Billiges Ermessen: Abwägung der Interessen des Arbeitnehmers

Bei der nach § 106 GewO erforderlichen Abwägung der Interessen (billiges Ermessen) sind insbesondere aufseiten des Arbeitnehmers

- dessen Lebensalter,
- Gesundheitszustand,
- der mit der Versetzung verbundene wirtschaftliche und soziale Abstieg innerhalb des Unternehmens sowie
- die familiäre Situation zu berücksichtigen.

Berechtigtes Interesse des Arbeitgebers

Aufseiten des Arbeitgebers ist jedoch z. B. auch ein berechtigtes Interesse anzuerkennen, die Aufgaben an einem neuen Arbeitsort weiterhin von qualifiziertem und eingearbeitetem Personal wahrnehmen zu lassen.[461]

Hinter diesem dargestellten Interesse des Arbeitgebers wird das Interesse des Arbeitnehmers an der Beibehaltung des Arbeitsplatzes an dem bisherigen Arbeitsort zurücktreten müssen.[462]

Ebenso wie bei der Art der Tätigkeit kann eine vertragliche Konkretisierung des Arbeitsorts auch durch eine mehrjährige Beschäftigungsdauer an ein und derselben Arbeitsstelle entstehen.

35.4.3 Arbeitsleistung: Zeit

Als Arbeitszeit wird die Zeitspanne bezeichnet, während der der Arbeitnehmer seine Arbeitskraft zur Verfügung stellen muss, um die ihm vertraglich obliegende Leistungspflicht zu erfüllen. Folglich geht es um die Lage der Arbeitszeit.[463] Die wöchentliche Dauer ist bereits durch den Arbeitsvertrag, gegebenenfalls unter Bezugnahme auf einen Tarifvertrag, geregelt. Zur Lage der Arbeitszeit gehören auch ihre Verteilung auf die einzelnen Wochentage[464], die Bestimmung von Beginn und Ende der täglichen Arbeitszeit[465], aber auch die Anordnung von Ruhepausen.[466]

---

460 BAG, Urteil v. 2.6.2004, 2 AZR 577/03.
461 BAG, Urteil v. 17.8.2011, 10 AZR 202/10.
462 BAG, Urteil v. 17.8.2011, 10 AZR 202/10; NK-GA/Boecken/Pils, § 106 GewO, Rz. 33.
463 BAG, Urteil v. 19.7.2012, 2 AZR 25/11.
464 BAG, Urteil v. 15.9.2009, 9 AZR 757/08.
465 BAG, Urteil v. 17.7.2007, 9 AZR 819/06.
466 BAG, Urteil v. 16.12.2009, 5 AZR 157/09.

Rechtsgrundlage des Arbeitszeitrechts ist vor allem das Arbeitszeitgesetz, daneben gibt es eine Reihe von Sondervorschriften, wie z. B. das Jugendarbeitsschutzgesetz und das Mutterschutzgesetz.

Nach § 2 Abs. 1 Nr. 7 NachwG ist der Arbeitgeber verpflichtet, u. a. die vereinbarte Arbeitszeit schriftlich niederzulegen und dem Arbeitnehmer auszuhändigen.

Die konkrete Lage der Arbeitszeit unterliegt dem Direktionsrecht des Arbeitgebers, wenn sich nicht durch Betriebsvereinbarung oder den Arbeitsvertrag bereits festgelegt ist. Das kann arbeitsvertraglich auch konkludent erfolgen.[467]

In diesem Rahmen ist der Arbeitgeber beispielsweise berechtigt, die Anzahl der Nachtschichten festzulegen[468] und eine arbeitsvertraglich nur rahmenmäßig umschriebene Verpflichtung zur Ableistung von Bereitschaftsdiensten zeitlich näher zu bestimmen.[469]

Anordnung von Überstunden

Zur Anordnung von Überstunden ist der Arbeitgeber aufgrund des Direktionsrechts in der Regel nur berechtigt, wenn sich dieses Recht aus dem Arbeitsvertrag ausdrücklich oder konkludent ergibt. Dem Arbeitgeber steht dann im Rahmen der arbeitsvertraglichen Ermächtigung das Weisungsrecht zu, Überstunden anzuordnen. Bei der Auslegung des Arbeitsvertrags sind betriebliche Übungen zu berücksichtigen. Auch aufgrund eines Tarifvertrags oder aufgrund eines Tarifvertrags in einer Betriebsvereinbarung kann dem Arbeitgeber das Recht zustehen, die regelmäßige betriebliche Arbeitszeit einseitig zu verlängern oder wieder auf die tarifliche Arbeitszeit zu verkürzen. Die Festlegung dieses Arbeitszeitrahmens muss der Arbeitgeber nach billigem Ermessen vornehmen.[470]

Sind solche Ermächtigungsgrundlagen nicht gegeben, können Überstunden ausnahmsweise nur in außergewöhnlichen Fällen oder in Notfällen angeordnet werden.

Die Pflicht des Arbeitnehmers, dieser Anordnung Folge zu leisten, ergibt sich aus seiner arbeitsvertraglichen Nebenpflicht, Schaden vom Arbeitgeber abzuwenden.

Ein Recht des Arbeitgebers, die Arbeitszeit des Arbeitnehmers und damit auch seine Vergütung einseitig zu kürzen, besteht grundsätzlich nicht.

---

467 BAG, Urteil v. 15.9.2009, 9 AZR 757/08.
468 BAG, Urteil v. 11.2.1998, 5 AZR 472/97.
469 BAG, Urteil v. 25.10.1989, 2 AZR 633/88.
470 Schaub, Arbeitsrechts-Handbuch, 19. Aufl., § 45 VI 2.

Kurzarbeit kann nicht einseitig vom Arbeitgeber aufgrund seines Direktionsrechts angeordnet werden.

Mitbestimmungsrecht des Betriebsrats beachten
Nach § 87 Abs. 1 Nr. 2 BetrVG steht dem Betriebsrat ein erzwingbares Mitbestimmungsrecht bei der Festlegung von Beginn und Ende der Arbeitszeit einschließlich der Pausen sowie der Verteilung der Arbeitszeit auf die einzelnen Wochentage zu. Die Verkürzung oder die Verlängerung der betriebsüblichen Arbeitszeit sowie die Änderung von Beginn und Ende der täglichen Arbeitszeit einschließlich der Pausen sowie die Verteilung der Arbeitszeit auf die einzelnen Wochentage bedarf in Betrieben mit Betriebsrat deshalb der Zustimmung des Betriebsrats durch Abschluss einer Betriebsvereinbarung oder der Entscheidung durch die Einigungsstelle (§ 87 Abs. 2 BetrVG).

35.5 Verhalten des Arbeitnehmers/Ordnung im Betrieb

Aufgrund seiner Direktionsbefugnis kann der Arbeitgeber für den Betrieb ein bestimmtes Verhalten des Arbeitnehmers fordern und regeln. Dieses Recht des Arbeitgebers ergibt sich aus der Verpflichtung des Arbeitnehmers zur Treue gegenüber dem Arbeitgeber. Der Arbeitnehmer hat alles zu unterlassen, was sich schädigend oder störend auf den Betriebsablauf oder sonstige berechtigte Interessen des Arbeitgebers auswirkt.

Der Arbeitgeber kann deshalb Regelungen über ein Alkoholverbot[471], die Festlegung der Unterbringung von Kleidungsstücken oder Wertgegenständen, die private Nutzung von Arbeitsmitteln wie z. B. Telefon, Internet oder Dienstfahrzeug, das Tragen oder Nichttragen von bestimmten Kleidungsstücken (Uniform oder sonstige einheitliche Kleidungsstücke), Rauchverbote[472], das Tragen eines Mund-Nasen-Schutzes während der Pandemie[473] sowie die Nutzung einer elektronischen Signaturkarte[474] festlegen, muss hierbei jedoch die Grenzen der Billigkeit (§ 106 GewO) berücksichtigen.

Geht es um Weisungen des Arbeitgebers, die unabhängig von Einzelpersonen erfolgen – kollektive Weisungen –, ist allerdings das Mitbestimmungsrecht eines vorhandenen Betriebsrats nach § 87 Abs. 1 Nr. 1 BetrVG zu beachten.

471 BAG, Urteil v. 23.9.1986, 1 AZR 83/85.
472 BAG, Urteil v 19.1.1999, 1 AZR 499/98.
473 ArbG Cottbus, Urteil v. 22.12.2021, 11 Ca 10581/20.
474 BAG, Urteil v. 25.9.2013, 10 AZR 270/12.

35.6 Nebentätigkeit

Eine Nebentätigkeit kann der Arbeitgeber aufgrund seines Direktionsrechts nicht untersagen. Zur Nebentätigkeit ist ein Arbeitnehmer aufgrund der grundrechtlichen Berufsausübungsfreiheit (Art. 12 GG) grundsätzlich berechtigt. Nur wenn ihre Ausübung die Erfüllung der vertraglich vereinbarten Haupttätigkeit beeinträchtigt oder ein Verstoß gegen das Arbeitszeitgesetz vorliegt, kann der Arbeitgeber die Nebentätigkeit verbieten.

Zulässig ist jedoch die Regelung in einem Arbeitsvertrag, wonach die Ausübung einer Nebentätigkeit der vorherigen Genehmigung des Arbeitgebers bedarf. Die Nebentätigkeitsgenehmigung muss allerdings erteilt werden, wenn die Nebentätigkeit die Haupttätigkeit nicht beeinträchtigt.

35.7 Verstoßes des Arbeitnehmers gegen eine Arbeitgeberweisung

Verstößt der Arbeitnehmer gegen eine rechtmäßige Arbeitgeberweisung, kann der Arbeitgeber abmahnen und gegebenenfalls eine verhaltensbedingte Kündigung aussprechen. Im Übrigen kommt die Einstellung der Vergütungszahlung als auch ein Schadensersatzanspruch in Betracht.

35.8 Rechtswidrige Weisungen des Arbeitgebers

Verstößt eine Weisung des Arbeitgebers gegen ein Gesetz, ist diese unwirksam und muss vom Arbeitnehmer nicht befolgt werden.

Ist sich der Arbeitgeber unsicher, ob er ein Direktionsrecht hat und will oder muss er eine Änderung der Tätigkeit des Arbeitnehmers herbeiführen, ist empfehlenswert,

- sowohl das Direktionsrecht auszuüben und gleichzeitig
- hilfsweise für den Fall, dass kein Direktionsrecht besteht, eine Änderungskündigung (die allerdings für den Fall der Geltung des Kündigungsschutzgesetzes eines Kündigungsgrundes nach § 1 KSchG bedarf) auszusprechen.

Kommt bei einem Kündigungsschutzprozess das Arbeitsgericht zu der Auffassung, der Änderungskündigung habe es nicht bedurft, weil ein Direktionsrecht bestanden habe, ist der Kündigungsschutzklage des Arbeitnehmers der Boden entzogen und diese abzuweisen.[475]

---

475 BAG, Urteil v. 26.1.2012, 2 AZR 102/11.

35.9 Streitigkeiten

Weigert sich der Arbeitnehmer, einer Weisung des Arbeitgebers Folge zu leisten, kommt es im Streitfall darauf an, um was es geht:

- Stellt der Arbeitgeber die Vergütungszahlung ein, weil der Arbeitnehmer die Arbeitsleistung verweigert hat, gilt der Grundsatz »Ohne Arbeit kein Lohn«. Deshalb muss der Arbeitnehmer darlegen und im Bestreitensfall beweisen, dass er die Arbeitsleistung zu Recht verweigert hat und in Wirklichkeit ein Annahmeverzugsfall vorliegt (§ 615 BGB).
- Mahnt der Arbeitgeber den Arbeitnehmer ab, kündigt er ihn und/oder will er Schadensersatz von ihm geltend machen, hat er darzulegen und ggf. zu beweisen, dass er ein Direktionsrecht hatte und er bei seiner Ausübung billiges Ermessen gewahrt hat.

36 Haftung des Arbeitnehmers

Autor: Dr. Carsten Teschner

Überblick

Für die Haftung des Arbeitnehmers gelten grundsätzlich die allgemeinen zivilrechtlichen Vorschriften des BGB. Im Laufe der Zeit hat allerdings eine Anpassung der zivilrechtlichen Haftungsgrundsätze an die besonderen Verhältnisse und Bedürfnisse des Arbeitsverhältnisses stattgefunden.

In diesem Zusammenhang sind insbesondere die vom BAG entwickelten Grundsätze »Grundsätze des innerbetrieblichen Schadensausgleichs«zu nennen, die Haftungserleichterungen für Arbeitnehmer beinhalten.

Im Zentrum der gerichtlichen Entscheidungen steht die Suche nach einer dem Einzelfall gerecht werdenden Verteilung der Haftungsanteile zwischen Arbeitnehmer und Arbeitgeber.

Folge dieser Rechtsprechung ist, dass in jedem Haftungsfall haftungsmildernde und haftungsverschärfende Einzelaspekte zum Ausgleich gebracht werden müssen, für die es keinen abschließenden Katalog gibt.

Neben der Darstellung der Grundzüge der Arbeitnehmerhaftung werden in diesem Kapitel deshalb die wichtigsten Aspekte aufgezeigt, die vor einer Inanspruchnahme des Arbeitnehmers wegen eines von ihm verursachten Schadens überdacht werden sollten.

Die allgemeinen zivilrechtlichen Haftungsregelungen finden sich in §§ 241 ff. BGB.

Im Arbeitsrecht gilt zudem die besondere Beweisregel des § 619a BGB.

Im Verhältnis zu Arbeitskollegen gilt § 105 SGB VII.

36.1 Begriff der Haftung

Der Begriff der Haftung bezeichnet die Verpflichtung des Einzelnen, für die Folgen des eigenen Verhaltens einstehen und ggf. die einem anderen zugefügten Schäden ersetzen zu müssen. Die Normen, die diese »Haftpflicht« im Privatrechtsverkehr begründen, sind im allgemeinen Zivilrecht (§§ 241 ff. BGB) geregelt. Sie gelten grundsätzlich auch für den Arbeitnehmer. Seine Haftpflicht gegenüber anderen Personen, insbesondere gegenüber seinem Arbeitgeber, kann sich ergeben als Folge eines Verstoßes gegen arbeitsvertragliche (Neben-)Pflichten, z. B. in Gestalt von:

- Schlechtleistung
- mangelnder Arbeitsqualität
- Produktion von Ausschuss
- Vernachlässigung von Obhutspflichten etc.

Sie kann auch allgemeinen gesetzlichen Haftungsnormen entspringen, z. B. bei einer unerlaubten Handlung gemäß § 823 BGB durch Diebstahl oder Sachbeschädigung etc.

Schließlich können zugleich mehrere vertragliche und gesetzliche Haftungstatbestände erfüllt sein, z. B. bei Beschädigung von Maschinen oder Fahrzeugen etc.

Haftbar kann sich der Arbeitnehmer aber nicht nur gegenüber seinem Arbeitgeber machen, sondern auch gegenüber Dritten, insbesondere anderen Arbeitnehmern.

36.2 Haftung gegenüber dem Arbeitgeber

36.2.1 Das allgemeine zivilrechtliche Haftungssystem

Der Arbeitnehmer muss nach den allgemeinen privatrechtlichen Regeln für sein Verhalten (Handeln, Dulden, Unterlassen) und für Schäden einstehen, die dem Arbeitgeber hieraus erwachsen.

Stellt sich das schadensverursachende Verhalten als eine Verletzung der dem Arbeitnehmer obliegenden arbeitsvertraglichen Pflichten dar, so kommt eine Haftung auf Schadensersatz nach § 280 Abs. 1 BGB in Betracht. Stellt das Verhalten sogar eine unerlaubte Handlung dar (z. B. bei vorsätzlicher oder fahrlässiger Verletzung von Gesundheit oder Eigentum des Arbeitgebers), so haftet der Arbeitnehmer gemäß §§ 823 ff. BGB für die unerlaubte Handlung.

Obgleich die jeweiligen Haftungsnormen im Detail Unterschiede aufweisen, deren Darstellung den Beitrag sprengen würde, lassen sie sich auf eine gemeinsame Grundstruktur des Haftungsrechts zurückführen, die im Prinzip für alle Anspruchsgrundlagen gilt:

- Allgemeine Voraussetzung für das Eingreifen der Haftung des Arbeitnehmers ist zunächst, dass ein bestimmtes Verhalten (Handlung, Duldung, Unterlassung) benannt werden kann, durch das arbeitsvertragliche oder gesetzliche Rechte des Arbeitgebers verletzt worden sind.
- Diese Rechtsgutverletzung muss sich als eine Folge des Verhaltens des Arbeitnehmers darstellen (sog. haftungsbegründende Kausalität).
- Des Weiteren muss der Arbeitnehmer sich schuldhaft verhalten haben, wobei Vorsatz oder Fahrlässigkeit in Betracht kommen (§ 276 BGB).
- Die Verletzung des Rechtsguts muss zu einem bestimmten (materiellen) Schaden des Arbeitgebers im Sinne der §§ 249 ff. BGB geführt haben, wobei sich der Schaden als eine konkrete Folge der Rechtsgutverletzung darstellen muss (sog. haftungsausfüllende Kausalität).

- Im Schadensersatzprozess trägt der geschädigte Arbeitgeber die volle Darlegungs- und Beweislast für die vorstehend aufgezählten Voraussetzungen. Dies gilt auch für die Frage, ob dem Arbeitnehmer ein Verschuldensvorwurf gemacht werden kann und welchen Grad sein Verschulden besitzt.
- Die Beweislastregel des § 280 Abs. 1 Satz 2 BGB gilt nach der ausdrücklichen Anordnung des § 619a BGB nicht für Arbeitnehmer. Die Beweislast liegt daher beim Arbeitgeber dafür, dass den Arbeitnehmer ein Verschulden trifft.

Höhe des Schadens
Die Höhe des Schadens ist ggf. gemäß § 287 ZPO vom Gericht zu schätzen.

36.2.2 Arbeitsrechtliche Haftungsbeschränkung

Die aus den allgemeinen zivilrechtlichen Regelungen des Bürgerlichen Gesetzbuches resultierende Haftung des Arbeitnehmers wurde allgemein als zu streng empfunden. Denn im Rahmen des auf Dauer angelegten Arbeitsverhältnisses können auch dem sorgfältigsten Arbeitnehmer gelegentlich Fehler unterlaufen, die zwar für sich betrachtet fahrlässig sind, mit denen aber aufgrund der menschlichen Unzulänglichkeit gerechnet werden muss.

Zu berücksichtigen ist auch, dass der Arbeitnehmer nicht einen bestimmten Leistungserfolg schuldet, sondern lediglich eine Leistungshandlung, verbunden mit der gehörigen Bemühung um deren Gelingen. Wenn dem Arbeitnehmer aber von der vertraglichen Grundkonstruktion her kein unmittelbares Risiko für den Leistungserfolg aufgebürdet ist, so darf ihm dieses auch nicht indirekt über das Haftungsrecht auferlegt werden. Schließlich wird auch berücksichtigt, dass der Arbeitnehmer vom Arbeitgeber aufgrund arbeitsrechtlicher Weisungen überhaupt erst in Gefahr gebracht wird, erhebliche Schäden verursachen zu können.

Die Rechtsprechung hat deshalb Haftungserleichterungen entwickelt. Diese lange Zeit unter dem Begriff der sog. »gefahrgeneigten Tätigkeit« diskutierten und verschiedentlich auch modifizierten Rechtsfortbildungsansätze haben ihren derzeitigen Schlusspunkt in dem Modell des sog. innerbetrieblichen Schadensausgleichs gefunden.

Durch Beschluss des BAG wurde ein – gesetzlich nicht geregeltes – Haftungsmodell für Arbeitnehmer (s. u.) entwickelt.[476] Hierauf beruht die nunmehrige Rechtsprechung des BAG.[477]

---

476 Vgl. BAG, Vorlegungsbeschluss v. 12.6.1992, GS 1/89; BGH, Beschluss v. 21.9.1993, GmSOBG 1/93; Gemeinsamer Senat der Obersten Gerichtshöfe – GmS-OBG 1/93 und Großer Senat des BAG, Beschluss v. 27.9.1994, GS 1/89.

477 Vgl. BAG, Urteil v. 23.1.1997, 8 AZR 893/95; BAG, Urteil v. 18.4.2002, 8 AZR 348/01.

Haftungsbegrenzung nur für Schäden bei betrieblicher Tätigkeit
Die Beschränkung der Haftung des Arbeitnehmers setzt voraus, dass der Arbeitnehmer den Schaden in Ausführung einer betrieblichen Tätigkeit verursacht hat.

Für die Beantwortung dieser Frage kommt es darauf an, ob ein derartiger innerer Zusammenhang zwischen betrieblicher Tätigkeit und Schadensereignis besteht, dass die Verfolgung betrieblicher Zwecke als entscheidende Schadensursache anzusehen ist.[478]

Betriebliche Veranlassung
Die betriebliche Veranlassung kann deshalb nicht etwa schon damit begründet werden, dass der Arbeitnehmer im Betrieb anwesend war und diese Anwesenheit ihm erst die Gelegenheit gab, den Schaden zu verursachen. Ebenso wenig ist die – missbräuchliche – Benutzung eines Betriebsmittels für die Annahme einer betrieblichen Veranlassung ausreichend. Durch das Merkmal der betrieblichen Veranlassung soll nach der Rechtsprechung des BAG nämlich sichergestellt werden, dass der Arbeitgeber nicht mit dem allgemeinen Lebensrisiko des Arbeitnehmers belastet wird.

Beispiel: Allgemeines Risiko[479]

Es ist dem privaten Lebensbereich eines Arbeitnehmers zuzurechnen, wenn er aufgrund eines eigenständigen Entschlusses mit einem Gabelstapler auf dem Betriebsgelände fährt, ohne dass dieser Entschluss durch eine betrieblichen Zwecken dienende Tätigkeit auch nur veranlasst wurde. Ein lediglich räumlicher und zeitlicher Zusammenhang der Pflichtverletzung und der Arbeit ist unzureichend. Als betrieblich veranlasst wäre die Fahrt dagegen dann anzusehen, wenn der Arbeitnehmer z. B. mit dem Stapler auf dem Weg war, um entsprechend einem ihm erteilten Auftrag einen Lastkraftwagen zu entladen.

Tätigkeit vom Arbeitnehmer im Betriebsinteresse
Ist die Tätigkeit, bei der es zum Schaden gekommen ist, vom Arbeitnehmer im Betriebsinteresse übernommen worden, spielt es für die Frage der betrieblichen Veranlassung keine Rolle, ob sie fehlerfrei oder fehlerhaft erledigt wurde. Insbesondere ist es bei betriebsbezogenem Handeln rechtlich ohne Belang, ob die Tätigkeit nicht so wie geschehen ausgeführt werden durfte. Der betriebliche Charakter der Tätigkeit geht auch nicht dadurch verloren, dass der Arbeitnehmer bei Durchführung der Tätigkeit grob fahrlässig oder vorsätzlich seine Verhaltenspflichten verletzt.

Zwar liegen derartige Verhaltensverstöße nicht im Interesse des Arbeitgebers. Dem wird aber durch eine entsprechende Haftung des Arbeitnehmers Rechnung getragen.

---

478 BAG, Urteil v. 21.10.1983, 7 AZR 488/80; BAG, Urteil v. 18.4.2002, 8 AZR 348/01.
479 BAG, Urteil v. 18.4.2002, 8 AZR 348/01.

Für die betriebliche Veranlassung reicht es, dass die jeweilige Tätigkeit als solche dem vertraglich Geschuldeten entspricht, mag dies für die Durchführung auch nicht gelten.

Wegeunfall
Folgerichtig gelten die Privilegien der Arbeitnehmerhaftung dann nicht, wenn ein Arbeitnehmer das ihm überlassene Kraftfahrzeug seines Arbeitgebers während der bestimmungsgemäßen Fahrt zum oder vom Arbeitsplatz beschädigt (Wegeunfall). In diesem Fall haftet der Arbeitnehmer dem Arbeitgeber wie jeder Dritte.[480]

Außerhalb der Arbeitszeit
Auch außerhalb der Arbeitszeit kann jedoch ein betrieblich veranlasstes Handeln vorliegen. Nimmt z. B. eine Reinigungskraft bei einem Privatbesuch in der Nähe des Betriebs einen Alarmton wahr, geht in den Betrieb und beschädigt dabei ein Diagnosegerät, um den Alarmton abzuschalten, genießt sie die Haftungsprivilegierung.[481]

36.2.3 Schadensausgleich: Fahrlässigkeit und Vorsatz

Nach nunmehr einhelliger höchstrichterlicher Auffassung greift die arbeitsrechtliche Haftungsmilderung bei jeder Art von betrieblich veranlasster Tätigkeit. Auf eine besondere Gefahrgeneigtheit der jeweiligen Tätigkeit[482] kommt es (insoweit) nicht mehr an. Die Haftungserleichterung gilt auch für Auszubildende.[483] Inhaltlich differenziert das Haftungsmodell des innerbetrieblichen Schadensausgleichs vorrangig nach dem Grad des Verschuldens des Arbeitnehmers wie folgt:

- leichteste Fahrlässigkeit: keine Haftung
- mittlere Fahrlässigkeit: anteilige Haftung nach den Umständen des Einzelfalles
- grobe Fahrlässigkeit: (in der Regel) volle Haftung
- Vorsatz: volle Haftung

Über diesen generellen Differenzierungsansatz nach dem Grad des Verschuldens hinaus tendiert die Rechtsprechung in ihrem Bemühen um Einzelfallgerechtigkeit dazu, bei der Bildung der konkreten Haftungsquote eine Vielzahl weiterer Aspekte zu berücksichtigen, die je nach den Gegebenheiten des Falls zu einer Milderung oder Verschärfung der Haftung führen können.

480 So LAG Köln, Urteil v. 24.6.1994, 13 Sa 37/94.
481 BAG, Urteil v. 28.10.2010, 8 AR 418/09.
482 BAG, Urteil v. 23.1.1997, 8 AZR 893/95; BAG, Urteil v. 18.4.2002, 8 AZR 348/01.
483 BAG, Urteil v. 19.3.2015, 8 AZR 67/14.

Leichteste Fahrlässigkeit

Leichteste Fahrlässigkeit liegt schließlich vor, wenn es sich unter Berücksichtigung aller Umstände des Einzelfalles um eine völlig geringfügige und leicht entschuldbare Pflichtwidrigkeit handelt, die jedem Arbeitnehmer im Laufe der Zeit unterlaufen könnte.

Mittlere Fahrlässigkeit

Mit der sog. mittleren Fahrlässigkeit ist das weite Feld zwischen leichtester und grober Fahrlässigkeit angesprochen. In diesem Bereich erfolgt eine Schadensaufteilung zwischen Arbeitnehmer und Arbeitgeber durch Bildung einer Haftungsquote. Damit ist nicht – wie häufig verkürzt angenommen – immer eine hälftige Schadensteilung gemeint. Der Schaden kann auch ungleich aufgeteilt werden. Die Bestimmung dieser Haftungsquote hat unter Berücksichtigung aller Umstände des Einzelfalles zu erfolgen, denen wiederum je nach Lage des Einzelfalles ein unterschiedliches Gewicht untereinander beizumessen ist. Generelle Aussagen lassen sich nicht treffen. Einige wichtige Aspekte werden nachfolgend noch angesprochen.

Grobe Fahrlässigkeit

Grobe Fahrlässigkeit ist anzunehmen, wenn die im Verkehr erforderliche Sorgfalt in solch schwerem Maße verletzt worden ist, dass sich der Arbeitnehmer – auch unter Berücksichtigung seiner persönlichen Umstände und Fähigkeiten – den Vorwurf gefallen lassen muss, selbst einfachste, ganz naheliegende Überlegungen nicht angestellt und selbst das nicht beachtet zu haben, was im gegebenen Fall jedem ohne Weiteres hätte einleuchten müssen.[484] Bei grober Fahrlässigkeit handelt es sich um eine Sorgfaltspflichtverletzung in ungewöhnlich hohem Maße, wobei eine grobe und auch subjektiv schlechthin unentschuldbare Pflichtverletzung gegeben sein muss, die das gewöhnliche Maß der Fahrlässigkeit i. S. d. § 276 BGB erheblich übersteigt.[485] Im Vergleich zum bedingten Vorsatz geht der Arbeitnehmer aber subjektiv (fehlerhaft) davon aus, es werde schon gut gehen.

Beispiel: Grobe Fahrlässigkeit

Grobe Fahrlässigkeit liegt regelmäßig vor, wenn
- eine Ampel überfahren wird, die Rotlicht zeigt[486],
- ein inkassoberechtigter Kellner des Zugrestaurants die Kellnerbrieftasche mit Einnahmen unverschlossen im Restaurantwagen zurücklässt, um zu telefonieren.[487]

Auch bei grober Fahrlässigkeit sind Haftungserleichterungen nicht generell ausgeschlossen. Die Entscheidung ist nach Abwägung aller Umstände des Einzelfalls zu

484 BAG, Urteil v. 20.4.1989, 8 AZR 632/87; BAG, Urteil v. 1.12.1988, 8 AZR 65/84.
485 BAG, Urteil v. 1.12.1988, 8 AZR 65/84; BAG, Urteil v. 13.3.1968, 1 AZR 362/67.
486 BGH, Urteil v. 8.7.1992, IV ZR 223/91.
487 BAG, Urteil v. 15.11.2001, 8 AZR 95/01.

treffen, wobei es entscheidend darauf ankommen kann, dass der Verdienst des Arbeitnehmers in einem deutlichen Missverhältnis zum Schadensrisiko der Tätigkeit steht, sodass die Existenz des Arbeitnehmers bei voller Inanspruchnahme bedroht ist.[488]

Das BAG weist darauf hin, dass mit zunehmender Technisierung und dem damit verbundenen Umgang mit wertvollen Maschinen das Missverhältnis zwischen Verdienst und Schadensrisiko steigt.[489]

Beispiel: Missverhältnis zwischen Verdienst und Schadensrisiko

Im Fall einer geringfügig beschäftigten Reinigungskraft, die »gut gemeint« einen falschen Knopf an einem Magnetresonanztomographen einer Arztpraxis drückte, um einen Alarm abzuschalten, und dabei einen Schaden von über 30.000 EUR verursachte, wurde eine Beschränkung der Haftung auf ein Jahresgehalt trotz grober Fahrlässigkeit angenommen.[490]

Vorsatz

Vorsatz setzt das Wissen und Wollen des Schadens voraus. Vorsatz ist als Absicht und als bedingter Vorsatz denkbar.

- Absicht liegt dann vor, wenn der Schaden vom Arbeitnehmer angestrebt wurde, z. B. bei mutwilliger Sachbeschädigung oder Körperverletzung.
- Für den bedingten Vorsatz ist es ausreichend, dass der Arbeitnehmer den Eintritt des Schadens billigend in Kauf genommen hat. Die ist z. B. der Fall, wenn der Arbeitnehmer in Erregung mit Betriebsmitteln um sich wirft und dabei in Kauf nimmt, dass diese beschädigt werden.

Nicht ausreichend ist der vorsätzliche Verstoß gegen Weisungen, der Vorsatz muss sich vielmehr auch auf die durch das weisungswidrige Verhalten (Handlung oder Unterlassung) herbeigeführte Schadensfolge erstrecken.

Weitere Aspekte der Schadensaufteilung

Obgleich im Hinblick auf die Vielfalt möglicher Schadensursachen kein abschließender Katalog existieren kann, zählen zu den über den Grad des Verschuldens hinaus noch zu berücksichtigenden Umständen regelmäßig folgende Aspekte:

- Gefahrgeneigtheit der Arbeit
- Betriebsrisiko des Arbeitgebers,
- Organisationsverantwortung des Arbeitgebers hinsichtlich der Betriebsabläufe,
- ein vom Arbeitgeber einkalkuliertes oder durch Versicherung abdeckbares Risiko
- Höhe des Schadens,
- Höhe des Arbeitsentgelts, in dem möglicherweise eine Risikoprämie enthalten ist,

---

488 BAG, Urteil v. 15.11.2001, 8 AZR 95/01; BAG, Urteil v. 18.1.2007, 8 AZR 250/06.
489 BAG, Urteil v. 23.1.1997, 8 AZR 893/95.
490 BAG, Urteil v. 28.10.2010, 8 AZR 418/09.

- bisheriges Verhalten des Arbeitnehmers,
- Stellung des Arbeitnehmers im Betrieb,
- persönliche Verhältnisse des Arbeitnehmers (Dauer seiner Betriebszugehörigkeit, Lebensalter, Familienverhältnisse).[491]

Die vom BAG ausdrücklich geforderte Einbeziehung aller Umstände führt zwangsläufig zu Einzelfallentscheidungen, die sich einer generellen Strukturierung entziehen. Dies macht das Ergebnis eines Haftungsprozesses schwer kalkulierbar.

Gefahrgeneigte Tätigkeit
Unter einer gefahrgeneigten Tätigkeit ist eine Arbeit zu verstehen, die es nach ihrer Eigenart mit großer Wahrscheinlichkeit mit sich bringt, dass auch dem sorgfältigen Arbeitnehmer gelegentlich Fehler unterlaufen, die für sich allein betrachtet zwar jedes Mal vermeidbar gewesen wären, mit denen aber angesichts der allgemeinen menschlichen Unzulänglichkeit typischerweise gerechnet werden muss.[492]

Versicherungspflicht des Arbeitgebers
Bei der Konkretisierung der Ersatzpflicht des Arbeitnehmers im Einzelfall spielt die Frage, ob der Arbeitgeber für das konkrete Risiko eine Versicherung abgeschlossen hat oder das Risiko zumindest versicherbar gewesen wäre, eine wichtige Rolle. Klar ist zunächst, dass der Arbeitgeber bestehende Versicherungen, also z. B. Betriebshaftpflicht-, Kasko- oder Feuerversicherung vorrangig in Anspruch nehmen muss.

Über eine existierende Versicherung hinaus hat aber auch die generelle Versicherbarkeit des eingetretenen Schadens große Bedeutung für die Bestimmung des Haftungsumfangs. Denn nach der Rechtsprechung gehört zu den bei der Schadensquotierung zu berücksichtigenden Umständen auch der mögliche und zumutbare Abschluss einer Versicherung.

Schließt der Arbeitgeber eine mögliche und zumutbare Versicherung nicht ab, so muss er sich im Rahmen der Schadensverteilung gleichwohl so behandeln lassen, als ob er die Versicherung abgeschlossen hätte.[493]

Abschluss einer Vollkaskoversicherung
Diese Möglichkeit des Abschlusses einer Versicherung gewinnt regelmäßig bei Schäden Bedeutung, die der Arbeitnehmer an einem ihm vom Arbeitgeber überlassenen Kraftfahrzeug verursacht. Denn in diesem Bereich wird der Abschluss einer Vollkaskoversicherung regelmäßig als zumutbar angesehen.

---

491 Vgl. BAG, Urteil v. 24.11.1987, 8 AZR 66/82; Großer Senat des BAG, Beschluss v. 27.9.1994, GS 1/89 (A); BAG, Urteil v. 16.2.1995, 8 AZR 493/93 m. w. N.

492 Grundlegend: Großer Senat des BAG, Beschluss v. 25.9.1957, GS 4/56.

493 BAG, Urteil v. 24.11.1987, 8 AZR 66/82 für die Kfz-Kaskoversicherung.

Folglich reduziert sich hier die anteilige Haftung des Arbeitnehmers regelmäßig auf die übliche Selbstbeteiligung (bei Lkw bis zu 1.000 EUR). Denselben Gedanken hat das Landesarbeitsgericht Köln auf den möglichen und zumutbaren Abschluss einer Betriebshaftpflichtversicherung zum Schutze des Arbeitnehmers gegen Drittschäden (z. B. an Gegenständen des Kunden) übertragen.[494]

Pflichtversicherungen des Arbeitnehmers

Pflichtversicherungen des Arbeitnehmers, die den Schaden abdecken, z. B. eine private Kfz-Haftpflichtversicherung, führen dazu, dass der Arbeitnehmer sich nicht auf arbeitsrechtliche Haftungsbeschränkungen berufen kann.[495] Freiwillige Versicherungen, wie z. B. eine allgemeine Privathaftpflichtversicherung, haben dagegen grundsätzlich keinen Einfluss auf die Haftungsquote bei der Arbeitnehmerhaftung. Etwas anderes gilt nur, wenn der Arbeitgeber vor Aufnahme der Tätigkeit den Abschluss der privaten Versicherung gefordert hat oder dafür besondere Vergütung bezahlt wurde.[496]

Organisationsverantwortung des Arbeitgebers

Bei der Bestimmung der Haftungsquote des Arbeitnehmers spielt ferner die allgemeine Organisationsverantwortung des Arbeitgebers für die Abläufe in seinem Betrieb eine große Rolle.

Organisationsfehler sind im Rahmen des § 254 BGB zulasten des Arbeitgebers zu berücksichtigen. Denn der Arbeitgeber ist verpflichtet, durch geeignete Maßnahmen und eine sinnvolle Gestaltung der Betriebsabläufe dafür Sorge zu tragen, dass Schäden nach Möglichkeit vermieden oder doch zumindest die Risiken minimiert werden.

In diesen Bereich fällt die Überlassung von einwandfreiem Arbeitsgerät und Material ebenso wie eine sorgfältige und gründliche Aufklärung und Einweisung des Arbeitnehmers.[497] Dies gilt auch unabhängig von den Haftungserleichterungen des innerbetrieblichen Schadensausgleichs.[498] Sind im Einzelfall trotz Vorkommnissen in der Vergangenheit keine der Sorgfaltspflicht des Arbeitgebers entsprechenden Kontrollmaßnahmen ergriffen worden, ist dies dem Arbeitgeber gemäß §§ 254 Abs. 2, 278 BGB analog zuzurechnen, auch wenn die Versäumnisse bei Hilfspersonen des Arbeitgebers lagen.[499]

494 LAG Köln, Urteil v. 7.5.1992, 5 Sa 448/91.
495 BAG, Urteil v. 25.9.1997, 8 AZR 288/96.
496 BAG, Urteil v. 28.10.2010, 8 AZR 418/09.
497 Vgl. BAG, Urteil v. 18.1.2007, 8 AZR 250/06.
498 BAG, Urteile v. 21.5.2015, 8 AZR 116/14, 8 AZR 867/13.
499 BAG, Urteil v. 21.5.2015, 8 AZR 116/14; BAG, Urteil v. 21.5.2015, 8 AZR 867/13.

36.2.4 Umfang der Ersatzpflicht und Schadensberechnung

Ist der Arbeitnehmer ganz oder mit einer bestimmten Quote zum Schadensersatz verpflichtet, so sind bei der Schadensberechnung grundsätzlich alle Nachteile zu berücksichtigen, die der Arbeitgeber infolge des pflicht- und/oder gesetzwidrigen Verhaltens des Arbeitnehmers erlitten hat (§§ 249 ff. BGB).

Unmittelbare und mittelbare Schäden

Zu ersetzen sind zunächst alle unmittelbaren Schäden an Materialien, Geräten, Maschinen, Gebäuden sowie sonstige Vermögenseinbußen des Arbeitgebers, etwa der Verlust von Kunden.

Darüber hinaus umfasst die Schadensersatzverpflichtung aber auch mittelbare Schäden, etwa die infolge eines Schlüsselverlusts entstehenden Kosten für den Austausch der gesamten Schließanlage[500] oder den sog. Rabattschaden, den der Arbeitgeber dadurch erleidet, dass bei einem vom Arbeitnehmer mit dem Dienstfahrzeug verschuldeten Verkehrsunfall die Inanspruchnahme der Kfz-Haftpflichtversicherung zu einer Rückstufung des Schadensfreiheitsrabatts führt.[501]

Besonderheiten bei Rechtsverfolgungskosten

Hinsichtlich der sog. Rechtsverfolgungskosten, also derjenigen Kosten, die der geschädigte Arbeitgeber zur rechtlichen Durchsetzung seines Schadensersatzanspruchs aufwenden muss (vor allem Rechtsanwaltskosten), gilt eine arbeitsrechtliche Besonderheit. Zwar ist nach allgemeinen Vorschriften ein Schädiger auch zur Erstattung dieser Kosten verpflichtet. Im Arbeitsrecht wird dieser Grundsatz aber durch die spezielle Regelung des § 12a Abs. 1 ArbGG verdrängt.

Diese unmittelbar nur für den sog. prozessualen Kostenerstattungsanspruch (§ 91 ZPO) geltende Norm erfasst nach allgemeiner Ansicht auch den parallel dazu existierenden materiell-rechtlichen Ersatzanspruch.[502] Das bedeutet insbesondere, dass jede Partei die ihr entstandenen Rechtsanwaltskosten selbst trägt. Nach der Rechtsprechung des BAG muss allerdings der Arbeitnehmer in bestimmten Fällen wegen der Verletzung arbeitsvertraglicher Pflichten (§ 280 Abs. 1 BGB) dem Arbeitgeber entstandene Detektivkosten erstatten.

Da der Schadensersatz aber den Arbeitgeber auch nicht besser stellen soll, als dieser ohne das schädigende Verhalten des Arbeitnehmers dastünde, muss sich der Arbeitgeber andererseits bei der Schadensberechnung alle mit der finanziellen Kompensa-

500 Vgl. LAG Frankfurt, Urteil v. 4.11.1987, 10 Sa 1552/86.
501 BAG, Urteil v. 23.6.1981, 3 AZR 648/79.
502 BAG, Urteil v. 30.4.1992, 8 AZR 288/91.

tion einhergehenden Vorteile anrechnen lassen (z. B. ersparte Aufwendungen in Form von Lohnkosten, Verpflegungskosten. Versicherungsbeiträgen, Steuern). Insbesondere ist z. B. bei der Beschädigung oder Zerstörung eines bereits gebrauchten Arbeitsgerätes zwar grundsätzlich der Wiederbeschaffungswert zu ersetzen. Der Arbeitgeber muss sich jedoch im Einzelfall einen Abzug gefallen lassen, weil er anstelle des gebrauchten Geräts ein neues erhält.

36.2.5 Begrenzung der Haftungssumme

Sind die Voraussetzungen eines Haftungstatbestands erfüllt, so haftet der Arbeitnehmer auf Ersatz des angerichteten Schadens mit der auf ihn nach dem Modell des innerbetrieblichen Haftungsausgleichs entfallenden Quote.

Eine summenmäßige Begrenzung ist gesetzlich nicht vorgesehen!

Abwägung aller Umstände des Einzelfalls
Da das BAG eine Abwägung aller Umstände des Einzelfalls fordert, ist es möglich, dass gleichwohl im Einzelfall die Haftung des Arbeitnehmers – sogar bei grober Fahrlässigkeit – summenmäßig begrenzt ist. Im Mittelpunkt derartiger Überlegungen steht regelmäßig die Frage, ob ein Missverhältnis zwischen der potenziellen Höhe eines möglichen Schadens – der aus dem Betriebsrisiko resultiert und deshalb grundsätzlich dem Arbeitgeber zuzurechnen ist – und der Vergütung des Arbeitnehmers vorliegt.[503]

Beispiel: Haftungsbegrenzung

Auf der Linie der vorgenannten Rechtsprechung des BAG liegt die Entscheidung des LAG München vom 21.9.1995: Obgleich das Landesarbeitsgericht von grober Fahrlässigkeit ausging, hat es die Haftung des Arbeitnehmers bei einem Gesamtschaden von 150.000 DM angesichts eines Monatsverdienstes von 2.400 DM netto, eines Lebensalters von 24 Jahren und einer unfallfreien Betriebszugehörigkeit von 3 Jahren auf 20.000 DM zuzüglich Zinsen begrenzt.[504]

36.2.6 Realisierung des Schadensersatzanspruchs

Steht fest, dass der Arbeitnehmer dem Arbeitgeber einen bestimmten Betrag als Schadensersatz zu leisten hat, so kann zumindest im fortbestehenden Arbeitsverhältnis die Abwicklung auf zweierlei Wegen erfolgen:

503 BAG, Urteil v. 28.10.2010, 8 AZR 418/09.
504 LAG München, Urteil v. 21.9.1995, 4 Sa 1114/94.

Einbehalt vom laufenden Arbeitsentgelt
Zum einen kann der Arbeitgeber den Schadensersatzbetrag durch Einbehalt vom laufenden Arbeitsentgelt – ggf. in Raten – ausgleichen. Für eine solche Aufrechnung (§§ 387 ff. BGB) steht dem Arbeitgeber nur der jeweilige Nettoauszahlungsbetrag nach Abzug aller Steuern und Abgaben und nicht etwa das Bruttoentgelt zur Verfügung.

Darüber hinaus sind die Pfändungsschutzvorschriften der §§ 850 ff. ZPO zu beachten. Denn soweit die Entgeltansprüche des Arbeitnehmers unpfändbar sind, kann der Arbeitgeber gegen sie auch nicht mit eigenen Forderungen aufrechnen (§ 394 BGB). Eine Aufrechnung von Schadensersatzansprüchen gegen Entgeltansprüche des Arbeitnehmers ist also nur bis zum pfändungsfreien Betrag möglich.

Etwas anderes gilt im Einzelfall allenfalls dann, wenn dem Arbeitgeber ein Schadensersatzanspruch aus einer vorsätzlichen unerlaubten Handlung oder wegen vorsätzlicher Vertragsverletzung des Arbeitnehmers zusteht. Da in aller Regel nur ein fahrlässiges Fehlverhalten vorliegt, stellt diese Möglichkeit einen seltenen Ausnahmefall dar.

Schadensbetrag gerichtlich durchzusetzen
Zum anderen bleibt dem Arbeitgeber immer die Möglichkeit, einen Schadensbetrag außerhalb der Entgeltabrechnung gesondert vom Arbeitnehmer zu verlangen und diesen ggf. gerichtlich durchzusetzen. Ist das Arbeitsverhältnis beendet und abgerechnet, bleibt nur dieser Weg.

Tarifvertragliche und einzelvertragliche Ausschlussfristen beachten!
Diese erfassen oft auch Schadensersatzansprüche.[505] Dabei gelten auch für den Beginn der Ausschlussfrist strenge Regeln: Fügt ein Arbeitnehmer durch Schlechtleistung einem Kunden des Arbeitgebers einen Schaden zu und schuldet der Arbeitgeber daraufhin dem Kunden Schadensersatz, so beginnt die mit der Entstehung der Forderung einsetzende tarifvertragliche Verfallfrist für den Regressanspruch des Arbeitgebers gegen den Arbeitnehmer, wenn der Kunde Schadensersatzansprüche gegen den Arbeitgeber geltend macht, und nicht erst, wenn der Arbeitgeber Ersatz geleistet hat.[506]

Mit Forderungen, die im Zeitpunkt der Aufrechnungserklärung durch den Arbeitgeber aufgrund des Ablaufs einer tariflichen Ausschlussfrist bereits erloschen sind, kann nicht mehr wirksam aufgerechnet werden.[507]

505 Vgl. BAG, Urteil v. 8.2.1972, 1 AZR 221/71.
506 LAG Köln, Urteil v. 15.1.1992, 2 Sa 680/91; vgl. auch BAG, Urteil v. 25.6.2009, 8 AZR 236/08 zum Freistellungsanspruch des Arbeitnehmers.
507 BAG, Urteil v. 30.3.1973, 4 AZR 259/72.

36.3 Haftung gegenüber Betriebsangehörigen

Für Personenschäden, die der Arbeitnehmer einem Arbeitskollegen zufügt, greifen die sozialrechtlichen Sondervorschriften des Siebten Sozialgesetzbuchs (SGB VII), welches die Rechtsgrundlagen der vormals in der Reichsversicherungsordnung (RVO) geregelten gesetzlichen Unfallversicherung beinhaltet.

§ 105 SGB VII enthält im Ergebnis einen Haftungsausschluss.

Denn nach dieser Vorschrift haften Arbeitnehmer, die durch eine betriebliche Tätigkeit einen Versicherungsfall[508] von Versicherten desselben Betriebs (also i. d. R. Arbeitskollegen) verursachen, diesen Personen sowie ggf. ihren Angehörigen und Hinterbliebenen gegenüber wegen des entstandenen Personenschadens nur, wenn sie den Versicherungsfall vorsätzlich oder auf einem nach § 8 Abs. 2 Nr. 1 bis 4 SGB VII versicherten Weg (sog. Wegeunfall[509]) herbeigeführt haben.

Hieraus ergibt sich im Umkehrschluss, dass in allen anderen Fällen die Haftung für Personenschäden ausgeschlossen ist.

Achtung: Die Haftung für sämtliche Sachschäden bleibt von diesem Haftungsausschluss allerdings unberührt!

Sinn und Zweck des gesetzlich angeordneten Haftungsausschlusses der §§ 104 ff. SGB VII ist es, zum einen den Arbeitgeber von einer Einstandspflicht nach privatrechtlichen Maßstäben zu befreien und zum anderen den Betriebsfrieden zu sichern. Die Finanzierung der gesetzlichen Unfallversicherung obliegt dem Arbeitgeber als einziger Zweig der Sozialversicherung allein.

Die gesetzliche Unfallversicherung erfüllt für die sie finanzierenden Unternehmer damit die Funktion einer Haftpflichtversicherung; an die Stelle der privatrechtlichen Haftpflicht des Unternehmers wurde die Gesamthaftung der in der Berufsgenossenschaft zusammengeschlossenen Unternehmer gesetzt.[510]

Diese von der gesetzlichen Unfallversicherung bezweckte Haftungsersetzung durch Versicherungsschutz liefe ohne einen privatrechtlichen Haftungsausschluss bei durch Arbeitskollegen verursachten Versicherungsfällen leer. Durch den gesetzlichen Haftungsausschluss nach §§ 104 ff. SGB VII sollte das Risiko von Arbeitsunfällen für den Arbeitgeber kalkulierbar und die Anlässe zu Konflikten im Betrieb zwischen Arbeit-

508 Arbeitsunfall i. S. d. § 8 SGB VII.
509 Vgl. zur Abgrenzungsproblematik bei Wegeunfällen: BAG, Urteil v. 14.12.2000, 8 AZR 92/00 und BAG, Urteil v. 24.6.2004, 8 AZR 292/03.
510 BAG, Urteil v. 30.10.2003, 8 AZR 548/02.

geber und Arbeitnehmer sowie den Arbeitnehmern untereinander eingeschränkt werden.[511]

Voraussetzung und Einschränkung des sozialversicherungsrechtlichen Haftungsprivilegs

Wichtigste Voraussetzung und zugleich Einschränkung des sozialversicherungsrechtlichen Haftungsprivilegs ist, dass der geschädigte Arbeitnehmer demselben Betrieb zuzurechnen ist wie der Schädiger.

Die Anwendbarkeit des Haftungsprivilegs setzt dabei nicht zwingend voraus, dass Schädiger und Geschädigter Arbeitnehmer desselben Arbeitgebers sind. Nach § 105 SGB VII ist der Schädiger auch dann von der Haftung freigestellt, wenn er lediglich »wie ein Beschäftigter« für das Unternehmen tätig geworden ist. Als Beschäftigter und damit Versicherter des Betriebs gilt ein Arbeitnehmer dann, wenn er in den Betrieb eingegliedert ist. Entscheidend sind somit nicht rechtliche Erwägungen, sondern die tatsächlichen Gegebenheiten.[512]

Selbst eine nur kurzfristige Tätigkeit von Geschädigtem oder Schädiger im Betrieb kann ausreichen. Demgemäß muss sich unter Umständen auch eine an sich außenstehende Person den sozialversicherungsrechtlichen Haftungsausschluss entgegenhalten lassen, wenn sie zumindest zur Zeit des Unfalls wie ein Beschäftigter des Betriebs tätig war.

Beispiel: Tätigkeit wie ein im Betrieb Beschäftigter

Löst der Fahrer eines fremden Transportunternehmens, dessen Fahrzeug mit Stahlträgern beladen wurde, nach Beendigung des Ladevorgangs die Kranseile, so wird er vorübergehend wie ein Arbeitnehmer des Betriebs tätig, mit dessen Kran die Beladung vorgenommen wurde.[513]

Andererseits reicht es nicht aus, wenn die betriebsfremde Person lediglich in einzelne Arbeitsvorgänge eingeschaltet oder mit ihnen in Berührung gekommen war.[514] Es kommt also auf eine Bewertung des Einzelfalls an.

Betrieblichen Tätigkeit auf einer gemeinsamen Gemäß

§ 106 Abs. 3 SGB VII kommt die Haftungsprivilegierung auch einem versicherten Unternehmer zugute, der den Arbeitnehmer eines anderen Unternehmens verletzt, wenn dies anlässlich einer auch nur vorübergehenden betrieblichen Tätigkeit auf einer gemeinsamen Betriebsstätte geschieht.[515]

511 BAG, Urteil v. 30.10.2003, 8 AZR 548/02; BAG, Urteil v. 10.10.2002, 8 AZR 103/02; BAG, Urteil v. 14.12.2000, 8 AZR 92/00.
512 BAG, Urteil v. 19.2.2009, 8 AZR 188/08.
513 BAG, Urteil v. 28.2.1991, 8 AZR 521/89.
514 Vgl. BAG, Urteil v. 13.4.1983, 7 AZR 650/79.
515 BGH, Urteil v. 3.7.2001, VI ZR 198/00.

Entscheidend für das Vorliegen einer betrieblichen Tätigkeit und das Eingreifen des Haftungsausschlusses i. S. d. § 105 Abs. 1 SGB VII ist die Verursachung des Schadensereignisses durch eine Tätigkeit des Schädigers, die ihm von dem Betrieb oder für den Betrieb übertragen war oder die von ihm im Betriebsinteresse ausgeführt wurde. Eine betriebliche Tätigkeit in diesem Sinne liegt jedoch nicht nur dann vor, wenn ein Arbeitnehmer eine Aufgabe verrichtet, die in den engeren Rahmen des ihm zugewiesenen Aufgabenkreises fällt. Denn der Begriff der betrieblichen Tätigkeit ist nicht eng auszulegen. Er umfasst auch die Tätigkeiten, die in nahem Zusammenhang mit dem Betrieb und seinem betrieblichen Wirkungskreis stehen. Die Tätigkeit des Schädigers muss im vorgenannten Sinne betriebsbezogen sein. Werden mehrere Unternehmen gemeinsam tätig (z. B. Subunternehmen auf einer Baustelle), ist im Einzelfall genau auseinanderzuhalten, für welches Unternehmen der Schädiger tatsächlich tätig geworden ist.[516]

Sind die Voraussetzungen des § 105 SGB VII erfüllt, so ist der Arbeitnehmer von der Haftung gegenüber dem geschädigten Arbeitskollegen für den Personenschaden befreit. Anstelle der zivilrechtlichen Haftungsansprüche erlangt der Geschädigte Anspruch auf die Leistungen der gesetzlichen Unfallversicherung. Die Haftungsbefreiung umfasst auch einen etwaigen Schmerzensgeldanspruch. Die Haftungsbefreiung gilt entsprechend auch für Schäden, die ein Auszubildender durch sein Verhalten bei einem anderen Beschäftigten verursacht.[517]

Haftungsausschluss umfasst nur Personenschäden
Die Haftungsbefreiung erfasst niemals die Sachschäden, die ggf. mit dem Arbeitsunfall einhergehen. Für diese bleibt es bei den üblichen Regeln.

Regress beim Arbeitnehmer
Der Träger der Unfallversicherung (zuständige Berufsgenossenschaft) kann schließlich nach Maßgabe des § 110 SGB VII Regress beim Arbeitnehmer suchen, wenn dieser den Arbeitsunfall grob fahrlässig herbeigeführt hat.

36.4 Haftung gegenüber Außenstehenden

Fügt der Arbeitnehmer bei Verrichtung seiner Arbeit einem außenstehenden (betriebsfremden) Dritten einen Schaden zu, so haftet er diesem auf Ersatz des Schadens nach den allgemeinen zivilrechtlichen Vorschriften, insbesondere nach den Vorschriften über die unerlaubte Handlung gemäß §§ 823 ff. BGB.

516 BAG, Urteil v. 19.2.2009, 8 AZR 188/08.
517 BAG, Urteil v. 19.3.2015, 8 AZR 67/14.

Eine Haftungsbeschränkung wie sie mit dem Modell des innerbetrieblichen Schadensausgleichs für das Verhältnis zwischen Arbeitnehmer und Arbeitgeber entwickelt wurde, kann im Verhältnis zu Außenstehenden nicht greifen. Denn zu diesen steht der Arbeitnehmer in keiner vertraglichen Sonderbeziehung, die eine Abweichung von den zivilrechtlichen Haftungsvorschriften legitimieren könnte.[518] Mittelbar wirken aber auch bei der Schädigung außenstehender Dritter die Grundsätze der arbeitsrechtlichen Haftungsbeschränkungen zugunsten des Arbeitnehmers. Würde nämlich der Arbeitnehmer nach den im Verhältnis zum Arbeitgeber bestehenden Grundsätzen des innerbetrieblichen Schadensausgleichs nicht oder nicht voll haften, so hat er nach der Rechtsprechung des BAG gegen seinen Arbeitgeber einen entsprechenden Anspruch auf Freistellung von der Haftpflicht gegenüber dem außenstehenden Dritten. Im Ergebnis muss dann der Arbeitgeber für den Schaden ganz oder teilweise einstehen.[519]

Beispiel: Anspruch des Arbeitnehmers auf Freistellung von Schadensersatzforderungen

Der Arbeitnehmer beschädigt bei der Ausübung seiner Arbeit das Eigentum eines Kunden, zu dem ihn sein Arbeitgeber geschickt hat. Muss sich der Arbeitnehmer hinsichtlich der Verursachung des Schadens nur leichteste Fahrlässigkeit im Sinne der Grundsätze über den innerbetrieblichen Schadensausgleich vorwerfen lassen, so kann er von seinem Arbeitgeber die vollständige Freistellung von der Schadensersatzforderung des Kunden verlangen.

Fälligkeit des Freistellungsanspruchs des Arbeitnehmers

Der Freistellungsanspruch des Arbeitnehmers wird spätestens dann fällig, wenn der Arbeitnehmer im Außenverhältnis den Schadensersatzanspruch anerkennt oder auf eine rechtliche Auseinandersetzung mit dem Dritten verzichtet. Arbeitsvertragliche oder tarifvertragliche Ausschlussfristen sind auf den Freistellungsanspruch anwendbar. Dies kann den Verfall des Freistellungsanspruchs zur Folge haben, wenn der Arbeitnehmer diesen nicht innerhalb der Ausschlussfrist ordnungsgemäß geltend macht.[520]

Es ist im Übrigen zu beachten, dass es für die Frage der Haftungsfreistellung immer auf das sog. »Innenverhältnis«, also die Rechtsbeziehung zwischen Arbeitnehmer und Arbeitgeber, und die hier maßgeblichen Umstände ankommt. Deshalb kann der Arbeitgeber unter Umständen sogar verpflichtet sein, den Arbeitnehmer von der Ersatzpflicht für Schäden völlig freizustellen, die dieser grob fahrlässig verursacht hat.

518 Vgl. BGH, Urteil v. 19.9.1989, VI ZR 349/88, bestätigt durch BGH, Urteil v. 21.12.1993, VI ZR 103/93.
519 Vgl. BAG, Urteil v. 24.8.1983, 7 AZR 670/79; BAG, Urteil v. 23.6.1988, 8 AZR 300/85.
520 BAG, Urteil v. 25.6.2009, 8 AZR 236/08.

Beispiel: Grobe Fahrlässigkeit des Arbeitgebers

Setzt der Arbeitgeber einen Arbeitnehmer, von dem er weiß, dass dieser keine Fahrerlaubnis besitzt, als Kraftfahrzeugführer im öffentlichen Verkehr ein, so kann der Arbeitnehmer nach einem Verkehrsunfall selbst dann verlangen, von Schadensersatzansprüchen freigestellt zu werden, wenn er den Unfall grob fahrlässig herbeigeführt hat.[521]

Kommen Außenstehende zu Schaden und besteht eine Haftpflichtversicherung, kann der Arbeitnehmer die Geschädigten auf die Betriebshaftpflichtversicherung verweisen. Hat der Arbeitgeber den Abschluss einer zumutbaren Versicherung versäumt, welche die entstandenen Schäden gedeckt hätte, so kann der Arbeitnehmer vom Arbeitgeber allein schon aus diesem Gesichtspunkt Freistellung von der Schadensersatzverpflichtung – ggf. bis zur Höhe der angemessenen Selbstbeteiligung – verlangen.

Der Arbeitnehmer kann sich gegenüber einem Dritten aber auf Haftungsbegrenzungen und -ausschlüsse berufen, die sich aus den zwischen dem Dritten und dem Arbeitgeber getroffenen vertraglichen Vereinbarungen, insbesondere aus den Allgemeinen Geschäftsbedingungen des Arbeitgebers ergeben.

521 So BAG, Urteil v. 23.6.1988, 8 AZR 300/85.

37 Ausschlussfristen: Wirksamkeit und Reichweite

Autor: Dr. Fabian Clemens

Überblick

Als Ausschlussfrist (Verfallfrist oder Verwirkungsfrist) wird eine Frist bezeichnet, nach deren Ablauf ein bestimmtes Recht einer Vertragspartei erlischt, wenn es nicht innerhalb eines bestimmten Zeitraums ab Fälligkeit und unter Wahrung einer vorgeschriebenen Form von ihr (dem Gläubiger) gegenüber der anderen Vertragspartei (dem Schuldner) geltend gemacht wird.

Sinn und Zweck von Ausschlussfristen ist es, Arbeitgeber und Arbeitnehmer möglichst schnell und umfassend einen Überblick über das Bestehen von Ansprüchen aus dem Arbeitsverhältnis zu verschaffen. Sie dienen deshalb der Rechtsklarheit und dem Rechtsfrieden.[522] Der Schuldner soll sich darauf verlassen können, nach Ablauf der Ausschlussfrist vom Gläubiger nicht mehr in Anspruch genommen zu werden. Kurze Ausschlussfristen bezwecken daneben, einen Beweisnotstand des Schuldners zu verhindern, der sich bei Ablauf längerer Fristen vergrößern würde. Umgekehrt soll der Gläubiger angehalten werden, kurzfristig Begründetheit und Erfolgsaussichten seiner Ansprüche zu prüfen.[523]

Abgesehen von gesetzlichen Ausschlussfristen (z. B. § 15 Abs. 4 AGG), die hier nicht behandelt werden, können Ausschlussfristen nur aufgrund einer entsprechenden Vereinbarung gelten. Dies kann durch Tarifvertrag, Betriebsvereinbarung oder Einzelvertrag geschehen. Zu beachten ist, dass spezialgesetzliche Ausschlussfristen auf andere Ansprüche »durchschlagen« können: So erfasst § 15 Abs. 4 AGG auch entsprechende deliktische Ansprüche.[524]

37.1 Unterschiede zwischen Ausschluss- und Verjährungsfristen

Die eingangs dargestellten Zwecke von Ausschlussfristen entsprechen auch der Konzeption des Verjährungsrechts. Die gesetzlichen Verjährungsvorschriften sollen vor unbegründeten Ansprüchen aus längst abgewickelten Vertragsbeziehungen, über die z. B. keine Unterlagen und Zeugen mehr vorhanden sind, schützen.[525]

---

522 BAG, Urteil v. 23.8.1990, 6 AZR 554/88; BAG, Urteil v. 7.7.2010, 4 AZR 549/08; BAG, Urteil v. 16.3.2016, 4 AZR 421/15; BAG, Urteil v. 24.9.2019, 9 AZR 273/18.

523 BAG, Urteil v. 7.2.1995, 3 AZR 483/94; BAG, Urteil v. 14.1.2009, 5 AZR 154/08; BAG, Urteil v. 16.1.2013, 10 AZR 863/11; BAG, Urteil v. 18.1.2016, 6 AZR 628/14; BAG, Urteil v. 16.3.2016, 4 AZR 421/15; zusammenfassend BAG, Urteil v. 24.9.2019, 9 AZR 273/18.

524 BAG, Urteil v. 21.6.2012, 8 AZR 188/11; zu deliktischen Ansprüchen bei tariflichen Ausschlussfristen ebenso BAG, Urteil v. 20.6.2013, 8 AZR 280/12.

525 BGH, Urteil v. 19.12.2018, XII ZR 5/18.

Die gesetzliche Verjährung rechtmäßiger Ansprüche rechtfertigt sich – wie bei Ausschlussfristen – aus dem Bedürfnis nach Rechtsfrieden und Rechtssicherheit.[526]

Gleichwohl unterscheiden sich Verjährungsfristen nach §§ 195 ff. BGB in mancher Hinsicht grundsätzlich von Ausschlussfristen.

Hauptunterschied 1: Die Wirkung der jeweiligen Regelung.
Nach § 214 Abs. 1 BGB ist der Schuldner nach Ablauf der Verjährungsfrist lediglich berechtigt, die Leistung zu verweigern. Das bedeutet, dass der Anspruch des Gläubigers an sich weiterhin besteht.

Ausschlussfristen laufen dagegen unabhängig von der Kenntnis und dem Willen des Schuldners ab. Ist die Frist abgelaufen, besteht der Anspruch nicht mehr. Wird nach Ablauf der Ausschlussfrist geleistet, kann diese Leistung wegen ungerechtfertigter Bereicherung (innerhalb der Ausschlussfrist) zurückgefordert werden.

Der Schuldner braucht insoweit keine ausdrückliche Einrede mehr zu erheben. Ausschlussfristen betreffen daher nicht die Entstehung eines Rechts und seinen Inhalt, sondern seinen zeitlichen Bestand.[527]

Hauptunterschied 2: Länge der Fristen
Ein weiterer Hauptunterschied zwischen Verjährungs- und Ausschlussfristen ist, dass Ausschlussfristen regelmäßig deutlich kürzere Fristen vorsehen.

- Die regelmäßige Verjährungsfrist für Ansprüche aus dem Arbeitsverhältnis beträgt 3 Jahre, beginnend mit dem Schluss des Jahres, in welchem der Anspruch entstanden ist[528], teilweise gelten sogar noch längere Fristen.
- Dies ist in der Praxis des Arbeitslebens als unbefriedigend lang empfunden worden, weshalb Ausschlussfristen einen Fristablauf normalerweise nach 2–3, längstens 6 Monaten vorsehen. Die längste dem Verfasser bekannte tarifliche Ausschlussfrist beträgt 12 Monate seit Entstehen des Anspruchs.[529]

Trotz der Gemeinsamkeiten können die Vorschriften des BGB zur Verjährung nicht ohne Weiteres auf Ausschlussfristen angewendet werden.[530]

---

526 BGH, Urteil v. 25.7.2017, VI ZR 222/16; BGH, Urteil v. 19.12.2018, XII ZR 5/18.
527 BAG, Urteil v. 26.9.2007, 5 AZR 881/06.
528 §§ 195, 199 Abs. 1 BGB.
529 § 21 des Manteltarifvertrags für Medizinische Fachangestellte/Arzthelferinnen.
530 BAG, Urteil v. 20.6.2018, 5 AZR 262/17.

Eine Ausnahme ist § 202 Abs. 1 BGB. Die Vorschrift sieht vor, dass die Verjährung bei Haftung wegen Vorsatzes nicht im Voraus durch Rechtsgeschäft erleichtert werden kann. Diese Regelung ist auch auf Ausschlussfristen anwendbar.[531]

37.2 Anwendbarkeit von Ausschlussfristen im Arbeitsverhältnis

Ausschlussfristen haben nicht automatisch im Arbeitsverhältnis Geltung. Die Anwendbarkeit einer Ausschlussfrist kann sich ergeben aus

- einer ausdrücklichen vertraglichen Vereinbarung von Arbeitgeber und Arbeitnehmer,
- einer ergänzenden Bezugnahme im Arbeitsvertrag auf einen Tarifvertrag, in dem eine Ausschlussfrist enthalten ist,
- der Anwendbarkeit eines solchen Tarifvertrags kraft beiderseitiger Tarifbindung (Verbandsmitgliedschaft) von Arbeitgeber und Arbeitnehmer,
- der Anwendbarkeit des Tarifvertrags kraft Allgemeinverbindlicherklärung,
- der Geltung einer Betriebsvereinbarung, in der Ausschlussfristen vereinbart worden sind.

Ausschlussfristen gelten daher nur zwischen Arbeitgeber und Arbeitnehmer, wenn sie zwischen ihnen zuvor vereinbart worden sind. Sie sind Inhalt der arbeitsvertraglichen Bedingungen, die von den Arbeitsvertragsparteien im Rahmen ihrer Vertragsfreiheit ausgehandelt werden können.

Ausschlussfristen, die in Tarifverträgen enthalten sind, gelten zwischen den Arbeitsvertragsparteien auch dann, wenn Arbeitgeber und Arbeitnehmer die Anwendung eines Tarifvertrags einzelvertraglich durch seine Bezugnahme vereinbart haben.

Haben die Arbeitsvertragsparteien im Arbeitsvertrag lediglich einzelne Regelungen über bestimmte Vertragsgegenstände (Vergütung/Arbeitszeit/Urlaub) getroffen, verweisen sie aber im Übrigen auf den Tarifvertrag, so wird auf diese Weise eine im Tarifvertrag enthaltene Ausschlussfrist zum Vertragsinhalt.

37.3 Ausschlussfristen im Einzelarbeitsvertrag

Auch in einem Einzelarbeitsvertrag können wirksam Ausschlussfristen vereinbart werden. Weil dem Arbeitsvertrag allerdings nicht die »Richtigkeitsgewähr«[532] von

531 BAG, Urteil v. 28.9.2005, 5 AZR 52/05; BAG, Urteil v. 20.6.2013, 8 AZR 280/12, BAG, Urteil v. 20.6.2018, 5 AZR 262/17; BAG, Urteil v. 26.11.2020, 8 AZR 58/20.

532 Vgl. BAG, Urteil v. 16.10.2019, 4 AZR 66/18 m. w. N.; instruktiv auch, BAG, Vorlagebeschluss v. 16.12.2020, 5 AZR 143/19.

Tarifverträgen innewohnt, sind einzelvertragliche Ausschlussfristen in den meisten Fällen an den §§ 307 ff. BGB zu messen. Nicht anhand dieser Vorschriften kontrolliert werden nur »echte« einzelvertragliche Ausschlussfristen, die von beiden Vertragsparteien ausgehandelt wurden,[533] vom Arbeitnehmer in den Vertrag eingeführt wurden und auch nicht als vom Arbeitgeber »gestellt« gelten (§ 310 Abs. 3 BGB). Im Fall individuell ausgehandelter Ausschlussfristen gelten neben den §§ 134, 138 BGB keine weiteren inhaltlichen Grenzen.[534]

Diese Voraussetzungen liegen allerdings praktisch äußerst selten vor,[535] sodass sich die folgenden Ausführungen auf den Normalfall eines vom Arbeitgeber gestellten (Formular-)Arbeitsvertrag beschränken.

37.4 Inhaltskontrolle einzelvertraglicher Ausschlussfristen

Textform

Soweit ein Arbeitsvertrag in einer Ausschlussfrist – wie häufig – die »schriftliche« Geltendmachung von Ansprüchen vorsieht, entsteht ein Konflikt mit § 309 Nr. 13 Buchst. b BGB. Denn diese Vorschrift verbietet eine Bestimmung, durch die in Anzeigen oder Erklärungen, die dem Verwender gegenüber abzugeben sind, eine strengere Form als die Textform vorgesehen wird. Da diese Vorschrift nur für nach dem 30.9.2016 begründete Schuldverhältnisse Anwendung findet (Art. 227 § 37 EGBGB), sind nur solche Ausschlussfristen, die vor diesem Zeitpunkt einzelvertraglich vereinbart wurden, nach wie vor wirksam. Allein die Anforderung einer »gerichtlichen Geltendmachung« widerspricht allerdings nicht § 309 Nr. 13 BGB.

Überraschende Klausel

Eine überraschende Klausel i.S.v. § 305c Abs. 1 BGB liegt eher selten vor, da Ausschlussfristen in Arbeitsverträgen üblich sind. Dem Überraschungsmoment muss also ein »Überrumpelungseffekt« zugrunde liegen. Zwischen den durch die Umstände bei Vertragsschluss begründeten Erwartungen und dem tatsächlichen Vertragsinhalt muss ein deutlicher Widerspruch bestehen. Da sich das Überraschungsmoment auch aus dem Erscheinungsbild des Vertrags ergeben kann, ist es möglich, dass auch das Unterbringen einer Klausel an einer unerwarteten Stelle im Text sie deswegen als Überraschungsklausel erscheinen lässt. Das Überraschungsmoment ist umso eher zu bejahen, je belastender die Bestimmung ist. Im Einzelfall muss der Verwender darauf besonders hinweisen oder die Klausel drucktechnisch hervorheben.[536]

533 BAG, Urteil v. 27.7.2005, 7 AZR 486/04.

534 BAG, Urteil v. 25.5.2005, 5 AZR 572/04.

535 Vgl. zu den Voraussetzungen BAG, Urteil v. 25.5.2005, 5 AZR 572/04; BAG, Urteil v. 27.7.2005, 7 AZR 486/04.

536 BAG, Urteil v. 27.7.2005, 7 AZR 443/04; BAG, Urteil v. 19.3.2014, 5 AZR 252/12; BAG, Urteil v. 27.4.2017, 8 AZR 859/15; BAG, Urteil v. 24.5.2018, 6 AZR 308/17.

Unangemessene Benachteiligung
Die Frage der unangemessenen Benachteiligung durch Ausschlussfristen in Formulararbeitsverträgen stellt sich häufiger und in verschiedenen Konstellationen. Bei der Beurteilung der unangemessenen Benachteiligung nach § 307 Abs. 1 und 2 BGB sind auch die **den Vertragsschluss begleitenden Umstände** zu berücksichtigen, weil der Arbeitnehmer Verbraucher i. S. v. § 310 Abs. 3 Nr. 3 BGB ist.[537]

37.5 Treu und Glauben bei Ausschlussfristen

Die Rechtsanwendung sowohl bei tariflichen als auch bei einzelvertraglichen Ausschlussfristen steht wie die Ausübung jeder Rechtsposition unter dem Vorbehalt von Treu und Glauben (§ 242 BGB). Wann ein Verhalten eines Schuldners als unzulässige Rechtsausübung oder als arglistig anzusehen ist, kann aber nicht generell, sondern nur im Einzelfall beurteilt werden.

Da Ausschlussfristen grundsätzlich auch dann gelten, wenn eine oder beide Parteien des Arbeitsvertrags keine Kenntnis vom Fristlauf haben[538], ist es nicht als Verstoß gegen Treu und Glauben anzusehen, wenn in diesem Fall die andere Vertragspartei die Erfüllung des Anspruchs unter Hinweis auf die Ausschlussfrist verweigert.

Aus diesem Grund dürfte es gleichfalls unerheblich sein, ob ein ausländischer Arbeitnehmer wegen fehlender Sprachkenntnisse Inhalt und Bedeutung einer Ausschlussfrist erkannt hat bzw. erkennen konnte.

Ebenfalls nicht als treuwidriges Verhalten hat es das BAG bisher angesehen, wenn der Arbeitgeber entgegen § 8 TVG den Tarifvertrag im Betrieb nicht ausgelegt hat und der Arbeitnehmer von einer tariflichen Ausschlussfrist keine Kenntnis hatte.[539]

Die Berufung auf eine Ausschlussfrist ist dem Anspruchsgegner dann nicht möglich, wenn sich der daraus ergebende Anspruchsverlust als eine nach § 242 BGB unzulässige Rechtsausübung darstellen würde. Dies kann dann der Fall sein, wenn die Untätigkeit des Gläubigers durch ein zurechenbares Verhalten des Schuldners veranlasst worden ist, der Gläubiger muss also den Schuldner von der Anspruchserhebung und der damit verbundenen Einhaltung der Verfallfrist abgehalten haben.[540]

537 BAG, Urteil v. 31.8.2005, 5 AZR 545/04; BAG, Urteil v. 25.5.2005, 5 AZR 572/04.
538 BAG, Urteil v. 23.8.1990, 6 AZR 554/88.
539 BAG, Urteil v. 6.7.1972, 5 AZR 100/72; BAG, Urteil v. 22.1.2008, 9 AZR 416/07.
540 BAG, Urteil v. 5.8.1999, 6 AZR 752/97.

Treuwidriges Verhalten des Schuldners

Das BAG hat bisher in folgenden Fallgestaltungen ein treuwidriges Verhalten des Schuldners anerkannt:

- Der Schuldner erweckt durch sein Verhalten beim Gläubiger den Eindruck, er werde die Schuld auch ohne formgerechte Geltendmachung erfüllen[541], z.B. durch Aushändigung einer Vergütungsabrechnung[542] oder eines Auszugs aus dem Arbeitszeitkonto.[543]
- Der Schuldner hält den Gläubiger von der form- und fristgerechten Geltendmachung ab[544], was naturgemäß voraussetzt, dass der Anspruch zum Zeitpunkt der treuwidrigen Handlung nicht bereits verfallen ist.[545]
- Der Arbeitgeber entlohnt seine Arbeitnehmer vorsätzlich untertariflich.[546]
- Der Schuldner erschwert dem Gläubiger durch aktives Tun oder vorsätzliches Unterlassen die Einhaltung der Ausschlussfrist oder macht diese unmöglich.[547]
- Der Gläubiger verschweigt dem Schuldner die zur Durchsetzung eines Gegenanspruchs notwendigen Angaben[548], etwa bei Schadensersatzansprüchen[549] oder Überzahlung von Vergütung[550]; allerdings steht der Einwand des Rechtsmissbrauchs gegenüber dem Ablauf der Ausschlussfrist dem Verfall des Rückzahlungsanspruchs nur solange entgegen, wie der Arbeitgeber aufgrund des rechtsmissbräuchlichen Verhaltens des Arbeitnehmers von der Einhaltung der Ausschlussfrist abgehalten wird.[551]

Vor diesem Hintergrund ist zu beachten, dass selbst ein treuwidriges Verhalten des Schuldners eine spätere formgerechte Geltendmachung nicht ersetzt. Nach Wegfall des Hinderungsgrundes für die Geltendmachung (Erkennen der Leistungsablehnung) läuft dann u. U. nur noch eine kurze, nach Treu und Glauben zu bestimmende Frist für die Geltendmachung.[552]

---

541 BAG, Urteil v. 24.5.2022, 9 AZR 461/21.
542 BAG, Urteil v. 5.11.2003, 5 AZR 676/02.
543 BAG, Urteil v. 28.7.2010, 5 AZR 521/09.
544 BAG, Urteil v. 3.12.1970, 5 AZR 208/70.
545 BAG, Urteil v. 22.6.2005, 10 AZR 459/04.
546 BAG, Urteil v. 26.8.1960, 1 AZR 425/58; BAG, Urteil v. 19.12.1958, 2 AZR 141/58; zur Auslegung einer Tarifnorm, die die »vorsätzliche untertarifliche Bezahlung« von Ausschlussfristen freistellt: BAG, Urteil v. 14.1.2009, 5 AZR 246/08.
547 BAG, Urteil v. 28.6.2018, 8 AZR 141/16.
548 BAG, Urteil v. 28.1.1999, 6 AZR 277/97.
549 BAG, Urteil v. 6.5.1969, 1 AZR 303/68.
550 BAG, Urteil v. 1.6.1995, 6 AZR 912/94.
551 BAG, Urteil v. 10.3.2005, 6 AZR 217/04.
552 BAG, Urteile v. 13.12.2003, 8 AZR 236/02 und v. 24.5.1973, 5 AZR 21/73.

Beispiel: Treuwidriges Verhalten des Arbeitgebers

Der Arbeitnehmer verlangt mündlich vom Arbeitgeber rechtzeitig den Ausgleich von Mehrarbeitsstunden. Der Arbeitgeber erklärt ihm, »er brauche sich keine Sorgen um sein Geld zu machen.« Der Arbeitnehmer unterlässt daraufhin die formgerechte Anspruchserhebung. Später erklärt der Arbeitgeber, er werde wegen des Fristablaufs den Anspruch nicht mehr erfüllen. Hier hat der Arbeitgeber den Arbeitnehmer treuwidrig von der Geltendmachung abgehalten, allerdings muss der Arbeitnehmer nunmehr unverzüglich seinen Anspruch in der notwendigen Form gegenüber dem Arbeitgeber geltend machen. Hier kann sich der Arbeitgeber dann wegen seines treuwidrigen Verhaltens nicht auf den zwischenzeitlich eingetretenen Fristablauf berufen.

38 Mutterschutz: Grundlagen und Mitteilungspflichten der Arbeitnehmerin

Autorin: Heike Jansen

Überblick

Ziel des Mutterschutzgesetzes ist es, eine verantwortungsvolle Abwägung zwischen dem Gesundheitsschutz für eine schwangere oder stillende Frau und ihr (ungeborenes) Kind einerseits und der selbstbestimmten Entscheidung der Frau über ihre Erwerbstätigkeit andererseits sicherzustellen. Das Gesetz gewährt Schutz vor zu hohen körperlichen Belastungen bis hin zu völliger Freistellung von der Arbeit, insbesondere durch die Mutterschutzfristen von 6 Wochen vor und 8 – bei Früh- und Mehrlingsgeburten (und auch bei der Geburt eines Kindes mit Behinderung) 12 – Wochen nach der Entbindung, sowie durch die Gewährung von Leistungen zur Sicherung des Lebensunterhalts und Kündigungsschutz.

Da das Mutterschutzgesetz Frauen und Kindern kurz vor und nach der Entbindung besonderen Schutz zukommen lassen soll, bestehen für die werdenden Mütter Mitwirkungsobliegenheiten und -pflichten. Zwar bestehen die Schutzpflichten auch ohne Kenntnis des Arbeitgebers, aber nur bei Einhaltung der Informationsobliegenheiten kann die Frau ihre weitergehenden Rechte auf der Basis der für den Arbeitgeber entstehenden Pflichten vollständig in Anspruch nehmen.

Die zentrale Norm ist § 15 MuSchG. Das Mutterschutzgesetz ist 1952 in Kraft getreten, eine komplette Neuregelung 2018.

38.1 Geltungsbereich des Mutterschutzgesetzes

38.1.1 Persönlicher Geltungsbereich

Gemäß § 1 Abs. 2 MuSchG fallen nun insgesamt 8 Gruppen unter den Anwendungsbereich des Gesetzes. Dies sind:

1. Auszubildende und Praktikantinnen,
2. Frauen mit Behinderungen, die in einer Werkstatt für Menschen mit Behinderungen beschäftigt sind,
3. Frauen, die als Entwicklungshelferinnen i. S. d. Entwicklungshelfer-Gesetzes tätig sind (ohne dass Lohnersatzleistungen gewährt werden sollen),
4. Frauen, die das freiwillige soziale Jahr absolvieren,
5. Frauen, die als Mitglieder einer geistlichen Genossenschaft, Diakonissen oder als Angehörige einer ähnlichen Gemeinschaft tätig sind,
6. Heimarbeiterinnen,

7. arbeitnehmerähnlich beschäftigte Frauen und
8. Schülerinnen und Studentinnen, soweit die Ausbildungsstelle Ort, Zeit und Ablauf der Ausbildungsveranstaltung verpflichtend vorgibt oder die ein im Rahmen der schulischen oder hochschulischen Ausbildung verpflichtend vorgegebenes Praktikum ableisten (ohne dass Kündigungsschutz oder Lohnersatzleistungen gewährt werden sollen).

Mutterschutzgesetz bei fehlerhaft begründeten Arbeitsverhältnissen
Das Mutterschutzgesetz findet grundsätzlich auch Anwendung bei fehlerhaft begründeten Arbeitsverhältnissen, die nichtig und zu jedem Zeitpunkt für die Zukunft auflösbar sind (sog. faktische Arbeitsverhältnisse). Solange auf unwirksamer Rechtsgrundlage die Arbeits- und Entgeltleistungen ausgetauscht werden, gelten die Arbeitsschutzbestimmungen, einschließlich der Beschäftigungsbeschränkungen und -verbote. Indes besteht kein Kündigungsschutz nach § 17 MuSchG. Das faktische Arbeitsverhältnis kann auch während des Mutterschutzes jederzeit gekündigt werden.[553]

Mutterschutzgesetz bei Kündigungsschutzklage
Gleiches gilt, wenn der Betriebsrat der Kündigung einer Arbeitnehmerin widersprochen hat, die Arbeitnehmerin Kündigungsschutzklage erhoben hat und deshalb weiterbeschäftigt wird (§ 102 Abs. 5 BetrVG), oder wenn sie aufgrund einer Vereinbarung mit dem Arbeitgeber weiterbeschäftigt wird, ohne dass das ursprüngliche Arbeitsverhältnis fortgesetzt wird (Prozessbeschäftigung).

Wird die Arbeitnehmerin hingegen aufgrund des von der Rechtsprechung gefundenen allgemeinen Weiterbeschäftigungsanspruchs[554] weiterbeschäftigt und stellt sich später rechtskräftig die Wirksamkeit der Kündigung heraus, so werden lediglich die bereits erbrachten Leistungen nach Bereicherungsrecht abgewickelt.[555] In dieser Zeit finden zwar Beschäftigungsverbote des Mutterschutzgesetzes Anwendung, für Leistungsansprüche gegen den Arbeitgeber besteht aber kein Raum.

Mutterschutzgesetz weibliche Auszubildende
Auf weibliche Auszubildende war das Mutterschutzgesetz auch schon vor dem 1.1.2018 anwendbar (§ 10 Abs. 2 BBiG). Es galt und gilt für Personen, die eingestellt werden, um berufliche Kenntnisse, Fertigkeiten oder Erfahrungen zu erwerben, ohne dass es sich um eine Berufsausbildung handelt. Das sind z. B.:
- Anlernverhältnisse,
- Volontärverhältnisse,
- Praktikantenverhältnisse, soweit diese nicht Praktika nach landesrechtlichen Schul- oder Hochschulgesetzen darstellen.

553 BAG, Urteil v. 19.12.1966, 3 AZR 255/66.
554 BAG, Beschluss v. 27.2.1985, GS 1/84.
555 BAG, Urteil v. 10.3.1987, 8 AZR 146/84; BAG, Urteil v. 1.3.1990, 6 AZR 649/88; BAG, Urteil v. 12.2.1992, 5 AZR 297/90.

Mutterschutzgesetz und Förderung gemäß SGB II
Wird eine Frau gemäß § 16e SGB II gefördert oder gemäß § 16d Abs. 1 Satz 1 SGB II in eine Arbeitsgelegenheit zugewiesen, so wird sie vom Anwendungsbereich des Mutterschutzgesetzes erfasst.[556] § 16d Abs. 7 Satz 2 Halbsatz 2 SGB II ordnet die Anwendbarkeit der Vorschriften über den Arbeitsschutz ausdrücklich an. Hierzu zählt – mit Einschränkungen – auch das Mutterschutzrecht. Bei einer Förderung eines Arbeitsverhältnisses gemäß § 16e SGB II ordnet § 16e Abs. 4 Satz 3 SGB II die fristlose Kündbarkeit des Arbeitsverhältnisses durch den Arbeitgeber im Falle der Abberufung der Arbeitnehmerin an. Diese Regelung ist lex specialis zu § 17 MuSchG und verdrängt diese.

38.1.2 Räumlicher Geltungsbereich

Das Mutterschutzgesetz gilt für das Gebiet der Bundesrepublik Deutschland. Zumindest für die arbeitsschutzrechtlichen Vorschriften des Mutterschutzgesetzes kommt es auch nicht darauf an, wo der Arbeitgeber seinen Sitz hat; auch ausländische Arbeitgeber haben das Mutterschutzgesetz für Tätigkeiten in der Bundesrepublik anzuwenden.

38.2 Mitteilungspflicht der Schwangeren

Gesetzliche Mitteilungspflicht
Der Mutterschutz wirkt grundsätzlich unabhängig davon, ob der Arbeitgeber vom Bestand des Schutzes weiß oder nicht. Er kann die Mutterschutznormen aber nur befolgen, wenn er von der Schwangerschaft Kenntnis hat. Anderenfalls kann er grundsätzlich auch nicht nach den Straf- und Ordnungswidrigkeitenvorschriften der §§ 32, 33 MuSchG belangt werden.

Die Mitteilungspflicht der Schwangeren ist eine »Soll-Vorschrift«. Der Arbeitgeber kann also nicht durchsetzen, dass die Schwangere die Mitteilung vornimmt. Der Frau ist es unbenommen, die Schwangerschaft zu verschweigen und eine Mitteilung erst zu einem späteren Zeitpunkt vorzunehmen.

Bestehen der Schwangerschaft/mutmaßlicher Tag der Entbindung

Die werdende Mutter soll das Bestehen der Schwangerschaft und den mutmaßlichen Tag der Entbindung mitteilen. Letzterer ist für das Beschäftigungsverbot nach § 3 Abs. 2 MuSchG von Bedeutung.

556 BAG, Beschluss v. 13.10.2004, 7 ABR 6/04.

Eine Form für die Mitteilung ist nicht vorgeschrieben. Die Schwangere kann den Arbeitgeber (ausreichend: in Person ihres Vorgesetzten) sowohl mündlich als auch schriftlich informieren. Auch die Vorlage einer ärztlichen Bescheinigung über die Arbeitsunfähigkeit infolge einer Schwangerschaftserkrankung genügt nach Ansicht des BAG.[557]

Verbot unbefugter Weitergabe der Schwangerschaftsmitteilung

§ 27 Abs. 1 Satz 2 MuSchG verbietet dem Arbeitgeber, die Mitteilung der Schwangeren unbefugt an Dritte weiterzugeben. Das gesetzliche Verbot gilt also nur, soweit der Arbeitgeber von der Schwangeren unmittelbar Kenntnis erhält. Kenntnisse, die er aus anderen Quellen bekommt, darf er weitergeben. Das Verbot beschränkt sich ferner auf die »unbefugte« Weitergabe.

Zulässig ist die Weitergabe also bei Gestattung durch die Schwangere. Diese muss nicht ausdrücklich erfolgen, sondern kann auch aus den Umständen der Mitteilung oder weiterem Verhalten der Arbeitnehmerin fließen. Im Zweifel sollte sich der Arbeitgeber die Befugnis zur Weitergabe von der Mutter formlos schriftlich bestätigen lassen.

Nicht als unbefugte Weitergabe gilt es, wenn der Vorgesetzte, dem die Schwangere die Mitteilung gemacht hat, weitere Vorgesetzte, die Personalabteilung oder Betriebsärzte und Fachärzte für Arbeitssicherheit informiert. Grundsätzlich darf der Arbeitgeber auch den Betriebsrat informieren. Kraft Gesetzes muss er sogar die Aufsichtsbehörde informieren (§ 27 Abs. 1 MuSchG).

Soweit keine gesetzliche Mitteilungspflicht des Arbeitgebers besteht, kann die Schwangere die Mitteilung auch ausdrücklich untersagen. Dies gilt insbesondere gegenüber dem Betriebsrat. Verstößt der Arbeitgeber gegen das Weitergabeverbot, so macht er sich gegebenenfalls schadensersatzpflichtig.

38.3 Benachrichtigungspflicht des Arbeitgebers

Der Arbeitgeber hat die Aufsichtsbehörde nach § 27 MuSchG über eine Mitteilung der werdenden Mutter zu benachrichtigen. Die Benachrichtigungspflicht des Arbeitgebers umfasst die Schwangerschaft und – falls angegeben – den mutmaßlichen Tag der Entbindung.

Die Meldepflicht entsteht nur, wenn die Schwangere ihren Arbeitgeber informiert; erlangt der Arbeitgeber auf anderem Wege Kenntnis von der Schwangerschaft, so besteht keine Meldepflicht.

557 BAG, Urteil v. 13.4.1956, 1 AZR 390/55.

Die amtlichen Meldeformulare sehen Angaben über die ursprünglich gesetzlich vorgesehenen hinaus vor. Solche Auskünfte können die Aufsichtsbehörden regelmäßig nach § 27 Abs. 3 MuSchG auch verlangen.

Die Benachrichtigung der Aufsichtsbehörde muss der Arbeitgeber »unverzüglich« vornehmen, also ohne schuldhaftes Zögern (§ 121 BGB). Der Krankenkasse muss der Arbeitgeber keine Meldung erstatten.

39 Mutterschutz: Gesundheitsschutz und Beschäftigungsverbote

Autorin: Heike Jansen

Überblick

Um das besondere Schutzziel des Mutterschutzgesetzes zu verwirklichen, enthält das Gesetz Regelungen über die Gestaltung der Arbeitsbedingungen (§§ 9 ff. MuSchG) und Beschäftigungsverbote (§§ 3–6, 10 Abs. 3, 13 Abs. 1 Nr. 3 und § 16 MuSchG). Alle genannten Regelungen dienen dem Gesundheitsschutz von Mutter und Kind, bezogen auf vorhersehbare Gefährdungen durch ungeeignete, schwere oder sonst gefährdende Arbeit.

39.1 Gesundheitsschutz

39.1.1 Arbeitszeitlicher Gesundheitsschutz

Schutzfristen

Der Unterabschnitt »Arbeitszeitlicher Gesundheitsschutz« umfasst die §§ 3–8 MuSchG. Die vor- und nachgeburtliche Schutzfrist ist in § 3 Abs. 1 und 2 MuSchG geregelt. Die schwangere Frau kann sich innerhalb der 6-wöchigen vorgeburtlichen Schutzfrist zur Arbeit bereit erklären; sie kann diese Erklärung jederzeit widerrufen 8§ 3 Abs. 1 MuSchG).

Auf Antrag verlängert sich die 8-wöchige nachgeburtliche Schutzfrist auf 12 Wochen, wenn vor Ablauf von 8 Wochen nach der Entbindung bei dem Kind eine Behinderung ärztlich festgestellt wird (§ 3 Abs. 2 Satz 2 Nr. 3 MuSchG).

Mehrarbeit

§ 4 MuSchG regelt das Verbot der Mehrarbeit. Dabei wird unterschieden zwischen Frauen, die 18 Jahre oder älter sind, und Frauen unter 18 Jahren. § 29 Abs. 3 Nr. 1 MuSchG ermöglicht der Aufsichtsbehörde Ausnahmen vom Mehrarbeitsverbot in begründeten Einzelfällen. § 4 Abs. 2 MuSchG regelt die Gewährung einer ununterbrochenen Ruhezeit von mindestens 11 Stunden nach Beendigung der täglichen Arbeitszeit für schwangere oder stillende Frauen.

Statt zahlreicher Ausnahmen für bestimmte Branchen sind Nacht-, Sonn- und Feiertagsarbeit nun grundsätzlich geregelt.

Nachtarbeit

§ 5 MuSchG beinhaltet das »Verbot der Nachtarbeit« zwischen 20 Uhr und 6 Uhr. Schwangere und stillende Frauen dürfen aber bis 22 Uhr beschäftigt werden, wenn sie einwilligen und eine unverantwortbare Gefährdung für die Schwangere oder ihr Kind durch die nächtliche Alleinarbeit ausgeschlossen ist. Die Einwilligung kann die Frau jederzeit mit Wirkung für die Zukunft widerrufen (§ 5 Abs. 2 Satz 3 MuSchG). Außerdem ist eine behördliche Genehmigung für diese Arbeit erforderlich (§ 5 Abs. 1 i.V.m. § 28 MuSchG). Ausnahmsweise kann sogar Nachtarbeit zwischen 20 Uhr und 6 Uhr möglich sein (§ 29 Abs. 3 Nr. 1 MuSchG).

Sonn- und Feiertagsarbeit

§ 6 MuSchG verbietet dem Arbeitgeber die Beschäftigung schwangerer oder stillender Frauen an Sonn- und Feiertagen, es sei denn

- die Frau hat sich ausdrücklich bereit erklärt,
- eine Ausnahme vom allgemeinen Verbot der Arbeit an Sonn- und Feiertagen ist nach § 10 des ArbZG zugelassen,
- der Frau wird in jeder Woche im Anschluss an eine ununterbrochene Nachtruhezeit von mindestens 11 Stunden ein Ersatzruhetag gewährt und
- insbesondere eine unverantwortbare Gefährdung für die schwangere Frau oder ihr Kind durch die Alleinarbeit ist ausgeschlossen.

Der Widerruf der Einwilligung ist jederzeit für die Zukunft möglich.

Stillzeiten

§ 7 MuSchG enthält die neue Regelung zu Stillzeiten und Zeiten der Freistellung für Untersuchungen im Rahmen der Leistungen der gesetzlichen Krankenversicherung bei Schwangerschaft und Mutterschaft. Nicht gesetzlich krankenversicherte Frauen sind gleichgestellt (§ 7 Abs. 1 Satz 2 MuSchG). Stillzeiten sind als Mindestzeiten für die ersten 12 Monate nach der Entbindung ausgestaltet und auf Verlangen der Frau auszudehnen. § 8 MuSchG beinhaltet die Reglungen für Heimarbeit.

Akkordarbeit

Grundsätzlich unzulässig sind Arbeiten, bei denen das Arbeitstempo unmittelbaren Einfluss auf die Entlohnung hat. Dies dient dem Schutz der Schwangeren vor einer Überbeanspruchung ihrer Kräfte. Die Arbeitsbehörde kann gemäß § 29 Abs. 3 Satz 2 Nr. 8 MuSchG eine Ausnahme bewilligen. § 11 Abs. 6 Nr. 1 MuSchG verbietet die Ausübung von Akkordarbeit oder sonstigen Arbeiten, bei denen durch ein gesteigertes Arbeitstempo ein höheres Entgelt erzielt werden kann (Stück-, Zeit-, Geld-, Einzel- und Gruppenakkord). Erfasst werden auch Prämienentlohnungssysteme, wenn damit eine Steigerung der Arbeitsmenge oder der Arbeitsgeschwindigkeit bezweckt wird. Qualitätsprämien hingegen bleiben unberührt. Es ist davon auszugehen, dass die Vereinbarung, die gegen § 11 Abs. 6 Nr. 1 MuSchG verstößt, nicht unwirksam ist, sondern der Frau die Tätigkeit im Zeitlohn zu vergüten sein wird.[558]

---

558 BAG, Urteil v. 9.8.1963, 1 AZR 497/62.

Arbeitstempo: Arbeit am Fließband
Fließarbeit verbietet § 11 Abs. 6 Nr. 2 MuSchG.

Nicht dazu zählt Arbeit an Fließbändern, die das Arbeitstempo nicht vorschreiben, indem das Transportband von der Arbeitnehmerin angehalten werden kann oder sie die Zahl der von ihr zu bearbeitenden Stücke wählen kann.

Getaktete Arbeit
Getaktete Arbeit mit vorgeschriebenem Arbeitstempo ist gemäß § 11 Abs. 6 Nr. 3 MuSchG nur dann verboten, wenn die Art der Arbeit oder das Arbeitstempo für die schwangere Frau oder für ihr Kind eine unverantwortbare Gefährdung darstellt. Aber auch in diesem Fall kann die Arbeitsbehörde den Einsatz verbieten, wenn sie Bedenken gegen die für die Schwangere ergriffenen erforderlichen Anpassungsmaßnahmen hat (§ 29 Abs. 3 Satz 2 Nr. 7 MuSchG).

39.1.2 Betrieblicher Gesundheitsschutz

Nach § 11 Abs. 1 MuSchG darf der Arbeitgeber eine schwangere Frau keine Tätigkeiten ausüben lassen und sie keinen Arbeitsbedingungen aussetzen, bei denen sie in einem Maß Gefahrstoffen ausgesetzt ist oder sein kann, dass dies für sie oder für ihr Kind eine unverantwortbare Gefährdung darstellt (Pflicht zu betrieblichem Gesundheitsschutz). Der Ausschuss für Mutterschutz (AfMu) hat Vorgaben zur Gefährdungsbeurteilung veröffentlicht, die es Arbeitgebern erleichtern sollen, bei der Umsetzung des Mutterschutzes den aktuellen Stand der Technik, Arbeitsmedizin und Hygiene sowie wissenschaftliche Erkenntnisse zu berücksichtigen.

Eine Gefährdung ist unverantwortbar, wenn die Eintrittswahrscheinlichkeit einer Gesundheitsbeeinträchtigung angesichts der zu erwartenden Schwere des möglichen Gesundheitsschadens nicht hinnehmbar ist (§ 9 Abs. 2 Satz 2 MuSchG).

Das wiederum bedeutet eine hinreichende Wahrscheinlichkeit des Eintritts bei gleichzeitig erhöhter Schwere der Gesundheitsbeeinträchtigung. Die Wahrscheinlichkeit des Schadenseintritts muss umso größer sein, je geringer der möglicherweise eintretende Schaden ist, und sie darf umso kleiner sein, je schwerer der etwaige Schaden wiegt. Bei der Gefahr besonders großer Schäden für besonders gewichtige Schutzgüter reicht für die Bejahung einer hinreichenden Wahrscheinlichkeit bereits die entfernte Möglichkeit eines Schadenseintritts aus.[559]

559 BVerwG Urteil v. 27.5.1993, 5 C 42/89.

Angesichts der in Rede stehenden Schutzgüter von Leben und Gesundheit der werdenden Mutter und des ungeborenen Kindes ist davon auszugehen, dass eine nur geringe Eintrittswahrscheinlichkeit regelmäßig ausreicht. Im Sinne dieses Verständnisses einer unverantwortbaren Gefährdung sind Tätigkeiten verboten im Umgang mit

- Gefahrstoffen (§ 11 Abs. 1 MuSchG.),
- Biostoffen (§ 11 Abs. 2 MuSchG),
- mit möglichen Beeinträchtigungen durch physikalische Einwirkungen (§ 11 Abs. 3 MuSchG),
- durch eine belastende Arbeitsumgebung (§ 11 Abs. 4 MuSchG) und
- durch körperliche Belastungen und mechanische Einwirkungen (§ 11 Abs. 5 MuSchG).

39.1.3 Allgemeine Maßnahmen

§ 9 MuSchG regelt die allgemeinen Maßnahmen. Neben den geforderten Schutzmaßnahmen hat der Arbeitgeber der Frau auch während der Schwangerschaft, nach der Entbindung und in der Stillzeit die Fortführung ihrer Tätigkeiten zu ermöglichen.

In § 9 Abs. 3 MuSchG ist die weitergehende Verpflichtung des Arbeitgebers geregelt, sicherzustellen, dass die schwangere oder stillende Frau ihre Tätigkeit am Arbeitsplatz, soweit es für sie erforderlich ist, kurz unterbrechen kann. Er hat darüber hinaus sicherzustellen, dass sich die schwangere oder stillende Frau während der Pausen und Arbeitsunterbrechungen unter geeigneten Bedingungen hinlegen, hinsetzen und ausruhen kann.

39.2 Beschäftigungsverbote

Einen Teil des Mutterschutzgesetzes bilden die Beschäftigungsverbote für werdende und stillende Mütter in den §§ 16, 3 bis 6 MuSchG. Diese Beschäftigungsverbote gelten teilweise absolut und ohne Rücksicht auf den Willen und die körperliche Verfassung der Arbeitnehmerin, zum Teil kann die Arbeitnehmerin auch auf den Schutz verzichten.

Das Mutterschutzgesetz kennt neben einer Reihe von »Ausübungsuntersagungen« allgemeine Beschäftigungsverbote. Neben allgemeinen Beschäftigungsverboten kann auch ein Verbot bestehen, wenn ein Arzt eine entsprechende Bescheinigung ausstellt, § 16 Abs. 1 MuSchG.

39.2.1 Vor der Entbindung

Die Beschäftigung werdender Mütter in den letzten 6 Wochen vor der Entbindung ist verboten. Die Schwangere kann sich jedoch jederzeit frei widerruflich zur Arbeitsleistung ausdrücklich bereit erklären und damit das Beschäftigungsverbot außer Kraft setzen (§ 3 Abs. 1 MuSchG).

Für die Berechnung der Schutzfrist ist das ärztliche Zeugnis maßgebend, das den mutmaßlichen Tag der Entbindung ausweist. Das Beschäftigungsverbot erfasst volle 6 Wochen vor dem Tag der mutmaßlichen Entbindung. Der letzte Tag der Schutzfrist ist also derjenige unmittelbar vor der Entbindung, der erste Tag damit derjenige, der 6 Wochen vor der Entbindung der Benennung nach dem der mutmaßlichen Entbindung entspricht.

Beispiel: Berechnungsbeispiel Schutzfrist vor der Geburt

Wird für die Entbindung ein Mittwoch errechnet (16.10.), so ist der erste Tag der Schutzfrist derjenige Mittwoch, der 6 Wochen vor dem Tag der Entbindung liegt (4.9.). Der Mutterschutz beginnt an diesem Tag um 0.00 Uhr mit Beginn des Tages.

Von dem errechneten ersten Tag des Mutterschutzes an dauert der Mutterschutz bis zur tatsächlichen Entbindung.

Tatsächliche Geburt früher oder später als prognostiziert

Wird das Kind früher geboren als am prognostizierten Tag der Entbindung, verkürzt sich die vorgeburtliche Mutterschutzfrist; die nachgeburtliche Mutterschutzfrist verlängert sich um dieselbe Zeitspanne bei jeder vorzeitigen Entbindung (§ 3 Abs. 2 Satz 3 MuSchG).

Wird das Kind später geboren, verlängert sich die vorgeburtliche Mutterschutzfrist, ohne dass dies Auswirkungen auf die nachgeburtliche Schutzfrist hätte.

Weiterarbeit möglich

Während der Mutterschutzfrist ist jede Beschäftigung der werdenden Mutter verboten, Verstöße sind Ordnungswidrigkeiten oder sogar Straftaten. Die Schwangere kann sich jedoch vor der Entbindung ausdrücklich zur Weiterarbeit bereit erklären. Anreize für diese Erklärung darf der Arbeitgeber nicht setzen. Erst recht darf er auf die Arbeitnehmerin keinen Druck ausüben.

In diesem Zusammenhang meint »Ausdrücklich«, dass sich aus der Erklärung der Arbeitnehmerin unzweifelhaft ergibt, sie wolle auf das Beschäftigungsverbot verzichten. Die bloße Weiterarbeit der Schwangeren kann wohl nicht genügen, weil es dann an einer ausdrücklichen Erklärung der Arbeitnehmerin fehlt. Der Arbeitgeber muss die

Schwangere über die finanziellen Folgen ihrer Erklärung unterrichten (Anrechnung auf das Mutterschaftsgeld, § 24i Abs. 4 SGB V; Wegfall des Zuschusses zum Mutterschaftsgeld, § 20 MuSchG). Die Schwangere kann ihre Erklärung jederzeit widerrufen. Der Widerruf kann sich ohne ausdrückliche Erklärung aus dem Verhalten der Schwangeren ergeben. Das Widerrufsrecht kann nicht vertraglich ausgeschlossen werden, jedoch hat die Schwangere beim Widerruf kraft arbeitsvertraglicher Treuepflicht in den Grenzen des Schutzgedankens des Mutterschutzgesetzes auch auf die Interessen des Arbeitgebers Rücksicht zu nehmen.

39.2.2 Nach der Entbindung

Nach der Entbindung besteht in der ersten Zeit ein absolutes, generelles Beschäftigungsverbot. Auf dieses Beschäftigungsverbot kann die Mutter anders als vor der Entbindung grundsätzlich nicht verzichten.

Nur beim Tod des Kindes kann die Mutter nach Ablauf von 2 Wochen seit der Entbindung für den Rest des Beschäftigungsverbots ihre Arbeit wieder antreten, wenn nach dem ärztlichen Zeugnis nichts dagegen spricht; diesen Verzicht auf das Beschäftigungsverbot kann sie ebenfalls jederzeit widerrufen (§ 3 Abs. 4 MuSchG).

Bei Fehlgeburten findet das Beschäftigungsverbot keine Anwendung, es sei denn, es handelt sich um eine Frühgeburt i. S. v. § 3 Abs. 2 Nr. 1 MuSchG, obwohl das Schutzbedürfnis bei einer verfrühten Totgeburt nicht höher ist, als bei einer späteren.[560] Ist die Frau infolge Fehlgeburt arbeitsunfähig erkrankt, gelten die Regeln des Entgeltfortzahlungsgesetzes für arbeitsunfähige Erkrankungen.[561] Ebenfalls nicht unter den Begriff der Entbindung fallen sämtliche Formen des Schwangerschaftsabbruchs, sodass auch in diesen Fällen kein nachgeburtlicher Mutterschutz besteht.

Dauer des nachgeburtlichen Beschäftigungsverbots
Die nachgeburtliche Mutterschutzfrist dauert grundsätzlich 8 Wochen (§ 3 Abs. 2 MuSchG).

Bei Mehrlingsgeburten, also der gleichzeitigen Entbindung von mindestens 2 Kindern und bei der Geburt eines Kindes, bei dem vor Ablauf von 8 Wochen nach der Entbindung eine Behinderung i. S. v. § 2 Abs. 1 Satz 1 des Neunten Buches Sozialgesetzbuchs (SGB IX) ärztlich festgestellt wird, verlängert sich die Frist auf 12 Wochen (§ 3 Abs. 2 Satz 2 Nr. 3 MuSchG).

560 Vgl. ErfK/Schlachter MuSchG § 3 Rz. 9.
561 BAG, Urteil v. 16.2.1973, 2 AZR 138/72; BSG, Urteil v. 17.4.1991, 1/3 RK 21/88.

Gleiches gilt bei Frühgeburten, § 3 Abs. 2 Satz 2 Nr. 1 MuSchG. Ob eine Frühgeburt vorliegt, beurteilt sich nach Ansicht des BAG[562] nicht nach dem Zeitpunkt der Geburt. Eine Frühgeburt liegt vielmehr vor, wenn das Geburtsgewicht des Kindes unter 2.500 Gramm liegt; ebenfalls liegt eine Frühgeburt vor, wenn das Kind trotz höheren Geburtsgewichts wegen noch nicht voll ausgebildeter Reifezeichen oder wegen verfrühter Beendigung der Schwangerschaft einer wesentlich erweiterten Pflege bedarf.

Die Mutter kann die verlängerte Mutterschutzfrist nur für sich in Anspruch nehmen, wenn sie dem Arbeitgeber die Tatsache der Frühgeburt nachweist. Dazu muss sie dem Arbeitgeber ein Zeugnis des Kinderarztes oder der Hebamme vorlegen, das eines der vorbeschriebenen Merkmale der Frühgeburt bestätigt. Darüber hinaus ist die Mutter aus der arbeitsrechtlichen Treuepflicht sogar verpflichtet, dem Arbeitgeber die Tatsache der Frühgeburt nachzuweisen.

Denn beim nachgeburtlichen Beschäftigungsverbot handelt es sich um eines, auf das die Mutter nicht verzichten kann. Auch wenn die Mutter arbeiten will, begeht der Arbeitgeber u. U. eine Ordnungswidrigkeit oder sogar eine Straftat, wenn er die Mutter verbotswidrig beschäftigt.

Kommt die Mutter ihrer Mitteilungspflicht nicht nach, so macht sie sich schadensersatzpflichtig.

Teilt die Mutter dem Arbeitgeber die Tatsache der Frühgeburt nicht mit, so dürfte der Arbeitgeber immerhin in den meisten Fällen weder vorsätzlich noch fahrlässig handeln, wenn er sie trotz Beschäftigungsverbots beschäftigt; die Verfolgung als Ordnungswidrigkeit oder Straftat ist dann regelmäßig ausgeschlossen.

Ende der Schwangerschaft ohne Entbindung

Das nachgeburtliche Beschäftigungsverbot besteht allerdings nicht, wenn die Schwangerschaft ohne Entbindung endete. Eine Entbindung liegt nach Auffassung des BAG allerdings nicht nur bei der Geburt eines lebenden Kindes vor. Es komme vielmehr darauf an, ob sich die Leibesfrucht bei der Trennung vom Mutterleib bereits bis zu einem Stadium entwickelt habe, in dem sie zu selbstständigem Leben fähig sei.

Vorzeitige Geburt und Fristberechnung

Verkürzt sich bei einer Frühgeburt oder einer sonstigen vorzeitigen Geburt die vorgeburtliche Schutzfrist des § 3 Abs. 2 Satz 3 MuSchG, so wird der nicht verbrauchte Teil der vorgeburtlichen Mutterschutzfrist an die 8- bzw. 12-wöchige Mutterschutzfrist nach der Entbindung angehängt.

562 BAG, Urteil v. 12.3.1997, 5 AZR 329/96.

Die Frist der nachgeburtlichen Mutterschutzfrist wird berechnet nach §§ 187 Abs. 1, 188 Abs. 2 BGB. Sie beginnt mit Beginn des Tages, der auf die Entbindung folgt. Die Frist endet 8 oder 12 Wochen später mit dem Tag, der nach seiner Benennung dem Entbindungstag entspricht (z. B. Montag/Montag). Bei vorzeitigen Geburten sind die Zahl der Tage hinzuzurechnen, um die das vorgeburtliche Beschäftigungsverbot verkürzt wurde.

Beispiel: Geburt vor Einsetzen der vorgeburtlichen Mutterschutzfrist

Die Geburt eines Kindes ist für den 1. März vorausberechnet, die Schutzfrist des § 3 Abs. 1 MuSchG würde am 18. Januar beginnen (6 Wochen vor der Entbindung).

Das Kind wird nun aber bereits am 10. Januar geboren. Die Mutter hat also keinen Tag des Beschäftigungszeitraums des § 3 Abs. 1 MuSchG in Anspruch genommen.

Dieser »unverbrauchte« Zeitraum ist an die 8-wöchige Beschäftigungsverbotszeit nach der Entbindung anzuhängen (= 8 + 6 [»nicht verbrauchte Wochen«]). Handelt es sich bei der Geburt des Kindes noch dazu um eine Frühgeburt im Sinne der Rechtsprechung des BAG oder eine Mehrlingsgeburt, so ist die »nicht verbrauchte« Zeit des vorgeburtlichen Beschäftigungsverbots auch an die verlängerte nachgeburtliche Schutzfrist anzuhängen (= 12 + 6 Wochen). Weitere Zeiträume (hier zwischen dem 10. Januar und dem 18. Januar) sind nicht zu berücksichtigen. Der Mutterschutzzeitraum beträgt maximal 14 Wochen bzw. bei Frühgeburten 18 Wochen.

39.2.3 Nach ärztlichem Zeugnis

Vor der Entbindung dürfen Schwangere nicht beschäftigt werden, soweit nach ärztlichem Zeugnis Leben oder Gesundheit von Mutter oder Kind bei Fortdauer der Beschäftigung gefährdet ist (§ 16 Abs. 1 MuSchG). Die Schwangere muss die drohende Gefährdung durch ein ärztliches Zeugnis nachweisen.

Das Beschäftigungsverbot reicht so weit, wie im ärztlichen Zeugnis nach Umfang und Dauer angegeben. Wenn der Arzt nicht jede Beschäftigung verbietet, kann die Schwangere – im Rahmen des arbeitsrechtlichen Direktionsrechts – mit anderen, nicht untersagten Tätigkeiten beschäftigt werden.

Nach der Entbindung dürfen Frauen, die nach ärztlichem Zeugnis nicht voll leistungsfähig sind, nicht zu einer ihre Leistungsfähigkeit übersteigenden Arbeit herangezogen werden (§ 16 Abs. 2 MuSchG). Das Beschäftigungsverbot wirkt erst, wenn die Mutter ein ärztliches Zeugnis vorlegt. Dieses Zeugnis sollte die Dauer des Verbots angeben und muss sich an den gesetzlichen Rahmen (»in den ersten Monaten nach der Entbindung«) halten.

39.3 Stillzeit

Stillenden Müttern ist die erforderliche Stillzeit zu gewähren, wenn sie das verlangen. Der Arbeitgeber muss auf Verlangen in jedem Fall mindestens zweimal täglich eine halbe Stunde oder einmal täglich eine Stunde zum Stillen freigeben (§ 7 Abs. 2 MuSchG). Arbeitet die Arbeitnehmerin zusammenhängend mehr als 8 Stunden, soll der Arbeitgeber ihr auf Verlangen zweimal eine Stillzeit von mindestens 45 Minuten oder – wenn in der Nähe der Arbeitsstätte keine Stillgelegenheit vorhanden ist – einmal eine mindestens 90-minütige Stillzeit gewährt werden (§ 7 Abs. 2 Satz 2 MuSchG).

Der Arbeitgeber hat während der Stillzeit das Entgelt fortzuzahlen. Die Stillzeit darf vom Arbeitgeber auch nicht auf Ruhepausen nach dem Arbeitszeitgesetz oder nach anderen Bestimmungen angerechnet werden. Nähere Bestimmungen einschließlich der Anordnung, Stillräume einzurichten, kann die Aufsichtsbehörde im Einzelfall treffen. In Heimarbeit Beschäftigte und ihnen Gleichgestellte werden geschützt, indem der Arbeitgeber für die Stillzeit ein festgelegtes Entgelt zu zahlen hat (§ 23 Abs. 2 MuSchG).

39.4 Freistellung für Untersuchungen

Der Arbeitgeber ist verpflichtet, die Arbeitnehmerin für Untersuchungen freizustellen (§ 7 Abs. 1 MuSchG). Der Anspruch der Arbeitnehmerin gilt für solche Untersuchungen, die im Rahmen der Leistungen der gesetzlichen Krankenversicherung bei Schwangerschaft und Mutterschaft erforderlich sind. Die Verpflichtung des Arbeitgebers ist jedoch nicht auf Arbeitnehmerinnen in der gesetzlichen Krankenversicherung beschränkt; mit der vorstehenden Umschreibung soll lediglich der Umfang des Anspruchs beschrieben werden. Nicht gesetzlich Krankenversicherte haben Anspruch auf entsprechende Freistellung (§ 7 Abs. 1 Satz 2 MuSchG).

Der Anspruch besteht, soweit Untersuchungen erforderlich sind. Die Arbeitnehmerin ist zunächst gehalten, die Untersuchungen möglichst außerhalb der Arbeitszeit stattfinden zu lassen, i. Ü. hat sie auf betriebliche Belange Rücksicht zu nehmen (Nebenpflicht). Als Anhaltspunkt für den Umfang der Freistellung für Untersuchungen können die Richtlinien des Bundesausschusses der Ärzte und Krankenkassen über die ärztliche Betreuung während der Schwangerschaft und nach der Entbindung[563] dienen. Danach sollte die erste Untersuchung der Schwangeren möglichst frühzeitig erfolgen. Weitere Untersuchungen sollten im Allgemeinen im Abstand von 4 Wochen stattfinden, in den beiden letzten Schwangerschaftsmonaten sind nach der Richtlinie im Allgemeinen je 2 Untersuchungen angezeigt. Weitere Untersuchungen nach der Geburt kommen auch nach Ablauf des absoluten Beschäftigungsverbots des § 6 Abs. 1 MuSchG in Betracht.

563 Mutterschafts-Richtlinien v. 10.12.1985 zuletzt geändert am 20.4.2023, BAnz. 29.6.2023.

Während der Freistellung ist das Entgelt so zu zahlen, als wenn die Arbeitnehmerin gearbeitet hätte (Lohnausfallprinzip, nicht Referenzprinzip wie bei §§ 18 und 20 MuSchG). Dies schließt Zulagen ein, nicht jedoch Aufwendungsersatz. Über die Entgeltfortzahlung hinausgehende Leistungen, wie z.B. eine Erstattung anlässlich der Untersuchung anfallender Fahrtkosten, hat der Arbeitgeber nicht zu erbringen.

40 Mutterschutz: Beendigung des Arbeitsverhältnisses

Autorin: Heike Jansen

Überblick

Eine zentrale Bestimmung zur Umsetzung des Schutzes von Mutter und Kind beinhaltet den Kündigungsschutz. § 17 MuSchG sichert zugleich die wirtschaftliche Grundlage durch Erhalt des Arbeitsplatzes. Der Schutz beinhaltet ein absolutes Kündigungsverbot mit Erlaubnisvorbehalt (behördliche Zulassung) für den Arbeitgeber. Andere Beendigungstatbestände werden nicht erfasst.

§ 17 MuSchG basiert auf dem in Art. 6 Abs. 4 GG zum Ausdruck kommenden Gedanken. Danach hat jede Mutter Anspruch auf den Schutz und die Fürsorge der Gemeinschaft.

Der Mutterschutz erstreckt sich nicht nur auf den Inhalt des Arbeitsverhältnisses (in Form von Arbeits-, Gesundheitsschutz und Beschäftigungsverboten), sondern auch auf die Beendigung des Arbeitsverhältnisses. Das Gesetz sieht ein Kündigungsverbot für den Arbeitgeber, das Recht der Arbeitnehmerin zu einer Sonderkündigung bei Erhaltung von Rechtspositionen im Fall späterer Wiedereinstellung und Mitteilungspflichten des Arbeitgebers vor.

40.1 Kündigung durch den Arbeitgeber

Eine Kündigung des Arbeitsverhältnisses durch den Arbeitgeber während der Schwangerschaft und nach der Geburt unterliegt zunächst einmal allen Beschränkungen des allgemeinen Kündigungsschutzes, vor allem des Kündigungsschutzgesetzes, soweit dessen betrieblicher und persönlicher Anwendungsbereich eröffnet ist. Darüber hinaus werden solche Arbeitnehmerinnen durch ein sehr weitgehendes Kündigungsverbot geschützt. Kündigungen können in besonderen Fällen wirksam ausgesprochen werden, wenn sie zuvor von der zuständigen Stelle für zulässig erklärt wurden.

Kündigungsverbot
Das Kündigungsverbot gilt für jede Art der Kündigung, also für:

- ordentliche und außerordentliche Kündigungen
- Beendigungs- und Änderungskündigungen.

Das Verbot gilt auch für jeden denkbaren Kündigungsgrund, bei der ordentlichen Kündigung sowohl für verhaltensbedingte und personenbedingte als auch für betriebsbedingte Gründe. Für jeden Einzelfall prüft jedoch die Aufsichtsbehörde auf Antrag des Arbeitgebers, ob die Kündigung im konkreten Einzelfall doch zugelassen werden kann.

Das Kündigungsverbot des § 17 MuSchG kann mit dem während der Elternzeit (§ 18 BEEG) konkurrieren. Überschneidungen gibt es, wenn die Arbeitnehmerin sofort oder innerhalb von 4 Monaten nach der Entbindung in Elternzeit geht, oder eine Arbeitnehmerin während der Elternzeit erneut schwanger wird. In solchen Fällen finden beide Schutzvorschriften nebeneinander Anwendung. Vor einer Kündigung sind dann folglich die Zustimmungen nach beiden Vorschriften erforderlich. Stellt der Arbeitgeber beide Anträge gleichzeitig, so sollte er klar zum Ausdruck bringen, dass die Zustimmungen nach beiden Vorschriften begehrt werden.

§ 17 Abs. 1 MuSchG erklärt eine Kündigung für unzulässig, wenn sie gegenüber einer Arbeitnehmerin während der Schwangerschaft oder bis zum Ablauf von 4 Monaten nach der Entbindung oder nach einer Fehlgeburt nach der 12. Schwangerschaftswoche ausgesprochen wird. Ausschlaggebend ist der Zeitpunkt, zu dem die Kündigungserklärung zugeht, nicht der Beendigungszeitpunkt.

Beispiel

Kündigungszugang während der Schwangerschaft

Schwangerschaft vom 1.2.2023 bis 31.10.2023, Schutz nach Entbindung vom 1.11.2023 bis 29.2.2024.

Kündigungszugang am 15.1.2023 zum 30.6.2023: wirksam, Arbeitsverhältnis endet am 30.6.2023.

Kündigungszugang am 15.2.2023 zum 30.6.2023: unwirksam, Arbeitsverhältnis besteht weiter.

Kündigungszugang am 15.2.2024 zum 30.6.2024: unwirksam, Arbeitsverhältnis besteht weiter.

Kündigungszugang am 1.3.2024 zum 30.6.2024: wirksam, Arbeitsverhältnis endet am 30.6.2024.

(Einhaltung der Kündigungsfristen jeweils unterstellt).

40.1.1 Beginn des Kündigungsverbots ab Eintritt der Schwangerschaft

Das Kündigungsverbot beginnt ab Eintritt der Schwangerschaft. Dieser Zeitpunkt ist auch maßgebend, wenn die Schwangerschaft erst später festgestellt wurde. Für die Ermittlung des genauen Beginns der Schwangerschaft ist zunächst von dem ärztlichen Zeugnis nach § 3 Abs. 1 Satz 3 MuSchG auszugehen. Darin ist der voraussichtliche Geburtstermin angegeben. Von diesem Tag an sind 280 Tage zurückzurechnen[564], wobei der voraussichtliche Tag der Entbindung nicht mitzuzählen ist.[565]

564 BAG, Urteil v. 24.11.2022, 2 AZR 11/22; BAG, Urteil v. 7.5.1998, 2 AZR 417/97.
565 BAG, Urteil v. 12.12.1985, 2 AZR 82/85.

Dem Arbeitgeber ist es aber unbenommen, den Beweiswert der ärztlichen Bescheinigung zu erschüttern und Umstände darzulegen – und im Prozess auch zu beweisen –, aufgrund derer es der wissenschaftlich gesicherten Erkenntnis widersprechen würde, von einer Schwangerschaft der Arbeitnehmerin bei Kündigungszugang auszugehen. Möglich ist dies beispielsweise durch ein Sachverständigengutachten, das belegt, dass die Nidation (Einnistung der Eizelle) erst zu einem späteren Zeitpunkt stattgefunden hat.[566]

Beispiel: Schwangerschaft zum Kündigungszeitpunkt

Die Arbeitnehmerin wird zum 1.2.2023 eingestellt. Am 20.6.2023 kündigt der Arbeitgeber das Arbeitsverhältnis zum 4.7.2023.

Danach legt die Arbeitnehmerin ein ärztliches Zeugnis vor, nach dem der voraussichtliche Geburtstermin der 25.3.2024 sein soll. Errechneter Beginn der Schwangerschaft: 280 Tage vor dem 25.3.2024, also am 19.06.2023. Die Kündigung ist also während der Schwangerschaft erfolgt.

Der Arbeitgeber kann versuchen, durch ein einzuholendes Gutachten zu beweisen, dass die Schwangerschaft erst nach dem 20.6.2023 begann.

40.1.2 Ende des Kündigungsverbots 4 Monate nach der Entbindung

Der Kündigungsschutz endet 4 Monate nach der Entbindung (oder 4 Monate nach einer Fehlgeburt nach der 12. Schwangerschaftswoche). Fristende ist der Tag, der durch seine Zahl dem Tag der Entbindung entspricht.

Beispiel: Ende des Kündigungsschutzes

Entbindung am 3.2., 15 Uhr, Ende des Kündigungsschutzes am 3.6. um 24 Uhr.

Hat die Arbeitnehmerin dem Arbeitgeber die Schwangerschaft oder die Entbindung nicht vor der Kündigung mitgeteilt, so kann sie die Mitteilung nach dem Zugang der Kündigung nachholen. Die Frist beträgt grundsätzlich 2 Wochen ab Zugang der Kündigung. Der Fristbeginn hängt nicht davon ab, dass die Schwangere ihre Schwangerschaft kennt.[567] Die Frist berechnet sich nach §§ 187, 188 BGB. Sie beginnt am Tag nach dem Zugang der Kündigung und endet 2 Wochen später am Tag, der dem des Kündigungszugangs entspricht. Auch bei der Mitteilung kommt es auf den Zugang an, eine rechtzeitige Absendung der Mitteilung genügt nicht.

Ausnahmsweise ist auch nach Ende der Frist eine Mitteilung möglich, wenn die Arbeitnehmerin die Säumnis nicht zu vertreten hat und die Mitteilung unverzüglich nachholt (§ 17 Abs. 1 Satz 2 MuSchG).

566 BAG, Urteil v. 7.5.1998, 2 AZR 417/97.
567 BAG, Urteil v. 13.6.1996, 2 AZR 736/95.

»Nicht zu vertreten« ist die Säumnis, wenn die Arbeitnehmerin ihre Schwangerschaft weder kennt, noch schuldhaft nicht kennt.

Liegt ein Fall nicht zu vertretender Säumnis vor, ist die Arbeitnehmerin gehalten, die Mitteilung an den Arbeitgeber unverzüglich nachzuholen. »Unverzüglich« heißt nicht »sofort«, sondern »ohne schuldhaftes Zögern« (§ 121 Abs. 1 Satz 1 BGB).

40.1.3 Behördliche ausnahmsweise Zulassung einer Kündigung

Die für den Arbeitsschutz zuständigen obersten Landesbehörden oder die von diesen bestimmten Stellen können nach § 17 Abs. 2 MuSchG die Kündigung durch den Arbeitgeber in besonderen Fällen ausnahmsweise für zulässig erklären.

Das Gesetz fordert, dass es sich dafür um besondere Fälle handelt, die nicht mit dem Zustand einer Frau während der Schwangerschaft, nach einer Fehlgeburt nach der 12. Schwangerschaftswoche oder nach der Entbindung in Zusammenhang stehen. »Besonderer Fall« ist nicht gleichbedeutend mit »wichtigem Grund«, wie er für die außerordentliche Kündigung erforderlich ist. Einerseits liegen die Anforderungen nicht so hoch: auch ein Grund, der nur eine ordentliche Kündigung rechtfertigt, kann einen besonderen Fall darstellen. Umgekehrt ist auch nicht jeder »wichtige Grund« automatisch ein »besonderer Fall«. Kriterium ist vielmehr, ob das vom Gesetzgeber hoch bewertete Interesse der Arbeitnehmerin am Erhalt des Arbeitsplatzes während der Schutzfrist im konkreten Einzelfall hinter das Beendigungsinteresse des Arbeitgebers zurücktreten muss.

Beispiel: Behördliche Zulassung der Kündigung

- Wirtschaftliche Lage des Arbeitgebers ist »ungünstig«.[568] Die Existenz des Arbeitgebers muss nicht schon gefährdet sein; die wirtschaftliche Belastung des Arbeitgebers durch die Erfüllung der Verpflichtungen aus dem Mutterschutzgesetz muss allerdings in die Nähe der Existenzgefährdung rücken.[569]
- Betriebsstilllegung[570], aber nicht, wenn die Arbeitnehmerin im Falle einer bloßen Teilstilllegung umgesetzt werden kann.
- Verfehlungen der Arbeitnehmerin. Ausnahmsweise kann das Bestandsschutzinteresse der Arbeitnehmerin auch in solchen Fällen Vorrang genießen, wenn wegen der besonderen seelischen Lage der Schwangeren Nachsicht erforderlich ist.

568 Hess. VGH, Urteil v. 24.1.1989, 9 UE 251/85.
569 BVerwG, Urteil v. 21.10.1970, VC 34.69.
570 BVerwG, Urteil v. 18.8.1977, V C 8.77.

Außerordentliche Kündigung
Bei außerordentlichen Kündigungen ist in doppelter Hinsicht Eile geboten: Statt die Kündigung innerhalb der 2-Wochenfrist des § 626 BGB zu erklären, muss der Arbeitgeber innerhalb der 2-wöchigen Frist die Zulässigerklärung beantragen. Nach der Zulässigerklärung der Kündigung muss er zunächst den Betriebsrat nach den Bestimmungen des § 102 BetrVG beteiligen.

Danach ist die Kündigung unverzüglich, ohne schuldhaftes Zögern (§ 121 BGB), auszusprechen. Die behördliche Zustimmung berechtigt den Arbeitgeber ab deren Zustellung zur Kündigung, es muss nicht erst Bestandskraft eintreten.[571]

40.1.4 Kündigungsschutz auch bei Vorbereitungsmaßnahmen

Gemäß § 17 Abs. 1 Satz 3 MuSchG sind auch innerhalb der Dauer des Kündigungsverbots vorgenommene Vorbereitungsmaßnahmen des Arbeitgebers im Hinblick auf die Kündigung unzulässig. Trifft der Arbeitgeber solche Vorbereitungsmaßnahmen während der Schutzfrist, ist die Kündigung gemäß § 134 BGB nichtig.

Da Interessenausgleichsverhandlungen nicht auf eine konkrete Kündigung zielen, könnte davon auszugehen sein, dass es sich dabei nicht um Vorbereitungsmaßnahmen i. S. d. § 17 MuSchG handelt.

40.2 Kündigung durch die Arbeitnehmerin

Das Kündigungsverbot des § 17 MuSchG gilt nur für die Kündigung des Arbeitgebers. Die Arbeitnehmerin kann nach den allgemein für ihr Arbeitsverhältnis geltenden Regeln – insbesondere unter Einhaltung der Kündigungsfrist – kündigen. Eine außerordentliche fristlose Kündigung der Arbeitnehmerin ist nach den üblichen Regeln nicht ausgeschlossen.

40.3 Auflösung des Arbeitsverhältnisses aus anderen Gründen

§ 17 MuSchG verbietet lediglich die Auflösung des Arbeitsverhältnisses durch Kündigung des Arbeitgebers. Andere Auflösungsinstrumente werden nicht geregelt. Sie sind daher nach den allgemeinen Regeln zulässig.

571 BAG, Urteil v. 17.6.2003, 2 AZR 245/02.

40.3.1 Befristeter Arbeitsvertrag

Befristete Verträge sind solche, die nur für eine begrenzte Dauer eingegangen werden. Befristungen von Arbeitsverhältnissen sind zunächst auf Grundlage des Gesetzes über Teilzeitarbeit und befristete Arbeitsverträge (TzBfG) möglich, auch mit Frauen, die bereits schwanger sind. Denn der Bestandsschutz nach § 17 MuSchG schützt nur die Arbeitnehmerin in einem bereits abgeschlossenen Arbeitsverhältnis vor schwangerschaftsbedingter Kündigung.

Ein Verbot, mit schwangeren Arbeitnehmerinnen ein befristetes Arbeitsverhältnis einzugehen, wäre eher beschäftigungshemmend als -fördernd. Es ist deshalb kein Grund ersichtlich, Befristungen grundsätzlich als unzulässig anzusehen. Der EuGH hat festgestellt, dass das Auslaufenlassen eines befristeten Vertrags auch gegenüber einer schwangeren Arbeitnehmerin grundsätzlich zulässig ist. In Einzelfällen kann sich aber solches Verhalten als Diskriminierung einer Schwangeren wegen des Geschlechts darstellen, insbesondere wenn Kettenbefristungen im Zusammenhang mit einer Schwangerschaft enden.[572]

Probearbeitsverhältnis und Schwangerschaft
Häufiger als die bewusste Einstellung einer Schwangeren dürfte der Fall sein, dass eine Schwangerschaft nicht bekannt ist oder erst nach Abschluss des Arbeitsvertrags eintritt. In der Probezeit gilt Folgendes:

- Automatischer Übergang von Probezeit in nachfolgendes Arbeitsverhältnis: Zumeist werden Arbeitsverhältnisse von Anfang an als unbefristetes Arbeitsverhältnis mit einer Probezeitvereinbarung ausgestaltet. Die Besonderheit der Probezeit erschöpft sich dann in der Verkürzung der Kündigungsfrist auf 2 Wochen gem. § 622 Abs. 3 BGB. Bei dieser Konstellation greift § 17 MuSchG, der Arbeitgeber kann ab Beginn der Schwangerschaft nur noch nach Maßgabe des § 17 MuSchG kündigen, das Arbeitsverhältnis geht im Übrigen folglich über die Probezeit hinaus.
- Echtes befristetes Probearbeitsverhältnis: Alternativ ist möglich, ein Probearbeitsverhältnis als befristetes Arbeitsverhältnis auszugestalten, das automatisch endet. Die Befristung muss ausdrücklich vorgenommen werden, sie ist gem. § 14 Abs. 1 Nr. 5 TzBfG ein zulässiger sachlicher Grund.

40.3.2 Aufhebungsvertrag

Aufhebungsverträge unterliegen nicht dem Verbot des § 17 MuSchG. Sie sind bei Beachtung des Schriftformerfordernisses (§ 623 BGB) ohne Weiteres zulässig.

572 EuGH, Urteil v. 4.10.2001, C-438/99.

40.3.3 Anfechtung des Arbeitsvertrags

Fehler beim Abschluss des Arbeitsvertrags können zu seiner Anfechtbarkeit führen. Das Kündigungsverbot des § 17 MuSchG wird auf die Anfechtbarkeit eines Arbeitsvertrags nicht ausgedehnt.

Die Anfechtbarkeit des Arbeitsverhältnisses richtet sich grundsätzlich nach den allgemeinen Regeln. Als Anfechtungsgrund kommt die unwahre Beantwortung einer Frage bei Einstellung nach der Schwangerschaft so gut wie nicht in Betracht.

41 Elternzeit: Anspruch, Antrag und Dauer

Autorin: Heike Jansen

Überblick

Das Bundeselterngeld- und Elternzeitgesetz gewährt Arbeitnehmern, zu ihrer Berufsbildung Beschäftigten sowie den in Heimarbeit Beschäftigten und den ihnen Gleichgestellten Elternzeit grundsätzlich bis zur Vollendung des 3. Lebensjahres des Kindes, wenn sie es selbst betreuen und erziehen.

Rechtsgrundlage ist das Bundeselterngeld- und Elternzeitgesetz (BEEG). Das (BEEG) ist in zwei Teile gegliedert. Im ersten Abschnitt werden Voraussetzungen und Zahlungsmodalitäten für das Elterngeld geregelt (§§ 1–14 BEEG). Die Elternzeit selbst ist im zweiten Abschnitt des Gesetzes festgeschrieben (§§ 15 ff. BEEG).

41.1 Begünstigter Personenkreis

Anspruch auf Elternzeit hat grundsätzlich jeder Arbeitnehmer (§ 15 Abs. 1 BEEG). Voraussetzung ist also, dass der Anspruchsberechtigte in einem Arbeitsverhältnis steht.

Keine Rolle spielt der Umfang der Arbeitsleistung. Teilzeitbeschäftigte haben ebenso Anspruch auf Elternzeit wie Vollzeitarbeitnehmer; auch geringfügig Beschäftigte (Mitarbeiter in Minijobs) können den Anspruch erlangen.

Unerheblich ist auch, ob der Arbeitnehmer in einem befristeten oder einem unbefristeten Arbeitsverhältnis steht. Allerdings verlängert die Inanspruchnahme von Elternzeit ein befristetes Arbeitsverhältnis nicht. Vielmehr endet mit dem vereinbarten Zeitpunkt und mit dem Ende des Arbeitsverhältnisses naturgemäß auch die Elternzeit.

Schließlich haben auch leitende Angestellte Anspruch auf Elternzeit.

Mehrere Arbeitsverhältnisse

Wer in mehreren Arbeitsverhältnissen beschäftigt ist, hat gegenüber jedem Arbeitgeber Anspruch auf Elternzeit. In solchen Fällen muss der Arbeitnehmer auch nicht etwa allen Arbeitgebern gegenüber gleichzeitig Elternzeit nehmen; solange er nicht die höchstzulässige Arbeitszeit während einer Elternzeit (32 Wochenstunden) überschreitet, kann er ein Arbeitsverhältnis weiterführen, während er für das andere Elternzeit geltend macht.

Arbeitgeberwechsel
Auch nach einem Arbeitgeberwechsel hat der Arbeitnehmer Anspruch auf Elternzeit gegenüber dem neuen Arbeitgeber; die Schutzbestimmungen (insbesondere auch Kündigungsschutz nach § 18 BEEG) gelten dann gegenüber dem neuen Arbeitgeber.[573] Es besteht jedoch eine Nachweispflicht über bereits genommene Elternzeit gegenüber dem neuen Arbeitgeber auf dessen Verlangen (§ 16 Abs. 1 Satz 9 BEEG).

Berufsausbildung und Heimarbeit
Neben Arbeitnehmern haben auch die zu ihrer Berufsausbildung Beschäftigten Anspruch auf Elternzeit (§ 20 Abs. 1 BEEG). Als Besonderheit verlängert sich bei ihnen das Ausbildungsverhältnis um die Dauer der Elternzeit. Eine Ausnahme gilt, wenn während der Elternzeit die Berufsausbildung nach § 7a des BBiG oder § 27b der HWO in Teilzeit durchgeführt wird (§ 20 Abs. 1 BEEG).

Ferner erstreckt § 20 Abs. 2 BEEG die Elternzeit auch auf die in Heimarbeit Beschäftigten und die ihnen Gleichgestellten.

41.2 Anspruchsvoraussetzungen

§ 15 BEEG zählt die weiteren Voraussetzungen für die Inanspruchnahme der Elternzeit auf:

Verhältnis des Kindes zum Anspruchsberechtigten
Das BEEG gewährt Anspruch auf Elternzeit nur, wenn der Arbeitnehmer in einem bestimmten familienrechtlichen Verhältnis zu dem zu erziehenden Kind steht.

In Betracht kommen:

- Leibliche Mutter und leiblicher Vater des Kindes, wenn ihnen die Personensorge zusteht. Sind die Eltern verheiratet, erfüllen sie beide die Voraussetzungen. Bei nicht Verheirateten steht das Sorgerecht und damit der Anspruch auf Elternzeit grundsätzlich der Mutter zu. Der Vater kann beides erwerben durch Heirat mit der Mutter, durch Adoption oder durch eine gemeinsam mit der Mutter vor dem Jugendamt oder einem Notar abzugebende Sorgeerklärung (§§ 1626a ff. BGB).
- Leibliche Mütter oder Väter, die kein Personensorgerecht für das zu erziehende Kind haben. In diesem Fall ist erforderlich, dass der sorgeberechtigte Elternteil die Zustimmung zur Erziehung und Betreuung des Kindes durch den nicht sorgeberechtigten Elternteil erteilt hat (§ 15 Abs. 1 Satz 2 BEEG).
- Adoptivmütter und Adoptivväter (§ 15 Abs. 1 Satz 1 Nr. 1b BEEG i. V. m. § 1 Abs. 3 BEEG).

573 BAG, Urteil v. 27.3.2003, 2 AZR 627/01; BAG, Urteil v. 11.3.1999, 2 AZR 19/98.

- Personen, die in der Probezeit vor der Adoption ein Kind pflegen (§ 15 Abs. 1 BEEG i. V. m. § 1 Abs. 3 Nr. 1 BEEG, § 1744 BGB) oder die im Rahmen der sozialrechtlichen Kinderhilfe ein Kind ohne familienrechtliches Personensorgerecht in Vollzeit pflegen (§ 15 Abs. 1 Satz 1 Nr. 1c BEEG, § 33 SGB VIII).
- Stiefmütter und Stiefväter; Personen also, deren Ehegatten Kinder in die Ehe eingebracht haben (§ 15 Abs. 1 Satz 1 Nr. 1b BEEG i. V. m. § 1 Abs. 3 Nr. 2 BEEG).
- In Härtefällen kann darüber hinaus Anspruch auf Elternzeit entstehen (§ 15 Abs. 1 Satz 1 Nr. 1b BEEG i. V. m. § 1 Abs. 4 BEEG). Härtefälle sind insbesondere Tod, schwere Krankheit oder Schwerbehinderung eines Elternteils.
- Großeltern kann unabhängig vom Vorliegen eines Härtefalls ein Anspruch auf Elternzeit zustehen, wenn der betreffende Großelternteil sein Enkelkind selbst betreut und erzieht und entweder ein Elternteil des Kindes minderjährig ist (§ 15 Abs. 1a Nr. 1 BEEG) oder sich in einer Ausbildung befindet, die vor Vollendung des 18. Lebensjahres begonnen wurde und die Arbeitskraft des Elternteils im Allgemeinen voll in Anspruch nimmt (§ 15 Abs. 1a Satz 1 Nr. 2 BEEG). Dieser Anspruch besteht nicht, wenn eines der Elternteile selbst Elternzeit beansprucht (§ 15 Abs. 1a Satz 2 BEEG), (z. B. als Auszubildender gemäß § 20 Abs. 1 BEEG); § 15 Abs. 3 BEEG, der die Anspruchskonkurrenz der beiden Elternteile regelt, findet keine Anwendung bei Großeltern.

Keinen Anspruch auf Elternzeit
Keinen Anspruch auf Elternzeit haben Personen, denen die Vormundschaft über das Kind übertragen wurde, und Personen, die die Pflegschaft im familienrechtlichen Sinn über das Kind ausüben und denen als Pfleger vom Vormundschaftsgericht auch die Personensorge übertragen wurde.

Leben in einem Haushalt
Anspruch auf Elternzeit hat der Arbeitnehmer nur, wenn er mit dem Kind in einem Haushalt lebt. Es kommt darauf an, dass Arbeitnehmer und Kind auf Dauer angelegt räumlich zusammenleben, also eine häusliche Gemeinschaft bilden. Diese Voraussetzung gilt auch für den Anspruch von Großeltern auf Elternzeit gemäß § 15 Abs. 1a BEEG.

Betreuung und Erziehung des Kindes
Anspruch auf Elternzeit hat nur, wer das Kind selbst betreut und erzieht (§ 15 Abs. 1 Satz 1 Nr. 2, § 15 Abs. 1a BEEG). Nicht erforderlich ist aber, dass der Arbeitnehmer in Elternzeit oder bei Großeltern der entsprechende Großelternteil »rund um die Uhr« das Kind betreut. Es wäre auch lebensfremd zu verlangen, dass der nicht in Elternzeit befindliche Ehegatte überhaupt nicht an der Erziehung und Betreuung des Kindes beteiligt werden darf. Im Übrigen können auch dritte Personen zur Unterstützung herangezogen werden.

Erwerbstätigkeit des anderen Elternteils nicht Voraussetzung
Das BEEG schließt den Anspruch auf Elternzeit nicht aus, wenn der andere Teil nicht erwerbstätig ist. Selbst wenn also der Ehepartner nicht arbeitet und die Erziehung des Kindes übernehmen kann, hat der Arbeitnehmer Anspruch auf Elternzeit.

Dies gilt nicht für die Elternzeit von Großeltern.

Gleichzeitige Elternzeit beider Elternteile möglich
Das Gesetz gestattet, dass beide Eltern zeitweise oder vollständig gemeinsam Elternzeit nehmen. Beide Elternteile sind je für sich zu betrachten (§ 15 Abs. 3 BEEG). § 15 Abs. 3 BEEG gilt nicht für Großeltern, wenn eines der Elternteile selbst Elternzeit beansprucht (§ 15 Abs. 1a Satz 2 BEEG).

Keine Teilzeittätigkeit von mehr als 32 Wochenstunden
Während der Elternzeit für ab dem 1.9.2021 geborene Kinder darf Teilzeittätigkeit bis zu 32 Wochenstunden ausgeübt werden. Für Eltern von bis zum 31.8.2021 geborenen Kindern gilt eine Begrenzung auf 30 Wochenstunden (§ 15 Abs. 4 Satz 1 BEEG). Hält der Arbeitnehmer diesen Rahmen nicht ein, so liegen die Voraussetzungen für Elternzeit nicht vor.

41.3 Beantragung der Elternzeit

Die Inanspruchnahme von Elternzeit setzt gemäß § 16 Abs. 1 BEEG einen schriftlichen (§ 126 BGB) Antrag des Anspruchsberechtigten gegenüber dem Arbeitgeber voraus. Der Arbeitgeber hat dem Arbeitnehmer die beantragte Elternzeit zu bescheinigen.

41.3.1 Antrag und Frist

Der Arbeitnehmer muss für die Beantragung der Elternzeit bestimmte Fristen einhalten.

- Für den Zeitraum bis zum vollendeten 3. Lebensjahr des Kindes muss der Antrag spätestens 7 Wochen vor Beginn der Elternzeit gestellt werden.
- Für den Zeitraum zwischen dem 3. Geburtstag und dem vollendeten 8. Lebensjahr des Kindes muss der Antrag spätestens 13 Wochen vor dem Beginn der Elternzeit dem Arbeitgeber vorliegen (§ 16 Abs. 1 Satz 1 Nr. 1, 2 BEEG). Aus § 16 Abs. 1 Satz 1 BEGG ergibt sich, dass der jeweils gesamte Elternzeitanspruch des betreffenden Zeitraums innerhalb der Fristen verlangt werden muss – also auch etwaige Teile nach Unterbrechungen.

Eine Versäumung der verschiedenen Fristen führt allerdings nicht dazu, dass überhaupt kein Anspruch auf Elternzeit entsteht. Vielmehr kann die Elternzeit erst später angetreten werden.

Erklärung zur Dauer der Elternzeit
Mit der Geltendmachung der Elternzeit muss der Arbeitnehmer gleichzeitig erklären, für welche Zeiten innerhalb von 2 Jahren er Elternzeit in Anspruch nehmen will (§ 16 Abs. 1 BEEG). Für später liegende Teile der Elternzeit innerhalb der ersten 3 Lebensjahre des Kindes gilt die o. g. Frist erneut, im Regelfall müssen weitere Elternzeiten innerhalb der ersten 3 Lebensjahre des Kindes also 7 Wochen vor dem geplanten Beginn verlangt werden. Entsprechendes gilt mit Blick auf die 13-Wochenfrist für die Elternzeit nach dem 3. Geburtstag bis zur Vollendung des 8. Lebensjahres des Kindes.

Für die Elternzeit der Mutter wird auf den 2-Jahreszeitraum die Dauer der Mutterschutzfrist des § 3 Abs. 1 und 2 MuSchG angerechnet. Nimmt die Mutter im Anschluss an die Mutterschutzfrist zunächst Erholungsurlaub, so wird auch diese Zeit auf den 2-Jahreszeitraum angerechnet (§ 16 Abs. 1 Sätze 4 u. 5 BEEG). Für den Vater gilt diese Sonderregel nicht.

Elternzeit schriftlich geltend machen
Der Arbeitnehmer muss die Elternzeit schriftlich verlangen. Nur wenn der Arbeitnehmer schriftlich fristgemäß die Elternzeit geltend macht und dabei die geplanten Zeiten innerhalb der ersten 2 Jahre angibt, liegt ein ordnungsgemäßes Verlangen von Elternzeit vor; anderenfalls kann die Elternzeit nicht angetreten werden.

Das Elternzeitverlangen erfordert die strenge Schriftform i. S. v. § 126 Abs. 1 BGB. Es muss deshalb von der Arbeitnehmerin oder dem Arbeitnehmer eigenhändig durch Namensunterschrift oder mittels notariell beglaubigten Handzeichens unterzeichnet werden. Eine E-Mail wahrt die von § 16 Abs. 1 Satz 1 BEEG vorgeschriebene Schriftform nicht und führt zur Nichtigkeit der Erklärung.[574]

41.3.2 Unterbrechungen und Wechsel der Elternzeit

Das BEEG betrachtet die Elternzeit von Vater und Mutter getrennt. Beide Elternteile haben gegen ihren Arbeitgeber Anspruch auf Elternzeit. Jeder Elternteil kann die gesamte Elternzeit im Block nehmen oder sie durch eine zwischenzeitliche Arbeitsphase in 3 Teile (§ 16 Abs. 1 Satz 6 BEEG) aufteilen. Nur mit Einverständnis des Arbeitgebers können auch mehr als die gesetzlich vorgegebenen 3 Teile je Elternteil gebildet werden (§ 16 Abs. 1 Satz 6, Halbsatz 2 BEEG). Ob beide Elternteile sich in der Elternzeit

574 BAG, Urteil v. 10.5.2016, 9 AZR 145/15.

abwechseln, ob sie parallel Blöcke bilden oder Zwischenlösungen finden, spielt keine Rolle.

Beispiel: Unterbrechung und Wechsel der Elternzeit

Die Mutter will im ersten Jahr, der Vater in den ersten 6 Monaten ab Geburt gemeinsam mit der Mutter, dann im zweiten Jahr allein und die Mutter wiederum im dritten Jahr Elternzeit nehmen: Die Mutter hat ihrem Arbeitgeber gegenüber die erste einjährige Elternzeit 7 Wochen vor deren Beginn, d. h. (bei der regelmäßig 8-wöchigen nachgeburtlichen Mutterschutzfrist) spätestens eine Woche nach der Geburt, zu verlangen, die Elternzeit im dritten Jahr kann sie 7 Wochen vor deren Beginn verlangen. Der Vater muss 7 Wochen vor Beginn seiner ersten Elternzeit von 6 Monaten gegenüber seinem Arbeitgeber sowohl die erste Elternzeit als auch die zweite, nach einem Jahr geplante Elternzeit verlangen.

41.3.3 Prüfungsmöglichkeiten des Arbeitgebers

Der Arbeitnehmer muss dem Arbeitgeber das Vorliegen der Anspruchsvoraussetzungen nach den allgemeinen Regeln darlegen und im Streitfall beweisen. Der Arbeitgeber kann sich in Zweifelsfällen an die Elterngeldstelle wenden; jene ist aber nicht zur Stellungnahme verpflichtet.

41.3.4 Bescheinigung des Arbeitgebers

Nach § 16 Abs. 1 Sätze 8 und 9 BEEG hat der Arbeitgeber dem Arbeitnehmer die beanspruchte Elternzeit zu bescheinigen. Der Arbeitnehmer hat nach der Formulierung der Gesetzesbestimmung einen Anspruch auf die Bescheinigung. Der Arbeitgeber kann allerdings ein Verlangen des Arbeitnehmers abwarten. Diese Bescheinigung hat der Arbeitnehmer im Falle eines Arbeitgeberwechsels dem neuen Arbeitgeber auf dessen Verlangen hin vorzulegen (§ 16 Abs. 1 Satz 9 BEEG).

41.4 Dauer der Elternzeit

Die Elternzeit beginnt frühestens mit der Geburt des Kindes. Sie endet grundsätzlich mit der Vollendung des 3. Lebensjahres.

Ein Anteil von bis zu 24 Monaten kann zwischen dem 3. und dem vollendeten 8. Lebensjahr des Kindes in Anspruch genommen werden (§ 15 Abs. 2 Satz 2 BEEG), kann aber auch vorzeitig beendet werden. Sie endet vorzeitig, wenn das Kind während der Elternzeit stirbt.

Elternzeit kann grundsätzlich bis zur Vollendung des 3. Lebensjahres und für den Zeitraum zwischen dem 3. Geburtstag und dem vollendeten 8. Lebensjahr des Kindes genommen werden (§ 15 Abs. 2 Satz 1 BEEG). Der beanspruchende Arbeitnehmer muss für den Zeitraum bis zur Vollendung des 3. Lebensjahres des Kindes kundtun, für welche Zeit innerhalb von 2 Jahren Elternzeit genommen werden soll (§ 16 Abs. 1 Satz 2 BEEG). Will der Arbeitnehmer Elternzeit für das 3. Jahr unmittelbar im Anschluss an die zunächst für 2 Jahre verlangte Elternzeit nehmen, hat der Arbeitgeber die Entscheidung über die Zustimmung nach billigem Ermessen zu treffen.[575]

Wechselt der Arbeitnehmer vor Antritt des auf die spätere Zeit übertragenen Teils der Elternzeit den Arbeitgeber, so ist der neue Arbeitgeber nicht an die Vereinbarung mit dem bisherigen Arbeitgeber gebunden.

41.4.1 Beginn der Elternzeit

Die Elternzeit beginnt frühestens mit der Geburt des Kindes.

Der Vater kann damit unmittelbar nach der Geburt des Kindes seine Elternzeit antreten, vorausgesetzt er hat einen entsprechend rechtzeitigen Antrag gestellt.

Die Mutter kann die Elternzeit unmittelbar nach Ablauf der Mutterschutzfrist des § 3 Abs. 2 und 3 MuSchG antreten, grundsätzlich also ab der 9. Woche nach der Geburt. Die Zeit der Mutterschutzfrist wird auf die Dauer der Elternzeit der Mutter angerechnet. Es ist ohne Weiteres möglich, die Elternzeit nicht unmittelbar im Anschluss an das Ende der Mutterschutzfristen, sondern erst später anzutreten.

41.4.2 Ende der Elternzeit

Die Elternzeit endet im Grundsatz spätestens einen Tag vor dem 3. Geburtstag des Kindes bzw. nach Ablauf des in der späteren Lebenszeit des Kindes genommenen Zeitraums spätestens einen Tag vor dessen 8. Geburtstag.

Bei befristetem Arbeitsverhältnis endet mit dem Arbeitsverhältnis auch die Elternzeit zum vereinbarten Beendigungszeitpunkt. Eine Verlängerung des befristeten Arbeitsverhältnisses tritt auch dann nicht ein, wenn die Elternzeit über den Befristungszeitpunkt hinaus beantragt wurde. Dies gilt auch dann, wenn der Arbeitgeber einer Verlängerung der Elternzeit zugestimmt hat.

---

575 BAG, Urteil v. 18.10.2011, 9 AZR 315/10.

Eine Sonderregelung gilt für den Fall, dass das Kind von dem Arbeitnehmer angenommen oder in Adoptions- oder Vollzeitpflege genommen wurde. In solchen Fällen kann Elternzeit von insgesamt 3 Jahren ab der Inobhutnahme des Kindes genommen werden. Im Übrigen gelten die Regelungen unverändert. In jedem Fall ist das spätest mögliche Ende der Elternzeit die Vollendung des 8. Lebensjahres des Kindes.

41.4.2.1 Elternzeit bei mehreren Kindern

Bei mehreren Kindern besteht der Elternzeitanspruch für jedes Kind getrennt, auch wenn sich mögliche Elternzeitansprüche überschneiden (§ 15 Abs. 2 Satz 4 BEEG). Dies gilt bei Mehrlingsgeburten ebenso wie bei Geburten weiterer Kinder innerhalb der 3-jährigen Elternzeit für das früher geborene Kind.

Bei der Geburt eines weiteren Kindes innerhalb der Elternzeit kommt es folglich zu Überlagerungen. Die Elternzeiten können nicht ohne Rücksicht auf das Alter der Kinder zu dem höchstmöglichen Zeitraum addiert werden. Insoweit gilt:

41.4.3 Verlängerung

Über das spätestmögliche Ende der Elternzeit hinaus kann Elternzeit in keinem Fall verlängert werden.

Hat der Arbeitnehmer Elternzeit für eine kürzere als die höchstmögliche Zeit verlangt, so kann die Elternzeit nur mit Zustimmung des Arbeitgebers verlängert werden (§ 16 Abs. 3 Satz 1 BEEG). Die Frist von 7 Wochen gilt nicht für das Verlängerungsbegehren nach § 16 Abs. 3 Satz 1 BEEG, sondern nur für die Inanspruchnahme der Elternzeit gemäß § 16 Abs. 1 Satz 1 BEEG.[576]

Ist die Arbeitnehmerin wieder schwanger, kann die Elternzeit zur Inanspruchnahme der Schutzfristen nach dem Mutterschutzgesetz auch ohne die Zustimmung des Arbeitgebers vorzeitig beendet werden (§ 16 Abs. 3 Satz 3 BEEG). In diesen Fällen soll die Arbeitnehmerin dem Arbeitgeber die Beendigung der Elternzeit rechtzeitig mitteilen.

Nur in einem Ausnahmefall hat der Arbeitnehmer gegen den Arbeitgeber sogar einen Anspruch auf Verlängerung der Elternzeit. Dies ist der Fall, wenn ein vorgesehener Wechsel in der Anspruchsberechtigung (z. B. Mutter – Vater) aus einem wichtigen Grund nicht erfolgen kann (§ 16 Abs. 3 Satz 4 BEEG). Der wichtige Grund muss so

576 BAG, Urteil v. 18.10.2011, 9 AZR 315/10.

schwerwiegend sein, dass die Pflege und Betreuung des Kindes nicht sichergestellt werden können.

41.4.4 Verkürzung der Elternzeit

Die Elternzeit kann verkürzt werden, wenn der Arbeitgeber zustimmt (§ 16 Abs. 3 Satz 1 BEEG). Wenn der Arbeitnehmer eine Verkürzung der Elternzeit vom Arbeitgeber begehrt, muss er den Antrag nicht von sich aus begründen.

Der Arbeitgeber ist – bis auf die unten beschriebenen Ausnahmen – nicht verpflichtet, dem Wunsch auf Verkürzung der Elternzeit nachzukommen. Da er den Rückkehrwunsch allerdings nicht willkürlich ablehnen darf, kann er vom Arbeitnehmer eine Begründung des Rückkehrwunsches verlangen.

Tipp: Frühere Rückkehr auf Wunsch ermöglichen

Eine Ablehnung des Wunsches eines Mitarbeiters, vorzeitig aus der Elternzeit zurückzukehren, sollte gründlich abgewogen werden. Er kann in diesem Fall eine Teilzeittätigkeit bei seinem Arbeitgeber verlangen.

In 2 Fällen kann der Arbeitgeber seine Zustimmung zur vorzeitigen Beendigung der Elternzeit allerdings *nur aus dringenden betrieblichen* Gründen verweigern (§ 16 Abs. 3 Satz 2 BEEG i.V.m. § 5 Abs. 1 Satz 3 BEEG):

Fall 1: Wegen der Geburt eines weiteren Kindes. Dies setzt die tatsächliche Entbindung eines weiteren Kindes voraus und meint nicht einen Zeitpunkt, der noch in der Schwangerschaft mit dem weiteren Kind liegt.[577] Befindet sich der Vater in dieser Zeit in Elternzeit, so kann er nach Maßgabe der oben beschriebenen Rahmenbedingungen folglich seine Elternzeit abbrechen und später wieder aufnehmen. So können Restelternzeit für das erste Kind und Elternzeit für das zweite Kind kombiniert werden. In diesen Fällen soll die Arbeitnehmerin dem Arbeitgeber die Beendigung der Elternzeit rechtzeitig mitteilen.

Fall 2: Besonderer Härte: Beispielhaft, aber nicht abschließend, sind diese in § 16 Abs. 3 Satz 2 BEEG mit »Eintritt einer schweren Krankheit, Schwerbehinderung oder Tod eines Elternteils oder eines Kindes der berechtigten Person oder bei erheblich gefährdeter wirtschaftlicher Existenz der Eltern nach Inanspruchnahme der Elternzeit« genannt.

577 BAG, Urteil v. 8.5.2018, 9 AZR 8/18.

Dem Wunsch auf Verkürzung der Elternzeit entgegenstehende dringende betriebliche Gründe

- Die Gründe sind betriebliche, wenn sie im Betrieb des Arbeitgebers angesiedelt sind.
- Die Verkürzung der Elternzeit muss ferner zu einer erheblichen Beeinträchtigung der Organisation oder der betrieblichen Abläufe führen (dringende betriebliche Gründe).

Der Arbeitgeber kann in den beiden Fällen des Satzes 2 die vorzeitige Beendigung der Elternzeit nur innerhalb von 4 Wochen schriftlich ablehnen. Die 4-Wochenfrist beginnt mit Zugang des Verkürzungsbegehrens zu laufen.[578] Lehnt der Arbeitgeber die vorzeitige Beendigung nicht form- und fristgerecht oder nicht mit hinreichenden Gründen ab, so wird die Elternzeit nach Ansicht des BAG automatisch beendet.[579]

Im Fall der vorzeitigen Beendigung nach den vorstehenden Regeln verfällt der restliche Elternzeitanspruch nicht. Er kann vielmehr im Rahmen der allgemeinen Regeln zu späterer Zeit wieder genommen werden.[580]

Tod des Kindes

Stirbt das Kind, für das Elternzeit genommen wurde, so endet die Elternzeit nach § 16 Abs. 4 BEEG spätestens 3 Wochen nach dem Tod des Kindes.

578 BAG, Urteil v. 21.4.2009, 9 AZR 391/08.
579 BAG, Urteil v. 21.4.2009, 9 AZR 391/08.
580 BAG, Urteil v. 21.4.2009, 9 AZR 391/08.

42 Elternzeit: Auswirkungen auf das Arbeitsverhältnis

Autorin: Heike Jansen

Überblick

Die Inanspruchnahme der Elternzeit hat Auswirkungen auf die Hauptleistungspflichten der Arbeitsvertragsparteien für die Dauer der Inanspruchnahme. Grundsätzlich gilt, dass der Arbeitnehmer nicht arbeiten muss und der Arbeitgeber sämtliche Leistungen, die zum Arbeitsentgelt zählen, nicht erbringen muss. Besonderheiten gilt es beim Erholungsurlaub zu beachten.

Rechtsgrundlage ist das Bundeselterngeld- und Elternzeitgesetz (BEEG).

Die Elternzeit führt zum Ruhen des Arbeitsverhältnisses. Dies wirkt sich auf die Ansprüche des Arbeitnehmers auf Geldleistungen, Sachbezüge, Urlaub, Gratifikationen, vermögenswirksame Leistungen und die Entgeltfortzahlung im Krankheitsfall sowie die betriebliche Altersversorgung aus.

Nach der Rückkehr des Arbeitnehmers stellt sich häufig die Frage, ob ein Anspruch auf denselben oder nur einen gleichwertigen Arbeitsplatz besteht.

42.1 Ruhen des Arbeitsverhältnisses

Die Auswirkungen der Elternzeit auf das Arbeitsverhältnis sind nur teilweise geregelt. Allgemein gilt, dass die Leistungspflichten aus dem Arbeitsverhältnis während der Dauer der Elternzeit ruhen. Der Arbeitnehmer muss keine Arbeitsleistung erbringen, der Arbeitgeber kein regelmäßiges Arbeitsentgelt zahlen (Ausnahme: Teilzeitarbeit in der Elternzeit). Arbeitsrechtliche Nebenpflichten wie z. B. die Geheimhaltungs- und Verschwiegenheitspflicht bleiben jedoch bestehen. Verletzt der Arbeitnehmer solche Pflichten während der Elternzeit schuldhaft, so entsteht ein Schadensersatzanspruch des Arbeitgebers, auch die Kündigung des Arbeitsverhältnisses kommt in Betracht.

42.2 Rückkehr auf denselben Arbeitsplatz?

Das Ruhen des Arbeitsverhältnisses endet mit Ablauf der Elternzeit. Die Leistungspflichten leben in vollem Umfang wieder auf. Der Arbeitnehmer muss folglich ohne gesonderte Aufforderung durch den Arbeitgeber in den Betrieb zurückkehren. Er hat jedoch keinen Anspruch auf seinen alten Arbeitsplatz, selbst wenn dieser noch besteht. Der Arbeitnehmer hat lediglich Anspruch, entsprechend den Abmachungen in seinem Arbeitsvertrag beschäftigt zu werden. Im Rahmen des Direktionsrechts (§ 106 GewO) kann ihn der Arbeitgeber auf allen Arbeitsplätzen einsetzen, auf denen der Arbeitnehmer die arbeitsvertraglich vereinbarte Leistung erbringen kann.

Der Arbeitnehmer hat nach dem BEEG keinen Anspruch auf Umwandlung eines früheren Vollzeitarbeitsverhältnisses in ein Teilzeitarbeitsverhältnis. Auch wenn der Arbeitnehmer während der Elternzeit in Teilzeit gearbeitet hat, hat er nach Ende der Elternzeit kein Wahlrecht, obwohl § 15 Abs. 5 Satz 4 BEEG von einem »Recht« des Arbeitnehmers spricht, »nach der Elternzeit zu der Arbeitszeit zurückzukehren, die er vor Beginn der Elternzeit hatte«. Denn das BEEG will nur die von ihm erfasste Zeit der Kindererziehung regeln, nicht aber die gesamte Folgezeit des Arbeitsverhältnisses. Für die Zeit nach Ende der Elternzeit richtet sich ein Anspruch auf Arbeitszeitreduzierung ausschließlich nach § 8 oder § 9a TzBfG.

Befristete Arbeitsverhältnisse, die nicht schon während der Elternzeit endeten, enden ohne Verlängerung um die Zeit der Elternzeit mit dem vereinbarten Beendigungszeitpunkt. Ausnahme: Berufsausbildungsverhältnisse verlängern sich hingegen automatisch um die Zeit der Elternzeit (§ 20 Abs. 1 Satz 2 BEEG).

42.3 Geldleistungen

Mit dem Ruhen der Hauptleistungspflichten ruht auch die Pflicht, das regelmäßige Arbeitsentgelt zu zahlen.

Die Tarifvertragsparteien dürfen auch künftige Leistungen um die Zeiten des Ruhens des Arbeitsverhältnisses infolge Elternzeit kürzen. Allerdings muss die Kürzung im Hinblick auf den Leistungszweck gerechtfertigt gewesen sein. So können beispielsweise Zuwendungen an die Zeit der Betriebszugehörigkeit geknüpft und gleichzeitig festgelegt werden, dass Zeiten nicht zu berücksichtigen sind, in denen das Arbeitsverhältnis ruht (u.a. Elternzeit). Dafür muss sich aus der Regelung ergeben, dass sie z.B. den Zuwachs an Erfahrungswissen für das Unternehmen (oder eine andere nur bei Anwesenheit zu erbringende Leistung) honorieren will.[581]

581 BAG, Urteil v. 21.5.2008, 5 AZR 187/07.

43 Elternzeit: Besonderer Kündigungsschutz

Autorin: Heike Jansen

Überblick

Arbeitnehmer, die Elternzeit nehmen, werden vor Kündigungen durch den Arbeitgeber weitgehend geschützt. Ohne die Zulässigkeitserklärung der Kündigung durch Behörden kann eine Kündigung nicht ausgesprochen werden; sie ist unwirksam.

Rechtsgrundlage ist § 18 Bundeselterngeld- und Elternzeitgesetz (BEEG).

Zu unterscheiden ist zwischen der Kündigung durch den Arbeitgeber und der Beendigung des Arbeitsverhältnisses durch den Arbeitnehmer.

43.1 Kündigungsschutz bei arbeitgeberseitiger Kündigung

43.1.1 Persönlicher Geltungsbereich

Der Kündigungsschutz gilt für alle Arbeitnehmer, einschließlich der zu Berufsbildung oder in Heimarbeit Beschäftigten sowie diesen Gleichgestellten (§ 20 BEEG), die sich in einer Elternzeit im Sinne des BEEG befinden. Er gilt sowohl für Vollzeit-, als auch für Teilzeitbeschäftigte.

43.1.2 Voraussetzungen

Der Kündigungsschutz greift grundsätzlich nur, wenn die Voraussetzungen für die Elternzeit nach dem BEEG vorliegen und das Arbeitsverhältnis durch das Verlangen des Arbeitnehmers nach Elternzeit bzw. dessen Antritt modifiziert wurde.

Während des besonderen Kündigungsschutzes als Arbeitnehmer in der Elternzeit darf eine Kündigung nicht ausgesprochen werden. Eine Kündigungserklärung, die dem Arbeitnehmer während der Elternzeit oder des Schutzzeitraums davor zugeht, ist unwirksam. Das gilt auch dann, wenn der Beendigungszeitpunkt, also das Ende der Kündigungsfrist, außerhalb der Elternzeit liegt.

Kündigt der Arbeitgeber aber vor der Inanspruchnahme der Elternzeit bzw. vor Beginn des »Antragsschutzzeitraums«, so beendet die Kündigung grundsätzlich das Arbeitsverhältnis, auch wenn bei Auslaufen der Kündigungsfrist die Elternzeit begonnen hat. Diese Kündigung kann aber dennoch aus anderen Gründen unwirksam sein.

Wusste der kündigende Arbeitgeber nichts vom Sonderkündigungsschutz, muss sich der Arbeitnehmer nach einer Ansicht in der Rechtsprechung analog § 17 Abs. 1 Satz 1 MuSchG unverzüglich innerhalb von 2 Wochen auf den Sonderkündigungsschutz wegen Elternzeit berufen.[582]

43.1.3 Dauer des besonderen Kündigungsschutzes

Der Kündigungsschutz nach § 18 BEEG beginnt bereits vor Antritt der Elternzeit, und zwar grundsätzlich **ab** dessen **Geltendmachung durch den Arbeitnehmer**. Für dieses Verlangen kommt es auf den Zugang der Erklärung beim Arbeitgeber an.

Die Vorverlegung des Kündigungsschutzes vor die Elternzeit ist allerdings zeitlich auf 8 Wochen (vor dem tatsächlichen Beginn der Elternzeit) begrenzt, soweit der Arbeitnehmer Elternzeit für die Zeit bis zum vollendeten 3. Lebensjahr des Kindes in Anspruch nimmt (»reguläre Elternzeit«) oder soweit der Arbeitnehmer Elternzeit zwischen dem 3. Geburtstag und dem vollendeten 8. Lebensjahr des Kindes in Anspruch nimmt (»übertragene Elternzeit«), auf 14 Wochen vor Beginn der Elternzeit begrenzt (§ 18 Abs. 1 Satz 2 BEEG 2015).

Der Kündigungsschutz endet erst mit Ende der Elternzeit.

43.1.4 Behördliche Zulassung der Kündigung

Während der Dauer des Kündigungsschutzes nach § 18 BEEG ist eine Kündigung nur möglich, wenn die oberste Landesbehörde die Kündigung auf Antrag des Arbeitgebers zuvor für zulässig erklärt hat. Eine ohne vorherige Zulässigkeitserklärung ausgesprochene Kündigung ist rechtsunwirksam.

Dauerhafte Betriebsstilllegung
In einer allgemeinen Verwaltungsvorschrift zu § 18 BEEG hat die Bundesregierung festgelegt, unter welchen Voraussetzungen die Behörden eine Kündigung zulassen können. Die Behörden handhaben das Verbot sehr restriktiv. Bei einer dauerhaften Betriebsstilllegung haben die Behörden jedoch regelmäßig die Zustimmung zur Kündigung zu erteilen.

Wenn die Zustimmung zur Kündigung erteilt wird, kann sie – außer bei ihrer Nichtigkeit – nur vor den Verwaltungsgerichten angefochten werden; die Arbeitsgerichte sind an diese Verwaltungsakte gebunden.[583]

582 LAG Mecklenburg-Vorpommern, Urteil v. 21.10.2009, 2 Sa 204/09.
583 BAG, Urteil v. 20.1.2005, 2 AZR 500/03; BAG, Urteil v. 17.6.2003, 2 AZR 404/02.

43.1.5 Verhältnis zum sonstigen Kündigungsrecht

Neben dem Kündigungsschutz nach § 18 BEEG gelten die allgemeinen Vorschriften, insbesondere das Kündigungsschutzgesetz. Außerdem greifen andere Sonderkündigungsbestimmungen, wenn deren Voraussetzungen vorliegen.

43.2 Kündigung durch den Arbeitnehmer

Der Arbeitnehmer bedarf für die Kündigung seines Arbeitsverhältnisses keines Kündigungsgrundes. Er hat jedoch immer die für ihn geltenden Kündigungsfristen einzuhalten.

Er hat stets die für ihn einseitig zwingende Kündigungsfrist von 3 Monaten einzuhalten, unabhängig davon, ob die für sein Arbeitsverhältnis sonst maßgebliche gesetzliche oder (tarif-)vertragliche Frist länger oder kürzer wäre. Sinn und Zweck dieser Regelung ist die Sicherung der nahtlosen Betreuung des Kindes bei gleichzeitiger Wahrung einer angemessenen Frist für den Arbeitgeber.

44 Elternzeit: Befristeter Arbeitsvertrag mit Ersatzkraft

Autorin: Heike Jansen

Überblick

Während der Elternzeit des Arbeitnehmers kann der Arbeitgeber einen befristeten Arbeitsvertrag mit einer Ersatzkraft abschließen.

Rechtsgrundlage ist § 21 Bundeselterngeld- und Elternzeitgesetz (BEEG).

44.1 Kein sachlicher Grund für die Befristung

§ 21 BEEG gestattet, für eine schwangere Mitarbeiterin, eine Mitarbeiterin in der Mutterschutzzeit bzw. für eine Mitarbeiterin oder einen Mitarbeiter in Elternzeit eine Ersatzkraft befristet einzustellen. Für die Befristung des Arbeitsverhältnisses bedarf es keines sachlichen Grundes i. S. v. § 14 Abs. 1 TzBfG; dieser liegt vielmehr in der Vertretung gemäß § 21 BEEG. Auch die Voraussetzungen für eine sachgrundlose Befristung nach § 14 Abs. 2 TzBfG müssen nicht vorliegen.

Es ist nicht notwendig, dass die Vertretungskraft gerade auf dem Arbeitsplatz des Arbeitnehmers in Elternzeit eingesetzt wird. Sie muss auch nicht mit den gleichen Arbeitsaufgaben betraut werden. Vielmehr ist ausreichend, wenn zwischen dem **Ausfall des Mitarbeiters** in Elternzeit und dem dadurch hervorgerufenen **Vertretungsbedarf** ein **ursächlicher Zusammenhang** besteht.[584]

Beispiel: Ursächlicher Vertretungsbedarf

Die Chefsekretärin nimmt Elternzeit. Eine Abteilungssekretärin wird vertretungshalber auf den Arbeitsplatz der Chefsekretärin versetzt. Es kann eine Vertretung für die Abteilungssekretärin gesucht werden, sofern diese Arbeit nicht besondere Qualifikationen erfordert, die die Chefsekretärin nicht hatte.

In den meisten Fällen wird die Einstellung (zunächst) nur als Aushilfe angestrebt sein. Bei Abschluss des befristeten Vertrags sollte dann sichergestellt werden, dass das Arbeitsverhältnis sowohl bei – ggf. auch vorzeitiger – Rückkehr des Arbeitnehmers aus der Elternzeit als auch dann endet, wenn der Arbeitnehmer nicht aus der Elternzeit in das Arbeitsverhältnis zurückkehrt.[585]

584 BAG, Urteil v. 10.10.2012, 7 AZR 462/11.

585 Zur Vertragsgestaltung BAG, Urteil v. 22.4.2009, 7 AZR 768/07.

Formulierungsvorschlag: Schwangerschafts-/Elternzeitvertretung

Die Einstellung erfolgt ab dem … als Schwangerschafts-/Elternzeitvertretung für Frau M. Die Einstellung erfolgt zunächst für die Dauer der Mutterschutzfristen von Frau M. und für den Fall, dass Frau M. Elternzeit in Anspruch nehmen sollte, bis zum Ende der Elternzeit. Kehrt Frau M. nach Ablauf der gesetzlichen Mutterschutzfristen an ihren Arbeitsplatz zurück, endet das Arbeitsverhältnis zu diesem Zeitpunkt, ohne dass es einer Kündigung bedarf. Nimmt Frau M. Elternzeit, so endet das Arbeitsverhältnis mit dem Ende der Elternzeit, spätestens jedoch am …, ohne dass es insoweit einer Kündigung bedarf.

44.2 Höchstdauer für die Befristung

Die Befristung darf nicht nur die Zeiten der Mutterschutzfristen sowie die Zeiten der gesetzlichen Elternzeit abdecken. Vielmehr ist die Befristung auch für notwendige Zeiten einer Einarbeitung der Vertretungskraft zulässig (§ 21 Abs. 1 und 2 BEEG).

Die Dauer des Arbeitsverhältnisses darf jedoch nicht an der gesetzlich zulässigen Höchstdauer der Elternzeit ausgerichtet werden. Es muss sich vielmehr an der tatsächlich in Anspruch genommenen Elternzeit ausrichten.

44.3 Kündigung des Aushilfsarbeitsverhältnisses

Wird das Arbeitsverhältnis mit der Ersatzkraft als befristetes abgeschlossen, so ist grundsätzlich eine ordentliche Kündigung ausgeschlossen (§ 15 Abs. 3 TzBfG, § 620 BGB). Nach allgemeinen Regeln ist lediglich die außerordentliche Kündigung aus wichtigem Grund möglich. Die Arbeitsvertragsparteien können jedoch wie bei jedem befristeten Arbeitsverhältnis ausdrücklich vereinbaren, dass das Arbeitsverhältnis auch während des Laufs durch ordentliche Kündigung beendet werden kann.

45 Teilzeitarbeit: Arbeit auf Abruf

Autor: Dr. Christian Schlottfeldt

Überblick

Unter flexibler Teilzeitarbeit versteht man in erster Linie die flexible Handhabung der Teilzeit-Arbeitszeiten, d.h. Umfang und/oder Lage und Verteilung der vereinbarten Arbeitszeit sind nicht abschließend vertraglich festgelegt. Bei der Vereinbarung einer Teilzeitbeschäftigung mit Arbeit auf Abruf ist es sogar möglich, den Umfang der vom Arbeitnehmer geschuldeten Arbeitszeit variabel zu gestalten.

Arbeitsrechtliche Fragestellungen entstehen bei (flexibler) Teilzeitarbeit, insbesondere bei der Entgeltfortzahlung im Krankheitsfall und der Berechnung des Urlaubsanspruchs sowie des Urlaubsentgelts bzw. Urlaubsgeldes.

Die Arbeit auf Abruf ist gesetzlich im Teilzeit- und Befristungsgesetz (TzBfG) geregelt. § 12 TzBfG enthält zum Schutz des betroffenen Arbeitnehmers Vorgaben und Beschränkungen bei der Anwendung.

45.1 Definition der Arbeit auf Abruf

Der Begriff »Arbeit auf Abruf« ist in § 12 Abs. 1 Satz 1 TzBfG definiert. Sie liegt dann vor, wenn Arbeitgeber und Arbeitnehmer vereinbaren, dass der Arbeitnehmer seine Arbeitsleistung entsprechend dem Arbeitsanfall zu erbringen hat.

Gemäß § 1 Abs. 2 Nr. 9 NachwG hat der Arbeitgeber folgende wesentlichen Arbeitsbedingungen dem auf Abruf beschäftigten Arbeitnehmer nachzuweisen:

1. Die Vereinbarung, dass der Arbeitnehmer seine Arbeitsleistung entsprechend dem Arbeitsanfall zu erbringen hat,
2. die Zahl der mindestens zu vergütenden Stunden,
3. den Zeitrahmen, bestimmt durch Referenztage und Referenzstunden, der für die Erbringung der Arbeitsleistung festgelegt ist,
4. die Frist, innerhalb derer der Arbeitgeber die Lage der Arbeitszeit im Voraus mitzuteilen hat.

45.2 Mindest-Arbeitszeitvolumen und maximal zulässige zusätzlich abrufbare Arbeitszeit

Arbeitgeber und Arbeitnehmer müssen für die Arbeit auf Abruf im Arbeitsvertrag ein bestimmtes Mindest-Arbeitszeitvolumen vereinbaren. Die Vertragsparteien sind dabei in der Wahl der zeitlichen Bemessungsgrenze frei, d.h. sie können eine tägliche, wöchentliche oder jährliche Arbeitszeit vereinbaren. Im Rahmen dieser Vereinbarung kann der Arbeitgeber die Arbeitsleistung unter Einhaltung der weiteren Voraussetzungen abrufen.

Haben die Vertragsparteien kein bestimmtes Arbeitszeitvolumen vereinbart, gilt gemäß § 12 Abs. 1 Satz 3 TzBfG eine wöchentliche Arbeitszeit von 20 Stunden als Vertragsinhalt. In einem Tarifvertrag kann ein abweichender Wert der »Standardarbeitszeit« festgelegt werden (§ 12 Abs. 6 TzBfG).

Achtung: Überschreiten der Geringfügigkeitsgrenze

Bei einer wöchentlichen Arbeitszeit von 20 Stunden droht bei Minijobbern die Gefahr, dass die Geringfügigkeitsgrenze überschritten wird und so ein sozialversicherungspflichtiges Beschäftigungsverhältnis begründet wird. Die Sozialversicherungsträger können dann die nicht geleisteten Sozialversicherungsbeiträge bzw. der Arbeitnehmer Lohn nachfordern.

Mindestarbeitszeit und zulässige Bandbreitenklausel

Arbeitgeber und Arbeitnehmer können im Rahmen eines Abrufarbeitsvertrags auch nur ein Mindest-Arbeitszeitvolumen vereinbaren, das nach Entscheidung des Arbeitgebers je nach Arbeitsanfall erhöht werden kann. Die zusätzlich abgerufene Arbeitszeit ist entsprechend der tatsächlichen Leistung zu vergüten. Strukturell handelt es sich also um ein »Mehrarbeitsdeputat«, zu dem der Arbeitnehmer durch eine solche Klausel verpflichtet ist. Man könnte insoweit auch von »doppelter Abrufarbeit« sprechen: Sowohl das Arbeitszeitvolumen als auch Lage und Verteilung der Arbeitszeit sind variabel.

Allerdings legt das Teilzeit- und Befristungsgesetz für derartige »Bandbreitenklauseln« Grenzen fest, die im Interesse der Vermeidung einer unzumutbaren Verlagerung des Betriebsrisikos auf den Arbeitnehmer und zur Wahrung seiner berechtigten Interessen an der Planbarkeit von Arbeitszeit und Freizeit einzuhalten sind. So darf gemäß § 12 Abs. 2 Satz 1 TzBfG das zusätzlich abrufbare Arbeitszeitvolumen maximal 25% des vereinbarten Mindestarbeitszeitvolumens betragen.

Beispiel: Mindestarbeitszeit und zulässige »Bandbreitenklausel« für zusätzlich abrufbare Arbeitszeit

Im Rahmen eines Abrufarbeitsvertrags wird eine »Sockelarbeitszeit« von 20 Wochenstunden festgelegt und darüber hinaus ein vom Arbeitgeber einseitig abrufbares Arbeitszeitvolumen von bis zu 25% der Mindestarbeitszeit, d. h. von bis zu 5 Stunden/Woche vereinbart. Je nach Abruf durch den Arbeitgeber erhält der Arbeitnehmer eine geringere oder höhere Vergütung; es ist aber mindestens die für die Mindestarbeitszeit von 20 Wochenstunden festgelegte Vergütung zu zahlen.

Absenkungsoption bis zur Sockel-Arbeitszeit

Auch eine Verringerung der vereinbarten Wochenarbeitszeit ist zulässig. In diesem Fall ist ebenfalls eine Sockel-Arbeitszeit als Untergrenze zu vereinbaren. Die Differenz zwischen der vereinbarten Arbeitszeit und der Sockel-Arbeitszeit darf wiederum maximal 25% (auf Basis der Sockel-Arbeitszeit) betragen, also 20% auf Basis der vereinbarten Arbeitszeit-Obergrenze (§ 12 Abs. 2 Satz 2 TzBfG). Vereinbart der Arbeitgeber eine solche Absenkungsoption, so muss er mindestens die Sockel-Arbeitszeit abrufen. Die Arbeitszeit kann jedoch auch in diesem Fall im Rahmen betrieblicher Regelungen (Zeitkonten) flexibel verteilt werden, sodass nicht in jeder Woche »punktgenau« die Sockel-Arbeitszeit gearbeitet werden muss.

Beispiel: Absenkungsoption

Im Rahmen eines Abrufarbeitsvertrags wird eine Wochenarbeitszeit von 20 Wochenstunden festgelegt, die nach einseitiger Entscheidung des Arbeitgebers auf bis zu 16 Stunden/Woche abgesenkt werden kann. Je nach Abruf durch den Arbeitgeber erhält der Arbeitnehmer eine geringere oder höhere Vergütung; es ist aber mindestens die für die Sockel-Arbeitszeit von 16 Wochenstunden festgelegte Vergütung zu zahlen. Ausgehend von dieser Mindestarbeitszeit von 16 Stunden/Woche ergibt sich wiederum ein Korridor von 25% (16h × 25% = 4h) flexibel bestimmbarer Arbeitszeit.

Unzulässige Vertragsgestaltung

Bestimmte Arten der Vereinbarung von Abrufarbeit sind jedoch unzulässig. Dies betrifft insbesondere den Ausschluss der Lohnzahlung für bestimmte Zeiträume. Es kann nicht wirksam vereinbart werden, dass der Arbeitgeber sich das Recht vorbehält, den Beschäftigungsgrad (und damit den Lohnanspruch) des Arbeitnehmers einseitig unter die vereinbarte Mindestarbeitszeit zu reduzieren.

Beispiel: Unzulässige Vertragsgestaltung

Der Arbeitnehmer wird ausschließlich von März bis Mai und von September bis November des Jahres angefordert, in den anderen Monaten arbeitet er nicht und erhält auch keine Vergütung.

Die arbeitsfreien Monate gehen hier in unzulässiger Weise zulasten des Arbeitnehmers, der während dieser Zeit keine Vergütung erhält.

Zum Schutz des Arbeitnehmers ist § 12 Abs. 1 TzBfG unabdingbar; es muss also eine bestimmte Arbeitszeit – zumindest als Sockelarbeitszeit – festgelegt werden. Ruft der Arbeitgeber die vereinbarte Arbeitszeit nicht ab, so behält der Arbeitnehmer seinen Vergütungsanspruch. In diesem Fall gerät der Arbeitgeber gemäß § 615 BGB in Annahmeverzug, d. h. er muss die vereinbarte oder mangels Vereinbarung gesetzlich fingierte Vereinbarung vergüten.[586]

586 LAG Hessen, Urteil v. 9.6.1989, 15 Sa 1191/88; LAG München, Urteil v. 20.9.1985, 4 Sa 350/85.

45.3 Ankündigungsfrist und Zeitrahmen der Arbeitsleistung

Gemäß § 12 Abs. 3 Satz 2 TzBfG ist der Arbeitnehmer nur zur Arbeitsleistung verpflichtet, wenn der Arbeitgeber ihm die Lage seiner Arbeitszeit jeweils mindestens 4 Tage im Voraus mitteilt und die Arbeitszeit innerhalb eines vom Arbeitgeber festgelegten Zeitrahmens erfolgt. Andernfalls ist der Arbeitnehmer berechtigt, die Arbeitsleistung zu verweigern, die Arbeitspflicht entfällt.[587]

§ 12 Abs. 3 TzBfG regelt ausschließlich den einseitigen Arbeitsabruf durch den Arbeitgeber. Der Arbeitnehmer hat jedoch die Möglichkeit, auf freiwilliger Basis auf ein kurzfristiges Verlangen des Arbeitgebers, die Arbeitsleistung zu erbringen (z. B. Einspringen für einen erkrankten Mitarbeiter), einzugehen. Dies gilt entsprechend für die Arbeitsleistung außerhalb des festgelegten Zeitrahmens. Aus einer berechtigten Ablehnung dürfen ihm keinerlei Nachteile entstehen. Eine entsprechende Kündigung wäre wegen Verstoß gegen das Maßregelungsverbot aus § 612a BGB unwirksam.

Die Ankündigungsfrist von 4 Tagen berechnet sich nach §§ 186 ff. BGB. Demnach ergibt sich folgende Berechnungstabelle zu § 12 Abs. 3 Satz 2 TzBfG:

Arbeitseinsatz am	Spätester Ankündigungstag ist
Montag	Mittwoch (der Vorwoche)
Dienstag	Donnerstag (der Vorwoche)
Mittwoch	Freitag (der Vorwoche)
Donnerstag	Freitag (der Vorwoche)
Freitag	Freitag (der Vorwoche)
Samstag	Montag (der laufenden Woche)
Sonntag (soweit zulässig)	Dienstag (der laufenden Woche)

Nach § 12 Abs. 6 TzBfG kann durch Tarifvertrag auch von der Mindestankündigungsfrist auch zuungunsten des Arbeitnehmers abgewichen werden. Daraus folgt, dass dem Arbeitgeber in einem Tarifvertrag das Recht eingeräumt werden kann, die Arbeit einseitig auch unterhalb der 4-Tage-Frist abzurufen. Eine rein arbeitsvertragliche Ermächtigung des Arbeitgebers zur Unterschreitung der 4-Tage-Frist wäre demgegenüber unzulässig.

587 LAG Rheinland-Pfalz, Urteil v. 3.12.2020, 5 Sa 177/20.

45.4 Mindestarbeitseinsatz

Ist in der Vereinbarung die tägliche Dauer der Arbeitszeit nicht festgelegt, so ist der Arbeitgeber verpflichtet, den Arbeitnehmer jeweils für mindestens 3 aufeinander folgende Stunden zur Arbeitsleistung in Anspruch zu nehmen (§ 12 Abs. 1 Satz 4 TzBfG).

Der Gesetzgeber hat mit dieser Vorschrift den Regelfall des Arbeitsabrufs definiert. Er ist dabei davon ausgegangen, dass nur dieser Mindestarbeitseinsatz für den Arbeitnehmer in interessengerechter Relation zu dem damit verbundenen Aufwand (etwa für Wegezeiten) steht. Ruft der Arbeitgeber daher einen geringeren als 3-stündigen Arbeitseinsatz ab, so befindet er sich gemäß § 615 BGB im Annahmeverzug. D. h. der Arbeitgeber hat mindestens einen vollen 3-stündigen Einsatz zu zahlen.[588]

Aus dem Wortlaut der Vorschrift wird jedoch deutlich, dass die tägliche Dauer der Arbeitszeit auch frei vereinbart werden kann. Haben sich die Parteien auf einen höheren Mindestarbeitseinsatz verständigt und fordert der Arbeitgeber weniger ab, trifft ihn dieselbe Rechtsfolge wie oben. Die Parteien könnten nach dem Gesetzeswortlaut jedoch auch eine kürzere Mindestdauer vereinbaren. Eine solche Regelung unterliegt allerdings der Formularklauselkontrolle gemäß §§ 307 ff. BGB und darf nicht zu einer unangemessenen Benachteiligung des Arbeitnehmers führen. Eine solche Benachteiligung dürfte dann nicht vorliegen, wenn die verkürzte Mindestdauer auch im Interesse des Arbeitnehmers liegt, etwa zur Ermöglichung der Ausübung einer weiteren Beschäftigung vor dem Hintergrund der gesetzlich zulässigen Höchstarbeitszeit.

Nach § 12 Abs. 6 TzBfG kann durch Tarifvertrag von dieser Voraussetzung auch zuungunsten des Arbeitnehmers abgewichen werden, soweit der Tarifvertrag Regelungen über die tägliche und wöchentliche Arbeitszeit vorsieht.

45.5 Vertragsgestaltung

Ein Vertrag über die Arbeit auf Abruf sollte Regelungen zur Vergütung, zur Bezahlung von Ausfallzeiten und zum Urlaubsanspruch enthalten.

45.5.1 Regelung der Vergütung

Der Arbeitnehmer, der in einem Abrufarbeitsverhältnis beschäftigt ist, hat gegen den Arbeitgeber Anspruch auf Zahlung des im Arbeits- oder Tarifvertrag vereinbarten

588 LAG Rheinland-Pfalz, Urteil v. 3.12.2020, 5 Sa 177/20.

Arbeitsentgelts. Da es sich um ein Teilzeitarbeitsverhältnis handelt, entsteht der Vergütungsanspruch entsprechend der Anzahl der vereinbarten (Mindest-)Arbeitsstunden.

Dies gilt uneingeschränkt auch für besondere Zuschläge und Sondervergütungen. Wichtig für den Arbeitgeber ist die Beachtung des besonderen Gleichbehandlungsgrundsatzes aus § 4 Abs. 1 TzBfG, der eine Ungleichbehandlung aufgrund der Teilzeitarbeit verbietet. Abrufarbeitnehmer können daher nicht ohne besonderen sachlichen Grund von betrieblichen Regelungen ausgenommen werden.

45.5.2 Vergütung von Ausfallzeiten

Wie in einem Vollzeitarbeitsverhältnis kann der Abrufarbeitnehmer durch besondere Umstände gehindert sein, seine Arbeitsleistung zu erbringen. Dies kann wegen einer Erkrankung, wegen eines gesetzlichen Feiertages oder wegen einer persönlichen Verhinderung (z. B. Arztbesuch) eintreten.

Da der Arbeitgeber die Möglichkeit hat, die Arbeitsleistung des Abrufarbeitnehmers unter Einhaltung der Ankündigungsfrist des § 12 Abs. 3 TzBfG relativ kurzfristig abzurufen, könnten sich bei Anwendung des Ausfallprinzips für den Arbeitnehmer nachteilige Gestaltungsmöglichkeiten ergeben (gezielte Verplanung der Arbeitszeit um Feiertage herum). Aufgrund des in § 12 Abs. 5 TzBfG geregelten Durchschnittsprinzips wird der Arbeitnehmer vor einer Umgehung der gesetzlichen Entgeltfortzahlung geschützt.

45.5.3 Urlaubsanspruch

Wie alle Voll- und Teilzeitarbeitnehmer hat der Abrufarbeitnehmer gemäß § 3 Abs. 1 BUrlG Anspruch auf mindestens 24 Werktage Urlaub, soweit nicht tarif- oder einzelvertraglich ein höherer Anspruch vereinbart ist. Der gesetzlich geregelte Mindesturlaubsanspruch von 24 Werktagen bezieht sich auf die Werktage Montag bis Samstag, also eine 6-Tage-Urlaubswoche. Da bei der Arbeit auf Abruf oftmals nicht an jedem (Werk-)Tag gearbeitet wird, muss die Urlaubsdauer wie bei allen Teilzeitarbeitnehmern zum Urlaub eines Vollzeitbeschäftigten ins Verhältnis gesetzt werden.

46 Teilzeitarbeit: Jobsharing

Autor: Dr. Christian Schlottfeldt

Überblick

Jobsharing gehört zu den flexiblen Teilzeitmodellen. Es ermöglicht den beteiligten Arbeitnehmern als Jobsharing-Partner eine individuelle Verteilung der Arbeitszeit auf der Grundlage fortlaufender gegenseitiger Abstimmung.

Arbeitsrechtliche Fragen entstehen bei (flexibler) Teilzeitarbeit, insbesondere bei der Entgeltfortzahlung im Krankheitsfall und der Berechnung des Urlaubsanspruchs und des Urlaubsentgelts bzw. Urlaubsgeldes.

Arbeitgeber und Arbeitnehmer sollten die Rahmenbedingungen für den von den Jobsharing-Partnern festzulegenden Arbeitszeitplan und den Aufgabenbereich der am Jobsharing beteiligten Arbeitnehmer festlegen. Außerdem sollten Vorkehrungen bei Nichteinigung der Jobsharing-Partner getroffen werden, die dem Arbeitgeber die Möglichkeit geben, in solchen Fällen von seinem Direktionsrecht Gebrauch zu machen.

46.1 Aufstellung eines Arbeitszeitplans

Das Verfahren zur Festlegung der von den einzelnen Jobsharing-Partnern zu leistenden Arbeitszeiten (Arbeitszeitplan) sollte geregelt sein, um eine verbindliche und bedarfsgerechte Aufteilung der Arbeitszeiten zu gewährleisten. Dazu gehören folgende Komponenten:

- Festlegung einer Zeitspanne, für die der jeweilige Arbeitszeitplan aufzustellen ist (Planperiode, z. B. Wochenplan),
- Vorgehensweise bei Nichteinigung der Jobsharing-Partner,
- Vorbehalt der Abweichung vom Arbeitszeitplan bei dringenden betrieblichen Belangen.

Die Aufstellung eines Arbeitszeitplans ist grundsätzlich Sache der am Jobsharing beteiligten Arbeitnehmer. Sie legen darin eigenverantwortlich ihre Arbeitszeiten fest, soweit der Arbeitsvertrag keine Vorgaben enthält. Hier unterscheidet sich das Jobsharing-Arbeitsverhältnis von anderen Teilzeitarbeitsverhältnissen, da der Arbeitgeber insoweit zunächst auf einen Teil seines Weisungsrechts verzichtet.

Der Arbeitszeitplan hat für alle Vertragspartner rechtsverbindliche Wirkungen. Er kann nach Festlegung nicht mehr einseitig z. B. durch die Arbeitnehmer geändert werden, sondern nur noch einvernehmlich mit dem Arbeitgeber. Auch der »Tausch« von

Arbeitszeiten bedarf der Zustimmung des Arbeitgebers. Dabei können Arbeitgeber und Jobsharing-Partner natürlich auch abstimmen, dass für einen Tausch keine besondere Abstimmung erforderlich ist.

Festlegung der Rahmenbedingungen des Arbeitszeitplans
Die zeitlichen Rahmenbedingungen für das Jobsharing sollten im Arbeitsvertrag zumindest als »Eckwerte« festgelegt werden.

46.2 Rechtsbeziehungen zwischen den Jobsharing-Partnern

Zwischen den einzelnen Jobsharing-Partnern bestehen keine Rechtsbeziehungen. Sie stehen nebeneinander in Einzelrechtsbeziehung zum Arbeitgeber.

Daraus folgt, dass jeder Jobsharing-Partner lediglich seinen Teil der Arbeitsleistung zu erbringen hat und nicht für das Arbeitsergebnis des anderen verantwortlich ist.

Der Arbeitnehmer kann im Arbeitsvertrag nicht unbeschränkt zur Übernahme der Vertretung eines anderen Arbeitnehmers verpflichtet werden. Eine Ausnahme besteht nur für den Fall dringender betrieblicher Erfordernisse, bei denen der Arbeitnehmer unter Einhaltung der Zumutbarkeitsgrenze zur Vertretung bereits im Arbeitsvertrag verpflichtet werden kann.

46.3 Vertragsgestaltung

Gegenüber dem üblichen Voll- und Teilzeitarbeitsverhältnis können sich für die Vertragsparteien besondere Rechte und Pflichten ergeben. Wie jeder andere Arbeitnehmer ist auch der Jobsharing-Partner an die Weisungen des Arbeitgebers gebunden. Lediglich die Verteilung der vereinbarten Arbeitszeit kann er im Unterschied zu anderen Arbeitnehmern grundsätzlich in Abstimmung mit dem/den Jobsharing-Partner/n unter Beachtung der im Arbeitsvertrag festgelegten Rahmenbedingungen selbst festlegen.

Vergütung
Jeder einzelne Jobsharing-Partner hat gegen den Arbeitgeber Anspruch auf Zahlung des im Arbeits- oder Tarifvertrag vereinbarten Arbeitsentgelts entsprechend der vereinbarten Wochenarbeitszeit. Für den Anspruch auf Zuschläge und Sondervergütungen gelten die allgemeinen Regelungen für Teilzeitbeschäftigte. Auch für Arbeitnehmer im Jobsharing gilt das Diskriminierungsverbot des § 4 Abs. 1 TzBfG, der eine Ungleichbehandlung aufgrund der Teilzeitbeschäftigung verbietet.

Teilen sich die Jobsharing-Partner die Arbeitszeit so auf, dass jeweils einer der Partner für einen längeren Zeitraum den Arbeitsplatz besetzt und der oder die anderen Partner nicht arbeiten, so besteht für die in der Freizeitphase befindlichen Arbeitnehmer auch ohne Arbeitsleistung eine sozialversicherungspflichtige Beschäftigung. Der Arbeitnehmer hat also über alle Phasen des Jobsharings hinweg Anspruch auf sozialversicherungsrechtliche Leistungen, etwa im Krankheitsfall oder im Rahmen der Arbeitslosenversicherung.

Übernimmt der Arbeitnehmer die Vertretung des oder der Jobsharing-Partner, so hat er Anspruch auf Vergütung der geleisteten Arbeitszeit als Mehrarbeit, sofern nicht ein Freizeitausgleich innerhalb des festgelegten Ausgleichszeitraums möglich ist.

Formulierungsvorschlag: Vergütung

Der Arbeitnehmer erhält für die Leistung der innerhalb des Jobsharing-Vertrags vereinbarten Arbeitszeit eine Vergütung in Höhe von monatlich ... EUR. Die zur Vertretung eines Jobsharing-Partners geleistete Arbeitszeit wird als Mehrarbeit vergütet, soweit nicht ein Ausgleich der zusätzlich geleisteten Arbeitszeit durch Freizeitausgleich im Rahmen des Arbeitszeitkontos erfolgen kann.

Neben dem regelmäßigen Arbeitsentgelt werden folgende zusätzliche Vergütungen gezahlt:
...

46.4 Beendigung des Arbeitsverhältnisses

Grundsätzlich stehen bei der Arbeitsplatzteilung jedem Vertragspartner die allgemeinen Kündigungsrechte und -beschränkungen zu, die auch in einem »normalen« Arbeitsverhältnis gelten. Für den Arbeitgeber stellt sich jedoch gelegentlich die Frage, was mit den übrigen Arbeitnehmern passiert, wenn ein Arbeitsplatzpartner kündigt oder er diesem kündigen muss.

§ 13 Abs. 2 TzBfG gewährt den verbliebenen Arbeitnehmern einen begrenzten Sonderkündigungsschutz. Dieser besteht in dem Ausschluss des speziellen Kündigungsgrundes, dass ein Jobsharing-Partner aus dem Betrieb ausscheidet. Spricht der Arbeitgeber eine Kündigung aus diesem Grund aus, ist sie unwirksam. Im Einzelnen ergeben sich folgende Konsequenzen:

- Der Arbeitgeber ist bei Ausscheiden eines am Jobsharing beteiligten Arbeitnehmers verpflichtet, einen geeigneten Arbeitnehmer als Ersatz für den ausscheidenden Jobsharing-Partner zu finden, soweit nicht im Arbeitsvertrag bereits Regelungen für das Ausscheiden eines Sharing-Partners getroffen wurden. Dabei sollte der Arbeitsvertrag für den Fall, dass ein neuer Jobsharing-Partner nicht gefunden werden kann, eine Auffangregelung zur Verteilung der Arbeitszeit des oder der nicht ausgeschiedenen Jobsharing-Partner beinhalten.

- Findet der Arbeitgeber keinen Nachfolger für den frei gewordenen Jobsharing-Arbeitsplatz oder kann er den Arbeitsplatz daher nicht als Jobsharing-Arbeitsplatz weiterführen, muss er prüfen, ob er dem verbliebenen Arbeitnehmer in seinem Betrieb einen anderen Teilzeitarbeitsplatz zu ähnlichen Bedingungen oder den bisherigen als Vollzeitarbeitsplatz anbieten kann, und ggf. eine Änderungskündigung aussprechen, soweit für diesen Fall nicht eine entsprechende Regelung getroffen wurde.
- Geht der verbliebene Arbeitnehmer auf die angebotene Änderung nicht ein, kann erst im letzten Schritt eine betriebsbedingte Beendigungskündigung ausgesprochen werden.

47 Teilzeitarbeit: Brückenteilzeit

Autor: Dr. Christian Schlottfeldt

Überblick

Brückenteilzeit ist der Anspruch des Arbeitnehmers, die vertraglich vereinbarte Arbeitszeit für einen begrenzten Zeitraum zwischen einem und 5 Jahren zu reduzieren und anschließend zur vorherigen Arbeitszeit zurückzukehren. Der Anspruch auf Brückenteilzeit besteht dabei auch für Arbeitnehmer, die bereits in Teilzeit arbeiten und ihre Arbeitszeit vorübergehend weiter reduzieren wollen.

Das Gesetz gilt nicht für Unternehmen mit weniger als 46 Arbeitnehmern.

Für kleinere und mittlere Unternehmen, die mehr als 45, aber weniger als 200 Arbeitnehmer beschäftigen, besteht der Anspruch auf Brückenteilzeit nur für einen zahlenmäßig begrenzten Teil der Arbeitnehmer.

Der Anspruch auf Brückenteilzeit ist in § 9a Teilzeit- und Befristungsgesetz (TzBfG) geregelt.

47.1 Rechtsanspruch und Voraussetzungen

Brückenteilzeit ist der Anspruch des Arbeitnehmers, die vertraglich vereinbarte Arbeitszeit für einen begrenzten Zeitraum zwischen einem und 5 Jahren zu reduzieren und anschließend zur vorherigen Arbeitszeit zurückzukehren.

Der Anspruch auf Brückenteilzeit

- besteht dabei auch für Arbeitnehmer, die bereits in Teilzeit arbeiten und ihre Arbeitszeit vorübergehend weiter reduzieren wollen.
- setzt keine besonderen Gründe aufseiten des Arbeitnehmers im Sinne einer bestimmten Lebenssituation (z. B. häusliche Betreuung oder Pflege, Weiterbildungsvorhaben), die das Begehren nachvollziehbar macht, voraus. Der Arbeitnehmer muss die Motive, die ihn zur Brückenteilzeit motivieren, gegenüber dem Arbeitgeber nicht offenlegen.
- kennt bezüglich des Umfangs der Verringerung keine Ober- oder Untergrenzen.
- umfasst grundsätzlich auch nur geringfügige Verminderungen; diese sind nicht rechtsmissbräuchlich.
- besteht grundsätzlich neben weiteren Ansprüchen, die das Teilzeit- und Befristungsgesetz und weitere Gesetze (PflZG, BEEG, FPfZG) dem Arbeitnehmer gewähren.

Formale und inhaltliche Voraussetzungen

Der Anspruch auf Brückenteilzeit hat folgende formale und inhaltliche Voraussetzungen:

- Das Arbeitsverhältnis besteht länger als 6 Monate.
- Der Arbeitgeber beschäftigt mehr als 45 Mitarbeiter.
- Der Arbeitnehmer stellt den Antrag mind. 3 Monate vor Beginn der gewünschten Verringerung in Textform (z. B. schriftlich oder per E-Mail); die früher geltende Schriftform ist insoweit nicht mehr erforderlich.
- Das Teilzeitbegehren bezieht sich auf eine Verminderung der Vertragsarbeitszeit von mind. einem Jahr und höchstens 5 Jahren. In Tarifverträgen können abweichende Unter- und Obergrenzen festgelegt werden. Natürlich können Arbeitgeber und Arbeitnehmer einvernehmlich abweichende Zeitspannen festlegen.
- Dem Antrag stehen keine betrieblichen Gründe entgegen, die die Organisation, den Arbeitsablauf oder die Sicherheit im Betrieb wesentlich beeinträchtigen. Die Beweislast hierfür liegt beim Arbeitgeber.

47.2 Antragstellung und Verteilung der Arbeitszeit

Der Antrag muss also folgende Punkte beinhalten:

- Umfang der Verringerung gegenüber der bisherigen Arbeitszeit (z. B. Anzahl der im Rahmen der Brückenteilzeit nunmehr zu leistenden Wochenarbeitsstunden);
- konkreter Zeitraum für Beginn (Datum des Inkrafttretens der Reduzierung) und des Endes der Brückenteilzeit (Datum der Rückkehr zur vorherigen Arbeitszeit);
- die Verteilung der verminderten Arbeitszeit (Lage und Dauer der Arbeitszeit an den Arbeitstagen) soll angegeben sein.

Der Arbeitnehmer soll in seinem Brückenteilzeitbegehren auch die gewünschte Verteilung der Arbeitszeit angeben.

Verteilung der befristet reduzierten Arbeitszeit

Hinsichtlich der Verteilung der befristet reduzierten Arbeitszeit gibt das TzBfG keine Grenzen vor. Insoweit sind grundsätzlich alle Verteilungsmodelle zulässig, die nicht gegen Bestimmungen des Arbeitszeitgesetzes oder sonstige Rechtsvorschriften oder tarifrechtliche Rahmenbedingungen verstoßen.

Allerdings hat der Arbeitnehmer keinen Anspruch auf Teilzeit im sog. »Blockmodell« oder »vertikaler Teilzeit« mit phasenweiser Verringerung der Arbeitszeit auf «0« bei innerhalb des Arbeitszeitmodells verstetigtem Entgelt (z. B. Blockteilzeit über 12 Monate mit 9 Monaten Arbeit auf Vollzeitniveau und anschließend 3 Monaten zusammenhängender Freizeit bei durchgehend 75 % Entgelt).[589]

589 LAG Hamburg, Urteil v. 4.3.2020, 5 SaGa 2/19.

47.3 Verhandlungspflicht und Ablehnungsgründe des Arbeitgebers

Entsprechend den Rahmenbedingungen für unbefristete Teilzeitbegehren gem. § 8 TzBfG muss der Arbeitgeber spätestens einen Monat vor Beginn der beantragten Brückenteilzeit auf den Antrag antworten, wenn er dem Antrag nicht entsprechen will.

Auch für die Brückenteilzeit gilt die Fiktion der Zustimmung des Arbeitgebers zum Teilzeitantrag des Arbeitnehmers, wenn er den Antrag nicht fristgerecht ablehnt. Tut er das nicht, dann gilt die Brückenteilzeit als so genehmigt, wie sie beantragt wurde.

Schriftform

Die Antwort des Arbeitgebers muss dabei – anders als der Antrag des Arbeitnehmers – in Schriftform gegeben werden. Eine Antwort per E-Mail ist also nicht ausreichend. Der Arbeitgeber sollte dabei zu den Aspekten Stellung nehmen, die im Antrag des Arbeitnehmers enthalten sind (Umfang der Verringerung, Zeitraum der Verringerung, Verteilung der Arbeitszeit).

Antrag mit dem Arbeitnehmer erörtern

Gemäß § 9a Abs. 3 i.V.m. § 8 Abs. 3 TzBfG muss der Arbeitgeber die gewünschte befristete Verringerung der Arbeitszeit mit dem Arbeitnehmer erörtern. Das Unterlassen der Erörterung führt jedoch nicht zur Fiktion der Zustimmung des Arbeitgebers. Zur Vermeidung prozessualer Nachteile sollte der Arbeitgeber diese Erörterung aber stets durchführen.

Der Arbeitgeber sollte dabei zu allen Aspekten des Antrags auf Brückenteilzeit (Umfang der Verringerung, Zeitraum der Verringerung, Verteilung der Arbeitszeit) insoweit Stellung nehmen, als er klar erkennen lässt, ob er dem Antrag zustimmt.

Begründung der Ablehnung ist empfehlenswert

Eine inhaltliche Begründung der Ablehnung ist rechtlich nicht zwingend, erscheint aber im Interesse einer außergerichtlichen Lösung empfehlenswert. Sollte es zu einer gerichtlichen Auseinandersetzung kommen, ist der Arbeitgeber an Gründe, die er im Zuge der Erörterung oder Ablehnung genannt hat, nicht gebunden und kann später auch weitere Gründe anführen. Wehrt sich der Arbeitgeber etwa ausschließlich gegen die befristete Verringerung, nicht aber gegen die Verteilung der Arbeitszeit, kann dies bei erfolgreicher gerichtlicher Durchsetzung der Verringerung dazu führen, dass der Arbeitgeber die vom Arbeitnehmer gewünschte Verteilung hinnehmen muss.

Die Ablehnung eines Brückenteilzeitbegehrens muss wie der Antrag des Arbeitnehmers in Textform erfolgen, sodass eine z.B. einfache E-Mail ausreichend ist. Die Ablehnung eines Brückenteilzeitbegehrens ist aus denselben Gründen möglich wie die Ablehnung eines unbefristeten Teilzeitantrags. Ablehnungsgründe sind die

- wesentliche Beeinträchtigung von Organisation, Arbeitsablauf oder der Sicherheit im Betrieb oder
- Verursachung unverhältnismäßiger Kosten.

47.4 Bewertung der Ablehnungsgründe mit dem 3-Stufen-Schema

Für die Bewertung derartiger Ablehnungsgründe hat die Rechtsprechung ein 3-Stufen-Schema entwickelt, das im Wesentlichen folgende Elemente enthält[590]:

Stufe 1: Bestehen eines arbeitszeitrelevanten Organisationskonzepts
In der 1. Stufe ist zu prüfen, ob überhaupt und wenn ja, welches betriebliche Organisationskonzept der vom Arbeitgeber als erforderlich angesehenen Arbeitszeitregelung zugrunde liegt.

Organisationskonzept ist das Konzept, mit dem die unternehmerische Aufgabenstellung im Betrieb verwirklicht werden soll. Die dem Organisationskonzept zugrunde liegende unternehmerische Aufgabenstellung und die daraus abgeleiteten organisatorischen Entscheidungen liegen grundsätzlich im freien Entscheidungsbereich des Arbeitgebers und sind hinzunehmen, soweit die Entscheidungen nicht willkürlich sind. Ein Organisationskonzept kommt als Ablehnungsgrund dabei nur dann in Betracht, wenn es auch tatsächlich im Betrieb durchgeführt wird.

Stufe 2: Prüfung der Vereinbarkeit des Teilzeitbegehrens mit der Arbeitszeitregelung
In einer 2. Stufe ist nach Auffassung des BAG zu prüfen, inwieweit die Arbeitszeitregelung dem Arbeitszeitverlangen des Beschäftigten tatsächlich entgegensteht.

Dabei ist auch der Frage nachzugehen, ob durch eine dem Arbeitgeber zumutbare Änderung von betrieblichen Abläufen oder des Personaleinsatzes der betrieblich als erforderlich angesehene Arbeitszeitbedarf unter Wahrung des Organisationskonzepts mit dem individuellen Arbeitszeitwunsch des Beschäftigten zur Deckung gebracht werden kann.

---

590 So auch ausdrücklich für Ansprüche auf Brückenteilzeit ArbG Düsseldorf, Urteil v. 2.8.20219, 14 CA 1816/19.

Stufe 3: Prüfung des Gewichts der entgegenstehenden betrieblichen Gründe
Ergibt sich, dass das Arbeitszeitverlangen des Beschäftigten nicht mit dem organisatorischen Konzept und der daraus folgenden Arbeitszeitregelung in Übereinstimmung gebracht werden kann, ist in einer 3. Stufe das Gewicht der entgegenstehenden betrieblichen Gründe zu prüfen. Gemäß BAG ist danach zu fragen, ob durch die vom Arbeitnehmer gewünschte Abweichung das betriebliche Organisationskonzept und die ihm zugrunde liegende unternehmerische Aufgabenstellung wesentlich beeinträchtigt wird. Hat der Arbeitgeber den Antrag auf Brückenteilzeit form- und fristgerecht abgelehnt, kann der Arbeitnehmer die Ablehnung gerichtlich überprüfen lassen.

In praktischer Hinsicht sollten insbesondere Brückenteilzeitbegehren mit überproportionaler Reduzierung der Anzahl der Arbeitstage sorgfältig geprüft werden (z. B. 4-Tage-Woche statt 5-Tage-Woche bei nur um 10% verminderter Arbeitszeit). Denn derartige Modelle erfordern je nach Wochenarbeitszeit eine tägliche Arbeitszeitdauer in der Nähe der arbeitszeitgesetzlichen Höchstarbeitszeit und schränken die mögliche Arbeitszeitflexibilität u. U. nicht unerheblich ein.

47.5 Urlaub und Entgeltfortzahlung im Krankheitsfall

Wechselt ein Arbeitnehmer in Brückenteilzeit, so hat er für den Zeitraum der Brückenteilzeit grundsätzlich Anspruch auf Urlaub und Entgeltfortzahlung entsprechend der verminderten Arbeitszeit.

48 Pflegezeit: Anspruch, Dauer und Antrag

Autorin: Gabi Hanreich

Überblick

Das Pflegezeitgesetz (PflegeZG) enthält Rahmenbedingungen für die Vereinbarkeit von Beruf und familiärer Pflege, indem es Beschäftigten die Möglichkeit eröffnet, pflegebedürftige nahe Angehörige in häuslicher Umgebung zu pflegen. Zu diesem Zweck sieht das Gesetz für Beschäftigte unterschiedliche Ansprüche gegen den Arbeitgeber auf Freistellung von der Arbeitspflicht vor.

Wenn ein akuter Pflegebedarf plötzlich auftritt, haben berufstätige Familienmitglieder das Recht, der Arbeit bis zu 10 Arbeitstage fernzubleiben – sog. kurzzeitige Arbeitsverhinderung (§ 2 PflegeZG). Zum anderen haben Beschäftigte für eine längere Pflege in häuslicher Umgebung Anspruch auf Gewährung einer bis zu 6-monatigen »Pflegezeit«.

Rechtsgrundlage ist das PflegeZG.

Mit dem Pflegezeitgesetz werden Pflegezeit und Familienpflegezeit weiter entwickelt, indem Beschäftigte, die sich für eine Pflege naher Angehöriger entscheiden, finanziell besser abgesichert werden.

48.1 Das 2-stufige System der Pflegefreistellungen

Das Pflegezeitgesetz berücksichtigt verschiedene Pflegesituationen und unterschiedlichen Pflegebedarf. Es sieht ein 2-stufiges System vor:

Stufe 1: Für berufstätige Angehörige von pflegebedürftigen Menschen besteht das Recht auf kurzzeitiges Fernbleiben von der Arbeit, um bei unerwartetem Eintritt einer besonderen Pflegesituation die sofortige Pflege eines nahen Angehörigen sicherzustellen (§ 2 PflegeZG).

Stufe 2: Beschäftigte können für eine längere Pflege in häuslicher Umgebung vollständig oder teilweise von der Arbeit freigestellt werden (§§ 3, 4 PflegeZG).

Ein Pflegezeitanspruch besteht für jeden pflegebedürftigen nahen Angehörigen gesondert, aber nur einmalig.

48.1.1 Stufe 1: Kurzzeitige Arbeitsverhinderung – bis zu 10 Arbeitstage

Um bei plötzlich auftretendem Pflegebedarf die sofortige pflegerische Versorgung des betroffenen Angehörigen sicherzustellen, müssen berufstätige Familienangehörige zeitnah und zügig reagieren können.

Beschäftigte haben dazu einen Anspruch auf Freistellung von der Arbeit für die Dauer von bis zu 10 Arbeitstagen (§ 2 PflegeZG).

Berufstätige sollen in dieser Zeit die Möglichkeit erhalten, sich über Pflegeleistungsangebote zu informieren und notwendige Organisationsschritte einzuleiten. Die Zeit kann zum Beispiel dazu benutzt werden, dem Pflegebedürftigen nach einer stationären Behandlung eine bedarfsgerechte Anschlussversorgung im häuslichen Bereich einzurichten, etwa durch Einschaltung eines Pflegedienstes. Die kurzfristige Arbeitsfreistellung soll aber auch dazu beitragen, dass berufstätige Angehörige einen Pflegebedürftigen, der nach einem stationären Krankenhausaufenthalt nicht in einer geeigneten Pflegeeinrichtung untergebracht werden kann, zunächst zu Hause versorgen können.

48.1.2 Stufe 2: Unbezahlte Freistellungen – von bis zu 6 Monaten

Das Gesetz begründet für die Beschäftigten außerdem (u. U. in unmittelbarem Anschluss an eine kurzzeitige Arbeitsverhinderung) einen Anspruch auf **unbezahlte Freistellung** von der Arbeit von **bis zu 6 Monaten**, wenn sie einen nahen Angehörigen in häuslicher Umgebung pflegen (**Pflegezeit**). Die Pflegezeit nach den §§ 3, 4 PflegeZG wurde in Anlehnung an die Regelungen über die Inanspruchnahme von Elternzeit (§§ 15 ff. BEEG) ausgestaltet. Mit dem Freistellungsanspruch soll es Beschäftigten ermöglicht werden, einen pflegebedürftigen Angehörigen in häuslicher Umgebung zu pflegen.

Von seinem Recht auf Pflegezeit kann der Beschäftigte für jeden nahen Angehörigen gesondert Gebrauch machen. Die Pflegezeit ist dabei ohne Unterbrechung in Anspruch zu nehmen, eine Aufteilung auf mehrere Zeiträume ist nicht möglich.[591] Das Recht auf Freistellung ist mit dem Anspruch verbunden, nach Inanspruchnahme der Pflegezeit zu denselben Arbeitsbedingungen zurückzukehren. Beschäftigte werden damit vor einem unfreiwilligen Berufsausstieg bewahrt.

Der Anspruch auf vollständige oder teilweise Freistellung besteht darüber hinaus zur Betreuung eines minderjährigen pflegebedürftigen nahen Angehörigen oder zur Begleitung eines nahen Angehörigen, wenn dieser an einer unheilbaren Krankheit leidet und eine palliativmedizinische Behandlung notwendig ist (sonstige Freistellungen im Sinne des PflegeZG).

Die Höchstdauer der Freistellung zur Betreuung eines minderjährigen pflegebedürftigen nahen Angehörigen beträgt ebenfalls 6 Monate, für die Sterbebegleitung gilt eine

591 BAG, Urteil v. 15.11.2011, 9 AZR 348/10.

Höchstdauer von 3 Monaten. Dies wird auf die Höchstdauer einer gegebenenfalls vorgelagerten Pflegefreistellung angerechnet. Die beiden sonstigen Freistellungsansprüche bestehen unabhängig davon, ob die Betreuung im eigenen Zuhause oder in einer außerhäuslichen Einrichtung erfolgt.

48.2 Voraussetzungen der Freistellung

48.2.1 Begünstigter Personenkreis

Anspruch auf die Pflegefreistellung hat grundsätzlich jeder Beschäftigte. Beschäftigte im Sinne des PflegeZG sind nach § 7 Abs. 1 PflegeZG

- Arbeitnehmerinnen und Arbeitnehmer,
- die zu ihrer Berufsausbildung Beschäftigten,
- Personen, die wegen ihrer wirtschaftlichen Unselbstständigkeit als arbeitnehmerähnliche Personen anzusehen sind. Zu diesem Personenkreis gehören insbesondere Heimarbeiter und ihnen Gleichgestellte.

Der Umfang der bisherigen Arbeitsleistung ist für den Freistellungsanspruch unerheblich. Teilzeitbeschäftigte haben das gleiche Recht auf Freistellung wie Vollzeitbeschäftigte, dies gilt genauso für geringfügig Beschäftigte. Es spielt ebenso keine Rolle, ob der Beschäftigte in einem befristeten oder unbefristeten Beschäftigungsverhältnis steht. Auch leitenden Angestellten steht der Freistellungsanspruch zu.

Die Ansprüche stehen den Beschäftigten ab dem ersten Tag ihres Beschäftigungsverhältnisses zu. Eine Wartezeit wie z. B. im Kündigungsschutzrecht besteht nicht.

Begünstigte Personen sind nicht nur die im Rahmen eines Arbeitsvertrags Beschäftigten, sondern auch die arbeitnehmerähnlichen Personen. Nach dem Gesetzeswortlaut gehören zu diesem Personenkreis insbesondere Heimarbeiter und ihnen Gleichgestellte. Die Aufzählung ist nicht abschließend. Arbeitnehmerähnliche Personen zeichnen sich dadurch aus, dass sie nicht in die betriebliche Organisation eingegliedert sind und im Wesentlichen ihre Arbeitszeit frei bestimmen können. An die Stelle der persönlichen Abhängigkeit und Weisungsgebundenheit tritt das Merkmal der wirtschaftlichen Unselbstständigkeit oder Abhängigkeit.

48.2.2 Verpflichtete Arbeitgeber

Als Arbeitgeber werden die natürlichen oder juristischen Personen sowie rechtsfähige Personengesellschaften bezeichnet, die Beschäftigte im Sinne des PflegeZG beschäftigen.

Kurzzeitige Arbeitsverhinderung

Die kurzzeitige Freistellung nach § 2 PflegeZG zur Pflege naher Angehöriger in Akutfällen können alle Beschäftigten in Anspruch nehmen – unabhängig von der Betriebsgröße.

Pflegezeit und sonstige Freistellungen nach § 3 PflegeZG

Der Anspruch auf die Freistellung für Pflegezeit besteht nicht gegenüber Arbeitgebern mit in der Regel 15 oder weniger Beschäftigten (§ 3 Abs. 1 Satz 2 PflegeZG).

Kleinbetriebe: Kein Anspruch aber Antrag ist möglich

Beschäftigte haben seit 2022 die Möglichkeit, eine Pflege- oder Familienpflegezeit zu beantragen. (Zur weiteren Umsetzung der europäischen Vereinbarkeitsrichtlinie sind Änderungen im PflegeZG und FamPflZG in Kraft getreten.) Konkret heißt das:

- bei Arbeitgebern mit in der Regel bis zu 15 Beschäftigten, bei denen kein Anspruch auf Pflegezeit besteht, und
- bei Arbeitgebern mit in der Regel bis zu 25 Beschäftigten, bei denen kein Anspruch auf Familienpflegezeit besteht,

haben Beschäftigte nunmehr die Möglichkeit, eine Pflege- oder Familienpflegezeit zu beantragen.

Arbeitgeber sind verpflichtet, den Antrag innerhalb von 4 Wochen zu beantworten. Eine Ablehnung des Antrags ist zu begründen. Mit Beginn der vereinbarten Freistellung gilt ein Sonderkündigungsschutz; eine Kündigung ist nur noch mit Zustimmung der zuständigen Behörde wirksam.

Ermittlung der Anzahl der Beschäftigten

Bei der Ermittlung der Anzahl der Beschäftigten ist auf die Begriffsbestimmung der Beschäftigten in § 7 Abs. 1 PflegeZG zurückzugreifen. Demnach zählen hierzu nicht nur alle Arbeitnehmerinnen und Arbeitnehmer und die zu ihrer Berufsbildung Beschäftigten (Umschüler, Anlernlinge, Volontäre, Auszubildende), sondern auch Personen, die wegen ihrer wirtschaftlichen Unselbstständigkeit als arbeitnehmerähnliche Personen anzusehen sind. Mitzuzählen sind auch erkrankte Arbeitnehmer und Arbeitnehmer in Elternzeit.

Das Pflegezeitgesetz enthält – anders als etwa in § 622 Abs. 5 BGB oder § 23 KSchG – keine besondere Bestimmung dazu, wie Teilzeitkräfte bei der Feststellung der Beschäftigtenanzahl zu berücksichtigen sind. Teilzeitbeschäftigte – auch geringfügig Beschäftigte – sind daher (voll) nach Köpfen mitzuzählen, d. h. nicht nur anteilig nach Beschäftigungsumfang.

48.2.3 Anspruchsvoraussetzungen

Der Freistellungsanspruch steht allen Beschäftigten zur Pflege naher Angehöriger in häuslicher Umgebung zu.

Nahe Angehörige im Sinne des PflegeZG
In § 7 Abs. 3 PflegeZG werden die nahen Angehörigen definiert und abschließend aufgezählt. Als nahe Angehörige gelten folgende verwandte und verschwägerte Personen:
- die Großeltern,
- die Eltern,
- die Geschwister,
- die Kinder und Enkelkinder sowie
- die Schwiegereltern, Stiefeltern und Schwiegerkinder.

Als nahe Angehörige gelten außerdem neben dem
- Ehegatten und Lebenspartner auch
- die Partner einer eheähnlichen oder lebenspartnerschaftlichen Gemeinschaft sowie
- die Kinder, Adoptiv- oder Pflegekinder des Ehegatten oder Lebenspartners und
- eigene Pflegekinder,
- die Ehegatten und Lebenspartner der Geschwister,
- die Geschwister der Ehegatten und Lebenspartner.

Nicht dazu gehören: Urgroßeltern/Urenkel, Onkel/Tante, Neffen/Nichten, nicht eheähnliche Partner/bloße Freundschaften, Nachbarn, sonstige Personen.

Pflegebedürftigkeit
§ 7 Abs. 4 PflegeZG regelt, welche Personen pflegebedürftig im Sinne des Gesetzes sind. Diesbezüglich verweist das PflegeZG auf die Begriffsbestimmungen des SGB XI. Der Begriff der Pflegebedürftigkeit wird in den §§ 14 und 15 SGB XI definiert.

Bereits Personen mit dem Pflegegrad 1, die nur geringe Beeinträchtigungen der Selbstständigkeit oder der Fähigkeiten aufweisen, werden als pflegebedürftig anerkannt.

Für die kurzzeitige Arbeitsverhinderung nach § 2 PflegeZG genügt eine »voraussichtliche« Pflegebedürftigkeit (vgl. § 7 Abs. 4 Satz 2 PflegeZG).

Akutfall bei kurzzeitiger Arbeitsbefreiung
Der Anspruch auf kurzzeitige Arbeitsbefreiung nach § 2 PflegeZG ist auf Akutfälle begrenzt und kann nur in Anspruch genommen werden, wenn die Freistellung des Beschäftigten für die Organisation einer bedarfsgerechten Pflege oder einer pflegerischen Versorgung in dieser Zeit erforderlich ist. Dies setzt voraus, dass die Pflegebedürftigkeit plötzlich, also unerwartet eingetreten ist.

Aufnahme des Angehörigen in den Haushalt des Beschäftigten
Bei der Pflegezeit muss der Beschäftigte den Angehörigen in häuslicher Umgebung pflegen (§ 1 PflegeZG). In der Regel geschieht dies durch Aufnahme des Angehörigen

in den Haushalt des Beschäftigten. Die Voraussetzung dürfte aber auch dann erfüllt sein, wenn der Beschäftigte den Angehörigen in dessen Haushalt pflegt, ohne seinen eigenen Haushalt aufzugeben.

Ausnahmen von der Aufnahme des Angehörigen
Der Freistellungsanspruch zur Betreuung eines minderjährigen pflegebedürftigen nahen Angehörigen oder zur Sterbebegleitung eines nahen Angehörigen besteht hingegen unabhängig davon, ob sich der nahe Angehörige im eigenen Zuhause oder in einer außerhäuslichen Einrichtung befindet.

48.3 Beantragung der Freistellung

Kurzzeitige Arbeitsverhinderung – unverzüglich mitteilen
Der Beschäftigte ist verpflichtet, dem Arbeitgeber die kurzzeitige Verhinderung an der Arbeitsleistung nach § 2 PflegeZG und deren voraussichtliche Dauer unverzüglich mitzuteilen. Unverzüglich »bedeutet ohne schuldhaftes Zögern«. Sobald der Beschäftigte also in der Lage ist, die Pflegesituation und deren Dauer im Hinblick auf seine Einschränkung bei der Erbringung der Arbeitsleistung einzuschätzen, hat er den Arbeitgeber zu informieren.

Eine bestimmte Form ist für die Mitteilung nicht vorgeschrieben. Sie kann also mündlich oder schriftlich erfolgen.

Geltendmachung der Pflegezeit – Frist von 10 Tagen
Der Anspruch nach § 3 PflegeZG ist spätestens 10 Arbeitstage vor Beginn der Pflegezeit schriftlich gegenüber dem Arbeitgeber geltend zu machen. Enthält die Ankündigung keine eindeutige Festlegung, ob Pflegezeit oder Familienpflegezeit nach dem FPfZG in Anspruch genommen werden soll, und liegen die Voraussetzungen beider Freistellungsansprüche vor, gilt die Erklärung als Ankündigung von Pflegezeit.

Ankündigungsfrist von 8 Wochen
Wird die Pflegezeit nicht zu Beginn einer unvorhergesehenen kurzfristig aufgetretenen Pflegesituation in Anspruch genommen, sondern aus einer vorangehenden Familienpflegezeit heraus, ist die längere, für die Familienpflegezeit geltende Ankündigungsfrist von 8 Wochen einzuhalten (§ 2a Abs. 1 Satz 6 FPfZG). Dabei gilt, dass sich die nach der Familienpflegezeit in Anspruch genommene Pflegezeit unmittelbar an die Familienpflegezeit anschließen muss. Eine Unterbrechung zwischen Familienpflegezeit und Pflegezeit ist in diesem Fall nicht zulässig.

Maßgeblich für die Einhaltung der Frist ist der Zugang der Ankündigung beim Arbeitgeber.

Schriftform
Die Ankündigung der Pflegezeit gegenüber dem Arbeitgeber muss **schriftlich** erfolgen. Die schriftliche Form kann gemäß § 126 Abs. 3 BGB durch die elektronische Form ersetzt werden.

Inhalt: Zeitraum, Umfang und Verteilung
In der schriftlichen Ankündigung hat der Beschäftigte gegenüber dem Arbeitgeber zu erklären, für welchen Zeitraum und Umfang er Pflegezeit in Anspruch nehmen will.

Eine Mindest- oder Höchstgrenze für die gewünschte Arbeitszeitverringerung bzw. Teilzeitarbeit sieht das PflegeZG nicht vor. Daraus ist zu schließen, dass der Gesetzgeber »Pflegeteilzeitarbeit« auch außerhalb des Korridors von 15–30 Wochenstunden für zulässig erachtet, wie er im Rahmen der Elternzeit nach § 15 Abs. 7 BEEG gesetzlich vorgeschrieben ist.

Rechtsanspruch auf Freistellung; Teilfreistellung nach Vereinbarung
Auf eine völlige Freistellung besteht ein Rechtsanspruch. Da die Ankündigung keine Wirksamkeitsvoraussetzung des Freistellungsanspruchs ist, verschiebt sich bei nicht ordnungsgemäßer Einhaltung der zehntägigen Ankündigungsfrist der Beginn der Pflegezeit nach hinten. Die Freistellung tritt ohne weiteres Zutun des Arbeitgebers in Kraft.

Nur für den Fall der teilweisen Freistellung haben Arbeitgeber und Beschäftigte über die Verringerung und die Verteilung der Arbeitszeit eine schriftliche Vereinbarung zu treffen. Hierbei hat der Arbeitgeber den Wünschen der Beschäftigten zu entsprechen, es sei denn, dass dem dringende betriebliche Belange entgegenstehen (§ 3 Abs. 4 Satz 2 PflegeZG). Zu den Reaktionsmöglichkeiten des Arbeitgebers Kapitel 48.5.

Ende der Pflegezeit: Aufleben bisheriger Bedingungen
Nach Beendigung der Pflegezeit gelten unverändert die bisherigen Vertragsbedingungen. Der Anspruch auf Pflegezeit ist verbunden mit dem Recht der Beschäftigten, nach Inanspruchnahme der Pflegezeit zu denselben Arbeitsbedingungen zurückzukehren.

48.4 Nachweis des Freistellungsanspruchs

Kurzzeitige Arbeitsverhinderung
Für den Anspruch auf kurzzeitige Arbeitsbefreiung nach § 2 PflegeZG genügt es nach § 7 Abs. 4 Satz 2 PflegeZG, wenn die zu pflegende Person voraussichtlich pflegebedürftig i. S. d. §§ 14, 15 SGB XI ist. Oftmals wird es dem Beschäftigten in Akutfällen nicht möglich sein, sich Gewissheit über die rechtlich zutreffende Einstufung des Krankheitsbilds zu verschaffen. Die Regelung in § 7 Abs. 4 Satz 2 PflegeZG befreit den Be-

schäftigten von dem Risiko eines unerlaubten, vertragswidrigen Fernbleibens von der Arbeit, wenn sich im Nachhinein herausstellt, dass ein Pflegefall nicht eingetreten ist.

Pflegezeit und sonstige Freistellungen
Die Pflegebedürftigkeit des nahen Angehörigen ist gegenüber dem Arbeitgeber durch eine Bescheinigung der Pflegekasse oder des Medizinischen Dienstes der Krankenversicherung nachzuweisen.

Die Voraussetzungen der Freistellung zur Sterbebegleitung eines nahen Angehörigen sind durch ein ärztliches Zeugnis zu bescheinigen.

Der Zeitpunkt des Nachweises ist gesetzlich nicht geregelt. Der Beschäftigte verstößt daher mit einer nachträglichen Vorlage nicht gegen die Nachweispflicht. Für den Arbeitgeber wird in diesen Fällen die Beurteilung des Freistellungsbegehrens erschwert. Aus Gründen der Rechtssicherheit sollte daher der Nachweis vorab gefordert werden.

Kann der Beschäftigte die Pflegebedürftigkeit des nahen Angehörigen nicht nachweisen, so liegt ein unentschuldigtes Fernbleiben von der Arbeit vor. Der Beschäftigte läuft daher Gefahr, sich einer Abmahnung bis hin zur außerordentlichen Kündigung auszusetzen. Der besondere Kündigungsschutz aus § 5 PflegeZG greift nicht ein, da dieser nur bei einer berechtigten Inanspruchnahme der Pflegezeit gilt.

48.5 Reaktionsmöglichkeiten des Arbeitgebers

Die Reaktionsmöglichkeiten des Arbeitgebers sind von dem konkreten Freistellungswunsch des Beschäftigten abhängig, und für vollständige und teilweise Freistellungen unterschiedlich ausgestaltet.

Vollständige Freistellung von der Arbeit
Auf eine völlige Freistellung besteht bei Arbeitgebern mit in der Regel mehr als 15 Beschäftigten ein Rechtsanspruch. Die »Mitteilung« nach § 3 Abs. 3 PflegeZG ist ein einseitig vom Beschäftigten zu erklärendes Recht. Die Inanspruchnahme der vollständigen Freistellung bedarf nicht der Zustimmung des Arbeitgebers. Ausreichend ist allein der Zugang der Erklärung beim Arbeitgeber. Die Freistellung tritt ohne weiteres Zutun des Arbeitgebers in Kraft. Der Arbeitgeber kann die Totalfreistellung – im Gegensatz zur Teilfreistellung – nicht aus dringenden betrieblichen Gründen ablehnen.

Teilweise Freistellung von der Arbeit
Der Arbeitnehmer kann auch eine teilweise Freistellung von der Arbeit durch Verringerung der Arbeitszeit in Anspruch nehmen.

Ablehnung nur bei entgegenstehenden dringenden betrieblichen Gründen
Das Verlangen nach Verringerung der Arbeitszeit kann vom Arbeitgeber nur abgelehnt werden, wenn den konkreten Arbeitszeitwünschen dringende betriebliche Gründe, also Gründe von besonderem Gewicht, entgegenstehen (§ 3 Abs. 4 Satz 2 PflegeZG).

Betriebliche Gründe können sowohl dem Umfang der Arbeitszeitverringerung entgegenstehen als auch einer vom Beschäftigten konkret angegebenen Verteilung (Lage) der reduzierten Arbeitszeit. Und die betrieblichen Gründe müssen dringend sein, also notwendig, erforderlich oder auch sehr wichtig.

Ablehnung
Anders als im Bereich der Elternzeit hat der Arbeitgeber bei Ablehnung von Teilzeitarbeit während einer Pflegezeit weder eine Ablehnungsfrist einzuhalten noch sind hierfür Schriftform oder eine Begründungspflicht vorgeschrieben.

Auch wenn eine nähere Begründung nach dem Gesetz nicht vorschrieben ist, ist dies dem Arbeitgeber jedoch anzuraten, da sich jedenfalls einige Instanzgerichte auf den Standpunkt stellen könnten, dass sich der Arbeitgeber auf Gründe, die er im Ablehnungsschreiben nicht angegeben hat, im Prozess nicht berufen kann.

48.6 Verlängerung der Pflegezeit

Der Freistellungsanspruch auf Pflegezeit und zur Betreuung eines minderjährigen nahen Angehörigen ist auf maximal 6 Monate je pflegebedürftigen Angehörigen begrenzt. Für die Freistellung zur Sterbebegleitung gilt eine Höchstdauer von 3 Monaten. Hat der Beschäftigte bei der anfänglichen Festlegung des Freistellungsanspruchs den maximalen Zeitraum nicht voll ausgeschöpft, so ist eine unmittelbare Verlängerung bis zu dieser Höchstdauer möglich.

Zustimmung des Arbeitgebers
Die Verlängerung bedarf jedoch nach § 4 Abs. 1 Satz 2 PflegeZG der Zustimmung des Arbeitgebers. Dieser kann seine Zustimmung verweigern. Der Gesetzgeber hat für die Ablehnung zwar nicht das Vorliegen entgegenstehender betrieblicher Gründe oder gar dringender betrieblicher Gründe normiert. Ausgehend vom Gesetzeszweck wird die Ablehnung jedoch eine zugunsten des Arbeitgebers ausfallende Interessenabwägung voraussetzen.

Soweit keine unzumutbaren Anforderungen an den Arbeitgeber gestellt werden, ist in der Praxis anzuraten, dem Verlängerungswunsch stattzugeben.

48.7 Beendigung der Pflegezeit

Regelmäßig endet der Freistellungsanspruch mit Ablauf der beantragten Freistellungsdauer.

Ausnahmsweise endet die Pflegezeit ohne Zustimmung des Arbeitgebers vorzeitig, wenn der nahe Angehörige in eine stationäre Pflegeeinrichtung aufgenommen oder nicht mehr pflegebedürftig ist, oder wenn dem Beschäftigten die häusliche Pflege des nahen Angehörigen unzumutbar geworden ist.

Der Arbeitgeber ist über die veränderten Umstände unverzüglich zu unterrichten. Im Übrigen kann die Pflegezeit nur dann einseitig vorzeitig durch den Beschäftigten beendet werden, wenn der Arbeitgeber zustimmt.

49 Pflegezeit: Auswirkungen auf das Arbeitsverhältnis

Autorin: Gabi Hanreich

Überblick

Das Pflegezeitgesetz (PflegeZG) berechtigt Beschäftigte einerseits wegen eines familiären Pflegefalls kurzfristig mit der Arbeit auszusetzen (Stufe 1), andererseits eine vollständige oder befristete Freistellung zur Betreuung eines pflegebedürftigen nahen Angehörigen in Anspruch zu nehmen (Stufe 2). Beide Freistellungstatbestände haben unterschiedliche Rechtsfolgen.

Während es sich bei der kurzfristigen Arbeitsverhinderung um ein sog. »Leistungsverweigerungsrecht« handelt, ruht das Beschäftigungsverhältnis während der vollständigen Freistellung.

Rechtsgrundlage ist das PflegeZG.

49.1 Fortbestehen des Arbeitsverhältnisses

Das PflegeZG enthält nur wenige Bestimmungen zu den Auswirkungen der Pflegefreistellung auf das Beschäftigungsverhältnis. So ist nicht geregelt, ob ein Ruhen des Beschäftigungsverhältnisses gegeben ist. Unter Berücksichtigung der Gesetzesbegründung, die eine beabsichtigte Anlehnung des PflegeZG an das Bundeselterngeld- und Elternzeitgesetz (BEEG) angibt, ist allerdings davon auszugehen, dass das Arbeitsverhältnis zumindest während der Pflegezeit und sonstigen Freistellung i. S. v. § 3 PflegeZG kraft Gesetzes ruht, während die Inanspruchnahme der kurzfristigen Arbeitsverhinderung gemäß § 2 PflegeZG als ein Leistungsverweigerungsrecht anzuerkennen ist.

Allgemein gilt, dass bei ruhendem Arbeitsverhältnis die vertraglichen Hauptleistungspflichten suspendiert sind. Der Arbeitnehmer muss keine Arbeitsleistung erbringen, der Arbeitgeber kein regelmäßiges Arbeitsentgelt zahlen (Ausnahme: Teilzeitarbeit). Arbeitsrechtliche Nebenpflichten wie die Geheimhaltungs- und Verschwiegenheitspflicht bleiben dagegen bestehen.

Die Inanspruchnahme des Freistellungsanspruchs führt nicht zu einer Verlängerung eines befristeten Beschäftigungsverhältnisses. Das befristete Beschäftigungsverhältnis endet unabhängig von der Freistellung mit dem vereinbarten Fristende.

Auf Berufsbildungszeiten wird die Pflegezeit hingegen gemäß § 4 Abs. 1 Satz 4 PflegeZG nicht angerechnet. Das Berufsausbildungsverhältnis verlängert sich damit automatisch um die Zeit der Pflegefreistellung.

Da das Arbeitsverhältnis während der Pflegefreistellung nicht beendet wird, zählen die Zeiten als Betriebszugehörigkeit. Eine kündigungsschutzrechtlich relevante »Unterbrechung« gemäß § 1 KSchG liegt bei Inanspruchnahme von Pflegezeit – wie auch bei Elternzeit – nicht vor.

49.2 Finanzielle Absicherung des Beschäftigten

Pflegeunterstützungsgeld bei kurzzeitiger Arbeitsverhinderung
Das PflegeZG selbst regelt keinen eigenen Anspruch des Beschäftigten auf Entgeltfortzahlung während der kurzzeitigen Freistellung. Der Arbeitgeber kann dennoch für die Zeit der kurzzeitigen Arbeitsverhinderung zur Fortzahlung der Vergütung verpflichtet sein.

Beschäftigte können bis zu 10 Arbeitstage ohne Vorankündigung von der Arbeit fernbleiben, um sich um einen akuten Pflegefall in der Familie zu kümmern.

Der Beschäftigte hat Anspruch auf ein Pflegeunterstützungsgeld (§ 3 FPfZG), das dem Kinderkrankengeld vergleichbar ist, d. h. von der Pflegekasse gezahlt wird. Auf das Pflegeunterstützungsgeld besteht allerdings nachrangig nur dann ein Anspruch, wenn kein Anspruch auf Entgeltfortzahlung gegenüber dem Arbeitgeber besteht.

Dies ist dann der Fall, wenn sich eine solche Verpflichtung aus anderen gesetzlichen Vorschriften oder aufgrund einer Vereinbarung z. B. in Tarifverträgen, Betriebsvereinbarungen oder Arbeitsverträgen ergibt. Vorrangig zu prüfen ist daher, ob solche Regelungen vorliegen.

Ist ein Auszubildender aus einem in seiner Person liegenden Grund unverschuldet verhindert, seine Pflichten aus dem Berufsausbildungsverhältnis zu erfüllen, so hat er nach § 19 Abs. 1 Nr. 2b BBiG Anspruch auf Fortzahlung der Ausbildungsvergütung für höchstens 6 Wochen. Die Vorschrift entspricht § 616 Satz 1 BGB, ist jedoch unabdingbar und nicht lediglich auf »eine verhältnismäßig nicht erhebliche Zeit« begrenzt.

Zinsloses Darlehen bei pflegebedingten Freistellungen
Beschäftigte, die sich für eine pflegebedingte Freistellung von der Arbeitsleistung entscheiden, haben einen Anspruch auf Förderung durch ein zinsloses Darlehen. Das Darlehen ist beim Bundesamt für Familie und zivilgesellschaftliche Aufgaben zu beantragen.

Die monatliche Ratenzahlung deckt die Hälfte des durch die Arbeitszeitreduzierung fehlenden Nettogehalts ab und ist gedeckelt auf den Wert, der bei einer durchschnittlichen Arbeitszeit von 15 Stunden pro Woche während der Familienpflegezeit zu zahlen wäre. Auf Antrag kann auch ein niedrigeres Darlehen, bis zu einer Mindesthöhe von 50 EUR monatlich, genommen werden. Rückgezahlt wird das Darlehen nach dem Ende der Freistellung innerhalb von 48 Monaten.

Die Förderfähigkeit ist auch dann gegeben, wenn Arbeitgeber in kleineren Betrieben auf freiwilliger Basis Pflegezeit oder Familienpflegezeit mit ihren Beschäftigten vereinbaren. Die Kleinbetriebsklausel steht mithin einer Förderung durch ein zinsloses Darlehen in diesen Betrieben nicht entgegen.

50 Pflegezeit: Besonderer Kündigungsschutz

Autorin: Gabi Hanreich

Überblick

Das Pflegezeitgesetz (PflegeZG) sowie das Familienpflegezeitgesetz (FPfZG) eröffnet Beschäftigten die Möglichkeit, pflegebedürftige Angehörige zu pflegen und damit die Vereinbarkeit von Beruf und familiärer Pflege zu verbessern.

Um Beschäftigten, die eine Freistellung nach dem PflegeZG bzw. eine Verringerung der Arbeitszeit nach dem FPfZG in Anspruch nehmen, vor einem drohenden Verlust des Arbeitsplatzes zu schützen, enthält das PflegeZG Vorschriften über einen Sonderkündigungsschutz, die im FPfZG entsprechend gelten.

Rechtsgrundlage ist das PflegeZG.

50.1 Kündigungsschutz bei arbeitgeberseitiger Kündigung

Die Vorschriften zum Sonderkündigungsschutz finden sowohl bei der kurzfristigen Arbeitsverhinderung, bei der Pflegezeit und sonstigen Freistellungen nach dem PflegeZG als auch bei der Familienpflegezeit nach dem FPfZG Anwendung. Im FPfZG wird auf die entsprechende Vorschrift des PflegeZG verwiesen.

50.1.1 Absolutes Kündigungsverbot

In § 5 Abs. 1 PflegeZG ist ein besonderer Kündigungsschutz vorgesehen. Danach darf der Arbeitgeber das Beschäftigungsverhältnis von der Ankündigung, höchstens jedoch 12 Wochen vor dem angekündigten Beginn bis zur Beendigung der kurzzeitigen Arbeitsverhinderung nach § 2 PflegeZG oder der Freistellung nach § 3 PflegeZG nicht kündigen.

Das Kündigungsverbot nach § 5 PflegeZG ist absolut. Es gilt für alle Kündigungen, die der Arbeitgeber ausspricht. Hierunter fallen die ordentliche und außerordentliche Beendigungskündigung sowie Änderungskündigungen, sei es aus betriebsbedingten, personenbedingten oder verhaltensbedingten Gründen.

Da es sich um ein sog. absolutes Kündigungsverbot handelt, besteht es unabhängig von der sechsmonatigen Wartezeit für die Anwendbarkeit des Kündigungsschutzgesetzes nach § 1 KSchG. Im Fall der kurzzeitigen Arbeitsverhinderung nach § 2 PflegeZG greift der Sonderkündigungsschutz unabhängig von der Unternehmensgröße ein. Das

Kündigungsverbot gilt unabhängig davon, ob der Arbeitnehmer von der Arbeit vollständig oder teilweise freigestellt ist.

Arbeitnehmerähnliche Personen zählen zu den Beschäftigten gemäß § 7 PflegeZG. Daraus ist wohl zu schließen, dass dieser wirtschaftlich vom Auftraggeber abhängige Personenkreis in Bezug auf die dienst- bzw. werkvertragliche Vertragsverbindung ebenso als durch § 5 PflegeZG besonders geschützt anzusehen ist.

Nichtigkeit der verbotswidrig erklärten Kündigung
Eine entgegen der Kündigungssperre des § 5 PflegeZG erklärte Kündigung ist nach materiellem Recht wegen Verstoßes gegen ein gesetzliches Verbot nichtig.

50.1.2 Beginn und Ende des Sonderkündigungsschutzes

Sonderkündigungsschutz bei kurzzeitiger Arbeitsverhinderung (Stufe 1)
Das Kündigungsverbot von Beschäftigungsverhältnissen pflegender Angehöriger besteht in den Fällen des § 2 PflegeZG während der Dauer der kurzzeitigen Arbeitsverhinderung. Es beginnt jedoch frühestens mit der Ankündigung, d.h. dem Zugang der (formlosen) Anzeige gemäß § 2 Abs. 2 Satz 1 PflegeZG beim Arbeitgeber, höchstens jedoch 12 Wochen vor dem angekündigten Beginn bis zur Beendigung der kurzzeitigen Arbeitsverhinderung.

Sonderkündigungsschutz bei unbezahlter Freistellung (Stufe 2)
Bei der Inanspruchnahme einer Pflegezeit beginnt der Sonderkündigungsschutz bereits mit Zugang der Ankündigung nach § 3 Abs. 3 PflegeZG, also bereits vor dem Beginn der eigentlichen Pflegezeit, höchstens jedoch 12 Wochen vor dem angekündigten Beginn.

Da die Ansprüche auf Pflegefreistellung ab dem ersten Tag eines Beschäftigungsverhältnisses bestehen, hat dies zur Folge, dass die Wartezeit des Kündigungsschutzgesetzes auch während der Pflegefreistellung läuft. Vollständige Pflegezeitfreistellungen stellen keine »Unterbrechung« i.S.v. § 1 Abs. 1 KSchG dar.

Ende des Sonderkündigungsschutzes
Der Sonderkündigungsschutz endet mit dem Ende der Freistellung, und zwar unabhängig davon, ob das Ende regulär erfolgt oder vorzeitig.

50.1.3 Behördliche Zulassung der Kündigung

In »besonderen Fällen« kann die Arbeitgeberkündigung ausnahmsweise (vorab) für zulässig erklärt werden.

Gemäß § 5 Abs. 2 PflegeZG kann eine Kündigung entgegen § 5 Abs. 1 PflegeZG ausnahmsweise zulässig sein, wenn die Zulässigkeitserklärung der für den Arbeitsschutz zuständigen obersten Landesbehörde oder der von ihr bestimmten Stelle vorliegt.

50.2 Kündigung durch den Beschäftigten

Das Verbot des § 5 PflegeZG gilt nicht für Eigenkündigungen durch Beschäftigte. Anders als bei der Elternzeit (§ 19 BEEG) fehlt im PflegeZG eine besondere Bestimmung für Kündigungen seitens der Beschäftigten. Somit gelten für Eigenkündigungen von Arbeitnehmern die allgemeinen vertraglichen bzw. gesetzlichen Bestimmungen auch zur Kündigungsfrist.

51 Familienpflegezeit: Anspruch, Dauer und Antrag

Autorin: Gabi Hanreich

Überblick

Beschäftigte in Unternehmen mit in der Regel mehr als 25 Beschäftigten haben Anspruch auf eine vorübergehende Arbeitszeitverringerung. Während der Familienpflegezeit kann die Arbeitszeit zum Zwecke der Pflege naher Angehöriger in häuslicher Umgebung für bis zu 24 Monate auf bis zu 15 Stunden pro Woche verringert werden. Bei Arbeitgebern mit in der Regel bis zu 25 Beschäftigten, bei denen kein Anspruch auf Familienpflegezeit besteht, haben Beschäftigte die Möglichkeit, eine Familienpflegezeit zu beantragen. Arbeitgeber sind verpflichtet, den Antrag innerhalb von 4 Wochen zu beantworten. Eine Ablehnung des Antrags ist zu begründen. Mit Beginn der vereinbarten Freistellung gilt ein Sonderkündigungsschutz; eine Kündigung ist nur noch mit Zustimmung der zuständigen Behörde wirksam. Beschäftigte haben zugleich einen Anspruch auf ein zinsloses Darlehen.

51.1 Inanspruchnahme der Familienpflegezeit

Die Inanspruchnahme der Familienpflegezeit ist dem Arbeitgeber spätestens 8 Wochen vor dem gewünschten Beginn schriftlich anzukündigen.

Gleichzeitig hat der Beschäftigte zu erklären, für welchen Zeitraum und in welchem Umfang die Arbeitsfreistellung in Anspruch genommen werden soll. Dabei ist auch die gewünschte Verteilung der Arbeitszeit anzugeben. Voraussetzung für die Inanspruchnahme der Familienpflegezeit ist eine schriftliche Vereinbarung zwischen Beschäftigten und Arbeitgeber über die Verringerung und Verteilung der Arbeitszeit.

Der Arbeitgeber hat den Wünschen der Beschäftigten zu entsprechen, es sei denn, dass dringende betriebliche Gründe entgegenstehen. Die Pflegebedürftigkeit des nahen Angehörigen ist durch Vorlage einer Bescheinigung der Pflegekasse oder des Medizinischen Dienstes der Krankenversicherung nachzuweisen. Bei in der privaten Pflege-Pflichtversicherung versicherten Pflegebedürftigen ist ein entsprechender Nachweis zu erbringen.

Bei Arbeitgebern mit in der Regel bis zu 25 Beschäftigten, bei denen kein Anspruch auf Familienpflegezeit besteht, haben Beschäftigte nunmehr die Möglichkeit, eine Familienpflegezeit zu beantragen. Arbeitgeber sind verpflichtet, den Antrag innerhalb von 4 Wochen zu beantworten. Eine Ablehnung des Antrags ist zu begründen. Mit Beginn der vereinbarten Freistellung gilt ein Sonderkündigungsschutz; eine Kündigung ist nur noch mit Zustimmung der zuständigen Behörde wirksam.

Wenn Beschäftigte zuerst Pflegezeit oder eine sonstige Freistellung nach § 3 PflegeZG in Anspruch nehmen und anschließend eine weitere Freistellung im Rahmen einer Familienpflegezeit beanspruchen, beträgt die Ankündigungsfrist 3 Monate.

51.2 Verringerung der individuellen Arbeitszeit

Nach § 2 FPfZG können Beschäftigte mit dem Arbeitgeber vereinbaren, dass ihre Arbeitszeit für maximal 24 Monate auf höchstens 15 Wochenstunden reduziert wird. Bei unterschiedlichen wöchentlichen Arbeitszeiten oder einer unterschiedlichen Verteilung der wöchentlichen Arbeitszeit darf die wöchentliche Arbeitszeit im Durchschnitt eines Zeitraums von bis zu einem Jahr 15 Stunden nicht unterschreiten.

51.3 Zinsloses Darlehen in der Familienpflegezeit

Während der Familienpflegezeit haben Beschäftigte einen Anspruch auf ein zinsloses Darlehen. Das Darlehen ist beim Bundesamt für Familie und zivilgesellschaftliche Aufgaben zu beantragen. Es wird in monatlichen Raten gezahlt und deckt die Hälfte des durch die Arbeitszeitreduzierung fehlenden Nettogehalts ab. Auf Antrag kann auch ein niedrigeres Darlehen, bis zu einer Mindesthöhe von 50 EUR monatlich, genommen werden.

Rückgezahlt wird das Darlehen nach dem Ende der Freistellung innerhalb von 48 Monaten. Auf Antrag kann die Rückzahlung bis zur Beendigung einer etwaigen Freistellung von der Arbeitsleistung aufgeschoben werden. Eine Härtefallregelung schützt beispielsweise vor hohen Rückzahlungen bei einer mehr als 180 Tage ununterbrochen andauernden Arbeitsunfähigkeit oder bei Fortbestand des Pflegebedarfs. Im letzten Fall kann auf Antrag ein Viertel des Darlehensbetrages erlassen werden. Die Darlehensschuld erlischt bei Tod des Darlehensnehmers oder bei Bezug von Leistungen nach SGB II oder SGB XII, soweit sie noch nicht fällig ist.

Die Förderfähigkeit ist auch dann gegeben, wenn Arbeitgeber in kleineren Betrieben auf freiwilliger Basis Familienpflegezeit mit ihren Beschäftigten vereinbaren.

Für das zinslose Darlehen hat der Arbeitgeber dem Bundesamt für Familie und zivilgesellschaftliche Aufgaben den Arbeitsumfang sowie das Arbeitsentgelt vor der Freistellung zu bescheinigen.

51.4 Kündigungsschutz – absolutes Kündigungsverbot

Der Arbeitgeber darf das Beschäftigungsverhältnis von der Ankündigung bis zur Beendigung der Familienpflegezeit nicht kündigen.

Sonderkündigungsschutz besteht aber höchstens 12 Wochen vor dem angekündigten Beginn der Familienpflegezeit.

Das Kündigungsverbot ist absolut; es gilt für alle Kündigungen, die der Arbeitgeber ausspricht. Hierunter fallen die ordentliche und außerordentliche Beendigungskündigung sowie Änderungskündigungen, sei es aus betriebsbedingten, personenbedingten oder verhaltensbedingten Gründen.

In besonderen Fällen kann ausnahmsweise eine Kündigung für zulässig erklärt werden. Die Zulässigkeitserklärung erfolgt durch die für den Arbeitsschutz zuständige oberste Landesbehörde oder die von ihr bestimmte Stelle.

51.5 Befristete Einstellung von Vertretungen/Ersatzkräften

Während der Familienpflegezeit kann der Arbeitgeber eine Ersatzkraft im Rahmen eines befristeten Arbeitsverhältnisses einstellen. Insofern kann auf die Ausführungen in Pflegezeitgesetz: Befristeter Arbeitsvertrag mit Ersatzkraft verwiesen werden.

52 Rückzahlungsklauseln: Zulässigkeit, Form und Fälligkeit

Autor: Marco Ferme

Überblick

In der Praxis des Arbeitslebens spielen Rückzahlungsklauseln eine erhebliche Rolle. Durch sie verpflichtet sich der Arbeitnehmer zur Erstattung von vorangegangenen freiwilligen Aufwendungen des Arbeitgebers, auf die kein Rechtsanspruch bestanden hat. Rückzahlungsklauseln sind im Rahmen der Vertragsfreiheit grundsätzlich zulässig, dürfen aber nicht zu einer unzulässigen Kündigungserschwerung für den Arbeitnehmer führen.

Die Rechtsprechung räumt der Vereinbarung von Rückzahlungsklauseln in Tarifverträgen regelmäßig einen größeren Spielraum ein als derjenigen der Arbeitsvertragsparteien.

Einzelvertragliche Rückzahlungsklauseln unterliegen der richterlichen Inhaltskontrolle auf ihre Angemessenheit. In ihnen kann regelmäßig nicht in dem Umfang von den richterrechtlich entwickelten Grundsätzen abgewichen werden, wie es den Tarifvertragsparteien erlaubt ist.

Nach Beendigung des Arbeitsverhältnisses muss eine noch nicht durch Aufrechnung erloschene Rückzahlungsverpflichtung des Arbeitnehmers vom Arbeitgeber ggf. gerichtlich durchgesetzt werden.

52.1 Form und Inhalt einer Rückzahlungsvereinbarung

Grundsätzlich kann eine Rückzahlungsvereinbarung ohne Einhaltung einer Form von den Arbeitsvertragsparteien getroffen werden.

Einschränkungen bestehen nur dann, wenn die Rückzahlungsklausel

- nach Abschluss des Arbeitsvertrags bzw. während eines bestehenden Arbeitsverhältnisses vereinbart wird und
- für das Arbeitsverhältnis eine konstitutive Schriftformklausel gilt.

In diesem Fall muss die Vereinbarung über die Rückzahlungsverpflichtung schriftlich erfolgen, d. h. das entsprechende Schriftstück ist von beiden Parteien eigenhändig zu unterschreiben. Ansonsten ist die Vereinbarung regelmäßig unwirksam.

Daneben dürfte eine Rückzahlungsklausel auch zu den wesentlichen Vertragsbedingungen des § 2 Abs. 1 NachwG zählen, über die vom Arbeitgeber ein **schriftlicher Nachweis** spätestens einen Monat nach Vertragsabschluss zu erstellen ist. Wird die Vereinbarung während des Arbeitsverhältnisses getroffen, hat der Nachweis spätestens einen Monat nach der Vereinbarung zu erfolgen (§ 3 NachwG).

52.2 Einzelvertragliche Rückzahlungsklauseln

Einzelvertraglich vereinbarte Rückzahlungsklauseln unterliegen in größerem Umfang der gerichtlichen Inhaltskontrolle als tarifliche Rückzahlungsvereinbarungen. Dies folgt aus einer regelmäßig bestehenden strukturellen Unterlegenheit des einzelnen Arbeitnehmers gegenüber dem Arbeitgeber, d. h. der ungleichen Verhandlungsstärke.

Einzelvertragliche Rückzahlungsklauseln müssen inhaltlich möglichst klar und eindeutig abgefasst werden (§ 307 Abs. 1 Satz 2 BGB), um nachfolgende Streitigkeiten um ihre Reichweite zu vermeiden.

So ist bei der Formulierung der Bindungsdauer aufzunehmen, bis zu welchem Zeitpunkt eine Rückzahlungsverpflichtung besteht und innerhalb welchen Zeitraums sich der zurückzuzahlende Betrag pro Monat der Laufzeit der Rückzahlungsverpflichtung ermäßigt. Die durch die Fortbildung entstehenden Kosten müssen dem Grunde und der Höhe nach bezeichnet werden, zumindest sollten Art und Berechnungsgrundlagen der Fortbildungskosten benannt werden.[592]

Regelungen zu einem möglichen Ausscheiden des Arbeitnehmers treffen
Besondere Sorgfalt muss auf die Formulierung der Voraussetzungen für die Rückzahlungsverpflichtung des Arbeitnehmers verwandt werden. So kann ein Ausscheiden aus dem Betrieb sowohl durch Kündigung durch Arbeitgeber und Arbeitnehmer als auch durch einen Aufhebungsvertrag erfolgen.

Bei einer betriebsbedingten und ggf. auch personenbedingten Kündigung des Arbeitgebers kommt eine Rückzahlungsverpflichtung für Aus- bzw. Fortbildungs- sowie Umzugskosten nicht in Betracht.[593] Es sollte daher bereits bei der Vereinbarung der Rückzahlungsverpflichtung klargestellt werden, dass diese nur im Fall einer verhaltensbedingten Kündigung des Arbeitgebers oder eines Aufhebungsvertrags besteht.

Auch bei Vereinbarung der Rückzahlungsverpflichtung bei einer Eigenkündigung ist eine differenzierte Formulierung notwendig, denn die Eigenkündigung darf nicht durch vertragswidriges Verhalten des Arbeitgebers veranlasst sein[594] oder eine berechtigte personenbedingte Arbeitnehmerkündigung darstellen.[595]

Wird eine Rückzahlungsklausel vereinbart, muss ausdrücklich die Rückzahlung bei betriebsbedingter Kündigung ausgeschlossen werden.

---

592 BAG, Urteil v. 21.8.2012, 3 AZR 698/10.
593 BAG, Urteil v. 18.11.2008, 3 AZR 192/07.
594 BAG, Urteil v. 13.12.2011, 3 AZR 791/09.
595 LAG Hamm, Urteil v. 18.5.2018, 1 Sa 49/18.

53 Rückzahlungsklauseln: Arten

Autor: Marco Ferme

Überblick

Rückzahlungsklauseln können in vielerlei Hinsicht eine Rolle spielen. Die wichtigsten Anwendungsbereiche für Rückzahlungsvereinbarungen sind Vorschuss- und Abschlagszahlungen, Arbeitgeberdarlehen, Aus- und Fortbildungskosten sowie Aufwendungen des Arbeitnehmers für einen Umzug.

53.1 Arbeitgeberdarlehen

Ein Arbeitgeberdarlehen liegt vor, wenn dem Arbeitnehmer vom Arbeitgeber losgelöst von der laufenden Vergütung Geldmittel zur zeitweisen Verwendung überlassen werden. Arbeitgeberdarlehen werden regelmäßig zu günstigeren als den aktuell bestehenden Kapitalmarktbedingungen gewährt.

Die Darlehensvereinbarung kann grundsätzlich formfrei erfolgen, sollte zu Beweiszwecken aber stets schriftlich abgeschlossen werden.

In die Rückzahlungsvereinbarung des Darlehens ist grundsätzlich auch die Beendigung des Arbeitsverhältnisses mit einzubeziehen, d.h. es sollte eine Regelung über das rechtliche Schicksal des Darlehens bei Ausscheiden des Arbeitnehmers getroffen werden. Fehlt es hieran, so wird der zu diesem Zeitpunkt noch ausstehende Kreditbetrag nicht automatisch zur sofortigen Rückzahlung fällig. Ebenfalls werden die Konditionen des Kredits nicht zwangsläufig an das Kapitalmarktniveau angepasst – eine Anpassung nach Beendigung des Arbeitsverhältnisses kann aber vertraglich geregelt werden.[596] Schließlich ist das Ausscheiden des Arbeitnehmers aus dem Betrieb auch kein Grund zur außerordentlichen Kündigung des Darlehens.[597]

53.2 Aus- und Fortbildungskosten

In der Praxis des Arbeitslebens spielen Aus-, Fort- und Weiterbildung eine erhebliche Rolle. Dementsprechend häufig sind einzelvertragliche oder tarifliche Bestimmungen, die den Arbeitnehmer zur Rückzahlung der dafür vom Arbeitgeber aufgewandten Kosten verpflichten, wenn er vor Ablauf bestimmter Fristen aus dem Arbeitsverhält-

596 BAG, Urteil v. 23.2.1999, 9 AZR 737/97.

597 BAG, Urteil v. 23.9.1992, 5 AZR 569/91; BAG, Urteil v. 28.9.2017, 8 AZR 67/15.

nis ausscheidet. Betriebsvereinbarungen über die Rückzahlung von Aus- und Fortbildungskosten sind eher selten.

Rückzahlungsklauseln sind im Bereich der Aus- und Fortbildung nach der Rechtsprechung des BAG grundsätzlich zulässig, unterliegen aber in einigen Bereichen gesetzlichen Grenzen. So kann kein Kostenersatz für die nach § 81 BetrVG oder nach dem Arbeitsvertrag geschuldete Unterrichtung des Arbeitnehmers über seine Arbeitsaufgabe bzw. seinen Arbeitsplatz verlangt werden.

53.2.1 Zulässigkeit und Ausgestaltung einzelvertraglicher Rückzahlungsklauseln über Ausbildungskosten

Nach ständiger Rechtsprechung des BAG sind einzelvertragliche Vereinbarungen grundsätzlich zulässig, nach denen sich ein Arbeitnehmer an den Kosten einer vom Arbeitgeber finanzierten Ausbildung zu beteiligen hat, soweit er vor Ablauf bestimmter Fristen aus dem Arbeitsverhältnis ausscheidet.

Ausnahmsweise können derartige Zahlungsverpflichtungen, die an eine vom Arbeitnehmer zu verantwortende Beendigung des Arbeitsverhältnisses anknüpfen, unter dem Gesichtspunkt einer übermäßigen Beeinträchtigung der arbeitsplatzbezogenen Berufswahlfreiheit des Arbeitnehmers (Art. 12 Abs. 1 Satz 1 GG) gegen Treu und Glauben verstoßen.[598] Im Rahmen der Vertragsfreiheit sind Rückzahlungsvereinbarungen über Ausbildungskosten anzuerkennen, sofern im Rahmen einer Gesamtabwägung keine unsachgerechten Kündigungsbeschränkungen erfolgen.[599]

Rückzahlung bei Beendigung des Arbeitsverhältnisses

Rückzahlungsklauseln kommen nur für den Fall einer verschuldeten Kündigung des Arbeitnehmers[600], die nicht durch ein vertragswidriges Verhalten des Arbeitgebers veranlasst sein darf[601], einer verhaltensbedingten Kündigung des Arbeitgebers oder eines durch solche Gründe veranlassten Aufhebungsvertrags in Betracht.

Form

Rückzahlungsklauseln über Ausbildungskosten können – sofern kein vertragliches oder tarifvertragliches konstitutives Schriftformerfordernis besteht – grundsätzlich formfrei vereinbart werden.

598 BAG, Urteil v. 19.2.2004, 6 AZR 552/02.
599 BAG, Urteil v. 23.4.1986, 5 AZR 159/85.
600 BAG, Urteil v. 19.1.2011, 3 AZR 621/08; BAG, Urteil v. 1.3.2022, 9 AZR 260/21.
601 BAG, Urteil v. 13.12.2011, 3 AZR 791/09.

Transparenzgebot – auf alle Folgen hinweisen
Bei Verwendung Allgemeiner Geschäftsbedingungen (AGB) ist es wegen des Transparenzgebots des § 307 Abs. 1 Satz 2 BGB jedoch erforderlich, dass der Arbeitgeber den Arbeitnehmer zu Beginn der Ausbildung auf alle Folgen, die sich aus einer solchen Vereinbarung ergeben, klar und unmissverständlich hinweist. Der Arbeitnehmer muss die Folgen, die sich für ihn aus dem Abschluss einer solchen Vereinbarung ergeben, erkennen können.[602]

Rückzahlungsvereinbarungen klar gestalten
Wird in einer formularvertraglichen Vereinbarung nicht danach unterschieden, ob der Grund für die Beendigung des Arbeitsverhältnisses durch den Arbeitgeber oder den Arbeitnehmer verursacht wurde, und greift sie danach auch ein, wenn die Kündigung des Arbeitnehmers durch den Arbeitgeber (mit-)veranlasst wurde, wird der Arbeitnehmer dadurch unangemessen benachteiligt und die Klausel ist unwirksam.[603]

Bei unklar gestalteten Rückzahlungsvereinbarungen findet die Unklarheitenregel des § 305 c Abs. 2 BGB Anwendung. Demnach gehen Zweifel bei der Auslegung von AGB zulasten des Verwenders.

53.2.2 Begriff der Ausbildung ist eng gefasst

Voraussetzung für jegliche Rückzahlungsvereinbarungen ist zunächst, dass die durchgeführte Aus- oder Fortbildungsmaßnahme bestimmte inhaltliche Anforderungen erfüllt.[604] Nicht jede Qualifikation des Arbeitnehmers im Zusammenhang mit seinem Arbeitsverhältnis wird als »Ausbildung« anerkannt, die Grundlage für eine Rückzahlungsvereinbarung sein kann.

Nach der Rechtsprechung ist dieser Begriff vielmehr eng gefasst. Eine Rückzahlungsklausel ist unwirksam, wenn die durchgeführte Fortbildung zum Inhalt des zwischen den Parteien geschlossenen Arbeitsvertrags gehört. Das ist z. B. der Fall, wenn der Arbeitnehmer die geschuldete Arbeitsleistung auch durch die Fortbildungsmaßnahmen erbringen könnte oder die Ausbildung ausschließlich für den Betrieb von Nutzen ist, weil für den konkreten Arbeitsplatz eine besondere Einweisung oder Einarbeitung erforderlich ist.

---

602 Zur Rechtslage vor Inkrafttreten der Schuldrechtsreform bereits BAG, Urteile v. 19.3.1980, 5 AZR 362/78 und v. 21.11.2002, 6 AZR 77/01; diese Grundsätze sind nunmehr im Rahmen der Inhaltskontrolle nach §§ 307 ff. BGB heranzuziehen.

603 BAG, Urteil v. 11.4.2006, 9 AZR 610/05; BAG, Urteil v. 11.12.2018. 9 AZR 383/18.

604 BAG, Urteil v. 6.9.1995, 5 AZR 241/94; BAG, Urteil v. 30.11.1994, 5 AZR 715/93.

Angemessene Gegenleistung für die Rückzahlungsverpflichtung

Der Arbeitnehmer muss mit der Ausbildungsmaßnahme eine angemessene Gegenleistung für die Rückzahlungsverpflichtung erhalten haben. Er muss daher gerade durch die Bildungsmaßnahme besondere Kenntnisse oder Fähigkeiten und Fertigkeiten (erstmalig) erlangen, die er dann vereinbarungsgemäß weiterhin im Betrieb einsetzen soll.

Die Vereinbarung von Rückzahlungsklauseln ist nur zulässig, wenn der Arbeitnehmer durch die Aus- oder Fortbildung einen geldwerten Vorteil erlangt, d.h. wenn der Arbeitnehmer die erworbenen Kenntnisse und Fähigkeiten auch **außerhalb des Betriebs** des ausbildenden Arbeitgebers verwerten und beruflich aufsteigen kann.[605]

Kostenbeteiligung des Arbeitnehmers

Eine Kostenbeteiligung des Arbeitnehmers scheidet danach regelmäßig dann aus[606], wenn

- die Aus- oder Weiterbildung nur innerbetrieblich von Nutzen ist;
- es lediglich um die Auffrischung vorhandener Kenntnisse geht oder
- es der Anpassung dieser Kenntnisse an vom Arbeitgeber veranlasste neuere betriebliche Gegebenheiten dient.

Beispiel: Ausbildung mit Nutzen für den Arbeitgeber

Als eine Ausbildung im dargestellten Sinn kann daher bei einer Ausbildung außerhalb des BBiG z.B. auch der Erwerb einer in der Praxis anerkannten Qualifikation durch den Arbeitnehmer gelten (Führerschein Klasse 2, Zertifikat als Schweißer).

Rückzahlungsklauseln können aber auch für eine Ausbildungsmaßnahme vereinbart werden, wenn der Arbeitnehmer schon über **Grundkenntnisse** verfügt, die vom Leistungsniveau her verbessert und erweitert und nur allgemein angehoben werden sollen. Fort- oder Ausbildung kann auch darin bestehen, bereits vorhandene Kenntnisse zu verbessern oder durch tatsächliche praktische Übungen zu vervollkommnen.[607]

53.2.3 Bindungsdauer und zeitliche Staffelung

Die Zulässigkeit von Rückzahlungsklauseln hängt weiterhin von der Fortbildungs- und Bindungsdauer ab. Beide müssen in angemessenem Verhältnis stehen.

Die Höhe der Arbeitgeberaufwendungen hängt maßgeblich von der Dauer und den Kosten der Qualifikationsmaßnahme ab. Daneben ist die Dauer der Fortbildung ein starkes Indiz für die Qualität der erworbenen Qualifikation.

---

605 BAG, Urteil v. 19.2.2004, 6 AZR 552/02.
606 BAG, Urteil v. 16.3.1994, 5 AZR 339/92 und BAG, Urteil v. 5.12.2002, 6 AZR 539/01.
607 BAG, Urteil v. 30.11.1994, 5 AZR 715/93.

Die für den Arbeitnehmer tragbaren Bindungen sind aufgrund einer Güter- und Interessenabwägung nach Maßgabe des Verhältnismäßigkeitsgrundsatzes unter Heranziehung der Umstände des Einzelfalls zu ermitteln. Dabei kommt es u. a. auf

- die Dauer der Bindung,
- den Umfang und die Kosten der Fortbildungsmaßnahme,
- die Höhe des Rückzahlungsbetrags und
- dessen Abwicklung an.

Das BAG geht in ständiger Rechtsprechung von folgendem Verhältnis von Lehrgangs- und Bindungsdauer aus[608]:

Lehrgangsdauer	**Bindungsdauer**	**Arbeitsverpflichtung während des Lehrgangs**
Bis 1 Monat	Bis 6 Monate[609]	Nein
2 Monate	Bis 12 Monate[610]	Nein
3 bis 4 Monate	Bis 24 Monate[611]	Nein
6 Monate bis 1 Jahr	Bis 3 Jahre[612]	Nein
Über 2 Jahre	Bis 5 Jahre[613]	Nein

Besteht die Ausbildung aus mehreren Unterrichtsabschnitten, so sind die dazwischen liegenden Unterbrechungszeiten, in denen eine Arbeitsleistung erbracht worden ist, bei der Berechnung der (Ausbildungs-)Dauer nicht mitzuberücksichtigen.[614]

Die dargestellten Grundsätze gelten – wie das BAG stets betont – nur für den Regelfall.

Im Einzelfall kann auch bei kürzerer Ausbildungsdauer eine verhältnismäßig lange Bindung gerechtfertigt sein, wenn

- erhebliche Mittel aufgewendet werden und
- die Teilnahme an der Fortbildung dem Arbeitnehmer besondere Vorteile bringt.

Erstattungsfähige Kosten

Zu den erstattungsfähigen Kosten einer Ausbildung zählen die Lohnkosten und der Sachaufwand des Arbeitgebers in der Zeit der Fortbildung.[615] Zu den Aufwendungen,

608 Zusammenfassende Grundsätze in BAG, Urteil v. 6.9.1995, 5 AZR 241/94; so auch BAG, Urteil v. 14.1.2009, 3 AZR 900/07; BAG, Urteil v. 15.9.2009, 3 AZR 173/08.
609 BAG, Urteil v. 15.9.2009, 3 AZR 173/08.
610 BAG, Urteil v. 15.12.1993, 5 AZR 279/93.
611 BAG, Urteil v. 21.7.2005, 6 AZR 452/04.
612 BAG, Urteil v. 5.6.2007, 9 AZR 604/06.
613 BAG, Urteil v. 21.7.2005, 6 AZR 452/04.
614 BAG, Urteil v. 6.9.1995, 5 AZR 241/94.
615 BAG, Urteil v. 23.4.1997, 5 AZR 29/96.

für die der Arbeitgeber eine Rückzahlungsverpflichtung vorsehen kann, zählen daher die aufgewendeten Lehrgangskosten, die fortgezahlte Arbeitsvergütung sowie angefallene Reise- und Unterbringungskosten.[616]

Die Rechtsprechung verlangt bei der inhaltlichen Ausgestaltung von Rückzahlungsklauseln, dass sich die Erstattungspflicht des Arbeitnehmers monatlich vermindert. Die nur jährliche Ermäßigung ist im Rahmen einer einzelvertraglich vereinbarten Rückzahlungsklausel eine unsachgerechte Kündigungsbeschränkung und damit unwirksam.[617] Hingegen hält das BAG in Tarifverträgen entsprechende jährliche Ermäßigungen für zulässig.[618]

Beispiel: Monatliche Verminderung des Rückzahlungsbetrags

Beträgt die zulässige Bindungsdauer 3 Jahre (36 Monate), so muss sich der Rückzahlungsbetrag des Arbeitnehmers bei vorzeitigem Ausscheiden monatlich um $^1/_{36}$ vermindern. Die Reduzierung um $^1/_3$ nach Ablauf eines Jahres ist in einzelvertraglichen Vereinbarungen nicht zulässig.

Die Höhe der Rückzahlungsverpflichtung ist schließlich in doppelter Hinsicht begrenzt[619]:

- der Arbeitgeber kann höchstens den tatsächlich aufgewandten Betrag zurückverlangen. Andernfalls handelt es sich nicht mehr (nur) um die Rückzahlung von Ausbildungskosten, sondern (auch) um eine Vertragsstrafe;
- der Arbeitnehmer hat höchstens den vereinbarten Betrag zurückzuzahlen, auch wenn die Kosten der Aus- oder Weiterbildung höher liegen.

53.2.4 Unwirksamkeit von Rückzahlungsklauseln

Rückzahlungsklauseln können unwirksam sein, wenn entweder die Ausbildung, zu deren Durchführung der Arbeitgeber einen Kostenbeitrag gezahlt hat, für den Arbeitnehmer zu keinem geldwerten Vorteil geführt hat oder wenn die Rückzahlungsklausel zu einer unzulässigen Bindung des Arbeitnehmers an den Betrieb geführt hat.

Verstößt eine in einem Arbeitsvertrag formularmäßig vereinbarte Rückzahlungsklausel gegen die richterrechtlich entwickelten Grundsätze, ist die Klausel nach § 307 Abs. 1 BGB unwirksam. Wird die Rückzahlungsklausel nicht aufgrund einer echten In-

616 Eine entsprechende Vereinbarung hat das BAG, Urteil v. 28.1.1981, 5 AZR 848/78 nicht beanstandet; ein geldwerter Vorteil, der Voraussetzung für die Rückzahlungsverpflichtung ist, muss nicht für die erstattungsfähigen Kostenpositionen, sondern nur für die durchgeführte Ausbildung bestehen.

617 BAG, Urteil v. 23.4.1986, 5 AZR 159/85; BAG, Urteil v. 10.5.2016, 9 AZR 434/15.

618 BAG, Urteil v. 6.9.1995, 5 AZR 174/94.

619 BAG, Urteil v. 23.4.1986, 5 AZR 159/85.

dividualabrede vereinbart, nimmt das BAG nun keine geltungserhaltende Reduktion mehr vor.[620]

Vielmehr ist die vereinbarte Klausel insgesamt unwirksam und der Arbeitnehmer wird von der Verpflichtung zur vollen oder anteiligen Rückzahlung der Ausbildungskosten frei. Auch eine ergänzende Vertragsauslegung erfolgt grundsätzlich nicht.[621] Gegebenenfalls bereits an den Arbeitgeber gezahlte Beträge sind ohne Rechtsgrund geleistet und daher an den Arbeitnehmer zurückzuerstatten.

Eine Rückzahlungsklausel kann insbesondere unwirksam sein bei

- Fehlen eines geldwerten Vorteils, der dem Arbeitnehmer durch die Ausbildung vermittelt wird;
- Verstößen gegen das Gebot der zeitanteiligen Ermäßigung des Rückzahlungsbeitrags;
- der Vereinbarung einer unzulässigen Bindungsdauer;
- einer unzulässigen Rückzahlungsverpflichtung für bestimmte Beendigungsformen des Arbeitsverhältnisses.

Rückzahlungsklauseln bei Kündigung durch den Arbeitgeber

Rückzahlungsklauseln, die eine Rückzahlungspflicht auch für Fälle vorsehen, in denen die Beendigung des Arbeitsverhältnisses durch den Arbeitgeber veranlasst wurde (z. B. betriebsbedingte Kündigung, Kündigung des Arbeitnehmers wegen vertragswidrigen Verhaltens des Arbeitgebers), sind nach Auffassung des BAG unwirksam, weil durch sie der Arbeitnehmer unangemessen benachteiligt wird.[622]

Das Gericht hält es für nicht zulässig, die Rückzahlungspflicht schlechthin an jedes Ausscheiden des Arbeitnehmers zu knüpfen, das innerhalb der in der Klausel vorgesehenen Bleibefrist stattfindet. Vielmehr muss auch bei einer Prüfung nach den Grundsätzen der AGB-Kontrolle nach dem Grund des vorzeitigen Ausscheidens unterschieden werden. Eine Rückzahlungsklausel stellt nur dann eine ausgewogene Gesamtregelung dar, wenn es der Arbeitnehmer in der Hand hat, durch eigene Betriebstreue der Rückzahlungspflicht zu entgehen. Verluste aufgrund von Investitionen, die nachträglich wertlos werden, hat – so das BAG – grundsätzlich der Arbeitgeber zu tragen.

Nichtbestehen einer Prüfung

Noch nicht höchstrichterlich entschieden ist, ob neben dem Fall, dass der Arbeitnehmer die Prüfung bzw. Fortbildungsmaßnahme aus einem von ihm zu vertretenen

620 BAG, Urteil v. 13.12.2011, 3 AZR 791/09.

621 BAG, Urteil v. 23.1.2007, 9 AZR 482/06.

622 BAG, Urteil v. 23.1.2007, 9 AZR 482/06 und BAG, Urteil v. 11.4.2006, 9 AZR 610/05; LAG Rheinland-Pfalz, Urteil v. 7.3.2016, 3 Sa 470/15.

Grund abbricht[623], auch für den Fall des Nichtbestehens einer Prüfung Rückzahlungsverpflichtungen vereinbart werden können. Dies erscheint zumindest zweifelhaft, weil der Arbeitnehmer den Prüfungserfolg nicht im Voraus garantieren will und kann. Eine Rückzahlungsverpflichtung kommt nach der Entscheidung des LAG Niedersachsen dann nicht in Betracht, wenn der Abbruch bzw. das Nichtbestehen der Ausbildung auf eine intellektuelle Überforderung des Arbeitnehmers zurückzuführen ist.[624]

53.2.5 Darlegungs- und Beweislast

Für die Tatsachen, aus denen sich die Wirksamkeit der einzelvertraglich vereinbarten Rückzahlungsklausel ergibt, trägt der Arbeitgeber die Darlegungs- und Beweislast. Er muss die tatsächlichen Voraussetzungen vortragen, aus denen sich ergibt, dass der Arbeitnehmer durch die Weiterbildung den geforderten beruflichen Vorteil erlangt hat. Dabei richtet sich die Wirksamkeit der Rückzahlungsklausel nach den Umständen im Zeitpunkt des Vertragsschlusses.

Dementsprechend ist für die Frage, ob und welche beruflichen Vorteile die Weiterbildung dem Arbeitnehmer bringt, eine Prognose anzustellen. Ausreichend ist ein Vorbringen, wonach nach Abschluss der Qualifikationsmaßnahme ein entsprechender beruflicher Vorteil für den Arbeitnehmer mit überwiegender Wahrscheinlichkeit erwartet werden konnte. Dem Arbeitnehmer obliegt es dann, Umstände darzulegen und ggf. zu beweisen, die dieses Wahrscheinlichkeitsurteil entkräften.[625]

Beispiel: Darlegungslast des Arbeitgebers

Der Arbeitnehmer erwirbt auf Kosten seines Arbeitgebers ein Zertifikat als Schweißer. Vorher war er als Lagerarbeiter beschäftigt. Mit Bestehen der Prüfung wird er nun als Schweißer mit einer entsprechend höheren Vergütung beschäftigt. Hierin liegt der Vorteil für den Arbeitnehmer, der zur Zulässigkeit der einzelvertraglichen Vereinbarung über eine Rückzahlungspflicht der Ausbildungskosten führt. Dementsprechend muss der Arbeitgeber im gerichtlichen Verfahren vortragen, dass beabsichtigt war, dem Arbeitnehmer nach erfolgreichem Abschluss des Lehrgangs die Tätigkeit eines Schweißers zu übertragen. Denkbar ist aber auch, dass der Arbeitgeber unter Einholung einer Auskunft der Agentur für Arbeit vorträgt, dass ausgebildete Schweißer regelmäßig bessere Chancen auf eine Vermittlung auf dem Arbeitsmarkt haben.

623 Dazu LAG Niedersachsen, Urteil v. 30.10.2018, 10 Sa 268/18.
624 LAG Niedersachsen, Urteil v. 29.10.2014, 17 Sa 274/14.
625 BAG, Urteil v. 30.11.1994, 5 AZR 715/93 und BAG, Urteil v. 16.3.1994, 5 AZR 339/92.

53.3 Umzugskosten

In Zusammenhang mit der Erstattung von Umzugskosten können Rückzahlungsklauseln vereinbart werden. Allerdings sind sie nur dann zulässig, wenn der Arbeitnehmer keinen Rechtsanspruch auf die Erstattung der Umzugskosten hat.

Versetzung aus dienstlichen Gründen

Nach Ansicht des BAG besteht ein Rechtsanspruch aus einer entsprechenden Anwendung des § 670 BGB auf Erstattung der erforderlichen Aufwendungen für einen Umzug, wenn der Arbeitnehmer aus dienstlichen Gründen an einen weit entfernten Ort versetzt wird. In diesem Fall kann weder einzelvertraglich noch durch Tarifvertrag bzw. Betriebsvereinbarung eine Rückzahlungsklausel vereinbart werden, dass die gezahlten Umzugskosten ganz oder teilweise vom Arbeitnehmer zurückzuzahlen sind, wenn dieser vor Ablauf einer bestimmten Frist von seinem Kündigungsrecht Gebrauch macht.[626]

Versetzung auf Wunsch des Arbeitnehmers bzw.

Kein dienstliches Interesse liegt vor, wenn die Versetzung auf Wunsch des Arbeitnehmers erfolgt ist. Hingegen schließt sein Einverständnis mit einer Versetzung aus dienstlichen Gründen den gesetzlichen Kostenerstattungsanspruch nicht aus.

Versetzung wegen einer erstmaligen Arbeitsaufnahme

Bei einem Umzug wegen einer erstmaligen Arbeitsaufnahme oder während eines bestehenden Arbeitsverhältnisses hat der Arbeitnehmer grundsätzlich keinen Kostenerstattungsanspruch gegen den Arbeitgeber.

Beispiel: Rückzahlungsklausel für Teilbeträge möglich

Der Arbeitnehmer wird neu im Betrieb eingestellt und zieht deshalb mit seiner Familie um. Seine Aufwendungen betragen 2.000 EUR. Hier kann der Arbeitgeber auch bei der Erstattung eines Teilbetrags von nur 1.000 EUR eine Rückzahlungsklausel vereinbaren, da kein gesetzlicher Anspruch auf die Umzugskostenbeteiligung bestanden hat.

626 BAG, Urteil v. 21.3.1973, 4 AZR 187/72.

54 Arbeitszeugnis: Zeugnisarten

Autor: Stephan Wilcken

Überblick

Die nachfolgenden Ausführungen beseitigen die in der Praxis häufig herrschende Unklarheit über die verschiedenen Zeugnisarten und die daran geknüpften Ansprüche des Arbeitnehmers.

54.1 Endzeugnis

Das Endzeugnis ist die einzige Zeugnisart, die gesetzlich in geregelt ist: in § 109 Abs. 1 Satz 1 GewO.

Ein Endzeugnis ist das Zeugnis, das Beschäftigten mit Beendigung des Arbeitsverhältnisses auszustellen ist. Es bescheinigt die berufliche Tätigkeit des Arbeitnehmers von Beginn bis zum Ende des Arbeitsverhältnisses.

Ein Endzeugnis kann als einfaches Zeugnis oder qualifiziertes Zeugnis ausgestellt werden:

- In einem einfachen Zeugnis werden lediglich die Art und Dauer des Dienstverhältnisses sowie einzelne regelmäßig durchgeführte Aufgabenbereiche bestätigt. Aussagen über die Leistungen des Arbeitnehmers, seine Führung und sein Verhalten sind im einfachen Zeugnis nicht enthalten.
- Das qualifizierte Zeugnis enthält neben den Angaben über Art, Inhalt und Dauer des Beschäftigungsverhältnisses Ausführungen über die Leistung und das Verhalten des Arbeitnehmers. Dabei werden die Leistungen und das Verhalten während der gesamten Dauer des Beschäftigungsverhältnisses beurteilt.

Ein Endzeugnis ist auch dann auszustellen, wenn ein Beschäftigter innerhalb eines Konzerns von einem Unternehmen in ein anderes wechselt, wenn damit gleichzeitig ein Arbeitgeberwechsel erfolgt.

In einem Endzeugnis darf auf ein Zwischenzeugnis nicht Bezug genommen werden. Dies ergibt sich aus dem von der Rechtsprechung aufgestellten Grundsatz der Einheitlichkeit des Zeugnisses. Das Endzeugnis beschreibt das Arbeitsverhältnis vollständig von Beginn an bis zu dessen Ende.

54.2 Vorläufiges Zeugnis – mit Musterzeugnis

Ist das Arbeitsverhältnis zwar noch nicht beendet, ist das Ende aber absehbar, entweder weil das Arbeitsverhältnis befristet ist, ein Aufhebungsvertrag schon geschlossen oder die Kündigung ausgesprochen wurde, entsteht der Anspruch auf ein vorläufiges Zeugnis. Dieses bescheinigt den Verlauf des fast vollständig abgeschlossenen Arbeitsverhältnisses und soll dazu dienen, dass der Arbeitnehmer sich anderweitig bewerben kann.

Beispiel: Vorläufiges qualifiziertes Zeugnis

Frau Barbara Meier, geboren am 23.11.1982 in Sonthofen, wurde nach Abschluss ihrer kaufmännischen Ausbildung in unserem Werk in München mit Wirkung vom 1.9.2014 als Sachbearbeiterin in die Vertriebsadministration unseres Unternehmensbereichs übernommen.

Bereits nach kurzer Einarbeitungszeit konnten wir sie im Sachbereich »Kreditwesen, Mieten und Teilzahlungen« einsetzen. Schwerpunkte ihrer Tätigkeit sind:

- Mitwirkung bei der Überwachung unseres maschinellen Mahnverfahrens und den damit verbundenen Kundenreklamationskontakten,
- Entscheidungsvorbereitung für die Festsetzung von Kundenkreditlimits, einschließlich Kontaktpflege mit Auskunfteien,
- Führung der Miet- und Teilzahlungsakten und Kontrolle der Mietwertveränderung.

Frau Meier bewältigt diesen Aufgabenbereich mit sicherem Urteilsvermögen sachgerecht und zuverlässig. Sie vertritt die Interessen unserer Gesellschaft loyal und erfüllt ihre Aufgaben mit großem Engagement stets zu unserer vollen Zufriedenheit.

Aufgrund ihres ruhigen und freundlichen Wesens, ihrer ausgeglichenen Charakterstruktur und ihrer positiven Einstellung zur Arbeit erfreut sich Frau Meier bei Vorgesetzten und Kollegen einer gleichermaßen hohen Wertschätzung. Dies gilt auch für externe Gesprächspartner, die ihr verbindliches Auftreten sowie ihre guten Umgangsformen schätzen. Ihr persönliches Verhalten ist stets einwandfrei.

Das vorläufige Zeugnis wird Frau Meier erteilt, weil das Arbeitsverhältnis zum 31.12.2023 enden wird. Unser Vertrieb wird nach Hamburg verlagert; Frau Meier wird uns leider nicht nach dort folgen können.

München, den 14.7.2024

Unterschrift Geschäftsführung

54.3 Zwischenzeugnis

Das Zwischenzeugnis entspricht inhaltlich dem Endzeugnis mit dem Unterschied, dass das Beschäftigungsverhältnis nicht endet, sondern – meist geändert – fortgesetzt wird. An der Erteilung eines Zwischenzeugnisses kann der Arbeitnehmer beispielsweise bei Versetzung auf einen anderen Arbeitsplatz oder bei Wechsel des Vorgesetzten ein besonderes berechtigtes Interesse haben.

Das Zwischenzeugnis ist ein Zeugnis, das während des Bestands des Arbeitsverhältnisses ausgestellt wird. Es kann sich als einfaches Zwischenzeugnis auf Art, Aufgabenbereich und Dauer der Beschäftigung beschränken. In aller Regel werden jedoch Angaben über die Leistung und das Verhalten des Arbeitnehmers erforderlich werden; es handelt sich dann um ein qualifiziertes Zwischenzeugnis.

Das Zwischenzeugnis unterscheidet sich vom Endzeugnis zunächst dadurch, dass als Überschrift der Begriff »Zwischenzeugnis« angeführt wird, um es von dem mit »Zeugnis« oder »Arbeitszeugnis« betitelten Endzeugnis deutlich abzugrenzen. Formal ist das Zwischenzeugnis im Präsens abzufassen, weil die bewertete Tätigkeit andauert und die bescheinigten Leistungen auch im Zeitpunkt der Zeugnisausstellung erbracht werden. Das Imperfekt ist zu benutzen, wenn ein bereits abgeschlossener Vorgang beschrieben wird, z. B. die frühere Tätigkeit bei wechselndem Aufgabenbereich. Statt der für Endzeugnisse typischen Schlussformulierung findet sich im letzten Absatz des Zwischenzeugnisses ein Passus, in dem der Anlass für seine Erteilung dargelegt wird. Außerdem kann im letzten Absatz ein besonderer Hinweis auf die besondere Qualifikation oder Wertschätzung des beurteilten Arbeitnehmers aufgenommen werden.

55 Arbeitszeugnis: Anspruch und Ausstellungszeitpunkt

Autor: Stephan Wilcken

Überblick

In den Unternehmen und vor den Arbeitsgerichten wird neben inhaltlichen Diskussionen immer wieder darüber gestritten, ob der Arbeitgeber ein Zeugnis erstellen muss bzw. ab wann er dem Beschäftigten kein Zeugnis mehr erteilen muss. Die nachfolgende Darstellung zeigt neben den gesetzlichen Grundlagen auch auf, wer Anspruch auf ein Arbeitszeugnis hat und wie lange dieser Anspruch besteht.

55.1 Anspruch auf Erteilung eines Zeugnisses

Die Rechtsgrundlage für die Erteilung des Arbeitszeugnisses stellen § 630 BGB, § 109 GewO und § 16 BBiG dar. Nach § 630 BGB können auch Mitarbeiter, die nicht als Arbeitnehmer beschäftigt werden, bei der Beendigung eines dauernden Dienstverhältnisses ein schriftliches Zeugnis über das Dienstverhältnis und dessen Dauer fordern. Das Zeugnis ist auf Verlangen auf die Leistungen und die Führung zu erstrecken.

Für Arbeitnehmer gilt nach § 6 Abs. 2 GewO die Regelung in § 109 GewO. Aufgrund dieser Bestimmung hat der Arbeitnehmer bei Beendigung des Arbeitsverhältnisses Anspruch auf ein schriftliches Zeugnis, die Erteilung des Zeugnisses in elektronischer Form ist ausgeschlossen.

In Abs. 2 dieser Bestimmung findet sich zusätzlich das Gebot, Zeugnisse klar und verständlich zu formulieren und die Regelung, dass ein Zeugnis keine Merkmale oder Formulierungen enthalten darf, die den Zweck haben, eine andere als aus der äußeren Form oder aus dem Wortlaut ersichtliche Aussage über den Arbeitnehmer zu treffen.

Bei Auszubildenden stellt die Regelung in § 16 des Berufsbildungsgesetzes (BBiG) die Rechtsgrundlage dar. Danach hat der Ausbildende dem Auszubildenden bei Beendigung des Berufsausbildungsverhältnisses ein Zeugnis auszustellen.

55.1.1 Anspruchsberechtigter Personenkreis – Zeugnisempfänger

Voraussetzung für den Anspruch gegen den Arbeitgeber, dass dieser ein Zeugnis erstellt, ist zunächst, dass ein entsprechendes Arbeits-, Anstellungs- oder Berufsausbildungsverhältnis besteht oder bestanden hat.

Auf die Dauer des Arbeitsverhältnisses kommt es dabei nicht an; auch nach einer nur wenige Tage dauernden Beschäftigung hat der Mitarbeiter einen Anspruch auf ein Arbeitszeugnis. Die Dauer kann aber dafür entscheidend sein, welche Art des Zeugnisses der Mitarbeiter zu beanspruchen hat.

Ebenso wenig kommt es für die Verpflichtung zur Erteilung des Arbeitszeugnisses darauf an, in welchem zeitlichen Umfang der Arbeitnehmer gearbeitet hat. Auch Teilzeitkräfte, nebenberuflich Tätige oder geringfügig Beschäftigte, die nicht sozialversicherungspflichtig sind, können ein Arbeitszeugnis verlangen.

Ein qualifiziertes Zeugnis mit einer Bewertung der Leistungen und der Führung des Arbeitnehmers kann jedoch nur sachgerecht ausgestellt werden, wenn das Beschäftigungsverhältnis eine gewisse Zeit bestanden hat. Deshalb wird üblicherweise ein Anspruch auf Erteilung eines qualifizierten Zeugnisses von einer gewissen Dauer des Beschäftigungsverhältnisses abhängig zu machen sein. Das LAG Köln geht allerdings bereits nach einer Beschäftigungszeit von 6 Wochen von einem Anspruch auf ein qualifiziertes Zeugnis aus.[627]

Demgegenüber kann das einfache Zeugnis auch bei Beschäftigungsverhältnissen von kurzer Dauer ausgestellt werden. Es gibt dem Beschäftigten die Möglichkeit, seine Beschäftigungszeiten lückenlos zu belegen. Der Anspruch auf Erteilung eines einfachen Zeugnisses entsteht deshalb auch bei einem kurzfristigen Beschäftigungsverhältnis.[628]

Leitende Angestellte gelten insoweit auch als Arbeitnehmer und haben deswegen einen Zeugnisanspruch.

Auszubildende haben auch dann einen Anspruch auf Erteilung eines Zeugnisses, wenn sie die Abschlussprüfung nicht absolvieren oder nicht bestehen.

Einen Zeugnisanspruch haben auch Volontäre, Praktikanten und sog. Anlernlinge (vgl. §§ 16, 26 BBiG). Auch Umschüler haben einen Zeugnisanspruch: Das Umschulungsverhältnis ist zwar kein Ausbildungs-, aber ein Dienstverhältnis, sodass sich der Zeugnisanspruch aus § 630 BGB ergibt.[629]

Leih- bzw. Zeitarbeitnehmer haben einen Zeugnisanspruch gegen ihren Arbeitgeber, also das Verleihunternehmen. Dieses wiederum wird sich entsprechende Informationen vom Entleiherbetrieb geben lassen müssen, da dieser die erforderlichen Kenntnisse besitzt.

627 LAG Köln, Urteil v. 30.3.2001, 4 Sa 1485/00.
628 Münchener Kommentar, Henssler, 9. Aufl. 2023, § 630 Rz. 10.
629 BAG, Urteil v. 12.2.2013, 3 AZR 120/11.

Freie Mitarbeiter haben grundsätzlich keinen gesetzlichen Anspruch auf ein Arbeitszeugnis.

Berechtigtes Interesse
Für den Zeugnisanspruch eines Arbeitnehmers kommt es nicht darauf an, ob und in welcher Weise das Arbeitsverhältnis beendet wurde. Es kommt allein darauf an, ob etwas dokumentiert werden kann und ob es eine Arbeitsleistung gegeben hat, die beurteilt werden kann.

Der Anspruch auf Erteilung eines Arbeitszeugnisses hängt davon ab, ob der Mitarbeiter hieran ein berechtigtes Interesse hat. Dies ist dann der Fall, wenn das Arbeitsverhältnis geendet hat (= Endzeugnis), demnächst enden wird (= vorläufiges Zeugnis) oder wesentliche Änderungen im weiter bestehenden Arbeitsverhältnis eingetreten sind oder eintreten werden (= Zwischenzeugnis).

55.1.2 Anspruchsverpflichteter Personenkreis – Zeugnisaussteller

Zur Zeugniserteilung verpflichtet ist der Arbeitgeber, also der gesetzliche Vertreter des Unternehmens. Dieser kann sich allerdings vertreten lassen. Jedenfalls muss derjenige, der das Zeugnis ausstellt und erteilt, ranghöher sein als der zu beurteilende Arbeitnehmer.[630] Dies muss auch aus dem Zeugnis erkennbar sein.[631]

55.1.3 Zeitpunkt der Zeugniserteilung

Der Anspruch auf Zeugniserteilung entsteht nach den gesetzlichen Bestimmungen bei Beendigung des Beschäftigungs- oder Berufsausbildungsverhältnisses (§§ 109 Abs. 1 GewO, 16 BBiG). Voraussetzung ist natürlich immer, dass der Arbeitnehmer die Erteilung des Zeugnisses beim Arbeitgeber beansprucht.

Vom BAG wird ein Anspruch auf ein Endzeugnis spätestens nach Ablauf der Kündigungsfrist zuerkannt

Endet das Arbeitsverhältnis, ohne dass es einer Kündigung bedarf – z. B. bei befristeten Beschäftigungsverhältnissen –, entsteht der Anspruch auf Erteilung eines Zeugnisses ab dem Zeitpunkt, der der gesetzlichen Kündigungsfrist entspricht.[632] Da das Beschäftigungsverhältnis zu diesem Zeitpunkt noch nicht beendet ist und sich die für

630 BAG, Urteil v. 4.10.2005, 9 AZR 507/04.
631 BAG, Urteil v. 26.6.2001, 9 AZR 392/00.
632 Schaub, *Linck*, Arbeitsrechtshandbuch, 19. Aufl. 2021, § 147 Rz. 7.

die Beurteilung im Zeugnis maßgeblichen Umstände bis zum Ablauf der Kündigungsfrist noch ändern können, kann das Zeugnis nur als Zwischenzeugnis oder vorläufiges Zeugnis beansprucht werden.[633]

In Ausnahmefällen steht dem Arbeitnehmer auch vor Ausspruch der Kündigung und vor Beginn der Kündigungsfrist ein Anspruch auf Erteilung eines Zwischenzeugnisses zu, z. B.

- wenn der Arbeitgeber dem Arbeitnehmer demnächst eine Kündigung in Aussicht stellt,
- wenn das Zwischenzeugnis für Fortbildungskurse bedeutsam ist,
- zur Vorlage bei Behörden, Gerichten oder zur Kreditgewährung bei einer Bank,
- wenn eine Versetzung in einen anderen Arbeitsbereich oder an einen anderen Arbeitsort vorgesehen oder erfolgt ist,
- wenn der Vorgesetzte wechselt oder gewechselt hat,[634]
- bei organisatorischen Änderungen des Unternehmens,
- bei Bewerbung um eine neue Stelle, auch bei einem anderen Unternehmen,
- bei längeren Arbeitsunterbrechungen (Wehr- oder Zivildienst, Elternzeit, Ruhen des Arbeitsverhältnisses wegen einer längeren beruflichen Fortbildungsmaßnahme, Beginn der Freistellungsphase in der Altersteilzeit o. Ä.),
- im Fall der drohenden Insolvenz des Arbeitgebers, damit der noch zuständige Vorgesetzte das Zeugnis erteilen kann,
- im Fall der Betriebsnachfolge oder des Betriebsübergangs nach § 613a BGB.

Kein triftiger Grund für das Beanspruchen eines Zwischenzeugnisses ist gegeben, wenn der Arbeitnehmer es nur deshalb haben will, um mit dessen Hilfe den Anspruch auf eine Höhergruppierung durchsetzen und beweisen zu wollen.[635]

Die Beschäftigten müssen in diesen Fällen begründen, warum sie ein Zwischenzeugnis begehren.

Ein Recht, das Zeugnis wegen etwaiger Gegenansprüche aus dem Arbeitsverhältnis zurückzubehalten – z. B. Rückforderung des Weihnachtsgeldes –, steht dem Arbeitgeber nicht zu. Dies wäre nicht vereinbar mit der Fürsorgepflicht des Arbeitgebers. Der durch die Zurückbehaltung des Zeugnisses möglicherweise verursachte Schaden des Arbeitnehmers stände außer Verhältnis zu den Belangen des Arbeitgebers.

633 Münchener Kommentar, Henssler, 9. Aufl. 2023, § 630 Rz. 14.
634 BAG, Urteil v. 1.10.1998, 6 AZR 176/97.
635 BAG, Urteil v. 21.1.1993, 6 AZR 171/92.

55.1.4 Erfüllung des Zeugnisanspruchs

Der Anspruch auf Zeugniserteilung ist erfüllt, wenn der Arbeitgeber das Zeugnis ausgefertigt und unterschrieben und zur Abholung bereitgelegt hat. Eine Verpflichtung des Arbeitgebers, dem Arbeitnehmer das Zeugnis zuzusenden, besteht grundsätzlich nicht. Der Arbeitnehmer ist rechtlich verpflichtet, das Arbeitszeugnis bei seinem Arbeitgeber abzuholen.[636] Das Arbeitszeugnis hat seine Grundlage im Arbeitsverhältnis, Erfüllungsort für alle Ansprüche des Arbeitsverhältnisses ist regelmäßig der Betrieb.

Aus Gründen der nachwirkenden Fürsorgepflicht kann der Arbeitgeber nach Treu und Glauben jedoch ausnahmsweise zur Übersendung des Zeugnisses an den Arbeitnehmer verpflichtet sein, wenn die Abholung des Zeugnisses für den Arbeitnehmer mit unverhältnismäßig hohen Kosten oder besonderen Mühen verbunden ist.[637]

55.2 Begrenzung und Erlöschen des Zeugnisanspruchs

Auch auf die Erteilung eines Zeugnisses besteht kein Anspruch auf Dauer. Er ist begrenzt durch Verjährungs- und Ausschlussfristen, er kann durch das Verhalten des Mitarbeiters auch verwirkt sein.

Nach § 195 BGB verjährt der Zeugnisanspruch nach 3 Jahren.

Objektiv nicht mehr möglich, ein Zeugnis auszustellen
Daneben sind Konstellationen denkbar, dass ein Zeugnisanspruch deshalb nicht mehr besteht, weil es dem Arbeitgeber objektiv nicht mehr möglich ist, ein Zeugnis auszustellen, etwa weil die Person, die Leistung und Verhalten beurteilen kann, nicht mehr greifbar ist und eine entsprechende schriftliche Dokumentation nicht vorhanden ist oder weil entsprechende Unterlagen verloren gegangen sind.

Keine Ausstellung des einfachen Zeugnisses
Die Ausstellung des einfachen Zeugnisses, das lediglich Art und Dauer der Tätigkeit angibt, ist wegen der geringeren Anforderungen in aller Regel auch noch längere Zeit nach Beendigung des Beschäftigungsverhältnisses möglich, sofern die Personalunterlagen noch vorhanden und keine Umstände ersichtlich sind, dass diese unzutreffende Angaben enthalten.

636 BAG, Urteil v. 8.3.1995, 5 AZR 848/93.
637 Hessisches LAG, Urteil v. 1.3.1984, 10 Sa 858/83; BAG, Urteil v. 8.3.1995, 5 AZR 848/93.

Keine Ausstellung des qualifizierten Zeugnisses

Das qualifizierte Zeugnis, das auch Angaben zu den Leistungen und der Führung enthalten muss, kann dann nicht mehr ausgestellt werden, wenn der Arbeitgeber und seine mit der Zeugniserteilung befassten Vertreter kein hinreichendes Erinnerungsvermögen über die Führung und Leistung des Arbeitnehmers mehr haben und auch keine verlässlichen schriftlichen Personalunterlagen vorhanden sind, in denen Führung und Leistung des Mitarbeiters festgehalten wurden.

56 Arbeitszeugnis: Form und Inhalt

Autor: Stephan Wilcken

Überblick

Der Inhalt des Arbeitszeugnisses ist immer wieder Streitgegenstand zwischen (ehemaligem) Arbeitgeber und Beschäftigten. Dabei geht es um die Frage, welche Beschreibungen und/ oder welche Bewertungen an welcher Stelle in ein einfaches bzw. qualifiziertes Zeugnis aufgenommen werden müssen.

Eine Vielzahl von Streitigkeiten über Arbeitszeugnisse dreht sich nicht nur um den Inhalt, sondern auch um deren Form. Dabei geht es nicht nur um Schreibfehler oder verschmutztes Papier, sondern z. B. auch darum, ob ein Zeugnis gefaltet werden darf.

56.1 Grundsätze und Zielsetzung der Zeugniserstellung

Im Arbeitszeugnis müssen alle wesentlichen Tatsachen und Bewertungen angegeben werden, die für die Gesamtbeurteilung des Beschäftigten von Bedeutung und für Dritte von Interesse sind.[638] Einmalige Vorfälle oder Umstände, die für den Arbeitnehmer und seine Führung und Leistungen nicht charakteristisch sind, dürfen in das Zeugnis nicht aufgenommen werden. Das außerdienstliche Verhalten des Beschäftigten darf im Zeugnis nur erwähnt werden, wenn es sich dienstlich auswirkt (z. B. Trunk- oder Drogensucht). Die Formulierung des Arbeitszeugnisses steht im pflichtgemäßen Ermessen des Arbeitgebers. In diesem Rahmen ist der Arbeitgeber in der Wortwahl und der Satzstellung frei. Ihm steht bei der Abfassung des Zeugnisses auch ein Beurteilungsspielraum zu.[639]

Zwei Grundsätze: Wahrheit und Wohlwollen

Der Inhalt des Arbeitszeugnisses hat zwei Grundsätzen gerecht zu werden:

1. Erster Grundsatz für die Zeugniserteilung stellt die Wahrheit der Beurteilung dar. Das Zeugnis darf deshalb nur Tatsachen, dagegen keine Behauptungen, Annahmen oder Verdachtsmomente enthalten.[640]
2. Zweiter Grundsatz ist die Verpflichtung des Arbeitgebers bei der Zeugniserteilung den wohlwollenden Maßstab eines verständigen Arbeitgebers zugrunde zu legen und dem Arbeitnehmer das Fortkommen nicht unnötig zu erschweren.[641]

---

638 BAG, Urteil v. 12.8.1976, 3 AZR 720/75.
639 LAG Düsseldorf, Urteil v. 12.3.1986, 15 Sa 13/86.
640 Schaub/*Linck*, Arbeitsrechts-Handbuch, 19. Aufl. 2021, § 147 III, Rz. 28.
641 BAG, Urteil v. 25.10.1967, 3 AZR 456/66.

Der Maßstab der wohlwollenden Beurteilung bei der Zeugnisformulierung steht in einem gewissen Kontrast zur Wahrheitspflicht.[642] Die Verpflichtung zur Ausstellung eines wohlwollenden Zeugnisses ist deshalb wegen des Vorrangs der Wahrheitspflicht begrenzt.

Zielsetzung des Zeugnisses

Der notwendige Inhalt des Arbeitszeugnisses ergibt sich nach dem Bundesarbeitsgericht aus der zweiseitigen Zielsetzung des Zeugnisses:

1. Es soll einerseits dem Arbeitnehmer als Unterlage für eine neue Bewerbung dienen. Seine Belange sind gefährdet, wenn er unterbewertet wird.
2. Andererseits soll das Zeugnis der Unterrichtung eines Dritten dienen, der die Einstellung des Arbeitnehmers in Erwägung zieht; dessen Belange sind gefährdet, wenn der Arbeitnehmer überbewertet wird.

Aus dem notwendigen Ausgleich dieser widerstreitenden Interessen ergibt sich als oberster Grundsatz der Zeugniserteilung der Grundsatz der Zeugniswahrheit. Das Zeugnis muss deshalb alle wesentlichen Tatsachen und Bewertungen enthalten, die für die Gesamtbeurteilung des Arbeitnehmers von Bedeutung sind. Dies schließt jedoch gleichzeitig aus, dass einmalige Vorfälle oder Umstände, die für den Arbeitnehmer, seine Führung und Leistung nicht charakteristisch sind – seien sie vorteilhaft oder nachteilig –, nicht aufgenommen oder verallgemeinert werden dürfen. Weiterhin ist zu berücksichtigen, dass die zweite Zielsetzung des Zeugnisses, die Unterrichtung eines Dritten, nur so weit zu berücksichtigen ist, wie es das Interesse des Dritten erfordert. Der Arbeitgeber darf und muss deshalb wahre Tatsachen und Beurteilungen nur insoweit in dem Zeugnis angeben, als ein künftiger Arbeitgeber hieran ein berechtigtes Interesse haben kann.

Mitteilung an Dritte – Beurteilungsgrundsätze

Da das Zeugnis auch als Mitteilung an Dritte bestimmt ist und wahr sein muss, darf es weder durch Wortwahl und Satzstellung noch durch Auslassungen zu Irrtümern oder Mehrdeutigkeiten bei Dritten führen.[643] Solche Irrtümer und Mehrdeutigkeiten können dann entstehen, wenn üblicherweise nach der Verkehrssitte aufgenommene Sätze ausgelassen werden. In solchen Fällen führt die Auslassung bei Dritten regelmäßig zu unberechtigten, unwahren und für den Arbeitnehmer negativen Schlussfolgerungen.[644]

Insgesamt wird ein Werturteil abgegeben, das nur in eingeschränktem Maße gerichtlich überprüft werden kann.

Dabei gibt es auch keinen Gleichbehandlungsgrundsatz, der identische Formulierungen und Bewertungen mehrerer Beschäftigten vorgeben würde, die ihrerseits im sog.

642 Henssler/Willemsen/Kalb/*Henssler*, MünchKomm, 9. Aufl. 2023, § 630, Rz. 44.
643 BAG, Urteil v. 15.11.2011, 9 AZR 386/10.
644 BAG, Urteil v. 23.6.1960, 5 AZR 560/58.

agilen Arbeiten in Gruppen ohne fachliche Weisungen von Vorgesetzten arbeiten. Ein bestimmter Wortlaut im Arbeitszeugnis eines Gruppenmitglieds führt nicht zu einem Anspruch auf identische Formulierung bei den anderen Beschäftigten dieser Gruppe. Dies gilt selbst dann, wenn die individuelle Arbeitsleistung nur eine untergeordnete Rolle innerhalb der Gruppe spielt. Da die individuelle Leistung aber Gegenstand des Arbeitszeugnisses ist, muss auch diese dort dokumentiert werden.[645]

Es werden zunehmend nicht mehr einzelne Wortpassagen daraufhin geprüft, ob diese ggf. missverständlich sind, sondern es wird auf das Gesamtbild des Zeugnisses geachtet. So wird die Aussage, ein Mitarbeiter sei anspruchsvoll und kritisch, im Zusammenhang mit der Beurteilung, dass er anerkannt und beliebt war und sein Verhalten stets einwandfrei gewesen sei, als positiv bewertet.[646]

Bei den Beurteilungsgrundsätzen gehen die Gerichte davon aus, dass Selbstverständlichkeiten im Zusammenhang mit der beschriebenen Tätigkeit nicht zu erwähnen sind, es sei denn, dass ein sog. »Zeugnisbrauch« vorliegt. So hat eine Assistentin mit Sekretariatsaufgaben keinen Anspruch darauf, dass ihr selbstständiges Arbeiten bescheinigt wird, wenn sich dies bereits aus der Aufgabenbeschreibung selbst ergibt.[647]

Es hat sich durch die Rechtsprechung der Arbeitsgerichte eine besondere Zeugnissprache entwickelt, die zum Teil infrage gestellt wird. Diese besonderen Formulierungen sollen aber, so die Rechtsprechung, Missverständnisse in den Formulierungen vermeiden und damit insbesondere die Beurteilungen rechtssicher und objektiver auslegbar machen.

56.2 Äußere Form des Zeugnisses

Das Zeugnis ist schriftlich zu erteilen. Die elektronische Form ist ausdrücklich ausgeschlossen (§ 109 Abs. 3 GewO, § 16 Abs. 1 Satz 2 BBiG).

Nach der Verkehrssitte ist es üblich, dass das Arbeitszeugnis maschinenschriftlich bzw. per PC erstellt wird. Ein unsauber geschriebenes Zeugnis (Flecken, Durchstreichung, Radierung usw.) kann vom Arbeitnehmer zurückgewiesen werden.

Das Zeugnis muss auf Geschäftspapier (Firmenbogen) ausgestellt werden, wenn der Arbeitgeber Geschäftspapier besitzt und dieses im Geschäftsverkehr verwendet.[648] Dabei darf das Anschriftenfeld nicht ausgefüllt sein.

---

645 ArbG Lübeck, Urteil v. 22.1.2020, 4 Ca 2222/19.
646 LAG Düsseldorf, Urteil v. 23.7.2003, 12 Sa 232/03.
647 LAG Düsseldorf, Urteil v. 29.11.2017, 12 Sa 936/16.
648 BAG, Urteil v. 3.3.1993, 5 AZR 182/92.

Das Zeugnis ist vom Arbeitgeber oder seinem Vertreter im Original zu unterzeichnen. Dabei darf die Unterschrift nicht »verstellt« sein, sie muss so aussehen, wie alle anderen Unterschriften des Unterzeichnenden, damit aus dieser selbst erkennbar ist, wer das Zeugnis unterschrieben hat.[649]

Das Zeugnis muss eine Originalunterschrift tragen. Weder ein Unterschriftsstempel noch eine eingescannte oder elektronische Signatur ist zulässig.[650]

Ein Arbeitszeugnis darf gefaltet werden, um es in einen Briefumschlag kleineren Formats unterzubringen. Allerdings ist darauf zu achten, dass dies beim Kopieren des Originals nicht auffällt.[651] Nach Ansicht des LAG Rheinland-Pfalz stellt auch die Tatsache, dass das Zeugnis zum Zwecke der Zusendung gefaltet und getackert wurde, keinen versteckten Hinweis auf eine Unzufriedenheit mit dem Arbeitnehmer dar. Die Instanzrechtsprechung hat sich dem angeschlossen.[652]

Aufzählungen sind grundsätzlich zulässig, insbesondere bei der Tätigkeitsbeschreibung muss kein Fließtext verwendet werden. Leistungs- und Verhaltensbeurteilungen dürfen dagegen nicht in Tabellenform ausgeführt werden, es muss vielmehr ein individuell gefasster Text verwendet werden.[653]

Dass das Zeugnis frei von Rechtschreibfehlern sein sollte, ist zwar selbstverständlich, führt aber auch gelegentlich zu Auseinandersetzungen vor den Arbeitsgerichten. Rechtschreibfehler geben Anlass zur Vermutung, dass der Zeugnisersteller sich von dem Inhalt des Zeugnisses distanzieren will, also etwas anderes ausdrücken will, als er formuliert hat.[654]

Zeugnis in Englisch?
Soweit ein Zeugnis für eine Tätigkeit in Deutschland ausgestellt werden soll, besteht auch grundsätzlich lediglich ein Anspruch auf ein deutschsprachiges Zeugnis, denn hierzulande ist die Gerichtssprache Deutsch. Nur wenn die offizielle und tatsächliche Unternehmenssprache nicht Deutsch, sondern z. B. Englisch ist, könnte man der Auffassung sein, dass ein Anspruch auf ein Zeugnis in englischer Sprache besteht.

56.3 Inhaltliche Anforderungen an das Zeugnis

Allen Arten von Arbeitszeugnissen ist es gemein, dem Arbeitnehmer beim Arbeitsplatzwechsel für sein weiteres berufliches Fortkommen einen Nachweis über sein

649 LAG Hamm, Beschluss v. 27.7.2016, 4 Ta 118/16.
650 LAG Nürnberg, Beschluss v. 3.8.2005, 4 Ta 153/05.
651 BAG, Urteil v. 21.9.1999, 9 AZR 893/98.
652 LAG Rheinland-Pfalz, Urteil v. 9.11.2017, 5 Sa 314/17.
653 BAG, Urteil v. 27.4.2021, 9 AZR 262/20.
654 LAG Mecklenburg-Vorpommern, Urteil v. 2.4.2019, 2 Sa 187/18.

fachliches Können und seine bisherige Tätigkeit zu geben. Hier ist zu unterscheiden zwischen kurzfristigen Arbeitsverhältnissen und solchen, die länger angedauert haben. Je länger ein Arbeitsverhältnis bestanden hat, desto detaillierter müssen die Angaben im Zeugnis sein.

Dabei geht die Rechtsprechung von dem sog. Einheitlichkeitsgrundsatz aus, das Zeugnis muss das gesamte Arbeitsverhältnis vollständig beschreiben und nicht nur Teile davon. Dies bezieht sich zum einen auf die Tätigkeiten des Arbeitnehmers. Hat er verschiedene unterschiedliche Tätigkeiten erbracht, sind diese nicht in getrennten Arbeitszeugnissen zu beschreiben, sondern in einem einheitlichen Zeugnis.[655], selbst wenn der Mitarbeiter getrennte Zeugnisse verlangt.[656]

Des Weiteren gilt die Pflicht zum einheitlichen Zeugnis beim qualifizierten Zeugnis auch für die Verhaltens- und Leistungsbewertung. Eine Beschreibung nur der Leistung oder nur des Verhaltens ist unzulässig. Es muss beides bewertet werden.[657]

Das Arbeitszeugnis soll also ein Gesamtbild des Arbeitsverhältnisses und des Arbeitnehmers wiedergeben und nicht nur Bruchstücke.[658]

Es dürfte allerdings wohl keinen Bedenken begegnen, wenn in einem Endzeugnis auf ein bereits erteiltes Zwischenzeugnis Bezug genommen wird, wenn dieses Zwischenzeugnis exakt benannt wird, etwa nach Ausstellungsdatum.

Bei den Formulierungen ist darauf zu achten, dass keine verschlüsselten, widersprüchlichen oder doppelbödigen Aussagen gemacht werden; solche Passagen wären zu ändern oder ersatzlos zu streichen.[659]

Hat der Arbeitgeber ein Zwischenzeugnis erteilt, ist er grundsätzlich an dessen Aussagen und Formulierungen gebunden. Das gilt selbst dann, wenn der Arbeitgeber für das Zwischenzeugnis nicht verantwortlich war, weil er beispielsweise erst später in das Arbeitsverhältnis eingetreten ist, etwa durch einen Betriebsübergang. Der neue Arbeitgeber müsste bei einem Abweichen von dem erteilten Zwischenzeugnis dann beweisen, warum das zuvor erteilte Zeugnis nicht korrekt war.

Der Arbeitgeber ist an die Formulierungen eines Zwischenzeugnisses auch dann nicht gebunden, wenn er nachweisen kann, dass sich nach Erteilung des Zwischenzeugnis-

655 Hessisches LAG, Urteil v. 14.9.1984, 13 Sa 64/84.
656 Hessisches LAG, Urteil v. 23.1.1968, 5 Sa 373/67.
657 LAG Köln, Urteil v. 30.3.2001, 4 Sa 1485/00.
658 BAG, Urteil v. 12.8.1976, 3 AZR 720/75; Hessisches LAG, Urteil v. 14.9.1984, 13 Sa 64/84.
659 BAG, Urteil v. 15.11.2011, 9 AZR 386/10.

ses in einem späteren Zeitraum Leistung und/oder Verhalten des Beschäftigten geändert haben.[660]

Es kommt nicht auf den Zeitablauf zwischen Erteilung des Zwischenzeugnisses und des Endzeugnisses an, sondern nur auf die nachweisbare Veränderung von Leistung und/oder Verhalten.

Inhalt des einfachen Zeugnisses

Das einfache Zeugnis erstreckt sich auf

- Nachnamen, Vornamen, Beruf und Titel des Beschäftigten,
- Art und Dauer des Dienstverhältnisses,
- Tätigkeitsbeschreibung.

Inhalt des qualifizierten Zeugnisses

Das qualifizierte Zeugnis hat zunächst den gleichen Inhalt wie das einfache Zeugnis. Es enthält Angaben zur Person des Mitarbeiters, eine Kurzdarstellung des Arbeitgebers und eine Beschreibung der Tätigkeit des Beschäftigten im Unternehmen.

56.4 Aufbau eines qualifizierten Zeugnisses

Das qualifizierte Zeugnis enthält folgende Angaben:

- Nachnamen, Vornamen, Beruf und Titel des Beschäftigten,
- Art und Dauer des Dienstverhältnisses,
- Kurzbeschreibung des Arbeitgebers, ggf. des Geschäftsbereichs, in dem der Arbeitnehmer tätig war,
- Tätigkeitsbeschreibung
- die Leistung und
- die Führung des Beschäftigten.

Bei der Formulierung von Arbeitszeugnissen hat sich ein Aufbauschema (s. u.) entwickelt, das sich als zweckmäßig erwiesen hat.

Inhaltsaspekt	Erläuterung
Überschrift	Zeugnis, Arbeitszeugnis, Zwischenzeugnis, vorläufiges Zeugnis oder Ausbildungszeugnis
Einleitung	Persönliche Daten des Arbeitnehmers, einschließlich des Beginns und der Beendigung des Beschäftigungsverhältnisses (falls sich die Beendigung nicht aus der Schlussformel ergibt)

660 BAG, Urteil v. 16.10.2007, 9 AZR 248/07.

Inhaltsaspekt	Erläuterung
Tätigkeitsbeschreibung	Einschließlich des beruflichen Werdegangs des Arbeitnehmers
Leistungsbeurteilung	Einschließlich der zusammenfassenden Leistungsbeurteilung; hierunter werden die Fachkenntnisse, die Arbeitsqualität, die Initiative des Arbeitnehmers, der Fleiß, die Verantwortungsbereitschaft und die Durchsetzungsfähigkeit, das Verhandlungsgeschick und die Ausdrucksfähigkeit verstanden; dabei orientiert man sich – natürlich – an der Tätigkeit des Mitarbeiters; Selbstverständlichkeiten sind hier aber nicht zu erwähnen
Führungsleistung (nur bei Führungskräften)	Die Qualität der Mitarbeiterführung durch Vorgesetzte, die Auswirkung der Führung auf die Motivation der Mitarbeiter, das Betriebs- bzw. Abteilungsklima, die Mitarbeiterleistung und das Durchsetzungsvermögen der Führungskraft[661]
Persönliches (soziales) Verhalten	Hierunter wird das Sozialverhalten, der Umgang mit Vorgesetzten, Kollegen und Mitarbeitern[662], ggf. mit Dritten (z. B. Lieferanten, Kunden) und die Beachtung der betrieblichen Ordnung verstanden. Dabei kommt es alleine auf das Verhalten während der Arbeitspflicht an, außerbetriebliches Verhalten muss grundsätzlich unerwähnt bleiben, es sei denn dieses Verhalten wirkt sich unmittelbar auf das Arbeitsverhältnis oder die Arbeitsleistung aus. Dies gilt selbstverständlich dann, wenn etwa der Arbeitnehmer während des Bestands des Arbeitsverhältnisses in seiner Freizeit Wettbewerb zu seinem Arbeitgeber macht, sich ehrverletzend über seinen Arbeitgeber äußert oder unerlaubt ein Firmenfahrzeug in fahruntüchtigem Zustand zu einer Privatfahrt nutzt und strafgerichtlich verurteilt wird.[663] Dabei ist darauf zu achten, dass insbesondere auch das Verhalten gegenüber dem (direkten) Vorgesetzten beurteilt wird.[664]
Zusammenfassende Leistungsbeurteilung	Die Bewertungen der zuvor genannten Merkmale werden zusammengefasst zu einer Gesamtbewertung, einer Gesamtnote. Diese darf nicht den Bewertungen der einzelnen Merkmale widersprechen.

661 LAG Hamm, Urteil v. 27.4.2000, 4 Sa 1018/99.

662 Nach dem ArbG Saarbrücken, Urteil v. 2.11.2001, 6c Ca 38/01 kommt es auf die Wortreihenfolge an: wird der Vorgesetzte nicht an erster Stelle genannt, kann dies auf ein getrübtes Verhältnis zu ihm hindeuten.

663 BAG, Urteil v. 29.1.1986, 4 AZR 479/84.

664 LAG Düsseldorf, Urteil v. 29.11.2017, 12 Sa 936/16.

Inhaltsaspekt	Erläuterung
Schlussformulierung	Gründe für die Beendigung des Arbeitsverhältnisses, auf wessen Initiative, Dankes-/Bedauerns-Formel, Zukunftswünsche. Auf eine Schlussformulierung hat der Arbeitnehmer keinen Anspruch, selbst wenn davon auszugehen ist, dass sie die Bewerbungschancen erhöht.[665] Es muss aber zugegeben werden, dass sie häufig verwendet wird, insbesondere um die Wertschätzung eines Mitarbeiters besonders herauszustellen. Führt allerdings das Weglassen einer solchen Schlussformulierung dazu, dass dadurch die Formulierungen zur Leistungs- und Verhaltensbewertung relativiert werden, ist sie aufzunehmen.[666]
Ort und Datum der Zeugnisausstellung, Unterschrift des Zeugnisausstellers	Name des Zeugnisausstellers zusätzlich maschinenschriftlich, Hinweis auf die Rechtsstellung des Ausstellers bei Vertreter des Arbeitgebers und Hinweis auf die Funktion des Ausstellers.[667] Dabei ist als Ausstellungsdatum das Datum der rechtlichen Beendigung des Arbeitsverhältnisses anzugeben, es sei denn, dass der – ehemalige – Beschäftigte den Zeugnisanspruch nicht zeitnah geltend macht. Das LAG Köln hat 5 Wochen nach Beendigung des Arbeitsverhältnisses als zeitnah gelten lassen.[668]

56.5 Beispiel: Aufbau eines qualifizierten Zeugnisses

Inhaltsaspekt	Zeugnistext
Überschrift	Zeugnis
Einleitung	Herr Kevin Müller, geboren am 11. Dezember 1990 in Ingolstadt, war vom 1. Januar 2015 bis zum 30. Juni 2024 als Vertriebsbeauftragter in unserem Unternehmen tätig.
Kurzbeschreibung des Arbeitgebers	Wir sind ein internationales Unternehmen der chemischen Industrie und fertigen an unserem Standort in Jena im Wesentlichen Folien für die Pharmabranche.
Tätigkeitsbeschreibung	Ihm oblagen die Entwicklung und die Umsetzung von Marketing-Konzepten, einschließlich des gesamten Bereichs der Verkaufsverhandlungen mit Interessenten. Hierzu gehörten das Herstellen erster Kontakte, die Angebotserstellung und das Führen von Verkaufsgesprächen bis zum Vertragsabschluss.

665 BAG, Urteil v. 25.1.2022, 9 AZR 146/21.
666 LAG Mecklenburg-Vorpommern, Urteil v. 2.4.2019, 2 Sa 187/18.
667 BAG, Urteil v. 26.6.2001, 9 AZR 392/00.
668 LAG Köln, Beschluss v. 27.3.2020, 7 Ta 200/19.

Inhaltsaspekt	Zeugnistext	
Leistungsbeurteilung	Aufgrund seiner kaufmännischen Ausbildung bei einem Marktbegleiter konnte sich Herr Müller schnell in unsere Produktpalette einarbeiten und sehr schnell in den Vertrieb integriert werden. Mit seinen aus den Kundengesprächen gewonnenen Erfahrungen und der aktiven Teilnahme an unseren Produktschulungen hat er neue Konzepte für unsere Messeauftritte entwickelt und umgesetzt. Zu betonen ist seine Aufgeschlossenheit bei der Nutzung der neuen Medien, um unsere neuesten Produkte auch in diesen Kanälen zu präsentieren. Herr Müller zeigte Einsatzbereitschaft und Eigeninitiative, hatte oft gute neue Ideen und arbeitete zielstrebig, sorgfältig und erfolgreich. Den übertragenen Aufgabenbereich hat er stets zu unserer vollen Zufriedenheit bewältigt.	
Beurteilung der persönlichen Führung	Herr Müller ist bei Vorgesetzten, Geschäftspartnern und Kollegen geschätzt. Er unterstützt die Zusammenarbeit, ist stets hilfsbereit und in der Lage, sachliche Kritik zu üben und zu akzeptieren. Sein persönliches Verhalten war stets einwandfrei.	
Zusammenfassende Beurteilung	Herr Müller hat alle Aufgaben stets zur unserer vollen Zufriedenheit erfüllt.	
Schlussformulierung	Herr Müller verlässt unser Unternehmen mit dem heutigen Tag auf eigenen Wunsch. Wir bedauern diese Entscheidung, danken ihm für seine Mitarbeit und wünschen ihm weiterhin Erfolg und persönlich alles Gute.	
Ort und Datum	Jena, den 30. Juni 2024	
Unterschriften	*Nurten Yilmaz*	*Henning Schmitt*
Maschinenschriftlicher Name und Hinweis auf Prokura und Funktion	ppa. Nurten Yilmaz Vertriebsleiterin	ppa. Henning Schmitt Personalleiter

57 Arbeitszeugnis: Einzelfälle zum Zeugnisinhalt

Autor: Stephan Wilcken

Überblick

Die nachfolgenden Ausführungen können dabei helfen, Stolperfallen zu umgehen und unsinnige Rechtsstreitigkeiten zu vermeiden, indem die Anforderungen hinsichtlich konkreter arbeitsrechtlicher Fragen geklärt werden.

57.1 Elternzeit

Ein neuer Arbeitgeber hat ein berechtigtes Interesse daran, zu erfahren, ob der Arbeitnehmer während der Dauer des Arbeitsverhältnisses tatsächlich gearbeitet und damit praktische Erfahrungen gewonnen hat oder über einen längeren Zeitraum von der Arbeitspflicht befreit war. Dieses Interesse rechtfertigt die Angabe der Unterbrechung der Beschäftigung durch eine Elternzeit, wenn die Unterbrechung bezogen auf die Dauer des Arbeitsverhältnisses wesentlich ist. Als Faustregel kann gelten, dass die **Unterbrechung anzugeben** ist, wenn sie **jedenfalls 70% der Dauer des Arbeitsverhältnisses** ausmacht.[669] Dabei sollte die Elternzeit als Grund für die Unterbrechung der Beschäftigung angegeben werden, um anderweitige Mutmaßungen über den Grund der Unterbrechung zu vermeiden.

57.2 Pflegezeit

Auch Zeiten, in denen Beschäftigte zur Pflege naher Angehöriger nach dem PflegezeitG keine Arbeitsleistung erbracht haben, sind dann in das Zeugnis aufzunehmen, wenn sie einen erheblichen Zeitraum des Arbeitsverhältnisses betreffen, ähnlich den Zeiträumen der Elternzeit.

57.3 Krankheit

Ein Hinweis auf eine Erkrankung darf im Zeugnis grundsätzlich nicht enthalten sein, da dies ansonsten den Arbeitnehmer – unabhängig von etwaigen Heilerfolgen – während des ganzen Berufslebens belasten würden. Es ist Sache eines potenziellen

669 BAG, Urteil v. 10.5.2005, 9 AZR 261/04.

Arbeitgebers, bei der Bewerberauswahl im Rahmen des rechtlich zulässigen Fragerechts Krankheiten zu ermitteln und gegebenenfalls eine Einstellungsuntersuchung zu verlangen.

Außerdem besteht für Arbeitnehmer eine eigene Offenbarungspflicht, wenn aufgrund der Erkrankung die vorgesehene Tätigkeit nicht ordnungsgemäß ausgeübt werden kann. Etwas anderes gilt dann, wenn die Krankheit prägend für das Arbeitsverhältnis war, etwa bei einem krankheitsbedingten Ausfall von 50% der Arbeitszeit. In diesem Fall kann ausnahmsweise der Grund für die Ausfallzeit angegeben werden.[670]

57.4 Schwerbehinderung

Ebenso wenig wie eine Erkrankung ist eine (Schwer-)Behinderung im Zeugnis anzugeben. Etwas anderes kann allenfalls bei erkennbaren Behinderungen gelten oder wenn der Behinderte den Hinweis auf die Behinderung wünscht, beispielsweise verbunden mit dem Hinweis, dass er seinen Aufgaben trotz der Behinderung in vollem Umfang nachgekommen ist.

57.5 Vertragsbruch

Nach dem Urteil des Landesarbeitsgerichts Köln vom 8.11.1989[671] darf im Zeugnis nicht erwähnt werden, dass ein Arbeitnehmer unter Vertragsbruch ausscheidet, wenn das vertragsbrüchige Verhalten für den Arbeitnehmer nicht charakteristisch oder typisch ist. Die Erwähnung des Vertragsbruchs in einem solchen Fall berücksichtige bei der Abwägung zwischen Wahrheitspflicht und Wohlwollen nicht ausreichend, wie entscheidend ein Zeugnis für den Arbeitnehmer, insbesondere für seine berufliche Entwicklung und die freie Wahl seines Arbeitsplatzes sein könne. War allerdings der Vertragsbruch erheblich für die Beurteilung des Verhaltens des Beschäftigten, darf er im Zeugnis erwähnt werden.[672]

57.6 Fristlose Kündigung

Die Aufnahme des Beendigungsgrundes »fristlose arbeitgeberseitige Kündigung« in ein qualifiziertes Zeugnis ist nach dem Urteil des Landesarbeitsgerichts Düsseldorf vom 22.1.1988 unzulässig, wenn das Datum der Beendigung des Arbeitsverhältnisses

---

670 LAG Sachsen, Urteil v. 30.1.1996, 5 Sa 996/95.

671 LAG Köln, Urteil v. 8.11.1989, 5 Sa 799/89.

672 Henssler/Willemsen/Kalb/*Henssler*, MünchKomm, 9. Aufl. 2023, § 630 BGB, Rz. 45.

im Zeugnis enthalten ist.[673] Begründet wird dies damit, es entspreche zwar objektiv den Tatsachen, dass das Arbeitsverhältnis fristlos gekündigt wurde und diese Kündigung – in dem entschiedenen Fall – vom Arbeitsgericht rechtskräftig bestätigt wurde. Diese rechtskräftig bestätigte fristlose Kündigung könne jedoch allein durch den ungewöhnlichen Zeitpunkt der Beendigung des Arbeitsverhältnisses im Zeugnis zum Ausdruck gebracht werden. Der Warnfunktion werde deshalb auch durch das Weglassen des Beendigungstatbestands Rechnung getragen. Regelmäßig werde nämlich ein an der Einstellung des Arbeitnehmers interessierter Arbeitgeber an dem ungewöhnlichen Beendigungsdatum des Arbeitsverhältnisses Anstoß nehmen und sich beim früheren Arbeitgeber durch eine Auskunft rückversichern.[674]

Unter Berücksichtigung des Wahrheitsgrundsatzes und des Wohlwollensgrundsatzes darf der Entlassungsgrund jedenfalls aber als solcher im Zeugnis angeführt werden, wenn die dienstliche Verfehlung, die zur außerordentlichen Kündigung führte, erheblich war.[675]

57.7 Straftat

Straftaten und Strafverfahren sind für ein Zeugnis nur von Belang, wenn sie mit dem Arbeitsverhältnis in Verbindung stehen. In diesem Fall (z. B. Untreue, Unterschlagung oder Diebstahl zum Nachteil des Arbeitgebers oder der Kollegen, bei Trunkenheitsfahrt mit einem Dienstfahrzeug oder bei einer sittlichen Verfehlung eines Heimleiters) muss im Arbeitszeugnis ein Hinweis aufgenommen werden, andernfalls kann sich der Arbeitgeber, falls der Arbeitnehmer beim neuen Arbeitgeber wiederum straffällig werden sollte, sogar schadensersatzpflichtig machen.[676]

Allerdings darf der Hinweis grundsätzlich nur erfolgen, wenn die Straftat nachgewiesen ist, entweder durch gerichtliche Entscheidung, durch eindeutige Fakten oder durch ein Geständnis. Ein laufendes Ermittlungsverfahren darf in das Arbeitszeugnis nicht aufgenommen werden; im Strafrecht gilt der Grundsatz »Im Zweifel für den Angeklagten«, auch im Zeugnisrecht gilt, dass nur nachgewiesenes Fehlverhalten und eine nachgewiesene Straftat erwähnt werden dürfen.[677]

Die Erwähnung einer Straftat im Arbeitszeugnis kann mit dem Amnestiegedanken, der insbesondere im Bundeszentralregistergesetz zum Ausdruck kommt, kollidieren. Im Bundeszentralregister (Vorstrafenregister) werden alle rechtskräftigen Verurteilun-

673 LAG Düsseldorf, Urteil v. 22.1.1988, 2 Sa 1654/87.
674 So auch Weuster/Scheer, Arbeitszeugnisse in Textbausteinen, 13. Aufl. 2015, S. 109.
675 Henssler/Willemsen/Kalb/*Henssler*, MünchKomm, 9. Aufl. 2023, § 630 BGB, Rz. 45.
676 BGH, Urteil v. 15.5.1979, VI ZR 230/76.
677 LAG Düsseldorf, Urteil v. 3.5.2005, 3 Sa 359/05.

gen der Strafgerichte vermerkt, allerdings werden diese Eintragungen nach Ablauf bestimmter Fristen, die von der Höhe der gerichtlich verhängten Strafe abhängen, wieder getilgt. Dabei ist in § 51 des Bundeszentralregistergesetzes geregelt, dass Taten und Verurteilungen dem Betroffenen im Rechtsverkehr nicht mehr vorgehalten und nicht zu seinem Nachteil verwertet werden dürfen, wenn die Eintragung im Register getilgt wurde. In einem solchen Fall darf die Straftat dann selbstverständlich nicht mehr in das Arbeitszeugnis aufgenommen werden.[678]

57.8 Verdacht einer strafbaren Handlung

Der Verdacht einer strafbaren Handlung darf im Zeugnis nicht aufgenommen werden, auch wenn er nach den Grundsätzen der Verdachtskündigung zur Entlassung geführt hat. Dies gilt auch für Fälle begründeten Verdachts.[679]

57.9 Wettbewerbsverbot

Unterliegt der ausscheidende Mitarbeiter einem Wettbewerbsverbot, ist dies, obwohl für den potenziellen neuen Arbeitgeber ggf. wichtig, nicht in ein Arbeitszeugnis aufzunehmen.[680]

678 Henssler/Willemsen/Kalb/*Henssler*, MünchKomm, 9. Aufl. 2023, § 630 BGB, Rz. 45.
679 Schleßmann, »Das Arbeitszeugnis«, 22. Aufl. 2018, Rz. 451.
680 LAG Hamm, Urteil v. 10.5.1962, 6 Sa 70/62.

58 Arbeitszeugnis: Änderung des Zeugnisses, gerichtliche Durchsetzung und Schadensersatz

Autor: Stephan Wilcken

Überblick

Wurde ein Arbeitszeugnis erstellt und dem Beschäftigten ausgehändigt, kann es vorkommen, dass der Beschäftigte feststellt, dass bestimmte wesentliche Ausführungen nicht vollständig oder korrekt sind und eine Zeugnisänderung einfordern. Erfüllt der Arbeitgeber die Änderungsforderung nicht oder aus Sicht des Arbeitnehmers nicht ordnungsgemäß, kann der Arbeitnehmer auf Berichtigung des Zeugnisses vor dem Arbeitsgericht klagen.

58.1 Änderung des Arbeitszeugnisses

Es gibt zwei Gründe für eine Änderung des Arbeitszeugnisses,

- zum einen den Wechsel der Zeugnisart,
- zum anderen den Inhalt betreffend.

Wechsel der Zeugnisart

Umstritten und nicht höchstrichterlich geklärt ist die Frage, ob der – ehemalige – Beschäftigte die Art des Zeugnisses ändern lassen darf. Dabei geht es oftmals darum, ob der Arbeitnehmer, der zunächst ein einfaches Zeugnis verlangt hat, zu einem späteren Zeitpunkt ein qualifiziertes Zeugnis beanspruchen kann oder umgekehrt, der Mitarbeiter ein einfaches Zeugnis begehren kann, nachdem ihm zunächst ein qualifiziertes Zeugnis erteilt wurde. Der letztere Fall ist der häufigere, wenn nämlich die Beschäftigten feststellen, dass die – zu Recht – erteilte Leistungs- und Verhaltensbeurteilung in dem Zeugnis für sie nicht vorteilhaft ist.

Änderung des Inhalts eines Arbeitszeugnisses

Ist demgegenüber ein Arbeitszeugnis nicht ordnungs- oder wahrheitsgemäß, beispielsweise weil wesentliche vom Arbeitnehmer durchgeführte Aufgaben nicht enthalten sind oder weil die Leistungs- oder Verhaltensbeurteilung nicht zutreffend ist, kann und muss der Arbeitgeber das bereits ausgestellte Arbeitszeugnis berichtigen.

Schreibfehler sind zu korrigieren, ebenso unrichtige Daten oder Bezeichnungen.

Ändert ein transsexueller Beschäftigter seinen Vornamen und sein Geschlecht, hat er einen Anspruch auf eine entsprechende Korrektur des Zeugnisses. Dies gilt selbst dann, wenn die Namens- und/oder Geschlechtsänderung erst nach Beendigung des Arbeitsverhältnisses und damit auch nach Erteilung des Zeugnisses erfolgt.[681] Dies folgt aus der nachvertraglichen Fürsorgepflicht des Arbeitgebers.

Fehlen wesentliche Angaben, so sind diese nachträglich in das Zeugnis aufzunehmen. Dabei ist nicht alleine auf die Angaben des Arbeitnehmers abzustellen. Der Arbeitgeber hat natürlich auch die Möglichkeit, sich beispielsweise bei ehemaligen Vorgesetzten des Mitarbeiters kundig zu machen, ob die vom Beschäftigten geforderten Ergänzungen oder Korrekturen berechtigt sind.

Geltendmachung anfänglicher Mängel im Zwischenzeugnis auch erst im Endzeugnis möglich
Auch wenn der Arbeitnehmer ein aus seiner Sicht mangelhaftes Zwischenzeugnis widerspruchslos hingenommen hat, kann er das die gleichen Mängel beinhaltende Endzeugnis beanstanden.[682]

58.2 Die Beweislast und Zeugniskorrektur

Ist das Zeugnis aus Sicht des Arbeitnehmers inhaltlich oder formell falsch, kann der Arbeitnehmer den Arbeitgeber zur Korrektur auffordern. Kommt der Arbeitgeber dem nicht nach, kann beim Arbeitsgericht Klage erhoben werden.

Auch nach dem Ende des Arbeitsverhältnisses ist das Arbeitsgericht sachlich zuständig, da die Auseinandersetzung noch aus dem Arbeitsverhältnis herrührt, auch wenn es schon beendet ist (§ 2 Abs. 1 Abschn. 3 ArbGG).

Dabei muss der Arbeitnehmer eine genaue Formulierung verlangen. Er muss begründen, warum er diese Formulierung wünscht und warum er mit der Formulierung des Arbeitgebers nicht einverstanden ist.

Der Arbeitnehmer muss in dem sogenannten Zeugniskorrekturprozess schlüssig den Anspruch auf die Korrektur des Zeugnisses behaupten, er muss also darlegen, welcher Abschnitt des Zeugnisses falsch und für ihn nachteilig ist.[683] Dies gilt insbesondere für die Bewertung. Der Arbeitnehmer muss auch hier schlüssig darlegen, welchen Teil der Bewertung er für nachteilig und für falsch hält.[684]

---

681 LAG Hamm, Urteil v. 17.12.1998, 4 Sa 1337/98.
682 BAG, Urteil v. 26.6.2001, 9 AZR 392/00.
683 LAG Düsseldorf, Urteil v. 26.2.1985, 8 Sa 1873/84.
684 BAG, Urteil v. 17.2.1988, 5 AZR 638/86.

Korrektur der Tätigkeitsbeschreibung

Bei der Beschreibung der Tätigkeit muss der Arbeitnehmer zunächst beweisen, dass er den entsprechenden Anspruch auf Korrektur des Zeugnisses hat. Er muss also darlegen und auch beweisen, dass er die im Zeugnis nicht aufgeführten Tätigkeiten tatsächlich erbracht hat und dass diese nicht nur nebensächlich waren. Im umgekehrten Fall muss er auch darlegen und beweisen, dass er im Zeugnis aufgeführte Tätigkeiten nicht erbracht hat bzw. diese nur nebensächlich waren; dies ist meist bei aufgeführten niederwertigen Tätigkeiten Streitgegenstand.

Korrektur der Beurteilung von Leistung und Führung

Hinsichtlich der Beurteilung von Leistung und Führung geht das BAG davon aus, dass der Arbeitgeber einen Beurteilungsspielraum hat, der gerichtlich nur eingeschränkt überprüft werden kann. Vollständig überprüfbar sind aber die Tatsachen, die der Arbeitgeber seiner Beurteilung zugrunde gelegt hat. Das BAG hat folgerichtig entschieden, dass

- der Arbeitnehmer darlegen und beweisen müsse, dass er überdurchschnittlich war (sehr gut und gut)
- der Arbeitgeber darlegen und beweisen müsse, dass der Arbeitnehmer unterdurchschnittlich (ausreichend und schlechter) beurteilt werden muss.[685]

Dabei gilt eine befriedigende Leistung, der Schulnote 3 entsprechend, als durchschnittlich. Dies gilt selbst unter Berücksichtigung von Studien, nach denen fast 90% der untersuchten Arbeitszeugnisse in ihrer Bewertung den Schulnoten »gut« oder »sehr gut« entsprechen.[686]

58.3 Schadensersatzanspruch gegen den ehemaligen Arbeitgeber

Der Arbeitnehmer kann einen Schadensersatzanspruch gegen den ehemaligen Arbeitgeber herleiten

- aus Verzug, wegen Nichterteilung oder verspäteter Erteilung des Zeugnisses,
- aus der Verletzung arbeitsvertraglicher Nebenpflichten wegen unvollständiger oder unrichtiger Zeugniserteilung.

Verletzt der Arbeitgeber schuldhaft seine Pflicht, dem Arbeitnehmer rechtzeitig ein ordnungsgemäßes Zeugnis zu erteilen, haftet er dem Arbeitnehmer für den Minder-

685 BAG, Urteil v. 18.11.2014, 9 AZR 584/13.
686 BAG, Urteil v. 18.11.2014, 9 AZR 584/13.

verdienst, der diesem dadurch entsteht, dass er bei Bewerbungen kein oder kein ordnungsgemäßes Zeugnis vorlegen kann.[687]

Der Arbeitnehmer hat natürlich die Voraussetzungen des Schadensersatzanspruchs zu beweisen. Er muss nachweisen, dass er ein Zeugnis verlangt hat und dass er kein oder nur ein unrichtiges Zeugnis erhalten hat. Weiter muss er nachweisen, dass ihm wegen der verspäteten, nicht ordnungsgemäßen oder fehlenden Erteilung des Zeugnisses ein Schaden entstanden ist. Außerdem muss er die Höhe des eingetretenen Schadens konkret und nachrechenbar nachweisen.

58.4 Ansprüche des neuen Arbeitgebers gegen den alten Arbeitgeber

Gegenüber dem neuen Arbeitgeber kann der alte Arbeitgeber wegen unrichtiger Zeugniserteilung nach § 826 BGB (sittenwidrige vorsätzliche Schädigung) schadensersatzpflichtig werden. Ein Anspruch nach § 826 BGB setzt jedoch zumindest bedingten Vorsatz des ehemaligen Arbeitgebers bezüglich der unrichtigen Formulierungen voraus; Fahrlässigkeit allein genügt nicht. Ein solcher Schädigungsvorsatz dürfte selten vorliegen und in der Praxis kaum zu beweisen sein.

Erkennt ein Zeugnisaussteller jedoch, dass das zunächst in gutem Glauben ausgestellte Zeugnis grob unrichtig ist und muss er davon ausgehen, dass ein Dritter darauf vertraut und dadurch geschädigt werden kann, ist er verpflichtet, über die Unrichtigkeit zu informieren, soweit dies möglich ist.[688] Allerdings muss der ehemalige Arbeitgeber den neuen Arbeitgeber nur dann informieren, wenn er ihn kennt. Man wird ihm keine Pflicht zur Erforschung des neuen Arbeitgebers auferlegen können. Die Möglichkeiten hierzu gehen fast ausschließlich über den ehemaligen Arbeitnehmer. Dieser wird aber entsprechende Auskünfte nicht geben wollen, wenn er erfährt, dass sein ehemaliger Arbeitgeber das Zeugnis verändern, im Regelfall verschlechtern, will.

Der Zeugnisaussteller kann gegenüber dem neuen Arbeitgeber schadensersatzpflichtig werden, wenn er schuldhaft gegen die Mindestgewähr des Zeugnisses verstößt. Die Mindestgewähr beschränkt sich auf bedeutsame Vorkommnisse, die für die Gesamtbeurteilung wesentlich sind, wie z. B. eine Unterschlagung.

687 BAG, Urteil v. 26.2.1976, 3 AZR 215/75.
688 BGH, Urteil v. 15.5.1979, VI ZR 230/76.

Teil 4: Beendigung des Arbeitsverhältnisses

59 Abmahnung: Voraussetzungen und Geltungsdauer

Autor: Dr. Carsten Teschner

Überblick

Der Beitrag stellt die Voraussetzungen der Abmahnung dar. Es wird beschrieben, wie die Abmahnung gestaltet werden muss, damit erstens der Arbeitnehmer nicht ihre Entfernung aus der Personalakte verlangen kann und zweitens sie im Falle einer späteren verhaltensbedingten Kündigung als ausreichende Warnung anerkannt wird. Erfahrungsgemäß werden hier die meisten Fehler gemacht. Dargestellt wird darüber hinaus, wer abmahnungsberechtigt ist, wie der Zugang der Abmahnung gesichert wird, zu welchem Zeitpunkt die Abmahnung ausgesprochen werden und was bei Betriebsratsmitgliedern beachtet werden muss. Die Beantwortung prozessualer Fragen rundet die Darstellung schließlich ab.

Das grundsätzliche Erfordernis einer Abmahnung vor Ausspruch einer verhaltensbedingten Kündigung war nirgendwo gesetzlich verankert, sondern beruhte auf der ständigen Rechtsprechung des BAG.

Für die außerordentliche Kündigung gibt es allerdings mittlerweile die Vorschrift des § 314 Abs. 2 BGB, der eine vorherige Abmahnung grundsätzlich verlangt. Im Übrigen kann nur auf § 1 Abs. 2 KSchG zur sozialen Rechtfertigung einer Kündigung und auf § 626 BGB für die außerordentliche Kündigung Bezug genommen werden.

Bei der Abmahnung handelt es sich um die Ausübung eines arbeitsvertraglichen Gläubigerrechts, dessen rechtliche Herkunft das BAG aus der früheren Regelung des § 326 Abs. 1 BGB[689], dem als Dauerschuldverhältnis mit dem Arbeitsrecht ähnlichen Mietrecht und den dortigen §§ 542, 553 BGB[690] und aus Treu und Glauben[691] in Form des sog. venire contra factum proprium[692] herzuleiten suchte. Mehrheitlich werden zur dogmatischen Rechtfertigung der Verhältnismäßigkeitsgrundsatz[693] aber auch die Fürsorge- und Treuepflicht herangezogen:

Grundsatz der Verhältnismäßigkeit: Kündigung ist das letzte Mittel

Aus dem Grundsatz der Verhältnismäßigkeit ergibt sich, dass die Kündigung das letzte Mittel im Arbeitsverhältnis (Ultima Ratio) ist, es soll von ihr nur Gebrauch gemacht werden, wenn alle anderen Mittel erschöpft oder sinnlos sind. Denn sie nimmt dem Arbeitnehmer die finanzielle Lebensgrundlage, seine soziale Anerkennung, oft auch seine sozialen Kontakte, dem Arbeitgeber nimmt sie u. U. eingearbeitete Arbeitskräfte.

689 BAG, Urteil v. 19.6.1967, 2 AZR 287/66.
690 BAG, Urteil v. 18.1.1968, 2 AZR 45/67.
691 § 242 BGB.
692 BAG, Urteil v. 29.7.1976, 3 AZR 50/75.
693 Zuletzt BAG, Urteil v. 18.9.2008, 2 AZR 827/06 und BAG, Urteil v. 26.6.2008, 2 AZR 190/07.

Aus der Fürsorge- und Treuepflicht ergibt sich, dass der Vertragspartner dazu gehalten ist, den anderen »nicht blind ins Verderben rennen«, d.h. sein Arbeitsverhältnis nicht ohne Warnung aufs Spiel setzen zu lassen. Daraus rechtfertigt sich das Erfordernis, zunächst alle milderen Mittel auszuschöpfen, sofern sie erfolgversprechend sein können.

Übermaßverbot: Abmahnung muss vorausgehen
Das bedeutet bei Anwendbarkeit des Kündigungsschutzgesetzes für die verhaltensbedingte, aber auch die fristlose Arbeitgeberkündigung, dass grundsätzlich die Abmahnung vorauszugehen hat, es sei denn, die Abmahnung ist sinnlos oder der Pflichtverstoß zu schwer. Kündigt der Arbeitgeber, bevor eine notwendige Abmahnung erfolgt ist, verstößt er gegen das »Übermaßverbot«.

Das Erfordernis einer Abmahnung wird mittlerweile für die außerordentliche Kündigung auch durch § 314 Abs. 2 BGB bestätigt, wobei die genaue Abgrenzung von § 314 Abs. 2 und § 626 BGB noch ungeklärt ist.[694]

Abmahnung grundsätzlich in schriftlich aussprechen
Die Abmahnung unterliegt keinem Formzwang, kann also auch mündlich ausgesprochen werden. Dies kann aber zu beträchtlichen Beweisproblemen führen, wenn der andere Vertragsteil den Erhalt oder den Inhalt der Abmahnung bestreitet. Eine Abmahnung sollte deshalb grundsätzlich nur schriftlich oder in Textform ausgesprochen werden.

59.1 Vorbereitung der Abmahnung

Zum einen geht es um das Recherchieren und Dokumentieren des Sachverhalts zur Vorbereitung einer eventuellen Kündigung aus Beweislastgründen. Zum anderen stellt sich die Frage, ob vor Ausspruch einer Abmahnung die Anhörung des Arbeitnehmers erforderlich ist.

Recherche im Vorfeld
Die genaue Ermittlung des Sachverhalts ist als Vorarbeit für den Ausspruch der Abmahnung von erheblicher Bedeutung. Da die Abmahnung zur Vorbereitung der Kündigung dient (sie schafft eine Prognosegrundlage für die möglicherweise folgende Kündigung[695]), muss der Arbeitgeber im Streitfall, der u.U. erst längere Zeit später stattfindet, die Berechtigung der Abmahnung und damit die konkrete Vertragspflichtverletzung im Einzelnen darlegen und beweisen können.

694 Vgl. *Gaier*, MünchKomm, § 314 BGB, Rz. 9.
695 Vgl. LAG Hamm, Urteil v. 16.8.1985, 16 (11) Sa 509/83.

Es empfiehlt sich daher, den Vorfall gründlich zu recherchieren und zu dokumentieren. Wenn möglich, sollten schriftliche Aussagen der beteiligten Personen eingeholt werden. Das führt auf der einen Seite dazu, dass sich derjenige, der die Vorwürfe erhebt, noch einmal überlegt, ob es wirklich so gewesen ist, denn jetzt zeigt sich, dass an seiner Behauptung festgehalten werden kann und Beschuldigungen nicht ohne Konsequenzen erhoben werden können. Zudem wird in einem späteren Prozess diesen Personen durch Vorhalt der Aussage die Erinnerung wesentlich leichter fallen.

Anhörung des Arbeitnehmers vor Ausspruch der Abmahnung
Eine Anhörung des Arbeitnehmers vor Ausspruch einer Abmahnung ist grundsätzlich (rechtlich) nicht erforderlich. Ein Anhörungsrecht ergibt sich auch nicht aus § 82 Abs. 1 BetrVG.

59.2 Inhalt der Abmahnung

Um wirksam zu sein, muss die Abmahnung in jedem Fall die folgenden Elemente enthalten:

- Vorwurf einer konkreten Pflichtverletzung unter genauer Angabe des Sachverhalts (Rüge- und Dokumentationsfunktion der Abmahnung)
- Klarstellung der einzuhaltenden Pflicht
- Hinweis auf die Gefährdung des Arbeitsverhältnisses im Wiederholungsfall (Warnfunktion der Abmahnung)

Es ist überdies ratsam, als Überschrift das Wort »Abmahnung« zu verwenden, damit dem Arbeitnehmer auf einen Blick klar ist, um was es geht; die Abmahnung kurzzufassen, d. h. den Vorwurf auf den Punkt zu bringen, damit der Betroffene in der Lage ist, die Fakten zu erfassen und sofort weiß, was er ändern muss.

Beschreibung der konkreten Pflichtverletzung und des Sachverhalts
Eine Abmahnung kann nur Wirksamkeit entfalten, wenn sie dem anderen Vertragsteil die Pflichtverletzung klar vor Augen führt. Sie muss also **hinreichend bestimmt** sein. Dem anderen (in aller Regel dem Arbeitnehmer) soll sein Fehlverhalten unter Darlegung des genauen Sachverhalts klar und unmissverständlich vor Augen geführt werden. Zudem hat der Abgemahnte nur bei konkreter Darlegung die Möglichkeit, hierzu Stellung zu nehmen und sich zu verteidigen.

Hier werden immer wieder vermeidbare Fehler gemacht, indem oberflächlich und ungenau nichtssagende Floskeln verwendet werden. Wichtige Punkte sind dabei die Angabe von Datum, Ort, Uhrzeit und Art der Pflichtverletzung.

Beispiel: Genauer Vorwurf

Sie sind am 1.3.2024 erst um 11.15 Uhr zur Arbeit gekommen.

Sofern sich der genaue Zeitpunkt des Fehlverhaltens nicht angeben lässt, sollte er soweit als möglich eingegrenzt werden (z. B. Angabe des Monats, der Kalenderwoche). Besonders wenn durch die Beschreibung mehrere Sachverhalte gemeint sein könnten, ist eine wie auch immer geartete Präzisierung erforderlich.

Klarstellung der einzuhaltenden Pflicht

In der Praxis kommt auch dieser Punkt oft zu kurz. Häufig streitet man sich erst geraume Zeit später über die inhaltliche Richtigkeit einer Abmahnung. Dann wird auch zwangsläufig die Frage auftauchen, ob überhaupt eine Pflicht bestanden hatte, die verletzt wurde oder ob die Pflichtverletzung vielleicht nur so geringfügig war, dass die Abmahnung gar keine Bedeutung entfalten konnte – das sind Fragen, die nicht zu beantworten sind, wenn nicht in der Abmahnung die Pflicht klar genannt wird.

Wird dem Arbeitnehmer z. B. lediglich vorgeworfen, an einem genau angegebenen Tag »zu spät« zur Arbeit gekommen zu sein, ist hieraus nicht zu erkennen, ob es sich um 5 Stunden oder 1 Minute handelt und um wie viel Uhr die Arbeitsaufnahme richtigerweise zu erfolgen hat.

Sofern sich die Pflicht aus einer konkreten Regelung (Betriebsordnung, Betriebsvereinbarung, Arbeitsvertrag, Einzelanweisung etc.) ergibt, sollte auf diese Regelung ausdrücklich verwiesen und die Regel möglichst in der Abmahnung wiedergegeben werden.

Beispiel: Klarstellung der einzuhaltenden Pflicht

Sie hätten an diesem Tag bereits um 7.30 Uhr mit der Arbeit beginnen müssen.

Hinweis auf die Gefährdung des Arbeitsverhältnisses im Wiederholungsfall

Damit der Arbeitnehmer die Bedeutung der Abmahnung erkennt, ist er darauf hinzuweisen, dass sein Arbeitsverhältnis im Wiederholungsfall in seinem Bestand gefährdet ist.

Der Arbeitgeber ist zwar nicht gezwungen, die genauen arbeitsvertraglichen Konsequenzen (z. B. weitere Abmahnung, ordentliche Kündigung, fristlose Kündigung), die bei einer Wiederholung des Fehlverhaltens gezogen werden sollen, konkret zu nennen.[696] Denn der Arbeitnehmer darf nicht darauf vertrauen, dass der Arbeitgeber nacheinander alle denkbaren Konsequenzen ergreift, bevor er die Kündigung ausspricht.[697]

696 BAG, Urteil v. 19.4.2012, 2 AZR 258/11.
697 BAG, Urteil v. 28.4.1982, 7 AZR 962/79.

Dennoch sollte die Konsequenz »Kündigung« konkret genannt werden, damit der Abgemahnte deutlich erkennt, »jetzt wird es ernst«.

Der Arbeitgeber sollte sich selbst nicht in Zugzwang bringen mit dem Hinweis, im Wiederholungsfall werde in jedem Fall gekündigt. Besser ist es, mitzuteilen, bei nochmaligem ähnlichem Pflichtverstoß sei »mit einer Kündigung zu rechnen«. Denn es ist möglich, dass bei einem Wiederholungsfall der Arbeitgeber aus besonderen, nicht vorhersehbaren Gründen gerne auf eine Kündigung verzichten würde, sich aber durch die Androhung in der vorangegangenen Abmahnung, das nächste Mal in jedem Fall zu kündigen, selbst in Zugzwang gebracht sieht.

Der Arbeitgeber ist nicht gezwungen darauf hinzuweisen, dass Konsequenzen nur bei der Wiederholung eines genau gleichen Vorfalls gezogen werden. Es reicht aus, wenn von der Wiederholung »**ähnlicher Pflichtverletzungen**« oder sogar noch allgemeiner von »**weiteren Pflichtverletzungen**« gesprochen wird.

Beispiel: Hinweis auf drohende Kündigung

Sollten sich diese oder ähnliche Pflichtverletzungen wiederholen, müssen Sie mit arbeitsrechtlichen Sanktionen, insbesondere einer Kündigung des Arbeitsverhältnisses rechnen.

Mehreren Pflichtverletzungen mehrere Abmahnungen

Werden in einem Abmahnungsschreiben mehrere Pflichtverletzungen gerügt und trifft nur eine nicht zu, muss das gesamte Abmahnungsschreiben auf Verlangen des Arbeitnehmers aus den Personalakten entfernt werden.[698]

In der Abmahnung ist deshalb grundsätzlich **nur ein Vorfall zu rügen. Bei mehreren Pflichtverletzungen** sollten **mehrere Abmahnungen** ausgesprochen werden. Es ist dann ggf. nur eine Abmahnung aus der Personalakte zu entfernen, während die übrigen Abmahnungen bestehen bleiben.

Verhältnismäßigkeit

Die in der Abmahnung vorgeworfene Pflichtverletzung darf schließlich auch nicht völlig geringfügig sein, andernfalls wäre der Ausspruch einer Abmahnung unverhältnismäßig. An die Verhältnismäßigkeit der Abmahnung sind zwar keine strengen Anforderungen zu stellen, da die Abmahnung nicht unmittelbar in den Bestand des Arbeitsverhältnisses eingreift. Gleichwohl prüft die Rechtssprechung in »Bagatellfällen« regelmäßig auch die Verhältnismäßigkeit einer Abmahnung.[699]

698 BAG, Urteil v. 13.3.1991, 5 AZR 133/90.
699 BAG, Urteil v. 15.6.2021, 9 AZR 413/19; Sächsisches LAG, Urteil v. 24.2.2022, 2 Sa 453/20.

59.3 Beispiel: Abmahnung wegen wiederholter Unpünktlichkeit

Datum ...

Abmahnung

Sehr geehrte/r Frau/Herr [Vorname, Name]

am Dienstag, den ... sind Sie erst um 9.15 Uhr zur Arbeit erschienen, obwohl Ihre regelmäßige Arbeitszeit/Ihr Schichtdienst nach der Betriebsvereinbarung »Arbeitszeit« um 7.45 Uhr beginnt.

Im Interesse der Betriebsdisziplin/eines ungestörten Arbeitsablaufs und mit Rücksicht auf die Mitarbeiter, die pünktlich ihre Arbeit antreten, können wir ein solches Fehlverhalten nicht hinnehmen.

Abschließend weisen wir ausdrücklich darauf hin, dass Sie bei weiteren gleichen oder ähnlichen arbeitsvertraglichen Pflichtverletzungen mit arbeitsrechtlichen Sanktionen, insbesondere der Kündigung Ihres Arbeitsverhältnisses rechnen müssen.

Mit freundlichen Grüßen

59.4 Abmahnungsberechtigte

Die Abmahnung kann durch den Arbeitgeber selbst, von bevollmächtigten Vertretern, wie z. B. Rechtsanwälten,[700] und von Vorgesetzten ausgesprochen werden. Denn nach der Rechtsprechung des BAG[701] sind alle Mitarbeiter abmahnungsberechtigt, die aufgrund ihrer Aufgabenstellung dazu befugt sind, Anweisungen bezüglich des Orts, der Zeit sowie der Art und Weise der arbeitsvertraglich geschuldeten Arbeitsleistung zu erteilen. Das sind die Personen, an die das Direktionsrecht delegiert wurde. Damit sind grundsätzlich die leitenden Angestellten, wie die Abteilungs-, Personal-, Filial-, Zweigstellenleiter, aber auch die Vorgesetzten (z.B. Meister als Fachvorgesetzter), zum Ausspruch von Abmahnungen berechtigt.

Da aber die Abmahnung den gerügten Pflichtverstoß als Kündigungsgrund verbraucht, Fehler beim Ausspruch einer Abmahnung gemacht werden können und im Übrigen u. U. der Dokumentationspflicht nicht nachgekommen wird, sollte intern der Kreis der Abmahnungsberechtigten eingeschränkt werden.

59.5 Wirksamkeitsvoraussetzung 2: Zugang beim Empfänger

Die Abmahnung ist zwar keine Willenserklärung, gilt aber als geschäftsähnliche Handlung, weshalb für ihren Zugang die Regelungen über den Zugang von Willenserklä-

700 BAG, Urteil v. 15.7.1992, 7 AZR 466/91.
701 BAG, Urteil v. 18.1.1980, 7 AZR 75/78.

rungen[702] entsprechend gelten. Hieraus folgt zuerst, dass die Abmahnung erst dann Wirkung entfalten kann, wenn sie dem Abmahnungsempfänger tatsächlich zugeht.[703]

Eine schriftliche Abmahnung (von einer mündlichen Abmahnung wird aufgrund der schwierigen Beweisführung dringend abgeraten) ist mit der Übergabe des Schriftstücks – unter Anwesenden – zugegangen.

Unter Abwesenden sind sie dann zugegangen[704], wenn sie in verkehrsüblicher Art in die tatsächliche Verfügungsgewalt des Empfängers oder eines anderen, der ihn in der Empfangnahme von Briefen oder Erklärungen vertreten konnte, gelangt und ihm dadurch die Möglichkeit der Kenntnisnahme verschafft ist.[705]

Den Empfang durch persönliche Übergabe sollte man sich am besten unter Angabe des Datums schriftlich durch den Empfänger oder einen hinzugezogenen Zeugen bestätigen lassen.

Zu beachten ist, dass der Arbeitgeber oder Geschäftsführer selbst für die Übergabe der Abmahnung ungeeignet ist, denn er kann später im Prozess nicht als Zeuge auftreten. Da er die Firma selbst kraft Gesetz vertritt, ist er Partei. Wer aber Partei ist, kann nicht gleichzeitig Zeuge sein. Die Vernehmung einer Partei, die den Beweis zu führen hat (hier also Arbeitgeber), ist grundsätzlich nur mit Zustimmung des Gegners möglich.[706] Von der Möglichkeit, eine Partei von Amts wegen zu vernehmen[707], kann das Gericht nur in Ausnahmefällen Gebrauch machen, wenn es vom Sachverhalt im Sinne dieses Parteivortrags schon »fast überzeugt ist«.

59.6 Wirksamkeitsvoraussetzung 2: Kenntnisnahme des Empfängers

Bei der Abmahnung gilt zusätzlich eine Besonderheit, dass der reine Zugang nicht ausreicht. Das BAG fordert als Wirksamkeitsvoraussetzung einer Abmahnung, dass über ihren Zugang hinaus auch die **Kenntnis** des Empfängers von **ihrem Inhalt** vorliegt.[708]

Das heißt für die betriebliche Praxis: Grundsätzlich muss nicht nur der Zugang einer Abmahnung, sondern auch die Kenntniserlangung von ihrem Inhalt bewiesen werden.

702 §§ 130–132 BGB.
703 § 130 Abs. 1 BGB.
704 § 130 Abs. 1 Satz 1 BGB.
705 BAG, Urteil v. 8.12.1983, 2 AZR 337/82.
706 § 447 ZPO.
707 § 448 ZPO.
708 BAG, Urteil v. 9.8.1984, 2 AZR 400/83.

Bei ausländischen Arbeitnehmern kann daher eine Übersetzung in die Landessprache angebracht sein. Erfolgt das Vorlesen durch einen anderen sprachkundigen Arbeitnehmer in der entsprechenden Landessprache, kann dieser ggf. als Zeuge die Übermittlung bestätigen. Zudem kann man zumindest bei engem zeitlichen Zusammenhang zwischen dem Fehlverhalten und der Übergabe des Abmahnungsschreibens von einem ausländischen Arbeitnehmer verlangen, dass er deutlich macht, wenn er den Inhalt des Schreibens nicht versteht. Macht der Arbeitnehmer nicht rechtzeitig deutlich, dass er den Inhalt der Abmahnung nicht zur Kenntnis nehmen kann, weil er z. B. die Sprache nicht versteht, ist es treuwidrig, sich nach Ausspruch der Kündigung auf fehlende Kenntnis der Abmahnung zu berufen, diese gilt dann als erteilt.[709]

59.7 Zeitpunkt der Abmahnung

Es gibt keine sogenannte Regelausschlussfrist, nach deren Ablauf eine Abmahnung nicht mehr ausgesprochen werden kann.[710] Der Abmahnungsberechtigte kann also frei entscheiden, ob und wann er die Abmahnung aussprechen will.[711]

Allerdings unterliegt das Recht zur Abmahnung, wie auch jedes andere Rechtsinstitut, der Verwirkung. Dieses greift dann, wenn der Abmahnungsberechtigte lange Zeit ohne Reaktion zuwartet (Zeitmoment, z. B. 6 Monate bis ein Jahr) und zudem durch sein Verhalten beim betroffenen Vertragspartner der Eindruck geweckt wird, es werde nichts mehr unternommen, bzw. die Angelegenheit sei erledigt (Umstandsmoment). Maßgeblich ist jeweils eine Betrachtung des Einzelfalls nach den Grundsätzen von Treu und Glauben unter Berücksichtigung aller Umstände.[712]

Je länger der Abmahnungsberechtigte zuwartet, umso weniger wird er mit einer Abmahnung überzeugen können. Es entsteht der Eindruck, dem Vorfall werde keine besondere Bedeutung zugemessen, es sei nicht so wichtig.

Tipp: Abmahnung sofort aussprechen

Die Abmahnung sollte zügig, innerhalb weniger Wochen nach dem Vorfall ausgesprochen werden. Sonst verliert der Vorfall an Bedeutung.

709 BAG, Urteil v. 23.8.2018, 2 AZR 235/18.

710 BAG, Urteil v. 15.1.1986, 5 AZR 70/84.

711 Ggf. kommt sogar eine vorweggenommene Abmahnung in Betracht, LAG Schleswig-Holstein, Urteil v. 29.6.2017, 5 Sa 5/17.

712 LAG Nürnberg, Urteil v. 14.6.2005, 6 Sa 367/05; Verwirkung nach 6 Monaten.

60 Abmahnung: Bedeutung für die Kündigung

Autor: Dr. Carsten Teschner

Überblick

Der Beitrag stellt die Bedeutung der Abmahnung für verhaltensbedingte Kündigungen dar. Neben der grundsätzlichen Erforderlichkeit einer Abmahnung wird dargestellt, wann eine Abmahnung entbehrlich ist. Abschließend wird die Bedeutung der Abmahnung im Kündigungsschutzverfahren erläutert.

Das grundsätzliche Erfordernis einer Abmahnung vor Ausspruch einer verhaltensbedingten Kündigung ist nirgendwo gesetzlich verankert, sondern beruht auf der ständigen Rechtsprechung des Bundesarbeitsgerichts. Für die außerordentliche Kündigung gibt es allerdings mittlerweile die Vorschrift des § 314 Abs. 2 BGB, der eine vorherige Abmahnung grundsätzlich verlangt. Im Übrigen kann nur auf § 1 Abs. 2 KSchG zur sozialen Rechtfertigung einer Kündigung und auf § 626 BGB für die außerordentliche Kündigung Bezug genommen werden.

60.1 Pflicht zur vorherigen Abmahnung

Grundsätzlich gilt: Die Abmahnung geht der verhaltensbedingten außerordentlichen oder ordentlichen Kündigung vor. Sie geht auch einer personenbedingten Kündigung vor, wenn es sich um durch den Willen beeinflussbare Kündigungsgründe handelt.

Soll ein Arbeitsverhältnis außerordentlich (meist fristlos) gekündigt werden, richtet sich die Beurteilung der Wirksamkeit einer solchen Kündigung nach § 626 BGB. Erforderlich ist ein »wichtiger Grund«, der so schwerwiegend ist, dass selbst die Einhaltung der ordentlichen Kündigungsfrist »nicht zugemutet« werden kann.

Will der Arbeitgeber ordentlich (d. h. unter Einhaltung der Kündigungsfrist) kündigen und findet das Kündigungsschutzgesetz Anwendung[713], muss die Kündigung sozial gerechtfertigt sein, sie muss »bedingt« sein durch die in § 1 Abs. 2 genannten Kündigungsgründe, damit handelt es sich aber letztlich wieder um die Frage der Zumutbarkeit.

Da die Kündigung die einschneidendste arbeitsrechtliche Maßnahme ist, kommt sie nur in Betracht, wenn ein milderes Mittel nicht zumutbar ist. Die Kündigung ist letztes Mittel.

---

713 §§ 1 Abs. 1, 23 KSchG.

Bei Vertragspflichtverletzungen, die ihren Ursprung im Verhalten des Arbeitnehmers haben, ist zu berücksichtigen, dass der Arbeitnehmer künftig sein Verhalten ändern und sich vertragsgemäß verhalten kann. Denn »Verhalten« ist im Gegensatz zu den personenbedingten Gründen wie Krankheit etc. steuerbar. Deshalb ist in solchen Fällen dem Arbeitnehmer erst einmal Gelegenheit zu geben, sein Verhalten zu ändern, ohne dass es zum Äußersten der Kündigung kommt, er ist statt einer Kündigung abzumahnen.

Abmahnerfordernis: Störungen im Leistungsbereich

Das Abmahnerfordernis gilt zunächst bei Störungen im Leistungsbereich.[714] Hierzu gehören die Hauptpflichten[715], aber auch Nebenpflichten im Arbeitsverhältnis (z. B. pflegliches Behandeln des Eigentums des Arbeitgebers, unverzügliche Anzeige der Arbeitsunfähigkeit, schlechte Arbeit[716] etc). Eine Störung im Leistungsbereich liegt z. B. auch bei einem verspäteten Arbeitsantritt vor. Wegen des »ultima-ratio-Prinzips« muss dem Arbeitnehmer vor einer Kündigung durch (mindestens) eine Abmahnung sein Fehlverhalten aufgezeigt (Rügefunktion) und für den Fall der Wiederholung eine Kündigung angedroht (Warnfunktion) werden.

Abmahnerfordernis: Störungen im Vertrauensbereich

Parallel liegt es, wenn der Vertrauensbereich betroffen ist.

Auch bei Störungen im Vertrauensbereich ist jedenfalls dann vor der Kündigung eine Abmahnung erforderlich, wenn es um ein steuerbares Verhalten des Arbeitnehmers geht und eine Wiederherstellung des Vertrauens erwartet werden kann.

Differenzierung nach der Art der Pflichtverletzung

Es zeigt sich, dass die Einordnung der Kündigungsgründe in verschiedene Bereiche (Leistungs-, Verhaltens-, Vertrauensbereich) nicht sonderlich geglückt ist. Die Grenzen sind verwaschen, Konsequenzen hinsichtlich des Abmahnerfordernisses bestehen kaum. Besser ist es, nach Art der Pflichtverletzung zu differenzieren und die Frage zu beantworten, ob die Möglichkeit besteht, dass das vertragswidrige Verhalten durch eine (weitere) Abmahnung abgestellt werden kann oder das Fehlverhalten so schwer wiegt, dass eine Abmahnung entbehrlich ist.[717]

Personenbedingte Gründe

Deshalb kann eine Abmahnung auch bei personenbedingten Gründen erforderlich sein, wenn zunächst unklar ist, ob der Arbeitnehmer in der Lage ist, die vertragsge-

714 BAG, Urteil v. 17.2.1994, 2 AZR 616/93.

715 Arbeits- und Vergütungspflicht vgl. § 611 Abs. 1 BGB.

716 BAG, Urteil v. 7.9.1988, 5 AZR 625/87.

717 Vgl. BAG, Urteil v. 4.6.1997, 2 AZR 526/96: Entzug der Fahrerlaubnis für Kfz bei einem U-Bahn-Fahrer wegen einer privaten Trunkenheitsfahrt.

rechte Arbeitsleistung zu erbringen (verhaltensbedingt) oder der Grund für die nicht vertragsgerechte Leistung eine fehlende Fähigkeit oder Eignung zur Ausübung der geschuldeten Tätigkeit ist, die nicht selbst wieder hergestellt werden kann (personenbedingt).

60.1.1 Wirkung der Abmahnung

Mit der Abmahnung verzichtet der Abmahnende auf die Kündigung. Damit kann er wegen des von ihm abgemahnten Verhaltens nicht zugleich die Kündigung aussprechen. Dies gilt auch, wenn im Arbeitsverhältnis kein Kündigungsschutz besteht, z. B. in den ersten 6 Monaten.[718] Nur eine vergebliche Abmahnung kann als Kündigungsgrund dienen, denn sie ist erst die Grundlage für eine negative Prognose der auf die Zukunft gerichteten Kündigungsgründe.

Das erfordert aber

- Kenntniserlangung vom Inhalt der Abmahnung,
- ausreichende Zeit, das Verhalten umzustellen und
- einen **weiteren, ähnlich gelagerten Pflichtverstoß**.

Keine Mehrfachsanktionierung
Ein Fehlverhalten kann nicht zweimal zur Grundlage für eine arbeitsrechtliche Maßnahme (Abmahnung, Kündigung) gemacht werden. In der Praxis passiert es immer wieder, dass ein Fehlverhalten abgemahnt wird und anschließend doch zum Grund für eine Kündigung genommen wird. Richtigerweise muss hier zunächst ein weiteres Fehlverhalten abgewartet werden. Ebenso kann eine Abmahnung nicht mehr erfolgen, wenn der Arbeitgeber signalisiert hat, dass sich die Sache »erledigt« hat und dies als bloße Ermahnung zu werten ist. Ggf. muss dem Arbeitnehmer klargemacht werden, dass über die Art der Maßnahme noch gesondert entschieden wird.

Andere Pflichtverletzungen
Das BAG differenziert fein zwischen den abgemahnten und damit erledigten Pflichtverletzungen und anderen Pflichtverletzungen, auf die (noch) nicht reagiert wurde. Die Abmahnung ist jedenfalls keine generelle Absolution für sämtliche Pflichtverletzungen, die bis zum Ausspruch der Abmahnung erfolgt sind. Erfährt der Arbeitgeber nach Ausspruch der Abmahnung von weiteren Pflichtverletzungen, die jedoch zeitlich vor Ausspruch der Abmahnung lagen, kann er wegen dieser erneut abmahnen oder ggf. auch kündigen. Damit die Abmahnung nicht als Generalverzicht verstanden werden kann, sollte der Arbeitgeber in der Abmahnung darauf hinweisen, dass durch den

718 BAG, Urteil v. 19.11.2015, 2 AZR 217/15; BAG, Urteil v. 26.11.2009, 2 AZR 751/08; BAG, Urteil v. 13.12.2007, 6 AZR 145/07.

Ausspruch der Abmahnung Maßnahmen für sonstige Pflichtverletzungen nicht ausgeschlossen sind.[719]

60.1.2 Entbehrlichkeit der Abmahnung

Die Abmahnung ist entbehrlich, wenn sie kein geeignetes Mittel ist oder ohnehin eine Negativprognose für die weitere Vertragsbeziehung vorliegt. Sie ist nur dann geeignetes Mittel, wenn mit ihr eine Änderung des Verhaltens erzielt werden kann.

Vertragspflichtverletzung
Es ist nicht abzumahnen, wenn die Vertragspflichtverletzung so schwer war, dass der Arbeitnehmer unter keinen Umständen damit rechnen konnte, der Arbeitgeber werde sie hinnehmen.[720]

Beispiele: Androhen von Arbeitsunfähigkeit[721], Tätlichkeiten wie körperliche[722], auch sexuelle Attacken gegenüber Mitarbeitern oder Vorgesetzten[723], schwere Bedrohung des Arbeitgebers oder von Vorgesetzten, Schmiergeldannahme[724], Straftaten gegen das Vermögen des Arbeitgebers wie Diebstahl (selbst beim Diebstahl geringwertiger Sachen[725]), Unterschlagung, Betrug, Manipulation bei der Zeiterfassung[726], Vortäuschen einer Arbeitsunfähigkeit[727], Verstoß gegen Wettbewerbsverbot.[728]

Kein Wille zu vertragsgerechtem Verhalten
Es ist nicht abzumahnen, wenn der Arbeitnehmer bereits ernsthaft ausdrücklich erklärt hat, er werde sein Verhalten nicht ändern, egal was komme, er also eindeutig nicht gewillt ist, sich vertragsgerecht zu verhalten. Dies gilt auch, wenn er seine Vertragsverletzungen hartnäckig und uneinsichtig fortsetzt, obwohl er die Vertragswidrigkeit seines Verhaltens kannte; der Arbeitgeber müsste auch hier bei Ausspruch einer Abmahnung mit weiteren erheblichen Pflichtverletzungen rechnen.[729]

719 BAG, Urteil v. 26.11.2009, 2 AZR 751/08.
720 BAG, Urteil v. 23.10.2014, 2 AZR 865/13; BAG, Urteil v. 27.1.2011, 2 AZR 825/09; BAG, Urteil v. 23.10.2008, 2 AZR 483/07.
721 BAG, Urteil v. 5.11.1992, 2 AZR 147/92.
722 BAG, Urteil v. 6.10.2005, 2 AZR 280/04; BAG, Urteil v. 12.7.1984, 2 AZR 320/83.
723 BAG, Beschluss v. 9.1.1986, 2 ABR 24/85.
724 LAG Köln, Urteil v. 4.1.1984, 5 Sa 1217/83.
725 BAG, Urteil v. 11.12.2003, 2 AZR 36/03; s. aber BAG, Urteil v. 10.6.2010, 2 AZR 541/09 (Emmely).
726 LAG Hannover, Urteil v. 18.10.1994, 13 Sa 1222/94.
727 BAG, Urteil v. 26.8.1993, 2 AZR 154/93.
728 BAG, Urteil v. 25.4.1991, 2 AZR 624/90.
729 BAG, Urteil v. 19.4.2007, 2 AZR 180/06; BAG, Urteil v. 26.1.1995, 2 AZR 649/94; BAG, Urteil v. 12.7.1984, 2 AZR 320/83; BAG, Urteil v. 18.5.1994, 2 AZR 626/93.

Beispiel: Bei einer privaten Nutzung des betrieblichen Internets in erheblichem zeitlichem Umfang während der Arbeitszeit ist eine vorherige Abmahnung nicht erforderlich.[730]

Negative Prognose
Es ist nicht abzumahnen, wenn **andere Umstände** vorliegen, die erkennen lassen, dass eine Abmahnung das Verhalten des Arbeitnehmers nicht ändern wird und daher eine **negative Prognose** besteht. Das ist z. B. der Fall, wenn dem Arbeitnehmer im Rahmen eines Beschwerdeverfahrens vor der AGG-Beschwerdestelle nach § 13 AGG sein Fehlverhalten aufgezeigt wurde.[731] Gleiches gilt, wenn dem Arbeitnehmer in einer Betriebsversammlung kurz vor einem Diebstahl klargemacht wurde, dass eine solche Tat die fristlose Kündigung zur Folge habe.[732]

60.1.3 Abmahnungstatbestände bei außerordentlicher Kündigung

Bei einer außerordentlichen Kündigung muss gemäß § 626 Abs. 1 BGB ein so wichtiger Grund vorliegen, dass nicht einmal die Einhaltung der ordentlichen Kündigungsfrist zumutbar ist. In solchen Fällen ist für den Arbeitnehmer aber auch in aller Regel erkennbar, dass der Arbeitgeber diese schweren Verstöße nicht hinnimmt. Deshalb wird man hier nur dann eine vorherige Abmahnung verlangen können, wenn der Vorfall zwar an sich einen wichtigen Grund für eine fristlose Kündigung darstellt, im Einzelfall diese aber an einer Interessenabwägung scheitern würde, z. B. Fälle

- des Diebstahls/Unterschlagung geringwertiger Sachen oder geringfügiger Abweichungen bei Spesenabrechnungen bei sehr langen beanstandungsfreien Arbeitsverhältnissen und/oder hohen Unterhaltspflichten[733]
- nicht gerechtfertigter Pflichtverstöße in ganz besonderen Notlagen, wenn die Chance künftigen vertragsgerechten Verhaltens besteht.

60.2 Bedeutung der Abmahnung im Kündigungsschutzprozess

60.2.1 Kündigung ist letztes Mittel

Eine wichtige Bedeutung hat die Abmahnung im Kündigungsschutzprozess. Da das Kündigungsrecht im Arbeitsrecht dem Grundsatz der Verhältnismäßigkeit unterliegt, kann die Kündigung eines Arbeitsverhältnisses stets nur das letzte Mittel (Ultima Ratio) zur Lösung eines Konflikts zwischen den Arbeitsvertragsparteien sein.

730 BAG, Urteil v. 7.7.2005, 2 AZR 581/04.
731 BAG, Urteil v. 19.4.2012, 2 AZR 258/11.
732 LAG Baden-Württemberg, Urteil v. 30.9.2010, 21 Sa 26/10.
733 BAG, Urteil v. 10.6.2010, 2 AZR 541/09.

Kann der Arbeitgeber darlegen, dass er bereits ein- oder mehrmals ähnlich gelagerte Pflichtverstöße in der Vergangenheit abgemahnt hat, zeigt sich, dass die Abmahnungen nicht geeignet waren, den Arbeitnehmer zu einem vertragsgerechten Verhalten auf Dauer anzuhalten. Weitere Abmahnungen erscheinen damit sinnlos. Zudem zeigt der nach der letzten Abmahnung erneut eingetretene Pflichtverstoß: es muss mit weiteren Vertragsverstößen gerechnet werden. Damit liegt die bei einer Kündigung erforderliche negative Prognose vor.

Vergleichbare Pflichtverletzungen
Nicht erforderlich ist, dass mehrfach die identische Pflicht verletzt wurde. Es reicht aus, wenn es sich um vergleichbare Pflichtverletzungen handelt. Die Pflichtverletzungen müssen aus demselben Bereich stammen und in einem inneren Zusammenhang stehen.[734] Ein solcher Zusammenhang kann angenommen werden bei Verspätungen, einerseits, und nicht ordnungsgemäßen Krankmeldungen, andererseits.[735] Dagegen liegen keine vergleichbaren Pflichtverletzungen vor, wenn der Arbeitnehmer einmal die Arbeit beharrlich verweigert und ein anderes Mal seine Arbeitsleistung schlecht erbringt.[736] Auch wenn die Abmahnung aus formellen Gründen unwirksam ist, kann durch sie ausnahmsweise die Warnfunktion erfüllt sein. Für die Erfüllung der Warnfunktion kommt es auf die sachliche Berechtigung der Abmahnung an; der Arbeitnehmer muss außerdem erkennen können, dass der Arbeitgeber im Wiederholungsfall kündigen wird.[737]

60.2.2 Wie oft muss vor der Kündigung abgemahnt werden?

Es ist nicht möglich, eine genaue Aussage darüber zu treffen, nach wie vielen Abmahnungen eine Kündigung ausgesprochen werden kann. Das geht schon deshalb nicht, weil

- die Vorfälle unterschiedlich schwer wiegen,
- die Zeitabstände zwischen einzelnen Geschehnissen unterschiedlich sind,
- die einzelnen Geschehnisse voneinander abweichen,
- die Rahmenbedingungen, die zu den Vorfällen führten, verschieden sind,
- die Menschen unterschiedlich sind (manche können durch die Abmahnung an ihre Pflichten erinnert werden, manche reagieren eher mit einer Trotzreaktion, manche sind einfach nur vergesslich).

Grundsätzlich gilt: einer Abmahnung bedarf es nicht mehr, wenn sie den erstrebten Zweck (keine weitere Vertragsverletzung) nicht mehr erreichen kann. Wiederholt der

---

734 BAG, Urteil v. 13.12.2007, 2 AZR 818/06; BAG, Urteil v. 19.4.2012, 2 AZR 258/11; BAG, Urteil v. 9.6.2011, 2 AZR 323/10.
735 BAG, Urteil v. 16.9.2004, 2 AZR 406/03.
736 LAG Berlin-Brandenburg, Urteil v. 3.3.2011, 25 Sa 2641/10.
737 BAG, Urteil v. 19.2.2009, 2 AZR 603/07.

mehrfach Abgemahnte dennoch erneut die gerügte Schlechtleistung, ist eine erneute Abmahnung sinnlos, es kann eine Kündigung ausgesprochen werden.

Wiederholten Vertragsverstoß nicht als geringfügig ansehen
Auf der anderen Seite ist natürlich erforderlich, dass der wiederholte Vertragsverstoß nicht als geringfügig anzusehen ist (z. B. das vierte Mal eine Minute zu spät) und denselben Unrechtsgehalt aufweist wie der, welcher der Abmahnung zugrunde lag:

Liegen nur leichtere Verstöße gegen Verhaltens- oder Leistungspflichten vor (Verstöße gegen die Betriebsordnung, Nichtvorlage der ärztlichen Arbeitsunfähigkeitsbescheinigung etc.), bedarf es jedenfalls vor Ausspruch einer Kündigung mehrerer Abmahnungen.

Nach Auffassung des LAG Hamm[738] sowie anderer Obergerichte müssen die Wiederholungsfälle für den Ausspruch einer Kündigung zumindest gleichartig sein, etwa häufiges Zuspätkommen, unerlaubtes Fernbleiben von der Arbeit, Verlassen des Arbeitsplatzes, Unzuverlässigkeit oder Unbeherrschtheit. Ansonsten muss jeweils wieder erneut abgemahnt werden.

Auf jeden Fall bedarf es einer erneuten Abmahnung dann, wenn zwischen dem abgemahnten Verhalten und der Wiederholung eine längere Zeit unbeanstandeter Vertragserfüllung liegt. Denn in solchen Fällen wird die früher ausgesprochene Abmahnung je nach Zeitverlauf immer schwächer.

Bei mehreren Abmahnungen ist auf der anderen Seite zu beachten, dass nach der Rechtsprechung des BAG[739] eine große Anzahl an Abmahnungen wegen gleichartiger Pflichtverletzungen (im Streitfall 2 mündliche Ermahnungen und 7 schriftliche Abmahnungen wegen verspäteter Arbeitsaufnahme), denen keine weiteren Konsequenzen folgen, die Warnfunktion der Abmahnungen schwächen kann. Nach dieser Entscheidung muss der Arbeitgeber in solchen Fällen die letzte Abmahnung vor Ausspruch der Kündigung besonders eindringlich gestalten, um dem Arbeitnehmer klarzumachen, dass ein weiterer gleichgelagerter Pflichtverstoß nunmehr zu einer Kündigung führen wird.

738 Vgl. LAG Hamm, Urteil v. 14.5.1986, 2 Sa 320/86.
739 BAG, Urteil v. 15.11.2001, 2 AZR 609/00.

61 Aufhebungsvertrag: Vorteile, Beendigungsvarianten, zeitlicher Wirkungsbereich

Autor: Andreas Haupt

Überblick

Durch den Abschluss eines Aufhebungsvertrags (oftmals auch bezeichnet als »Auflösungsvertrag«) wird das Arbeitsverhältnis einvernehmlich beendet. Gegenüber einer einseitig ausgesprochenen Kündigung hat dies regelmäßig den Vorteil, dass das Arbeitsverhältnis für beide Seiten zufriedenstellender und risikoloser beendet wird. Da der Aufhebungsvertrag der Vertragsfreiheit beider Parteien entspricht, unterliegt er nicht den Beschränkungen des allgemeinen oder besonderen Kündigungsschutzes. Auch einer Anhörung des Betriebsrats nach § 102 BetrVG bedarf es nicht.

Der Aufhebungsvertrag und dessen inhaltliche Ausgestaltung sind gesetzlich nicht gesondert geregelt. Es gelten die allgemeinen Regelungen des Bürgerlichen Gesetzbuchs (BGB) zum Inhalt der Schuldverhältnisse nach den §§ 241 ff., 311 ff. BGB. Aufhebungsverträge bedürfen gem. § 623 BGB i. V. m. § 126 BGB zur Wirksamkeit der Schriftform. Die elektronische Form ist ausgeschlossen.

Wegen des Abschlusses eines Aufhebungsvertrags mit Abfindungszahlung stellt die Bundesagentur für Arbeit (BA) den Eintritt einer Sperrzeit für den Bezug von Arbeitslosengeld nach § 159 Abs. 1 Nr. 1 SGB III nur dann fest, wenn bestimmte Voraussetzungen nicht eingehalten werden. Die BA hat hierzu eine Fachliche Weisung erlassen, die sich an den Regelungsgedanken von § 1a KSchG und der Rechtsprechung des Bundessozialgerichts (BSG) orientiert.

61.1 Vorteile des Aufhebungsvertrags

Im Vergleich zur Kündigung bietet der Aufhebungsvertrag im Wesentlichen folgende Vorteile:

- Der Abschluss des Aufhebungsvertrags entbindet von der Einhaltung der Kündigungsfristen.
- Der gesamte allgemeine und besondere Kündigungsschutz findet keine Anwendung. Dies bedeutet, dass ein Aufhebungsvertrag beispielsweise mit einer Schwangeren, einem sich in Elternzeit befindlichen Arbeitnehmer und einem schwerbehinderten Menschen möglich ist und zwar ohne die jeweiligen Sonderregelungen wie bei einer Kündigung beachten zu müssen. Der Aufhebungsvertrag ist grundsätzlich auch ohne Vorliegen von Kündigungsgründen wirksam.
- Die Vorschriften des Betriebsverfassungs- und des Tarifvertragsgesetzes (BetrVG bzw. TVG) stehen dem Abschluss eines Aufhebungsvertrags nicht entgegen. Ins-

besondere ist eine Beteiligung des Betriebsrats nach § 102 BetrVG beim Abschluss eines Aufhebungsvertrags nicht erforderlich.

- Der Aufhebungsvertrag erlaubt es, vielfältige angemessene Individuallösungen auch über weitere Regelungsgegenstände zu finden.
- Die Rechtsfolgen eines Aufhebungsvertrags können – ohne vertragliche Einräumung eines Widerrufs- oder Rücktrittsrechts bzw. einer »Bedenkzeit« – von einer Partei einseitig nur in Ausnahmefällen beseitigt werden.

61.2 Beendigungsvarianten

Bei einvernehmlicher Beendigung des Arbeitsverhältnisses bestehen im Wesentlichen 3 Varianten:

Variante 1: Ein Vertrag über die Beendigung des Arbeitsverhältnisses wird ohne eine vorausgehende Kündigung abgeschlossen (Aufhebungsvertrag).

Variante 2: Der Abschluss eines Vertrags erfolgt erst im Anschluss an eine vorangegangene Kündigung; d. h. der Arbeitnehmer erklärt in einer Vereinbarung (ggf. gegen Zahlung einer Abfindung), keine Einwände gegen die Kündigung erheben zu wollen. Darüber hinaus sind zahlreiche weitere Regelungsgegenstände denkbar (Abwicklungsvereinbarung/Abwicklungsvertrag).

Variante 3: Kommt es erst vor dem Arbeitsgericht zu einer einvernehmlichen Beendigung des Arbeitsverhältnisses, spricht man von einem Aufhebungsvertrag im Rahmen eines Prozessvergleichs.[740] Ein gerichtlicher Vergleich kann auch dadurch zustande kommen, dass die Parteien einen gerichtlichen Vergleichsvorschlag schriftsätzlich annehmen. In diesem Fall stellt das Gericht Abschluss und Inhalt des Vergleichs durch Beschluss fest.[741] Der Aufhebungsvertrag im Rahmen eines Prozessvergleichs entfaltet doppelte Wirkung: Einerseits wird der Prozess beendet, andererseits das Arbeitsverhältnis (sog. Doppelnatur des Prozessvergleichs). Diese Unterscheidung ist nicht unwichtig, wenn es etwa um den (verspäteten) Widerruf des Prozessvergleichs geht.[742]

»Abwicklungsvertrag« zur Sperrzeitvermeidung?

Nach aktueller Rechtsprechung des BSG kann ein wichtiger Grund für den Abschluss eines Aufhebungs- oder Abwicklungsvertrags bereits dann vorliegen, wenn eine vereinbarte Abfindungshöhe den in § 1a KSchG vorgegebenen Rahmen von einem halben Bruttomonatsgehalt pro Beschäftigungsjahr nicht überschreitet.[743] Das gelte nur dann

740 § 794 Abs. 1 Nr. 1 ZPO.
741 § 278 Abs. 6 ZPO.
742 BAG, Urteil v. 22.1.1998, 2 AZR 367/97; LAG Köln, Urteil v. 31.7.1996, 8 (9) Sa 369/96.
743 BSG, Urteil v. 2.5.2012, B 11 AL 6/11 R.

nicht, wenn die angedrohte Kündigung offensichtlich rechtswidrig wäre oder eine verhaltensbedingte Kündigung von den Parteien in eine betriebsbedingte »umdeklariert« wird. Die Privilegierung greift ebenfalls nicht, wenn das Arbeitsverhältnis durch die Vereinbarung früher endet, als durch die (angedrohte) Kündigung möglich wäre.

Wichtiger Grund – Prüfungsschritte der Bundesagentur für Arbeit

Die Rechtsprechung des BSG hat auch in die Fachlichen Weisungen der BA zu § 159 SGB III Einzug gehalten.[744] Ein wichtiger Grund für den Abschluss eines Aufhebungsvertrags liegt danach insbesondere vor, wenn

- eine Kündigung durch den Arbeitgeber mit Bestimmtheit in Aussicht gestellt worden ist,
- die drohende Arbeitgeberkündigung auf betriebliche oder personenbezogene (nicht aber verhaltensbedingte) Gründe gestützt würde,
- die Arbeitgeberkündigung zu demselben Zeitpunkt, zu dem das Beschäftigungsverhältnis geendet hat, oder früher wirksam geworden wäre; bei einer einvernehmlichen Freistellung bis zum Ende des Arbeitsverhältnisses Arbeitsentgelt gezahlt wird,
- im Fall der Arbeitgeberkündigung die Kündigungsfrist eingehalten würde,
- der Arbeitnehmer nicht unkündbar war und
- eine Abfindung[745] in Höhe von bis zu 0,5 Monatsentgelten (brutto) pro Beschäftigungsjahr gezahlt wird (gilt noch als wesentlicher wirtschaftlicher Vorteil). Die Höhe des Monatsentgelts richtet sich nach § 10 Abs. 3 KSchG. Dem Arbeitnehmer stehen demnach alle Bestandteile des Arbeitsentgelts zu, die er regulär erhalten hätte. Zu diesen rechnen neben der regelmäßigen Arbeitsvergütung auch Zulagen, der Wert von Naturalleistungen, Tantiemen, Gratifikationen und Urlaubsgelder. Für längere Zeiträume gewährte Leistungen sind anteilig auf den Monat umzurechnen.

Sofern diese Voraussetzungen eingehalten werden, insbesondere der für Abfindungszahlungen genannte Rahmen, führt die BA weitere Prüfungen der Rechtmäßigkeit der hypothetischen Kündigung nicht durch.[746] Der Gedanke des § 1a KSchG, der für den Fall einer betriebsbedingten Arbeitgeberkündigung eine einfache Klärung der Voraussetzungen für die Beendigung des Arbeitsverhältnisses beinhaltet, wird hier auf die Lösung des Arbeitsverhältnisses durch den Arbeitnehmer übertragen. Dann komme es auch sozialversicherungsrechtlich nicht darauf an, ob die drohende Arbeitgeberkündigung unter arbeitsrechtlichen Gesichtspunkten rechtmäßig gewesen wäre.

Auch Abwicklungsverträge, die in eine Gesamtabsprache eingebunden sind (verdeckte Aufhebungsverträge) sind wie Aufhebungsverträge zu bewerten.[747]

744 Fachliche Weisungen Arbeitslosengeld (FW), § 159 SGB III, Stand 12/2021, Nr. 159.1.2.1.1.
745 S. dazu eingehend Abfindung: Aufhebungsvertrag und arbeitsgerichtlicher Vergleich.
746 Anlass: BSG, Urteil v. 12.7.2006, B 11a AL 47/05 R; BSG, Urteil v. 2.5.2012, B 11 AL 6/11 R.
747 FW § 159 SGB III, Stand 12/2021, Nr. 159.1.2.1.2.

Beispiel: Aufhebungsvertrag statt fristgemäßer Kündigung

Der Arbeitgeber will den Arbeitnehmer A betriebsbedingt fristgemäß zum Jahresende kündigen. Stattdessen schließen die Parteien einen Aufhebungsvertrag mit Wirkung zum selben Zeitpunkt. A erhält dafür eine Abfindung in Höhe von 0,5 Monatsentgelten für jedes Beschäftigungsjahr. Eine Sperrzeit tritt nicht ein.

Abfindung liegt über 0,5 Monatsgehältern pro Beschäftigungsjahr

Diese Grundsätze gelten nicht außerhalb der Bandbreite bis 0,5 Monatsgehältern pro Beschäftigungsjahr. Bei solchen Abfindungen wird die Rechtmäßigkeit einer hypothetischen Kündigung wie bisher überprüft. Ein wichtiger Grund für den Abschluss des Aufhebungsvertrags liegt in diesem Fall nur dann vor, wenn die drohende Arbeitgeberkündigung sozial gerechtfertigt gewesen wäre. Der arbeitslose Arbeitnehmer hat zur Vermeidung einer Sperrzeit folgende Umstände darzulegen:

- Die hypothetische Rechtmäßigkeit der Kündigung und
- objektive Nachteile, die aus der arbeitgeberseitigen Kündigung für sein berufliches Fortkommen resultiert hätten oder
- andere Einbußen, z.B. keine Zahlung einer Abfindung oder merklich geringere Entschädigungszahlung (mindestens 10% weniger[748]) für den Fall der Kündigung.

Prozessvergleich sperrzeitrechtlich privilegiert

Der arbeitsgerichtliche Prozessvergleich ist sperrzeitrechtlich privilegiert. Ein gerichtlicher Vergleich, der das Ende des Arbeits- bzw. Beschäftigungsverhältnisses zeitlich nicht vorverlegt und dem kein versicherungswidriges Verhalten vorausgeht, löst keine Sperrzeit aus. Dies gilt auch dann, wenn die Beendigung des Beschäftigungsverhältnisses mit einer finanziellen Vergünstigung (Abfindung) verknüpft wird, die **höher** ist als die im Kündigungsschutzgesetz[749] genannten Beträge.[750]

61.3 Zeitlicher Wirkungsbereich der Beendigungsvereinbarung

Grundsatz: Zukünftige Aufhebung des Arbeitsverhältnisses

Aus dem Grundsatz der Vertragsfreiheit folgt, dass die Arbeitsvertragsparteien das Arbeitsverhältnis zulässigerweise mit Wirkung für die Zukunft aufheben können.

Eine zukünftige Aufhebung des Arbeitsverhältnisses ist von allen Beteiligten zu akzeptieren. So sind insbesondere die Sozialversicherungsträger ab dem von den Parteien festgelegten zukünftigen Auflösungszeitpunkt nicht mehr berechtigt, Sozial-

748 BSG, Urteil v. 12.7.2006, B 11a 47/05 R.
749 § 1a Abs. 2, 10 KSchG.
750 BSG, Urteil v. 17.10.2007, B 11a AL 51/06 R.

versicherungsbeiträge zu erheben. Hier tritt die Bindungswirkung zu dem von den Arbeitsvertragsparteien festgelegten Aufhebungszeitpunkt ein. Gleiches gilt für die Finanzbehörden.

Rückwirkende Aufhebung eines Arbeitsverhältnisses grundsätzlich unzulässig
Eine rückwirkende Aufhebung des Arbeitsverhältnisses nach Arbeitsaufnahme wird von den Parteien häufig mit dem Ziel angestrebt, mögliche sozialabgabenrechtliche Vorteile zu erreichen.

Eine solche Vereinbarung ist grundsätzlich unzulässig. Selbst bei Nichtigkeit der arbeitsvertraglichen Grundlage wird nach Arbeitsaufnahme ein Arbeitsverhältnis von der Rechtsprechung zum Schutz des Arbeitnehmers für die Zeit seiner tatsächlichen Durchführung stets als voll wirksam angesehen. Ab diesem Zeitpunkt wird dieses als sog. faktisches Arbeitsverhältnis wie ein fehlerfrei zustande gekommenes behandelt. Die Vertragsparteien haben insoweit »quasivertragliche Ansprüche«. Diese beziehen sich sowohl auf die Vergütung als auch auf die soziale Absicherung, soweit diese vertraglich vereinbart oder gesetzlich für das Arbeitsverhältnis vorgeschrieben sind. Dies gilt bspw. für den Mindestlohn, die Entgeltfortzahlung im Krankheitsfall, den gesetzlichen Mindesturlaub, insbesondere aber auch für die Renten-, Kranken-, Pflege- und Arbeitslosenversicherung.

Einem faktischen Arbeitsverhältnis, für dessen Rechtsfolgen es allein auf die tatsächliche Durchführung ankommt, können die Parteien daher nicht durch eine einvernehmliche vertragliche Vereinbarung rückwirkend die Rechtsgrundlage entziehen.

Eine zeitlich begrenzte Rückwirkung der Aufhebung des Arbeitsverhältnisses ist möglich, wenn der Arbeitnehmer nach Ablauf der Kündigungsfrist oder Zugang der außerordentlichen Kündigung im Verlauf eines nachfolgenden Kündigungsschutzprozesses tatsächlich nicht weiterbeschäftigt wird. Es fehlt hier an einer tatsächlichen Fortsetzung des Arbeitsverhältnisses.[751]

Beendigungszeitpunkt richtig festlegen
1. Bei einer ordentlichen Kündigung kann das Ende des Arbeitsverhältnisses auf den Zeitpunkt des Ablaufs der ordentlichen Kündigungsfrist festgelegt werden.
2. Bei einer außerordentlichen Kündigung kann das Ende des Arbeitsverhältnisses auf den Zugang der Kündigungserklärung rückbezogen werden.

Eine zeitlich begrenzte Rückwirkung der Aufhebung des Arbeitsverhältnisses ist dagegen problematisch, wenn der Arbeitnehmer nach Ablauf der Kündigungsfrist oder

751 BAG, Urteil v. 10.12.1998, 8 AZR 324/97.

Zugang der außerordentlichen Kündigung im Verlauf eines nachfolgenden Kündigungsschutzprozesses tatsächlich weiterbeschäftigt wird.

Aufhebung nur mit Wirkung für die Zukunft

1. Bei einer einvernehmlichen Weiterbeschäftigung während des Kündigungsschutzverfahrens bleibt das Arbeitsverhältnis in Vollzug und kann nur mit Wirkung für die Zukunft aufgelöst werden.
2. Gleiches gilt bei einer erzwungenen Weiterbeschäftigung auf der Grundlage des § 102 Abs. 5 BetrVG, wenn also der Betriebsrat der ordentlichen Kündigung frist- und ordnungsgemäß widersprochen, der Arbeitnehmer Kündigungsschutzklage erhoben und Weiterbeschäftigung verlangt hat.
3. Beschäftigt der Arbeitgeber den Arbeitnehmer nur aufgrund des allgemeinen Weiterbeschäftigungsanspruchs weiter, ist eine rückwirkende Aufhebung möglich.

62 Aufhebungsvertrag: Voraussetzungen

Autor: Andreas Haupt

Überblick

Die Beendigung eines Arbeitsverhältnisses durch einen Aufhebungsvertrag bedarf für ihre Wirksamkeit u. a. der Schriftform. Dieser Beitrag informiert über die Voraussetzungen für den Abschluss eines wirksamen Aufhebungsvertrags.

Nach der Rechtsprechung ist ein Aufhebungsvertrag nicht allein deshalb unwirksam, weil der Arbeitgeber dem Arbeitnehmer weder eine Bedenkzeit noch ein Rücktritts- bzw. Widerrufsrecht eingeräumt und ihm auch das Thema des beabsichtigten Gesprächs vorher nicht mitgeteilt hat.[752]

Ein Arbeitnehmer kann einen Aufhebungsvertrag auch dann nicht widerrufen, wenn dieser in dessen Privatwohnung abgeschlossen wurde.[753]

Allgemein gilt jedoch auch für den Abschluss eines Aufhebungsvertrags das Gebot des fairen Verhandelns.[754]

Wie jeder Vertrag kommt auch der Aufhebungsvertrag durch 2 übereinstimmende Willenserklärungen zustande – Angebot und Annahme.[755] Voraussetzung ist insoweit immer der beiderseitige rechtsgeschäftliche Wille, das Arbeitsverhältnis sofort oder später zu beenden. Soll ein außergerichtlich vereinbarter Vergleich noch gerichtlich protokolliert werden, ist nach § 154 Abs. 2 BGB regelmäßig anzunehmen, dass der Vergleich erst mit der Protokollierung abgeschlossen ist.[756]

Die Wirksamkeit der in diesem Zusammenhang abgegebenen Erklärungen beurteilt sich nach den allgemeinen Vorschriften für rechtsgeschäftliche Erklärungen des Bürgerlichen Gesetzbuchs.[757] Die Darlegungs- und Beweislast trägt derjenige, der sich auf die Unwirksamkeit seiner Erklärung beruft.

62.1 Schriftform und eigenhändige Unterschrift

Nach § 623 BGB bedarf auch die Beendigung von Arbeitsverhältnissen durch einen Aufhebungsvertrag zu ihrer Wirksamkeit zwingend der Schriftform. Diese soll vor Übereilung schützen, der Rechtssicherheit dienen und die Arbeitsgerichte entlasten,

752 BAG, Urteil v. 30.9.1993, 2 AZR 268/93.
753 BAG, Urteil v. 7.2.2019, 6 AZR 75/18.
754 BAG, Urteil v. 24.2.2022, 6 AZR 333/21.
755 §§ 145 ff., 311 BGB.
756 BAG, Urteil v. 16.1.1997, 2 AZR 35/96.
757 §§ 104 ff. BGB.

indem sie die Beweiserhebung im Prozess erleichtert und die Streitigkeiten darüber vermeidet, ob überhaupt ein Aufhebungsvertrag geschlossen worden ist. Die Regelung gilt für alle Arbeitnehmer.

Nach § 126 Abs. 1 BGB verlangt die Einhaltung der »Schriftform« den **eigenhändig geschriebenen Namen** des Unterzeichners unter seiner Erklärung. Leserlichkeit wird bei der Unterschrift nicht verlangt. Der Name muss jedoch vollständig sein, eine Buchstabenfolge erkennen lassen und zumindest den Familiennamen wiedergeben. Die Rechtsprechung verlangt insoweit einen die Identität des Unterschreibenden kennzeichnenden individuellen Schriftzug. Ein bloßes Namenskürzel (»Paraphe«) oder ein durch Fax übermitteltes Schreiben einer Kopie der Unterschrift reichen nicht aus. Gleiches gilt erst recht für eine »E-Mail«.

Bei der Vorschrift des § 623 BGB handelt es sich um ein konstitutives Schriftformerfordernis, sodass bei Nichteinhaltung der Form der Aufhebungsvertrag nach § 125 Satz 1 BGB von vornherein unwirksam ist.

62.2 Vereinbarung eines Überlegungs- und Widerrufsvorbehalts

Ein spezielles gesetzliches Widerrufsrecht oder Rücktrittsrecht für Aufhebungsverträge gibt es nicht.

Zwar gelten Arbeitnehmer als »Verbraucher« i. S. v. § 13 BGB und Arbeitgeber als »Unternehmer« i. S. v. § 14 BGB.[758] Eine Aufhebungsvereinbarung, die im Betrieb geschlossen wird, etwa am Arbeitsplatz oder im Personalbüro, stellt jedoch kein Haustürgeschäft i. S. v. § 312b Abs. 1 BGB dar, weil hier insbesondere ein situationstypisches Überraschungsmoment nicht vorliegt. Der Arbeitnehmer ist deshalb nicht zum Widerruf seiner Erklärung berechtigt.[759]

Ein Aufhebungsvertrag ist nicht allein deshalb unwirksam, weil der Arbeitgeber dem Arbeitnehmer weder eine Bedenkzeit noch ein Rücktritts- bzw. Widerrufsrecht eingeräumt und ihm auch das Thema des beabsichtigten Gesprächs vorher nicht mitgeteilt hat.[760]

Ein Arbeitnehmer kann einen Aufhebungsvertrag auch dann nicht widerrufen, wenn dieser in dessen Privatwohnung abgeschlossen wurde.

758 BAG, Urteil v. 25.5.2005, 5 AZR 572/04.
759 BAG, Urteil v. 28.8.2005, 8 AZR 523/04; BAG, Urteil v. 22.4.2004, 2 AZR 281/03; BAG, Urteil v. 27.11.2003, 2 AZR 135/03; BAG, Urteil v. 27.11.2003,2 AZR 177/03.
760 BAG, Urteil v. 30.9.1993, 2 AZR 268/93.

Gebot fairen Verhandelns

Der Aufhebungsvertrag kann jedoch unwirksam sein, falls er unter Missachtung des Gebots fairen Verhandelns zustande gekommen ist. Nach Auffassung des BAG ist dieses Gebot eine arbeitsvertragliche Nebenpflicht. Sie wird verletzt, wenn eine Seite eine psychische Drucksituation schafft, die eine freie und überlegte Entscheidung des Vertragspartners über den Abschluss eines Aufhebungsvertrags erheblich erschwert. In diesem Fall hat der Arbeitnehmer einen Schadensersatzanspruch und ist so zu stellen, als hätte er den Aufhebungsvertrag nicht geschlossen. Dies führte dann zum Fortbestand des Arbeitsverhältnisses.[761]

Selbstverständlich steht es den Parteien grundsätzlich frei, ein vertragliches Widerrufsrecht zu vereinbaren und mit bestimmter Frist in den Aufhebungsvertrag aufzunehmen. Angesichts der Problematik im Zusammenhang mit der Anfechtung eines Aufhebungsvertrags durch den Arbeitnehmer ist dieses sogar empfehlenswert. Hierdurch wird letztlich auch die Position des Arbeitgebers in einem späteren Streitfall nicht unerheblich gestärkt.

62.3 Aufklärungs- und Hinweispflichten

Arbeitgeber sollen nach § 2 Abs. 2 Satz 2 Nr. 3 SGB III ihre Arbeitnehmer »frühzeitig vor Beendigung des Arbeitsverhältnisses über die Notwendigkeit eigener Aktivitäten bei der Suche nach einer anderen Beschäftigung sowie über die Verpflichtung zur Meldung nach § 38 SGB III unverzüglicher Meldung bei der Agentur für Arbeit« informieren. Der Formulierung als »Sollvorschrift« entsprechend verneint das BAG jedoch einen Schadensersatzanspruch des Arbeitnehmers gegen den Arbeitgeber bei unterlassenem Hinweis nach § 2 Abs. 2 Satz 2 Nr. 3 SGB III.[762]

Aufklärungspflicht des Arbeitgebers

Im Grundsatz besteht Einigkeit, dass es im Fall der einvernehmlichen Beendigung des Arbeitsverhältnisses Sache der jeweiligen Vertragspartei ist, sich rechtzeitig über die Auswirkungen des Rechtsgeschäfts zu informieren. Der Arbeitnehmer muss sich also über die rechtlichen Folgen seines Handelns selbst Klarheit verschaffen, wenn er von diesen die Beendigung des Arbeitsverhältnisses abhängig machen will.

Nur im Einzelfall kann aus dem Gedanken der Fürsorge der Arbeitgeber verpflichtet sein, den Arbeitnehmer auf für diesen nachteilige Folgen hinzuweisen:

---

761 BAG, Urteil v. 7.2.2019, 6 AZR 75/18.

762 BAG, Urteil v. 29.9.2005, 8 AZR 571/04.

Falschauskünfte führen zur Schadensersatzpflicht

Angesichts der schwierigen Materie des Sozialrechts, die zudem dauernden Änderungen unterworfen ist, sollte nicht versucht werden, detaillierte Auskünfte zu diesem Problempunkt zu geben. Schuldhaft falsche Auskünfte verpflichten den Arbeitgeber zum Schadensersatz!

Aufklärungspflicht über Gesetzesänderungen

Der Arbeitgeber muss nur unter bestimmten Umständen für die Änderung gesetzlicher Rahmenbedingungen einstehen. Dies hat das BAG[763] für die nachträgliche Verschlechterung der vorgezogenen gesetzlichen Rente bei Frühverrentungsmodellen entschieden. Hiernach gilt: Ein Abwicklungsvertrag, in dem sich der Arbeitgeber verpflichtet hat, durch bestimmte Gesetzesänderungen eingetretene Verschlechterungen der vorgezogenen Altersrente auszugleichen, ist regelmäßig **nicht** unter dem Gesichtspunkt einer Änderung der Geschäftsgrundlage anzupassen, wenn der Gesetzgeber weitere Verschlechterungen der vorgezogenen Altersrente beschließt. Diese können grundsätzlich nicht auf den Arbeitgeber überbordet werden.

763 BAG, Urteil v. 20.6.2000, 3 AZR 52/00, EzA § 242 BGB Geschäftsgrundlage Nr. 6.

63 Aufhebungsvertrag: Inhalt

Autor: Andreas Haupt

Überblick

Durch den Abschluss eines Aufhebungsvertrags wird ein Arbeitsverhältnis einvernehmlich beendet. Da der Aufhebungsvertrag der Vertragsfreiheit beider Parteien entspricht, können die Beteiligten dessen Inhalt weitgehend frei gestalten. Es empfiehlt sich, neben der Beendigung des Arbeitsverhältnisses als Kernbestandteil weitere Punkte für die ordnungsgemäße Abwicklung des Vertragsverhältnisses gleich mit zu regeln. Das Spektrum möglicher Regelungen in einem Aufhebungsvertrag ist denkbar weit und orientiert sich an den Umständen des **Einzelfalls**. Dabei sollten **taktische Erwägungen** nicht vernachlässigt werden. Oft ist es ratsam, strittige Punkte zunächst bewusst offenzulassen, um das Erreichen des Hauptziels – die einvernehmliche Beendigung des Arbeitsverhältnisses – nicht zu gefährden.

Der Aufhebungsvertrag und dessen inhaltliche Ausgestaltung sind gesetzlich nicht gesondert geregelt. Es gelten die allgemeinen Regelungen des Bürgerlichen Gesetzbuchs zum Inhalt der Schuldverhältnisse.[764]

Die in einem vom Arbeitgeber vorformulierten Aufhebungsvertrag vereinbarte einvernehmliche Beendigung des Arbeitsverhältnisses unterliegt keiner Angemessenheitskontrolle i. S. d. § 307 Abs. 1 Satz 1 BGB, weil hierdurch nicht von Rechtsvorschriften abgewichen wird. Die Beendigungsvereinbarung ist ein selbstständiges Rechtsgeschäft, bei dem die Hauptleistung die Beendigung des Arbeitsverhältnisses ist. Die Beendigung als solche kann daher keiner Angemessenheitsprüfung unterzogen werden.[765]

Zu beachten ist aber, dass Abreden über Hauptleistungen nicht generell von der Inhaltskontrolle nach § 307 Abs. 1, 3 BGB ausgeschlossen sind. Sie sind der Inhaltskontrolle nach § 307 Abs. 3 Satz 1 BGB nur dann entzogen, wenn sie – wie regelmäßig – keine von Rechtsvorschriften abweichenden oder diese ergänzenden Regelungen enthalten.[766]

Ausgleichsklauseln in Aufhebungsverträgen, gerichtlichen und außergerichtlichen Vergleichen sind grundsätzlich weit auszulegen, weil die Parteien in der Regel klare Verhältnisse schaffen und möglichen Streit in der Zukunft vermeiden wollen.

Solche Klauseln, mit denen »alle beiderseitigen Ansprüche aus dem Arbeitsverhältnis abgegolten« sein sollen, können auch ein nachvertragliches Wettbewerbsverbot und

764 §§ 241 ff., 311 ff. BGB.
765 BAG, Urteil v. 8.5.2008, 6 AZR 517/07.
766 BAG, Urteil v. 25.9.2014, 2 AZR 788/13.

eine Karenzentschädigung umfassen, auch wenn der Zusatz »und seiner Beendigung, seien sie bekannt oder unbekannt« fehlt. Das BAG hat im Urteil v. 22.10.2008[767] festgestellt, dass Wettbewerbsverbot und Karenzentschädigung in den arbeitsvertraglichen Beziehungen begründet und deshalb Ansprüche aus dem Arbeitsverhältnis sind.

Ausgleichsklauseln in gerichtlichen Vergleichen, die ausdrücklich auch unbekannte Ansprüche erfassen, sind regelmäßig als umfassender Anspruchsausschluss in Form eines konstitutiven negativen Schuldanerkenntnisses zu verstehen.[768]

63.1 Einvernehmliche Beendigung des Arbeitsverhältnisses

Die Kernregelung eines jeden Aufhebungsvertrages ist die einvernehmliche Beendigung des Arbeitsverhältnisses.

Da es sich bei der Auflösung eines Arbeitsverhältnisses durch Aufhebungsvertrag im Gegensatz zur Kündigung um ein gegenseitiges Rechtsgeschäft handelt, muss hierüber zwischen den Parteien ein Einvernehmen erzielt werden. Anlass für die Herstellung eines solchen Einvernehmens kann auch eine zuvor arbeitgeber- oder arbeitnehmerseitig ausgesprochene Kündigung sein.

Beispiel: Aufhebungsvertrag nach verhaltensbedingter Kündigung

Der Arbeitgeber kündigt dem Arbeitnehmer verhaltensbedingt außerordentlich. Der in der Kündigung gemachte Verhaltensvorwurf lässt sich letztlich aber nur teilweise aufrechterhalten. Ob dieser nunmehr überhaupt eine verhaltensbedingte Kündigung rechtfertigen kann, ist zweifelhaft. Daraufhin schließen die Parteien einen Aufhebungsvertrag mit einer geringen Abfindung zum Ende der ordentlichen Kündigungsfrist.

In der Praxis wird in solchen Fällen oftmals auch der Weg über die Arbeitsgerichte gewählt, um einen sperrzeitrechtlich privilegierten Prozessvergleich abschließen zu können.[769]

63.2 Entbindung von der Verpflichtung zur Arbeitsleistung

Wird ein Aufhebungsvertrag zwischen den Arbeitsvertragsparteien abgeschlossen, hat der Arbeitnehmer grundsätzlich bis zum vorgesehenen rechtlichen Ende des Beschäftigungsverhältnisses einen Beschäftigungsanspruch. Zugleich kann der

767 BAG, Urteil v. 22.10.2008, 10 AZR 617/07.
768 BAG, Urteil v. 27.5.2015, 5 AZR 137/14.
769 Vgl. § 278 Abs. 6 ZPO; § 159 Abs. 1 Satz 2 Nr. 1 SGB III.

Arbeitgeber verlangen, dass der Arbeitnehmer bis zum rechtlichen Ende des Beschäftigungsverhältnisses tatsächlich weiter zur Arbeit erscheint und seine arbeitsvertraglich geschuldete Arbeitsleistung erbringt.

Einvernehmliche Freistellung des Arbeitnehmers

Infolge von Streitigkeiten haben oftmals beide Parteien kein Interesse mehr an einer tatsächlichen Weiterbeschäftigung bis zum rechtlichen Ende des Beschäftigungsverhältnisses. In diesem Fall kommt eine Freistellung des Arbeitnehmers von der Arbeitspflicht in Betracht, also eine Entbindung von der arbeitsvertraglich geschuldeten Pflicht zur Erbringung der Arbeitsleistung. Dies hat regelmäßig zur Folge, dass der Arbeitnehmer nach den Grundsätzen des Annahmeverzugs[770] sein Entgelt ohne Gegenleistung erhält. Auch wenn dies für ihn vorteilhaft ist, kann eine Freistellung nur einvernehmlich erfolgen, da der Arbeitnehmer grundsätzlich einen Beschäftigungsanspruch hat.

63.2.1 Versicherungs- und Beitragspflicht nunmehr auch bei unwiderruflicher Freistellung

Das BSG hat klargestellt, dass eine die Versicherungspflicht in der gesetzlichen Rentenversicherung und in der Arbeitslosenversicherung begründende Beschäftigung auch dann vorliegen kann, wenn bei fortlaufender Zahlung des Arbeitsentgelts der Arbeitnehmer einvernehmlich und unwiderruflich bis zum Ende des Arbeitsverhältnisses von der Arbeitsleistung freigestellt ist.[771] Eines – in der Praxis meistens nur »pro forma« zum Erhalt der Sozialversicherungspflicht – vereinbarten Widerrufsvorbehalts bei längeren Freistellungen bedarf es daher nicht mehr.

63.2.2 Anrechnung von Urlaub

Die Freistellung des Arbeitnehmers kann unter Anrechnung von (Rest-)Urlaubstagen erfolgen. Allerdings ist zu beachten, dass die Anrechnung von Urlaubstagen **nicht automatisch** erfolgt. In der Aufhebungsvereinbarung muss **ausdrücklich darauf hingewiesen** werden, dass die Freistellung unter Anrechnung der restlichen Urlaubstage geschieht. Nach Meinung des BAG könne nicht davon ausgegangen werden, dass eine Freistellung alleine den Zweck hat, den Anspruch auf Resturlaub zu erfüllen.[772]

770 §§ 293 ff. BGB.
771 BSG, Urteil v. 24.9.2008, B 12 KR 22/07 R; BSG, Urteil v. 24.9.2008, B 12 KR 27/07 R.
772 BAG, Urteil v. 9.6.1998, 9 AZR 43/97.

Formulierungsvorschlag: Anrechnung von Urlaub

»Der Arbeitnehmer wird unter Anrechnung seines Resturlaubs bis zum ... unwiderruflich freigestellt.«

Für die wirksame Anrechnung des Urlaubsanspruchs auf die Zeit der Freistellung ist es jedoch nicht erforderlich, dass der Arbeitgeber den Urlaub des Arbeitnehmers innerhalb der längeren Freistellungsfrist exakt zeitlich festlegt. Es genügt die unwiderrufliche Freistellung während der Kündigungsfrist unter Anrechnung etwaiger Urlaubsansprüche.[773]

63.2.3 Konkurrenztätigkeit

Während eines im Aufhebungsvertrag vereinbarten Freistellungszeitraums ist dem Arbeitnehmer grundsätzlich eine Konkurrenztätigkeit verboten, da das gesetzliche Wettbewerbsverbot des § 60 HGB trotz Freistellung weiter gilt. Entfaltet der Arbeitnehmer gleichwohl eine Konkurrenztätigkeit, berechtigt dies den Arbeitgeber zur Kündigung.

63.2.4 Anrechnung anderweitigen Erwerbs

Regelungsbedürftig ist bei Abschluss eines Aufhebungsvertrags auch die Frage der Anrechnung von anderweitigem Erwerb, der während einer Freistellung vom Arbeitnehmer möglicherweise erzielt wird. Zu klären ist, ob und gegebenenfalls in welcher Höhe sich der Arbeitnehmer auf den vom Arbeitgeber während der Freistellung weiter bezahlten Arbeitslohn einen anderweitig erzielten Erwerb anrechnen lassen muss.

773 BAG, Urteil v. 19.5.2009, 9 AZR 433/08.

64 Aufhebungsvertrag: Beseitigung

Autor: Andreas Haupt

Überblick

Durch den Abschluss eines Aufhebungsvertrags wird ein Arbeitsverhältnis einvernehmlich beendet. Wegen des Grundsatzes, dass geschlossene Verträge einzuhalten sind, kann ein Aufhebungsvertrag nachträglich nur eingeschränkt beseitigt werden.

Die Regelungen über die Anfechtung von Rechtsgeschäften finden sich in den §§ 119 bis 124 BGB, zum Wegfall bzw. Störung der Geschäftsgrundlage in § 313 BGB und die Vorschriften zum Rücktritt von einem gegenseitigen Vertrag in den §§ 323 bis 325 BGB.

64.1 Anfechtung eines Aufhebungsvertrags durch den Arbeitnehmer

Die Annahme des Angebots auf Abschluss eines Aufhebungsvertrags kann nach allgemeinen Grundsätzen nach §§ 119, 123 BGB angefochten werden. Namentlich kommen hier in Betracht: Inhaltsirrtum, Irrtum über verkehrswesentliche Eigenschaften sowie arglistige Täuschung und widerrechtliche Drohung.

»Klassischer Fall« der Anfechtung des Aufhebungsvertrags ist der der **widerrechtlichen Drohung** durch unbegründetes in Aussichtstellen einer **Kündigung** für den Fall der Nichteinwilligung in das Aufhebungsvertragsangebot.

Grundsätzlich gilt für alle Arten möglicher Anfechtung: Die Beweislast für das Vorliegen des Anfechtungstatbestands trägt der Anfechtende. Daher treten oft Beweisprobleme auf.[774]

64.2 Störung der Geschäftsgrundlage

Der Aufhebungsvertrag kann auch aus sonstigen Gründen unwirksam sein. Vorrangig zu nennen ist die Störung der Geschäftsgrundlage durch anderweitige Beendigungstatbestände, z.B. eine arbeitgeberseitige Kündigung. Hier gilt nach Auffassung des BAG[775] Folgendes: Der Aufhebungsvertrag steht in der Regel unter der aufschiebenden Bedingung, dass das Arbeitsverhältnis bis zum vereinbarten Auflösungszeit-

774 S. Anfechtung des Arbeitsvertrags.
775 BAG, Urteil v. 29.1.1997, 2 AZR 292/96.

punkt fortgesetzt wird. Löst eine außerordentliche arbeitgeberseitige Kündigung das Arbeitsverhältnis vor dem vereinbarten Zeitpunkt auf, wird der Aufhebungsvertrag – einschließlich einer darin vorgesehenen Abfindung – unwirksam. Rechtsgrundlage ist § 313 BGB.

Wird ein Aufhebungsvertrag zur Vermeidung einer betriebsbedingten Kündigung geschlossen und tritt in der Zwischenzeit eine unvorhergesehene Weiterbeschäftigungsmöglichkeit ein, ist eine Anpassung nach den Regeln über die Störung der Geschäftsgrundlage vorzunehmen. Diese Anpassung kann dann ggf. in einer Wiedereinstellung liegen.[776]

64.3 Rücktritt vom Aufhebungsvertrag

Der Aufhebungsvertrag ist ein **gegenseitiger Vertrag** i. S. d. §§ 320 ff. BGB. Gerät der Arbeitgeber mit der Zahlung einer vereinbarten Abfindung in Verzug und setzt ihm der Arbeitnehmer daraufhin eine Frist mit **Ablehnungsandrohung**, kann er nach Maßgabe von § 323 BGB vom gesetzlichen Rücktrittsrecht Gebrauch machen, sofern dieses Recht nicht vertraglich ausgeschlossen wurde. Der Rücktritt erfolgt nach § 349 BGB durch Erklärung gegenüber dem Arbeitgeber.

Der Rücktritt eines Arbeitnehmers von einem mit dem Arbeitgeber geschlossenen Aufhebungsvertrag wegen Nichtzahlung der vereinbarten Abfindung ist jedoch ausgeschlossen, wenn das **Insolvenzgericht** dem Arbeitgeber nach dem Eröffnungsantrag derartige **Zahlungen nach § 21 InsO untersagt** hat.[777]

---

776 BAG, Urteil v. 8.5.2008, 6 AZR 517/07.
777 BAG, Urteil v. 10.11.2011, 6 AZR 357/10.

65 Anfechtung des Arbeitsverhältnisses

Autor: Dr. Peter H. M. Rambach

Überblick

Abgesehen von der Beendigung durch Kündigung oder dem Ablauf einer Befristung kann das Arbeitsverhältnis auch aus anderen Gründen, z. B. durch Anfechtung enden. In diesem Beitrag wird dieser Grund für die Beendigung des Arbeitsverhältnisses dargestellt.

Für die Anfechtung eines Arbeitsvertrags gelten die allgemeinen Vorschriften für die Anfechtung wegen Irrtums (§ 119 BGB) und wegen Drohung oder arglistiger Täuschung (§ 123 BGB).

65.1 Verhältnis von Anfechtung und Kündigung

Ein Arbeitsvertrag kann grundsätzlich wie jedes andere Rechtsgeschäft angefochten und damit beendet werden. Das bedeutet, dass eine Anfechtung sowohl wegen Inhalts- oder Erklärungsirrtums[778] als auch wegen arglistiger Täuschung oder widerrechtlicher Drohung[779] unter bestimmten Voraussetzungen möglich ist. Die rechtswirksame Anfechtung führt wie eine Kündigung zur Beendigung des Arbeitsverhältnisses.

Im Gegensatz zu jeder Art von Kündigung ist eine Beteiligung des Betriebsrats gemäß § 102 BetrVG aber nicht erforderlich. Auch etwaige Kündigungsbeschränkungen gelten nicht. Das gilt insbesondere für den Sonderkündigungsschutz gemäß § 17 MuSchG und § 168 SGB IX. Die Anfechtung des Arbeitsvertrags mit einem schwerbehinderten Menschen bedarf deshalb **nicht** der Zustimmung durch das Integrationsamt.

Das Anfechtungsrecht wird dabei nicht durch das Recht zur außerordentlichen Kündigung verdrängt; vielmehr kann ein und derselbe Sachverhalt sowohl zur Anfechtung als auch zur außerordentlichen und ordentlichen Kündigung berechtigen.[780] Beide Möglichkeiten der Beendigung eines Arbeitsverhältnisses stehen selbstständig nebeneinander.[781]

Weder die vor der Anfechtung eines Arbeitsvertrags ausgesprochene außerordentliche Kündigung noch die zeitgleich mit der Anfechtung ausgesprochene ordentliche Kündigung bestätigen nach § 144 BGB den Arbeitsvertrag.[782]

778 § 119 BGB.
779 § 123 BGB.
780 BAG, Urteil v. 16.12.2004, 2 AZR 148/04.
781 BAG, Urteil v. 21.2.1991, 2 AZR 449/90; LAG Rheinland-Pfalz, Urteil v. 2.9.2019, 3 Sa 527/16.
782 BAG, Urteil v. 16.12.2004, 2 AZR 148/04.

Wird das Arbeitsverhältnis – außerordentlich oder ordentlich – gekündigt und hat eine dagegen erhobene Kündigungsschutzklage Erfolg, scheidet allerdings nach Rechtskraft des Urteils eine Anfechtung aus.[783]

65.2 Voraussetzungen der Anfechtung

Der Grund für die Anfechtung des Arbeitsverhältnisses muss im Gegensatz zur Anfechtung anderer Rechtsgeschäfte bei Zugang der Anfechtungserklärung noch bestehen und sich noch auf das Arbeitsverhältnis auswirken.

Beispiel: Anfechtungsgrund fällt später weg

Hat ein Bewerber im Einstellungsgespräch eine zulässige Frage des Arbeitgebers über eine Erkrankung, die ihn daran gehindert hätte, die geschuldete Arbeitsleistung zu erbringen, falsch beantwortet, so ist eine Anfechtung des Arbeitsvertrags nicht mehr möglich, wenn der Arbeitgeber dies erst erfährt, nachdem der Arbeitnehmer wieder arbeitsfähig und gesund ist.

Im Übrigen ist bei den Voraussetzungen der Anfechtung des Arbeitsvertrags und den Erklärungsfristen zwischen der Irrtumsanfechtung und der Täuschungsanfechtung zu unterscheiden.

65.2.1 Inhalts- oder Erklärungsirrtum

Zur Anfechtung des Arbeitsvertrags ist nach § 119 Abs. 1 BGB berechtigt,

- wer bei Abgabe seiner Willenserklärung über deren Inhalt im Irrtum war (sog. Inhaltsirrtum, z. B. Einstellung als Hausmeister statt als Bote; Arbeitnehmer irrt sich über die Person des Arbeitgebers) oder
- wer eine Erklärung dieses Inhalts überhaupt nicht abgeben wollte (sog. Erklärungsirrtum, z. B. Versprechen oder Verschreiben).

65.2.2 Eigenschaftsirrtum

Dem Inhalts- oder Erklärungsirrtum gleichgestellt ist der sog. Eigenschaftsirrtum nach § 119 Abs. 2 BGB. Danach kommt eine Anfechtung des Arbeitsvertrags in Betracht, wenn beim Arbeitgeber ein Irrtum über solche Eigenschaften der Person des Arbeitnehmers vorlag, die im Verkehr als wesentlich angesehen werden.[784]

---

783 BAG, Urteil v. 18.2.2021, 6 AZR 92/19, Orientierungssatz 1; siehe dazu ergänzend unten Abschn. 3, Hinweis.

784 BAG, Urteil v. 28.3.1974, 2 AZR 92/73.

Arbeitnehmer für geschuldete Arbeitsleistung objektiv ungeeignet

Ein solcher Irrtum liegt jedoch nur dann vor, wenn die irrig angenommene Eigenschaft den Arbeitnehmer als für die geschuldete Arbeitsleistung **objektiv ungeeignet** erscheinen lässt. So kann eine Krankheit oder ein körperliches Leiden eines Arbeitnehmers dann eine verkehrswesentliche Eigenschaft sein, wenn dem Arbeitnehmer dadurch auf Dauer die Fähigkeit genommen ist, die vertraglich geschuldete Arbeit zu erbringen.[785]

Schwangerschaft

Eine bestehende, bei Vertragsschluss nicht bekannte Schwangerschaft in keinem Fall eine den Arbeitgeber zur Irrtumsanfechtung berechtigende Eigenschaft der Arbeitnehmerin dar. Dies gilt auch für den Fall, dass die – nur befristet eingestellte – schwangere Frau aufgrund eines Beschäftigungsverbots nach dem Mutterschutzgesetz von Anfang an nicht auf der entsprechenden Stelle beschäftigt werden kann.[786]

Anfechtung binnen 2-Wochenfrist

Eine Irrtumsanfechtung ist nur rechtswirksam, wenn sie »unverzüglich« erfolgt.[787] Unverzüglich heißt damit, dass sie spätestens innerhalb einer Frist von 2 Wochen nach Kenntnis der für die Anfechtung maßgebenden Tatsachen erklärt werden muss. Notwendige Erkundigungen – ggf. auch die Einholung von Rechtsrat – sind mit der gebotenen Eile durchzuführen. Die Zuerkennung eines Wahlrechts zwischen dem Recht der Anfechtung und dem Recht der außerordentlichen Kündigung gebietet es, auf beide Gestaltungsrechte weitestgehend die gleichen Grundsätze anzuwenden. Die von der Rechtsprechung zur 2-Wochenausschlussfrist nach § 626 Abs. 2 BGB aufgestellten Rechtsgrundsätze gelten deshalb auch bei einer Anfechtung nach § 119 BGB.

65.2.3 Arglistige Täuschung

Ein Arbeitsvertrag kann auch durch Anfechtung wegen arglistiger Täuschung beendet werden.[788] Eine arglistige Täuschung erfordert in objektiver Hinsicht, dass der Täuschende durch Vorspiegelung oder Entstellung von Tatsachen beim Erklärungsgegner einen Irrtum erregt und ihn hierdurch zur Abgabe einer Willenserklärung veranlasst.[789]

785 So z. B. für den Fall einer Epilepsie BAG, Urteil v. 28.3.1974, 2 AZR 92/73.

786 BAG, Urteil v. 6.2.2003, 2 AZR 621/03. Die frühere gegenteilige Rechtsprechung – z. B. BAG, Urteil v. 8.9.1988, 2 AZR 102/88 – ist nach der Entscheidung des EuGH, Urteil v. 3.2.2000, C-207/98 (Mahlburg) obsolet.

787 § 121 Abs. 1 BGB.

788 § 123 Abs. 1 BGB.

789 LAG Mecklenburg-Vorpommern, Urteil v. 9.6.2020, 5 Sa 206/19.

Die Täuschung muss sich auf objektiv nachprüfbare Umstände beziehen; subjektive Werturteile genügen nicht.[790]

Die Täuschung kann durch positives Tun, also insbesondere durch Behaupten, Unterdrücken oder Entstellen von Tatsachen erfolgen. So kann der Arbeitgeber einen Arbeitsvertrag wegen arglistiger Täuschung anfechten, wenn der Arbeitnehmer gefälschte Zeugnisse vorgelegt hat und diese Grundlage für die Einstellungsentscheidung des Arbeitgebers waren.[791]

Die Täuschung kann aber auch in dem Verschweigen von Tatsachen bestehen, sofern der Erklärende zur Offenbarung der fraglichen Tatsache verpflichtet ist. Dies gilt auch im Zusammenhang mit der Anbahnung von Arbeitsverhältnissen.

Falsche Beantwortung einer Frage

Wird der Arbeitnehmer bei der Einstellung nach dem Vorliegen einer bestimmten Tatsache befragt, so ist er – falls die Frage zulässig ist – zu deren wahrheitsgemäßen Beantwortung verpflichtet. Die falsche Beantwortung einer dem Arbeitnehmer bei der Einstellung zulässigerweise gestellten Frage kann den Arbeitgeber nach § 123 Abs. 1 BGB dazu berechtigen, den Arbeitsvertrag wegen arglistiger Täuschung anzufechten.[792]

Ein Fragerecht wird dem Arbeitgeber aber nur insoweit zugestanden, als er ein berechtigtes, billigenswertes und schutzwürdiges Interesse an der Beantwortung seiner Frage für das Arbeitsverhältnis hat. Die Frage muss so formuliert sein, dass der Arbeitnehmer erkennen kann, wonach gefragt ist.[793] Er muss die Zulässigkeit der Frage beurteilen können.[794] Ohne eine entsprechende Frage des Arbeitgebers muss der Arbeitnehmer von sich aus nur auf solche Tatsachen hinweisen, deren Mitteilung der Arbeitgeber nach Treu und Glauben[795] erwarten darf.[796]

Eine Offenbarungspflicht besteht für einen Arbeitnehmer bei den Verhandlungen über die Begründung eines Arbeitsverhältnisses im Hinblick auf solche Tatsachen, hinsichtlich derer der Arbeitgeber nach Treu und Glauben Mitteilung erwarten darf, weil sie für ihn im Hinblick auf den in Betracht kommenden Arbeitsplatz von ausschlaggebender Bedeutung sind[797].

790 BAG, Urteil v. 21.2.1991, 2 AZR 449/90.
791 LAG Baden-Württemberg, Urteil v. 13.10.2006, 5 Sa 25/06.
792 BAG, Urteil v. 7.7.2011, 2 AZR 396/10.
793 BAG, Urteil v. 12.5.2011, 2 AZR 479/09.
794 BAG, Urteil v. 13.6.2002, 2 AZR 234/01.
795 § 242 BGB.
796 BAG, Urteil v. 21.2.1991, 2 AZR 449/90.
797 § 311 Abs. 2 Nr. 1; § 241 Abs. 2 BGB.

Das folgt aus dem Grundsatz von Treu und Glauben[798], der auch das vorvertragliche Anbahnungsverhältnis der Parteien beherrscht.

Auch die wahrheitswidrige Antwort auf die (tätigkeitsneutrale) Frage nach einer Anerkennung als schwerbehinderter Mensch berechtigt den Arbeitgeber wohl nicht mehr zur Anfechtung.[799] Eine Ausnahme gilt bei wahrheitswidrigen Antworten auf Fragen nach der Erfüllung arbeitsplatzbezogener Anforderungsprofile, soweit diese diskriminierungsfrei formuliert sind. Der Schwerbehinderte muss von sich aus nicht über die bestehende Behinderung aufklären, soweit ihm die Tätigkeit dadurch nicht unmöglich gemacht wird.[800]

Nach Vorstrafen darf der Arbeitgeber insoweit fragen, als es für die Art des zu besetzenden Arbeitsplatzes von Bedeutung ist (z. B. Frage nach Vorstrafe wegen Vermögensdelikten bei einem Kassierer einer Bank oder nach etwaigen Verkehrsdelikten bei einzustellenden Berufskraftfahrern). Dabei kommt es nicht auf die subjektive Einstellung des Arbeitgebers an, welche Vorstrafen er als einschlägig ansieht; entscheidend ist vielmehr ein objektiver Maßstab. Dies gilt grundsätzlich auch für Arbeitnehmer im öffentlichen Dienst.

65.2.4 Arglist

Der täuschende Bewerber/Arbeitnehmer muss schließlich arglistig gehandelt haben. Arglistig ist die Täuschung, die zur Anfechtung des Arbeitsvertrags berechtigen kann, wenn der Täuschende weiß oder billigend in Kauf nimmt, dass seine Behauptungen nicht der Wahrheit entsprechen oder mangels Offenbarung bestimmter Tatsachen irrige Vorstellungen beim (künftigen) Arbeitgeber entstehen oder aufrechterhalten werden; Fahrlässigkeit – auch grobe Fahrlässigkeit – genügt insoweit nicht.[801]

Die Beweislast für das Vorliegen von Arglist trägt der Arbeitgeber. Dass es sich hierbei um eine innere Tatsache handelt, steht dem nicht entgegen.[802]

65.2.5 Irrtum und Kausalzusammenhang

Der Tatbestand der arglistigen Täuschung gemäß § 123 Abs. 1 BGB setzt voraus, dass durch die Täuschungshandlung beim Erklärungsgegner ein Irrtum über den wahren

798 § 242 BGB.
799 LAG Hessen, Urteil v. 24.3.2010, 6/7 Sa 1373/09.
800 BAG, Urteil v. 18.10.2000, 2 AZR 380/99.
801 BAG, Urteil v. 12.5.2011, 2 AZR 479/09; LAG Hamm, Urteil v. 26.1.2022, 3 Sa 1087/21.
802 LAG Hamm, Urteil v. 26.1.2022, 3 Sa 1087/21; BAG, Urteil v. 20.3.2014, 2 AZR 1071/12, Rz. 31.

Sachverhalt hervorgerufen wird. Zwischen Täuschungshandlung und Irrtum muss ein Kausalzusammenhang bestehen. Irrtum ist die Abweichung der Vorstellung von der Wirklichkeit. Auch wenn der Anfechtende die Täuschung nicht erkannt hat, diese aber hätte erkennen können, liegt ein zur Anfechtung berechtigender Irrtum vor. An einem Irrtum fehlt es allerdings, wenn derjenige, der getäuscht werden soll, die Wahrheit kennt.

Die Anfechtung setzt des Weiteren voraus, dass die Täuschung für den Abschluss des konkreten Arbeitsvertrags ursächlich war.[803]

Die Kausalität ist gegeben, wenn der Getäuschte die Willenserklärung ohne die Täuschung entweder gar nicht oder nicht mit diesem Inhalt oder nicht zu diesem Zeitpunkt abgegeben hätte.[804]

65.3 Wirkung der Anfechtung

Die Anfechtung eines Arbeitsverhältnisses wirkt gemäß § 142 Abs. 1 BGB grundsätzlich zurück (sog. ex-tunc-Wirkung[805]), weshalb ein wirksam angefochtener Arbeitsvertrag mit rückwirkender Kraft beseitigt wird.

Im Hinblick auf den Charakter des Arbeitsverhältnisses als personenrechtliches Gemeinschaftsverhältnis und nicht zuletzt wegen der Schwierigkeiten einer Rückabwicklung hat sich in der Rechtsprechung aber die Meinung durchgesetzt, dass ein bereits in Vollzug gesetzter Arbeitsvertrag nicht mehr mit rückwirkender Kraft angefochten werden kann.[806] Anstelle der rückwirkenden Nichtigkeit wird der Anfechtung nur die kündigungsähnliche Wirkung der Auflösung des Arbeitsverhältnisses für die Zukunft (sog. ex-nunc-Wirkung) zugeschrieben. Nach Vollziehung des Arbeitsvertrags entsteht ein sog. faktisches Arbeitsverhältnis.

Davon macht die Rechtsprechung des BAG wiederum eine Ausnahme, wenn das Arbeitsverhältnis – aus welchen Gründen auch immer – zwischenzeitlich wieder außer Funktion gesetzt worden ist; dann soll die Anfechtung auf den Zeitpunkt der Außerfunktionssetzung des Arbeitsverhältnisses zurückwirken.[807]

Auch für den Fall der Arbeitsunfähigkeit, während der das Arbeitsverhältnis nicht vollzogen worden ist, besteht nach der Rechtsprechung des BAG kein Grund, von der

803 BAG, Urteil v. 7.7.2011, 2 AZR 396/10.
804 LAG Mecklenburg-Vorpommern, Urteil v. 19.5.2020, 5 Sa 217/19; BGH, Urteil v. 23.10.2014, III ZR 82/13.
805 LAG Hamm, Urteil v. 28.8.2015, 18 Sa 335/15; §§ 119 ff. BGB.
806 LAG Baden-Württemberg, Urteil v. 4.8.2015, 3 Sa 46/14.
807 BAG, Urteil v. 16.9.1982, 2 AZR 228/80.

Rechtsfolge rückwirkender Anfechtung abzuweichen. Die Rückwirkung soll in derartigen Fällen nicht die Ausnahme, sondern die Regel sein.[808]

65.4 Prozessuales

Höchstrichterlich noch ungeklärt ist die Frage, ob der Arbeitnehmer, dessen Vertrag vom Arbeitgeber angefochten wird, innerhalb der 3-Wochenfrist des § 4 Satz 1 KSchG eine Feststellungsklage erheben muss. Soweit der Arbeitnehmer die Wartezeit des § 1 Abs. 1 KSchG von 6 Monaten noch nicht erfüllt hat, hat das BAG diese Frage verneint. Im Geltungsbereich des Kündigungsschutzgesetzes ist sie dagegen ausdrücklich unentschieden gelassen worden.[809]

808 BAG, Urteil v. 12.5.2011, 2 AZR 479/09.

809 BAG, Urteil v. 14.12.1979, 7 AZR 38/78; verneinend Wiehe, in Thüsing/Rachor/Lembke, KSchG, § 4 KSchG, Rz. 19; APS/*Preis*, 6. Aufl. 2021, 1. Teil. K. Abgrenzung zu anderen Beendigungstatbeständen und verwandten Instituten, Rz. 71; ErfK/*Kiel*, 23. Aufl. 2023, § 4 KSchG, Rz. 3.

66 Beendigung des Arbeitsverhältnisses durch Tod, Altersgrenze, auflösende Bedingung

Autor: Dr. Peter H. M. Rambach

Überblick

Abgesehen von der Beendigung durch Kündigung, dem Ablauf einer Befristung oder durch Anfechtung kann das Arbeitsverhältnis auch aus anderen Gründen enden, z. B. den Tod des Arbeitnehmers oder das Erreichen von Altersgrenzen; außerdem durch den Eintritt einer auflösenden Bedingung. In diesem Beitrag werden die genannten sonstigen Gründe für die Beendigung des Arbeitsverhältnisses dargestellt.

Für den Beendigungsgrund Tod des Arbeitnehmers gibt es keine ausdrückliche gesetzliche Regelung. Dieser folgt jedoch aus § 613 Satz 1 BGB, wonach der Arbeitnehmer die Dienste im Zweifel in Person zu leisten hat.

Auch die Beendigung des Arbeitsverhältnisses wegen Erreichens einer Altersgrenze ist gesetzlich nicht geregelt. Die Altersgrenze des Renteneintrittsalters ist aber in fast allen Tarifverträgen und auch in sehr vielen Einzelarbeitsverträgen vorgesehen. Die Frage nach deren Vereinbarkeit mit dem europarechtlichen Verbot der Altersdiskriminierung hat der Europäische Gerichtshof (EuGH) geklärt.[810] Die Behandlung von vertraglich vereinbarten Altersgrenzen vor dem regulären Renteneintrittsalter richtet sich nach § 41 SGB VI.

Die Zulässigkeit von auflösenden Bedingungen richtet sich wegen der Verweisung in § 21 TzBfG nach den Grundsätzen der Sachgrundbefristung (§ 14 Abs. 1 TzBfG).

66.1 Tod des Arbeitnehmers als Beendigungsgrund

Der Tod des Arbeitnehmers beendet das Arbeitsverhältnis immer. Dies folgt aus § 613 Satz 1 BGB, wonach der Arbeitnehmer die Dienste im Zweifel in Person zu leisten hat.

Der Anspruch auf rückständigen Lohn geht auf die Erben über. Gesetzliche Entgeltfortzahlungsansprüche der Erben über den Tod hinaus gibt es nicht. Nicht selten werden sie jedoch tarifvertraglich vereinbart.

Der Abfindungsanspruch nach § 1a Abs. 1 Satz 1 KSchG entsteht erst mit dem Ablauf der Kündigungsfrist. Endet das Arbeitsverhältnis zu einem davor liegenden Zeitpunkt

810 EuGH, Urteil v. 12.10.2010, C-45/09 (Rosenbladt).

aufgrund des Todes des Arbeitnehmers, kann die Abfindung aus diesem Grund auch nicht Gegenstand des auf die Erben übergehenden Vermögens[811] sein.[812]

Urlaubsabgeltungsanspruch vererblich

Der EuGH hat 2014 entschieden, dass Ansprüche auf Urlaubsabgeltung vererblich sein müssen, und zwar auch dann, wenn der Erblasser sein Arbeitsverhältnis vor seinem Tod nicht aufgelöst hat.[813] Das BAG hat daraufhin 2015 entschieden, dass der Urlaubsabgeltungsanspruch vererblich ist, wobei dieses Urteil allerdings einen Fall betraf, in dem der Arbeitnehmer lange vor seinem Tod aus dem Arbeitsverhältnis ausgeschieden war und daher noch selbst in der Lage war, seinen Abgeltungsanspruch gegenüber dem Arbeitgeber einzuklagen.[814] Auf 2 Vorlagebeschlüsse des BAG[815] hat der EuGH deshalb noch einmal klargestellt, dass der Anspruch eines Arbeitnehmers auf Urlaubsabgeltung nicht mit seinem Tod untergeht. Dies gilt auch dann, wenn der Wortlaut nationaler Regelungen – im deutschen Recht § 7 Abs. 4 BUrlG i. V. m. der erbrechtlichen Vorschrift des § 1922 Abs. 1 BGB – dem entgegensteht.

Der Erbe eines verstorbenen Arbeitnehmers hat von dessen Arbeitgeber eine finanzielle Vergütung zu erhalten für den vor dem Tod erworbenen und nicht mehr genommenen bezahlten Jahresurlaub.[816]

Das BAG hat diese Sichtweise mit aktueller Rechtsprechung[817] übernommen: Ein Urlaubsabgeltungsanspruch entsteht demnach auch dann, wenn ein Arbeitnehmer im laufenden Arbeitsverhältnis verstirbt. Der Anspruch kann von seinen Erben geltend gemacht werden.

66.2 Tod des Arbeitgebers als Beendigungsgrund

Der Tod des Arbeitgebers berührt das Arbeitsverhältnis in seinem Bestand grundsätzlich nicht. Ob dieser Grundsatz dann eine Ausnahme erfährt, wenn die Dienste ganz oder überwiegend für die Person des Dienstberechtigten zu leisten waren (Privatsekretär, Krankenschwester etc.), ist zweifelhaft. Die Beendigung in diesen Fällen mit dem Tode anzunehmen, ist nicht unproblematisch, da die Ungewissheit des Todeszeitpunktes zulasten des Arbeitnehmers ginge.

811 § 1922 Abs. 1 BGB.
812 BAG, Urteil v. 10.5.2007, 2 AZR 45/06.
813 EuGH, Urteil v. 12.6.2014, C-118/13 (Bollacke).
814 BAG, Urteil v. 22.9.2015, 9 AZR 170/14.
815 BAG, Vorlagebeschlüsse v. 18.10.2016, 9 AZR 196/16 (A) und 9 AZR 45/16 (A).
816 EuGH (Große Kammer), Urteile v. 6.11.2018, C-569/16 und C-570/16.
817 BAG, Urteil v. 22.1.2019, 9 AZR 45/16.

In diesen Fällen kommt wohl nur eine Beendigung im Wege der ordentlichen Kündigung durch die Erben in Betracht.

66.3 Erreichen der Altersgrenze

Vereinbarungen in Arbeitsverträgen oder Regelungen in Tarifverträgen, wonach das Arbeitsverhältnis bei Erreichen eines bestimmten Lebensalters, z. B. des 65. Lebensjahres, endet, werden vom BAG rechtlich als kalendermäßige Befristung, d. h. als Zeitbefristung qualifiziert.[818]

Eine Befristung des Arbeitsvertrags auf einen Zeitpunkt, zu welchem der Arbeitnehmer die gesetzliche Altersrente in Anspruch nehmen kann, hält die Rechtsprechung nach diesen Maßstäben für unbedenklich zulässig, da die Vertragsparteien bei Abschluss des Arbeitsvertrages davon ausgehen können, dass zum Befristungsablauf eine ausreichende soziale Absicherung des Arbeitnehmers besteht.[819]

Bereits vor Inkrafttreten des AGG hat das BAG einzelvertragliche oder tarifliche Altersgrenzen, die auf die (Regel-)Altersgrenze von 65 Jahren bezogen sind, regelmäßig als rechtswirksam angesehen, wenn der Arbeitnehmer durch den Bezug einer gesetzlichen Altersrente wirtschaftlich abgesichert ist.[820] Trotz der damit verbundenen, unmittelbar auf dem Alter beruhenden Ungleichbehandlung, durften die Tarifvertragsparteien eine allgemeine »Altersgrenze 65« festlegen, mit deren Erreichen das Arbeitsverhältnis automatisch endet. Ebenso zulässig ist, dass ein solcher Tarifvertrag für allgemeinverbindlich erklärt wird. Das hat der EuGH mit Urteil vom 12.10.2010 auf Vorlage des Arbeitsgerichts Hamburg für eine deutsche tarifrechtliche Situation in der Rechtssache »Rosenbladt« entschieden.[821]

Der EuGH weist darauf hin, dass derartige Klauseln über die automatische Beendigung von Arbeitsverhältnissen seit langem Teil des Arbeitsrechts zahlreicher Mitgliedstaaten und in den Beziehungen des Arbeitslebens weithin üblich sind. Sie böten den Arbeitnehmern eine gewisse Stabilität der Beschäftigung und verhießen langfristig einen vorhersehbaren Eintritt in den Ruhestand.

Das EuGH-Urteil betrifft zwar unmittelbar nur tarifliche Altersgrenzen. Es ist aber davon auszugehen, dass die Rechtsprechung auch für gleichlautende einzelvertragliche Rentenaltersgrenzen gilt.

---

818 BAG, Urteil v. 14.8.2002, 7 AZR 469/01.

819 BAG, Urteil v. 9.12.2015, 7 AZR 68/14.

820 BAG, Urteil v. 20.11.1987, 2 AZR 284/86; BAG, Urteil v. 11.6.1997, 7 AZR 186/96; BAG, Urteil v. 14.8.2002, 7 AZR 469/01.

821 EuGH, Urteil v. 12.10.2010, C-45/09 (Rosenbladt).

Die Wirksamkeit der Befristung ist nicht von der konkreten wirtschaftlichen Absicherung des Arbeitnehmers bei Erreichen der Altersgrenze abhängig. Nach Auffassung des BAG erfordert das verfassungsrechtliche Untermaßverbot keine am individuellen Lebensstandard des Arbeitnehmers und seinen subjektiven Bedürfnissen orientierte Altersversorgung.[822]

Durch das RV-Altersgrenzenanpassungsgesetz (sog. »Rente mit 67«) wurden die gesetzlichen Regelaltersgrenzen[823] beginnend ab 2012 angehoben. Für die Geburtsjahrgänge 1947 bis 1963 erfolgt dies aus Vertrauensschutzgründen schrittweise. Für nicht »besonders langjährig Versicherte«[824] oder nicht schwerbehinderte Menschen nach erfüllter Wartezeit[825] liegt die Regelaltersgrenze für die Jahrgänge 1964 und jünger jetzt bei 67 Jahren.[826]

Gleiches galt für Vereinbarungen, wonach das Arbeitsverhältnis zu einem vor dem 65. Lebensjahr des Arbeitnehmers liegenden Zeitpunkt (z. B. mit Vollendung des 63. Lebensjahres) wegen des Bezugs einer vorgezogenen gesetzlichen Altersrente enden sollte. Allerdings müssen in einem solchen Fall die Voraussetzungen des § 41 Satz 2 SGB VI eingehalten sein.[827] Eine Vereinbarung zwischen Arbeitgeber und Arbeitnehmer, die die Beendigung eines Arbeitsverhältnisses ohne Kündigung zu einem Zeitpunkt vorsieht, zu dem der Arbeitnehmer vor Erreichen der Regelaltersgrenze eine Rente wegen Alters beanspruchen kann, gilt dem Arbeitnehmer gegenüber als auf das Erreichen der Regelaltersgrenze abgeschlossen, es sei denn, dass die Vereinbarung innerhalb der letzten 3 Jahre vor diesem Zeitpunkt abgeschlossen oder von dem Arbeitnehmer bestätigt worden ist.

Die aktuelle Fassung des § 41 Satz 2 SGB VI erfasst auch alle (alten) Arbeitsverträge, die (noch) die Beendigung des Arbeitsverhältnisses mit Vollendung des 65. Lebensjahres vorsehen. Dies hat zur Konsequenz, dass die Arbeitnehmer vor Erreichen der (für sie maßgeblichen) Regelaltersgrenze frei über den Beginn des Ruhestands und damit auch über die Beendigung des Arbeitsverhältnisses entscheiden können. Insbesondere führt ein möglicher vorzeitiger Rentenanspruch nicht zur Auflösung des Arbeitsverhältnisses, wenn der Arbeitnehmer der Auflösung nicht im rentennahen Alter (frühestens 3 Jahre vor der Regelaltersgrenze) zugestimmt hat.

Aus Arbeitgebersicht ist eine Anpassung von Altverträgen (die noch auf das 65. Lebensjahr abstellen) nicht notwendig. Durch die Neufassung des § 41 Satz 2 SGB VI fin-

822 BAG, Urteil v. 27.7.2005, 7 AZR 443/04.
823 Vgl. §§ 35 ff. und 235 ff. SGB VI n. F.
824 § 38 SGB VI n. F.
825 § 37 SGB VI n. F.
826 § 35 Satz 2 SGB VI.
827 BAG, Urteil v. 19.11.2003, 7 AZR 296/03.

det nämlich im Wege der Auslegung der arbeitsvertraglichen Klausel »automatisch« eine Anpassung an die sich in den nächsten Jahren vom 65. Lebensjahr in Richtung 67. Lebensjahr ansteigende Regelaltersgrenze statt.[828]

Will sich ein Arbeitgeber aber auf die (vorzeitige) Beendigung mit Vollendung des 65. Lebensjahres berufen, kann er dies nur dann mit Aussicht auf Erfolg, wenn der Arbeitnehmer diesen Beendigungszeitpunkt innerhalb der vorhergehenden 3 Jahre bestätigt. Eine vorzeitige Beendigung unter Bezugnahme auf die vereinbarte, zeitlich vor der Regelaltersgrenze des jeweiligen Arbeitnehmers liegenden Altersgrenze ist ohne Bestätigung des Arbeitnehmers nicht möglich.

Zur Berechnung des in § 41 Satz 2 SGB VI vorgesehenen Dreijahreszeitraums ist nicht auf das Erreichen der Regelaltersgrenze abzustellen, sondern auf den Zeitpunkt, zu dem das Arbeitsverhältnis vereinbarungsgemäß enden soll.[829]

Dies dürfte wohl auch AGB-rechtlich unproblematisch sein. Befristungsabreden unterliegen keiner Angemessenheitskontrolle i.S.v. § 307 Abs. 1 Satz 1 und Abs. 2 BGB.[830] Bei Kenntnis des Geburtsdatums des Arbeitnehmers ist die Regelaltersgrenze und damit der Beendigungszeitpunkt im Sinne einer kalendermäßigen Befristung auch hinreichend bestimmbar.

Die Vorschriften des TzBfG sind zwar auf die Befristung nur einzelner Arbeitsbedingungen nicht anwendbar.[831] Eine Klausel über die Beendigung des Arbeitsverhältnisses bei Erreichen des gesetzlichen Rentenalters betrifft aber die Befristung des gesamten Arbeitsverhältnisses.

Betriebsvereinbarung

Eine Betriebsvereinbarung, nach der das Arbeitsverhältnis der im Betrieb beschäftigten Arbeitnehmer mit dem Ablauf des Monats endet, in welchem der Arbeitnehmer das 65. Lebensjahr vollendet, enthält nach der Rechtsprechung des BAG kein Verbot der Weiterbeschäftigung eines Arbeitnehmers über diese Altersgrenze hinaus, es sei denn, ein solches Verbot fände in der Betriebsvereinbarung deutlich Ausdruck. Eine solche Weiterbeschäftigung bedarf aber – wie auch eine Neueinstellung – nach § 99 BetrVG der Zustimmung des Betriebsrats.[832]

Der Betriebsrat hat damit Gelegenheit zu prüfen, ob sich eine solche Beschäftigung mit den Interessen der Belegschaft des Betriebs an einer Altersgrenzenregelung ver-

---

828 BAG, Urteil v. 9.12.2015, 7 AZR 68/14.

829 BAG, Urteil v. 17.4.2002, 7 AZR 40/01 (zu einer Vorgängerregelung des § 41 Satz 2 SGB VI n.F.).

830 BAG, Urteil v. 27.7.2005, 7 AZR 443/04.

831 BAG, Urteil v. 18.1.2006, 7 AZR 191/05.

832 BAG, Beschluss v. 12.7.1988, 1 ABR 85/86.

einbaren lässt. Er kann seine Zustimmung z. B. nach § 99 Abs. 2 Nr. 3 BetrVG verweigern, wenn dadurch im Betrieb beschäftigte Arbeitnehmer benachteiligt werden.

66.4 Auflösende Bedingung als Beendigungstatbestand

Als sonstiger Beendigungsgrund kommt grundsätzlich auch eine auflösende Bedingung in Betracht.

Wird ein Rechtsgeschäft unter einer auflösenden Bedingung vorgenommen, so endigt mit dem Eintritt der Bedingung die Wirkung des Rechtsgeschäfts; mit diesem Zeitpunkt tritt der frühere Rechtszustand wieder ein.[833] Übertragen auf das Rechtsgeschäft »Arbeitsvertrag« ermöglicht die Aufnahme einer auflösenden Bedingung die Beendigung ohne Kündigung.

66.4.1 Abgrenzung zur Zweckbefristung

Schwierig ist dabei insbesondere die Abgrenzung der auflösenden Bedingung von der Zweckbefristung. Die Befristung unterscheidet sich von der Bedingung dadurch, dass bei der Befristung der Eintritt des Termins sicher ist, wobei bei der Zweckbefristung unsicher sein kann, wann der Termin eintritt, während die Bedingung überhaupt nicht eintreten muss. Bei der Bedingung ist damit das »Ob« ungewiss, wobei der denkbare Zeitpunkt gewiss oder ungewiss sein kann. Bei der Befristung ist das »Ob« gewiss und das »Wann« kann gewiss oder ungewiss sein.[834]

66.4.2 Sachgrunderfordernis und Schriftform

Da das Recht der auflösenden Bedingung durch § 21 TzBfG aber weitgehend dem Befristungsrecht angeglichen ist, hat die Abgrenzung in der Praxis stark an Bedeutung verloren.

Ein auflösend bedingter Arbeitsvertrag bedarf immer eines Sachgrunds. Auch wenn der Arbeitnehmer bis zum Eintritt der auflösenden Bedingung und der dadurch ausgelösten Beendigung des Arbeitsverhältnisses noch nicht die 6-monatige Wartezeit des § 1 Abs. 1 KSchG zurückgelegt hat, ist ein Sachgrund erforderlich.

---

833 § 158 Abs. 2 BGB.
834 BAG, Urteil v. 22.10.2003, 7 AZR 113/03.

Das in § 14 Abs. 4 TzBfG normierte Schriftformerfordernis gilt auch für auflösende Bedingungen. Eine Ausnahme gilt insoweit lediglich für das Berufsausbildungsverhältnis, da die auflösende Bedingung bereits in § 21 BBiG gesetzlich geregelt ist. Das Schriftformerfordernis findet auch Anwendung, wenn die Arbeitsvertragsparteien nach einer Arbeitgeberkündigung eine vertragliche Vereinbarung über die Weiterbeschäftigung des Arbeitnehmers treffen, der Kündigungsschutzklage erhoben hat.

Weiterbeschäftigungsvereinbarung im Rahmen des Kündigungsschutzverfahrens
Eine arbeitsvertragliche Vereinbarung über die Weiterbeschäftigung des Arbeitnehmers bis zur rechtskräftigen Abweisung der Kündigungsschutzklage ist eine auflösende Bedingung. Durch die Weiterbeschäftigungsvereinbarung schaffen die Arbeitsvertragsparteien für die Beschäftigung des Arbeitnehmers nach Ablauf der Kündigungsfrist bis zur Entscheidung über die Kündigungsschutzklage eine arbeitsvertragliche Grundlage, weil sie in dieser Zeit keine Gewissheit darüber haben, ob zwischen ihnen noch ein Arbeitsverhältnis mit daraus resultierenden Arbeits- und Beschäftigungspflichten besteht.

Hat die Vereinbarung die Beschäftigung des Arbeitnehmers bis zum rechtskräftigen Abschluss des Kündigungsschutzprozesses zum Gegenstand, handelt es sich – anders als bei der vereinbarten Weiterbeschäftigung bis zur rechtskräftigen Abweisung der Kündigungsschutzklage – allerdings nicht um eine auflösende Bedingung, sondern um eine Befristung. Denn bei Abschluss der Weiterbeschäftigungsvereinbarung ist aus Sicht der Parteien die rechtskräftige Entscheidung über die Kündigungsschutzklage ein zukünftiges Ereignis, dessen Eintritt feststeht, lediglich der Zeitpunkt des Eintritts ist ungewiss. Demgegenüber ist bei einer auflösenden Bedingung bereits ungewiss, ob das zukünftige Ereignis, das zur Beendigung des Arbeitsverhältnisses führen soll, überhaupt eintreten wird.[835]

Bei auflösend bedingten Arbeitsverhältnissen ist ebenso wie bei Zweckbefristungen die **Auslauffrist** gemäß § 15 Abs. 2 TzBfG zu beachten. Das Arbeitsverhältnis endet mit Eintritt der auflösenden Bedingung, frühestens jedoch 2 Wochen nach Zugang der **schriftlichen Unterrichtung** des Arbeitnehmers durch den Arbeitgeber über den Zeitpunkt des Eintritts der auflösenden Bedingung. Eine Unterrichtung durch den Arbeitgeber ist auch dann erforderlich, wenn der Arbeitnehmer den Eintritt der Bedingung problemlos erkennen kann. Eine Kenntnisgabe von dritter Seite ist nicht ausreichend. Auch ist für die Unterrichtung die Schriftform zu beachten. Tritt die Bedingung vor dem Ende dieses Zweiwochenzeitraums ein, endet das Arbeitsverhältnis erst mit Ab-

835 BAG, Urteil v. 22.10.2003, 7 AZR 113/03.

lauf der Zweiwochenfrist. Das Arbeitsverhältnis wird bis dahin fortgesetzt, ohne dass ein unbefristetes Arbeitsverhältnis[836] zustande käme.[837]

66.4.3 Kündigungsmöglichkeit

Auflösend bedingte Arbeitsverhältnisse sind – wie befristete Arbeitsverhältnisse – nur dann ordentlich kündbar, wenn dies einzelvertraglich oder im anwendbaren Tarifvertrag vereinbart ist.[838] Bei Vereinbarung einer unwirksamen auflösenden Bedingung gilt der Arbeitsvertrag als auf unbestimmte Zeit geschlossen.[839] Ist die auflösende Bedingung ausschließlich wegen Nichteinhaltung der Schriftform unwirksam, kann der Arbeitgeber das Arbeitsverhältnis ordentlich kündigen, sofern die Voraussetzungen für eine Kündigung vorliegen.[840] Dieses Kündigungsrecht besteht unabhängig davon, ob im Arbeitsvertrag oder im anwendbaren Tarifvertrag die Möglichkeit einer ordentlichen Kündigung überhaupt vorgesehen ist.

Ansonsten hat der Arbeitgeber bis zum Eintritt der Bedingung kein ordentliches Kündigungsrecht. Frühestens zu diesem Zeitpunkt kann er eine Kündigung aussprechen, wenn auch die übrigen Kündigungsvoraussetzungen vorliegen, er insbesondere einen Kündigungsgrund nach § 1 KSchG hat.

Will der Arbeitnehmer die Unwirksamkeit der auflösenden Bedingung geltend machen, muss er innerhalb von 3 Wochen nach der Beendigung des Arbeitsverhältnisses beim Arbeitsgericht eine Entfristungsklage einreichen.[841] Versäumt der Arbeitnehmer die Klagefrist, gilt die auflösende Bedingung als wirksam.

836 §§ 21, 15 Abs. 5 TzBfG.
837 BAG, Urteil v. 14.1.2015, 7 AZR 880/13.
838 §§ 21, 15 Abs. 4 TzBfG.
839 § 16 Satz 1 TzBfG.
840 § 16 Satz 2 TzBfG.
841 § 17 TzBfG.

67 Kündigung, betriebsbedingt: Voraussetzungen

Autor: Dr. Carsten Teschner

Überblick

Gegenüber einem Arbeitnehmer, der unter den Geltungsbereich des allgemeinen Kündigungsschutzes fällt, ist eine ordentliche Kündigung u. a. dann sozial gerechtfertigt, wenn sie durch dringende betriebliche Erfordernisse, die einer Weiterbeschäftigung des Arbeitnehmers in diesem Betrieb entgegenstehen, bedingt ist. Dieser Beitrag behandelt die Voraussetzungen der betriebsbedingten Kündigung.

67.1 Soziale Rechtfertigung einer betriebsbedingten Kündigung

Betriebsbedingte Gründe sind unter bestimmten Voraussetzungen dazu geeignet, eine ordentliche Kündigung zu rechtfertigen.

Eine betriebsbedingte Kündigung ist sozial gerechtfertigt, wenn

- infolge dringender betrieblicher Erfordernisse der Arbeitsplatz im Betrieb weggefallen ist,
- keine andere Möglichkeit der Weiterbeschäftigung im Unternehmen besteht,
- die 4 Sozialdaten bei der Auswahl des gekündigten Arbeitnehmers ausreichend berücksichtigt wurden und
- eine umfassende Interessenabwägung vorgenommen wurde.

Sozialwidrigkeit: Begründeter Widerspruch des Betriebsrats

Die Sozialwidrigkeit einer aus betrieblichen Gründen erklärten ordentlichen Kündigung kann sich auch aus einem begründeten Widerspruch des Betriebsrats ergeben. Will ein Arbeitnehmer geltend machen, dass eine Kündigung sozial ungerechtfertigt ist, muss er innerhalb von 3 Wochen nach Zugang der Kündigung Kündigungsschutzklage erheben. Wird die Klage nicht fristgerecht erhoben, wird die Kündigung wirksam, es sei denn, der gekündigte Arbeitnehmer hat die Frist ohne eigenes Verschulden versäumt. Die verspätet eingereichte Klage wird dann vom Arbeitsgericht auf Antrag des Arbeitnehmers nachträglich zugelassen.

67.1.1 Dringende betriebliche Erfordernisse

Die im betrieblichen Bereich liegenden Umstände sind nur dann geeignet, eine ordentliche Kündigung sozial zu rechtfertigen, wenn sie als »dringende betriebliche Erfordernisse« i.S.d. § 1 Abs. 2 Satz 1 KSchG anzusehen sind. Das Gesetz enthält keine Definition der »dringenden betrieblichen Erfordernisse«.

Die Rechtsprechung war daher gezwungen, Fallgruppen herauszuarbeiten, bei deren Vorliegen die Betriebsbedingtheit einer Kündigung anzunehmen ist. Das Fehlen von dringenden betrieblichen Erfordernissen führt zur Sozialwidrigkeit, d.h. Unwirksamkeit der ordentlichen Kündigung.[842]

Außerbetriebliche Umstände

Der Personalbedarf eines Betriebs oder Unternehmens ist von zahlreichen externen und internen Faktoren abhängig. Als kündigungsschutzrechtlich relevante **außerbetriebliche Umstände** kommen nur solche in Betracht, die einen konkreten Bezug zu dem Betrieb des Arbeitgebers haben. Nur wenn sich die betriebsexternen Faktoren (z.B. Auftragsmangel, Absatzschwierigkeiten, Umsatzrückgang, Veränderung der Marktstruktur) unmittelbar auf den Betrieb des Arbeitgebers auswirken, handelt es sich um »betriebsbedingte« Gründe. Auf allgemeine arbeitsmarkt-, beschäftigungs- oder sozialpolitische Erwägungen kann der Arbeitgeber daher nicht mit Erfolg eine ordentliche Kündigung stützen.[843]

Hinweis: Wegfall des Beschäftigungsbedarfs

Der außerbetriebliche Grund muss so beschaffen sein, dass durch ihn ein Überhang an Arbeitskräften herbeigeführt wird, durch den unmittelbar oder mittelbar das Bedürfnis zur Weiterbeschäftigung eines oder mehrerer Arbeitnehmer entfällt.[844]

Innerbetriebliche Gründe

Als dringende betriebliche Erfordernisse für arbeitgeberseitige Kündigungen kommen auch innerbetriebliche Gründe (z.B. Änderung oder Einführung neuer Arbeits- oder Produktionsmethoden, Organisationsänderung, Betriebseinschränkung, Rationalisierungsmaßnahmen) in Betracht. Die innerbetrieblichen Gründe müssen so beschaffen sein, dass das Bedürfnis für die Weiterbeschäftigung eines oder mehrerer Arbeitnehmer entfällt.

Entschließt sich der Arbeitgeber, bisher von Arbeitnehmern ausgeübte Tätigkeiten in Zukunft nicht mehr durch Arbeitnehmer, sondern durch selbstständige Unternehmer

842 § 1 Abs. 2 Satz 1 KSchG.
843 BAG, Urteil v. 13.3.1987, 7 AZR 724/85.
844 BAG, Urteil v. 30.5.1985, 2 AZR 321/84.

ausführen zu lassen, so entfällt in diesem Umfang das bisherige Beschäftigungsbedürfnis für Arbeitnehmer und ein betriebsbedingter Kündigungsgrund liegt vor.[845] Mit der Kündigung muss auch nicht gewartet werden, bis die Fremdvergabe tatsächlich erfolgt ist. Es genügt, dass sich eine solche Maßnahme konkret und greifbar abzeichnet. Hierfür muss zumindest die Absicht und der Wille des Arbeitgebers, die fragliche Maßnahme vorzunehmen, vorhanden und abschließend gebildet worden sein.[846]

Dringlichkeit der betrieblichen Erfordernisse – Grundsatz der Verhältnismäßigkeit

Die betrieblichen Erfordernisse müssen »dringend« sein. In dem Merkmal der Dringlichkeit kommt zum Ausdruck, dass der Arbeitgeber bei betriebsbedingten Kündigungen den Grundsatz der Verhältnismäßigkeit zu beachten hat.[847] Im Hinblick auf eine außerordentliche betriebsbedingte Kündigung einer ordentlich unkündbaren Reinigungskraft wegen Fremdvergabe der Reinigungsarbeiten hat das LAG Berlin-Brandenburg[848] entschieden, dass nicht jede unternehmerische Entscheidung, die eine ordentliche betriebsbedingte Kündigung rechtfertigen kann, das Gewicht eines wichtigen Grundes i. S. d. § 626 Abs. 1 BGB erreicht. Berücksichtigt die getroffene unternehmerische Entscheidung nicht hinreichend die vertraglich eingegangenen Bindungen, kann darauf kein dringendes betriebliches Erfordernis gestützt werden.

Vorrang von milderen Mitteln

Die dringenden betrieblichen Erfordernisse müssen eine Kündigung unvermeidbar machen. Daran fehlt es, wenn der betrieblichen Notwendigkeit durch weniger belastende Mittel auf technischem, organisatorischem oder wirtschaftlichem Gebiet entsprochen werden kann. Zu den weniger belastenden Maßnahmen, die der Arbeitgeber zur Vermeidung von Kündigungen zu ergreifen hat, kann auch die Ausschöpfung einer Regelung zur Flexibilisierung der Jahresarbeitszeit zählen, wenn diese gerade mit dem Ziel geschaffen worden ist, betriebsbedingte Kündigungen in Zeiten des geringeren Arbeitsanfalls zu vermeiden.[849] Will der Arbeitgeber dennoch das dringende Erfordernis für die Kündigung geltend machen, muss er darlegen und beweisen, dass einer Verwendung der Arbeitszeitguthaben tatsächliche und/oder rechtliche Hindernisse entgegenstehen.

Prüfungsumfang der Gerichte

Der Arbeitgeber kann auf außer- oder innerbetriebliche Umstände unterschiedlich reagieren, d. h. er kann anstelle von Kündigungen auch andere Maßnahmen (z. B. Abbau der Überstunden, Versetzungen, Verstärkung der Werbemaßnahmen, Preissenkung,

845 BAG, Urteil v. 13.3.2008, 2 AZR 1037/06.
846 BAG, Urteil v. 20.11.2014, 2 AZR 512/13.
847 BAG, Urteil v. 27.9.1984, 2 AZR 62/83.
848 LAG Berlin-Brandenburg, Urteil v. 7.2.2012, 7 Sa 2164/11.
849 BAG, Urteil v. 8.11.2007, 2 AZR 418/06.

Verbesserung der Produktqualität) ergreifen. Hierbei steht ihm ein unternehmerisches Ermessen zu.

Freiheit der Unternehmerentscheidung
Die grundsätzliche Freiheit der Unternehmerentscheidung erkennen auch die Gerichte für Arbeitssachen an, indem sie darauf verzichten, die unternehmerische Entscheidung auf ihre Notwendigkeit und Zweckmäßigkeit zu überprüfen.

Missbrauchskontrolle der Unternehmerentscheidung
Nach der ständigen Rechtsprechung des BAG[850] beschränkt sich die gerichtliche Prüfung organisatorischer, technischer und wirtschaftlicher Unternehmerentscheidungen, die sich konkret nachteilig auf die Beschäftigungsmöglichkeiten von Arbeitnehmern auswirken, auf eine gerichtliche Missbrauchskontrolle des Inhalts, ob die Unternehmerentscheidung offensichtlich unsachlich, unvernünftig oder willkürlich ist. Bei einer beschlossenen und tatsächlich durchgeführten Unternehmerentscheidung besteht eine Vermutung dafür, dass sie aus sachlichen Gründen erfolgte, mit der Folge, dass der Arbeitnehmer im Kündigungsschutzprozess die Umstände darzulegen und bei Bestreiten des Arbeitgebers zu beweisen hat, aus denen sich ergibt, dass die getroffenen innerbetrieblichen Strukturmaßnahmen offenbar unsachlich, unvernünftig oder willkürlich sind.[851]

Aus der beschränkten Kontrolle der Unternehmerentscheidung folgt insbesondere auch, dass von den Arbeitsgerichten nicht zu prüfen ist, ob die vom Arbeitgeber aufgrund seiner Unternehmerentscheidung erwarteten Vorteile in einem vernünftigen Verhältnis zu den Nachteilen stehen, die der Arbeitnehmer durch die Kündigung erleidet.[852]

Unerheblich für die Wirksamkeit der Kündigung ist auch, ob die dem Wegfall des Beschäftigungsbedürfnisses zugrundeliegende unternehmerische Entscheidung ihrerseits, etwa aus wirtschaftlichen Gründen, dringend war oder die Existenz des Unternehmens auch ohne sie nicht gefährdet gewesen wäre.[853]

Zeitpunkt für Beurteilung der Sozialwidrigkeit
Ebenso wie bei einer verhaltens- oder personenbedingten Kündigung ist auch bei einer betriebsbedingten Kündigung der Zugang der Kündigung der maßgebliche Zeitpunkt für die Beurteilung der sozialen Rechtfertigung.[854] Da der allgemeine Kündigungsschutz grundsätzlich betriebsbezogen ausgestaltet ist, sind die zum vorgenannten Zeitpunkt vorliegenden Verhältnisse im Beschäftigungsbetrieb maßgeblich.

850 BAG, Urteil v. 7.7.2005, 2 AZR 447/04; BAG, Urteil v. 20.2.1986, 2 AZR 212/85.
851 BAG, Urteil v. 9.5.1996, 2 AZR 438/95.
852 BAG, Urteil v. 20.2.1986, 2 AZR 212/85.
853 BAG, Urteil v. 31.7.2014, 2 AZR 422/13.
854 BAG, Urteil v. 30.5.1985, 2 AZR 321/84.

Innerbetriebliche Maßnahmen (z. B. Rationalisierungsmaßnahmen, Stilllegung von Betriebsabteilungen) müssen zum Zeitpunkt des Kündigungszugangs greifbare Formen angenommen haben.[855] Das ist z. B. dann der Fall, wenn nach betriebswirtschaftlichen Erkenntnismethoden absehbar ist, dass spätestens bis zum Ablauf der Kündigungsfrist kein Bedürfnis für die Weiterbeschäftigung besteht.[856]

67.1.2 Weiterbeschäftigung auf freiem Arbeitsplatz

Vor Ausspruch einer betriebsbedingten Kündigung muss der Arbeitgeber von sich aus dem Arbeitnehmer eine beiden Parteien zumutbare Weiterbeschäftigung auf einem freien Arbeitsplatz auch zu geänderten Arbeitsbedingungen anbieten.[857] Aus dem das gesamte Kündigungsschutzrecht beherrschenden Grundsatz der Verhältnismäßigkeit ergibt sich der Vorrang der Änderungskündigung vor der Beendigungskündigung. Das setzt voraus, dass ein freier vergleichbarer (gleichwertiger) Arbeitsplatz oder ein freier Arbeitsplatz zu geänderten (schlechteren) Arbeitsbedingungen im Unternehmen vorhanden ist.

Zumutbarkeit des angebotenen Arbeitsplatzes

Ob der angebotene Arbeitsplatz zumutbar ist, ist die alleinige Entscheidung des Arbeitnehmers.[858] Daher sind grundsätzlich alle freien Arbeitsplätze im Unternehmen auf gleicher oder niedrigerer Ebene im Vergleich zur bisher vertragsgemäß geschuldeten Tätigkeit anzubieten. Nur in offensichtlich unzumutbaren Fällen muss ein niedriger qualifizierter Arbeitsplatz nicht angeboten werden (z. B. Pförtnerposten für den Personalleiter).

Arbeitsplatz muss den Fähigkeiten des Arbeitnehmers entsprechen

Der freie Arbeitsplatz muss den Fähigkeiten des Arbeitnehmers entsprechen, wobei es nach dem BAG grundsätzlich der freien unternehmerischen Entscheidung unterliegt, das Anforderungsprofil für einen eingerichteten Arbeitsplatz festzulegen. Ein Mitbestimmungsrecht des Betriebsrats besteht hierbei nicht. Soweit für die sachgerechte Erledigung einer Arbeitsaufgabe bestimmte persönliche oder sachliche Voraussetzungen erforderlich sind, kann die unternehmerische Entscheidung, welche Anforderungen an den Stelleninhaber zu stellen sind, nur auf offenbare Unsachlichkeit überprüft werden. Dies hat zur Folge, dass die Entscheidung des Arbeitgebers, bestimmte Tätigkeiten nur von Arbeitnehmern mit besonderer Qualifikation ausführen zu lassen, von den Arbeitsgerichten grundsätzlich zu respektieren ist.[859]

---

855 BAG, Urteil v. 23.3.1984, 7 AZR 409/82.

856 BAG, Urteil v. 27.9.1984, 2 AZR 309/83.

857 BAG, Urteil v. 27.9.1984, 2 AZR 62/83.

858 BAG, Urteil v. 21.4.2005, 2 AZR 244/04 unter II 4b der Entscheidungsgründe.

859 BAG, Urteil v. 7.11.1996, 2 AZR 811/95.

Abweichendes gilt nur, wenn die Qualifikationsmerkmale keinen nachvollziehbaren Bezug zur Organisation der auszuführenden Arbeiten haben oder bei rein persönlichen Merkmalen ohne hinreichenden Bezug zur konkreten Arbeitsaufgabe. Einarbeitungszeiten, die der Arbeitnehmer benötigt, schaden allerdings nicht. Der Arbeitgeber kann auch verpflichtet sein, dem betroffenen Arbeitnehmer Umschulungs- oder Fortbildungsmaßnahmen zu bewilligen.[860] Ein vergleichbarer Arbeitsplatz liegt vor, wenn der Arbeitgeber aufgrund seines Weisungsrechts den Arbeitnehmer einseitig, ohne Änderung seines Arbeitsvertrags im Betrieb oder in einem anderen Betrieb des Unternehmens weiterbeschäftigen kann.

Ein Clearingverfahren im Sinne eines konzerninternen Stellenbesetzungsverfahrens, bei dem sich Arbeitnehmer, deren Arbeitsplätze wegfallen, im Konzern auf andere freie Arbeitsplätze bewerben können, ersetzt nicht die Pflicht des Arbeitgebers, eine Weiterbeschäftigungsmöglichkeit zu prüfen und gegebenenfalls anzubieten.[861]

Leiharbeitnehmer

In seinem Urteil vom 18.10.2012 hat das BAG deutlich gemacht, dass die weitere Beschäftigung von Leiharbeitnehmern im Betrieb einer betriebsbedingten Kündigung von eigenen Arbeitnehmern nicht generell entgegensteht. Ob die Beschäftigung von Leiharbeitnehmern freie Arbeitsplätze im Betrieb indiziert, hängt von den Umständen des Einzelfalls ab. Keine alternative Beschäftigungsmöglichkeit i. S. v. § 1 Abs. 2 Satz 2 KSchG besteht, wenn Leiharbeitnehmer lediglich eingesetzt werden, um Auftragsspitzen aufzufangen. An einem freien Arbeitsplatz fehlt es in der Regel auch, wenn der Arbeitgeber Leiharbeitnehmer als Personalreserve vorhält, um den Bedarf zur Vertretung abwesender Stammarbeitnehmer zu decken. Beschäftigt der Arbeitgeber Leiharbeitnehmer dagegen, um mit ihnen ein nicht schwankendes, ständig vorhandenes Arbeitsvolumen zu decken, kann von einer alternativen Beschäftigungsmöglichkeit auszugehen sein, die vorrangig für sonst zur Kündigung anstehende Stammarbeitnehmer genutzt werden muss.[862]

Beabsichtigt der Arbeitgeber von vornherein, in einem bestimmten Bereich nach einem unternehmerischen Konzept nur oder zu einem bestimmten Prozentsatz Leiharbeitskräfte einzusetzen, so ist diese unternehmerische Entscheidung bis zur Grenze des Rechtsmissbrauchs von den Gerichten zu respektieren.

Reaktionsmöglichkeiten des Arbeitnehmers

Das Angebot kann der Arbeitnehmer unter dem Vorbehalt der sozialen Rechtfertigung annehmen. Bei der zuletzt genannten Fallkonstellation scheidet für den Arbeitgeber

860 BAG, Urteil v. 7.2.1991, 2 AZR 205/90.
861 BAG, Urteil v. 27.6.2019, 2 ARZ 50/19.
862 BAG, Urteil v. 18.10.2012, 6 AZR 289/11.

der Ausspruch einer betriebsbedingten Beendigungskündigung aus. Als zulässiges kündigungsrechtliches Gestaltungsmittel kommt in einem derartigen Fall eine betriebsbedingte Änderungskündigung[863] in Betracht.

Vorbehaltlose und endgültig Ablehnung des Änderungsangebots

Nur wenn der Arbeitnehmer ein zuvor unterbreitetes Änderungsangebot des Arbeitgebers vorbehaltlos und endgültig abgelehnt hat, kann der Arbeitgeber statt einer Änderungs- eine Beendigungskündigung aussprechen. Allerdings obliegt es dem Arbeitgeber im Rahmen einer gerichtlichen Auseinandersetzung darzulegen und gegebenenfalls zu beweisen, dass dem Arbeitnehmer ein konkretes Angebot gemacht wurde. Darüber hinaus hat der Arbeitgeber darzulegen und gegebenenfalls zu beweisen, dass der Arbeitnehmer dieses Angebot in Verbindung mit dem Hinweis erhalten hat, dass die Ablehnung zu einer betriebsbedingten Beendigungskündigung des Arbeitgebers führen wird. Außerdem muss dargelegt und gegebenenfalls bewiesen werden, dass der Arbeitnehmer unter Berücksichtigung der Überlegungsfrist, die der Kündigungsfrist – längstens jedoch der 3-Wochen-Frist des § 4 KSchG – entsprochen hat, dieses Angebot endgültig und vorbehaltlos abgelehnt hat. In der Regel scheitert dies an dem Umstand, dass von Seiten des Arbeitnehmers keine endgültige Ablehnung erklärt wird. Daher ist regelmäßig auch im Anschluss an vorherige Verhandlungen mit dem ablehnenden Arbeitnehmer zu empfehlen, eine Änderungskündigung anstelle der Beendigungskündigung auszusprechen.

Der Arbeitgeber ist jedoch nicht verpflichtet, in jedem Fall zunächst eine Verhandlungslösung zu versuchen. Er kann auch sogleich eine Änderungskündigung aussprechen, indem er Angebot und Kündigung miteinander verbindet. Unterlässt es der Arbeitgeber, dem Arbeitnehmer vor Ausspruch einer Beendigungskündigung ein mögliches und zumutbares Änderungsangebot zu unterbreiten, dann ist die Kündigung sozial ungerechtfertigt, wenn der Arbeitnehmer einem vor der Kündigung gemachten entsprechenden Vorschlag zugestimmt hätte.

Weiterbeschäftigung innerhalb eines Unternehmens

Die Weiterbeschäftigungsmöglichkeit ist nicht betriebs-, sondern unternehmensbezogen zu prüfen. In Ausnahmefällen ist sogar eine konzernweite Weiterbeschäftigungspflicht denkbar. Voraussetzung hierfür ist, dass sich ein anderes Konzernunternehmen ausdrücklich zur Übernahme des Arbeitnehmers bereit erklärt hat oder sich seine Übernahmeverpflichtung unmittelbar aus dem Arbeitsvertrag oder anderen vertraglichen Absprachen ergibt und das vertragsschließende Unternehmen einen bestimmenden Einfluss auf die »Versetzung« hat, sei es aufgrund eines Beherrschungsvertrags oder eher faktischer Gründe.[864]

---

863 § 2 KSchG.

864 BAG, Urteil v. 23.11.2004, 2 AZR 24/04; BAG, Urteil v. 23.3.2006, 2 AZR 162/05.

In einem Urteil[865] hat das BAG seine bisherige Rechtsprechung bestätigt, nach der es auf Betriebsstätten des Arbeitgebers im Ausland im Allgemeinen nicht ankommt. Allerdings können freie Arbeitsplätze im Ausland ausnahmsweise doch zur Unwirksamkeit der Kündigung führen, wenn der ganze Betrieb ins Ausland verlagert wird oder wenn die Wegstrecke zwischen bisherigem Einsatzort und ausländischem Betrieb kurz ist.

Treuwidriges Verhalten des Arbeitgebers

Eine sozialwidrige Kündigung liegt auch dann vor, wenn im Kündigungszeitpunkt zwar keine Weiterbeschäftigungsmöglichkeit mehr besteht, dem Arbeitgeber aber die Berufung auf das Fehlen einer Weiterbeschäftigungsmöglichkeit verwehrt ist, weil er diesen Zustand selbst treuwidrig herbeigeführt hat. Dies ist dann der Fall, wenn der Arbeitgeber eine durch unwirksame Kündigung entstandene vakante Stelle während eines noch offenen Rechtsstreits anderweitig wiederbesetzt und anschließend dem rückkehrenden Arbeitnehmer wegen Überbesetzung kündigen will.[866]

67.1.3 Sozialauswahl

Trotz Vorliegens von dringenden betrieblichen Erfordernissen ist eine Kündigung sozial ungerechtfertigt, wenn der Arbeitgeber bei der Auswahl des Arbeitnehmers die 4 Grunddaten Dauer der Betriebszugehörigkeit, Lebensalter, Unterhaltspflichten und Schwerbehinderung des Arbeitnehmers nicht oder nicht ausreichend berücksichtigt hat.[867] Die Verpflichtung des Arbeitgebers zur sozialen Auswahl hat die Funktion, diejenigen Arbeitnehmer zu ermitteln, die von einer Kündigung sozial am wenigsten betroffen sind. Dabei ist zu prüfen, für welche Arbeitnehmer oder Arbeitnehmergruppen das Bedürfnis zur Weiterbeschäftigung entfällt.

67.1.4 Interessenabwägung

Ebenso wie bei personen- und verhaltensbedingten Kündigungen bedarf es auch bei betriebsbedingten Kündigungen einer einzelfallbezogenen Interessenabwägung. Dabei gelten jedoch die folgenden Besonderheiten: Ist eine ordentliche Kündigung wegen einer bindenden Unternehmerentscheidung »an sich« betriebsbedingt, so kann sich die einzelfallbezogene Interessenabwägung nur in seltenen Ausnahmefällen zugunsten des Arbeitnehmers auswirken.[868] Dies ist etwa dann anzunehmen, wenn der

865 BAG, Urteil v. 29.8.2013, 2 AZR 809/12.
866 BAG, Urteil v. 1.2.2007, 2 AZR 710/05.
867 § 1 Abs. 3 Satz 1 KSchG.
868 BAG, Urteil v. 7.2.1985, 2 AZR 91/84.

Arbeitnehmer aufgrund schwerwiegender persönlicher Umstände besonders schutzbedürftig ist.

67.2 Sonstige Gründe der Sozialwidrigkeit

Hat der Betriebsrat einer aus betrieblichen Gründen erklärten ordentlichen Kündigung zu Recht widersprochen, so stellt dies einen absoluten Grund für die Sozialwidrigkeit dar, d.h. es bedarf keiner fallbezogenen Interessenabwägung.

Ein Verstoß gegen personelle Auswahlrichtlinien[869] führt nur dann zur absoluten Sozialwidrigkeit einer aus betrieblichen Gründen erklärten Kündigung, wenn der Betriebsrat aus diesem Grunde der beabsichtigten Kündigung frist- und ordnungsgemäß widersprochen hat. Dies gilt allerdings nur dann, wenn die Auswahlrichtlinien den gesetzlichen Grundsätzen über die soziale Auswahl[870] entsprechen.[871]

67.3 Darlegungs- und Beweislast

Bei einer betriebsbedingten Kündigung besteht eine abgestufte Verteilung der Darlegungs- und Beweislast zwischen Arbeitgeber und Arbeitnehmer. Die in § 1 Abs. 2 Satz 4 KSchG enthaltene Beweislastregel, wonach der Arbeitgeber die Kündigungstatsachen zu beweisen hat, gilt auch für betriebsbedingte Kündigungen.

Darlegungs- und Beweislast des Arbeitgebers

Der Arbeitgeber muss daher im Einzelnen das Vorliegen von »dringenden betrieblichen Erfordernissen« darlegen und im Bestreitensfall beweisen. Durch schlagwortartige Formulierungen (z.B. Umsatzrückgang oder Gewinnverfall) genügt der Arbeitgeber seiner Darlegungslast nicht. Er muss weiterhin im Einzelnen vortragen, wie sich die betreffenden außer- oder innerbetrieblichen Umstände auf die betreffenden Arbeitsplätze auswirken. Der Arbeitgeber hat schließlich auch die Dringlichkeit der Kündigungen darzutun. Hierzu gehört z.B. der Vortrag, dass andere Maßnahmen (z.B. Kurzarbeit, Abbau von Überstunden) nicht möglich oder nicht zumutbar gewesen sind.

Darlegungs- und Beweislast des Arbeitnehmers

Nach der Ansicht des BAG[872] hat der Arbeitnehmer dagegen darzulegen, dass z.B. die Einführung von Kurzarbeit möglich gewesen wäre. Hinsichtlich der Frage einer

869 § 95 BetrVG.
870 § 1 Abs. 3 KSchG.
871 BAG, Urteil v. 20.10.1983, 2 AZR 211/82.
872 BAG, Urteil v. 7.2.1985, 2 AZR 91/84.

anderweitigen Beschäftigung im Betrieb oder Unternehmen gilt eine abgestufte Darlegungs- und Beweislast.[873] Der Umfang der dem Arbeitgeber obliegenden Darlegungslast hängt maßgeblich davon ab, wie sich der Arbeitnehmer auf die Kündigung einlässt. Der Arbeitgeber muss z. B. erst dann im Einzelnen dartun, dass eine Weiterarbeit auf anderen freien Arbeitsplätzen nicht möglich gewesen ist, wenn der Arbeitnehmer zuvor dargelegt hatte, wie er sich seine Weiterbeschäftigung vorstellt.

873 BAG, Urteil v. 27.9.1984, 2 AZR 62/83.

68 Kündigung, betriebsbedingt: Einzelne Kündigungsgründe

Autor: Dr. Carsten Teschner

Überblick

Gegenüber einem Arbeitnehmer, der unter den Geltungsbereich des allgemeinen Kündigungsschutzes fällt, ist eine ordentliche Kündigung u. a. dann sozial gerechtfertigt, wenn sie durch dringende betriebliche Erfordernisse, die einer Weiterbeschäftigung des Arbeitnehmers in diesem Betrieb entgegenstehen, bedingt ist. Das Gesetz enthält keine Definition der »dringenden betrieblichen Erfordernisse«. Die Rechtsprechung war daher gezwungen, Fallgruppen herauszuarbeiten, bei deren Vorliegen die Betriebsbedingtheit einer Kündigung anzunehmen ist. Als »dringende betriebliche Erfordernisse« wurden sowohl außer- wie innerbetriebliche Tatbestände anerkannt.

68.1 Absatzschwierigkeiten

Sofern die von einem Betrieb hergestellten Produkte oder erbrachten Dienstleistungen auf dem Markt nicht mehr im bisherigen Umfang gefragt sind, führt dies zu Absatzschwierigkeiten. In einem Produktionsbetrieb kann der Unternehmer sich dazu entschließen, die betreffenden Produkte auf Vorrat herzustellen oder die Produktion zu vermindern. In einem reinen Dienstleistungsbetrieb ist eine Vorratsproduktion nicht möglich, sodass eine nachhaltige Verringerung der Nachfrage sich unmittelbar auf das Bedürfnis zur Weiterbeschäftigung der betroffenen Arbeitnehmer auswirkt. In einem Produktionsbetrieb bedarf es bei Absatzschwierigkeiten dagegen einer unternehmerischen Entscheidung, die zum Fortfall von Arbeitsplätzen führen kann. Bei quantitativ erheblichen Absatzschwierigkeiten von nicht nur vorübergehender Dauer (z. B. von wenigen Tagen oder Wochen) kann der Arbeitgeber dies zum Anlass von betriebsbedingten Kündigungen nehmen. Bei einer nur vorübergehenden Verschlechterung der Absatzlage ist dem Arbeitgeber im Rahmen einer Interessenabwägung in der Regel die Einführung von Kurzarbeit zumutbar.[874] Kommt dagegen der Arbeitgeber aufgrund einer an objektive Umstände anknüpfenden Prognose zu dem Ergebnis, dass für einige Arbeitnehmer das Bedürfnis zur Weiterbeschäftigung auf Dauer entfällt, so bedarf es keiner Einführung von Kurzarbeit; bei dieser Konstellation kann der Arbeitgeber betriebsbedingte Kündigungen aussprechen.

874 BAG, Urteil v. 25.6.1964, 2 AZR 382/63.

68.2 Auftragsmangel

Eine Verschlechterung der Auftragslage kann ebenfalls dazu führen, dass das Bedürfnis zur Weiterbeschäftigung für einen oder mehrere Arbeitnehmer entfällt.[875] Dies ist z. B. dann der Fall, wenn sich die Verschlechterung der Auftragslage auf den Umfang des Arbeitsanfalls dahin auswirkt, dass nicht nur vorübergehend, sondern auf Dauer Arbeitsplätze fortfallen. Es ist nicht erforderlich, dass sich der Auftragsmangel konkret und unmittelbar auf den Arbeitsplatz des gekündigten Arbeitnehmers auswirkt.

Ein dringendes betriebliches Erfordernis für eine ordentliche Kündigung liegt bereits dann vor, wenn die Verschlechterung der Auftragslage zu einem Arbeitsmangel und damit zu einem Überhang an Arbeitskräften führt. Zur Haltung einer Personalreserve ist der Arbeitgeber aus kündigungsschutzrechtlichen Gründen nicht verpflichtet.

Die Einführung von Kurzarbeit spricht nach dem Bundesarbeitsgericht (BAG) allerdings indiziell dafür, dass ein Arbeitgeber nur von einem vorübergehenden Arbeitsmangel ausgegangen ist, der eine betriebsbedingte Kündigung nicht rechtfertigen kann. Dieses Indiz kann ein Arbeitgeber durch den Sachvortrag im Kündigungsschutzprozess entkräften, dass die Beschäftigungsmöglichkeit für einzelne der von der Kurzarbeit betroffenen Arbeitnehmer durch später neu hinzugekommene weitere Umstände auf Dauer entfallen ist.[876]

68.3 Betriebseinschränkung

Für eine Einschränkung des Betriebs oder von wesentlichen Betriebsteilen können zahlreiche außer- oder innerbetriebliche Gründe maßgeblich sein (z. B. Umsatzrückgang, Gewinnverfall, Überalterung der Produktionsanlagen, Sitzverlegung). Bei Vorliegen der in den §§ 111 ff. BetrVG geregelten Voraussetzungen sind Betriebseinschränkungen sozialplanpflichtig. Als dringende betriebliche Erfordernisse für ordentliche Kündigungen sind Betriebseinschränkungen dann anzusehen, wenn durch sie das Bedürfnis für die Weiterbeschäftigung eines Arbeitnehmers oder mehrerer Arbeitnehmer entfällt. Verfügt das Unternehmen über mehrere inländische Betriebsstätten, so hat der Arbeitgeber vor Ausspruch von Kündigungen zu prüfen, ob eine Weiterbeschäftigung der zu kündigenden Arbeitnehmer auf freien Arbeitsplätzen in einem anderen Betrieb des Unternehmens möglich und zumutbar ist.

875 BAG, Urteil v. 30.5.1985, 2 AZR 321/84.
876 BAG, Urteil v. 23.2.2012, 2 AZR 548/10.

68.4 Betriebsnachfolge

Wegen des Übergangs eines Betriebs oder Betriebsteils darf weder der bisherige Arbeitgeber noch der neue Inhaber kündigen.[877] Das bei einem Betriebsinhaberwechsel geltende Kündigungsverbot ist ein eigenständiger Unwirksamkeitsgrund.[878]

Das hat zur Folge, dass sich auch solche Arbeitnehmer auf diesen Unwirksamkeitsgrund berufen können, die im Zeitpunkt des Kündigungszugangs noch nicht 6 Monate in dem veräußerten Betrieb oder Betriebsteil beschäftigt gewesen sind sowie Arbeitnehmer, die in einem Kleinbetrieb mit in der Regel 10 oder weniger Arbeitnehmern beschäftigt werden.[879]

Das gesetzliche Kündigungsverbot des § 613a Abs. 4 Satz 1 BGB berührt nicht das Recht des Arbeitgebers, aus Gründen zu kündigen, die als »dringende betriebliche Erfordernisse« i.S.d. § 1 Abs. 2 KSchG anzusehen sind.[880] Durch einen bevorstehenden Betriebsübergang wird der Veräußerer eines Betriebs oder Betriebsteils nicht daran gehindert, bei Vorliegen von außer- oder innerbetrieblichen Gründen (z.B. Arbeitsmangel, Umsatzrückgang, Gewinnverfall) unternehmerische Entscheidungen zu treffen, die er auch ohne den Betriebsübergang getroffen hätte. Er kann z.B. Rationalisierungsmaßnahmen durchführen, um Verluste zu verringern oder den Gewinn zu erhöhen. Als Grundlage für betriebsbedingte Kündigungen kommen auch solche Unternehmerentscheidungen in Betracht, die der Veräußerer im Interesse des Erwerbers durchführt.[881] Hat der Erwerber z.B. die Absicht, eine Reihe von Produkten nicht mehr herzustellen, so kann der Veräußerer die Stilllegung der entsprechenden Betriebsabteilungen beschließen und gegenüber den betroffenen Arbeitnehmern betriebsbedingte Kündigungen erklären. Dies setzt allerdings voraus, dass zum Zeitpunkt des Kündigungszugangs bereits rechtsverbindliche Vereinbarungen über die Durchführung der im Interesse des Betriebserwerbers liegenden unternehmerischen Entscheidungen vorliegen.

Ebenso wie der Veräußerer darf auch der Erwerber den Betriebsübergang als solchen nicht zum Anlass einer Kündigung nehmen.[882] Verstößt der Erwerber gegen dieses Verbot, so sind die verbotswidrig erklärten Kündigungen unwirksam. Durch den erfolgten Betriebsübergang wird der Erwerber aber nicht in seiner unternehmerischen Entscheidungsfreiheit eingeschränkt. Er kann daher bei Vorliegen von außer- oder in-

877 § 613a Abs. 4 Satz 1 BGB.

878 BAG, Urteil v. 31.1.1985, 2 AZR 530/83; BAG, Urteil v. 5.12.1985, 2 AZR 3/85.

879 § 23 Abs. 1 KSchG.

880 § 613a Abs. 4 Satz 2 BGB.

881 Diese Frage ist in der Literatur umstritten, vgl. etwa Vossen, BB 1984, 1558; Wank, Münchener Handbuch zum Arbeitsrecht, § 121, Rz. 59; Willemsen, ZIP 1983, 415. Das BAG, Urteil v. 26.5.1983, 2 AZR 477/81 hat diese Frage offengelassen.

882 § 613a Abs. 4 Satz 1 BGB.

nerbetrieblichen Gründen (z. B. Umsatzrückgang, Einführung neuer Produktionsmethoden) betriebsbedingte Kündigungen erklären.

68.5 Betriebsstilllegung

Der Arbeitgeber wird durch den allgemeinen Kündigungsschutz der §§ 1–14 KSchG nicht daran gehindert, seinen Betrieb (z. B. wegen Unrentabilität) ganz oder teilweise stillzulegen. Die Gerichte für Arbeitssachen prüfen eine entsprechende Entscheidung nicht auf ihre Zweckmäßigkeit nach.[883] Vorübergehende Einstellungen der Produktion (z. B. infolge des Ausbleibens von Zubehörteilen oder von Rohstoffen) sind sog. Betriebsunterbrechungen.

Eine Betriebsstilllegung setzt demgegenüber den ernstlichen und endgültigen Entschluss des Unternehmens voraus, die Betriebs- und Produktionsgemeinschaft für einen seiner Dauer nach unbestimmten, wirtschaftlich nicht unerheblichen Zeitraum aufzuheben.[884] Eine vom Arbeitgeber geplante Betriebsstilllegung stellt nach ständiger Rechtsprechung ein dringendes betriebliches Erfordernis für den Ausspruch von betriebsbedingten Kündigungen dar[885], wenn es sich um eine endgültige, abschließende Planung handelt. Daran fehlt es, wenn zum Kündigungszeitpunkt noch über eine Weiterveräußerung des Betriebs oder von Geschäftsanteilen verhandelt wird.[886]

Zulässiger Zeitpunkt einer Kündigung wegen Betriebsstilllegung
In der Praxis taucht zumeist die Frage auf, zu welchem Zeitpunkt der Arbeitgeber Kündigungen wegen einer geplanten Stilllegung des Betriebs erklären darf. Ein dringendes betriebliches Erfordernis liegt erst dann vor, wenn die auf eine Betriebsstilllegung gerichtete unternehmerische Entscheidung zum Zeitpunkt des Kündigungszugangs bereits greifbare Formen angenommen hat.[887]

68.6 Gewinnverfall

In der Praxis gibt es zahlreiche Gründe, die dazu führen können, dass ein Unternehmen in die Verlustzone gerät. Um wieder gewinnbringend zu arbeiten, kann der Arbeitgeber unternehmerische Entscheidungen fällen, die ihrerseits dazu führen, dass das Bedürfnis zur Weiterbeschäftigung für einen oder mehrere Arbeitnehmer entfällt. Kündigungsschutzrechtlich ist es dabei unbeachtlich, ob die Ursachen für

883 BAG, Urteil v. 22.5.1986, 2 AZR 612/85.
884 BAG, Urteil v. 21.5.2015, 8 AZR 409/13; BAG, Urteil v. 16.2.2012, 8 AZR 693/10.
885 BAG, Urteil v. 26.5.2011, 8 AZR 37/10; BAG, Urteil v. 28.5.2009, 8 AZR 273/08.
886 BAG, Urteil v. 10.10.1996, 2 AZR 477/95.
887 BAG, Urteil v. 20.1.1994, 2 AZR 489/93.

den Gewinnverfall in der außerbetrieblichen (z. B. Änderung der Marktstruktur) oder in der betrieblichen Sphäre (z. B. technisch überholte Fabrikationsmethoden) liegen.

Die Gerichte für Arbeitssachen überprüfen die unternehmerischen Entscheidungen, die darauf abzielen, die Rentabilität eines Unternehmens zu erhöhen, nicht auf ihre Zweckmäßigkeit. Die zur Überwindung eines Gewinnverfalls ergriffenen unternehmerischen Maßnahmen (z. B. Einführung neuer Fabrikationsmethoden oder Änderungen der Organisationsstrukturen) stellen grundsätzlich ein dringendes betriebliches Erfordernis für betriebsbedingte Kündigungen dar.

68.7 Insolvenzverfahren

Zur Abwendung des Insolvenzverfahrens kann der Arbeitgeber die entsprechenden unternehmerischen Entscheidungen fällen, die ihrerseits einen Überhang an Arbeitskräften zur Folge haben können. Um eine drohende Zahlungsunfähigkeit oder Überschuldung zu verhindern, kann der Arbeitgeber Maßnahmen ergreifen, die zu einem Fortfall von Arbeitsplätzen führen (z. B. Einstellung eines unrentablen Fertigungszweigs). Die zu diesem Zweck erklärten ordentlichen Kündigungen sind in der Regel durch dringende betriebliche Erfordernisse i. S. d. § 1 Abs. 2 Satz 2 KSchG sozial gerechtfertigt. Nach Eröffnung des Insolvenzverfahrens steht allein dem Insolvenzverwalter das Recht zur Kündigung zu. Die Eröffnung des Insolvenzverfahrens stellt grundsätzlich keinen Grund für eine außerordentliche Kündigung dar.

Kündigungsrecht des Insolvenzverwalters
Dem Insolvenzverwalter steht nach § 113 der Insolvenzordnung (InsO) eine Sonderregelung zu. Nach dieser Bestimmung kann der Insolvenzverwalter eine ordentliche Kündigung mit einer Frist von 3 Monaten zum Monatsende aussprechen, auch wenn eine längere Kündigungsfrist vereinbart oder wenn das Recht zur ordentlichen Kündigung ausgeschlossen war. Das Recht zur ordentlichen Kündigung mit einer Frist von 3 Monaten steht dem Insolvenzverwalter damit auch dann zu, wenn aufgrund einer tariflichen oder vertraglichen Vereinbarung das Recht zur ordentlichen Kündigung des Arbeitsverhältnisses ausgeschlossen war. Trotz der Sonderregelung gilt auch in der Insolvenz der allgemeine und besondere Kündigungsschutz mit der Folge, dass Kündigungen sozial gerechtfertigt sein müssen und insbesondere dringende betriebliche Gründe erforderlich sind. Führt die Insolvenz zu einer Betriebsstilllegung, so sind die vom Insolvenzverwalter erklärten Kündigungen durch das Vorliegen von dringenden betrieblichen Erfordernissen sozial gerechtfertigt.[888] Kündigt der Insolvenzverwalter aus betriebsbedingten Gründen (z. B. wegen einer Teilstilllegung) nur einer bestimmten Gruppe von Arbeitnehmern, hat er die Pflicht zur sozialen Auswahl

888 BAG, Urteil v. 16.9.1982, 2 AZR 271/80.

zu beachten. § 125 InsO enthält eine Sonderregelung für Betriebsänderungen. Nach dieser Regelung wird vermutet, dass Kündigungen gegenüber Arbeitnehmern, die in einem aufgrund einer geplanten Betriebsänderung zwischen Insolvenzverwalter und Betriebsrat vereinbarten Interessenausgleich namentlich bezeichnet sind, durch dringende betriebliche Erfordernisse bedingt sind. Außerdem kann die Sozialauswahl der namentlich aufgeführten Arbeitnehmer von den Arbeitsgerichten nur auf grobe Fehler überprüft werden.

68.8 Organisationsänderung

Dringende betriebliche Gründe für eine Kündigung können dann vorliegen, wenn sich der Arbeitgeber zu einer organisatorischen Maßnahme entschließt, bei deren Umsetzung das Bedürfnis für die Weiterbeschäftigung eines oder mehrerer Arbeitnehmer ganz oder in der bisherigen Art und Weise entfällt.[889] Liegt eine solche unternehmerische Entscheidung vor, darf sie vom Arbeitsgericht nicht auf ihre unternehmerische sachliche Rechtfertigung und ihre Zweckmäßigkeit, sondern nur darauf überprüft werden, ob sie offenbar unsachlich, willkürlich oder unvernünftig ist.[890] Es liegt auch in der unternehmerischen Entscheidung, ob eine bestimmte Arbeitsmenge nur mit Volltags- oder teilweise auch mit Halbtagsbeschäftigten abgedeckt werden soll.[891]

Eine von den Arbeitsgerichten nur beschränkt überprüfbare Unternehmerentscheidung kann auch in der Entscheidung liegen, künftig auf Dauer mit weniger Personal zu arbeiten. Soweit dadurch bei den verbleibenden Arbeitnehmern eine Leistungsverdichtung eintritt, ist sie vom Arbeitgeber geplant und die dadurch notwendigen Änderungen sind von den Arbeitsgerichten hinzunehmen.[892]

68.9 Outsourcing

Arbeitgeberentscheidungen, wonach Dienstleistungen, die bisher von Arbeitnehmern des Arbeitgebers ausgeführt wurden, künftig von externen Unternehmen oder von den bisherigen Arbeitnehmern als freie Mitarbeiter erbracht werden, fallen unter den Begriff des Outsourcings. Die gerichtliche Kontrolle einer solchen unternehmerischen Entscheidung zielt nicht darauf ab, dem Arbeitgeber organisatorische Vorgaben zu machen oder die Stichhaltigkeit der Erwägungen zu prüfen, die ihn zu dem gewählten Konzept bewogen haben. Sie dient allein der Verhinderung von Missbrauch. Ein solcher kann laut BAG vorliegen, wenn das Konzept des Arbeitgebers alleine darauf

889 BAG, Urteil v. 24.4.1997, 2 AZR 352/96.
890 BAG, Urteil v. 18.12.1997, 2 AZR 709/96.
891 BAG, Urteil v. 24.4.1997, 2 AZR 352/96.
892 BAG, Urteil v. 24.4.1997, 2 AZR 352/96.

abzielt, den Arbeitnehmer loszuwerden und dies mit einer unternehmerischen Entscheidung begründet werden soll.[893]

Outsourcingentscheidungen, die das Arbeitsvolumen und damit auch den Arbeitskräftebedarf vermindern, können daher dringende betriebliche Gründe darstellen, die Kündigungen sozial rechtfertigen.

68.10 Personaleinsparung

Nach dem BAG kann eine Unternehmerentscheidung darin bestehen, die Stärke der Belegschaft, mit der das Betriebsziel erreicht werden soll, festzulegen und über die Kapazität an Arbeitskräften zu entscheiden. Eine von den Arbeitsgerichten nur beschränkt überprüfbare Unternehmensentscheidung kann auch darin liegen, künftig auf Dauer mit weniger Personal zu arbeiten.[894] Diese Arbeitgeberentscheidung kann nach dem BAG betriebsbedingte Kündigungen sozial rechtfertigen. Der bloße Kündigungswille des Arbeitgebers ist jedoch kein Grund, der eine betriebsbedingte Kündigung rechtfertigen kann. Vielmehr bedarf es dafür eines Grundes außerhalb der Kündigung selbst, also eines Grundes, der dem Kündigungsentschluss seinerseits zugrunde liegt. Dass die Aufgaben des gekündigten Arbeitnehmers nicht entfallen, steht einer Kündigung im Grundsatz nicht entgegen. Dem Arbeitgeber ist es kündigungsschutzrechtlich nicht verwehrt, die Tätigkeiten des bisherigen Arbeitnehmers künftig freien Mitarbeitern oder Mitgliedern seiner Vertretungsorgane, die keine Arbeitnehmer sind (z. B. Geschäftsführern), zu übertragen. Hingegen ist eine Austauschkündigung regelmäßig unwirksam. Eine solche liegt vor, wenn die Aufgaben auf einen anderen Arbeitnehmer in gleicher Funktion übertragen werden und für diesen zu einer überobligatorischen Mehrbelastung führen.[895]

68.11 Rationalisierungsmaßnahmen

Außerbetriebliche Gründe (z. B. Fortschritt der technologischen Entwicklung, Veränderung der Marktstruktur, Entwicklung neuer Fabrikations- oder Arbeitsmethoden) können den Arbeitgeber dazu veranlassen, organisatorische oder technische Rationalisierungsmaßnahmen durchzuführen. Die Gerichte für Arbeitssachen prüfen Rationalisierungsmaßnahmen nicht auf ihre Notwendigkeit oder Zweckmäßigkeit. Es findet nur eine gerichtliche Missbrauchs- und Willkürkontrolle statt.

---

893 BAG, Urteil v. 18.6.2015, 2 AZR 480/14; BAG, Urteil v. 9.5.1996, 2 AZR 438/95.

894 BAG, Urteil v. 24.4.1997, 2 AZR 352/96.

895 BAG, Urteil v. 31.7.2014, 2 AZR 422/13.

Sofern Rationalisierungsmaßnahmen zur Folge haben, dass für einen oder mehrere Arbeitnehmer das Bedürfnis zur Weiterbeschäftigung entfällt, so stellt dies grundsätzlich ein dringendes betriebliches Erfordernis für ordentliche Kündigungen dar. Dabei hat der Arbeitgeber vorab zu prüfen, ob eine anderweitige Beschäftigung auf freien Arbeitsplätzen im Betrieb oder in einem anderen Betrieb des Unternehmens möglich ist.

Der Arbeitgeber kann auch statt einer Beendigungskündigung 2 Änderungskündigungen zur Reduzierung der Ganztagesstellen auf Halbtagsbeschäftigungen bei Wegfall eines Arbeitsplatzes aussprechen, wenn diese Änderung auf einer vernünftigen unternehmerischen Organisationsentscheidung beruht.[896]

Tarifvertragliche Rationalisierungsschutzabkommen
In einzelnen Wirtschaftsbereichen (z. B. in der Metallindustrie) gibt es tarifvertragliche Rationalisierungsschutzabkommen, die den Arbeitnehmern gegenüber dem gesetzlichen Kündigungsschutz günstigere Rechtspositionen einräumen. Soweit in derartigen Rationalisierungsschutzabkommen z. B. die ordentliche Kündigung gegenüber älteren Arbeitnehmern mit langer Betriebszugehörigkeit ausgeschlossen ist, scheidet eine betriebsbedingte Kündigung gegenüber tarifgebundenen Arbeitnehmern aus. Der allgemeine Kündigungsschutz[897] kann durch tarifvertragliche Kündigungsschutzabkommen nicht zum Nachteil der Arbeitnehmer abbedungen werden. Den Arbeitnehmern steht es daher frei, bei rationalisierungsbedingten Kündigungen den allgemeinen Kündigungsschutz[898] in Anspruch zu nehmen und sich darüber hinaus auf die Rechte in einem tarifvertraglichen Rationalisierungsschutzabkommen zu berufen. Eine Verdoppelung von tarifvertraglichen und gesetzlichen **Abfindungsansprüchen** findet aber nicht statt. Ist die tarifvertragliche Abfindung höher als die gesetzliche Abfindung,[899] so ist die gesetzliche Abfindung auf die tarifvertragliche Abfindung anzurechnen.

68.12 Samstagsarbeit

Der Unternehmer kann grundsätzlich frei entscheiden, wie er die Kapazitäten und die Arbeitszeiten auf seine Produktion verteilt. Auch die Einführung von Samstagsarbeit stellt eine nur auf Missbrauch überprüfbare Unternehmerentscheidung dar, die die Änderung der Arbeitsbedingungen von Arbeitnehmern, die bisher an Samstagen nicht arbeiteten, sozial rechtfertigen kann.[900]

896 BAG, Urteil v. 19.5.1993, 2 AZR 584/92.
897 §§ 1 ff. KSchG.
898 §§ 1 ff. KSchG.
899 §§ 9, 10 KSchG.
900 BAG, Urteil v. 18.12.1997, 2 AZR 709/96.

68.13 Schichtbetrieb

Die Umstellung eines Einschichtsystems auf ein Zweischichtsystem oder auch auf ein Dreischichtsystem stellt eine nur auf Missbrauch überprüfbare Unternehmerentscheidung dar. Die Änderung des Schichtsystems kann deshalb die Änderungskündigung zur Durchsetzung des Schichtsystems sozial rechtfertigen.[901]

68.14 Umsatzrückgang

Die Ursachen für einen Umsatzrückgang können sowohl im außerbetrieblichen (z.B. Veränderung der Marktsituation) als auch im innerbetrieblichen Bereich (z.B. Verschlechterung der Produktqualität) liegen. Der Arbeitgeber kann einen Umsatzrückgang zum Anlass nehmen, um innerbetriebliche Maßnahmen (z.B. Einführung neuer Produktionsmethoden) durchzuführen, die ihrerseits den Fortfall von Arbeitsplätzen zur Folge haben.

Ein erheblicher Umsatzrückgang von nicht nur vorübergehender Dauer berechtigt den Arbeitgeber zum Ausspruch von betriebsbedingten Kündigungen. Führt ein dauerhafter Umsatzrückgang unmittelbar zur Verringerung einer bestimmten Arbeitsmenge, so kann der Arbeitgeber die Kündigung eines Arbeitnehmers darauf stützen, durch den Umsatzrückgang sei ein dringendes betriebliches Erfordernis zur Entlassung eines Arbeitnehmers entstanden. Wenn Umfang und Auswirkung des Umsatzrückganges streitig sind, hat das Gericht zu prüfen, ob ein dauerhafter Umsatzrückgang vorliegt und in welchem Ausmaß er sich auf die Arbeitsmenge bestimmter Arbeitnehmer auswirkt.

68.15 Veränderung des Anforderungsprofils

Der Arbeitgeber kann zum Ausspruch einer betriebsbedingten Beendigungskündigung berechtigt sein, wenn eine weitere Beschäftigung des Arbeitnehmers auf dem bisherigen Arbeitsplatz aufgrund einer Änderung des daran geknüpften Anforderungsprofils nicht mehr möglich ist. Das BAG hat dies noch einmal bestätigt, zugleich aber auch deutlich gemacht, dass eine derartige Veränderung des Anforderungsprofils auch den Ausspruch einer betriebsbedingten Änderungskündigung erfordern kann. Dies ist dann der Fall, wenn eine andere Möglichkeit der Weiterbeschäftigung gegeben ist. Eine betriebsbedingte Änderungskündigung ist sozial gerechtfertigt, wenn das Beschäftigungsverhältnis für den Arbeitnehmer zu den bisherigen Vertragsbedingungen entfallen ist und sich der Arbeitgeber darauf beschränkt hat, solche Änderungen

901 BAG, Urteil v. 18.12.1997, 2 AZR 709/96.

vorzuschlagen, die der Arbeitnehmer billigerweise hinnehmen muss. Ob der Arbeitnehmer eine ihm vorgeschlagene Änderung billigerweise hinnehmen müsse, sei nach dem Verhältnismäßigkeitsgrundsatz zu ermitteln.

Die Änderungen müssen geeignet und erforderlich sein, um den Inhalt des Arbeitsvertrags an die verbleibenden Beschäftigungsmöglichkeiten anzupassen. Die angebotenen Änderungen dürfen sich nicht weiter vom bisherigen Inhalt des Arbeitsverhältnisses entfernen, als dies zur Erreichung des angestrebten Ziels erforderlich ist. Die Gestaltung des Anforderungsprofils für einen Arbeitsplatz unterliegt grundsätzlich der freien unternehmerischen Disposition. Der Wunsch des Arbeitgebers, bestimmte Tätigkeiten nach Möglichkeit von Arbeitnehmern mit einer bestimmten Qualifikation ausführen zu lassen, ist grundsätzlich zu akzeptieren. Eine entsprechende Vorgabe kann von den Arbeitsgerichten grundsätzlich nur auf Willkür und offenbare Unrichtigkeit hin überprüft werden.[902]

902 BAG, Urteil v. 2.3.2017, 2 AZR 546/16.

69 Kündigung, ordentliche: Form und Zugang der Kündigungserklärung

Autor: Dr. Roman Frik

Überblick

Dieser Beitrag beschreibt, wie eine Kündigung zu gestalten ist, welchen Formvorschriften sie unterliegt und zu welchem Zeitpunkt sie ausgesprochen werden kann. Ein Schwerpunkt des Beitrags liegt im Zugang von Kündigungen, da hier in der Praxis immer wieder Fehler gemacht werden.

Für die Kündigung des Arbeitsverhältnisses gilt nach § 623 BGB die Schriftform. Der Zugang der Kündigung ist, wie für alle empfangsbedürftigen Willenserklärungen, in § 130 BGB geregelt. Arbeitgeber sollen nach § 2 Abs. 2 Satz 2 Nr. 3 SGB III Arbeitnehmer mit der Kündigung auf ihre Pflichten nach § 38 Abs. 1 SGB III hinsichtlich der Arbeitslosmeldung hinweisen.

69.1 Form und Inhalt der Kündigungserklärung

69.1.1 Schriftform und eigenhändige Unterschrift

Nach § 623 BGB bedarf die Kündigung eines Arbeitsverhältnisses der Schriftform. Es handelt sich um eine zwingende Wirksamkeitsvoraussetzung jeder Kündigungserklärung, egal von welcher Partei. Kündigungen, die nicht schriftlich erfolgen, sondern z. B. per E-Mail, Fax, E-Postbrief, SMS, WhatsApp oder mündlich, sind unwirksam.[903] Die elektronische Form[904] ist nicht ausreichend. Das Schriftformerfordernis ist zwingend und kann nicht durch arbeitsvertragliche Regelung aufgehoben werden. Dies gilt auch für die vorzeitige Beendigung im Rahmen eines Aufhebungsvertrags, auch genannt Turbo- oder Sprinterklausel.[905]

Das Schriftformerfordernis ist nach § 126 Abs. 1 BGB nur gewahrt, wenn der Kündigende das Kündigungsschreiben eigenhändig unterzeichnet[906] (die im Gesetz genannte Alternative eines notariell beglaubigten Handzeichens spielt in der Praxis keine Rolle). Die bloße Paraphierung der Erklärung mit einem Namenskürzel des Kündigenden genügt für die Schriftform nicht. Andererseits ist die Lesbarkeit der Unterschrift nicht erforderlich.[907] Maßgeblich ist die Identifizierbarkeit der Unterschrift[908]

903 BAG, Urteil v. 1.12.2020, 9 AZR 102/20; BAG, Urteil v. 17.12.2015, 6 AZR 709/14; LAG Hamm, Urteil v. 17.8.2007, 10 Sa 512/07; LAG München, Urteil v. 28.10.2021, 3 Sa 362/21.
904 § 126 a BGB.
905 BAG, Urteil v. 17.12.2015, 6 AZR 709/14.
906 § 126 Abs. 1 BGB.
907 BAG, Urteil v. 24.1.2008, 6 AZR 519/07.
908 LAG Mecklenburg-Vorpommern, Urteil v. 26.10.2022, 3 Sa 79/22.

Zulässig[909], wenngleich dennoch nicht empfehlenswert, ist es, dem Kündigungsempfänger das eigenhändig unterzeichnete Kündigungsschreiben zum Lesen zu übergeben, ihn auf dem Original den Empfang quittieren zu lassen und ihm anschließend lediglich eine Kopie zu überlassen.

Da nach § 623 BGB auch für die Beendigung von Arbeitsverhältnissen durch Auflösungsvertrag Schriftform vorgeschrieben ist, kann eine mangels Schriftform unwirksame mündliche Kündigungserklärung auch nicht als Angebot auf Abschluss eines Aufhebungsvertrags angesehen werden, dem der Erklärungsempfänger zustimmen könnte.

Bei **fehlender Schriftform** kann der Arbeitnehmer die Kündigung auch noch nach Ablauf der dreiwöchigen Klagefrist nach § 4 Satz 1 KSchG **gerichtlich angreifen**.

Achtung: Richtiger Briefkopf

Immer wieder passiert es in der Praxis, insbesondere in Konzernen, dass eine Kündigung auf dem Briefpapier einer Schwestergesellschaft erklärt wird. Wenn nicht durch Auslegung, insbesondere über die Angaben in der Unterschriftszeile, klar wird, welcher Arbeitgeber kündigt, liegt keine wirksame Kündigung des Arbeitsverhältnisses vor.

69.1.2 Angabe von Kündigungsgründen

Die Angabe von Kündigungsgründen ist für die Wirksamkeit einer ordentlichen Kündigung grundsätzlich nicht erforderlich. Im Hinblick auf eine mögliche Selbstbindung auf bestimmte Kündigungsgründe ist es in der Regel auch nicht empfehlenswert, in der Kündigungserklärung selbst detaillierte Angaben zu den Gründen der Kündigung zu machen.

Der Empfänger hat jedoch – jedenfalls auf Verlangen – einen Anspruch auf (nachträgliche) Mitteilung der Kündigungsgründe. Das ergibt sich für die ordentliche Kündigung aus § 1 Abs. 3 Satz 1 HS. 2 KSchG bzw. aus einer entsprechenden arbeitsvertraglichen Nebenpflicht und für die außerordentliche Kündigung aus § 626 Abs. 2 Satz 3 BGB.

Teilt der Arbeitgeber die Gründe für die Kündigung nicht oder nicht ordnungsgemäß mit, kann der Arbeitnehmer im Wege des **Schadensersatzes** verlangen, so gestellt zu werden, als seien ihm die Gründe rechtzeitig mitgeteilt worden. So kann der Arbeitnehmer etwa die Kosten für einen Kündigungsschutzprozess ersetzt verlangen, den er bei Kenntnis der Kündigungsgründe nicht angestrengt hätte. In der Praxis werden solche Schadensersatzforderungen indes selten geltend gemacht.

909 BAG, Urteil v. 4.11.2004, 2 AZR 17/04.

69.1.3 Kündigung durch Vertreter

Stellvertreter oder Organ

Die Kündigung kann durch den Arbeitgeber als Kündigungsberechtigtem selbst erfolgen oder durch einen von ihm bevollmächtigten Vertreter. Unterzeichnet ein Vertreter des Arbeitgebers das Kündigungsschreiben, muss in diesem ein Zusatz auf das Vertretungsverhältnis hinweisen.[910] Zur Vorlage einer Vollmachtsurkunde, die dringend anzuraten ist, siehe sogleich.

Ist der Arbeitgeber eine juristische Person, etwa eine GmbH oder eine Aktiengesellschaft (AG), handelt diese grundsätzlich durch ihre Organe. Nach § 35 Abs. 1 GmbHG wird die GmbH durch den Geschäftsführer gerichtlich und außergerichtlich vertreten. Bei der AG ist dies nach § 78 Abs. 1 AktG der Vorstand. Zu beachten ist insoweit, ob eine Einzel- oder Gesamtvertretungsbefugnis vorliegt.

Zurückweisung mangels Vollmacht

In § 167 Abs. 2 BGB ist zwar geregelt, dass die Vollmacht grundsätzlich nicht der (Schrift-)Form bedarf, die für das Rechtsgeschäft (Kündigung) bestimmt ist. Jedoch ist für die Praxis dringend zu empfehlen, eine Kündigungsbevollmächtigung schriftlich zu erteilen. Denn legt der (mündlich oder schriftlich) bevollmächtigte Vertreter der Kündigungserklärung nicht eine schriftliche Vollmacht bei, kann der Gekündigte die Kündigung aus diesem Grund – d. h. mangels Vorlage einer Vollmacht – unverzüglich zurückweisen.[911] Die Kündigung ist bei ordnungsgemäßer Zurückweisung unwirksam und muss ggf. wiederholt werden.

»Unverzüglich« bedeutet dabei nicht »sofort«, sondern nur »ohne schuldhaftes Zögern«.[912] Dem Gekündigten steht damit eine gewisse Zeit zur Überlegung und Einholung von Rechtsrat zur Verfügung. Die Frist hängt vom Einzelfall ab, wobei eine Woche regelmäßig noch angemessen sein wird, und 3 Wochen zu lang sind.[913] Liegen keine besonderen Umstände vor, soll eine Zurückweisung nach mehr als einer Woche nicht mehr unverzüglich sein.[914] Weist der gekündigte Arbeitnehmer die Kündigung nicht persönlich zurück, sondern seinerseits durch einen Vertreter, z. B. einen Rechtsanwalt, hat dieser dabei wiederum dem Arbeitgeber eine ihn legitimierende Originalvollmacht des Arbeitnehmers als Vertretenem vorzulegen. Erfolgt dies nicht, kann nunmehr der Arbeitgeber die Zurückweisung der Kündigung wegen fehlender Vollmachtsvorlage seinerseits unverzüglich zurückweisen.

---

910 BAG, Urteil v. 21.4.2005, 2 AZR 162/04.
911 Vgl. § 174 Satz 1 BGB.
912 § 121 Abs. 1 BGB.
913 BAG, Urteil v. 11.3.1999, 2 AZR 427/98; BAG, Urteil v. 30.5.1978, 2 AZR 633/76.
914 BAG, Urteil v. 5.12.2019, 2 AZR 147/19

Keine Zurückweisung bei Kenntnis von Kündigungsvollmacht
Nach § 174 Satz 2 BGB ist die Zurückweisung der Kündigung durch den Arbeitnehmer ausgeschlossen, wenn der Arbeitgeber als Vollmachtgeber den Arbeitnehmer von der Bevollmächtigung seines Vertreters in Kenntnis gesetzt hatte.

Einer Mitteilung nach § 174 Satz 2 BGB steht es gleich, wenn der Kündigungsberechtigte (Arbeitgeber) den Vertreter in eine Stellung berufen hat, die üblicherweise mit einer Kündigungsvollmacht verbunden ist.

Mit der Bestellung eines Personalleiters hat der Arbeitgeber regelmäßig nach außen sichtbar die Bevollmächtigung zur Kündigung verknüpft. Die Kündigung durch den Leiter der Personalabteilung bedarf deshalb nicht der Vorlage einer schriftlichen Vollmacht.[915]

Ein Sachbearbeiter oder Referatsleiter innerhalb der Personalabteilung muss grundsätzlich eine Vollmachtsurkunde vorlegen bzw. der Kündigung beifügen.[916]

Vertretungszusätze: »i. V.« für »in Vertretung« und »i. A.« für »im Auftrag«
Unterzeichnet ein Vertreter die Kündigungserklärung, muss das Vertretungsverhältnis in der Urkunde deutlich zum Ausdruck kommen. Dies kann besonders durch einen entsprechenden Zusatz bei der Unterschrift erfolgen. Der Wille, als rechtsgeschäftlicher Vertreter zu handeln, wird klassischerweise durch den Zusatz »i. V.« für »in Vertretung« zum Ausdruck gebracht. Für die Praxis empfiehlt sich, diesen Vertretungszusatz zu verwenden.

Die Verwendung des Zusatzes »i. A.« für »im Auftrag« ist nicht risikolos. Denn nach der Rechtsprechung[917] spricht der Zusatz »i. A.« eher dafür, dass der Unterzeichner lediglich als Bote gehandelt hat, und als solcher eine fremde Willenserklärung nur überbracht hat.

69.2 Zeitpunkt der Kündigungserklärung

69.2.1 Kündigung vor Dienstantritt

Die Kündigung eines Arbeitsverhältnisses kann schon vor dem Zeitpunkt ausgesprochen werden, in dem die Arbeit aufgenommen werden soll. Möglich ist sowohl eine ordentliche als auch eine außerordentliche Kündigung. Die Kündigung ist unter den

915 BAG, Urteil v. 25.9.2014, 2 AZR 567/13; BAG, Urteil v. 30.5.1972, 2 AZR 298/71.
916 BAG, Urteil v. 20.8.1997, 2 AZR 518/96.
917 BAG, Urteil v. 13.12.2007, 6 AZR 145/07; vgl. auch LAG Rheinland-Pfalz, Urteil v. 19.12.2007, 7 Sa 530/07.

gleichen Voraussetzungen möglich wie nach Dienstantritt. Kommt einer Arbeitnehmerin besonderer Kündigungsschutz aufgrund des Mutterschutzes zu[918], gilt dieser auch für eine Kündigung, die vor Antritt des Arbeitsverhältnisses ausgesprochen werden soll.[919] Die behördliche Zustimmung muss daher eingeholt werden.

Wichtig: Ausschluss ist möglich

Das Recht zur ordentlichen (nicht zur außerordentlichen!) Kündigung vor Dienstantritt kann vertraglich ausgeschlossen sein bzw. werden.

Generellen Ausschluss vereinbaren

Es kommt hin und wieder vor, dass ein Stellenbewerber nicht ernsthaft beabsichtigt, die Stelle tatsächlich anzutreten. Vielleicht will er eine Stellenzusage lediglich als Druckmittel benutzen, um bei seinem alten Arbeitgeber bessere Konditionen zu erlangen. Beim potenziell neuen Arbeitgeber wird aber eine Stellenzusage zur Absage der anderen Bewerber führen. Das spricht dafür, generell im Arbeitsvertrag die ordentliche Kündigung vor Aufnahme einer Beschäftigung ausdrücklich auszuschließen. Damit verknüpft werden kann eine Vertragsstrafenregelung, wonach der, der eine Beschäftigung vertragswidrig nicht aufnimmt, eine Vertragsstrafe in Höhe des Bruttogehalts zu zahlen hat, das innerhalb der Kündigungsfrist (meist die spezielle Kündigungsfrist in der Probezeit) anfällt. Das BAG hat Vertragsstrafenregelungen in Formulararbeitsverträgen ausdrücklich als zulässig erklärt, sofern sie hinreichend konkret formuliert sind und ihre Höhe nicht die Bruttovergütung übersteigt, die dem Arbeitnehmer bei Einhaltung der Kündigungsfrist zu zahlen wäre.[920] Bei der Formulierung muss darauf geachtet werden, dass bei einer vereinbarten Probezeit u. U. eine kurze Kündigungsfrist gilt.[921]

69.2.2 Kündigung zur Unzeit

Die Kündigung darf nicht zur Unzeit erfolgen. Zwar führt nicht allein der Zeitpunkt der Kündigung zur Unwirksamkeit. Hinzukommen müssen weitere Umstände, die zu einer Beeinträchtigung berechtigter Interessen des Arbeitnehmers, insbesondere auf Achtung seiner Persönlichkeit, führen. Allein die Kündigung am 24.12. stellt für sich genommen noch keine Kündigung zur Unzeit dar.[922] Auch die Kündigung kurz vor der Beerdigung des Lebensgefährten muss noch nicht ungehörig sein.[923]

918 § 17 MuSchG.
919 BAG, Urteil v. 27.2.2020, 2 AZ 498/19.
920 BAG, Urteil v. 4.3.2004, 8 AZR 196/03; BAG, Urteil v. 21.4.2005, 8 AZR 425/04.
921 Vgl. § 622 Abs. 3 BGB.
922 BAG, Urteil v. 14.11.1984, 7 AZR 174/83.
923 BAG, Urteil v. 5.4.2001, 2 AZR 185/00.

Beispiel: Kündigung nach Arbeitsunfall

Die Kündigung im Anschluss an einen schweren Arbeitsunfall, ausgehändigt am gleichen Tag im Krankenhaus kurz vor einer auf dem Unfall beruhenden Operation, erfolgt zur Unzeit und ist allein aus diesem Grund unwirksam.[924]

69.3 Zugang der Kündigungserklärung

Die Kündigungserklärung wird erst wirksam, wenn sie dem Kündigungsempfänger zugeht. Bei einer Arbeitgeberkündigung ist dies grundsätzlich der Arbeitnehmer.

69.3.1 Minderjährige und Geschäftsunfähige

Kündigung eines Minderjährigen

Ist der Betroffene im Zeitpunkt des Zugangs der Kündigung minderjährig, also noch nicht 18 Jahre alt, muss hinsichtlich der als Kündigungsempfänger geeigneten Person unterschieden werden:

Geht es um die Kündigung eines Berufsausbildungsverhältnisses, kann die Kündigung nach § 131 Abs. 2 Satz 1 BGB nur gegenüber den gesetzlichen Vertretern erklärt werden, muss also diesen zugehen.

Jedoch lässt § 1629 Abs. 1 Satz 2 BGB die Erklärung gegenüber einem Elternteil genügen. Steht das alleinige Sorgerecht einem Elternteil zu oder wurde einem Elternteil die Entscheidung über den Abschluss, die Durchführung oder Beendigung des Berufsausbildungsverhältnisses nach § 1628 Abs. 1 BGB durch das Vormundschaftsgericht übertragen, muss die Kündigung gegenüber diesem Elternteil erklärt werden.

Geht es dagegen um die Kündigung eines Arbeitsverhältnisses, hat die Kündigung gegenüber dem Minderjährigen selbst zu erfolgen, wenn dieser nach § 113 Abs. 1 BGB durch Ermächtigung seiner gesetzlichen Vertreter bezüglich des Arbeitsverhältnisses unbeschränkt geschäftsfähig ist. Eine Kündigung gegenüber den gesetzlichen Vertretern ist dann solange wirkungslos, wie das Kündigungsschreiben nicht dem Minderjährigen weitergereicht wurde. Liegt eine entsprechende Ermächtigung nicht vor, ist nach § 131 Abs. 1 BGB wie oben ausgeführt, gegenüber den gesetzlichen Vertretern zu kündigen.

924 LAG Bremen, Urteil v. 29.10.1985, 4 Sa 151/85.

Kündigung eines Geschäftsunfähigen

Soll eine Kündigung gegenüber einem Geschäftsunfähigen abgegeben werden, ist es nicht ausreichend, wenn sie dem Geschäftsunfähigen gegenüber erklärt wird und später zufällig dem gesetzlichen Vertreter (z. B. dem Betreuer eines Geschäftsunfähigen) zugeht. Erforderlich ist, dass die Kündigungserklärung von vornherein an den Vertreter gerichtet oder zumindest für ihn bestimmt ist.[925] Besteht daher die Gefahr, dass der zu kündigende Arbeitnehmer z. B. aufgrund einer Krankheit geschäftsunfähig ist, muss der Arbeitgeber ermitteln, wer der gesetzliche Vertreter ist und anschließend diesem die Kündigung zustellen.

69.3.2 Zugang bei Sprachbarrieren

Besondere Probleme des Zugangs können sich ergeben, wenn der Kündigungsempfänger der deutschen Sprache nicht mächtig ist. In diesen Fällen muss dem Empfänger u. U. Zeit eingeräumt werden, um die Kündigung übersetzen zu lassen. Ist dem Arbeitgeber bekannt, dass der Arbeitnehmer kein Deutsch versteht, empfiehlt es sich, die Kündigung in einer Übersetzung zu übergeben, insbesondere wenn sonst die Wahrung von Kündigungsfristen problematisch ist.

Entsprechendes gilt bei Analphabetismus.

Eine Pflicht zur Übersetzung besteht allerdings nicht. Auch bei Unkenntnis der deutschen Sprache geht das in deutscher Sprache verfasste Kündigungsschreiben zu.[926]

69.3.3 Zugang unter Anwesenden

Beim Zugang unterscheidet das Gesetz, ob die Kündigung einem Anwesenden oder einem Abwesenden erklärt werden soll. Einem Anwesenden geht die Kündigung mit der Übergabe des Kündigungsschreibens sofort zu und wird damit wirksam. Es kommt nicht darauf an, ob oder wann der Empfänger es liest. Die Kündigung ist auch dann zugegangen, wenn der Arbeitnehmer das Schreiben zurückgibt.[927] Das bloße Hinhalten der Kündigungserklärung, ohne dass der Arbeitnehmer sie in den Händen gehalten hat, ist allerdings nicht ausreichend. Der Arbeitnehmer muss die Dispositionsbefugnis über das Kündigungsschreiben erlangen.[928] Bei grundloser Annahmeverweigerung

925 BAG, Urteil v. 28.10.2010, 2 AZR 794/09.
926 BAG, Urteil v. 19.3.2014, 5 AZR 252/12.
927 BAG, Urteil v. 7.1.2004, 2 AZR 388/03.
928 Vgl. BAG, Urteil v. 26.3.2015, 2 AZR 483/14; LAG Düsseldorf, Urteil v. 3.7.2018, 8 Sa 175/18.

muss sich der Arbeitnehmer so behandeln lassen, als sei das Kündigungsschreiben im Zeitpunkt der Ablehnung zugegangen.

Beweise für den Zugang sichern
Zu Beweiszwecken empfiehlt sich für den Arbeitgeber, den Erhalt des Kündigungsschreibens vom Arbeitnehmer schriftlich bestätigen lassen. Dies sollte mit Datum und Unterschrift des Arbeitnehmers auf einer Zweitschrift der Kündigungserklärung erfolgen, etwa durch den Zusatz »Kündigung erhalten« (Datum/Unterschrift). Ein Anspruch auf Erteilung eines Empfangsbekenntnisses besteht jedoch nicht. Weigert sich der Arbeitnehmer, den Empfang der Kündigung zu quittieren, sollte der Arbeitgeber einen gerichtsfesten Nachweis der Kündigung anderweitig sicherstellen, etwa durch Hinzuziehung eines Zeugen. Keine Zeugen in diesem Sinne sind der Geschäftsführer einer GmbH, der Vorstand einer Aktiengesellschaft, der Gesellschafter einer GbR oder OHG, der Komplementär einer KG, der Inhaber einer Einzelfirma. Die Übergabe sollte daher im Beisein eines sonstigen Dritten oder durch diesen sonstigen Dritten erfolgen.

69.3.4 Zugang unter Abwesenden

Wird eine Kündigung in Abwesenheit des Empfängers abgegeben, wird sie in dem Zeitpunkt wirksam, in welchem sie ihm zugeht.[929] Das Risiko der (nachweisbaren) Übermittlung und Ankunft trägt der Kündigende.

Machtbereich des Empfängers und Möglichkeit der Kenntnisnahme
Einem Abwesenden ist die Kündigungserklärung zugegangen, wenn sie so in dessen Machtbereich gelangt, dass unter üblichen Verhältnissen damit zu rechnen ist, dass er von der Kündigungserklärung Kenntnis nehmen konnte.[930] Ein in den Briefkasten geworfenes Kündigungsschreiben geht danach in dem Zeitpunkt zu, in dem der Briefkasten üblicherweise geleert wird. Gleiches gilt für den Einwurf in einen Briefschlitz in der Tür.[931] Maßstab sind die gewöhnlichen Verhältnisse und Gepflogenheiten des Verkehrs. Im Interesse der Rechtssicherheit ist dabei eine generalisierende Betrachtung geboten, es wird nicht auf die individuellen Verhältnisse des Empfängers abgestellt.[932] Wird das Schreiben erst erhebliche Zeit nach der allgemeinen Postzustellung in den Wohnungsbriefkasten geworfen (im entschiedenen Fall: gegen 16.30 Uhr), so geht die Kündigung rechtlich erst am nächsten Tag zu.[933] Steht allerdings fest, dass der Arbeitnehmer das erst nach der allgemeinen Postzustellung eingeworfene Kündi-

929 § 130 Abs. 1 Satz 1 BGB.
930 BAG, Urteil v. 11.6.1959, 2 AZR 334/57.
931 LAG Düsseldorf, Urteil v. 19.9.2000, 16 Sa 925/00
932 BAG, Urteil v. 25.4.2018, 2 AZR 493/17; BAG, Urteil v. 22.8.2019, 2 AZR 111/19.
933 BAG, Urteil v. 8.12.1983, 2 AZR 337/82.

gungsschreiben tatsächlich noch am selben Tag dem Briefkasten entnommen hat, ist der Zugang noch an diesem Tag erfolgt.[934] Da sonn- und feiertags keine Postzustellung erfolgt, gehen Kündigungen, die am Vortag eingeworfen werden, erst am Folgetag des Sonn- oder Feiertags zu.

Tipp: Rechtzeitige Vorbereitung der Kündigung

Wegen der vorbeschriebenen Zugangsproblematik sollte eine Kündigung einschließlich Betriebsratsanhörung so vorbereitet werden, dass sie spätestens am Tag vor dem Monatsletzten (ggf. Quartalsletzten etc.) persönlich am Arbeitsplatz oder am Wohnort des Arbeitnehmers übergeben wird. Scheitert die persönliche Übergabe und muss das Kündigungsschreiben noch am gleichen Tag in den Hausbriefkasten geworfen werden, ist der Zugang am Folgetag noch gesichert. Auf Sonn- und Feiertage ist zu achten. Andernfalls führt der verspätete Zugang dazu, dass sich der Beendigungszeitpunkt des Arbeitsverhältnisses um einen weiteren Montag/ein weiteres Quartal etc. verschiebt.

Zugang bei Urlaub und Krankheit

Bei Urlaubsabwesenheit des Arbeitnehmers kann ein an die Heimatanschrift gerichtetes Kündigungsschreiben grundsätzlich auch dann zugehen, wenn der Arbeitgeber Kenntnis von einer Ortsabwesenheit des Arbeitnehmers hat. Dies gilt in aller Regel selbst dann, wenn der Arbeitnehmer seine Urlaubsanschrift dem Arbeitgeber mitgeteilt hat. Von einem Arbeitnehmer wird erwartet, dass er Vorkehrungen dafür trifft, dass er Kenntnis von Schriftstücken erhält, die ihm während einer längeren Abwesenheit zugestellt werden.[935]

Lediglich bei besonderen Umständen des Einzelfalls kann sich aus dem Grundsatz von Treu und Glauben etwas anderes ergeben. Eine vom Arbeitnehmer wegen der Urlaubsabwesenheit erst nach Ablauf der 3-Wochen-Frist erhobene Kündigungsschutzklage ist jedoch grundsätzlich nach § 5 KSchG vom Arbeitsgericht nachträglich zuzulassen, wenn der Arbeitnehmer dies rechtzeitig (nach § 5 Abs. 3 Satz 1 KSchG innerhalb von 2 Wochen nach seiner Rückkunft) beantragt und glaubhaft macht, dass er trotz Anwendung äußerster Sorgfalt verhindert war, rechtzeitig Klage zu erheben. Das ist selbstverständlich dann der Fall, wenn der Arbeitnehmer wegen Ortsabwesenheit von der Kündigung keine Kenntnis erlangte.

Eine Kündigung kann dem Arbeitnehmer auch wirksam zugehen, während er arbeitsunfähig erkrankt ist.

---

934 LAG München, Urteil v. 17.12.2019, 6 Sa 543/18.
935 BAG, Urteil v. 25.4.2018, 2 AZR 493/17.

69.3.5 Dritte Personen auf Empfängerseite

Auch beim Empfang einer Kündigungserklärung ist eine **Stellvertretung** durch Dritte möglich[936]; die Übergabe an einen bevollmächtigten Vertreter führt den **Zugang unmittelbar** herbei. Auf Arbeitnehmerseite kommt hier vor allem ein eingeschalteter Rechtsanwalt in Betracht, insbesondere wenn dieser bereits eine Prozessvollmacht vorgelegt hat, die üblicherweise auch die Zuständigkeit für den Empfang von Erklärungen umfasst.

69.3.6 Kündigung per Einschreiben

Der Postversand einer Kündigung durch einfachen Brief ist nicht empfehlenswert. Der Absender erhält weder einen Nachweis für die Ein- noch für die Auslieferung des Briefs. Der Zugang beim Adressaten kann so nicht bewiesen werden.

Einwurfeinschreiben
Beim Einwurfeinschreiben wird das Schreiben vom Postbediensteten in den Wohnungsbriefkasten (oder das Postfach) des Empfängers eingeworfen und geht damit zu. Zum Nachweis des Zugangs nicht geeignet ist hierbei der Einlieferungsschein, den der Absender bei Aufgabe des Schreibens zur Post erhält. Dieser belegt lediglich die Einlieferung bei der Post und ermöglicht dem Absender eine Sendeverfolgung (online).

Auslieferungsbeleg
Der Zugang des Kündigungsschreibens beim Adressaten kann dadurch belegt werden, dass der Absender den Auslieferungsbeleg bei der Post anfordert. Auf dem Auslieferungsschein sind Datum und Uhrzeit der Zustellung durch den Postboten vermerkt. Dieser wird elektronisch erstellt und dem Anforderer übersandt.

Zugangsnachweis
Auch der Auslieferungsbeleg allein reicht jedoch dann nicht als Zugangsnachweis aus, wenn im gerichtlichen Verfahren der Zugang des Kündigungsschreibens bestritten wird. Denn die Zivilprozessordnung (ZPO) verlangt für den sogenannten Urkundsbeweis durch Privaturkunden – die Post gehört nicht mehr zum öffentlichen Dienst – eine eigenhändige Unterschrift.[937] Deshalb kann auf Antrag des Absenders beim Postzustellerdienst der Postzusteller ermittelt werden, der dann als Zeuge benannt werden kann. Ob dieser sich allerdings noch konkret an die streitige Zu-

936 § 164 Abs. 3 BGB.
937 § 416 ZPO.

stellung erinnert, zumindest anhand des von ihm erstellten Zustellvermerks, ist unsicher.

Um dem Arbeitnehmer die Behauptung abzuschneiden, er hätte bloß einen leeren Briefumschlag erhalten, ist darauf zu achten, dass Zeugen beweisen können, dass erstens das Kündigungsschreiben in jenen Briefumschlag gesteckt wurde und zweitens genau dieser Briefumschlag unter der vorgelegten Einlieferungsnummer aufgegeben wurde.

Achtung: Fehlender Einfluss auf die Zustellung beim Einwurfeinschreiben

Der Erfolg der rechtzeitigen Zustellung eines Einwurfeinschreibens hängt von der – nicht immer gegebenen – Zuverlässigkeit der Post ab. Auch ist es schwierig, über die Post den Namen und die ladungsfähige Adresse des Zustellers zum Zwecke der Benennung als Zeuge zu ermitteln. Ist der Zugang der Kündigung unverzüglich zu bewirken, etwa bei einer außerordentlichen Kündigung zur Einhaltung der zweiwöchigen Ausschlussfrist nach § 626 Abs. 2 BGB oder bei einer ordentlichen Kündigung, um den Zugang noch im laufenden Monat zu erreichen, sollte vom Einwurfeinschreiben abgesehen und vorzugsweise ein Mitarbeiter des Unternehmens, ggf. auch ein privater Botendienst, beauftragt werden.

Übergabeeinschreiben

Beim Übergabeeinschreiben wirft der Postbote das Schreiben nicht in den Briefkasten des Empfängers ein, sondern händigt es diesem oder einem empfangsbereiten Dritten im Haushalt des Empfängers gegen Unterschrift auf dem Auslieferungsschein aus. In der Variante »eigenhändig« wird es nur dem Empfänger oder einem besonders Bevollmächtigten ausgehändigt. Es geht zu, wenn es vom Postbediensteten dem Empfänger tatsächlich ausgehändigt werden kann. Bei Zustellung an einen bloß empfangsbereiten Dritten im Haushalt des Empfängers kommt es auf den Zeitpunkt der gewöhnlichen Kenntnisnahme an. Der Auslieferungsschein wird dem Absender wie beim Einwurfeinschreiben nur auf Anforderung übersandt.

Trifft der Postbedienstete niemanden an, hinterlässt er lediglich einen **Benachrichtigungsschein** im Briefkasten, nicht jedoch das Kündigungsschreiben. Der Zugang der Kündigung erfolgt in diesem Fall erst dann, wenn das Einschreiben bei der Post abgeholt wird.[938] Der **Zugang der Kündigung** und damit ihr Wirksamwerden kann sich dadurch erheblich verzögern. Das Datum der **Abholung** ist auf dem Auslieferungsbeleg vermerkt, der online abgefragt werden kann.

Wird das Einschreiben nicht abgeholt, wird es an den Absender zurückgesandt. Der Absender muss dann grundsätzlich unverzüglich einen erneuten Zustellversuch unternehmen, um den Zugang zu bewirken. Zum Zeitpunkt der Abholung und viel-

938 BAG, Urteil v. 25.4.1996, 2 AZR 13/95.

mehr nach der erneuten Absendung können wichtige Fristen jedoch bereits abgelaufen sein. Das Übergabeeinschreiben stellt insoweit kein sicheres Mittel dar, um fristwahrend eine Kündigung zugehen zu lassen.

Einschreiben mit Rückschein

Bei einem **Einschreiben mit Rückschein** händigt der Postbote das Schreiben dem Empfänger (oder einem empfangsbereiten Dritten, sofern nicht die Variante »eigenhändig« gewählt wird) gegen Unterschrift auf dem Rückschein aus und sendet den Rückschein an den Absender zurück. Trifft der Postbote niemanden an, hinterlässt er wie beim Übergabeeinschreiben lediglich einen Benachrichtigungsschein im Briefkasten bzw. Postfach.

Das Einschreiben mit Rückschein unterliegt im Wesentlichen denselben rechtlichen Schwierigkeiten wie das Übergabeeinschreiben. Selbst wenn der Absender den vom Empfänger eigenhändig unterschriebenen Rückschein zurückerhält, beweist das im Gerichtsverfahren grundsätzlich nur, dass dem Empfänger zu einem bestimmten Zeitpunkt »irgendetwas« auf dem Postweg zugegangen ist.

Der Rückschein beweist nicht, dass der Empfänger tatsächlich eine bestimmte Willenserklärung (Kündigung) erhalten hat. Das schränkt den Beweiswert eines Einschreibens insbesondere für ein Gerichtsverfahren stark ein. Der Nachweis, dass sich in dem Briefkuvert die original unterschriebene Kündigungserklärung des Arbeitgebers befand, lässt sich im Bestreitensfall nur durch einen Zeugen beweisen, der zunächst Kenntnis von dem Inhalt des Schriftstücks genommen hat, beim Eintüten des Schriftstücks dabei war und die Sendung selbst zur Post gebracht hat.

Auch das Einschreiben mit Rückschein gewährleistet damit allein keinen rechtssicheren Zugangsnachweis.

69.3.7 Zustellung durch Boten

Der Kündigende kann das Kündigungsschreiben per Boten überbringen lassen. Das geschieht in der Praxis häufig und stellt bei Beachtung der nachfolgenden Punkte einen relativ sicheren Zustellungsweg dar. Um späteren Beweisproblemen bzw. Erinnerungslücken des Boten als Zeuge vor Gericht zu begegnen, sollte dem Boten ein auszufüllendes Formblatt mitgegeben werden, worin dieser Datum, Uhrzeit, Ort und Art der Zustellung (z. B. Einwurf in Briefkasten) vermerkt und durch seine Unterschrift bestätigt.

Sinnvoll ist es, dem Boten das Kündigungsschreiben in einem unverschlossenen Kuvert mitzugeben, damit sich dieser vor Ort durch Lesen des Schreibens davon überzeugen kann, dass er tatsächlich das Kündigungsschreiben zustellt und dieses von dem Kündigungsberechtigten im Original unterschrieben ist. Auch Letzteres sollte der Bote im Formblatt vermerken. Stattdessen oder zusätzlich kann auch eine zweite Person dabei sein, die die Übergabe des Schreibens in einem Prozess bezeugt.

Tipp: Geeignete Boten

Geeignete Boten sind Mitarbeiter des eigenen Unternehmens, die klar instruiert werden können und ggf. später als Zeugen zur Verfügung stehen. Bei kommerziellen Botendiensten besteht durch die Standardisierung der Zustellprozesse oft die Schwierigkeit, die hier erörterten Besonderheiten bei der Zustellung zu berücksichtigen. Kleinere, lokale Botendienste sind hierbei häufig flexibler.

Partei kann nicht Zeuge sein

Der Geschäftsführer einer GmbH, der Vorstand einer Aktiengesellschaft, der Gesellschafter einer GbR oder OHG, der Komplementär einer KG oder der Inhaber einer Einzelfirma sollte nicht selbst (zumindest nicht allein) die Aufgabe des Boten übernehmen. Denn im Kündigungsschutzverfahren ist dieser Partei und kann deshalb nicht als Zeuge über Zeitpunkt und Zugang der Kündigung aussagen.

69.3.8 Zugangsvereitelung

Verweigert ein Kündigungsempfänger grundlos die Annahme des Kündigungsschreibens oder vereitelt er wider Treu und Glauben den Zugang einer Kündigung, muss er sich nach § 162 BGB bzw. § 242 BGB so behandeln lassen, als sei ihm das Kündigungsschreiben zugegangen.[939]

Der Empfänger einer Kündigung kann sich nach Treu und Glauben nicht auf den verspäteten Zugang der Kündigung berufen, wenn er die Zugangsverzögerung selbst zu vertreten hat. Er muss sich dann so behandeln lassen, als habe der Kündigende die entsprechenden Fristen gewahrt. Dies gilt allerdings nur dann, wenn der Kündigende alles Erforderliche und ihm Zumutbare getan hat, damit seine Kündigung den Adressaten erreicht.

939 BAG, Urteil v. 26.3.2015, 2 AZR 483/14; BAG, Urteil v. 7.11.2002, 2 AZR 475/01 (für den Fall der verspäteten Abholung einer vom Arbeitnehmer erwarteten außerordentlichen Kündigung bei der Poststelle).

69.3.9 *Checkliste*: Sicheren Zugang von Kündigungen

Situation und Übergabeschritt	✓
Situation 1: Arbeitnehmer befindet sich im Betrieb	
Persönliche und offene (ohne Umschlag) Übergabe des Kündigungsschreibens gegen Empfangsbestätigung des Arbeitnehmers auf einem Zweitexemplar	
Übergabe erfolgt durch oder im Beisein eines anderen Mitarbeiters des Unternehmens (= Zeuge), der nicht Geschäftsführer/Vorstand/GbR- oder OHG-Gesellschafter/Komplementär/Inhaber ist	
Sicherheitshalber werden 2 Exemplare ausgestellt und unterzeichnet. Eines zur Übergabe an den Arbeitnehmer und eines für die Empfangsbestätigung durch den Mitarbeiter und Rücknahme durch den Arbeitgeber.	
Lehnt der Arbeitnehmer die Bestätigung des Empfangs ab, protokolliert der Zeuge die Übergabe auf dem Zweitexemplar (Datum, Uhrzeit, Ort der Übergabe, Name, Unterschrift).	
Situation 2: Arbeitnehmer befindet sich nicht im Betrieb	
Ein Bote (idealerweise ein anderer Mitarbeiter des Unternehmens (= Zeuge), der nicht Geschäftsführer/Vorstand/GbR- oder OHG-Gesellschafter/Komplementär ist, sucht den Arbeitnehmer an seinem Wohnsitz auf.	
Trifft er den Arbeitnehmer an, übergibt er offen (ohne Umschlag) das Kündigungsschreiben und bittet um Empfangsbestätigung auf dem Zweitexemplar.	
Lehnt der Arbeitnehmer die Bestätigung des Empfangs ab, protokolliert der Zeuge die Übergabe auf dem Zweitexemplar (Datum, Uhrzeit, Ort der Übergabe, Name, Unterschrift).	
Öffnet der Arbeitnehmer nicht die Tür ODER wird der Arbeitnehmer nicht persönlich angetroffen ODER verweigert der Arbeitnehmer die Annahme des Kündigungsschreibens, steckt der Bote das Originalkündigungsschreiben in einen Umschlag und wirft ihn in den Hausbriefkasten des Arbeitnehmers.	
Auf dem Zweitexemplar protokolliert er den Vorgang (Datum, Uhrzeit, Ort des Einwurfs, Name, Unterschrift).	

69.4 Muster: Kündigungsschreiben

Sehr geehrte/r Frau/Herr …,

hiermit kündigen wir das mit Ihnen bestehende Arbeitsverhältnis unter Anwendung der ordentlichen Kündigungsfrist zum nächstmöglichen Zeitpunkt, d. h. zum Ablauf des 31.5.2024.

Der Betriebsrat wurde zur Kündigung angehört. Seine Stellungnahme ist in Kopie als Anlage beigefügt.

Wir weisen Sie darauf hin, dass Sie nach § 38 Abs. 1 SGB III verpflichtet sind, sich persönlich bei der Agentur für Arbeit arbeitsuchend zu melden. Dies muss mindestens 3 Monate vor Beendigung des Arbeitsverhältnisses, bzw., wenn die Kündigungsfrist kürzer ist, innerhalb von 3 Tagen nach Zugang dieser Kündigung geschehen. Eine Arbeitssuchendmeldung kann online, persönlich, telefonisch oder schriftlich erfolgen. Diese Pflicht zur Meldung besteht unabhängig davon, ob der Fortbestand des Arbeitsverhältnisses gerichtlich geltend gemacht wird. Versäumen Sie diese Frist, müssen Sie mit Nachteilen beim Bezug von Arbeitslosengeld rechnen. Zudem weisen wir Sie darauf hin, dass Sie eigene Aktivitäten bei der Suche nach einer anderen Beschäftigung entfalten müssen.

Mit freundlichen Grüßen

70 Kündigung, ordentliche: Kündigungsschutz

Autor: Dr. Roman Frik

Überblick

Dieser Beitrag stellt das Erfordernis nach einem Kündigungsgrund in Zusammenhang mit dem allgemeinen und dem besonderen Kündigungsschutz, dem Kündigungsschutz nach dem Bürgerlichen Gesetzbuch sowie dem Allgemeinen Gleichbehandlungsgesetz dar. Ebenso geht er auf die Möglichkeit des Nachschiebens von Kündigungsgründen in einem laufenden Prozess ein.

Der allgemeine Kündigungsschutz ergibt sich aus dem Kündigungsschutzgesetz, insbesondere dessen § 1 KSchG. Sonderkündigungsschutz folgt u. a. aus § 17 MuSchG, § 18 BEEG, § 168 SGB IX, § 15 KSchG.

70.1 Allgemeiner Kündigungsschutz nach dem KSchG

Die ordentliche Kündigung des Arbeitsverhältnisses durch den Arbeitgeber setzt nur dann einen Kündigungsgrund voraus, wenn Kündigungsschutz besteht. Der allgemeine Kündigungsschutz ist im Kündigungsschutzgesetz (KSchG) geregelt. Nach § 1 KSchG ist eine Kündigung nur wirksam, wenn sie sozial gerechtfertigt ist, d. h. insbesondere ein Kündigungsgrund vorliegt. (Siehe auch: Kündigungsschutz, allgemeiner, Kapitel 80)

70.2 Besonderer Kündigungsschutz

Kündigungsschutz besonderer Personengruppen

Außer dem allgemeinen Kündigungsschutz gibt es für besondere Personengruppen spezielle Kündigungsschutzvorschriften, die besondere Kündigungsgründe erfordern. Besondere Kündigungsschutzbestimmungen gelten etwa nach dem Mutterschutzgesetz (MuSchG) sowie für schwerbehinderte Arbeitnehmer oder die ihnen Gleichgestellten nach dem SGB IX. Außerdem genießen Betriebsratsmitglieder, Arbeitnehmer in Elternzeit, Pflegezeit oder Familienpflegezeit und Wehrpflichtige sowie Abgeordnete besonderen Kündigungsschutz. In manchen Fällen ist auch vor Ausspruch der Kündigung, ggf. zusätzlich zum besonderen Kündigungsgrund, die Zustimmung einer Behörde (z. B. Schwangere, Mütter, Elternzeitler, Pflegezeitler, Familienpflegezeitler, Schwerbehinderte) oder eines Kollegialgremiums (z. B. Betriebsrat) erforderlich.

Kündigungsschutz aus Arbeits- und Tarifvertrag
Außer diesen gesetzlich geregelten allgemeinen und besonderen Kündigungsschutzbestimmungen können sich auch aus dem Arbeits- oder Tarifvertrag besondere Kündigungsbeschränkungen ergeben, nach denen Arbeitgeberkündigungen aus bestimmten Gründen nicht zulässig oder an erhöhte Anforderungen geknüpft sind.

70.3 Kündigungsschutz in sonstigen Fällen

Kündigungsschutz nach dem Bürgerlichen Gesetzbuch
Liegen die gesetzlichen Voraussetzungen für den allgemeinen oder den besonderen Kündigungsschutz nicht vor und fehlen arbeits- oder tarifvertragliche Kündigungsschutzregelungen, bedarf die ordentliche Kündigung des Arbeitsverhältnisses durch den Arbeitgeber keines Kündigungsgrunds. Eine Kündigung wird in diesem Fall unter Einhaltung der ordentlichen Kündigungsfrist auch dann wirksam, wenn keine dringenden betrieblichen, personenbedingten oder verhaltensbedingten Kündigungsgründe vorliegen. Die Kündigung ist z. B. auch dann gerechtfertigt, wenn der Arbeitgeber sich über ein berechtigtes Verhalten des Arbeitnehmers geärgert hat und deshalb mit dem Arbeitnehmer nicht weiter zusammenarbeiten will. Die Kündigung darf allerdings nicht gegen Treu und Glauben verstoßen, sittenwidrig sein oder als Maßregelung erfolgen.[940] Sie darf auch nicht wegen eines Betriebsübergangs ausgesprochen werden.

Kündigungsschutz nach dem Allgemeinen Gleichbehandlungsgesetz
Zusätzlich finden auch auf Kündigungen die Diskriminierungsverbote des Allgemeinen Gleichbehandlungsgesetzes (AGG) Anwendung. Daher kann eine diskriminierende Kündigung trotz der Regelung in § 2 Abs. 4 AGG sozialwidrig und gemäß § 1 KSchG oder als sittenwidrige Maßnahme nach § 138 BGB unwirksam sein.[941]

Verfassungsrechtlicher Mindestkündigungsschutz
Zu beachten ist auch der verfassungsrechtliche Mindestkündigungsschutz, der die Kündigungsfreiheit im Falle einer aus willkürlichen oder sachfremden Motiven ausgesprochenen Kündigung einschränkt. Dieser gebietet auch eine soziale Rücksichtnahme im Rahmen einer zu treffenden Auswahlentscheidung.

70.4 Nachschieben von Kündigungsgründen

Erfährt der Arbeitgeber nach dem Ausspruch einer Kündigung von weiteren Kündigungsgründen, die sich bereits vor Zugang der Kündigung ereignet haben, kann er

940 §§ 242, 138, 612a BGB
941 BAG, Urteil v. 19.12.2013, 6 AZR 190/12; BAG, Urteil v. 6.11.2008, 2 AZR 701/07.

sich grundsätzlich auch auf diese zur Begründung der bereits ausgesprochenen Kündigung stützen, er kann sie also in einem Kündigungsschutzprozess »nachschieben«. Dies ist natürlich nicht möglich mit Kündigungsgründen, die erst nach Zugang der Kündigung eingetreten sind. Solche können allenfalls zu einer neuen Kündigung führen.

Hat bei besonderem Kündigungsschutz (z. B. wegen Schwangerschaft, Elternzeit, Pflegezeit, Familienpflegezeit oder Schwerbehinderung) eine Behörde bereits die Zustimmung zur Kündigung erteilt, muss diese für die neuen Kündigungsgründe nicht mehr eingeholt werden. Es wäre reiner Formalismus, eine Behörde erneut zu beteiligen, die ohnehin schon zugestimmt hat.

Probleme mit dem Nachschieben von Kündigungsgründen ergeben sich jedoch, wenn eine betriebliche Interessenvertretung (Betriebsrat, Personalrat, Mitarbeitervertretung) vorhanden ist, die vor Ausspruch einer Kündigung zu hören ist. Hier kann der Arbeitgeber keine Kündigungsgründe nachschieben, die ihm schon bei der Kündigung bekannt waren, die er aber der Interessenvertretung nicht mitgeteilt hat.

Beispiel: Kündigungsgrund wurde Betriebsrat nicht mitgeteilt

Der Arbeitgeber hat dem Betriebsrat bei der Anhörung nach § 102 BetrVG vor Ausspruch der Kündigung eine bestimmte Abmahnung verschwiegen. Diese kann er nun im Kündigungsschutzprozess nicht mehr nachschieben.

Wurden dem Arbeitgeber die Kündigungsgründe erst nach Zugang der Kündigung bekannt, kann er diese nur nachschieben, wenn er die betriebliche Interessenvertretung vorher erneut beteiligt hat.[942]

942 BAG, Urteil v. 28.2.1990, 2 AZR 401/89.

71 Kündigung, ordentliche: Kündigungsfristen

Autor: Dr. Roman Frik

Überblick

Dieser Beitrag erläutert, mit welcher Kündigungsfrist nach Gesetz, Tarifvertrag oder dem geschlossenen Arbeitsvertrag gekündigt werden muss.

Die gesetzlichen Kündigungsfristen finden sich in § 622 BGB; für tarifvertragliche und arbeitsvertragliche Fristen sind die entsprechenden Verträge zu untersuchen.

71.1 Gesetzliche Kündigungsfristen

71.1.1 Grundkündigungsfrist

Nach § 622 Abs. 1 BGB kann das Arbeitsverhältnis eines Arbeitnehmers mit einer Frist von 4 Wochen zum Monatsende oder zum 15. eines Kalendermonats gekündigt werden.

Diese Grundkündigungsfrist verlängert sich für eine vom Arbeitgeber ausgesprochene Kündigung nach § 622 Abs. 2 BGB abhängig von der Beschäftigungsdauer des Arbeitnehmers wie folgt:

Beschäftigungsdauer	Frist (jeweils zum Monatsende)
2 Jahre und mehr	1 Monat
5 Jahre und mehr	2 Monate
8 Jahre und mehr	3 Monate
10 Jahre und mehr	4 Monate
12 Jahre und mehr	5 Monate
15 Jahre und mehr	6 Monate
20 Jahre und mehr	7 Monate

Beispiel: Kündigungsfrist abhängig von Beschäftigungsdauer

Ein Arbeitnehmer ist seit dem 1.1.2012 bei seinem Arbeitgeber beschäftigt. Am 30.11.2023 kündigt der Arbeitgeber zum 31.3.2024. Die Kündigung geht noch am gleichen Tag zu. Die gesetzliche Kündigungsfrist von 4 Monaten zum Monatsende bei einer Beschäftigungsdauer von mehr als 10, aber noch nicht 12 Jahren, ist eingehalten.

Die Verlängerung der Kündigungsfristen in Abhängigkeit zur Beschäftigungsdauer für die Kündigung durch den Arbeitgeber stellt zwar eine mittelbare Benachteiligung jüngerer Arbeitnehmer dar. Diese ist jedoch gerechtfertigt und verletzt nicht das Verbot der mittelbaren Altersdiskriminierung.[943]

Mindestkündigungsfrist gilt nur für den Arbeitgeber
Zu beachten ist, dass die verlängerte gesetzliche Mindestkündigungsfrist nach der gesetzlichen Konzeption nur für Kündigungen gilt, die der Arbeitgeber ausspricht.

Der Arbeitnehmer kann das Arbeitsverhältnis auch bei längerer Beschäftigungsdauer nach § 622 Abs. 1 BGB mit der kurzen Grundkündigungsfrist von 4 Wochen zum Monatsende oder zum 15. eines Kalendermonats kündigen.

Es sei denn, im Arbeitsvertrag oder in einem maßgeblichen Tarifvertrag ist anderes vereinbart. Oftmals ist deshalb vertraglich geregelt, dass die verlängerten Fristen von beiden Seiten einzuhalten sind.

Beschäftigungsdauer bei Arbeitnehmerkündigung irrelevant
Der seit dem Jahr 2000 bei dem Arbeitgeber beschäftigte Arbeitnehmer kann sein Arbeitsverhältnis durch Eigenkündigung am 2.12.2023 zum 31.12.2023 beenden.

71.1.2 Kündigungsfristen als Mindestfristen

Die Kündigungsfristen des § 622 BGB sind Mindestkündigungsfristen. Es steht dem Kündigenden frei, mit einer längeren Frist zu kündigen. Auch muss die Kündigung nicht am letztmöglichen Tag vor dem Beginn der für ihn einzuhaltenden Kündigungsfrist erfolgen. Die Kündigung kann früher ausgesprochen werden. Allerdings darf sie nicht unter dem Vorbehalt stehen, dass der Kündigende erst noch entscheiden will, ob und zu welchem Termin sie wirksam sein soll.[944] Wird die Kündigung nur deshalb vorzeitig ausgesprochen, um einen ansonsten einsetzenden besonderen Kündigungsschutz zu umgehen, ist sie unwirksam; so z. B. wenn kurz vor Eintreten des Alterskündigungsschutzes eine Kündigung zum Ablauf des nächsten Kalenderjahres ausgesprochen wird.[945] Zulässig ist allerdings, am Ende der Probezeit mit einer verlängerten Kündigungsfrist zu kündigen.[946]

943 BAG, Urteil v. 18.9.2014, 6 AZR 636/13.
944 BAG, Urteil v. 22.2.2018, 6 AZR 50/17.
945 BAG, Urteil v. 16.10.1987, 7 AZR 204/87.
946 BAG, Urteil v. 7.3.2002, 2 AZR 93/01.

71.1.3 Berechnung von Fristbeginn und Fristende

Beginn und Ende der Kündigungsfrist sind nach Maßgabe von §§ 187 ff. BGB zu berechnen.

- Der Fristbeginn richtet sich nach § 187 Abs. 1 BGB, d.h. der Zugangstag der Kündigung zählt für Beginn der Frist nicht mit.
- Das Fristende, also der Kündigungstermin, ist regelmäßig der Ablauf des 15. bzw. des letzten Tages im Monat, sodass sich eine Berechnung erübrigt.

Steht das Fristende jedoch nicht derart fest (z.B. bei einer nur nach Wochen bestimmten Frist etwa in der Probezeit oder bei einem Aushilfsverhältnis), endet die Kündigungsfrist nach § 188 Abs. 2 1. Alt. BGB mit dem Ablauf desjenigen Tages der letzten Woche oder des letzten Monats, welcher durch seine Benennung oder seine Zahl dem Tage entspricht, in den das Ereignis oder der Zeitpunkt fällt. D.h. es kann »tagegenau« gekündigt werden.

Beispiel: Zugangs- und Kündigungstermin bei Probezeitkündigung

Die Probezeitkündigung geht am Mittwoch, den 1.3., zu. Damit endet eine 2-wöchige Kündigungsfrist mit Ablauf des Mittwochs, den 15.3., dem letzten Tag des Arbeitsverhältnisses.

Das Fristende verschiebt sich auch dann nicht nach hinten, wenn es auf einen Samstag, Sonntag oder gesetzlichen Feiertag fällt. § 193 BGB ist auf Kündigungsfristen weder unmittelbar noch analog anwendbar.[947] Eine Verlängerung bis zum nächsten Werktag findet nicht statt.

71.1.4 Besondere Fälle

Kündigungsfrist im Aushilfsarbeitsverhältnis

Bei Arbeitnehmern, die vorübergehend zur Aushilfe eingestellt werden, gilt die Sonderregelung nach § 622 Abs. 5 Nr. 1 BGB. Mit diesen Aushilfsarbeitnehmern können für die ersten 3 Monate des Arbeitsverhältnisses Kündigungsfristen vereinbart werden, die die Mindestkündigungsfrist von 2 Wochen während der Probezeit unterschreiten. Vereinbart werden kann beispielsweise eine Kündigungsfrist von einer Woche, möglich ist jedoch auch eine Kündigungsfrist von einem Tag.

Voraussetzung für die Befugnis, eine kürzere Frist als 2 Wochen im Arbeitsvertrag vereinbaren zu können, ist jedoch, dass es sich bei dem Beschäftigungsverhältnis um ein vorübergehendes Aushilfsarbeitsverhältnis handelt. Eine vorübergehende Aushilfe liegt dann vor, wenn mit der Einstellung des Arbeitsverhältnisses ein nicht dauerhaf-

947 BAG, Urteil v. 5.3.1970, 2 AZR 112/69; BGH, Urteil v. 17.2.2005, III ZR 172/04.

ter Mehrbedarf an Arbeitskräften gedeckt werden soll. Ein solcher vorübergehender Mehrbedarf kann durch den Ausfall von regulären Arbeitskräften durch Krankheit oder Urlaub entstehen oder bei einem kurzfristigen zusätzlichen Beschäftigungsbedarf auftreten, beispielsweise bei Ernteeinsatz in der Landwirtschaft oder im Einzelhandel vor Weihnachten.

Verlängert sich das Aushilfsarbeitsverhältnis über die Dauer von 3 Monaten, wird die vereinbarte verkürzte Kündigungsfrist unwirksam. Dann gilt die normale Mindestkündigungsfrist von 2 Wochen, wenn noch eine Probezeit besteht, sonst die Grundkündigungsfrist von 4 Wochen zum Monatsende oder zum 15. eines Monats.

Kündigungsfrist im Kleinunternehmen

In Kleinunternehmen kann nach § 622 Abs. 5 Satz 1 Nr. 2 BGB abweichend von der Grundkündigungsfrist von 4 Wochen zum Monatsende oder zum 15. eines Monats eine Kündigungsfrist von 4 Wochen ohne Bindung an einen bestimmten Endtermin vereinbart werden.

Diese Verkürzung der Kündigungsfrist auf 4 Wochen ohne Bindung an das Monatsende oder den 15. des Monats als Kündigungstermin ist allerdings nur zulässig, wenn der Arbeitgeber in der Regel nicht mehr als **20 Arbeitnehmer** beschäftigt, ausschließlich der zu ihrer Berufsbildung Beschäftigten. Teilzeitbeschäftigte Arbeitnehmer mit einer regelmäßigen wöchentlichen Arbeitszeit mit nicht mehr als 20 Stunden sind mit 0,5 und mit nicht mehr als 30 Stunden mit 0,75 zu berücksichtigen.

Zu beachten ist, dass die Verkürzung der Mindestkündigungsfrist für Kleinunternehmen nur für die Grundkündigungsfrist von 4 Wochen zum Monatsende oder zum 15. eines Monats gilt, weil § 622 Abs. 5 BGB nur auf Abs. 1 dieser Vorschrift verweist und nicht auch auf Abs. 2.

Ab einer Betriebszugehörigkeit von 2 Jahren oder mehr sind daher auch Kleinunternehmen an die verlängerten Kündigungsfristen nach § 622 Abs. 2 BGB gebunden. Kürzere Kündigungsfristen im Arbeitsvertrag sind unwirksam.[948]

In Arbeitsverträgen von Kleinunternehmen kann zur Anwendung des § 622 Abs. 5 Nr. 2 BGB folgende Formulierung verwendet werden:

Formulierungsvorschlag: Kündigungsfrist in Kleinunternehmen

Das Arbeitsverhältnis kann von beiden Parteien mit einer Frist von 4 Wochen ordentlich gekündigt werden. Eine für den Arbeitgeber nach § 622 Abs. 2 BGB verbindliche Verlängerung der Kündigungsfrist ist auch für eine Kündigung durch den Arbeitnehmer verbindlich.

948 LAG Rheinland-Pfalz, Urteil v. 7.6.2023, 5 Sa 324/22.

Ein weiterer Verweis auf die Besonderheit der Kleinunternehmerregelung ist nicht erforderlich. Ab dem Überschreiten des Schwellenwerts gilt die allgemeine Kündigungsfrist des § 622 Abs. 1 BGB.

71.1.5 Spezialgesetzliche Regelungen

Die allgemeinen Kündigungsfristen und Kündigungstermine des § 622 BGB gelten, sofern keine **besonderen gesetzlichen Bestimmungen** einschlägig sind, etwa § 169 SGB IX (Mindestkündigungsfrist von 4 Wochen bei schwerbehinderten Arbeitnehmern), § 22 BBiG (Kündigung eines Berufsausbildungsverhältnisses), § 113 InsO (Kündigung durch den Insolvenzverwalter), § 19 BEEG (Arbeitnehmerkündigung zum Ende der Elternzeit nur unter Einhaltung einer Kündigungsfrist von 3 Monaten) oder § 66 SeeArbG (für Besatzungsmitglieder und Kapitäne von Schiffen).

71.2 Tarifliche Kündigungsfristen

Durch Tarifverträge können Kündigungsfristen vereinbart werden, die zugunsten oder zuungunsten des Arbeitnehmers von den gesetzlichen Regelungen in § 622 Abs. 1–3 BGB abweichen. Das Benachteiligungsverbot in § 622 Abs. 6 BGB hat auch für die Tarifvertragsparteien Geltung. Ausgenommen hiervon sind Stichtags- und Rückzahlungsregelungen. Tarifliche Regelungen, die die gesetzliche Mindestkündigungsfrist von 2 Wochen während der Probezeit oder die Grundkündigungsfrist von 4 Wochen zum Monatsende oder zum 15. eines Monats unterschreiten, sind ebenso zulässig wie tarifvertragliche Kündigungsfristen, die die aufgrund der Beschäftigungsdauer verlängerten gesetzlichen Kündigungsfristen unterschreiten oder modifizieren.[949] Zulässig sind Verkürzungen oder Verlängerungen dieser Kündigungsfristen oder auch Modifikationen, beispielsweise Sonderregelungen für bestimmte Berufsgruppen oder für Klein- oder für Großunternehmen. Eine tarifvertragliche Regelung, die für Kleinbetriebe einheitliche Kündigungsfristen und Kündigungstermine ohne Staffelung nach Betriebszugehörigkeit und Alter vorsieht, ist wirksam.[950]

Bindung an den Gleichbehandlungsgrundsatz

Gebunden sind die Tarifvertragsparteien bei der Festlegung von Kündigungsfristen allerdings an den Gleichbehandlungsgrundsatz nach Art. 3 GG und an das Allgemeine Gleichbehandlungsgesetz (AGG). Die Tarifvertragsparteien sind als Normgeber bei

949 § 622 Abs. 4 BGB; LAG Schleswig-Holstein, Urteil v. 3.6.2020, 1 Sa 72/20; BAG, Urteil v. 24.10.2019, 2 AZR 158/18; BAG, Urteil v. 3.7.2019, 10 AZR 300/18.

950 BAG, Urteil v. 23.4.2008, 2 AZR 21/07 zu einer einheitlichen tariflichen Kündigungsfrist von 6 Wochen zum Ende eines Kalendermonats; BAG, Urteil v. 24.10.2019, 2 AZR 158/18.

der tariflichen Normsetzung hier jedenfalls mittelbar grundrechtsgebunden.[951] Das bedeutet, dass unterschiedliche Regelungen für Arbeiter oder Angestellte nur rechtmäßig sind, wenn hierfür ein sachlicher Grund besteht.

Geltungsbereich

Die tarifliche Kündigungsfrist gilt zwischen tarifgebundenen Arbeitgebern und tarifgebundenen Arbeitnehmern, d.h. zwischen Arbeitgebern, die Mitglied des zuständigen Arbeitgeberverbands sind, und Gewerkschaftsmitgliedern. Darüber hinaus gelten die gegenüber den gesetzlichen Kündigungsfristen kürzeren tarifvertraglichen Kündigungsregelungen im Geltungsbereich des Tarifvertrags auch zwischen nicht tarifgebundenen Arbeitgebern und Arbeitnehmern, wenn im Arbeitsvertrag die Anwendung des Tarifvertrags vereinbart wurde[952] oder der Tarifvertrag kraft Allgemeinverbindlichkeit gilt.

951 BGBl 2006 I S. 1897; s. dazu Allgemeines Gleichbehandlungsgesetz und Mobbing; BAG, Urteil v. 24.10.2019, 2 AZR 158/18; LAG Hamburg, Urteil v. 11.1.2018, 7 Sa 91/17; BAG, Urteil v. 27.5.2020, 5 AZR 258/19; BAG, Urteil v. 19.11.2020, 6 AZR 450/19.

952 § 622 Abs. 4 Satz 2 BGB.

72 Kündigung, personenbedingte: Voraussetzungen

Autor: Dr. Roman Frik

Überblick

Der Beitrag stellt die allgemeinen Voraussetzungen der personenbedingten Kündigung dar.

Gesetzliche Grundlage für die personenbedingte Kündigung ist § 1 Abs. 2 KSchG. Die weiteren Voraussetzungen werden maßgeblich von zahllosen Entscheidungen der Rechtsprechung festgelegt.

72.1 Zulässigkeit der personenbedingten Kündigung

72.1.1 Anwendungsbereich der personenbedingten Kündigung

Personenbedingte Gründe zur Kündigung sind solche, die auf den persönlichen Eigenschaften, Fähigkeiten und Fertigkeiten des Arbeitnehmers, also auf einer in seiner Sphäre liegenden »Störquelle« beruhen.

Da das Verhältnis von Leistung (Arbeitsleistung des Arbeitnehmers) und Gegenleistung (Vergütungspflicht des Arbeitgebers) im Arbeitsverhältnis ausgewogen sein soll (Austauschcharakter des Arbeitsverhältnisses), muss der Arbeitgeber die Möglichkeit erhalten, das Arbeitsverhältnis aufzulösen, wenn der Arbeitnehmer die geschuldete Arbeitsleistung nicht erbringen kann.

Keine Fähigkeit und Eignung zur Erbringung der geschuldeten Arbeitsleistung
Der personenbedingte Kündigungsgrund ist rein objektiv: Ein Verschulden ist nicht Voraussetzung.

Personenbedingte Kündigungsgründe sind vielmehr dadurch gekennzeichnet, dass der Arbeitnehmer von seinen persönlichen Voraussetzungen her die Fähigkeit und Eignung verloren (oder nie besessen) hat, die geschuldete Arbeitsleistung zu erbringen.

Das macht aber die Stellung des Arbeitgebers bei der bei jeder Kündigung vorzunehmenden Interessenabwägung schwerer: Gewisse Vertragsbeeinträchtigungen wird er eher hinnehmen müssen als bei einer verhaltensbedingten Kündigung. Trifft jedoch eine der Vertragsparteien am Leistungs- oder Eignungsverlust ein Verschulden (z. B. vom Arbeitnehmer selbstverschuldete Erkrankung oder vom Arbeitgeber verschuldeter Arbeitsunfall), ist dies bei der Interessenabwägung ebenfalls zu berücksichtigen.

Beispiel: Selbstverschuldeter persönlicher Kündigungsgrund

Ein Kraftfahrer verliert wegen einer Trunkenheitsfahrt mit anschließendem Unfall für 1½ Jahre die Fahrerlaubnis. Wenn der Arbeitgeber keine Möglichkeit hat, ihn anderweitig zu beschäftigen, wird eine Überbrückung dieser langen Zeit ihm kaum zumutbar sein. Schließlich hat der Arbeitnehmer den Kündigungsgrund selbst verschuldet.

Erfordernis einer Abmahnung entfällt / Abmahnung ist milderes Mittel
Das Fehlen dieser Fähigkeit und Eignung ist in vielen Fällen vom Arbeitnehmer nicht oder nicht mehr steuerbar. Es kann von ihm nicht »abgestellt« werden. Deshalb entfällt in solchen Fällen auch das Erfordernis einer Abmahnung.

Denkbar sind aber auch Fälle, in denen der Arbeitnehmer in der Lage wäre, die fehlende Fähigkeit und Eignung (wieder) zu erlangen:

Beispiel: Fehlende Fähigkeit und Eignung (wieder) erlangen

- Der Arbeitnehmer kann die geschuldete Tätigkeit nicht mehr ordnungsgemäß verrichten, weil er den erforderlichen neuesten Kenntnisstand nicht hat. Eine Schulung könnte Abhilfe schaffen.
- Der ausländische Arbeitnehmer hat keine Arbeitserlaubnis mehr. Er könnte eine Verlängerung der Arbeitserlaubnis beantragen.
- Der Arbeitnehmer könnte eine Rehabilitationsmaßnahme beantragen, die seinen allgemeinen Gesundheitszustand voraussichtlich verbessern und zu weniger krankheitsbedingten Fehlzeiten führen würde.

In solchen Fällen ist als milderes Mittel die Abmahnung auszusprechen, um den Arbeitnehmer zur Behebung der Störung des Arbeitsverhältnisses zu veranlassen. Aber auch andere mildere Mittel sind hier vor dem Ausspruch einer Kündigung auszuschöpfen.[953]

Die fehlende Steuerungsmöglichkeit ist keine Voraussetzung für einen personenbedingten Kündigungsgrund.

Achtung: Krankheit ist häufigster Fall

Der weitaus häufigste Fall der personenbedingten Kündigung ist die Krankheit. Siehe dazu auch Kapitel 74 und 75.

72.1.2 Die außerordentliche personenbedingte Kündigung

Ist eine ordentliche Kündigung durch Tarifvertrag ausgeschlossen, kann der Ausspruch einer außerordentlichen Kündigung ausnahmsweise in Betracht kommen.

953 BAG, Urteil v. 20.11.2014, 2 AZR 755/13 zur Durchführung eines bEM vor dem Ausspruch einer Kündigung.

Gleiches gilt, wenn das Recht zur ordentlichen Kündigung – wie bei Betriebsratsmitgliedern – gesetzlich ausgeschlossen ist.

In solchen Fällen muss der Arbeitgeber die für eine ordentliche Kündigung längste Kündigungsfrist (soziale Auslauffrist) wählen.

Auch wegen Krankheit ist in diesen Fällen eine außerordentliche Kündigung grundsätzlich anerkannt. Bei einem Arbeitsverhältnis, bei dem feststeht, dass der Arbeitnehmer in Zukunft die geschuldete Arbeitsleistung überhaupt nicht mehr erbringen kann (sog. sinnentleertes Arbeitsverhältnis), ist das Arbeitsverhältnis ganz erheblich gestört – die auf das jeweilige Arbeitsverhältnis bezogene unzumutbare betriebliche Beeinträchtigung besteht dann darin, dass der Arbeitgeber damit rechnen muss, der Arbeitnehmer sei auf Dauer außerstande, die von ihm geschuldete Arbeitsleistung zu erbringen.

Die außerordentliche Kündigung kann nur innerhalb einer Frist von 2 Wochen erfolgen (§ 626 Abs. 2 Satz 2 BGB). Nach § 626 Abs. 2 Satz 2 BGB beginnt die Frist mit dem Zeitpunkt, in dem der Kündigungsberechtigte von den für die Kündigung maßgeblichen Tatsachen Kenntnis erlangt.

Bei sog. Dauertatbeständen (z.B. außerordentlicher Kündigung eines tariflich Unkündbaren wegen dauernder krankheitsbedingter Arbeitsunfähigkeit) beginnt die Frist mit dem letzten Vorfall, der ein weiteres und letztes Glied in der Kette gleich gelagerter Ereignisse bildet.

72.1.3 Die Sozialwidrigkeit der Kündigung nach dem KSchG

Das KSchG verlangt vom Arbeitgeber die Rechtfertigung der Kündigungsgründe. Es nennt u.a. in § 1 Abs. 2 KSchG die personenbedingte Kündigung. Zudem kommen nach § 1 Abs. 2 Sätze 2 und 3 KSchG noch die absoluten Gründe der Sozialwidrigkeit in Betracht. Hiernach ist eine Kündigung immer dann sozial ungerechtfertigt, wenn eine Weiterbeschäftigungsmöglichkeit für den Arbeitnehmer in demselben Betrieb oder in einem anderen Betrieb des Unternehmens (= der Rechtsträger) an einem anderen Arbeitsplatz besteht. Dabei kommt es entgegen dem Wortlaut der Vorschrift nicht darauf an, ob der Betriebsrat deshalb tatsächlich der Kündigung widersprochen hat, weil sonst der Kündigungsschutz des Arbeitnehmers zu stark eingeschränkt wäre und der Betriebsrat eine Sperrfunktion hätte.

Ultima-ratio-Prinzip / Vorrang von Versetzung, Änderungskündigung, Abmahnung, Umschulung oder Fortbildung

Die Kündigung kommt nur als äußerstes Mittel erst dann in Betracht, wenn keine andere Möglichkeit zu einer anderweitigen Beschäftigung, unter Umständen auch mit schlechteren Arbeitsbedingungen besteht. Dabei können dem Arbeitgeber aber nur die milderen Mittel auferlegt werden, die ihm rechtlich und tatsächlich möglich und zumutbar sind. Vorrang vor der Beendigungskündigung haben Versetzung, Änderungskündigung (s. u.), Abmahnung, Umschulung oder Fortbildung.

Die Interessenabwägung hat bei personenbedingten Kündigungen eine besondere Funktion. Es geht darum, das Gewicht der Vertragsbeeinträchtigung festzustellen. Dies geschieht unter Berücksichtigung sozialer Erwägungen (z. B. Alter, Dauer der Betriebszugehörigkeit, beanstandungsfreie Arbeitsleistungen, Unterhaltsverpflichtungen, besondere Stresssituation, bei Krankheit z. B., ob ein Arbeitsunfall vorliegt).

Darlegungs- und Beweislast
Die Darlegungs- und Beweislast für die Tatsachen, die die personenbedingte Kündigung rechtfertigen, trägt nach § 1 Abs. 2 Satz 4 KSchG der Arbeitgeber.

72.2 Prüfungsschritte für die personenbedingte Kündigung

Es kommt auf folgende Prüfungsschritte an:
1. Gründe in der Person des Arbeitnehmers (persönliche Fähigkeiten oder Eigenschaften stehen künftiger Erfüllung arbeitsvertraglicher Verpflichtungen entgegen).
2. Negative Prognose: Ist davon auszugehen, dass der Arbeitnehmer auch in Zukunft seine Arbeitsleistung ganz oder teilweise nicht mehr erbringen kann?
3. Erhebliche Beeinträchtigung betrieblicher oder wirtschaftlicher Interessen durch die personenbedingten Gründe.
4. Fehlende Weiterbeschäftigungsmöglichkeit: Ist eine Versetzung auf einen anderen Arbeitsplatz möglich und zumutbar? Das kann einvernehmlich, durch Zuweisung aufgrund Direktionsrechts oder durch Änderungskündigung, u. U. nach zumutbaren Umschulungs- oder Fortbildungsmaßnahmen in Betracht kommen.
5. Interessenabwägung.

72.2.1 Prüfungsschritt 1: Beispiele für Gründe in der Person des Arbeitnehmers

Folgende nicht abschließend aufgeführte Gründe können für eine personenbedingte Kündigung in Betracht kommen: Alkoholsucht, Alter, Arbeitserlaubnis, Arbeitsunfall, Berufskrankheit, Drogensucht, Druckkündigung, Eheschließung, Ehescheidung, Ehrenamt/politische Betätigung, Fehlende oder mangelhafte Eignung, Freiheitsstrafe, Führerscheinentzug, Krankheit, Untersuchungshaft.

In all diesen Fällen können die Gründe in der Person des Arbeitnehmers dazu führen, dass dieser die arbeitsvertraglich vereinbarten Pflichten nicht oder nur ungenügend erbringen kann.

Siehe zu den einzelnen Kündigungsgründen die Ausführungen in Kapitel 73.

72.2.2 Prüfungsschritt 2: Negative Prognose

Die Rechtmäßigkeit einer Kündigung wird für den Zeitpunkt ihres Zugangs untersucht. Die Kündigungsgründe sind aber ihrer Natur nach zukunftsbezogen, sie müssen auch für die Zukunft gelten. Denn § 1 Abs. 2 KSchG stellt darauf ab, ob die geltend gemachten Gründe einer »Weiterbeschäftigung« des Arbeitnehmers »entgegenstehen« (sog. negative Prognose). Es kommt damit darauf an, ob der Arbeitnehmer in Zukunft die geschuldete Arbeitsleistung ganz oder teilweise nicht erbringen kann.

Die Prognose ist dann negativ, wenn ein objektiver, die Fakten kennender Betrachter (damit wirken sich Informationslücken des Arbeitgebers nicht zulasten des Arbeitnehmers aus) im Zeitpunkt des Zugangs der Kündigung davon ausgehen musste, dass mit einer baldigen (Wieder-)Herstellung der Fähigkeit und Eignung zur ordnungsgemäßen Verrichtung der geschuldeten Tätigkeit nicht gerechnet werden kann.

72.2.3 Prüfungsschritt 3: Erhebliche Beeinträchtigung betrieblicher Interessen

Die Gründe in der Person müssen konkrete Auswirkungen auf den Betrieb haben. Es müssen bereits konkrete und erhebliche Störungen eingetreten sein, die im Zeitpunkt der Kündigung noch andauern und wegen des Prognoseprinzips auch künftig zu erwarten sind.

So kann die mangelnde Eignung zur deutlich vermehrten und nicht hinnehmbaren Ausschussproduktion, zu laufenden Kundenbeschwerden, zu Schadensersatz- oder Gewährleistungsforderungen, zur Herunterstufung in Lieferantenbewertungen, laufenden Systemabstürzen, Produktionsausfällen etc. geführt haben.

Häufige Kurzerkrankungen können gerade bei Arbeitnehmern in Schlüsselpositionen zum Ausfall ganzer Schichten führen, weil so schnell qualifizierter Ersatz nicht gefunden werden kann. Entgeltfortzahlungskosten im Krankheitsfall können nicht mehr akzeptable Ausmaße angenommen haben. Eine genaue Dokumentation der Beeinträchtigung (insbesondere auch für die ordnungsgemäße Betriebsratsanhörung) ist unerlässlich.

72.2.4 Prüfungsschritt 4: Vorrang von Versetzung und Änderungskündigung

Die Kündigung ist letztes Mittel (Ultima Ratio).

Weiterbeschäftigung an einem freien Arbeitsplatz

Deshalb muss zuerst eine Weiterbeschäftigung an einem freien Arbeitsplatz[954] im Betrieb oder in einem anderen Betrieb des Unternehmens, ggf. auch nach zumutbarer Umschulung oder Fortbildung geprüft werden.[955] Frei sind grundsätzlich nur solche Arbeitsplätze, die im Zeitpunkt des Zugangs der Kündigung unbesetzt sind. Kann der Arbeitgeber aber bei Ausspruch der Kündigung hinreichend sicher vorhersehen, dass ein Arbeitsplatz bis zum Ablauf der Kündigungsfrist zur Verfügung stehen wird, ist dieser ebenfalls »frei«.[956] Dabei spielt keine Rolle, ob der Arbeitgeber den Arbeitnehmer durch Direktionsrecht auf die freie Stelle versetzen kann oder erst eine Vertragsänderung, u. U. durch den Ausspruch einer Änderungskündigung, erforderlich ist. Als freier Arbeitsplatz kommt auch ein schlechterer als vorher in Betracht. Der Arbeitgeber muss dem Arbeitnehmer aber keine freie Beförderungsstelle anbieten.[957]

Abgestufte Darlegungs- und Beweislast

Hinsichtlich der Möglichkeit einer anderweitigen Weiterbeschäftigung gilt im Arbeitsgerichtsprozess eine abgestufte Darlegungs- und Beweislast: Es genügt zunächst der Vortrag des Arbeitgebers, eine anderweitige Beschäftigung sei im Betrieb oder Unternehmen nicht möglich. Dann ist es Sache des Arbeitnehmers, konkrete Vorstellungen zur Möglichkeit anderweitiger Beschäftigung zu äußern.[958] Erst dann muss der Arbeitgeber im Einzelnen erläutern und ggf. beweisen, aus welchen Gründen eine Umsetzung nicht möglich ist.

Umschulung und Fortbildungsmaßnahmen

Die Umschulung hat das Ziel, dem Arbeitnehmer die notwendige fachliche Qualifikation für die Ausübung eines anderen Berufs zu vermitteln.

Fortbildungsmaßnahmen bezwecken dagegen, den Arbeitnehmer in die Lage zu versetzen, den gestiegenen Anforderungen in seinem Beruf durch die Vermittlung der dafür notwendigen Kenntnisse und Fähigkeiten gerecht zu werden.

954 BAG, Urteil v. 7.2.1991, 2 AZR 205/90.
955 LAG Frankfurt, Urteil v. 12.12.1989, 7 Sa 521/89.
956 BAG, Urteil v. 20.6.2013, 2 AZR 583/12; BAG, Urteil v. 29.3.1990, 2 AZR 369/89.
957 BAG, Urteil v. 29.3.1990, 2 AZR 369/89.
958 BAG, Urteil v. 21.11.1985, 2 AZR 21/85; BAG, Urteil v. 20.1.1994, 2 AZR 489/93.

Der Arbeitgeber muss aber nur dann umschulen oder fortbilden, wenn im Zeitpunkt des Zugangs der Kündigung feststeht oder mit hinreichender Sicherheit voraussehbar ist, dass nach Abschluss der Maßnahme ein geeigneter freier Arbeitsplatz im Betrieb oder in einem anderen Betrieb des Unternehmens vorhanden ist.[959] Weil eine Umschulung nur mit Zustimmung des Arbeitnehmers erfolgen kann, kommt es nicht darauf an, ob der Arbeitgeber diesen nach der Maßnahme durch Direktionsrecht auf den neuen Arbeitsplatz versetzen könnte.

Hat der Arbeitgeber Maßnahmen geplant oder durchgeführt, die dazu führen, dass sich die Tätigkeit der betroffenen Arbeitnehmer ändert und ihre beruflichen Kenntnisse und Fähigkeiten zur Erfüllung ihrer Aufgaben nicht mehr ausreichen, hat der Betriebsrat nach § 97 Abs. 2 BetrVG bei der Einführung von Maßnahmen der betrieblichen Berufsbildung ein erzwingbares Mitbestimmungsrecht.

Was für den Arbeitgeber hinsichtlich einer Schulung oder Weiterbildung finanziell und zeitlich zumutbar ist, lässt das BAG offen. Zur Beantwortung dieser Frage muss eine Interessenabwägung vorgenommen werden. Zumindest ist eine Umschulung oder Fortbildung dann unzumutbar, wenn sie in angemessener Zeit offenbar keinen Erfolg verspricht bzw. sich über einen längeren Zeitraum (z. B. 2 Jahre) erstrecken müsste. Gleiches gilt, wenn der Erfolg der Maßnahme z. B. wegen des Bildungsstands des Arbeitnehmers oder wegen seines Alters ungewiss ist.

72.2.5 Prüfungsschritt 5: Interessenabwägung

Bei der Interessenabwägung ist zu prüfen, ob der Arbeitgeber die Störung im Arbeitsverhältnis billigerweise hinnehmen muss oder ob die Kündigung aus der Sicht eines verständigen Arbeitgebers als billigenswert und angemessen erscheint. Bei der personenbedingten Kündigung sind nach herrschender Meinung strenge Maßstäbe anzulegen.[960] Schließlich ist dem Arbeitnehmer in der Regel kein Verschulden vorzuwerfen, das sich zu seinen Ungunsten auswirken würde. Zudem kann sich aus dem Kündigungsgrund eine besondere soziale Schutzbedürftigkeit des Arbeitnehmers ergeben, die nach den gesetzgeberischen Wertentscheidungen zu seinen Gunsten zu berücksichtigen ist: z. B. Arbeitsunfall, Krankheit, altersbedingter Leistungsabfall.

Zugunsten des *Arbeitnehmers* sind zu berücksichtigen:

- Gründe in der Person sind auf betriebliche Umstände zurückzuführen (z. B. Betriebsunfall),
- Folge der jahrelangen Tätigkeit in diesem Betrieb; gesundheitsschädliche Arbeit[961],

959 BAG, Urteil v. 7.2.1991, 2 AZR 205/90.
960 BAG, Urteil v. 25.11.1982, 2 AZR 140/81.
961 BAG, Urteil v. 5.7.1990, 2 AZR 154/90.

- längere Betriebszugehörigkeit,
- fortgeschrittenes Lebensalter,
- Unterhaltsverpflichtungen,
- evtl. besondere Belastungen durch Hausbau,
- bisheriger günstiger Verlauf des Arbeitsverhältnisses.

Zulasten des *Arbeitnehmers* sind zu berücksichtigen:
- selbstverschuldete Herbeiführung des Leistungs- oder Eignungsmangels (z. B. grob fahrlässige Unfallverursachung; Entzug der Fahrerlaubnis eines Kraftfahrers wegen Trunkenheitsfahrt).

Zugunsten des *Arbeitgebers* sind zu berücksichtigen:
- erhöhte wirtschaftliche Auswirkungen,
- Belastbarkeit des Betriebs,
- vergebliche Versuche, die Ausfälle zu kompensieren,
- vergebliche Versuche, durch organisatorische Maßnahmen, insbesondere durch ein betriebliches Eingliederungsmanagement, den Ausfällen zu begegnen.

Zulasten des *Arbeitgebers* sind zu berücksichtigen:
- Verschulden des Arbeitgebers (z. B. unterlassene Sicherheitsmaßnahmen, Verletzung von Unfallverhütungsvorschriften),
- Möglichkeit, den Ausfall durch Springer oder sonstige Maßnahmen zu überbrücken.

72.3 Abgrenzung zu anderen Kündigungsgründen

Nach § 1 Abs. 2 KSchG muss die personenbedingte Kündigung zur betriebsbedingten und verhaltensbedingten Kündigung abgegrenzt werden.

Die betriebsbedingte Kündigung betrifft den Arbeitsplatz. Dagegen beziehen sich die personen- und verhaltensbedingten Gründe auf den Arbeitnehmer selbst. Hier kann man unterscheiden zwischen den Eigenschaften des Arbeitnehmers (= personenbedingt) und dem Verhalten (= verhaltensbedingt).

Auffangtatbestand

Eine genaue Abgrenzung zwischen der verhaltens- und personenbedingten Kündigung kann in Einzelfällen schwierig sein. Hilfreich ist hierbei die Erkenntnis, dass die personenbedingte Kündigung ein Auffangtatbestand[962] für Sachverhalte ist, bei denen eine betriebs- oder verhaltensbedingte Kündigung nicht möglich ist.

962 KE-Etzel, § 1 KSchG, Rz. 292 mit weiteren Nachweisen.

Die verhaltensbedingte Kündigung unterscheidet sich von der personenbedingten Kündigung dadurch, dass sie sich auf vertragswidriges Verhalten (Verstoß gegen arbeitsvertragliche Haupt- oder Nebenpflichten) des Arbeitnehmers bezieht. Liegt ein solches nicht vor, kommt allenfalls eine personenbedingte Kündigung in Betracht.

Mischtatbestand

Betrifft eine Kündigung mehrere Bereiche, liegt nach der Rechtsprechung[963] ein Mischtatbestand vor. Hier muss gefragt werden, aus welchem Bereich die Störung des Arbeitsverhältnisses kommt.

963 BAG, Urteil v. 17.5.1984, 2 AZR 109/83; BAG, Urteil v. 21.11.1985, 2 AZR 21/85.

73 Kündigung, personenbedingte: Einzelne Kündigungsgründe

Autor: Dr. Roman Frik

Überblick

Der Beitrag stellt einzelne personenbedingte Kündigungsgründe und ihre jeweiligen besonderen Voraussetzungen dar.

Gesetzliche Grundlage für die personenbedingte Kündigung ist § 1 Abs. 2 KSchG. Die weiteren Voraussetzungen werden maßgeblich von zahllosen Entscheidungen der Rechtsprechung festgelegt.

73.1 Alkoholsucht/Drogensucht

Soll eine Kündigung wegen Alkohol- und/oder Drogenkonsums ausgesprochen werden, muss geprüft werden, ob eine verhaltens- oder personenbedingte Kündigung in Betracht kommt. Grundsätzlich darf der Arbeitgeber davon ausgehen, dass das Trinkverhalten durch den Arbeitnehmer beherrschbar ist.

Ist der Arbeitnehmer in einem Stadium, in welchem der Trunksucht ein medizinischer Krankheitswert zukommt, finden die Grundsätze der krankheitsbedingten Kündigung Anwendung.[964] Ein solches Stadium ist erreicht, wenn der Arbeitnehmer die Selbstkontrolle verloren hat.[965] Wenn dies der Fall ist, kann man dem Arbeitnehmer, wenn er z. B. während der Arbeit trotz Alkoholverbots trinkt, nicht mehr verhaltensbedingt, sondern allenfalls krankheitsbedingt kündigen. Grund dafür ist, dass ihm der Vorwurf eines Pflichtverstoßes nicht gemacht werden kann, sondern die Vertragsbeeinträchtigung auf der Unfähigkeit zur Abstinenz beruht.[966]

Es kann grundsätzlich nicht davon ausgegangen werden, dass der Arbeitnehmer seine Alkoholabhängigkeit selbst verschuldet hat, da die Krankheit meist aufgrund eines Ursachenbündels eintritt, dessen einzelne Komponenten vom Süchtigen häufig nicht erkannt werden.[967] Das Gleiche kann auch bei einem Rückfall nach erfolgreich abgeschlossener Therapie gelten. Entscheidend ist hier die Frage nach dem Grund des Rückfalls im Einzelfall.

964 BAG, Urteil v. 13.12.1990, 2 AZR 336/90; LAG Düsseldorf, Urteil v. 17.10.1990, 11 Sa 773/90.
965 BAG, Urteil v. 1.6.1983, 5 AZR 536/80.
966 BAG, Urteil v. 20.12.2012, 2 AZR 32/11.
967 BAG, Urteil v. 13.12.1990, 2 AZR 336/90.

Einen Alkoholkranken hat der Arbeitgeber in der Regel zunächst aufzufordern, eine Entziehungskur zu machen. Vorher kann keine Gesundheitsprognose gestellt werden. Ist ein Alkoholkranker nicht therapiebereit, ist nach dem BAG[968] davon auszugehen, dass er in absehbarer Zeit nicht geheilt sein wird. Mangelnde Therapiebereitschaft kann angenommen werden, wenn der an Alkoholsucht leidende Arbeitnehmer erklärt, er sei nicht krank und bedürfe keiner Behandlung.[969] Besteht die Alkoholsucht auch nach durchgeführter Therapie fort, liegt eine ausreichende negative Prognose vor.[970] Nur wenn der Arbeitgeber nachweisen kann, dass es ausgeschlossen ist, dass eine Therapie zur Heilung führt, muss die Entziehungskur nicht vor der Kündigung durchgeführt werden.[971] Der Nachweis dürfte dem Arbeitgeber aber im Allgemeinen nicht gelingen.

73.2 Alter

Das Arbeitsverhältnis endet nicht automatisch, wenn der Arbeitnehmer die für ihn maßgebliche gesetzliche Regelaltersgrenze erreicht. Das Erreichen des Rentenalters allein ist auch kein in der Person des Arbeitnehmers liegender Grund für eine Kündigung.[972] Gleiches gilt für die Möglichkeit, Altersteilzeit in Anspruch nehmen zu können.[973]

Fehlt für ein unbefristetes Arbeitsverhältnis eine vertragliche Altersbegrenzung, kann nach vereinzelter Ansicht – unter Beachtung der dafür vorgesehenen gesetzlichen Beschränkungen des KSchG – eine Kündigung aus betriebsbedingten Gründen gerechtfertigt sein, wenn im Betrieb ein vernünftiger Altersaufbau erforderlich ist.[974] Vor dem Hintergrund des europarechtlichen allgemeinen Grundsatzes der Nicht-Diskriminierung wegen des Alters, konkretisiert in der Richtlinie 2000/78 v. 27.11.2000, ist diese Ansicht allerdings äußerst bedenklich.

Eine personenbedingte Kündigung kann (nur) in Betracht kommen, wenn altersbedingte Eignungs- und Leistungsmängel auftreten, die einer Erbringung der Arbeitsleistung vollständig entgegenstehen oder zu einer überdurchschnittlichen Abnahme der Leistungsfähigkeit geführt haben.

968 BAG, Urteil v. 13.12.1990, 2 AZR 336/90; BAG, Urteil v. 20.3.2014, 2 AZR 565/12.
969 BAG, Urteil v. 9.4.1987, 2 AZR 210/86.
970 LAG Hamm, Urteil v. 2.5.1986, 16 Sa 1987/85.
971 LAG Rheinland-Pfalz, Urteil v. 20.3.2008, 2 Sa 612/07.
972 § 41 Satz 1 SGB VI.
973 § 8 Abs. 1 ATG.
974 ErfK-Oetker, § 1 KSchG, Rz. 154 m. w. N.

73.3 Aufenthaltstitel mit Arbeitsberechtigung

Das Erlöschen der Arbeitserlaubnis (bzw. des Aufenthaltstitels mit der entsprechenden Berechtigung, einer entgeltlichen Tätigkeit nachzugehen)[975] führt nicht zur Nichtigkeit des Arbeitsverhältnisses[976], sondern zu einem Beschäftigungsverbot. Dies ist an sich als personenbedingter Kündigungsgrund geeignet[977], auch wenn noch nicht rechtskräftig über die Erteilung des Aufenthaltstitels mit Arbeitsberechtigung entschieden wurde. Wurde der Aufenthaltstitel rechtskräftig versagt, liegt ein dauerndes Beschäftigungsverbot vor, weshalb dem Arbeitnehmer die Arbeitsleistung (rechtlich) dauernd unmöglich ist. Deshalb ist hier eine ordentliche personenbedingte Kündigung sozial gerechtfertigt, ohne dass es noch einer ausdrücklichen Darlegung der Beeinträchtigung betrieblicher Interessen bedürfte.[978]

Ist noch nicht rechtskräftig entschieden, ist unklar, ob und gegebenenfalls wann der Arbeitnehmer zur Leistung der Dienste in der Lage sein wird. Der Arbeitgeber muss versuchen, den Ausfall entweder durch bereits beschäftigte Arbeitnehmer oder durch Einstellung einer Aushilfskraft zu überbrücken. War im Zeitpunkt des Kündigungszugangs nicht absehbar, wann entschieden wird, und hat der Arbeitgeber keine Möglichkeit der Überbrückung, kann personenbedingt gekündigt werden.[979]

73.4 Arbeitsunfall

Unter Berücksichtigung der Tatsache, dass der Arbeitnehmer bei einem Arbeitsunfall seine Gesundheit in Verrichtung seiner geschuldeten Tätigkeit verlor, gelten hier ganz besonders strenge Maßstäbe. Dies beginnt zunächst bei der Frage der anderweitigen Beschäftigungsmöglichkeit.[980] Der Arbeitgeber muss im Fall eines Arbeitnehmers mit Behinderung durch Arbeitsunfall einen freien Platz u. U. auch durch Versetzung eines anderen Arbeitnehmers durch Ausübung des Direktionsrechts schaffen.[981]

Der Arbeitgeber hat sich auch um die evtl. erforderliche Zustimmung des Betriebsrats zu bemühen. Zu einer weitergehenden Umorganisation oder zur Durchführung eines Zustimmungsersetzungsverfahrens gemäß § 99 Abs. 4 BetrVG ist der Arbeitgeber dagegen nicht verpflichtet. Kann der Arbeitnehmer nicht mehr vollschichtig arbeiten, muss der Arbeitgeber versuchen, einen entsprechenden Arbeitsplatz zu schaffen.

975 §§ 4 ff. AufenthG.
976 BAG, Urteil v. 28.2.1985, 2 AZR 536/83.
977 BAG, Urteil v. 7.2.1990, 2 AZR 359/89; zur alten Regelung des § 19 AFG.
978 LAG Hamm, Urteil v. 9.2.1999, 6 Sa 1700/98; vgl. auch BAG, Urteil v. 30.1.1986, 2 AZR 668/84.
979 BAG, Urteil v. 7.2.1990, 2 AZR 359/89; LAG Hamm, Urteil v. 9.2.1999, 6 Sa 1700/98.
980 BAG, Urteil v. 29.1.1997, 2 AZR 9/96.
981 Vgl. BAG, Urteil v. 29.1.1997, 2 AZR 9/96.

Die strengen Maßstäbe setzen sich bei der Interessenabwägung fort. Dem Arbeitgeber wird zugemutet, bei einem durch Arbeitsunfall beeinträchtigten Arbeitnehmer mehr hinzunehmen. Dies gilt natürlich ganz besonders, wenn den Arbeitgeber am Unfall ein Verschulden trifft.

73.5 Berufskrankheit

Auch hier werden besonders strenge Maßstäbe angewendet. Erschwerend kommt ein Verschulden des Arbeitgebers hinzu. Im Übrigen gelten die Grundsätze der krankheitsbedingten Kündigung.

73.6 Druckkündigung

Eine Druckkündigung liegt vor, wenn die Entlassung des Arbeitnehmers von anderen, meist von Arbeitskollegen, gefordert wird. Meist ist der Grund der Forderung ein bestimmtes Verhalten des Arbeitnehmers (z. B. autoritärer Führungsstil) oder eine besondere Eigenschaft des Arbeitnehmers.

Es ist schon auf der Rechtsebene streitig, ob es sich bei Gründen für eine Druckkündigung hier um einen verhaltens- oder personenbedingten oder sogar um einen betriebsbedingten Kündigungsgrund handelt. Zudem wird die Qualifizierung auch vom jeweiligen Einzelfall abhängen.

Die Rechtsprechung[982] verlangt, dass sich der Arbeitgeber zunächst schützend vor den Arbeitnehmer stellt, sofern kein Kündigungsgrund vorhanden ist. Er muss alles ihm Zumutbare getan haben, um den Druck der anderen Arbeitnehmer abzuwenden. Zudem ist es dem Arbeitgeber zumutbar, Arbeitnehmer bei Arbeitsniederlegung o.Ä. mit der Durchsetzung von Abmahnungen oder Entgeltkürzungen entgegenzutreten.[983] Gegebenenfalls wird ein solches Verhalten dann überdacht.

Gelingt dies nicht, hat er vorrangig anderweitige Beschäftigungsmöglichkeiten zu prüfen (Versetzung an einen anderen Arbeitsplatz, örtliche Separierung des Arbeitnehmers von den druckausübenden Dritten etc.). Auch dem betroffenen Arbeitnehmer ist dabei abzuverlangen, Nachteile in Kauf zu nehmen.[984] Nur dann, wenn dies nicht hilft und insbesondere die anderen Arbeitnehmer ernsthaft mit einer Eigenkündigung bzw. Kunden mit dem Auftragsentzug drohen, kann die Druckkündigung gerechtfer-

982 BAG, Urteil v. 19.6.1986, 2 AZR 563/85.
983 BAG, Urteil v. 15.12.2016, 2 AZR 431/15.
984 BAG, Urteil v. 11.2.1960, 5 AZR 210/58.

tigt sein.[985] Hat der Arbeitgeber die Drucksituation selbst verschuldet, fehlt die Rechtfertigung für die Kündigung.[986]

73.7 Eheschließung/Ehescheidung

Die Schließung einer Ehe ist grundsätzlich kein Kündigungsgrund. Sogenannte Zölibatsklauseln sind wegen Umgehung des allgemeinen Kündigungsschutzes und Verletzung der Art. 6 Abs. 1 und Art. 1, 2 GG nichtig.

Etwas anderes gilt, wenn die Eheschließung eines im kirchlichen Dienst stehenden Arbeitnehmers gegen fundamentale Grundsätze der kirchlichen Glaubens- und Sittenlehre oder gegen Kirchenrecht verstößt. Denn das kirchliche Selbstverwaltungsrecht ist gemäß Art. 140 GG in Verbindung mit Art. 137 Abs. 3 der Weimarer Reichsverfassung verfassungsrechtlich garantiert und im Einzelfall gegenüber den Grundrechten des Arbeitnehmers (Art. 6 Abs. 1 GG) abzuwägen.[987] Deshalb kann bei solchen Verstößen eine personenbedingte ordentliche Kündigung gerechtfertigt sein.[988]

73.8 Ehrenamt/Politische Betätigung

Die ehrenamtliche Tätigkeit in Vereinen mit karitativer, religiöser, künstlerischer oder sportlicher Zielsetzung kann eine personenbedingte Kündigung grundsätzlich nicht rechtfertigen.

Gleiches gilt für die politische Betätigung des Arbeitnehmers.

73.9 Fehlende oder mangelhafte Eignung

Die fehlende oder mangelhafte körperliche oder geistige Eignung stellt den klassischen personenbedingten Kündigungsgrund dar. Sie ist der Oberbegriff, vereinigt deshalb die einzeln aufgeführten Kündigungsgründe in sich und fängt die nicht im Einzelnen genannten personenbedingten Kündigungsgründe auf.

Die fehlende oder mangelhafte Eignung kann subjektiver oder objektiver Natur sein. Objektive Mängel liegen vor, wenn außerhalb der Persönlichkeit des Arbeitnehmers

985 BAG, Urteil v. 10.10.1957, 2 AZR 32/56; LAG Bremen, Urteil v. 17.6.2015, 3 Sa 129/14.
986 BAG, Urteil v. 26.1.1962, 2 AZR 244/61.
987 BAG, Urteil v. 4.3.1980, 1 AZR 125/78.
988 BAG, Urteil v. 4.3.1980, 1 AZR 125/78; BAG, Urteil v. 25.5.1988, 7 AZR 506/87; BAG, Urteil v. 16.9.2004, 2 AZR 447/03, allerdings zu einer Kündigung während der Wartezeit des § 1 Abs. 1 KSchG.

liegende, zur Verrichtung der Arbeit erforderliche Voraussetzungen fehlen. Ein subjektiver Mangel liegt vor, wenn dem Arbeitnehmer Eigenschaften fehlen, die er nach dem vertragsgemäßen Anforderungsprofil haben müsste.

Objektive Mängel
Der objektive Mangel betrifft eine mangelnde fachliche Qualifikation.

Beispiel: Beispiele für mangelnde fachliche Qualifikation:

- Fehlen der erforderlichen beruflichen Qualifikationsnachweise
- Nichtbestehen notwendiger Prüfungen
- mangelhafte Kenntnisse, Fähigkeiten oder Fertigkeiten im erlernten oder ausgeübten Beruf[989]
- Immatrikulation als Student für eine Tätigkeit als studentische Hilfskraft[990]

Subjektive Mängel
Der subjektive Mangel betrifft eine persönliche Ungeeignetheit.

Beispiel: Beispiele für persönliche Ungeeignetheit

- charakterliche Mängel
- geistige Schwächen
- gesundheitliche Probleme
- körperliche Schwächen
- mit der Tätigkeit nicht zu vereinbarende Weltanschauung

Leistungsstörung
Fälle fehlender oder mangelnder Eignung liegen vor, wenn dem Arbeitnehmer ohne Rücksicht auf sein Verschulden objektive Voraussetzungen oder subjektive Eigenschaften fehlen, die für eine ordnungsgemäße Erbringung der vertraglich geschuldeten Arbeitsleistung erforderlich sind. Fehlt die Eignung, besteht ein absolut vertragswidriger Zustand, ist sie mangelhaft, besteht ein relativ vertragswidriger Zustand.

Im öffentlichen Dienst kann sich diese fehlende geistige oder charakterliche Eignung auch aus begründeten Zweifeln an der Verfassungstreue des Arbeitnehmers wegen Sicherheitsbedenken ergeben. In der Privatwirtschaft betreffen solche »Sicherheitsbedenken« die Gefährdung von Betriebs- und Geschäftsgeheimnissen.

---

989 LAG Düsseldorf, Urteil v. 25.11.1960, 2 Sa 409/59.

990 BAG, Urteil v. 18.9.2008, 2 AZR 976/06; nicht dagegen ausreichend für eine personenbedingte Kündigung durch einen privaten Arbeitgeber ist der Wegfall der Sozialversicherungsfreiheit aufgrund überlanger Studiendauer: BAG, Urteil v. 18.1.2007, 2 AZR 731/05.

Beispiel: Fehlende Eignung

- Ein Arbeitnehmer, dem erhebliche Geldmengen anvertraut sind, ist spielsüchtig.
- Der Transportarbeiter kann wegen eines Wirbelsäulenschadens nur noch Gewichte bis 5 kg heben.
- Die Fließbandarbeiterin kann nicht mehr längere Zeit stehen.

In allen 3 Fällen liegt eine persönliche Ungeeignetheit vor.

Die Eignungsmängel können verschiedene Auswirkungen haben:

- Die geschuldete Arbeitsleistung kann gar nicht erbracht werden,
- die Arbeitsleistung kann nicht über die vereinbarte Zeit erbracht werden,
- die Arbeitsleistung kann nur zu geringerer oder mit minderer Qualität erbracht werden.

Schwierig ist die Beantwortung der Frage, welches Ausmaß dieser sogenannten Äquivalenzstörungen der Arbeitgeber noch hinzunehmen hat. Handelt es sich um objektive Eignungsmängel, wird in der Regel die Kündigung eher gerechtfertigt sein. Bei subjektiven Eignungsmängeln ist zunächst festzustellen, ob die vertragliche Hauptpflicht (= Arbeitspflicht) nicht oder mit minderer Qualität erbracht wurde oder die Störung bei den Nebenpflichten (z. B. Verletzung von Mitteilungspflichten) liegt.

Die vorliegenden und auch in Zukunft zu erwartenden Leistungsstörungen müssen einen erheblichen Umfang haben, um eine personenbedingte Kündigung rechtfertigen zu können. Schließlich muss bedacht werden, dass die Leistungsfähigkeit von Arbeitnehmern naturgemäß unterschiedlich ist.

Erhebliche Beeinträchtigung betrieblicher Interessen

Erforderlich ist zudem eine erhebliche Beeinträchtigung der betrieblichen Interessen.[991]

Im Endeffekt geht es darum, ob der Vergütungszahlung durch den Arbeitgeber noch eine nach betriebswirtschaftlichen und arbeitswissenschaftlichen Grundsätzen ausgerichtete adäquate Arbeitsleistung gegenübersteht.[992] Es kommt nach Auffassung des BAG[993] darauf an, ob die Arbeitsleistung die berechtigte Erwartung des Arbeitgebers von der Gleichwertigkeit der beiderseitigen Leistungen in einem Maße unterschreitet, dass ihm ein Festhalten an dem (unveränderten) Arbeitsvertrag unzumutbar ist.

Bei einer teilweisen Leistungsminderung bezeichnete das BAG[994] eine 30%ige Leistungsminderung als kündigungsrelevant. Eine Auswertung einschlägiger Entschei-

---

991 BAG, Urteil v. 26.9.1991, 2 AZR 132/91.
992 Vgl. BAG, Urteil v. 26.9.1991, 2 AZR 132/91.
993 BAG, Urteil v. 11.12.2003, 2 AZR 667/02.
994 BAG, Urteil v. 26.9.1991, 2 AZR 132/91.

dungen der Instanzgerichte ergab, dass im Durchschnitt eine Kündigung als berechtigt angesehen wurde, wenn der Arbeitnehmer über einen Zeitraum von 4 Jahren ca. 25% der geforderten Leistung nicht erbrachte.[995]

Mangelnde Eignung oder mangelnde Leistungsfähigkeit?
Bei körperlicher oder gesundheitlicher Ungeeignetheit finden die Grundsätze der krankheitsbedingten Kündigung Anwendung, wenn es sich um einen Zustand von Dauer oder einen solchen auf unbestimmte Zeit handelt[996] oder der Arbeitnehmer seine Leistungsmängel nicht mehr steuern kann.[997]

Die Frage, ob eine mangelnde oder fehlende Eignung oder eine krankheitsbedingte Minderung der Leistungsfähigkeit vorliegt, lässt sich wie folgt beantworten[998]:

Fälle mangelnder Eignung liegen vor, wenn dem Arbeitnehmer objektive Voraussetzungen oder subjektive Eigenschaften fehlen, die für eine ordnungsgemäße Erbringung der vertraglich geschuldeten Arbeitsleistung erforderlich sind.

Mangelnde Leistungsfähigkeit liegt vor, wenn der Arbeitnehmer aufgrund persönlicher Eigenschaften nicht in der Lage ist, die Leistung eines vergleichbaren durchschnittlichen Arbeitnehmers zu erreichen. In der Praxis besteht für den Arbeitgeber die Schwierigkeit, dass er nicht in den Arbeitnehmer »hineinschauen« kann, um zu erkennen, was der Grund für dessen Minderleistung ist. Stellt sich nämlich heraus, dass der Arbeitnehmer durchaus geeignet für die Tätigkeit ist und auch in ausreichendem Umfang und erforderlicher Qualität die Leistung erbringen könnte, liegt der Grund für die Minderleistung also in seinem Verhalten, kommt allein eine verhaltensbedingte Kündigung in Betracht.

Tipp: Ermittlung des Grundes der Minderleistung

Ist für den Arbeitgeber nicht ausreichend erkennbar, ob der Minderleistende nicht arbeiten »will« oder dies schlichtweg nicht »kann«, sollte er ihn in einem Personalgespräch konkret auf das Problem ansprechen und nach dem Grund fragen. Deutet er eine mangelnde Eignung oder mangelnde Leistungsfähigkeit an, sollten dem Arbeitnehmer geeignete Schulungs- und Fortbildungsmaßnahmen angeboten werden. Lehnt dies der Arbeitnehmer ab oder bleibt die Schulung fruchtlos, beeinflusst dies die Interessenabwägung für die Kündigung zugunsten des Arbeitgebers. Deutet der Arbeitnehmer dagegen seine Leistungsunwilligkeit an, kommt eine Abmahnung in Betracht, ggf. auch erst nach einer weiteren Beobachtungsphase. Bleibt trotz Personalgespräch die Ursache im Dunkeln, sollte vorsorglich abgemahnt werden, auch auf die Gefahr hin, dass die Abmahnung unberechtigt ist.

---

995 Hunold, Krankheit des Arbeitnehmers 1984, S. 268; Weber NZA 1989, S. 51; Weisemann BB 1977, S. 1647.
996 BAG, Urteil v. 21.2.1985, 2 AZR 72/84; BAG, Urteil v. 10.12.1987, 2 AZR 515/87.
997 LAG Hamm, Urteil v. 29.2.1996, 4 Sa 289/95.
998 LAG Hamm, Urteil v. 29.2.1996, 4 Sa 289/95.

Vereinfachte Darlegungs- und Beweislast

Die Rechtsprechung gewährt dem Arbeitgeber eine vereinfachte Darlegungs- und Beweislast bei Leistungen, die gegenüber dem Durchschnitt vergleichbarer Mitarbeiter um mindestens ein Drittel niedriger sind.[999]

Der Arbeitgeber genügt dann seiner Darlegungspflicht, wenn er Tatsachen vorträgt, aus denen ersichtlich ist, dass die Leistungen des Arbeitnehmers mehr als ein Drittel hinter denen vergleichbarer Arbeitnehmer zurückbleiben. Dann ist es Sache des Arbeitnehmers, hierauf zu entgegnen, z. B. darzulegen, warum er mit seiner deutlich unterdurchschnittlichen Leistung dennoch seine persönliche Leistungsfähigkeit ausschöpft. Trägt der Arbeitnehmer derartige Umstände nicht vor, gilt das schlüssige Vorbringen des Arbeitgebers als zugestanden.[1000] Es ist dann davon auszugehen, dass der Arbeitnehmer seine Leistungsfähigkeit nicht ausschöpft.[1001] Trägt der Arbeitnehmer Entschuldigungsgründe vor, ist es wiederum Sache des Arbeitgebers, diese Gründe zu widerlegen.

Neben den vorgenannten quantitativen Leistungsmängeln gewährt das BAG die vereinfachte Darlegungs- und Beweislast auch bei qualitativen Leistungsmängeln, z. B. wenn die Fehlerquote des Arbeitnehmers dreimal so hoch wie beim Durchschnitt der vergleichbaren Mitarbeiter ist.[1002]

Tipp: Messbarkeit der Minderleistung

Nur bei wenigen Tätigkeiten ist die Leistung von Arbeitnehmern vollständig mess- und vergleichbar. Im gewerblichen Bereich können teilweise produzierte oder transportiere Stückzahlen pro Zeiteinheit ermittelt und verglichen werden. Bei eher intellektuellen Tätigkeiten fällt eine Messbarkeit meist aus. Hier kann es helfen, den Arbeitnehmern bestimmte Aufgaben und Ziele mit konkreten Fristen zu nennen oder sogar zu vereinbaren und sie anschließend daran zu messen.

73.10 Freiheitsstrafe/Straftat

Die Arbeitsverhinderung aufgrund der Verbüßung einer Freiheitsstrafe kann einen personenbedingten Kündigungsgrund darstellen.

Bei Straftaten im Arbeitsverhältnis, d. h. bei Ausübung der vertraglich vorgesehenen Tätigkeit, wird allerdings grundsätzlich eine verhaltensbedingte Kündigung (ggf. fristlose Kündigung) auszusprechen sein.

---

999 BAG, Urteil v. 11.12.2003, 2 AZR 667/02; BAG, Urteil v. 3.6.2004, 2 AZR 386/03.

1000 § 138 Abs. 3 ZPO.

1001 BAG, Urteil v. 11.12.2003, 2 AZR 667/02.

1002 BAG, Urteil v. 17.1.2008, 2 AZR 536/06.

Wurde die Straftat vom Arbeitnehmer außerdienstlich, privat verübt, ist sie selbst, ohne dass noch weitere Umstände hinzukommen, nur dann ein personenbedingter Kündigungsgrund, wenn sich aus ihr die fehlende Eignung des Arbeitnehmers für den konkret ausgeübten Beruf ergibt[1003] (Beispiele: der Bankkassierer wird wegen Betrugsdelikten im privaten Bereich verurteilt; der Lehrer wegen privater Kindesmisshandlung; Diebstahl zulasten einer Konzernschwester des Arbeitgebers[1004]). Im öffentlichen Dienst ist zu beachten, dass außerdienstliche Vorgänge Einfluss auf die dienstliche Verwendbarkeit haben können, da das Verhalten eines Arbeitnehmers in der Öffentlichkeit an einem strengeren Maßstab gemessen wird als in der Privatwirtschaft.[1005] Führt das außerdienstliche Verhalten nicht zur Anklageerhebung, kann es bei Bezug zum Arbeitsverhältnis dennoch als personenbedingter Kündigungsgrund ausreichen (Beispiel: ein Lehrer pflegt sittenwidrigen Umgang mit Schülern in der Freizeit[1006]).

Fehlt der Bezug zur Eignung für die vertragliche Tätigkeit, ist nicht die Straftat, sondern die Arbeitsverhinderung aufgrund der Freiheitsstrafe ein personenbedingter Kündigungsgrund. Entscheidend sind die Dauer des Ausfalls und die daraus resultierenden negativen betrieblichen Auswirkungen. Wegen der eigenen Verantwortung mutet das BAG bei einer Strafhaft dem Arbeitgeber geringere Belastungen zu.[1007]

73.11 Freiwilliger Wehrdienst/Bundesfreiwilligendienst

Durch einen freiwilligen Wehrdienst wird eine Kündigung nicht gerechtfertigt (vgl. z. B. § 2 ArbPlSchG; § 78 ZDG). Ein längerer ausländischer Wehrdienst (z. B. 12 Monate) könnte, wenn die Zeit nicht anders überbrückbar ist, eine Kündigung rechtfertigen[1008]

73.12 Führerschein-/Fahrerlaubnisentzug

Der Entzug der Fahrerlaubnis ist bei Arbeitnehmern, die ohne Führerschein die arbeitsvertraglich geschuldete Leistung nicht erbringen können, ein personenbedingter Kündigungsgrund.[1009] Die Kündigung ist möglich, wenn der Arbeitnehmer nicht auf einem anderen (freien) Arbeitsplatz weiterbeschäftigt werden kann[1010] und andere Überbrückungsmaßnahmen nicht zumutbar sind.

1003 BAG, Urteil v. 8.6.2000, 2 AZR 638/99.
1004 BAG, Urteil v. 20.9.1984, 2 AZR 233/83.
1005 BAG, Urteil v. 8.6.2000, 2 AZR 638/99.
1006 BAG, Urteil v. 27.11.2008, 2 AZR 98/07.
1007 BAG, Urteil v. 22.9.1994, 2 AZR 719/93.
1008 BAG, Urteil v. 20.5.1988, 2 AZR 682/87.
1009 BAG, Urteil v. 30.5.1978, 2 AZR 630/76; BAG, Urteil v. 25.4.1996, 2 AZR 74/95; BAG, Urteil v. 5.6.2008, 2 AZR 984/06; LAG Niedersachsen, Urteil v. 9.9.2003, 13 Sa 699/03.
1010 LAG Hamm, Beschluss v. 20.4.1988, 3 TaBV 27/88; BAG, Urteil v. 16.8.1990, 2 AZR 182/90; LAG Niedersachsen, Urteil v. 9.9.2003, 13 Sa 699/03.

Ist die Fahrtätigkeit nicht Hauptpflicht (wie beim Kraftfahrer), sondern nur Voraussetzung, um zum Ort der Arbeitsleistung zu gelangen (Außendienstmitarbeiter), könnte der Arbeitnehmer zur Vermeidung einer arbeitgeberseitigen Kündigung dem Arbeitgeber anbieten, dass er mit öffentlichen Verkehrsmitteln tätig werden oder auf eigene Kosten einen Fahrer einsetzen könne. Im ersten Fall kommt es auf die Realisierbarkeit an. Ein milderes Mittel als die Kündigung liegt zweifellos vor. Die Versetzung aus einem Landbezirk in einen Stadtbezirk, in dem der Arbeitnehmer mit öffentlichen Verkehrsmitteln oder mittels Mofa oder Fahrrad seine Aufgaben erledigen konnte, hielt das Landesarbeitsgericht Hamm[1011] für zumutbar. Auf das Angebot, sich durch einen fremden Fahrer auf eigene Kosten fahren zu lassen, wird der Arbeitgeber im Hinblick auf die Haftungsrisiken zumindest dann nicht eingehen müssen, wenn der Dritte das Firmen-Kfz benutzen soll.

Wird die Fahrerlaubnis nur vorläufig entzogen, werden dem Arbeitgeber bis zur endgültigen Entscheidung Überbrückungsmaßnahmen eher zugemutet.[1012]

Fristlose Kündigung möglich?

Häufig denkt der Arbeitgeber eines Kraftfahrers, der die Fahrerlaubnis verloren hat, an eine fristlose Kündigung. Diese bedarf, abgesehen von der zweiwöchigen Ausschlussfrist in § 626 Abs. 2 BGB, eines wichtigen Grundes, der so wichtig ist, dass nicht einmal die Einhaltung einer ordentlichen Kündigungsfrist zumutbar ist. Hier muss der Arbeitgeber zuerst prüfen, ob zumindest bis zum Ablauf der ordentlichen Kündigungsfrist zugewartet und dem Arbeitnehmer eine andere Arbeit zugeteilt werden kann.[1013]

Betriebliche Fahrerlaubnis

Der Entzug einer betrieblichen Fahrerlaubnis ist nicht mit dem Entzug der allgemeinen Fahrerlaubnis gleichzusetzen. Da der Arbeitgeber willkürlich die Fahrerlaubnis entziehen könnte, würde er hierdurch eigene Kündigungsgründe schaffen. Um überhaupt als personenbedingter Kündigungsgrund anerkannt werden zu können, muss der Arbeitgeber eine klare Rechtslage schaffen, indem er abstrakte Regelungen definiert, unter denen einem Arbeitnehmer die betriebliche Fahrerlaubnis entzogen werden kann.[1014]

Beispiel: Kündigung wegen Entzug der Fahrerlaubnis

Das LAG Köln hatte einen Fall zu entscheiden, in dem ein Kfz-Sachverständiger bei einer Privatfahrt mit einem Blutalkoholgehalt von 1,9 Promille anlässlich einer privaten Fahrt einen Unfall verursacht und dann Fahrerflucht begangen hatte. Ihm wurde die Fahrerlaubnis entzogen.

1011 LAG Hamm, Urteil v. 27.6.1986, 16 Sa 112/86.
1012 BAG, Urteil v. 30.5.1978, 2 AZR 630/76.
1013 BAG, Urteil v. 30.5.1978, 2 AZR 630/76.
1014 BAG, Urteil v. 5.6.2008, 2 AZR 984/06.

Eine verhaltensbedingte Kündigung greift hier nicht, denn das Verhalten des Arbeitnehmers war nicht vertragswidrig (Privatfahrt). Allerdings hat das Gericht die personenbedingte Kündigung wegen fehlender persönlicher Eignung für zulässig gehalten. Bei solch schweren schuldhaften Verstößen sei dem Arbeitgeber nur selten zumutbar, den Arbeitnehmer an einem anderen Arbeitsplatz weiterzubeschäftigen.[1015] Hier zeigt sich, dass das Verschulden am Eignungsmangel bei der Interessenabwägung eine große Rolle spielt.

73.13 Religionszugehörigkeit

Gehört ein kirchlicher Mitarbeiter einer anderen Religionsgemeinschaft an und tritt er werbend für diese in der Öffentlichkeit auf, kann dies ein Grund für eine personenbedingte Kündigung wegen mangelnder Loyalität gegenüber dem Arbeitgeber sein, ggf. sogar für eine außerordentliche Kündigung. Der Schutz des Privatlebens muss hier gegenüber dem Interesse der Kirche zurücktreten.[1016]

73.14 Untersuchungshaft

Grundlage der Kündigung muss nicht zwingend nur eine rechtskräftige strafgerichtliche Verurteilung sein. Auch die Erwartung, der Arbeitnehmer werde für längere Zeit an der Erbringung seiner Arbeitsleistung gehindert sein, kann die Kündigung rechtfertigen. Eine für lange Zeit erwartete Untersuchungshaft kann daher einen personenbedingten Kündigungsgrund darstellen.[1017]

Entscheidend sind die Dauer des Ausfalls und die daraus resultierenden negativen betrieblichen Auswirkungen.[1018]

Auf ein Verschulden des Arbeitnehmers kommt es beim Kündigungsgrund selbst nicht an, dieses Kriterium ist aber bei der Interessenabwägung zu berücksichtigen. Zwar setzt die Anordnung der Untersuchungshaft einen dringenden Tatverdacht voraus und wird bei leichteren Straftaten nicht erfolgen. Dennoch ist nicht ausgeschlossen, dass der Arbeitnehmer unschuldig ist.

1015 LAG Köln, Urteil v. 25.8.1988, 8 Sa 1334/87.
1016 BAG, Urteil v. 21.2.2001, 2 AZR 139/00; bestätigt durch EGMR, Urteil v. 3.2.2011, 18136/02.
1017 BAG, Urteil v. 23.5.2013, 2 AZR 120/12.
1018 BAG, Urteil v. 15.11.1984, 2 AZR 613/83; BAG, Urteil v. 22.9.1994, 2 AZR 719/93; BAG, Urteil v. 23.5.2013, 2 AZR 120/12.

74 Kündigung, krankheitsbedingte: Voraussetzungen

Autor: Dr. Roman Frik

Überblick

Der Beitrag stellt die Voraussetzungen der krankheitsbedingten Kündigung dar. Nach Beschreibung der allgemeinen Voraussetzungen wird auf die einzelnen Arten des krankheitsbedingten Leistungsausfalls eingegangen. Hierbei wird die Darlegungs- und Beweislast des Arbeitgebers im Kündigungsschutzverfahren betont, da sie den Maßstab für die Kündigungsentscheidung des Arbeitgebers stellen sollte.

Gesetzliche Grundlage für die krankheitsbedingte Kündigung ist § 1 Abs. 2 KSchG. Die weiteren Voraussetzungen werden maßgeblich von zahllosen Entscheidungen der Rechtsprechung festgelegt. Auf die Anforderungen an ein betriebliches Eingliederungsmanagement nach § 167 Abs. 2 SGB IX ist ebenfalls zu achten.

74.1 Nichterfüllung der geschuldeten Arbeitsleistung

Das Kündigungsschutzgesetz kennt keine »krankheitsbedingte« Kündigung. Sie ist jedoch als Sonderfall der personenbedingten Kündigung i. S. d. § 1 Abs. 2 KSchG anerkannt.

Häufig wird die Ansicht vertreten, während der Krankheit könne nicht gekündigt werden. Das stimmt nicht (es sei denn, ein zur Anwendung kommender Tarifvertrag regelt ausnahmsweise etwas anderes). Richtig ist: Krankheit ist kein Kündigungsgrund, aber auch kein Kündigungshindernis.

Gekündigt wird wegen betrieblicher Auswirkungen, die die Krankheit mit sich bringt.

Da das Verhältnis von Leistung (Arbeitsleistung des Arbeitnehmers) und Gegenleistung (Vergütungspflicht des Arbeitgebers) im Arbeitsverhältnis ausgewogen sein soll (Austauschcharakter des Arbeitsverhältnisses), muss der Arbeitgeber die Möglichkeit erhalten, das Arbeitsverhältnis aufzulösen, wenn der Arbeitnehmer die geschuldete Arbeitsleistung krankheitsbedingt nicht erbringen kann.

Eine krankheitsbedingte Kündigung setzt kein Verschulden des Arbeitnehmers voraus. Krankheitsbedingte Kündigungsgründe sind vielmehr dadurch gekennzeichnet, dass der Arbeitnehmer, bedingt durch eine oder mehrere Krankheiten, die Fähigkeit und Eignung verloren hat, die geschuldete Arbeitsleistung zu erbringen.

Deshalb entfällt in solchen Fällen auch das Erfordernis einer Abmahnung.

Die krankheitsbedingte Kündigung wird in aller Regel als ordentliche Kündigung ausgesprochen.

Hinweis: Corona als krankheitsbedingter Kündigungsgrund?

Die Infektion eines Arbeitnehmers mit dem Coronavirus oder eine behördlich angeordnete Quarantäne ohne nachgewiesene Erkrankung können in der Regel aufgrund der kurzen Ausfalldauer keine krankheitsbedingte Kündigung rechtfertigen. Anders kann dies im Fall von Long Covid aussehen.

Möglichkeit der außerordentlichen Kündigung
Ist eine ordentliche Kündigung durch Tarifvertrag ausgeschlossen, kann der Ausspruch einer außerordentlichen Kündigung ausnahmsweise in Betracht kommen. Gleiches gilt, wenn das Recht zur ordentlichen Kündigung – wie bei Betriebsratsmitgliedern – **gesetzlich ausgeschlossen** ist.

Die Kündigung als Ultima Ratio/Liegt milderes Mittel vor?
Die Kündigung des krankheitsbedingt beeinträchtigten Arbeitsverhältnisses kommt nur in Betracht, wenn sie die Ultima Ratio ist, es also kein milderes Mittel zur Behebung der Beeinträchtigung gibt. Ein solches milderes Mittel liegt vor, wenn für den Arbeitnehmer eine Weiterbeschäftigungsmöglichkeit in demselben Betrieb oder in einem anderen Betrieb des Unternehmens (= der Rechtsträger) an einem anderen Arbeitsplatz besteht. Dabei kommt es entgegen dem Wortlaut der Vorschrift nicht darauf an, ob der Betriebsrat deshalb tatsächlich der Kündigung widersprochen hat, weil sonst der Kündigungsschutz des Arbeitnehmers zu stark eingeschränkt wäre und der Betriebsrat eine Sperrfunktion hätte. Vorrang vor der Beendigungskündigung haben daher eine Versetzung oder eine Änderungskündigung.

Die Darlegungs- und Beweislast für die Tatsachen, die die personenbedingte Kündigung rechtfertigen, trägt nach § 1 Abs. 2 Satz 4 KSchG der Arbeitgeber.

74.2 Prüfungsschritte für die krankheitsbedingte Kündigung

Es kommt auf folgende Prüfungsschritte an:

Die Situation ist: Der Arbeitnehmer erbringt seine Leistung infolge einer Erkrankung vollständig oder teilweise nicht. Dieser Leistungsausfall kann sich ganz unterschiedlich darstellen. Es kann sich um häufige Kurzerkrankungen handeln oder um eine langandauernde Erkrankung. Es kann aber auch eine krankheitsbedingte dauernde Leistungsunfähigkeit vorliegen. Dabei kann, je nachdem, ob die Wiederherstellung der

Arbeitsunfähigkeit in der Zukunft bereits ausgeschlossen werden kann oder ob diese noch ungewiss ist, weiter differenziert werden. Schließlich kann eine krankheitsbedingte Leistungsminderung vorliegen, der Arbeitnehmer kann also arbeiten, bringt aber nicht die vertraglich geschuldete Leistungsqualität. Je nach Art des krankheitsbedingten Leistungsausfalls können betrieblichen Beeinträchtigungen, Weiterbeschäftigungsmöglichkeiten und Interessenabwägung unterschiedlich vorzunehmen sein.

Die Prüfungsschritte, die der Arbeitgeber durchzugehen hat, sind identisch mit den Prüfungsschritten einer personenbedingten Kündigung. Bitte lesen Sie die Darstellung in Kapitel 27.2.

74.2.1 Prüfungsschritt 1: Krankheitsbedingter Leistungsausfall

Der Arbeitnehmer erbringt seine Leistung infolge einer Erkrankung vollständig oder teilweise nicht. Dieser Leistungsausfall kann sich ganz unterschiedlich darstellen. Es kann sich um häufige Kurzerkrankungen handeln oder um eine langandauernde Erkrankung. Es kann aber auch eine krankheitsbedingte dauernde Leistungsunfähigkeit vorliegen. Dabei kann, je nachdem, ob die Wiederherstellung der Arbeitsunfähigkeit in der Zukunft bereits ausgeschlossen werden kann oder ob diese noch ungewiss ist, weiter differenziert werden. Schließlich kann eine krankheitsbedingte Leistungsminderung vorliegen, der Arbeitnehmer kann also arbeiten, bringt aber nicht die vertraglich geschuldete Leistungsqualität. Je nach Art des krankheitsbedingten Leistungsausfalls können betrieblichen Beeinträchtigungen, Weiterbeschäftigungsmöglichkeiten und Interessenabwägung unterschiedlich vorzunehmen sein.

74.2.2 Prüfungsschritt 2: Negative Prognose

Die Rechtmäßigkeit einer Kündigung wird für den Zeitpunkt ihres Zugangs untersucht. Die Kündigungsgründe sind aber ihrer Natur nach zukunftsbezogen, sie müssen auch für die Zukunft gelten. Denn § 1 Abs. 2 KSchG stellt darauf ab, ob die geltend gemachten Gründe einer »Weiterbeschäftigung« des Arbeitnehmers »entgegenstehen« (sog. negative Prognose). Es kommt damit darauf an, ob der Arbeitnehmer in Zukunft die geschuldete Arbeitsleistung ganz oder teilweise nicht erbringen kann.

74.2.3 Prüfungsschritt 3: Erhebliche Beeinträchtigung betrieblicher Interessen

Die Gründe in der Person müssen konkrete Auswirkungen auf den Betrieb haben. Es müssen bereits konkrete und erhebliche Störungen eingetreten sein, die im Zeitpunkt der Kündigung noch andauern und wegen des Prognoseprinzips auch künftig zu erwarten sind.

74.2.4 Prüfungsschritt 4: Weiterbeschäftigungsmöglichkeit

Die Kündigung ist letztes Mittel (Ultima Ratio). Deshalb muss zuerst eine Weiterbeschäftigung an einem freien Arbeitsplatz im Betrieb oder in einem anderen Betrieb des Unternehmens, gegebenenfalls auch nach zumutbarer Umschulung oder Fortbildung geprüft werden. Maßgeblich für die Bewertung, ob mildere Mittel vorliegen, ist der Zugang der Kündigung.[1019]

Weiterbeschäftigung durch Versetzung
Ist ein Arbeitnehmer auf Dauer krankheitsbedingt nicht mehr in der Lage, die geschuldete Arbeit auf seinem bisherigen Arbeitsplatz zu leisten, so ist er zur Vermeidung einer Kündigung auf einem leidensgerechten Arbeitsplatz im Betrieb oder Unternehmen weiterzubeschäftigen, falls ein solch gleichwertiger oder jedenfalls zumutbarer Arbeitsplatz frei und der Arbeitnehmer für die dort zu leistende Arbeit geeignet ist.[1020]

Weiterbeschäftigung durch Änderungskündigung
Besteht für einen Arbeitnehmer, der an seinem Arbeitsplatz aus krankheitsbedingten Gründen nicht mehr oder nicht mehr in bisherigem Umfang weiterbeschäftigt werden kann, eine Weiterbeschäftigungsmöglichkeit auf einem anderen Arbeitsplatz, der Tätigkeiten voraussetzt, die **arbeitsvertraglich nicht geschuldet** sind, und ist eine einvernehmliche Änderung des Arbeitsvertrags nicht zu erzielen, so hat der Arbeitgeber eine Änderungskündigung auszusprechen.

Weiterbeschäftigung nach Umschulung und Fortbildungsmaßnahme
Umschulungen und Fortbildungsmaßnahmen kommen im Rahmen einer krankheitsbedingten Beeinträchtigung des Arbeitsverhältnisses nur dann in Betracht, wenn der aktuelle Arbeitsplatz des Arbeitnehmers mitursächlich für die Erkrankung ist und damit gerechnet werden kann, dass der Wechsel auf einen anderen, leidensgerechten Arbeitsplatz zu einer Beendigung, jedenfalls aber zu einer ausreichenden Minderung der Beeinträchtigungen führt.

Betriebliches Eingliederungsmanagement
Sind Beschäftigte innerhalb eines Jahres länger als 6 Wochen ununterbrochen oder wiederholt arbeitsunfähig, klärt nach § 167 Abs. 2 SGB IX der Arbeitgeber mit Zustimmung des Arbeitnehmers mit Behinderung gemeinsam mit der betrieblichen

1019 BAG, Urteil v. 18.11.2021, 2 AZR 138/21.
1020 BAG, Urteil v. 29.1.1997, 2 AZR 9/96; BAG, Urteil v. 18.11.2021, 2 AZR 138/21.

Interessenvertretung, gegebenenfalls Schwerbehindertenvertretung, Integrationsamt, gemeinsamen Servicestellen sowie Werks- oder Betriebsärzten mögliche Vorsorgemaßnahmen zur Überwindung der Arbeitsunfähigkeit. Die Beteiligten prüfen, mit welchen Leistungen oder Hilfen erneuter Arbeitsunfähigkeit vorgebeugt und der Arbeitsplatz erhalten werden kann.

Wichtig: Erfordernis gilt für alle Arbeitnehmer

Auch wenn das betriebliche Eingliederungsmanagement im Schwerbehindertenrecht (Teil 2 des Sozialgesetzbuchs IX) geregelt ist, ist es für sämtliche Arbeitnehmer anwendbar, unabhängig von einer vorliegenden Schwerbehinderung oder Gleichstellung.

Arbeitgeber, die ein betriebliches Eingliederungsmanagement einführen, können durch Prämien oder einen Bonus von den Rehabilitationsträgern und von den Integrationsämtern nach § 84 Abs. 3 SGB IX gefördert werden.

74.2.5 Prüfungsschritt 5: Interessenabwägung

Bei der Interessenabwägung ist zu prüfen, ob der Arbeitgeber die Störung im Arbeitsverhältnis billigerweise hinnehmen muss oder ob die Kündigung aus der Sicht eines verständigen Arbeitgebers als billigenswert und angemessen erscheint. Bei der krankheitsbedingten Kündigung sind nach herrschender Meinung strenge Maßstäbe anzulegen. Schließlich ist dem Arbeitnehmer in der Regel kein Verschulden vorzuwerfen, das sich zu seinen Ungunsten auswirken würde. Zudem kann sich aus dem Kündigungsgrund eine besondere soziale Schutzbedürftigkeit des Arbeitnehmers ergeben, die nach den gesetzgeberischen Wertentscheidungen zu seinen Gunsten zu berücksichtigen ist: z. B. Arbeitsunfall.

Zugunsten des *Arbeitnehmers* sind zu berücksichtigen:

- Gründe in der Person sind auf betriebliche Umstände zurückzuführen (z. B. Betriebsunfall),
- Folge der jahrelangen Tätigkeit in diesem Betrieb; gesundheitsschädliche Arbeit,
- längere Betriebszugehörigkeit,
- fortgeschrittenes Lebensalter,
- Unterhaltsverpflichtungen,
- evtl. besondere Belastungen durch Hausbau,
- bisheriger günstiger Verlauf des Arbeitsverhältnisses.

Zulasten des Arbeitnehmers sind zu berücksichtigen:

- selbstverschuldete Herbeiführung des Leistungs- oder Eignungsmangels (z. B. grob fahrlässige Unfallverursachung).

Zugunsten des Arbeitgebers sind zu berücksichtigen:

- erhöhte wirtschaftliche Auswirkungen,
- Belastbarkeit des Betriebs,
- vergebliche Versuche, die Ausfälle zu kompensieren,
- vergebliche Versuche, durch organisatorische Maßnahmen, insbesondere durch ein betriebliches Eingliederungsmanagement, den Ausfällen zu begegnen.

Zulasten des Arbeitgebers sind zu berücksichtigen:

- Verschulden des Arbeitgebers (z. B. unterlassene Sicherheitsmaßnahmen, Verletzung von Unfallverhütungsvorschriften),
- Möglichkeit, den Ausfall durch Springer oder sonstige Maßnahmen zu überbrücken.

75 Kündigung, krankheitsbedingte: Einzelne Kündigungsfälle

75.1 Kündigung wegen häufiger Kurzerkrankungen

Negative Prognose

Im Zeitpunkt des Zugangs der Kündigung müssen objektive Tatsachen vorliegen, die die ernsthafte Besorgnis von erheblichen krankheitsbedingten Fehlzeiten in der Zukunft begründen.[1021] Eine Prognose lässt sich in der Regel nur erstellen, wenn die Fehlzeiten aus der Vergangenheit betrachtet werden: Fehlzeiten in der Vergangenheit haben Indizwirkung für die Zukunft.

Dabei reicht der Rückblick auf nur ein Jahr grundsätzlich nicht aus.

- Das BAG[1022] akzeptierte eine aus einem Zeitraum von nur 15 Monaten hergeleitete negative Prognose. Das dürfte jedoch ein bedenklich kurzer Zeitraum sein.[1023]
- Sonst lagen den Entscheidungen des BAG immer Zeiträume von mindestens 4 Jahren zugrunde.[1024]
- In der Literatur wird eine 2-Jahres-Spanne vorgeschlagen, um Zufälligkeiten, die innerhalb eines Jahrs auftreten können, wenigstens teilweise auszuschließen.[1025]

Im Einzelfall kann auch ein kürzerer Zeitraum ausreichen, wenn ein entsprechendes ärztliches Gutachten vorliegt.[1026]

In der Praxis dürfte in der Regel bei Fehlzeiten von 20 – 25 % im Jahr von erheblichen Fehlzeiten ausgegangen werden. Liegen diese in einem Zeitraum von über 3 Jahren hintereinander vor, ist dies ein Indiz dafür, dass auch in Zukunft mit weiteren erheblichen Fehlzeiten zu rechnen ist. Dabei sind Kuren mit einzubeziehen.

Erkrankungen mit Ausnahmecharakter

Unfälle und einmalige Ereignisse sowie Krankheiten, die längere Zeit vor der Kündigung nicht mehr aufgetreten sind, sind einer negativen Prognose nicht zugänglich.[1027] Diese Fehltage müssen somit von den anderen abgezogen werden.

1021 BAG, Urteil v. 8.11.2007, 2 AZR 292/06; LAG Rheinland-Pfalz, Urteil v. 12.4.2021, 3 Sa 363/20; BAG, Urteil v. 22.7.2021, 2 AZR 125/21.

1022 BAG, Urteil v. 19.5.1993, 2 AZR 598/92.

1023 KR-Etzel, § 1 KSchG, Rz. 354.

1024 Vgl. z. B. BAG, Urteil v. 12.12.1996, 2 AZR 7/96; BAG, Urteil v. 29.7.1993, 2 AZR 155/93; BAG, Urteil v. 5.7.1990, 2 AZR 154/90.

1025 KR-Etzel, § 1 KSchG, Rz. 330.

1026 BAG, Urteil v. 23.6.1983, 2 AZR 15/82; BAG, Urteil v. 22.7.2021, 2 AZR 125/21.

1027 BAG, Urteil v. 7.12.1989, 2 AZR 225/89 und BAG, Urteil v. 14.1.1993, 2 AZR 343/92.

Darlegungs- und Beweislast im Kündigungsschutzprozess

Im Kündigungsschutzprozess darf sich der **Arbeitgeber** zunächst darauf beschränken, die **Fehlzeiten**, die die **Indizwirkung** für die Zukunft begründen, im Einzelnen darzulegen und zu behaupten, in Zukunft seien ebensolche Fehlzeiten zu erwarten.[1028] Will der Arbeitnehmer die negative Prognose bestreiten, muss er nach § 138 Abs. 2 ZPO vortragen, warum bei ihm nicht mit solchen Fehlzeiten in Zukunft zu rechnen ist; hierzu kann und wird er in aller Regel seinen Arzt von der Schweigepflicht entbinden.

Erhebliche Beeinträchtigung der betrieblichen oder wirtschaftlichen Interessen

Hohe Entgeltfortzahlungskosten können zu einer solchen Beeinträchtigung der betrieblichen Interessen führen.[1029] Gerade hierauf wird man zunächst personenbedingte Kündigungen stützen. Hier stellte das BAG klar[1030]: »Allein die entstandenen und künftig zu erwartenden Lohnfortzahlungskosten, die jährlich jeweils für einen Zeitraum von **mehr als 6 Wochen** aufzuwenden sind, stellen eine **erhebliche Beeinträchtigung** betrieblicher Interessen bei der Beurteilung der sozialen Rechtfertigung der Kündigung dar. Dies gilt auch dann, wenn der Arbeitgeber Betriebsablaufstörungen nicht darlegt und eine Personalreserve nicht vorhält.«

Nun lassen sich die erheblichen Beeinträchtigungen wie folgt einteilen:

1. Wirtschaftliche Belastung durch Entgeltfortzahlung von mehr als 6 Wochen im Jahr
2. Sonstige wirtschaftliche Belastungen
3. Betriebsablaufstörungen, und zwar auch bei Entgeltfortzahlungszeiten von nicht mehr als 6 Wochen im Jahr.

Erläuterung zu 2.: Die *sonstigen wirtschaftlichen Belastungen* müssen erheblich sein und können sich ergeben aus:

- Vergabe an Drittfirmen
- Einsatz von Leiharbeitnehmern
- Zahlung vom Überstundenvergütungen
- Vorhaltekosten für Personalreserve

Erläuterung zu 3.: Die *Betriebsablaufstörungen* müssen bei häufigen Kurzerkrankungen konkret nachgewiesen werden. Es muss sich bei den Betriebsablaufstörungen um schwerwiegende Störungen im Produktionsprozess handeln, die der Arbeitgeber nicht durch Überbrückungsmaßnahmen vermeiden kann.[1031] Beispiele für mög-

1028 BAG, Urteil v. 6.9.1989, 2 AZR 19/89; BAG, Urteil v. 10.11.2005, 2 AZR 44/05.

1029 BAG, Urteil v. 10.5.1990, 2 AZR 580/89; BAG, Urteil v. 29.7.1993, 2 AZR 155/93; BAG, Urteil v. 22.7.2021, 2 AZR 125/21, s. hierzu Abschn. 4.3.

1030 BAG, Urteil v. 29.7.1993, 2 AZR 155/93; siehe auch BAG, Urteil v. 7.11.2002, 2 AZR 599/01; BAG, Urteil v. 10.11.2005, 2 AZR 44/05; BAG, Urteil v. 8.11.2007, 2 AZR 292/06; BAG, Urteil v. 22.7.2021, 2 AZR 125/21, s. hierzu außerdem Abschn. 4.3.

1031 BAG, Urteil v. 16.2.1989, 2 AZR 299/88.

liche Betriebsablaufstörungen sind: Maschinenstillstand, Produktionsrückgang wegen erforderlicher Einarbeitung von Springern, Nicht akzeptable Überlastung der Arbeitskollegen, die den Kräfteausfall tragen müssen, Unkalkulierbarkeit des Arbeitseinsatzes, Erhebliche Verärgerung der Kollegen

Diese *Betriebsablaufstörungen* können nur dann die Anforderungen der zweiten Stufe der krankheitsbedingten Kündigung ausfüllen, wenn ihr Eintritt nicht durch mögliche und zumutbare Überbrückungsmaßnahmen vermieden werden kann. Dabei ist zu denken an: Einsatz einer bestehenden Personalreserve (zur Schaffung einer solchen ist der Arbeitgeber nicht verpflichtet), Umorganisation, Anordnung von Überstunden

Dokumentationspflicht des Arbeitgebers
Die erheblichen betrieblichen Beeinträchtigungen muss der Arbeitgeber im Einzelnen darlegen und beweisen können. Hierzu bedarf es einerseits umfangreicher Dokumentation, andererseits ist die gerichtliche Bewertung unsicher. In der Praxis werden zurzeit überwiegend die Entgeltfortzahlungskosten ins Feld geführt.

75.2 Kündigung wegen langandauernder Erkrankung

Negative Prognose
Dauert zum Kündigungszeitpunkt eine Arbeitsunfähigkeit an und ist der Zeitpunkt der Wiederherstellung der Arbeitsfähigkeit objektiv nicht absehbar?

Im Zeitpunkt des Zugangs der Kündigung darf der Zeitpunkt der Wiederherstellung der Arbeitsfähigkeit objektiv nicht vorhersehbar sein.[1032] Es kommt dabei auf den wissenschaftlichen Erkenntnisstand im Zeitpunkt des Zugangs der Kündigung an.

Darlegungs- und Beweislast im Kündigungsschutzprozess
Im Kündigungsschutzprozess braucht der Arbeitgeber zunächst nur vorzutragen, wie lange der Arbeitnehmer arbeitsunfähig erkrankt und dass ein Ende der Arbeitsunfähigkeit unabsehbar ist. Zudem muss er für die zweite Stufe unzumutbare betriebliche Störungen darlegen. Im Hinblick auf die Zukunftsprognose bedarf es regelmäßig eines ärztlichen Krankheitsbefundes. Da der Arbeitgeber hierzu regelmäßig keine Informationen hat, wird allenfalls der Dauer der bisherigen Arbeitsunfähigkeit eine gewisse Indizwirkung zukommen.[1033]

1032 Std. Rspr. z. B. BAG, Urteil v. 15.8.1984, 7 AZR 140/81; missverständlich BAG, Urteil v. 10.11.1983, 2 AZR 291/82, das die Auffassung vertrat, es könne für die Prognose auch noch die spätere Entwicklung bis zum Schluss der mündlichen Verhandlung herangezogen werden.

1033 BAG, Urteil v. 25.11.1982, 2 AZR 140/82.

Will der Arbeitnehmer die negative Prognose bestreiten, muss er darlegen, warum bei ihm in absehbarer Zukunft mit einer Gesundung zu rechnen ist. Hierzu kann und wird er in aller Regel seinen Arzt von der Schweigepflicht entbinden. Ein solches Vorgehen reicht aber nur aus, wenn er gleichzeitig vorträgt, die Ärzte hätten die gesundheitliche Entwicklung positiv beurteilt.[1034] Erklärt sich der Arbeitnehmer nicht, gilt die Behauptung des Arbeitgebers, es sei in absehbarer Zeit nicht mit einer Gesundung zu rechnen, nach § 138 Abs. 3 ZPO als zugestanden.

Der Arbeitgeber trägt die Behauptungs- und Beweislast im Kündigungsschutzprozess, dass die Prognose negativ ist. Deshalb wird er sich im Fall der Entbindung von der Schweigepflicht auf den Arzt des Klägers berufen bzw. ein ärztliches Sachverständigengutachten beantragen.

Erhebliche Beeinträchtigung der betrieblichen oder wirtschaftlichen Interessen
Dabei geht das BAG zunächst davon aus, dass bei dauernder Unfähigkeit des Arbeitnehmers, seine Arbeitsleistung zu erbringen, die betrieblichen Beeinträchtigungen auf der Hand lägen. Der Arbeitgeber sei auf unabsehbare Zeit gehindert, sein Direktionsrecht ausüben zu können und die Arbeitsleistung des Arbeitnehmers abzurufen.[1035]

Hohe Entgeltfortzahlungskosten werden hier regelmäßig keine Rolle mehr spielen. Auch die endlose Ansammlung von Urlaubsansprüchen ist nicht mehr zu befürchten. § 7 Abs. 3 Satz 3 BUrlG hatte das BAG zunächst in Umsetzung der Schultz-Hoff-Entscheidung des EuGH so interpretiert, dass bei Langzeiterkrankten die Urlaubsansammlung nicht begrenzt ist. Nach der Entscheidung des EuGH vom 22.11.2011[1036] legt das BAG die Norm nun jedoch europarechtskonform so aus, dass die Urlaubsansammlung nur bis 15 Monate nach Ablauf des Kalenderjahres möglich ist.[1037] Scheidet der Arbeitgeber während der fortdauernden Arbeitsunfähigkeit oder auch nach seiner Rückkehr endgültig aus, hat er auch nur Anspruch auf Abgeltung des in diesem Zeitraum angehäuften Urlaubsanspruchs. Sofern insgesamt die Schwelle der für Kurzzeiterkrankungen geltenden 6-wöchigen Entgeltfortzahlung überschritten ist[1038], müssten die Urlaubs-/Abgeltungsansprüche zulasten des Arbeitgebers geltend gemacht werden können. Entgeltfortzahlung schuldet der Arbeitgeber bei einer ununterbrochenen Dauererkrankung nur im ersten Jahr für 6 Wochen. In den Folgejahren tritt keine neue Entgeltfortzahlungspflicht ein.[1039]

1034 BAG, Urteil v. 13.6.1996, 2 AZR 497/95.
1035 BAG, Urteil v. 18.1.2007, 2 AZR 759/05.
1036 EuGH, Urteil v. 22.11.2011, C-214/10.
1037 BAG, Urteil v. 7.8.2012, 9 AZR 353/10.
1038 Vgl. BAG, Urteil v. 29.7.1993, 2 AZR 155/93; BAG, Urteil v. 7.11.2002, 2 AZR 599/01; BAG, Urteil v. 10.11.2005, 2 AZR 44/05; BAG, Urteil v. 8.11.2007, 2 AZR 292/06.
1039 ErfK-Dörner, § 3 EFZG, Rz. 40.

Überbrückungsmaßnahmen fallen dem Arbeitgeber leichter, weil er in der Lage ist, längerfristig zu planen. Das BAG[1040] hielt die unbefristete Einstellung einer Aushilfskraft für zumutbar, der dann nach Wiederherstellung der Arbeitsfähigkeit des erkrankten Mitarbeiters aus betriebsbedingten Gründen gekündigt werden könne. Solche Möglichkeiten hängen allerdings von der vom erkrankten Arbeitnehmer bekleideten Stelle ab. Arbeitnehmer in gehobenen Positionen sind auf diese Weise erheblich schwerer zu besetzen als Hilfskräfte. Auch das Erfordernis einer längeren Einarbeitungszeit kann eine erhebliche betriebliche Beeinträchtigung ausmachen. Ist der Ausfall eines Arbeitnehmers durch Personalreserve oder Über- oder Mehrarbeit ausgleichbar, wird es für den Arbeitgeber schwer, erhebliche betriebliche Beeinträchtigungen darzulegen.

1040 BAG, Urteil v. 25.11.1982, 2 AZR 140/81.

76 Kündigung, verhaltensbedingte: Voraussetzungen

Autor: Dr. Carsten Teschner

Überblick

Der nachfolgende Beitrag legt die allgemeinen Voraussetzungen einer verhaltensbedingten Kündigung dar. Im Einzelnen werden Hinweise für die Interessenabwägung gegeben, die in jedem Fall vor Ausspruch der Kündigung durchzuführen, aber immer eine Frage des Einzelfalls ist.

Für die ordentliche verhaltensbedingte Kündigung ist § 1 Abs. 2 KSchG die einschlägige Norm. Außerordentliche Kündigungen müssen die Voraussetzungen des § 626 BGB beachten.

76.1 Verhaltensbedingte Gründe

Verhaltensbedingte Gründe rechtfertigen nach der Rechtsprechung die Kündigung des Arbeitsverhältnisses nach vorangegangener **Abmahnung**, wenn bei verständiger Würdigung in Abwägung der Interessen der Vertragsparteien und des Betriebs die Kündigung billigenswert und angemessen ist.[1041] Dabei ist nicht von dem Standpunkt des jeweiligen Arbeitgebers auszugehen. Es gilt vielmehr ein objektiver Maßstab. Als verhaltensbedingter Kündigungsgrund kommt nur ein solcher Umstand in Betracht, der einen ruhig und verständig urteilenden Arbeitgeber zur Kündigung bestimmen kann. Diese verhaltensbedingten Kündigungsgründe lassen sich in folgende Fallgruppen unterteilen:

- Pflichtwidrigkeiten im Leistungsbereich (Schlecht- oder Fehlleistungen),
- Verstöße gegen die betriebliche Ordnung (z. B. Verstöße gegen ein Rauch- oder ein Alkoholverbot),
- Störungen im Vertrauensbereich (z. B. Vollmachtsmissbrauch, Annahme von Schmiergeldern, überhöhte Spesenabrechnungen). Ein Fehlverhalten in diesem Bereich stellt in der Regel zugleich einen wichtigen Grund für eine außerordentliche Kündigung dar.
- Verletzung von arbeitsvertraglichen Nebenpflichten (z. B. Verstöße gegen die Gehorsams-, Treue- und Geheimhaltungspflicht),
- außerdienstliches Verhalten (strafbare Handlungen, die das Arbeitsverhältnis konkret beeinträchtigen, z. B. Betrugsstraftat bei einem Bankkassierer).

1041 BAG, Urteil v. 22.7.1982, 2 AZR 30/81.

76.2 Interessenabwägung

Handelt es sich um Gründe, die grundsätzlich geeignet sind, eine verhaltensbedingte Kündigung zu rechtfertigen, ist aufgrund des Ultima-ratio-Prinzips eine Interessenabwägung zwischen dem betrieblichen Interesse an der Beendigung des Arbeitsverhältnisses und dem privaten Interesse des Arbeitnehmers an der Fortsetzung des Beschäftigungsverhältnisses vorzunehmen.

Zugunsten des Arbeitnehmers sind insbesondere:

- die Dauer der bisherigen Betriebszugehörigkeit und das vom Arbeitnehmer in seiner unbeanstandeten Beschäftigung erworbene »Vertrauenskapital«,
- sein Alter sowie
- seine Unterhaltspflichten zu berücksichtigen.

Zulasten des Arbeitnehmers können:

- die betrieblichen und wirtschaftlichen Auswirkungen der Pflichtverletzung,
- das Interesse an der korrekten Handhabung der Geschäftsanweisungen,
- das Ausmaß des Verschuldens des Arbeitnehmers und das gegebene Maß der Beschädigung des Vertrauens sowie
- die drohende Wiederholungsgefahr bei vergeblicher Abmahnung ins Gewicht fallen.

Das Verhalten des Arbeitnehmers nach der Tat (Einräumen der Tat; weitere Täuschungshandlungen) kann auch mitberücksichtigt werden, *wenn* es Schlüsse auf die Wiederholungsgefahr zulässt. Da sich die Wirksamkeit einer Kündigung aber nach dem Zeitpunkt ihres Zugangs bestimmt, kann das Verhalten nach Erhalt der Kündigung bzw. im Verlauf des Gerichtsprozesses grundsätzlich keine Bedeutung haben.[1042]

Bei der Bewertung dieser Umstände steht dem Arbeitsrichter ein vom Bundesarbeitsgericht nur in beschränktem Umfang nachprüfbarer Beurteilungsspielraum zu, sodass das Ergebnis eines Kündigungsschutzprozesses in Einzelfällen nicht sicher vorausgesagt werden kann.

1042 BAG, Urteil v. 10.6.2010, 2 AZR 541/09.

77 Kündigung, verhaltensbedingte: Einzelne Kündigungsgründe

Autor: Dr. Carsten Teschner

Überblick

Der nachfolgende Beitrag stellt die typischen und zumeist schon entschiedenen Fälle von A wie »Alkohol« bis Z wie »Zeugenaussage gegen den Arbeitgeber« dar. Besondere Schwerpunkte liegen bei der unzulässigen Privatnutzung von Internet und E-Mail, bei alkoholbedingten Verfehlungen und bei Pflichtverletzungen im Zusammenhang mit krankheitsbedingter Arbeitsunfähigkeit. Die Übersicht ist nicht nur für die ordentliche verhaltensbedingte Kündigung relevant, sondern auch für die außerordentliche fristlose Kündigung. Zu welcher Kündigung die Pflichtverletzung berechtigt, ist meist nur eine graduelle Frage.

Für die ordentliche verhaltensbedingte Kündigung ist § 1 Abs. 2 KSchG die einschlägige Norm. Außerordentliche Kündigungen müssen die Voraussetzungen des § 626 BGB beachten. Im Übrigen ist die Kasuistik der Rechtsprechung umfangreich, sodass vor einer Kündigung die relevanten Gerichtsentscheidungen beachtet werden sollten.

77.1 Alkohol/Verstoß gegen Alkoholverbot

Der Verstoß gegen ein Alkoholverbot berechtigt in der Regel nach vorheriger Abmahnung zu einer ordentlichen Kündigung[1043], auch wenn der festgestellte Alkoholkonsum sehr gering war. Ansonsten würde das Alkoholverbot Schritt für Schritt ausgehöhlt. In schwerwiegenden Ausnahmefällen kann auch eine außerordentliche Kündigung berechtigt sein, insbesondere bei konkreter Gefährdung erheblicher Rechtsgüter[1044] oder bei einem alkoholisiert fahrenden Busfahrer.[1045]

Das Alkoholverbot muss allerdings deutlich formuliert sein. Es muss nicht nur das Trinken während der Arbeitszeit und den Arbeitspausen, sondern auch das Erscheinen zur Arbeit in alkoholisiertem Zustand verboten sein, wenn das Verbot den sich auf die Arbeitszeit auswirkenden Alkoholkonsum auch vor Arbeitsbeginn eindeutig umfassen soll.

Wenn ein Betriebsrat vorhanden ist, unterliegt ein allgemeines Alkoholverbot als Frage der Ordnung des Betriebs und des Verhaltens der Arbeitnehmer im Betrieb nach

1043 BAG, Urteil v. 26.1.1995, 2 AZR 649/94; BAG, Urteil v. 22.7.1982, 2 AZR 30/81.
1044 LAG Hamm, Urteil v. 23.8.1990, 16 Sa 293/90.
1045 LAG Nürnberg, Urteil v. 17.12.2002, 6 Sa 480/01.

§ 87 Abs. 1 Nr. 1 BetrVG seiner Mitbestimmung. Es kommt auch ein Mitbestimmungsrecht nach § 87 Abs. 1 Nr. 7 BetrVG infrage, wenn im konkreten Fall eine ausfüllungsbedürftige gesetzliche Regelung oder Unfallverhütungsvorschrift besteht. Wird das Alkoholverbot mit dem Betriebsrat in einer (schriftlichen) Betriebsvereinbarung geregelt, gilt dieses gem. § 77 Abs. 4 Satz 1 BetrVG als Gesetz des Betriebs unmittelbar und zwingend für die Arbeitnehmer.

77.2 Anzeige gegen den Arbeitgeber

Das Bundesverfassungsgericht (BVerfG) stellte fest[1046], dass Strafanzeigen gegen den Arbeitgeber kündigungsrelevant sind, wenn sie wissentlich falsche oder leichtfertig falsche Angaben enthalten[1047] oder wenn sie eine unverhältnismäßige Reaktion auf das Verhalten des Arbeitgebers oder seines Repräsentanten darstellen.[1048] Erfolgt die Anzeige aus Rache oder Missgunst, kann dies eine kündigungsrelevante Pflichtverletzung darstellen.[1049]

Allerdings ist eine innerbetriebliche Klärung für den Arbeitnehmer dann nicht zumutbar, wenn er Kenntnis von Straftaten erhält, bei deren Nichtanzeige er sich selbst einem Ermittlungsverfahren aussetzen würde.[1050] Nichts anderes kann bei schweren Straftaten des Arbeitgebers selbst gelten.[1051]

Das BAG davon aus, dass eine Strafanzeige bei der Staatsanwaltschaft im Regelfall eine Wahrnehmung staatsbürgerlicher Rechte darstellt und keine Pflichtverletzung.[1052]

Bedenken erheben / Meldepflicht

Ist dem Arbeitnehmer die Verantwortung für die Sicherheit von betrieblichen Einrichtungen übertragen, beispielsweise einem Sicherheitsbeauftragten, steht ihm das Recht zu, Bedenken gegen den Sicherheitszustand von Einrichtungen bei allen zuständigen behördlichen Stellen zu erheben.[1053]

Umgekehrt hat der Arbeitnehmer gegenüber dem Arbeitgeber sogar eine Meldepflicht, wenn im eigenen Aufgabenbereich Schäden drohen und Wiederholungsgefahr besteht.[1054] Das Unterlassen der Meldung kann – grundsätzlich erst nach erfolgloser

1046 BVerfG, Beschluss v. 2.7.2001, 1 BvR 2049/00.
1047 BAG, Urteil v. 3.7.2003, 2 AZR 235/02; LAG Düsseldorf, Urteil v. 17.1.2002, 11 Sa 1422/01; Hessisches LAG, Urteil v. 27.11.2001, 15 Sa 411/01.
1048 BAG, Urteil v. 3.7.2003, 2 AZR 235/02.
1049 BAG, Urteil v. 3.7.2003, 2 AZR 235/02.
1050 BAG, Urteil v. 3.7.2003, 2 AZR 235/02.
1051 BAG, Urteil v. 7.12.2006, 2 AZR 400/05.
1052 BAG, Urteil v. 15.12.2016, 2 AZR 42/16.
1053 BAG, Urteil v. 14.12.1972, 2 AZR 115/72.
1054 BAG, Urteil v. 10.5.1958, 2 AZR 539/56; BAG, Urteil v. 18.6.1970, 1 AZR 520/69.

Abmahnung – ebenfalls ein verhaltensbedingter Kündigungsgrund sein. Die neuere Rechtsprechung geht sogar noch weiter und hält den Arbeitnehmer auch außerhalb seines eigenen Aufgabenbereichs für meldepflichtig, wenn es sich um wesentliche Vorkommnisse handelt, vor allem um Schäden des Arbeitgebers zu verhindern.[1055]

Whistleblowing
Um klare Leitlinien zu schaffen und Sachverhalte vorab intern klären zu können, sollte der Arbeitgeber eine Richtlinie zum Whistleblowing (»Verpfeifen«) aufstellen, bei Bestehen eines Betriebsrats wegen § 87 Abs. 1 Nr. 1 BetrVG in Form einer Betriebsvereinbarung, in der geregelt ist, wann Arbeitnehmer zur Meldung von (drohenden) Schäden oder strafrechtlich relevanten Sachverhalten verpflichtet sind und wie die Meldung – ggf. anonym – erstattet werden kann. Im Gegenzug kann auch der Kündigungsschutz der Whistleblower bei berechtigten Meldungen geregelt werden. Whistleblowing-Verfahren sind ein wichtiger Bestandteil für die Compliance eines Unternehmens.

77.3 Arbeitsverweigerung

Die Weigerung eines Arbeitnehmers, die vertraglich geschuldete Leistung (Hauptleistungspflicht) zu erbringen, ist nach vorangegangener Abmahnung grundsätzlich geeignet, eine verhaltensbedingte Kündigung zu begründen.[1056] Dies setzt natürlich voraus, dass der Arbeitnehmer nach dem zugrunde liegenden Arbeitsvertrag zur Ausführung der angewiesenen Tätigkeit verpflichtet ist. Ansonsten ist die zugewiesene Tätigkeit vom Direktionsrecht des Arbeitgebers nicht umfasst.

In schwerwiegenden Fällen beharrlicher Arbeitsverweigerung kann auch eine fristlose Kündigung nach ergebnisloser Abmahnung berechtigt sein.[1057]

Beispiele

Erscheint ein Arbeitnehmer schlichtweg nicht zur Arbeit oder tritt einen nicht genehmigten Urlaub doch an, ist regelmäßig vor Ausspruch einer Kündigung abzumahnen.

Auch die übermäßige private Nutzung des Internets während der Arbeitszeit kann eine Form der Arbeitsverweigerung sein.[1058]

Die Weigerung zur Teilnahme an einem Personalgespräch, bei dem die Kürzung der Vergütung besprochen werden soll, ist dagegen keine Arbeitsverweigerung.[1059]

1055 BAG, Urteil v. 3.7.2003, 2 AZR 235/02.
1056 BAG, Urteil v. 24.5.1989, 2 AZR 283/88.
1057 BAG, Urteil v. 19.1.2016, 2 AZR 449/15; BAG, Urteil v. 22.10.2015, 2 AZR 569/14.
1058 BAG, Urteil v. 27.4.2006, 2 AZR 386/05.
1059 BAG, Urteil v. 23.6.2009, 2 AZR 606/08.

77.4 Arbeitszeitbetrug

Macht ein Arbeitnehmer zum Nachteil des Arbeitgebers vorsätzlich falsche Angaben zu Beginn und Ende seiner Arbeit, liegt ein wichtiger Grund für eine außerordentliche Kündigung vor. Ist ein Arbeitnehmer verpflichtet, die Arbeitszeit selbst zu erfassen, notiert aber regelwidrig jeweils den Zeitpunkt der Durchfahrt der Parkplatzeinfahrt, ist ein vorsätzlicher Pflichtenverstoß anzunehmen.[1060] Gleiches gilt bei der Vortäuschung der Aufgabenerfüllung, z. B. durch Ausfüllen von Tätigkeitsprotokollen, ohne dass die Tätigkeiten tatsächlich erledigt wurden.[1061]

77.5 Ausländerfeindliche Äußerung

Eine ausländerfeindliche Äußerung im Betrieb kann im Einzelfall ohne vorherige Abmahnung das Recht zur außerordentlichen Kündigung begründen. Die Fürsorgepflicht des Arbeitgebers und seine Pflicht aus § 12 Abs. 3 AGG gebieten es, massiven Ehrverletzungen von Mitarbeitern gegenüber Kollegen entgegenzutreten, und zwar je nach Gewicht der Ehrverletzung auch durch eine außerordentliche Kündigung ohne vorherige Abmahnung.

Einem Verein, der Jugendliche ausbildet, ist es nicht zuzumuten, einen Ausbilder, der ausländerfeindliche Tendenzen im Ausbildungsbetrieb offen zur Schau trägt, weiterzubeschäftigen. Deshalb ist die außerordentliche Kündigung dieses Ausbilders gerechtfertigt.[1062]

77.6 Außerdienstliches Verhalten

Das außerdienstliche Verhalten eines Arbeitnehmers kann eine Kündigung im Regelfall nicht begründen, da die betriebliche Sphäre und das private Leben des Arbeitnehmers grundsätzlich streng voneinander zu trennen sind.[1063]

In Ausnahmefällen kann das außerdienstliche Verhalten jedoch die betriebliche Sphäre konkret beeinträchtigen und eine verhaltensbedingte Kündigung sozial rechtfertigen, wenn es zu einer Beeinträchtigung oder zumindest zu einer konkreten Gefährdung des Betriebsfriedens oder des Vertrauensbereichs führt[1064]:

1060 BAG, Urteil v. 9.6.2011, 2 AZR 381/10.
1061 BAG, Urteil v. 9.6.2011, 2 AZR 284/10.
1062 BVerfG, Urteil v. 2.1.1995, 1 BvR 320/94.
1063 BAG, Urteil v. 27.11.2008, 2 AZR 98/07.
1064 BAG, Urteil v. 23.10.2008, 2 AZR 483/07; BAG, Urteil v. 24.9.1987, 2 AZR 26/87.

- Ein sogenannter lockerer oder unsittlicher Lebenswandel stellt in der Regel keinen Kündigungsgrund dar. Auch ein intimes Verhältnis zwischen volljährigen Mitarbeitern und Mitarbeiterinnen eines Betriebs berechtigt nicht zur Kündigung. Denn der Arbeitgeber ist nicht Sittenwächter des Arbeitnehmers.
- Ein intimes Verhältnis zwischen Vorgesetzten und Auszubildenden oder jugendlichen Mitarbeitern kann jedoch eine ordentliche Kündigung des Arbeitsverhältnisses des Vorgesetzten rechtfertigen.
- Auch strafbare Handlungen im außerdienstlichen Bereich, die das Arbeitsverhältnis konkret beeinträchtigen (beispielsweise außerdienstliche Vermögensdelikte eines Kassierers, Verkehrsdelikte eines Berufskraftfahrers oder Sittlichkeitsdelikte eines Ausbilders oder Lehrers[1065]), berechtigen zur Kündigung des Arbeitsverhältnisses; ebenso kann der Drogenkonsum außerhalb der Arbeitszeit die Kündigung eines Berufskraftfahrers rechtfertigen.[1066]
- Im öffentlichen Dienst sind hier Kündigungen eher zu rechtfertigen, weil an die öffentlich Bediensteten strengere Maßstäbe anzulegen sind.[1067]
- In Tendenzbetrieben gelten Besonderheiten. Hier ist die Befugnis des Arbeitgebers zur Kündigung derjenigen, die die Tendenz prägen, mitgestalten und nach außen repräsentieren (Tendenzträger), eher anzuerkennen.[1068]

77.7 Beleidigung und Bedrohung

Beleidigungen gegenüber dem Arbeitgeber oder gegenüber Vorgesetzten berechtigen grundsätzlich zur ordentlichen Kündigung auch ohne vorangegangene Abmahnung. Grobe Beleidigungen können auch eine außerordentliche (fristlose) Kündigung rechtfertigen.

77.8 Berufskraftfahrer, Verkehrsverstöße

Erhebliche Verkehrs- und Sicherheitsverstöße eines Lkw-Fahrers können nach erfolgloser Abmahnung die verhaltensbedingte Kündigung rechtfertigen.[1069] Auch der Drogenkonsum außerhalb der Arbeitszeit kann eine Kündigung rechtfertigen.[1070]

1065 LAG Berlin, Urteil v. 15.12.1989, 2 Sa 29/89.
1066 BAG, Urteil v. 20.10.2016, 6 AZR 471/15.
1067 BAG, Urteil v. 20.11.1997, 2 AZR 643/96; BAG, Urteil v. 8.6.2000, 2 AZR 638/99.
1068 BAG, Urteil v. 6.12.1979, 2 AZR 1055/77.
1069 LAG Köln, Urteil v. 4.9.2006, 14 Sa 635/06.
1070 BAG, Urteil v. 20.10.2016, 6 AZR 471/15.

77.9 Betriebsfrieden und betriebliche Ordnung

Wird der Betriebsfrieden durch Handlungen gestört, die das friedliche Zusammenarbeiten der Arbeitnehmer untereinander oder mit dem Arbeitgeber erschüttern oder nachhaltig beeinträchtigen und die nachteilige betriebliche Auswirkungen (z.B. Störungen des Arbeitsablaufs) haben, kann dies eine ordentliche, in Ausnahmefällen sogar außerordentliche, Kündigung rechtfertigen.[1071]

Bei einem Streit zwischen 2 Arbeitnehmern, der den geordneten Betriebsablauf gefährdet, hat der Arbeitgeber jedoch zunächst eine **Vermittlungspflicht.**[1072] Wird trotz der Vermittlungsbemühungen des Arbeitgebers der Streit zwischen den Arbeitnehmern nicht beigelegt, kann der Arbeitgeber den im Streit befindlichen Arbeitnehmern das Arbeitsverhältnis ordentlich kündigen. Macht der Arbeitgeber einen annehmbaren Vermittlungsvorschlag, kann er dem Arbeitnehmer kündigen, der den Vorschlag ablehnt.

Bei Verstößen gegen die betriebliche Ordnung, beispielsweise gegen ein betriebliches Alkohol- oder Rauchverbot oder bei Verstößen gegen Unfallverhütungsvorschriften, ist nach vorangegangener Abmahnung eine ordentliche Kündigung möglich.

Die heimliche Aufzeichnung eines Personalgesprächs durch den Arbeitnehmer kann eine außerordentliche Kündigung rechtfertigen.[1073]

77.10 Internet- und E-Mail-Nutzung zu privaten Zwecken

Die private Internet- und E-Mail-Nutzung am Arbeitsplatz stellt nach der Rechtsprechung des BAG[1074] unter mehreren Umständen eine Verletzung arbeitsvertraglicher Pflichten dar:

- Nutzung entgegen einem ausdrücklichen Verbot des Arbeitgebers
- Nichterbringen der arbeitsvertraglich geschuldeten Arbeitsleistung
- Herunterladen erheblicher Datenmengen auf betriebliche Datensysteme (unbefugter Download)
- Zusätzliche Kosten aufgrund der privaten Nutzung
- Rufschädigung des Arbeitgebers, weil strafbare oder pornografische Darstellungen heruntergeladen werden

Dabei wiegt die Pflichtverletzung umso schwerer, je mehr der Arbeitnehmer bei der privaten Nutzung des Internets seine Arbeitspflicht in zeitlicher und inhaltlicher Hin-

1071 BAG, Urteil v. 15.12.1977, 3 AZR 184/76.
1072 BAG, Urteil v. 14.5.1964, 2 AZR 244/63.
1073 LAG Hessen, Urteil v. 23.8.2017, 6 Sa 137/17.
1074 BAG, Urteil v. 7.7.2005, 2 AZR 581/04.

sicht vernachlässigt. Sie stellt einen verhaltensbedingten, in schweren Fällen einen außerordentlichen Kündigungsgrund dar, wobei grundsätzlich vorher abzumahnen ist. Eine vorherige Abmahnung ist nicht erforderlich, wenn der Arbeitnehmer bei seinen Tätigkeiten nicht davon ausgehen kann, der Arbeitgeber werde sie dulden.[1075]

Hat der Arbeitgeber die Nutzung des Internets für Privatzwecke nicht untersagt, kann dennoch ein verhaltensbedingter Kündigungsgrund vorliegen. Hier kommt es vor allem auf den Umfang der versäumten Arbeitszeit oder einer durch die Nutzung herbeigeführten Gefahr der Rufschädigung des Arbeitgebers (heruntergeladene Erotik und Pornografie) an.[1076]

Die exzessive private Internet- und E-Mail-Nutzung während der Arbeitszeit kann jedoch auch bei einem fehlenden Nutzungsverbot einen Grund für eine außerordentliche Kündigung darstellen.[1077]

Installiert der Arbeitnehmer für seine Internetnutzung unerlaubt Anonymisierungssoftware, liegt darin eine schwere Pflichtverletzung[1078], die einen verhaltensbedingten Kündigungsgrund darstellen kann.

Problematisch für den Arbeitgeber ist das Kontrollrecht der Internet- und E-Mail-Nutzung. Zunächst sind die Grundsätze der DSGVO und des BDSG einzuhalten. Danach ist jede Form der Datenverwendung[1079] verboten, sofern nicht ein Gesetz oder eine andere Rechtsvorschrift dies erlaubt oder anordnet oder der Betroffene eingewilligt hat. Zur Prävention von Straftaten ist danach die Datenerhebung erlaubt, wenn berechtigte Interessen des Arbeitgebers geschützt werden sollen und dies auch verhältnismäßig ist. Zur Aufdeckung von Straftaten sind engere Voraussetzungen zu beachten. Hier müssten tatsächliche Anhaltspunkte den Tatverdacht begründen, bevor im erforderlichen Umfang Daten konkreter Mitarbeiter genutzt werden dürfen.

Ist die private Internetnutzung gestattet, ist der Arbeitgeber Provider. Er muss die Regelungen der §§ 12 ff. Telemediengesetz (TMG) und §§ 88 ff. Telekommunikationsgesetz (TMG), aber auch die Telekommunikations-Datenschutzverordnung (TKDSVO) und das Teledienst-Datenschutzgesetz (TDDSG) beachten, weil er »Nutzern« (vgl. § 2 Nr. 3 TMG) bzw. »Dritten« (Arbeitnehmern, vgl. § 3 Nr. 10 TKG) Übertragungswege anbietet und deshalb Diensteanbieter i. S. d. § 2 Nr. 1 TMG ist, bzw. Telekommunikationsdienste i. S. d. § 88 Abs. 2 TKG erbringt. Deshalb muss er den Schutz des Fernmeldegeheimnisses nach § 88 TKG gewährleisten.

1075 BAG, Urteil v. 7.7.2005, 2 AZR 581/04; BAG, Urteil v. 31.5.2007, 2 AZR 200/06.

1076 BAG, Urteil v. 31.5.2007, 2 AZR 200/06; BAG, Urteil v. 27.4.2006, 2 AZR 386/05.

1077 BAG, Urteil v. 7.7.2005, 2 AZR 581/04.

1078 BAG, Urteil v. 12.1.2006, 2 AZR 179/05.

1079 S. auch Datenschutz im Personalwesen.

Danach darf der dienstliche Internet- und E-Mail-Verkehr durch den Arbeitgeber weitgehend uneingeschränkt protokolliert und in gewissem Rahmen auch inhaltlich kontrolliert werden. Eine Vollkontrolle sämtlichen Verkehrs ist allerdings ausgeschlossen. Regelmäßige Stichproben und konkrete Kontrollen bei Missbrauchsverdacht sind zugelassen. Der EGMR verlangt, dass die Überwachung verhältnismäßig sein muss sowie, dass der Beschäftigte vorab über die Möglichkeit, die Art und das Ausmaß der Kontrolle informiert wird.[1080]

Aus dem Vorgenannten folgt, dass Privatnutzung und dienstliche Nutzung streng getrennt werden müssen, damit der Arbeitgeber zumindest die dienstliche Nutzung überwachen kann.

Der Arbeitgeber sollte deshalb klären,

- ob er generell die private Internetnutzung gestatten oder verbieten will,
- bei Gestattung die Nutzung innerhalb oder außerhalb der persönlichen oder betrieblichen Arbeitszeiten zu erfolgen hat,
- welche Nutzung er genehmigt oder ausschließt,
- die beabsichtigten Überwachungsmaßnahmen bezeichnen (Umfang und Verwendung der Protokolldaten sowie Speicherdauer) und
- von jedem Arbeitnehmer vor der Gestattung der Nutzung eine Einwilligung nach § 4 Abs. 1 BDSG; § 12 Abs. 2 TMG; §§ 97 ff. TKG einholen.

Besteht ein Betriebsrat, ist das Mitbestimmungsrecht des § 87 Abs. 1 Nr. 6 BetrVG zusätzlich zu beachten. Es bietet sich daher an, die Internet- und E-Mail-Nutzung in einer Betriebsvereinbarung zu regeln.

Verstöße des Arbeitgebers gegen die genannten Vorschriften können u.a. zu einem Verwertungsverbot der hierdurch gewonnenen Erkenntnisse vor Gericht führen. Stützt der Arbeitgeber eine ausgesprochene verhaltensbedingte Kündigung auf rechtswidrig erworbene Daten über die Internet- und E-Mail-Nutzung, verliert er das Kündigungsschutzverfahren aus rein formalen Gründen. Das BAG hat ein Verwertungsverbot bei Überwachung mittels eines Keyloggers angenommen.[1081]

77.11 Konkurrenztätigkeit

Während des bestehenden Arbeitsverhältnisses ist dem Arbeitnehmer jedwede Konkurrenztätigkeit gegenüber dem Geschäftsbetrieb seines Arbeitgebers untersagt. Dies gilt als selbstverständliche arbeitsvertragliche Verpflichtung auch dann, wenn eine diesbezügliche Vereinbarung im Arbeitsvertrag nicht enthalten ist.

1080 EGMR, Urteil v. 5.9.2017, 61496/08.
1081 BAG, Urteil v. 27.7.2017, 2 AZR 681/16.

Verletzt ein Arbeitnehmer durch unerlaubte Konkurrenztätigkeit seine arbeitsvertraglichen Pflichten, rechtfertigt dies je nach den Umständen des Einzelfalls eine ordentliche oder auch eine außerordentliche Kündigung, wobei im Einzelfall auch eine Abmahnung nicht erforderlich ist, wenn dem Arbeitnehmer von vornherein bekannt sein musste, dass die Konkurrenztätigkeit seinen Vertragspflichten widerspricht und vom Arbeitgeber nicht hingenommen werden kann.[1082]

Eine verbotswidrige Konkurrenztätigkeit liegt jedoch erst dann vor, wenn sie aufgrund des Umfangs und der Intensität der Tätigkeit auch grundsätzlich geeignet ist, die Interessen des Arbeitgebers spürbar zu beeinträchtigen. Einmalige oder nur ganz sporadisch ausgeübte reine Freundschaftsdienste im Marktbereich des Arbeitgebers muss dieser in der Regel hinnehmen, wenn diese den arbeits- und wertmäßigen Umfang einer geringfügigen Gefälligkeit nicht übersteigen und unentgeltlich durchgeführt werden.[1083]

Bloße Vorbereitungshandlungen für die Konkurrenztätigkeit, zum Beispiel der Erwerb einer Handelsgesellschaft, die Anmietung von Betriebsräumen, der Einkauf von Einrichtungsgegenständen sowie die Beschaffung von Materialien für die Aufnahme der Konkurrenztätigkeit nach Beendigung des Arbeitsverhältnisses, stellen dagegen keine zur Kündigung berechtigende Umstände dar, da dem Arbeitnehmer nach Beendigung des Arbeitsverhältnisses die Konkurrenztätigkeit erlaubt ist.[1084] Auch beim Führen von Abwerbegesprächen mit Kollegen für das künftige eigene Unternehmen ist im Regelfall vor der Kündigung eine Abmahnung auszusprechen.[1085]

77.12 Leistungsmängel

Erbringt der Arbeitnehmer nicht die geschuldete Arbeitsleistung, die von jedem Arbeitnehmer aufgrund des Arbeitsvertrags erwartet werden darf, so kann das Arbeitsverhältnis nach erfolgter Abmahnung gekündigt werden.[1086] Eine schlechte Leistung kann in Qualitätsmängeln bestehen oder in einer quantitativen Minderleistung. Erforderlich ist eine langfristige Unterschreitung der Durchschnittsleistung um mehr als ein Drittel.[1087] Abmahnungen sind immer erforderlich.

1082 BAG, Urteil v. 16.8.1990, 2 AZR 113/90.
1083 LAG Schleswig-Holstein, Urteil v. 19.12.2006, 5 Sa 288/06.
1084 BAG, Urteil v. 26.6.2008, 2 AZR 190/07; BAG, Urteil v. 4.3.1981, 7 AZR 185/79.
1085 BAG, Urteil v. 26.6.2008, 2 AZR 190/07.
1086 BAG, Urteil v. 22.7.1982, 2 AZR 30/81.
1087 BAG, Urteil v. 11.12.2003, 2 AZR 667/02; BAG, Urteil v. 3.6.2004, 2 AZR 386/03.

77.13 Lohnpfändungen

Lohnpfändungen berechtigen den Arbeitgeber nach der Rechtsprechung des BAG nur in Ausnahmefällen zur Kündigung des Arbeitsverhältnisses. Ein solcher Ausnahmefall liegt vor, wenn über einen längeren Zeitraum hinweg häufig Lohnpfändungen vorkommen und dadurch derart erhebliche Verwaltungsarbeiten beim Arbeitgeber anfallen, dass sie zu wesentlichen Störungen im Arbeitsablauf führen. Da Ursache der Lohnpfändungen nicht die Verletzung von arbeitsvertraglichen Pflichten ist, sondern die Lohnpfändung vielmehr aus der Privatsphäre des Arbeitnehmers herrühren, kann nach der Rechtsprechung des BAG[1088] eine Abmahnung vor der Kündigung nicht erwartet werden.

In der arbeitsrechtlichen Literatur wird aufgrund des Verhältnismäßigkeitsgrundsatzes gefordert, vor einer Beendigungskündigung eine Änderungskündigung auszusprechen. Ziel der Änderungskündigung ist es, im Arbeitsvertrag eine Kostenerstattungsregelung aufzunehmen, um den mit der Lohnpfändung verbundenen Arbeitsaufwand vom Arbeitnehmer erstattet zu erhalten. Dies entspricht dem im Kündigungsrecht maßgeblichen Ultima-ratio-Prinzip.

Dagegen hat der Arbeitgeber keinen gesetzlichen Kostenerstattungsanspruch gegen den Arbeitnehmer. Ein solcher kann auch nicht durch den Abschluss einer (freiwilligen) Betriebsvereinbarung mit dem Betriebsrat begründet werden.[1089]

77.14 Nebentätigkeit

Auch ein Vollzeitarbeitnehmer ist grundsätzlich berechtigt, neben seinem Hauptarbeitsverhältnis einer Nebenbeschäftigung bei einem anderen Arbeitgeber nachzugehen oder eine selbstständige Nebentätigkeit aufzunehmen. Er hat allerdings bei der Nebenbeschäftigung die gesetzlichen Grenzen des Arbeitszeitgesetzes zu beachten.

Die Arbeitsvertragsparteien können (das gilt auch bei Teilzeitbeschäftigten) vereinbaren, dass der Arbeitnehmer eine Nebentätigkeit nur mit Zustimmung des Arbeitgebers aufnehmen darf (Genehmigungs- oder Zustimmungsvorbehalt).[1090] Diese Klausel dient nur dazu, dem Arbeitgeber im Vorfeld die Überprüfung zu ermöglichen, ob seine berechtigten Interessen beeinträchtigt sind. Die mögliche Beschränkung der Freiheitsrechte aus Art. 12 Abs. 1 GG hält sich in Grenzen. Im Ergebnis wird vom Arbeitnehmer nur verlangt, vor Aufnahme einer Nebenbeschäftigung den Arbeitgeber zu

---

1088 BAG, Urteil v. 4.11.1981, 7 AZR 264/79; BAG, Urteil v. 15.10.1992, 2 AZR 188/92.

1089 BAG, Urteil v. 18.7.2006, 1 AZR 578/05.

1090 BAG, Urteil v. 11.12.2001, 9 AZR 464/00, das ist allerdings streitig; vgl. bei zusätzlicher Sanktion über eine Vertragsstrafenregelung: LAG Rheinland-Pfalz, Urteil v. 29.4.2005, 8 Sa 69/05.

unterrichten.[1091] Denn der Arbeitgeber darf die Zustimmung unter Berücksichtigung des Rechtsgedankens des Art. 12 GG (Freiheit der Berufswahl) nur in solchen Fällen verweigern, in denen er an der Unterlassung der Nebentätigkeit ein berechtigtes Interesse hat.[1092] Dieses Interesse muss schwerer wiegen, als die Freiheit der Berufswahl des Arbeitnehmers, z. B. bei Konkurrenztätigkeit, Tätigkeit in einem Arbeitsverhältnis, die so umfangreich ist, dass der Arbeitnehmer unter Berücksichtigung der Haupttätigkeit gegen das Arbeitszeitgesetz verstoßen müsste – wobei sich dann die Zustimmungsverweigerung auf den das Arbeitszeitgesetz übersteigenden Umfang zu beschränken hat – oder bei einer Tätigkeit, die sich schädlich auf die Reputation des Arbeitgebers auswirken würde. Allein die Nebentätigkeit für ein Konkurrenzunternehmen muss noch keine Nebenpflichtverletzung sein, wenn die Tätigkeit für den Konkurrenten eine untergeordnete Hilfstätigkeit ist.[1093] Ist ein Arbeitnehmer und Betriebsratsmitglied nebenher Beisitzer einer Einigungsstelle in einem anderen Betrieb des Arbeitgebers, handelt er nicht pflichtwidrig.[1094]

Eine Arbeitsvertragsklausel in einem Formulararbeitsvertrag, die dem Arbeitnehmer generell die Ausübung von Nebentätigkeiten verbietet, ist zu weitgehend und benachteiligt den Arbeitnehmer entgegen Treu und Glauben unangemessen (§ 307 Abs. 1 Satz 1 BGB).[1095] Damit ist die Bestimmung unwirksam.

Werden nur einzelne Nebentätigkeiten verboten, muss einerseits das Transparenzgebot des § 307 Abs. 1 Satz 2 BGB berücksichtigt werden. Das bedeutet, dass für den Arbeitnehmer klar erkennbar sein muss, welche Tätigkeiten, bzw. in welchem Umfang er Tätigkeiten nicht verrichten darf. Ist dies nicht der Fall, scheitert die Klausel. Sie ist unwirksam. Andererseits dürfen die einzelnen Verbote den Arbeitnehmer wiederum nicht unangemessen benachteiligen, also zu weitgehend sein.

Verstößt ein Arbeitnehmer gegen seine im Arbeitsvertrag enthaltene Verpflichtung, eine Nebentätigkeit anzuzeigen oder vom Arbeitgeber genehmigen zu lassen, kann – nach vergeblichen Abmahnungen[1096] – auch dann eine Kündigung berechtigt sein, wenn der Arbeitnehmer Anspruch auf Erteilung einer Genehmigung hatte. Denn hier liegt der Vorwurf in einer unterlassenen Nebenpflicht.

Einen allgemeinen Auskunftsanspruch – ohne arbeitsvertragliche Regelung – gegen den Arbeitnehmer auf Auskunft über das Ob und den Umfang der beruflichen Tätigkeit hat der Arbeitgeber nicht. Ein solcher kann auch nicht aus der Treuepflicht des Arbeit-

1091 BAG, Urteil v. 11.12.2001, 9 AZR 464/00.
1092 BAG, Urteil v. 15.3.1990, 2 AZR 484/89.
1093 BAG, Urteil v. 24.3.2010, 10 AZR 66/09 für den Fall einer Postangestellten, die als Nebentätigkeit Zeitungen zustellte.
1094 BAG, Beschluss v. 13.5.2015, 2 ABR 38/14.
1095 LAG Rheinland-Pfalz, Urteil v. 29.4.2005, 8 Sa 69/05.
1096 BAG, Urteil v. 30.5.1996, 6 AZR 537/95.

nehmers hergeleitet werden. Allerdings hat der Arbeitgeber gegen den Arbeitnehmer einen Anspruch auf Auskunft über das Ob und den Umfang der Nebentätigkeit, soweit eine Überschreitung der Grenzen des Arbeitszeitgesetzes nicht ausgeschlossen wird.[1097] Denn der Arbeitgeber muss Sorge dafür tragen, dass die Vorschriften des Arbeitszeitgesetzes, die nicht nur dem Schutz des Beschäftigten, sondern auch dem Schutz der anderen Arbeitnehmer dienen, tatsächlich beachtet werden.

77.15 Pflichtwidrigkeiten bei Erkrankungen

Bei Erkrankungen sind Arbeitnehmer nach § 5 EFZG verpflichtet, dem Arbeitgeber die Arbeitsunfähigkeit und deren voraussichtliche Dauer unverzüglich, d.h. ohne schuldhaftes Zögern, mitzuteilen (Anzeigepflicht).

Dauert die Arbeitsunfähigkeit länger als 3 Kalendertage, muss der Arbeitnehmer zudem eine ärztliche Bescheinigung über das Bestehen der Arbeitsunfähigkeit sowie deren voraussichtliche Dauer vorlegen (Nachweispflicht). Für den Fall, dass der Arbeitnehmer gesetzlich krankenversichert ist und der aufgesuchte Arzt eine Kassenzulassung hat, wird aus der Nachweis- eine bloße Feststellungspflicht (ärztliche Attestierung von Arbeitsunfähigkeit und anschließende elektronische Meldung zum Abruf).

Nach Wiederherstellung der Arbeitsfähigkeit muss sich der Arbeitnehmer wieder am Arbeitsplatz einfinden bzw. zur Arbeitsaufnahme zurückmelden.

Verletzt der Arbeitnehmer schuldhaft die ihm bei Krankheit obliegenden Pflichten, kann der Arbeitgeber zur ordentlichen Kündigung, in Ausnahmefällen sogar zur außerordentlichen Kündigung wegen verhaltensbedingter Pflichtwidrigkeiten des Arbeitnehmers berechtigt sein. Ob eine ordentliche Kündigung sozial gerechtfertigt ist oder sogar ein wichtiger Grund für eine außerordentliche (fristlose) Kündigung vorliegt, hängt von den jeweiligen Umständen des Einzelfalls ab.

Grundsätze der Rechtsprechung

Aus der Rechtsprechung lassen sich folgende Grundsätze ableiten:

- Handelt es sich um eine einmalige Pflichtverletzung von nicht besonderer Schwere, so ist der Arbeitgeber grundsätzlich nur zur Abmahnung befugt.
- Verletzt der Arbeitnehmer trotz vorheriger Abmahnung erneut schuldhaft eine oder mehrere der ihm bei Krankheit obliegenden Verhaltenspflichten, rechtfertigt dies in der Regel eine verhaltensbedingte ordentliche Kündigung.

1097 BAG, Urteil v. 11.12.2001, 9 AZR 464/00.

- Eine außerordentliche (fristlose) Kündigung kommt grundsätzlich nur bei besonders schwerwiegenden Pflichtverletzungen sowie bei einer Häufung von leichteren Pflichtverstößen in Betracht, wobei eine vorherige vergebliche Abmahnung unerlässlich ist.[1098]

Interessenabwägung

Sowohl bei einer außerordentlichen als auch bei einer ordentlichen Kündigung wegen Pflichtwidrigkeiten bei Krankheit bedarf es einer umfassenden Interessenabwägung, wobei das Interesse des Arbeitgebers an der Auflösung des Arbeitsverhältnisses gegenüber dem Bestandsschutzinteresse des Arbeitnehmers abzuwägen ist. Ist die Art der Erkrankung mitursächlich für die vom Arbeitnehmer begangenen Pflichtwidrigkeiten, so kann dies bei der Interessenabwägung zugunsten des Arbeitnehmers berücksichtigt werden.[1099] Liegen bereits die Voraussetzungen für eine Kündigung wegen Krankheit vor, so kann der Arbeitgeber die Kündigung zusätzlich noch auf Pflichtwidrigkeiten stützen, die der Arbeitnehmer im Zusammenhang mit den Erkrankungen begangen hat.

77.15.1 Verletzung der Anzeigepflicht

Verstößt der Arbeitnehmer wiederholt trotz Abmahnung schuldhaft gegen die Anzeigepflicht, so rechtfertigt dies in der Regel den Ausspruch einer auf verhaltensbedingte Gründe gestützten ordentlichen Kündigung, und zwar auch dann, wenn es dadurch nicht zu einer Störung der Arbeitsorganisation oder des Betriebsfriedens gekommen ist.[1100]

Fehlt es dagegen an einem Verschulden des Arbeitnehmers, so scheiden kündigungsrechtliche Sanktionen aus. Eine schuldhafte Pflichtverletzung ist z. B. dann zu verneinen, wenn der Arbeitnehmer infolge der Schwere der Erkrankung nicht dazu in der Lage war, den Arbeitgeber unverzüglich über die Arbeitsunfähigkeit und deren voraussichtliche Dauer zu unterrichten.

77.15.2 Verletzung der Nachweispflicht

Liegt neben der Verletzung der Nachweispflicht – in Gestalt der Nichtvorlage oder verspäteten Vorlage der ärztlichen Arbeitsunfähigkeitsbescheinigung – gleichzeitig eine schuldhafte Verletzung der Anzeigepflicht vor, so rechtfertigt dies ebenfalls noch kei-

1098 BAG, Urteil v. 15.1.1986, 7 AZR 128/83.
1099 BAG, Urteil v. 22.7.1982, 2 AZR 30/81.
1100 BAG, Urteil v. 16.8.1991, 2 AZR 604/90.

ne kündigungsrechtlichen Sanktionen. In derartigen Fällen ist der Arbeitgeber jedoch dazu befugt, dem Arbeitnehmer für den Wiederholungsfall kündigungsrechtliche Konsequenzen anzudrohen. Verstößt der Arbeitnehmer trotz erfolgter Abmahnung erneut schuldhaft gegen die Feststellungs- bzw. Nachweispflicht, so liegt hierin in der Regel ein verhaltensbedingter Kündigungsgrund i. S. d. § 1 Abs. 2 KSchG.

Auch nach Ablauf des Entgeltfortzahlungszeitraums nach § 3 Abs. 1 EFZG (grundsätzlich 6 Wochen) hat der Arbeitnehmer die Pflicht, den Arbeitgeber über die Fortdauer der Erkrankung zu informieren und Nachweise hierfür vorzulegen.[1101] Anzeige- und Feststellungs- bzw. Nachweispflicht bestehen weiter, sodass dies ebenfalls unverzüglich bzw. innerhalb der gesetzlichen Fristen erfolgen muss. Verstößt der Arbeitnehmer trotz Abmahnung gegen die Pflichten, kann dies die verhaltensbedingte Kündigung rechtfertigen.

77.15.3 Verletzung der Pflicht zu gesundheitsförderndem Verhalten

Ein arbeitsunfähig erkrankter Arbeitnehmer muss sich so verhalten, dass er bald wieder gesund wird und an seinen Arbeitsplatz zurückkehren kann. Er hat alles zu unterlassen, was seine Genesung verzögern könnte. Denn er hat die Pflicht, auf die Interessen des Arbeitgebers, der schließlich die Entgeltfortzahlung leisten muss, Rücksicht zu nehmen.[1102]

Gefährdet der Arbeitnehmer den Heilungserfolg durch gesundheitswidriges Verhalten, verstößt er nicht nur gegen seine Leistungspflicht, sondern zerstört auch das Vertrauen des Arbeitgebers in seine Redlichkeit. Das gilt nicht nur bei Nebenbeschäftigungen während der Arbeitsunfähigkeit, sondern auch beim Freizeitverhalten.[1103] Leichte Verstöße gegen ärztliche Anordnungen und Verhaltensregeln (z. B. Überschreitung der vom Arzt festgesetzten Ausgehzeit), durch die der Krankheitsverlauf weder verzögert noch die Krankheit verschlimmert wird, rechtfertigen grundsätzlich weder eine ordentliche noch eine außerordentliche Kündigung.[1104] Verzögert der Arbeitnehmer durch eigenes schuldhaftes Verhalten den Heilungsprozess, hängt es von den Umständen des Einzelfalls ab, ob der Arbeitgeber hierauf eine ordentliche oder gar eine außerordentliche Kündigung stützen kann.[1105] Leichtere Pflichtverletzungen mit nachteiligen Folgen für den Heilungsprozess rechtfertigen grundsätzlich nur eine ordentliche Kündigung.

1101 LAG Köln, Urteil v. 2.11.1988, 2 Sa 850/88; LAG Sachsen-Anhalt, Beschluss v. 24.4.1996, 3 Sa 449/95; Hessisches LAG, Urteil v. 1.12.2006, 12 Sa 737/06.

1102 BAG, Urteil v. 2.3.2006, 2 AZR 53/05.

1103 BAG, Urteil v. 2.3.2006, 2 AZR 53/05; BAG, Urteil v. 27.4.1994, 5 AZR 747/93.

1104 BAG, Urteil v. 2.3.2006, 2 AZR 53/05; BAG, Urteil v. 27.4.1994, 5 AZR 747/93.

1105 LAG Rheinland-Pfalz, Urteil v. 11.1.2002, 8 Sa 1059/01.

Freizeitverhalten des Arbeitnehmers
Auch das Freizeitverhalten des Arbeitnehmers kann eine verhaltensbedingte Kündigung rechtfertigen. Nimmt der erkrankte Arbeitnehmer an Veranstaltungen teil, die an die körperliche und geistige Leistungsfähigkeit ähnliche oder vergleichbare Anforderungen stellen wie dessen vertragliche Arbeitspflicht, so kann dies[1106] eine verhaltensbedingte ordentliche oder u. U. sogar eine außerordentliche Kündigung rechtfertigen.

77.15.4 Verletzung der Arbeitspflicht nach Genesung/Rückmeldepflicht

Nimmt der Arbeitnehmer nach Wiederherstellung der Arbeitsfähigkeit die Arbeit nicht oder verspätet wieder auf, so verletzt er die Arbeitspflicht. Handelt es sich um einen weniger gravierenden Verstoß (z. B. um eine verspätete Arbeitsaufnahme von 1 bis 2 Tagen), ist es angebracht, den Arbeitnehmer abzumahnen. Mehrere geringfügige Verstöße gegen die nach erfolgter Abmahnung können eine verhaltensbedingte ordentliche Kündigung sozial rechtfertigen. Meldet sich der Arbeitnehmer längere Zeit (z. B. 2 bis 3 Wochen) nach Wiederherstellung der Arbeitsfähigkeit nicht zur Arbeitsaufnahme zurück, so kann der Arbeitnehmer – nach vorheriger Abmahnung – wegen eines schwerwiegenden Verstoßes gegen die Arbeitspflicht fristlos entlassen werden.

77.15.5 Kündigung wegen Vortäuschung einer Arbeitsunfähigkeit

Ein Arbeitnehmer, der eine Arbeitsunfähigkeit lediglich vortäuscht, verstößt gegen die Arbeitspflicht und verletzt das in ihn gesetzte Vertrauen. Da diese Pflichtverletzung nicht nur den Leistungs-, sondern auch den Vertrauensbereich berührt, bedarf es keiner vorherigen Abmahnung.

In der Regel kann bei Vortäuschung einer Arbeitsunfähigkeit eine außerordentliche Kündigung ausgesprochen werden. Fälscht der Arbeitnehmer die Krankheitsdaten einer Arbeitsunfähigkeitsbescheinigung zu seinem Vorteil, so berechtigt dies den Arbeitgeber ebenfalls zur außerordentlichen (fristlosen) Kündigung.[1107] Das Gleiche gilt, wenn der Arbeitnehmer eine krankheitsbedingte Arbeitsunfähigkeit vortäuscht, um hierdurch eine Urlaubsverlängerung zu erreichen.[1108]

1106 LAG Frankfurt, Urteil v. 10.9.1981, 12 Sa 100/81; LAG Niedersachsen, Urteil v. 1.9.1983, 11 Sa 20/83.
1107 LAG Bremen, Urteil v. 15.2.1985, 1 Sa 196/84.
1108 BAG, Urteil v. 10.8.1983, 7 AZR 269/81.

Tipp: Vorsorglich doppelte Betriebsratsanhörung

Die außerordentlichen Kündigungsgründe muss der Arbeitgeber im Kündigungsschutzprozess in vollem Umfang nachweisen können. Falls Bedenken bestehen, ob dieser Nachweis in vollem Umfang möglich ist, sollte zumindest der Betriebsrat vorsorglich auch zur ordentlichen Kündigung angehört und die Kündigung hilfsweise als ordentliche ausgesprochen werden.

Kündigt ein Arbeitnehmer nach Ablehnung seines Urlaubsantrags an, fortan krankheitsbedingt zu fehlen, ist dies ein Grund für eine (fristlose) Kündigung. Es liegt ein Vertrauensbruch vor, wenn der Arbeitnehmer ausdrücklich oder konkludent erklärt, dass er eine begehrte Freistellung durch eine nicht vorhandene Arbeitsunfähigkeit erzwingen will.[1109] Ist der Arbeitnehmer zum Zeitpunkt der Erklärung tatsächlich krank, wiegt der durch die Drohung bewirkte Vertrauensverlust regelmäßig weniger schwer und berechtigt nicht ohne Weiteres zu einer außerordentlichen Kündigung.

77.16 Pflichtwidrigkeiten in Zusammenhang mit der Corona-Pandemie

Im Zusammenhang mit den Verhaltensregeln aufgrund der Corona-Pandemie kann es zu Pflichtverletzungen durch Arbeitnehmer kommen. Diese können abgemahnt werden und ggf. auch zu einer Kündigung des Arbeitsverhältnisses führen.

- Wird angeordnet, Mund und Nase mit einer entsprechenden medizinischen **Schutzmaske** zu bedecken und **missachtet** dies ein Arbeitnehmer, kann er abgemahnt werden. Im Einzelfall kann dies bei Wiederholung auch zur Kündigung des Arbeitsverhältnisses führen.
- Wird ein Arbeitnehmer von der zuständigen Behörde unter **Quarantäne** gestellt, **erscheint** er aber dennoch **im Betrieb**, ist dies eine Pflichtverletzung. Der Arbeitnehmer kann abgemahnt werden.
- Ist dem Arbeitnehmer bekannt, dass er mit dem **Coronavirus infiziert** ist und begibt er sich dennoch in den Betrieb, könnte dies die Kündigung des Arbeitsverhältnisses, ggf. sogar eine außerordentliche fristlose Kündigung zur Folge haben. Bei der Einzelfallentscheidung ist dann zu berücksichtigen, ob der Arbeitnehmer zumindest versucht hat, Kollegen zu schützen, indem er z. B. einen medizinischen Mund-Nasen-Schutz getragen hat sowie, ob wissentlich Kontakt mit besonders gefährdeten Mitarbeitern gesucht wurde.
- Hat sich der Arbeitnehmer in einem **Corona-Risikogebiet** aufgehalten und erscheint anschließend zur Arbeit, ohne einen Coronatest gemacht zu haben und ohne die vorgeschriebene Quarantäne einzuhalten, kann dies als Pflichtverletzung abgemahnt werden. Für eine Kündigung ist die Pflichtverletzung wohl nicht

1109 BAG, Urteil v. 12.3.2009, 2 AZR 251/07.

ausreichend, da der Arbeitgeber den Arbeitnehmer zur Überbrückung unbezahlt freistellen könnte. Auf diese Art würde die Quarantäne gleichsam erzwungen werden.

- Weigert sich ein Arbeitnehmer aus **Angst vor einer Ansteckung** mit dem Coronavirus, die Arbeit aufzunehmen, könnte dies unter bestimmten Voraussetzungen abgemahnt werden und ggf. im Wiederholungsfall zur Kündigung führen. Allerdings ist sorgsam abzuwägen, wie begründet die Angst war und ob es mildere Mittel als die Kündigung gibt. Weigert sich der Arbeitgeber, im Betrieb Schutzmaßnahmen zu ergreifen und besteht dadurch ein erhöhtes Infektionsrisiko, dürfte der Arbeitnehmer wohl berechtigt die Arbeit verweigern. Insbesondere, wenn er zu einer besonders gefährdeten Bevölkerungsgruppe gehört.

77.17 Politische Agitation

Wiederholte politische Agitation des Arbeitnehmers im Betrieb, die den Betriebsfrieden ernstlich und schwer gefährdet, kann die ordentliche Kündigung und unter Umständen die außerordentliche Kündigung rechtfertigen.[1110] Die politische Betätigung eines Arbeitnehmers im Betrieb muss jedoch zu einer **konkreten Beeinträchtigung des Arbeitsverhältnisses** führen.

Das Verbot der parteipolitischen Betätigung im Betrieb gemäß § 74 Abs. 2 BetrVG gilt nur für Arbeitgeber und Betriebsrat.

Das Tragen einer politischen Plakette im Betrieb während der Arbeitszeit, durch die eine parteipolitische Meinung bewusst und herausfordernd zum Ausdruck gebracht wird (»Anti-Strauß-Plakette«) kann, ähnlich wie eine ständige verbale Agitation eine provozierende parteipolitische Betätigung darstellen, die einen wichtigen Grund zur außerordentlichen Kündigung abgeben kann, wenn durch das Verhalten des Arbeitnehmers der Betriebsfrieden oder der Betriebsablauf konkret gestört oder die Erfüllung der Arbeitspflicht beeinträchtigt wird.[1111]

77.18 Schmiergelder

Die Entgegennahme von Schmiergeldern stellt in der Regel eine schwerwiegende Pflichtwidrigkeit dar, die je nach den Umständen des Einzelfalls eine außerordentliche oder ordentliche Kündigung auch ohne vorangegangene Abmahnung rechtferti-

1110 BAG, Urteil v. 3.12.1954, 1 AZR 150/54.
1111 BAG, Urteil v. 9.12.1982, 2 AZR 620/80.

gen kann.[1112] Die Annahme von geringfügigen **Geschenken**, die branchenüblich sind (z.B. Kugelschreiber, Kalender), stellt dagegen keine Pflichtwidrigkeit dar, die zur Kündigung des Arbeitsverhältnisses berechtigt. Fordert der Arbeitnehmer von Vertragspartnern des Arbeitgebers Schmiergelder, stellt dies regelmäßig einen verhaltensbedingten Kündigungsgrund dar.[1113]

77.19 Sexuelle Äußerungen

Herabsetzende sexuelle Äußerungen eines Vorgesetzten gegenüber Arbeitnehmerinnen während der Arbeitszeit sind geeignet, die Ehre der Arbeitnehmerinnen zu beeinträchtigen, und zwar auch dann, wenn sie nicht unmittelbar in einem Gespräch mit diesen Arbeitnehmerinnen erfolgt sind.[1114] Im Übrigen stellen sie eine sexuelle Belästigung im Sinne des § 3 Abs. 4 AGG dar. Sie berechtigen daher zur verhaltensbedingten Kündigung.

77.20 Sexuelle Belästigung

Eine sexuelle Belästigung am Arbeitsplatz kann nach den Umständen des Einzelfalls auch ohne vorherige Abmahnung eine Kündigung, u.U. auch eine außerordentliche Kündigung rechtfertigen.

Es ist allerdings stets zu prüfen, ob vorrangig abzumahnen ist. Dies ist dann der Fall, wenn erwartet werden kann, dass es zukünftig zu keinen vergleichbaren Pflichtverletzungen mehr kommen wird.[1115]

Der Begriff wird definiert in § 3 Abs. 4 AGG. Der Arbeitgeber hat schon wegen § 12 Abs. 3 AGG die Pflicht zu handeln und die erforderlichen und angemessenen Maßnahmen zur Unterbindung der sexuellen Belästigung, wie Abmahnung, Umsetzung, Versetzung oder Kündigung zu ergreifen.

77.21 Unentschuldigtes Fehlen, Zuspätkommen, vorzeitiges Verlassen

Die wiederholte verspätete oder völlig unterlassene Arbeitsaufnahme oder das vorzeitige Verlassen der Arbeit seitens des Arbeitnehmers rechtfertigt in der Regel nur

1112 BAG, Urteil v. 21.6.2001, 2 AZR 30/00; BAG, Urteil v. 17.3.2005, 2 AZR 245/04.
1113 BAG, Urteil v. 17.3.2005, 2 AZR 245/04.
1114 BAG, Beschluss v. 9.1.1986, 2 ABR 24/85.
1115 BAG, Urteil v. 20.11.2014, 2 AZR 651/13.

eine ordentliche Kündigung.[1116] Wiederholtes unentschuldigtes Fehlen eines Arbeitnehmers ist an sich geeignet, eine verhaltensbedingte Kündigung zu rechtfertigen.[1117] Vor dem Ausspruch einer Kündigung ist in der Regel einschlägig abzumahnen. Gleiches gilt auch bei wiederholtem Zuspätkommen, wenn die einzelnen Verspätungen zwar eher gering sind, aber zu Betriebsablaufstörungen führen.[1118]

Bei eigenmächtigem Fernbleiben vom Arbeitsplatz wegen Kinderbetreuung als Kündigungsgrund kommt es darauf an, ob eine Zwangslage vorlag, die unvermeidbar und nicht selbst herbeigeführt war.[1119]

Hingegen gewährt § 45 Abs. 3 Satz 1 SGB V dem Arbeitnehmer bei Erkrankung seines Kindes nicht nur einen Anspruch auf Freistellung von der Arbeit, sondern bei rechtswidriger Verweigerung dieser Arbeitsfreistellung seitens des Arbeitgebers sogar das Recht, der Arbeit »eigenmächtig« fernzubleiben. Eine Kündigung des Arbeitnehmers wegen seines hierdurch bedingten Fernbleibens am Arbeitsplatz ist bereits aufgrund von § 612a BGB nichtig. Hierbei ist nicht erforderlich, dass der Arbeitgeber davon gewusst hat, dass beim Arbeitnehmer die Umstände des § 45 Abs. 3 Satz 1 SGB V vorgelegen haben.[1120]

77.22 Verletzung der Verschwiegenheitspflicht

Zu den vertraglichen Nebenpflichten eines Arbeitnehmers gehört auch die Verschwiegenheitspflicht, die es dem Arbeitnehmer untersagt, Geschäfts- oder Betriebsgeheimnisse unbefugt an Dritte weiterzugeben oder zu verwerten. Verletzungen gegen die Verschwiegenheitspflichten können je nach den Umständen des Einzelfalls auch ohne vorangegangene Abmahnung zur ordentlichen, unter Umständen auch zur außerordentlichen Kündigung berechtigen.[1121]

77.23 Vollmachtsüberschreitung und Vertrauensmissbrauch

Eine Vollmachtsüberschreitung oder ein Vertrauensmissbrauch berechtigt in schweren Fällen auch ohne Abmahnung zur ordentlichen Kündigung. Je nach den Umständen des Einzelfalls, insbesondere wenn der Arbeitnehmer sich durch die Voll-

1116 BAG, Urteil v. 13.3.1987, 7 AZR 601/85; BAG, Urteil v. 17.3.1988, 2 AZR 576/87.
1117 BAG, Urteil v. 17.1.1991, 2 AZR 375/90; LAG Baden-Württemberg, Urteil v. 8.9.2004, 2 Sa 66/04.
1118 LAG Schleswig-Holstein, Urteil v. 28.11.2006, 5 Sa 271/06.
1119 BAG, Urteil v. 21.5.1992, 2 AZR 10/92.
1120 LAG Köln, Urteil v. 10.11.1993, 7 Sa 690/93.
1121 BAG, Urteil v. 26.9.1990, 2 AZR 602/89.

machtsüberschreitung oder den Vertrauensmissbrauch einen persönlichen Vorteil verschafft, kann auch eine außerordentliche Kündigung gerechtfertigt sein.

Auch das unbefugte Einsehen von Geheimdokumenten oder von vor unberechtigtem Zugriff geschützten Computerdateien kann nach vorheriger Abmahnung einen verhaltensbedingten Kündigungsgrund darstellen.

77.24 Überstundenverweigerung

Hat der Arbeitgeber Überstunden berechtigt angeordnet und verweigert der Arbeitnehmer ohne rechtfertigenden Grund die Leistung, liegt ein verhaltensbedingter Kündigungsgrund vor. Eine entsprechende vorherige Abmahnung ist grundsätzlich erforderlich.

78 Kündigung, außerordentliche: Voraussetzungen

Autor: Dr. Carsten Teschner

Überblick

Dieser Beitrag zur außerordentlichen Kündigung legt die einzelnen allgemeinen Voraussetzungen der außerordentlichen Kündigung dar. Die Interessenabwägung, die auch bei Vorliegen eines wichtigen Grundes »an sich« die Kündigung dennoch unwirksam sein lassen kann, ist immer eine Einzelfallentscheidung, weshalb der Beitrag hierfür lediglich die relevanten Parameter vorstellt. Schließlich wird noch die 2-wöchige Ausschlussfrist erläutert, die bewirkt, dass außerordentliche Kündigungen regelmäßig zügig ausgesprochen werden müssen.

Grundlegende Norm für die außerordentliche Kündigung ist § 626 BGB, der in seinem Absatz 1 die materiellen Voraussetzungen nennt. In § 626 Abs. 2 BGB ist die 2-wöchige Ausschlussfrist geregelt. Im Übrigen ist vor Ausspruch einer außerordentlichen Kündigung die umfangreiche Rechtsprechung der Arbeitsgerichtsbarkeit zu studieren.

78.1 Anwendungsbereich einer außerordentlichen Kündigung

Nach § 626 Abs. 1 BGB kann das Arbeitsverhältnis aus wichtigem Grund ohne Einhaltung einer Kündigungsfrist gekündigt werden, wenn Tatsachen vorliegen, aufgrund derer dem Kündigenden unter Berücksichtigung aller Umstände des Einzelfalles und unter Abwägung der Interessen beider Vertragsteile die Fortsetzung des Arbeitsverhältnisses bis zum Ablauf der Kündigungsfrist oder bis zum vereinbarten Beendigungstermin nicht mehr zugemutet werden kann.

In der Praxis wird die außerordentliche Kündigung fast immer als fristlose Kündigung ausgesprochen. Die außerordentliche Kündigung ist jedoch nicht notwendigerweise eine fristlose Kündigung. Sie kann, unter Umständen muss sie sogar mit einer sozialen Auslauffrist ausgesprochen werden.

Auch bei einer Anstellung auf lange Dauer oder auf Lebenszeit besteht das Recht zur außerordentlichen Kündigung. Es kann weder beim Abschluss des Arbeitsvertrags noch während der Dauer des Arbeitsverhältnisses durch den Arbeitsvertrag, durch einen Tarifvertrag oder durch eine Betriebsvereinbarung ausgeschlossen werden. Auch eine Beschränkung dieses Rechts auf bestimmte Gründe wäre nur ein Hinweis darauf, welche Gründe die Vertragsparteien als besonders gewichtig ansehen.

Sonderregelungen für außerordentliche Kündigungen

Sonderregelungen für außerordentliche Kündigungen gibt es bei Berufsausbildungsverhältnissen in § 22 BBiG und im Bereich der Seeschifffahrt im SeemG. Außerdem sind auch bei einer außerordentlichen Kündigung die Anhörungsrechte des Betriebsrats zu beachten. Für besondere Personengruppen gelten zusätzliche Schutzvorschriften nach dem Mutterschutzgesetz (MuSchG), dem Bundeselterngeld- und Elternzeitgesetz (BEEG), dem SGB IX (Schwerbehindertenschutz) und dem Zivildienstgesetz. Ferner gelten für Mitglieder der Betriebsverfassungsorgane und für Abgeordnete und sonstige Volksvertreter besondere Schutzbestimmungen.

78.2 Wirksamkeitsvoraussetzungen

Voraussetzung einer außerordentlichen Kündigung ist ein »wichtiger Grund«. Nach der Rechtsprechung wird ein wichtiger Grund durch objektiv vorliegende Tatsachen bestimmt, die an sich geeignet sind, die Fortsetzung des Dienst- oder Arbeitsverhältnisses unzumutbar zu machen.

Außer dem Vorhandensein eines solchen wichtigen Grunds »an sich« ist in einer zweiten Stufe eine Abwägung der Interessen beider Vertragsteile erforderlich. Nur wenn die Fortsetzung des Arbeitsverhältnisses unter Abwägung der Interessen von Arbeitgeber und Arbeitnehmer bis zum Ablauf der Kündigungsfrist oder bis zur Beendigung des befristeten Arbeitsverhältnisses unzumutbar ist, ist die Kündigung berechtigt.

Darüber hinaus ist eine außerordentliche Kündigung nur wirksam, wenn die Kündigung innerhalb der 2-wöchigen Ausschlussfrist nach § 626 Abs. 2 BGB nach Kenntnis der für die Kündigung maßgebenden Tatsachen erfolgt.

78.2.1 Wichtiger Grund

Der unbestimmte Rechtsbegriff »wichtiger Grund« für eine außerordentliche Kündigung wird vom Bundesarbeitsgericht dann angenommen, wenn dem einen Vertragsteil nicht zugemutet werden könne, unter Berücksichtigung aller Umstände nach Treu und Glauben das Arbeitsverhältnis mit dem anderen Vertragsteil weiter fortzuführen, und zwar auch nicht bis zum Ablauf der ordentlichen Kündigungsfrist oder bis zur vereinbarten Beendigung des Arbeitsverhältnisses.[1122] Die Dauer der ordentlichen Kündigungsfrist oder die Dauer des Zeitraums bis zur vereinbarten Beendigung des Arbeitsverhältnisses kann danach Einfluss darauf haben, ob ein Kündigungsgrund ausreichend ist, um eine außerordentliche Kündigung zu rechtfertigen.

1122 BAG, Urteil v. 13.4.2000, 2 AZR 259/99.

Lange Kündigungsfristen

Für Arbeitsverhältnisse mit langen Kündigungsfristen kann die Zumutbarkeitsprüfung in Ausnahmefällen zu dem überraschenden Ergebnis führen, dass die außerordentliche Kündigung leichter möglich ist als bei Arbeitsverhältnissen mit kurzen Kündigungsfristen. Allerdings sind Grund, Sinn und Zweck der längeren Kündigungsfrist und der jeweilige Kündigungsgrund gegeneinander abzuwägen. Tendenziell kann aber die Verlängerung der Kündigungsfrist und der Ausschluss des ordentlichen Kündigungsrechts zu einer Erleichterung der außerordentlichen Kündigung führen.[1123] Es macht einen qualitativen Unterschied, ob ein Arbeitsverhältnis nur bis zum Ablauf der ordentlichen gesetzlichen Kündigungsfrist von beispielsweise einem Monat oder bis zum Ablauf einer Kündigungsfrist von einem Jahr oder bis zur Erreichung der Altersgrenze fortgeführt werden muss.

Ein nur einmaliger Vorfall, dessen Wiederholung nicht zu befürchten ist, spricht gegen die Begründetheit der außerordentlichen Kündigung eines Arbeitsverhältnisses mit langer Kündigungsfrist, wenn die längere Kündigungsfrist einen verstärkten Schutz des Arbeitnehmers bezweckt. Lässt sich dagegen der Arbeitnehmer mit einer langen Kündigungsfrist mehrfach Verfehlungen zuschulden kommen, so ist die außerordentliche Kündigung seines Arbeitsverhältnisses eher möglich.[1124]

Ordentlich unkündbare Arbeitnehmer

Um Wertungswidersprüche zu vermeiden, prüft die Rechtsprechung bei außerordentlichen fristlosen Kündigungen von ordentlich unkündbaren Arbeitnehmern, ob dem Arbeitgeber bei unterstellter Kündbarkeit des Arbeitsverhältnisses eine Beschäftigung bis zum Ablauf der Kündigungsfrist zumutbar wäre. Es wird somit auf eine fiktive Kündigungsfrist Bezug genommen.[1125]

Prüfungsschritte für das Vorliegen eines wichtigen Grundes

Die im Gesetz vorgeschriebene Berücksichtigung aller Umstände des Einzelfalls und die ebenfalls vorgeschriebene Abwägung der jeweiligen Interessen beider Vertragsteile führen dazu, dass es keine sogenannten absoluten Kündigungsgründe gibt. Auch wenn ein an sich durchaus als wichtiger Grund geeigneter Umstand vorliegt, muss stets eine Abwägung aller für oder gegen die außerordentliche Beendigung des Arbeitsverhältnisses sprechenden Umstände erfolgen.[1126]

Ob ein wichtiger Grund vorliegt, wird vom Bundesarbeitsgericht in 2 Schritten geprüft:

1123 BAG, Urteil v. 13.4.2000, 2 AZR 259/99.
1124 BAG, Urteil v. 21.6.2001, 2 AZR 30/00; BAG, Urteil v. 14.11.1984, 7 AZR 474/83.
1125 BAG, Urteil v. 27.4.2006, 2 AZR 386/05.
1126 BAG, Urteil v. 15.11.1984, 2 AZR 613/83.

1. Prüfungsschritt: Sind die Tatsachen selbst objektiv geeignet, einen wichtigen Grund für die Kündigung darzustellen?

2. Prüfungsschritt: Ist dem Arbeitgeber unter Berücksichtigung aller Umstände des Einzelfalls und nach Abwägung der Interessen beider Vertragsteile die Fortsetzung des Arbeitsverhältnisses bis zum Ablauf der ordentlichen Kündigungsfrist oder bis zur Beendigung des Arbeitsverhältnisses bei einem befristeten Arbeitsvertrag unzumutbar?

Bei der Prüfung, ob Tatsachen selbst objektiv geeignet sind, einen wichtigen Grund für die Kündigung darzustellen, haben sich in der Rechtsprechung Fallgruppen von Sachverhalten (Katalog der Kündigungsgründe) herausgebildet, die in der Regel als außerordentlicher Kündigungsgrund ausreichen. Diese Fallgruppen werden gesondert in dem Beitrag »Außerordentliche Kündigung: Einzelne Kündigungsgründe« behandelt.

78.2.2 Interessenabwägung

In der zweiten Stufe ist die Interessenabwägung durchzuführen. Dabei muss die Abwägung der Interessen beider Parteien dazu führen, dass dem Kündigenden unter Berücksichtigung aller Umstände des Einzelfalls angesichts des objektiv geeigneten Kündigungsgrundes die Fortsetzung des Arbeitsverhältnisses bis zum Ablauf der ordentlichen Kündigungsfrist oder bis zur vertragsgemäßen Beendigung eines befristeten Arbeitsverhältnisses nicht zumutbar ist.

Dabei sind die Interessen des Arbeitgebers an der Beendigung des Arbeitsverhältnisses den Interessen des Arbeitnehmers an der Fortsetzung gegenüberzustellen. Hierbei sind die Betriebszugehörigkeit, das vom Arbeitnehmer in seiner unbeanstandeten Beschäftigung erworbene »Vertrauenskapital«, die ordentliche Kündigungsfrist, die Art und Schwere der Verfehlung, das Interesse an der korrekten Handhabung der Geschäftsanweisungen, die wirtschaftlichen Folgen des Vertragsverstoßes, der Verschuldensgrad, das gegebene Maß der Beschädigung des Vertrauens, die Wiederholungsgefahr, das Lebensalter des Arbeitnehmers, die Betriebsgröße sowie die Folgen der Auflösung des Arbeitsverhältnisses für den Arbeitnehmer zu berücksichtigen.[1127]

Bei der Interessenabwägung sind auch mildere Mittel wie eine Änderungskündigung, Versetzung und eine ordentliche Kündigung in Betracht zu ziehen. Außerdem ist zu prüfen, ob eine Abmahnung ausreichend ist. Aus § 314 Abs. 2 BGB folgt ausdrücklich, dass vor Ausspruch der außerordentlichen Kündigung grundsätzlich abzumahnen ist.[1128]

1127 BAG, Urteil v. 13.12.1984, 2 AZR 454/83; BAG, Urteil v. 10.6.2010, 2 AZR 541/09.
1128 BAG, Urteil v. 27.1.2011, 2 AZR 825/09.

Hilfsweise ordentliche Kündigung

Ob eine außerordentliche Kündigung vor einem Arbeitsgericht Bestand haben wird, ist angesichts der vielfältigen Kriterien, die bei der Zumutbarkeit gegeneinander abzuwägen sind, schwer vorhersehbar. Andererseits wird vom gekündigten Arbeitnehmer gegen eine außerordentliche Kündigung in der Regel **Kündigungsschutzklage** erhoben. Hierzu wird er oft auch von der Agentur für Arbeit aufgefordert, wenn er die nach einer außerordentlichen Kündigung zu verhängende Sperrzeit für das Arbeitslosengeld nicht akzeptieren will.

Formulierungsvorschlag

Hiermit kündigen wir Ihnen das Arbeitsverhältnis fristlos mit sofortiger Wirkung, hilfsweise ordentlich zum 31.7.2024, bzw. zum nächstmöglichen Zeitpunkt.

Anhörung des Betriebsrats

Falls ein Betriebsrat existiert, ist die ordentliche Kündigung jedoch nur bei ordnungsgemäßer Anhörung des Betriebsrats auch zur ordentlichen Kündigung wirksam.

Hilfsweise doppelte Betriebsratsanhörung

Mit der Anhörung des Betriebsrats zur außerordentlichen Kündigung sollte der Betriebsrat mit getrenntem Anhörungsschreiben auch zur hilfsweisen ordentlichen Kündigung angehört werden. Wegen der unterschiedlichen Widerspruchsfristen von einer Woche bei der ordentlichen und 3 Tagen bei der außerordentlichen Kündigung kann dem Betriebsrat so deutlich vermittelt werden, zu welcher Kündigung er Stellung nehmen soll. Um möglichst sicherzustellen, dass der Betriebsrat, wenn er eine Stellungnahme vor Ablauf der Frist abgibt, diese auch »abschließend« abgibt, kann auf dem Anhörungsbogen dies gleich für den Betriebsrat vorformuliert oder zum Ankreuzen vorbereitet werden. In diesem Fall sind die getrennten Anhörungsschreiben nicht zu umgehen. Die Einhaltung der 2-wöchigen Ausschlussfrist kann auch die doppelte Anhörung erfordern, da die Anhörungsfrist des Betriebsrats die Ausschlussfrist nicht verlängert.

78.2.3 Einhaltung der Ausschlussfrist

Nach § 626 Abs. 2 BGB kann die außerordentliche Kündigung nur innerhalb einer Frist von 2 Wochen erfolgen. Innerhalb dieser Ausschlussfrist muss die Kündigungserklärung zugehen. Die Frist beginnt mit dem Zeitpunkt, in dem der Kündigungsberechtigte von den für die Kündigung maßgebenden Tatsachen Kenntnis erlangt. Vermutungen, selbst grob fahrlässige Unkenntnis, reichen nicht aus.[1129] Die Tatsachen müssen dem Kündigungsberechtigten die Entscheidung ermöglichen, ob für ihn die

---

1129 BAG, Urteil v. 22.11.2012, 2 AZR 732/11.

Fortsetzung des Arbeitsverhältnisses zumutbar ist oder nicht. Sind noch Ermittlungen über den Kündigungssachverhalt erforderlich, ist der Beginn der Ausschlussfrist so lange gehemmt, wie der Kündigungsberechtigte aus verständlichen Gründen mit der gebotenen Eile Ermittlungen durchführte und der Kündigungsgegner dies erkennen konnte.[1130] Dies gilt insbesondere, wenn der Arbeitnehmer vor der Kündigung angehört wird. Die Anhörung muss dann im Allgemeinen jedoch binnen einer Woche durchgeführt werden.[1131]

78.3 Mitteilung des Kündigungsgrunds

Außer bei einem Berufsausbildungsverhältnis und der Kündigung einer Schwangeren ist die Angabe des Kündigungsgrunds keine Wirksamkeitsvoraussetzung der außerordentlichen Kündigung. Der Verstoß gegen die Verpflichtung in § 626 Abs. 2 Satz 3 BGB, auf Verlangen den Kündigungsgrund mitzuteilen, führt deshalb nicht zur Unwirksamkeit der außerordentlichen Kündigung. Unter Umständen können jedoch Schadensersatzansprüche (z. B. wegen vermeidbarer Prozesskosten) entstehen.

78.4 Hinweispflichten

Nach § 2 Abs. 2 Satz 2 Nr. 3 SGB III »sollen« Arbeitgeber ihre Arbeitnehmer bei Beendigung des Arbeitsverhältnisses über deren Verpflichtung zur Arbeitsuchendmeldung bei der Agentur für Arbeit (§ 38 SGB III) informieren. Auch wenn das Unterlassen einer solchen Unterrichtung grundsätzlich keine Schadensersatzpflicht des Arbeitgebers begründet, ist für die Praxis zu empfehlen, Arbeitnehmer mit bzw. in dem Kündigungsschreiben auf deren Pflicht zur Meldung bei der Agentur für Arbeit nach Erhalt der Kündigung hinzuweisen. Bei einer außerordentlichen (fristlosen) Kündigung beträgt die vom Arbeitnehmer einzuhaltende Meldefrist regelmäßig 3 Kalendertage[1132] ab Zugang der Kündigung. Für die Meldung ist eine Anzeige unter Angabe der persönlichen Daten und des Beendigungszeitpunkts ausreichend, wenn die persönliche Meldung nach terminlicher Vereinbarung nachgeholt wird.

78.5 Umdeutung

Eine außerordentliche Kündigung kann in eine ordentliche Kündigung umgedeutet werden, wenn dies nach den gegebenen Umständen dem mutmaßlichen Willen des

1130 BAG, Urteil v. 6.7.1972, 2 AZR 386/71.
1131 BAG, Urteil v. 6.7.1972, 2 AZR 386/71.
1132 § 38 Satz 2 SGB III.

Arbeitgebers entspricht und dieser Wille dem Arbeitnehmer erkennbar geworden ist. Dies ist vor allem dann von Bedeutung, wenn sich im Arbeitsgerichtsprozess herausstellen sollte, dass der Kündigungsgrund für eine ordentliche, aber nicht für eine außerordentliche Kündigung ausreicht.

79 Kündigung, außerordentliche: Einzelne Kündigungsgründe

Autor: Dr. Carsten Teschner

Überblick

Dieser Beitrag zur außerordentlichen Kündigung stellt in einer lexikalischen Übersicht die häufigsten Kündigungssituationen dar. Auch auf betriebliche und krankheitsbedingte Kündigungsmöglichkeiten, in erster Linie bei ordentlich unkündbaren Arbeitnehmern, wird eingegangen, weil die außerordentliche Kündigung keine ausschließlich verhaltensbedingte Kündigung ist.

Grundlegende Norm für die außerordentliche Kündigung ist § 626 BGB, der in seinem Absatz 1 die materiellen Voraussetzungen nennt.

79.1 Abwerbung von Arbeitskollegen

Eine Abwerbung rechtfertigt wegen der grundrechtlich geschützten Freiheit der Berufsausübung nur unter besonderen Umständen die außerordentliche Kündigung des abwerbenden Arbeitnehmers. Solche besonderen Umstände können vorliegen, wenn die Abwerbung zugleich eine grobe Verletzung der Treuepflicht darstellt, insbesondere, wenn der Arbeitnehmer Kollegen zu verleiten sucht, unter Vertragsbruch beim bisherigen Arbeitgeber auszuscheiden, oder wenn er im Auftrag eines Konkurrenzunternehmens handelt.[1133]

79.2 Alkoholverbot, Missachtung

Der Verstoß gegen ein Alkoholverbot berechtigt in schwerwiegenden Ausnahmefällen zu einer außerordentlichen Kündigung, insbesondere bei konkreter Gefährdung erheblicher Rechtsgüter[1134] oder bei einem alkoholisiert fahrenden Busfahrer.[1135] Das Alkoholverbot muss allerdings deutlich formuliert sein. Es muss nicht nur das Trinken während der Arbeitszeit und den Arbeitspausen, sondern auch das Erscheinen zur Arbeit in alkoholisiertem Zustand verboten sein, wenn das Verbot den sich auf die Arbeitszeit auswirkenden Alkoholkonsum auch vor Arbeitsbeginn eindeutig umfassen soll.

1133 LAG Rheinland-Pfalz, Urteil v. 7.2.1992, 6 Sa 528/91; s. auch BAG, Urteil v. 26.6.2008, 2 AZR 190/07.
1134 LAG Hamm, Urteil v. 23.8.1990, 16 Sa 293/90.
1135 LAG Nürnberg, Urteil v. 17.12.2002, 6 Sa 480/01.

79.3 Anzeige gegen Arbeitgeber

Anzeigen des Arbeitnehmers bei staatlichen Ermittlungsbehörden gegen einen gesetzeswidrig handelnden Arbeitgeber konnten nach Auffassung des Bundesarbeitsgerichts (BAG) dann einen verhaltensbedingten Kündigungsgrund darstellen, wenn der Arbeitnehmer nicht zuvor versucht hatte, den Arbeitgeber von seiner gesetzwidrigen Handlungsweise durch entsprechende Hinweise und Vorhalte abzubringen.[1136] Das Bundesverfassungsgericht (BVerfG) sah dies anders[1137] und stellte fest, dass Strafanzeigen gegen den Arbeitgeber kündigungsrelevant sind, wenn sie wissentlich falsche oder leichtfertig falsche Angaben enthalten[1138] oder wenn sie eine unverhältnismäßige Reaktion auf das Verhalten des Arbeitgebers oder seines Repräsentanten darstellen.[1139] Erfolgt die Anzeige aus Rache oder Missgunst, kann dies eine kündigungsrelevante Pflichtverletzung darstellen.[1140]

Allerdings ist eine innerbetriebliche Klärung für den Arbeitnehmer dann nicht zumutbar, wenn er Kenntnis von Straftaten erhält, bei deren Nichtanzeige er sich selbst einem Ermittlungsverfahren aussetzen würde.[1141] Nichts anderes kann bei schweren Straftaten des Arbeitgebers selbst gelten.[1142]

Das BAG geht davon aus, dass eine Strafanzeige bei der Staatsanwaltschaft im Regelfall eine Wahrnehmung staatsbürgerlicher Rechte darstellt und keine Pflichtverletzung.[1143]

Ist dem Arbeitnehmer die Verantwortung für die Sicherheit von betrieblichen Einrichtungen übertragen, z. B. einem Sicherheitsbeauftragten, steht ihm das Recht zu, Bedenken gegen den Sicherheitszustand von Einrichtungen bei allen zuständigen behördlichen Stellen zu erheben.[1144]

Ein außerordentlicher Kündigungsgrund wurde bejaht bei einer Anzeige bei der Finanzbehörde[1145], verneint jedoch bei einer Anzeige nach vorangegangener Rüge bei Verletzung von Unfallverhütungsvorschriften und bei Lkw-Überladung.[1146] Der Europäische Gerichtshof für Menschenrechte hält das Interesse der Öffentlichkeit an der

1136 BAG, Urteil v. 5.2.1959, 2 AZR 60/56.
1137 BVerfG, Beschluss v. 2.7.2001, 1 BvR 2049/00.
1138 BAG, Urteil v. 3.7.2003, 2 AZR 235/02; LAG Düsseldorf, Urteil v. 17.1.2002, 11 Sa 1422/01; Hessisches LAG, Urteil v. 27.11.2001, 15 Sa 411/01.
1139 BAG, Urteil v. 3.7.2003, 2 AZR 235/02.
1140 BAG, Urteil v. 3.7.2003, 2 AZR 235/02.
1141 BAG, Urteil v. 3.7.2003, 2 AZR 235/02.
1142 BAG, Urteil v. 7.12.2006, 2 AZR 400/05.
1143 BAG, Urteil v. 15.12.2016, 2 AZR 42/16.
1144 BAG, Urteil v. 14.12.1972, 2 AZR 115/72.
1145 LAG Berlin, Urteil v. 25.11.1960, 3 Sa 88/60; LAG Düsseldorf, Urteil v. 18.1.1961, 2 Sa 393/60.
1146 LAG Baden-Württemberg, Urteil v. 20.10.1976, 6 Sa 51/76.

Mitteilung von Mängeln in der institutionellen Altenpflege in einem staatlichen Unternehmen für so bedeutend, dass dieses Interesse nach seiner Auffassung das Interesse des betroffenen Unternehmens am Schutz seines Rufes und seiner Geschäftsinteressen überwiegt.[1147]

79.4 Arbeitsverweigerung

Nicht jede Arbeitsverweigerung stellt einen außerordentlichen Kündigungsgrund dar. In der Regel ist eine Abmahnung erforderlich. Eine beharrliche Arbeitsverweigerung berechtigt jedoch grundsätzlich zur außerordentlichen Kündigung.[1148]

Beharrlichkeit der Arbeitsverweigerung
Eine beharrliche Arbeitsverweigerung setzt voraus, dass der Arbeitnehmer die ihm übertragene Arbeit bewusst und nachhaltig nicht leisten will. Dabei genügt es nicht, dass der Arbeitnehmer eine Weisung unbeachtet lässt, sondern es muss eine intensive Weigerung des Arbeitnehmers vorliegen. Allerdings kann die Beharrlichkeit auch darin zu sehen sein, dass der Arbeitnehmer in einem einmaligen Fall eine Anweisung nicht befolgt; dies muss dann aber durch eine vorhergehende, erfolglose Abmahnung verdeutlicht werden. Es muss also zu vermuten sein, der Arbeitnehmer werde in Zukunft seiner Arbeitspflicht nicht nachkommen. Entscheidend ist, ob eine Wiederholungsgefahr besteht oder ob das vergangene Ereignis sich auch künftig weiter belastend auswirkt.[1149]

Zurückbehaltungsrecht des Arbeitnehmers
Macht der Arbeitnehmer jedoch berechtigterweise ein Zurückbehaltungsrecht hinsichtlich seiner Arbeitsleistung wegen offenstehenden Vergütungsansprüchen geltend, so ist eine wegen Arbeitsverweigerung ausgesprochene außerordentliche Kündigung unwirksam.[1150]

79.5 Arbeitszeitbetrug

Macht ein Arbeitnehmer zum Nachteil des Arbeitgebers vorsätzlich falsche Angaben zu Beginn und Ende seiner Arbeit, liegt ein wichtiger Grund an sich für eine außerordentliche Kündigung vor. Ist ein Arbeitnehmer verpflichtet, die Arbeitszeit selbst zu

1147 EGMR, Urteil v. 21.7.2011, 28274/08.
1148 BAG, Urteil v. 22.10.2015, 2 AZR 569/14; BAG, Urteil v. 19.1.2016, 2 AZR 449/15.
1149 BAG, Urteil v. 21.11.1996, 2 AZR 357/95.
1150 BAG, Urteil v. 9.5.1996, 2 AZR 387/95.

erfassen, notiert aber regelwidrig jeweils den Zeitpunkt der Durchfahrt der Parkplatzeinfahrt, ist ein vorsätzlicher Pflichtenverstoß anzunehmen.[1151]

Ein Arbeitszeitbetrug durch Vorspiegelung von Überstunden ist nicht dadurch gerechtfertigt, dass der Arbeitnehmer an anderer Stelle tatsächlich zusätzliche Arbeit geleistet hat, die wiederum nicht abgerechnet wurde.[1152]

79.6 Ausländerfeindliche Äußerung

Eine ausländerfeindliche Äußerung im Betrieb kann im Einzelfall ohne vorherige Abmahnung das Recht zur außerordentlichen Kündigung begründen. Die Fürsorgepflicht des Arbeitgebers und seine Pflicht aus § 12 Abs. 3 AGG gebieten es, massiven Ehrverletzungen von Mitarbeitern gegenüber Kollegen entgegenzutreten, und zwar je nach Gewicht der Ehrverletzung auch durch eine außerordentliche Kündigung ohne vorherige Abmahnung.

Ob die außerordentliche Kündigung eines im öffentlichen Dienst beschäftigten Angestellten begründet ist, der als Mitglied einer neonazistischen Gruppierung diverse Flugblätter dieser Gruppierung, in denen Ausländer, Zigeuner und Asylanten als Schmarotzer dargestellt wurden, mitunterzeichnet hat, ist im Rahmen der gerichtlichen Interessenabwägung im Einzelfall zu entscheiden.[1153]

Einem Verein, der Jugendliche ausbildet, ist es nicht zuzumuten, einen Ausbilder, der ausländerfeindliche Tendenzen im Ausbildungsbetrieb offen zur Schau trägt, weiterhin zu beschäftigen. Deshalb ist die außerordentliche Kündigung dieses Ausbilders gerechtfertigt.[1154]

79.7 Beleidigung und Bedrohung

Beleidigungen oder üble Nachrede gegenüber dem Arbeitgeber oder gegenüber Vorgesetzten berechtigen grundsätzlich zur ordentlichen Kündigung auch ohne vorangegangene Abmahnung. Grobe Beleidigungen können auch eine außerordentliche (fristlose) Kündigung rechtfertigen. Dies gilt ebenso für Bedrohungen des Arbeitgebers oder von Vorgesetzten.[1155]

1151 BAG, Urteil v. 9.6.2011, 2 AZR 381/10.

1152 BAG, Urteil v. 13.12.2018, 2 AZR 370/18.

1153 BAG, Urteil v. 14.2.1996, 2 AZR 274/95; s. auch BAG, Urteil v. 1.7.1999, 2 AZR 676/98 und LAG Schleswig-Holstein, Urteil v. 2.4.2008, 6 TaBV 46/07.

1154 BVerfG, Urteil v. 2.1.1995, 1 BvR 320/94.

1155 BAG, Urteil v. 15.12.1977, 3 AZR 184/76; BAG, Urteil v. 31.7.2014, 2 AZR 505/13.

Beleidigung während einer Auseinandersetzung

Ehrverletzende Äußerungen können allerdings dann als weniger schwerwiegend und nicht für eine Kündigung ausreichend angesehen werden, wenn sie in einer Auseinandersetzung gefallen sind, bei der der Arbeitgeber oder der Vorgesetzte in Form und Inhalt unberechtigte Kritik äußerte und hierdurch der Arbeitnehmer zu der ehrverletzenden Äußerung gereizt wurde. Maßgeblich sind die jeweiligen Umstände des Einzelfalls. Zu berücksichtigen sind insbesondere der betriebliche und branchenübliche Umgangston, der Bildungsgrad und der psychische Zustand des Arbeitnehmers sowie die Gesprächssituation. Auch ist zu berücksichtigen, ob bei der Äußerung die Sache noch im Vordergrund stand oder aber die Diffamierung der beleidigten Person.[1156]

Abzugrenzen ist die Beleidigung auch von der ebenfalls im Betrieb geschützten Meinungsfreiheit. In dem Vorwurf gegenüber einem Vorgesetzten, er sei ein Ausbeuter, liegt noch keine Schmähkritik.[1157] Als wichtiger Grund an sich wurde die Gleichsetzung betrieblicher Vorgänge mit dem nationalsozialistischen Terrorsystem gesehen sowie ein Vergleich mit den vom Nationalsozialismus geförderten Verbrechen.[1158]

Beleidigung von Arbeitskollegen und Kunden

Beleidigungen gegenüber Arbeitskollegen können ebenfalls eine verhaltensbedingte, in Ausnahmefällen auch eine außerordentliche Kündigung rechtfertigen, wenn hierdurch der Betriebsfrieden nicht nur vorübergehend gestört wird.[1159] Verschickt ein Arbeitnehmer per WhatsApp Bild- und Videodateien mit islamfeindlichem Inhalt an einen muslimischen Arbeitskollegen, stellt dies eine Beleidigung dar, die die außerordentliche Kündigung rechtfertigt.[1160]

Unberechtigte, schwerwiegende Vorwürfe eines Angestellten in leitender Stellung über Untergebene und Vorgesetzte sind an sich geeignet, eine ordentliche Kündigung sozial zu rechtfertigen.[1161]

Private beleidigende Äußerungen, von denen der Vorgesetzte durch Dritte Kenntnis erhält, rechtfertigen eine außerordentliche Kündigung in der Regel jedoch *nicht*.[1162]

1156 BAG, Urteil v. 7.7.2011, 2 AZR 355/10; BAG, Urteil v. 5.12.2019, 2 AZR 240/19.
1157 BVerfG, Beschluss v. 30.5.2018, 1 BvR 1149/17.
1158 BAG, Urteil v. 7.7.2011, 2 AZR 355/10.
1159 BAG, Urteil v. 15.12.1977, 3 AZR 184/76.
1160 LAG Baden-Württemberg, Urteil v. 5.12.2019, 17 Sa 3/19.
1161 LAG Köln, Urteil v. 24.3.1993, 7 Sa 54/92.
1162 BAG, Urteil v. 17.8.1972, 2 AZR 415/71.

79.8 Betriebliche Gründe

Betriebliche Gründe berechtigen grundsätzlich nicht zur außerordentlichen Kündigung. Auch die Betriebsschließung stellt regelmäßig keinen Grund für eine außerordentliche Kündigung dar, weil der Arbeitgeber sein Betriebsrisiko nicht auf den Arbeitnehmer abwälzen darf. Auch die Eröffnung des Konkurses berechtigt nicht zur außerordentlichen Kündigung.[1163]

Außerordentliche Kündigung ordentlich unkündbarer Arbeitnehmer
Nur bei ordentlich unkündbaren Arbeitnehmern, d.h., wenn die ordentliche Kündigung eines Arbeitnehmers durch Gesetz, Tarifvertrag, Betriebsvereinbarung oder Einzelvertrag ausgeschlossen ist, und wenn diese Arbeitnehmer nicht in einen anderen Betrieb des Unternehmens versetzt werden können, soll der Arbeitgeber nicht über Jahre hinaus – etwa bis zum Rentenalter des Arbeitnehmers – verpflichtet sein, bei einer Betriebsschließung oder bei einer andernfalls fehlenden Beschäftigungsmöglichkeit das vereinbarte Arbeitsentgelt fortzuzahlen, ohne die Arbeitsleistung des Arbeitnehmers in Anspruch nehmen zu können. In diesem Fall kann der Arbeitgeber das Arbeitsverhältnis aus betriebsbedingten Gründen außerordentlich kündigen.

Ein solcher Ausnahmefall liegt regelmäßig vor, wenn ein Arbeitnehmer im Unternehmen nicht mehr weiterbeschäftigt werden kann und der Arbeitgeber ohne Kündigungsmöglichkeit gezwungen wäre, ein sinnentleertes Arbeitsverhältnis über viele Jahre hinweg allein noch durch entsprechende Gehaltszahlungen aufrechtzuerhalten. Bevor der Arbeitgeber die Kündigung erklärt, muss er jedoch mit allen zumutbaren Mitteln versuchen, eine Weiterbeschäftigung des Arbeitnehmers an anderer Stelle im Unternehmen zu ermöglichen.[1164] Dabei muss er dem Arbeitnehmer konkrete Vertragsangebote unterbreiten; das bloße Ausschreiben von freien Stellen ist nicht ausreichend.[1165]

Da der Ausschluss des ordentlichen Kündigungsrechts jedoch einen besonderen Schutz für den Arbeitnehmer bedeutet, soll er in diesem Fall nicht schlechter stehen, als wenn die ordentliche Kündigung nicht ausgeschlossen wäre. Daher ist der Arbeitgeber bei Ausspruch einer außerordentlichen betrieblichen Kündigung gegenüber einem ordentlich nicht mehr kündbaren Arbeitnehmer zwingend verpflichtet, die Kündigungsfrist einzuhalten, die gelten würde, wenn die ordentliche Kündigung nicht ausgeschlossen wäre (soziale Auslauffrist).[1166]

1163 BAG, Urteil v. 25.10.1968, 2 AZR 23/68.
1164 BAG, Urteil v. 5.2.1998, 2 AZR 227/97.
1165 BAG, Urteil v. 26.3.2009, 2 AZR 879/07.
1166 BAG, Urteil v. 28.3.1985, 2 AZR 113/84.

79.9 Betriebsfrieden und betriebliche Ordnung

Wird der Betriebsfrieden durch Handlungen gestört, die das friedliche Zusammenarbeiten der Arbeitnehmer untereinander oder mit dem Arbeitgeber erschüttern oder nachhaltig beeinträchtigen und die nachteilige betriebliche Auswirkungen (z. B. Störungen des Arbeitsablaufs) haben, kann dies eine ordentliche, in Ausnahmefällen sogar außerordentliche, Kündigung rechtfertigen.[1167] Die heimliche Aufzeichnung eines Personalgesprächs durch den Arbeitnehmer kann eine außerordentliche Kündigung rechtfertigen.[1168]

79.10 Falschaussage

Die Bereitschaft eines Arbeitnehmers, in einem Rechtsstreit gegen seinen Arbeitgeber vorsätzlich falsch auszusagen, ist an sich geeignet, eine außerordentliche Kündigung zu rechtfertigen.[1169]

79.11 Führerscheinentziehung

Die Entziehung der Fahrerlaubnis kann bei einem Berufskraftfahrer zur außerordentlichen Kündigung führen, wenn die Fortsetzung des Arbeitsverhältnisses zu geänderten Bedingungen unmöglich oder unzumutbar ist.[1170]

79.12 Geschäftsschädigende Äußerungen

Geschäftsschädigende Äußerungen über den Arbeitgeber können zur außerordentlichen Kündigung berechtigen.[1171]

79.13 Internet- und E-Mail-Nutzung zu privaten Zwecken

Bei dienstlichen Internet- und E-Mail-Anschlüssen handelt es sich um Betriebsmittel des Arbeitgebers, die ohne dessen Gestattung nicht privat genutzt werden dürfen. Ein

1167 BAG, Urteil v. 15.12.1977, 3 AZR 184/76; BAG, Urteil v. 2.9.1980, 6 AZR 431/78; BAG, Urteil v. 27.1.2011, 2 AZR 825/09.
1168 LAG Hessen, Urteil v. 23.8.2017, 6 Sa 137/17.
1169 LAG Baden-Württemberg, Urteil v. 23.11.2007, 7 Sa 118/06; BAG, Beschluss v. 16.10.1986, 2 ABR 71/85.
1170 BAG, Urteil v. 5.6.2008, 2 AZR 984/06; BAG, Urteil v. 30.5.1978, 2 AZR 630/76.
1171 BAG, Urteil v. 18.9.1997, 2 AZR 36/97.

Anspruch auf Privatnutzung folgt auch nicht aus Art. 9 Abs. 3 GG, wenn der Arbeitnehmer den Account für Zwecke des Arbeitskampfes nutzen will.[1172]

Die private Internet- und E-Mail-Nutzung am Arbeitsplatz stellt nach der Rechtsprechung des BAG[1173] unter mehreren Umständen eine Verletzung arbeitsvertraglicher Pflichten dar:

- Nutzung entgegen einem ausdrücklichen Verbot des Arbeitgebers
- Nichterbringung der arbeitsvertraglich geschuldeten Arbeitsleistung
- Herunterladen erheblicher Datenmengen auf betriebliche Datensysteme (unbefugter Download),
- Zusätzliche Kosten aufgrund der privaten Nutzung,
- Rufschädigung des Arbeitgebers, weil strafbare oder pornografische Darstellungen heruntergeladen werden.

Dabei wiegt die Pflichtverletzung umso schwerer, je mehr der Arbeitnehmer bei der privaten Nutzung des Internets seine Arbeitspflicht in zeitlicher und inhaltlicher Hinsicht vernachlässigt. Sie stellt einen verhaltensbedingten, in schweren Fällen einen außerordentlichen Kündigungsgrund dar, wobei grundsätzlich vorher abzumahnen ist.

Fehlendes Nutzungsverbot

Hat der Arbeitgeber die Nutzung des Internets für Privatzwecke nicht untersagt, kann dennoch ein verhaltensbedingter Kündigungsgrund vorliegen. Hier kommt es vor allem auf den Umfang der versäumten Arbeitszeit oder einer durch die Nutzung herbeigeführten Gefahr der Rufschädigung des Arbeitgebers (heruntergeladene Pornografie) an.[1174]

Die exzessive private Internet- und E-Mail-Nutzung während der Arbeitszeit kann jedoch auch bei einem fehlenden Nutzungsverbot einen Grund für eine außerordentliche Kündigung darstellen.[1175]

Installiert der Arbeitnehmer für seine Internetnutzung unerlaubt Anonymisierungssoftware, liegt darin eine schwere Pflichtverletzung[1176], die einen verhaltensbedingten Kündigungsgrund darstellen kann.

1172 BAG, Beschluss v. 15.10.2013, 1 ABR 31/12.
1173 BAG, Urteil v. 7.7.2005, 2 AZR 581/04.
1174 BAG, Urteil v. 31.5.2007, 2 AZR 200/06; BAG, Urteil v. 27.4.2006, 2 AZR 386/05.
1175 BAG, Urteil v. 7.7.2005, 2 AZR 581/04.
1176 BAG, Urteil v. 12.1.2006, 2 AZR 179/05.

Entbehrlichkeit der Abmahnung
Eine vorherige Abmahnung ist nicht erforderlich, wenn der Arbeitnehmer bei seinen Tätigkeiten nicht davon ausgehen kann, der Arbeitgeber werde sie dulden.[1177]

Zur Frage, inwieweit der Arbeitgeber die Internet- und E-Mail-Nutzung durch den Arbeitnehmer kontrollieren darf, siehe den Beitrag zur verhaltensbedingten Kündigung in Kapitel 77.10.

79.14 Konkurrenztätigkeit

Während des bestehenden Arbeitsverhältnisses ist dem Arbeitnehmer jede Konkurrenztätigkeit gegenüber dem Geschäftsbetrieb seines Arbeitgebers untersagt. Dies gilt als selbstverständliche arbeitsvertragliche Verpflichtung auch dann, wenn eine diesbezügliche Vereinbarung im Arbeitsvertrag nicht enthalten ist.

Verletzt ein Arbeitnehmer durch unerlaubte Konkurrenztätigkeit seine arbeitsvertraglichen Pflichten, rechtfertigt dies je nach den Umständen des Einzelfalls eine ordentliche oder auch eine außerordentliche Kündigung, wobei im Einzelfall auch eine Abmahnung nicht erforderlich ist, wenn dem Arbeitnehmer von vornherein bekannt sein musste, dass die Konkurrenztätigkeit seinen Vertragspflichten widerspricht und vom Arbeitgeber nicht hingenommen werden kann.[1178]

79.15 Krankheit – Kündigung wegen Beeinträchtigung betrieblicher Interessen

Da schon an eine ordentliche Kündigung wegen der Erkrankung eines Arbeitnehmers ein strenger Maßstab anzulegen ist, kommt eine außerordentliche Kündigung nur in eng begrenzten Ausnahmefällen in Betracht. Voraussetzung ist, dass dem Arbeitgeber die Fortsetzung des Arbeitsverhältnisses i. S. v. § 626 Abs. 1 BGB bis zum Ablauf der Kündigungsfrist oder bis zur vereinbarten Beendigung des Dienstverhältnisses nicht zugemutet werden kann.

Da die Einhaltung der Kündigungsfrist bei der Erkrankung eines Arbeitnehmers immer zumutbar sein dürfte, wird eine außerordentliche Kündigung in der Regel, wenn überhaupt, nur bei einem Ausschluss der ordentlichen Kündigung aufgrund einer tarifvertraglichen oder einzelvertraglichen Regelung infrage kommen.

1177 BAG, Urteil v. 7.7.2005, 2 AZR 581/04; BAG, Urteil v. 31.5.2007, 2 AZR 200/06.
1178 BAG, Urteil v. 16.8.1990, 2 AZR 113/90.

Wirksamkeit einer außerordentlichen Kündigung: Prüfung in 3 Schritten
Ebenso wie bei einer wegen Erkrankung ausgesprochenen ordentlichen Kündigung ist die Wirksamkeit der außerordentlichen Kündigung zu prüfen, wobei diese Prüfung den hohen Anforderungen Rechnung tragen muss, die an eine außerordentliche Kündigung zu stellen sind.

- Prüfungsschritt 1: Zunächst ist eine negative Zukunftsprognose hinsichtlich der gesundheitlichen Entwicklung des Arbeitnehmers erforderlich.
- Prüfungsschritt 2: Es müssen die entstandenen und prognostizierten Fehlzeiten zu einer erheblichen Beeinträchtigung der betrieblichen Interessen führen.
- Prüfungsschritt 3: Es ist zu prüfen, ob dem Arbeitgeber die erhebliche Beeinträchtigung betrieblicher Interessen unter Berücksichtigung der künftigen Vertragsbindung billigerweise noch zumutbar ist.

Der Ausschluss der ordentlichen Kündigung durch eine tarifvertragliche oder einzelvertragliche Regelung kann sich danach zulasten des Arbeitnehmers auswirken, da an die Unzumutbarkeit bei einer kurzen Kündigungsfrist höhere Anforderungen zu stellen sind als bei einer langen Vertragsbindung bis zur Pensionierung bei Ausschluss der ordentlichen Kündigung.

Kriterien für eine Interessenabwägung
Maßgeblich bei der Interessenabwägung ist insbesondere, ob das Arbeitsverhältnis seinen wirtschaftlichen Sinn verliert, wenn der Arbeitgeber gezwungen wäre, das verlustbringende Arbeitsverhältnis bis zum Erreichen der Altersgrenze des Arbeitnehmers fortzusetzen. Auch unter Berücksichtigung des durch den Ausschluss der ordentlichen Kündigung angezeigten besonders strengen Maßstabes kann es dem Arbeitgeber unzumutbar werden, ein Arbeitsverhältnis fortzusetzen, das wegen der häufigen Erkrankung des Arbeitnehmers nicht mehr auf den gegenseitigen Austausch von Leistungen (Arbeitsleistung und Arbeitsvergütung) gerichtet ist und dadurch sinnentleert wird.[1179] Dies gilt insbesondere, wenn dem Arbeitnehmer bei der außerordentlichen Kündigung wegen Krankheit eine der ordentlichen Kündigung entsprechende Auslauffrist zugebilligt wird.

Dauernde krankheitsbedingte Arbeitsunfähigkeit
Insbesondere die feststehende dauernde krankheitsbedingte Arbeitsunfähigkeit kann die außerordentliche Kündigung bei einem Arbeitnehmer rechtfertigen, bei dem die ordentliche Kündigung ausgeschlossen ist.[1180]

1179 BAG, Urteil v. 9.9.1992, 2 AZR 190/92; BAG, Urteil v. 28.10.2010, 2 AZR 688/09.
1180 BAG, Urteil v. 28.2.1990, 2 AZR 401/89.

Krankheitsbedingte Minderung der Leistungsfähigkeit
Dagegen ist die krankheitsbedingte Minderung der Leistungsfähigkeit eines Arbeitnehmers in der Regel nicht geeignet, einen wichtigen Grund für eine außerordentliche Kündigung darzustellen.[1181]

79.16 Krankheit und Pflichtverletzungen

Verletzung der Anzeigepflicht
Ein einmaliger schuldhafter Verstoß gegen die Pflicht zur Anzeige einer krankheitsbedingten Arbeitsunfähigkeit rechtfertigt in der Regel weder eine ordentliche noch eine außerordentliche Kündigung. Das Vorliegen eines wichtigen Grunds i. S. d. § 626 BGB ist z. B. dann zu bejahen, wenn der Arbeitnehmer sich grundsätzlich weigert, der Anzeigepflicht nachzukommen und sich dementsprechend verhält.

Bei Angestellten in verantwortlicher Stellung gelten besondere Anforderungen. Dieser Personenkreis ist im Falle plötzlicher Erkrankung dazu verpflichtet, sofern nicht krankheitsbedingte Umstände entgegenstehen, den Arbeitgeber darüber zu unterrichten, was in seinem Aufgabenbereich während seiner Abwesenheit geschehen soll. Die Verletzung dieser vertraglichen Verpflichtung kann – je nach den Umständen – sogar die fristlose Entlassung des Angestellten rechtfertigen.[1182]

Eine einzelvertragliche Vereinbarung, nach der bereits ein einmaliger Verstoß gegen die Anzeigepflicht den Arbeitgeber zum Ausspruch einer außerordentlichen Kündigung berechtigen soll, stellt eine gesetzwidrige Erweiterung des außerordentlichen Kündigungsrechts zum Nachteil des Arbeitnehmers dar und ist daher unwirksam.[1183]

Verletzung der Nachweispflicht
Arbeitnehmer sind verpflichtet, eine ärztliche Bescheinigung über das Bestehen der Arbeitsunfähigkeit sowie deren voraussichtliche Dauer vorzulegen, wenn die Arbeitsunfähigkeit länger als 3 Kalendertage dauert oder der Arbeitgeber dies früher verlangt (sog. Nachweispflicht). Für den Fall, dass der Arbeitnehmer gesetzlich krankenversichert ist und der aufgesuchte Arzt eine Kassenzulassung hat, wird aus der Nachweis- eine bloße Feststellungspflicht (ärztliche Attestierung von Arbeitsunfähigkeit und anschließende elektronische Meldung zum Abruf).

1181 BAG, Urteil v. 12.7.1995, 2 AZR 762/94.
1182 BAG, Urteil v. 30.1.1976, 2 AZR 518/74.
1183 LAG Berlin, Urteil v. 18.8.1980, 9 Sa 42/80.

Nebenbeschäftigungen

Eine außerordentliche Kündigung ist nach dem Urteil des LAG München[1184] dann gerechtfertigt, wenn ein erkrankter Arbeitnehmer während der Zeit der Krankschreibung Arbeitsleistungen für Dritte erbringt, die zu seinem Aufgabenbereich im Betrieb seines Arbeitgebers gehören. Eine Nebenbeschäftigung in erheblichem Umfang während einer ärztlich attestierten Arbeitsunfähigkeit, die den Heilungserfolg gefährdet, kann ausnahmsweise auch ohne Abmahnung sogar eine außerordentliche Kündigung rechtfertigen.[1185]

Freizeitverhalten

Auch das Freizeitverhalten des Arbeitnehmers kann eine verhaltensbedingte Kündigung rechtfertigen. Nimmt der erkrankte Arbeitnehmer an Veranstaltungen teil, die an die körperliche und geistige Leistungsfähigkeit ähnliche oder vergleichbare Anforderungen stellen wie dessen vertragliche Arbeitspflicht, so kann dies[1186] eine verhaltensbedingte ordentliche oder u.U. sogar eine außerordentliche Kündigung rechtfertigen. Nach dem das Kündigungsschutzrecht beherrschenden Grundsatz der Verhältnismäßigkeit kommt eine außerordentliche Kündigung nur als letztes Mittel in Betracht. Dies ist etwa dann der Fall, wenn der erkrankte Arbeitnehmer trotz vorheriger Abmahnung durch grob gesundheitswidriges Verhalten (z.B. Besuch einer Nachtbar trotz angeordneter Bettruhe, Trinken von größeren Mengen Alkohol) den Heilungsprozess verzögert.

Kündigung wegen Vortäuschung einer Arbeitsunfähigkeit

Ein Arbeitnehmer, der eine Arbeitsunfähigkeit lediglich vortäuscht, verstößt gegen die Arbeitspflicht und verletzt das in ihn gesetzte Vertrauen. Da diese Pflichtverletzung nicht nur den Leistungs-, sondern auch den Vertrauensbereich berührt, bedarf es keiner vorherigen Abmahnung. In der Regel kann bei Vortäuschung einer Arbeitsunfähigkeit eine außerordentliche Kündigung ausgesprochen werden. Fälscht der Arbeitnehmer die Krankheitsdaten einer Arbeitsunfähigkeitsbescheinigung zu seinem Vorteil, so berechtigt dies den Arbeitgeber ebenfalls zur außerordentlichen (fristlosen) Kündigung.[1187] Das Gleiche gilt, wenn der Arbeitnehmer eine krankheitsbedingte Arbeitsunfähigkeit vortäuscht, um hierdurch eine Urlaubsverlängerung zu erreichen.[1188]

Kündigt ein Arbeitnehmer nach Ablehnung seines Urlaubsantrags an, fortan krankheitsbedingt zu fehlen, ist dies ein Grund für eine (fristlose) Kündigung. Es liegt ein Vertrauensbruch vor, wenn der Arbeitnehmer ausdrücklich oder konkludent erklärt,

1184 LAG München, Urteil v. 9.9.1982, 6 Sa 96/82.
1185 BAG, Urteil v. 26.8.1993, 2 AZR 154/93.
1186 LAG Frankfurt, Urteil v. 10.9.1981, 12 Sa 100/81; LAG Niedersachsen, Urteil v. 1.9.1983, 11 Sa 20/83.
1187 LAG Bremen, Urteil v. 15.2.1985, 1 Sa 196/84.
1188 BAG, Urteil v. 10.8.1983, 7 AZR 269/81.

dass er eine begehrte Freistellung durch eine nicht vorhandene Arbeitsunfähigkeit erzwingen will.[1189]

79.17 Urlaub

Tritt der Arbeitnehmer eigenmächtig einen vom Arbeitgeber nicht genehmigten Urlaub an, so verletzt er seine arbeitsvertraglichen Pflichten; ein solches Verhalten ist an sich geeignet, einen wichtigen Grund für eine fristlose Kündigung darzustellen.[1190]

79.18 Schmiergelder

Die Entgegennahme von Schmiergeldern stellt in der Regel eine schwerwiegende Pflichtwidrigkeit dar, die je nach den Umständen des Einzelfalls eine außerordentliche oder ordentliche Kündigung auch ohne vorangegangene Abmahnung rechtfertigen kann.[1191]

Die Annahme von geringfügigen Geschenken, die branchenüblich sind (z. B. Kugelschreiber, Kalender), stellt dagegen keine Pflichtwidrigkeit dar, die zur Kündigung des Arbeitsverhältnisses berechtigt.

Fordert der Arbeitnehmer von Vertragspartnern des Arbeitgebers Schmiergelder, stellt dies regelmäßig einen verhaltensbedingten Kündigungsgrund dar.[1192]

79.19 Sexuelle Belästigung/Nachstellen

Eine sexuelle Belästigung am Arbeitsplatz kann nach den Umständen des Einzelfalls auch ohne vorherige Abmahnung eine Kündigung, u. U. auch eine außerordentliche Kündigung, rechtfertigen.[1193]

Der Begriff wird definiert in § 3 Abs. 4 AGG. Der Arbeitgeber hat schon wegen § 12 Abs. 3 AGG die Pflicht zu handeln und die erforderlichen und angemessenen Maßnahmen zur Unterbindung der sexuellen Belästigung, wie Abmahnung, Umsetzung, Versetzung oder Kündigung zu ergreifen.

1189 BAG, Urteil v. 12.3.2009, 2 AZR 251/07.
1190 BAG, Urteil v. 20.1.1994, 2 AZR 521/93.
1191 BAG, Urteil v. 21.6.2001, 2 AZR 30/00; BAG, Urteil v. 17.3.2005, 2 AZR 245/04.
1192 BAG, Urteil v. 17.3.2005, 2 AZR 245/04.
1193 BAG, Urteil v. 20.11.2014, 2 AZR 651/13; BAG, Urteil v. 29.6.2017, 2 AZR 302/16.

Dabei kommt es im Hinblick auf die Entscheidung der Rechtsfrage, ob eine sexuelle Belästigung am Arbeitsplatz von ihrem Gewicht her eine Kündigung rechtfertigt oder nicht, nicht allein auf die Beurteilung des Verhaltens des Arbeitnehmers/der Arbeitnehmerin durch die hiervon Betroffenen an. Ob das Verhalten unerwünscht ist, wird objektiv bewertet und nicht danach, ob der Betroffene dies aktiv verdeutlicht hat.[1194] Auf die sexuelle Motivation des Täters kommt es nicht an.[1195] Auch einmalige sexuell bestimmte Verhaltensweisen können den Tatbestand der sexuellen Belästigung erfüllen.[1196]

Die absichtliche Berührung primärer oder sekundärer Geschlechtsmerkmale eines anderen ist demnach bereits deshalb sexuell bestimmt i. S. d. § 3 Abs. 4 AGG, weil es sich um einen auf die körperliche Intimsphäre gerichteten Übergriff handelt.[1197] Bei anderen Handlungen, die nicht unmittelbar das Geschlechtliche im Menschen zum Gegenstand haben, wie z. B. Umarmungen, kann sich eine Sexualbezogenheit aufgrund einer mit ihnen verfolgten sexuellen Absicht ergeben.[1198]

Entblößt ein Arbeitnehmer die Genitalien eines anderen unter Missachtung dessen Rechts auf Selbstbestimmung, wem gegenüber und in welcher Situation er sich unbekleidet zeigen möchte, stellt dies eine sexuelle Belästigung dar, die eine außerordentliche Kündigung begründen kann.[1199]

Entscheidend ist auch, ob das Vertrauensverhältnis, das zwischen den Parteien des Arbeitsvertrags auch hinsichtlich der moralischen Integrität des Arbeitnehmers/der Arbeitnehmerin bestehen muss, durch ein solches Verhalten erschüttert wird.

In den Fällen, in denen es die von einer sexuellen Belästigung Betroffenen dabei haben bewenden lassen, sich die Zudringlichkeiten zu verbitten, und nicht ihre Vorgesetzten unterrichtet haben, kann daher nicht gefolgert werden, dass die Fortsetzung des Arbeitsverhältnisses dem Arbeitgeber von vornherein deswegen zumutbar sei, weil der Betriebsablauf durch das Verhalten des Arbeitnehmers/der Arbeitnehmerin nicht wesentlich beeinträchtigt worden sei.[1200]

Stellt ein Arbeitnehmer einer Kollegin in bewusster Missachtung ihres entgegenstehenden Willens beharrlich nach, ist dies unabhängig von der strafrechtlichen Einordnung des Verhaltens bereits dann »an sich« ein wichtiger Grund für eine außer-

---

1194 BAG, Urteil v. 9.6.2011, 2 AZR 323/10.
1195 BAG, Urteil v. 29.6.2017, 2 AZR 302/16.
1196 BAG, Urteil v. 29.6.2017, 2 AZR 302/16.
1197 BAG, Urteil v. 29.6.2017, 2 AZR 302/16.
1198 BAG, Urteil v. 29.6.2017, 2 AZR 302/16.
1199 BAG, Urteil v. 20.5.2021, 2 AZR 596/20.
1200 BAG, Beschluss v. 9.2.1986, 2 ABR 24/85; LAG Berlin, Urteil v. 25.8.1989, 13 Sa 50/89.

ordentliche Kündigung, wenn mit diesem Verhalten der Betriebsfriede gestört ist.[1201] Eine vorherige Abmahnung ist aber nur dann entbehrlich, wenn trotz Abmahnung eine Verhaltensänderung in Zukunft nicht zu erwarten ist, z. B. weil dem Arbeitnehmer bereits ein Beschwerdeverfahren wegen eines vergleichbaren Vorwurfs gemacht wurde, oder weil so eine schwere Pflichtverletzung vorliegt, dass ein Tolerieren des Arbeitgebers offensichtlich – auch für den Arbeitnehmer erkennbar – ausgeschlossen ist.[1202]

79.20 Straftat

Straftaten gegen den Arbeitgeber berechtigen in aller Regel zur außerordentlichen Kündigung.[1203] Straftaten, die nicht im Zusammenhang mit dem Arbeitsverhältnis stehen, stellen nur ausnahmsweise einen außerordentlichen Kündigungsgrund dar, wenn sie sich konkret auf das Arbeitsverhältnis auswirken können (z. B. Vermögensstraftat eines Kassierers).

Nicht entscheidend für die Frage der Wirksamkeit der außerordentlichen Kündigung ist die konkrete strafrechtliche Bewertung.[1204]

Drogenkonsum außerhalb der Arbeitszeit kann eine fristlose Kündigung eines Berufskraftfahrers rechtfertigen.[1205]

79.21 Unentschuldigtes Fehlen, Zuspätkommen, vorzeitiges Verlassen

Die wiederholte verspätete oder völlig unterlassene Arbeitsaufnahme oder das vorzeitige Verlassen der Arbeit seitens des Arbeitnehmers rechtfertigt in der Regel nur eine ordentliche Kündigung.[1206]

Eine außerordentliche Kündigung kommt ausnahmsweise nur dann in Betracht, wenn die Unpünktlichkeit des Arbeitnehmers oder die völlig unterlassene Arbeitsaufnahme seitens des Arbeitnehmers den Grad und die Auswirkung einer beharrlichen Verweigerung der Arbeitspflicht erreicht haben.[1207]

1201 BAG, Urteil v. 19.4.2012, 2 AZR 258/11.
1202 BAG, Urteil v. 20.11.2014, 2 AZR 651/13.
1203 BAG, Urteil v. 20.9.1984, 2 AZR 633/82.
1204 BAG, Urteil v. 24.5.2012, 2 AZR 206/11.
1205 BAG, Urteil v. 20.10.2016, 6 AZR 471/15.
1206 BAG, Urteil v. 13.3.1987, 7 AZR 601/85; BAG, Urteil v. 17.3.1988, 2 AZR 576/87.
1207 BAG, Urteil v. 17.3.1988, 2 AZR 576/87.

79.22 Verdacht einer schwerwiegenden Verfehlung

Der Verdacht einer strafbaren Handlung oder sonstiger schwerwiegender Verfehlungen kann selbstständig einen Grund zur außerordentlichen Kündigung darstellen, wenn es gerade der Verdacht ist, der das für das Arbeitsverhältnis notwendige Vertrauen in die Rechtschaffenheit des Arbeitnehmers zerstört oder der Verdacht in anderer Hinsicht eine unerträgliche Belastung des Arbeitsverhältnisses darstellt.[1208] Der Arbeitgeber ist jedoch verpflichtet, den Arbeitnehmer vor der Kündigung zu den gegen ihn erhobenen Verdachtsmomenten zu hören. Wird diese Anhörungspflicht schuldhaft verletzt, ist die Verdachtskündigung unwirksam.[1209]

79.23 Vermögensdelikt zulasten des Arbeitgebers

Bei einem Vermögensdelikt des Arbeitnehmers zum Nachteil des Arbeitgebers, wie z.B. Betrug oder Unterschlagung, bedarf es grundsätzlich keiner vergeblichen Abmahnung vor Ausspruch einer ordentlichen oder außerordentlichen Kündigung, da dem Arbeitgeber ein Wiederholungsfall nicht zuzumuten ist – wie regelmäßig bei einer Störung im Vertrauensbereich.

Dabei kommt es nicht auf die Höhe des entstandenen Schadens an. Nach der Rechtsprechung kann bei vorsätzlichen und widerrechtlichen Verletzungen des Eigentums oder des Vermögens des Arbeitgebers durch den Arbeitnehmer nicht allein wegen Geringfügigkeit von vornherein die Eignung für eine Kündigung abgesprochen werden. Vielmehr ist bei Eigentums- oder Vermögensdelikten der Umfang des dem Arbeitgeber zugefügten Schadens erst im Rahmen der abschließenden Interessenabwägung zu berücksichtigen.

79.24 Verschwiegenheitspflicht

Zu den vertraglichen Nebenpflichten eines Arbeitnehmers gehört auch die Verschwiegenheitspflicht, die es dem Arbeitnehmer untersagt, Geschäfts- oder Betriebsgeheimnisse unbefugt an Dritte weiterzugeben oder zu verwerten. Verletzungen gegen die Verschwiegenheitspflichten können je nach den Umständen des Einzelfalls auch ohne vorangegangene Abmahnung zur ordentlichen, unter Umständen auch zur außerordentlichen Kündigung berechtigen.[1210]

1208 BAG, Urteil v. 4.6.1964, 2 AZR 310/63.
1209 BAG, Urteil v. 30.4.1987, 2 AZR 283/86.
1210 BAG, Urteil v. 26.9.1990, 2 AZR 602/89.

79.25 Verweigerung einer Rücksprache

Die grundlose Weigerung eines Arbeitnehmers, zu einer vom Arbeitgeber angeordneten Rücksprache zu erscheinen, kann zu einer verhaltensbedingten Kündigung nach vorangegangener Abmahnung berechtigen, wenn dem Arbeitnehmer das Erscheinen zumutbar und möglich ist. In schwerwiegenden Fällen, z. B. bei einer hartnäckigen Weigerung an einer wichtigen Unterredung mit einem Kunden teilzunehmen, kann nach vorangegangener Abmahnung auch eine außerordentliche Kündigung berechtigt sein. Die Verweigerung der Teilnahme an einem Personalgespräch, in dem über die Kürzung der Vergütung gesprochen werden soll, stellt dagegen keinen Kündigungsgrund dar.[1211]

79.26 Vollmachtüberschreitung und Vertrauensmissbrauch

Eine Vollmachtüberschreitung oder ein Vertrauensmissbrauch berechtigt in schweren Fällen auch ohne Abmahnung zur ordentlichen Kündigung. Je nach den Umständen des Einzelfalls, insbesondere wenn der Arbeitnehmer sich durch die Vollmachtüberschreitung oder den Vertrauensmissbrauch einen persönlichen Vorteil verschafft, kann auch eine außerordentliche Kündigung gerechtfertigt sein.

Auch das unbefugte Einsehen von Geheimdokumenten oder von vor unberechtigtem Zugriff geschützten Computerdateien kann nach vorheriger Abmahnung einen verhaltensbedingten Kündigungsgrund darstellen.

1211 BAG, Urteil v. 23.6.2009, 2 AZR 606/08.

80 Kündigungsschutz, allgemeiner: Voraussetzungen und Auswirkungen

Autor: Christoph Tillmanns

Überblick
Der allgemeine Kündigungsschutz ist im Kündigungsschutzgesetz (KSchG) geregelt. Nach § 1 KSchG ist eine Kündigung nur wirksam, wenn sie sozial gerechtfertigt ist. Von Probezeitkündigungen abgesehen, bedarf damit jede arbeitgeberseitige Kündigung eines Kündigungsgrunds. Daher ist eine diskriminierende Kündigung sozialwidrig und gemäß § 1 KSchG unwirksam. Die Unwirksamkeit muss der Arbeitnehmer binnen einer Frist von 3 Wochen geltend machen, ansonsten wird auch eine sozial nicht gerechtfertigte Kündigung wirksam.

80.1 Rechtsunwirksamkeit einer sozial ungerechtfertigten Kündigung

Im Geltungsbereich des KSchG ist die Kündigung des Arbeitsverhältnisses gegenüber einem Arbeitnehmer, dessen Arbeitsverhältnis in demselben Betrieb oder Unternehmen länger als 6 Monate bestanden hat, rechtsunwirksam, wenn sie sozial ungerechtfertigt ist.[1212] Dieser Kündigungsschutz ist zwingendes Recht. Abweichende Vereinbarungen zum Nachteil des Arbeitnehmers sind unwirksam. Nur die Kündigung des Arbeitgebers bedarf der sozialen Rechtfertigung, sonst ist sie unwirksam. Das Kündigungsrecht des Arbeitnehmers bleibt dagegen unberührt.

Die Rechtsunwirksamkeit einer sozial ungerechtfertigten Kündigung tritt jedoch nicht von selbst ein, sondern nur, wenn sie der Arbeitnehmer binnen 3 Wochen nach § 4 KSchG durch Kündigungsschutzklage geltend macht.

Nach Ablauf dieser Frist gilt die ordentliche Kündigung gemäß § 7 KSchG als von Anfang an als rechtswirksam. Eine etwaige Sozialwidrigkeit dieser Kündigung wird dann kraft gesetzlicher Fiktion rückwirkend geheilt. Damit wird der Kündigungsschutz dem Prinzip der nachträglichen Rechtswirksamkeitskontrolle einer Kündigung durch die Arbeitsgerichtsbarkeit unterworfen.

Nach § 2 Abs. 1 Nr. 14 NachwG hat der Arbeitgeber den Arbeitnehmer schriftlich im Arbeitsvertrag oder in der Niederschrift der vereinbarten Arbeitsbedingungen auf die Klagefrist hinzuweisen.

1212 § 1 Abs. 1 KSchG.

Gründe für eine fehlende soziale Rechtfertigung der Kündigung
Sofern das Kündigungsschutzgesetz bei Ausspruch einer ordentlichen Kündigung (siehe: ordentliche Kündigung, Kapitel 69, 70 und 71)auf das zu kündigende Arbeitsverhältnis Anwendung findet, ist nach § 1 KSchG eine ordentliche Kündigung durch den Arbeitgeber ausgeschlossen, soweit diese nicht durch Gründe in der *Person des Arbeitnehmers* (siehe: personenbedingte Kündigung, Kapitel 72 und 73) oder im *Verhalten des Arbeitnehmers* (siehe: verhaltensbedingte Kündigung, Kapitel 76 und 77) oder durch *dringende betriebliche Erfordernisse* (siehe: betriebsbedingte Kündigung, Kapitel 67 und 68) bedingt ist.

Betriebsrat: Wirksamer Widerspruch
Eine ordentliche Kündigung ist auch dann sozial ungerechtfertigt, wenn der Betriebsrat aus einem der in § 1 Abs. 2 Satz 2 KSchG genannten Gründe der Kündigung wirksam widersprochen hat wegen
- eines Verstoßes gegen eine Auswahlrichtlinie gemäß § 95 BetrVG oder der
- Möglichkeit einer Weiterbeschäftigung des Arbeitnehmers an einem anderen Arbeitsplatz im Unternehmen.

Seit einer grundlegenden Entscheidung des Bundesarbeitsgerichts (BAG)[1213] ist klargestellt, dass die in § 1 Abs. 2 Satz 2 KSchG genannten Widerspruchsgründe des Betriebsrats im Prüfungsrahmen des § 1 Abs. 2 Satz 1 KSchG auch dann zu beachten sind, wenn der Betriebsrat der ordentlichen Kündigung des Arbeitgebers nicht widersprochen hat oder ein solcher Widerspruch wegen Nichtbestehens eines Betriebsrats gar nicht möglich war.

Schließlich kann eine diskriminierende Kündigung nach den Vorschriften des AGG unwirksam sein.[1214]

80.2 Voraussetzungen für die Anwendbarkeit des Kündigungsschutzgesetzes

Der allgemeine Kündigungsschutz nach dem KSchG ist an bestimmte Voraussetzungen geknüpft. Er stellt keinen schlechthin umfassenden Bestandsschutz dar.

Voraussetzungen für die Anwendbarkeit des KSchG sind,
- dass aufseiten des Arbeitgebers die erforderliche Betriebsgröße gegeben ist,
- dass der persönliche Anwendungsbereich für den betroffenen Arbeitnehmer gegeben ist und
- dass die Wartefrist von mehr als 6 Monaten ununterbrochener Beschäftigung erreicht ist.

1213 BAG, Urteil v. 13.9.1973, 2 AZR 601/72.
1214 BAG, Urteil v. 6.11.2008, 2 AZR 701/07.

Ordentliche Kündigung
Der allgemeine Kündigungsschutz des § 1 KSchG setzt das Vorliegen einer

- ordentlichen Beendigungskündigung oder einer
- Änderungskündigung nach § 2 KSchG durch den Arbeitgeber voraus.

Auf eine außerordentliche Kündigung nach § 626 BGB findet das Kündigungsschutzgesetz keine Anwendung. Eine Ausnahme ist die Regelung in § 13 Abs. 1 Satz 2 KSchG, wonach die Unwirksamkeit der außerordentlichen Kündigung binnen 3 Wochen geltend gemacht werden muss.

Kündigung des Arbeitgebers
Nur die Kündigung des Arbeitgebers bedarf nach § 1 KSchG der sozialen Rechtfertigung, wenn sie rechtswirksam sein soll.

80.2.1 Betriebsgröße

Mehr als 10 Arbeitnehmer
Das Gesetz macht den allgemeinen Schutz des Arbeitnehmers vor einer ordentlichen Kündigung nach § 23 Abs. 1 Satz 2 KSchG von einer bestimmten Größe des Betriebs abhängig. Maßgeblich ist der Betrieb: Darunter ist die organisatorische Einheit zu verstehen, innerhalb derer der Arbeitgeber allein oder in Gemeinschaft mit seinen Mitarbeitern mithilfe von sächlichen und immateriellen Mitteln bestimmte arbeitstechnische Zwecke fortgesetzt verfolgt, die sich nicht in der Befriedigung von Eigenbedarf (z. B. Privathaushalt) erschöpfen. Nicht maßgeblich ist, wie viele Arbeitnehmer das Unternehmen insgesamt beschäftigt. So kann ein Unternehmen zwei Betriebe als eigenständige Organisationseinheiten haben, die jeweils nicht mehr als 10 Arbeitnehmer beschäftigen.

Für Arbeitnehmer, deren Arbeitsverhältnis nach dem 31.12.2003 begonnen hat, gilt der Kündigungsschutz nach dem Kündigungsschutzgesetz nur, wenn der Betrieb mehr als 10 Arbeitnehmer beschäftigt. In Kleinbetrieben mit nicht mehr als 10 Arbeitnehmern muss die Kündigung nicht sozial gerechtfertigt sein, ansonsten aber dennoch alle Voraussetzungen für eine wirksame Kündigung erfüllen, wie etwa die Einhaltung der Schriftform. Auch der besondere Kündigungsschutz für Schwangere oder Schwerbehinderte wird davon nicht berührt. Für Arbeitnehmer, die schon am 31.12.2003 beschäftigt waren, enthält § 23 Abs. 1 KSchG eine komplizierte Übergangsregelung, die durch Zeitablauf aber fast keine praktische Relevanz mehr hat.

Regelmäßige Beschäftigtenzahl
Bei der Beurteilung, ob ein Schutz nach dem Kündigungsschutzgesetz besteht, ist grundsätzlich auf die regelmäßige Beschäftigtenzahl abzustellen. Festzustellen ist da-

bei die regelmäßige, d.h. die normale Beschäftigtenzahl des Betriebs zum Zeitpunkt des Zugangs der Kündigung, nicht zum Zeitpunkt des Ablaufs der Frist für die ordentliche Kündigung.[1215]

Hierbei ist jedoch nicht auf die Zahl der Arbeitnehmer, die gerade im Kündigungszeitpunkt beschäftigt werden, abzustellen. Maßgebend ist vielmehr die Zahl der im normalen Betrieb beschäftigten Arbeitnehmer.

Daher ist der Ersatz für einen erkrankten Arbeitnehmer unberücksichtigt zu lassen. Das trifft auch zu, wenn wegen eines nur vorübergehenden Bedarfs weitere Arbeitnehmer eingestellt werden. Ruhende Arbeitsverhältnisse (z. B. infolge Wehrdienst oder Elternzeit) sind nicht zu berücksichtigen, wenn für den betreffenden Arbeitnehmer eine Ersatzkraft eingestellt wurde. Ist dies nicht der Fall, sind auch ruhende Arbeitsverhältnisse mitzuzählen.

Entscheidend ist vielmehr die Zahl der Arbeitnehmer, die bei regelmäßiger Auslastung des Betriebs in ihm beschäftigt werden. Hierzu bedarf es grundsätzlich eines Rückblicks auf die bisherige Personalstärke und einer Einschätzung der künftigen Entwicklung.[1216]

80.2.2 Berücksichtigung von Teilzeitbeschäftigten, leitenden Angestellten, Auszubildenden und Leiharbeitnehmer

werden mit einer regelmäßigen wöchentlichen Arbeitszeit von nicht mehr als 20 Stunden mit dem Faktor 0,5 und Beschäftigte mit einer regelmäßigen wöchentlichen Arbeitszeit von nicht mehr als 30 Stunden mit dem Faktor 0,75[1217] berücksichtigt.

Leitende Angestellte i.S.d. § 14 Abs. 2 KSchG sind bei der Bestimmung der Beschäftigtenzahl nach § 23 Abs. 1 Satz 2 KSchG mitzuzählen, da ihnen ebenfalls Arbeitnehmereigenschaft zukommt. Nicht eingerechnet werden hingegen die Organe einer juristischen Person, z.B. der Geschäftsführer einer GmbH.[1218]

Nicht zu berücksichtigen sind die zu ihrer Berufsausbildung Beschäftigten. Dies sind insbesondere Auszubildende nach dem Berufsbildungsgesetz, aber auch Umschüler.[1219]

Anlernlinge, Praktikanten und Volontäre sind auch bei § 23 Abs. 1 Satz 2 KSchG nur mitzuzählen, wenn die Leistung von Arbeit der Schwerpunkt des Vertragsverhältnis-

1215 BAG, Urteil v. 16.6.1976, 3 AZR 73/75.
1216 Entsprechend zu § 17 KSchG: BAG, Urteil v. 31.7.1996, 2 AZR 594/85; BAG, Urteil v. 8.6.1989, 2 AZR 624/88.
1217 § 23 Abs. 1 Satz 3 KSchG.
1218 BAG, Urteil v. 27.4.2021, 2 AZR 540/20.
1219 BAG, Urteil v. 7.9.1983, 7 AZR 101/82.

ses darstellt, während der Ausbildungszweck nur von untergeordneter Bedeutung ist.[1220]

80.2.3 Betriebsbegriff bei Prüfung der Anwendbarkeit des KSchG

Nach der ständigen Rechtsprechung des BAG ist vom betriebsverfassungsrechtlichen Betriebsbegriff auszugehen.[1221]

Danach ist als Betrieb die organisatorische Einheit anzusehen, innerhalb derer der Unternehmer allein oder zusammen mit seinen Mitarbeitern mithilfe sächlicher und immaterieller Mittel bestimmte arbeitstechnische Zwecke fortgesetzt verfolgt. In erster Linie kommt es dabei auf die Einheit der Organisation, weniger auf die Einheitlichkeit der arbeitstechnischen Zweckbestimmung an.

Hiernach stellen Betriebe i. S. d. § 1 KSchG, des § 15 KSchG und des § 23 Abs. 1 Satz 2 KSchG auch das Büro eines Steuerberaters, eines Wirtschaftsprüfers, Arztpraxen und ein Krankenhaus dar. Kein Betrieb ist hingegen der private Haushalt.

Auch mehrere zentral gelenkte Verkaufsstellen eines Einzelhandelsunternehmens sind in ihrer Gesamtheit ein Betrieb im kündigungsschutzrechtlichen Sinne.[1222]

Gemeinsamer Betrieb mehrerer Unternehmen
Nach ständiger Rechtsprechung des Bundesarbeitsgerichts können auch mehrere rechtlich selbstständige Unternehmen im Rahmen einer gemeinsamen Arbeitsorganisation unter einer einheitlichen Leitungsmacht einen gemeinsamen Betrieb bilden. Dies gilt für das Betriebsverfassungsrecht wie für das Kündigungsschutzgesetz.[1223]

Hierbei trägt zwar der Arbeitnehmer auch die Darlegungs- und Beweislast für das Vorliegen eines von mehreren Unternehmen geführten gemeinsamen Betriebs i. S. d. § 23 Abs. 1 Satz 2 KSchG. Es dürfen aber keine strengen Anforderungen an die Darlegungslast des Arbeitnehmers gestellt werden, da er in der Regel keine oder nur ungenaue Kenntnisse von dem Inhalt der zwischen den beteiligten Unternehmen getroffenen vertraglichen Vereinbarungen hat.[1224]

1220 BAG, Urteil v. 5.8.1965, 2 AZR 439/64.
1221 BAG, Urteil v. 13.6.1985, 2 AZR 452/84; BAG, Urteil v. 18.1.1990, 2 AZR 355/89.
1222 BAG, Urteil v. 26.8.1971, 2 AZR 233/70.
1223 BAG, Urteil v. 13.6.1985, 2 AZR 452/84; BAG, Urteil v. 2.3.2017, 2 AZR 427/16.
1224 Im Einzelnen zur Darlegungs- und Beweislast: BAG, Urteil v. 18.1.1990, 2 AZR 355/89; BAG, Urteil v. 2.3.2017, 2 AZR 427/16.

Einheitliches Arbeitsverhältnis mit mehreren Unternehmen
Nach der Rechtsprechung des Bundesarbeitsgerichts kann ein Arbeitnehmer zu mehreren Arbeitgebern in einem einheitlichen Arbeitsverhältnis stehen.[1225] Ein solches einheitliches Arbeitsverhältnis mit mehreren rechtlich selbstständigen Unternehmen kommt insbesondere bei einer konzernbezogenen Beschäftigung von Arbeitnehmern in Betracht. Befindet sich ein Arbeitnehmer zu mehreren rechtlich selbstständigen Arbeitgebern in einem einheitlichen Arbeitsverhältnis, so ist für die Ermittlung der Beschäftigtenzahl i. S. d. § 23 Abs. 1 Satz 2 KSchG auf die Gesamtbelegschaft derjenigen Betriebe abzustellen, in denen der Arbeitnehmer regelmäßig beschäftigt wird.

Ausnahme von Kleinbetrieben
Für Arbeitnehmer in Kleinbetrieben gilt der aus den §§ 138, 242 BGB herleitbare bürgerlich-rechtliche Kündigungsschutz, bei dem es vor allem darum geht, Arbeitnehmer vor willkürlichen oder auf sachfremden Motiven beruhenden Kündigungen zu schützen.

Zudem ist nach § 134 BGB i. V. m. § 7 Abs. 1, §§ 1, 3 AGG auch in Kleinbetrieben eine Kündigung rechtsunwirksam, die einen Arbeitnehmer aus einem der in § 1 AGG genannten Gründen diskriminiert.

80.2.4 Arbeitnehmerbegriff

Kündigungsschutz genießen nur Arbeitnehmer. Mit der Reform der Arbeitnehmerüberlassung wird der Begriff des Arbeitnehmers erstmals gesetzlich in § 611a BGB definiert. Ein Arbeitsvertrag liegt demnach vor, wenn der Arbeitnehmer im Dienste eines anderen zur Leistung weisungsgebundener, fremdbestimmter Arbeit in persönlicher Abhängigkeit verpflichtet ist. Die Sätze 2 bis 4 des neuen § 611a BGB beschreiben, dass sich die Weisungen des Arbeitgebers auf Inhalt, Durchführung, Zeit und Ort der Tätigkeit beziehen können. Je weiter dieses Direktionsrecht greift, desto wahrscheinlicher ist das Vorliegen eines Arbeitsverhältnisses. Die Abgrenzung des Arbeitsverhältnisses von anderen Vertragsverhältnissen ist gemäß § 611a Satz 5 BGB n. F. im Wege einer Gesamtbetrachtung vorzunehmen. Dadurch kann den Besonderheiten des Einzelfalls Rechnung getragen werden. Satz 6 stellt für den Fall, dass sich Vertrag und seine tatsächliche Durchführung widersprechen, klar, dass für die rechtliche Einordnung als Arbeitsverhältnis die tatsächliche Handhabung des Vertragsverhältnisses maßgebend ist.

Einzelne Fallgruppen
Auch Teilzeitbeschäftigte fallen in den Geltungsbereich des Kündigungsschutzgesetzes.

1225 BAG, Urteil v. 27.3.1981, 7 AZR 523/78.

Auf leitende Angestellte finden nach § 14 Abs. 2 Satz 1 KSchG finden die Vorschriften des § 1 KSchG bis § 13 KSchG mit Ausnahme des § 3 KSchG (Kündigungseinspruch beim Betriebsrat) Anwendung. Leitende Angestellte genießen daher wie alle anderen Angestellten Kündigungsschutz, da sie auch Arbeitnehmer sind.

Ob Auszubildende Arbeitnehmer i.S.d. § 1 Abs. 1 KSchG sind, ist im Kündigungsschutzgesetz nicht ausdrücklich geregelt. Dies ist jedoch ohne praktische Bedeutung, weil nach Ablauf der höchstens 3-monatigen Probezeit nach § 15 Abs. 2 BBiG ihre ordentliche Kündigung ohnehin ausgeschlossen ist und die Wartefrist für den Kündigungsschutz 6 Monate beträgt.

Dagegen genießen die sog. arbeitnehmerähnlichen Personen, d.h. solche Beschäftigte, die als »freie Mitarbeiter« in wirtschaftlich abhängiger Stellung für andere Arbeit verrichten, persönlich nicht den Kündigungsschutz nach dem Kündigungsschutzgesetz. Hierbei ist jedoch häufig im Streit, ob diese Personen tatsächlich nicht doch in persönlicher Abhängigkeit ihre Arbeit erbringen und deshalb als Arbeitnehmer einzustufen sind.

80.2.5 Erfüllung der Wartefrist von 6 Monaten

Nach § 1 Abs. 1 KSchG kann sich grundsätzlich nur der Arbeitnehmer auf den Kündigungsschutz nach dem KSchG berufen, dessen Arbeitsverhältnis bei Ausspruch der Kündigung in demselben Betrieb oder Unternehmen ohne Unterbrechung länger als 6 Monate bestanden hat.

Damit ist nur der kalendermäßig feststellbare rechtliche Bestand des Arbeitsverhältnisses für die Geltung des Kündigungsschutzgesetzes im Einzelfall maßgebend. Für die Berechnung der 6-Monats-Frist des § 1 Abs. 1 KSchG gelten §§ 186, 187 BGB. Tatsächliche Unterbrechungen sind für den Lauf der Wartefrist unschädlich.

Beispiel: Erfüllte Wartezeit

Wer am 1.6. eines Jahres eingestellt wird, genießt also ab dem 1.12. dieses Jahres den allgemeinen Kündigungsschutz unabhängig davon, ob er während der Wartezeit von 6 Monaten z.B. 3 Monate arbeitsunfähig krank war oder ob er aus sonstigen Gründen (z.B. wegen eines Streiks) am Arbeitsplatz gefehlt hat.

Für den Beginn der 6-Monats-Frist ist nicht maßgebend, wann etwa das Kündigungsschreiben den Machtbereich des Arbeitgebers verlässt (Aufgabe zur Post) oder wann die Frist für die ordentliche Kündigung endet. Maßgebend ist vielmehr allein der Zeitpunkt des Zugangs der Kündigung beim Arbeitnehmer. § 193 BGB findet keine Anwendung: Die Wartezeit verlängert sich nicht, wenn sie an einem Samstag, Sonn- oder Feiertag endet.[1226]

Beispiel: Wartezeit nicht erfüllt

Die 6-Monats-Frist ist noch nicht abgelaufen, wenn das Arbeitsverhältnis am 1.1. eines Jahres begonnen hat und die ordentliche Kündigung dem Arbeitnehmer am 30.6. dieses Jahres zugeht.[1227]

Erfüllung der Wartefrist auch bei Probezeit

Die 6-Monats-Frist ist auch dann erfüllt, wenn mit dem Arbeitnehmer im Einzelfall in zulässiger Weise eine Probezeit von über 6 Monaten vereinbart worden ist. Auch dann ist eine ordentliche Kündigung dieses Probearbeitsverhältnisses nach Ablauf von 6 Monaten nach § 1 Abs. 2 KSchG nur aus personen-, verhaltens- oder betriebsbedingten Gründen sozial gerechtfertigt.[1228]

Eine Ausnahme von der Erfüllung der Wartefrist des § 1 Abs. 1 KSchG kann bei treuwidriger Vereitelung des Kündigungsschutzes durch den Arbeitgeber gegeben sein.

Keine Auswirkungen einer Vorbeschäftigungszeit als Leiharbeitnehmer

Zeiten, die der Arbeitnehmer als Leiharbeitnehmer in den Betrieb des Entleihers eingegliedert war, finden in einem späteren Arbeitsverhältnis zwischen dem Arbeitnehmer und dem Entleiher bei der Berechnung der Wartefrist grundsätzlich keine Berücksichtigung. Das gilt selbst dann, wenn sich dieses Arbeitsverhältnis nahtlos an die Überlassung anschließt und der Arbeitnehmer schon während seiner Tätigkeit als Leiharbeitnehmer im selben Betrieb eingesetzt war.[1229]

Abweichende Vereinbarungen zugunsten des Arbeitnehmers

Den Vertragsparteien steht es frei, von § 1 Abs. 1 KSchG abweichende Regelungen zugunsten des Arbeitnehmers, etwa einzelvertragliche oder kollektivrechtliche Vereinbarungen über den Ausschluss oder die Verkürzung der Wartezeit oder über die Anrechnung von Vorbeschäftigungszeiten bei demselben oder einem anderen Arbeitgeber, zu vereinbaren.[1230]

Kündigungsschutz für Alt-Arbeitnehmer bei fehlender Wartezeit

Arbeitnehmer, deren Arbeitsverhältnis in einem Betrieb bis 10 Beschäftigte am 31.12.2023 besteht und für die das Kündigungsschutzgesetz deshalb noch nicht gilt, weil sie die Wartezeit von 6 Monaten noch nicht erfüllt haben, haben auch dann, wenn

1226 BAG, Urteil v. 24.10.2013, 2 AZR 1057/12.
1227 Allgemeine Auffassung, so schon LAG Düsseldorf, Urteil v. 21.7.1953, 2b Sa 144/53.
1228 BAG, Urteil v. 15.8.1984, 7 AZR 228/82.
1229 BAG, Urteil v. 20.2.2014, 2 AZR 859/11.
1230 BAG, Urteil v. 20.2.2014, 2 AZR 859/11.

die Wartezeit erst im Jahr 2024 abläuft, Kündigungsschutz unter Zugrundelegung des bisherigen Schwellenwerts von 5 Arbeitnehmern.

80.2.6 Treuwidrige Vereitelung des Kündigungsschutzes

Zwar ist allgemein anerkannt, dass eine Ausnahme von der Erfüllung der 6-monatigen Wartefrist im Einzelfall dann gegeben sein kann, wenn der Arbeitgeber die ordentliche Kündigung kurz vor Ablauf der Wartefrist erklärt, um entgegen dem Grundsatz von Treu und Glauben den Eintritt des allgemeinen Kündigungsschutzes nach dem Kündigungsschutzgesetz zu vereiteln. In einem solchen Fall ist der Arbeitnehmer nach dem Rechtsgedanken des § 162 BGB so zu behandeln, als wäre die 6-monatige Wartezeit des § 1 Abs. 1 KSchG bereits erfüllt.[1231] Dieser Anschein kann bei einer sehr frühzeitigen Kündigung erweckt werden.

Beispiel: Vereitelung des Kündigungsschutzes

Der Arbeitnehmer wird zum 1.1.2023 in leitender Position mit einer Kündigungsfrist von 3 Monaten zum Jahresende eingestellt. Der Arbeitgeber kündigt am 20.2.2023 zum 31.12.2023.

Hierbei ist aber zu berücksichtigen, dass nach dem Wortlaut sowie nach Sinn und Zweck des § 1 Abs. 1 KSchG der Arbeitgeber während der gesamten Wartezeit frei kündigen kann. Im Interesse der Rechtssicherheit muss eine gesetzlich festgelegte Frist genau beachtet werden. Daher kann nicht schon jede kurz vor Erfüllung der 6-monatigen Wartezeit des § 1 Abs. 1 KSchG ausgesprochene ordentliche Kündigung als treuwidrige Vereitelung des Eintritts des Arbeitnehmers in den Kündigungsschutz angesehen werden. Eine analoge Anwendung des § 162 BGB kommt vielmehr erst dann in Betracht, wenn der Arbeitgeber die ordentliche Kündigung nur deshalb vor Ablauf der Wartefrist erklärt, um den Eintritt des Kündigungsschutzes zu verhindern, und wenn dieses Vorgehen unter Berücksichtigung der im Einzelfall gegebenen Umstände gegen Treu und Glauben verstößt.

80.3 Auswirkungen des Kündigungsschutzes

Kündigung bedarf sozialer Rechtfertigung

Nach § 1 KSchG ist eine ordentliche Kündigung rechtsunwirksam, wenn sie »sozial ungerechtfertigt« ist. Dies ist der Fall, wenn sie nicht durch bestimmte Gründe bedingt ist, die im *Verhalten des Arbeitnehmers* oder in der *Person des Arbeitnehmers* oder in *dringenden betrieblichen Erfordernissen* liegen, schließlich wenn der Betriebsrat

1231 BAG, Urteil v. 20.9.1957, 1 AZR 136/56; BAG, Urteil v. 28.9.1978, 2 AZR 2/77.

rechtswirksam widersprochen hat, oder wenn bei der Auswahl des Arbeitnehmers die sozialen Gesichtspunkte Betriebszugehörigkeit, Lebensalter, Unterhaltspflichten und Schwerbehinderung nicht oder nicht ausreichend berücksichtigt worden sind.

Die »soziale Rechtfertigung« ist ein unbestimmter Rechtsbegriff, der maßgeblich von der Rechtsprechung auszufüllen ist.

Damit gibt es sowohl für die ordentliche Kündigung als auch für die außerordentliche Kündigung keine absoluten Kündigungsgründe.[1232]

Auswirkung des Kündigungsgrundes auf Zumutbarkeit der Weiterbeschäftigung
Eine Kündigung des Arbeitgebers kann nur auf solche Gründe gestützt werden, die sich konkret nachteilig auf das Arbeitsverhältnis auswirken. Da der Kündigungsgrund seiner Natur nach zukunftsbezogen ist, kommt es auf seine Auswirkung für die Zukunft an. Die Gründe in § 1 Abs. 2 KSchG beziehen sich wie der wichtige Grund i. S. d. § 626 Abs. 1 BGB auf die Frage der Zumutbarkeit der Weiterbeschäftigung. Daher muss die Fortsetzung des bisherigen Arbeitsverhältnisses durch objektive Umstände oder die Einstellung oder das Verhalten des Gekündigten im Leistungsbereich, im Bereich der betrieblichen Verbundenheit aller Mitarbeiter (Betriebsordnung, Betriebsfrieden) oder im Unternehmensbereich (z. B. wirtschaftliche Lage) beeinträchtigt sein.[1233]

Dieser Grundsatz der konkreten Auswirkung auf das Arbeitsverhältnis ist vor allem bedeutsam für die Würdigung des außerdienstlichen Verhaltens und die weltanschauliche, konfessionelle oder politische Einstellung und Betätigung eines Arbeitnehmers.

Weiterbeschäftigung innerhalb eines Unternehmens
Eine Kündigung ist auch dann sozial ungerechtfertigt, wenn nach § 1 Abs. 2 Nr. 1b KSchG der Arbeitnehmer an einem anderen Arbeitsplatz in demselben Betrieb oder einem anderen Betrieb des Unternehmens weiterbeschäftigt werden kann. Damit erstreckt sich die Prüfung der Möglichkeit der Weiterbeschäftigung des Arbeitnehmers nicht nur auf den Beschäftigungsbetrieb, sondern auf alle anderen Betriebe desselben Unternehmens, d. h., eine an sich sozial gerechtfertigte Kündigung ist im Sinne des § 1 Abs. 2 Satz 1 KSchG nicht dringend, wenn der Arbeitnehmer auf einem anderen Arbeitsplatz in einem anderen Betrieb desselben Unternehmens weiterbeschäftigt werden kann.

Dabei ist diese unternehmensbezogene Weiterbeschäftigungspflicht des Arbeitgebers auch dann zu berücksichtigen, wenn der Betriebsrat der beabsichtigten Kündigung deswegen nicht nach § 102 Abs. 3 Nr. 3 BetrVG widersprochen hat, da dieses Wider-

---

1232 BAG, Urteil v. 20.5.1988, 2 AZR 682/87.
1233 BAG, Urteil v. 6.2.1969, 2 AZR 241/68; BAG, Urteil v. 3.12.1970, 2 AZR 110/70.

spruchsrecht des Betriebsrats nur der Wahrung der sozialen Belange des einzelnen Arbeitnehmers dient.[1234]

Hierbei sind hinsichtlich der unternehmensbezogenen Weiterbeschäftigungspflicht des Arbeitgebers auch solche Arbeitsplätze in die Beurteilung einzubeziehen, bei denen im Zeitpunkt der Kündigung bereits feststeht, dass sie in absehbarer Zeit nach Ablauf der Kündigungsfrist frei werden, sofern die Überbrückung dieses Zeitraums dem Arbeitgeber zumutbar ist. Dabei ist jedenfalls ein Zeitraum zumutbar, den ein anderer Stellenbewerber zur Einarbeitung benötigen würde.[1235]

Weiter hat der Arbeitgeber dann, wenn die Weiterbeschäftigung nur eines Arbeitnehmers auf einem freien Arbeitsplatz des Unternehmens möglich ist, bei der Besetzung dieses freien Arbeitsplatzes die sozialen Grunddaten der hierfür in Betracht kommenden Arbeitnehmer zumindest mitzuberücksichtigen.[1236]

1234 BAG, Urteil v. 17.5.1984, 2 AZR 109/83; BAG, Urteil v. 22.5.1986, 2 AZR 612/85.
1235 BAG, Urteil v. 15.12.1994, 2 AZR 320/94.
1236 BAG, Urteil v. 15.12.1994, 2 AZR 320/94.

81 Kündigungsschutz, besonderer: Voraussetzungen und Auswirkungen

Autor: Christoph Tillmanns

Überblick

Der Gesetzgeber hat erkannt, dass bestimmte Personengruppen besonders schutzbedürftig sind. Er hat ihren allgemeinen Kündigungsschutz erweitert und die Arbeitgeberkündigung von einer behördlichen Zustimmung abhängig gemacht oder sie auf bestimmte Tatbestände beschränkt. Die folgenden Ausführungen gelten nur für Kündigungen, nicht aber für Aufhebungsverträge. Die Wirksamkeit einer Befristung wird durch den Eintritt von besonderem Kündigungsschutz nicht berührt. Dieser Beitrag stellt die wichtigsten Sonderkündigungsschutzregelungen im Überblick dar und enthält jeweils weitergehende Verweise.

81.1 Mutterschutz

Nach § 17 Abs. 1 MuSchG ist die Kündigung gegenüber einer Frau während ihrer Schwangerschaft und bis zum Ende der Schutzfrist[1237], mindestens jedoch bis zum Ablauf von 4 Monaten nach der Entbindung unzulässig. Dies gilt auch bei einer Fehlgeburt nach der 12. Schwangerschaftswoche bis zum Ablauf von 4 Monaten nach der Fehlgeburt.

Das Kündigungsverbot gegenüber einer schwangeren Arbeitnehmerin gemäß § 17 Abs. 1 Satz 1 Nr. 1 MuSchG gilt auch für eine Kündigung vor der vereinbarten Tätigkeitsaufnahme. Das ergibt sich aus dem Normzweck, wonach der mit dem Kündigungsverbot bezweckte Gesundheits- und Existenzsicherungsschutz nur dann gewährleistet werden kann, wenn die Kündigung auch unzulässig ist, falls die Tätigkeit erst zu einem späteren Zeitpunkt aufgenommen werden soll.[1238]

Erforderlich ist nur, dass dem Arbeitgeber zur Zeit der Kündigung die Schwangerschaft oder die Entbindung bekannt gewesen ist oder die geschützte Frau ihm innerhalb von 2 Wochen nach Zugang der Kündigung dies mitgeteilt hat. Maßgebend ist dabei der Zugang der Kündigungserklärung bei der Arbeitnehmerin. Die unverschuldete Versäumung der Frist ist unschädlich, wenn die Mitteilung unverzüglich, also ohne schuldhaftes Zögern, nachgeholt wird. Kennt der Arbeitgeber bei der Kündigung die Schwangerschaft oder Entbindung nicht, so muss die Arbeitnehmerin in jedem Fall innerhalb der 3-Wochen-Frist des § 4 Satz 1 KSchG Kündigungsschutzklage erheben.

1237 Vgl. § 3 MuSchG.
1238 BAG, Urteil v. 27.2.2020, 2 AZR 498/19.

Das gilt auch dann, wenn sie den Arbeitgeber nachträglich innerhalb der 2-Wochen-Frist über den besonderen Kündigungsschutz informiert hat. § 4 Satz 4 KSchG findet in diesen Fällen keine Anwendung.[1239]

Die Kenntnis des Arbeitgebers muss sich nicht unbedingt aus einer Mitteilung der Arbeitnehmerin selbst ergeben, sondern kann auch auf anderen Umständen wie einem ärztlichen Attest, Information durch dritte Arbeitnehmer oder seiner eigenen Wahrnehmung beruhen.

Erhält der Arbeitgeber erst nach Ausspruch der Kündigung von der Schwangerschaft der Arbeitnehmerin Kenntnis, so ist die Kündigung dennoch unwirksam. Hält der Arbeitgeber gleichwohl an dieser unwirksamen Kündigung grundlos fest, kann bereits darin ein Verstoß gegen §§ 1, 7 AGG durch eine Benachteiligung wegen des Geschlechts liegen und der Arbeitgeber ist dann neben der Weiterbeschäftigung auch zur Zahlung einer Entschädigung nach § 15 Abs. 2 AGG verpflichtet.

Das Kündigungsverbot **beginnt ab Eintritt der Schwangerschaft**.

81.2 Elternzeit

Nach § 18 Abs. 1 Satz 1 BEEG darf der Arbeitgeber das Arbeitsverhältnis während der Elternzeit weder ordentlich noch außerordentlich ohne vorherige Erlaubnis der zuständigen Behörde kündigen. Das gilt ausnahmslos für alle Kündigungen.

Dieses Kündigungsverbot kann gegenüber allen nach § 15 BEEG elternzeitberechtigten Personen bestehen. Hierzu zählen Mütter, Väter, Adoptiveltern, Pflegeeltern und unter engen Voraussetzungen auch berufstätige Großeltern.[1240]

Die Arbeitgeberkündigung im Rahmen der Elternzeit unterliegt gemäß § 18 Abs. 1 Satz 5 BEEG wie die Kündigung während der Schwangerschaft bzw. im Mutterschutz[1241] dem Erlaubnisvorbehalt durch die für den Arbeitsschutz zuständige oberste Landesbehörde oder die von ihr bestimmte Stelle. In der Praxis bestehen insoweit ähnlich hohe Anforderungen. Die Zeit, die die Behörde für ihre Entscheidung in Anspruch nehmen kann, unterliegt keiner gesetzlichen Regelung und kann u. U. erheblich sein. Unter welchen Voraussetzungen die Behörde die Zustimmung erteilen darf, ergibt sich aus der Allgemeinen Verwaltungsvorschrift zum Kündigungsschutz bei Elternzeit.[1242] Ist die Zustimmung erteilt, unterliegt wiederum der Ausspruch der Kündigung

1239 BAG, Urteil v. 13.2.2008, 2 AZR 864/06.
1240 Vgl. § 15 Abs. 1a BEEG.
1241 Vgl. § 17 Abs. 2 MuSchG.
1242 BAnz 2007, Nr. 5, S. 247.

durch den Arbeitgeber keiner Frist, da eine solche im BEEG nicht vorgesehen ist. Für eine fristlose Kündigung ist jedoch § 626 Abs. 2 BGB zu beachten, sie ist unverzüglich nach Erteilung der Zustimmung auszusprechen.[1243]

Verlangt der Arbeitnehmer Elternzeit, so greift der Kündigungsschutz bereits ein, wenn das Verlangen 8 Wochen vor Beginn der Elternzeit oder innerhalb der 8-Wochen-Frist erfolgt. Wird dieses Verlangen schon früher als 8 Wochen vor Beginn der Elternzeit gestellt, ist der Kündigungsschutz allerdings nicht bereits mit diesem Verlangen gegeben, sondern setzt erst ab dem 8-Wochen-Zeitpunkt vor Beginn der Elternzeit ein.[1244] Als Endtermin der 8-Wochen-Frist ist der Tag der prognostizierten Geburt maßgeblich, wenn dieser vor dem Tag der tatsächlichen Geburt liegt.[1245] Voraussetzung ist aber immer, dass der Arbeitnehmer tatsächlich Elternzeit formwirksam (schriftlich – eigenhändig unterschrieben) in Anspruch nimmt. Das ist nicht der Fall, wenn er die Elternzeit unter der Bedingung beansprucht, dass ihm zugleich eine Elternteilzeit nach § 15 BEEG bewilligt wird und der Arbeitgeber diese vor dem prognostizierten Geburtstermin wirksam ablehnt. Der Wille des Arbeitnehmers ist dann durch Auslegung seiner Erklärung zu ermitteln. Im Zweifelsfall sollte der Arbeitgeber um Klarstellung bitten.[1246]

Wird eine Arbeitnehmerin während der Elternzeit wieder schwanger, braucht der Arbeitgeber für eine Kündigung sowohl die Ausnahmegenehmigung nach § 18 Abs. 1 Satz 5 BEEG als auch nach § 17 Abs. 2 MuSchG (wenn auch u. U. von der gleichen Behörde). Praktisch bedeutet dies, dass der Arbeitgeber 2 Anträge auf Zulässigkeitserklärung stellen muss. Das gilt nur dann nicht, wenn die Arbeitnehmerin die Elternzeit nach § 16 Abs. 3 Satz 3 BEEG vorzeitig wegen des Eintritts einer neuen Schutzfrist[1247] beendet hat.

Für Kinder, die nach dem 30.6.2015 geboren wurden, können die Eltern bis zu 24 Monate der Elternzeit nach dem 3. und vor dem 8. Geburtstag des Kindes nehmen. Diese Elternzeit muss dann mit einer Frist von 13 Wochen angekündigt werden. Ab der Ankündigung, längstens aber 14 Wochen vor Beginn, hat der Arbeitnehmer den besonderen Kündigungsschutz. Dieser Kündigungsschutz tritt unabhängig davon ein, wie lange das Arbeitsverhältnis schon bestanden hat. Wenn der Arbeitgeber einen Arbeitnehmer einstellt, der ein Kind unter 8 Jahren hat, kann dieser Arbeitnehmer jederzeit einer möglichen Kündigung durch die Inanspruchnahme von Elternzeit zuvorkommen, sofern er die Erklärung über die Inanspruchnahme formgerecht (also schriftlich) vor dem Zugang der Kündigung stellt.

1243 BAG, Urteil v. 22.6.2011, 8 AZR 107/10.
1244 BAG, Urteil v. 17.2.1994, 2 AZR 616/93.
1245 BAG, Urteil v. 12.5.2011, 2 AZR 384/10.
1246 BAG, Urteil v. 12.5.2011, 2 AZR 384/10.
1247 Vgl. § 3 MuSchG.

81.3 Pflegezeit

§ 5 Abs. 1 PflegeZG sieht vor, dass der Arbeitgeber das Arbeitsverhältnis von der Ankündigung höchstens jedoch 12 Wochen vor dem verlangten Beginn bis zur Beendigung der kurzzeitigen Arbeitsverhinderung nach § 2 PflegeZG oder einer Pflegezeit nach § 3 PflegeZG nicht kündigen darf. In besonderen Fällen kann die Kündigung nach § 5 Abs. 2 PflegeZG ausnahmsweise (vorab) durch die für den Arbeitsschutz zuständige oberste Landesbehörde für zulässig erklärt werden.

Das Kündigungsverbot nach § 5 PflegeZG ist absolut; es gilt für alle Kündigungen, die der Arbeitgeber ausspricht. Hierunter fallen ordentliche und außerordentliche Beendigungskündigungen sowie Änderungskündigungen, sei es aus betriebsbedingten, personenbedingten oder verhaltensbedingten Gründen.

Die Voraussetzungen für das Eingreifen des Sonderkündigungsschutzes nach § 5 PflegeZG sind:

1. Kündigungsgeschützt ist nur ein Beschäftigungsverhältnis – dazu zählen aber durch die Begriffsdefinition des § 7 Abs. 1 Nr. 3 PflegeZG auch die Anstellungsverhältnisse der arbeitnehmerähnlichen Selbstständigen. Damit hat der Gesetzgeber den stärksten denkbaren Kündigungsschutz in Abweichung zu allen anderen Gesetzen auch auf Selbstständige ausgedehnt, sofern die wegen wirtschaftlicher Abhängigkeit als arbeitnehmerähnlich anzusehen sind. Nicht geschützt sind sonstige selbstständige Tätigkeiten wie freie Dienstverträge.
2. Der Beschäftigte muss objektiv einen Anspruch
   a) entweder nach § 2 PflegeZG auf **kurzzeitige Arbeitsfreistellung** zur Akutpflege eines nahen Angehörigen oder
   b) einen Anspruch auf Pflegezeit nach § 3 PflegeZG haben.

Der Beschäftigte muss die kurzzeitige Arbeitsverhinderung bzw. die Pflegezeit wirksam »angekündigt« haben. Unter Ankündigung ist die rechtsverbindliche Inanspruchnahme zu verstehen, die den Arbeitnehmer dann auch bindet. Erforderlich ist insbesondere bei der Pflegezeit die Mitteilung des Zeitraums, für den Pflegezeit beansprucht wird. Die Ankündigung muss schriftlich, d. h. gemäß § 126 BGB eigenhändig im Original unterschrieben, erfolgen. Andernfalls ist die Ankündigung unbeachtlich und löst nicht den Kündigungsschutz aus. Pflegezeit kann nur einmal in Anspruch genommen werden, auch wenn der Zeitraum von 6 Monaten nicht ausgeschöpft worden ist.[1248]

1248 BAG, Urteil v. 15.11.2011, 9 AZR 348/10.

Hinweis: Sonderregelungen aus Anlass der Corona-Pandemie

Aufgrund der Corona-Pandemie hat der Gesetzgeber temporär in § 4a PflegeZG Sonderregelungen eingeführt, die für den Arbeitnehmer Erleichterungen bei der erneuten Inanspruchnahme einer Pflegezeit beinhalten.

Ob darüber hinaus auch schon bei der Inanspruchnahme der Pflegezeit die Bescheinigung des Medizinischen Dienstes oder der Pflegekasse vorzulegen ist, um den Anspruch auf Freistellung geltend zu machen, ist nicht eindeutig. Die Gesetzesbegründung und auch Regelung der Anspruchsvoraussetzungen in § 3 Abs. 1 PflegeZG sprechen dafür, dass die Vorlage der Bescheinigung nicht erforderlich ist, damit es sich um einen wirksamen Antrag handelt, sondern die Bescheinigung auch noch nachgereicht werden kann.

Eine zeitliche Begrenzung des Kündigungsschutzes zwischen Antragstellung und tatsächlicher Inanspruchnahme der Pflegezeit war ursprünglich im Gesetz nicht vorgesehen. Der Kündigungsschutz besteht aber ab der wirksamen Ankündigung der Pflegezeit. Das kann dazu führen, dass ein Beschäftigter weit vor dem Antritt der Pflegezeit diese bereits ankündigt, mit der Folge, dass er sich auf diese Weise vor Kündigungen schützen kann. Das gilt auch für Kündigungen von Beschäftigungsverhältnissen, die nicht dem allgemeinen Kündigungsschutz unterliegen.

Bei Arbeitgebern, die weniger als 16 (Pflegezeit) bzw. 25 (Familienpflegezeit) Arbeitnehmer beschäftigen, sodass der Arbeitnehmer keinen Rechtsanspruch auf die Vereinbarung einer (Familien-)Pflegezeit hat, besteht der besondere Kündigungsschutz nach § 5 Abs. 1 Satz 2 PflegeZG im Fall einer (freiwilligen) Vereinbarung ab dem Zeitpunkt der Freistellung.

Beispiel: Pflegezeit zur Abwendung einer Kündigung

Der Arbeitnehmer erfährt anlässlich der Betriebsratsanhörung, dass beabsichtigt ist, ihm betriebsbedingt zu kündigen. Er entsinnt sich seiner pflegebedürftigen Großmutter und erklärt gegenüber dem Arbeitgeber schriftlich, dass er in 18 Monaten Pflegezeit von genau 6 Monate in Anspruch nehmen werde, um die Großmutter daheim zu pflegen. Gleichzeitig erklärt er, dass er während der Pflegezeit Teilzeit im Umfang von 35 Stunden pro Woche leisten werde.

Dieses Problem hat der Gesetzgeber bei der Neuregelung der Pflegezeit gelöst: Seither besteht der Kündigungsschutz ab der Ankündigung der Pflegezeit oder vergleichbarer Freistellungen, jedoch längstens 12 Wochen vor Beginn der geplanten Freistellung nach dem Pflegezeitgesetz.

Der **Kündigungsschutz fällt weg**, wenn die Voraussetzungen für die Pflegezeit entfallen, etwa durch Ablauf der Dauer der Pflegezeit oder bei vorzeitiger Beendigung nach

§ 4 Abs. 2 PflegeZG, z. B. durch den Tod des Angehörigen. Darüber hat der Beschäftigte den Arbeitgeber zu informieren.

Kündigt der Arbeitgeber, obwohl der Arbeitnehmer rechtswirksam die Pflegezeit angekündigt hat, kann der Arbeitnehmer die Kündigungsschutzklage wegen § 4 Satz 4 KSchG auch noch nach Ablauf der Klagefrist von 3 Wochen erheben, wenn die nötige behördliche Zustimmung nach § 5 Abs. 2 PflegeZG nicht vorlag.

81.4 Familienpflegezeit

Durch das Familienpflegezeitgesetz (FPfZG) wurde ein weiterer Tatbestand, der besonderen Kündigungsschutz vermittelt, geschaffen. Das Gesetz gibt Arbeitnehmern einen Rechtsanspruch auf eine bis zu 24 Monate dauernde Familienpflegezeit, während derer der Arbeitnehmer einen nahen Angehörigen im Sinne des Pflegezeitgesetzes pflegt. Dabei muss er jedoch wenigstens 15 Stunden pro Woche in Teilzeit arbeiten.

Hinweis: Sonderregelungen aus Anlass der Corona-Pandemie

Im Zuge der Corona-Pandemie hat der Gesetzgeber temporär in § 2b FPfZG Sonderregelungen eingeführt, die für den Arbeitnehmer Erleichterungen bei der Inanspruchnahme von Familienpflegezeit beinhalten.

Während der Familienpflegezeit genießt der Arbeitnehmer denselben besonderen Kündigungsschutz wie während einer Freistellung nach dem Pflegezeitgesetz.[1249] Auch hier beginnt der Kündigungsschutz mit der Ankündigung der Familienpflegezeit, längstens jedoch 12 Wochen vorher. Eine Kündigung ist grundsätzlich ausgeschlossen. In besonderen Fällen kann ausnahmsweise eine Kündigung durch die für den Arbeitsschutz zuständige oberste Landesbehörde für zulässig erklärt werden.

81.5 Schwerbehinderte Menschen

Nach § 168 SGB IX bedarf die ordentliche und über § 174 Abs. 1 SGB IX auch die außerordentliche Kündigung des Arbeitsverhältnisses eines schwerbehinderten Menschen durch den Arbeitgeber der vorherigen Zustimmung des Integrationsamts.

Eine ohne Zustimmung des Integrationsamts vom Arbeitgeber ausgesprochene Kündigung ist gemäß § 134 BGB unwirksam.

1249 § 2 Abs. 3 FPfZG i. V. m. § 5 PflegeZG.

Dem Sonderkündigungsschutz nach § 168 SGB IX oder § 174 Abs. 1 SGB IX genügt der Arbeitnehmer, dessen Schwerbehinderteneigenschaft zum Zeitpunkt des Zugangs der Kündigung festgestellt ist. Schwerbehindert im Sinne des Gesetzes sind Personen mit einem anerkannten Grad der Behinderung von wenigstens 50.

Der besondere Kündigungsschutz gilt über § 151 Abs. 3 SGB IX auch für **Gleichgestellte**. Das sind nach § 2 Abs. 3 SGB IX Personen mit einem Grad der Behinderung von weniger als 50, aber wenigstens 30. Sie sollen von der Agentur für Arbeit auf Antrag den Schwerbehinderten gleichgestellt werden, wenn sie infolge ihrer Behinderung ohne diese Hilfe einen geeigneten Arbeitsplatz i. S. d. § 156 SGB IX nicht erlangen oder nicht behalten können.

Der Sonderkündigungsschutz besteht, wenn das Arbeitsverhältnis wenigstens 6 Monate bestanden hat,[1250] und gilt für jede Kündigung durch den Arbeitgeber und damit für die ordentliche Kündigung, die außerordentliche Kündigung[1251] sowie die Änderungskündigung, unabhängig von der Betriebsgröße.

Zur Frage, ob der Kündigungsschutz auch dann besteht, wenn dem Arbeitgeber die Schwerbehinderteneigenschaft des betreffenden Arbeitnehmers nicht bekannt ist, hat die Rechtsprechung Grundsätze entwickelt. Ist die Schwerbehinderteneigenschaft zum Zeitpunkt der Kündigung festgestellt[1252] oder für den Arbeitgeber offensichtlich[1253] oder hat der Arbeitnehmer wenigstens 3 Wochen vor Zugang der Kündigung einen Antrag[1254] auf Anerkennung oder Gleichstellung beim Versorgungsamt gestellt[1255], besteht der Sonderkündigungsschutz auch dann, wenn der Arbeitgeber bei der Kündigung hiervon keine Kenntnis hatte. Dabei hat sich der Erwerber im Fall des Betriebsübergangs nach § 613 a BGB die Kenntnis des Veräußerers von der Schwerbehinderteneigenschaft zurechnen zu lassen.[1256]

Hatte der Arbeitgeber bei Ausspruch der Kündigung keine Kenntnis von einer zuvor erfolgten Feststellung oder Beantragung der Schwerbehinderteneigenschaft bzw. Gleichstellung und hat er die Kündigung infolgedessen ohne Zustimmung des Integrationsamts ausgesprochen, ist der Arbeitnehmer gehalten, die Schwerbehinderteneigenschaft oder ihre Beantragung dem Arbeitgeber innerhalb von 3 Wochen nach Erhalt der Kündigung zu offenbaren. Diesen 3 Wochen wird noch eine angemessene Zeit für den Postlauf hinzugerechnet. Eine Klage gegen die Kündigung, in der erstmals die Schwerbehinderung oder der Antrag mitgeteilt wird, wahrt die Frist nur, wenn die

1250 § 173 SGB IX.
1251 § 174 Abs. 1 SGB IX.
1252 BAG, Urteil v. 11.12.2008, 2 AZR 395/07.
1253 BAG, Urteil v. 13.2.2008, 2 AZR 864/06.
1254 BAG, Urteil v. 1.3.2007, 2 AZR 217/06.
1255 § 173 Abs. 2a SGB IX.
1256 BAG, Urteil v. 11.12.2008, 2 AZR 395/07.

Klage dem Arbeitgeber innerhalb von 3 Wochen und wenigen Tagen zugestellt wird.[1257] Für Heimarbeiter ist § 210 Abs. 2 SGB IX zu beachten. Der schwerbehinderte Arbeitnehmer hat das Recht, sich gegenüber seinem Arbeitgeber auf den gesetzlichen Sonderkündigungsschutz zu berufen, in der Regel nicht nach § 242 BGB verwirkt, wenn er die Unwirksamkeit der Kündigung innerhalb der Klagefrist des § 4 Satz 1 KSchG gerichtlich geltend gemacht hat.[1258] Hat der Arbeitgeber sich vor Ausspruch der Kündigung nach einer möglichen Anerkennung als Schwerbehinderter oder einer Gleichstellung erkundigt und der Arbeitnehmer verschweigt dies, ist der besondere Kündigungsschutz im Fall einer nachfolgenden Kündigung verwirkt. Die Frage des Arbeitgebers nach der Schwerbehinderung bzw. einem diesbezüglich gestellten Antrag ist im bestehenden Arbeitsverhältnis jedenfalls nach 6 Monaten, also ggf. nach Erwerb des Kündigungsschutzes gemäß §§ 168 ff. SGB IX, zulässig. Das gilt insbesondere zur Vorbereitung von beabsichtigten Kündigungen.[1259]

Hat das Integrationsamt die Zustimmung zur Kündigung erteilt, kann der Arbeitgeber nach § 171 Abs. 3 SGB IX die Kündigung nur innerhalb eines Monats nach Zustellung der Zustimmung aussprechen. Bedarf die ordentliche Kündigung eines schwerbehinderten Menschen außer der Zustimmung des Integrationsamts einer Zulässigkeitserklärung nach § 18 Abs. 1 Satz 2 BEEG und hat der Arbeitgeber diese vor dem Ablauf der Monatsfrist des § 171 Abs. 3 SGB IX beantragt, kann die Kündigung noch nach Fristablauf wirksam ausgesprochen werden. Das gilt jedenfalls dann, wenn der Arbeitgeber die Kündigung unverzüglich erklärt, nachdem die Zulässigkeitserklärung nach § 18 BEEG vorliegt.[1260]

Für eine außerordentliche Kündigung gelten nach § 174 SGB IX besondere Regelungen, da der Arbeitgeber hier die Kündigungserklärungsfrist des § 626 Abs. 2 BGB regelmäßig durch die Einholung der Zustimmung des Integrationsamts nicht einhalten kann.

Die Beteiligungsrechte des Betriebsrats nach § 102 BetrVG und der Schwerbehindertenvertretung nach § 178 Abs. 2 SGB IX sind zu wahren.

Die Kündigung eines schwerbehinderten Menschen ist auch dann unwirksam, wenn die Schwerbehindertenvertretung nicht zuvor nach § 178 Abs. 2 Satz 3 SGB IX beteiligt worden ist.

Der Arbeitgeber muss die Schwerbehindertenvertretung umfassend informieren und vor einer Entscheidung anhören. Insoweit gilt nichts anderes als bei der Anhörung eines Personal- oder Betriebsrats vor einer Kündigung. Er muss der Schwerbehinder-

---

1257 BAG, Urteil v. 12.1.2006, 2 AZR 539/05; BAG, Urteil v. 11.12.2008, 2 AZR 395/07.
1258 BAG, Urteil v. 23.2.2010, 2 AZR 659/08.
1259 BAG, Urteil v. 16.2.2012, 6 AZR 553/10.
1260 BAG, Urteil v. 24.11.2011, 2 AZR 429/10.

tenvertretung die Gelegenheit zu einer Stellungnahme geben und diese dann auch vor Ausspruch der Kündigung zur Kenntnis nehmen. Für die Anhörung der Schwerbehindertenvertretung gelten die gleichen Regeln wie für die Anhörung des Betriebsrats zur Kündigung des schwerbehinderten Menschen. Erfolgt sie nicht ordnungsgemäß, ist die Kündigung alleine schon deswegen unwirksam. Zudem stellt die unterlassene Beteiligung der Schwerbehindertenvertretung nach § 238 Abs. 1 Nr. 8 SGB IX eine Ordnungswidrigkeit dar.[1261] Die Anhörung der Schwerbehindertenvertretung kann auch noch nach der Zustimmung durch das Integrationsamt erfolgen. Hinsichtlich der Fristen für eine Stellungnahme der Schwerbehindertenvertretung gelten die Fristen des § 102 Abs. 3 BetrVG – auch im öffentlichen Dienst.

Die Beteiligung der Schwerbehindertenvertretung hat vor jeder Kündigung zu erfolgen, also auch vor einer Änderungskündigung. Sie ist auch erforderlich, wenn der schwerbehinderte Arbeitnehmer noch gar nicht den Kündigungsschutz für Schwerbehinderte genießt, also noch keine 6 Monate im Arbeitsverhältnis steht. Insoweit hat der Arbeitgeber ein Fragerecht nach einer möglichen Schwerbehinderung.

81.6 Mitglieder, Wahlbewerber und Wahlinitiatoren der Betriebsverfassungsorgane

Gemäß § 15 KSchG genießen die Mitglieder der Organe der Betriebsverfassung einen besonderen Kündigungsschutz, damit sie ihre Aufgaben frei und unabhängig ausüben können, ohne ständig ihre Entlassung befürchten zu müssen. Auch befristete Arbeitsverhältnisse werden davon erfasst, sofern sie vorzeitig gekündigt werden. Wirksam befristete Arbeitsverträge enden jedoch automatisch mit dem Ablauf der vereinbarten Befristung, ohne dass es dazu einer Kündigungserklärung bedarf. Der Sonderkündigungsschutz verlängert diese Verträge nicht. Nur dann, wenn die Verlängerung einer Befristung oder unbefristete Übernahme eines Mandatsträgers wegen seiner Tätigkeit als Betriebsrat erfolgt, liegt ein Verstoß gegen das Benachteiligungsverbot des § 78 Satz 2 BetrVG vor. Nach § 15 Abs. 2 KSchG gilt dieser besondere Kündigungsschutz für Mandatsträger in der Personalvertretung entsprechend.

Auszubildende, die Mitglied der Jugend- und Auszubildendenvertretung, des Betriebsrats, der Bordvertretung oder des Seebetriebsrats sind, können in den letzten 3 Monaten vor Beendigung des Ausbildungsverhältnisses schriftlich vom Arbeitgeber die unbefristete Weiterbeschäftigung in einem anschließenden Arbeitsverhältnis verlangen.[1262] Der Arbeitgeber kann sich von dieser Verpflichtung nur dann befreien

1261 BAG, Urteil v. 13.12.2018, 2 AZR 378/18.
1262 § 78 a Abs. 2 BetrVG.

lassen, wenn Tatsachen vorliegen, aufgrund derer ihm unter Berücksichtigung aller Umstände die Weiterbeschäftigung nicht zugemutet werden kann.[1263]

Der Kündigungsschutz ist für die ordentliche Kündigung und die außerordentliche Kündigung differenziert zu betrachten. Regelmäßig ist die ordentliche Kündigung ausgeschlossen und eine außerordentliche Kündigung nur mit Zustimmung des Betriebsrats nach § 103 Abs. 1 BetrVG möglich. Verweigert der Betriebsrat zu der vom Arbeitgeber beabsichtigten außerordentlichen Kündigung seine Zustimmung oder äußert er sich nicht, muss der Arbeitgeber – wenn er seine Absicht nicht ändert – zunächst ein Zustimmungsersetzungsverfahren gemäß § 103 Abs. 2 BetrVG einleiten.[1264] Die gerichtliche Entscheidung im Verfahren ersetzt – unabhängig von dem im Kündigungszeitpunkt ausgeübten betriebsverfassungsrechtlichen Amt (z. B. wenn der Wahlbewerber gewählt wurde und nun Betriebsrat ist) – die Zustimmung des Betriebsrats im Hinblick auf die vom Arbeitgeber geltend gemachten Kündigungsgründe.[1265]

81.6.1 Geschützter Personenkreis

Der nach § 15 KSchG geschützte Personenkreis entspricht dem des § 103 BetrVG. Hierzu gehören:

- Mitglieder des Betriebsrats/Personalrats und der Jugend- und Auszubildendenvertretung,
- Mitglieder der Bordvertretung und des Seebetriebsrats,
- Mitglieder eines Europäischen Betriebsrats sowie des besonderen Verhandlungsgremiums, soweit im Inland beschäftigt[1266],
- Mitglieder eines SE-Betriebsrats sowie des besonderen Verhandlungsgremiums der SE (Europäischen Gesellschaft), die im Inland beschäftigt sind,[1267]
- Mitglieder einer nach § 3 Abs. 1 Nr. 2 BetrVG durch Tarifvertrag bestimmten anderen Vertretung,
- Mitglieder des Wahlvorstands (nicht aber Bewerber zum Wahlvorstand)[1268] sowie Wahlbewerber[1269] einer Wahl nach dem BetrVG oder dem Personalvertretungsrecht.

Während auch Gesamt- oder Konzernbetriebsratsmitglieder den besonderen Kündigungsschutz genießen, gilt dieser nicht für Mitglieder von Einigungs- oder Schlich-

1263 § 78 a Abs. 4 BetrVG.
1264 BAG, Beschluss v. 23.6.1993, 2 ABR 58/92.
1265 BAG, Urteil v. 16.11.2017, 2 AZR 14/17.
1266 § 40 EBRG.
1267 § 42 SEBG.
1268 BAG, Urteil v. 31.7.2014, 2 AZR 505/13.
1269 BAG, Urteil v. 12.3.2009, 2 AZR 47/08.

tungsstellen, Arbeitnehmer im Aufsichtsrat und Mitglieder des Wirtschaftsausschusses oder Bewerbern für den Wahlvorstand.[1270]

Ersatzmitglieder genießen erst dann besonderen Kündigungsschutz, wenn sie an die Stelle eines ausgeschiedenen oder vorübergehend verhinderten Organmitglieds treten, für die Dauer der Vertretungszeit, unabhängig davon, ob sie tatsächlich für den Betriebsrat tätig geworden sind.[1271] Ansonsten sind sie nur für die Dauer von 6 Monaten als erfolglose Wahlbewerber geschützt. Einen besonderen Kündigungsschutz, der allein an den Status des Ersatzmitglieds anknüpft, kennt das Gesetz nicht.

81.6.2 Dauer des Kündigungsschutzes

Für die Funktionsträger des § 15 KSchG besteht der besondere Kündigungsschutz während ihrer Amtszeit. Sie beginnt mit der Bekanntgabe des Wahlergebnisses. Er endet mit Ablauf der Amtszeit des Gremiums. Wird das Wahlergebnis fehlerhafterweise nicht bekannt gegeben, endet die Amtszeit schon vorher, wenn der neu gewählte Betriebsrat zusammentritt.[1272]

Bei Wahlvorstandsmitgliedern besteht der Schutz gemäß § 15 Abs. 3 KSchG von der Bestellung zum Wahlvorstand bis zur Bekanntgabe des Wahlergebnisses; bei Wahlbewerbern besteht er von der Aufstellung des Wahlvorschlags an. Das ist der Zeitpunkt, in dem der Vorschlag über die nötigen Stützunterschriften verfügt – nicht erst die Einreichung des Vorschlags beim Wahlvorstand.[1273]

Der Kündigungsschutz endet mit der Bekanntgabe des Wahlergebnisses – bei gewählten Bewerbern schließt sich dann der Kündigungsschutz für Funktionsträger an.

Nach der Beendigung des Amts ist die ordentliche Kündigung eines Mitglieds eines Betriebsrats, einer Jugendvertretung oder eines Seebetriebsrats innerhalb eines Jahres, die Kündigung eines Mitglieds einer Bordvertretung innerhalb von 6 Monaten, jeweils vom Zeitpunkt der Beendigung der Amtszeit an gerechnet, unzulässig. Wahlvorstandsmitglieder und Wahlbewerber haben diesen Kündigungsschutz für einen 6-monatigen Zeitraum, beginnend mit der Bekanntgabe des Wahlergebnisses.

Das vorzeitige Ausscheiden aus dem Amt führt nicht zum Verlust des nachwirkenden Kündigungsschutzes.[1274]

1270 BAG, Urteil v. 31.7.2014, 2 AZR 505/13.
1271 BAG, Urteil v. 8.9.2011, 2 AZR 388/10.
1272 BAG, Urteil v. 5.11.2009, 2 AZR 487/08.
1273 BAG, Urteil v. 4.3.1976, 2 AZR 620/74; BAG, Urteil v. 7.7.2011, 2 AZR 377/10.
1274 BAG, Urteil v. 23.4.1981, 2 AZR 1112/78.

Nachwirkender Kündigungsschutz

Dieser nachwirkende Kündigungsschutz steht auch dem Ersatzmitglied zu, wenn es für ein vorübergehend verhindertes Mitglied in das Betriebsverfassungsorgan nachgerückt war und dann aus dem Betriebsrat wieder ausgeschieden ist.[1275] Zusätzliche Voraussetzung ist, dass das Ersatzmitglied während dieser Zeit auch tatsächlich Aufgaben des Betriebsrats wahrgenommen hat.

81.6.3 Ordentliche Kündigung

Die ordentliche Kündigung der in § 15 Abs. 1–3 KSchG genannten Personen ist nur ausnahmsweise bei Stilllegung des gesamten Betriebs gemäß § 15 Abs. 4 KSchG oder einer Betriebsabteilung gemäß § 15 Abs. 5 KSchG zulässig. In diesem Fall bedarf es nicht der Zustimmung des Betriebsrats nach § 103 BetrVG, aber der ordnungsgemäßen Anhörung nach § 102 BetrVG. Eine ordentliche Kündigung ist jedoch auch in einem solchen Fall der Stilllegung immer dann sozial ungerechtfertigt, wenn das Betriebsratsmitglied noch in einem anderen Betrieb des Unternehmens weiterbeschäftigt werden kann.

Im Fall der Abteilungsstilllegung ist der Arbeitgeber verpflichtet, den Mandatsträger in eine andere Abteilung zu übernehmen; dazu muss er dort notfalls andere Arbeitnehmer kündigen. Nur dann, wenn eine sinnvolle Weiterbeschäftigung überhaupt ausscheidet, z. B. wegen mangelnder Ausbildung des Mandatsträgers, kann eine ordentliche Kündigung in Betracht kommen. Wird ein Betriebsratsmitglied in einer Betriebsabteilung beschäftigt, die stillgelegt wird, besteht nach § 15 Abs. 5 Satz 1 KSchG keine Verpflichtung des Arbeitgebers, dem Mandatsträger zur Vermeidung einer Kündigung die Beschäftigung auf einem höherwertigen Arbeitsplatz in einer anderen Betriebsabteilung anzubieten.[1276]

81.6.4 Außerordentliche Kündigung

Die fristlose Kündigung aus wichtigem Grund des Arbeitgebers gegenüber Mitgliedern des Betriebsrats, der Jugendvertretung, der Bordvertretung, eines Seebetriebsrats, den Mitgliedern des Wahlvorstands sowie Wahlbewerbern ist grundsätzlich zulässig und nicht durch § 15 KSchG untersagt. Sie bedarf jedoch gemäß § 103 BetrVG der Zustimmung des Betriebsrats. Dabei hat der Betriebsrat 3 Tage Zeit für seine Entscheidung; äußert er sich nicht, ist dies eine Zustimmungsverweigerung. Nur das erklärte Einverständnis des Betriebsrats mit der Kündigung stellt eine Zustimmung dar.

1275 BAG, Urteil v. 17.3.1988, 2 AZR 576/87.
1276 BAG, Urteil v. 23.2.2010, 2 AZR 656/08.

Hat der Betriebsrat der Kündigung zugestimmt, kann sie der Arbeitgeber unter Beachtung der 2-Wochen-Frist des § 626 Abs. 2 BGB aussprechen; die Zustimmungserklärung des Betriebsrats, die auch formlos erfolgen kann, braucht er dem Arbeitnehmer dabei nicht vorzulegen.[1277]

Falls der Betriebsrat die Zustimmung verweigert oder sich nach 3 Tagen nicht geäußert hat, kann der Arbeitgeber beantragen, dass diese durch das Arbeitsgericht ersetzt wird.[1278]

81.6.5 Initiatoren einer Betriebsratswahl

Zusätzlich zu den Wahlbewerbern und Mandatsträgern genießen auch die Initiatoren einer Betriebsratswahl (nicht aber einer Personalratswahl) nach § 15 Abs. 3a KSchG einen besonderen Kündigungsschutz.

Voraussetzung ist, dass der Arbeitnehmer wahlberechtigt ist und entweder zu einer Betriebs- oder Wahlversammlung nach § 17 BetrVG bzw. nach § 17a BetrVG eingeladen hat, um auf diese Weise eine Betriebsratswahl in die Wege zu leiten oder er alternativ beim Arbeitsgericht die Bestellung eines Wahlvorstands nach § 17 Abs. 4 BetrVG beantragt hat. Dann ist vom Zeitpunkt der Einladung bzw. der Antragstellung die ordentliche Kündigung ausgeschlossen.

Die außerordentliche Kündigung bleibt bei Vorliegen entsprechender Gründe möglich.

Der Kündigungsschutz besteht bis zur Bekanntgabe des Wahlergebnisses.

Durch das Betriebsrätemodernisierungsgesetz wird seit dem 18.6.2021 der Kündigungsschutz auf die ersten 6 Unterzeichner erweitert.

Ebenfalls durch das Betriebsrätemodernisierungsgesetz der besondere Kündigungsschutz teilweise auch auf Arbeitnehmer erstreckt, die im Vorfeld einer von ihnen zu initiierenden Betriebsratswahl tätig werden.

Nach § 15 Abs. 3b KSchG ist die ordentliche personen- und verhaltensbedingte Kündigung eines Arbeitnehmers, der Vorbereitungshandlungen zur Errichtung eines Betriebsrats unternimmt, unwirksam. Der Kündigungsschutz setzt aber noch weiter voraus, dass der Arbeitnehmer eine **öffentlich beglaubigte Erklärung** (notarielle

1277 BAG, Urteil v. 4.3.2004, 2 AZR 147/03.
1278 BAG, Beschluss v. 23.6.1993, 2 ABR 58/92.

Beurkundung, § 129 BGB) mit dem Inhalt abgegeben hat, dass er beabsichtigt, einen Betriebsrat zu errichten. Die außerordentliche Kündigung wie auch die ordentliche betriebsbedingte Kündigung bleiben bei Vorliegen entsprechender Gründe möglich.

81.7 Auszubildende

Das Berufsausbildungsverhältnis ist spezialgesetzlich im Berufsbildungsgesetz geregelt. Es beginnt mit der Probezeit. Diese muss mindestens einen Monat und darf höchstens 4 Monate betragen. Das Berufsausbildungsverhältnis endet mit dem Ablauf der Ausbildungszeit. Besteht der Auszubildende vor Ablauf der Ausbildungszeit die Abschlussprüfung, so endet das Berufsausbildungsverhältnis mit Bestehen der Abschlussprüfung. Besteht der Auszubildende die Abschlussprüfung nicht, so verlängert sich das Berufsausbildungsverhältnis auf sein Verlangen bis zur nächstmöglichen Wiederholungsprüfung, höchstens jedoch um ein Jahr. Zudem kann vereinbart werden, dass sich die Probezeit um erhebliche Zeiten der Unterbrechung, z. B. durch Krankheit, entsprechend verlängert.[1279]

Hinsichtlich des Kündigungsschutzes gelten im Berufsausbildungsverhältnis folgende Regelungen: Während der Probezeit kann das Berufsausbildungsverhältnis jederzeit ohne Einhalten einer Kündigungsfrist gekündigt werden. Bei einem vorhergehenden Praktikum oder Arbeitsverhältnis verkürzt sich die Probezeit nicht.[1280] Nach der Probezeit kann das Berufsausbildungsverhältnis nur aus einem wichtigen Grund ohne Einhaltung einer Kündigungsfrist gekündigt werden.[1281] Es kann vom Auszubildenden mit einer Kündigungsfrist von 4 Wochen gekündigt werden, wenn er die Berufsausbildung aufgeben oder sich für eine andere Berufstätigkeit ausbilden lassen will.

Die Kündigung muss schriftlich und nach Ablauf der Probezeit – was häufig übersehen wird – unter Angabe der Kündigungsgründe erfolgen. Eine Kündigung aus einem wichtigen Grund ist unwirksam, wenn die ihr zugrunde liegenden Tatsachen dem zur Kündigung Berechtigten länger als 2 Wochen bekannt sind. Ist ein vorgesehenes Güteverfahren vor einer außergerichtlichen Stelle eingeleitet, so wird bis zu dessen Beendigung der Lauf dieser Frist gehemmt.

Nach alledem ist das Berufsausbildungsverhältnis während seines Bestands grundsätzlich ordentlich unkündbar. Dieser Ausschluss des Kündigungsrechts kann nicht als verfassungswidrig wegen eines Verstoßes gegen Art. 12 GG angesehen werden. Dem geregelten Fortgang eines in Gang gesetzten Berufsausbildungsverhältnisses gebührt nach Ablauf der Probezeit der Vorrang.

1279 BAG, Urteil v. 9.6.2016, 6 AZR 396/15; § 21 Abs. 3 BBiG.
1280 § 22 Abs. 1 BBiG.
1281 § 22 Abs. 2 BBiG.

81.8 Übersicht über sonstige Fälle von besonderem Kündigungsschutz

Neben dem besonderen Kündigungsschutz wegen besonderer Schutzbedürftigkeit des Arbeitnehmers aus persönlichen Gründen gibt es noch weitere Regelungen zum besonderen Kündigungsschutz:

- Der Immissionsschutzbeauftragte ist nach § 58 Abs. 2 BImSchG ordentlich nicht kündbar. Entsprechendes gilt nach § 60 Abs. 3 KrWG i.V.m. § 58 Abs. 2 BImSchG für den betrieblichen Abfallbeauftragten. Voraussetzung dafür ist die schriftliche Bestellung in diese Position. Das kann bereits im Arbeitsvertrag durch die Aufgabenvereinbarung geschehen und das hat dann bereits den besonderen Kündigungsschutz zur Folge.[1282]
- Der Datenschutzbeauftragte kann nach § 38 Abs. 1 und 2 BDSG i.V.m. § 6 Abs. 4 Satz 2 BDSG nur außerordentlich aus wichtigem Grund gemäß § 626 BGB gekündigt werden; der besondere Kündigungsschutz wirkt nach Abberufung für ein Jahr nach. Der EuGH hat entschieden, dass dieser besondere Kündigungsschutz mit Unionsrecht vereinbar ist, obwohl er strengere Regelungen hinsichtlich der Kündigung eines Datenschutzbeauftragten vorsieht, als die DSGVO.[1283]
- Befristete Arbeitsverhältnisse sind ordentlich nicht kündbar, sofern die Kündigungsmöglichkeit nicht vertraglich vereinbart wurde.[1284]
- Eine Kündigung darf nicht wegen eines Betriebsübergangs erfolgen.[1285]
- Eine Kündigung darf nicht wegen der Weigerung des Arbeitnehmers erfolgen, von einem Voll- in ein Teilzeitarbeitsverhältnis oder umgekehrt zu wechseln.[1286]
- Eine Kündigung darf nicht gegen das Maßregelungsverbot des § 612a BGB verstoßen, weil sie als Reaktion darauf ausgesprochen wird, dass der Arbeitnehmer in zulässiger Weise seine Rechte ausübt. Besonders geregelt ist der Schutz von Hinweisgebern in § 36 HinSchG.
- Nach § 41 Satz 1 SGB VI ist die Möglichkeit, Altersrente zu beziehen, kein Kündigungsgrund. Eine entsprechende Regelung findet sich für die Altersteilzeit in § 8 Abs. 1 ATG.
- Kündigungen, die gegen die Gleichbehandlungsrichtlinien bzw. das AGG verstoßen, sind unwirksam.[1287] Das gilt auch dann, wenn der Arbeitnehmer die Wartezeit nach § 1 Abs. 1 KSchG nicht erfüllt hat und damit noch nicht in einem kündigungsgeschützten Arbeitsverhältnis steht.

1282 BAG, Urteil v. 26.3.2009, 2 AZR 633/07.
1283 EuGH, Urteil v. 22. 6.2022, C-534/20.
1284 § 15 Abs. 4 TzBfG.
1285 § 613 a Abs. 4 BGB.
1286 § 11 TzBfG.
1287 § 7 Abs. 1 AGG; § 242 BGB; BAG, Urteil v. 6.11.2008, 2 AZR 701/07.

- Zahlreiche Tarifverträge enthalten unterschiedlich ausgestaltete Regelungen über den Ausschluss oder die Einschränkung von ordentlichen Kündigungen von älteren Mitarbeitern. Umstritten ist, inwieweit diese Regelungen gegen das Verbot der Benachteiligung wegen des Alters[1288] verstoßen. Regelungen, die vor allem ältere Arbeitnehmer mit langen Betriebszugehörigkeitszeiten schützen, dürften erlaubte Benachteiligungen von jüngeren Mitarbeitern darstellen.

1288 § 7 Abs. 1 AGG i. V. m. § 1 AGG.

82 Kündigungsschutz außerhalb des Kündigungsschutzgesetzes

Autor: Dr. Roman Frik

Überblick

Ein gewisser Mindestkündigungsschutz über den Maßstab der Sittenwidrigkeit und Treu und Glauben wird auch in Kleinbetrieben und innerhalb der Wartezeit des § 1 Abs. 1 KSchG gewährleistet. Im Weiteren wird dargelegt, wie Verstöße gegen den Gleichbehandlungsgrundsatz zur Unwirksamkeit einer Kündigung führen können.

Für die Praxis wichtig sind Unkündbarkeitsregelungen in Tarifverträgen.

Nachfolgend werden kurz die Personengruppen dargestellt, für die besondere Kündigungsschutzregelungen bestehen.

Schließlich wird auf den Kündigungsschutz beim Betriebsübergang und den Verfahrensschutz durch die zwingende Anhörung des Betriebsrats vor Ausspruch einer Kündigung hingewiesen.

Der Mindestkündigungsschutz außerhalb des Kündigungsschutzgesetzes wird in § 138 BGB (Sittenwidrigkeit) und § 242 BGB (Treu und Glauben) verankert. Das Maßregelungsverbot ist in § 612 a BGB normiert. Aus Art. 3 GG sowie dem Allgemeinen Gleichbehandlungsgesetz folgen die Grundlagen für den Diskriminierungsschutz bei Kündigungen. Die Meinungsfreiheit des Arbeitnehmers ist in Verbindung mit Art. 5 GG eine Wirksamkeitsgrenze für Kündigungen. Die wichtigsten besonderen Kündigungsschutzbestimmungen für bestimmte Personengruppen finden sich insbesondere in § 168 SGB IX, § 17 MuSchG, § 18 BEEG, § 5 PflegeZG, § 2 Abs. 3 FPfZG, § 15 KSchG, § 103 BetrVG und § 613 a Abs. 4 BGB. Das Verfahren zur Anhörung des Betriebsrats vor Ausspruch einer Kündigung ist in § 102 BetrVG geregelt.

82.1 Unwirksamkeit der Kündigung

Neben einer mangelnden sozialen Rechtfertigung von Kündigungen nach § 1 Abs. 2 KSchG bei Anwendbarkeit des Kündigungsschutzgesetzes ist eine Kündigung unwirksam:

1. bei Sittenwidrigkeit der Kündigung gemäß § 138 Abs. 1 BGB,
2. bei Verstoß der Kündigung gegen den Grundsatz von Treu und Glauben gemäß § 242 BGB,
3. bei Verstoß gegen das Maßregelungsverbot nach § 612a BGB,
4. bei Verstoß gegen das Grundrecht der Koalitionsfreiheit nach Art. 9 Abs. 3 Satz 2 GG,
5. bei Verstoß gegen die Meinungsfreiheit nach Art. 5 Abs. 1 und 2 GG i.V.m. § 138 BGB oder § 242 BGB,

6. bei Verstoß gegen den arbeitsrechtlichen Gleichbehandlungsgrundsatz i.V.m. § 138 BGB oder § 242 BGB,
7. bei Diskriminierung aus Gründen der Rasse, wegen der ethnischen Herkunft, des Geschlechts, der Religion, der Weltanschauung, einer Behinderung, des Alters oder der sexuellen Identität nach §§ 7, 1 AGG i.V.m. § 1 KSchG, 626 BGB, § 138 BGB, § 242 BGB oder § 612a BGB,
8. bei Beschränkungen des ordentlichen Kündigungsrechts durch einzelvertragliche Vereinbarungen,
9. bei Verstoß der Kündigung gegen besondere gesetzliche Kündigungsschutzbestimmungen für besondere Personengruppen, z.B.
   - Schwerbehinderte Menschen gemäß § 168 SGB IX
   - Kündigungsschutz wegen Schwangerschaft und Geburt gemäß § 17 MuSchG
   - Kündigungsschutz während der Elternzeit gemäß § 18 BEEG
   - Kündigungsschutz während der Pflegezeit gemäß § 5 PflegeZG
   - Kündigungsschutz während der Familienpflegezeit gemäß § 2 Abs. 3 FPfZG i.V.m. § 5 PflegeZG
   - Kündigungsschutz von betriebsverfassungsrechtlichen Amtsträgern gemäß § 15 Abs. 1-3b KSchG i.V.m. § 103 BetrVG
   - Kündigungsschutz von Wehrpflichtigen gemäß § 2 ArbPlSchG, wenn auch derzeit nicht aktuell,
   - für Wehrübungspflichtige nach dem Eignungsübungsgesetz (§ 2 EÜG),
   - für Abgeordnete nach Art. 48 Abs. 2 GG
   - für Bergmannsversorgungsscheininhaber nach dem Gesetz über einen Bergmannsversorgungsschein in Nordrhein-Westfalen und im Saarland sowie dem Gesetz über ein Bergmannsversorgungsschein in Niedersachsen,
10. bei gesetzlichen Beschränkungen des ordentlichen Kündigungsrechts für besondere Funktionsträger (Datenschutzbeauftragter, § 6 Abs. 4 BDSG; Immissionsschutzbeauftragter, § 58 Abs. 2 BImSchG; Abfallbeauftragter, § 55 Abs. 3 KrW-/AbfG)
11. für Kündigungen aus Anlass eines Betriebsübergangs gemäß § 613a Abs. 4 BGB,
12. bei Kündigungen ohne ordnungsgemäße Anhörung des Betriebsrats nach § 102 BetrVG.

82.2 Der verfassungsrechtliche Mindestkündigungsschutz

Greift der allgemeine Kündigungsschutz nach dem KSchG nicht, z.B. in Kleinbetrieben gemäß § 23 KSchG oder vor Erfüllung der Wartefrist gemäß § 1 Abs. 1 KSchG, oder ein besonderer Kündigungsschutz (z.B. Schwangere, Schwerbehinderte, Betriebsräte), bedarf die arbeitgeberseitige Kündigung grundsätzlich keines Grundes oder Rechtfertigung. Egal ob betriebs-, personen- und verhaltensbedingte Gründe oder vielleicht auch nur die Auffassung, dass die »Chemie nicht stimme«, zum Entschluss des Arbeitgebers zum Ausspruch einer (Änderungs-)Kündigung geführt haben, die Anforderungen nach dem KSchG müssen nicht beachtet werden. Das heißt, der Arbeitgeber besitzt grundsätzlich die Freiheit zu kündigen.

Das hat zur Folge, dass der Arbeitnehmer, wenn er eine solche Kündigung angreifen will, letztendlich die Beweislast für deren Unwirksamkeit trägt. Deshalb kann in der Praxis hier eine Kündigung eher selten erfolgreich angegriffen werden.

Aus den Bestimmungen des Grundgesetzes hat das Bundesverfassungsgericht (BVerfG) jedoch einen Mindestkündigungsschutz hergeleitet, der sich grob auch als Kündigungsschutz »light« beschreiben lässt.[1289] Daraus ergibt sich:

Auch außerhalb des allgemeinen Kündigungsschutzes muss eine Kündigung ein Mindestmaß an sozialer Verträglichkeit aufweisen. Aus verfassungsrechtlichen Gründen dürfen solche Kündigungen nicht willkürlich oder aus sachfremden Erwägungen heraus ausgesprochen werden. Ausreichend ist allerdings, dass ein irgendwie einleuchtender Grund für die Kündigung besteht.[1290] Auch wenn solche Kündigungen vom Arbeitnehmer gerichtlich eher selten erfolgreich angefochten werden können, prüfen die Arbeitsgerichte Kündigungen außerhalb des Kündigungsschutzes rechtlich anhand des Grundsatzes von Treu und Glauben[1291] sowie weiterer »Generalklauseln«, durch die der verfassungsrechtliche Mindestkündigungsschutz gewährt wird.[1292]

Arbeitgeber müssen daher auch bei solchen Kündigungen prüfen, ob es im Hinblick auf die soziale Schutzwürdigkeit des betroffenen Mitarbeiters unbillig ist, ihm die Kündigung auszusprechen. Dies kann z. B. angenommen werden, wenn für eine Kündigung keinerlei das Arbeitsverhältnis tangierende Gründe vorliegen oder der Arbeitnehmer dafür bestraft werden soll, dass er sich weigerte, gesetzwidrige Weisungen zu befolgen.

Falls eine Auswahl der zu kündigenden Arbeitnehmer vorzunehmen ist, muss die Auswahlentscheidung ein gewisses Maß an sozialer Rücksichtnahme berücksichtigen. Dies kann dazu führen, dass die Auswahlentscheidung unter Berücksichtigung von Alter, Betriebszugehörigkeit, Unterhaltspflicht und Schwerbehinderung letztendlich auf grobe Fehlerhaftigkeit überprüft wird.[1293] Aus dem Vorbringen des Arbeitnehmers muss sich aber ergeben, dass der gekündigte Arbeitnehmer mit den nicht gekündigten Arbeitnehmern auf den ersten Blick vergleichbar ist.

1289 BVerfG, Beschluss v. 21.4.1991, 1 BvR 1341/90; BVerfG, Beschluss v. 27.1.1998, 1 BvL 18/87.

1290 BAG, Urteil v. 28.8.2003, 2 AZR 333/02; BAG, Urteil v. 5.12.2019, 2 AZR 107/19; ArbG Erfurt, Urteil v. 21.4.2022, 6 Ca 1273/21.

1291 § 242 BGB.

1292 Z. B. Sittenwidrigkeit gemäß § 138 BGB oder Verstoß gegen gesetzliche Verbote gemäß § 134 BGB.

1293 BAG, Urteil v. 21.2.2001, 2 AZR 15/00.

Beispiel: Auswahl des zu kündigenden Arbeitnehmers

Auch in einem Kleinbetrieb darf nicht ein 45-jähriger, verheirateter Mitarbeiter mit 20 Jahren Betriebszugehörigkeit, der Vater zweier minderjähriger Kinder ist, gekündigt werden, wenn für die Kündigung auch ein 25-jähriger Junggeselle ohne Unterhaltsverpflichtungen in Betracht kommt, der erst ein Jahr in der Firma beschäftigt ist.

82.3 Spezielle Kündigungsschutzregelungen

82.3.1 Verstoß einer Kündigung gegen die guten Sitten

Eine Kündigung kann gegen die guten Sitten verstoßen und deshalb gemäß § 138 BGB nichtig sein. Der Gesetzgeber hat dieses in der Regelung des § 13 Abs. 2 Satz 1 KSchG ausdrücklich anerkannt. An die Sittenwidrigkeit einer Kündigung sind jedoch strenge Anforderungen zu stellen. Eine Sittenwidrigkeit kommt in der Regel erst dann in Betracht, wenn die Kündigung auf einem verwerflichen Motiv des Kündigenden beruht, wie insbesondere Rachsucht oder Vergeltung, wenn sie aus anderen Gründen dem Anstandsgefühl aller billig und gerecht Denkenden widerspricht[1294] oder wenn die Kündigung auf willkürlichen oder sachfremden Motiven beruht.

In der Praxis hat die Sittenwidrigkeit der Kündigung **nur in Ausnahmefällen** Bedeutung.

Darlegungs- und beweispflichtig für die tatsächlichen Voraussetzungen der Sittenwidrigkeit einer vom Arbeitgeber ausgesprochenen Kündigung ist der Arbeitnehmer.

82.3.2 Verstoß einer Kündigung gegen Treu und Glauben

Es ist denkbar, dass eine Kündigung gegen den Grundsatz von Treu und Glauben verstößt und deshalb gemäß § 242 BGB unwirksam ist.[1295] Das ist allerdings in der Praxis eher selten. Hierunter fällt das unter Abschn. 2 beschriebene Mindestmaß an sozialer Verträglichkeit, wenn das KSchG keine Anwendung findet.

Ein Verstoß gegen § 242 BGB ist sonst auf Fälle beschränkt, in denen entweder die Kündigungserklärung selbst oder deren Begründung treuwidrig oder willkürlich sind. Ferner gehören hierzu diejenigen Fälle, in denen eine Kündigung als schlicht ungehörig zu qualifizieren ist.[1296]

1294 BAG, Urteil v. 12.7.1990, 2 AZR 39/90; BAG, Urteil v. 16.2.1989, 2 AZR 347/88; BAG, Urteil v. 5.12.2019, 2 AZR 107/19; ArbG Erfurt, Urteil v. 21.4.2022, 6 Ca 1273/21.

1295 BAG, Urteil v. 23.6.1994, 2 AZR 617/93; BVerfG, Beschluss v. 27.1.1998, 1 BvL 15/87.

1296 BAG, Urteil v. 12.7.1990, 2 AZR 39/90; LAG Düsseldorf, Urteil v. 2.8.2022, 3 Sa 285/22.

Das kann z. B. der Fall sein, wenn 2 Arbeitnehmer sich streiten, hierdurch den betrieblichen Frieden gefährden und der Arbeitgeber nicht beide Arbeitnehmer anhört und sich vermittelnd einschaltet, sondern einfach gegenüber einem der beiden miteinander streitenden Arbeitnehmer die Kündigung ausspricht.

Die Kündigungserklärung selbst kann gegen Treu und Glauben verstoßen, wenn sie ohne jeden Grund in grob beleidigender Form ausgesprochen wird, z. B. dem Arbeitnehmer vor der versammelten Arbeitnehmerschaft vor die Füße geworfen, bei der Beerdigung der Mutter übergeben oder zusammen mit einem Strick übergeben wird.

82.3.3 Verstoß einer Kündigung gegen das Maßregelungsverbot

Der Arbeitgeber darf einen Arbeitnehmer nicht deshalb kündigen, weil dieser in zulässiger Weise seine Rechte ausübt.[1297] § 612a BGB enthält ein allgemeines Diskriminierungsverbot und soll verhindern, dass Arbeitnehmerrechte deshalb nicht wahrgenommen werden, weil die Berechtigten bei ihrer Inanspruchnahme mit Benachteiligungen rechnen müssen.

Geschützt ist damit die Willensfreiheit des Arbeitnehmers bei der Entscheidung darüber, ob er ein Recht ausüben will oder nicht.

Verstöße gegen das Maßregelungsverbot kommen in der arbeitsgerichtlichen Praxis immer wieder vor. Dies wird in der Praxis häufig angenommen, wenn die Kündigung eine unmittelbare Reaktion auf die Wahrnehmung der Rechte des Arbeitnehmers darstellt (also ein enger zeitlicher Zusammenhang besteht)[1298] und es dem Arbeitgeber nicht gelingt, diese Vermutung zu entkräften.

Ein Zeitraum von ca. 3 Monaten zwischen der Geltendmachung eines Rechts durch den Arbeitnehmer und einer arbeitgeberseitigen Kündigung ist dabei nach Ansicht der Rechtsprechung in der Regel nicht geeignet, um einen Verstoß gegen § 612a BGB zu begründen.

Beispiele: Maßregelungskündigung

- Der Arbeitgeber kündigt dem Arbeitnehmer fristlos, unmittelbar nachdem dieser seine Arbeitskraft zu Recht wegen erheblicher Lohnrückstände zurückhält.
- Der Arbeitgeber kündigt fristgerecht, kurz nachdem der Arbeitnehmer arbeitsvertraglich nicht geschuldete Mehrarbeit ablehnt.
- Der Arbeitgeber kündigt fristlos, während der Arbeitnehmer nach erfolgreicher Kündigungsschutz- und Weiterbeschäftigungsklage seinen Weiterbeschäftigungsanspruch vollstreckt.

1297 § 612 a BGB.
1298 BAG, Urteil v. 16.2.1989, 2 AZR 347/88.

82.3.4 Verstoß gegen den Gleichbehandlungsgrundsatz oder das AGG

Eine ordentliche oder außerordentliche Kündigung kann gegen den in Art. 3 GG statuierten Grundsatz, dass niemand wegen seiner Abstammung, seiner Rasse, seines Glaubens oder einer religiösen oder politischen Überzeugung oder seines Geschlechts benachteiligt werden darf, verstoßen. Erfolgt eine Kündigung tatsächlich im Hinblick auf diese Merkmale oder Eigenschaften des Arbeitnehmers, ist sie nichtig.[1299]

Ein Verstoß gegen den Gleichbehandlungsgrundsatz zwischen Männern und Frauen gemäß Art. 3 Abs. 2 GG ist dann gegeben, wenn die nachteilige Ungleichbehandlung aus geschlechtsspezifischen Gründen und nicht wegen eines verständigen und zu billigenden Grundes erfolgt.[1300]

Nach dem (AGG) werden die genannten Kriterien ebenfalls geschützt. Hinzu kommen noch die weiteren Kriterien des Alters und der sexuellen Identität.[1301] Danach darf der Arbeitgeber einen Arbeitnehmer nicht ohne Rechtfertigung[1302] aus Gründen der Rasse oder wegen der ethnischen Herkunft, des Geschlechts, der Religion oder Weltanschauung, einer Behinderung, des Alters oder der sexuellen Identität benachteiligen. Der Arbeitgeber ist aber berechtigt, aus anderen Gründen Differenzierungen vorzunehmen.

Für Kündigungen sollen nach § 2 Abs. 4 AGG »ausschließlich die Bestimmungen zum allgemeinen und besonderen Kündigungsschutz« gelten. Damit erklärt der deutsche Gesetzgeber das AGG für unanwendbar auf Kündigungen. So klar diese Herausnahme von Kündigungen aus dem Diskriminierungsschutzrecht formuliert ist, so umstritten ist sie auch. Erfolgt die Kündigung jedoch unter Verstoß gegen §§ 1, 7 AGG, ist sie unwirksam nach § 134 BGB. So kann eine Kündigung auch in der Wartezeit wegen einer Diskriminierung unwirksam sein, wenn sie aufgrund einer Behinderung des Arbeitnehmers ausgesprochen wurde. Dies setzt voraus, dass der Arbeitgeber die Kündigung durch zumutbare Maßnahmen hätte vermeiden können.[1303]

In vielen Fällen wird die Rechtsfrage jedoch nicht entscheidungserheblich sein, denn in aller Regel ist eine nach dem AGG diskriminierende Kündigung schon nach anderen Gesetzen unwirksam. So wird für eine diskriminierende Kündigung grundsätzlich eher selten ein ausreichender Kündigungsgrund im Sinne des § 1 KSchG vorhanden sein. Selbst wenn das KSchG keine Anwendung findet, wird in den meisten Fällen eine nach dem AGG diskriminierende Kündigung an den Generalklauseln der §§ 138, 242 BGB

1299 BAG, Urteil v. 28.9.1972, 2 AZR 469/71.
1300 BAG, Urteil v. 30.11.1956, 1 AZR 260/55.
1301 Vgl. § 1 AGG.
1302 Gemäß §§ 5, 8, 9, 10 AGG.
1303 BAG, Urteil v. 19.12.2013, 6 AZR 190/12.

scheitern, so z. B. eine Kündigung wegen der Homosexualität eines Arbeitnehmers.[1304] Wegen Altersdiskriminierung wurde eine Kündigung in einem Kleinbetrieb für unwirksam gehalten. Der Arbeitgeber hatte die Kündigung mit Bezug auf die Pensionsberechtigung der Arbeitnehmerin ausgesprochen.[1305]

Problematisch sind allerdings die Fälle, in denen sowohl ein Kündigungsgrund nach dem KSchG vorliegt (z. B. wirksame betriebsbedingte Kündigung mit ordnungsgemäßer Sozialauswahl) als auch der Arbeitgeber gleichzeitig eine Diskriminierung begeht.

Beispiel: Kündigungsgrund + Diskriminierung

Nachdem nur noch eine Frau im Betrieb arbeitet und diese von den Sozialdaten mit dem einzig vergleichbaren Mann nahezu gleich steht, kündigt der Arbeitgeber bei Wegfall eines Arbeitsplatzes der Frau, weil er meint, Frauen gehörten »in die Küche«. Entsprechend äußert er sich auch im Betrieb. Wie diese Fälle letztlich zu beurteilen sind, wird die Rechtsprechung noch zu entscheiden haben.

Keine Vermutung für Diskriminierung entstehen lassen

Trotz vieler zurzeit noch ungeklärten Fragen im Zusammenhang mit der Anwendung des AGG sollten Arbeitgeber wegen der in § 22 AGG geregelten Beweislastumkehr in jedem Fall vermeiden, dass eine Vermutung (mehr als 50 % Wahrscheinlichkeit) entstehen kann, die Kündigung werde aus Gründen der Rasse oder wegen der ethnischen Herkunft, des Geschlechts, der Religion oder Weltanschauung, einer Behinderung, des Alters oder der sexuellen Identität[1306] ausgesprochen. Eine solche Vermutung wird entstehen, wenn z. B. ein Vorgesetzter[1307] im Zusammenhang mit der Kündigung etwa verlauten lässt: »Der Alte taugt nichts mehr« oder »sonst wird die noch schwanger«. Auch sollte nicht mit dem Hinweis auf die Pensionsberechtigung gekündigt werden.[1308] Hier sollte der Arbeitgeber darauf achten, dass insbesondere auf der mittleren Führungsebene das Bewusstsein geweckt wird, solche »flotten Sprüche« schon im Hinblick auf das Betriebsklima, aber auch zur Vermeidung rechtlicher Folgen zu unterlassen.

Alter bei Sozialauswahl berücksichtigen

Relevant geworden sind die Diskriminierungsvorschriften des AGG bereits bei der Frage, ob bei der Sozialauswahl im Rahmen einer betriebsbedingten Kündigung weiterhin das Alter des Arbeitnehmers berücksichtigt werden muss bzw. darf. Nach Ansicht des BAG ist das Alter unverändert mitzuberücksichtigen.[1309] Auch die Bildung von

1304 BAG, Urteil v. 23.6.1994, 2 AZR 617/93.
1305 BAG, Urteil v. 23.7.2015, 6 AZR 457/14.
1306 § 1 AGG.
1307 Sein Handeln wird grundsätzlich dem Arbeitgeber nach § 278 BGB zugerechnet.
1308 BAG, Urteil v. 23.7.2015, 6 AZR 457/14.
1309 BAG, Urteil v. 6.11.2008, 2 AZR 523/07; BAG, Urteil v. 5.11.2009, 2 AZR 676/08; BAG, Urteil v. 18.3.2010, 2 AZR 468/08.

Altersgruppen nach § 1 Abs. 3 Satz 2 KSchG ist weiterhin grundsätzlich zulässig und kann nach § 10 Sätze 1, 2 AGG gerechtfertigt sein.[1310]

82.3.5 Verstoß gegen die Meinungsfreiheit

Eine Kündigung kann gemäß § 134 BGB wegen der Verletzung des Grundrechts der Meinungsfreiheit des Arbeitnehmers aus Art. 5 Abs. 1 GG unwirksam sein. Dies spielt insbesondere bei (ggf. außerordentlichen) verhaltensbedingten Kündigungen eine Rolle, die der Arbeitgeber infolge von Äußerungen des Arbeitnehmers ausspricht. Die Meinungsfreiheit geht grundsätzlich sehr weit. Zur Abgrenzung zulässiger Meinungsäußerung von unzulässiger Schmähkritik ist eine Vielzahl von Entscheidungen ergangen.[1311] Aus der neueren Judikatur ist ein Fall zu erwähnen, in dem der Arbeitnehmer dem Arbeitgeber im Internet eine menschenverachtende Jagd auf Kranke vorwarf. Diese Aussage wurde als geschützt von der Meinungsfreiheit betrachtet. Die daraufhin ausgesprochene Kündigung wurde für rechtswidrig erachtet.[1312]

Der Arbeitnehmer darf sich auch außerhalb des Betriebs dann nicht auf sein Grundrecht der Meinungsfreiheit berufen, wenn er dabei die arbeitsvertraglichen Rücksichtspflichten überschreitet. Er muss vielmehr auf ein vom Standpunkt eines verständigen und ruhig denkenden Menschen begründetes und zu billigendes Interesse des Arbeitgebers Rücksicht nehmen.[1313] Die Meinungsfreiheit tritt jedoch dann in der Regel zurück, wenn sich das in der Äußerung enthaltene Werturteil als Formalbeleidigung oder Schmähkritik erweist.[1314]

82.3.6 Tarifliche oder vertragliche Beschränkung des Kündigungsrechts

Die Einschränkung bzw. der Ausschluss des ordentlichen Kündigungsrechts des Arbeitgebers über den gesetzlichen Kündigungsschutz hinaus durch einzelvertragliche oder kollektive Regelungen war bis zum Inkrafttreten des AGG am 18.8.2006[1315] rechtlich unproblematisch. In der Praxis sehen zulasten des Arbeitgebers viele Tarifverträge solche »Unkündbarkeitsregeln« ab einem bestimmten Lebensalter und einer bestimmten Betriebszugehörigkeit des Arbeitnehmers vor (sog. tarifvertraglicher Altersschutz).

Insbesondere die Anknüpfung an das Erreichen eines bestimmten Lebensalters ist aber wegen der Regelungen des AGG problematisch, weil es nach § 1 AGG Ziel des Ge-

1310 BAG, Urteil v. 6.11.2008, 2 AZR 523/07.
1311 Vgl. statt vieler BAG, Urteil v. 6.11.2003, 2 AZR 177/02; BAG, Urteil v. 17.2.2000, 2 AZR 927/98.
1312 LAG Baden-Württemberg, Urteil v. 10.2.2010, 2 Sa 59/09.
1313 BAG, Urteil v. 3.12.1954, 1 AZR 150/54.
1314 BAG, Urteil v. 29.8.2013, 2 AZR 419/12.
1315 BGBl. 2006 I S. 1897.

setzes ist, Benachteiligungen u.a. wegen des Alters zu verhindern. Mit einer an das Lebensalter anknüpfenden tarifvertraglichen ordentlichen Unkündbarkeit könnten jüngere Arbeitnehmer z.B. bei Ausspruch von betriebsbedingten Kündigungen benachteiligt werden, wenn sie anstelle des altersgeschützten Arbeitnehmers den Arbeitsplatz verlieren würden, obwohl die anderen Sozialkriterien bei der Sozialauswahl zu ihren Gunsten sprechen.

Problematisch sind insbesondere solche Vereinbarungen, die für das Zustandekommen einer ordentlichen Unkündbarkeit weit überproportional auf das Lebensalter und nicht bzw. weniger auf die Betriebszugehörigkeit abstellen. Sofern Unkündbarkeitsbestimmungen vor Gericht keinen Bestand haben, wird auch darüber zu entscheiden sein, ob die davon geschützten Arbeitnehmer ihre Unkündbarkeit wegen »Nichtigkeit« der Regelung verlieren und kündbar werden oder – was näher liegt, der Verstoß gegen das AGG dazu führt, dass dann auch die benachteiligten jüngeren Arbeitnehmer »gleich zu behandeln« sind und ihrerseits die Unkündbarkeit für sich in Anspruch nehmen können – dann könnte u. U. niemand gekündigt werden.

Nach der Entscheidung des EuGH zur Europarechtswidrigkeit des § 622 Abs. 2 Satz 2 BGB (Nichtberücksichtigung der Betriebszugehörigkeit vor Vollendung des 25. Lebensjahres für die Berechnung der Kündigungsfristen)[1316] ist kaum vorstellbar, dass der EuGH die vorbeschriebenen extrem altersabhängigen tariflichen Unkündbarkeitsregelungen für wirksam hält.

Auch der Möglichkeit, das ordentliche Kündigungsrecht des Arbeitnehmers einzelvertraglich oder kollektivrechtlich auszuschließen, werden Grenzen gesetzt. So gilt nach § 624 BGB bzw. § 15 Abs. 4 TzBfG für den zeitlichen Ausschluss des ordentlichen Kündigungsrechts des Arbeitnehmers eine Höchstgrenze von 5 Jahren. Ist das Arbeitsverhältnis für eine längere Zeit als 5 Jahre eingegangen, kann es vom Arbeitnehmer nach 5 Jahren gekündigt werden.[1317] Die Kündigungsfrist beträgt zwingend 6 Monate.

82.3.7 Besondere gesetzliche Kündigungsschutzbestimmungen

Bestimmte Personengruppen genießen kraft Gesetzes einen besonderen Kündigungsschutz. Dabei ist zu unterscheiden zwischen Personen, deren Arbeitsverhältnis nur mit Zustimmung eines Gremiums oder einer Behörde gekündigt werden kann und Personen, denen allein aus wichtigem Grund gekündigt werden darf.

1316 EuGH, Urteil v. 19.1.2010, C-555/07 Kücükdeveci.
1317 BAG, Urteil v. 19.12.1991, 2 AZR 363/91.

Das Arbeitsverhältnis eines schwerbehinderten Menschen kann gem. § 168 SGB IX nach 6-monatigem Bestand nur mit Zustimmung des Integrationsamts gekündigt werden.[1318] Dies gilt sowohl für die ordentliche als auch für die außerordentliche Kündigung.[1319] Ist ein Arbeitnehmer einem schwerbehinderten Menschen gleichgestellt, genießt er den gleichen Kündigungsschutz.[1320]

Kündigungen von Schwangeren und jungen Müttern (bis 4 Monate nach der Entbindung) bedürfen der Zustimmung der zuständigen Behörde[1321]; ebenso bei Arbeitnehmerinnen und Arbeitnehmern in der Elternzeit.[1322] In beiden Fällen werden Zustimmungen nur äußerst ausnahmsweise erteilt, wenn keine andere Beschäftigungsmöglichkeit mehr besteht. Das ist zumindest bei der völligen Betriebsschließung der Fall. Regelmäßig wird es dem Arbeitgeber zumutbar sein, den Mutterschutz/die Elternzeit abzuwarten und dann ggf. eine Kündigung auszusprechen, da während Mutterschutz und Elternzeit dem Arbeitgeber grundsätzlich keine Kosten entstehen.

Auch während einer Pflegezeit besteht nach § 5 PflegeZG besonderer Kündigungsschutz in Form einer notwendigen Zustimmung der zuständigen Behörde zur Kündigung. Neuerdings sind auch Arbeitnehmer, die eine Familienpflegezeit absolvieren, nach § 2 Abs. 3 FPfZG i. V. m. § 5 PflegeZG besonders kündigungsgeschützt. Auch hier ist die Zustimmung der zuständigen Behörde notwendig.

Etwas anders gelagert ist der Kündigungsschutz von betriebsverfassungsrechtlichen Amtsträgern (u. a. Betriebsratsmitglieder, Wahlvorstandsmitglieder, Wahlbewerber).[1323] Die Kündigung ist grundsätzlich nur aus wichtigem Grund i. S. d . § 626 BGB möglich und erfordert bei Betriebsratsmitgliedern zusätzlich die Zustimmung des Betriebsrats nach § 103 BetrVG. Allein bei Betriebsstilllegungen und Stilllegungen von Betriebsabteilungen ist eine ordentliche Kündigung ohne Zustimmung des Gremiums möglich, wobei bei der Abteilungsschließung andere Beschäftigungsmöglichkeiten vorrangig zu berücksichtigen sind.[1324]

Ohne Zustimmung einer Behörde oder eines Gremiums, allerdings nur aus wichtigem Grund, kann den folgenden Personengruppen gekündigt werden: Wehrdienstleisten-

1318 Nach § 173 Abs. 1 Nr. 1 SGB IX bedarf es der Zustimmung des Integrationsamts nur, wenn das Arbeitsverhältnis zum Zeitpunkt des Zugangs der Kündigungserklärung bereits länger als 6 Monate bestanden hat. Zuvor bedarf es nach § 173 Abs. 4 SGB IX nur der Anzeige an das Integrationsamt binnen 4 Tagen.

1319 § 168 SGB IX.

1320 § 151 Abs. 3 SGB IX.

1321 § 17 MuSchG.

1322 § 18 BEEG.

1323 § 15 Abs. 1-3a KSchG.

1324 § 15 Abs. 4, 5 BetrVG.

den/Wehrpflichtigen[1325], Abgeordneten des Deutschen Bundestags[1326], Datenschutzbeauftragten[1327], Immissionsschutzbeauftragten[1328], Abfallbeauftragten.[1329]

Wichtiger Grund kann zum einen eine schwere Pflichtverletzung des Arbeitnehmers sein, die es dem Arbeitgeber unzumutbar macht, den Arbeitnehmer weiterzubeschäftigen. Es können aber auch dringende betriebliche Gründe sein, z. B. die Stilllegung des gesamten Betriebs.

82.3.8 Kündigungsschutz bei Betriebsübergang

Geht ein Betrieb oder ein Betriebsteil durch Rechtsgeschäft auf einen anderen Inhaber über, so tritt dieser in die Rechte und Pflichten aus den im Zeitpunkt des Übergangs bestehenden Arbeitsverhältnissen ein.[1330]

Die Kündigung des Arbeitsverhältnisses eines Arbeitnehmers durch den bisherigen Arbeitgeber oder durch den neuen Inhaber wegen des Übergangs eines Betriebs- oder eines Betriebsteils ist unwirksam.[1331] Gemäß § 613a Abs. 4 Satz 2 BGB bleibt das Recht zur Kündigung des Arbeitsverhältnisses aus anderen Gründen aber hiervon unberührt. D. h., dass im Rahmen des § 613a Abs. 4 BGB stets zu prüfen ist, ob es neben dem Betriebsübergang als solchem einen sachlichen Grund gibt, der aus sich heraus die Kündigung zu rechtfertigen vermag, sodass der Betriebsübergang nur äußerlicher Anlass, nicht aber tragender Grund für die Kündigung gewesen ist. Zu diesen sachlichen Gründen gehört etwa auch die ernsthafte und endgültige Stilllegungsabsicht, wenn sie bereits greifbare Formen angenommen hat. Ein Betriebs(teil)übergang führt also nicht in jedem Fall zu einem absoluten Kündigungsverbot.

82.4 Kündigungsschutz durch Betriebsratsanhörung

Besteht in dem Betrieb ein Betriebsrat, ist der Betriebsrat vor Ausspruch der Kündigung nach § 102 Abs. 1 BetrVG anzuhören, selbst wenn es sich um einen Kleinbetrieb i. S. d. § 23 Abs. 1 KSchG handelt oder der Arbeitnehmer die Wartefrist des § 1 Abs. 1 KSchG noch nicht vollendet hat. Kündigungen ohne Anhörung des Betriebsrats sind unwirksam.[1332] Über die notwendige Einbindung des Betriebsrats wird somit indirekt

1325 § 2 ArbPlSchG.
1326 Art. 48 Abs. 2 GG, § 2 Abs. 3 AbgG.
1327 § 46 Abs. 4 BDSG.
1328 § 58 Abs. 2 BImSchG.
1329 § 55 Abs. 3 KrW-/AbfG.
1330 § 613a BGB.
1331 § 613a Abs. 4 Satz 1 BGB.
1332 § 102 Abs. 1 Satz 2 BetrVG.

noch ein Minimum an Kündigungsschutz verschafft. Auch wenn der Betriebsrat den Ausspruch der Kündigung nicht verhindern kann, ist eine nicht ordnungsgemäße Anhörung des Betriebsrats nicht selten der Grund für die Unwirksamkeit der Kündigung. Hier ist daher eine sorgfältige Vorbereitung der Betriebsratsanhörung angezeigt.

83 Kündigungsschutzverfahren: Ablauf und Darlegungs- und Beweislast

Autorin: Gabi Hanreich

Überblick

Die Unwirksamkeit einer Kündigung kann vom Arbeitnehmer vor dem Arbeitsgericht geltend gemacht werden. Für alle Kündigungsschutzklagen gilt eine einheitliche Klagefrist von 3 Wochen. Innerhalb einer Frist von 2 Wochen nach Klageerhebung soll das Arbeitsgericht eine Güteverhandlung ansetzen, in der allein der Vorsitzende Richter, d. h. ohne die beiden ehrenamtlichen Richter, die Aufgabe hat, eine gütliche Einigung der Parteien herbeizuführen. Kommt keine gütliche Einigung zustande, wird eine Kammerverhandlung anberaumt, nach der über die Wirksamkeit der Kündigung entschieden wird.

83.1 Die Klagefrist im Kündigungsschutzverfahren

Es gilt eine einheitliche Frist von 3 Wochen für die gerichtliche Geltendmachung der Rechtsunwirksamkeit einer Kündigung.[1333] Der Arbeitnehmer muss jede Unwirksamkeit einer Arbeitgeberkündigung innerhalb von 3 Wochen durch Klage beim Arbeitsgericht geltend machen.

Die 3-wöchige Klagefrist ist auch einzuhalten, wenn die ordentliche Kündigung gegen das Kündigungsverbot des § 15 Abs. 3 TzBfG verstößt, weil der befristete Vertrag weder die Möglichkeit vorsieht, das Arbeitsverhältnis ordentlich zu kündigen noch die Anwendbarkeit eines Tarifvertrags vereinbart ist, der ein solches Kündigungsrecht enthält.

Die 3-wöchige Frist gilt auch für Klagen gegen Kündigungen in Kleinbetrieben.

83.2 Die Güteverhandlung

Innerhalb einer Frist von 2 Wochen nach Klageerhebung soll das Arbeitsgericht eine Güteverhandlung ansetzen. In dieser Verhandlung versucht der Vorsitzende Richter den Sachverhalt mit den Parteien zu erörtern und eine gütliche Einigung herbeizuführen. Dabei weist er in der Regel auf die rechtlichen Risiken für Arbeitgeber und Arbeitnehmer hin, auch um die Vergleichsbereitschaft zu erhöhen. In der Güteverhandlung werden keine Anträge gestellt. Führt der Gütetermin zu keinem Vergleich, so kann der

1333 § 4 und § 7 KSchG.

Vorsitzende Richter einen weiteren Gütetermin anberaumen oder, wenn keine Einigung ersichtlich ist, einen Kammertermin festsetzen.

83.3 Der Kammertermin

In der Kammerverhandlung wird meist nochmals eine gütliche Einigung vom Vorsitzenden versucht. Falls wiederum keine einvernehmliche Lösung des Rechtsstreits zwischen den Parteien zustande kommt, entscheidet das Arbeitsgericht nach der Kammerverhandlung über die Klage.

Ist die Kündigung unwirksam, dem Arbeitnehmer die Fortsetzung des Arbeitsverhältnisses jedoch nicht zumutbar, muss das Gericht auf Antrag des Arbeitnehmers das Arbeitsverhältnis auflösen und den Arbeitgeber zur Zahlung einer angemessenen Abfindung verurteilen. Die gleiche Entscheidung hat das Gericht bei Unwirksamkeit der Kündigung auf Antrag des Arbeitgebers zu treffen, wenn Gründe vorliegen, die eine den Betriebszwecken dienliche weitere Zusammenarbeit zwischen Arbeitgeber und Arbeitnehmer nicht erwarten lassen.

Während der Dauer des Rechtsstreits bis zur rechtskräftigen Entscheidung können dem Arbeitnehmer Lohn- und Gehaltsansprüche auch nach Ablauf der Kündigungsfrist als sogenannter Verzugslohn entstehen. Daneben entsteht nach Obsiegen des Arbeitnehmers in der ersten Instanz für die Dauer des Rechtsmittelverfahrens grundsätzlich ein Anspruch auf Weiterbeschäftigung.

84 Kündigungsschutzverfahren: Auflösungsantrag

Autorin: Gabi Hanreich

Überblick

Der Auflösungsantrag ist eine Möglichkeit, das Arbeitsverhältnis im Rahmen eines Kündigungsschutzprozesses trotz einer unwirksamen Kündigung gegen Zahlung einer Abfindung zu beenden. Bei einer ordentlichen Kündigung können sowohl der Arbeitnehmer als auch der Arbeitgeber einen Auflösungsantrag stellen. Nach dem ausdrücklichen Wortlaut des Kündigungsschutzgesetzes (KSchG) hat bei einer außerordentlichen Kündigung hingegen nur der Arbeitnehmer diese Option.

84.1 Voraussetzungen eines Auflösungsantrags

Ist die Kündigung nicht sozial gerechtfertigt und lässt sich die Beendigung des Arbeitsverhältnisses durch eine gütliche Einigung auch im Rahmen eines Prozessvergleichs nicht erreichen, bleibt in geeigneten Fällen noch die Möglichkeit eines Auflösungsantrags.

Nach § 9 KSchG können Arbeitnehmer, Arbeitgeber oder beide den Antrag stellen, das Arbeitsverhältnis gegen Zahlung einer angemessenen Abfindung aufzulösen.

Der Antrag setzt nach § 9 Abs. 1 KSchG besondere Auflösungsgründe voraus. Auflösungsgründe für den Arbeitnehmer bestehen, wenn ihm die Fortsetzung des Arbeitsverhältnisses nicht zuzumuten ist. Auflösungsgründe für den Arbeitgeber liegen vor, wenn eine den Betriebszwecken dienliche weitere Zusammenarbeit nicht mehr zu erwarten ist. Der Antrag kann gemäß § 9 Abs. 1 Satz 3 KSchG bis zum Schluss der letzten mündlichen Verhandlung in der Berufungsinstanz gestellt werden. Während es für die Beurteilung der Kündigung selbst auf den Kündigungszeitpunkt ankommt, ist beim Auflösungsantrag eine Vorausschau anzustellen und zu fragen, ob in der Zukunft eine gedeihliche Zusammenarbeit zu erwarten ist.

Nach einer Änderungskündigung kann ein Auflösungsantrag nur gestellt werden, wenn der Arbeitnehmer das Änderungsangebot abgelehnt hat. Das Arbeitsgericht löst das Arbeitsverhältnis zu dem Zeitpunkt auf, zu dem es bei sozial gerechtfertigter Kündigung geendet hätte. Mit der Auflösungsentscheidung wird der Arbeitgeber zur Zahlung einer angemessenen Abfindung verurteilt.

84.2 Gleichzeitiger Auflösungsantrag von Arbeitnehmer und Arbeitgeber

Stellen beide Parteien einen Auflösungsantrag, wird nach allgemeiner Auffassung nicht mehr geprüft, ob die Anträge begründet sind. Man geht dann ohne weiteres davon aus, dass ein Auflösungsgrund besteht.

84.3 Angemessene Abfindung nach § 10 KSchG

Festsetzung der Abfindungshöhe durch das Arbeitsgericht

Die Auflösungsentscheidung trifft das Arbeitsgericht im Urteil. Das Arbeitsgericht setzt in der Auflösungsentscheidung die Höhe der Abfindung fest.

Das KSchG nennt in § 10 Abs. 1 und 2 nur die Höchstbeträge der Abfindung:

1. Bis zur Vollendung des 50. Lebensjahres: bis zu 12 Monatsverdienste.
2. Vom 51. bis zur Vollendung des 55. Lebensjahr und nach mindestens 15 Jahren Betriebszugehörigkeit: bis zu 15 Monatsverdienste.
3. Vom 56. Lebensjahr und nach mindestens 20 Jahren Betriebszugehörigkeit: bis zu 18 Monatsverdienste. Diese Heraufsetzung gilt nicht für Arbeitnehmer im Rentenalter.[1334]

Als Faustformel kann gelten, dass das Arbeitsgericht zwischen einem halben und einem ganzen Monatsverdienst pro Beschäftigungsjahr ansetzt. Kriterien hierfür sind insbesondere die Vertragsdauer, das Lebensalter und die zu erwartende Dauer der Arbeitslosigkeit, die wirtschaftliche Lage des Arbeitgebers, das Maß der Sozialwidrigkeit der Kündigung, ein verschuldeter Kündigungssachverhalt oder Auflösungsgrund, bei der fristlosen Kündigung ein durch den frühen Auflösungszeitpunkt entgangener Verdienst.

Beispiel: Einzelfall bei Abfindungshöhe berücksichtigen

Hat der Arbeitnehmer den Kündigungsgrund selbst herbeigeführt, z. B. durch unzutreffende Angaben in Arbeitszeitnachweisen und Unstimmigkeiten bei den Reisekosten, kann dies zu einer beträchtlichen Reduzierung des Abfindungsbetrags führen. Hat der Arbeitgeber den vermeintlichen Kündigungsgrund selbst herbeigeführt, wirken Kündigung und Auflösung als Kränkung des Arbeitnehmers fort und bringen ihn in wirtschaftliche Schwierigkeiten, kann eine höhere Abfindung als ein halber Monatsverdienst je Beschäftigungsjahr gerechtfertigt sein.

1334 § 10 Abs. 2 Satz 2 KSchG.

Berücksichtigung von Zuwendungen und Zusatzvergütung

Maßgeblich ist nach § 10 Abs. 3 KSchG der Monatsverdienst, der dem Arbeitnehmer an Geld und Sachbezügen in dem Monat zusteht, in dem das Arbeitsverhältnis endet. Auszugehen ist vom regelmäßigen Arbeitsverdienst. Zuwendungen sind anteilig (x/12) zu berücksichtigen, wenn sie als Zusatzvergütung ohne Gratifikationscharakter vereinbart sind. Ein zur Privatnutzung überlassener Dienstwagen ist mit dem geldwerten Vorteil in Ansatz zu bringen. Spesen werden nicht berücksichtigt.

85 Weiterbeschäftigungsanspruch

Autor: Christoph Tillmanns

Überblick

In der Praxis wird die Kündigungsschutzklage häufig mit einer Klage auf Weiterbeschäftigung verbunden. Der Anspruch des Arbeitnehmers auf tatsächliche Beschäftigung endet nämlich mit dem Zugang einer fristlosen Kündigung oder dem Ablauf der Kündigungsfrist. Daran ändert auch die Erhebung der Kündigungsschutzklage zunächst nichts. Ein Weiterbeschäftigungsanspruch für die Zeit eines laufenden Kündigungsschutzprozesses kann sich ergeben, wenn der Betriebsrat oder Personalrat einer Kündigung widersprochen hat. Bei erstinstanzlichem Obsiegen hat der Arbeitnehmer aus allgemeinen Grundsätzen einen Anspruch auf Weiterbeschäftigung, auch wenn der Kündigungsschutzprozess noch nicht beendet ist. Ohne Geltendmachung des Weiterbeschäftigungsanspruchs im Gerichtsverfahren hat der Arbeitnehmer jedoch auch bei erstinstanzlichem Obsiegen mit der Kündigungsschutzklage noch keinen durchsetzbaren Titel auf Beschäftigung.

85.1 Betriebsverfassungsrechtlicher Weiterbeschäftigungsanspruch

Das BetrVG regelt in § 102 Abs. 5 BetrVG (und entsprechend § 85 Abs. 2 BPersVG) unter bestimmten Voraussetzungen als Folge des Widerspruchs der Arbeitnehmervertretung gegen eine Kündigung einen Anspruch auf tatsächliche Beschäftigung schon während des Kündigungsschutzprozesses. Dieser Weiterbeschäftigungsanspruch stellt für den Arbeitnehmer hohe formale Anforderungen, führt aber zu frühzeitiger Weiterbeschäftigung unabhängig vom jeweiligen Ausgang des Kündigungsschutzprozesses im Instanzenzug bis zu dessen rechtskräftigem Abschluss. Der Gesetzgeber hat dem form- und fristgerechten Betriebsratswiderspruch insoweit einen hohen Stellenwert beigemessen, selbst wenn dieser materiell nicht begründet ist.

Nur bei offensichtlich unbegründetem Betriebsratswiderspruch kann der Arbeitgeber auf Antrag vom Arbeitsgericht von der Verpflichtung zur Weiterbeschäftigung entbunden werden.

Die Geltendmachung des Weiterbeschäftigungsanspruchs führt dazu, dass das Arbeitsverhältnis bis zur rechtskräftigen Entscheidung im Kündigungsschutzprozess zu unveränderten Bedingungen fortbesteht.

85.1.1 Voraussetzungen

Unter bestimmten Voraussetzungen kann der Arbeitnehmer einen Weiterbeschäftigungsanspruch gegenüber dem Arbeitgeber haben. Dies ist dann der Fall, wenn der Betriebsrat nach § 102 Abs. 5 BetrVG der Kündigung widersprochen hat.

Der Weiterbeschäftigungsanspruch besteht unter folgenden Voraussetzungen:
1. Es muss ordentlich gekündigt worden sein. Dem ist die außerordentliche Kündigung eines »unkündbaren« Arbeitnehmers mit Auslauffrist gleichgestellt. § 102 Abs. 5 BetrVG gilt ansonsten nicht für die außerordentliche Kündigung.
2. Es muss eine Kündigungsschutzklage erhoben worden sein.
3. Der Betriebsrat muss form- und fristgerecht widersprochen haben.
4. Der Arbeitnehmer muss die Weiterbeschäftigung verlangt haben.
5. Der Arbeitgeber darf nicht von der Weiterbeschäftigungspflicht entbunden worden sein.

85.1.2 Kündigungsschutz und Kündigungsschutz klage

Der betriebsverfassungsrechtliche Weiterbeschäftigungsanspruch setzt die rechtzeitige Klageerhebung innerhalb der 3-Wochenfrist des § 4 Satz 1 KSchG voraus.

Der Weiterbeschäftigungsanspruch nach § 102 Abs. 5 BetrVG besteht auch während der Wartefrist des § 1 Abs. 1 KSchG oder wenn der Arbeitnehmer die Klagefrist versäumt hat, die Kündigungsschutzklage aber nachträglich zugelassen wurde. Eine Feststellungsklage wegen sonstiger Unwirksamkeitsgründe i. S. v. § 13 Abs. 3 KSchG ist ebenfalls eine Klage nach dem KSchG und kann einen Weiterbeschäftigungsanspruch nach § 102 Abs. 5 BetrVG bei Vorliegen der sonstigen Voraussetzungen verschaffen.

In allen anderen Fällen kommt nur der allgemeine Weiterbeschäftigungsanspruch infrage.

85.1.3 Betriebsratswiderspruch

Der betriebsverfassungsrechtliche Weiterbeschäftigungsanspruch setzt nach § 102 Abs. 5 Satz 1 BetrVG einen form- und fristgerechten Betriebsratswiderspruch voraus. Der Betriebsrat muss der beabsichtigten Kündigung innerhalb der Wochenfrist des § 102 Abs. 2 BetrVG schriftlich widersprochen haben. Der Widerspruch muss einen Bezug zu den Kataloggründen des § 102 Abs. 3 Nrn. 1–5 BetrVG erkennen lassen und unter Angabe von Tatsachen konkretisiert werden, die es möglich erscheinen lassen, dass einer der in § 102 Abs. 3 Nrn. 1–5 BetrVG aufgeführten Gründe vorliegt. Andernfalls ist er unbeachtlich.

Danach kann der Betriebsrat widersprechen wegen:
1. Fehlern bei der Sozialauswahl bei einer betriebsbedingten Kündigung[1335],
2. Verstoßes gegen eine Auswahlrichtlinie,
3. anderweitiger Beschäftigungsmöglichkeit,
4. Weiterbeschäftigungsmöglichkeit nach Umschulungs- oder Fortbildungsmaßnahmen und
5. Weiterbeschäftigungsmöglichkeit unter geänderten Bedingungen.

Beispiel: Unbeachtlicher Betriebsratswiderspruch

- Der Betriebsrat bittet, wegen der langjährigen Betriebszugehörigkeit aus sozialen Gründen von der Kündigung abzusehen.
- Der Betriebsrat widerspricht einer krankheitsbedingten Kündigung mit der Begründung, soziale Gesichtspunkte bei der Auswahl des Arbeitnehmers seien nicht ausreichend berücksichtigt worden.

Ein Betriebsratswiderspruch kommt in erster Linie bei einer betriebsbedingten Kündigung in Betracht, ist aber für die Widerspruchsgründe Nrn. 3–5 auch bei personenbedingten, bei Nr. 3 auch bei verhaltensbedingten Kündigungen möglich.

Betriebsratswiderspruch ernst nehmen
Der Arbeitgeber sollte die vom Betriebsrat genannten Widerspruchsgründe sorgsam daraufhin überprüfen, ob er die beabsichtigte Kündigung wirklich aussprechen will. Durch die dem Arbeitnehmer gemäß § 102 Abs. 4 BetrVG zuzuleitende Stellungnahme wird diesem die Begründung für die Kündigungsschutzklage mit der Kündigung gleich mitgeliefert. Im Kündigungsschutzprozess nimmt das Gericht einen Widerspruch regelmäßig zur Kenntnis und zum Anlass, ggf. kritische Fragen zu stellen.

85.1.4 Beschäftigungsverlangen

Der betriebsverfassungsrechtliche Weiterbeschäftigungsanspruch setzt voraus, dass der Arbeitnehmer seine Weiterbeschäftigung verlangt. Dies kann formfrei erfolgen. Die bloße Erhebung einer Kündigungsschutzklage ist noch kein Weiterbeschäftigungsverlangen.

1335 § 1 Abs. 3 KSchG.

Der Arbeitgeber hat zwar ein großes Interesse daran, bald zu erfahren, ob er den Arbeitnehmer weiterzubeschäftigen hat. Eine konkrete Frist für das Beschäftigungsverlangen sieht § 102 Abs. 5 BetrVG jedoch nicht vor.

Ob das Beschäftigungsverlangen deshalb ohne Einhaltung einer bestimmten Frist gestellt werden kann, ist aber umstritten. In neueren Entscheidungen wird vertreten, dass jedenfalls am ersten Tag nach Ende der Kündigungsfrist das Weiterbeschäftigungsverlangen gestellt worden sein muss. Das ergibt sich aus dem Begriff der »Weiterbeschäftigung«, die einen nahtlosen Anschluss an den Ablauf der Kündigungsfrist voraussetzt.[1336]

Mit dem Weiterbeschäftigungsverlangen ist der Arbeitnehmer, wenn die Voraussetzungen für den Weiterbeschäftigungsanspruch vorliegen, zur Arbeitsleistung verpflichtet, der Arbeitgeber zur Beschäftigung des Arbeitnehmers.

85.1.5 Durchsetzung des Weiterbeschäftigungsanspruchs

Die Verbindung der Kündigungsschutzklage mit einer Klage auf Weiterbeschäftigung kommt in der Praxis häufig vor. Die Weiterbeschäftigungsklage ist eine ohne weiteres zulässige sog. Leistungsklage. Nach Ablauf der Kündigungsfrist kann der betriebsverfassungsrechtliche Weiterbeschäftigungsanspruch auch im Wege der einstweiligen Verfügung durchgesetzt werden. Anders als bei dem sog. allgemeinen Weiterbeschäftigungsanspruch kommt es hierbei auf das Vorliegen einer offensichtlich unwirksamen Kündigung oder das Obsiegen im Kündigungsschutzprozess nicht an. Nach allgemeiner Auffassung bedarf es für die einstweilige Verfügung auch nicht des Vorliegens eines Eilgrundes.[1337] Grund: Der Arbeitgeber kann auch den Entbindungsantrag ohne Eilgrund durch einstweilige Verfügung geltend machen.

85.1.6 Entbindungsantrag des Arbeitgebers

Das BetrVG regelt in § 102 Abs. 5 unter bestimmten Voraussetzungen als Folge des Betriebsratswiderspruchs einen Anspruch auf tatsächliche Beschäftigung schon während des Kündigungsschutzprozesses. Nach § 102 Abs. 5 Satz 2 BetrVG kann der Arbeitgeber sich auf Antrag durch das Arbeitsgericht im Wege der einstweiligen Verfügung von der Beschäftigungspflicht entbinden lassen.

1336 BAG, Urteil v. 11.5.2000, 2 AZR 54/99.
1337 LAG Hamm, Urteil v. 24.1.1994, 19 Sa 2029/93.

Voraussetzung ist nach dieser Vorschrift, dass

1. die Kündigungsschutzklage keine hinreichende Aussicht auf Erfolg bietet oder mutwillig erscheint oder
2. die Weiterbeschäftigung zu einer unzumutbaren wirtschaftlichen Belastung des Arbeitgebers führen würde oder
3. der Betriebsratswiderspruch offensichtlich unbegründet war.

Der Antrag ist im Urteilsverfahren zu stellen. Ein besonderer Eilgrund muss für diesen Antrag anders als sonst bei einstweiligen Verfügungen nicht dargelegt werden. Der Arbeitgeber kann ausschließlich durch eine von ihm erwirkte einstweilige Verfügung von der Weiterbeschäftigungspflicht entbunden werden.[1338] Es ist nicht möglich, das Recht zur Entbindung von der Weiterbeschäftigungspflicht lediglich als Einwendung im von dem Arbeitnehmer angestrengten Verfahren geltend zu machen.

85.2 Allgemeiner Weiterbeschäftigungsanspruch nach den Grundsätzen des Großen Senats

Neben dem gesetzlichen Weiterbeschäftigungsanspruch nach § 102 Abs. 5 BetrVG gibt es den sog. allgemeinen Weiterbeschäftigungsanspruch. Dieser beruht auf richterlicher Rechtsfortbildung.

Der Große Senat des BAG maß mit seinem grundlegenden Beschluss vom 27.2.1985 den ideellen Beschäftigungsinteressen des Arbeitnehmers einen verfassungsrechtlichen Rang bei. Angesichts der in Art. 1 GG und Art. 2 GG getroffenen Wertentscheidungen sah er in deren Nichtberücksichtigung im Dienstvertragsrecht des BGB eine Regelungslücke.[1339] Diese schloss er im Wege ergänzender richterlicher Rechtsfortbildung durch Anerkennung des (Weiter-)Beschäftigungsanspruchs. Rechtsgrundlage sind § 611 BGB, § 242 BGB, Art. 1 GG und Art. 2 GG.

Ob im Einzelfall die Interessen des Arbeitgebers, den gekündigten Arbeitnehmer nicht wieder im Betrieb zu haben, oder die Interessen des Arbeitnehmers, während des monate- oder jahrelangen Kündigungsrechtsstreits den Bezug zu seiner Arbeit und den Kontakt zu seiner Arbeitsstelle nicht zu verlieren, überwiegen, ist Frage einer Interessenabwägung.

1338 LAG Hamm, Urteil v. 24.1.1994, 19 Sa 2029/93.
1339 BAG, Beschluss v. 27.2.1985, GS 1/84.

85.2.1 Voraussetzungen

Der Weiterbeschäftigungsanspruch stellt nach den Grundsätzen des Großen Senates geringe formale, jedoch hohe materielle Anforderungen:

1. Die Beschäftigungsinteressen des Arbeitnehmers überwiegen. Das ist anzunehmen bei offensichtlich unwirksamer Kündigung oder bei erstinstanzlichem Obsiegen des Arbeitnehmers im Kündigungsschutzprozess (der in der Praxis relevante Fall).
2. Es dürfen keine höherrangigen Gegengründe des Arbeitgebers bestehen.

Ein Auflösungsantrag schafft eine zusätzliche Ungewissheit über den Fortbestand des Arbeitsverhältnisses und begründet ein schutzwertes Interesse des Arbeitgebers an der Nichtbeschäftigung.[1340] Wird neben dem Kündigungsschutzantrag die Weiterbeschäftigung und Auflösung begehrt, ist die Weiterbeschäftigungsklage deshalb nicht schlüssig.

85.2.2 Auswirkungen von Folgekündigungen

Wird die Folgekündigung vor der arbeitsgerichtlichen Entscheidung über die frühere Kündigung ausgesprochen, muss das Arbeitsgericht sie bei der Interessenabwägung berücksichtigen. Es überwiegen durch die Folgekündigung wieder die Interessen des Arbeitgebers an der Nichtbeschäftigung. Die Weiterbeschäftigungsklage wird abgewiesen. Voraussetzung ist jedoch, dass die Folgekündigung nicht offensichtlich unwirksam ist oder lediglich auf dieselben Gründe gestützt wird.[1341] Die Folgekündigung ist demnach nur zu berücksichtigen, wenn sie auf einen neuen Lebenssachverhalt gestützt wird. Es muss zumindest möglich sein, dass die erneute Kündigung wirksam ist.[1342]

85.2.3 Durchsetzung, Zwangsvollstreckung und Abwehr des Anspruchs

Die Verbindung der Kündigungsschutzklage mit einer Klage auf Weiterbeschäftigung kommt in der Praxis häufig vor. Die Ursache liegt darin, dass der Anspruch des Arbeitnehmers auf tatsächliche Beschäftigung mit dem Zugang einer fristlosen Kündigung oder dem Ablauf der Kündigungsfrist endet. Daran ändert auch die Erhebung der Kündigungsschutzklage zunächst nichts. Auch bei erstinstanzlichem Obsiegen mit der Kündigungsschutzklage hat der Arbeitnehmer noch keinen durchsetzbaren Titel auf

---

1340 BAG, Urteil v. 16.11.1995, 8 AZR 864/93.
1341 Trotzkündigung, BAG, Urteil v. 26.8.1993, 2 AZR 159/93.
1342 BAG, Urteil v. 19.12.1985, 2 AZR 190/85.

Beschäftigung. Die Weiterbeschäftigung wird dabei oft nur für den Fall des Obsiegens mit der Kündigungsschutzklage eingeklagt.

Der allgemeine Weiterbeschäftigungsanspruch kann auch im Wege der einstweiligen Verfügung durchgesetzt werden. Anders als im Eilverfahren um den betriebsverfassungsrechtlichen Weiterbeschäftigungsanspruch muss der Arbeitnehmer jedoch glaubhaft machen, dass die Kündigung offensichtlich unwirksam oder ein Obsiegen mit der Kündigungsschutzklage wahrscheinlich ist. Außerdem muss er einen Eilgrund glaubhaft machen. Es muss deutlich werden, dass für den Fall der Nichtbeschäftigung Nachteile drohen.

Beispiel: Nachteile für den Fall der Nichtbeschäftigung

Unterbrechung einer Ausbildung, Verlust des Anschlusses an ein Entwicklungsprojekt, Verlust der Kundenbeziehungen bei einem Außendienstmitarbeiter usw.

Arbeitsgerichtliche Urteile sind gemäß § 62 Abs. 1 Satz 1 ArbGG vorläufig vollstreckbar. Wird nach einem Beschäftigungsurteil nicht weiterbeschäftigt, drohen Zwangsgeld oder Zwangshaft nach § 888 ZPO.

85.3 Rückabwicklung des Beschäftigungsverhältnisses

Mit rechtskräftigem Obsiegen des Arbeitnehmers im Kündigungsrechtsstreit steht fest, dass das Arbeitsverhältnis rechtlich ununterbrochen und unverändert fortbestanden hat. Wurde er zwischenzeitlich weiterbeschäftigt, geschah das rückblickend durchgängig auf der Grundlage des Arbeitsvertrags.

Wird die Kündigungsschutzklage rechtskräftig abgewiesen, steht fest, dass das Arbeitsverhältnis mit Zugang der außerordentlichen Kündigung oder Ablauf der Kündigungsfrist endete. Für die Weiterbeschäftigung gab es also keine vertragliche Grundlage. Wie ist zu verfahren, wenn der Arbeitnehmer für die Zeit der Weiterbeschäftigung noch Restlohn, Resturlaubsansprüche, Entgeltfortzahlung im Krankheitsfall oder Gratifikationsansprüche geltend macht?

Es kommt hierbei auf die Grundlage der Weiterbeschäftigung an:

1. Wird aufgrund des **betriebsverfassungsrechtlichen** Weiterbeschäftigungsanspruchs vorläufig weiterbeschäftigt, entsteht ein durch die rechtskräftige Abweisung der Kündigungsschutzklage auflösend bedingtes gesetzliches Beschäftigungsverhältnis. Dieses ist gegenseitig zu erfüllen wie das gekündigte Arbeitsverhältnis. Das Arbeitsverhältnis wird quasi »verlängert« bis zum Abschluss des Kündigungsschutzprozesses. Eine Rückabwicklung findet nicht statt. Offenstehende Ansprüche auf Lohn oder Gehalt, Urlaub, Entgeltfortzahlung und – je nach Vereinbarung – anteilige Gratifikation sind vollständig zu erfüllen.

2. Wurde aufgrund vereinbarter Prozessbeschäftigung weitergearbeitet, gab es für die Weiterbeschäftigung eine vertragliche Grundlage. Die Ansprüche sind vollständig zu erfüllen wie unter 1.
3. War Grundlage der Weiterbeschäftigung der allgemeine Weiterbeschäftigungsanspruch, gab es für die mit dem Beschäftigungsurteil erzwungene Beschäftigung weder eine vertragliche noch eine gesetzliche Grundlage. Der Arbeitgeber hat für die geleistete Arbeit gemäß § 812 Abs. 1 Satz 1 BGB und § 818 Abs. 2 BGB lediglich objektiven Wertersatz zu leisten.[1343] Die Grundsätze des sog. faktischen Arbeitsverhältnisses sollen nicht gelten.

85.4 Freistellung des Arbeitnehmers für die Dauer der Kündigungsfrist

Der allgemeine Weiterbeschäftigungsanspruch des Arbeitnehmers, gerichtet auf seine tatsächliche Beschäftigung, besteht auch für die Dauer der Kündigungsfrist.

Ein einseitiger Verzicht des Arbeitgebers auf die Arbeitsleistung ist im Gesetz nicht vorgesehen. Darum ist eine einseitige Suspendierung des Arbeitnehmers im bestehenden Arbeitsverhältnis ohne vertragliche Vereinbarung nur zulässig, wenn der Beschäftigung überwiegende schutzwerte Interessen des Arbeitgebers entgegenstehen.[1344]

Der Arbeitgeber kann den Arbeitnehmer daher nur ausnahmsweise – unter Fortzahlung der Vergütung – freistellen, wenn sich der Arbeitgeber auf überwiegende und schutzwürdige Interessen berufen kann.

Gründe für die Freistellung des Arbeitnehmers während der Kündigungsfrist sind insbesondere der dringende Verdacht von Vermögensschädigungen, Konkurrenzgesichtspunkte oder die konkrete, durch Tatsachen erhärtete Gefahr der Verletzung von Geschäftsgeheimnissen.

Erst recht wird eine Suspendierung – eine Freistellung ohne Vergütungszahlung – nur in krassen Ausnahmefällen in Betracht kommen.

Einvernehmliche Freistellung möglich
Arbeitgeber und Arbeitnehmer können sich aber einvernehmlich darauf einigen, dass der Arbeitnehmer während der Kündigungsfrist widerruflich oder unwiderruflich freigestellt wird.

1343 BAG, Urteil v. 10.3.1987, 8 AZR 146/84; BAG, Urteil v. 1.3.1990, 6 AZR 649/88.
1344 BAG, Urteil v. 17.12.2015, 6 AZR 186/14.

86 Wiedereinstellungsanspruch nach wirksamer Kündigung

Autor: Christoph Tillmanns

Überblick

Unter bestimmten Voraussetzungen hat ein Arbeitnehmer trotz einer zum Zeitpunkt des Zugangs rechtmäßigen Kündigung einen Anspruch vom Arbeitgeber wieder eingestellt zu werden, wenn der Kündigungsgrund nachträglich noch in der Kündigungsfrist wieder entfallen ist.

86.1 Voraussetzungen

Das BAG bejaht den Wiedereinstellungsanspruch nach wirksamer Kündigung. Der Arbeitnehmer hat jedenfalls dann einen Anspruch auf Fortsetzung des Arbeitsverhältnisses,

- wenn die Kündigung auf einer Prognose beruht, z. B. Stilllegungsabsicht, und
- diese Prognose sich noch während des Laufs der Kündigungsfrist als falsch erweist, z. B. weil es noch zu einem Betriebsübergang kommt, und
- wenn der Arbeitgeber mit Rücksicht auf die Wirksamkeit der Kündigung noch keine Dispositionen getroffen hat und
- ihm die unveränderte Fortsetzung des Arbeitsverhältnisses zumutbar ist.[1345]

Ein Wiedereinstellungsanspruch besteht auch dann, wenn ein Abfindungsvergleich geschlossen worden ist und der Arbeitgeber sich noch während des Verlaufs der Kündigungsfrist dazu entschließt, den Betrieb teilweise fortzuführen. Er gilt nicht im Kleinbetrieb, selbst wenn dieser entgegen ursprünglicher Planung doch nicht stillgelegt wird.[1346]

Der Wiedereinstellungsanspruch ist der Sache nach ein Anspruch auf Neuabschluss eines Arbeitsvertrags unter Übernahme des bisherigen Besitzstands.

Weiterbeschäftigung prüfen

Jedenfalls dann, wenn der Kündigungsgrund noch innerhalb der Kündigungsfrist wegfällt, ist vor einer Neueinstellung die Weiterbeschäftigung des gekündigten Arbeitnehmers zu prüfen. Die Dispositionsfreiheit des Arbeitgebers besteht nur solange, wie er vom Wegfall des Kündigungsgrundes nichts weiß.

1345 BAG, Urteil v. 27.2.1997, 2 AZR 160/96.

1346 BAG, Urteil v. 19.10.2017, 8 AZR 845/15.

Wirksame Kündigung

Der Wiedereinstellungsanspruch setzt eine wirksame Kündigung voraus. Dabei macht es keinen Unterschied, ob die Kündigung vom Arbeitsgericht rechtskräftig für wirksam erachtet, gar nicht erst angegriffen oder ein Abfindungsvergleich abgeschlossen worden ist. Voraussetzungen für den Wiedereinstellungsanspruch sind:

1. Die Kündigung ist wirksam (geworden).
2. Der Kündigungsgrund ist nachträglich weggefallen. Die Prognosegrundlage für die Kündigung muss sich nachträglich geändert haben. Der Wiedereinstellungsanspruch dient nicht dazu, eine nachlässige Prozessführung zu heilen.
3. Der Arbeitgeber darf vor Kenntnis der Wiedereinstellungstatsachen nicht berechtigt disponiert haben.

Ein Wiedereinstellungsanspruch ist möglich nach einer Verdachtskündigung, einer personenbedingten Kündigung oder einer betriebsbedingten Kündigung.

Kündigungsgrund fällt nachträglich weg

Der Anspruch auf Wiedereinstellung kommt nur dann zur Anwendung, wenn sich der Kündigungssachverhalt nachträglich geändert hat. Er wird als Kehrseite des Prognoseprinzips für die Beurteilung der Kündigung angesehen. Der Arbeitgeber kündigt häufig aufgrund einer Prognose. Eine betriebsbedingte Kündigung ist bereits dann sozial gerechtfertigt, wenn der Kündigungsgrund zum Zeitpunkt des Kündigungszugangs greifbare Formen angenommen hat. Eine krankheitsbedingte Kündigung setzt eine negative Gesundheitsprognose voraus. Für eine Verdachtskündigung reicht ein dringender Tatverdacht. Ändert sich nachträglich die Prognosegrundlage, berührt dies die Wirksamkeit der Kündigung nicht. Als Kompensation für dieses vom Arbeitnehmer zu tragende Prognoserisiko hat die Rechtsprechung auf der Grundlage von Treu und Glauben den Wiedereinstellungsanspruch anerkannt. Demgegenüber dient der Wiedereinstellungsanspruch nicht der Korrektur von Fehlurteilen, selbst wenn ein Verstoß gegen Art. 8 EMRK vorliegt.[1347]

86.2 Durchsetzung des Wiedereinstellungsanspruchs

Die Geltendmachung des Wiedereinstellungsanspruchs ist fristgebunden. Eine Ungewissheit über das Zustandekommen eines Arbeitsvertrags muss, soweit möglich, vermieden werden. Deshalb ist der Wiedereinstellungsantrag analog § 613 a Abs. 6 BGB und dem in § 2 Satz 2 und § 4 KSchG enthaltenen Beschleunigungsgrundsatz innerhalb eines Monats nach Kenntniserlangung der entscheidenden Tatsachen geltend zu machen.[1348] Wurde der Arbeitnehmer nicht ausreichend informiert – was nach über-

1347 § 242 BGB; BAG, Urteil v. 20.10.2015, 9 AZR 743/14.
1348 BAG, Urteil v. 21.8.2008, 8 AZR 201/07.

wiegender Auffassung grundsätzlich Sache des Arbeitgebers ist – oder reagiert ein Arbeitgeber auf einen Antrag des Arbeitnehmers nicht, kann ein Wiedereinstellungsanspruch nach allgemeinen Grundsätzen verwirken. Dazu gehört aber nicht nur ein Zeit-, sondern auch ein Umstandsmoment. Letzteres setzt ein besonderes Vertrauen des Arbeitgebers voraus, nicht mehr in Anspruch genommen zu werden.[1349]

Der Wiedereinstellungsanspruch kann eingeklagt werden. Nach überwiegender Ansicht muss dies innerhalb von 3 Wochen nach Ablehnung des Wiedereinstellungsanspruchs durch den Arbeitgeber geschehen.

Die Klage ist allerdings nicht auf »Wiedereinstellung« zu richten. Streitgegenstand ist die Wiederbegründung eines Arbeitsverhältnisses. Zu klagen ist auf Abgabe einer Willenserklärung (§ 894 ZPO). Ersetzt werden soll das Angebot des Arbeitgebers auf Abschluss eines neuen Arbeitsvertrags. Da die Bedingungen meist denen des ursprünglichen Arbeitsvertrags entsprechen sollen, kann auch auf Annahme eines entsprechenden Angebots des Arbeitnehmers geklagt werden. Nach § 311 BGB kann der Arbeitgeber auch zur Abgabe einer Willenserklärung (Angebotsannahme) verurteilt werden, die auf einen vergangenen Zeitpunkt gerichtet ist.[1350] Der Zeitpunkt kann aber nicht vor der Abgabe des Angebots liegen.

Nicht begründet wäre eine Klage auf Weiterbeschäftigung. Grundlage für den Beschäftigungsanspruch ist das durch die Wiedereinstellungsklage erst noch zu begründende Arbeitsverhältnis.

Der Arbeitnehmer hat die Darlegungs- und Beweislast für die Voraussetzungen des Anspruchs. Er muss Tatsachen vortragen, aus denen sich eine Veränderung der tatsächlichen Umstände (z. B. Betriebsfortführung bzw. -übergang) ergibt. Es reicht nicht aus, einfach nur die Prognoseentscheidung des Arbeitgebers zu bestreiten. Er braucht aber nur greifbare Anhaltspunkte vortragen, da die Veränderung der Verhältnisse in der Sphäre des Arbeitgebers liegt. Der muss sich auf schlüssigen Vortrag substanziiert erklären und beweisen, (umgekehrt abgestufte Darlegungs- und Beweislast), dass die Entscheidungslage sich nicht verändert hat oder warum dennoch eine Wiedereinstellung nicht in Betracht kommt.

Es empfiehlt sich, auf tarifvertragliche Regelungen zu achten. In vielen Branchen bestehen tarifvertraglich geregelte Wiedereinstellungsansprüche.

1349 BAG, Urteil v. 27.1.2011, 8 AZR 326/09.
1350 BAG, Urteil v. 9.2.2011, 7 AZR 91/10.

Teil 5: Kollektives Arbeitsrecht

87 Betriebsrat: Allgemeines, Amtszeit und Geschäftsführung

Autor: Michael Korinth

Überblick

Der Betriebsrat ist Organ der Betriebsverfassung. Amtszeit und Geschäftsführung der Betriebsräte auf Betriebsebene sind in den §§ 21–41 BetrVG geregelt. Aufgaben und Rechte der Betriebsräte finden sich nicht nur im Betriebsverfassungsgesetz (BetrVG), sondern auch in zahlreichen weiteren Vorschriften. Die im Zusammenhang mit der Erfüllung dieser Aufgaben anfallenden notwendigen Kosten hat der Arbeitgeber zu tragen.

87.1 Grundsätze

87.1.1 Geltungsbereich des Betriebsverfassungsgesetzes

Das Bestehen eines Betriebs und das Vorhandensein einer Belegschaft sind Voraussetzungen für die Errichtung eines Betriebsrats.[1351]

Betriebsbegriff
Der Begriff des Betriebs wird im BetrVG nicht definiert, sondern vorausgesetzt. Unter Betrieb versteht man die organisatorische Einheit, innerhalb derer ein Unternehmer allein oder in Gemeinschaft mit seinen Mitarbeitern (der sog. Betriebsbelegschaft) mithilfe von sachlichen und immateriellen Mitteln bestimmte arbeitstechnische Zwecke fortgesetzt verfolgt.[1352] Entscheidend ist die Einheit der Organisation, nicht so sehr die Einheit der arbeitstechnischen Zweckbestimmung.[1353]

Unternehmen ist die organisatorische Einheit, mit der der Unternehmer in der Regel wirtschaftliche Ziele (vor allem Gewinn und Erringung von Marktanteilen) oder (selten) ideelle Zwecke verfolgt.[1354] Für das Unternehmen ist die Einheit des Rechtsträgers wesentliches Erfordernis. Eine Kapitalgesellschaft oder Personengesellschaft kann nur ein Unternehmen darstellen.[1355]

1351 § 1 BetrVG.
1352 BAG, Beschluss v. 9.12.2009, 7 ABR 38/08.
1353 BAG, Beschluss v. 27.6.1995, 1 ABR 62/94.
1354 BAG, Urteil v. 5.3.1987, 2 AZR 623/85.
1355 BAG, Urteil v. 13.6.1985, 2 AZR 452/84.

Gemeinsamer Betrieb, Betriebsteile, Nebenbetriebe
Zwei oder mehrere Unternehmen können einen gemeinsamen Betrieb bilden.

Nach § 1 Abs. 2 BetrVG besteht eine gesetzliche Vermutung für das Bestehen eines Gemeinschaftsbetriebs, wenn
1. zur Verfolgung arbeitstechnischer Zwecke die Betriebsmittel sowie die Arbeitnehmer von den Unternehmen gemeinsam eingesetzt werden oder
2. die Spaltung eines Unternehmens zur Folge hat, dass von einem Betrieb ein oder mehrere Betriebsteile einem an der Spaltung beteiligten anderen Unternehmen zugeordnet werden, ohne dass sich dabei die Organisation des betroffenen Betriebs wesentlich ändert. Die gesetzliche Vermutung ist widerlegbar. Streitig ist, was zur Widerlegung vorgebracht werden muss. Ausreichend ist der Nachweis getrennt arbeitender personeller Leitungsapparate.

Betriebsteile sind auf den Zweck des Hauptbetriebs ausgerichtete und in dessen Organisation eingegliederte, aber räumlich und/oder organisatorisch abgrenzbare Teile von Betrieben.[1356]

Beispiel: Betriebsteile

Druckerei eines Zeitungsbetriebs, Lackiererei einer Automobilfabrik, Auslieferungslager eines Kaufhauses. Auch zentral gelenkte Filialen, insbesondere im Lebensmitteleinzelhandel und im Bankgewerbe, sind auf örtlicher Ebene häufig nur Teile eines einheitlichen Betriebs, wenn sie auch nicht verschiedene, sondern parallele arbeitstechnische Zwecke verfolgen.

Betriebsteile gelten nach § 4 Abs. 1 Satz 1 BetrVG als selbstständige Betriebe im Sinne der Betriebsverfassung, wenn sie
1. die Mindestzahl wahlberechtigter und wählbarer Arbeitnehmer i. S. d. § 1 BetrVG erreichen und entweder
2. räumlich weit vom Hauptbetrieb entfernt liegen oder
3. durch Aufgabenbereich und Organisation relativ eigenständig sind.

Die weite Entfernung wird nicht absolut in Kilometern gemessen. Entscheidend sind insbesondere die Verkehrsmöglichkeiten. Maßstab ist, ob trotz der weiten Entfernung vom Hauptbetrieb noch eine erfolgreiche Interessenvertretung durch einen gemeinsamen Betriebsrat und dessen vertrauensvolle Zusammenarbeit mit dem Arbeitgeber erwartet werden kann.[1357] Es kommt dabei auf die Entfernung der Filiale vom Hauptbetrieb an und nicht auf die Entfernung vom Betriebsratsbüro. Unerheblich ist auch die Möglichkeit der Kommunikation mittels elektronischer Medien.

1356 BAG, Urteil v. 27.1.2011, 8 AZR 326/09.
1357 BAG, Beschluss v. 28.4.2021, 7 ABR 10/20.

Hierzu hat der 7. Senat des BAG folgendes entschieden: »Die Erreichbarkeit des im Hauptbetrieb bestehenden Betriebsrats per Post, Telefon oder moderner Kommunikationsmittel ist für die Beurteilung der Frage, ob Filialen räumlich weit vom Hauptbetrieb entfernt sind, unerheblich, da § 4 Abs. 1 Satz 1 Nr. 1 BetrVG allein auf die räumliche Entfernung abstellt. Dadurch wird eine jederzeitige persönliche Erreichbarkeit des Betriebsrats für die Arbeitnehmer und der Arbeitnehmer für den Betriebsrat gewährleistet. Für die jederzeitige Erreichbarkeit ist nicht auf die ungünstigste Verkehrssituation, sondern auf die regelmäßigen Verkehrsverhältnisse abzustellen.«[1358]

Beispiel: Räumliche Entfernung eines Betriebsteils

2 Betriebsstätten in 22 Kilometer Entfernung voneinander gelten nicht als räumlich zu weit entfernt, wenn das Straßennetz gut ausgebaut ist.[1359] Ebenso auch noch bei 40 Kilometer Entfernung und guten Straßen- und Bahnverbindungen. Dagegen wurde bei einer Entfernung von 60 Kilometern zwischen dem Hauptbetrieb und dem Betriebsteil und einer Mindestfahrzeit von einer Stunde eine zu große Entfernung gesehen.

Nebenbetrieb

Als Nebenbetriebe werden Betriebe bezeichnet, die von ihrer Organisation her selbstständig und nach ihrer Aufgabenstellung auf Hilfsfunktionen für einen Hauptbetrieb ausgerichtet sind, um den dort erstrebten Betriebszweck zu unterstützen, z. B. die Karosseriefabrik für ein Automobilwerk.

Zweigstelle/Filiale

Zweigstellen/Filialen können je nach ihrer Organisation selbstständige Betriebe, bloße Betriebsteile oder Nebenbetriebe sein. Für Nebenbetriebe sind grundsätzlich eigene Betriebsräte zu bilden, und zwar unabhängig von der räumlichen Entfernung zum Hauptbetrieb.

87.1.2 Betriebsratsfähigkeit eines Betriebs

Das BetrVG gilt nur innerhalb der Grenzen Deutschlands.[1360] Nach dem Territorialitätsprinzip gilt die Betriebsverfassung nur im Inland, umfasst dabei aber auch inländische Betriebe ausländischer Unternehmen, auch wenn diese nur ausländische Mitarbeiter haben, mit denen die Geltung ausländischen Arbeitsrechts vereinbart wurde. Das BetrVG ist nicht anzuwenden auf im Ausland gelegene Betriebe deutscher Unternehmen.[1361] Jedoch strahlt die Betriebsverfassung teilweise auch auf das Ausland aus,

1358 BAG, Beschluss v. 17.5.2017, 7 ABR 21/15.
1359 BAG, Beschluss v. 7.5.2008,7 ABR 15/07.
1360 S. zur identischen Rechtslage beim KBR BAG, Beschluss v. 16.5.2007, 7 ABR 63/06.
1361 S. BAG, Urteil v. 24.5.2018, 2 AZR 54/18.

wenn etwa Arbeitnehmer eines inländischen Betriebs vorübergehend ins Ausland versetzt werden.

Hinsichtlich der im Betrieb beschäftigten Arbeitnehmer setzt § 1 BetrVG eine Mindestanzahl von wahlberechtigten Arbeitnehmern und wählbaren Arbeitnehmern voraus:

1. Im Betrieb müssen in der Regel mindestens 5 ständig wahlberechtigte Arbeitnehmer beschäftigt werden[1362],
2. von den 5 ständig wahlberechtigten Arbeitnehmern müssen mindestens 3 wählbar sein[1363].

Das hat zur Folge, dass in Kleinstbetrieben mit weniger als 5 ständig wahlberechtigten Arbeitnehmern nach dem BetrVG kein Betriebsrat gewählt werden kann. Eine dennoch durchgeführte Wahl wäre nichtig. Man muss aber § 4 Abs. 2 BetrVG beachten, wonach der Betrieb u. U. einem Hauptbetrieb zuzuordnen ist.

Sinkt während der Wahlperiode nicht nur vorübergehend die Zahl der ständig wahlberechtigten Arbeitnehmer unter 5, so endet automatisch die Amtszeit eines vorher gewählten Betriebsrats.

Die Mindestbelegschaft ist daher nicht nur Voraussetzung für die Errichtung, sondern auch für den Fortbestand des Betriebsrats. Wird der Betrieb zu einem Kleinstbetrieb und gibt es daneben noch einen Hauptbetrieb, wird angesichts der Neuregelung des § 4 Abs. 2 BetrVG kein betriebsratsloser Zustand entstehen, sondern der Betriebsrat des Hauptbetriebs zuständig. Wer Arbeitnehmer i. S. v. § 1 BetrVG ist, ist durch § 5 BetrVG geregelt.

87.1.3 Arbeitnehmer im Sinne des BetrVG

Die Zuständigkeit des Betriebsrats ist bei der Wahrnehmung von Beteiligungsrechten auf die Arbeitnehmer beschränkt, die zur Belegschaft gehören.

Von der Betriebsverfassung werden voll erfasst: die Arbeitnehmer (außer leitende Angestellte) sowie die zu ihrer Berufsausbildung Beschäftigten (Auszubildende, Anlernlinge, Volontäre und Praktikanten). Die Arbeit kann haupt- oder nebenberuflich, in Voll- oder Teilzeitarbeit erbracht werden. Aushilfen zählen mit, wenn sie normalerweise während des größten Teils des Jahres im Betrieb tätig sind.[1364] Wird für einen vorübergehend ausgefallenen Stammarbeitnehmer ein Vertreter eingestellt, so zählt nur

1362 § 7 BetrVG.
1363 § 8 BetrVG.
1364 BAG, Beschluss v. 12.11.2008, 7 ABR 73/07.

ein Arbeitnehmer.[1365] Leiharbeitnehmer bleiben auch während der Zeit ihrer Arbeitsleistung Angehörige des entsendenden Betriebs des Verleihers.[1366] Sie sind auch im Entleiherbetrieb wahlberechtigt, § 7 Satz 2 BetrVG, § 14 Abs. 2 Satz 1 AÜG, sofern sie für mehr als 3 Monate überlassen sind. Weitere ungeschriebene Voraussetzung ist, dass am Wahltag die Überlassung noch andauert.

87.1.4 Größe des Betriebsrats

Die Größe des Betriebsrats richtet sich nach der Zahl der Arbeitnehmer.[1367] Maßgeblich ist aber nicht die Anzahl nur zu einem bestimmten Stichtag, sondern die Zahl der regelmäßig Beschäftigten. Es kommt also darauf an, ob die Arbeitnehmer während des größten Teils des Jahres in dem Betrieb beschäftigt sind.[1368] Mitgerechnet werden die zu ihrer Berufsausbildung Beschäftigten (Berufsausbildungsverhältnis) und die Heimarbeiter. Nicht mitgerechnet werden hingegen die leitenden Angestellten. Gezählt werden alle Arbeitnehmer voll als eine Person; das gilt auch für Teilzeitbeschäftigte, die nicht etwa zeitanteilig gezählt werden. Auch hier wirkt sich die Änderung der § 7 BetrVG und § 14 AÜG aus. Für die Größe des Betriebsrats ist nun auch die Zahl der regelmäßig überlassenen Arbeitnehmer von Bedeutung.

Zu achten ist darauf, dass bei kleineren Betrieben die Zahl der *wahlberechtigten Arbeitnehmer* (wbArbN) ausschlaggebend ist, ansonsten die *Gesamtzahl der Arbeitnehmer* (ArbN). Folgende Zahlenstaffel gilt:

5	wbArbN	bis	20	wbArbN	1	Betriebsratsmitglied
21	wbArbN	bis	50	wbArbN	3	Betriebsratsmitglieder
51	wbArbN	bis	100	ArbN	5	Betriebsratsmitglieder
101	ArbN	bis	200	ArbN	7	Betriebsratsmitglieder
201	ArbN	bis	400	ArbN	9	Betriebsratsmitglieder
401	ArbN	bis	700	ArbN	11	Betriebsratsmitglieder
701	ArbN	bis	1.000	ArbN	13	Betriebsratsmitglieder
1.001	ArbN	bis	1.500	ArbN	15	Betriebsratsmitglieder
1.501	ArbN	bis	2.000	ArbN	17	Betriebsratsmitglieder
2.001	ArbN	bis	2.500	ArbN	19	Betriebsratsmitglieder
2.501	ArbN	bis	3.000	ArbN	21	Betriebsratsmitglieder

1365 BAG, Beschluss v. 15.3.2006, 7 ABR 39/05.
1366 § 14 Abs. 1 AÜG.
1367 § 9 BetrVG).
1368 BAG, Beschluss v. 12.11.2008, 7 ABR 73/07.

3.001	ArbN	bis	3.500	ArbN	23	Betriebsratsmitglieder
3.501	ArbN	bis	4.000	ArbN	25	Betriebsratsmitglieder
4.001	ArbN	bis	4.500	ArbN	27	Betriebsratsmitglieder
4.501	ArbN	bis	5.000	ArbN	29	Betriebsratsmitglieder
5.001	ArbN	bis	6.000	ArbN	31	Betriebsratsmitglieder
6.001	ArbN	bis	7.000	ArbN	33	Betriebsratsmitglieder
7.001	ArbN	bis	9.000	ArbN	35	Betriebsratsmitglieder

Reicht die Zahl der wählbaren Arbeitnehmer nicht für einen Betriebsrat in der eigentlich vorgeschriebenen Größe, so ist auf die nächstniedrigere Zahl zurückzugehen.[1369]

87.1.5 Überbetriebliche Organe

Bestehen in einem Unternehmen mehrere Betriebe, deren Belegschaften Betriebsräte gewählt haben, so ist nach § 47 Abs. 1 BetrVG die Errichtung eines Gesamtbetriebsrats zwingend vorgeschrieben. Gleiches gilt für die Errichtung einer Gesamtjugend- und Auszubildendenvertretung[1370] und die Errichtung einer Gesamtschwerbehindertenvertretung.[1371] Die Zuständigkeit des Gesamtbetriebsrats ist in § 50 BetrVG abschließend geregelt.

87.2 Amtszeit

Nach § 21 BetrVG beginnt die Amtszeit des erstmals gewählten Betriebsrats mit der Bekanntgabe des Wahlergebnisses. Läuft zu diesem Zeitpunkt noch die Amtszeit des alten Betriebsrats, so beginnt die Amtszeit des neu gewählten erst mit dem Ablauf der Amtszeit des alten Betriebsrats.

Regelfall: Die Dauer der regelmäßigen Amtszeit beträgt 4 Jahre.[1372] Um einen einheitlichen Endtermin zu schaffen, endet die Amtszeit spätestens am 31.5. desjenigen Jahres, an dem die regelmäßigen Neuwahlen stattfinden.[1373]

1369 § 11 BetrVG.
1370 § 72 Abs. 1 BetrVG.
1371 § 97 Abs. 1 SGB IX.
1372 § 21 Satz 1 BetrVG.
1373 § 21 Satz 3, § 13 Abs. 1 Satz 1 BetrVG.

87.2.1 Verlängerung der Amtszeit

Die Amtszeit übersteigt 4 Jahre, wenn der Betriebsrat zu einem Zeitpunkt außerhalb des 4-Jahres-Rhythmus gewählt wird und der Abstand bis zu den nächsten regelmäßigen Betriebsratswahlen weniger als ein Jahr beträgt.[1374] Die Amtszeit läuft dann bis zum 31.5. des übernächsten Jahreszeitraums.

87.2.2 Vorzeitige Beendigung der Amtszeit

Wesentliche Änderung der Belegschaftsstärke, Absinken der Mitgliederzahl, kollektiver Rücktritt

Nach § 21 Satz 5 BetrVG endet die Amtszeit des Betriebsrats, der vor Ablauf der regelmäßigen Amtszeit funktionsunfähig zu werden droht, erst mit der Bekanntgabe des Ergebnisses der Neuwahl. Bis dahin hat der alte Betriebsrat die Geschäfte weiterzuführen.[1375]

Die Fälle der drohenden Funktionsunfähigkeit, die außerhalb des 4-Jahres-Rhythmus zu Neuwahlen Anlass geben, sind u. a. in § 13 Abs. 2 Nrn. 1–3 BetrVG geregelt:

1. Veränderung der Belegschaftsstärke um mindestens die Hälfte innerhalb der ersten 2 Jahre (Argument: Der Betriebsrat ist nicht mehr für die veränderte Belegschaft repräsentativ),
2. Absinken der Mitgliederzahl des Betriebsrats unter die Maßzahlen des § 9 BetrVG (Argument: Der Betriebsrat ist auf Dauer nicht mehr arbeitsfähig),
3. kollektiver Rücktritt des Betriebsrats durch Mehrheitsbeschluss (Argument: Der Mehrheitswille soll den Weg zu Neuwahlen freimachen können).

Auflösung nach Wahlanfechtung und gerichtlicher Entscheidung

Ist die Betriebsratswahl vom Arbeitgeber oder von 3 Arbeitnehmern mit Erfolg gerichtlich angefochten[1376], so endet die Amtszeit des Betriebsrats mit dem Tage der Rechtskraft der gerichtlichen Entscheidung.

Keiner Anfechtung bedarf die nichtige Wahl. Liegen so schwerwiegende Wahlfehler vor, dass die Wahl als nichtig angesehen wird, stellt das Arbeitsgericht auf Antrag die Nichtigkeit mit der Maßgabe fest, dass von Anfang an kein rechtmäßiger Betriebsrat bestanden hat. Auf Antrag des Arbeitgebers oder einer im Betriebsrat vertretenen Gewerkschaft oder eines Viertels der wahlberechtigten Arbeitnehmer kann nach § 23 Abs. 1 BetrVG der Betriebsrat auch wegen grober Verletzung seiner betriebsverfas-

1374 § 13 Abs. 3 Satz 2 BetrVG.
1375 § 22 BetrVG.
1376 § 19 BetrVG.

sungsrechtlichen Pflichten aufgelöst werden. In den Fällen der Anfechtung und der Auflösung tritt die Rechtskraft der Entscheidung erst nach Zustellung des Beschlusses und nach Ablauf der Rechtsmittelfristen ein.

87.3 Rechtsstellung der Mitglieder

87.3.1 Sonderkündigungsschutz

Gemäß § 15 KSchG, § 103 BetrVG genießen die Mitglieder der Organe der Betriebsverfassung, damit sie ihre Aufgaben frei und unabhängig ausüben können, ohne ständig ihre Entlassung befürchten zu müssen, einen besonderen Kündigungsschutz. Dieser gilt zwingend, ebenso wie der Schutz vor Versetzung, die zum Verlust des Amts oder der Wählbarkeit führte.[1377]

Nicht erfasst wird jedoch die Beendigung von Arbeitsverhältnissen durch wirksame Befristung. Diese enden nämlich automatisch mit dem Ablauf der Frist, ohne dass es dazu einer Kündigungserklärung bedarf. Auszubildende, die Mitglied des Betriebsrats sind, können nach Beendigung des Ausbildungsverhältnisses vom Arbeitgeber die unbefristete Weiterbeschäftigung in einem anschließenden Arbeitsverhältnis verlangen. Der Arbeitgeber kann sich von dieser Verpflichtung nur dann befreien lassen, wenn Tatsachen vorliegen, aufgrund derer ihm unter Berücksichtigung aller Umstände die Weiterbeschäftigung nicht zugemutet werden kann[1378]

Durch § 15 Abs. 3a KSchG wird der Kündigungsschutz auf Arbeitnehmer ausgedehnt, die zu einer Betriebs-, Wahl- oder Bordversammlung einladen oder die die Bestellung eines Wahlvorstands beantragen, und zwar regelmäßig bis zur Bekanntgabe des Wahlergebnisses, ansonsten 3 Monate.

87.3.2 Freistellung

In Betrieben mit in der Regel mehr als 199 Arbeitnehmern sind ein und mehr Betriebsratsmitglied/er von ihrer beruflichen Tätigkeit zur Erfüllung der Aufgaben des Betriebsrats nach Maßgabe des § 38 BetrVG freizustellen. Der Gesetzgeber ist davon ausgegangen, dass bei den in § 38 BetrVG aufgeführten Betriebsgrößen jedenfalls Betriebsratstätigkeit anfällt, die die gesamte Arbeitszeit der jeweils genannten Zahl von Arbeitnehmern ausfüllt.

1377 § 103 Abs. 3 BetrVG.

1378 § 78a BetrVG.

Von ihrer beruflichen Tätigkeit sind gemäß § 38 Abs. 1 BetrVG mindestens freizustellen in Betrieben mit in der Regel

200	bis	500	Arbeitnehmern	1 Betriebsratsmitglied
501	bis	900	Arbeitnehmern	2 Betriebsratsmitglieder
901	bis	1.500	Arbeitnehmern	3 Betriebsratsmitglieder
1.501	bis	2.000	Arbeitnehmern	4 Betriebsratsmitglieder
2.001	bis	3.000	Arbeitnehmern	5 Betriebsratsmitglieder
3.001	bis	4.000	Arbeitnehmern	6 Betriebsratsmitglieder
4.001	bis	5.000	Arbeitnehmern	7 Betriebsratsmitglieder
5.001	bis	6.000	Arbeitnehmern	8 Betriebsratsmitglieder
6.001	bis	7.000	Arbeitnehmern	9 Betriebsratsmitglieder
7.001	bis	8.000	Arbeitnehmern	10 Betriebsratsmitglieder
8.001	bis	9.000	Arbeitnehmern	11 Betriebsratsmitglieder
9.001	bis	10.000	Arbeitnehmern	12 Betriebsratsmitglieder

Die Mitglieder des Betriebsrats sind von ihrer beruflichen Tätigkeit gemäß § 37 Abs. 2 ff. BetrVG ohne Minderung ihres Arbeitsentgelts insoweit zu befreien als dies nach Umfang und Art des Betriebs zur ordnungsgemäßen Durchführung ihrer Aufgaben erforderlich ist.

Das Betriebsratsmitglied hat hinsichtlich der Frage der Erforderlichkeit einen Beurteilungsspielraum. Betriebsbedingte Gründe können eine zeitliche Verlegung der Betriebsratsarbeit bedingen. Dabei hat im Zweifel die Teilnahme an der Betriebsratssitzung Vorrang.

Betriebsratsmitglieder sind jedoch verpflichtet, bevor sie sich vom Arbeitsplatz entfernen, um eine erforderliche Betriebsratstätigkeit auszuüben[1379], sich am Arbeitsplatz abzumelden, wobei der Arbeitgeber allerdings eine persönliche Meldung nicht verlangen kann. Dies gilt aber dann nicht, wenn es nach den Umständen des Einzelfalls nicht ernsthaft in Betracht kommt, dass die Arbeitseinteilung vorübergehend umorganisiert wird. Hier kann der Arbeitgeber aber verlangen, dass ihm die Gesamtdauer der in einem bestimmten Zeitraum ausgeübten Betriebsratstätigkeit mitgeteilt wird.[1380] Diese Pflicht eines nicht freigestellten Betriebsratsmitgliedes beruht auf dem

1379 § 37 Abs. 2 BetrVG.
1380 BAG, Beschluss v. 29.6.2011, 7 ABR 135/09.

Arbeitsvertrag. Die Verletzung der Abmeldepflicht kann daher auch Gegenstand und Inhalt einer entsprechenden Abmahnung durch den Arbeitgeber sein.

Auch freigestellte Mitglieder des Betriebsrats sind verpflichtet, sich beim Arbeitgeber unter Angabe der voraussichtlichen Dauer der Betriebsratstätigkeit abzumelden, wenn sie außerhalb des Betriebes erforderlichen Betriebsratsaufgaben nachgehen; bei der Rückkehr in den Betrieb haben sie sich zurückzumelden.[1381]

Der Anspruch auf Befreiung von der beruflichen Tätigkeit ohne Minderung des Arbeitsentgelts besteht auch bei der Teilnahme an Schulungs- und Bildungsveranstaltungen.[1382]

Ist die Betriebsratstätigkeit betriebsbedingt außerhalb der Arbeitszeit durchzuführen, besteht grundsätzlich ein Anspruch des Betriebsratsmitglieds auf einen Ausgleich durch bezahlte Arbeitsbefreiung.[1383] Dies gilt auch für eine Teilnahme an Schulungsveranstaltungen. Der Ausgleichsanspruch ist beschränkt auf die Arbeitszeit eines vollzeitbeschäftigten Arbeitnehmers.[1384]

Hinsichtlich der Berechnung der Entgeltfortzahlungskosten während des Freistellungszeitraums gilt das Lohnausfallprinzip, sodass auch Zuschläge und Zulagen zu zahlen sind, als wenn das Betriebsratsmitglied nicht freigestellt gewesen wäre.

87.4 Geschäftsführung

Jeder Betriebsrat, mit Ausnahme des Ein-Personen-Betriebsrats in Kleinbetrieben[1385] hat einen Vorsitzenden und einen stellvertretenden Vorsitzenden aus seiner Mitte zu wählen.[1386]

Solange diese Pflicht nicht erfüllt ist, hat sich der Betriebsrat noch nicht konstituiert. Die Folge der fehlenden Konstituierung ist die Funktionsunfähigkeit des Betriebsrats. Den Arbeitgeber trifft grundsätzlich keine Pflicht, mit beteiligungspflichtigen Maßnahmen bis zur Konstituierung des Betriebsrats zu warten.

Bei kleineren Betriebsräten mit weniger als 9 Mitgliedern führt der Betriebsratsvorsitzende zumeist die laufenden Geschäfte des Betriebsrats.[1387] Hat ein Betriebsrat 9

1381 BAG, Beschluss v. 24.2.2016, 7 ABR 20/14.
1382 § 37 Abs. 6 BetrVG.
1383 § 37 Abs. 3 BetrVG.
1384 § 37 Abs. 6 Satz 2 BetrVG.
1385 § 9 Satz 1 BetrVG
1386 § 26 Abs. 1 Satz 1 BetrVG.
1387 § 27 Abs. 3 BetrVG.

oder mehr Mitglieder, so muss er einen Betriebsausschuss bilden.[1388] Der Betriebsausschuss führt dann die laufenden Geschäfte des Betriebsrats.[1389] Die Entscheidung über den Abschluss von Betriebsvereinbarungen und die Ausübung von Beteiligungs- und Mitbestimmungsrechten ist jedoch der Beschlussfassung des Betriebsrats in einer Betriebsratssitzung vorbehalten.

87.4.1 Rechtsstellung des Betriebsratsvorsitzenden

Der Betriebsratsvorsitzende vertritt den Betriebsrat im Rahmen seiner Beschlüsse.[1390] Seine Rechtsstellung unterscheidet sich daher deutlich von der des Geschäftsführers einer GmbH, dessen Rechtshandlungen nach außen wirksam sind, obwohl sie gegen interne Bindungen verstoßen.

In der betrieblichen Praxis wird häufig übersehen, dass die Zustimmung des Betriebsratsvorsitzenden nicht genügt. In allen beteiligungspflichtigen Angelegenheiten und insbesondere bei Abschluss einer Betriebsvereinbarung bedarf es einer ordnungsgemäßen Beschlussfassung durch den Betriebsrat.

Der Betriebsrat hat bei Abschluss einer Betriebsvereinbarung die Nebenpflicht, dem Arbeitgeber auf dessen zeitnah geltend zu machendes Verlangen eine den Maßgaben des § 34 Abs. 2 Satz 1 BetrVG entsprechende Abschrift desjenigen Teils der Sitzungsniederschrift auszuhändigen, aus dem sich die Beschlussfassung des Gremiums ergibt.[1391]

Der Betriebsratsvorsitzende beruft die Sitzungen des Betriebsrats ein, er setzt die Tagesordnung fest und leitet die Sitzungen.[1392] Der Betriebsratsvorsitzende leitet die Betriebsversammlungen[1393] und hat das Recht, an den Sitzungen und Sprechstunden der Jugend- und Auszubildendenvertretung teilzunehmen.[1394] Bei den laufenden Geschäften i. S. d. § 27 Abs. 3 BetrVG handelt es sich nur um solche aus dem internen verwaltungsmäßigen und organisatorischen Bereich.

Der Betriebsratsvorsitzende oder im Falle seiner Verhinderung sein Stellvertreter sind nach § 26 Abs. 2 Satz 2 BetrVG allein auch zur Entgegennahme von Erklärungen berechtigt.

1388 § 27 Abs. 1 Satz 1 BetrVG.
1389 § 27 Abs. 2 Satz 1 BetrVG.
1390 § 26 Abs. 2 Satz 1 BetrVG.
1391 BAG, Beschluss v. 8.2.2022, 1 ABR 233/21.
1392 § 29 Abs. 2 BetrVG.
1393 § 42 Abs. 1 Satz 1 BetrVG.
1394 § 65 Abs. 2 BetrVG, § 69 Satz 4 BetrVG.

Stellung des Stellvertreters
Jeder Betriebsrat, mit Ausnahme des Ein-Personen-Betriebsrats in Kleinbetrieben[1395], hat einen Vorsitzenden und einen stellvertretenden Vorsitzenden aus seiner Mitte zu wählen.[1396]

87.4.2 Entgegennahme von Erklärungen des Arbeitgebers

Durch § 26 Abs. 2 Satz 2 BetrVG wird klargestellt, dass dem Betriebsrat gegenüber abzugebende Erklärungen grundsätzlich vom Betriebsratsvorsitzenden entgegengenommen werden. Dies gilt für alle Organe der Betriebsverfassung, insbesondere für alle Erklärungen und Mitteilungen des Arbeitgebers.

Wird eine dem Betriebsrat gegenüber abzugebende Erklärung nicht dem Vorsitzenden bzw. im Falle seiner Verhinderung dem stellvertretenden Vorsitzenden, sondern einem anderen Betriebsratsmitglied gegenüber abgegeben, so wird dieser als Übermittlungsbote tätig. Das heißt, der Erklärende handelt auf eigenes Risiko. Dem Betriebsrat geht die Erklärung erst zu, wenn sie dem Betriebsratsvorsitzenden oder dem Betriebsrat insgesamt zur Kenntnis gelangt. Der Betriebsrat muss sich daher das Wissen einzelner Betriebsratsmitglieder nicht zurechnen lassen.[1397]

Sind sowohl der Betriebsratsvorsitzende als auch sein Stellvertreter verhindert und ist in der Geschäftsordnung des Betriebsrats für diesen Fall der mehrfachen Verhinderung keine Vorkehrung getroffen, so ist der Arbeitgeber berechtigt, sich an jedes Betriebsratsmitglied zu wenden.

1395 § 9 Satz 1 BetrVG.
1396 § 26 Abs. 1 Satz 1 BetrVG.
1397 BAG, Urteil v. 27.6.1985, 2 AZR 412/84.

88 Betriebsrat: Beschlussfassung

Autor: Michael Korinth

Überblick

Der Betriebsrat ist Organ der Betriebsverfassung, dessen Entscheidungsfindung sich nach bestimmten Regeln richtet. Maßgeblich sind nur die Beschlüsse des Betriebsrats als Kollegialorgan, nicht die Äußerungen des Betriebsratsvorsitzenden. Dieser vertritt den Betriebsrat nur im Rahmen der von ihm gefassten Beschlüsse. Daher ist die Einhaltung der Regeln zur Beschlussfassung von besonderer Bedeutung.

88.1 Sitzungen des Betriebsrats

Der Betriebsrat trifft seine Entscheidungen grundsätzlich als Kollegialorgan durch Beschlüsse auf einer ordnungsgemäßen Sitzung des Betriebsrats, nicht etwa auf monatlichen Besprechungen zwischen Arbeitgeber und Betriebsrat oder auf sonstigen Zusammenkünften des Betriebsrats oder im Wege des Umlaufverfahrens.

Betriebsratssitzung auch mittels Video- und Telefonkonferenz

Mit Wirkung vom 14.6.2021 hat der Gesetzgeber geregelt, dass die Sitzungen des Betriebsrats zwar grundsätzlich als Präsenzsitzung stattfinden (§ 30 Abs. 1 Satz 4 BetrVG), aber gem. § 30 Abs. 2 BetrVG kann die Teilnahme an einer Betriebsratssitzung auch mittels Video- und Telefonkonferenz erfolgen, wenn

- die Voraussetzungen für eine solche Teilnahme in der Geschäftsordnung unter Sicherung des Vorrangs der Präsenzsitzung festgelegt sind,
- nicht mindestens ein Viertel der Mitglieder des Betriebsrats binnen einer von dem Vorsitzenden zu bestimmenden Frist diesem gegenüber widerspricht und
- sichergestellt ist, dass Dritte vom Inhalt der Sitzung keine Kenntnis nehmen können.

Wichtig ist, dass eine Aufzeichnung der Sitzung unzulässig ist. Daher kommt dem Protokoll nach wie vor eine entscheidende Bedeutung zu.

Folgendes muss sichergestellt werden:

1. Die Formalien müssen eingehalten werden; es müssen alle Mitglieder des Betriebsrats rechtzeitig und unter Mitteilung der Tagesordnung geladen werden.
2. Es muss sichergestellt werden, dass tatsächlich alle BR-Mitglieder die technische Möglichkeit haben, an der elektronisch vermittelten Konferenz teilzunehmen.

3. Es muss sichergestellt werden, dass keine Außenstehenden an der elektronisch vermittelten BR-Sitzung teilnehmen bzw. deren Verlauf verfolgen können.
4. Das Abstimmungsergebnis muss in einer Weise dokumentiert werden, die später beweisbar nachvollzogen werden kann.

Einladung und rechtzeitige Mitteilung der Tagesordnung

Eine ordnungsgemäße Ladung und rechtzeitige Mitteilung der Tagesordnung ist Voraussetzung für eine wirksame Beschlussfassung.[1398] Aus diesem Grund sind die Tagesordnungspunkte möglichst konkret anzugeben. Sammelpunkte wie »Verschiedenes« oder »personelle Einzelmaßnahmen« sind ungenügend.[1399]

Ist die Tagesordnung nicht hinreichend konkret oder nicht rechtzeitig übersandt worden, so kann dieser Mangel nur durch einstimmigen Beschluss der vollzählig versammelten Betriebsratsmitglieder geheilt werden.[1400]

Der Vorsitzende des Betriebsrats hat eine Betriebsratssitzung einzuberufen und den Gegenstand der beantragten Beratung auf die Tagesordnung zu setzen, wenn dies Mitglieder des Betriebsrats oder der Arbeitgeber oder die Mehrheit der Vertreter der Gruppe der Arbeiter oder Angestellten beantragen.[1401] Die Sitzungen sind nicht öffentlich und finden in der Regel während der Arbeitszeit statt.[1402]

88.1.1 Teilnahmerecht des Arbeitgebers

Der Arbeitgeber hat kein allgemeines Recht, an Betriebsratssitzungen teilzunehmen. Ein Anspruch des Arbeitgebers auf Teilnahme besteht gemäß § 29 Abs. 4 BetrVG nur, wenn er selbst die Einberufung einer Sitzung beantragt hat oder wenn der Betriebsratsvorsitzende ihn ausdrücklich eingeladen hat. Die Einladung kann sich auf einzelne Punkte der Tagesordnung beschränken.

Wird der Arbeitgeber zu einer Sitzung ausdrücklich eingeladen, ist er im Hinblick auf das Gebot der vertrauensvollen Zusammenarbeit nach § 2 Abs. 1 BetrVG zur Teilnahme oder zur Entsendung eines kompetenten Vertreters verpflichtet. Ein Fernbleiben des Arbeitgebers ohne triftigen Grund kann als grober Verstoß durch Einleitung eines gerichtlichen Zwangsverfahrens nach § 23 Abs. 3 BetrVG geahndet werden. Ein hartnäckiges Fernbleiben kann unter Umständen auch als vorsätzliche Behinderung der Tätigkeit des Betriebsrats nach § 119 Abs. 1 Nr. 2 BetrVG bestraft werden. Der Arbeit-

1398 BAG, Urteil v. 28.4.1988, 6 AZR 405/86; LAG Hamm, Beschluss v. 11.10.2007, 13 Sa 100/07.
1399 BAG, Beschluss v. 28.10.1992, 7 ABR 14/92.
1400 BAG, Beschluss v. 28.10.1992, 7 ABR 14/92; LAG Köln, Beschluss v. 25.11.1998, 2 TaBV 38/98.
1401 § 29 Abs. 3 BetrVG.
1402 § 30 BetrVG.

geber hat in den Sitzungen kein Stimmrecht. Er hat auch keine beratende Stimme. Die Anwesenheit des Arbeitgebers während der Beschlussfassung ist zu vermeiden, da darin eine Einflussnahme auf das Abstimmungsverhalten der Betriebsratsmitglieder gesehen werden könnte.[1403]

88.1.2 Sitzungsniederschrift

§ 34 BetrVG schreibt vor, dass eine Niederschrift über die gesamte Betriebsratssitzung anzufertigen ist. Es muss sich aus ihr ergeben, welche Fragen behandelt worden sind. Zwingend vorgeschrieben sind die Wiedergabe des Wortlauts der Beschlüsse und die Angabe des Stimmenverhältnisses, mit dem sie gefasst worden sind, sowie die Beifügung der eigenhändig unterschriebenen Anwesenheitsliste. Notwendig ist auch die Angabe des Datums der Betriebsratssitzung sowie der Uhrzeit von Beginn und Ende der Sitzung. Über die gesetzlichen Mindestinhalte hinaus können in der Geschäftsordnung weitere Regelungen festgelegt werden.

Die Wirksamkeit eines Betriebsratsbeschlusses hängt jedoch nicht von der korrekten Fassung der Niederschrift ab. Die Niederschrift ist nämlich nicht Teil der Beschlussfassung selbst. Die Feststellung, dass und welcher Beschluss gefasst worden ist, kann notfalls auch durch andere Beweismittel geführt werden.[1404]

Die Niederschrift gehört ebenso wie andere Unterlagen zu den Akten des Betriebsrats. Der Arbeitgeber kann weder die Aushändigung verfügen, noch steht ihm ein Einsichtsrecht zu. Die Aufbewahrungspflicht geht über die Amtszeit des Betriebsrats hinaus. Von daher sind die Niederschriften dem nachfolgenden Betriebsrat weiterzugeben. Arbeitgeber und Gewerkschaftsvertreter erhalten eine Abschrift des Protokolls über die Tagesordnungspunkte, an deren Behandlung sie teilgenommen haben.[1405]

88.2 Beschlüsse des Betriebsrats

Die Beschlussfähigkeit des Betriebsrats ist eine unverzichtbare Voraussetzung für das Zustandekommen wirksamer Beschlüsse. Die Beschlussfähigkeit liegt vor, wenn mindestens die Hälfte der Betriebsratsmitglieder an der Beschlussfassung teilnimmt.[1406] Maßgebend ist die Zahl der nach § 9 BetrVG i. V. m. § 11 BetrVG ermittelten Zahl der Betriebsratsmitglieder. Ist jedoch die Zahl der Betriebsratsmitglieder nach Eintreten

1403 BAG, Urteil v. 8.2.2022, 1 AZR 233/21, deshalb Anspruch des Arbeitgebers auf Aushändigung eines unterschriebenen Teils des Protokolls bei Abstimmung über Betriebsvereinbarung.
1404 BAG, Beschluss v. 8.2.1977, 1 ABR 82/74.
1405 § 34 Abs. 2 BetrVG.
1406 § 33 Abs. 2 BetrVG.

sämtlicher Ersatzmitglieder unter die vorgeschriebene Zahl gesunken, so ist bis zur Neuwahl des Betriebsrats von der Zahl der noch tatsächlich vorhandenen Betriebsratsmitglieder auszugehen.[1407]

Wer seine Nichtteilnahme an der Abstimmung erklärt, wird für die Abstimmung nicht mitgezählt. Von daher muss die Beschlussfähigkeit bei jeder Abstimmung vom Vorsitzenden erneut festgestellt werden. Soweit nicht ausdrücklich Abstimmung nach Gruppen vorgeschrieben ist, wird der Beschluss mit der Mehrheit der anwesenden Betriebsratsmitglieder nach vorhergehender Beratung gefasst.[1408]

Bei Stimmengleichheit ist ein Antrag abgelehnt.[1409]

88.2.1 Absolute Mehrheit bei Betriebsratsbeschlüssen

Eine einfache Stimmenmehrheit der anwesenden Mitglieder eines beschlussfähigen Betriebsrats reicht für einen wirksamen Beschluss dann nicht aus, wenn die Mehrheit der Stimmen der Betriebsratsmitglieder (absolute Mehrheit) gefordert ist.

Die absolute Mehrheit ist erforderlich
- beim kollektiven Rücktritt des Betriebsrats[1410],
- bei der Übertragung von Aufgaben zur selbstständigen Erledigung auf Ausschüsse[1411],
- bei der Aufstellung oder Änderung einer Geschäftsordnung[1412]
- bei der Beauftragung des Gesamtbetriebsrats oder Konzernbetriebsrats, um eine Angelegenheit für den Betriebsrat mit der Unternehmensleitung zu behandeln[1413],
- bei der Übertragung der Aufgaben des Wirtschaftsausschusses auf einen Ausschuss des Betriebsrats.[1414]

88.2.2 Gerichtliche Nachprüfbarkeit

Der Arbeitgeber kann im gerichtlichen Verfahren jederzeit bestreiten, dass ein wirksamer Beschluss zur Einleitung des Verfahrens gefasst worden ist.[1415] Beschlüsse des

1407 § 13 Abs. 2 Nr. 2 BetrVG.
1408 § 33 Abs. 1 Satz 1 BetrVG.
1409 § 33 Abs. 1 Satz 2 BetrVG.
1410 § 13 Abs. 2 Nr. 3 BetrVG.
1411 § 27 Abs. 2 BetrVG und § 28 BetrVG.
1412 § 36 BetrVG.
1413 § 50 Abs. 2 BetrVG, § 58 Abs. 2 BetrVG, § 54 Abs. 2 BetrVG.
1414 § 107 Abs. 3 BetrVG.
1415 BAG, Beschluss v. 3.4.1979, 6 ABR 64/76 und BAG, Beschluss v. 30.9.2008, 1 ABR 54/07.

Betriebsrats können auf ihre Rechtswirksamkeit nur in eingeschränktem Umfang nachgeprüft werden. Eine Nachprüfbarkeit der sachlichen Zweckmäßigkeit ist ausgeschlossen, jedoch muss das Gericht das Vorliegen eines ordnungsgemäßen Betriebsratsbeschlusses prüfen.

88.2.3 Rechtsfolgen nichtiger Betriebsratsbeschlüsse

Nichtige Betriebsratsbeschlüsse haben grundsätzlich keine Rechtswirkung. Für beteiligungspflichtige Maßnahmen bedeutet dies: Unterliegt die Maßnahme keinem echten Mitbestimmungsrecht, so hat ein nichtiger Betriebsratsbeschluss für die Maßnahme des Arbeitgebers keine Auswirkungen. Nur bei Maßnahmen, die der Mitbestimmung des Betriebsrats unterliegen, hat der Beschluss des Betriebsrats konstitutive Wirkung. Deshalb ist im Falle der Nichtigkeit des Betriebsratsbeschlusses die Arbeitgebermaßnahme an sich wegen fehlender Zustimmung unwirksam.

Wird also ein Mangel bei der Beschlussfassung erkannt, sollte aus Gründen der Rechtssicherheit unbedingt auf einen Neuabschluss der Betriebsvereinbarung hingewirkt werden.

Der Betriebsrat kann durch eine nachträgliche Beschlussfassung eine von dem Betriebsratsvorsitzenden zuvor ohne Rechtsgrundlage im Namen des Betriebsrats getroffene Vereinbarung genehmigen.[1416]

88.2.4 Vorschlagsrecht der Arbeitnehmer

Nach § 86a BetrVG hat jeder Arbeitnehmer das Recht, dem Betriebsrat Themen zur Beratung vorzuschlagen. Unterstützen 5% der Belegschaft den Vorschlag, muss der Betriebsrat darüber innerhalb von 2 Monaten beraten.

1416 BAG, Beschluss v. 10.10.2007, 7 ABR 51/06; BAG, Urteil v. 23.8.1988, 1 AZR 276/87.

89 Betriebsrat: Aufgaben

Autor: Michael Korinth

Überblick

Der Betriebsrat ist Organ der Betriebsverfassung. Aufgaben und Rechte der Betriebsräte finden sich nicht nur im Betriebsverfassungsgesetz (BetrVG), sondern auch in zahlreichen weiteren Vorschriften. Nachfolgend werden die wichtigsten Aufgaben und die hierzu ergangene Rechtsprechung dargestellt.

89.1 Handlungsrahmen

Die Aufgaben des Betriebsrats sind im BetrVG nicht zusammenhängend aufgeführt. Die Hauptaufgaben tauchen verstreut in vielen Einzelbestimmungen auf, in denen der Arbeitgeber verpflichtet wird, in sozialen Angelegenheiten, in personellen Angelegenheiten, bei personellen Einzelmaßnahmen, bei der Gestaltung von Arbeitsplatz, Arbeitsablauf und Arbeitsumgebung und in wirtschaftlichen Angelegenheiten den Betriebsrat zu beteiligen. Weiterhin ist es gemäß § 77 BetrVG Aufgabe des Betriebsrats, gemeinsam mit dem Arbeitgeber im Rahmen der Betriebsautonomie unmittelbar geltendes Recht für die Arbeitnehmer des Betriebs zu setzen. Kernaufgaben werden dem Betriebsrat[1417] in § 80 Abs. 1 BetrVG in einem Katalog allgemeiner Aufgaben zugewiesen. Dieser Aufgabenkatalog ist jedoch nicht vollständig. Insgesamt umfasst der Handlungsrahmen des Betriebsrats folgende Befugnisse: Überwachungsrecht, Förderungsrecht, Beistandsrecht, Leitung der Betriebsversammlung sowie spezielle Beteiligungsrechte.

Grenzen des Handlungsrahmens ergeben sich u.a. aus dem Persönlichkeitsrecht der Arbeitnehmer. So können Arbeitgeber und Betriebsrat zwar die Videoüberwachung vereinbaren, jedoch muss dieser Eingriff dem Verhältnismäßigkeitsgrundsatz genügen.[1418]

89.2 Aufgaben bei der Überwachung von Rechtsnormen

In § 80 Abs. 1 Nr. 1 BetrVG ist dem Betriebsrat aufgegeben, unabhängig vom Vorliegen bestimmter, dem Arbeitgeber auferlegter Beteiligungspflichten die Einhaltung von zugunsten der Arbeitnehmer bestehenden Rechtsvorschriften zu überwachen.

1417 Nicht hingegen dem Gesamtbetriebsrat, BAG, Beschluss v. 16.8.2011, 1 ABR 22/10.

1418 BAG, Beschuss v. 26.8.2008, 1 ABR 16/07 und BAG, Beschluss v. 14.12.2004, 1 ABR 34/03; s. aber BAG, Beschluss v. 7.2.2012, 1 ABR 46/10, Betriebsrat kann Benennung der Arbeitnehmer verlangen, die am BEM teilnehmen.

Es ist nicht in das Belieben des Betriebsrats gestellt, ob er von dieser ihm übertragenen Kompetenz Gebrauch machen will oder nicht. Die Wahrnehmung dieser Überwachungsaufgabe gehört zu seinen betriebsverfassungsrechtlichen Pflichten.

89.2.1 Zu überwachende Vorschriften

Zugunsten der Arbeitnehmer gelten die Vorschriften der meisten arbeitsrechtlichen Gesetze, z. B. das Bundesurlaubsgesetz, das Kündigungsschutzgesetz, das Teilzeit- und Befristungsgesetz, das Entgeltfortzahlungsgesetz, das Arbeitnehmerüberlassungsgesetz, das Arbeitszeitgesetz, das Jugendarbeitsschutzgesetz, die arbeitsrechtlichen Vorschriften des BGB, HGB und der Gewerbeordnung, das Mutterschutzgesetz, das Arbeitsschutzgesetz u. a. Dabei ist nicht von einem engen Begriff des Schutzgesetzes auszugehen. Hierzu zählen auch die Vorschriften des Bundesdatenschutzgesetzes, soweit seine Bestimmungen auf die Arbeitnehmer des Betriebs Anwendung finden[1419], ohne dass es darauf ankommt, ob es daneben einen Datenschutzbeauftragten gibt.

Arbeitnehmerüberlassung, Equal Pay, HÖD, Höchstüberlassungsdauer, Leiharbeitnehmer

Das Arbeitnehmerüberlassungsgesetz ist mit Wirkung ab 1.4.2017 geändert worden. Auch die Einhaltung dieser neuen gesetzlichen Regelungen ist vom Aufgabenkatalog des § 80 Abs. 1 BetrVG umfasst. Unter anderem hat der Betriebsrat die folgenden Besonderheiten zu überwachen:

- Einhaltung der maximalen Dauer der Arbeitnehmerüberlassung. Deshalb kann der Betriebsrat einer diesen Vorgaben nicht entsprechenden Einstellung die Zustimmung verweigern.[1420]
- Verbot, Leiharbeitnehmer als Streikbrecher einzusetzen. Offenlegungsgebot: Seit 1.4.2017 müssen die Verträge, die den Dritteinsatz von Personal zum Gegenstand haben, als Arbeitnehmerüberlassung bezeichnet werden (Ende der »Fallschirmlösung«) und dem Schriftformerfordernis gemäß § 12 Abs. 1 Satz 1 AÜG genügen. Auch für Altverträge gilt dieser Grundsatz nun ab dem 1.4.2017 ohne jede Übergangslösung.[1421]
- Gebot der namentlichen Nennung des Leiharbeitnehmers; dies musste gegenüber dem Betriebsrat ohnehin schon im Einstellungsverfahren nach § 99 Abs. 1 BetrVG erfolgen.
- Grundsatz der gleichen Bezahlung.

1419 BAG, Beschluss v. 17.3.1987, 1 ABR 59/85.

1420 BAG, Beschluss v. 21.2.2017, 1 ABR 62/12 zum Einsatz von DRK-Schwestern.

1421 »Fachliche Weisungen Arbeitnehmerüberlassungsgesetz« vom 20.3.2017, ausgegeben von der Bundesanstalt für Arbeit.

Es ist bei Leiharbeitnehmern sorgfältig zu differenzieren, welche Aufgaben der Betriebsrat welches Arbeitgebers wahrzunehmen hat. Der Betriebsrat des Entleiherbetriebs ist nämlich nicht zur Wahrnehmung sämtlicher betriebsverfassungsrechtlichen Rechte und Pflichten hinsichtlich der dort eingesetzten Leiharbeitnehmer zuständig. Vielmehr bestimmt sich die Zuständigkeit des Betriebsrats im Verleiherbetrieb, bzw. des Betriebsrats im Entleiherbetrieb für die Wahrnehmung von Mitbestimmungsrechten in Bezug auf Leiharbeitnehmer nach dem Gegenstand des geltend gemachten Mitbestimmungsrechts und der darauf bezogenen Entscheidungsmacht des jeweiligen Arbeitgebers.[1422] Dieser Logik folgend hat der Betriebsrat eines Verleiherbetriebs regelmäßig kein Mitbestimmungsrecht nach § 87 Abs. 1 Nr. 7 BetrVG für Regelungen über die Anforderungen an eine Schutzkleidung, die der Entleiher bei ihm tätigen Leiharbeitnehmern aufgrund öffentlich-rechtlicher Arbeitsschutzbestimmungen bereitzustellen hat.[1423]

Nach der Rechtsprechung des BAG ist der Betriebsrat neben der Überwachung der Inhaltsnormen sowie der in Tarifverträgen geregelten betrieblichen und betriebsverfassungsrechtlichen Fragen auch zuständig für die Überwachung schuldrechtlicher Normen eines Tarifvertrags, die nur das Verhältnis zwischen Gewerkschaft und Arbeitgeberverband regeln, wenn sich diese schuldrechtlichen Normen zugunsten der Arbeitnehmer im Betrieb auswirken können.[1424] Das Überwachungsrecht setzt allerdings voraus, dass entweder der Tarifvertrag allgemeinverbindlich oder der Arbeitgeber Mitglied der tarifvertragsschließenden Arbeitgebervereinigung ist.

Die Überwachungspflicht des Betriebsrats bezieht sich außerdem auf die Einhaltung von Gleichbehandlungsvorschriften. Der Betriebsrat hat die Aufgabe, die tatsächliche Gleichstellung von Frauen und Männern sowie die Vereinbarkeit von Familie und Beruf zu fördern.[1425] Da in der betrieblichen Wirklichkeit der Arbeitgeber häufig bei der inhaltlichen Gestaltung des einzelnen Arbeitsvertrags nach allgemeinen Regelungen verfährt, ergibt sich in diesen Fällen für den Betriebsrat die Überwachungsbefugnis aus § 75 BetrVG.

Dies ist nunmehr durch das Entgelttransparenzgesetz konkretisiert und verstärkt worden. In Betrieben mit mehr als 200 Mitarbeiterinnen und Mitarbeitern[1426] besteht ein individueller Auskunftsanspruch zu den Entgeltstrukturen. Dieser soll in tarifgebundenen Unternehmen über die Betriebsräte wahrgenommen werden. In Betrieben ohne Betriebsrat und ohne Tarifvertrag können sich die Arbeitnehmerinnen und Arbeitnehmer direkt an den Arbeitgeber wenden.

1422 BAG, Beschluss v. 24.8.2016, 1 ABR 2/15.

1423 BAG, Beschluss v. 7.6.2016, 1 ABR 25/14.

1424 BAG, Beschluss v. 11.7.1972, 1 ABR 2/72.

1425 § 80 Abs. 1 Nrn. 2a und 2b BetrVG.

1426 § 12 Abs. 1 EntgTranspG.

Die Arbeitsbedingungen der außertariflichen Angestellten und der übertariflich bezahlten Arbeitnehmer sind von der Überprüfung der Gleichbehandlung nicht ausgenommen.[1427] Wenn die Angaben in den Lohn- und Gehaltslisten § 80 Abs. 2 Satz 2 Halbsatz 2 BetrVG nicht ausreichen, hat der Betriebsrat Anspruch auf weitergehende Auskünfte.[1428]

Der Betriebsrat kann sich daher auch über einzelne Vereinbarungen in individuellen Arbeitsverträgen unterrichten.[1429]

Im Rahmen seiner Überwachungspflicht kann der Betriebsrat auch die Formulararbeitsverträge auf Einklang mit den gesetzlichen Bestimmungen[1430], insbesondere fehlende Transparenz und unangemessene Benachteiligung) sowie Einhaltung des Gleichbehandlungsgrundsatzes überprüfen. Das Überwachungsrecht umfasst jedoch keine Zweckmäßigkeitskontrolle, sondern nur eine Rechtskontrolle der in den Formulararbeitsverträgen enthaltenen Vertragsklauseln.[1431] Geht es um die Einhaltung des Nachweisgesetzes und werden bekannte Formulararbeitsverträge verwendet, kann der Betriebsrat die Vorlage einzelner Arbeitsverträge nur verlangen, wenn besondere Anhaltspunkte vorliegen.[1432]

Der Betriebsrat ist sowohl bei der Prüfung als auch bei der Einführung von Schutzeinrichtungen ebenso wie bei allen anderen Fragen des Arbeitsschutzes und der Unfallverhütung hinzuzuziehen.[1433] Diese Hinzuziehung hat rechtzeitig zu erfolgen, d. h. so früh, dass der Betriebsrat noch Auskünfte einholen und auf die Entscheidung Einfluss nehmen kann.

Gemäß § 81 Abs. 1 Satz 1, Abs. 2 Satz 2 und Abs. 3 BetrVG hat der Betriebsrat auch eine Mitverantwortung für den betrieblichen Umweltschutz. Er ist daher bei allen diese Fragen betreffenden Besichtigungen hinzuzuziehen. Ihm sind alle Auflagen und Anordnungen der Umweltschutzbehörden mitzuteilen.

89.2.2 Konkrete Durchsetzungsmöglichkeiten

Dem Betriebsrat sind jedoch **nur vereinzelt im BetrVG besondere verfahrensrechtliche** Möglichkeiten zur Durchsetzung in Rechtsfragen zugewiesen.

1427 BAG, Beschluss v. 20.12.1988, 1 ABR 63/87.
1428 BAG, Beschluss v. 30.9.2008, 1 ABR 54/07.
1429 BAG, Beschluss v. 18.10.1988, 1 ABR 33/87.
1430 §§ 305 ff. BGB.
1431 BAG, Beschluss v. 16.11.2005, 1 ABR 12/05.
1432 BAG, Beschluss v. 19.10.1999, 1 ABR 75/98.
1433 § 89 Abs. 2 BetrVG.

Ein in der Praxis bedeutsames Beispiel ist die **Eingruppierung**. Hier kann der Betriebsrat gegen die seiner Ansicht nach falsche Anwendung des Tarifrechts bei der Eingruppierung im Beschlussverfahren gerichtlich vorgehen.

Der Betriebsrat kann auch im arbeitsgerichtlichen Beschlussverfahren die Wirkung einer Kündigung einer Betriebsvereinbarung feststellen lassen mit Bindungswirkung für Individualverfahren.[1434]

Ansonsten ist der Betriebsrat darauf beschränkt, die mangelhafte Beachtung von Vorschriften beim Arbeitgeber zu beanstanden und bei ihm auf Abhilfe zu drängen.

Dem Betriebsrat ist es nicht verwehrt, die Arbeitnehmer auf Missstände hinzuweisen und über die seiner Ansicht nach bestehende Rechtslage zu informieren. Er kann den Arbeitnehmern bei der Geltendmachung von Ansprüchen gegenüber dem Arbeitgeber Beistand leisten.

Schafft der Arbeitgeber keine Abhilfe, kann der Betriebsrat bei Verletzung von Arbeitsschutz- und Unfallverhütungsvorschriften oder sonstigen Verstößen das Gewerbeaufsichtsamt, die Berufsgenossenschaft und sonstige Überwachungsbehörden sowie im Betrieb vertretene Gewerkschaften informieren. Wegen seiner in § 89 Abs. 1 BetrVG gesetzlich festgelegten Verpflichtung, die für den Arbeitsschutz zuständigen Behörden zu unterstützen, ist es dem Betriebsrat auch erlaubt, Betriebskontrollen anzuregen, wenn der Arbeitgeber den Vorschriften zuwiderhandelt und eine Einigung im Betrieb nicht erzielt werden konnte.[1435] Mit der Überwachungsbefugnis des Betriebsrats ist auch ein Zutrittsrecht zu allen Räumen verbunden, um stichprobenartige Betriebsbegehungen durchführen zu können. Ein konkreter Verdacht der Nichtbeachtung von Vorschriften muss nicht bestehen.[1436]

89.3 Förderungsauftrag des Betriebsrats

Nach § 80 Abs. 1 Nr. 2 BetrVG gehört es zum Handlungsrahmen des Betriebsrats, beim Arbeitgeber Maßnahmen zu beantragen, die dem Betrieb und der Belegschaft dienen. Weiterhin hat er nach § 80 Abs. 1 Nr. 4 BetrVG die Eingliederung schwerbehinderter Menschen zu fördern. Zu diesem Zweck kann er verlangen, dass ihm der Arbeitgeber die Arbeitnehmer benennt, welche nach § 84 Abs. 2 SGB IX die Voraussetzungen für die Durchführung des betrieblichen Eingliederungsmanagements erfüllen.[1437] Weiter hat der Betriebsrat nach § 80 Abs. 1 Nr. 6 BetrVG die Beschäftigung älterer Arbeitnehmer

1434 BAG, Beschluss v. 17.8.1999, 3 ABR 55/98.
1435 BAG, Beschluss v. 6.12.1983, 1 ABR 43/81.
1436 BAG, Beschluss v. 21.1.1982, 6 ABR 17/79.
1437 BAG, Beschluss v. 7.2.2012, 1 ABR 46/10.

und nach § 80 Abs. 1 Nr. 7 BetrVG die Eingliederung ausländischer Arbeitnehmer sowie die Gleichberechtigung von Männern und Frauen[1438] zu fördern.

Der Betriebsrat hat also ein Initiativrecht in allen sozialen, personellen und wirtschaftlichen Angelegenheiten. Dies beinhaltet jedoch keine verfahrensmäßig abgesicherte Beteiligung an den Arbeitgeberentscheidungen, die in diesen Angelegenheiten getroffen werden. Der Arbeitgeber ist nur verpflichtet, sich mit den Anträgen und Vorschlägen des Betriebsrats ernsthaft zu befassen. Insoweit gelten die allgemeinen Regeln der Zusammenarbeit gemäß § 2 Abs. 1 BetrVG.

Eine Durchsetzung seiner Anträge kann der Betriebsrat nur in den im BetrVG geregelten speziellen Mitbestimmungsverfahren erzwingen. Allerdings kann der Betriebsrat versuchen, wenn der Arbeitgeber mit deren Tätigwerden einverstanden ist, die Einigungsstelle als »Schiedsrichter« gemäß § 76 Abs. 6 BetrVG anzurufen.

89.4 Beistands- und Unterstützungsfunktion des Betriebsrats

Nach § 80 Abs. 1 Nr. 3 BetrVG gehört es zum Handlungsrahmen des Betriebsrats, Anregungen der einzelnen Arbeitnehmer und der Jugend- und Auszubildendenvertretung entgegenzunehmen, zu prüfen und im Fall ihrer Berechtigung auf Abhilfe beim Arbeitgeber hinzuwirken. Der Betriebsrat ist danach Anlaufstelle für Beanstandungen, Vorschläge und Beschwerden.[1439]

89.4.1 Sprechstunde

Nach § 39 BetrVG kann der Betriebsrat Sprechstunden einrichten. Zeit und Ort sind mit dem Arbeitgeber zu vereinbaren. Kommt mit diesem keine Einigung zustande, entscheidet nach § 39 Abs. 1 Satz 3 BetrVG die Einigungsstelle.

Die Sprechstunden finden grundsätzlich während der Arbeitszeit statt. Zur Arbeitszeit zählen nicht die Pausen. Die Arbeitnehmer des Betriebs sind berechtigt, die Sprechstunden aufzusuchen. Das gilt auch für im Betrieb beschäftigte Leiharbeitnehmer.[1440] Für den Besuch der Sprechstunde darf den Arbeitnehmern kein Arbeitsentgelt abgezogen werden.[1441]

1438 § 80 Abs. 1 Nr. 2a BetrVG.
1439 § 85 Abs. 1 BetrVG.
1440 § 14 Abs. 2 Satz 2 AÜG.
1441 § 39 Abs. 3 BetrVG.

89.4.2 Beschwerdeverfahren

Nach § 85 Abs. 1 BetrVG gehört es zum Beistandsrecht des Betriebsrats, sich mit Beschwerden einzelner Arbeitnehmer zu befassen. Der Betriebsrat ist frei in seiner Entscheidung, ob er eine Beschwerde als berechtigt erachtet. Tut er dies, muss er beim Arbeitgeber auf Abhilfe hinwirken. Eine Einigung bezieht sich auf die Berechtigung oder Nichtberechtigung der Beschwerde. Bei Nichteinigung entscheidet auf Antrag die Einigungsstelle. Diese hat aber nur begrenzte Kompetenzen und darf dem Arbeitgeber insbesondere nicht genau vorschreiben, mit welchen Maßnahmen er konkret der Beschwerde abhilft.[1442] Die Einigungsstelle kann nicht angerufen werden, wenn Gegenstand der Beschwerde ein Rechtsanspruch ist.[1443] Daher kann die Einigungsstelle nicht angerufen werden, wenn es um eine Abmahnung geht.[1444]

89.4.3 Beistand durch den Betriebsrat

In zahlreichen Vorschriften des BetrVG ist dem einzelnen Arbeitnehmer das Recht zuerkannt worden, insbesondere bei Besprechungen mit dem Arbeitgeber ein Mitglied des Betriebsrats hinzuzuziehen. Damit soll dem Arbeitnehmer die Möglichkeit des Beistands durch ein von ihm ausgewähltes Mitglied des Betriebsrats gegeben werden, welches auch berechtigt ist, das Anliegen des Arbeitnehmers gegenüber dem Arbeitgeber zu unterstützen.

89.4.4 Keine Klagebefugnis

Der Betriebsrat ist nicht für die Geltendmachung individueller Ansprüche einzelner Arbeitnehmer gegenüber dem Arbeitgeber zuständig. Es bleibt jedoch jedem Arbeitnehmer unbenommen, ein bestimmtes Betriebsratsmitglied durch rechtsgeschäftliche Vollmachtserteilung zu beauftragen.[1445]

Es gehört jedoch nicht zu den zulässigerweise vom Betriebsrat wahrzunehmenden Aufgaben, in Prozessvertretung einzelner Arbeitnehmer vor dem Arbeitsgericht zu klagen.[1446] Aus dem Überwachungsrecht des Betriebsrats folgt nämlich kein Durchführungsanspruch zugunsten einzelner Arbeitnehmer.[1447] Vielmehr müssen die Arbeitnehmer ihre Ansprüche in individuellen Urteilsverfahren durchsetzen.

1442 BAG, Beschluss v. 25.11.2005, 1 ABR 50/04.
1443 § 85 Abs. 2 Satz 3 BetrVG.
1444 LAG Berlin-Brandenburg, Beschluss v. 15.8.2017, 7 TaBV 860/17.
1445 LAG Berlin, Urteil v 5.10.1987, 9 Sa 72/87.
1446 BAG, Urteil v. 19.5.1983, 6 AZR 290/81.
1447 BAG, Beschluss v. 24.2.1987, 1 ABR 73/84.

90 Betriebsrat: Kosten

Autor: Michael Korinth

Überblick

Der Betriebsrat ist Organ der Betriebsverfassung. Die bei und im Zusammenhang mit der Erfüllung dieser Aufgaben anfallenden notwendigen Kosten hat der Arbeitgeber zu tragen. Dabei ist zwischen den Betriebsparteien häufig streitig, welche Kosten der Betriebsrat als notwendig ansehen durfte.

Die durch die Betriebsratstätigkeit entstehenden Kosten hat ausschließlich der Arbeitgeber zu tragen (§ 40 Abs. 1 BetrVG). Dazu gehören u. a. die Kosten für Schulungs- und Bildungsveranstaltungen. Der Arbeitgeber ist außerdem verpflichtet, in dem erforderlichen Umfang Räume, sachliche Mittel und Büropersonal zur Verfügung zu stellen (§ 40 Abs. 2 BetrVG). Darüber hinaus ist für Zeiten der Arbeitsbefreiung das Arbeitsentgelt fortzuzahlen (§ 37 Abs. 2 Satz 1 BetrVG). Das gilt auch für die Zeit der Teilnahme an Schulungs- und Bildungsveranstaltungen (§ 37 Abs. 6 Satz 1 BetrVG).

Der Betriebsrat verfügt über keine eigene Einnahmequelle. Er ist insbesondere nicht berechtigt, Beiträge zu erheben[1448] und ist auch weder rechtsfähig noch vermögensfähig. Daher ist auch eine Vertragsstrafenvereinbarung zugunsten des Betriebsrats unwirksam[1449], und zwar auch zugunsten Dritter.[1450] Voraussetzung für die Verpflichtung des Arbeitgebers zur Kostentragung ist in jedem Fall, dass sie durch Betriebsratsaufgaben entstehen bzw. entstanden sind und dass der Betriebsrat sie zum Zeitpunkt der Beschlussfassung bei gewissenhafter Abwägung aller Umstände zur ordnungsgemäßen Wahrnehmung von Betriebsratsaufgaben für erforderlich halten durfte.[1451]

Nur unter diesen Bedingungen hat der Betriebsrat gegen den Arbeitgeber einen Anspruch auf Freistellung von den Kosten.

Wenn der Freistellungsanspruch abgetreten wird, wandelt er sich in einen Zahlungsanspruch um. Voraussetzung ist allerdings eine wirksam durch den Betriebsrat beschlossene Abtretung.[1452]

Die Kosten der Ausschüsse des Betriebsrats sind Kosten des Betriebsrats. Kosten durch die Tätigkeit des Betriebsrats liegen auch dann noch vor, wenn der Betriebs-

1448 § 41 BetrVG.
1449 BAG, Beschluss v. 29.9.2004, 1 ABR 30/03.
1450 BAG, Beschluss v. 19.1.2010, 1 ABR 62/08.
1451 BAG, Beschluss v. 20.10.1993, 7 ABR 14/93.
1452 BAG, Beschluss v. 13.5.1998, 7 ABR 65/96.

rat nach der Stilllegung des Betriebs ein Restmandat wahrnimmt.[1453] Der Betriebsrat bleibt überdies in entsprechender Anwendung von § 22 BetrVG, § 49 Abs. 2 BGB auch nach dem Ende seiner Amtszeit befugt, noch nicht erfüllte Kostenerstattungsansprüche gegen den Arbeitgeber weiter zu verfolgen bzw. an den Gläubiger abzutreten.[1454]

90.1 Entgelt der Betriebsratsmitglieder

Die Mitglieder des Betriebsrats werden nach § 37 Abs. 1 BetrVG ehrenamtlich tätig. Werden sie im Einzelfall oder nach § 38 pauschal von der Arbeit freigestellt, gilt während des Freistellungszeitraums im Grundsatz das **Lohnausfallprinzip**.

Ausnahmen sind für Teilzeitbeschäftigte geschaffen worden, damit diese für Betriebsratstätigkeit, die außerhalb ihrer Arbeitszeit anfällt, einen Vergütungsanspruch erwerben können. Fortzuzahlender Lohn sind auch Zuschläge und Zulagen, die zu zahlen gewesen wären, wenn das Betriebsratsmitglied nicht freigestellt gewesen wäre.

90.2 Kosten der Betriebsratstätigkeit

Die Kosten der Betriebsratstätigkeit sind in der Regel nur bei konkretem Nachweis zu zahlen. Mit einer Kostenpauschale kann nur operiert werden, wenn es sich um Fälle handelt, bei denen eine Pauschalierung typisch ist. Der Pauschale müssen allgemeine Erfahrungssätze zugrunde gelegt werden können, nach denen bestimmte Beträge den tatsächlichen Aufwendungen entsprechen und daher angemessen sind, sodass eine Einzelabrechnung unzweckmäßig wäre. Zulässig sind Pauschalen, insbesondere im Bereich der Reisekosten (z. B. Kilometergeldpauschalen). Hier ist es auch statthaft, den Betriebsratsmitgliedern Tage- und Übernachtungsgelder zu zahlen, ohne dass ein Verstoß gegen das Begünstigungsverbot des § 78 Satz 2 BetrVG vorliegen würde. Unzulässig ist hingegen die pauschale Abgeltung von Reisekosten bei der Benutzung von öffentlichen Verkehrsmitteln, weil hier die Beträge eindeutig feststehen.

Anwendung von künstlicher Intelligenz

Durch das Betriebsrätemodernisierungsgesetz[1455] ist § 80 Abs. 3 BetrVG ergänzt worden: Die Hinzuziehung eines Sachverständigen gilt als notwendig, wenn der Betriebsrat die Einführung oder Anwendung von künstlicher Intelligenz beurteilen muss.

1453 § 21b BetrVG.

1454 BAG, Beschluss v. 24.10.2001, 7 ABR 20/00.

1455 Gesetz zur Förderung der Betriebsratswahlen und der Betriebsratsarbeit in einer digitalen Arbeitswelt vom 14.6.2021, in Kraft seit 18.6.2021, BGBl 2021 I, S. 1762 ff., hier Art. 1 Nr. 17.

90.2.1 Geschäftsführungskosten

Zu tragen sind alle Kosten, die im Rahmen des allgemeinen Geschäftsbetriebs anfallen und zur ordnungsgemäßen und sachgerechten Durchführung der Betriebsratsarbeit erforderlich sind.

Bejaht worden ist das durch die Rechtsprechung u. a. für

- Reisekosten, d. h. Kosten für angemessene Unterkunft und Verpflegung, nicht aber für Kosten der persönlichen Lebensführung, wie Getränke und Tabakwaren[1456]; müssen mehrere Betriebsratsmitglieder eine Reise durchführen, sind im Rahmen des Zumutbaren Mitfahrgelegenheiten zu nutzen. Die durch die Benutzung des eigenen Pkw entstandenen Kosten sind nicht erforderlich, wenn die Mitfahrgelegenheit leicht hätte genutzt werden können. Nicht erforderlich sind die Kosten auch dann, wenn der Arbeitgeber für die Reise ein Dienstfahrzeug zur Verfügung stellt. Gilt im Betrieb eine Reisekostenordnung, so muss diese wegen des Begünstigungs- bzw. Benachteiligungsverbots[1457] auch auf Reisen der Betriebsratsmitglieder angewendet werden.[1458]
- Kosten der Rechtsverfolgung, die dem Betriebsrat oder einem Mitglied in amtlicher Eigenschaft[1459] in betriebsverfassungsrechtlichen Angelegenheiten zur Rechtsverfolgung oder zur Rechtsverteidigung entstehen, insbesondere Rechtanwaltsgebühren, wenn der Betriebsrat ihn aufgrund eines ordnungsgemäßen Beschlusses mit seiner Vertretung beauftragt hat[1460], wobei sich der Betriebsrat nicht auf die Inanspruchnahme gewerkschaftlichen Rechtsschutzes verweisen lassen muss[1461]; die Entscheidung des Betriebsrats zur Inanspruchnahme des Rechtsschutzes ist nur auf Rechtsmissbrauch zu überprüfen.[1462]
- Kosten eines Rechtsanwalts zur Wahrnehmung der Rechte in der Einigungsstelle bei Regelungsfragen, die mit schwierigen Rechtsfragen verbunden sind.[1463]
- Kosten eines Rechtsanwalts für die gerichtliche Durchsetzung von Betriebsratsrechten; dabei bedarf die Beauftragung eines Rechtsanwalts eines ordnungsgemäßen Beschlusses des Betriebsrats für jede Instanz.[1464] Der Betriebsrat kann nicht aufgrund eines sogenannten Vorratsbeschlusses im Vorhinein die Einleitung aller möglicher Beschlussverfahren beschließen und eine Art von »Generalvollmacht« erteilen, ohne dass zuvor überhaupt Verhandlungen mit dem Arbeitgeber stattgefunden haben und das Ergebnis dieser Verhandlungen bekannt ist.[1465] Han-

1456 BAG, Beschluss v. 29.1.1974, 1 ABR 41/73; BAG, Beschluss v. 15.6.1976, 1 ABR 81/74.
1457 § 78 Satz 2 BetrVG.
1458 BAG, Beschluss v. 28.3.2007, 7 ABR 33/07.
1459 BAG, Beschluss v. 10.2.1999, 7 ABR 60/97 (Abgrenzung zu privaten Angelegenheiten).
1460 BAG, Beschluss v. 26.1.1987, 6 ABR 7/86.
1461 BAG, Beschluss v. 3.10.1978, 6 ABR 102/76.
1462 LAG Berlin-Brandenburg, Beschluss v. 16.4.2010, 10 TaBV 2577/10.
1463 BAG, Beschluss v. 14.2.1996, 7 ABR 25/95.
1464 BAG, Beschluss v. 18.3.2015, 7 ABR 4/13: s. grundsätzlich BAG, Beschluss v. 8.3.2023, 7 ABR 10/22.
1465 LAG Hamm, Beschluss v. 16.5.2007, 10 TaBV 101/06.

delt zunächst allein der Betriebsratsvorsitzende, so ist die Beauftragung schwebend unwirksam. Sie kann aber genehmigt werden.

- Ein Betriebsratsbeschluss muss vor der Einlegung von Rechtsmitteln gefasst werden. Das Rechtsmittel kann zwar bei entsprechender Verfahrensvollmacht wirksam eingelegt sein, eine Pflicht zur Übernahme der Anwaltskosten wird ohne entsprechenden Beschluss jedoch nicht ausgelöst.[1466]
- Kosten einer Fragebogenaktion, die einen konkreten Bezug zu einer gesetzlichen Aufgabenstellung haben.[1467]

Abgelehnt wurde die Kostentragungspflicht des Arbeitgebers demgegenüber für

- die Herausgabe einer periodisch erscheinenden Betriebszeitung.[1468]
- Kosten für die regelmäßigen Fahrten von seinem Wohnort zum Betriebsratsbüro abzüglich der ersparten Fahrtkosten vom Wohnort zum bisherigen Arbeitsort zu erstatten. Es würde gegen das Begünstigungsverbot verstoßen, wenn dem freigestellten Betriebsratsmitglied Kosten für die regelmäßigen Fahrten vom Wohnort zum Sitz des Betriebsrats als Ort der Leistungserbringung erstattet würden, und zwar auch dann, wenn sich der Sitz des Betriebsrats nicht in der Betriebsstätte befindet, in der das Betriebsratsmitglied seine Arbeitsleistung zu erbringen hätte, wenn es nicht freigestellt wäre.[1469]
- Kosten, die ihre Ursache in der Verfolgung arbeitsvertraglicher Rechte des Betriebsratsmitglieds haben.[1470]
- Kosten rechtsmissbräuchlicher Rechtsverfolgung, d.h. wenn der geltend gemachte Anspruch anerkannt ist oder das Verfahren erkennbar keine Erfolgsaussicht hat oder wenn auf Kostenbelange des Arbeitgebers keine Rücksicht genommen wurde.[1471]
- Kosten, die infolge rechtsmissbräuchlicher Beauftragung eines Rechtsanwalts entstehen.[1472]
- Anwaltskosten, die aufgrund einer Honorarzusage die gesetzliche Vergütung nach dem RVG übersteigen.[1473]

90.2.2 Schulungskosten

Der Arbeitgeber ist verpflichtet, die Kosten erforderlicher Schulungsveranstaltungen zu tragen, § 40 Abs. 1 BetrVG i.V.m. § 37 Abs. 6 Satz 1, Abs. 2 BetrVG. Erforderlich ist

1466 BAG, Beschluss v. 18.3.2015, 7 ABR 4/13.
1467 BAG, Beschluss v. 8.2.1977, 1 ABR 82/74.
1468 BAG, Urteil v. 15.2.1995, 7 AZR 670/94.
1469 BAG, Beschluss v. 13.6.2007, 7 ABR 62/06.
1470 BAG, Beschluss v. 20.1.2010, 7 ABR 68/08.
1471 BAG, Beschlüsse v. 27.8.1991, 7 ABR 72/90 und v. 19.3.2003, 7 ABR 15/02; LAG Niedersachsen, Beschluss v. 29.1.2007, 6 TaBV 66/05.
1472 BAG, Beschluss v. 16.4.1989, 7 ABR 6/88.
1473 BAG, Beschluss v. 20.10.1999, 7 ABR 25/98.

eine Schulungsveranstaltung, wenn das im Rahmen einer Schulungsveranstaltung vermittelte Wissen im Zusammenhang mit einer gesetzlichen Aufgabenstellung des Betriebsrats steht und ein konkreter Schulungsbedarf besteht, d.h. ein aktueller betriebs- oder betriebsratsbezogener Anlass gegeben ist.[1474]

Bei Veranstaltungen, die Grundwissen vermitteln, kann davon regelmäßig ausgegangen werden, sodass es einer näheren Darlegung zur Erforderlichkeit nicht bedarf.[1475]

Erforderlich ist im Übrigen der Erwerb solcher Kenntnisse, die der Betriebsrat unter Berücksichtigung der konkreten betrieblichen Situation und seines Wissensstandes sofort oder aufgrund typischer Fallgestaltungen demnächst zur Bewältigung seiner Aufgaben benötigt, wobei auf die Verhältnisse zum Zeitpunkt des Entsendebeschlusses (dazu unten) abzustellen ist.[1476]

Zu erstatten sind i.d.R. Teilnahmegebühren, Reisekosten, Übernachtungs- und Verpflegungskosten. Der Arbeitgeber ist im Hinblick auf ersparte Aufwendungen berechtigt, ein Fünftel der Verpflegungskosten in Abzug zu bringen.[1477]

Reisekosten sind möglichst niedrig zu halten.

90.3 Kosten des Einigungsstellenverfahrens

In § 76a BetrVG sind die im Zusammenhang mit dem Einigungsstellenverfahren durch den Arbeitgeber zu tragenden Kosten konkret geregelt. Die dem Betrieb angehörenden Mitglieder der Einigungsstelle haben nach Abs. 2 gegen den Arbeitgeber nur einen Anspruch auf Freistellung von der Arbeit unter Fortzahlung der Bezüge. Verweigert der Arbeitgeber dies, muss das einzelne Betriebsratsmitglied im Urteilsverfahren klagen. Die betriebsfremden Mitglieder haben nach Abs. 3 einen Vergütungsanspruch. Streitigkeiten sind im arbeitsgerichtlichen Beschlussverfahren auszutragen. Das gilt insbesondere auch für die Kosten, die einem betriebsfremden Einigungsstellenmitglied bei der Durchsetzung seines Honoraranspruchs entstehen.[1478]

Zu den Kosten des Einigungsstellenverfahrens zählen insbesondere:

Kosten der Durchführung des Verfahrens, Kosten erforderlicher Sachverständiger[1479], Aufwendungen der Mitglieder der Einigungsstelle, Kosten der Entgeltfortzahlung und

1474 BAG, Urteil v. 15.2.1995, 7AZR 670/94.
1475 BAG, Beschluss v. 7.6.1989, 7 ABR 26/88; LAG Berlin-Brandenburg, Beschluss v. 3.5.2010, 10 TaBV 88/13.
1476 BAG, Beschluss v. 19.7.1995, 7 ABR 49/94.
1477 BAG, Beschluss v. 28.6.1995, 7 ABR 55/94.
1478 BAG, Beschluss v. 27.7.1994, 7 ABR 10/93.
1479 BAG, Beschluss v. 13.11.1991, 7 ABR 70/90.

Mehrarbeitsvergütung der betriebsangehörigen Einigungsstellenmitglieder, die für die Zeit der Tätigkeit für die Einigungsstelle anfallen, § 76 a Abs. 2 Satz 1 2. Halbsatz BetrVG i. V. m. § 37 Abs. 2 und 3 BetrVG, Vergütungsanspruch des Vorsitzenden und der außerbetrieblichen Beisitzer.

90.4 Angemessene Ausstattung und Sachaufwand

Damit der Betriebsrat seinen Aufgaben sachgerecht nachkommen kann, muss der Arbeitgeber ihm in dem für die Geschäftsführung erforderlichen Umfang Räume, sachliche Mittel und gegebenenfalls auch Büropersonal zur Verfügung stellen.[1480] Das Ausmaß dieser Verpflichtung richtet sich insbesondere nach der Größe des Betriebsrats und nach der Eigenart der regelmäßig im Betrieb anfallenden Betriebsratsaufgaben. Der Betriebsrat hat gegen den Arbeitgeber grundsätzlich nur einen Überlassungsanspruch, ausnahmsweise aber auch einen Aufwendungsersatzanspruch, wenn der Arbeitgeber seinen Pflichten nicht nachkommt.

90.4.1 Gestellung von Büroräumen

Der Betriebsrat hat ein Recht auf eigene Büroräume. Der Raum muss verschließbar sein.[1481] Lediglich in Kleinbetrieben kann der Betriebsrat darauf verwiesen werden, dass ihm jeweils für die Dauer von Sitzungen allgemein genutzte Räume zur Verfügung gestellt werden. Es muss jedoch in jedem Fall ein abschließbarer Schrank für die Betriebsratsunterlagen vorhanden sein, auf den nur Betriebsratsmitglieder Zugriff haben.

Zu den Büroräumen gehört auch das entsprechende Mobiliar, insbesondere Schreibtische, Stühle und verschließbare Aktenschränke. Dabei müssen insbesondere Bürostühle nicht nur den allgemeinen Anforderungen an die Sicherheit, sondern auch die Bequemlichkeit genügen.[1482]

Dem Betriebsrat steht an den ihm zur Verfügung gestellten Räumlichkeiten das Hausrecht zu.[1483]

Aus dem Hausrecht folgt, dass der Betriebsrat berechtigt ist, seine auf Dauer zur Verfügung gestellten Räume abzuschließen.

1480 § 40 Abs. 2 BetrVG.
1481 LAG Schleswig-Holstein, Beschluss v. 19.9.2007, 6 TaBV 14/07.
1482 LAG Nürnberg, Beschluss v. 10.12.2002, 2 TaBG 20/02.
1483 Hessisches LAG, Beschluss v. 14.1.2019, 16 TaBVGa 6/19.

90.4.2 Gestellung von Kommunikationsmitteln

Zur büromäßigen Grundausstattung gehört jedenfalls in Betrieben mit einem mehrköpfigen Betriebsrat ein eigener Telefonanschluss.[1484] Der Gesamtbetriebsrat hat einen Anspruch auf Freischaltung der in seinem Büro und in betriebsratslosen Filialen vorhandenen Telefone zum Zweck der wechselseitigen Erreichbarkeit.[1485]

Weitere Kommunikationsmittel

Wichtigstes Forum für den Dialog zwischen Betriebsrat und Belegschaft ist die Betriebsversammlung. Neben der Information in der Betriebsversammlung kommt in Großbetrieben die Herausgabe eines regelmäßigen eigenen Informationsblatts des Betriebsrats in Betracht. Ist ein elektronisches Bürokommunikationssystem vorhanden, so muss dieses Informationssystem dem Betriebsrat zumindest dann zur Verfügung gestellt werden, wenn z. B. bei plötzlichen Verlegungen von Betriebsversammlungen die Arbeitnehmer nicht auf andere Weise benachrichtigt werden können.[1486]

In allen Betrieben ist dem Betriebsrat die Möglichkeit der Unterrichtung der Belegschaft durch Anschläge am schwarzen Brett zu geben. Der Arbeitgeber hat dem Betriebsrat im Rahmen seines Kommunikationsrechtes für seine Bekanntmachungen ein oder mehrere »Schwarze Bretter« gemäß § 40 Abs. 2 BetrVG zur Verfügung zu stellen. Bei der Auswahl der Standorte ist zu berücksichtigen, dass alle Arbeitnehmer des Betriebes ohne Umwege von den Bekanntmachungen des Betriebsrats Kenntnis erlangen können.[1487]

Welche Anschläge an das schwarze Brett kommen, entscheidet der Betriebsrat selbstständig.[1488]

Der Betriebsrat eines Großbetriebes kann im Rahmen seiner Kommunikationsrechte schriftliche Mitteilungen an die Belegschaft richten, wenn ein besonderes Informationsbedürfnis vorliegt und sich die Kostenbelastung des Arbeitgebers in Grenzen hält. Dabei sind als Maßstab auch die Kosten einer potenziell stattfindenden außerordentlichen Betriebsversammlung heranzuziehen.[1489]

1484 BAG, Beschluss v. 8.3.2000, 7 ABR 73/98.
1485 BAG, Beschluss v. 9.12.2009, 7 ABR 46/08.
1486 BAG, Beschluss v. 17.2.1993, 7 ABR19/92.
1487 BAG, Beschluss v. 21.11.1978, 6 ABR 85/76.
1488 LAG Hamburg, Beschluss v. 6.6.1977, 2 TaBV 7/76.
1489 BAG, Beschluss v. 21.11.1978, 6 ABR 85/76.

90.4.3 Ausstattung mit Fachliteratur

Der Betriebsrat hat einen Anspruch darauf, dass der Arbeitgeber ihm im erforderlichen Umfang Fachbücher zur Verfügung stellt. Grundsätzlich ist jedem Betriebsrat unabhängig von seiner Größe mindestens ein Kommentar zum BetrVG als Grundausstattung zu überlassen.[1490] Die vom Arbeitgeber zu überlassenden Kommentare müssen sich jeweils auf dem neuesten Stand befinden. Erscheint eine Neuauflage, ist der Arbeitgeber auf Wunsch des Betriebsrats verpflichtet, diese zu beschaffen oder nach Wahl des Betriebsrats den Kommentar anderer Autoren zu besorgen, wenn deren Werk vom Betriebsrat als geeigneter angesehen wird.[1491]

90.4.4 EDV-Ausstattung

Ein PC ist ein erforderliches Arbeitsmittel des Betriebsrats.[1492] Dies gilt insbesondere auch angesichts des Anspruchs des Betriebsrats auf Einrichtung eines nicht personalisierten Internet-Zugangs.[1493]

90.5 Kosten der Betriebsratswahl

Die Kosten der Wahl trägt der Arbeitgeber, § 20 Abs. 3 Satz 1 BetrVG. Zu diesen Kosten können auch die notwendigen außergerichtlichen Kosten eines Wahlanfechtungsverfahrens gehören.[1494] Dies gilt jedoch nicht, wenn das Verfahren aussichtslos ist.[1495]

1490 LAG Hessen, Beschluss v. 2.12.1993, 12 TaBV 75/93.
1491 BAG, Beschluss v. 26.10.1994, 7 ABR 15/94.
1492 BAG, Beschluss v. 11.11.1998,7 ABR 57/98.
1493 BAG, Beschluss v. 18.7.2012, 7 ABR 23/11.
1494 BAG, Beschluss v. 7.7.1999, 7 ABR 4/98; LAG Hamm, Beschluss v. 10.12.2013, 7 TaBV 85/13.
1495 LAG Köln, Beschluss v. 15.1.2014, 11 TaBV 48/13.

91 Gewerkschaften im Betrieb

Autor: Dr. Carsten Teschner

Überblick

Das Betriebsverfassungsgesetz (BetrVG) hat den Gewerkschaften ausdrückliche Aufgaben nur innerhalb der Betriebsverfassung zugewiesen. Dies sind im Wesentlichen Initiativrechte bei der erstmaligen Bildung eines Betriebsrats oder Einberufung einer Betriebsversammlung. Daneben können sie die Betriebsverfassungsorgane bei der laufenden Arbeit unterstützen sowie bestimmte Überwachungsrechte bei Pflichtverletzungen von Arbeitgeber und Betriebsrat wahrnehmen. Ihre rechtlichen Möglichkeiten zur Reaktion auf Eingriffe der Betriebsparteien in Bereiche, die bereits durch Tarifvertrag geregelt oder einer Regelung durch Tarifvertrag vorbehalten sind, werden durch das BetrVG und die Rechtsprechung begrenzt. Außerhalb der Betriebsverfassung haben sie kein allgemeines Zugangsrecht zum Betrieb, ein solches besteht nur innerhalb der gesetzlichen Aufgabenstellung nach dem BetrVG. Andererseits werden den Gewerkschaften trotz fehlender gesetzlicher Regelungen auf der Grundlage der grundgesetzlich garantierten Koalitionsfreiheit (Art. 9 Abs. 3 GG) Betätigungsmöglichkeiten im Betrieb zugestanden. Der Arbeitgeber muss Werbemaßnahmen der Gewerkschaft und die Tätigkeit von gewerkschaftlichen Vertrauensleuten in bestimmten Grenzen hinnehmen.

91.1 Gewerkschaftliche Rechte innerhalb der Betriebsverfassung

Durch das BetrVG wird die Aufgabenverteilung zwischen Gewerkschaft und Betriebsrat gesetzlich voneinander abgegrenzt. Sie hat kein allgemeines Zugangsrecht zu den im Betrieb beschäftigten Arbeitnehmern. Ein solches besteht nur, soweit sie ihre im Betriebsverfassungsgesetz aufgeführten Aufgaben wahrnimmt. Die vorrangige Aufgabe der Gewerkschaft liegt in ihrem Überwachungsrecht und der Unterstützung des Betriebsrats bzw. seiner Ausschüsse bei der gesetzlichen Aufgabenerfüllung.

Die betriebsverfassungsrechtlichen Gewerkschaftsrechte setzen stets voraus, dass sie durch eine »echte«, d. h. vor allem tariffähige Gewerkschaft geltend gemacht werden. Andere Arbeitnehmervereinigungen, denen es an der zur Tariffähigkeit erforderlichen sozialen Mächtigkeit fehlt, können keine Gewerkschaftsrechte des BetrVG in Anspruch nehmen.[1496]

1496 BAG, Beschluss v. 19.9.2006, 1 ABR 53/05.

91.1.1 Zugangsrecht zum Betrieb

Ein allgemeines und an keine weiteren Voraussetzungen gebundenes Zutrittsrecht der Gewerkschaft bzw. ihrer Beauftragten besteht nach der gegenwärtigen Gesetzeslage und Rechtsprechung nicht.

Die einzige gesetzliche Regelung des Zugangsrechts ist in § 2 Abs. 2 BetrVG enthalten. Danach ist einem Beauftragten einer im Betrieb vertretenen Gewerkschaft nach Unterrichtung des Arbeitgebers lediglich zur Wahrnehmung der im BetrVG genannten Aufgaben und Befugnisse Zugang zum Betrieb zu gewähren.

Umfang des Zutrittsrechts

Durch die Regelung in § 2 Abs. 2 BetrVG hat der Gesetzgeber den Gewerkschaften kein allgemeines Zugangsrecht zum Betrieb bzw. Aufsuchen der im Betrieb beschäftigten Arbeitnehmer verliehen, sondern nur eines, das zweckgebunden an die Aufgabenerfüllung der Gewerkschaften nach dem Betriebsverfassungsgesetz anknüpft. Das Zutrittsrecht besteht nur insoweit, als es zur Wahrnehmung der im Betriebsverfassungsgesetz genannten Aufgaben und Befugnisse der im Betrieb vertretenen Gewerkschaften dient.[1497] Durch das Zugangsrecht werden zwar Hausrecht und Eigentum des Betriebsinhabers beschränkt, wogegen aber keine durchgreifenden verfassungsrechtlichen Bedenken bestehen.[1498]

Ein weitergehendes allgemeines Zutrittsrecht der Gewerkschaft bzw. eines ihrer Beauftragten besteht jedenfalls nach den bisher ergangenen Entscheidungen des Bundesverfassungsgerichts nicht. Das Gericht hat es in einer älteren Entscheidung abgelehnt, aus der verfassungsrechtlich gewährleisteten Koalitionsfreiheit ein einschränkungsloses Zutrittsrecht betriebsfremder Gewerkschaftsbeauftragter herzuleiten.[1499]

Durch Art. 9 Abs. 3 GG wird jedoch jegliche koalitionsgemäße Betätigung der Gewerkschaften im Bereich der Arbeits- und Wirtschaftsbedingungen geschützt. Die Beschränkung des Grundrechtsschutzes auf den Kernbereich koalitionsgemäßer Betätigung, der für ihren Bestand unerlässlich ist, wurde vom BVerfG ausdrücklich aufgegeben.[1500] Entscheidend ist vielmehr, ob für ein bestimmtes Verhalten der Gewerkschaft überhaupt Grundrechtsschutz besteht und entgegenstehende Grundrechtspositionen Dritter, regelmäßig des betroffenen Arbeitgebers, bestehen. Es sind daher kaum Fälle denkbar, in denen Gerichte ein einschränkungsloses Zutrittsrecht der Gewerkschaft bejahen werden. Vielmehr ist im Einzelfall nach Abwägung der bei-

1497 BAG, Beschluss v. 26.6.1973, 1 ABR 24/72.
1498 BVerfG, Beschluss v. 14.10.1976, 1 BvR 19/73.
1499 BVerfG, Beschluss v. 17.2.1981, 2 BvR 384/78.
1500 BVerfG, Beschluss v. 14.11.1995, 1 BvR 601/92.

derseitigen Interessen zu entscheiden, mit welchem Ziel die Gewerkschaft bzw. einer ihrer Beauftragten den Betrieb betreten will und inwieweit hierdurch die wirtschaftliche Betätigungsfreiheit des Arbeitgebers beeinträchtigt wird.

Ausübung des Zutrittsrechts

Das sich aus § 2 Abs. 2 BetrVG ergebene Zugangsrecht wird durch einen Beauftragten der Gewerkschaft ausgeübt. Dabei bestimmt die Gewerkschaft selbst, welche Person das Zutrittsrecht wahrnehmen soll. Dies können sowohl Gewerkschaftsangestellte (z. B. Gewerkschaftssekretäre) aber auch ein anderer in einem anderen Betrieb oder Unternehmen beschäftigter Arbeitnehmer sein.[1501]

Einer vorherigen Zustimmung des Arbeitgebers bedarf der entsandte Gewerkschaftsbeauftragte vor Ausübung seines Zutrittsrecht nicht. Der Arbeitgeber muss aber rechtzeitig von dem bevorstehenden Besuch unterrichtet werden.

Die Benachrichtigung muss weiter die Person bezeichnen, die von der Gewerkschaft in den Betrieb entsandt wird und Zeit und Ort der bevorstehenden Visite angeben. Grundsätzlich hat der Gewerkschaftsvertreter ein Zutrittsrecht zu den Räumlichkeiten im Betrieb, die zur Wahrung seiner gesetzlichen Aufgaben notwendig sind.

Unterschiedliche Anforderungen bestehen bei der Bekanntgabe des **Grunds für den Zutritt**. Nimmt der Gewerkschaftsbeauftragte auf Einladung des Betriebsrats an einer **Betriebsratssitzung** im Betrieb teil, so muss dem Arbeitgeber die ausgesprochene Einladung zur Sitzung mitgeteilt werden. Zu welchem Sitzungsgegenstand der Beauftragte vom Betriebsrat hinzugezogen wird, muss dem Arbeitgeber dagegen nicht mitgeteilt werden. Dies folgt aus § 31 BetrVG, der die Hinzuziehung des Vertreters einer im Betriebsrat vertretenen Gewerkschaft zu einer Betriebsratssitzung ohne Einschränkung zulässt. Wird der Beauftragte zur **Unterstützung des Betriebsrats** auf dessen Verlangen hin tätig, so ist dem Arbeitgeber **stichwortartig** die Angelegenheit zu beschreiben, in der vom Betriebsrat die Hilfe des externen Gewerkschaftsvertreters erbeten wird.

Eine vergleichbare Auskunftspflicht trifft die Gewerkschaft, wenn ihr Beauftragter zur Wahrnehmung eigener, der Gewerkschaft durch das BetrVG verliehenen Rechte (Vorbereitung der Betriebsratswahl, Besuch einer Betriebsversammlung) den Betrieb betritt. Auch hier muss der Arbeitgeber vor dem Besuch die Möglichkeit zur Prüfung haben, ob die Voraussetzungen für den Zutritt erfüllt sind.

1501 BAG, Urteil v. 14.2.1978, 1 AZR 280/77.

Durchsetzung des Zutrittsrechts

Der Gewerkschaftsbeauftragte kann sein Zutrittsrecht gerichtlich im Beschlussverfahren durchsetzen. Eigenmächtig darf das Zutrittsrecht nicht durchgesetzt werden.

In besonders eiligen Fällen (Zutritt zu einer bevorstehenden Betriebsversammlung) kommt auch der Erlass einer einstweiligen Verfügung in Betracht. Ein sog. Verfügungsgrund (Eilbedürftigkeit) wird nur gegeben sein, wenn der Arbeitgeber der Gewerkschaft generell den Zutritt verwehrt, nicht aber, wenn der Arbeitgeber nur einen bestimmten Gewerkschaftssekretär nicht in den Betrieb lassen will.[1502]

Verweigerung des Zutritts durch den Arbeitgeber

Der Arbeitgeber muss den Zutritt eines Gewerkschaftsbeauftragten im Rahmen des § 2 Abs. 2 BetrVG grundsätzlich dulden. Dies gilt nur dann nicht, wenn die Voraussetzungen für das Zutrittsrecht nicht vorliegen.

Beispiel: Zutrittsverweigerung

Ein externer Gewerkschaftsvertreter will an einer anberaumten Sitzung des Betriebsrats teilnehmen. Nach § 31 BetrVG kann ein Beauftragter einer im Betriebsrat vertretenen Gewerkschaft auf Antrag von einem Viertel der Mitglieder oder der Mehrheit einer Gruppe des Betriebsrats an den Sitzungen beratend teilnehmen. Der Arbeitgeber kann die Vorlage des Betriebsratsbeschlusses verlangen. Er kann den Zutritt zum Betriebsgelände verweigern, wenn es an der erforderlichen Mehrheit für die Hinzuziehung des Beauftragten fehlt, oder die Sitzung ausfällt, bzw. verlegt ist.

Eine Ausnahme von der Duldungspflicht des Arbeitgebers besteht darüber hinaus bei

- entgegenstehenden zwingenden Sicherheitsvorschriften oder bei unverhältnismäßigen Betriebsablaufstörungen;
- einer bestehenden Gefährdung von Betriebs- und Geschäftsgeheimnissen;
- Störung des Betriebsfriedens;
- Arbeitskämpfen.

Das Zutrittsrecht ist eingeschränkt, wenn aufgrund von gesetzlichen oder Sicherheitsvorschriften der Berufsgenossenschaften bestimmte Arbeitsbereiche nicht betreten werden können.

Beispiel: Eingeschränktes Zutrittsrecht

In einem Krankenhaus dürfen bestimmte Bereiche nur von Personen betreten werden, die bestimmte hygienische oder medizinische Voraussetzungen erfüllen.

1502 ArbG Aachen, Beschluss v. 8.11.2012, 9 BVGa 11/12.

Nach § 2 Abs. 2 BetrVG besteht das Zugangsrecht dann nicht, wenn der Schutz von Betriebsgeheimnissen dem entgegensteht. Diese Einschränkung hat allerdings keine praktische Bedeutung, weil auch externe Gewerkschaftsvertreter der besonderen Verschwiegenheitspflicht für Betriebsverfassungsorgane und deren Hilfspersonen in § 79 Abs. 2 BetrVG unterliegen.

Der Arbeitgeber kann einen Gewerkschaftsbeauftragten zurückweisen, wenn dieser sich grob pflichtwidrig verhält, etwa den Betriebsfrieden stört oder seine Befugnisse überschreitet. Jedoch reicht zur Störung des Betriebsfriedens nicht jede Unruhe unter der Belegschaft aus, vielmehr muss das Verhalten des Beauftragten ursächlich für ernsthafte und zeitlich erhebliche Auseinandersetzungen unter einzelnen Arbeitnehmern sein. Allerdings verfällt das Zutrittsrecht der Gewerkschaft in diesem Fall nicht, sie kann dann einen anderen Beauftragten entsenden.

Während eines Arbeitskampfs kann das Zutrittsrecht der Gewerkschaft bzw. ihres Beauftragten eingeschränkt sein, wenn hierdurch die Kampfparität zwischen den Tarifvertragsparteien bzw. einzelner Mitglieder des Arbeitgeberverbands beeinträchtigt wird. Allerdings dürfte es nicht zulässig sein, einem Gewerkschaftsbeauftragten ein Zutrittsrecht während eines Arbeitskampfs generell zu versagen. Vielmehr müssen tatsächliche Anhaltspunkte für ein rechtsmissbräuchliches Verhalten vorliegen.[1503]

Beispiel: Kein rechtsmissbräuchliches Verhalten

Ein Gewerkschaftsvertreter wird während des Arbeitskampfs zu einer Betriebsratssitzung eingeladen. Er nutzt in Übereinstimmung mit dem Betriebsrat diese Gelegenheit, um sich im Betrieb über die Auswirkungen des Arbeitskampfs und Möglichkeiten für eine geplante Ausweitung des Streiks zu informieren.

91.1.2 Betriebsratswahl: Unterstützungs- und Kontrollfunktion

Der Gesetzgeber hat den Gewerkschaften bei der Wahl des Betriebsrats eine Unterstützungs- und Kontrollfunktion verliehen. Ihre wesentlichen Aufgaben sind dabei:

- Initiativrecht zur Betriebsratswahl bei betriebsratslosem Betrieb (Einladung zur Betriebsversammlung, gerichtliche Bestellung des Wahlvorstands);
- Abgabe von Wahlvorschlägen;
- Entsendungsrecht eines Vertreters in den Wahlvorstand;
- Antrag auf gerichtliche Ersatzbestellung bei untätigem Wahlvorstand;
- Feststellung der Zuordnung von Betriebsteilen und Nebenbetrieben;
- Anfechtung der durchgeführten Betriebsratswahl.

1503 Vgl. auch Hessisches LAG, Beschluss v. 3.2.2011, 9 TaBV 137/10.

91.1.3 Unterstützung des Betriebsrats bzw. seiner Ausschüsse

Eine wesentliche Aufgabe der Gewerkschaften besteht in ihrer Unterstützung der Betriebsratstätigkeit. Allerdings besteht keine Verpflichtung des Betriebsrats, sich überhaupt oder vorrangig der Unterstützung eines Gewerkschaftsbeauftragten zu bedienen. Ob der Betriebsrat sich der Hilfe eines Beauftragten einer Gewerkschaft bedient, steht in seinem Ermessen.

Betriebsratssitzungen sind grundsätzlich nichtöffentlich. Nach § 31 BetrVG kann aber ein Beauftragter einer im Betriebsrat vertretenen Gewerkschaft auf Antrag von einem Viertel der Mitglieder oder der Mehrheit einer Gruppe des Betriebsrats an den Sitzungen beratend teilnehmen. Der Betriebsrat kann auch in seiner Geschäftsordnung allgemein regeln, dass den im Betriebsrat vertretenen Gewerkschaften ein generelles Teilnahmerecht an den Betriebsratssitzungen zusteht.[1504] Im Gegensatz zu § 2 Abs. 2 BetrVG verlangt § 31 BetrVG aber, dass die Gewerkschaft nicht nur im Betrieb, sondern auch im Betriebsrat vertreten ist, d. h. eines der Betriebsratsmitglieder muss ihr angehören.

Auf Wunsch des Betriebsrats kann ein Gewerkschaftsbeauftragter diesen auch bei der Abhaltung einer **Sprechstunde**[1505] unterstützen.

91.1.4 Betriebsversammlung

Nach § 46 Abs. 1 BetrVG können Beauftragte der im Betrieb vertretenen Gewerkschaften an Betriebs- bzw. Abteilungsversammlungen beratend teilnehmen. Das Teilnahmerecht besteht unabhängig von einer Einladung durch den Betriebsrat oder einer Gestattung durch den Arbeitgeber. Für Abteilungsversammlungen besteht ein Teilnahmerecht auch dann, wenn die Gewerkschaft nicht der Abteilung, wohl aber im Betrieb vertreten ist. Nicht tariffähige Arbeitnehmerkoalitionen haben keinen Anspruch auf Teilnahme. Sie können aber Anspruch auf Zutritt gegen den Arbeitgeber (nicht Betriebsrat!) zwecks Mitgliederwerbung haben.[1506]

Wie bei der Ausübung des Zugangsrechts nach § 2 Abs. 2 BetrVG bestimmt die Gewerkschaft selbst, wen und wie viele Beauftragte sie zu der Betriebsversammlung entsendet. Der Arbeitgeber kann die Teilnahme eines bestimmten Gewerkschaftsvertreters an einer Betriebsversammlung nur unter den Voraussetzungen des § 2 Abs. 2 BetrVG – etwa bei bevorstehenden Störungen des Betriebsfriedens – untersagen.[1507]

1504 BAG, Beschluss v. 28.2.1990, 7 ABR 22/89.
1505 § 39 BetrVG.
1506 BAG, Beschluss v. 22.5.2012, 1 ABR 11/11.
1507 BAG, Beschluss v. 14.2.1967, 1 ABR 7/66.

Beispiel: Bevorstehende Störung des Betriebsfriedens

Bei der letzten Betriebsversammlung zum Personalabbau ist es durch die aufrührerischen Redebeiträge des Gewerkschaftsfunktionärs A zu Unruhe unter der Belegschaft gekommen, die zu tumultartigen Szenen geführt haben. Bei der bevorstehenden Betriebsversammlung soll dieses Thema wieder Gegenstand der Tagesordnung sein. Hier kann der Arbeitgeber verlangen, dass nicht A, sondern ein anderer Gewerkschaftsbeauftragter an der Betriebsversammlung teilnimmt. Entsendet die Gewerkschaft dennoch wieder A, kann der Arbeitgeber diesem wegen der Regelung in § 2 Abs. 2 BetrVG den Zutritt zum Betriebsgelände verweigern.

Der Beauftragte der im Betrieb vertretenen Gewerkschaft hat Rederecht auf der Betriebsversammlung. Im Rahmen seiner Stellungnahme kann er auch auf überbetriebliche Fragen (Tarifforderungen der Gewerkschaft, Abschluss eines Tarifvertrages) eingehen, soweit sie in einem sachlichen Zusammenhang mit dem von ihm besuchten Betrieb stehen.[1508] Er kann jedoch keine Anträge stellen und darf an Abstimmungen nicht teilnehmen.

Das Zutrittsrecht der Gewerkschaft bzw. ihres Beauftragten entfällt nicht, weil der Betriebsrat die Unterrichtung über die Betriebsversammlung unterlässt. Erhält sie auf andere Weise Kenntnis von der Veranstaltung, so ist einem entsandten Gewerkschaftsbeauftragten dennoch Zutritt zum Betrieb zu gewähren.

91.1.5 Überwachungsrechte

Das Betriebsverfassungsgesetz (BetrVG) hat der im Betrieb vertretenen Gewerkschaft **kein allgemeines Eingriff- und Überwachungsrecht** eingeräumt, insbesondere fehlt ihr die Möglichkeit, Rechte des Betriebsrats im eigenen Namen gegenüber dem Arbeitgeber gerichtlich und außergerichtlich geltend zu machen (sog. **Prozessstandschaft**). Auch hat sie keine Möglichkeit, die Einhaltung von Arbeitsschutzvorschriften, individualrechtlichen Vereinbarungen oder tariflichen Rechten für die Arbeitnehmer einzuklagen.[1509] Neben den bereits dargestellten Überwachungsrechten bei der Betriebsratswahl und der Einberufung von Betriebs- bzw. Abteilungsversammlungen kann sie nur dann eingreifen, wenn entweder Arbeitgeber oder Betriebsrat die sich aus der Betriebsverfassung ergebenen Pflichten grob verletzen.[1510]

1508 BAG, Beschluss v. 14.2.1967, 1 ABR 7/66.
1509 BAG, Urteil v. 17.5.2011, 1 AZR 473/09.
1510 § 23 BetrVG.

Beispiel: Grobe Störung der Betriebsverfassung

Ein Arbeitgeber ordnet mehrfach für eine Betriebsabteilung Überstunden an, ohne den Betriebsrat zu beteiligen. Bei der vorübergehenden Verlängerung der betriebsüblichen Arbeitszeit – hierzu zählt die Leistung von Überstunden – hat der Betriebsrat ein Mitbestimmungsrecht nach § 87 Abs. 1 Nr. 3 BetrVG. Die Anordnung von Mehrarbeit ist erst nach der vorherigen Genehmigung des Betriebsrats zulässig. Hier kann nicht nur der Betriebsrat, sondern auch die Gewerkschaft nach § 23 Abs. 3 BetrVG die zukünftige Unterlassung des mitbestimmungswidrigen Verhaltens des Arbeitgebers erzwingen.

Allerdings kann die Gewerkschaft nicht unter Hinweis auf ihre sich aus § 23 BetrVG ergebenden Überwachungsrechte Zutritt zum Betriebsgelände verlangen.

Abwehr tarifwidriger Betriebsvereinbarungen

Gegen Betriebsvereinbarungen, die entgegen § 77 Abs. 3 BetrVG gegen den Vorrang des Tarifvertrags verstoßen, kann sich eine Gewerkschaft aber dennoch zur Wehr setzen.

Das Anliegen der Gewerkschaft ergibt sich aus der drohenden Aushöhlung der abgeschlossenen Tarifverträge durch Betriebsvereinbarungen, deren Inhalt in Konkurrenz zu dem eines Tarifvertrags steht. Würden solche Betriebsvereinbarungen in größerer Zahl von den Betriebsparteien praktiziert, so würde letztlich der Tarifvertrag leer laufen und die Funktion der Tarifvertragsparteien (Gewerkschaften und Arbeitgeberverbände) infrage gestellt.

91.2 Rechtsstellung außerhalb der Betriebsverfassung

Die Rechte der Gewerkschaften außerhalb der Betriebsverfassung sind gesetzlich nicht geregelt und im Wesentlichen von den Gerichten aus der verfassungsrechtlichen gewährleisteten Koalitionsfreiheit des Art. 9 Abs. 3 GG entwickelt worden. Die wichtigsten Rechte stellen ihre Möglichkeit zur Werbung im Betrieb sowie die Tätigkeit der gewerkschaftlichen Vertrauensleute dar.

Nachdem das BAG den sog. Grundsatz der Tarifeinheit aufgegeben hatte[1511], gilt seit 10.7.2015 nach dem neuen § 4 a TVG eine gesetzliche Tarifeinheit.[1512] Danach kommt nach dem Mehrheitsprinzip grundsätzlich der Tarifvertrag der mitgliederstärksten Gewerkschaft in einem Betrieb zur Anwendung. Flankiert wird die Regelung durch ein Anhörungs- und durch ein Nachzeichnungsrecht der kleineren Gewerkschaft.

1511 BAG, Beschlüsse v. 23.6.2010, 10 AS 2/10 und 10 AS 3/10 und v. 27.1.2010, 4 AZR 537/08 (A) und 4 AZR 549/08 (A).

1512 Gesetz zur Tarifeinheit v. 22.5.2015, BGBl 2015 I Nr. 28 v. 9.7.2015.

91.2.1 Werbung der Gewerkschaften

Zur Sicherung und Stärkung ihrer Verhandlungspositionen gegenüber den Arbeitgebern bzw. Arbeitgeberverbänden sind die Gewerkschaften bei der Gewinnung neuer Mitglieder auf Werbemaßnahmen innerhalb der Betriebe angewiesen. Zulässigkeit und Grenzen gewerkschaftlicher Werbemaßnahmen sind wegen des Fehlens gesetzlicher Regelungen nahezu ausschließlich richterrechtlich entwickelt worden.

Die Werbung von Mitgliedern durch die Gewerkschaften gehört nach heute unbestrittener Ansicht zu den sich aus Art. 9 Abs. 3 GG ergebenen Rechten einer Arbeitnehmerkoalition. Durch die Werbung neuer Mitglieder sichern sie ihren Fortbestand, da von der Mitgliederzahl letztlich ihre Verhandlungsstärke abhängt. Jedoch wird nicht nur die Gewerkschaft, sondern auch das einzelne Mitglied einer Arbeitnehmerkoalition durch Art. 9 Abs. 3 GG geschützt, wenn es unter anderen Arbeitskollegen neue Mitglieder zu gewinnen sucht. Dieses Grundrecht ist in einen angemessenen Ausgleich zu den Grundrechten des Arbeitgebers als Eigentümer der Betriebsstätte gemäß Art. 13, 14 Abs. 1 GG zu bringen (sog. »praktische Konkordanz«).[1513] Deshalb kann z. B., ein Zutrittsrecht der Gewerkschaft zwecks Mitgliederwerbung für bestimmte Betriebsbereiche ausgeschlossen sein, in denen Störungen des Betriebsablaufs eintreten, wenn andere, geeignete Räumlichkeiten für eine Werbeveranstaltung im Betrieb zur Verfügung stehen.[1514]

Beispiel: Zulässige Werbung

Ein gewerkschaftsangehöriger Arbeitnehmer verteilt in der Mittagspause Gewerkschaftszeitschriften zu Werbezwecken an Arbeitskollegen und versucht, sie zum Beitritt zu bewegen. Der Arbeitgeber mahnt ihn deshalb ab und untersagt ihm zukünftig, die Kantine mit dem Ziel zu betreten, an Dritte Gewerkschaftszeitungen zu verteilen. Da die Werbung zulässig war, sind die ausgesprochene Abmahnung und das (bedingte) Hausverbot für die Kantine wegen Verstoß gegen Art. 9 Abs. 3 GG unwirksam.

Von dem Schutzbereich des Art. 9 Abs. 3 GG erfasst sind auch Aushänge und Prospektmaterial, in denen auf die mit der Gewerkschaftsmitgliedschaft verbundenen satzungsgemäßen Leistungen und sonstige Vorteile wie etwa den Arbeits-, Sozial- und Familienrechtsschutz sowie Vergünstigungen beim Abschluss bestimmter Versicherungen bzw. Mitgliedschaft in einem Automobilclub hingewiesen wird.[1515]

Eine tarifzuständige Gewerkschaft darf sich überdies an Arbeitnehmer über deren betriebliche E-Mail-Adressen mit Werbung und Informationen wenden. Dies gilt auch,

1513 BAG, Urteil v. 22.6.2010, 1 AZR 179/09; BAG, Beschluss v. 28.7.2020, 1 ABR 41/18.
1514 LAG Berlin-Brandenburg, Urteil v. 3.8.2011, 4 Sa 839/11.
1515 BAG, Urteil v. 30.8.1983, 1 AZR 121/81.

wenn der Arbeitgeber den Gebrauch der E-Mail-Adressen zu privaten Zwecken untersagt hat.

Verfassungsrechtlich anerkannt ist das Recht der Gewerkschaften, vor Betriebs- bzw. Personalratswahlen für Kandidaten einer von ihnen getragenen Liste zu werben. Dieses Recht besteht nicht nur außerhalb, sondern im Rahmen der Verhältnismäßigkeit auch innerhalb der Arbeitszeit.[1516] Aber auch unabhängig von anstehenden Wahlen zu Betriebsverfassungsorganen besteht ein Anspruch der Gewerkschaften auf Mitgliederwerbung. Ohne Bedeutung ist ebenfalls, ob im Betrieb überhaupt ein Betriebsrat besteht.

Die Werbemaßnahmen müssen nicht durch betriebsangehörige Arbeitnehmer erfolgen, auch externe Gewerkschaftsbeauftragte können zur Mitgliederwerbung Zutritt zum Betrieb verlangen.[1517]

Die Werbung durch Betriebsratsmitglieder ist grundsätzlich zulässig. Allerdings sind sie bei ihrer Amtsausübung durch § 75 Abs. 1 BetrVG zur verbandspolitischen Neutralität verpflichtet und dürfen ihre Amtsstellung nicht benutzen, um neue Mitglieder für ihre Gewerkschaft zu werben. Betriebsratsmitglieder dürfen daher als Gewerkschaftsmitglieder zwar im Rahmen der Koalitionsfreiheit Werbung für die Mitgliedschaft betreiben. Sie dürfen hierbei jedoch nicht die Objektivität und Neutralität ihrer Amtsführung aufgeben und nicht Arbeitnehmer wegen deren gewerkschaftlicher Einstellung bevorzugen oder benachteiligen.

Form und Grenzen gewerkschaftlicher Werbung

Bei der Festlegung der Grenzen gewerkschaftlicher Werbung geht es letztlich um die Frage, ob überwiegende Gegeninteressen des Arbeitgebers gegenüber dem in Art. 9 Abs. 3 GG verankerten Recht der Arbeitnehmerkoalition bestehen. Hierzu hat die Rechtsprechung in einer Vielzahl von Entscheidungen die nachfolgend dargestellten Grundsätze entwickelt.

Die gewerkschaftliche Werbung kann durch Ansprechen von Arbeitskollegen oder die Verteilung von Informationsmaterial (Gewerkschaftszeitungen, Prospekte) oder durch den Versand von E-Mails erfolgen. Unzulässig ist es aber, durch die Werbetätigkeit andere Arbeitskollegen von der Arbeit abzuhalten oder sie gegen ihren Willen während der Arbeitspausen oder sonstigen Ruhezeiten im Betrieb anzusprechen.

Bei der Form der Werbung unterliegt die Gewerkschaft bestimmten Grenzen.

1516 BVerfG, Beschluss v. 30.11.1965, 2 BvR 54/62.
1517 BAG, Urteil v. 28.2.2006, 1 AZR 460/04.

So wird für unzulässig gehalten

- die Verteilung von Werbematerial durch betriebliche Einrichtungen ohne Zustimmung des Arbeitgebers[1518];
- Beleidigungen oder Schmähkritik gegenüber dem Arbeitgeber bzw. anderen Gewerkschaften[1519];
- die Verteilung von Werbematerial (Gewerkschaftszeitungen) ausschließlich an Mitglieder[1520], zulässig ist allerdings die für alle Arbeitnehmer zugängliche Auslage von Zeitschriften und Prospektmaterial;
- das Anbringen von Gewerkschaftsplaketten an Gegenständen, die im Eigentum des Arbeitgebers stehen[1521], hingegen ist das Tragen von Plaketten mit spezifisch gewerkschaftlichem Inhalt (Beispiel: 35-Stunden-Woche, Mitgliedsplaketten) dann nicht zu beanstanden, wenn der Betriebsablauf (kein Kundenbereich) nicht beeinträchtigt wird;
- das Verlangen, Informationen durch den Arbeitgeber auf dessen Intranetseite veröffentlichen zu lassen[1522], zulässig ist aber der Versand von E-Mails an die betrieblichen Adressen der Belegschaft[1523];
- wildes Plakatieren[1524], allerdings muss der Arbeitgeber für gewerkschaftliche Aushänge eine angemessene Fläche zur Verfügung stellen (ca. 1 qm).

Abwehrmaßnahmen gegen unzulässige Werbung

Der Arbeitgeber darf grundsätzlich unzulässigen Werbemaßnahmen nicht durch Selbsthilfe entgegentreten. Unzulässige Plakatierungen dürfen aber durch Besitzwehr[1525] beseitigt werden. Das ist z. B. denkbar bei Plakaten oder eines Aufrufens, die eindeutig beleidigenden Charakter haben oder im Fall des sog. wilden Plakatierens, wenn zugleich geeignete, erlaubte Stellen zur Plakatierung zur Verfügung stehen. Der Arbeitgeber kann auch die Verteilung von Gewerkschaftszeitungen wegen ihres teilweise allgemeinpolitischen Inhalts nicht untersagen oder unter einen Zustimmungsvorbehalt stellen. Eine nach den richterrechtlichen Grundsätzen erlaubte Arbeitskampfmaßnahme der Gewerkschaft kann aber eine gesetzliche Gestattung i. S. v. § 858 Abs. 1 BGB sein.[1526]

Gegenüber der Gewerkschaft kann der Arbeitgeber auf Unterlassung unzulässiger Werbung klagen, ebenso auf Widerruf unwahrer oder in beleidigender Form vorgebrachten Kritik. Denkbar ist auch die Geltendmachung von Schadensersatzansprü-

1518 BAG, Urteil v. 23.9.1986, 1 AZR 597/85.
1519 LAG München, Urteil v. 7.7.1987, 2 Sa 237/87.
1520 BAG, Urteil v. 23.2.1979, 1 AZR 540/77.
1521 BAG, Urteil v. 23.2.1979, 1 AZR 172/78.
1522 ArbG Hamburg, Urteil v. 31.3.2022, 4 Ca 248/21.
1523 BAG, Urteil v. 20.1.2009, 1 AZR 515/08.
1524 LAG Hamm, Urteil v. 18.2.1971, 8 Sa 618/70.
1525 § 859 Abs. 1 BGB.
1526 BAG, Urteil v. 20.11.2018, 1 AZR 189/17.

chen, wenn durch rechtswidrige Maßnahmen der Gewerkschaft beim Arbeitgeber ein Vermögensschaden entsteht.

Als Reaktionsmöglichkeit gegenüber dem einzelnen Arbeitnehmer kommt im Wesentlichen der Ausspruch einer Abmahnung in Betracht, in der das unzulässige Werbeverhalten beschrieben und mit einem Hinweis auf mögliche bestandsrechtliche Konsequenzen verbunden wird. Der Ausspruch einer verhaltensbedingten Kündigung dürfte nur selten begründet sein, denkbar ist sie bei Fortsetzung von unzulässigen Werbemaßnahmen nach Ausspruch einer Abmahnung oder der schuldhaften Verursachung einer erheblichen Störung des Betriebsablaufs bzw. des Betriebsfriedens.

Ist der Arbeitnehmer zugleich Mitglied eines Betriebsverfassungsorgans und hat er in dieser Eigenschaft sein Amt in unzulässiger Weise für Gewerkschaftswerbung eingesetzt, so hat er eine Verletzung seiner ihm obliegenden betriebsverfassungsrechtlichen Neutralitätspflicht[1527] begangen. In diesem Fall kommt auch ein Verfahren auf Ausschluss aus dem Betriebsrat in Betracht.[1528] Voraussetzung für ein solches Vorgehen ist allerdings, dass die unzulässige Werbung unter Ausnutzung der Amtsstellung erfolgt ist.

91.2.2 Gewerkschaftliche Vertrauensleute

Gewerkschaftliche Vertrauensleute stellen einen ehrenamtlichen Funktionärskörper einer Gewerkschaft im Betrieb dar, durch den sie ihre koalitionsspezifische Aufgabe auf der Ebene der einzelnen Betriebe wahrnehmen lassen will. Zu den Aufgaben von gewerkschaftlichen Vertrauensleuten zählt insbesondere die

- Werbung neuer Mitglieder;
- Mitwirkung und Vorbereitung von Wahlen der Betriebsverfassungsorgane;
- Information der Arbeitnehmer über Gewerkschaftsaktivitäten;
- allgemeine arbeits- und tarifrechtliche Betreuung der Gewerkschaftsmitglieder.

Im Verhältnis zum Betriebsrat stellen die Vertrauensleute eine weitere Vertretung der Gewerkschaftsmitglieder des Betriebs dar, die aber – im Gegensatz zum Betriebsrat – keine Mitwirkungsrechte gegenüber dem Arbeitgeber besitzt.

Die gewerkschaftlichen Vertrauensleute werden von den organisierten Arbeitnehmern eines Betriebs gewählt. Teilweise ist die Wirksamkeit der Wahl nach der Gewerkschaftssatzung von einer Bestätigung der örtlichen oder bezirklichen Gewerkschaftsleitung abhängig. Die Gewerkschaft hat aber keinen Anspruch gegenüber dem

1527 § 75 Abs. 1 BetrVG.
1528 § 23 Abs. 1 BetrVG.

Arbeitgeber, ihre Vertrauensleute in den Räumen des Betriebs wählen zu lassen. Dies gilt auch dann, wenn die Wahl außerhalb der Arbeitszeit stattfindet, da es sich bei der Wahl um einen »innergewerkschaftlichen Organisationsakt« handelt.[1529] Ein Anspruch auf Wahl der Vertrauensleute im Betrieb ergibt sich nach Ansicht des Gerichts auch nicht aus dem Abkommen Nr. 135 der Internationalen Arbeitsorganisation vom 23.6.1971 über Schutz und Erleichterungen für Arbeitnehmervertreter im Betrieb.

Die freie Betätigung der gewerkschaftlichen Vertrauensleute ist nach der Rechtsprechung des BAG verfassungsrechtlich abgesichert und ergibt sich aus der Koalitionsfreiheit des Art. 9 Abs. 3 GG.[1530] Die Vertrauensleute haben aber keine dem Betriebsrat vergleichbaren Rechte. Sie können während der Arbeitszeit nicht Arbeitskollegen zur Werbung für die Gewerkschaft aufsuchen und hierzu ihren Arbeitsplatz verlassen.

Die **Kosten** der Tätigkeit der Vertrauensleute trägt die Gewerkschaft. Eine Verpflichtung des Arbeitgebers, den gewerkschaftlichen Vertrauensleuten für deren Arbeit die erforderlichen Mittel (Büroräume, sonstige Sachkosten) zur Verfügung zu stellen, besteht ohne eine besondere Vereinbarung mit der Gewerkschaft nicht. § 40 BetrVG, der die Übernahme der erforderlichen Sachkosten des Betriebsrats durch den Arbeitgeber vorsieht, ist – auch nicht entsprechend – anwendbar.

1529 BAG, Urteil v. 8.12.1978, 1 AZR 303/77.
1530 BAG, Urteil v. 8.12.1978, 1 AZR 303/77.

Teil 6: Arbeitnehmerüberlassung

92 Arbeitnehmerüberlassung: Erlaubnispflicht

Autorin: Christina Kamppeter

Überblick

Eine Arbeitnehmerüberlassung liegt immer dann vor, wenn ein Unternehmer (Verleiher) die Arbeitsleistung eines Arbeitnehmers, der bei ihm angestellt ist, an einen Dritten (Entleiher) überlässt, der Arbeitnehmer bei der Arbeitnehmerüberlassung in den Betrieb des Entleihers eingegliedert wird und nach dessen Weisungen arbeitet. Um als Verleiher tätig zu werden, bedarf es einer Erlaubnis durch die Bundesagentur für Arbeit (BA) nach § 1 Abs. 1 Satz 1 AÜG. Mit dieser Erlaubnispflicht beschäftigt sich der folgende Beitrag.

Die Rechtsgrundlagen der Arbeitnehmerüberlassung sind im Arbeitnehmerüberlassungsgesetz (AÜG) geregelt. Die Bundesagentur für Arbeit hat fachliche Weisungen zum Arbeitnehmerüberlassungsgesetz (AÜG) veröffentlicht.

92.1 Notwendigkeit der Überlassungserlaubnis

Nach § 1 Abs. 1 Satz 1 AÜG bedürfen Arbeitgeber, die als Verleiher Dritten (Entleiher) Arbeitnehmer (Leiharbeitnehmer) im Rahmen ihrer wirtschaftlichen Tätigkeit zur Arbeitsleistung überlassen wollen, grundsätzlich einer Erlaubnis. Diese stellt sicher, dass die Arbeitnehmerüberlassung nur von zuverlässigen Verleihern betrieben wird, die den sozialen Schutz der Arbeitnehmer gewährleisten.[1531]

Verfügt der Verleiher nicht über die notwendige Erlaubnis, ist die Arbeitnehmerüberlassung illegal.

92.2 Voraussetzungen für das Erteilen einer Überlassungserlaubnis

Die Überlassungserlaubnis kann bei der örtlich zuständigen Bundesagentur für Arbeit beantragt werden. Es wird unterschieden zwischen einer befristeten und einer unbefristeten Erlaubnis.

- Nach § 2 Abs. 4 Satz 1 AÜG ist die Erlaubnis zunächst auf ein Jahr zu befristen. Die Jahresfrist beginnt mit dem Tag des Wirksamwerdens der Erlaubnis.[1532]

1531 BT-Drucks. VI/2303, S. 9.
1532 Vgl. Fachliche Weisungen AÜG der Bundesagentur für Arbeit, Ziff. 2.4., S. 48.

- § 2 Abs. 5 Satz 1 AÜG bestimmt, dass eine unbefristete Erlaubnis frühestens nach 3 Jahren erteilt werden kann. Das bedeutet, dass der Erlaubnisinhaber 3 aufeinanderfolgende Jahre ohne Unterbrechung eine erlaubte Verleihtätigkeit ausüben muss.[1533] Eine Unterbrechung der Dreijahresfrist liegt nicht vor, wenn infolge verspäteter Antragstellung ein Verlängerungsantrag als Neuantrag zu behandeln war, die daraufhin erteilte Erlaubnis sich dabei aber nahtlos an die zuvor erteilte anschließt.[1534]

Gründe für die Versagung oder Nichtverlängerung
Die Gründe für die Versagung oder Nichtverlängerung einer Verleiherlaubnis sind abschließend in § 3 AÜG aufgezählt. Nach § 3 ist die Erlaubnis bzw. ihre Verlängerung insbesondere zu versagen, wenn Tatsachen die Annahme rechtfertigen, dass der Antragsteller

- die für die Ausübung der Tätigkeit nach § 1 erforderliche Zuverlässigkeit nicht besitzt;
- nach der Gestaltung seiner Betriebsorganisation nicht in der Lage ist, die üblichen Arbeitgeberpflichten ordnungsgemäß zu erfüllen;
- dem Leiharbeitnehmer die ihm nach § 8 zustehenden Arbeitsbedingungen einschließlich des Arbeitsentgelts nicht gewährt.

92.3 Rechtsfolgen bei Verstoß gegen die Erlaubnispflicht

Verfügt der Verleiher nicht über die notwendige Erlaubnis, ist die Arbeitnehmerüberlassung illegal und die Verträge zwischen Verleiher und Entleiher sowie zwischen Verleiher und Leiharbeitnehmer sind grundsätzlich unwirksam.[1535] Zwischen dem Entleiher und dem illegal verliehenen Leiharbeitnehmer wird ein Arbeitsverhältnis fingiert, wenn der Leiharbeitnehmer dem nicht wirksam widerspricht.[1536] Das fingierte Arbeitsverhältnis entspricht einem »normalen« Arbeitsverhältnis; der Leiharbeitnehmer ist demnach wie ein vergleichbarer Stammarbeitnehmer zu entlohnen und zu behandeln.[1537]

Weiter stellt der Verstoß gegen die Erlaubnispflicht – sowohl für den Entleiher als auch den Verleiher – eine **Ordnungswidrigkeit** dar, die mit einem Bußgeld von bis zu 30.000 EUR sanktioniert werden kann.[1538]

1533 Fachliche Weisungen AÜG der Bundesagentur für Arbeit, Ziff. 2.5., S. 49.
1534 Fachliche Weisungen AÜG der Bundesagentur für Arbeit, Ziff. 2.5., S. 49.
1535 § 9 Abs. 1 Nr. 1 AÜG.
1536 § 10 Abs. 1 AÜG.
1537 § 10 Abs. 1 Sätze 3–5 AÜG.
1538 § 16 Abs. 1 Nr. 1, Abs. 2 AÜG. Genauere Informationen zu den (weiteren) Folgen einer illegalen Arbeitnehmerüberlassung s. *Schüren* in: Münchner Handbuch zum Arbeitsrecht, Band 2: Individualarbeitsrecht II, 5. Aufl. 2021, § 145, Rzn. 211 ff.

93 Arbeitnehmerüberlassung: Rechtsbeziehungen der Beteiligten

Autorin: Christina Kamppeter

Überblick

Eine Arbeitnehmerüberlassung liegt immer dann vor, wenn ein Unternehmer (der sog. Verleiher) die Arbeitsleistung eines Arbeitnehmers (des sog. Leiharbeitnehmers) einem Dritten (dem sog. Entleiher) überlässt. Hiervon ist nach § 1 Abs. 1 Satz 2 AÜG auszugehen, wenn die Arbeitnehmer in die Arbeitsorganisation des Entleihers eingegliedert werden und seinen Weisungen unterliegen. Zwischen dem Verleiher, dem Entleiher und dem Leiharbeitnehmer entsteht damit ein Dreiecksverhältnis, indem die Rechte und Pflichten des Arbeitgebers (dem Verleiher) teilweise auf den Entleiher übertragen werden. Vertragliche Beziehungen bestehen in diesem Dreiecksverhältnis grundsätzlich aber nur zwischen Verleiher und Leiharbeitnehmer und zwischen dem Verleiher und Entleiher, nicht aber zwischen dem Entleiher und dem Leiharbeitnehmer.

Die Rechtsgrundlagen der gewerbsmäßigen Arbeitnehmerüberlassung sind im Arbeitnehmerüberlassungsgesetz (AÜG) geregelt. Die Bundesagentur für Arbeit hat hierauf aufbauend fachliche Weisungen zum Arbeitnehmerüberlassungsgesetz (AÜG) veröffentlicht.

93.1 Rechtsbeziehung: Verleiher und Entleiher

Die Arbeitnehmerüberlassung setzt zunächst einen Arbeitnehmerüberlassungsvertrag zwischen Verleiher und Entleiher voraus. Der Arbeitnehmerüberlassungsvertrag ist ein gegenseitiger Vertrag eigener Art, bei dem der Verleiher die Arbeitnehmerüberlassung und der Entleiher die vereinbarte Überlassungsvergütung schuldet. Der Arbeitnehmerüberlassungsvertrag stellt damit einen Unterfall des Dienstverschaffungsvertrags dar, auf den die Regelungen des allgemeinen Schuldrechts anzuwenden sind.[1539]

Soweit zwischen den Parteien nichts anderes vereinbart ist, ist der Verleiher an den Leiharbeitnehmer vorleistungspflichtig. Die Annahme der Arbeitsleistung stellt hingegen keine Hauptleistungspflicht des Entleihers dar. Die Pflicht zur Zahlung der Überlassungsvergütung besteht also unabhängig davon, ob der Entleiher den ordnungsgemäß angebotenen Arbeitnehmer einsetzt oder nicht.

Das AÜG selbst sagt zum notwendigen Inhalt des Arbeitnehmerüberlassungsvertrags nur wenig aus. Um der früheren Praxis entgegenzuwirken, wonach Werk- und Dienst-

1539 Müller-Glöge/Preis/Schmidt/Wank, ErfK, 22. Aufl. 2022, § 12 AÜG, Rzn. 5 ff. m. w. N.

verträge abgeschlossen wurden, um die Regelungen des AÜG zu unterlaufen, sieht das AÜG aber diverse formale Anforderungen vor, denen der Arbeitnehmerüberlassungsvertrag genügen muss.

Bezeichnung einer Arbeitnehmerüberlassung
So muss nach § 1 Abs. 1 Satz 5 AÜG die Arbeitnehmerüberlassung ausdrücklich als solche im Vertrag bezeichnet und vereinbart werden.

Person des Leiharbeitnehmers muss konkretisiert werden
Zudem muss unter Bezugnahme auf den Vertrag die Person des Leiharbeitnehmers vor der Überlassung konkretisiert werden.[1540] Steht der konkret zu überlassende Leiharbeitnehmer bei Abschluss des Arbeitnehmerüberlassungsvertrags noch nicht fest, da z. B. nur ein Rahmenvertrag geschlossen wird, kann die konkret zum Einsatz kommende Person auch erst direkt vor dem Einsatz mitgeteilt werden, z. B. per E-Mail an den Entleiher. In der E-Mail sollte jedoch dann auf den Arbeitnehmerüberlassungsvertrag Bezug genommen werden. Ein geeigneter Nachweis dieser Konkretisierung des Leiharbeitnehmers ist zu den Geschäftsunterlagen zu nehmen und aufzubewahren.

Schriftform
In § 12 Abs. 1 AÜG wird für den Abschluss des Vertrags die **Schriftform** vorgeschrieben. Diese ist gewahrt, wenn der Vertrag von beiden Parteien original unterzeichnet ist.[1541] Zulässig ist auch der elektronische Austausch von Dokumenten, bei der die Unterschrift durch Hinzufügen einer qualifiziert elektronischen Signatur erfolgt.[1542] Die Nichteinhaltung der Schriftform bzw. der elektronischen Form führt nach § 125 BGB zur Unwirksamkeit des Vertrags. Wird der Vertrag dennoch durchgeführt, so stehen dem Verleiher Vergütungsansprüche nach den Grundsätzen der ungerechtfertigten Bereicherung in Höhe des Verkehrswerts der Arbeitnehmerüberlassung, d. h. in der Regel in Höhe der vereinbarten Vergütung, zu.[1543]

Erlaubnispflicht des Verleihers
Der Verleiher hat im Überlassungsvertrag mit dem Entleiher gemäß § 12 Abs. 1 AÜG zu erklären, dass er die nach § 1 Abs. 1 Satz 1 AÜG erforderliche Erlaubnis besitzt.

Anforderungsmerkmale von Tätigkeit und erforderlichen Qualifikationen
In dem Überlassungsvertrag sind nach § 12 Abs. 1 Satz 4 AÜG die besonderen Anforderungsmerkmale der von dem Leiharbeitnehmer auszuführenden Tätigkeit und die ggf. hierfür erforderlichen beruflichen Qualifikationen auszuführen. Sind besondere

1540 § 1 Abs. 1 Satz 6 AÜG.
1541 § 126 BGB.
1542 § 126a BGB.
1543 BGH, Urteil v. 17.1.1984, VI ZR 187/82, NJW 1984 S. 1456; vgl. zuletzt: BGH, Urteil v. 2.12.2004, IX ZR 200/03, NJW 2005 S. 884.

Ausbildungs- oder Hochschulabschlüsse oder bestimmte praktische Erfahrungen für die Ausübung des Berufs wünschenswert, so ist auch dies im Überlassungsvertrag festzulegen.

Wesentliche Arbeitsbedingungen des Entleiherbetriebs

Nach § 12 Abs. 1 Satz 4 AÜG ist der Entleiher zudem verpflichtet, im Arbeitnehmerüberlassungsvertrag anzugeben, welche wesentlichen Arbeitsbedingungen (einschließlich des Arbeitsentgelts) im Betrieb des Entleihers für einen vergleichbaren Arbeitnehmer gelten.

Nur so kann der Verleiher seiner Verpflichtung zur Gleichbehandlung der Leiharbeitnehmer in Bezug auf die wesentlichen Arbeitsbedingungen vergleichbarer Arbeitnehmer des Entleihers nachkommen. Diese Regelung gilt jedoch lediglich zwischen dem Verleiher und dem Entleiher; der Leiharbeitnehmer kann aus § 12 Abs. 1 Satz 3 AÜG keine eigenen Rechte herleiten.

Haftung

Etwaige Haftungsansprüche gegen den Verleiher richten sich nach §§ 280 ff. BGB. Streitigkeiten über die Haftung zwischen Verleiher und Entleiher fallen in die Zuständigkeit der Zivilgerichte.[1544]

AGBs

Häufig enthalten Arbeitnehmerüberlassungsverträge auch Allgemeine Geschäftsbedingungen, sodass auch der Arbeitnehmerüberlassungsvertrag selbst der Inhaltskontrolle nach den §§ 305 ff. BGB unterliegen kann, wenn er die Voraussetzungen erfüllt. Diese Inhaltskontrolle ist jedoch begrenzt, wenn der Entleiher Unternehmer i. S. d. § 14 BGB ist.[1545]

Beendigung des Überlassungsverhältnisses

Das Überlassungsverhältnis endet bei einer Befristung mit Zeitablauf. Ist eine auflösende Bedingung vereinbart, so endet das Überlassungsverhältnis mit Eintritt der Bedingung. Im Falle einer Befristung ist eine ordentliche Kündigung nur zulässig, wenn die Parteien diese vertraglich vereinbart haben.

Bei unbefristeten Überlassungsverhältnissen handelt es sich um Dauerschuldverhältnisse. Bei Vorliegen eines wichtigen Grundes können die Parteien sie also unter den Voraussetzungen des § 314 BGB fristlos kündigen, anderenfalls ordentlich unter Ein-

1544 S. hierzu im Einzelnen: Schüren/Brors, Arbeitnehmerüberlassungsgesetz, 6. Aufl. 2022, Einleitung, Rzn. 380 ff.

1545 S. hierzu näher: Schüren/Brors, Arbeitnehmerüberlassungsgesetz, 6. Aufl. 2022, Einleitung, Rzn. 374 ff.

haltung der gesetzlichen Kündigungsfristen. Aufgrund der Vertragsfreiheit ist es den Parteien stets möglich, einen Aufhebungsvertrag schließen.

Zum Schutz des Leiharbeitnehmers wird das Überlassungsverhältnis bei Wegfall der Verleiherlaubnis nicht automatisch beendet. Nach § 2 Abs. 4 Satz 4 AÜG gilt in einem solchen Fall eine bis zu 12-monatige Abwicklungsfrist.[1546]

Hinweis- und Informationspflichten
Dem Verleiher obliegen nach § 12 Abs. 2 AÜG umfassende Hinweis- und Informationspflichten gegenüber dem Entleiher. Darüber hinaus bestehen auch in dem Verhältnis Verleiher und Entleiher die üblichen Sorgfaltspflichten.

Der Verleiher hat im Gegenzug gegen den Entleiher einen Anspruch auf Information über das Leistungsverhalten des Leiharbeitnehmers in dessen Betrieb.[1547]

93.2 Rechtsbeziehung: Entleiher und Leiharbeitnehmer

Zwischen dem Entleiher und dem Leiharbeitnehmer besteht **keine direkte vertragliche Beziehung**. Auch nach Überlassung an einen Dritten bleibt der Leiharbeitnehmer vielmehr **Arbeitnehmer des Verleihers**. Zwischen Entleiher und Leiharbeitnehmer wird **kein Arbeitsverhältnis** begründet. Dies jedenfalls so lange, wie die Arbeitnehmerüberlassung nicht illegal ist (s. u.).

Pflichten und Nebenpflichten des Leiharbeitnehmers
Die Beziehungen zwischen Entleiher und Leiharbeitnehmer sind trotzdem nicht lediglich rein faktischer Natur. Da der Leiharbeitnehmer in den Betrieb des Entleihers eingegliedert wird, steht dem Entleiher das Direktionsrecht zu. Der Entleiher kann damit Art und Ausführung der Arbeit des Leiharbeitnehmers bestimmen, wobei der Leiharbeitnehmer an die Lage der Arbeitszeit im Betrieb des Entleihers gebunden ist. Der Entleiher gilt nach § 11 Abs. 7 AÜG z. B. auch als Arbeitgeber i. S. d. Gesetzes über Arbeitnehmererfindungen, falls der Leiharbeitnehmer während der Tätigkeit für den Entleiher eine Erfindung oder einen technischen Verbesserungsvorschlag macht.

Der Leiharbeitnehmer unterliegt auch gegenüber dem Entleiher den üblichen arbeitsvertraglichen Nebenpflichten, insbesondere Verschwiegenheits- und Sorgfaltspflichten.

1546 Vgl. hierzu: Müller-Glöge/Preis/Schmidt/Wank, ErfK, 22. Aufl. 2022, § 12 AÜG, Rz. 8 m. w. N.
1547 Müller-Glöge/Preis/Schmidt/Wank, ErfK, 22. Aufl. 2022, § 12 AÜG, Rz. 7.

Nebenpflichten des Entleihers
Doch auch der Entleiher hat gegenüber dem Leiharbeitnehmer eine Reihe von Nebenpflichten. So sieht der Gesetzgeber etwa in § 13a Satz 1 AÜG die Verpflichtung des Entleihers vor, den Leiharbeitnehmer über Arbeitsplätze des Entleihers, die besetzt werden sollen, zu informieren.

Information über offene Stellen im Betrieb
Die Information kann nach § 13a Satz 2 AÜG durch allgemeine Bekanntgabe an geeigneter, dem Leiharbeitnehmer zugänglicher Stelle im Betrieb oder im Unternehmen des Entleihers erfolgen. § 13a Satz 1 AÜG normiert damit einen eigenständigen einklagbaren Informationsanspruch des Leiharbeitnehmers gegenüber dem Entleiher. Dieser Anspruch bezieht sich auf sämtliche offene Stellen in allen Betrieben des Entleihunternehmens und ist nicht auf den Einsatzbetrieb des Leiharbeitnehmers beschränkt. Darüber hinaus hat der Entleiher nicht nur über offene Stellen zu unterrichten, die unbefristet besetzt werden sollen, sondern auch über befristete Anstellungsmöglichkeiten. Unerheblich ist zudem, ob der Leiharbeitnehmer tatsächlich für die zu besetzende Stelle geeignet ist.[1548]

Equal Treatment
Darüber hinaus wird dem Leiharbeitnehmer nach § 13b AÜG gegenüber dem Entleiher ein Anspruch auf Zugang zu den Gemeinschaftseinrichtungen oder -diensten im Unternehmen zu den gleichen Bedingungen wie den vergleichbaren Stammarbeitnehmern gewährt.

Gemeinschaftseinrichtung und Gemeinschaftsdienst
Unter »Gemeinschaftseinrichtung« und »Gemeinschaftsdienst« fallen neben den in § 13b Satz 2 AÜG genannten Beispielen (Kinderbetreuungseinrichtungen, Gemeinschaftsverpflegung und Beförderungsmittel) etwa auch Werkmietwohnungen, Erholungsheime, Sportanlagen, Werkfahrdienste, Parkplätze und Einrichtungen zum verbilligten Personalkauf. Allerdings fallen Geldleistungen (wie z.B. Leistungen der betrieblichen Altersversorgung, Essens-, Fahrtkosten-, Mietkostenzuschuss) oder Geldsurrogate (wie z.B. Essens- und Tankgutscheine), die der Entleiher seinen Arbeitnehmern gewährt, nicht unter § 13b AÜG.[1549]

Verstoß gegen die Pflichten und Schadensersatzansprüche des Leiharbeitnehmers
Ein Verstoß gegen die Pflicht aus § 13a AÜG (offene Stellen im Betrieb) und § 13b AÜG (Equal Treatment) kann als Ordnungswidrigkeit mit einer Geldbuße von bis zu

1548 Lembke, DB 2011, S. 414.
1549 Lembke, DB 2011, S. 414.

2.500 EUR geahndet werden.[1550] Entgegenstehende vertragliche Vereinbarungen sind gemäß § 9 Abs. 1 Nr. 2a AÜG unwirksam.

Zudem kommen Schadensersatzansprüche des Leiharbeitnehmers gemäß § 280 Abs. 1 BGB in Betracht.

Der Entleiher hat ferner nach § 11 Abs. 6 Satz 1 AÜG die für seinen Betrieb geltenden öffentlich-rechtlichen Arbeitsschutzbestimmungen auch gegenüber seinen Leiharbeitnehmern einzuhalten. Dazu gehören z. B. die Arbeitsschutzverordnungen, aber auch die Unfallverhütungs- und Arbeitszeitvorschriften.

Der Leiharbeitnehmer ist schließlich über die Unfall- und Gesundheitsgefahren, denen er bei der Beschäftigung ausgesetzt ist, sowie über etwaige Gefahrenabwehrmaßnahmen zu unterrichten.[1551] Die vorsätzliche oder fahrlässige Zuwiderhandlung gegen staatliche Arbeitsschutzvorschriften ist vielfach als Ordnungswidrigkeit mit einer Geldbuße bedroht. Kommen bei den Verstößen erschwerende Umstände, wie etwa Vorsatz oder eine konkrete Gefährdung der Gesundheit der Leiharbeitnehmer hinzu, wird die Zuwiderhandlung auch als besondere arbeitsschutzbezogene Straftat geahndet. Zudem kommen im Zusammenhang mit Verstößen gegen Arbeitsschutzvorschriften auch die allgemeinen Straftatbestände in Betracht, insbesondere die fahrlässige Körperverletzung oder – im Fall des Todes eines Menschen – sogar die fahrlässige Tötung.[1552]

Auskunft des Entleihers über Arbeitsbedingungen

Der Leiharbeitnehmer hat nach § 13 AÜG zudem einen Anspruch gegen den Entleiher auf Auskunft über die im Entleiherbetrieb für vergleichbare Arbeitnehmer geltenden wesentlichen Arbeitsbedingungen einschließlich des Arbeitsentgelts. Diese Regelung soll dem Leiharbeitnehmer eine Überprüfung seiner Vertragsbedingungen ermöglichen[1553], um etwa seine Ansprüche auf »Equal Pay« gegen den Verleiher durchsetzen zu können.[1554] Der Auskunftsanspruch des Leiharbeitnehmers nach § 13 AÜG gilt aber nicht uneingeschränkt, sondern nur insoweit, als dies zur Bestimmung der Arbeitsbedingungen im konkreten Einzelfall erforderlich ist. Der Leiharbeitnehmer hat keinen Anspruch auf Auskunft, wenn eine Ausnahme nach § 8 Abs. 2 und 4 Satz 2 AÜG vorliegt[1555], da in diesen Fällen eine Gleichbehandlungspflicht nicht besteht.[1556]

1550 Vgl. § 16 Abs. 1 Nr. 9, 10, Abs. 2 AÜG.
1551 § 11 Abs. 6 Satz 2 AÜG.
1552 Schüren, Arbeitnehmerüberlassungsgesetz, 6. Aufl. 2022, § 11, Rzn. 194 ff.
1553 BT-Drucks. 15/25, S. 39; Ulrici, HM-AÜG, 1. Aufl. 2017, § 13, Rz. 3.
1554 Vgl. BAG, Urteil v. 13.3.2013, 5 AZR 146/12, NZA 2013, 782.
1555 § 13 2. Halbsatz AÜG.
1556 Zu den Anspruchsvoraussetzungen vgl. auch BAG, Urteil v. 24.4.2014, 8 AZR 1081/12. Ulrici in: HM-AÜG, 2017, § 13, Rz. 13.

Der Leiharbeitnehmer muss diesen Anspruch gegenüber dem Entleiher geltend machen. Es besteht keine Offenbarungspflicht des Entleihers, diese Informationen unaufgefordert bzw. von selbst dem Leiharbeitnehmer mitzuteilen.

93.3 Rechtsbeziehung: Verleiher und Leiharbeitnehmer

Der Verleiher schließt mit dem Leiharbeitnehmer einen Leiharbeitsvertrag ab, der ihn dazu verpflichtet, seine Arbeitsleistung bei einem Dritten (dem Entleiher) zu erbringen. Hierfür bedarf es gemäß § 613 Satz 2 BGB der Zustimmung des Leiharbeitnehmers. Ein Arbeitnehmer kann bereits als Leiharbeitnehmer eingestellt werden. Es ist aber auch eine nachträgliche Vertragsänderung möglich. Ein Leiharbeitsverhältnis kann aber auch nur für einen bestimmten Fremdfirmeneinsatz geschlossen werden. Zudem ist es möglich, dass ein Arbeitnehmer nur zum Teil als Leiharbeitnehmer bei einem Dritten tätig wird.

Das Leiharbeitsverhältnis

Das Leiharbeitsverhältnis wird begründet durch den Abschluss des Leiharbeitsvertrags. Dieser Leiharbeitsvertrag ist seinem Wesen nach ein »normaler« Arbeitsvertrag, sodass auch für ihn die allgemeinen arbeitsrechtlichen Regeln gelten. In ihm muss aber auch der Besonderheit Rechnung getragen werden, dass der Leiharbeitnehmer seine Arbeitsleistung nicht bei seinem Arbeitgeber direkt, sondern einem Dritten gegenüber erbringt.

Besonderheiten des Leiharbeitsvertrags

Der Verleiher hat gemäß § 11 Abs. 1 AÜG die wesentlichen Vertragsbedingungen des Leiharbeitsverhältnisses entweder in einem schriftlichen Arbeitsvertrag oder in einer separaten Niederschrift, die dem Leiharbeitnehmer binnen eines Monats nach vereinbartem Arbeitsbeginn auszuhändigen ist, niederzulegen. Insbesondere § 2 Abs. 1 Nachweisgesetz (NachwG) findet Anwendung.

Über die Anforderungen des NachwG hinaus müssen nach § 11 Abs. 1 Satz 2 AÜG mindestens folgende Angaben gemacht werden[1557]:

- Firma und die Anschrift des Verleihers,
- Ort und Datum der Erteilung der Erlaubnis zur Arbeitnehmerüberlassung sowie
- Benennung der Erlaubnisbehörde,
- Art und Höhe der Leistungen für Zeiten, in denen der Leiharbeitnehmer nicht verliehen ist.

1557 Vgl. § 11 Abs. 1 AÜG und fachliche Weisung zum Arbeitnehmerüberlassungsgesetz (AÜG) der Bundesagentur für Arbeit, S. 99 ff. Ziff. 11.

Etwaige Änderungen der erforderlichen Angaben müssen dem Leiharbeitnehmer gemäß § 3 Satz 1 NachwG binnen eines Monats nach der rechtsverbindlichen Änderung als schriftlichen Nachtrag zum Nachweis übergeben werden.[1558]

Zudem sind gemäß § 7 Abs. 2 Satz 4 AÜG die geschäftlichen Unterlagen zur Leiharbeit mindestens 3 Jahre lang aufzubewahren, durch die Auskünfte, die die Erlaubnisbehörde verlangen kann, geklärt werden können. Ein Verstoß gegen die Aufbewahrungs- oder Nachweispflicht stellt gemäß § 16 Abs. 1 Nr. 6 und 8 AÜG eine Ordnungswidrigkeit dar, die mit einer Geldbuße von bis zu 30.000 EUR geahndet werden kann sowie bei schweren oder wiederholten Verstößen sogar zum Verlust der Verleiherlaubnis führen kann.[1559]

93.4 Folgen einer unerlaubten Arbeitnehmerüberlassung

Nach § 9 Abs. 1 AÜG ist der Vertrag zwischen Verleiher und Leiharbeitnehmer insbesondere dann unwirksam, wenn

- keine Arbeitnehmerüberlassungserlaubnis vorliegt,
- die Arbeitnehmerüberlassung entgegen § 1 Abs. 1 Sätze 5 und 6 AÜG nicht ausdrücklich als solche bezeichnet wird und der Leiharbeitnehmer nicht konkretisiert worden ist, sowie
- wenn die nach § 1 Abs. 1b AÜG zulässige Höchstüberlassungsdauer überschritten worden ist.

In diesen Fällen wird nach § 10 Abs. 1 AÜG ein **Arbeitsverhältnis des Leiharbeitnehmers zum Entleiher fingiert**, wenn der Leiharbeitnehmer dem nicht form- und fristgemäß i. S. d. § 9 AÜG widerspricht (sog. Festhaltenserklärung). Weiter droht nach § 16 Abs. 1, Abs. 2 AÜG ein **Bußgeld** und die Überlassungserlaubnis kann bei schwerwiegenden oder wiederholen Verstößen entzogen werden. Entstehen infolge der Verstöße gegen das AÜG Gehaltsnachzahlungsansprüche, kommt ferner eine Strafbarkeit gemäß § 266a StGB in Betracht.

93.5 Abgrenzung der Arbeitnehmerüberlassung zu anderen Rechtsbeziehungen

Die rechtliche Einordnung von Fremdpersonaleinsätzen ist in der Praxis oftmals schwierig, zumal die vertraglichen Vereinbarungen und Vertragsbezeichnung nicht in Einklang mit dem Gelebten stehen. In diesen Fällen ist für die rechtliche Einordnung

1558 Motz, BeckOK ArbR, 64. Edition, 2022, § 11 AÜG, Rz. 7.
1559 Motz, BeckOK ArbR, 64. Edition, 2022, § 11 AÜG, Rz. 8.

der Vertragsbeziehung allein die **gelebte Vertragsbedingung** bzw. die **tatsächliche Durchführung** des Vertrages maßgeblich.[1560] In der Praxis von besonderer Bedeutung ist die Abgrenzung der Leiharbeit von einem Werk- oder Dienstvertragsverhältnis. Die Unterschiede dieser Vertragsbedingungen lassen sich wie folgt zusammenfassen:

Bei einer Arbeitnehmerüberlassung werden Arbeitnehmer zur Arbeitsleistung an einen Dritten überlassen. Sie werden in die Arbeitsorganisation des Entleihers eingegliedert und unterliegen seinen Weisungen. Der Entleiher setzt die ihm zur Arbeitsleistung überlassenen Arbeitskräfte nach seinen eigenen Vorstellungen und Weisungen in seinem Betrieb zur Erreichung seiner eigenen Ziele ein.[1561]

Im Gegensatz hierzu werden bei einem Dienst- oder Werkvertrag eingesetzte Arbeitnehmer bei einem Dritten im Interesse ihres Arbeitgebers tätig. Sie unterliegen daher seinen Weisungen. Sie sind nicht in den Betrieb des Dritten eingesetzt.

Beim Werkvertrag schuldet der Unternehmer dem Besteller den im Werkvertrag beschriebenen Erfolg, dabei ist er nicht verpflichtet, die geschuldete Leistung in Person zu erbringen, sondern kann vielmehr Erfüllungsgehilfen einsetzen.

1560 Vgl. dazu BAG, Urteil v. 25.7.2023, 9 AZR 278/22.
1561 Pollert/Spieler, in: Die Arbeitnehmerüberlassung in der betrieblichen Praxis, 5. Aufl. 2017, S. 45.

94 Arbeitnehmerüberlassung: Vertragsgestaltung

Autorin: Christina Kamppeter

Überblick

Der nachfolgende Beitrag setzt sich mit relevanten Fragestellungen bei der Gestaltung von Arbeitnehmerüberlassungsverträgen auseinander; zudem behandelt er die Auswirkungen der Arbeitnehmerüberlassung auf etwaige anwendbare Tarifverträge.

Die Rechtsgrundlagen der Arbeitnehmerüberlassung sind im Arbeitnehmerüberlassungsgesetz (AÜG) geregelt. Darauf aufbauend hat die Bundesagentur für Arbeit fachliche Weisungen zum Arbeitnehmerüberlassungsgesetz veröffentlicht, die die Vorschriften des AÜG konkretisieren.

94.1 Schriftformerfordernis

Nach § 12 Abs. 1 Satz 1 AÜG ist für den Vertrag zwischen dem Verleiher und dem Entleiher die Schriftform gem. § 126 BGB vorgeschrieben. Die Vertragsurkunde muss daher **von beiden Vertragsparteien** eigenhändig durch Namensunterschrift oder mittels notariell beglaubigten Handzeichens **unterzeichnet** werden. Werden über den Arbeitnehmerüberlassungsvertrag mehrere gleichlautende Urkunden aufgenommen, so genügt es gem. § 126 Abs. 2 Satz 2 BGB, wenn jede Partei die für die andere Partei bestimmte Urkunde unterzeichnet. Zulässig ist alternativ auch die elektronische Form nach § 126a BGB. Hierbei muss der Aussteller der Erklärung seinen Namen hinzufügen und das elektronische Dokument mit seiner qualifizierten elektronischen Signatur versehen.

In der Vertragsurkunde müssen insbesondere aufgeführt werden:
- Bezeichnung als Arbeitnehmerüberlassungsvertrag,
- Überlassungszeitpunkt,
- Namen der zu überlassenden Arbeitnehmer, ihre Position, eine Stellenbeschreibung, ihre Tätigkeiten und die erforderliche Qualifikation,
- Zahlung des Entgelts und eventueller Zuschläge,
- Bestätigung der nach § 1 Abs. 1 Satz 1 AÜG erforderlichen Erlaubnis,
- Dauer der Überlassung,
- Auflistung aller wesentlichen Arbeitsbedingungen (nicht erforderlich, wenn das Überlassungsunternehmen einen Tarifvertrag anwendet, der eine Ausnahme von § 8 AÜG zulässt und schlechtere Arbeitsbedingungen bei der Arbeitnehmerüberlassung erlaubt),
- Höhe und Zusammensetzung der Vergütung.

Sofern zunächst nur ein **Rahmenvertrag** geschlossen wurde und deshalb der konkret zu überlassende Leiharbeitnehmer bei Vertragsschluss noch nicht feststeht, kann die konkret zum Einsatz kommende **Person** auch erst **direkt vor dem Einsatz** mitgeteilt werden. In einem solchen Fall muss hinsichtlich der Konkretisierung des Leiharbeitnehmers vor der Überlassung nicht zwingend das Schriftformerfordernis eingehalten werden. Die Mitteilung ist z. B. auch per E-Mail möglich.

Die Schriftform muss hingegen eingehalten werden, wenn die Überlassung bestimmter Leiharbeitnehmer wesentlicher Bestandteil des Vertrags ist.

Vor allem für den Entleiher hat das Formerfordernis eine Warnfunktion: Die Information über das Vorliegen der **Verleiherlaubnis** ist deshalb wichtig, da bei illegaler Überlassung ein Arbeitsverhältnis zu ihm gem. § 10 Abs. 1 AÜG fingiert wird.

Beachten die Parteien die Schriftform nicht, ist der Vertrag nach § 125 Satz 1 BGB nichtig. Die Nichtigkeit erfasst regelmäßig den gesamten Vertrag einschließlich aller Nebenabreden. Die Durchführung des Vertrags trotz Formmangels heilt den Vertrag nicht. Die Nichtigkeitsfolge bezieht sich nur auf den Arbeitnehmerüberlassungsvertrag selbst und nicht auf das Beschäftigungsverhältnis.

Der formnichtige Arbeitnehmerüberlassungsvertrag begründet zwischen den Vertragsparteien keine Leistungspflichten. Wurden gleichwohl Leistungen in Erfüllung des unwirksamen Vertrages erbracht, erfolgt die **Rückabwicklung** nach Bereicherungsrecht. Die Grundsätze des fehlerhaften Arbeitsverhältnisses finden auf den Überlassungsvertrag keine Anwendung.

Tipps zur Vertragsgestaltung mit Formulierungsvorschlägen

Der Arbeitnehmerüberlassungsvertrag zwischen Verleiher und Entleiher, für den nach § 12 Abs. 1 Satz 1 AÜG die Schriftform vorgeschrieben ist (s. insofern auch unten Abschn. 3), enthält üblicherweise Vereinbarungen zu den nachstehenden Punkten. Im Folgenden werden deshalb Formulierungsvorschläge für die wichtigsten Regelungen dargestellt:

94.2 Erlaubnis zur Arbeitnehmerüberlassung

Die Überlassung von Arbeitnehmern durch den Arbeitgeber (Verleiher) an einen Dritten (Entleiher) bedarf gem. § 1 Abs. 1 Satz 1 AÜG der Erlaubnis. Im Vertrag ist deshalb auszuführen, dass dem Verleiher eine solche Erlaubnis unbefristet von der Bundesagentur für Arbeit erteilt wurde.

Der Vertrag soll diesen Bescheid genau bezeichnen, insbesondere mit dem Datum der erstmaligen Erteilung sowie der erlassenden Agentur. Bei einer lediglich befristeten Erlaubnis nach § 2 Abs. 4 AÜG sollte außerdem die Geltungsdauer im Vertrag angegeben werden.

94.3 Dauer der Arbeitnehmerüberlassung

Die Überlassung von Arbeitnehmern darf grundsätzlich nur vorübergehend und, sofern keine andere Regelung greift, für maximal 18 aufeinanderfolgende Monate erfolgen. Dies ist in § 1 Abs. 1, Abs. 1b AÜG geregelt.

Formulierungsvorschlag

Gegenstand dieses Vertrages ist eine Arbeitnehmerüberlassung, d.h. die vorübergehende Überlassung von Arbeitnehmern durch den Verleiher an den Entleiher auf der Grundlage des Arbeitnehmerüberlassungsgesetzes (AÜG).

Formulierungsvorschlag

Der Verleiher verpflichtet sich, dem Entleiher für die Zeit vom ... bis zum ... [Datum] ... [z.B. 18 Monate] ... [Anzahl] Vollzeit-Arbeitnehmer mit den in der Anlage 1 zu diesem Vertrag spezifizierten Qualifikationen zum Einsatz in dessen Betrieb in ... [Ort] zu überlassen. Vor der Überlassung ist die Person des Leiharbeitnehmers unter Bezugnahme auf diesen Vertrag zu konkretisieren. Die Tätigkeiten, die von den Leiharbeitnehmern zu verrichten sind, werden in Anlage 2 zu diesem Vertrag beschrieben.

In den Vertrag aufgenommen werden sollte die genaue Berufsbezeichnung mit Beschreibung der zu erledigenden Aufgaben und ggf. mit Hinweisen, welche Geräte und Maschinen zu bedienen sind. Auch erforderliche schulische oder berufliche Abschlüsse; praktische Erfahrungen und Kenntnisse sollten festgehalten werden. Eine genaue Leistungsbeschreibung ist wichtig für eventuelle Haftungsansprüche.

Zudem sind gemäß § 12 Abs. 1 Satz 4 AÜG die im Betrieb des Entleihers für vergleichbare Arbeitnehmer geltenden wesentlichen Arbeitsbedingungen einschließlich des Arbeitsentgelts anzugeben. Darf von diesen nach dem Gesetz abgewichen werden, reicht grundsätzlich die Angabe aus, welche Entgelt- und Manteltarifverträge für die auszuleihenden Arbeitnehmer gelten.

Da die Überschreitung der Höchstüberlassungsdauer nach § 1 Abs. 1, Abs. 1b AÜG gem. § 16 Abs. 1 Nr. 1f, Abs. 2 AÜG eine Ordnungswidrigkeit darstellt und mit einer Geldbuße von bis zu 30.000 EUR geahndet werden kann, hat der Verleiher ein erhebliches Interesse daran, Auskunft zu erhalten, an welche Entleiher der Leiharbeitnehmer in den letzten 3 Monaten überlassen worden ist und ob und ggf. welche kollektivvertraglichen Höchstüberlassungsgrenzen beim Entleiher bestehen. Da das Gesetz entsprechende Auskunftsansprüche nicht vorsieht, können und sollten diese vertraglich vereinbart werden.

Bei der Berechnung der Höchstüberlassungsdauer ist nicht die Vertragslage, sondern der tatsächliche Arbeitseinsatz maßgeblich, sofern diese Größen voneinander abweichen.

Bei Einsätzen ohne Unterbrechung richtet sich die Berechnung der Höchstüberlassungsdauer nach den §§ 187 Abs. 2 Satz 1 und 188 Abs. 2 2. Alt. BGB. Danach beginnt die Frist mit dem ersten Tag der Überlassung zu laufen und endet mit Ablauf desjenigen Tages des letzten Monats, welcher dem Tag vorhergeht, der durch seine Benennung oder seiner Zahl dem Arbeitstag der Frist entspricht.[1562]

Beispiel: Berechnung der Höchstüberlassungsdauer

Beginnt die Überlassung am 10.10.2023, wäre sie unter Beachtung der grundsätzlichen Höchstüberlassungsdauer von 18 aufeinanderfolgenden Monaten bis zum Ablauf des 9.4.2025 zulässig.

Wie sich die Frist bei einem unterbrochenen Einsatz oder einem Einsatz an nur einzelnen Tagen einer Woche bzw. eines Monats berechnet, ist in der Literatur umstritten und höchstrichterlich noch nicht geklärt. Zum Teil wird vertreten, dass die Berechnung auch in diesem Fall entsprechend den obigen Ausführungen zu erfolgen hat. Nach einer anderen Ansicht ist in einem solchen Fall § 191 BGB anzuwenden, wonach bei nicht zusammenhängenden Zeiten der Monat stets mit 30 Tagen angesetzt wird. Nach dieser Ansicht bestünde dann eine Einsatzmöglichkeit von 18 x 30 Tagen, d.h. von 540 Tagen insgesamt. Diese Weise der Berechnung kann im Ergebnis zu einer kürzeren maximal zulässigen Höchstüberlassungsdauer führen als die Berechnung entsprechend der erstgenannten Ansicht.

Hinweis: Berechnung bei Zugrundelegung von 30 Tagen pro Monat

Bei unterbrochenem Einsatz eines Leiharbeitnehmers spricht sich die Agentur für Arbeit für die entsprechende Anwendung von § 191 BGB aus. Um die oben beschriebenen, weitreichenden Konsequenzen einer zu langen und damit illegalen Arbeitnehmerüberlassung zu vermeiden, sollte daher vorsichtshalber immer auch eine Berechnung nach § 191 BGB (analog) erfolgen.[1563]

1562 Vgl. Fachliche Weisung Arbeitnehmerüberlassungsgesetz (AÜG) der Bundesagentur für Arbeit, S. 23, Ziff. 1.2.1, gültig seit dem 1.8.2019.

1563 Vgl. Fachliche Weisung Arbeitnehmerüberlassungsgesetz (AÜG) der Bundesagentur für Arbeit, S. 24, Ziff. 1.2.1 Abs. 3 am Ende, gültig seit dem 1.8.2019; s. insofern insgesamt auch: Kock, BeckOK ArbR, 64. Edition 2022, § 1 AÜG, Rzn. 92–96.

94.4 Personalaustausch

Häufig wird in der Praxis vereinbart, dass der Entleiher nur zu Beginn der Überlassung die Auswechslung des jeweiligen Arbeitnehmers ohne die Angaben von Gründen verlangen kann. Eine mögliche Formulierung diesbezüglich könnte beispielsweise lauten:

Formulierungsvorschlag

Der Entleiher kann während des ersten Arbeitstags ohne Angabe von Gründen die Auswechslung des Leiharbeitnehmers verlangen.

Allerdings sind auch weitergehende Vereinbarungen, die den Entleiher günstiger stellen, aufgrund der Vertragsfreiheit zulässig:

Formulierungsvorschlag

Der Entleiher kann die Auswechslung eines Leiharbeitnehmers verlangen, wenn er dessen Weiterbeschäftigung aus personen- oder verhaltensbedingten Gründen ablehnt. Der Verleiher ist in diesem Fall zur Überlassung eines anderen geeigneten Arbeitnehmers innerhalb von 3 Arbeitstagen verpflichtet.

Daneben enthalten Arbeitnehmerüberlassungsverträge häufig eine Klausel, die auch der Gegenseite ein jederzeitiges Auswechslungsrecht einräumt:

Formulierungsvorschlag

Der Verleiher ist berechtigt, einen Leiharbeitnehmer durch einen anderen Leiharbeitnehmer mit der erforderlichen Qualifikation zu ersetzen, wenn er dies dem Entleiher mindestens 3 Werktage zuvor ankündigt.

Eine solche Regelung wird für den Entleiher in aller Regel jedoch nur dann akzeptabel sein, wenn bei der Auswechslung auch auf seine berechtigten Interessen ausreichend Rücksicht genommen wird. Mögliche Formulierungen hierzu wären etwa:

Formulierungsvorschlag

Sofern mit der Tätigkeit des Leiharbeitnehmers erhebliche Einarbeitungszeiten verbunden sind, kann der Verleiher eine Auswechslung nur in besonders begründeten Ausnahmefällen verlangen. Die dadurch entstehenden Kosten der Einarbeitung des Ersatzarbeitnehmers trägt der Verleiher.

Aufgrund der Gesetzesänderung aus dem Jahr 2017 ist zudem zu beachten, dass der Leiharbeitnehmer unter Bezugnahme auf den Vertrag zwischen Verleiher und Entleiher vor der Überlassung auch im Falle des Austausches immer konkretisiert und damit konkret benannt werden muss. Nach der fachlichen Weisung der Bundesagentur für

Arbeit unterliegt diese Konkretisierungspflicht nicht zwingend der strengen Schriftform des Arbeitnehmerüberlassungsvertrags nach § 12 Abs. 1 Satz 1 AÜG. Muss kein bestimmter Leiharbeitnehmer überlassen werden und steht der zu überlassende Leiharbeitnehmer bei Abschluss des Arbeitnehmerüberlassungsvertrags noch nicht fest, da z. B. ein Rahmenvertrag geschlossen wurde, kann die Bestimmung des konkret überlassenen Leiharbeitnehmers daher auch noch später z. B. per E-Mail unter Bezugnahme auf den Arbeitnehmerüberlassungsvertrag erfolgen.

94.5 Direktionsrecht

Da der Leiharbeitnehmer im Betrieb des Entleihers tätig wird, unterliegt dieser nach § 1 Abs. 1 Satz 2 AÜG dessen Weisungen. Gleichwohl sollte zur Klarstellung und Präzisierung der Weisungsbefugnis eine vertragliche Regelung diesbezüglich gefasst werden.

Eine solche könnte wie folgt lauten:

Formulierungsvorschlag

Der Entleiher ist berechtigt, dem Arbeitnehmer hinsichtlich der auszuführenden Arbeiten in sachlicher, zeitlicher und örtlicher Hinsicht Weisungen zu erteilen. Dabei darf der Leiharbeitnehmer nur mit solchen Arbeiten beschäftigt werden, für die er überlassen wurde, und nur zu den vertraglich vereinbarten Arbeitszeiten. Auch darf er nur an den vertraglich vereinbarten Einsatzorten tätig werden.

Dabei bezieht sich der Hinweis auf die »vertraglichen Vereinbarungen« auf den **Vertrag zwischen Verleiher und Entleiher**, der all dies regeln sollte. Derartige Regelungen im Arbeitsvertrag des Leiharbeitnehmers entfalten nur für diesen und für den Verleiher Wirkung, gegenüber dem Entleiher bleiben sie hingegen zunächst ohne Bedeutung. Es muss also sichergestellt werden, dass der Verleiher dem Entleiher nicht ein Leistungsspektrum zusagt, das vom Arbeitsvertrag des Leiharbeitnehmers nicht abgedeckt wird. Der Arbeitsvertrag des Leiharbeitnehmers sollte deshalb aus Sicht des Verleihers ausreichend Flexibilität für die verschiedenen Einsätze bei Verleihern vorsehen. Dies darf jedoch zugleich das Maß des Zumutbaren für den Arbeitnehmer nicht überschreiten; insbesondere die Grenzen der §§ 305 ff. BGB und die dazu ergangene Rechtsprechung müssen beachtet werden.

94.6 Arbeitszeit

Wie viele Stunden der Leiharbeitnehmer pro Tag oder pro Woche zu arbeiten hat, sollte im Überlassungsvertrag geregelt werden. Dabei ist darauf zu achten, dass die

Leiharbeitnehmer im Hinblick auf die Arbeitszeit **vergleichbaren Arbeitnehmern im Entleiherbetrieb** gleichgestellt werden müssen. Es empfiehlt sich daher eine Vereinbarung, nach der die Arbeitszeit der Leiharbeitnehmer der im Entleiherbetrieb geltenden Arbeitszeit angepasst wird. Der Entleiher kann im Überlassungsvertrag auch ermächtigt werden, Überstunden anzuordnen, soweit dies vom Arbeitsvertrag des Leiharbeitnehmers gedeckt ist, er nach diesem also verpflichtet ist, Überstunden zu leisten:

Formulierungsvorschlag

Im Bedarfsfall ist der Entleiher berechtigt, gegenüber den Leiharbeitnehmern Überstunden im nach dem (im Entleiherbetrieb geltenden) Manteltarifvertrag XY zulässigen Umfang anzuordnen.

94.7 Vergütung

Die Vergütung, die der Entleiher dem Verleiher gewährt, wird von der Vergütung, die der Arbeitnehmer vom Verleiher erhält, mitunter erheblich abweichen. Eine sorgfältige Kalkulation des Verleihers muss Eingang in den Stundensatz im Überlassungsvertrag finden. Auch muss im Überlassungsvertrag die Umsatzsteuer berücksichtigt werden:

Formulierungsvorschlag

Der Entleiher zahlt dem Verleiher für jede geleistete Arbeitsstunde des/der Leiharbeitnehmer ... EUR zuzüglich gesetzlicher Umsatzsteuer. Für etwaige anfallende Überstunden (ggf. näher zu definieren) ist ein Zuschlag in Höhe von ... % je Stunde zuzüglich Umsatzsteuer zu zahlen.

Es ist sinnvoll, auch eine Regelung über den Nachweis der geleisteten Stunden etwa durch vom Entleiher abzuzeichnende Zeiterfassungsbögen, über die Abrechnungsperioden (z. B. monatlich) und die Fälligkeit (x Tage nach Rechnungslegung o. Ä.) zu treffen.

94.8 Haftung

Auch etwaige Haftungsfragen hinsichtlich des Leiharbeitnehmers im Entleiherbetrieb sind zu bedenken. Diese sollten ebenfalls im Überlassungsvertrag ebenfalls einer geeigneten Regelung zugeführt werden.

Formulierungsvorschlag

Der Verleiher verpflichtet sich, die zu überlassenden Arbeitnehmer entsprechend der vereinbarten Tätigkeit ordnungsgemäß auszuwählen und nur persönlich und fachlich geeignete Kräfte zur Verfügung zu stellen. Außer im Fall einer nicht ordnungsgemäßen Auswahl haftet der Verleiher nicht für etwaige Schlechtleistung des/der Leiharbeitnehmer.

Diese Regelung wird für den Entleiher in aller Regel nur dann akzeptabel sein, wenn er das Recht hat, Leiharbeitnehmer abzulehnen und Ersatz zu verlangen oder gar nicht erst einzusetzen und in diesem Fall dann auch nicht für sie bezahlen zu müssen. Selbstverständlich sind auch andere Formulierungen denkbar, nach denen insbesondere der Entleiher von Schäden, die der Leiharbeitnehmer verursacht hat, durch den Verleiher freigestellt wird. Darüber hinaus können Schadensersatzansprüche auch auf den Umfang eventuell abgeschlossener Versicherungen beschränkt werden.

Aber auch der Entleiher sollte sich haftungsrechtlich absichern. Dies gilt vor allem hinsichtlich der nach § 28e Abs. 2 SGB IV bestehenden Haftung für die Pflicht des Verleihers zur Zahlung der Sozialversicherungsbeiträge. Der Entleiher haftet hierfür wie ein selbstschuldnerischer Bürge. Zudem haftet er im Falle (gewerbsmäßiger) erlaubnispflichtiger Arbeitnehmerüberlassung neben dem Verleiher für die Lohnsteuer der Leiharbeitnehmer. Es bietet sich daher die alternative oder auch kumulative Aufnahme folgender Formulierungen an:

Formulierungsvorschlag

Der Verleiher ist verpflichtet, dem Entleiher jederzeit auf dessen Verlangen Bescheinigungen über die ordnungsgemäße Abführung der Sozialversicherungsbeiträge und der Lohnsteuer an die zuständigen Einzugsstellen bzw. Finanzämter vorzulegen.

Formulierungsvorschlag

Im Hinblick auf die nach aus § 28e Abs. 2 SGB IV und § 42d EStG bestehenden Haftungsrisiken verpflichtet sich der Verleiher, dem Entleiher eine selbstschuldnerische Bürgschaft oder eine Garantieerklärung einer europäischen Großbank über einen Betrag in Höhe von mindestens ... EUR zur Verfügung zu stellen.

Formulierungsvorschlag

Im Falle der Inanspruchnahme des Entleihers nach § 28e Abs. 2 SGB IV und § 42d EStG steht dem Entleiher ein Zurückbehaltungsrecht gegenüber dem Verleiher in Bezug auf die nach Ziffer ... des Vertrags geschuldeten Vergütung zu.

94.9 Arbeitsschutzbestimmungen

Auch der Entleiher hat in seinem Betrieb die Vorschriften zum Arbeitsschutz gegenüber dem Leiharbeitnehmer zu beachten. Zu empfehlen ist daher, die im Einzelfall erforderlichen Sicherheitsmaßnahmen konkret zu regeln:

Persönliche Schutzausrüstung

Formulierungsvorschlag

Für die für den Leiharbeitnehmer vorgesehene Arbeit ist folgende Schutzausrüstung erforderlich: Schutzbrille/Sicherheitsschuhe/Schutzhelm. Die Ausrüstungsgegenstände werden vom Entleiher gestellt. Er überwacht auch das Tragen der Schutzausrüstung durch die Arbeitnehmer.

Stellt der Verleiher hingegen die notwendige Ausrüstung, sollte dies ebenfalls eindeutig und konkret vertraglich geregelt sein.

Arbeitsmedizinische Vorsorgeuntersuchungen

Formulierungsvorschlag

Für die vorgesehene Tätigkeit sind die folgenden Vorsorgeuntersuchungen erforderlich: ...

Die erforderlichen Bescheinigungen liegen vor (oder: werden vom Verleiher bzw. Entleiher veranlasst).

Arbeitsunfall

Formulierungsvorschlag

Der Entleiher verpflichtet sich, einen etwaigen Arbeitsunfall unverzüglich dem Verleiher zu melden. Darüber hinaus ist der Entleiher nach § 193 SGB VII verpflichtet, den Unfall seiner Berufsgenossenschaft zu melden.

94.10 Beendigung des Vertrags

Abschließend sollten auch noch die Modalitäten der Beendigung des Überlassungsvertrages einer vertraglichen Regelung zugeführt werden. Eine solche könnte folgendermaßen lauten:

Formulierungsvorschlag

Jede Vertragspartei ist berechtigt, diesen Vertrag mit einer Frist von 2 Wochen (oder: von einem Monat zum Monatsende) zu kündigen.

Hier gilt der Grundsatz der Vertragsfreiheit; die Parteien des Überlassungsvertrags können hier also einvernehmlich jede beliebige Kündigungsfrist festlegen, soweit die berechtigten Interessen des Leiharbeitnehmers hierdurch nicht unzulässig beeinträchtigt werden.

94.11 Sonstiges

Wie in jeden Vertrag gehören auch in einen Überlassungsvertrag Vereinbarungen hinsichtlich:

- der Formbedürftigkeit (schriftlich) etwaiger Änderungen und Ergänzungen des Vertrags
- des Erfüllungsortes und Gerichtsstand, falls die gesetzlichen Regelungen nicht ausreichen
- auch die Aufnahme einer Salvatorischen Klausel für den Fall von Vertragslücken ist zu empfehlen.

95 Arbeitnehmerüberlassung: Equal Pay und Equal Treatment

Autorin: Christina Kamppeter

Überblick

Das Arbeitnehmerüberlassungsgesetz (AÜG) legt zwingend fest, dass das Arbeitsentgelt und die wesentlichen anderen Arbeitsbedingungen des Leiharbeitnehmers während der Dauer seiner Überlassung dem eines vergleichbaren Arbeitnehmers des entleihenden Unternehmens entsprechen muss – Gebot des sog. Equal Pay und Equal Treatment.

Seit der Neufassung des AÜG im Jahr 2017 vereinigt § 8 AÜG die zuvor im AÜG verteilten Regelungen zum Gleichstellungsgrundsatz; inhaltliche Änderungen waren im Ausgangspunkt nicht bezweckt.[1564] § 8 Abs. 1 AÜG normiert dabei den Grundsatz der Gleichstellung von Leiharbeitnehmern mit den vergleichbaren Stammarbeitnehmern.

95.1 Equal Pay und Equal Treatment

§ 8 Abs. 1 AÜG[1565] bestimmt, dass Leiharbeitnehmer für die Zeit der Überlassung grundsätzlich einen Anspruch auf die im Betrieb des Entleihers geltenden wesentlichen Arbeitsbedingungen eines vergleichbaren Stammarbeitnehmers des Entleihers haben (Gebot des sog. Equal Pay und Equal Treatment).

Der Anspruch der Leiharbeitnehmer beschränkt sich auf die wesentlichen Arbeitsbedingungen eines vergleichbaren Arbeitnehmers. Aus dem Wortlaut ergibt sich, dass der Gleichstellungsgrundsatz nur für die Zeit der Überlassung gilt; für Zeiten ohne Überlassungen sind Abweichungen möglich.[1566]

Der Begriff der wesentlichen Arbeitsbedingungen wird unter Rückgriff auf die Leiharbeitsrichtlinie bestimmt.[1567] Nach Art. 3 Abs. 1 lit. Leiharbeitslinie[1568] betreffen die wesentlichen Arbeitsbedingungen die Dauer der Arbeitszeit, Überstunden, Pausen, Ruhezeiten, Nacharbeit, Urlaub, arbeitsfreie Tage sowie das Arbeitsentgelt.

1564 BT-Drucks. 18/9231, S. 23.

1565 Nach Ansicht des BAG gewährt § 8 Abs. 1 AÜG einen ergänzenden bzw. korrigierenden gesetzlichen Anspruch: BAG, Urteil v. 21.10.2015, 5 AZR 604/14.

1566 Vgl. nur *Wank/Roloff* in: ErfK zum Arbeitsrecht, 22. Aufl. 2022, Rz. 7.

1567 BAG, Urteil v. 23.3.2011, 5 AZR 7/10.

1568 Richtlinie 2008/104/EG v. 5.12.2008.

Mit seiner Entscheidung vom 12.5.2022[1569] hat der EuGH dies auch noch einmal in Bezug auf den Jahresurlaub, das Urlaubsgeld und auch die Urlaubsabgeltung bestätigt.

Ferner hat der Entleiher die in seinem Unternehmen geltenden Bedingungen für Schwangere, Kinder und Jugendliche sowie Diskriminierungsverbote zu beachten.

Die vergleichbaren Arbeitsbedingungen sind tätigkeitsbezogen zu bestimmen (= tätigkeitsbezogene Gleichstellung). Für den Vergleich ist auf die konkrete Tätigkeit im Entleiherbetrieb abzustellen, also die, die der Entleiher dem Leiharbeitnehmer ausdrücklich oder konkludent durch Billigung oder Duldung zugewiesen hat oder zuweisen will. Hierbei ist z. B. das Entgelt zugrunde zu legen, welches der Leiharbeitnehmer erhalten hätte, wenn er bei dem Entleiher für die gleiche Tätigkeit eingestellt und unter Vertrag genommen worden wäre.

Beschäftigt der Entleiher keine vergleichbaren Stammarbeitnehmer, erfolgt der Vergleich fiktiv. Entscheidend ist, wie der Entleiher die Tätigkeit in einem Arbeitsverhältnis vergütet hätte.

Die Prüfung, ob die Arbeitsbedingungen des Leiharbeitnehmers denen des Entleihers entsprechen, wird nach aktueller Rechtsprechung anhand eines sog. Sachgruppenvergleich durchgeführt, d. h., es werden die Vertragsbestandteile miteinander verglichen, die in einem sachlichen Zusammenhang zueinander stehen. So werden z. B. alle Gehalts- und Vergütungsbestandteile nicht isoliert, sondern zusammen betrachtet.

Zur Schaffung von Rechtssicherheit sieht das AÜG vor, dass von einer Einhaltung des Gleichstellungsgrundsatzes hinsichtlich des Arbeitsentgelts (nicht der weiteren Arbeitsbedingungen) auszugehen ist, wenn der Leiharbeitnehmer das im Einsatzbetrieb einem vergleichbaren Stammarbeitnehmer geschuldete tarifliche Arbeitsentgelt erhält. In der Praxis ist diese Vermutungswirkung aber nur bedingt viel wert, da sie vom Leiharbeitnehmer oftmals leicht widerlegt werden kann.

95.2 Abweichung durch tarifvertragliche Regelung

Besonders praxisrelevant ist die Abweichung von dem vorgenannten Gleichstellungsgebot durch tarifvertragliche Regelungen gem. § 8 Abs. 2 AÜG.[1570]

1569 EuGH, Urteil v. 12.5.2022, C-426/20.

1570 Zu beachten ist, dass die festgesetzten Mindeststundenentgelte dabei nicht unterschritten werden, § 8 Abs. 2 Satz 4 i. V. m. § 3a Abs. 3 AÜG.

Voraussetzung für diese Abweichungsmöglichkeit ist, dass

- auf das Verhältnis von Verleiher und Leiharbeitnehmer ein Tarifvertrag zur Anwendung kommt,
- der wirksam ist[1571]
- bzw. der Gleichstellungspflicht abweichende Regelungen vorsieht bzw. zulässt.

Der Tarifvertrag kann hierbei aufgrund beidseitiger Tarifbindung zur Anwendung kommen oder aber aufgrund arbeitsvertraglicher Inbezugnahme von nicht tarifgebundenen Verleihern. Diese müssen aber den Tarifvertrag in Bezug nehmen, der für sie gelten würde, wenn sie tarifgebunden wären. Sie müssen in den Geltungsbereich des Tarifvertrags fallen.

Hinweis

Vollständige Inbezugnahme eines abweichenden Tarifvertrags

Bei einer Inbezugnahme eines abweichenden Tarifvertrags ist allerdings zu beachten, dass dieser **vollständig** in Bezug genommen werden muss. Erfolgt die Inbezugnahme nur teilweise, ist die vom Gleichstellungsgebot abweichende Regelung unwirksam. Der Arbeitnehmer behält seinen Anspruch auf Gleichstellungen mit einem vergleichbaren Arbeitnehmer des Entleihers.[1572]

Hinweis

Wirksamkeit der Abweichung vom Equal-Pay-Grundsatz durch einen Tarifvertrag

Es war lange umstritten, ob die deutschen Tarifverträge der Zeitarbeitsbranche bzw. die gesetzlich vorgesehene Abweichungsmöglichkeit vom Gleichstellungsgrundsatz durch einen Tarifvertrag nach § 8 Abs. 2 AÜG **europarechtskonform** und mithin wirksam sind. Kern des Streits war verkürzt gesagt die Frage, ob **durch einen Tarifvertrag allein zulasten des Leiharbeitnehmers von den Arbeitsbedingungen eines vergleichbaren Stammarbeitnehmers des Entleihers abgewichen werden darf** oder ob etwaige Abweichungen zulasten des Leiharbeitnehmers, z. B. aufgrund eines niedrigeren Gehalts, durch andere Vorteile für den Leiharbeitnehmer wieder ausgeglichen werden müssen, da nach der europäischen Richtlinie ein Gesamtschutz des Leiharbeitnehmers bei etwaigen für ihn negativen Abweichungen vom Gleichstellungsgrundsatz gewährleistet sein muss.

Nach einer Entscheidung des Europäischen Gerichtshofs (EuGH) und der anschließenden aktuellen Entscheidung des Bundesarbeitsgerichts (BAG) besteht insofern jetzt Rechtssicherheit. Die deutsche Praxis, die Regelungen des § 8 Abs. 2 AÜG und letztendlich etwaige niedrigere Gehälter des Leiharbeitnehmers nach den Tarifverträgen der Zeitarbeitsbranche **halten einer gerichtlichen Überprüfung grundsätzlich stand**. Die Tarifverträge der

1571 Die Frage der Tariffähigkeit und Tarifzuständigkeit von Tarifparteien auf Gewerkschaftsseite hat gerade in der Leiharbeit in der Vergangenheit zu erheblichen Rechtsstreitigkeiten geführt. So wurde z. B. der Tarifgemeinschaft christlicher Gewerkschaften (CGZP) keine Tariffähigkeit zuerkannt, mit der Folge, dass die entsprechenden Tarifverträge unwirksam waren und es mithin durch diese keine wirksame Abweichung vom Gleichstellungsgrundsatz erreicht werden konnte.

1572 BAG, Urteil v. 16.12.2020, 5 AZR 131/19.

Zeitarbeitsbranche brauchen selbst keinen Ausgleich für etwaige negative Abweichungen für Leiharbeitnehmer von den Arbeitsbedingungen eines Stammmitarbeiters vorsehen. Vielmehr ist dieser Ausgleich bereits durch den gesetzlichen Rahmen des AÜG generell in Deutschland geschaffen worden, wo Leiharbeitnehmer – im Gegensatz zur Rechtslage in anderen Mitgliedstaaten – z. B. auch Entgelt für verleihfreie Zeiten erhalten.[1573]

95.3 Grenzen der Abweichung durch tarifvertragliche Regelung

Die Abweichungsmöglichkeiten vom Gleichstellungsgrundsatz durch einen Tarifvertrag sind sowohl in finanzieller, zeitlicher als auch personeller Hinsicht begrenzt.

95.3.1 Finanziell: Lohnuntergrenze

In finanzieller Hinsicht muss den nach § 3a Abs. 2 AÜG festgesetzten Mindestentgelten Rechnung getragen werden. Diese dürfen **nicht unterschritten** werden. Aktuell gilt die »Fünfte Verordnung über eine Lohnuntergrenze in der Arbeitnehmerüberlassung«, die das Bundesministerium für Arbeit und Soziales mit Wirkung zum 1.1.2023 erlassen hat.

Die Verordnung ist bis zum 31.3.2024 befristet. Nach ihr beträgt das Mindeststundenentgelt bundesweit einheitlich vom 1.1.2023 bis zum 31.3.2023 12,43 EUR, vom 1.4.2023 bis zum 31.12.2023 13 EUR und vom 1.1.2024 bis zum 31.3.2024 13,50 EUR.[1574]

Wird die Lohnuntergrenze nach § 3a Abs. 2 AÜG durch einen anwendbaren Tarifvertrag unterschritten, sieht § 8 Abs. 2 Satz 4 AÜG als Rechtsfolge die Geltung des Equal-Pay-Grundsatzes vor, also die Verpflichtung zur Zahlung des Entgelts eines vergleichbaren Arbeitnehmers des Entleihers. Durch diese Regelung sollen Leiharbeitnehmer geschützt werden, indem Lohnvereinbarungen in Tarifverträgen unterhalb der Lohnuntergrenzen ausgehebelt werden.

Hinweis

Erstellen und Bereithalten von Dokumenten

Sofern eine Rechtsverordnung nach § 3a AÜG auf ein Arbeitsverhältnis Anwendung findet, ist der Entleiher nach § 17c Abs. 1 AÜG verpflichtet, Beginn, Ende und Dauer der täglichen Arbeitszeit des Leiharbeitnehmers spätestens bis zum Ablauf des 7. auf den Tag der Arbeitsleistung folgenden Kalendertages aufzuzeichnen und diese Aufzeichnungen mindestens 2

1573 BAG, Beschluss v. 16.12.2020, 5 AZR 143/19 (A); EuGH, Urteil v. 15.12.2022, C-311/21; BAG, Urteil v. 31.5.2023, 5 AZR 143/19.

1574 Vom 1.9.2020 bis zum 31.12.2022 galten abweichende Werte durch die »Vierte Verordnung über eine Lohnuntergrenze in der Arbeitnehmerüberlassung«.

Jahre, beginnend ab dem für die Aufzeichnung maßgeblichen Zeitpunkt, aufzubewahren. Jeder Verleiher ist darüber hinaus nach § 17c Abs. 2 AÜG verpflichtet, die für die Kontrolle der Einhaltung einer Rechtsverordnung nach § 3a AÜG erforderlichen Unterlagen im Inland für die gesamte Dauer der tatsächlichen Beschäftigung des Leiharbeitnehmers im Geltungsbereich dieses Gesetzes, insgesamt jedoch nicht länger als 2 Jahre, in deutscher Sprache bereitzuhalten.[1575]

95.3.2 Zeitlich: Equal Pay grds. nach 9 Monaten, maximal nach 15 Monaten bei Stufentarifverträgen

In **zeitlicher Hinsicht** darf die Abweichung vom Gleichstellungsgebot hinsichtlich des Arbeitsentgelts (»Equal Pay«) grundsätzlich nur für **maximal 9 Monate** durch einen entsprechenden Tarifvertrag erfolgen. D. h., spätestens nach den ersten 9 Monaten der Überlassung hat der Leiharbeitnehmer einen **Anspruch auf Equal Pay** entsprechend eines vergleichbaren Arbeitnehmers des Entleihers. Diese Regelung liegt der Gedanke zugrunde, dass Leiharbeitnehmer genauso gute Arbeit leisten, wie die Arbeitnehmer im Einsatzbetrieb und deshalb **keine dauerhafte Abweichung gerechtfertigt** ist.[1576]

Eine längere Abweichung vom Equal-Pay-Grundsatz ist ausnahmsweise nur dann möglich, wenn ein qualifizierter **(Branchen-)Zuschlagstarifvertrag** gilt, der eine **stufenweise Heranführung** an das **vergleichbare tarifvertragliche Arbeitsentgelt** in der Einsatzbranche vorsieht.[1577] Nach § 8 Abs. 4 Nrn. 1, 2 AÜG muss in diesem Fall die Gleichstellung an das tarifliche Equal Pay spätestens nach den ersten **15 Monaten** einer Überlassung erfolgen.

Um eine Umgehung dieser Ausnahmeregelungen zu vermeiden, sind Zeiträume einer vorherigen Überlassung durch denselben oder einen anderen Verleiher an denselben Entleiher vollständig anzurechnen, wenn zwischen den Einsätzen jeweils nicht mehr als 3 Monate liegen.[1578]

95.3.3 Personell: Drehtürklausel

Nach § 8 Abs. 3 AÜG wird der Gleichstellungsgrundsatz des § 8 Abs. 1 Satz 1 AÜG (»Equal Pay«) durch einen auf das Leiharbeitsverhältnis anwendbaren Tarifvertrag auch dann **nicht verdrängt**, wenn der Leiharbeitnehmer in den letzten 6 Monaten vor der Überlassung an den Entleiher aus einem Arbeitsverhältnis bei diesem oder einem

1575 § 17c AÜG.
1576 BT-Drucks. 18/9231, S. 15.
1577 Vgl. § 8 Abs. 4 Satz 2 AÜG.
1578 § 8 Abs. 4 Satz 4 AÜG.

Arbeitgeber, der mit ihm einen Konzern i. S. d. § 18 AktG bildet, ausgeschieden ist. Insofern erfährt die Abweichungsmöglichkeit eine **personelle Einschränkung**.

Damit soll eine Arbeitnehmerüberlassung in den fraglichen Fällen (sog. **Sale-and-lease-Back-Fallgestaltungen**[1579]) zwar nicht ganz unterbunden werden, es soll aber verhindert werden, dass Arbeitnehmer als Mitglieder der Stammbelegschaft entlassen und kurz darauf zu schlechteren Arbeitsbedingungen als Zeitarbeitskräfte wieder im Unternehmen(sverbund) beschäftigt werden.[1580] Zum Schutz der Leiharbeitnehmer soll daher bei solchen Leiharbeitnehmern, die die o. g. Voraussetzungen erfüllen, der Grundsatz des »Equal Pay« oder »Equal Treatment« uneingeschränkt fortgelten.[1581] Diese Leiharbeitnehmer können also weiterhin regulär als Leiharbeitnehmer beschäftigt werden; sie sind jedoch genauso wie die Stammarbeitnehmer im Entleiherbetrieb zu vergüten.[1582]

Zu berücksichtigen ist, dass die Drehtürklausel nicht das bloße »Dazwischenschalten« eines Leiharbeitsverhältnisses verhindert. Aus diesem Grund sind die Zeiten, während derer ein Leiharbeitnehmer an den Entleiher verliehen wurde, nicht bei der Berechnung der Wartezeit i. S. d. § 1 Abs. 1 KSchG zu berücksichtigen, wenn nach dem zunächst bestehendem Leiharbeitsverhältnis ein Arbeitsverhältnis mit dem Entleiher begründet wird.[1583]

95.4 Auskunftsanspruch

Damit das Gleichstellungsgebot vom Verleiher umgesetzt werden kann, braucht er die entsprechenden Informationen des Entleihers. Insofern sieht das AÜG einen **Auskunftsanspruch des Verleihers** vor.

Nach § 12 Abs. 1 Satz 4 AÜG sind die wesentlichen Arbeitsbedingungen des Entleihers daher in den Arbeitnehmerüberlassungsvertrag aufzunehmen.[1584]

Weiter hat auch der **Leiharbeitnehmer** einen Auskunftsanspruch gegen den Entleiher, um seine Vertragsbedingungen zu überprüfen und etwaige Ansprüche zu klären. Der Auskunftsanspruch des Leiharbeitnehmers nach § 13 AÜG gilt aber nicht uneinge-

---

1579 Im Hinblick auf die Ausgliederung von Arbeitsplätzen auf ein Verleihunternehmen zum Zwecke der Lohnkostensenkung und des anschließenden Rückverleihs der Arbeitnehmer auf ihre alten Arbeitsplätze wurde in § 3 Abs. 1 Nr. 3 AÜG a. F. sowie in § 9 Nr. 2 AÜG a. F. die sog. »Drehtürklausel« zum 1.5.2011 in das AÜG eingefügt, welche sich nunmehr unverändert in § 8 Abs. 3 AÜG findet.

1580 BT-Drucks. 17/4804, S. 9.

1581 Müller-Glöge/Preis/Schmidt/Wank, ErfK, 22. Aufl. 2022, § 8 AÜG, Rz. 15.

1582 BAG, Urteil v. 20.2.2014, 2 AZR 859/11.

1583 BAG, Urteil v. 20.2.2014, 2 AZR 859/11.

1584 Für weitere Informationen s. »Arbeitnehmerüberlassung: Vertragsgestaltung«.

schränkt, sondern nur **insoweit, als dies zur Bestimmung der Arbeitsbedingungen im konkreten Einzelfall erforderlich ist**. Der Leiharbeitnehmer hat keinen Anspruch auf Auskunft, wenn eine Ausnahme nach § 8 Abs. 2 und 4 Satz 2 AÜG vorliegt[1585], da in diesen Fällen eine Gleichbehandlungspflicht nicht besteht.[1586]

Der Leiharbeitnehmer muss diesen Anspruch gegenüber dem Entleiher geltend machen. Es besteht keine Offenbarungspflicht des Entleihers, diese Informationen unaufgefordert bzw. von selbst dem Leiharbeitnehmer mitzuteilen.[1587]

Der Anspruch gegen den Entleiher umfasst alle Tatsachen, die der Leiharbeitnehmer zur Durchsetzung seines Gleichbehandlungsanspruchs benötigt, wie beispielsweise:

- Aufschlüsselung des Arbeitsentgelts mit Angaben zum Abrechnungszeitraum und der Zusammensetzung der Zahlungen (Arbeitsentgelt einschließlich Sonderzahlungen, Weihnachts- und Urlaubsgeld, Überstundenvergütung),
- betriebliche Sozialleistungen, Arbeitszeit und Pausenregelungen, Urlaub und die Nutzungsmöglichkeit betrieblicher Sozialeinrichtungen,
- Gründe für die Vergleichbarkeit mit anderen Arbeitnehmern im Betrieb des Entleihers,
- sonstige wesentliche Arbeitsbedingungen.

Werden im Betrieb des Entleihers **keine »vergleichbaren Arbeitnehmer«** in diesem Sinne beschäftigt, muss der Leiharbeitnehmer **fiktiv in die Vergütungsstrukturen des Entleihers eingeordnet werden**, z. B. aufgrund eines bestehenden Tarifvertrags, internen Regeln oder den üblichen Methoden der Arbeitsbewertung. Der Auskunftsanspruch des Leiharbeitnehmers umfasst auch die Tatsachen, aus denen der Entleiher schließt, dass ein Ausnahmetatbestand nach § 13 2. Halbsatz AÜG gegeben ist.[1588] Verweigert der Entleiher die Auskunft oder sind seine Informationen unvollständig, kann der Leiharbeitnehmer den Anspruch vor dem zuständigen Arbeitsgericht einklagen.

95.5 Rechtsfolgen bei Verstoß

Das Gleichbehandlungsgebot ist zwingend. Vereinbarungen, die für den Leiharbeitnehmer schlechtere als die ihm nach § 8 AÜG zustehenden Arbeitsbedingungen vorsehen, sind nach § 9 Abs. 1 Nr. 2 AÜG unwirksam. Dagegen führt die Unwirksamkeit einer Vereinbarung aber nicht auch zur Unwirksamkeit der zwischen Verleiher und Entleiher abgeschlossenen Arbeitnehmerüberlassungsverträge. In der Praxis von besonderer

---

1585 § 13 2. Halbsatz AÜG.

1586 Zu den Anspruchsvoraussetzungen vgl. auch BAG, Urteil v. 24.4.2014, 8 AZR 1081/12; Ulrici in: HM-AÜG, 2017, § 13, Rz. 13.

1587 Schüren/Brors, Arbeitnehmerüberlassungsgesetz, 6. Aufl. 2022, § 13, Rz. 4.

1588 Schüren/Brors, Arbeitnehmerüberlassung, 6. Aufl. 2022, § 13, Rzn. 4, 7.

Relevanz sind **Klagen** eines Leiharbeitnehmers **auf die Differenzvergütung**, wenn er weniger Gehalt erhalten hat als ein vergleichbarer Mitarbeiter des Entleihers.

Achtung

Haftungsrisiken des Entleihers

Die ordnungsgemäße Auskunftserteilung durch den Entleiher ist für diesen daher von essenzieller Bedeutung. Erteilt dieser die Auskunft nämlich nur unvollständig, fehlerhaft oder gar nicht, stehen dem Leiharbeitnehmer konkret Ansprüche auf Schadensersatz aus § 280 Abs. 1 BGB oder gemäß § 823 Abs. 2 BGB i. V. m. § 13 AÜG zu.[1589]

Hinweis

Ausschlussfristen

Zu beachten ist in diesem Zusammenhang, dass etwaigen Ansprüchen des Leiharbeitnehmers Ausschlussfristen entgegenstehen könnten. Falls solche nicht greifen, unterliegt der Anspruch des Leiharbeitnehmers der regelmäßigen dreijährigen Verjährungsfrist.

Ein Verstoß gegen § 8 Abs. 1 und 2 AÜG stellt nach § 16 Abs. 1 Nr. 7a AÜG eine Ordnungswidrigkeit dar, die mit einer Geldbuße von bis zu 500.000 EUR geahndet werden kann. Wurde der Grundsatz des Equal Pay verletzt, droht zudem eine Strafbarkeit wegen Vorenthalten und Veruntreuen von Arbeitsentgelt nach § 266a Abs. 1 StGB, sofern in der Folge der zu geringen Gehaltszahlung auch Sozialversicherungsbeiträge nicht oder nicht in voller Höhe abgeführt wurden.

1589 BAG, Urteil v. 24.4.2014, 8 AZR 1081/12; Henssler/Willemsen/Kalb/Höpfner, Arbeitsrecht Kommentar, 9. Aufl. 2020, § 13 AÜG, Rz. 3.

96 Arbeitnehmerüberlassung: Beteiligungsrechte des Betriebsrats

Autorin: Christina Kamppeter

Überblick

Eine Arbeitnehmerüberlassung liegt immer dann vor, wenn ein Unternehmer (Verleiher) die Arbeitsleistung eines Arbeitnehmers, der bei ihm angestellt ist, an einen Dritten (Entleiher) überlässt, der Arbeitnehmer bei der Arbeitnehmerüberlassung in den Betrieb des Entleihers eingegliedert wird und nach dessen Weisungen arbeitet. Bei diesem Dreiecksverhältnis stellt sich regelmäßig die Frage, ob der Betriebsrat des Verleiher- oder des Entleiherunternehmens zu beteiligen ist. Dieser Beitrag stellt die einzelnen Mitwirkungs- und Mitbestimmungsrechte im speziellen Rechtsverhältnis der Arbeitnehmerüberlassung dar.

§ 14 Abs. 2 und 3 AÜG regeln die betriebsverfassungsrechtliche Stellung des Leiharbeitnehmers sowie die Mitwirkungs- und Mitbestimmungsrechte des Betriebsrats.

96.1 Beteiligungsrechte des Betriebsrats des Verleiherbetriebs

Dem Betriebsrat stehen auch bezüglich Leiharbeitnehmern die üblichen betriebsverfassungsrechtlichen Befugnisse zu, dies gilt vor allem für Einstellung und Eingruppierung.[1590][1591]

Ob die bei jeder Arbeitnehmerüberlassung dem Leiharbeitnehmer zu gewährende **Vergütung** nach den für einen vergleichbaren Arbeitnehmer des Entleihers geltenden Arbeitsbedingungen die Mitbestimmung im Verleiherbetrieb auslöst, ist im AÜG nicht ausdrücklich geregelt. Da jedoch der Entleiher verpflichtet ist, dem Verleiher die entsprechenden Informationen zu geben[1592], hat auch der Verleiher diese Daten seinem Betriebsrat vorzulegen, sodass dem Betriebsrat insoweit die Richtigkeitskontrolle im Rahmen des § 99 BetrVG zusteht.

Die jeweilige Abordnung zu einem Entleiherbetrieb ist **keine Versetzung** i. S. v. § 99 Abs. 1 BetrVG, bei der der Betriebsrat im Verleiherbetrieb mitzubestimmen hat, da der Wechsel zu verschiedenen Einsatzstellen typisch für die Arbeitnehmerüberlassung ist.[1593] Dagegen hat der Betriebsrat des Verleihers nach § 87 Abs. 1 Nr. 3 BetrVG mitzubestimmen, wenn der Arbeitnehmer einem Arbeitgeber überlassen werden soll,

1590 § 99 BetrVG.
1591 LAG Köln, Beschluss v. 21.10.1994, 13/10 Ta BV 45/94.
1592 § 12 Abs. 1 Satz 4 AÜG.
1593 § 95 Abs. 3 Satz 2 BetrVG.

dessen betriebsübliche Arbeitszeit die vom Leiharbeitnehmer gegenüber dem Verleiher vertraglich geschuldete Arbeitszeit übersteigt.[1594]

96.2 Beteiligungsrechte des Betriebsrats des Entleiherbetriebs

Leiharbeitnehmer sind bei der für die Größe des Betriebsrats maßgeblichen Anzahl der Arbeitnehmer nach § 9 BetrVG im Entleiherbetrieb grundsätzlich zu berücksichtigen.[1595]

Leiharbeitnehmer sind bei Betriebsgröße mit zu berücksichtigen
§ 14 Abs. 2 AÜG enthält seit dem 1.4.2017 eine differenzierende Regelung dahingehend, ob es um die Mitbestimmung auf betrieblicher oder Unternehmensebene geht. Insofern wird mit § 14 Abs. 2 Satz 4 AÜG geregelt, dass Leiharbeitnehmer bei den Bestimmungen des Betriebsverfassungsgesetzes (mit Ausnahme des § 112a BetrVG), des europäischen Betriebsrätegesetzes oder der aufgrund der jeweiligen Gesetze erlassenen Wahlordnung auch im Entleiherbetrieb zu berücksichtigen sind, wenn die dortigen Regelungen eine bestimmte Anzahl oder einen bestimmten Anteil von Arbeitnehmern voraussetzen.

Diese Regelung zum »Mitzählen« der Leiharbeitnehmer hat danach zur Folge, dass diese bei der Berechnung der betriebsverfassungsrechtlichen Schwellenwerte grundsätzlich zu berücksichtigen sind.

Sie führt jedoch nicht auch dazu, dass die weiteren Voraussetzungen der jeweiligen Norm fingiert werden, z. B. die Wahlberechtigung oder die Beschränkung auf »in der Regel Beschäftigte«. Diese Voraussetzungen müssen in jedem Fall wie bei Stammarbeitnehmern auch für Leiharbeitnehmer gegeben sein, damit sie bei der Berechnung der maßgeblichen Schwellenwerte mitgezählt werden können.

96.2.1 Einzelne Mitwirkungs- und Mitbestimmungsrechte

Übernahme
§ 14 Abs. 3 Satz 1 AÜG gibt dem Betriebsrat des Entleiherbetriebs bezüglich der **Übernahme** eines Leiharbeitnehmers ein Anhörungsrecht nach § 99 BetrVG. Sätze 2 und 3 erweitern die Unterrichtungspflicht des Entleihers. Insbesondere kommen hier die allgemeinen Aufgaben des Betriebsrats nach §§ 75, 80 BetrVG, die Mitbestimmungs-

1594 BAG, Beschluss v. 19.6.2001, 1 ABR 43/00, NZA 2001, S. 1263.
1595 BAG, Beschluss v. 13.3.2013, 7 ABR 69/11, NZA 2013, S. 789.

rechte nach § 87 BetrVG sowie Unterrichtungs- und Beratungsrechte, die sich auf die Gestaltung der Arbeitsplätze nach §§ 90 f. BetrVG beziehen, in Betracht.[1596]

Tatsächliche Eingliederung

Das Mitbestimmungsrecht nach § 14 Abs. 3 AÜG wird durch die tatsächliche Eingliederung des Leiharbeitnehmers ausgelöst. Die bloße Aufnahme von Leiharbeitnehmern in einem Stellenpool für den Einsatz im Entleiherbetrieb ist grundsätzlich nicht mitbestimmungspflichtig. Erst die konkrete Eingliederung löst das Mitbestimmungsrecht nach § 99 Abs. 1 BetrVG aus.[1597] Der Entleiher muss dem Entleiherbetriebsrat alle Informationen geben, die für eine Zustimmungsverweigerung nach § 99 Abs. 2 BetrVG relevant sein könnten.

Umfang, Ort und Aufgaben

Seit 2017 beziehen sich die Unterrichtungsrechte nach § 80 Abs. 2 BetrVG auch auf den zeitlichen Umfang des Einsatzes, den Einsatzort und die Arbeitsaufgaben des Leiharbeitnehmers.

Außerdem besteht auf Verlangen des Betriebsrates eine Vorlagepflicht bzgl. der Arbeitnehmerüberlassungsverträge. Auch das Unterrichtungsrecht bzgl. der Personalplanung gemäß § 92 Abs. 1 BetrVG wurde auf den Einsatz von Leiharbeitnehmern ausgedehnt.

Darüber hinaus kann der Betriebsrat verlangen, dass er Einsicht in die Erklärung des Verleihers über das Bestehen einer Verleiherlaubnis nach § 1 AÜG erhält. Der Entleiher muss den Betriebsrat sofort unterrichten, wenn ihm der Verleiher den Wegfall der Erlaubnis mitgeteilt hat.[1598]

Weitere Beteiligungsrechte

Dem Betriebsrat steht gemäß § 92 Abs. 2 BetrVG die Einsichtnahme in solche Listen zu, aus denen sich die Daten über die **Einsatzzeiten** der Leiharbeitnehmer, deren **Qualifikation, persönliche Daten** und über deren **vorgesehene Tätigkeit** im Entleiherbetrieb ergeben.[1599]

Eine Unterrichtung über die Eingruppierung des einzelnen Leiharbeitnehmers und dessen Lohnhöhe ist grundsätzlich nicht möglich.[1600] Dem Betriebsrat im Entleiher-

1596 Müller-Glöge/Preis/Schmidt/Wank, ErfK, 22. Aufl. 2022, § 14 AÜG, Rzn. 15 ff. m. w. N.
1597 BAG, Beschluss v. 23.1.2008, 1 ABR 74/06, NZA 2008, S. 603.
1598 § 14 Abs. 3 Satz 3 AÜG.
1599 BAG, Beschluss v. 31.1.1989, 1 ABR 72/87, DB 1989 S. 982.
1600 Müller-Glöge/Preis/Schmidt/Wank, ErfK, 22. Aufl. 2022, § 14 AÜG, Rz. 12 m. w. N.

betrieb steht auch kein Mitbestimmungsrecht bei der Eingruppierung von Leiharbeitnehmern zu.[1601]

96.2.2 Zustimmungsverweigerungsrecht des Betriebsrats des Entleiherbetriebs

Nach § 99 Abs. 2 Nr. 1 BetrVG kann der Betriebsrat seine Zustimmung zur Einstellung eines Leiharbeitnehmers z. B. dann verweigern, wenn diese gegen ein Gesetz verstößt. Ein Gesetz i. S. v. § 99 Abs. 2 Nr. 1 BetrVG ist § 1 Abs. 1 Satz 1 AÜG. Da die Vorschrift auch die dauerhafte Aufspaltung der Belegschaft des Entleiherbetriebs in eine Stammbelegschaft und eine entliehene Belegschaft verhindern soll, kann der Betriebsrat des Entleiherbetriebs seine Zustimmung zur Einstellung von Leiharbeitnehmern verweigern, wenn diese im Entleiherbetrieb nicht nur vorübergehend bzw. länger als gesetzlich erlaubt beschäftigt werden sollen.[1602]

96.3 Rechte von Leiharbeitnehmern nach dem BetrVG

Leiharbeitnehmer bleiben auch während der Zeit der Überlassung an einen Drittbetrieb dem Betrieb des Verleihers zugeordnet.[1603] Dort hat der Leiharbeitnehmer das aktive und passive Wahlrecht zum Betriebsrat. Allerdings erwirbt der Leiharbeitnehmer auch im Betrieb des Entleihers das aktive Wahlrecht, wenn er in diesem länger als 3 Monate eingesetzt wird.[1604]

Dem Leiharbeitnehmer stehen folgende Rechte zu:
- Teilnahmerecht an den Betriebs- und Jugendversammlungen sowie das Recht zum Aufsuchen des Betriebsrats in dessen Sprechstunde; in beiden Fällen hat der Entleiher die Überlassungsvergütung an den Verleiher zu zahlen,
- Unterrichtungs- und Erörterungsrechte über die Art der Tätigkeit und ihre Einordnung in den Betriebsablauf sowie über etwaige Unfallgefahren[1605],
- Anhörungs- und Erörterungsrecht über betriebliche Angelegenheiten, die seine Person betreffen[1606],
- Beschwerderecht.[1607]

1601 BAG, Beschluss v. 17.6.2008, 1 ABR 39/07.
1602 BAG, Beschluss v. 10.7.2013, 7 ABR 91/11.
1603 § 14 Abs. 1 AÜG.
1604 § 7 Satz 2 BetrVG.
1605 § 81 BetrVG.
1606 § 82 Abs. 1 BetrVG.
1607 §§ 84-86 BetrVG.

Die Autorinnen und Autoren

Dr. Fabian Clemens, Richter am Arbeitsgericht

Marco Ferme, Rechtsanwalt, Fachanwalt für Arbeitsrecht

Dr. Roman Frik, Rechtsanwalt LL.M., Fachanwalt für Arbeitsrecht

Gabi Hanreich, Rechtsanwältin

Andreas Haupt, Rechtsanwalt

Heike Jansen, Vors. Richterin am Hessischen Landesarbeitsgericht

Christina Kamppeter, Rechtsanwältin, LL.M., Fachanwältin für Arbeitsrecht

Dr. Michael Korinth, Richter am Arbeitsgericht Berlin

Dr. Adrian Löser, Rechtsanwalt, Fachanwalt für Arbeitsrecht

Dr. Peter H. M. Rambach, Rechtsanwalt, Fachanwalt für Arbeitsrecht

Dr. Christian Schlottfeldt, Rechtsanwalt

Dr. Manuel Schütt

Dr. Nina Springer, Rechtsanwältin, Fachanwältin für Arbeitsrecht

Dr. Carsten Teschner, Rechtsanwalt, Richter am Arbeitsgericht

Christoph Tillmanns, Vorsitzender Richter am Landesarbeitsgericht Baden-Württemberg

Stephan Wilcken, Rechtsanwalt, Fachanwalt für Arbeitsrechts

Stichwortverzeichnis

B

O

P

R

S

T

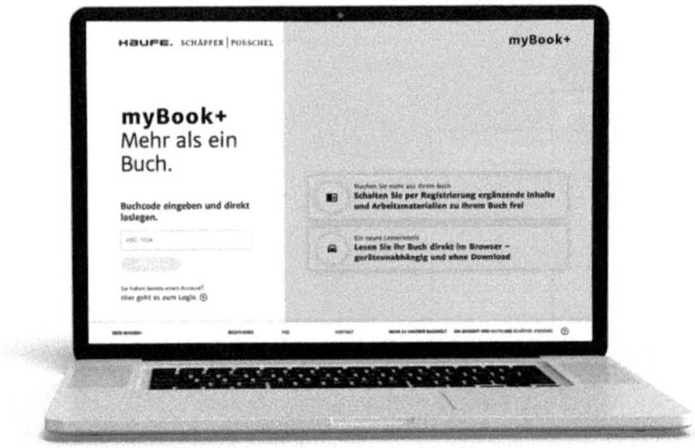

Ihre Online-Inhalte zum Buch: Exklusiv für Buchkäuferinnen und Buchkäufer!

- https://mybookplus.de
- Buchcode: VKP-50689

PI1 374437 2
9801989